刑法罪名及量刑参考

及量刑参考

（修订本）

XINGFA ZUIMING

龚永茂◎汇编　JI LIANGXING CANKAO

山东城市出版传媒集团·济南出版社

宁波出版社
NINGBO PUBLISHING HOUSE

图书在版编目（CIP）数据

刑法罪名及量刑参考/龚永茂汇编.—修订本.—济
南：济南出版社；宁波：宁波出版社，2021.8（2024.5重印）
ISBN 978-7-5488-4674-1

Ⅰ.①刑… Ⅱ.①龚… Ⅲ.①刑法—罪名—研究—中国
②刑法—量刑—研究—中国 Ⅳ.①D924.04

中国版本图书馆CIP数据核字（2021）第091074号

刑法罪名及量刑参考（修订本）

龚永茂　汇编

出版发行	济南出版社　宁波出版社
网　　址	http://www.jnpub.com　http://www.nbcbs.com
联系电话	0531-67817923　0574-87242865
策划编辑	吴　波
责任编辑	孔　燕　俞　琦
责任校对	余怡荻
装帧设计	原色太阳
印　　刷	宁波白云印刷有限公司
开　　本	787毫米×1092毫米　　1/16
印　　张	62.25
字　　数	1590千
版　　次	2021年8月第1版
印　　次	2024年5月第4次印刷
标准书号	ISBN 978-7-5488-4674-1
定　　价	178.00元

如发现缺页或倒装，影响阅读，请与出版社联系　电话:0531-67817923　0574-87242865

目　录

CONTENTS

出版说明

2016 年本书第一次出版时,当时根据《刑法修正案(九)》,编者个人统计我国刑法罪名是 468 个。后《刑法修正案(十)》在侮辱国旗、国徽罪罪名基础上增加一款侮辱国歌罪状,至此刑法罪名还是 468 个。2020 年 12 月 26 日《刑法修正案(十一)》之后又新增、修正了 15 个罪名,因此,目前我国刑法罪名是 483 个。

本次重印之前,本书中的刑法条文已经更新至《刑法修正案(十一)》,刑法罪名已经更新至最高人民法院、最高人民检察院《关于执行〈中华人民共和国刑法〉确定罪名的补充规定(七)》规定的罪名。

本次重印对本书内容做了以下两方面的调整:

其一,对于刑法修正案,原只在各罪名条文中予以注明,并将各个修正案汇总作为本书附录,但在实务中还是产生诸多不便,因此,本次将历次刑法修正案的具体内容列入各条文的下方,以便使用。如赌博类刑事犯罪,现行 1997 年刑法第三百零三条经过《刑法修正案(六)》和《刑法修正案(十一)》两次修正,从"赌博罪"单个罪名增加到"赌博罪"和"开设赌场罪"两个罪名,再增加了"组织参与国(境)外赌博罪",共三个罪名,刑法不仅两次修正了罪名,还修正了有期徒刑三年改为五年的刑罚量刑档标准。因此,根据刑法总则第十二条等规定,本书作这样的调整是有必要的。

现以赌博罪、开设赌场罪、组织参与国(境)外赌博罪为例——

第三百零三条【赌博罪】 以营利为目的,聚众赌博或者以赌博为业的,处三年以下有期徒刑、拘役或者管制,并处罚金。

【开设赌场罪】 开设赌场的,处五年以下有期徒刑、拘役或者管制,并处罚金;情节严重的,处五年以上十年以下有期徒刑,并处罚金。

【组织参与国(境)外赌博罪】 组织中华人民共和国公民参与国(境)外赌博,数额巨大

或者有其他严重情节的,依照前款的规定处罚。【2021年3月1日刑法修正案(十一)】

【1997年刑法】以营利为目的,聚众赌博、开设赌场或者以赌博为业的,处三年以下有期徒刑、拘役或者管制,并处罚金。

【2006年6月29日刑法修正案(六)】以营利为目的,聚众赌博或者以赌博为业的,处三年以下有期徒刑、拘役或者管制,并处罚金。

开设赌场的,处三年以下有期徒刑、拘役或者管制,并处罚金;情节严重的,处三年以上十年以下有期徒刑,并处罚金。

其二,刑法罪名相关的主要解释规定列入该条文的下方,相应解释规定搜集至 2023年5月底。

再次感谢各位读者的厚爱!

龚永茂

2023年5月26日

2016 年初版编写说明

2015 年 8 月 29 日《刑法修正案(九)》出台后,刑法作了重大修正。经编者统计,我国刑法罪名从《刑法修正案(八)》的 451 个,变更为 468 个(本书索引中刑法分则各罪名以数字编号列明)。编者作为专职办理刑事案件的律师,平时经常接到律师同行和司法人员就相关刑法罪名及定罪量刑幅度规定的咨询,自己在办案过程中也觉得刑法罪名变化以及刑事法律相关解释众多。刑法的各个罪名,根据犯罪情节不同,各个量刑幅度又有各自的立法意见、司法解释、司法意见以及各部门的规定,这些罪名的相关解释又没有形成集合的形式,因此在办案过程中查找非常不便。

一、编辑目的

书店有很多刑法应用的书籍,这类书籍大多是"大部头"。说实话,最好的刑法应用书籍应当包括刑法以及相应的所有解释。但是,如果只是简单地把刑法及相应解释纳入一本书,势必又是一本"大部头",办案携带不方便。综上考虑,编者从一个办案者亲身体会出发,以解决刑法各罪名定罪量刑幅度的规定问题为主来编辑此书。

二、编排内容

本书以刑法条文为框架,为方便查找起见,特将刑法总则也一并列入,刑法附则予以简化。本书主要的编辑内容在刑法分则规定的具体罪名部分。

1. 刑法条文已更新至《刑法修正案(九)》。在经过刑法修正案修正的条文后面标注《刑法修正案》《刑法修正案(二)》《刑法修正案(三)》直至《刑法修正案(九)》。

2. 将刑法罪名列入刑法分则的具体条文中,罪名更新至 2015 年 10 月 30 日最高人民法院、最高人民检察院《关于执行〈中华人民共和国刑法〉确定罪名的补充规定(六)》规定的罪名。

3. 刑法罪名相关不同量刑幅度的主要解释规定列入该条文的下方,为节省版面,相关解释规定以缩编形式为主,相应解释规定搜集至 2016 年 4 月底。

4. 为了办案查找的方便,刑法罪名相关的其他主要定罪量刑解释规定也列入该条文的下方;同时为节省版面,只列出该解释规定的主要部分内容。这些解释均能通过网络等形式查找,办案过程中涉及具体罪名时,可予以查找核实。

5. 本书附录刑法总则及自首立功相关解释,并在文中设置索引以方便读者查阅。

编写过程中难免出现差错,欢迎各位读者不吝指正,以便于完善。

龚永茂

2016 年 4 月 22 日

序一
刑事辩护律师的使命

永茂是我大成的同事,也是好友。作为刑事律师,他长期从事刑事辩护工作,并且取得了可喜可贺的成绩。同时,他还不忘从百忙之中抽出时间着手整理专业刑事书籍的汇编工作,更值得赞扬。我们都是刑事律师,就与各位从事法律工作的朋友们一起来谈谈"刑事辩护律师的使命"这个话题吧。

一、刑事辩护的内在价值

(一)刑事辩护的特点

从事刑事辩护,开始是因为好玩,可我越做越发现刑事辩护的内在价值。因为我明白刑法所调整的关系是社会的最后一道防线。首先,它涉及的是人的生命和自由,它体现出对个人基本权利的保护和个体生命最起码的尊重。由于中国封建统治的漫长,法治观念比较淡薄,人权保护不够充分,因而刑事辩护显得尤为重要。其次,从为改革开放保驾护航来说,它同样甚至比办经济案子更有价值。如果因为错判而把一个企业家投进监狱,可能会毁掉一个企业,会造成很大的经济损失,挫伤很多人的积极性,造成恶劣的社会影响。正因为如此,刑事辩护的价值,在历史的转轨时期,凸显出来了。这也是我选择刑事辩护的一个重要原因。

(二)刑事辩护的优势

首先,任何一项法律业务都不比刑事辩护业务需要掌握的知识面更宽;其次,从诉讼的角度来讲,除去刑事辩护业务外,其他法律事务都是律师与律师之间的角逐,而唯有刑事辩护业务是律师与公诉人在斗智斗勇。现今有些律师不屑于做刑事业务,认为刑事辩护业务的风险较大,也因此讲,刑事辩护业务更具有挑战性。衡量一个国家法制建设水平的高低就如同一个盛水的木桶,木桶盛水的多少不是取决于最长的那块桶板,而是最短的那块。如果在一个国家中,犯罪嫌疑人和刑事被告人(被人们认为最不应得到保护的人)的合法权益都能得到充分的保护,那么我们可以想象这个国家的法制建设是多么完善。完成这项艰巨而又浩大的工程,正是每一位刑事辩护律师的神圣使命。

二、刑辩律师的素质与成功

（一）刑辩律师要敢于怀疑一切

所谓适合做刑事,除了要具有一般的能言善辩、逻辑思维能力外,还要具备有敢于怀疑一切的精神。一般人会认为,公安、检察机关都认为是犯罪,那还有错?甚至于有的家长,看到孩子被关起来,嘴里虽然说我相信我的孩子不会做这样的事、我孩子怎么会犯罪,表面上很坚定,但是心底是虚的,他也许还会想,我孩子要是没犯罪怎么会被关起来呢。作为一名刑事辩护律师,首先就要克服这一障碍。有很多人,口才好,也很敬业,但就是因为不能克服这一点,最终难以成功。

（二）刑辩律师的超人品格

一名优秀的刑事辩护律师还要具备坚忍不拔的品格。古之立大事者,不唯有超世之才,亦必有坚忍不拔之志。在刑事辩护领域要做出点事来,更需要这种品格。刑事案子面对的情况比较复杂,面对的困难比较多,有时甚至会遇到想象不到的阻力,没有点韧劲,可能就会半途而废。

（三）刑辩律师的胆识

选择刑事辩护,在现在的中国,从某种意义上说,就是选择一条崎岖不平的羊肠小道。在这条小道上,有许多人因意志不坚而半途而废,有些人由于这样那样的原因而折戟沉沙。能够走出一条阳光大道的,为数不多。这不仅要有锲而不舍的精神,还确实需要有足够的胆识和智慧。要有敢于和公诉机关抗争的胆识。我们的对手是公诉人。面对公安、检察人员,首先不能怕,要敢于和他们争辩,不能怕得罪他们,应唯真理是从,唯法律是依。但我同时认为,在与其抗争的同时一定要掌握好分寸,不要无故把双方弄得很对立。

（四）刑辩律师与正义

我认为正义作为一种道德要求,应当是社会中每个人都必须具备的,律师当然也不能例外。一名优秀的刑事辩护律师更要具有强烈的正义感。但是一个好的刑事辩护律师,仅有正义感是不够的,还要有敏锐的洞察力,要能看出其中的破绽,善于抓住问题的实质;更需要运用你的业务能力和办案技巧去说服法庭采纳你的观点,维护当事人的合法权益。

以刑事辩护律师的使命,谨为永茂兄弟的书写下以上这些话。

北京大成(上海)律师事务所高级合伙人

瞿　建

2016 年 4 月 12 日

序二 / 律者仁心——优术、明道、取势

> 为人辩冤白谤，是第一天理。——明·吕坤

作为"在野法曹"，律师是国家赋予公民的一柄"自卫之剑"，保护着每个公民免受不法侵害：既为无辜公民"辩冤白谤"，也保护违法、犯罪的个体应有的各项基本权利，还包括对当事人及其家属的心理疏导。因此，我虽不完全认同田文昌先生所说"刑辩才是律师的高端业务"，但素来坚定地认为：刑事辩护关系人命，对于人权保障的意义最为重大，与公诉机关的较量最为直接与尖锐，因此对律师有最为严苛的要求。

律师何以为人"辩冤白谤"？

于国家、社会而言，最最要紧的当然是法治昌明：侦查机关不搞刑讯逼供；检察机关严把逮捕关；公诉机关不隐匿对被告人有利的证据；人民法院依法独立审查，只服从于法律。要做到这些，在目前的情况下仅仅寄希望于权力内部公检法之间的相互监督制约仍有一定难度，还需要作为公民权利代言人的律师执业权利得到应有保障；作为公众耳目与口舌的公共媒体能够对公共权力进行有效监督；作为民主政治重要组成部分的政党间能够相互监督；作为司法官员的法官能够独立、廉洁与中立、职业；作为社会基本成员的公民能够遵守法律、敬畏法律。

于律师自身而言，第一位的是良知与勇气，其次则是专业与智慧。

诚如先哲所言："要自由，才能有幸福；要勇敢，才能有自由。"近年来备受关注的律师坚守乃至"死磕"的现象，说到底乃是为了争得一个"讲理的法庭"，同时也是同法庭背后的种种势力抗争（典型者如湖南益阳原市委书记马勇强令法官违法办案，不仅自己"被抓"，也使当事法官"被查"）——也正因了包括律师在内的社会各界的坚持与努力，我们看到了佘祥林的出狱、看到了念斌"有限度"的自由、看到了呼格吉勒图冤死终得平反、看到了陈满被"错误"

关押二十三年后的自由……几乎每个律师心中都有一种刑辩情怀，说到底就是律师作为"法律骑士"的一种"英雄情怀"！

作为"法律之师"，律师是社会的"法律雇佣军"，其服务当事人、实现职业价值的安身立命之本在于"专业素养"。这种专业素养至少包括以下三个层面：一是"术"（专业技能）。律师解决特定领域专业问题的实际能力。专业素养高的律师，对某一领域的政策、法律、法规、行规乃至"潜规则"都非常精通，并具有较强的操作能力。在法庭上，他们能把握庭审、引导庭审，他们能弄清楚当事人真正的诉求所在，并且能注重具体的细节。技术必须是实用的，其稀缺度、高端性往往决定了律师职业技能在综合法律业务中所占的比重。二是"道"（人生智慧）。从容不迫、宠辱不惊、世事洞明、人情练达的人生智慧，并使之与专业素养达到平衡。处理纠纷、矛盾是一门综合性的学问，不同的气质、修养，体现了不同的待人接物技巧。人要学会多维度地思考问题，谋求平衡；要树立一种和谐心态、建设心态，切忌受害心态、敌对心态。比如在诉讼的过程中，当事人希望实现利益的最大化，法院则希望以最低的成本，安全、稳妥地解决问题，此时，律师就需要以一种"平衡"的技巧满足不同的要求。一个好的律师在维护了当事人利益的同时，也能赢得对方当事人以及法院的尊重和认可。三是"势"（职业平台）。律师在所处的职业平台上能够从什么样的高度切入市场，能够与多少同行一起前行，能够凝聚多少社会资源为客户提供服务。近年来，互联网（尤其是移动互联网）的兴起，为律师、记者、学者与社会各界的联合提供了空前的技术支持与职业平台。刑事律师，往往不是"一个人在战斗"！

大成经过十余年来波澜壮阔的发展，已经在国内聚集起了三千余名优秀的专业律师；大成与DENTONS的携手，则使我们在全球范围内拥有了超过七千人的律师同事。这，使我们得以在全球化背景之下"优术、明道、取势"，共同成长。也正是在这样的大背景之下，我有幸拜读了龚永茂律师的《刑法罪名及量刑参考》，深受启发。

律者仁心，修行总在不经意之间。永茂律师是我的同事，他在平凡日子里仍坚持不懈地总结与整理，既是他对自我的提升与修炼，也是对行业乃至社会的一种贡献——所谓"律者仁心"，也正体现在这种"寓伟大于平凡"的事之中吧。

是为序。

北京大成律师事务所高级合伙人
吕良彪
丙申除夕夜于豫章

索引

第五节 金融诈骗罪

第六节 危害税收征管罪

第五章　侵犯财产罪

第六章　妨害社会管理秩序罪

第一节　扰乱公共秩序罪

第二节　妨害司法罪

第八章　贪污贿赂罪

第九章 渎职罪

第十章　军人违反职责罪

〉〉〉刑法总则

〉〉〉刑法修正案汇总

〉〉〉自首立功相关解释

中华人民共和国刑法

根据 2020 年 12 月 26 日刑法修正案（十一）修正

刑法分则

第一章　危害国家安全罪

本章刑法罪名共十二个，分别为：背叛国家罪（第 102 条），分裂国家罪（第 103 条第 1 款），煽动分裂国家罪（第 103 条第 2 款），武装叛乱、暴乱罪（第 104 条），颠覆国家政权罪（第 105 条第 1 款），煽动颠覆国家政权罪（第 105 条第 2 款），资助危害国家安全犯罪活动罪（第 107 条），投敌叛变罪（第 108 条），叛逃罪（第 109 条），间谍罪（第 110 条），为境外窃取、刺探、收买、非法提供国家秘密、情报罪（第 111 条），资敌罪（第 112 条）。

第一百零二条【背叛国家罪】　勾结外国，危害中华人民共和国的主权、领土完整和安全的，处无期徒刑或者十年以上有期徒刑。

与境外机构、组织、个人相勾结，犯前款罪的，依照前款的规定处罚。

第一百零三条【分裂国家罪】　组织、策划、实施分裂国家、破坏国家统一的，对首要分子或者罪行重大的，处无期徒刑或者十年以上有期徒刑；对积极参加的，处三年以上十年以下有期徒刑；对其他参加的，处三年以下有期徒刑、拘役、管制或者剥夺政治权利。

【煽动分裂国家罪】　煽动分裂国家、破坏国家统一的，处五年以下有期徒刑、拘役、管制或者剥夺政治权利；首要分子或者罪行重大的，处五年以上有期徒刑。

（相关解释）1. 最高人民法院《关于审理非法出版物刑事案件具体应用法律若干问题的解释》法释〔1998〕30 号

明知出版物中载有煽动分裂国家、破坏国家统一或者煽动颠覆国家政权、推翻社会主义制度的内容，而予以出版、印刷、复制、发行、传播的，依照《刑法》第一百零三条第二款或者第一百零五条第二款的规定，以煽动分裂国家罪或者煽动颠覆国家政权罪定罪处罚。

2. 最高人民法院、最高人民检察院《关于办理组织和利用邪教组织犯罪案件具体应用法律若干问题的解释》 法释〔1999〕18 号

组织和利用邪教组织，组织、策划、实施、煽动分裂国家、破坏国家统一或者颠覆国家政权、推翻社会主义制度的，分别依照《刑法》第一百零三条、第一百零五条、第一百一十三条的规定定罪处罚。

3. 最高人民法院、最高人民检察院《关于办理组织和利用邪教组织犯罪案件具体应用

法律若干问题的解释（二）》法释〔2001〕19号

第二条 制作、传播邪教宣传品，煽动分裂国家、破坏国家统一，或者煽动颠覆国家政权、推翻社会主义制度的，依照《刑法》第一百零三条第二款、第一百零五条第二款的规定，以煽动分裂国家罪或者煽动颠覆国家政权罪定罪处罚。

第四条 制作、传播的邪教宣传品具有煽动分裂国家、破坏国家统一，煽动颠覆国家政权、推翻社会主义制度，侮辱、诽谤他人，严重危害社会秩序和国家利益，或者破坏国家法律、行政法规实施等内容，其行为同时触犯《刑法》第一百零三条第二款、第一百零五条第二款、第二百四十六条、第三百条第一款等规定的，依照处罚较重的规定定罪处罚。

4.最高人民法院、最高人民检察院《关于办理妨害预防、控制突发传染病疫情等灾害的刑事案件具体应用法律若干问题的解释》法释〔2003〕8号

利用突发传染病疫情等灾害，制造、传播谣言，煽动分裂国家、破坏国家统一，或者煽动颠覆国家政权、推翻社会主义制度的，依照《刑法》第一百零三条第二款、第一百零五条第二款的规定，以煽动分裂国家罪或者煽动颠覆国家政权罪定罪处罚。

5.最高人民法院《关于审理破坏广播电视设施等刑事案件具体应用法律若干问题的解释》法释〔2011〕13号

实施破坏广播电视设施犯罪，并利用广播电视设施实施煽动分裂国家、煽动颠覆国家政权、煽动民族仇恨、民族歧视或者宣扬邪教等行为，同时构成其他犯罪的，依照处罚较重的规定定罪处罚。

6.最高人民法院、最高人民检察院、公安部《关于办理暴力恐怖和宗教极端刑事案件适用法律若干问题的意见》公通字〔2014〕34号（具体参照第一百二十条）

二、准确认定案件性质

（三）实施下列行为之一，煽动分裂国家、破坏国家统一的，以煽动分裂国家罪定罪处罚：

1.组织、纠集他人，宣扬、散布、传播宗教极端、暴力恐怖思想的；

2.出版、印刷、复制、发行载有宣扬宗教极端、暴力恐怖思想内容的图书、期刊、音像制品、电子出版物或者制作、印刷、复制载有宣扬宗教极端、暴力恐怖思想内容的传单、图片、标语、报纸的；

3.通过建立、开办、经营、管理网站、网页、论坛、电子邮件、博客、微博、即时通讯工具、群组、聊天室、网络硬盘、网络电话、手机应用软件及其他网络应用服务，或者利用手机、移动存储介质、电子阅读器等登载、张贴、复制、发送、播放、演示载有宗教极端、暴力恐怖思想内容的图书、文稿、图片、音频、视频、音像制品及相关网址，宣扬、散布、传播宗教极端、暴力恐怖思想的；

4.制作、编译、编撰、编辑、汇编或者从境外组织、机构、个人、网站直接获取载有宣扬宗教极端、暴力恐怖思想内容的图书、文稿、图片、音像制品等，供他人阅读、观看、收听、出版、印刷、复制、发行、传播的；

5.设计、制造、散发、邮寄、销售、展示含有宗教极端、暴力恐怖思想内容的标识、标志物、旗帜、徽章、服饰、器物、纪念品的；

6.以其他方式宣扬宗教极端、暴力恐怖思想的。

实施上述行为，煽动民族仇恨、民族歧视，情节严重的，以煽动民族仇恨、民族歧视罪定罪处罚。同时构成煽动分裂国家罪的，依照处罚较重的规定定罪处罚。

（七）网站、网页、论坛、电子邮件、博客、微博、即时通讯工具、群组、聊天室、网络硬盘、网络电话、手机应用软件及其他网络应用服务的建立、开办、经营、管理者，明知他人散布、宣扬利用宗教极端、暴力恐怖思想煽动分裂国家、破坏国家统一或者煽动民族仇恨、民族歧视的内容，允许或者放任他人在其网站、网页、论坛、电子邮件、博客、微博、即时通讯工具、群组、聊天室、网络硬盘、网络电话、手机应用软件及其他网络应用服务上发布的，以煽动分裂国家罪或者煽动民族仇恨、民族歧视罪的共同犯罪定罪处罚。

7.最高人民法院、最高人民检察院、公安部、司法部《关于依法惩治妨害新型冠状病毒感染肺炎疫情防控违法犯罪的意见》法发〔2020〕7号（2020年2月6日）（具体见第一百一十五条）

（六）依法严惩造谣传谣犯罪。编造虚假的疫情信息，在信息网络或者其他媒体上传播，或者明知是虚假疫情信息，故意在信息网络或者其他媒体上传播，严重扰乱社会秩序的，依照《刑法》第二百九十一条之一第二款的规定，以编造、故意传播虚假信息罪定罪处罚。

编造虚假信息，或者明知是编造的虚假信息，在信息网络上散布，或者组织、指使人员在信息网络上散布，起哄闹事，造成公共秩序严重混乱的，依照《刑法》第二百九十三条第一款第四项的规定，以寻衅滋事罪定罪处罚。

利用新型冠状病毒感染肺炎疫情，制造、传播谣言，煽动分裂国家、破坏国家统一，或者煽动颠覆国家政权、推翻社会主义制度的，依照《刑法》第一百零三条第二款、第一百零五条第二款的规定，以煽动分裂国家罪或者煽动颠覆国家政权罪定罪处罚。

网络服务提供者不履行法律、行政法规规定的信息网络安全管理义务，经监管部门责令采取改正措施而拒不改正，致使虚假疫情信息或者其他违法信息大量传播的，依照《刑法》第二百八十六条之一的规定，以拒不履行信息网络安全管理义务罪定罪处罚。

对虚假疫情信息案件，要依法、精准、恰当处置。对恶意编造虚假疫情信息，制造社会恐慌，挑动社会情绪，扰乱公共秩序，特别是恶意攻击党和政府，借机煽动颠覆国家政权、推翻社会主义制度的，要依法严惩。对于因轻信而传播虚假信息，危害不大的，不以犯罪论处。

第一百零四条【武装叛乱、暴乱罪】　组织、策划、实施武装叛乱或者武装暴乱的，对首要分子或者罪行重大的，处无期徒刑或者十年以上有期徒刑；对积极参加的，处三年以上十年以下有期徒刑；对其他参加的，处三年以下有期徒刑、拘役、管制或者剥夺政治权利。

策动、胁迫、勾引、收买国家机关工作人员、武装部队人员、人民警察、民兵进行武装叛乱或者武装暴乱的，依照前款的规定从重处罚。

第一百零五条【颠覆国家政权罪】　组织、策划、实施颠覆国家政权、推翻社会主义制度的，对首要分子或者罪行重大的，处无期徒刑或者十年以上有期徒刑；对积极参加的，处三年以上十年以下有期徒刑；对其他参加的，处三年以下有期徒刑、拘役、管制或者剥夺政治权利。

【煽动颠覆国家政权罪】　以造谣、诽谤或者其他方式煽动颠覆国家政权、推翻社会主义制度的，处五年以下有期徒刑、拘役、管制或者剥夺政治权利；首要分子或者罪行重大的，处五年以上有期徒刑。

（相关解释同第一百零三条）

第一百零六条 与境外机构、组织、个人相勾结，实施本章第一百零三条、第一百零四条、第一百零五条规定之罪的，依照各该条的规定从重处罚。

第一百零七条【资助危害国家安全犯罪活动罪】 境内外机构、组织或者个人资助实施本章第一百零二条、第一百零三条、第一百零四条、第一百零五条规定之罪的，对直接责任人员，处五年以下有期徒刑、拘役、管制或者剥夺政治权利；情节严重的，处五年以上有期徒刑。【2011年5月1日刑法修正案（八）】

【1997年刑法】境内外机构、组织或者个人资助境内组织或者个人实施本章第一百零二条、第一百零三条、第一百零四条、第一百零五条规定之罪的，对直接责任人员，处五年以下有期徒刑、拘役、管制或者剥夺政治权利；情节严重的，处五年以上有期徒刑。

第一百零八条【投敌叛变罪】 投敌叛变的，处三年以上十年以下有期徒刑；情节严重或者带领武装部队人员、人民警察、民兵投敌叛变的，处十年以上有期徒刑或者无期徒刑。

第一百零九条【叛逃罪】 国家机关工作人员在履行公务期间，擅离岗位，叛逃境外或者在境外叛逃的，处五年以下有期徒刑、拘役、管制或者剥夺政治权利；情节严重的，处五年以上十年以下有期徒刑。

掌握国家秘密的国家工作人员叛逃境外或者在境外叛逃的，依照前款的规定从重处罚。【2011年5月1日刑法修正案（八）】

【1997年刑法】国家机关工作人员在履行公务期间，擅离岗位，叛逃境外或者在境外叛逃，危害中华人民共和国国家安全的，处五年以下有期徒刑、拘役、管制或者剥夺政治权利；情节严重的，处五年以上十年以下有期徒刑。

掌握国家秘密的国家工作人员犯前款罪的，依照前款的规定从重处罚。

第一百一十条【间谍罪】 有下列间谍行为之一，危害国家安全的，处十年以上有期徒刑或者无期徒刑；情节较轻的，处三年以上十年以下有期徒刑：

（一）参加间谍组织或者接受间谍组织及其代理人的任务的；

（二）为敌人指示轰击目标的。

第一百一十一条【为境外窃取、刺探、收买、非法提供国家秘密、情报罪】 为境外的机构、组织、人员窃取、刺探、收买、非法提供国家秘密或者情报的，处五年以上十年以下有期徒刑；情节特别严重的，处十年以上有期徒刑或者无期徒刑；情节较轻的，处五年以下有期徒刑、拘役、管制或者剥夺政治权利。

（相关解释）1.**最高人民法院《关于审理为境外窃取、刺探、收买、非法提供国家秘密、情报案件具体应用法律若干问题的解释》**法释〔2001〕4号

第一条 《刑法》第一百一十一条规定的"国家秘密"，是指《中华人民共和国保守国家秘密法》第二条、第八条以及《中华人民共和国保守国家秘密法实施办法》第四条确定的事项。

《刑法》第一百一十一条规定的"情报"，是指关系国家安全和利益、尚未公开或者依照有关规定不应公开的事项。

对为境外机构、组织、人员窃取、刺探、收买、非法提供国家秘密之外的情报的行为，以为境外窃取、刺探、收买、非法提供情报罪定罪处罚。

第二条 为境外窃取、刺探、收买、非法提供国家秘密或者情报，具有下列情形之一的，属于"情节特别严重"，处十年以上有期徒刑、无期徒刑，可以并处没收财产：

（一）为境外窃取、刺探、收买、非法提供绝密级国家秘密的；

（二）为境外窃取、刺探、收买、非法提供三项以上机密级国家秘密的；

（三）为境外窃取、刺探、收买、非法提供国家秘密或者情报，对国家安全和利益造成其他特别严重损害的。

实施前款行为，对国家和人民危害特别严重、情节特别恶劣的，可以判处死刑，并处没收财产。

第三条 为境外窃取、刺探、收买、非法提供国家秘密或者情报，具有下列情形之一的，处五年以上十年以下有期徒刑，可以并处没收财产：

（一）为境外窃取、刺探、收买、非法提供机密级国家秘密的；

（二）为境外窃取、刺探、收买、非法提供三项以上秘密级国家秘密的；

（三）为境外窃取、刺探、收买、非法提供国家秘密或者情报，对国家安全和利益造成其他严重损害的。

第四条 为境外窃取、刺探、收买、非法提供秘密级国家秘密或者情报，属于"情节较轻"，处五年以下有期徒刑、拘役、管制或者剥夺政治权利，可以并处没收财产。

第五条 行为人知道或者应当知道没有标明密级的事项关系国家安全和利益，而为境外窃取、刺探、收买、非法提供的，依照《刑法》第一百一十一条的规定以为境外窃取、刺探、收买、非法提供国家秘密罪定罪处罚。

第六条 通过互联网将国家秘密或者情报非法发送给境外的机构、组织、个人的，依照《刑法》第一百一十一条的规定定罪处罚；将国家秘密通过互联网予以发布，情节严重的，依照《刑法》第三百九十八条的规定定罪处罚。

第七条 审理为境外窃取、刺探、收买、非法提供国家秘密案件，需要对有关事项是否属于国家秘密以及属于何种密级进行鉴定的，由国家保密工作部门或者省、自治区、直辖市保密工作部门鉴定。

2.最高人民法院、最高人民检察院《关于办理组织和利用邪教组织犯罪案件具体应用法律若干问题的解释（二）》法释〔2001〕19号

邪教组织人员为境外窃取、刺探、收买、非法提供国家秘密、情报的，以窃取、刺探、收买方法非法获取国家秘密的，非法持有国家绝密、机密文件、资料、物品拒不说明来源与用途的，或者泄露国家秘密情节严重的，分别依照《刑法》第一百一十一条为境外窃取、刺探、收买、非法提供国家秘密、情报罪，第二百八十二条第一款非法获取国家秘密罪，第二百八十二条第二款非法持有国家绝密、机密文件、资料、物品罪，第三百九十八条故意泄露国家秘密罪、过失泄露国家秘密罪的规定定罪处罚。

第一百一十二条【资敌罪】 战时供给敌人武器装备、军用物资资敌的，处十年以上有期徒刑或者无期徒刑；情节较轻的，处三年以上十年以下有期徒刑。

第一百一十三条 本章上述危害国家安全罪行中，除第一百零三条第二款、第一百零五条、第一百零七条、第一百零九条外，对国家和人民危害特别严重、情节特别恶劣的，可以判处死刑。

犯本章之罪的，可以并处没收财产。

第二章　危害公共安全罪

本章刑法罪名共五十四个，分别为：放火罪（第 114 条、第 115 条第 1 款），决水罪（第 114 条、第 115 条第 1 款），爆炸罪（第 114 条、第 115 条第 1 款），投放危险物质罪（第 114 条、第 115 条第 1 款），以危险方法危害公共安全罪（第 114 条、第 115 条第 1 款），失火罪（第 115 条第 2 款），过失决水罪（第 115 条第 2 款），过失爆炸罪（第 115 条第 2 款），过失投放危险物质罪（第 115 条第 2 款），过失以危险方法危害公共安全罪（第 115 条第 2 款），破坏交通工具罪（第 116 条、第 119 条第 1 款），破坏交通设施罪（第 117 条、第 119 条第 1 款），破坏电力设备罪（第 118 条、第 119 条第 1 款），破坏易燃易爆设备罪（第 118 条、第 119 条第 1 款），过失损坏交通工具罪（第 119 条第 2 款），过失损坏交通设施罪（第 119 条第 2 款），过失损坏电力设备罪（第 119 条第 2 款），过失损坏易燃易爆设备罪（第 119 条第 2 款），组织、领导、参加恐怖组织罪（第 120 条），资助恐怖活动罪（第 120 条之一），准备实施恐怖活动罪（第 120 条之二），宣扬恐怖主义、极端主义、煽动实施恐怖活动罪（第 120 条之三），利用极端主义破坏法律实施罪（第 120 条之四），强制穿戴宣扬恐怖主义、极端主义服饰、标志罪（第 120 条之五），非法持有宣扬恐怖主义、极端主义物品罪（第 120 条之六），劫持航空器罪（第 121 条），劫持船只、汽车罪（第 122 条），暴力危及飞行安全罪（第 123 条），破坏广播电视设施、公用电信设施罪（第 124 条第 1 款），过失损坏广播电视设施、公用电信设施罪（第 124 条第 2 款），非法制造、买卖、运输、邮寄、储存枪支、弹药、爆炸物罪（第 125 条第 1 款），非法制造、买卖、运输、储存危险物质罪（第 125 条第 2 款），违规制造、销售枪支罪（第 126 条），盗窃、抢夺枪支、弹药、爆炸物、危险物质罪（第 127 条第 1 款、第 2 款），抢劫枪支、弹药、爆炸物、危险物质罪（第 127 条第 2 款），非法持有、私藏枪支、弹药罪（第 128 条第 1 款），非法出租、出借枪支罪（第 128 条第 2 款、第 3 款），丢失枪支不报罪（第 129 条），非法携带枪支、弹药、管制刀具、危险物品危及公共安全罪（第 130 条），重大飞行事故罪（第 131 条），铁路运营安全事故罪（第 132 条），交通肇事罪（第 133 条），危险驾驶罪（第 133 条之一），妨害安全驾驶罪（第 133 条之二），重大责任事故罪（第 134 条第 1 款），强令、组织他人违章冒险作业罪（第 134 条第 2 款），危险作业罪（第 134 条之一），重大劳动安全事故罪（第 135 条），大型群众性活动重大安全事故罪（第 135 条之一），危险物品肇事罪（第 136 条），工程重大安全事故罪（第 137 条），教育设施重大安全事故罪（第 138 条），消防责任事故罪（第 139 条），不报、谎报安全事故罪（第 139 条之一）。

第一百一十四条【放火罪，决水罪，爆炸罪，投放危险物质罪，以危险方法危害公共安全罪】　放火、决水、爆炸以及投放毒害性、放射性、传染病病原体等物质或者以其他危险方法危害公共安全，尚未造成严重后果的，处三年以上十年以下有期徒刑。【2001 年 12 月 29 日刑法修正案（三）】

【1997 年刑法】放火、决水、爆炸、投毒或者以其他危险方法破坏工厂、矿场、油田、港口、河流、水源、仓库、住宅、森林、农场、谷场、牧场、重要管道、公共建筑物或者其他公私财产，危害公共安全，尚未造成严重后果的，处三年以上十年以下有期徒刑。

第一百一十五条　放火、决水、爆炸以及投放毒害性、放射性、传染病病原体等物质或者以其他危险方法致人重伤、死亡或者使公私财产遭受重大损失的，处十年以上有期徒刑、无期徒刑或者死刑。【2001 年 12 月 29 日刑法修正案（三）】

【1997 年刑法】放火、决水、爆炸、投毒或者以其他危险方法致人重伤、死亡或者使公私财产遭受重大损失的，处十年以上有期徒刑、无期徒刑或者死刑。

【失火罪，过失决水罪，过失爆炸罪，过失投放危险物质罪，过失以危险方法危害公共安全罪】　过失犯前款罪的，处三年以上七年以下有期徒刑；情节较轻的，处三年以下有期徒刑或者拘役。

（相关解释）**1. 最高人民检察院、公安部《关于公安机关管辖的刑事案件立案追诉标准的规定（一）》公通字〔2008〕36 号**

第一条【失火案（《刑法》第一百一十五条第二款）】过失引起火灾，涉嫌下列情形之一的，应予立案追诉：（1）造成死亡一人以上，或者重伤三人以上的；（2）造成公共财产或者他人财产直接经济损失五十万元以上的；（3）造成十户以上家庭的房屋以及其他基本生活资料烧毁的；（4）造成森林火灾，过火有林地面积二公顷以上，或者过火疏林地、灌木林地、未成林地、苗圃地面积四公顷以上的；（5）其他造成严重后果的情形。

本条规定的"有林地""疏林地""灌木林地""未成林地""苗圃地"，按照国家林业主管部门的有关规定确定。

2. 最高人民法院《关于审理破坏野生动物资源刑事案件具体应用法律若干问题的解释》法释〔2000〕37 号（已废止）

3. 国家林业局、公安部《关于森林和陆生野生动物刑事案件管辖及立案标准》林安字〔2001〕156 号

二、森林和陆生野生动物刑事案件的立案标准

（六）放火案

凡故意放火造成森林或者其他林木火灾的都应当立案；过火有林地面积二公顷以上为重大案件；过火有林地面积十公顷以上，或者致人重伤、死亡的，为特别重大案件。

（七）失火案

失火造成森林火灾，过火有林地面积二公顷以上，或者致人重伤、死亡的应当立案；过火有林地面积为十公顷以上，或者致人死亡、重伤五人以上的为重大案件；过火有林地面积为五十公顷以上，或者死亡二人以上的，为特别重大案件。

4. 最高人民法院、最高人民检察院《关于办理组织和利用邪教组织犯罪案件具体应用

法律若干问题的解释（二）》法释〔2001〕19号

邪教组织人员以自焚、自爆或者其他危险方法危害公共安全的，分别依照《刑法》第一百一十四条、第一百一十五条第一款以危险方法危害公共安全罪等规定定罪处罚。

5. 最高人民法院、最高人民检察院《关于办理妨害预防、控制突发传染病疫情等灾害的刑事案件具体应用法律若干问题的解释》法释〔2003〕8号

第一条 故意传播突发传染病病原体，危害公共安全的，依照《刑法》第一百一十四条、第一百一十五条第一款的规定，按照以危险方法危害公共安全罪定罪处罚。

患有突发传染病或者疑似突发传染病而拒绝接受检疫、强制隔离或者治疗，过失造成传染病传播，情节严重，危害公共安全的，依照《刑法》第一百一十五条第二款的规定，按照过失以危险方法危害公共安全罪定罪处罚。

第十八条 本解释所称"突发传染病疫情等灾害"，是指突然发生，造成或者可能造成社会公众健康严重损害的重大传染病疫情、群体性不明原因疾病以及其他严重影响公众健康的灾害。

6. 最高人民法院《关于印发醉酒驾车犯罪法律适用问题指导意见及相关典型案例的通知》法发〔2009〕47号

一、准确适用法律，依法严惩醉酒驾车犯罪

《刑法》规定，醉酒的人犯罪，应当负刑事责任。行为人明知酒后驾车违法、醉酒驾车会危害公共安全，却无视法律醉酒驾车，特别是在肇事后继续驾车冲撞，造成重大伤亡，说明行为人主观上对持续发生的危害结果持放任态度，具有危害公共安全的故意。对此类醉酒驾车造成重大伤亡的，应依法以以危险方法危害公共安全罪定罪。

……

二、贯彻宽严相济刑事政策，适当裁量刑罚

根据《刑法》第一百一十五条第一款的规定，醉酒驾车，放任危害结果发生，造成重大伤亡事故，构成以危险方法危害公共安全罪的，应处以十年以上有期徒刑、无期徒刑或者死刑。具体决定对被告人的刑罚时，要综合考虑此类犯罪的性质、被告人的犯罪情节、危害后果及其主观恶性、人身危险性。一般情况下，醉酒驾车构成本罪的，行为人在主观上并不希望、也不追求危害结果的发生，属于间接故意犯罪，行为的主观恶性与以制造事端为目的而恶意驾车撞人并造成重大伤亡后果的直接故意犯罪有所不同，因此，在决定刑罚时，也应当有所区别。此外，醉酒状态下驾车，行为人的辨认和控制能力实际有所减弱，量刑时也应酌情考虑。

7. 最高人民法院、最高人民检察院、公安部《关于依法惩治妨害公共交通工具安全驾驶违法犯罪行为的指导意见》公通字〔2019〕1号（2019年1月8日）

（注：最高人民法院、最高人民检察院、公安部、司法部《关于适用〈中华人民共和国刑法修正案（十一）〉有关问题的通知》法发〔2021〕16号规定：《刑法修正案（十一）》生效后，与《刑法修正案（十一）》不一致的内容，不再适用；与《刑法修正案（十一）》不相冲突的内容，在新的司法解释颁行前，继续有效）（具体见第一百一十五条）

一、准确认定行为性质，依法从严惩处妨害安全驾驶犯罪

（一）乘客在公共交通工具行驶过程中，抢夺方向盘、变速杆等操纵装置，殴打、拉拽驾驶人员，或者有其他妨害安全驾驶行为，危害公共安全，尚未造成严重后果的，依照《刑法》第一百一十四条的规定，以以危险方法危害公共安全罪定罪处罚；致人重伤、死亡或者使公私财产遭受重大损失的，依照《刑法》第一百一十五条第一款的规定，以以危

险方法危害公共安全罪定罪处罚。

实施前款规定的行为，具有以下情形之一的，从重处罚：

1.在夜间行驶或者恶劣天气条件下行驶的公共交通工具上实施的；

2.在临水、临崖、急弯、陡坡、高速公路、高架道路、桥隧路段及其他易发生危险的路段实施的；

3.在人员、车辆密集路段实施的；

4.在实际载客10人以上或者时速60公里以上的公共交通工具上实施的；

5.经他人劝告、阻拦后仍然继续实施的；

6.持械袭击驾驶人员的；

7.其他严重妨害安全驾驶的行为。

实施上述行为，即使尚未造成严重后果，一般也不得适用缓刑。

（二）乘客在公共交通工具行驶过程中，随意殴打其他乘客，追逐、辱骂他人，或者起哄闹事，妨害公共交通工具运营秩序，符合《刑法》第二百九十三条规定的，以寻衅滋事罪定罪处罚；妨害公共交通工具安全行驶，危害公共安全的，依照《刑法》第一百一十四条、第一百一十五条第一款的规定，以以危险方法危害公共安全罪定罪处罚。

（三）驾驶人员在公共交通工具行驶过程中，与乘客发生纷争后违规操作或者擅离职守，与乘客厮打、互殴，危害公共安全，尚未造成严重后果的，依照《刑法》第一百一十四条的规定，以以危险方法危害公共安全罪定罪处罚；致人重伤、死亡或者使公私财产遭受重大损失的，依照《刑法》第一百一十五条第一款的规定，以以危险方法危害公共安全罪定罪处罚。

（四）对正在进行的妨害安全驾驶的违法犯罪行为，乘客等人员有权采取措施予以制止。制止行为造成违法犯罪行为人损害，符合法定条件的，应当认定为正当防卫。

（五）正在驾驶公共交通工具的驾驶人员遭到妨害安全驾驶行为侵害时，为避免公共交通工具倾覆或者人员伤亡等危害后果发生，采取紧急制动或者躲避措施，造成公共交通工具、交通设施损坏或者人身损害，符合法定条件的，应当认定为紧急避险。

（六）以暴力、威胁方法阻碍国家机关工作人员依法处置妨害安全驾驶违法犯罪行为、维护公共交通秩序的，依照《刑法》第二百七十七条的规定，以妨害公务罪定罪处罚；暴力袭击正在依法执行职务的人民警察的，从重处罚。

（七）本意见所称公共交通工具，是指公共汽车、公路客运车，大、中型出租车等车辆。

二、加强协作配合，有效维护公共交通安全秩序

妨害公共交通工具安全驾驶行为具有高度危险性，极易诱发重大交通事故，造成重大人身伤亡、财产损失，严重威胁公共安全。各级人民法院、人民检察院和公安机关要高度重视妨害安全驾驶行为的现实危害，深刻认识维护公共交通秩序对于保障人民群众生命财产安全与社会和谐稳定的重大意义，准确认定行为性质，依法从严惩处，充分发挥刑罚的震慑、教育作用，预防、减少妨害安全驾驶不法行为发生。

公安机关接到妨害安全驾驶相关警情后要及时处警，采取果断措施予以处置；要妥善保护事发现场，全面收集、提取证据，特别是注意收集行车记录仪、道路监控等视听资料。人民检察院应当对公安机关的立案、侦查活动进行监督；对于公安机关提请批准逮捕、移送审查起诉的案件，符合逮捕、起诉条件的，应当依法予以批捕、起诉。人民法院应当及时公开、公正审判。对于妨害安全驾驶行为构成犯罪的，严格依法追究刑事责任；尚不构

成犯罪但构成违反治安管理行为的，依法给予治安管理处罚。

在办理案件过程中，人民法院、人民检察院和公安机关要综合考虑公共交通工具行驶速度、通行路段情况、载客情况、妨害安全驾驶行为的严重程度及对公共交通安全的危害大小、行为人认罪悔罪表现等因素，全面准确评判，充分彰显强化保障公共交通安全的价值导向。

三、强化宣传警示教育，提升公众交通安全意识

人民法院、人民检察院、公安机关要积极回应人民群众关切，对于社会影响大、舆论关注度高的重大案件，在依法办案的同时要视情向社会公众发布案件进展情况。要广泛拓展传播渠道，尤其是充分运用微信公众号、微博等网络新媒体，及时通报案件信息、澄清事实真相，借助焦点案事件向全社会传递公安和司法机关坚决惩治妨害安全驾驶违法犯罪的坚定决心，提升公众的安全意识、规则意识和法治意识。

办案单位要切实贯彻"谁执法、谁普法"的普法责任制，以各种有效形式开展以案释法，选择妨害安全驾驶犯罪的典型案例进行庭审直播，或者邀请专家学者、办案人员进行解读，阐明妨害安全驾驶行为的违法性、危害性。要坚持弘扬社会正气，选择及时制止妨害安全驾驶行为的见义勇为事例进行褒扬，向全社会广泛宣传制止妨害安全驾驶行为的正当性、必要性。

各地各相关部门要认真贯彻执行。执行中遇有问题，请及时上报。

8.最高人民法院《关于依法妥善审理高空抛物、坠物案件的意见》法发〔2019〕25号（2019年10月21日）（注：最高人民法院、最高人民检察院、公安部、司法部《关于适用〈中华人民共和国刑法修正案（十一）〉有关问题的通知》法发〔2021〕16号规定：《刑法修正案（十一）》生效后，与《刑法修正案（十一）》不一致的内容，不再适用；与《刑法修正案（十一）》不相冲突的内容，在新的司法解释颁行前，继续有效）（具体见第一百一十五条）

二、依法惩处构成犯罪的高空抛物、坠物行为，切实维护人民群众生命财产安全

4.充分认识高空抛物、坠物行为的社会危害性。高空抛物、坠物行为损害人民群众人身、财产安全，极易造成人身伤亡和财产损失，引发社会矛盾纠纷。人民法院要高度重视高空抛物、坠物行为的现实危害，深刻认识运用刑罚手段惩治情节和后果严重的高空抛物、坠物行为的必要性和重要性，依法惩治此类犯罪行为，有效防范、坚决遏制此类行为发生。

5.准确认定高空抛物犯罪。对于高空抛物行为，应当根据行为人的动机、抛物场所、抛掷物的情况以及造成的后果等因素，全面考量行为的社会危害程度，准确判断行为性质，正确适用罪名，准确裁量刑罚。

故意从高空抛弃物品，尚未造成严重后果，但足以危害公共安全的，依照《刑法》第一百一十四条规定的以危险方法危害公共安全罪定罪处罚；致人重伤、死亡或者使公私财产遭受重大损失的，依照《刑法》第一百一十五条第一款的规定处罚。为伤害、杀害特定人员实施上述行为的，依照故意伤害罪、故意杀人罪定罪处罚。

6.依法从重惩治高空抛物犯罪。具有下列情形之一的，应当从重处罚，一般不得适用缓刑：（1）多次实施的；（2）经劝阻仍继续实施的；（3）受过刑事处罚或者行政处罚后又实施的；（4）在人员密集场所实施的；（5）其他情节严重的情形。

7.准确认定高空坠物犯罪。过失导致物品从高空坠落，致人死亡、重伤，符合《刑法》第二百三十三条、第二百三十五条规定的，依照过失致人死亡罪、过失致人重伤罪定罪处罚。在生产、作业中违反有关安全管理规定，从高空坠落物品，发生重大伤亡事故或者造

成其他严重后果的，依照《刑法》第一百三十四条第一款的规定，以重大责任事故罪定罪处罚。

9.最高人民法院、最高人民检察院、公安部、司法部《关于依法惩治妨害新型冠状病毒感染肺炎疫情防控违法犯罪的意见》法发〔2020〕7号（2020年2月6日）

为依法惩治妨害新型冠状病毒感染肺炎疫情防控违法犯罪行为，保障人民群众生命安全和身体健康，保障社会安定有序，保障疫情防控工作顺利开展，根据有关法律、司法解释的规定，制定本意见。

一、提高政治站位，充分认识疫情防控时期维护社会大局稳定的重大意义

各级人民法院、人民检察院、公安机关、司法行政机关要切实把思想和行动统一到习近平总书记关于新型冠状病毒感染肺炎疫情防控工作的系列重要指示精神上来，坚决贯彻落实党中央决策部署、中央应对新型冠状病毒感染肺炎疫情工作领导小组工作安排，按照中央政法委要求，增强"四个意识"、坚定"四个自信"、做到"两个维护"，始终将人民群众的生命安全和身体健康放在第一位，坚决把疫情防控作为当前压倒一切的头等大事来抓，用足用好法律规定，依法及时、从严惩治妨害疫情防控的各类违法犯罪，为坚决打赢疫情防控阻击战提供有力法治保障。

二、准确适用法律，依法严惩妨害疫情防控的各类违法犯罪

（一）依法严惩抗拒疫情防控措施犯罪。故意传播新型冠状病毒感染肺炎病原体，具有下列情形之一，危害公共安全的，依照《刑法》第一百一十四条、第一百一十五条第一款的规定，以以危险方法危害公共安全罪定罪处罚：

1.已经确诊的新型冠状病毒感染肺炎病人、病原携带者，拒绝隔离治疗或者隔离期未满擅自脱离隔离治疗，并进入公共场所或者公共交通工具的；

2.新型冠状病毒感染肺炎疑似病人拒绝隔离治疗或者隔离期未满擅自脱离隔离治疗，并进入公共场所或者公共交通工具，造成新型冠状病毒传播的。

其他拒绝执行卫生防疫机构依照传染病防治法提出的防控措施，引起新型冠状病毒传播或者有传播严重危险的，依照《刑法》第三百三十条的规定，以妨害传染病防治罪定罪处罚。

以暴力、威胁方法阻碍国家机关工作人员（含在依照法律、法规规定行使国家有关疫情防控行政管理职权的组织中从事公务的人员，在受国家机关委托代表国家机关行使疫情防控职权的组织中从事公务的人员，虽未列入国家机关人员编制但在国家机关中从事疫情防控公务的人员）依法履行为防控疫情而采取的防疫、检疫、强制隔离、隔离治疗等措施的，依照《刑法》第二百七十七条第一款、第三款的规定，以妨害公务罪定罪处罚。暴力袭击正在依法执行职务的人民警察的，以妨害公务罪定罪，从重处罚。

（二）依法严惩暴力伤医犯罪。在疫情防控期间，故意伤害医务人员造成轻伤以上的严重后果，或者对医务人员实施撕扯防护装备、吐口水等行为，致使医务人员感染新型冠状病毒的，依照《刑法》第二百三十四条的规定，以故意伤害罪定罪处罚。

随意殴打医务人员，情节恶劣的，依照《刑法》第二百九十三条的规定，以寻衅滋事罪定罪处罚。

采取暴力或者其他方法公然侮辱、恐吓医务人员，符合《刑法》第二百四十六条、第二百九十三条规定的，以侮辱罪或者寻衅滋事罪定罪处罚。

以不准离开工作场所等方式非法限制医务人员人身自由，符合《刑法》第二百三十八条规定的，以非法拘禁罪定罪处罚。

（三）依法严惩制假售假犯罪。在疫情防控期间，生产、销售伪劣的防治、防护产品、物资，或者生产、销售用于防治新型冠状病毒感染肺炎的假药、劣药，符合《刑法》第一百四十条、第一百四十一条、第一百四十二条规定的，以生产、销售伪劣产品罪，生产、销售假药罪或者生产、销售劣药罪定罪处罚。

在疫情防控期间，生产不符合保障人体健康的国家标准、行业标准的医用口罩、护目镜、防护服等医用器材，或者销售明知是不符合标准的医用器材，足以严重危害人体健康的，依照《刑法》第一百四十五条的规定，以生产、销售不符合标准的医用器材罪定罪处罚。

（四）依法严惩哄抬物价犯罪。在疫情防控期间，违反国家有关市场经营、价格管理等规定，囤积居奇，哄抬疫情防控急需的口罩、护目镜、防护服、消毒液等防护用品、药品或者其他涉及民生的物品价格，牟取暴利，违法所得数额较大或者有其他严重情节，严重扰乱市场秩序的，依照《刑法》第二百二十五条第四项的规定，以非法经营罪定罪处罚。

（五）依法严惩诈骗、聚众哄抢犯罪。在疫情防控期间，假借研制、生产或者销售用于疫情防控的物品的名义骗取公私财物，或者捏造事实骗取公众捐赠款物，数额较大的，依照《刑法》第二百六十六条的规定，以诈骗罪定罪处罚。

在疫情防控期间，违反国家规定，假借疫情防控的名义，利用广告对所推销的商品或者服务作虚假宣传，致使多人上当受骗，违法所得数额较大或者有其他严重情节的，依照《刑法》第二百二十二条的规定，以虚假广告罪定罪处罚。

在疫情防控期间，聚众哄抢公私财物特别是疫情防控和保障物资，数额较大或者有其他严重情节的，对首要分子和积极参加者，依照《刑法》第二百六十八条的规定，以聚众哄抢罪定罪处罚。

（六）依法严惩造谣传谣犯罪。编造虚假的疫情信息，在信息网络或者其他媒体上传播，或者明知是虚假疫情信息，故意在信息网络或者其他媒体上传播，严重扰乱社会秩序的，依照《刑法》第二百九十一条之一第二款的规定，以编造、故意传播虚假信息罪定罪处罚。

编造虚假信息，或者明知是编造的虚假信息，在信息网络上散布，或者组织、指使人员在信息网络上散布，起哄闹事，造成公共秩序严重混乱的，依照《刑法》第二百九十三条第一款第四项的规定，以寻衅滋事罪定罪处罚。

利用新型冠状病毒感染肺炎疫情，制造、传播谣言，煽动分裂国家、破坏国家统一，或者煽动颠覆国家政权、推翻社会主义制度的，依照《刑法》第一百零三条第二款、第一百零五条第二款的规定，以煽动分裂国家罪或者煽动颠覆国家政权罪定罪处罚。

网络服务提供者不履行法律、行政法规规定的信息网络安全管理义务，经监管部门责令采取改正措施而拒不改正，致使虚假疫情信息或者其他违法信息大量传播的，依照《刑法》第二百八十六条之一的规定，以拒不履行信息网络安全管理义务罪定罪处罚。

对虚假疫情信息案件，要依法、精准、恰当处置。对恶意编造虚假疫情信息，制造社会恐慌，挑动社会情绪，扰乱公共秩序，特别是恶意攻击党和政府，借机煽动颠覆国家政权、推翻社会主义制度的，要依法严惩。对于因轻信而传播虚假信息，危害不大的，不以犯罪论处。

（七）依法严惩疫情防控失职渎职、贪污挪用犯罪。在疫情防控工作中，负有组织、协调、指挥、灾害调查、控制、医疗救治、信息传递、交通运输、物资保障等职责的国家机关工作人员，滥用职权或者玩忽职守，致使公共财产、国家和人民利益遭受重大损失的，依照《刑法》第三百九十七条的规定，以滥用职权罪或者玩忽职守罪定罪处罚。

卫生行政部门的工作人员严重不负责任，不履行或者不认真履行防治监管职责，导致新型冠状病毒感染肺炎传播或者流行，情节严重的，依照《刑法》第四百零九条的规定，以传染病防治失职罪定罪处罚。

从事实验、保藏、携带、运输传染病菌种、毒种的人员，违反国务院卫生行政部门的有关规定，造成新型冠状病毒毒种扩散，后果严重的，依照《刑法》第三百三十一条的规定，以传染病毒种扩散罪定罪处罚。

国家工作人员，受委托管理国有财产的人员，公司、企业或者其他单位的人员，利用职务便利，侵吞、截留或者以其他手段非法占有用于防控新型冠状病毒感染肺炎的款物，或者挪用上述款物归个人使用，符合《刑法》第三百八十二条、第三百八十三条、第二百七十一条、第三百八十四条、第二百七十二条规定的，以贪污罪、职务侵占罪、挪用公款罪、挪用资金罪定罪处罚。挪用用于防控新型冠状病毒感染肺炎的救灾、优抚、救济等款物，符合《刑法》第二百七十三条规定的，对直接责任人员，以挪用特定款物罪定罪处罚。

（八）依法严惩破坏交通设施犯罪。在疫情防控期间，破坏轨道、桥梁、隧道、公路、机场、航道、灯塔、标志或者进行其他破坏活动，足以使火车、汽车、电车、船只、航空器发生倾覆、毁坏危险的，依照《刑法》第一百一十七条、第一百一十九条第一款的规定，以破坏交通设施罪定罪处罚。

办理破坏交通设施案件，要区分具体情况，依法审慎处理。对于为了防止疫情蔓延，未经批准擅自封路阻碍交通，未造成严重后果的，一般不以犯罪论处，由主管部门予以纠正。

（九）依法严惩破坏野生动物资源犯罪。非法猎捕、杀害国家重点保护的珍贵、濒危野生动物的，或者非法收购、运输、出售国家重点保护的珍贵、濒危野生动物及其制品的，依照《刑法》第三百四十一条第一款的规定，以非法猎捕、杀害珍贵、濒危野生动物罪或者非法收购、运输、出售珍贵、濒危野生动物、珍贵、濒危野生动物制品罪定罪处罚。

违反狩猎法规，在禁猎区、禁猎期或者使用禁用的工具、方法进行狩猎，破坏野生动物资源，情节严重的，依照《刑法》第三百四十一条第二款的规定，以非法狩猎罪定罪处罚。

违反国家规定，非法经营非国家重点保护野生动物及其制品（包括开办交易场所、进行网络销售、加工食品出售等），扰乱市场秩序，情节严重的，依照《刑法》第二百二十五条第四项的规定，以非法经营罪定罪处罚。

知道或者应当知道是国家重点保护的珍贵、濒危野生动物及其制品，为食用或者其他目的而非法购买，符合《刑法》第三百四十一条第一款规定的，以非法收购珍贵、濒危野生动物、珍贵、濒危野生动物制品罪定罪处罚。

知道或者应当知道是非法狩猎的野生动物而购买，符合《刑法》第三百一十二条规定的，以掩饰、隐瞒犯罪所得罪定罪处罚。

（十）依法严惩妨害疫情防控的违法行为。实施上述（一）至（九）规定的行为，不构成犯罪的，由公安机关根据治安管理处罚法有关虚构事实扰乱公共秩序，扰乱单位秩序、公共场所秩序、寻衅滋事，拒不执行紧急状态下的决定、命令，阻碍执行职务，冲闯警戒带、警戒区，殴打他人，故意伤害，侮辱他人，诈骗，在铁路沿线非法挖掘坑穴、采石取沙，盗窃、损毁路面公共设施，损毁铁路设施设备，故意损毁财物，哄抢公私财物等规定，予以治安管理处罚，或者由有关部门予以其他行政处罚。

对于在疫情防控期间实施有关违法犯罪的，要作为从重情节予以考量，依法体现从严的政策要求，有力惩治震慑违法犯罪，维护法律权威，维护社会秩序，维护人民群众生命安全和身体健康。

三、健全完善工作机制，保障办案效果和安全

（一）及时查处案件。公安机关对于妨害新型冠状病毒感染肺炎疫情防控的案件，要依法及时立案查处，全面收集固定证据。对于拒绝隔离治疗或者隔离期未满擅自脱离隔离治疗的人员，公安机关要依法协助医疗机构和有关部门采取强制隔离治疗措施。要严格规范公正文明执法。

（二）强化沟通协调。人民法院、人民检察院、公安机关、司法行政机关要加强沟通协调，确保案件顺利侦查、起诉、审判、交付执行。对重大、敏感、复杂案件，公安机关要及时听取人民检察院的意见建议。对社会影响大、舆论关注度高的重大案件，要加强组织领导，按照依法处置、舆论引导、社会面管控"三同步"要求，及时向社会通报案件进展情况，澄清事实真相，做好舆论引导工作。

（三）保障诉讼权利。要依法保障犯罪嫌疑人、被告人的各项诉讼权利特别是辩护权。要按照刑事案件律师辩护全覆盖的要求，积极组织律师为没有委托辩护人的被告人依法提供辩护或者法律帮助。各级司法行政机关要加强对律师辩护代理工作的指导监督，引导广大律师依法依规履行辩护代理职责，切实维护犯罪嫌疑人、被告人的合法权益，保障法律正确实施。

（四）加强宣传教育。人民法院、人民检察院、公安机关、司法行政机关要认真落实"谁执法谁普法"责任制，结合案件办理深入细致开展法治宣传教育工作。要选取典型案例，以案释法，加大警示教育，震慑违法犯罪分子，充分展示坚决依法严惩此类违法犯罪、维护人民群众生命安全和身体健康的决心。要引导广大群众遵纪守法，不信谣、不传谣，依法支持和配合疫情防控工作，为疫情防控工作的顺利开展营造良好的法治和社会环境。

（五）注重办案安全。在疫情防控期间，办理妨害新型冠状病毒感染肺炎疫情防控案件，办案人员要注重自身安全，提升防范意识，增强在履行接处警、抓捕、羁押、讯问、审判、执行等职能时的自我保护能力和防范能力。除依法必须当面接触的情形外，可以尽量采取书面审查方式，必要时，可以采取视频等方式讯问犯罪嫌疑人，询问被害人、证人，听取辩护律师意见。人民法院在疫情防控期间审理相关案件的，在坚持依法公开审理的同时，要最大限度减少人员聚集，切实维护诉讼参与人、旁听群众、法院干警的安全和健康。

10. 最高人民法院、最高人民检察院、公安部《关于办理涉窨井盖相关刑事案件的指导意见》 2020 年 3 月 16 日（具体见第一百一十九条）

二、盗窃、破坏人员密集往来的非机动车道、人行道以及车站、码头、公园、广场、学校、商业中心、厂区、社区、院落等生产生活、人员聚集场所的窨井盖，足以危害公共安全，尚未造成严重后果的，依照《刑法》第一百一十四条的规定，以以危险方法危害公共安全罪定罪处罚；致人重伤、死亡或者使公私财产遭受重大损失的，依照《刑法》第一百一十五条第一款的规定处罚。

过失致人重伤、死亡或者使公私财产遭受重大损失的，依照《刑法》第一百一十五条第二款的规定，以过失以危险方法危害公共安全罪定罪处罚。

11. 最高人民法院、最高人民检察院、公安部、司法部《关于适用〈中华人民共和国刑法修正案（十一）〉有关问题的通知》 法发〔2021〕16 号（2021 年 5 月 20 日）

为正确适用《中华人民共和国刑法修正案（十一）》（以下简称《刑法修正案（十一）》），根据《中华人民共和国刑法》第十二条等规定，现将有关问题通知如下：

一、《刑法修正案（十一）》生效后，下列司法解释、规范性文件中，与《刑法修正案（十一）》不一致的内容，不再适用；与《刑法修正案（十一）》不相冲突的内容，在新的司法解释颁行前，继续有效：

（一）《最高人民法院、最高人民检察院、公安部关于依法惩治妨害公共交通工具安全驾驶违法犯罪行为的指导意见》（公通字〔2019〕1号）；

（二）《最高人民法院关于依法妥善审理高空抛物、坠物案件的意见》（法发〔2019〕25号）；

（三）《最高人民法院、最高人民检察院、公安部、司法部关于办理黑恶势力犯罪案件若干问题的指导意见》（法发〔2018〕1号）；

（四）《最高人民法院、最高人民检察院关于办理赌博刑事案件具体应用法律若干问题的解释》（法释〔2005〕3号）；

（五）《最高人民法院、最高人民检察院、公安部关于依法惩治袭警违法犯罪行为的指导意见》（公通字〔2019〕32号）；

（六）其他与《刑法修正案（十一）》不完全一致的司法解释、规范性文件。

二、2021年2月28日以前发生的行为，2021年3月1日以后尚未处理或者正在处理的，依照《中华人民共和国刑法》第十二条和相关司法解释办理。

办理前款规定的案件，适用经《刑法修正案（十一）》修正的《中华人民共和国刑法》规定的，依照《最高人民法院、最高人民检察院关于执行〈中华人民共和国刑法〉确定罪名的补充规定（七）》（法释〔2021〕2号）确定罪名。

三、修正前《刑法》规定的主刑较重但未规定附加刑，修正后《刑法》规定的主刑较轻但规定并处附加刑的，应当适用修正后《刑法》的有关规定，在判处主刑时并处附加刑，但应当妥当把握主刑、附加刑的幅度，确保体现从旧兼从轻的原则。

四、本通知自2021年5月20日起施行。执行过程中遇到的问题，请及时分别报告最高人民法院、最高人民检察院、公安部、司法部。

12.最高人民法院、最高人民检察院、公安部、工业和信息化部、住房和城乡建设部、交通运输部、应急管理部、国家铁路局、中国民用航空局、国家邮政局《关于依法惩治涉枪支、弹药、爆炸物、易燃易爆危险物品犯罪的意见》 法发〔2021〕35号（2021年12月28日）（具体见第一百二十五条）

8.在水路、铁路、航空易燃易爆危险物品运输生产作业活动中违反有关安全管理的规定，有下列情形之一，明知存在重大事故隐患而不排除，足以危害公共安全的，依照《刑法》第一百一十四条的规定，以以危险方法危害公共安全罪定罪处罚；致人重伤、死亡或者使公私财产遭受重大损失的，依照《刑法》第一百一十五条第一款的规定处罚：

（1）未经依法批准或者许可，擅自从事易燃易爆危险物品运输的；

（2）委托无资质企业或者个人承运易燃易爆危险物品的；

（3）在托运的普通货物中夹带易燃易爆危险物品的；

（4）将易燃易爆危险物品谎报或者匿报为普通货物托运的；

（5）其他在水路、铁路、航空易燃易爆危险物品运输活动中违反有关安全管理规定的情形。

非法携带易燃易爆危险物品进入水路、铁路、航空公共交通工具或者有关公共场所，危及公共安全，情节严重的，依照《刑法》第一百三十条的规定，以非法携带危险物品危及公共安全罪定罪处罚。

9.通过邮件、快件夹带易燃易爆危险物品，或者将易燃易爆危险物品谎报为普通物品交寄，符合本意见第5条至第8条规定的，依照各该条的规定定罪处罚。

（附参考）1.**浙江省高级人民法院、浙江省人民检察院、浙江省公安厅《关于办理失火犯罪和消防责任事故犯罪案件有关问题的通知》**浙公发〔2001〕9号

（一）具有下列情形之一的，处三年以下有期徒刑或拘役：（1）死亡一人以上的；（2）重伤三人以上的；（3）生活资料基本损失的受灾户三十户以上的；（4）直接财产损失三十万元以上的；（5）烧毁森林一百亩以上或特种用途林十亩以上的；（6）烧毁国家一级保护珍贵树木或百年以上古树名木三棵以上，或烧毁国家二级保护珍贵树木十棵以上的；（7）火灾事故造成的单项损害后果虽未达到上列单项标准，但同时具有两项以上情形，且数量或数额接近单项标准的。

（二）具有下列情形之一的，处三年以上七年以下有期徒刑：（1）死亡三人以上的；（2）重伤十人以上的；（3）生活资料基本损失的受灾户五十户以上的；（4）直接财产损失六十万元以上的；（5）烧毁森林二百亩以上或特种用途林二十亩以上的；（6）烧毁国家一级保护珍贵树木或百年以上古树名木六棵以上，或烧毁国家二级保护珍贵树木二十棵以上的；（7）火灾事故造成的单项损害后果虽未达到上列单项标准，但同时具有两项以上情形，且数量或数额接近单项标准的。

2.**浙江省高级人民法院《关于部分罪名定罪量刑情节及数额标准的意见》**浙高法〔2012〕325号

1.《刑法》第一百一十五条第一款 **【放火罪、决水罪、爆炸罪、投放危险物质罪、以危险方法危害公共安全罪】**

具有下列情形之一的，属于"重大损失"，处十年以上有期徒刑、无期徒刑或者死刑：

（1）造成直接经济损失10万元以上的；

（2）造成森林火灾，过火有林地面积10公顷以上，或者过火疏林地、灌木林地、未成林地、苗圃地面积20公顷以上的；

（3）重大损失的其他情形。

2.《刑法》第一百一十五条第二款 **【过失决水罪、过失爆炸罪、过失投放危险物质罪、过失以危险方法危害公共安全罪】**

具有下列情形之一的，属于"情节较轻"，处三年以下有期徒刑或者拘役：

（1）造成公共财产或者他人财产直接经济损失50万元以上不满500万元的；

（2）造成10户以上不满30户家庭的房屋以及其他基本生活资料烧毁的；

（3）造成森林火灾，过火有林地面积2公顷以上不满10公顷，或者过火疏林地、灌木林地、未成林地、苗圃地面积4公顷以上不满20公顷的；

（4）情节较轻的其他情形。

第一百一十六条【破坏交通工具罪】 破坏火车、汽车、电车、船只、航空器，足以使火车、汽车、电车、船只、航空器发生倾覆、毁坏危险，尚未造成严重后果的，处三年以上十年以下有期徒刑。

第一百一十七条【破坏交通设施罪】 破坏轨道、桥梁、隧道、公路、机场、航道、

灯塔、标志或者进行其他破坏活动，足以使火车、汽车、电车、船只、航空器发生倾覆、毁坏危险，尚未造成严重后果的，处三年以上十年以下有期徒刑。

第一百一十八条【破坏电力设备罪，破坏易燃易爆设备罪】　破坏电力、燃气或者其他易燃易爆设备，危害公共安全，尚未造成严重后果的，处三年以上十年以下有期徒刑。

第一百一十九条　破坏交通工具、交通设施、电力设备、燃气设备、易燃易爆设备，造成严重后果的，处十年以上有期徒刑、无期徒刑或者死刑。

【过失损坏交通工具罪，过失损坏交通设施罪，过失损坏电力设备罪，过失损坏易燃易爆设备罪】　过失犯前款罪的，处三年以上七年以下有期徒刑；情节较轻的，处三年以下有期徒刑或者拘役。

（相关解释）**1. 最高人民法院、最高人民检察院《关于办理盗窃油气、破坏油气设备等刑事案件具体应用法律若干问题的解释》**法释〔2007〕3号

第一条　在实施盗窃油气等行为过程中，采用切割、打孔、撬砸、拆卸、开关等手段破坏正在使用的油气设备的，属于《刑法》第一百一十八条规定的"破坏燃气或者其他易燃易爆设备"的行为；危害公共安全，尚未造成严重后果的，依照《刑法》第一百一十八条的规定定罪处罚。

第二条　实施本解释第一条规定的行为，具有下列情形之一的，属于《刑法》第一百一十九条第一款规定的"造成严重后果"，依照《刑法》第一百一十九条第一款的规定定罪处罚：

（一）造成一人以上死亡、三人以上重伤或者十人以上轻伤的；

（二）造成井喷或者重大环境污染事故的；

（三）造成直接经济损失数额在五十万元以上的；

（四）造成其他严重后果的。

第三条　盗窃油气或者正在使用的油气设备，构成犯罪，但未危害公共安全的，依照《刑法》第二百六十四条的规定，以盗窃罪定罪处罚。

盗窃油气，数额巨大但尚未运离现场的，以盗窃未遂定罪处罚。

为他人盗窃油气而偷开油气井、油气管道等油气设备阀门排放油气或者提供其他帮助的，以盗窃罪的共犯定罪处罚。

第四条　盗窃油气同时构成盗窃罪和破坏易燃易爆设备罪的，依照《刑法》处罚较重的规定定罪处罚。

第五条　明知是盗窃犯罪所得的油气或者油气设备，而予以窝藏、转移、收购、加工、代为销售或者以其他方法掩饰、隐瞒的，依照《刑法》第三百一十二条的规定定罪处罚。

实施前款规定的犯罪行为，事前通谋的，以盗窃犯罪的共犯定罪处罚。

第六条　违反矿产资源法的规定，非法开采或者破坏性开采石油、天然气资源的，依照《刑法》第三百四十三条以及最高人民法院《关于审理非法采矿、破坏性采矿刑事案件具体应用法律若干问题的解释》的规定追究刑事责任。

第七条　国家机关工作人员滥用职权或者玩忽职守，实施下列行为之一，致使公共财产、国家和人民利益遭受重大损失的，依照《刑法》第三百九十七条的规定，以滥用职权罪或者玩忽职守罪定罪处罚：

（一）超越职权范围，批准发放石油、天然气勘查、开采、加工、经营等许可证的；

（二）违反国家规定，给不符合法定条件的单位、个人发放石油、天然气勘查、开采、加工、经营等许可证的；

（三）违反《石油天然气管道保护条例》等国家规定，在油气设备安全保护范围内批准建设项目的；

（四）对发现或者经举报查实的未经依法批准、许可擅自从事石油、天然气勘查、开采、加工、经营等违法活动不予查封、取缔的。

第八条 本解释所称的"油气"，是指石油、天然气。其中，石油包括原油、成品油；天然气包括煤层气。

本解释所称"油气设备"，是指用于石油、天然气生产、储存、运输等易燃易爆设备。

2.最高人民法院《关于审理破坏电力设备刑事案件具体应用法律若干问题的解释》法释〔2007〕15号

第一条 破坏电力设备，具有下列情形之一的，属于《刑法》第一百一十九条第一款规定的"造成严重后果"，以破坏电力设备罪判处十年以上有期徒刑、无期徒刑或者死刑：

（一）造成一人以上死亡、三人以上重伤或者十人以上轻伤的；

（二）造成一万以上用户电力供应中断六小时以上，致使生产、生活受到严重影响的；

（三）造成直接经济损失一百万元以上的；

（四）造成其他危害公共安全严重后果的。

第二条 过失损坏电力设备，造成本解释第一条规定的严重后果的，依照《刑法》第一百一十九条第二款的规定，以过失损坏电力设备罪判处三年以上七年以下有期徒刑；情节较轻的，处三年以下有期徒刑或者拘役。

第三条 盗窃电力设备，危害公共安全，但不构成盗窃罪的，以破坏电力设备罪定罪处罚；同时构成盗窃罪和破坏电力设备罪的，依照《刑法》处罚较重的规定定罪处罚。

盗窃电力设备，没有危及公共安全，但应当追究刑事责任的，可以根据案件的不同情况，按照盗窃罪等犯罪处理。

第四条 本解释所称电力设备，是指处于运行、应急等使用中的电力设备；已经通电使用，只是由于枯水季节或电力不足等原因暂停使用的电力设备；已经交付使用但尚未通电的电力设备。不包括尚未安装完毕，或者已经安装完毕但尚未交付使用的电力设备。

本解释中直接经济损失的计算范围，包括电量损失金额，被毁损设备材料的购置、更换、修复费用，以及因停电给用户造成的直接经济损失等。

3.最高人民法院、最高人民检察院、公安部《关于办理盗窃油气、破坏油气设备等刑事案件适用法律若干问题的意见》法发〔2018〕18号

为依法惩治盗窃油气、破坏油气设备等犯罪，维护公共安全、能源安全和生态安全，根据《中华人民共和国刑法》《中华人民共和国刑事诉讼法》和《最高人民法院、最高人民检察院关于办理盗窃油气、破坏油气设备等刑事案件具体应用法律若干问题的解释》等法律、司法解释的规定，结合工作实际，制定本意见。

一、关于危害公共安全的认定

在实施盗窃油气等行为过程中，破坏正在使用的油气设备，具有下列情形之一的，应当认定为《刑法》第一百一十八条规定的"危害公共安全"：

（一）采用切割、打孔、撬砸、拆卸手段的，但是明显未危害公共安全的除外；

（二）采用开、关等手段，足以引发火灾、爆炸等危险的。

二、关于盗窃油气未遂的刑事责任

着手实施盗窃油气行为，由于意志以外的原因未得逞，具有下列情形之一的，以盗窃罪（未遂）追究刑事责任：

（一）以数额巨大的油气为盗窃目标的；

（二）已将油气装入包装物或者运输工具，达到"数额较大"标准三倍以上的；

（三）携带盗油卡子、手摇钻、电钻、电焊枪等切割、打孔、撬砸、拆卸工具的；

（四）其他情节严重的情形。

三、关于共犯的认定

在共同盗窃油气、破坏油气设备等犯罪中，实际控制、为主出资或者组织、策划、纠集、雇佣、指使他人参与犯罪的，应当依法认定为主犯；对于其他人员，在共同犯罪中起主要作用的，也应当依法认定为主犯。

在输油输气管道投入使用前擅自安装阀门，在管道投入使用后将该阀门提供给他人盗窃油气的，以盗窃罪、破坏易燃易爆设备罪等有关犯罪的共同犯罪论处。

四、关于内外勾结盗窃油气行为的处理

行为人与油气企业人员勾结共同盗窃油气，没有利用油气企业人员职务便利，仅仅是利用其易于接近油气设备、熟悉环境等方便条件的，以盗窃罪的共同犯罪论处。

实施上述行为，同时构成破坏易燃易爆设备罪的，依照处罚较重的规定定罪处罚。

五、关于窝藏、转移、收购、加工、代为销售被盗油气行为的处理

明知是犯罪所得的油气而予以窝藏、转移、收购、加工、代为销售或者以其他方式掩饰、隐瞒，符合《刑法》第三百一十二条规定的，以掩饰、隐瞒犯罪所得罪追究刑事责任。

"明知"的认定，应当结合行为人的认知能力、所得报酬、运输工具、运输路线、收购价格、收购形式、加工方式、销售地点、仓储条件等因素综合考虑。

实施第一款规定的犯罪行为，事前通谋的，以盗窃罪、破坏易燃易爆设备罪等有关犯罪的共同犯罪论处。

六、关于直接经济损失的认定

《最高人民法院、最高人民检察院关于办理盗窃油气、破坏油气设备等刑事案件具体应用法律若干问题的解释》第二条第三项规定的"直接经济损失"包括因实施盗窃油气等行为直接造成的油气损失以及采取抢修堵漏等措施所产生的费用。

对于直接经济损失数额，综合油气企业提供的证据材料、犯罪嫌疑人、被告人及其辩护人所提辩解、辩护意见等认定；难以确定的，依据价格认证机构出具的报告，结合其他证据认定。

油气企业提供的证据材料，应当有工作人员签名和企业公章。

七、关于专门性问题的认定

对于油气的质量、标准等专门性问题，综合油气企业提供的证据材料、犯罪嫌疑人、被告人及其辩护人所提辩解、辩护意见等认定；难以确定的，依据司法鉴定机构出具的鉴定意见或者国务院公安部门指定的机构出具的报告，结合其他证据认定。

油气企业提供的证据材料，应当有工作人员签名和企业公章。

4.最高人民法院、最高人民检察院、公安部、司法部《关于依法惩治妨害新型冠状病毒感染肺炎疫情防控违法犯罪的意见》 法发〔2020〕7号（2020年2月6日）（具体见第一百一十五条）

（八）依法严惩破坏交通设施犯罪。在疫情防控期间，破坏轨道、桥梁、隧道、公路、机场、航道、灯塔、标志或者进行其他破坏活动，足以使火车、汽车、电车、船只、航空

器发生倾覆、毁坏危险的，依照《刑法》第一百一十七条、第一百一十九条第一款的规定，以破坏交通设施罪定罪处罚。

办理破坏交通设施案件，要区分具体情况，依法审慎处理。对于为了防止疫情蔓延，未经批准擅自封路阻碍交通，未造成严重后果的，一般不以犯罪论处，由主管部门予以纠正。

5. 最高人民法院、最高人民检察院、公安部《关于办理涉窨井盖相关刑事案件的指导意见》2020 年 3 月 16 日

近年来，因盗窃、破坏窨井盖等行为导致人员伤亡事故多发，严重危害公共安全和人民群众生命财产安全，社会反映强烈。要充分认识此类行为的社会危害性、运用刑罚手段依法惩治的必要性，完善刑事责任追究机制，维护人民群众"脚底下的安全"，推动窨井盖问题的综合治理。为依法惩治涉窨井盖相关犯罪，切实维护公共安全和人民群众合法权益，提升办案质效，根据《中华人民共和国刑法》等法律规定，提出以下意见：

一、盗窃、破坏正在使用中的社会机动车通行道路上的窨井盖，足以使汽车、电车发生倾覆、毁坏危险，尚未造成严重后果的，依照《刑法》第一百一十七条的规定，以破坏交通设施罪定罪处罚；造成严重后果的，依照《刑法》第一百一十九条第一款的规定处罚。

过失造成严重后果的，依照《刑法》第一百一十九条第二款的规定，以过失损坏交通设施罪定罪处罚。

二、盗窃、破坏人员密集往来的非机动车道、人行道以及车站、码头、公园、广场、学校、商业中心、厂区、社区、院落等生产生活、人员聚集场所的窨井盖，足以危害公共安全，尚未造成严重后果的，依照《刑法》第一百一十四条的规定，以以危险方法危害公共安全罪定罪处罚；致人重伤、死亡或者使公私财产遭受重大损失的，依照《刑法》第一百一十五条第一款的规定处罚。

过失致人重伤、死亡或者使公私财产遭受重大损失的，依照《刑法》第一百一十五条第二款的规定，以过失以危险方法危害公共安全罪定罪处罚。

三、对于本意见第一条、第二条规定以外的其他场所的窨井盖，明知会造成人员伤亡后果而实施盗窃、破坏行为，致人受伤或者死亡的，依照《刑法》第二百三十四条、第二百三十二条的规定，分别以故意伤害罪、故意杀人罪定罪处罚。

过失致人重伤或者死亡的，依照《刑法》第二百三十五条、第二百三十三条的规定，分别以过失致人重伤罪、过失致人死亡罪定罪处罚。

四、盗窃本意见第一条、第二条规定以外的其他场所的窨井盖，且不属于本意见第三条规定的情形，数额较大，或者多次盗窃的，依照《刑法》第二百六十四条的规定，以盗窃罪定罪处罚。

故意毁坏本意见第一条、第二条规定以外的其他场所的窨井盖，且不属于本意见第三条规定的情形，数额较大或者有其他严重情节的，依照《刑法》第二百七十五条的规定，以故意毁坏财物罪定罪处罚。

五、在生产、作业中违反有关安全管理的规定，擅自移动窨井盖或者未做好安全防护措施等，发生重大伤亡事故或者造成其他严重后果的，依照《刑法》第一百三十四条第一款的规定，以重大责任事故罪定罪处罚。

窨井盖建设、设计、施工、工程监理单位违反国家规定，降低工程质量标准，造成重大安全事故的，依照《刑法》第一百三十七条的规定，以工程重大安全事故罪定罪处罚。

六、生产不符合保障人身、财产安全的国家标准、行业标准的窨井盖，或者销售明知

是不符合保障人身、财产安全的国家标准、行业标准的窨井盖，造成严重后果的，依照《刑法》第一百四十六条的规定，以生产、销售不符合安全标准的产品罪定罪处罚。

七、知道或者应当知道是盗窃所得的窨井盖及其产生的收益而予以窝藏、转移、收购、代为销售或者以其他方法掩饰、隐瞒的，依照《刑法》第三百一十二条和《最高人民法院关于审理掩饰、隐瞒犯罪所得、犯罪所得收益刑事案件适用法律若干问题的解释》的规定，以掩饰、隐瞒犯罪所得、犯罪所得收益罪定罪处罚。

八、在窨井盖采购、施工、验收、使用、检查过程中负有决定、管理、监督等职责的国家机关工作人员玩忽职守或者滥用职权，致使公共财产、国家和人民利益遭受重大损失的，依照《刑法》第三百九十七条的规定，分别以玩忽职守、滥用职权罪定罪处罚。

九、在依照法律、法规规定行使窨井盖行政管理职权的公司、企业、事业单位中从事公务的人员以及在受国家机关委托代表国家机关行使窨井盖行政管理职权的组织中从事公务的人员，玩忽职守或者滥用职权，致使公共财产、国家和人民利益遭受重大损失的，依照《刑法》第三百九十七条和《全国人民代表大会常务委员会关于〈中华人民共和国刑法〉第九章渎职罪主体适用问题的解释》的规定，分别以玩忽职守罪、滥用职权罪定罪处罚。

十、对窨井盖负有管理职责的其他公司、企业、事业单位的工作人员，严重不负责任，导致人员坠井等事故，致人重伤或者死亡，符合《刑法》第二百三十五条、第二百三十三条规定的，分别以过失致人重伤罪、过失致人死亡罪定罪处罚。

十一、国家机关工作人员利用职务上的便利，收受他人财物，为他人谋取与窨井盖相关利益，同时构成受贿罪和刑法分则第九章规定的渎职犯罪的，除刑法另有规定外，以受贿罪和渎职犯罪数罪并罚。

十二、本意见所称的"窨井盖"，包括城市、城乡结合部和乡村等地的窨井盖以及其他井盖。

（附参考）1.浙江省高级人民法院《关于部分罪名定罪量刑情节及数额标准的意见》浙高法〔2012〕325号

3.《刑法》第一百一十九条第一款【破坏交通工具罪、破坏交通设施罪】

具有下列情形之一的，属于"严重后果"，处十年以上有期徒刑、无期徒刑或者死刑：

（1）造成死亡1人以上的；

（2）造成重伤3人以上的；

（3）造成轻伤10人以上的；

（4）造成直接经济损失50万元以上的；

（5）严重后果的其他情形。

4.《刑法》第一百一十九条第一款【破坏易燃易爆设备罪】

具有下列情形之一的，属于"严重后果"，处十年以上有期徒刑、无期徒刑或者死刑：

（1）造成死亡1人以上的；

（2）造成重伤3人以上的；

（3）造成轻伤10人以上的；

（4）造成直接经济损失50万元以上的；

（5）造成重大环境污染事故的；

（6）严重后果的其他情形。

2.浙江省高级人民法院、浙江省人民检察院、浙江省公安厅《关于办理偷逃高速公路

车辆通行费、盗窃高速公路交通设施等刑事案件具体适用法律若干问题的意见》 浙公通字〔2010〕78号（具体参照第二百六十六条）

四、盗窃护栏、配电照明设备等高速公路交通设施，足以危害公共安全的，依照《刑法》第一百一十七条规定，以破坏交通设施罪定罪处罚；同时构成盗窃罪和破坏交通设施罪的，依照处罚较重的规定定罪处罚。

第一百二十条【组织、领导、参加恐怖组织罪】 组织、领导恐怖活动组织的，处十年以上有期徒刑或者无期徒刑，并处没收财产；积极参加的，处三年以上十年以下有期徒刑，并处罚金；其他参加的，处三年以下有期徒刑、拘役、管制或者剥夺政治权利，可以并处罚金。

犯前款罪并实施杀人、爆炸、绑架等犯罪的，依照数罪并罚的规定处罚。【2015年11月1日刑法修正案（九）】

【1997年刑法】组织、领导和积极参加恐怖活动组织的，处三年以上十年以下有期徒刑；其他参加的，处三年以下有期徒刑、拘役或者管制。

犯前款罪并实施杀人、爆炸、绑架等犯罪的，依照数罪并罚的规定处罚。

【2001年12月29日刑法修正案（三）】组织、领导恐怖活动组织的，处十年以上有期徒刑或者无期徒刑；积极参加的，处三年以上十年以下有期徒刑；其他参加的，处三年以下有期徒刑、拘役、管制或者剥夺政治权利。

犯前款罪并实施杀人、爆炸、绑架等犯罪的，依照数罪并罚的规定处罚。

（相关解释）**最高人民法院、最高人民检察院、公安部《关于办理暴力恐怖和宗教极端刑事案件适用法律若干问题的意见》** 公通字〔2014〕34号

一、正确把握办理案件的基本原则

（一）坚持严格依法办案。坚持以事实为依据、以法律为准绳，全面审查犯罪嫌疑人、被告人的犯罪动机、主观目的、客观行为和危害后果，正确把握罪与非罪、此罪与彼罪、一罪与数罪的界限。严格依照法定程序，及时、全面收集、固定证据。对造成重大人员伤亡和财产损失，严重危害国家安全、公共安全、社会稳定和民族团结的重特大、敏感案件，坚持分工负责、互相配合、互相制约的刑事诉讼基本原则，做到既准确、及时固定证据、查明事实，又讲求办案效率。

（二）坚持宽严相济、区别对待。对犯罪嫌疑人、被告人的处理，要结合主观恶性大小、行为危害程度以及在案件中所起的作用等因素，切实做到区别对待。对组织、策划、实施暴力恐怖、宗教极端违法犯罪活动的首要分子、骨干成员、罪行重大者，以及曾因实施暴力恐怖、宗教极端违法犯罪活动受到行政、刑事处罚或者免予刑事处罚又实施暴力恐怖、宗教极端犯罪活动的，依法从重处罚。对具有自首、立功等法定从宽处罚情节的，依法从宽处罚。对情节较轻、危害不大、未造成严重后果，且认罪悔罪的初犯、偶犯，受胁迫蒙蔽参与犯罪、在犯罪中作用较小，以及其他犯罪情节轻微不需要判处刑罚的，可以依法免予刑事处罚。

（三）坚持执行宗教、民族政策。要严格区分宗教极端违法犯罪与正常宗教活动的区别，严格执行党和国家的宗教、民族政策，保护正常宗教活动，维护民族团结，严禁歧视信教群众和少数民族群众，严禁干涉公民信仰宗教和不信仰宗教的自由，尊重犯罪嫌疑人、被告人的人格尊严、宗教信仰和民族习俗。

二、准确认定案件性质

（一）为制造社会恐慌、危害公共安全或者胁迫国家机关、国际组织，组织、纠集他人，策划、实施下列行为之一，造成或者意图造成人员伤亡、重大财产损失、公共设施损坏、社会秩序混乱的，以组织、领导、参加恐怖组织罪定罪处罚：

1.发起、建立恐怖活动组织或者以从事恐怖活动为目的的训练营地，进行恐怖活动体能、技能训练的；

2.为组建恐怖活动组织、发展组织成员或者组织、策划、实施恐怖活动，宣扬、散布、传播宗教极端、暴力恐怖思想的；

3.在恐怖活动组织成立以后，利用宗教极端、暴力恐怖思想控制组织成员，指挥组织成员进行恐怖活动的；

4.对特定或者不特定的目标进行爆炸、放火、杀人、伤害、绑架、劫持、恐吓、投放危险物质及其他暴力活动的；

5.制造、买卖、运输、储存枪支、弹药、爆炸物的；

6.设计、制造、散发、邮寄、销售、展示含有暴力恐怖思想内容的标识、标志物、旗帜、徽章、服饰、器物、纪念品的；

7.参与制定行动计划、准备作案工具等活动的。

组织、领导、参加恐怖活动组织，同时实施杀人、放火、爆炸、非法制造爆炸物、绑架、抢劫等犯罪的，以组织、领导、参加恐怖组织罪和故意杀人罪、放火罪、爆炸罪、非法制造爆炸物罪、绑架罪、抢劫罪等数罪并罚。

（二）参加或者纠集他人参加恐怖活动组织的，或者为参加恐怖活动组织、接受其训练，出境或者组织、策划、煽动、拉拢他人出境，或者在境内跨区域活动，进行犯罪准备行为的，以参加恐怖组织罪定罪处罚。

三、明确认定标准

（一）对涉案宣传品的内容不作鉴定，由公安机关全面审查并逐一标注或者摘录，与扣押、移交物品清单及涉案宣传品原件一并移送人民检察院审查。因涉及宗教专门知识或者语言文字等原因无法自行审查的，可商请宗教、民族、新闻出版等部门提供审读意见，经审查后与涉案宣传品原件一并移送人民检察院审查。需要对涉案宣传品出版、印刷、制作、发行的合法性进行鉴定的，由公安机关委托新闻出版主管部门出具鉴定意见。人民检察院、人民法院应当全面审查作为证据使用的涉案宣传品的内容。

（二）对是否"明知"的认定，应当结合案件具体情况，坚持重证据，重调查研究，以行为人实施的客观行为为基础，结合其一贯表现，具体行为、程度、手段、事后态度，以及年龄、认知和受教育程度、所从事的职业等综合判断。曾因实施暴力恐怖、宗教极端违法犯罪行为受到行政、刑事处罚、免予刑事处罚，或者被责令改正后又实施的，应当认定为明知。其他共同犯罪嫌疑人、被告人或者其他知情人供认、指证，行为人不承认其主观上"明知"，但又不能作出合理解释的，依据其行为本身和认知程度，足以认定其确实"明知"或者应当"明知"的，应当认定为明知。

四、明确管辖原则

（一）对本意见规定的犯罪案件，一般由犯罪地公安机关管辖，犯罪嫌疑人居住地公安机关管辖更为适宜的，也可以由犯罪嫌疑人居住地公安机关管辖。对案件管辖有争议的，可以由共同的上级公安机关指定管辖；情况特殊的，上级公安机关可以指定其他公安机关管辖。跨省、区、市以及涉外案件需要指定管辖的，由公安部指定管辖。

（二）上级公安机关指定下级公安机关立案侦查的案件，需要逮捕犯罪嫌疑人的，由侦查该案件的公安机关提请同级人民检察院审查批准，人民检察院应当依法作出批准逮捕或者不批准逮捕的决定；需要移送审查起诉的，由侦查该案件的公安机关移送同级人民检察院审查起诉。

（三）人民检察院对于审查起诉的案件，按照《刑事诉讼法》的管辖规定，认为应当由上级人民检察院或者同级其他人民检察院起诉的，应当将案件移送有管辖权的人民检察院，同时通知移送审查起诉的公安机关。

第一百二十条之一【资助恐怖活动罪】 资助恐怖活动组织、实施恐怖活动的个人的，或者资助恐怖活动培训的，处五年以下有期徒刑、拘役、管制或者剥夺政治权利，并处罚金；情节严重的，处五年以上有期徒刑，并处罚金或者没收财产。

为恐怖活动组织、实施恐怖活动或者恐怖活动培训招募、运送人员的，依照前款的规定处罚。

单位犯前两款罪的，对单位判处罚金，并对其直接负责的主管人员和其他直接责任人员，依照第一款的规定处罚。【2015年11月1日刑法修正案（九）】

【2001年12月29日刑法修正案（三）】资助恐怖活动组织或者实施恐怖活动的个人的，处五年以下有期徒刑、拘役、管制或者剥夺政治权利，并处罚金；情节严重的，处五年以上有期徒刑，并处罚金或者没收财产。

单位犯前款罪的，对单位判处罚金，并对其直接负责的主管人员和其他直接责任人员，依照前款的规定处罚。

（相关解释）**1. 最高人民法院《关于审理洗钱等刑事案件具体应用法律若干问题的解释》**法释〔2009〕15号

《刑法》第一百二十条之一规定的"资助"，是指为恐怖活动组织或者实施恐怖活动的个人筹集、提供经费、物资或者提供场所以及其他物质便利的行为。

《刑法》第一百二十条之一规定的"实施恐怖活动的个人"，包括预谋实施、准备实施和实际实施恐怖活动的个人。

2. 最高人民检察院、公安部《关于公安机关管辖的刑事案件立案追诉标准的规定（二）》（2022年4月6日）

第一条 【帮助恐怖活动案（《刑法》第一百二十条之一第一款）】资助恐怖活动组织、实施恐怖活动的个人的，或者资助恐怖活动培训的，应予立案追诉。

附 则

第七十九条 本规定中的"货币"是指在境内外正在流通的以下货币：

（一）人民币（含普通纪念币、贵金属纪念币）、港元、澳门元、新台币；

（二）其他国家及地区的法定货币。

贵金属纪念币的面额以中国人民银行授权中国金币总公司的初始发售价格为准。

第八十条 本规定中的"多次"，是指三次以上。

第八十一条 本规定中的"虽未达到上述数额标准"，是指接近上述数额标准且已达到该数额的百分之八十以上的。

第八十二条 对于预备犯、未遂犯、中止犯，需要追究刑事责任的，应予立案追诉。

第八十三条 本规定中的立案追诉标准，除法律、司法解释、本规定中另有规定的以外，适用于相应的单位犯罪。

第八十四条　本规定中的"以上"，包括本数。

第八十五条　本规定自 2022 年 5 月 15 日施行。《最高人民检察院、公安部关于公安机关管辖的刑事案件立案追诉标准的规定（二）》（公通字〔2010〕23 号）和《最高人民检察院、公安部关于公安机关管辖的刑事案件立案追诉标准的规定（二）的补充规定》（公通字〔2011〕47 号）同时废止。

3.最高人民法院、最高人民检察院、公安部《关于办理暴力恐怖和宗教极端刑事案件适用法律若干问题的意见》公通字〔2014〕34 号（具体参照第一百二十条）

二、准确认定案件性质

（四）明知是恐怖活动组织或者实施恐怖活动人员而为其提供经费，或者提供器材、设备、交通工具、武器装备等物质条件，或者提供场所以及其他物质便利的，以资助恐怖活动罪定罪处罚。

通过收取宗教课税募捐，为暴力恐怖、宗教极端犯罪活动筹集经费的，以相应犯罪的共同犯罪定罪处罚；构成资助恐怖活动罪的，以资助恐怖活动罪定罪处罚。

4.最高人民法院、最高人民检察院《关于办理非法从事资金支付结算业务、非法买卖外汇刑事案件适用法律若干问题的解释》法释〔2019〕1 号（见第二百二十五条）

第五条　非法从事资金支付结算业务或者非法买卖外汇，构成非法经营罪，同时又构成《刑法》第一百二十条之一规定的帮助恐怖活动罪或者第一百九十一条规定的洗钱罪的，依照处罚较重的规定定罪处罚。

第一百二十条之二【准备实施恐怖活动罪】　有下列情形之一的，处五年以下有期徒刑、拘役、管制或者剥夺政治权利，并处罚金；情节严重的，处五年以上有期徒刑，并处罚金或者没收财产：

（一）为实施恐怖活动准备凶器、危险物品或者其他工具的；

（二）组织恐怖活动培训或者积极参加恐怖活动培训的；

（三）为实施恐怖活动与境外恐怖活动组织或者人员联络的；

（四）为实施恐怖活动进行策划或者其他准备的。

有前款行为，同时构成其他犯罪的，依照处罚较重的规定定罪处罚。【2015年11月1日刑法修正案（九）】

第一百二十条之三【宣扬恐怖主义、极端主义、煽动实施恐怖活动罪】　以制作、散发宣扬恐怖主义、极端主义的图书、音频视频资料或者其他物品，或者通过讲授、发布信息等方式宣扬恐怖主义、极端主义的，或者煽动实施恐怖活动的，处五年以下有期徒刑、拘役、管制或者剥夺政治权利，并处罚金；情节严重的，处五年以上有期徒刑，并处罚金或者没收财产。【2015年11月1日刑法修正案（九）】

第一百二十条之四【利用极端主义破坏法律实施罪】　利用极端主义煽动、胁迫群众破坏国家法律确立的婚姻、司法、教育、社会管理等制度实施的，处三年以下有期徒刑、拘役或者管制，并处罚金；情节严重的，处三年以上七年以下有期徒刑，并处罚金；情节特别严重的，处七年以上有期徒刑，并处罚金或者没收财产。【2015年11月1日刑法修正案（九）】

第一百二十条之五【强制穿戴宣扬恐怖主义、极端主义服饰、标志罪】 以暴力、胁迫等方式强制他人在公共场所穿着、佩戴宣扬恐怖主义、极端主义服饰、标志的，处三年以下有期徒刑、拘役或者管制，并处罚金。【2015年11月1日刑法修正案（九）】

第一百二十条之六【非法持有宣扬恐怖主义、极端主义物品罪】 明知是宣扬恐怖主义、极端主义的图书、音频视频资料或者其他物品而非法持有，情节严重的，处三年以下有期徒刑、拘役或者管制，并处或者单处罚金。【2015年11月1日刑法修正案（九）】

（相关解释）**最高人民法院、最高人民检察院、公安部、司法部《关于办理恐怖活动和极端主义犯罪案件适用法律若干问题的意见》**高检会〔2018〕1号（2018年5月8日）

为了依法惩治恐怖活动和极端主义犯罪，维护国家安全、社会稳定，保障人民群众生命财产安全，根据《中华人民共和国刑法》《中华人民共和国刑事诉讼法》《中华人民共和国反恐怖主义法》等法律规定，结合司法实践，制定本意见。

一、准确认定犯罪

（一）具有下列情形之一的，应当认定为《刑法》第一百二十条规定的"组织、领导恐怖活动组织"，以组织、领导恐怖组织罪定罪处罚：

1.发起、建立恐怖活动组织的；

2.恐怖活动组织成立后，对组织及其日常运行负责决策、指挥、管理的；

3.恐怖活动组织成立后，组织、策划、指挥该组织成员进行恐怖活动的；

4.其他组织、领导恐怖活动组织的情形。

具有下列情形之一的，应当认定为《刑法》第一百二十条规定的"积极参加"，以参加恐怖组织罪定罪处罚；

1.纠集他人共同参加恐怖活动组织的；

2.多次参加恐怖活动组织的；

3.曾因参加恐怖活动组织、实施恐怖活动被追究刑事责任或者二年内受过行政处罚，又参加恐怖活动组织的；

4.在恐怖活动组织中实施恐怖活动且作用突出的；

5.在恐怖活动组织中积极协助组织、领导者实施组织、领导行为的；

6.其他积极参加恐怖活动组织的情形。

参加恐怖活动组织，但不具有前两款规定情形的，应当认定为《刑法》第一百二十条规定的"其他参加"，以参加恐怖组织罪定罪处罚。

犯《刑法》第一百二十条规定的犯罪，又实施杀人、放火、爆炸、绑架、抢劫等犯罪的，依照数罪并罚的规定定罪处罚。

（二）具有下列情形之一的，依照《刑法》第一百二十条之一的规定，以帮助恐怖活动罪定罪处罚：

1.以募捐、变卖房产、转移资金等方式为恐怖活动组织、实施恐怖活动的个人、恐怖活动培训筹集、提供经费，或者提供器材、设备、交通工具、武器装备等物资，或者提供其他物质便利的；

2.以宣传、招收、介绍、输送等方式为恐怖活动组织、实施恐怖活动、恐怖活动培训招募人员的；

3.以帮助非法出入境，或者为非法出入境提供中介服务、中转运送、停留住宿、伪造身份证明材料等便利，或者充当向导、帮助探查偷越国（边）境路线等方式，为恐怖活动组织、实施恐怖活动、恐怖活动培训运送人员的；

4.其他资助恐怖活动组织、实施恐怖活动的个人、恐怖活动培训，或者为恐怖活动组织、实施恐怖活动、恐怖活动培训招募、运送人员的情形。

实施恐怖活动的个人，包括已经实施恐怖活动的个人，也包括准备实施、正在实施恐怖活动的个人。包括在我国领域内实施恐怖活动的个人，也包括在我国领域外实施恐怖活动的个人。包括我国公民，也包括外国公民和无国籍人。

帮助恐怖活动罪的主观故意，应当根据案件具体情况，结合行为人的具体行为、认知能力、一贯表现和职业等综合认定。

明知是恐怖活动犯罪所得及其产生的收益，为掩饰、隐瞒其来源和性质，而提供资金账户，协助将财产转换为现金、金融票据、有价证券，通过转账或者其他结算方式协助资金转移，协助将资金汇往境外的，以洗钱罪定罪处罚。事先通谋的，以相关恐怖活动犯罪的共同犯罪论处。

（三）具有下列情形之一的，依照《刑法》第一百二十条之二的规定，以准备实施恐怖活动罪定罪处罚：

1.为实施恐怖活动制造、购买、储存、运输凶器，易燃易爆易制爆品，腐蚀性、放射性、传染性、毒害性物品等危险物品，或者其他工具的；

2.以当面传授、开办培训班、组建训练营、开办论坛、组织收听收看音频视频资料等方式，或者利用网站、网页、论坛、博客、微博客、网盘、即时通信、通讯群组、聊天室等网络平台、网络应用服务组织恐怖活动培训的，或者积极参加恐怖活动心理体能培训，传授、学习犯罪技能方法或者进行恐怖活动训练的；

3.为实施恐怖活动，通过拨打电话、发送短信、电子邮件等方式，或者利用网站、网页、论坛、博客、微博客、网盘、即时通信、通讯群组、聊天室等网络平台、网络应用服务与境外恐怖活动组织、人员联络的；

4.为实施恐怖活动出入境或者组织、策划、煽动、拉拢他人出入境的；

5.为实施恐怖活动进行策划或者其他准备的情形.

（四）实施下列行为之一，宣扬恐怖主义、极端主义或者煽动实施恐怖活动的，依照《刑法》第一百二十条之三的规定，以宣扬恐怖主义、极端主义、煽动实施恐怖活动罪定罪处罚：

1.编写、出版、印刷、复制、发行、散发、播放载有宣扬恐怖主义、极端主义内容的图书、报刊、文稿、图片或者音频视频资料的；

2.设计、生产、制作、销售、租赁、运输、托运、寄递、散发、展示带有宣扬恐怖主义、极端主义内容的标识、标志、服饰、旗帜、徽章、器物、纪念品等物品的；

3.利用网站、网页、论坛、博客、微博客、网盘、即时通信、通讯群组、聊天室等网络平台、网络应用服务等登载、张贴、复制、发送、播放、演示载有恐怖主义、极端主义内容的图书、报刊、文稿、图片或者音频视频资料的；

4.网站、网页、论坛、博客、微博客、网盘、即时通信、通讯群组，聊天室等网络平台、网络应用服务的建立、所办、经营管理者，明知他人利用网络平台、网络应用服务散布、宣扬恐怖主义、极端主义内容，经相关行政主管部门处罚后仍允许或者放任他人发布的；

5.利用教经、讲经、解经、学经、婚礼、葬礼、纪念、聚会和文体活动等宣扬恐怖主义、极端主义、煽动实施恐怖活动的；

6.其他宣扬恐怖主义、极端主义、煽动实施恐怖活动的行为。

（五）利用极端主义，实施下列行为之一的，依照《刑法》第一百二十条之四的规定，以利用极端主义破坏法律实施罪定罪处罚：

1.煽动、胁迫群众以宗教仪式取代结婚、离婚登记，或者干涉婚姻自由的；

2.煽动、胁迫群众破坏国家法律确立的司法制度实施的；

3.煽动、胁迫群众干涉未成年人接受义务教育，或者破坏学校教育制度、国家教育考试制度等国家法律规定的教育制度的；

4.煽动、胁迫群众抵制人民政府依法管理，或者阻碍国家机关工作人员依法执行职务的；

5.煽动、胁迫群众损毁居民身份证、居民户口簿等国家法定证件以及人民币的；

6.煽动、胁迫群众驱赶其他民族、有其他信仰的人员离开居住地，或者干涉他人生活和生产经营的；

7.其他煽动、胁迫群众破坏国家法律制度实施的行为。

（六）具有下列情形之一的，依照《刑法》第一百二十条之五的规定，以强制穿戴宣扬恐怖主义、极端主义服饰、标志罪定罪处罚：

1.以暴力、胁迫等方式强制他人在公共场所穿着、佩戴宣扬恐怖主义、极端主义服饰的；

2.以暴力、胁迫等方式强制他人在公共场所穿着、佩戴含有恐怖主义、极端主义的文字、符号、图形、口号、徽章的服饰标志的；

3.其他强制他人穿戴宣扬恐怖主义、极端主义服饰、标志的情形。

（七）明知是载有宣扬恐怖主义、极端主义内容的图书、报刊、文稿、图片、音频视频资料、服饰、标志或者其他物品而非法持有，达到下列数量标准之一的，依照《刑法》第一百二十条之六的规定，以非法持有宣扬恐怖主义、极端主义物品罪定罪处罚：

1.图书、刊物二十册以上，或者电子图书、刊物五册以上的；

2.报纸一百份（张）以上，或者电子报纸二十份（张）以上的；

3.文稿、图片一百篇（张）以上，或者电子文稿、图片十篇（张）以上，或者电子文档五十万字符以上的；

4.录音带、录像带等音像制品二十个以上，或者电子音频视频资料五个以上，或者电子音频视频资料二十分钟以上的；

5.服饰、标志二十件以上的

非法持有宣扬恐怖主义、极端主义的物品，虽未达到前款规定的数量标准，但具有多次持有，持有多类物品，造成严重后果或者恶劣社会影响，曾因实施恐怖活动、极端主义违法犯罪被追究刑事责任或者二年内受过行政处罚等情形之一的，也可以定罪处罚。

多次非法持有宣扬恐怖主义、极端主义的物品，未经处理的数量应当累计计算。非法持有宣扬恐怖主义、极端主义的物品涉及不同种类或者形式的，可以根据本条规定的不同数量标准的相应比例折算后累计计算。

非法持有宣扬恐怖主义、极端主义物品罪主观故意中的"明知"，应当根据案件具体情况，以行为人实施的客观行为为基础，结合其一贯表现，具体行为、程度、手段、事后态度，以及年龄、认知和受教育程度、所从事的职业等综合审查判断。

具有下列情形之一，行为人不能做出合理解释的，可以认定其"明知"，但有证据证明确属被蒙骗的除外：

1.曾因实施恐怖活动、极端主义违法犯罪被追究刑事责任，或者二年内受过行政处罚，或者被责令改正后又实施的；

2.在执法人员检查时，有逃跑、丢弃携带物品或者逃避、抗拒检查等行为，在其携带、藏匿或者丢弃的物品中查获宣扬恐怖主义、极端主义的物品的；

3.采用伪装、隐匿、暗语、手势、代号等隐蔽方式制作、散发、持有宣扬恐怖主义、极端主义的物品的；

4.以虚假身份、地址或者其他虚假方式办理托运、寄递手续，在托运、寄递的物品中查获宣扬恐怖主义、极端主义的物品的；

5.有其他证据足以证明行为人应当知道的情形。

（八）犯《刑法》第一百二十条规定的犯罪，同时构成《刑法》第一百二十条之一至之六规定的犯罪的，依照处罚较重的规定定罪处罚。

犯《刑法》第一百二十条之一至之六规定的犯罪，同时构成其他犯罪的，依照处罚较重的规定定罪处罚。

（九）恐怖主义、极端主义，恐怖活动，恐怖活动组织，根据《中华人民共和国反恐怖主义法》等法律法规认定。

二、正确适用程序

（一）组织、领导、参加恐怖组织罪，帮助恐怖活动罪，准备实施恐怖活动罪，宣扬恐怖主义、煽动实施恐怖活动罪，强制穿戴宣扬恐怖主义服饰、标志罪，非法持有宣扬恐怖主义物品罪的第一审刑事案件由中级人民法院管辖；宣扬极端主义罪，利用极端主义破坏法律实施罪，强制穿戴宣扬极端主义服饰、标志罪，非法持有宣扬极端主义物品罪的第一审刑事案件由基层人民法院管辖。高级人民法院可以根据级别管辖的规定，结合本地区社会治安状况、案件数量等情况，决定实行相对集中管辖，指定辖区内特定的中级人民法院集中审理恐怖活动和极端主义犯罪第一审刑事案件，或者指定辖区内特定的基层人民法院集中审理极端主义犯罪第一审刑事案件，并将指定法院名单报最高人民法院备案。

（二）国家反恐怖主义工作领导机构对恐怖活动组织和恐怖活动人员作出认定并予以公告的，人民法院可以在办案中根据公告直接认定。国家反恐怖主义工作领导机构没有公告的，人民法院应当严格依照《中华人民共和国反恐怖主义法》有关恐怖活动组织和恐怖活动人员的定义认定，必要时，可以商地市级以上公安机关出具意见作为参考。

（三）宣扬恐怖主义、极端主义的图书、音频视频资料，服饰、标志或者其他物品的认定，应当根据《中华人民共和国反恐怖主义法》有关恐怖主义、极端主义的规定，从其记载的内容外观特征等分析判断。公安机关应当对涉案物品全面审查并逐一标注或者摘录，提出审读意见，与扣押、移交物品清单及涉案物品原件一并移送人民检察院审查。人民检察院、人民法院可以结合在案证据、案件情况、办案经验等综合审查判断。

（四）恐怖活动和极端主义犯罪案件初查过程中收集提取的电子数据，以及通过网络在线提取的电子数据，可以作为证据使用。对于原始存储介质位于境外或者远程计算机信息系统上的恐怖活动和极端主义犯罪电子数据，可以通过网络在线提取。必要时，可以对远程计算机信息系统进行网络远程勘验。立案后，经设区的市一级以上公安机关负责人批准，可以采取技术侦查措施。对于恐怖活动和极端主义犯罪电子数据量大或者提取时间长等需要冻结的，经县级以上公安机关负责人或者检察长批准，可以进行冻结。对于电子数据涉及的专门性问题难以确定的，由具备资格的司法鉴定机构出具鉴定意见，或者由公安部指定的机构出具报告。

三、完善工作机制

（一）人民法院、人民检察院和公安机关办理恐怖活动和极端主义犯罪案件，应当互相配合，互相制约，确保法律有效执行。对于主要犯罪事实、关键证据和法律适用等可能产生分歧或者重大、疑难、复杂的恐怖活动和极端主义犯罪案件，公安机关商请听取有管辖权的人民检察院意见和建议的，人民检察院可以提出意见和建议。

（二）恐怖活动和极端主义犯罪案件一般由犯罪地公安机关管辖，犯罪嫌疑人居住地公安机关管辖更为适宜的，也可以由犯罪嫌疑人居住地公安机关管辖。移送案件应当一案一卷，将案件卷宗、提取物证和扣押物品等全部随案移交。移送案件的公安机关应当指派专人配合接收案件的公安机关开展后续案件办理工作。

（三）人民法院、人民检察院和公安机关办理恐怖活动和极端主义犯罪案件，应当坚持对涉案人员区别对待，实行教育转化。对被教唆、胁迫、引诱参与恐怖活动、极端主义活动，或者参与恐怖活动、极端主义活动情节轻微，尚不构成犯罪的人员，公安机关应当组织有关部门、村民委员会、居民委员会、所在单位、就读学校、家庭和监护人对其进行帮教。对被判处有期徒刑以上刑罚的恐怖活动罪犯和极端主义罪犯，服刑地的中级人民法院应当根据其社会危险性评估结果和安置教育建议，在其刑满释放前作出是否安置教育的决定。人民检察院依法对安置教育进行监督，对于实施安置教育过程中存在违法行为的，应当及时提出纠正意见或者检察建议。

第一百二十一条【劫持航空器罪】 以暴力、胁迫或者其他方法劫持航空器的，处十年以上有期徒刑或者无期徒刑；致人重伤、死亡或者使航空器遭受严重破坏的，处死刑。

第一百二十二条【劫持船只、汽车罪】 以暴力、胁迫或者其他方法劫持船只、汽车的，处五年以上十年以下有期徒刑；造成严重后果的，处十年以上有期徒刑或者无期徒刑。

第一百二十三条【暴力危及飞行安全罪】 对飞行中的航空器上的人员使用暴力，危及飞行安全，尚未造成严重后果的，处五年以下有期徒刑或者拘役；造成严重后果的，处五年以上有期徒刑。

第一百二十四条【破坏广播电视设施、公用电信设施罪】 破坏广播电视设施、公用电信设施，危害公共安全的，处三年以上七年以下有期徒刑；造成严重后果的，处七年以上有期徒刑。

【过失损坏广播电视设施、公用电信设施罪】 过失犯前款罪的，处三年以上七年以下有期徒刑；情节较轻的，处三年以下有期徒刑或者拘役。

（相关解释）1.最高人民法院《关于审理破坏公用电信设施刑事案件具体应用法律若干问题的解释》法释〔2004〕21号

第一条 采用截断通信线路、损毁通信设备或者删除、修改、增加电信网计算机信息系统中存储、处理或者传输的数据和应用程序等手段，故意破坏正在使用的公用电信设施，具有下列情形之一的，属于《刑法》第一百二十四条规定的"危害公共安全"，依照《刑法》第一百二十四条第一款规定，以破坏公用电信设施罪处三年以上七年以下有期徒刑：

（一）造成火警、匪警、医疗急救、交通事故报警、救灾、抢险、防汛等通信中断或者严重障碍，并因此贻误救助、救治、救灾、抢险等，致使人员死亡一人、重伤三人以上或者造成财产损失三十万元以上的；

（二）造成二千以上不满一万用户通信中断一小时以上，或者一万以上用户通信中断不满一小时的；

（三）在一个本地网范围内，网间通信全阻、关口局至某一局向全部中断或网间某一业务全部中断不满二小时或者直接影响范围不满五万（用户 × 小时）的；

（四）造成网间通信严重障碍，一日内累计二小时以上不满十二小时的；

（五）其他危害公共安全的情形。

第二条　实施本解释第一条规定的行为，具有下列情形之一的，属于《刑法》第一百二十四条第一款规定的"严重后果"，以破坏公用电信设施罪处七年以上有期徒刑：

（一）造成火警、匪警、医疗急救、交通事故报警、救灾、抢险、防汛等通信中断或者严重障碍，并因此贻误救助、救治、救灾、抢险等，致使人员死亡二人以上、重伤六人以上或者造成财产损失六十万元以上的；

（二）造成一万以上用户通信中断一小时以上的；

（三）在一个本地网范围内，网间通信全阻、关口局至某一局向全部中断或网间某一业务全部中断二小时以上或者直接影响范围五万（用户 × 小时）以上的；

（四）造成网间通信严重障碍，一日内累计十二小时以上的；

（五）造成其他严重后果的。

第三条　故意破坏正在使用的公用电信设施尚未危害公共安全，或者故意毁坏尚未投入使用的公用电信设施，造成财物损失，构成犯罪的，依照《刑法》第二百七十五条规定，以故意毁坏财物罪定罪处罚。

盗窃公用电信设施价值数额不大，但是构成危害公共安全犯罪的，依照《刑法》第一百二十四条的规定定罪处罚；盗窃公用电信设施同时构成盗窃罪和破坏公用电信设施罪的，依照处罚较重的规定定罪处罚。

第四条　指使、组织、教唆他人实施本解释规定的故意犯罪行为的，按照共犯定罪处罚。

第五条　本解释中规定的公用电信设施的范围、用户数、通信中断和严重障碍的标准和时间长度，依据国家电信行业主管部门的有关规定确定。

2. 最高人民法院《关于审理破坏广播电视设施等刑事案件具体应用法律若干问题的解释》法释〔2011〕13号

第一条　采取拆卸、毁坏设备，剪割缆线，删除、修改、增加广播电视设备系统中存储、处理、传输的数据和应用程序，非法占用频率等手段，破坏正在使用的广播电视设施，具有下列情形之一的，依照《刑法》第一百二十四条第一款的规定，以破坏广播电视设施罪处三年以上七年以下有期徒刑：

（一）造成救灾、抢险、防汛和灾害预警等重大公共信息无法发布的；

（二）造成县级、地市（设区的市）级广播电视台中直接关系节目播出的设施无法使用，信号无法播出的；

（三）造成省级以上广播电视传输网内的设施无法使用，地市（设区的市）级广播电视传输网内的设施无法使用三小时以上，县级广播电视传输网内的设施无法使用十二小时以上，信号无法传输的；

（四）其他危害公共安全的情形。

第二条　实施本解释第一条规定的行为，具有下列情形之一的，应当认定为《刑法》第一百二十四条第一款规定的"造成严重后果"，以破坏广播电视设施罪处七年以上有期徒刑：

（一）造成救灾、抢险、防汛和灾害预警等重大公共信息无法发布，因此贻误排除险情或者疏导群众，致使一人以上死亡、三人以上重伤或者财产损失五十万元以上，或者引起严重社会恐慌、社会秩序混乱的；

（二）造成省级以上广播电视台中直接关系节目播出的设施无法使用，信号无法播出的；

（三）造成省级以上广播电视传输网内的设施无法使用三小时以上，地市（设区的市）级广播电视传输网内的设施无法使用十二小时以上，县级广播电视传输网内的设施无法使用四十八小时以上，信号无法传输的；

（四）造成其他严重后果的。

第三条　过失损坏正在使用的广播电视设施，造成本解释第二条规定的严重后果的，依照《刑法》第一百二十四条第二款的规定，以过失损坏广播电视设施罪处三年以上七年以下有期徒刑；情节较轻的，处三年以下有期徒刑或者拘役。

过失损坏广播电视设施构成犯罪，但能主动向有关部门报告，积极赔偿损失或者修复被损坏设施的，可以酌情从宽处罚。

第四条　建设、施工单位的管理人员、施工人员，在建设、施工过程中，违反广播电视设施保护规定，故意或者过失损毁正在使用的广播电视设施，构成犯罪的，以破坏广播电视设施罪或者过失损坏广播电视设施罪定罪处罚。其定罪量刑标准适用本解释第一至三条的规定。

第五条　盗窃正在使用的广播电视设施，尚未构成盗窃罪，但具有本解释第一条、第二条规定情形的，以破坏广播电视设施罪定罪处罚；同时构成盗窃罪和破坏广播电视设施罪的，依照处罚较重的规定定罪处罚。

第六条　破坏正在使用的广播电视设施未危及公共安全，或者故意毁坏尚未投入使用的广播电视设施，造成财物损失数额较大或者有其他严重情节的，以故意毁坏财物罪定罪处罚。

第七条　实施破坏广播电视设施犯罪，并利用广播电视设施实施煽动分裂国家、煽动颠覆国家政权、煽动民族仇恨、民族歧视或者宣扬邪教等行为，同时构成其他犯罪的，依照处罚较重的规定定罪处罚。

第八条　本解释所称广播电视台中直接关系节目播出的设施、广播电视传输网内的设施，参照国家广播电视行政主管部门和其他相关部门的有关规定确定。

3. 最高人民法院、最高人民检察院《关于办理组织和利用邪教组织犯罪案件具体应用法律若干问题的解答》法发〔2002〕7号

对利用广播电视设施、公用电信设施制作、传播邪教组织信息的，应分别情形处理：为传播邪教组织信息破坏广播电视设施、公用电信设施，危害公共安全的，依照《刑法》第一百二十四条的规定，以破坏广播电视设施、公用电信设施罪定罪处罚；利用广播电视设施、公用电信设施制作、传播邪教组织的信息，同时造成广播电视设施、公用电信设施破坏，危害公共安全的，依照《刑法》第一百二十四条、第三百条第一款的规定，以破坏广播电视设施、公用电信设施罪，利用邪教组织破坏法律实施罪数罪并罚；对利用广播电视设施、公用电信设施制作、传播邪教组织信息，未对广播电视设施、公用电信设施造成破坏的，依照《刑法》第三百条第一款的规定，以利用邪教组织破坏法律实施罪定罪处罚。

4. 最高人民法院、最高人民检察院、公安部、国家安全部《关于依法办理非法生产销售使用"伪基站"设备案件的意见》公通字〔2014〕13号

近年来，各地非法生产、销售、使用"伪基站"设备违法犯罪活动日益猖獗，有的借以非法获取公民个人信息，有的非法经营广告业务，或者发送虚假广告，甚至实施诈骗等犯罪活动。"伪基站"设备是未取得电信设备进网许可和无线电发射设备型号核准的非法无线电通信设备，具有搜取手机用户信息，强行向不特定用户手机发送短信息等功能，使用过程中会非法占用公众移动通信频率，局部阻断公众移动通信网络信号。非法生产、销售、使用"伪基站"设备，不仅破坏正常电信秩序，影响电信运营商正常经营活动，危害公共安全，扰乱市场秩序，而且严重影响用户手机使用，损害公民财产权益，侵犯公民隐私，社会危害性严重。为依法办理非法生产、销售、使用"伪基站"设备案件，保障国家正常电信秩序，维护市场经济秩序，保护公民合法权益，根据有关法律规定，制定本意见。

一、准确认定行为性质

（一）非法生产、销售"伪基站"设备，具有以下情形之一的，依照《刑法》第二百二十五条的规定，以非法经营罪追究刑事责任：

1. 个人非法生产、销售"伪基站"设备三套以上，或者非法经营数额五万元以上，或者违法所得数额二万元以上的；

2. 单位非法生产、销售"伪基站"设备十套以上，或者非法经营数额十五万元以上，或者违法所得数额五万元以上的；

3. 虽未达到上述数额标准，但两年内曾因非法生产、销售"伪基站"设备受过两次以上行政处罚，又非法生产、销售"伪基站"设备的。

实施前款规定的行为，数量、数额达到前款规定的数量、数额五倍以上的，应当认定为《刑法》第二百二十五条规定的"情节特别严重"。

非法生产、销售"伪基站"设备，经鉴定为专用间谍器材的，依照《刑法》第二百八十三条的规定，以非法生产、销售间谍专用器材罪追究刑事责任；同时构成非法经营罪的，以非法经营罪追究刑事责任。

（二）非法使用"伪基站"设备干扰公用电信网络信号，危害公共安全的，依照《刑法》第一百二十四条第一款的规定，以破坏公用电信设施罪追究刑事责任；同时构成虚假广告罪、非法获取公民个人信息罪、破坏计算机信息系统罪、扰乱无线电通讯管理秩序罪的，依照处罚较重的规定追究刑事责任。

除法律、司法解释另有规定外，利用"伪基站"设备实施诈骗等其他犯罪行为，同时构成破坏公用电信设施罪的，依照处罚较重的规定追究刑事责任。

（三）明知他人实施非法生产、销售"伪基站"设备，或者非法使用"伪基站"设备干扰公用电信网络信号等犯罪，为其提供资金、场所、技术、设备等帮助的，以共同犯罪论处。

（四）对于非法使用"伪基站"设备扰乱公共秩序，侵犯他人人身权利、财产权利，情节较轻，尚不构成犯罪，但构成违反治安管理行为的，依法予以治安管理处罚。

（附参考）**浙江省高级人民法院、浙江省人民检察院、浙江省公安厅《关于办理电信网络诈骗犯罪案件若干问题的解答》**浙高法〔2020〕44号 2020年4月24日（具体见第二百六十六条）

三、与关联犯罪的区分

6.问：电信网络诈骗犯罪分子经常利用"伪基站"群发短信，该行为构成诈骗罪、破坏公用电信设施罪还是扰乱无线电通讯管理秩序罪？

答：如果行为人通过"伪基站"群发的短信内容不属于诱骗他人处分财产的，一般不以诈骗罪定性。如果该行为，按照相关司法解释，造成"二千以上不满一万用户通信中断一小时以上"，或者"一万以上用户通信中断不满一小时的"，属于通讯线路"截断"，应认定为破坏公用电信设施罪；如果仅造成短暂的手机通讯停滞中断，应认定为扰乱无线电通讯管理秩序罪。

如果行为人通过"伪基站"群发的短信内容虚假，属于诱骗他人处分财产的，构成诈骗罪。如果行为人的行为构成诈骗罪，同时符合破坏公用电信设施罪或扰乱无线电通讯管理秩序罪构成要件的，择一重罪定罪处罚。

第一百二十五条【非法制造、买卖、运输、邮寄、储存枪支、弹药、爆炸物罪】 非法制造、买卖、运输、邮寄、储存枪支、弹药、爆炸物的，处三年以上十年以下有期徒刑；情节严重的，处十年以上有期徒刑、无期徒刑或者死刑。

【非法制造、买卖、运输、储存危险物质罪】 非法制造、买卖、运输、储存毒害性、放射性、传染病病原体等物质，危害公共安全的，依照前款的规定处罚。

单位犯前两款罪的，对单位判处罚金，并对其直接负责的主管人员和其他直接责任人员，依照第一款的规定处罚。**【2001年12月29日刑法修正案（三）】**

【1997年刑法】非法制造、买卖、运输、邮寄、储存枪支、弹药、爆炸物的，处三年以上十年以下有期徒刑；情节严重的，处十年以上有期徒刑、无期徒刑或者死刑。

非法买卖、运输核材料的，依照前款的规定处罚。

单位犯前两款罪的，对单位判处罚金，并对其直接负责的主管人员和其他直接责任人员，依照第一款的规定处罚。

（相关解释）**1. 最高人民法院《关于审理非法制造、买卖、运输枪支、弹药、爆炸物等刑事案件具体应用法律若干问题的解释》**法释〔2009〕18号

第一条 个人或者单位非法制造、买卖、运输、邮寄、储存枪支、弹药、爆炸物，具有下列情形之一的，依照《刑法》第一百二十五条第一款的规定，以非法制造、买卖、运输、邮寄、储存枪支、弹药、爆炸物罪定罪处罚：

（一）非法制造、买卖、运输、邮寄、储存军用枪支一支以上的；

（二）非法制造、买卖、运输、邮寄、储存以火药为动力发射枪弹的非军用枪支一支以上或者以压缩气体等为动力的其他非军用枪支二支以上的；

（三）非法制造、买卖、运输、邮寄、储存军用子弹十发以上、气枪铅弹五百发以上或者其他非军用子弹一百发以上的；

（四）非法制造、买卖、运输、邮寄、储存手榴弹一枚以上的；

（五）非法制造、买卖、运输、邮寄、储存爆炸装置的；

（六）非法制造、买卖、运输、邮寄、储存炸药、发射药、黑火药一千克以上或者烟火药三千克以上、雷管三十枚以上或者导火索、导爆索三十米以上的；

（七）具有生产爆炸物品资格的单位不按照规定的品种制造，或者具有销售、使用爆炸物品资格的单位超过限额买卖炸药、发射药、黑火药十千克以上或者烟火药三十千克以上、雷管三百枚以上或者导火索、导爆索三百米以上的；

（八）多次非法制造、买卖、运输、邮寄、储存弹药、爆炸物的；

（九）虽未达到上述最低数量标准，但具有造成严重后果等其他恶劣情节的。

介绍买卖枪支、弹药、爆炸物的，以买卖枪支、弹药、爆炸物罪的共犯论处。

第二条　非法制造、买卖、运输、邮寄、储存枪支、弹药、爆炸物，具有下列情形之一的，属于《刑法》第一百二十五条第一款规定的"情节严重"：

（一）非法制造、买卖、运输、邮寄、储存枪支、弹药、爆炸物的数量达到本解释第一条第（一）（二）（三）（六）（七）项规定的最低数量标准五倍以上的；

（二）非法制造、买卖、运输、邮寄、储存手榴弹三枚以上的；

（三）非法制造、买卖、运输、邮寄、储存爆炸装置，危害严重的；

（四）达到本解释第一条规定的最低数量标准，并具有造成严重后果等其他恶劣情节的。

第三条　依法被指定或者确定的枪支制造、销售企业，实施《刑法》第一百二十六条规定的行为，具有下列情形之一的，以违规制造、销售枪支罪定罪处罚：

（一）违规制造枪支五支以上的；

（二）违规销售枪支二支以上的；

（三）虽未达到上述最低数量标准，但具有造成严重后果等其他恶劣情节的。

具有下列情形之一的，属于《刑法》第一百二十六条规定的"情节严重"：

（一）违规制造枪支二十支以上的；

（二）违规销售枪支十支以上的；

（三）达到本条第一款规定的最低数量标准，并具有造成严重后果等其他恶劣情节的。

具有下列情形之一的，属于《刑法》第一百二十六条规定的"情节特别严重"：

（一）违规制造枪支五十支以上的；

（二）违规销售枪支三十支以上的；

（三）达到本条第二款规定的最低数量标准，并具有造成严重后果等其他恶劣情节的。

第四条　盗窃、抢夺枪支、弹药、爆炸物，具有下列情形之一的，依照《刑法》第一百二十七条第一款的规定，以盗窃、抢夺枪支、弹药、爆炸物罪定罪处罚：

（一）盗窃、抢夺以火药为动力的发射枪弹非军用枪支一支以上或者以压缩气体等为动力的其他非军用枪支二支以上的；

（二）盗窃、抢夺军用子弹十发以上、气枪铅弹五百发以上或者其他非军用子弹一百发以上的；

（三）盗窃、抢夺爆炸装置的；

（四）盗窃、抢夺炸药、发射药、黑火药一千克以上或者烟火药三千克以上、雷管三十枚以上或者导火索、导爆索三十米以上的；

（五）虽未达到上述最低数量标准，但具有造成严重后果等其他恶劣情节的。

具有下列情形之一的，属于《刑法》第一百二十七条第一款规定的"情节严重"：

（一）盗窃、抢夺枪支、弹药、爆炸物的数量达到本条第一款规定的最低数量标准五倍以上的；

（二）盗窃、抢夺军用枪支的；

（三）盗窃、抢夺手榴弹的；

（四）盗窃、抢夺爆炸装置，危害严重的；

（五）达到本条第一款规定的最低数量标准，并具有造成严重后果等其他恶劣情节的。

第五条　具有下列情形之一的，依照《刑法》第一百二十八条第一款的规定，以非法持有、私藏枪支、弹药罪定罪处罚：

（一）非法持有、私藏军用枪支一支的；

（二）非法持有、私藏以火药为动力发射枪弹的非军用枪支一支或者以压缩气体等为动力的其他非军用枪支二支以上的；

（三）非法持有、私藏军用子弹二十发以上，气枪铅弹一千发以上或者其他非军用子弹二百发以上的；

（四）非法持有、私藏手榴弹一枚以上的；

（五）非法持有、私藏的弹药造成人员伤亡、财产损失的。

具有下列情形之一的，属于《刑法》第一百二十八条第一款规定的"情节严重"：

（一）非法持有、私藏军用枪支二支以上的；

（二）非法持有、私藏以火药为动力发射枪弹的非军用枪支二支以上或者以压缩气体等为动力的其他非军用枪支五支以上的；

（三）非法持有、私藏军用子弹一百发以上，气枪铅弹五千发以上或者其他非军用子弹一千发以上的；

（四）非法持有、私藏手榴弹三枚以上的；

（五）达到本条第一款规定的最低数量标准，并具有造成严重后果等其他恶劣情节的。

第六条　非法携带枪支、弹药、爆炸物进入公共场所或者公共交通工具，危及公共安全，具有下列情形之一的，属于《刑法》第一百三十条规定的"情节严重"：

（一）携带枪支或者手榴弹的；

（二）携带爆炸装置的；

（三）携带炸药、发射药、黑火药五百克以上或者烟火药一千克以上、雷管二十枚以上或者导火索、导爆索二十米以上的；

（四）携带的弹药、爆炸物在公共场所或者公共交通工具上发生爆炸或者燃烧，尚未造成严重后果的；

（五）具有其他严重情节的。

行为人非法携带本条第一款第（三）项规定的爆炸物进入公共场所或者公共交通工具，虽未达到上述数量标准，但拒不交出的，依照《刑法》第一百三十条的规定定罪处罚；携带的数量达到最低数量标准，能够主动、全部交出的，可不以犯罪论处。

第七条　非法制造、买卖、运输、邮寄、储存、盗窃、抢夺、持有、私藏、携带成套枪支散件的，以相应数量的枪支计；非成套枪支散件以每三十件为一成套枪支散件计。

第八条　《刑法》第一百二十五条第一款规定的"非法储存"，是指明知是他人非法制造、买卖、运输、邮寄的枪支、弹药而为其存放的行为，或者非法存放爆炸物的行为。

《刑法》第一百二十八条第一款规定的"非法持有"，是指不符合配备、配置枪支、弹药条件的人员，违反枪支管理法律、法规的规定，擅自持有枪支、弹药的行为。

《刑法》第一百二十八条第一款规定的"私藏"，是指依法配备、配置枪支、弹药的人员，在配备、配置枪支、弹药的条件消除后，违反枪支管理法律、法规的规定，私自藏匿所配备、配置的枪支、弹药且拒不交出的行为。

第九条　因筑路、建房、打井、整修宅基地和土地等正常生产、生活需要，以及因从事合法的生产经营活动而非法制造、买卖、运输、邮寄、储存爆炸物，数量达到本解释第一条规定标准，没有造成严重社会危害，并确有悔改表现的，可依法从轻处罚；情节轻微的，可以免除处罚。

具有前款情形，数量虽达到本解释第二条规定标准的，也可以不认定为《刑法》第一百二十五条第一款规定的"情节严重"。

在公共场所、居民区等人员集中区域非法制造、买卖、运输、邮寄、储存爆炸物，或者因非法制造、买卖、运输、邮寄、储存爆炸物三年内受到两次以上行政处罚又实施上述行为，数量达到本解释规定标准的，不适用前两款量刑的规定。

第十条　实施非法制造、买卖、运输、邮寄、储存、盗窃、抢夺、持有、私藏其他弹药、爆炸物品等行为，参照本解释有关条文规定的定罪量刑标准处罚。

2.最高人民法院、最高人民检察院《关于办理非法制造、买卖、运输、储存毒鼠强等禁用剧毒化学品刑事案件具体应用法律若干问题的解释》法释〔2003〕14号

第一条　非法制造、买卖、运输、储存毒鼠强等禁用剧毒化学品，危害公共安全，具有下列情形之一的，依照《刑法》第一百二十五条的规定，以非法制造、买卖、运输、储存危险物质罪，处三年以上十年以下有期徒刑：

（一）非法制造、买卖、运输、储存原粉、原液、制剂五十克以上，或者饵料二千克以上的；

（二）在非法制造、买卖、运输、储存过程中致人重伤、死亡或者造成公私财产损失十万元以上的。

第二条　非法制造、买卖、运输、储存毒鼠强等禁用剧毒化学品，具有下列情形之一的，属于《刑法》第一百二十五条规定的"情节严重"，处十年以上有期徒刑、无期徒刑或者死刑：

（一）非法制造、买卖、运输、储存原粉、原液、制剂五百克以上，或者饵料二十千克以上的；

（二）在非法制造、买卖、运输、储存过程中致三人以上重伤、死亡，或者造成公私财产损失二十万元以上的；

（三）非法制造、买卖、运输、储存原粉、原药、制剂五十克以上不满五百克，或者饵料二千克以上不满二十千克，并具有其他严重情节的。

第三条　单位非法制造、买卖、运输、储存毒鼠强等禁用剧毒化学品的，依照本解释第一条、第二条规定的定罪量刑标准执行。

第四条　对非法制造、买卖、运输、储存毒鼠强等禁用剧毒化学品行为负有查处职责的国家机关工作人员，滥用职权或者玩忽职守，致使公共财产、国家和人民利益遭受重大损失的，依照《刑法》第三百九十七条的规定，以滥用职权罪或者玩忽职守罪追究刑事责任。

第五条　本解释施行以前，确因生产、生活需要而非法制造、买卖、运输、储存毒鼠强等禁用剧毒化学品饵料自用，没有造成严重社会危害的，可以依照《刑法》第十三条的规定，不作为犯罪处理。

本解释施行以后，确因生产、生活需要而非法制造、买卖、运输、储存毒鼠强等禁用剧毒化学品饵料自用，构成犯罪，但没有造成严重社会危害，经教育确有悔改表现的，可以依法从轻、减轻或者免除处罚。

第六条　本解释所称"毒鼠强等禁用剧毒化学品"，是指国家明令禁止的毒鼠强、氟乙

酰胺、氟乙酸钠、毒鼠硅、甘氟（见附表）（略）。

3. 最高人民检察院、公安部《关于公安机关管辖的刑事案件立案追诉标准的规定（一）》
公通字〔2008〕36号

第二条 【非法制造、买卖、运输、储存危险物质案（《刑法》第一百二十五条第二款）】非法制造、买卖、运输、储存毒害性、放射性、传染病病原体等物质，危害公共安全，涉嫌下列情形之一的，应予立案追诉：（1）造成人员重伤或者死亡的；（2）造成直接经济损失十万元以上的；（3）非法制造、买卖、运输、储存毒鼠强、氟乙酰胺、氟乙酰钠、毒鼠硅、甘氟原粉、原液、制剂五十克以上，或者饵料二千克以上的；（4）造成急性中毒、放射性疾病或者造成传染病流行、暴发的；（5）造成严重环境污染的；（6）造成毒害性、放射性、传染病病原体等危险物质丢失、被盗、被抢或者被他人利用进行违法犯罪活动的；（7）其他危害公共安全的情形。

4. 最高人民法院、最高人民检察院、公安部、国家安全监管总局《关于依法加强对涉嫌犯罪的非法生产经营烟花爆竹行为刑事责任追究的通知》 安监总管三〔2012〕116号

一、非法生产、经营烟花爆竹及相关行为涉及非法制造、买卖、运输、邮寄、储存黑火药、烟火药，构成非法制造、买卖、运输、邮寄、储存爆炸物罪的，应当依照《刑法》第一百二十五条的规定定罪处罚；非法生产、经营烟花爆竹及相关行为涉及生产、销售伪劣产品或不符合安全标准产品，构成生产、销售伪劣产品罪或生产、销售不符合安全标准产品罪的，应当依照《刑法》第一百四十条、第一百四十六条的规定定罪处罚；非法生产、经营烟花爆竹及相关行为构成非法经营罪的，应当依照《刑法》第二百二十五条的规定定罪处罚。上述非法生产经营烟花爆竹行为的定罪量刑和立案追诉标准，分别按照最高人民法院《关于审理非法制造、买卖、运输枪支、弹药、爆炸物等刑事案件具体应用法律若干问题的解释》（法释〔2009〕18号）、最高人民法院、最高人民检察院《关于办理生产、销售伪劣商品刑事案件具体应用法律若干问题的解释》（法释〔2001〕10号），最高人民检察院，公安部《关于公安机关管辖的刑事案件立案追诉标准的规定（一）》（公通字〔2008〕36号），最高人民检察院、公安部《关于公安机关管辖的刑事案件立案追诉标准的规定（二）》（公通字〔2010〕23号）等有关规定执行。

5. 最高人民法院、最高人民检察院《关于涉以压缩气体为动力的枪支、气枪铅弹刑事案件定罪量刑问题的批复》 法释〔2018〕8号

近来，部分高级人民法院、省级人民检察院就如何对非法制造、买卖、运输、邮寄、储存、持有、私藏、走私以压缩气体为动力的枪支、气枪铅弹（用铅、铅合金或者其他金属加工的气枪弹）行为定罪量刑的问题提出请示。经研究，批复如下：

一、对于非法制造、买卖、运输、邮寄、储存、持有、私藏、走私以压缩气体为动力且枪口比动能较低的枪支的行为，在决定是否追究刑事责任以及如何裁量刑罚时，不仅应当考虑涉案枪支的数量，而且应当充分考虑涉案枪支的外观、材质、发射物、购买场所和渠道、价格、用途、致伤力大小、是否易于通过改制提升致伤力，以及行为人的主观认知、动机目的、一贯表现、违法所得、是否规避调查等情节，综合评估社会危害性，坚持主客观相统一，确保罪责刑相适应。

二、对于非法制造、买卖、运输、邮寄、储存、持有、私藏、走私气枪铅弹的行为，在决定是否追究刑事责任以及如何裁量刑罚时，应当综合考虑气枪铅弹的数量、用途以及行为人的动机目的、一贯表现、违法所得、是否规避调查等情节，综合评估社会危害性，确保罪责刑相适应。

6.最高人民法院、最高人民检察院、公安部、工业和信息化部、住房和城乡建设部、交通运输部、应急管理部、国家铁路局、中国民用航空局、国家邮政局《关于依法惩治涉枪支、弹药、爆炸物、易燃易爆危险物品犯罪的意见》法发〔2021〕35 号（2021 年 12 月 28 日）

为依法惩治涉枪支、弹药、爆炸物、易燃易爆危险物品犯罪，维护公共安全，保护人民群众生命财产安全，根据《中华人民共和国刑法》《中华人民共和国刑事诉讼法》《中华人民共和国安全生产法》《行政执法机关移送涉嫌犯罪案件的规定》等法律、行政法规和相关司法解释的规定，结合工作实际，制定本意见。

一、总体要求

1.严禁非法制造、买卖、运输、邮寄、储存、持有、私藏、走私枪支、弹药、爆炸物；严禁未经批准和许可擅自生产、储存、使用、经营、运输易燃易爆危险物品；严禁违反安全管理规定生产、储存、使用、经营、运输易燃易爆危险物品。依法严厉打击涉枪支、弹药、爆炸物、易燃易爆危险物品违法犯罪。

2.人民法院、人民检察院、公安机关、有关行政执法机关应当充分认识涉枪支、弹药、爆炸物、易燃易爆危险物品违法犯罪的社会危害性，坚持人民至上、生命至上，统筹发展和安全，充分发挥工作职能，依法严惩涉枪支、弹药、爆炸物、易燃易爆危险物品违法犯罪，为经济社会发展提供坚实安全保障，不断增强人民群众获得感、幸福感、安全感。

3.人民法院、人民检察院、公安机关、有关行政执法机关应当按照法定职责分工负责、配合协作，加强沟通协调，在履行职责过程中发现涉嫌枪支、弹药、爆炸物、易燃易爆危险物品犯罪的，应当及时相互通报情况，共同进行防范和惩治，维护社会治安大局稳定。

二、正确认定犯罪

4.非法制造、买卖、运输、邮寄、储存、盗窃、抢夺、抢劫、持有、私藏、走私枪支、弹药、爆炸物，并利用该枪支、弹药、爆炸物实施故意杀人、故意伤害、抢劫、绑架等犯罪的，依照数罪并罚的规定处罚。

5.违反危险化学品安全管理规定，未经依法批准或者许可擅自从事易燃易爆危险物品道路运输活动，或者实施其他违反危险化学品安全管理规定通过道路运输易燃易爆危险物品的行为，危及公共安全的，依照《刑法》第一百三十三条之一第一款第四项的规定，以危险驾驶罪定罪处罚。

在易燃易爆危险物品生产、经营、储存等高度危险的生产作业活动中违反有关安全管理的规定，有下列情形之一，具有发生重大伤亡事故或者其他严重后果的现实危险的，依照《刑法》第一百三十四条之一第三项的规定，以危险作业罪定罪处罚：

（1）委托无资质企业或者个人储存易燃易爆危险物品的；

（2）在储存的普通货物中夹带易燃易爆危险物品的；

（3）将易燃易爆危险物品谎报或者匿报为普通货物申报、储存的；

（4）其他涉及安全生产的事项未经依法批准或者许可，擅自从事易燃易爆危险物品生产、经营、储存等活动的情形。

实施前两款行为，同时构成《刑法》第一百三十条规定之罪等其他犯罪的，依照处罚较重的规定定罪处罚；导致发生重大伤亡事故或者其他严重后果，符合《刑法》第一百三十四条、第一百三十五条、第一百三十六条等规定的，依照各该条的规定定罪从重处罚。

6.在易燃易爆危险物品生产、储存、运输、使用中违反有关安全管理的规定，实施本意见第 5 条前两款规定以外的其他行为，导致发生重大事故，造成严重后果，符合《刑法》

第一百三十六条等规定的，以危险物品肇事罪等罪名定罪处罚。

7.实施《刑法》第一百三十六条规定等行为，向负有安全生产监督管理职责的部门不报、谎报或者迟报相关情况的，从重处罚；同时构成《刑法》第一百三十九条之一规定之罪的，依照数罪并罚的规定处罚。

8.在水路、铁路、航空易燃易爆危险物品运输生产作业活动中违反有关安全管理的规定，有下列情形之一，明知存在重大事故隐患而不排除，足以危害公共安全的，依照《刑法》第一百一十四条的规定，以以危险方法危害公共安全罪定罪处罚；致人重伤、死亡或者使公私财产遭受重大损失的，依照《刑法》第一百一十五条第一款的规定处罚：

（1）未经依法批准或者许可，擅自从事易燃易爆危险物品运输的；

（2）委托无资质企业或者个人承运易燃易爆危险物品的；

（3）在托运的普通货物中夹带易燃易爆危险物品的；

（4）将易燃易爆危险物品谎报或者匿报为普通货物托运的；

（5）其他在水路、铁路、航空易燃易爆危险物品运输活动中违反有关安全管理规定的情形。

非法携带易燃易爆危险物品进入水路、铁路、航空公共交通工具或者有关公共场所，危及公共安全，情节严重的，依照《刑法》第一百三十条的规定，以非法携带危险物品危及公共安全罪定罪处罚。

9.通过邮件、快件夹带易燃易爆危险物品，或者将易燃易爆危险物品谎报为普通物品交寄，符合本意见第5条至第8条规定的，依照各该条的规定定罪处罚。

三、准确把握刑事政策

10.对于非法制造、买卖、运输、邮寄、储存、持有、私藏、走私枪支、弹药，以及非法制造、买卖、运输、邮寄、储存爆炸物的行为，应当依照《刑法》和《最高人民法院关于审理非法制造、买卖、运输枪支、弹药、爆炸物等刑事案件具体应用法律若干问题的解释》《最高人民法院、最高人民检察院关于办理走私刑事案件适用法律若干问题的解释》等规定，从严追究刑事责任。

11.对于非法制造、买卖、运输、邮寄、储存、持有、私藏、走私以压缩气体为动力且枪口比动能较低的枪支以及气枪铅弹的行为，应当依照《刑法》和《最高人民法院、最高人民检察院关于涉以压缩气体为动力的枪支、气枪铅弹刑事案件定罪量刑问题的批复》的规定，综合考虑案件情节，综合评估社会危害性，坚持主客观相统一，决定是否追究刑事责任以及如何裁量刑罚，确保罪责刑相适应。

12.利用信息网络非法买卖枪支、弹药、爆炸物、易燃易爆危险物品，或者利用寄递渠道非法运输枪支、弹药、爆炸物、易燃易爆危险物品，依法构成犯罪的，从严追究刑事责任。

13.确因正常生产、生活需要，以及因从事合法的生产经营活动而非法生产、储存、使用、经营、运输易燃易爆危险物品，依法构成犯罪，没有造成严重社会危害，并确有悔改表现的，可以从轻处罚。

14.将非法枪支、弹药、爆炸物主动上交公安机关，或者将未经依法批准或者许可生产、储存、使用、经营、运输的易燃易爆危险物品主动上交行政执法机关处置的，可以从轻处罚；未造成实际危害后果，犯罪情节轻微不需要判处刑罚的，可以依法不起诉或者免予刑事处罚；成立自首的，可以依法从轻、减轻或者免除处罚。

有揭发他人涉枪支、弹药、爆炸物、易燃易爆危险物品犯罪行为，查证属实的，或者提供重要线索，从而得以侦破其他涉枪支、弹药、爆炸物、易燃易爆危险物品案件等立功表现的，可以依法从轻或者减轻处罚；有重大立功表现的，可以依法减轻或者免除处罚。

四、加强行政执法与刑事司法衔接

15.有关行政执法机关在查处违法行为过程中发现涉嫌枪支、弹药、爆炸物、易燃易爆危险物品犯罪的，应当立即指定2名或者2名以上行政执法人员组成专案组专门负责，核实情况后提出移送涉嫌犯罪案件的书面报告，报本机关正职负责人或者主持工作的负责人审批。

有关行政执法机关正职负责人或者主持工作的负责人应当自接到报告之日起3日内作出批准移送或者不批准移送的决定。决定批准移送的，应当在24小时内向同级公安机关移送，并将案件移送书抄送同级人民检察院；决定不批准移送的，应当将不予批准的理由记录在案。

16.有关行政执法机关向公安机关移送涉嫌枪支、弹药、爆炸物、易燃易爆危险物品犯罪案件，应当附下列材料：

（1）涉嫌犯罪案件移送书，载明移送案件的行政执法机关名称、涉嫌犯罪的罪名、案件主办人和联系电话，并应当附移送材料清单和回执，加盖公章；

（2）涉嫌犯罪案件情况的调查报告，载明案件来源、查获枪支、弹药、爆炸物、易燃易爆危险物品情况、犯罪嫌疑人基本情况、涉嫌犯罪的主要事实、证据和法律依据、处理建议等；

（3）涉案物品清单，载明涉案枪支、弹药、爆炸物、易燃易爆危险物品的具体类别和名称、数量、特征、存放地点等，并附采取行政强制措施、现场笔录等表明涉案枪支、弹药、爆炸物、易燃易爆危险物品来源的材料；

（4）有关检验报告或者鉴定意见，并附鉴定机构和鉴定人资质证明；没有资质证明的，应当附其他证明文件；

（5）现场照片、询问笔录、视听资料、电子数据、责令整改通知书等其他与案件有关的证据材料。

有关行政执法机关对违法行为已经作出行政处罚决定的，还应当附行政处罚决定书及执行情况说明。

17.公安机关对有关行政执法机关移送的涉嫌枪支、弹药、爆炸物、易燃易爆危险物品犯罪案件，应当在案件移送书的回执上签字或者出具接受案件回执，并依照有关规定及时进行审查处理。不得以材料不全为由不接受移送案件。

18.人民检察院应当依照《行政执法机关移送涉嫌犯罪案件的规定》《最高人民检察院关于推进行政执法与刑事司法衔接工作的规定》《安全生产行政执法与刑事司法衔接工作办法》等规定，对有关行政执法机关移送涉嫌枪支、弹药、爆炸物、易燃易爆危险物品犯罪案件，以及公安机关的立案活动，依法进行法律监督。

有关行政执法机关对公安机关的不予立案决定有异议的，可以建议人民检察院进行立案监督。

19.公安机关、有关行政执法机关在办理涉枪支、弹药、爆炸物、易燃易爆危险物品违法犯罪案件过程中，发现公职人员有贪污贿赂、失职渎职或者利用职权侵犯公民人身权利和民主权利等违法行为，涉嫌构成职务犯罪的，应当依法及时移送监察机关或者人民检察院处理。

20.有关行政执法机关在行政执法和查办涉枪支、弹药、爆炸物、易燃易爆危险物品案件过程中收集的物证、书证、视听资料、电子数据以及对事故进行调查形成的报告，在刑事诉讼中可以作为证据使用。

21.有关行政执法机关对应当向公安机关移送的涉嫌枪支、弹药、爆炸物、易燃易爆危险物品犯罪案件，不得以行政处罚代替案件移送。

有关行政执法机关向公安机关移送涉嫌枪支、弹药、爆炸物、易燃易爆危险物品犯罪案件的，已经作出的警告、责令停产停业、暂扣或者吊销许可证、暂扣或者吊销执照的行政处罚决定，不停止执行。

22.人民法院对涉枪支、弹药、爆炸物、易燃易爆危险物品犯罪案件被告人判处罚金、有期徒刑或者拘役的，有关行政执法机关已经依法给予的罚款、行政拘留，应当依法折抵相应罚金或者刑期。有关行政执法机关尚未给予罚款的，不再给予罚款。

对于人民检察院依法决定不起诉或者人民法院依法免予刑事处罚的案件，需要给予行政处罚的，由有关行政执法机关依法给予行政处罚。

五、其他问题

23.本意见所称易燃易爆危险物品，是指具有爆炸、易燃性质的危险化学品、危险货物等，具体范围依照相关法律、行政法规、部门规章和国家标准确定。依照有关规定属于爆炸物的除外。

24.本意见所称有关行政执法机关，包括民用爆炸物品行业主管部门、燃气管理部门、交通运输主管部门、应急管理部门、铁路监管部门、民用航空主管部门和邮政管理部门等。

25.本意见自2021年12月31日起施行。

（附参考）1.浙江省高级人民法院《关于非法制造、买卖、运输、储存液氯定罪处罚的答复》浙高法〔2005〕163号

《刑法》第一百二十五条第二款规定的非法制造、买卖、运输、储存危险物质罪中的毒害性物质应为禁用毒害品。液氯虽列入了《剧毒化学品目录》（2002年版），但非国家明令禁止使用的剧毒化学品，故非法制造、买卖、运输、储存液氯不适用《刑法》第一百二十五条第二款。如果违反有关管理规定，在生产、储存、运输、使用液氯过程中发生重大事故，造成严重后果的，可按《刑法》第一百三十六条规定以危险物品肇事罪定罪处罚。

2.浙江省高级人民法院、浙江省人民检察院、浙江省公安厅转发最高人民法院、最高人民检察院、公安部《关于加强办理非法制造、买卖、运输枪支、弹药、爆炸物等刑事案件工作有关问题的通知》浙公通字〔2001〕101号

二、严格区分行为性质，准确适用法律规定

根据最高人民法院《对执行〈关于审理非法制造、买卖、运输枪支、弹药、爆炸物等刑事案件具体应用法律若干问题的解释〉有关问题的通知》（法〔2001〕129号）精神，对于《解释》施行后发生的非法制造、买卖、运输枪支、弹药、爆炸物等行为，构成犯罪的，公安机关都应当立案查处。行为人确因生产、生活所需而非法制造、买卖、运输枪支、弹药、爆炸物，没有造成严重社会危害，经教育确有悔改表现的，可由人民检察院不起诉或人民法院依法免除、从轻处罚。

三、关于涉案物品的认定

（一）凡是在外界能量作用下，能发生剧烈化学反应，瞬间释放气体产物和高温，对周围介质造成破坏的物质，及由此物质组成的装置，都属于爆炸物。民用爆炸物品范围根据《民用爆炸物品管理条例》第二条及公安部《民用爆炸物品品名表》执行。

（二）凡是炸药与引爆物品按照引爆原理结合而成，只要实施一个简单的操作就可以

引爆的装置，均认定为爆炸装置。非法制造的火药或氯酸盐类混合炸药加接引线，专门用于炸鱼的物品，也认定为爆炸装置。

（三）凡是以木炭粉、硝酸盐、硫黄等物质混合的，在明火作用下能够极快速地燃烧，在有一定数量和封闭条件下能引起爆炸的火药，均认定为黑火药。在办理非法储存、买卖、运输黑火药的案件中，不需要对其成分比率作标准的鉴定。

（四）凡是用于烟花爆炸等烟火制品，可产生声、光、色、烟雾等效果，具有燃烧、爆燃、爆炸性能的混合物，均认定为烟火药。但含有氯酸盐或过氯酸盐的烟火药或黑火药，一律认定为氯酸盐类或过氯酸盐类混合炸药，即以炸药定性。

（五）凡是用于枪支弹丸、炮弹、火箭以及升空烟花、礼花弹的发射作用的火药，均认定为发射药。

四、关于涉案物品的鉴定

（一）根据《通知》和公安部《公安机关涉案枪支弹药性能鉴定工作规定》（公通字〔2001〕68号）精神，涉案枪支、弹药、爆炸物的鉴定统一由市级公安机关刑事技术部门负责。

（二）枪支、弹药的鉴定标准，按照公安部《公安机关涉案枪支弹药性能鉴定工作规定》执行，如需确认是否为制式枪支、弹药的，可以聘请有资质的枪支、弹药技术人员参与。

（三）爆炸物（包括爆炸装置）的鉴定，参照枪支弹药的鉴定程序规定执行，鉴定标准依照前述涉案物品的认定要素确认。缺乏理化技术手段的，可以委托专业检测机构检测。

（四）对爆炸装置需要鉴定的，只需确认是否按照引爆原理组合而成。爆炸装置的装药量标准控制在黑火药、烟火药五十克以上，各类炸药（包括氯酸盐或过氯酸盐类混合炸药）十五克以上。如装药量虽然低于以上标准，但装置构造、用途足以造成人员严重伤害的，也应认定为爆炸装置。

3. 浙江省高级人民法院《关于部分罪名定罪量刑情节及数额标准的意见》 浙高法〔2012〕325号

5.《刑法》第一百二十五条第二款 **【非法制造、买卖、运输、储存危险物质罪】**

具有下列情形之一的，处三年以上十年以下有期徒刑：

（1）非法制造、买卖、运输、储存毒鼠强、氰化物等剧毒化学品原粉、原液、原药制剂五十克以上不满五百克，或者饵料二千克以上不满二十千克的；

（2）在非法制造、买卖、运输、储存毒害性、放射性、传染病病原体等物质过程中致人重伤、死亡，或者造成公私财产损失十万元以上不满二十万元的；

（3）造成毒害性、放射性、传染病病原体等危险物质丢失、被盗、被抢或者被他人利用进行违法犯罪活动的；

（4）危害公共安全的其他情形。

具有下列情形之一的，属于"情节严重"，处十年以上有期徒刑、无期徒刑或者死刑：

（1）非法制造、买卖、运输、储存毒鼠强、氰化物等剧毒化学品原粉、原液、制剂500克以上，或者饵料二十千克以上的；

（2）在非法制造、买卖、运输、储存毒害性、放射性、传染病病原体等物质过程中致3人以上重伤、死亡，或者造成公私财产损失二十万元以上的；

（3）非法制造、买卖、运输、储存毒鼠强、氰化物等剧毒化学品原粉、原药、制剂五十克以上不满五百克，或者饵料二千克以上不满二十千克，并具有其他严重情节的；

（4）情节严重的其他情形。

4. 浙江省高级人民法院、浙江省人民检察院《关于办理涉以压缩气体为动力的枪支刑事案件的会议纪要》浙高法〔2018〕189 号（2018 年 11 月）

根据《最高人民法院、最高人民检察院关于涉以压缩气体为动力的枪支、气枪铅弹刑事案件定罪量刑问题的批复》精神，结合本省司法实践，省高级人民法院、省人民检察院经研究，并征求省公安厅意见，就有关问题达成了共识，纪要如下：

1. 涉案气枪枪口比动能在 16 焦耳/平方厘米以上的，应严格适用《最高人民法院关于审理非法制造、买卖、运输枪支、弹药、爆炸物等刑事案件具体应用法律若干问题的解释》《最高人民法院、最高人民检察院关于办理走刑事案件适用法律若干问题的解释》等司法解释规定。

2. 涉案气枪枪口比动能在 1.8 焦耳/平方厘米以上、不足 16 焦耳/平方厘米的，不唯枪支数量论，一般情况下不认定为情节严重。其中：

（1）涉案气枪枪口比动能在 1.8 焦耳/平方厘米以上、不足 5.4 焦耳/平方厘米的，公安机关可以予以行政处罚，检察机关一般可以依法不起诉，已经起诉的，人民法院可以认定为情节轻微，免予刑事处罚；

（2）涉案气枪枪口比动能在 5.4 焦耳/平方厘米以上、不足 10.8 焦耳/平方厘米的，应予较大幅度的从宽处罚，符合条件的，检察机关可以依法不起诉，人民法院可以判处缓刑或者免予刑事处罚；

（3）涉案气枪枪口比动能在 10.8 焦耳/平方厘米以上，不足 16 焦耳/平方厘米的，符合条件的，可以判处缓刑。

3. 涉案气枪枪口比动能在 1.8 焦耳/平方厘米以上、不足 16 焦耳/平方厘米的，但具有以下情形之一的，不适用前条相关规定：

（1）涉案气枪枪口比动能虽然较低，但经鉴定易于改制提升致伤力的；

（2）以实施其他犯罪为目的的；

（3）行为人具有涉枪前科的；

（4）行为人实施非法制造、买卖、运输、邮寄、储存、持有、私藏、走私气枪，并有逃避、对抗调查行为的。

本纪要下发后，各级人民法院、人民检察院要认贯执行，在案件审理中充分考虑涉案相关情节，并综合评估社会危害性，坚持主客观相统一，确保罪责刑相适应。如上级有新的定，按照新的规定执行，本纪要下发前已生效的案件，不按照本纪要予以设动。

第一百二十六条【违规制造、销售枪支罪】 依法被指定、确定的枪支制造企业、销售企业，违反枪支管理规定，有下列行为之一的，对单位判处罚金，并对其直接负责的主管人员和其他直接责任人员，处五年以下有期徒刑；情节严重的，处五年以上十年以下有期徒刑；情节特别严重的，处十年以上有期徒刑或者无期徒刑：

（一）以非法销售为目的，超过限额或者不按照规定的品种制造、配售枪支的；

（二）以非法销售为目的，制造无号、重号、假号的枪支的；

（三）非法销售枪支或者在境内销售为出口制造的枪支。

（相关解释）**1. 最高人民法院《关于审理非法制造、买卖、运输枪支、弹药、爆炸物等刑事案件具体应用法律若干问题的解释》**法释〔2009〕18 号（见第一百二十五条）

2. 最高人民检察院、公安部《关于公安机关管辖的刑事案件立案追诉标准的规定(一)》公通字〔2008〕36 号

第三条 【违规制造、销售枪支案（《刑法》第一百二十六条）】依法被指定、确定的枪支制造企业、销售企业，违反枪支管理规定，以非法销售为目的，超过限额或者不按照规定的品种制造、配售枪支，或者以非法销售为目的，制造无号、重号、假号的枪支，或者非法销售枪支或者在境内销售为出口制造的枪支，涉嫌下列情形之一的，应予立案追诉：（1）违规制造枪支五支以上的；（2）违规销售枪支二支以上的；（3）虽未达到上述数量标准，但具有造成严重后果等其他恶劣情节的。

本条和本规定第四条、第七条规定的"枪支"，包括枪支散件。成套枪支散件，以相应数量的枪支计；非成套枪支散件，以每三十件为一成套枪支散件计。

第一百二十七条【盗窃、抢夺枪支、弹药、爆炸物、危险物质罪】 盗窃、抢夺枪支、弹药、爆炸物的，或者盗窃、抢夺毒害性、放射性、传染病病原体等物质，危害公共安全的，处三年以上十年以下有期徒刑；情节严重的，处十年以上有期徒刑、无期徒刑或者死刑。

【抢劫枪支、弹药、爆炸物、危险物质罪】 抢劫枪支、弹药、爆炸物的，或者抢劫毒害性、放射性、传染病病原体等物质，危害公共安全的，或者盗窃、抢夺国家机关、军警人员、民兵的枪支、弹药、爆炸物的，处十年以上有期徒刑、无期徒刑或者死刑。【2001年12月29日刑法修正案（三）】

【1997年刑法】盗窃、抢夺枪支、弹药、爆炸物的，处三年以上十年以下有期徒刑；情节严重的，处十年以上有期徒刑、无期徒刑或者死刑。

抢劫枪支、弹药、爆炸物或者盗窃、抢夺国家机关、军警人员、民兵的枪支、弹药、爆炸物的，处十年以上有期徒刑、无期徒刑或者死刑。

（相关解释）最高人民法院《关于审理非法制造、买卖、运输枪支、弹药、爆炸物等刑事案件具体应用法律若干问题的解释》法释〔2009〕18号（见第一百二十五条）

（附参考）浙江省高级人民法院刑事审判庭《关于执行刑法若干问题的具体意见（二）》浙高法刑〔2000〕2号

11.认定《刑法》第一百二十七条第二款盗窃、抢夺"军警人员、民兵的枪支弹药、爆炸物"时，应注意：行为人须明知是军警人员、民兵的枪支弹药、爆炸物而盗窃、抢夺；该枪支、弹药、爆炸物需为军警人员、民兵依法配备，不包括军警人员、民兵私藏或者以其他非法手段持有的枪支、弹药、爆炸物。

第一百二十八条【非法持有、私藏枪支、弹药罪】 违反枪支管理规定，非法持有、私藏枪支、弹药的，处三年以下有期徒刑、拘役或者管制；情节严重的，处三年以上七年以下有期徒刑。

【非法出租、出借枪支罪】 依法配备公务用枪的人员，非法出租、出借枪支的，依照前款的规定处罚。

依法配置枪支的人员，非法出租、出借枪支，造成严重后果的，依照第一款的规定处罚。

单位犯第二款、第三款罪的，对单位判处罚金，并对其直接负责的主管人员和其他直接责任人员，依照第一款的规定处罚。

（相关解释）1.最高人民法院《关于审理非法制造、买卖、运输枪支、弹药、爆炸物等刑事案件具体应用法律若干问题的解释》法释〔2009〕18号（见第一百二十五条）

2.最高人民检察院、公安部《关于公安机关管辖的刑事案件立案追诉标准的规定（一）》公通字〔2008〕36号

第四条 【非法持有、私藏枪支、弹药案（《刑法》第一百二十八条第一款）】违反枪支管理规定，非法持有、私藏枪支，涉嫌下列情形之一的，应予立案追诉：（1）非法持有、私藏军用枪支一支以上的；（2）非法持有、私藏以火药为动力发射枪弹的非军用枪支一支以上，或者以压缩气体等为动力的其他非军用枪支二支以上的；（3）非法持有、私藏军用子弹二十发以上、气枪铅弹一千发以上或者其他非军用子弹二百发以上的；（4）非法持有、私藏手榴弹、炸弹、地雷、手雷等具有杀伤性弹药一枚以上的；（5）非法持有、私藏的弹药造成人员伤亡、财产损失的。

本条规定的"非法持有"，是指不符合配备、配置枪支、弹药条件的人员，擅自持有枪支、弹药的行为；"私藏"，是指依法配备、配置枪支、弹药的人员，在配备、配置枪支、弹药的条件消除后，私自藏匿所配备、配置的枪支、弹药且拒不交出的行为。

第五条 【非法出租、出借枪支案（《刑法》第一百二十八条第二、三、四款）】依法配备公务用枪的人员或单位，非法将枪支出租、出借给未取得公务用枪配备资格的人员或单位，或者将公务用枪用作借债质押物的，应予立案追诉。

依法配备公务用枪的人员或单位，非法将枪支出租、出借给具有公务用枪配备资格的人员或单位，以及依法配置民用枪支的人员或单位，非法出租、出借民用枪支，涉嫌下列情形之一的，应予立案追诉：（1）造成人员轻伤以上伤亡事故的；（2）造成枪支丢失、被盗、被抢的；（3）枪支被他人利用进行违法犯罪活动的；（4）其他造成严重后果的情形。

3. 最高人民检察院《关于将公务用枪用作借债质押的行为如何适用法律问题的批复》高检发释字〔1998〕4号

依法配备公务用枪的人员，违反法律规定，将公务用枪用作借债质押物，使枪支处于非依法持枪人的控制、使用之下，严重危害公共安全，是《刑法》第一百二十八条第二款所规定的非法出借枪支行为的一种形式，应以非法出借枪支罪追究刑事责任；对接受枪支质押的人员，构成犯罪的，根据《刑法》第一百二十八条第一款的规定，应以非法持有枪支罪追究其刑事责任。

4. 最高人民法院、最高人民检察院《关于涉以压缩气体为动力的枪支、气枪铅弹刑事案件定罪量刑问题的批复》法释〔2018〕8号（见第一百二十五条）

第一百二十九条【丢失枪支不报罪】 依法配备公务用枪的人员，丢失枪支不及时报告，造成严重后果的，处三年以下有期徒刑或者拘役。

（相关解释）**最高人民检察院、公安部《关于公安机关管辖的刑事案件立案追诉标准的规定（一）》**公通字〔2008〕36号

第六条 【丢失枪支不报案（《刑法》第一百二十九条）】依法配备公务用枪的人员，丢失枪支不及时报告，涉嫌下列情形之一的，应予立案追诉：（1）丢失的枪支被他人使用造成人员轻伤以上伤亡事故的；（2）丢失的枪支被他人利用进行违法犯罪活动的；（3）其他造成严重后果的情形。

（附参考）**浙江省高级人民法院《关于部分罪名定罪量刑情节及数额标准的意见》**浙高法〔2012〕325号

6.《刑法》第一百二十九条 【丢失枪支不报罪】

具有下列情形之一的，属于"严重后果"，处三年以下有期徒刑或者拘役：

（1）丢失的枪支被他人使用造成人员轻伤以上伤亡事故的；

（2）丢失的枪支被他人利用进行违法犯罪活动的；

（3）严重后果的其他情形。

第一百三十条【非法携带枪支、弹药、管制刀具、危险物品危及公共安全罪】 非法携带枪支、弹药、管制刀具或者爆炸性、易燃性、放射性、毒害性、腐蚀性物品，进入公共场所或者公共交通工具，危及公共安全，情节严重的，处三年以下有期徒刑、拘役或者管制。

（相关解释）1.最高人民法院《关于审理非法制造、买卖、运输枪支、弹药、爆炸物等刑事案件具体应用法律若干问题的解释》法释〔2009〕18号（见第一百二十五条）

2.最高人民检察院、公安部《关于公安机关管辖的刑事案件立案追诉标准的规定（一）》公通字〔2008〕36号

第七条 【非法携带枪支、弹药、管制刀具、危险物品危及公共安全案（《刑法》第一百三十条）】非法携带枪支、弹药、管制刀具或者爆炸性、易燃性、放射性、毒害性、腐蚀性物品，进入公共场所或者公共交通工具，危及公共安全，涉嫌下列情形之一的，应予立案追诉：（1）携带枪支一支以上或者手榴弹、炸弹、地雷、手雷等具有杀伤性弹药一枚以上的；（2）携带爆炸装置一套以上的；（3）携带炸药、发射药、黑火药五百克以上或者烟火药一千克以上、雷管二十枚以上或者导火索、导爆索二十米以上，或者虽未达到上述数量标准，但拒不交出的；（4）携带的弹药、爆炸物在公共场所或者公共交通工具上发生爆炸或者燃烧，尚未造成严重后果的；（5）携带管制刀具二十把以上，或者虽未达到上述数量标准，但拒不交出，或者用来进行违法活动尚未构成其他犯罪的；（6）携带的爆炸性、易燃性、放射性、毒害性、腐蚀性物品在公共场所或者公共交通工具上发生泄漏、遗洒，尚未造成严重后果的；（7）其他情节严重的情形。

3.最高人民法院、最高人民检察院、公安部、工业和信息化部、住房和城乡建设部、交通运输部、应急管理部、国家铁路局、中国民用航空局、国家邮政局《关于依法惩治涉枪支、弹药、爆炸物、易燃易爆危险物品犯罪的意见》法发〔2021〕35号（2021年12月28日）（具体见第一百二十五条）

8.在水路、铁路、航空易燃易爆危险物品运输生产作业活动中违反有关安全管理的规定，有下列情形之一，明知存在重大事故隐患而不排除，足以危害公共安全的，依照《刑法》第一百一十四条的规定，以危险方法危害公共安全罪定罪处罚；致人重伤、死亡或者使公私财产遭受重大损失的，依照《刑法》第一百一十五条第一款的规定处罚：

（1）未经依法批准或者许可，擅自从事易燃易爆危险物品运输的；

（2）委托无资质企业或者个人承运易燃易爆危险物品的；

（3）在托运的普通货物中夹带易燃易爆危险物品的；

（4）将易燃易爆危险物品谎报或者匿报为普通货物托运的；

（5）其他在水路、铁路、航空易燃易爆危险物品运输活动中违反有关安全管理规定的情形。

非法携带易燃易爆危险物品进入水路、铁路、航空公共交通工具或者有关公共场所，危及公共安全，情节严重的，依照《刑法》第一百三十条的规定，以非法携带危险物品危及公共安全罪定罪处罚。

9.通过邮件、快件夹带易燃易爆危险物品，或者将易燃易爆危险物品谎报为普通物品交寄，符合本意见第5条至第8条规定的，依照各该条的规定定罪处罚。

（附参考）**浙江省高级人民法院《关于部分罪名定罪量刑情节及数额标准的意见》**浙高法〔2012〕325号

7.《刑法》第一百三十条【**非法携带枪支、弹药、管制刀具、危险物品危及公共安全罪**】

具有下列情形之一的，属于"情节严重"，处三年以下有期徒刑、拘役或者管制：

（1）携带枪支一支以上，或者手榴弹、炸弹、地雷、手雷等具有杀伤性弹药一枚以上的；

（2）携带爆炸装置一套以上的；

（3）携带炸药、发射药、黑火药五百克以上，或者烟火药一千克以上、雷管二十枚以上，或者导火索、导爆索二十米以上，或者虽未达到上述数量标准，但拒不交出的；

（4）携带的弹药、爆炸物在公共场所或者公共交通工具上发生爆炸或者燃烧，尚未造成严重后果的；

（5）携带管制刀具二十把以上，或者虽未达到上述数量标准，但拒不交出，或者用来进行违法活动尚未构成其他犯罪的；

（6）携带的爆炸性、易燃性、放射性、毒害性、腐蚀性物品在公共场所或者公共交通工具上发生泄漏、遗洒，尚未造成严重后果的；

（7）情节严重的其他情形。

第一百三十一条【重大飞行事故罪】 航空人员违反规章制度，致使发生重大飞行事故，造成严重后果的，处三年以下有期徒刑或者拘役；造成飞机坠毁或者人员死亡的，处三年以上七年以下有期徒刑。

第一百三十二条【铁路运营安全事故罪】 铁路职工违反规章制度，致使发生铁路运营安全事故，造成严重后果的，处三年以下有期徒刑或者拘役；造成特别严重后果的，处三年以上七年以下有期徒刑。

（相关解释）**最高人民法院、最高人民检察院《关于办理危害生产安全刑事案件适用法律若干问题的解释》**法释〔2015〕22号（具体见《刑法》第一百三十四条）

第六条 实施《刑法》第一百三十二条、第一百三十四条第一款、第一百三十五条、第一百三十五条之一、第一百三十六条、第一百三十九条规定的行为，因而发生安全事故，具有下列情形之一的，应当认定为"造成严重后果"或者"发生重大伤亡事故或者造成其他严重后果"，对相关责任人员，处三年以下有期徒刑或者拘役：

（一）造成死亡一人以上，或者重伤三人以上的；

（二）造成直接经济损失一百万元以上的；

（三）其他造成严重后果或者重大安全事故的情形。

……

第七条 实施《刑法》第一百三十二条、第一百三十四条第一款、第一百三十五条、第一百三十五条之一、第一百三十六条、第一百三十九条规定的行为，因而发生安全事故，具有下列情形之一的，对相关责任人员，处三年以上七年以下有期徒刑：

（一）造成死亡三人以上或者重伤十人以上，负事故主要责任的；

（二）造成直接经济损失五百万元以上，负事故主要责任的；

（三）其他造成特别严重后果、情节特别恶劣或者后果特别严重的情形。

......

第十二条　实施《刑法》第一百三十二条、第一百三十四条至第一百三十九条之一规定的犯罪行为，具有下列情形之一的，从重处罚：

（一）未依法取得安全许可证件或者安全许可证件过期、被暂扣、吊销、注销后从事生产经营活动的；

（二）关闭、破坏必要的安全监控和报警设备的；

（三）已经发现事故隐患，经有关部门或者个人提出后，仍不采取措施的；

（四）一年内曾因危害生产安全违法犯罪活动受过行政处罚或者刑事处罚的；

（五）采取弄虚作假、行贿等手段，故意逃避、阻挠负有安全监督管理职责的部门实施监督检查的；

（六）安全事故发生后转移财产意图逃避承担责任的；

（七）其他从重处罚的情形。

实施前款第五项规定的行为，同时构成《刑法》第三百八十九条规定的犯罪的，依照数罪并罚的规定处罚。

第十三条　实施《刑法》第一百三十二条、第一百三十四条至第一百三十九条之一规定的犯罪行为，在安全事故发生后积极组织、参与事故抢救，或者积极配合调查、主动赔偿损失的，可以酌情从轻处罚。

......

第一百三十三条【交通肇事罪】　违反交通运输管理法规，因而发生重大事故，致人重伤、死亡或者使公私财产遭受重大损失的，处三年以下有期徒刑或者拘役；交通运输肇事后逃逸或者有其他特别恶劣情节的，处三年以上七年以下有期徒刑；因逃逸致人死亡的，处七年以上有期徒刑。

（相关解释）1.**最高人民法院《关于审理交通肇事刑事案件具体应用法律若干问题的解释》**法释〔2000〕33号

第一条　从事交通运输人员或者非交通运输人员，违反交通运输管理法规发生重大交通事故，在分清事故责任的基础上，对于构成犯罪的，依照《刑法》第一百三十三条的规定定罪处罚。

第二条　交通肇事具有下列情形之一的，处三年以下有期徒刑或者拘役：

（一）死亡一人或者重伤三人以上，负事故全部或者主要责任的；

（二）死亡三人以上，负事故同等责任的；

（三）造成公共财产或者他人财产直接损失，负事故全部或者主要责任，无能力赔偿数额在三十万元以上的。

交通肇事致一人以上重伤，负事故全部或者主要责任，并具有下列情形之一的，以交通肇事罪定罪处罚：

（一）酒后、吸食毒品后驾驶机动车辆的；

（二）无驾驶资格驾驶机动车辆的；

（三）明知是安全装置不全或者安全机件失灵的机动车辆而驾驶的；

（四）明知是无牌证或者已报废的机动车辆而驾驶的；

（五）严重超载驾驶的；

（六）为逃避法律追究逃离事故现场的。

第三条 "交通运输肇事后逃逸"，是指行为人具有本解释第二条第一款规定和第二款第（一）至（五）项规定的情形之一，在发生交通事故后，为逃避法律追究而逃跑的行为。

第四条 交通肇事具有下列情形之一的，属于"有其他特别恶劣情节"，处三年以上七年以下有期徒刑：

（一）死亡二人以上或者重伤五人以上，负事故全部或者主要责任的；

（二）死亡六人以上，负事故同等责任的；

（三）造成公共财产或者他人财产直接损失，负事故全部或者主要责任，无能力赔偿数额在六十万元以上的。

第五条 "因逃逸致人死亡"，是指行为人在交通肇事后为逃避法律追究而逃跑，致使被害人因得不到救助而死亡的情形。

交通肇事后，单位主管人员、机动车辆所有人、承包人或者乘车人指使肇事人逃逸，致使被害人因得不到救助而死亡的，以交通肇事罪的共犯论处。

第六条 行为人在交通肇事后为逃避法律追究，将被害人带离事故现场后隐藏或者遗弃，致使被害人无法得到救助而死亡或者严重残疾的，应当分别依照《刑法》第二百三十二条、第二百三十四条第二款的规定，以故意杀人罪或者故意伤害罪定罪处罚。

第七条 单位主管人员、机动车辆所有人或者机动车辆承包人指使、强令他人违章驾驶造成重大交通事故，具有本解释第二条规定情形之一的，以交通肇事罪定罪处罚。

第八条 在实行公共交通管理的范围内发生重大交通事故的，依照《刑法》第一百三十三条和本解释的有关规定办理。

在公共交通管理的范围外，驾驶机动车辆或者使用其他交通工具致人伤亡或者致使公共财产或者他人财产遭受重大损失，构成犯罪的，分别依照《刑法》第一百三十四条、第一百三十五条、第二百三十三条等规定定罪处罚。

第九条 各省、自治区、直辖市高级人民法院可以根据本地实际情况，在三十万元至六十万元、六十万元至一百万元的幅度内，确定本地区执行本解释第二条第一款第（三）项、第四条第（三）项的起点数额标准，并报最高人民法院备案。

2. 最高人民法院《关于处理自首和立功若干具体问题的意见》法发〔2010〕60号

交通肇事后保护现场、抢救伤者，并向公安机关报告的，应认定为自动投案，构成自首的，因上述行为同时系犯罪嫌疑人的法定义务，对其是否从宽、从宽幅度要适当从严掌握。交通肇事逃逸后自动投案，如实供述自己罪行的，应认定为自首，但应依法以较重法定刑为基准，视情决定对其是否从宽处罚以及从宽处罚的幅度。（见本书附录二部分）

3. 最高人民法院研究室《关于交通肇事刑事案件附带民事赔偿范围问题的答复》法研〔2014〕30号

湖北省高级人民法院：

你院鄂高法〔2013〕280号《关于交通肇事刑事案件附带民事赔偿范围的请示》收悉，经研究，答复如下：

根据刑事诉讼法第九十九条、第一百零一条和最高人民法院《关于适用〈中华人民共和国刑事诉讼法〉的解释》第一百五十五条的规定，交通肇事刑事案件的附带民事诉讼当事人未能就民事赔偿问题达成调解、和解协议的，无论附带民事诉讼被告人是否投保机动车第三者强制责任保险，均可将死亡赔偿金、残疾赔偿金纳入判决赔偿的范围。

4. 最高人民法院、最高人民检察院、公安部《关于依法办理"碰瓷"违法犯罪案件的指导意见》公通字〔2020〕12号（2020年9月22日）（具体见《刑法》第二百六十六条）

六、实施"碰瓷",驾驶机动车对其他机动车进行追逐、冲撞、挤别、拦截或者突然加减速、急刹车等可能影响交通安全的行为,因而发生重大事故,致人重伤、死亡或者使公私财物遭受重大损失,符合《刑法》第一百三十三条规定的,以交通肇事罪定罪处罚。

(附参考)1.浙江省高级人民法院刑事审判庭《关于执行刑法若干问题的具体意见》 浙高法刑〔1999〕1号

28.《刑法》第一百三十三条交通肇事罪中规定的"因逃逸致人死亡",是指行为人在交通肇事后逃离事故现场,致使被害人因得不到及时救治而死亡的情形。

行为人在交通肇事后将因交通事故遭受重伤的被害人带离事故现场后隐藏遗弃,致使被害人因得不到及时救治而死亡的,应以故意杀人罪定罪处罚。

2.浙江省高级人民法院《关于审理交通肇事刑事案件的若干意见》 浙高法〔2009〕282号

一、关于缓刑的适用

要坚持宽严相济的刑事政策。对后果不是特别严重,赔偿积极,符合适用缓刑条件的被告人可以适用缓刑,同时又要避免出现适用缓刑过多过滥的情况。

下列情形,一律不适用缓刑:(1)醉酒驾驶机动车致死亡一人或者重伤三人以上的;(2)有出于追逐取乐、竞技、寻求刺激等动机,在道路上超速行驶50%以上情节的;(3)致死亡一人或者重伤三人以上后逃逸的;(4)斑马线上致行人死亡一人或者重伤三人以上的;(5)具有最高人民法院《关于审理交通肇事刑事案件具体应用法律若干问题的解释》第四条规定的"其他特别恶劣情节"的;(6)造成恶劣社会影响的。

下列情形,一般不适用缓刑:(1)酒后、吸食毒品后驾驶机动车致死亡一人或者重伤三人以上的;(2)无驾驶资格的人驾驶机动车致死亡一人或者重伤三人以上的;(3)曾因违反交通安全法律法规被追究刑事责任或者受到过吊销机动车驾驶证、拘留行政处罚的;(4)交通肇事后让人顶替的;(5)明知是无牌证的机动车、已报废的机动车、安全设施、机件不符合技术标准等有安全隐患的机动车、非法改装的机动车而驾驶,或者严重超载等,致死亡一人或者重伤三人以上的。

二、关于自首的认定

交通肇事后报警并保护事故现场,是道路交通安全法规定的被告人交通肇事后必须履行的义务。人民法院依法不应将交通肇事后报警并在肇事现场等候处理的行为重复评价为自动投案,从而认定被告人自首。[①]

交通肇事逃逸后向有关机关投案,并如实供述犯罪事实的,可以认定自首,依法在三年以上七年以下有期徒刑的幅度内从轻处罚,一般不予减轻处罚。对于有致死亡一人或者重伤三人以上情节的,不适用缓刑。

三、关于人身损害赔偿与量刑

交通肇事致人死亡或者重伤案件民事部分的及时足额赔偿,有利于安抚被害人或者被害人亲属。因此,对民事赔偿积极,取得被害人或者被害人亲属谅解的,一般应该在量刑时有所体现,酌情予以从轻处罚,以最大限度地化解矛盾,促进和谐。但要防止产生"以钱抵刑"的负面影响,对那些犯罪情节恶劣、影响极坏、造成后果特别严重的被告人,从轻幅度要小一些,甚至可以不予从轻处罚。

对于基本未赔偿的,或者隐匿财产逃避赔偿的,要酌情从重处罚。

---

① 编者注:错误,为"法发〔2010〕60号修正"。

人民法院应当加强交通肇事刑事附带民事赔偿案件的执行力度，并对符合司法救助条件的被害人或者被害人亲属给予司法救助。

四、关于无能力赔偿数额的确定

交通肇事造成公共财产或者他人财产直接损失，负事故全部或者主要责任，无能力赔偿数额在四十万元以上的，构成交通肇事罪，处三年以下有期徒刑或者拘役；造成公共财产或者他人财产直接损失，负事故全部或者主要责任，无能力赔偿数额在八十万元以上的，属交通肇事罪"有其他特别恶劣情节"，处三年以上七年以下有期徒刑。

3. 浙江省人民检察院《关于办理酒后驾车交通肇事案件有关证据问题的答复》浙检研〔2005〕9号

酒精检测报告是认定交通肇事案件酒后驾车情节的重要证据。公安机关在办理酒后驾车交通肇事案件时，应当及时对犯罪嫌疑人进行酒精检测。但酒精检测报告不是认定酒后驾车的唯一证据，没有酒精检测报告，其他证据确实充分的，可以认定。

4. 浙江省高级人民法院《2006年全省中级法院刑庭庭长会议纪要》2006年

（1）交通肇事罪中逃逸的认定问题

会议认为，根据最高法院《关于审理交通肇事刑事案件具体应用法律若干问题的解释》规定：认定交通肇事后逃逸的前提条件即主观目的，应当界定为"逃避法律追究"。对于逃离事故现场的，还要判断其逃离的目的和肇事后的态度，不能一概认定其逃逸。如肇事者出于怕受害方或者其他围观群众的报复殴打而逃离现场的；事后能够尽快（最短时间内）通过报告单位领导或者报警等方式，接受法律处理的，就不能认定为逃逸。交通肇事后逃逸，不应当仅仅理解为"逃离事故现场"的行为，司法解释规定的逃逸并没有时间和场所的限定。对于肇事者没有在肇事后立即逃离现场（有的是不可能逃跑），而是在将伤者送到医院后或者等待交通管理部门处理的时候逃跑的，这种在肇事后为逃避法律追究而逃跑的行为，都应当视为"交通肇事后逃逸"。肇事者将伤者送到医院后逃跑，伤者经抢救无效死亡的，不属肇事者"因逃逸致人死亡"。

（2）交通肇事罪中自首的认定问题

会议认为，在交通肇事罪中，肇事者履行了法定义务，同时又符合自首条件的，可认定为自首。首先，《刑法》并没有把交通肇事罪等过失犯罪排除在自首制度以外。其次，肇事者必须报告公安机关虽然是行政法上的强制性义务，但是这种强制性义务并非是《刑法》上的强制性义务，它并没有排除自首的成立。在交通肇事罪中，这种行政法上的强制性义务和自首成立发生重叠，行为人履行了这种义务的同时，也可成立自首。

（3）在交通肇事附带民事诉讼中，车辆的挂靠单位和名义上的车主是否承担民事赔偿责任的问题

会议认为，对车辆挂靠单位和车辆所有人是否要承担民事赔偿责任，要根据挂靠单位和车辆所有人主观上是否有过错，且这种过错行为与损害结果之间是否存在因果关系，进行综合评判。挂靠单位许可车辆挂靠在其名下，不管是否收取挂靠费，都对挂靠车辆负有监管义务和监管责任，因此，挂靠单位对挂靠车辆造成他人损害的，应承担连带赔偿责任。

会议认为，名义上的车主不是车辆的实际所有人，只要有证据证明其不是车辆的实际所有人，就不应承担连带赔偿责任。浙江省高级人民法院于2001年10月29日以浙高法〔2001〕213号作出的《关于买卖车辆尚未过户，买受方在使用中造成他人人身伤害或者财产损失，出卖方是否应承担连带赔偿责任的答复》中认为，公安机关办理的机动车登记

等手续，是准予或者不准予机动车上道路行驶的登记，不是机动车所有权登记。将车辆管理部门办理过户登记作为机动车财产所有权转移的时间没有法律依据。车辆一经交付所有权即发生转移，出卖方对交付后买受方在使用中造成他人损害的，不应承担连带赔偿责任。根据这个答复，应理解为不是车辆的实际所有人，不承担连带赔偿责任。

（4）当事人对交通事故责任认定提出异议，法院审查后责任认定明显不当或者可能错误的，如何处理的问题

会议认为，交通肇事责任认定书是交通肇事罪中的重要证据之一。责任认定的正确与否，直接关系到罪与非罪，罪责轻重的问题。法院应当对事故责任认定正确与否进行审查，发现疑点时可委托上一级交通主管部门重新审核，并由上一级交通主管部门出具审核意见书。如上一级交通主管部门不接受委托或者不出具审核意见的，或者当事人对上一级交通主管部门出具的审核意见仍然有争议的，法院可传唤承办事故责任认定的交警出庭接受质证。如承办事故责任认定的交警不出庭作证的，只要被告人、辩护人提供的相关材料，经法庭质证，表明责任认定明显不当或者错误的，则该交通事故责任认定书不得作为定罪的依据。

5. 浙江省高级人民法院《关于在审理交通肇事刑事案件中正确认定逃逸等问题的会议纪要》2011 年 3 月 4 号

一、关于交通肇事后逃逸的构成

《刑法》第一百三十三条规定的交通肇事后逃逸，是指发生重大交通事故后，肇事者为了逃避法律追究，驾驶肇事车辆或者遗弃肇事车辆后逃跑的行为。

《刑法》规定对逃逸加重处罚，根本目的有二：一是为了及时抢救伤者，防止事故损失的扩大；二是便于尽快查清事故责任，处理事故善后。道路交通安全法第七十条规定，肇事者发生交通事故后必须立即停车，保护现场；造成人身伤亡的，应当立即抢救受伤人员，并迅速报告执勤的交通警察或者公安机关交通管理部门。因此，保护事故现场，抢救伤员，报警并接受公安机关的处理，是肇事者必须履行的法定义务。交通肇事后逃逸行为的本质特征就是为了逃避法律追究不履行上述法定义务，正确认定逃逸也应当围绕肇事者在肇事后是否履行了法定义务去考察。审判实践中，应当把握好主观和客观两个方面的要件。

一是主观要件，即为了逃避法律追究。包括为了逃避行政责任、民事责任和刑事责任的追究。如果没有法定事由或者正当理由离开事故现场，应当推定为逃避法律追究。

二是客观要件，即在接受公安机关处理前，驾驶肇事车辆或者遗弃肇事车辆后逃跑。以逃离事故现场为一般情形。这里的事故现场，不仅包括交通事故发生现场，还包括与事故发生现场具有紧密联系的空间，如按警察指定等候处理的地点等。在认定是否属于逃离事故现场时，要特别注意逃逸行为与肇事行为在时空上的连贯性。履行了道路交通安全法上设定的肇事者必须履行的法定义务后逃跑，不宜认定为交通肇事后逃逸。

二、关于几种常见情形的认定和处理

肇事者被殴打或者面临被殴打的实际危险而逃离事故现场，然后立即报警并接受公安机关处理的，可以不认定为逃逸。此种情形需要有足够的事实依据和证据存在，才能采信被告人的辩解。逃离事故现场后具备报警条件不及时报警，具备投案条件而不及时投案的，应当认定为逃逸。如果是因为出了事故内心恐惧而逃离事故现场的，或者为了逃避酒精检测等而逃离事故现场的，均应认定为逃逸。

肇事者接受公安机关处理后，在侦查、起诉、审判阶段为躲避责任经传唤不到案，取保候审或者监视居住期间逃跑，实质是一种逃避侦查、起诉、审判的违反刑事诉讼程序的

行为，均不宜认定为逃逸，但应当酌情从重处罚。

肇事者离开事故现场径直去公安机关投案，不影响事故责任的认定，且事故损失没有明显扩大的，可以不作为逃逸处理。肇事者逃逸后，途中害怕被加重追究刑事责任而到公安机关投案的，仍然应当认定为逃逸，其中如实交代罪行的，可以认定为自首。认定是否直接去公安机关投案，不能仅以被告人辩解为依据，应当根据离开现场后的行走线路、时间长短以及是否具备报案条件等因素综合判定。无法认定直接去公安机关投案的，以逃逸论。

肇事者肇事后虽然采用打电话等方式报警，然后逃离事故现场的，或者逃离事故现场后打电话报警的，仍然应当认定为逃逸。但因为有报警行为，可对其酌情从轻处罚。

造成人身伤亡的，肇事者应当立即抢救受伤人员。如果是为了抢救伤员而离开现场，不认定为逃离事故现场。但是如果肇事者将伤者送到医院后，没有报警并接受公安机关处理，而是为逃避法律追究逃离的，应当认定为逃逸，可以酌情从轻处罚。

肇事者具有最高人民法院《关于审理交通肇事刑事案件具体应用法律若干问题的解释》（以下简称《解释》）第二条第二款第（一）至（五）项情形之一，又有逃逸行为的，逃逸行为应作为法定加重情节，对肇事者在《刑法》第一百三十三条第二个量刑档次，即三年以上七年以下有期徒刑的幅度内量刑。但根据《解释》第二条第二款第（六）项规定因交通肇事后逃逸而构成犯罪的，由于逃逸已成为构成犯罪的要件，不能重复评价为加重情节，故对肇事者只能在《刑法》第一百三十三条第一个量刑档次，即三年以下有期徒刑或者拘役的幅度内量刑。

三、关于对交通肇事后让人顶替案件的处理

当前，交通肇事后肇事者让他人顶替，以逃避法律追究的情况多发，给交通事故责任的正确认定带来困难，容易使肇事者逃避法律的追究，也易使被害方的利益造成损害，且严重妨害司法机关的正常活动，应予从严惩治。

让人顶替的情形有多种。有的肇事者让同车人顶替或者打电话让人来现场顶替；有的肇事者逃离现场后叫顶替者到现场或者去公安机关投案等等，根本目的就是使自己逃避法律的追究。因此，肇事者让人顶替的行为从本质上说仍是一种交通肇事后的"逃跑"行为，而且还是一种指使他人向司法机关作伪证的行为，妨害了司法机关的正常诉讼活动，社会危害比一般逃逸更大，应认定为交通肇事逃逸并从重处罚。处理这类案件，还要区分肇事者是否逃离了事故现场。对肇事者让人顶替但自己没有逃离现场的，可酌情从轻处罚。对顶替者，构成犯罪的，以《刑法》第三百一十条包庇罪追究刑事责任。

四、关于因逃逸致人死亡的认定

《刑法》第一百三十三条中"因逃逸致人死亡"，是指肇事者在交通肇事后为逃避法律追究而逃跑，致使被害人因得不到救助而死亡的情形。

因逃逸致人死亡，既包括被害人受重伤后得不到救助而死亡的情形，也包括被害人因伤无法离开现场而发生的其他车辆再次碾压致死的情形。

因逃逸致人死亡，只适用于肇事者因逃逸过失致人死亡的情况，不包括故意致人死亡的情况。如果发生事故后，肇事者为逃避法律追究，故意将被害人隐藏、抛弃或者移动至危险地段等积极行为，使其得不到救助而死亡或者发生再次碾压等事故死亡的，应按《刑法》第二百三十二条故意杀人罪定罪处罚。

肇事者将伤者送到医院接受救治后，没有报警也没有接受公安机关处理就逃跑而被认定为逃逸，但此后被害人经抢救无效死亡的，不宜再认定为"因逃逸致人死亡"。

是否因逃逸致使被害人得不到救助而死亡，须根据司法鉴定及在案其他证据综合判定。

五、关于交通事故认定书的性质和逃逸后的责任承担

交通肇事刑事案件中的交通事故认定书，是公安机关交通管理部门根据交通事故现场勘验、检查、调查情况和有关的检验、鉴定结果制作的一种法律文书，本质上具有证据性质。人民法院应当结合全案的其他证据综合分析，从而正确认定肇事者的责任，公正处理案件。

根据我国道路交通安全法及其实施条例第九十二条规定，对肇事者不履行法定义务而逃逸的，应当推定为承担事故的全部责任。但是，有证据证明对方当事人也有过错的，可以减轻肇事者的责任。人民法院审理此类案件时，也应按此原则处理。

六、关于本纪要的执行

本纪要从下发之日起执行。我院原有规定与本纪要不一致的，适用本纪要的规定。

6. 浙江省高级人民法院《关于部分罪名定罪量刑情节及数额标准的意见》 浙高法〔2012〕325号

8.《刑法》第一百三十三条【交通肇事罪】

具有下列情形之一的，处三年以下有期徒刑或者拘役：

（1）造成死亡一人，或者重伤三人以上不满五人，负事故全部或者主要责任的；

（2）造成死亡三人以上不满六人，负事故同等责任的；

（3）造成公共财产或者他人财产直接损失，负事故全部或者主要责任，无能力赔偿数额在四十万元以上不满八十万元的；

（4）构成犯罪的其他情形。

具有下列情形之一的，属于"特别恶劣情节"，处三年以上七年以下有期徒刑：

（1）造成死亡二人以上，或者重伤五人以上，负事故全部或者主要责任的；

（2）造成死亡六人以上，负事故同等责任的；

（3）造成公共财产或者他人财产直接损失，负事故全部或者主要责任，无能力赔偿数额在八十万元以上的；

（4）特别恶劣情节的其他情形。

交通肇事致一人以上重伤，负事故全部或者主要责任，并具有下列情形之一的，以交通肇事罪定罪处罚：

（1）酒后、吸食毒品后驾驶机动车辆的；

（2）无驾驶资格驾驶机动车辆的；

（3）明知是安全装置不全或者安全机件失灵的机动车辆而驾驶的；

（4）明知是无牌证或者已报废的机动车辆而驾驶的；

（5）超载50%以上驾驶的；

（6）为逃避法律追究逃离事故现场的。

7. 浙江省高级人民法院《关于交通肇事案件适用缓刑的通知》 浙高法〔2014〕42号

我院于2009年8月21日下发了《关于审理交通肇事刑事案件的若干意见》（以下简称《意见》），强调对交通肇事刑事案件要坚持宽严相济的刑事政策，对后果不是特别严重、赔偿积极，符合适用缓刑条件的被告人可以适用缓刑；同时，又要防止适用缓刑过多过滥的情况发生，对醉酒驾驶机动车致死亡一人或者重伤三人以上等六种情形规定为"一律不适用缓刑"，对酒后、吸食毒品后驾驶机动车致死亡一人或者重伤三人以上的等五种情形规定"一般不适用缓刑"。此后，为了更好地贯彻《意见》，2010年1月14日我院又下发了《关于严格执行〈关于审理交通肇事刑事案件的若干意见〉的通知》（以下称《通

知》），规定对于符合《意见》第一条第二款"一律不适用缓刑"情形，但确有特殊情况，需要适用缓刑的个别案件，须报请上级法院审判委员会讨论决定，并报我院备案。对于符合《意见》第一条第三款"一般不适用缓刑"情形，但有特殊情况，需要适用缓刑的少数案件，须报请本院审判委员会讨论决定，并报上级法院备案。

几年来，全省法院认真执行以上规定，有力地配合了交通整治，为我省近年来交通事故及死亡、伤残人数逐年下降作出了成绩，取得了较好的社会效果。为继续遏制交通肇事犯罪，保护人民群众生命财产安全，更加稳妥地执行好《意见》和《通知》精神，经我院审判委员会讨论，现通知如下：

一、对于交通肇事犯罪，仍要坚持贯彻宽严相济刑事政策。

对具有《意见》中规定的十一种控制适用缓刑的从严情节，应当从严惩治。特别是对具有醉酒（酒后）驾驶机动车致人死亡、交通肇事犯罪后逃逸等情节的，仍要严格控制适用缓刑。

对犯罪情节、后果不是特别严重，赔偿积极，当事人和解并符合适用缓刑条件的，可以依法适用缓刑。

二、对于符合《意见》第一条第二款"一律不适用缓刑"情形，需要适用缓刑的少数案件，由合议庭审理后报请审判委员会讨论决定，并报上级法院备案。

三、对于符合《意见》第一条第三款"一般不适用缓刑"情形，需要适用缓刑的案件，由审理该案件的法院讨论决定。

四、各中级人民法院应当加强对本辖区内交通肇事刑事案件的审判指导监督，掌握并定期分析本辖区适用刑罚的情况，力争交通肇事罪缓刑适用的基本平衡，以取得更好的社会效果。

本通知自下发之日起执行。

8. 宁波市中级人民法院、宁波市人民检察院、宁波市公安局《关于贯彻宽严相济刑事司法政策若干问题的意见》甬公通字〔2008〕134 号

六、交通肇事致一人死亡，负事故全部或者主要责任，如果肇事司机同时具备下列情形，可依法不予追究刑事责任：

（一）案发后能立即报警、积极抢救伤员、保护现场、接受公安机关调查并如实供述肇事情况；

（二）已经赔付或者能够确保赔付受害方经济损失的；

（三）具有悔罪表现，受害方谅解肇事司机并书面要求司法机关从轻处理肇事人。

肇事司机具有下列情形之一的，不适用前款规定：

（一）酒后、吸食毒品后驾驶机动车辆的；

（二）无驾驶资格驾驶机动车辆的；

（三）明知是安全装置不全或者安全机件失灵的机动车辆而驾驶的；

（四）明知是无牌证或者已报废的机动车辆而驾驶的；

（五）严重超载驾驶的；

（六）为逃避法律追究逃离事故现场的。

公安机关对于本条第一款规定不予追究刑事责任的肇事司机，可依法对其做相应的行政处罚。

第一百三十三条之一【危险驾驶罪】 在道路上驾驶机动车，有下列情形之一的，处拘役，并处罚金：

（一）追逐竞驶，情节恶劣的；

（二）醉酒驾驶机动车的；

（三）从事校车业务或者旅客运输，严重超过额定乘员载客，或者严重超过规定时速行驶的；

（四）违反危险化学品安全管理规定运输危险化学品，危及公共安全的。

机动车所有人、管理人对前款第三项、第四项行为负有直接责任的，依照前款的规定处罚。

有前两款行为，同时构成其他犯罪的，依照处罚较重的规定定罪处罚。【2015年11月1日刑法修正案（九）】

【2011年5月1日刑法修正案（八）】在道路上驾驶机动车追逐竞驶，情节恶劣的，或者在道路上醉酒驾驶机动车的，处拘役，并处罚金。

有前款行为，同时构成其他犯罪的，依照处罚较重的规定定罪处罚。

（相关解释）**1. 最高人民法院、最高人民检察院、公安部《关于办理醉酒驾驶机动车刑事案件适用法律若干问题的意见》法发〔2013〕15号**

一、在道路上驾驶机动车，血液酒精含量达到80毫克/100毫升以上的，属于醉酒驾驶机动车，依照《刑法》第一百三十三条之一第一款的规定，以危险驾驶罪定罪处罚。

前款规定的"道路""机动车"，适用道路交通安全法的有关规定。

二、醉酒驾驶机动车，具有下列情形之一的，依照《刑法》第一百三十三条之一第一款的规定，从重处罚：

（一）造成交通事故且负事故全部或者主要责任，或者造成交通事故后逃逸，尚未构成其他犯罪的；

（二）血液酒精含量达到200毫克/100毫升以上的；

（三）在高速公路、城市快速路上驾驶的；

（四）驾驶载有乘客的营运机动车的；

（五）有严重超员、超载或者超速驾驶，无驾驶资格驾驶机动车，使用伪造或者变造的机动车牌证等严重违反道路交通安全法的行为的；

（六）逃避公安机关依法检查，或者拒绝、阻碍公安机关依法检查尚未构成其他犯罪的；

（七）曾因酒后驾驶机动车受过行政处罚或者刑事追究的；

（八）其他可以从重处罚的情形。

三、醉酒驾驶机动车，以暴力、威胁方法阻碍公安机关依法检查，又构成妨害公务罪等其他犯罪的，依照数罪并罚的规定处罚。

四、对醉酒驾驶机动车的被告人判处罚金，应当根据被告人的醉酒程度、是否造成实际损害、认罪悔罪态度等情况，确定与主刑相适应的罚金数额。

五、公安机关在查处醉酒驾驶机动车的犯罪嫌疑人时，对查获经过、呼气酒精含量检验和抽取血样过程应当制作记录；有条件的，应当拍照、录音或者录像；有证人的，应当收集证人证言。

六、血液酒精含量检验鉴定意见是认定犯罪嫌疑人是否醉酒的依据。犯罪嫌疑人经呼气酒精含量检验达到本意见第一条规定的醉酒标准，在抽取血样之前脱逃的，可以以呼气酒精含量检验结果作为认定其醉酒的依据。

犯罪嫌疑人在公安机关依法检查时，为逃避法律追究，在呼气酒精含量检验或者抽取血样前又饮酒，经检验其血液酒精含量达到本意见第一条规定的醉酒标准的，应当认定为醉酒。

七、办理醉酒驾驶机动车刑事案件，应当严格执行刑事诉讼法的有关规定，切实保障犯罪嫌疑人、被告人的诉讼权利，在法定诉讼期限内及时侦查、起诉、审判。

对醉酒驾驶机动车的犯罪嫌疑人、被告人，根据案件情况，可以拘留或者取保候审。对符合取保候审条件，但犯罪嫌疑人、被告人不能提出保证人，也不交纳保证金的，可以监视居住。对违反取保候审、监视居住规定的犯罪嫌疑人、被告人，情节严重的，可以予以逮捕。

2. 最高人民法院《关于印发醉酒驾车犯罪法律适用问题指导意见及相关典型案例的通知》法发〔2009〕47 号（见第一百一十四条）

3. 中华人民共和国国家标准《车辆驾驶人员血液、呼气酒精含量阈值与检验》

饮酒驾车：车辆驾驶人员血液中的酒精含量大于或者等于 20mg/100mL，小于 80mg/100mL 的驾驶行为。

醉酒驾车：车辆驾驶人员血液中的酒精含量大于或者等于 80mg/100mL 的驾驶行为。

4. 公安部《关于公安机关办理醉酒驾驶机动车犯罪案件的指导意见》公交管〔2011〕190 号

2011 年 5 月 1 日《刑法修正案（八）》实施以来，各地公安机关依法查处了一批醉酒驾驶机动车犯罪案件，取得了良好法律效果和社会效果。为保证《刑法修正案（八）》的正确实施，进一步规范公安机关办理醉酒驾驶机动车犯罪的执法活动，依照《刑法》及有关修正案、刑事诉讼法及公安机关办理刑事案件程序规定等规定，现就公安机关办理醉酒驾驶机动车犯罪案件提出以下指导意见：

一、进一步规范现场调查

1.严格血样提取条件。交通民警要严格按照《交通警察道路执勤执法工作规范》的要求检查酒后驾驶机动车行为，检查中发现机动车驾驶人有酒后驾驶机动车嫌疑的，立即进行呼气酒精测试，对涉嫌醉酒驾驶机动车、当事人对呼气酒精测试结果有异议，或者拒绝配合呼气酒精测试等方法测试以及涉嫌饮酒后、醉酒驾驶机动车发生交通事故的，应当立即提取血样检验血液酒精含量。

2.及时固定犯罪证据。对查获醉酒驾驶机动车嫌疑人的经过、呼气酒精测试和提取血样过程应当及时制作现场调查记录；有条件的，还应当通过拍照或者录音、录像等方式记录；现场有见证人的，应当及时收集证人证言。发现当事人涉嫌饮酒后或者醉酒驾驶机动车的，依法扣留机动车驾驶证，对当事人驾驶的机动车，需要作为证据的，可以依法扣押。

3.完善醒酒约束措施。当事人在醉酒状态下，应当先采取保护性约束措施，并进行人身安全检查，由 2 名以上交通民警或者 1 名交通民警带领 2 名以上交通协管员将当事人带至醒酒约束场所，约束至酒醒。对行为举止失控的当事人，可以使用约束带或者警绳，但不得使用手铐、脚镣等警械。醒酒约束场所应当配备醒酒设施和安全防护设施。约束过程中，要加强监护，确认当事人酒醒后，要立即解除约束，并进行询问。

4.改进执勤检查方式。交通民警在道路上检查酒后驾驶机动车时，应当采取有效措施科学组织疏导交通，根据车流量合理控制拦车数量。车流量较大时，应当采取减少检查车辆数量或者暂时停止拦截等方式，确保现场安全有序。要求驾驶人接受呼气酒精测试时，应当使用规范用语，严格按照工作规程操作，每测试一人更换一次新的吹嘴。当事人违反测试要求的，应当当场重新测试。

二、进一步规范办案期限

5.规范血样提取送检。交通民警对当事人血样提取过程应当全程监控，保证收集证据合法、有效。提取的血样要当场登记封装，并立即送县级以上公安机关检验鉴定机构或者经公安机关认可的其他具备资格的检验鉴定机构进行血液酒精含量检验。因特殊原因不能立即送检的，应当按照规范低温保存，经上级公安机关交通管理部门负责人批准，可以在3日内送检。

6.提高检验鉴定效率。要加快血液酒精检验鉴定机构建设，加强检验鉴定技术人员的培养。市、县公安机关尚未建立检验鉴定机构的，要尽快建立具有血液酒精检验职能的检验鉴定机构，并建立24小时值班制度。要切实提高血液酒精检验鉴定效率，对送检的血样，检验鉴定机构应当在3日内出具检验报告。当事人对检验结果有异议的，应当告知其在接到检验报告后3日内提出重新检验申请。

7.严格办案时限。要建立醉酒驾驶机动车案件快侦快办工作制度，加强内部办案协作，严格办案时限要求。为提高办案效率，对现场发现的饮酒后或者醉酒驾驶机动车的嫌疑人，尚未立刑事案件的，可以口头传唤其到指定地点接受调查；有条件的，对当事人可以现场调查询问；对犯罪嫌疑人采取强制措施的，应当及时进行讯问。对案件事实清楚、证据确实充分的，应当在查获犯罪嫌疑人之日起7日内侦查终结案件并移送人民检察院审查起诉；情况特殊的，经县级公安机关负责人批准，可以适当延长办案时限。

三、进一步规范立案侦查

8.从严掌握立案标准。经检验驾驶人血液酒精含量达到醉酒驾驶机动车标准的，一律以涉嫌危险驾驶罪立案侦查；未达到醉酒驾驶机动车标准的，按照道路交通安全法有关规定给予行政处罚。当事人被查获后，为逃避法律追究，在呼气酒精测试或者提取血样前又饮酒，经检验其血液酒精含量达到醉酒驾驶机动车标准的，应当立案侦查。当事人经呼气酒精测试达到醉酒驾驶机动车标准，在提取血样前脱逃的，应当以呼气酒精含量为依据立案侦查。

9.全面客观收集证据。对已经立案的醉酒驾驶机动车案件，应当全面、客观地收集、调取犯罪证据材料，并严格审查、核实。要及时检查、核实车辆和人员基本情况及机动车驾驶人违法犯罪信息，详细记录现场查获醉酒驾驶机动车的过程、人员车辆基本特征以及现场采取呼气酒精测试、实施强制措施、提取血样、口头传唤、固定证据等情况。讯问犯罪嫌疑人时，应当对犯罪嫌疑人是否有罪以及情节轻重等情况作重点讯问，并听取无罪辩解。要及时收集能够证明犯罪嫌疑人是否醉酒驾驶机动车的证人证言、视听资料等其他证据材料。

10.规范强制措施适用。要根据案件实际情况，对涉嫌醉酒驾驶机动车的犯罪嫌疑人依法合理适用拘传、取保候审、监视居住、拘留等强制措施，确保办案工作顺利进行。对犯罪嫌疑人企图自杀或者逃跑、在逃的，或者不讲真实姓名、住址，身份不明的，以及确需对犯罪嫌疑人实施羁押的，可以依法采取拘留措施。拘留期限内未能查清犯罪事实的，应当依法办理取保候审或者监视居住手续。发现不应当追究犯罪嫌疑人刑事责任或者强制措施期限届满的，应当及时解除强制措施。

11.做好办案衔接。案件侦查终结后，对醉酒驾驶机动车犯罪事实清楚，证据确实、充分的，应当在案件移送人民检察院审查起诉前，依法吊销犯罪嫌疑人的机动车驾驶证。对其他道路交通违法行为应当依法给予行政处罚。案件移送审查起诉后，要及时了解掌握案件起诉和判决情况，收到法院的判决书或者有关的司法建议函后，应当及时归档。对检察机关决定不起诉或者法院判决无罪但醉酒驾驶机动车事实清楚、证据确实、充分的，应当依法给予行政处罚。

12.加强执法办案管理。要进一步明确办案要求，细化呼气酒精测试、血样提取和保管、立案撤案、强制措施适用、物品扣押等重点环节的办案标准和办案流程。要严格落实案件审核制度，进一步规范案件审核范围、审核内容和审核标准，对与案件质量有关的事项必须经法制员和法制部门审核把关，确保案件质量。要提高办案工作信息化水平，大力推行网上办案，严格办案信息网上录入的标准和时限，逐步实现案件受理、立案、侦查、制作法律文书、法制审核、审批等全过程网上运行，加强网上监控和考核，杜绝"人情案"、"关系案"。

四、进一步规范安全防护措施

13.配备执法装备。交通民警在道路上检查酒后驾驶机动车时，必须配齐呼气酒精含量检测仪、约束带、警绳、摄像机、照相机、执法记录仪、反光指挥棒、停车示意牌等装备。执勤车辆还应配备灭火器材、急救包等急救装备，根据需要可以配备简易破拆工具、拦车破胎器、测速仪等装备。

14.完善查处程序。交通民警在道路上检查酒后驾驶机动车时，应当根据道路条件和交通状况，合理选择安全、不妨碍车辆通行的地点进行，检查工作要由2名以上交通民警进行。要保证民警人身安全，明确民警检查动作和查处规程，落实安全防护措施，防止发生民警受伤害案件。

5.司法部司法鉴定管理局《关于车辆驾驶人员血液中酒精含量测定适用标准有关意见的函》司鉴函〔2018〕5号（2018年5月3日）

根据国家标准《车辆驾驶人员血液、呼气酒精含量阈值与检验（GB19522-2010）》（国家质检总局、国家标准委2011年1月14日发布，2011年7月1日起实施）和《关于批准发布GB19522-2010〈车辆驾驶人员血液、呼气酒精含量阈值与检验〉国家标准第1号修改单的公告》（国家标准委2017年2月28日印发）的规定，车辆驾驶人员血液中酒精含量检验方法按照GA/T1073或者GA/T842的规定，强制执行。

《生物样品血液、尿液中乙醇、甲醇、正丙醇、乙醛、丙酮、异丙醇和正丁醇的顶空一气相色谱检验方法》（GA/T1073-2013）和《血液中乙醇的测定 顶空气相色谱法》（SF/ZJD0107001-2016）均为司法部司法鉴定科学研究院（原司法部司法鉴定科学技术研究所）起草制定，在对人体血液中酒精含量进行测定时，两种方法具有同一性。

司法鉴定机构接受委托对车辆驾驶人员血液中酒精含量进行检测，是司法鉴定机构服务诉讼和行政执法活动的一项重要职责任务。为正确适用标准，保障诉讼和行政执法活动顺利进行，司法鉴定机构对车辆驾驶人员血液中酒精含量进行检测时，应当按照国家标准GB19522的要求，采用GA/T1073或者GA/T842的规定。

6.公安部《严重超员、严重超速危险驾驶刑事案件立案标准（试行）》（2015年11月20日）

第一条 在道路上驾驶机动车从事校车业务或者公路客运、旅游客运、包车客运，有下列严重超过额定乘员载客情形之一的，可以立案侦查：

（一）驾驶大型载客汽车，载客超过额定乘员50%以上或者超过额定乘员15人以上的；

（二）驾驶中型载客汽车，载客超过额定乘员 80%以上或者超过额定乘员 10 人以上的；

（三）驾驶小型、微型载客汽车，载客超过额定乘员 100%以上或者超过额定乘员 7 人以上的。

第二条　在道路上驾驶机动车从事校车业务或者公路客运、旅游客运、包车客运，有下列严重超过规定时速行驶情形之一的，可以立案侦查：

（一）在高速公路、城市快速路上行驶，超过规定时速 50%以上，且行驶时速达到 90 公里以上的；

（二）在高速公路、城市快速路以外的道路上行驶，超过规定时速 100%以上，且行驶时速达到 60 公里以上的；

（三）通过铁路道口、急弯路、窄路、窄桥或者在冰雪、泥泞的道路上行驶，或者掉头、转弯、下陡坡，以及遇雾、雨、雪、沙尘、冰雹等低能见度气象条件时，超过规定时速 50%以上，且行驶时速达到 30 公里以上的；

（四）通过傍山险路、连续下坡、连续急弯等事故易发路段，超过规定时速 50%以上，且行驶时速达到 30 公里以上的。

第三条　机动车所有人、管理人强迫、指使机动车驾驶人实施本标准第一条、第二条所列行为或者有其他负有直接责任情形的，可以立案侦查。

7.最高人民法院、最高人民检察院、公安部、工业和信息化部、住房和城乡建设部、交通运输部、应急管理部、国家铁路局、中国民用航空局、国家邮政局《关于依法惩治涉枪支、弹药、爆炸物、易燃易爆危险物品犯罪的意见》法发〔2021〕35 号（2021 年 12 月 28 日）（具体见第一百二十五条）

5.违反危险化学品安全管理规定，未经依法批准或者许可擅自从事易燃易爆危险物品道路运输活动，或者实施其他违反危险化学品安全管理规定通过道路运输易燃易爆危险物品的行为，危及公共安全的，依照《刑法》第一百三十三条之一第一款第四项的规定，以危险驾驶罪定罪处罚。

（附参考）**1.浙江省高级人民法院《关于部分罪名定罪量刑情节及数额标准的意见》**浙高法〔2012〕325 号

9.《刑法》第一百三十三条之一　【危险驾驶罪】

具有下列情形之一的，属于"情节恶劣"，处拘役，并处罚金：

（1）酒后、吸食毒品后追逐竞驶的；

（2）无驾驶资格而追逐竞驶的；

（3）驾驶非法改装的机动车辆追逐竞驶的；

（4）以超过限速 50%的速度追逐竞驶的；

（5）在车流量大、行人多的道路上追逐竞驶的；

（6）多人或者多次追逐竞驶的；

（7）追逐竞驶引起交通严重堵塞或者公众恐慌的；

（8）使用伪造、变造或者其他机动车辆号牌，或者故意遮挡、污损、不按规定安装机动车辆号牌追逐竞驶的；

（9）因追逐竞驶受过行政处罚又追逐竞驶的；

（10）情节恶劣的其他情形。

2. 浙江省高级人民法院、浙江省人民检察院、浙江省公安厅《关于办理"醉驾"案件若干问题的会议纪要》浙高法〔2019〕151号（2019年10月8日）

为了更好地惩治"醉驾"犯罪，维护公共安全，进一步贯彻好宽严相济刑事政策，推进平安浙江、法治浙江建设，省高级人民法院、省人民检察院、省公安厅经研究，就有关问题达成了共识，纪要如下：

一、关于道路的认定

《刑法》第一百三十三条之一中的"道路"，按《道路交通安全法》第一百一十九条第（一）项规定执行，即是指公路、城市道路和虽然在单位管辖范围但允许社会机动车通行的地方，包括广场、公共停车场等用于公众通行的场所，不包括居民小区、学校校园、机关企事业单位内等不允许机动车自由通行的通道及专用停车场。

对于醉酒在广场、公共停车场等公众通行的场所挪动车位的，或者由他人驾驶至居民小区门口后接替驾驶进入居民小区的，或者驾驶出公共停车场、居民小区后即交由他人驾驶的，不属于《刑法》第一百三十三条之一规定的"在道路上醉酒驾驶机动车"。

二、关于立案标准

对现场查获经呼气测试，酒精含量达到国家质量监督检验检疫局发布的《车辆驾驶人员血液、呼气酒精含量阈值与检验》中醉酒标准（≥80mg/100ml）的机动车驾驶人，无论其对检验结果是否有异议，均立案查处，并由医疗机构或者具备资格的检验鉴定机构工作人员按照规范抽取血样，及时进行血液酒精含量检测。检测结果未达到醉酒标准的，撤销案件。

对被查获或发生道路交通事故后，在呼气测试或者提取血样前故意饮酒，经检测其血液酒精含量达到醉酒驾驶机动车标准的，立案查处。

对被查获或发生道路交通事故后，经呼气测试酒精含量达到醉酒标准，在抽取血样前逃跑的，立案查处。

三、关于强制措施的适用

经呼气测试或抽血检测，血液酒精含量在80mg/100ml以上的，公安机关应当予以刑事拘留。但遇本人需要紧急就医等紧急事由不宜立即执行刑事拘留的，可以暂缓执行刑事拘留。

对被采取刑事拘留强制措施的犯罪嫌疑人、被告人，公安机关、人民检察院、人民法院一般应当在刑事拘留期限内完成侦查、起诉、审判工作。无法在刑事拘留期限内完成侦查、起诉、审判工作的，应当变更为取保候审，并在法律规定的期限内完成侦查、起诉、审判工作。

被取保候审的犯罪嫌疑人、被告人违反《刑事诉讼法》的相关规定，情节严重的，可以依法提请或者决定予以逮捕。

除前款规定的情形外，对犯罪嫌疑人、被告人不得采取逮捕强制措施。

对于被取保候审的被告人逃跑的，人民法院可以中止审理。被告人归案、中止审理原因消失后，恢复审理。中止审理的期间不计入审理期限。

对未予以羁押的被告人判处实刑的，人民法院在判决生效后可以根据生效判决或者裁定将罪犯予以羁押，送交公安机关执行，公安机关根据生效的刑事判决书（裁定书）、执行通知书予以收监执行。

四、关于诉讼证据的要求

"醉驾"犯罪案件，应当移送下列证据及其相关案卷材料：（1）被告人的供述和辩解；（2）有证人的，能证明醉酒驾驶机动车的证言；（3）酒精呼气测试检验单和血液酒精含量报告单；（4）血样提取笔录或者提取登记表；（5）执法民警出具的查获经过说明；（6）现场查获的，查获时拍摄的被告人及其所驾驶车辆的照片或者视听资料；（7）其他与案件定罪量刑相关的证据材料（包括户籍证明或经与全国公安常住人员信息数据库比对一致的其他身份证明、驾驶证、行驶证、证明车辆行驶轨迹的相关材料、以前的交通违法情况、前科情况等）。

被查获或发生道路交通事故后又故意当场饮酒的，以血液检测的结果认定其酒精含量。因逃跑等原因，无法作血液检测的，以呼气测试结果认定其酒精含量，并从重处罚。

呼气测试的酒精含量达到醉酒驾驶机动车标准，在提取血样前逃跑的，以呼气测试结果认定其酒精含量。

"醉驾"案件，原则上不对血液酒精含量作重新鉴定。但鉴定机构或者鉴定人员不具备鉴定资格、鉴定样本错误、鉴定程序严重违法的除外。

五、关于刑事处罚

惩治"醉驾"犯罪，必须坚持宽严相济刑事政策。要综合考虑酒精含量以及有无驾驶资格、驾驶的车辆种类、行驶的道路种类、实际损害后果等反映"醉驾"危险程度的各种因素，同时还要结合考虑犯罪嫌疑人、被告人的认罪悔罪态度、曾经酒后或者醉酒驾驶机动车被处罚的情况、其他交通违法情况等情节，针对群众关切，突出打击重点，以取得更好的社会效果。

1.醉酒驾驶汽车，具有以下情节之一的，不得适用缓刑：（1）造成他人轻伤及以上后果的；（2）在高速公路上醉酒驾驶的；（3）醉酒驾驶营运机动车、中型以上机动车，或者严重超员、超载、超速驾驶的；（4）无驾驶汽车资格的（驾驶证被扣留、超出驾驶证年审期限未满一年、驾驶证记分满12分状态未满一年的除外）；（5）明知是不符合机动车安全技术检验标准或者已报废的汽车而驾驶，驾驶无牌机动车或使用伪造、变造或其他车辆的机动车牌证的；（6）在被查处时有驾车逃跑或严重抗拒检查行为的；（7）在诉讼期间拒不到案或者逃跑的；（8）曾因酒后驾驶三年内、醉酒驾驶五年内被追究的。

2.醉酒驾驶汽车，无上述8种从重情节，且认罪悔罪，符合缓刑适用条件的，可以依法适用缓刑。酒精含量在170mg/100ml以下，认罪悔罪，且无上述8种从重情节，犯罪情节轻微的，可以不起诉或者免予刑事处罚。酒精含量在100mg/100ml以下，且无上述8种从重情节，危害不大的，可以认为是情节显著轻微，不移送审查起诉。

3.醉酒驾驶摩托车，认罪悔罪，符合缓刑适用条件的，可以依法适用缓刑。没有造成他人轻伤及以上后果，认罪悔罪，酒精含量在200mg/100ml以下，犯罪情节轻微的，可以不起诉或者免予刑事处罚；其中，酒精含量在180mg/100ml以下，危害不大的，可以认为是情节显著轻微，不移送审查起诉。

4.醉酒驾驶机动车是酒后驾驶机动车的严重情形。对于醉酒驾驶机动车，根据前述规定不移送审查起诉的，由公安机关依法撤销案件并依照《道路交通安全法》第九十一条第二款规定作出吊销机动车驾驶证，五年内不得重新取得机动车驾驶证的行政处罚。对作撤销案件处理的，公安机关应当按照"醉驾"案件的诉讼证据要求立卷，并在撤销案件后三个工作日内向同级检察机关备案，接受检察机关监督。

人民检察院作不起诉处理、人民法院作出有罪判决的，公安机关也应当依照《道路交通安全法》第九十一条第二款、第四款规定作出吊销机动车驾驶证，五年内或十年内不得重新取得机动车驾驶证的行政处罚。

5.醉酒驾驶机动车，同时构成交通肇事罪等其他犯罪的，依法以处罚较重的规定定罪处罚，并不得适用缓刑。符合以危险方法危害公共安全罪构成要件的，按以危险方法危害公共安全罪定罪处罚。

醉酒驾驶机动车，以暴力、威胁方法阻碍公安机关依法检查，又构成妨害公务罪等其他犯罪的，依照数罪并罚的规定处罚。

6.认定"醉驾"共同犯罪应当根据证据严格把握，有确实、充分的证据证明行为人强令他人"醉驾"的，以共犯论处。

7.对"醉驾"犯罪并处罚金，按处拘役一个月，并处罚金 2000 元计算，以此累加。

8."醉驾"犯罪分子有立功表现的，并不因此改变适用缓刑的标准。有重大立功表现的，可以免除处罚。

六、附则

各级人民法院、人民检察院、公安机关在办理"醉驾"案件中，要互相配合、互相制约，加强协调沟通，简化办案程序，提高办案效率，以使本辖区内案件处理平稳、量刑基本均衡，确保办案的社会效果。

治理酒后驾驶，要运用好"枫桥经验"，公安机关要督促酒吧、KTV、饭店在门口对禁止酒后驾驶作出醒目的文字提示或语音提醒，办案机关要通过法制宣传发挥刑罚的一般预防功能，从源头上预防和减少酒后驾驶行为的发生。公安机关要通过人脸识别等科技手段加大对酒后无证驾驶机动车、因酒驾被暂扣、吊销驾驶证或者被终身禁止重新取得驾驶证的人在暂扣或者吊销驾驶证期间驾驶机动车的查处力度。

本纪要自下发之日起执行。2017 年 1 月 17 日浙江省高级人民法院、浙江省人民检察院、浙江省公安厅《关于办理"醉驾"案件的会议纪要》不再执行。本纪要下发前已生效的案件，不按照本纪要予以改动。

3.宁波市中级人民法院、宁波市人民检察院、宁波市公安局《关于印发宁波市公检法刑事执法工作联席会议纪要的通知》甬公通字〔2012〕91 号

一、关于危险驾驶犯罪

（一）驾驶机动车辆在道路上行驶的行为人经现场呼气酒精含量检验或者血液酒精含量检验达到醉酒标准（≥80mg/100ml）的，均立为刑事案件侦查。

（二）对涉嫌危险驾驶罪的犯罪嫌疑人，一般均应采取刑事拘留措施并延长至七日，并在刑事拘留期限届满前依法变更为取保候审或者监视居住。

（三）对现场查获经呼气酒精含量检验达到醉酒标准的犯罪嫌疑人，不论其对检验结果是否存有异议，一律带到医疗机构、具备资格的检验鉴定机构或者由上述机构派出的人员按照规范要求抽取血样，并及时送检验鉴定机构进行血液酒精含量检验。

（四）涉嫌醉酒驾驶机动车犯罪的案件，在法律手续完备的前提下，具备以下证据即可侦查终结移送检察机关审查起诉。

1.犯罪嫌疑人的供述和辩解；2.证人证言；3.呼气酒精含量检验单和血液酒精含量检验报告；4.鉴定意见通知书；5.犯罪嫌疑人血液提取登记表；6.执勤民警出具的查获经过情况说明；7.现场查获时拍摄的犯罪嫌疑人及其所驾驶车辆的照片或者其他试听资料；8.犯罪嫌疑人的身份证明材料（户籍证明或身份证复印件及通过公安内部网络查询到的当事人的

人口信息资料）；9.其他证明案件事实和犯罪嫌疑人身份信息的证据材料（驾驶证、行驶证等）。

（五）有关特殊情形的认定

1.犯罪嫌疑人为逃避刑事追究，在被查获后当场再次饮酒，根据呼气酒精含量检验和血液酒精含量检验的结果，达到醉酒标准的，原则上按醉酒驾驶机动车追究刑事责任。

2.经呼气酒精含量检验达到醉酒标准的犯罪嫌疑人，趁机脱逃，造成无法抽取其血样进行血液酒精含量检验的，公安机关应当及时进行调查取证，有证据证明犯罪嫌疑人确系饮酒后驾驶机动车辆的，可按照现场呼气酒精含量检验的结果追究刑事责任。

4.宁波市中级人民法院、宁波市人民检察院《关于印发〈宁波法院刑事审判疑难问题研讨会会议纪要〉的通知》甬中法〔2013〕2号

二、关于危险驾驶犯罪中被害人或第三方报警时自首的认定

对于被告人醉酒驾车并发生碰撞，被害人或第三方报警醉酒驾车，被告人明知他人报警醉酒驾车，仍在原地等候，交警到现场后，被告人自愿接受检查，并主动承认系酒后驾驶，可以认定为自首。

第一百三十三条之二【妨害安全驾驶罪】　对行驶中的公共交通工具的驾驶人员使用暴力或者抢控驾驶操纵装置，干扰公共交通工具正常行驶，危及公共安全的，处一年以下有期徒刑、拘役或者管制，并处或者单处罚金。

前款规定的驾驶人员在行驶的公共交通工具上擅离职守，与他人互殴或者殴打他人，危及公共安全的，依照前款的规定处罚。

有前两款行为，同时构成其他犯罪的，依照处罚较重的规定定罪处罚。【2021年3月1日刑法修正案（十一）】

第一百三十四条【重大责任事故罪】　在生产、作业中违反有关安全管理的规定，因而发生重大伤亡事故或者造成其他严重后果的，处三年以下有期徒刑或者拘役；情节特别恶劣的，处三年以上七年以下有期徒刑。

【强令、组织他人违章冒险作业罪】　强令他人违章冒险作业，或者明知存在重大事故隐患而不排除，仍冒险组织作业，因而发生重大伤亡事故或者造成其他严重后果的，处五年以下有期徒刑或者拘役；情节特别恶劣的，处五年以上有期徒刑。【2021年3月1日刑法修正案（十一）】

【1997年刑法】工厂、矿山、林场、建筑企业或者其他企业、事业单位的职工，由于不服管理、违反规章制度，或者强令工人违章冒险作业，因而发生重大伤亡事故或者造成其他严重后果的，处三年以下有期徒刑或者拘役；情节特别恶劣的，处三年以上七年以下有期徒刑。

【2006年6月29日刑法修正案（六）】在生产、作业中违反有关安全管理的规定，因而发生重大伤亡事故或者造成其他严重后果的，处三年以下有期徒刑或者拘役；情节特别恶劣的，处三年以上七年以下有期徒刑。

强令他人违章冒险作业，因而发生重大伤亡事故或者造成其他严重后果的，处五年以下有期徒刑或者拘役；情节特别恶劣的，处五年以上有期徒刑。

（相关解释）**1.最高人民法院、最高人民检察院《关于办理危害生产安全刑事案件适用法律若干问题的解释》法释〔2015〕22号**

为依法惩治危害生产安全犯罪，根据《刑法》有关规定，现就办理此类刑事案件适用法律的若干问题解释如下：

第一条 《刑法》第一百三十四条第一款规定的犯罪主体，包括对生产、作业负有组织、指挥或者管理职责的负责人、管理人员、实际控制人、投资人等人员，以及直接从事生产、作业的人员。

第二条 《刑法》第一百三十四条第二款规定的犯罪主体，包括对生产、作业负有组织、指挥或者管理职责的负责人、管理人员、实际控制人、投资人等人员。

第三条 《刑法》第一百三十五条规定的"直接负责的主管人员和其他直接责任人员"，是指对安全生产设施或者安全生产条件不符合国家规定负有直接责任的生产经营单位负责人、管理人员、实际控制人、投资人，以及其他对安全生产设施或者安全生产条件负有管理、维护职责的人员。

第四条 《刑法》第一百三十九条之一规定的"负有报告职责的人员"，是指负有组织、指挥或者管理职责的负责人、管理人员、实际控制人、投资人，以及其他负有报告职责的人员。

第五条 明知存在事故隐患、继续作业存在危险，仍然违反有关安全管理的规定，实施下列行为之一的，应当认定为《刑法》第一百三十四条第二款规定的"强令他人违章冒险作业"：

（一）利用组织、指挥、管理职权，强制他人违章作业的；

（二）采取威逼、胁迫、恐吓等手段，强制他人违章作业的；

（三）故意掩盖事故隐患，组织他人违章作业的；

（四）其他强令他人违章作业的行为。

第六条 实施《刑法》第一百三十二条、第一百三十四条第一款、第一百三十五条、第一百三十五条之一、第一百三十六条、第一百三十九条规定的行为，因而发生安全事故，具有下列情形之一的，应当认定为"造成严重后果"或者"发生重大伤亡事故或者造成其他严重后果"，对相关责任人员，处三年以下有期徒刑或者拘役：

（一）造成死亡一人以上，或者重伤三人以上的；

（二）造成直接经济损失一百万元以上的；

（三）其他造成严重后果或者重大安全事故的情形。

实施《刑法》第一百三十四条第二款规定的行为，因而发生安全事故，具有本条第一款规定情形的，应当认定为"发生重大伤亡事故或者造成其他严重后果"，对相关责任人员，处五年以下有期徒刑或者拘役。

实施《刑法》第一百三十七条规定的行为，因而发生安全事故，具有本条第一款规定情形的，应当认定为"造成重大安全事故"，对直接责任人员，处五年以下有期徒刑或者拘役，并处罚金。

实施《刑法》第一百三十八条规定的行为，因而发生安全事故，具有本条第一款第一项规定情形的，应当认定为"发生重大伤亡事故"，对直接责任人员，处三年以下有期徒刑或者拘役。

第七条 实施《刑法》第一百三十二条、第一百三十四条第一款、第一百三十五条、第一百三十五条之一、第一百三十六条、第一百三十九条规定的行为，因而发生安全事故，具有下列情形之一的，对相关责任人员，处三年以上七年以下有期徒刑：

（一）造成死亡三人以上或者重伤十人以上，负事故主要责任的；

（二）造成直接经济损失五百万元以上，负事故主要责任的；

（三）其他造成特别严重后果、情节特别恶劣或者后果特别严重的情形。

实施《刑法》第一百三十四条第二款规定的行为，因而发生安全事故，具有本条第一款规定情形的，对相关责任人员，处五年以上有期徒刑。

实施《刑法》第一百三十七条规定的行为，因而发生安全事故，具有本条第一款规定情形的，对直接责任人员，处五年以上十年以下有期徒刑，并处罚金。

实施《刑法》第一百三十八条规定的行为，因而发生安全事故，具有下列情形之一的，对直接责任人员，处三年以上七年以下有期徒刑：

（一）造成死亡三人以上或者重伤十人以上，负事故主要责任的；

（二）具有本解释第六条第一款第一项规定情形，同时造成直接经济损失五百万元以上并负事故主要责任的，或者同时造成恶劣社会影响的。

第八条　在安全事故发生后，负有报告职责的人员不报或者谎报事故情况，贻误事故抢救，具有下列情形之一的，应当认定为《刑法》第一百三十九条之一规定的"情节严重"：

（一）导致事故后果扩大，增加死亡一人以上，或者增加重伤三人以上，或者增加直接经济损失一百万元以上的；

（二）实施下列行为之一，致使不能及时有效开展事故抢救的：

1.决定不报、迟报、谎报事故情况或者指使、串通有关人员不报、迟报、谎报事故情况的；

2.在事故抢救期间擅离职守或者逃匿的；

3.伪造、破坏事故现场，或者转移、藏匿、毁灭遇难人员尸体，或者转移、藏匿受伤人员的；

4.毁灭、伪造、隐匿与事故有关的图纸、记录、计算机数据等资料以及其他证据的；

（三）其他情节严重的情形。

具有下列情形之一的，应当认定为《刑法》第一百三十九条之一规定的"情节特别严重"：

（一）导致事故后果扩大，增加死亡三人以上，或者增加重伤十人以上，或者增加直接经济损失五百万元以上的；

（二）采用暴力、胁迫、命令等方式阻止他人报告事故情况，导致事故后果扩大的；

（三）其他情节特别严重的情形。

第九条　在安全事故发生后，与负有报告职责的人员串通，不报或者谎报事故情况，贻误事故抢救，情节严重的，依照《刑法》第一百三十九条之一的规定，以共犯论处。

第十条　在安全事故发生后，直接负责的主管人员和其他直接责任人员故意阻挠开展抢救，导致人员死亡或者重伤，或者为了逃避法律追究，对被害人进行隐藏、遗弃，致使被害人因无法得到救助而死亡或者重度残疾的，分别依照《刑法》第二百三十二条、第二百三十四条的规定，以故意杀人罪或者故意伤害罪定罪处罚。

第十一条　生产不符合保障人身、财产安全的国家标准、行业标准的安全设备，或者明知安全设备不符合保障人身、财产安全的国家标准、行业标准而进行销售，致使发生安全事故，造成严重后果的，依照《刑法》第一百四十六条的规定，以生产、销售不符合安全标准的产品罪定罪处罚。

第十二条　实施《刑法》第一百三十二条、第一百三十四条至第一百三十九条之一规定的犯罪行为，具有下列情形之一的，从重处罚：

（一）未依法取得安全许可证件或者安全许可证件过期、被暂扣、吊销、注销后从事生产经营活动的；

（二）关闭、破坏必要的安全监控和报警设备的；

（三）已经发现事故隐患，经有关部门或者个人提出后，仍不采取措施的；

（四）一年内曾因危害生产安全违法犯罪活动受过行政处罚或者刑事处罚的；

（五）采取弄虚作假、行贿等手段，故意逃避、阻挠负有安全监督管理职责的部门实施监督检查的；

（六）安全事故发生后转移财产意图逃避承担责任的；

（七）其他从重处罚的情形。

实施前款第五项规定的行为，同时构成《刑法》第三百八十九条规定的犯罪的，依照数罪并罚的规定处罚。

第十三条　实施《刑法》第一百三十二条、第一百三十四条至第一百三十九条之一规定的犯罪行为，在安全事故发生后积极组织、参与事故抢救，或者积极配合调查、主动赔偿损失的，可以酌情从轻处罚。

第十四条　国家工作人员违反规定投资入股生产经营，构成本解释规定的有关犯罪的，或者国家工作人员的贪污、受贿犯罪行为与安全事故发生存在关联性的，从重处罚；同时构成贪污、受贿犯罪和危害生产安全犯罪的，依照数罪并罚的规定处罚。

第十五条　国家机关工作人员在履行安全监督管理职责时滥用职权、玩忽职守，致使公共财产、国家和人民利益遭受重大损失的，或者徇私舞弊，对发现的刑事案件依法应当移交司法机关追究刑事责任而不移交，情节严重的，分别依照《刑法》第三百九十七条、第四百零二条的规定，以滥用职权罪、玩忽职守罪或者徇私舞弊不移交刑事案件罪定罪处罚。

公司、企业、事业单位的工作人员在依法或者受委托行使安全监督管理职责时滥用职权或者玩忽职守，构成犯罪的，应当依照《全国人民代表大会常务委员会关于〈中华人民共和国刑法〉第九章渎职罪主体适用问题的解释》的规定，适用渎职罪的规定追究刑事责任。

第十六条　对于实施危害生产安全犯罪适用缓刑的犯罪分子，可以根据犯罪情况，禁止其在缓刑考验期限内从事与安全生产相关联的特定活动；对于被判处刑罚的犯罪分子，可以根据犯罪情况和预防再犯罪的需要，禁止其自刑罚执行完毕之日或者假释之日起三年至五年内从事与安全生产相关的职业。

第十七条　本解释自2015年12月16日起施行。本解释施行后，《最高人民法院、最高人民检察院关于办理危害矿山生产安全刑事案件具体应用法律若干问题的解释》（法释〔2007〕5号）同时废止。最高人民法院、最高人民检察院此前发布的司法解释和规范性文件与本解释不一致的，以本解释为准。

2.最高人民检察院、公安部《关于公安机关管辖的刑事案件立案追诉标准的规定（一）》

公通字〔2008〕36号

第八条　【重大责任事故案（《刑法》第一百三十四条第一款）】在生产、作业中违反有关安全管理的规定，涉嫌下列情形之一的，应予立案追诉：

（一）造成死亡一人以上，或者重伤三人以上；

（二）造成直接经济损失五十万元以上的；

（三）发生矿山生产安全事故，造成直接经济损失一百万元以上的；

（四）其他造成严重后果的情形。

第九条　【强令违章冒险作业案（《刑法》第一百三十四条第二款）】强令他人违章

冒险作业，涉嫌下列情形之一的，应予立案追诉：

（一）造成死亡一人以上，或者重伤三人以上；

（二）造成直接经济损失五十万元以上的；

（三）发生矿山生产安全事故，造成直接经济损失一百万元以上的；

（四）其他造成严重后果的情形。

3. 最高人民法院《关于审理交通肇事刑事案件具体应用法律若干问题的解释》 法释〔2000〕33号（见第一百三十三条）

在公共交通管理的范围外，驾驶机动车辆或者使用其他交通工具致人伤亡或者致使公共财产或者他人财产遭受重大损失，构成犯罪的，分别依照《刑法》第一百三十四条、第一百三十五条、第二百三十三条等规定定罪处罚。

4. 最高人民法院《关于进一步加强危害生产安全刑事案件审判工作的意见》 法发〔2011〕20号

三、正确确定责任

6.审理危害生产安全刑事案件，政府或相关职能部门依法对事故原因、损失大小、责任划分作出的调查认定，经庭审质证后，结合其他证据，可作为责任认定的依据。

7.认定相关人员是否违反有关安全管理规定，应当根据相关法律、行政法规，参照地方性法规、规章及国家标准、行业标准，必要时可参考公认的惯例和生产经营单位制定的安全生产规章制度、操作规程。

8.多个原因行为导致生产安全事故发生的，在区分直接原因与间接原因的同时，应当根据原因行为在引发事故中所具作用的大小，分清主要原因与次要原因，确认主要责任和次要责任，合理确定罪责。

一般情况下，对生产、作业负有组织、指挥或者管理职责的负责人、管理人员、实际控制人、投资人，违反有关安全生产管理规定，对重大生产安全事故的发生起决定性、关键性作用的，应当承担主要责任。

对于直接从事生产、作业的人员违反安全管理规定，发生重大生产安全事故的，要综合考虑行为人的从业资格、从业时间、接受安全生产教育培训情况、现场条件、是否受到他人强令作业、生产经营单位执行安全生产规章制度的情况等因素认定责任，不能将直接责任简单等同于主要责任。

对于负有安全生产管理、监督职责的工作人员，应根据其岗位职责、履职依据、履职时间等，综合考察工作职责、监管条件、履职能力、履职情况等，合理确定罪责。

四、准确适用法律

9.严格把握危害生产安全犯罪与以其他危险方法危害公共安全罪的界限，不应将生产经营中违章违规的故意不加区别地视为对危害后果发生的故意。

10.以行贿方式逃避安全生产监督管理，或者非法、违法生产、作业，导致发生重大生产安全事故，构成数罪的，依照数罪并罚的规定处罚。

违反安全生产管理规定，非法采矿、破坏性采矿或排放、倾倒、处置有害物质严重污染环境，造成重大伤亡事故或者其他严重后果，同时构成危害生产安全犯罪和破坏环境资源保护犯罪的，依照数罪并罚的规定处罚。

11.安全事故发生后，负有报告职责的国家工作人员不报或者谎报事故情况，贻误事故抢救，情节严重，构成不报、谎报安全事故罪，同时构成职务犯罪或其他危害生产安全犯罪的，依照数罪并罚的规定处罚。

12.非矿山生产安全事故中，认定"直接负责的主管人员和其他直接责任人员"、"负有报告职责的人员"的主体资格，认定构成"重大伤亡事故或者其他严重后果"、"情节特别恶劣"，不报、谎报事故情况，贻误事故抢救，"情节严重"、"情节特别严重"等，可参照最高人民法院、最高人民检察院《关于办理危害矿山生产安全刑事案件具体应用法律若干问题的解释》的相关规定。

五、准确把握宽严相济刑事政策

13.审理危害生产安全刑事案件，应综合考虑生产安全事故所造成的伤亡人数、经济损失、环境污染、社会影响、事故原因与被告人职责的关联程度、被告人主观过错大小、事故发生后被告人的施救表现、履行赔偿责任情况等，正确适用刑罚，确保裁判法律效果和社会效果相统一。

14.造成《关于办理危害矿山生产安全刑事案件具体应用法律若干问题的解释》第四条规定的"重大伤亡事故或者其他严重后果"，同时具有下列情形之一的，也可以认定为《刑法》第一百三十四条、第一百三十五条规定的"情节特别恶劣"：

（一）非法、违法生产的；

（二）无基本劳动安全设施或未向生产、作业人员提供必要的劳动防护用品，生产、作业人员劳动安全无保障的；

（三）曾因安全生产设施或者安全生产条件不符合国家规定，被监督管理部门处罚或责令改正，一年内再次违规生产致使发生重大生产安全事故的；

（四）关闭、故意破坏必要安全警示设备的；

（五）已发现事故隐患，未采取有效措施，导致发生重大事故的；

（六）事故发生后不积极抢救人员，或者毁灭、伪造、隐藏影响事故调查的证据，或者转移财产逃避责任的；

（七）其他特别恶劣的情节。

15.相关犯罪中，具有以下情形之一的，依法从重处罚：

（一）国家工作人员违反规定投资入股生产经营企业，构成危害生产安全犯罪的；

（二）贪污贿赂行为与事故发生存在关联性的；

（三）国家工作人员的职务犯罪与事故存在直接因果关系的；

（四）以行贿方式逃避安全生产监督管理，或者非法、违法生产、作业的；

（五）生产安全事故发生后，负有报告职责的国家工作人员不报或者谎报事故情况，贻误事故抢救，尚未构成不报、谎报安全事故罪的；

（六）事故发生后，采取转移、藏匿、毁灭遇难人员尸体，或者毁灭、伪造、隐藏影响事故调查的证据，或者转移财产，逃避责任的；

（七）曾因安全生产设施或者安全生产条件不符合国家规定，被监督管理部门处罚或责令改正，一年内再次违规生产致使发生重大生产安全事故的。

16.对于事故发生后，积极施救，努力挽回事故损失，有效避免损失扩大；积极配合调查，赔偿受害人损失的，可依法从宽处罚。

六、依法正确适用缓刑和减刑、假释

17.对于危害后果较轻，在责任事故中不负主要责任，符合法律有关缓刑适用条件的，可以依法适用缓刑，但应注意根据案件具体情况，区别对待，严格控制，避免适用不当造成的负面影响。

18.对于具有下列情形的被告人，原则上不适用缓刑：

（一）具有本意见第 14 条、第 15 条所规定的情形的；

（二）数罪并罚的。

19.宣告缓刑，可以根据犯罪情况，同时禁止犯罪分子在缓刑考验期限内从事与安全生产有关的特定活动。

20.办理与危害生产安全犯罪相关的减刑、假释案件，要严格执行刑法、刑事诉讼法和有关司法解释规定。是否决定减刑、假释，既要看罪犯服刑期间的悔改表现，还要充分考虑原判认定的犯罪事实、性质、情节、社会危害程度等情况。

5.应急管理部、公安部、最高人民法院、最高人民检察院《安全生产行政执法与刑事司法衔接工作办法》（2019 年 4 月 16 日）

第三条　涉嫌安全生产犯罪案件主要包括下列案件：（一）重大责任事故案件；（二）强令违章冒险作业案件；（三）重大劳动安全事故案件；（四）危险物品肇事案件；（五）消防责任事故、失火案件；（六）不报、谎报安全事故案件；（七）非法采矿，非法制造、买卖、储存爆炸物，非法经营，伪造、变造、买卖国家机关公文、证件、印章等涉嫌安全生产的其他犯罪案件。

6.最高人民法院《关于依法妥善审理高空抛物、坠物案件的意见》 法发〔2019〕25 号（2019 年 10 月 21 日）（见第一百一十四条）

（注：最高人民法院、最高人民检察院、公安部、司法部《关于适用〈中华人民共和国刑法修正案（十一）〉有关问题的通知》法发〔2021〕16 号规定：《刑法修正案（十一）》生效后，与《刑法修正案（十一）》不一致的内容，不再适用；与《刑法修正案（十一）》不相冲突的内容，在新的司法解释颁行前，继续有效）（具体见第一百一十五条）

7.准确认定高空坠物犯罪。过失导致物品从高空坠落，致人死亡、重伤，符合《刑法》第二百三十三条、第二百三十五条规定的，依照过失致人死亡罪、过失致人重伤罪定罪处罚。在生产、作业中违反有关安全管理规定，从高空坠落物品，发生重大伤亡事故或者造成其他严重后果的，依照《刑法》第一百三十四条第一款的规定，以重大责任事故罪定罪处罚。

7.最高人民法院、最高人民检察院、公安部《关于办理涉窨井盖相关刑事案件的指导意见》 2020 年 3 月 16 日（具体见第一百一十九条）

五、在生产、作业中违反有关安全管理的规定，擅自移动窨井盖或者未做好安全防护措施等，发生重大伤亡事故或者造成其他严重后果的，依照《刑法》第一百三十四条第一款的规定，以重大责任事故罪定罪处罚。

窨井盖建设、设计、施工、工程监理单位违反国家规定，降低工程质量标准，造成重大安全事故的，依照《刑法》第一百三十七条的规定，以工程重大安全事故罪定罪处罚。

8.最高人民法院、最高人民检察院《关于办理危害生产安全刑事案件适用法律若干问题的解释（二）》 法释〔2022〕19 号（2022 年 12 月 19 日）

为依法惩治危害生产安全犯罪，维护公共安全，保护人民群众生命安全和公私财产安全，根据《中华人民共和国刑法》《中华人民共和国刑事诉讼法》和《中华人民共和国安全生产法》等规定，现就办理危害生产安全刑事案件适用法律的若干问题解释如下：

第一条　明知存在事故隐患，继续作业存在危险，仍然违反有关安全管理的规定，有下列情形之一的，属于《刑法》第一百三十四条第二款规定的"强令他人违章冒险作业"：

（一）以威逼、胁迫、恐吓等手段，强制他人违章作业的；

（二）利用组织、指挥、管理职权，强制他人违章作业的；

（三）其他强令他人违章冒险作业的情形。

明知存在重大事故隐患，仍然违反有关安全管理的规定，不排除或者故意掩盖重大事故隐患，组织他人作业的，属于《刑法》第一百三十四条第二款规定的"冒险组织作业"。

第二条 《刑法》第一百三十四条之一规定的犯罪主体，包括对生产、作业负有组织、指挥或者管理职责的负责人、管理人员、实际控制人、投资人等人员，以及直接从事生产、作业的人员。

第三条 因存在重大事故隐患被依法责令停产停业、停止施工、停止使用有关设备、设施、场所或者立即采取排除危险的整改措施，有下列情形之一的，属于《刑法》第一百三十四条之一第二项规定的"拒不执行"：

（一）无正当理由故意不执行各级人民政府或者负有安全生产监督管理职责的部门依法作出的上述行政决定、命令的；

（二）虚构重大事故隐患已经排除的事实，规避、干扰执行各级人民政府或者负有安全生产监督管理职责的部门依法作出的上述行政决定、命令的；

（三）以行贿等不正当手段，规避、干扰执行各级人民政府或者负有安全生产监督管理职责的部门依法作出的上述行政决定、命令的。

有前款第三项行为，同时构成《刑法》第三百八十九条行贿罪、第三百九十三条单位行贿罪等犯罪的，依照数罪并罚的规定处罚。

认定是否属于"拒不执行"，应当综合考虑行政决定、命令是否具有法律、行政法规等依据，行政决定、命令的内容和期限要求是否明确、合理，行为人是否具有按照要求执行的能力等因素进行判断。

第四条 《刑法》第一百三十四条第二款和第一百三十四条之一第二项规定的"重大事故隐患"，依照法律、行政法规、部门规章、强制性标准以及有关行政规范性文件进行认定。

《刑法》第一百三十四条之一第三项规定的"危险物品"，依照《安全生产法》第一百一十七条的规定确定。

对于是否属于"重大事故隐患"或者"危险物品"难以确定的，可以依据司法鉴定机构出具的鉴定意见、地市级以上负有安全生产监督管理职责的部门或者其指定的机构出具的意见，结合其他证据综合审查，依法作出认定。

第五条 在生产、作业中违反有关安全管理的规定，有《刑法》第一百三十四条之一规定情形之一，因而发生重大伤亡事故或者造成其他严重后果，构成《刑法》第一百三十四条、第一百三十五条至第一百三十九条等规定的重大责任事故罪、重大劳动安全事故罪、危险物品肇事罪、工程重大安全事故罪等犯罪的，依照该规定定罪处罚。

第六条 承担安全评价职责的中介组织的人员提供的证明文件有下列情形之一的，属于《刑法》第二百二十九条第一款规定的"虚假证明文件"：

（一）故意伪造的；

（二）在周边环境、主要建（构）筑物、工艺、装置、设备设施等重要内容上弄虚作假，导致与评价期间实际情况不符，影响评价结论的；

（三）隐瞒生产经营单位重大事故隐患及整改落实情况、主要灾害等级等情况，影响评价结论的；

（四）伪造、篡改生产经营单位相关信息、数据、技术报告或者结论等内容，影响评价结论的；

（五）故意采用存疑的第三方证明材料、监测检验报告，影响评价结论的；

（六）有其他弄虚作假行为，影响评价结论的情形。

生产经营单位提供虚假材料、影响评价结论，承担安全评价职责的中介组织的人员对评价结论与实际情况不符无主观故意的，不属于《刑法》第二百二十九条第一款规定的"故意提供虚假证明文件"。

有本条第二款情形，承担安全评价职责的中介组织的人员严重不负责任，导致出具的证明文件有重大失实，造成严重后果的，依照《刑法》第二百二十九条第三款的规定追究刑事责任。

第七条　承担安全评价职责的中介组织的人员故意提供虚假证明文件，有下列情形之一的，属于《刑法》第二百二十九条第一款规定的"情节严重"：

（一）造成死亡一人以上或者重伤三人以上安全事故的；

（二）造成直接经济损失五十万元以上安全事故的；

（三）违法所得数额十万元以上的；

（四）两年内因故意提供虚假证明文件受过两次以上行政处罚，又故意提供虚假证明文件的；

（五）其他情节严重的情形。

在涉及公共安全的重大工程、项目中提供虚假的安全评价文件，有下列情形之一的，属于《刑法》第二百二十九条第一款第三项规定的"致使公共财产、国家和人民利益遭受特别重大损失"：

（一）造成死亡三人以上或者重伤十人以上安全事故的；

（二）造成直接经济损失五百万元以上安全事故的；

（三）其他致使公共财产、国家和人民利益遭受特别重大损失的情形。

承担安全评价职责的中介组织的人员有《刑法》第二百二十九条第一款行为，在裁量刑罚时，应当考虑其行为手段、主观过错程度、对安全事故的发生所起作用大小及其获利情况、一贯表现等因素，综合评估社会危害性，依法裁量刑罚，确保罪责刑相适应。

第八条　承担安全评价职责的中介组织的人员，严重不负责任，出具的证明文件有重大失实，有下列情形之一的，属于《刑法》第二百二十九条第三款规定的"造成严重后果"：

（一）造成死亡一人以上或者重伤三人以上安全事故的；

（二）造成直接经济损失一百万元以上安全事故的；

（三）其他造成严重后果的情形。

第九条　承担安全评价职责的中介组织犯《刑法》第二百二十九条规定之罪的，对该中介组织判处罚金，并对其直接负责的主管人员和其他直接责任人员，依照本解释第七条、第八条的规定处罚。

第十条　有《刑法》第一百三十四条之一行为，积极配合公安机关或者负有安全生产监督管理职责的部门采取措施排除事故隐患，确有悔改表现，认罪认罚的，可以依法从宽处罚；犯罪情节轻微不需要判处刑罚的，可以不起诉或者免予刑事处罚；情节显著轻微危害不大的，不作为犯罪处理。

第十一条　有本解释规定的行为，被不起诉或者免予刑事处罚，需要给予行政处罚、政务处分或者其他处分的，依法移送有关主管机关处理。

第十二条　本解释自 2022 年 12 月 19 日起施行。最高人民法院、最高人民检察院此前发布的司法解释与本解释不一致的，以本解释为准。

（附参考）**浙江省高级人民法院《关于部分罪名定罪量刑情节及数额标准的意见》**浙高法〔2012〕325号

10.《刑法》第一百三十四条第一款 【重大责任事故罪】

具有下列情形之一的，属于"发生重大伤亡事故或者造成其他严重后果"，处三年以下有期徒刑或者拘役：

（1）造成死亡一人以上不满三人的；

（2）造成重伤三人以上不满十人的；

（3）发生海上生产安全事故，造成失踪二人以上不满五人的；

（4）发生矿山生产安全事故，造成直接经济损失一百万元以上不满三百万元的；

（5）发生其他生产安全事故，造成直接经济损失五十万元以上不满一百五十万元的；

（6）严重后果的其他情形。

具有下列情形之一的，属于"情节特别恶劣"，处三年以上七年以下有期徒刑：

（1）造成死亡三人以上的；

（2）造成重伤十人以上的；

（3）发生海上生产安全事故，造成失踪五人以上的；

（4）发生矿山生产安全事故，造成直接经济损失三百万元以上的；

（5）发生其他生产安全事故，造成直接经济损失一百五十万元以上的；

（6）情节特别恶劣的其他情形。

11.《刑法》第一百三十四条第二款 【强令违章冒险作业罪】

具有下列情形之一的，属于"发生重大伤亡事故或者造成其他严重后果"，处五年以下有期徒刑或者拘役：

（1）造成死亡一人以上不满三人的；

（2）造成重伤三人以上不满十人的；

（3）发生海上生产安全事故，造成失踪二人以上不满五人的；

（4）发生矿山生产安全事故，造成直接经济损失一百万元以上不满三百万元的；

（5）发生其他生产安全事故，造成直接经济损失五十万元以上不满一百五十万元的；

（6）严重后果的其他情形。

具有下列情形之一的，属于"情节特别恶劣"，处五年以上有期徒刑：

（1）造成死亡三人以上的；

（2）造成重伤十人以上的；

（3）发生海上生产安全事故，造成失踪五人以上的；

（4）发生矿山生产安全事故，造成直接经济损失三百万元以上的；

（5）发生其他生产安全事故，造成直接经济损失一百五十万元以上的；

（6）情节特别恶劣的其他情形。

第一百三十四条之一【危险作业罪】 在生产、作业中违反有关安全管理的规定，有下列情形之一，具有发生重大伤亡事故或者其他严重后果的现实危险的，处一年以下有期徒刑、拘役或者管制：

（一）关闭、破坏直接关系生产安全的监控、报警、防护、救生设备、设施，或者篡改、隐瞒、销毁其相关数据、信息的；

（二）因存在重大事故隐患被依法责令停产停业、停止施工、停止使用有关设备、设施、场所或者立即采取排除危险的整改措施，而拒不执行的；

（三）涉及安全生产的事项未经依法批准或者许可，擅自从事矿山开采、金属冶炼、建筑施工，以及危险物品生产、经营、储存等高度危险的生产作业活动的。【2021年3月1日刑法修正案（十一）】

（相关解释）**1.最高人民法院、最高人民检察院、公安部、工业和信息化部、住房和城乡建设部、交通运输部、应急管理部、国家铁路局、中国民用航空局、国家邮政局《关于依法惩治涉枪支、弹药、爆炸物、易燃易爆危险物品犯罪的意见》**法发〔2021〕35号（2021年12月28日）（具体见第一百二十五条）

5.违反危险化学品安全管理规定，未经依法批准或者许可擅自从事易燃易爆危险物品道路运输活动，或者实施其他违反危险化学品安全管理规定通过道路运输易燃易爆危险物品的行为，危及公共安全的，依照《刑法》第一百三十三条之一第一款第四项的规定，以危险驾驶罪定罪处罚。

在易燃易爆危险物品生产、经营、储存等高度危险的生产作业活动中违反有关安全管理的规定，有下列情形之一，具有发生重大伤亡事故或者其他严重后果的现实危险的，依照《刑法》第一百三十四条之一第三项的规定，以危险作业罪定罪处罚：

（1）委托无资质企业或者个人储存易燃易爆危险物品的；

（2）在储存的普通货物中夹带易燃易爆危险物品的；

（3）将易燃易爆危险物品谎报或者匿报为普通货物申报、储存的；

（4）其他涉及安全生产的事项未经依法批准或者许可，擅自从事易燃易爆危险物品生产、经营、储存等活动的情形。

实施前两款行为，同时构成《刑法》第一百三十条规定之罪等其他犯罪的，依照处罚较重的规定定罪处罚；导致发生重大伤亡事故或者其他严重后果，符合《刑法》第一百三十四条、第一百三十五条、第一百三十六条等规定的，依照各该的规定定罪从重处罚。

6.在易燃易爆危险物品生产、储存、运输、使用中违反有关安全管理的规定，实施本意见第5条前两款规定以外的其他行为，导致发生重大事故，造成严重后果，符合《刑法》第一百三十六条等规定的，以危险物品肇事罪等罪名定罪处罚。

7.实施《刑法》第一百三十六条规定等行为，向负有安全生产监督管理职责的部门不报、谎报或者迟报相关情况的，从重处罚；同时构成《刑法》第一百三十九条之一规定之罪的，依照数罪并罚的规定处罚。

2.最高人民法院、最高人民检察院《关于办理危害生产安全刑事案件适用法律若干问题的解释（二）》法释〔2022〕19号（2022年12月19日）（具体见第一百三十四条）

第一百三十五条【重大劳动安全事故罪】 安全生产设施或者安全生产条件不符合国家规定，因而发生重大伤亡事故或者造成其他严重后果的，对直接负责的主管人员和其他直接责任人员，处三年以下有期徒刑或者拘役；情节特别恶劣的，处三年以上七年以下有期徒刑。【2006年6月29日刑法修正案（六）】

【1997年刑法】工厂、矿山、林场、建筑企业或者其他企业、事业单位的劳动安全设施不符合国家规定，经有关部门或者单位职工提出后，对事故隐患仍不采取措施，因而发生重大伤亡事故或者造成其他严重后果的，对直接责任人员，处三年以下有期徒刑或者拘役；情节特别恶劣的，处三年以上七年以下有期徒刑。

（相关解释同第一百三十四条）

（相关解释）**1. 最高人民法院、最高人民检察院《关于办理危害生产安全刑事案件适用法律若干问题的解释》**法释〔2015〕22 号（具体见《刑法》第一百三十四条）

第三条 《刑法》第一百三十五条规定的"直接负责的主管人员和其他直接责任人员"，是指对安全生产设施或者安全生产条件不符合国家规定负有直接责任的生产经营单位负责人、管理人员、实际控制人、投资人，以及其他对安全生产设施或者安全生产条件负有管理、维护职责的人员。

第六条 实施《刑法》第一百三十二条、第一百三十四条第一款、第一百三十五条、第一百三十五条之一、第一百三十六条、第一百三十九条规定的行为，因而发生安全事故，具有下列情形之一的，应当认定为"造成严重后果"或者"发生重大伤亡事故或者造成其他严重后果"，对相关责任人员，处三年以下有期徒刑或者拘役：

（一）造成死亡一人以上，或者重伤三人以上的；

（二）造成直接经济损失一百万元以上的；

（三）其他造成严重后果或者重大安全事故的情形。

……

第七条 实施《刑法》第一百三十二条、第一百三十四条第一款、第一百三十五条、第一百三十五条之一、第一百三十六条、第一百三十九条规定的行为，因而发生安全事故，具有下列情形之一的，对相关责任人员，处三年以上七年以下有期徒刑：

（一）造成死亡三人以上或者重伤十人以上，负事故主要责任的；

（二）造成直接经济损失五百万元以上，负事故主要责任的；

（三）其他造成特别严重后果、情节特别恶劣或者后果特别严重的情形。

……

第十二条 实施《刑法》第一百三十二条、第一百三十四条至第一百三十九条之一规定的犯罪行为，具有下列情形之一的，从重处罚：

（一）未依法取得安全许可证件或者安全许可证件过期、被暂扣、吊销、注销后从事生产经营活动的；

（二）关闭、破坏必要的安全监控和报警设备的；

（三）已经发现事故隐患，经有关部门或者个人提出后，仍不采取措施的；

（四）一年内曾因危害生产安全违法犯罪活动受过行政处罚或者刑事处罚的；

（五）采取弄虚作假、行贿等手段，故意逃避、阻挠负有安全监督管理职责的部门实施监督检查的；

（六）安全事故发生后转移财产意图逃避承担责任的；

（七）其他从重处罚的情形。

实施前款第五项规定的行为，同时构成《刑法》第三百八十九条规定的犯罪的，依照数罪并罚的规定处罚。

第十三条 实施《刑法》第一百三十二条、第一百三十四条至第一百三十九条之一规定的犯罪行为，在安全事故发生后积极组织、参与事故抢救，或者积极配合调查、主动赔偿损失的，可以酌情从轻处罚。

……

2. 最高人民法院研究室《关于被告人阮某重大劳动安全事故案有关法律适用问题的答复》

陕西省高级人民法院：

你院陕高法〔2009〕288 号《关于被告人阮某重大劳动安全事故案有关法律适用问题

的请示》收悉。经研究，答复如下：用人单位违反职业病防治法的规定，职业病危害预防设施不符合国家规定，因而发生重大伤亡事故或者造成其他严重后果的，对直接负责的主管人员和其他直接责任人员，可以依照《刑法》第一百三十五条的规定，以重大劳动安全事故罪定罪处罚。

（附参考）**浙江省高级人民法院《关于部分罪名定罪量刑情节及数额标准的意见》**浙高法〔2012〕325号

12.《刑法》第一百三十五条【重大劳动安全事故罪】

具有下列情形之一的，属于"发生重大伤亡事故或者造成其他严重后果"，处三年以下有期徒刑或者拘役：

（1）造成死亡一人以上不满三人的；

（2）造成重伤三人以上不满十人的；

（3）发生海上生产安全事故，造成失踪二人以上不满五人的；

（4）发生矿山生产安全事故，造成直接经济损失一百万元以上不满三百万元的；

（5）发生其他生产安全事故，造成直接经济损失五十万元以上不满一百五十万元的；

（6）严重后果的其他情形。

具有下列情形之一的，属于"情节特别恶劣"，处三年以上七年以下有期徒刑：

（1）造成死亡三人以上的；

（2）造成重伤十人以上的；

（3）发生海上生产安全事故，造成失踪五人以上的；

（4）发生矿山生产安全事故，造成直接经济损失三百万元以上的；

（5）发生其他生产安全事故，造成直接经济损失一百五十万元以上的；

（6）情节特别恶劣的其他情形。

第一百三十五条之一【大型群众性活动重大安全事故罪】　举办大型群众性活动违反安全管理规定，因而发生重大伤亡事故或者造成其他严重后果的，对直接负责的主管人员和其他直接责任人员，处三年以下有期徒刑或者拘役；情节特别恶劣的，处三年以上七年以下有期徒刑。【2006年6月29日刑法修正案（六）】

（相关解释）**1.最高人民法院、最高人民检察院《关于办理危害生产安全刑事案件适用法律若干问题的解释》**法释〔2015〕22号（具体见《刑法》第一百三十四条）

第六条　实施《刑法》第一百三十二条、第一百三十四条第一款、第一百三十五条、第一百三十五条之一、第一百三十六条、第一百三十九条规定的行为，因而发生安全事故，具有下列情形之一的，应当认定为"造成严重后果"或者"发生重大伤亡事故或者造成其他严重后果"，对相关责任人员，处三年以下有期徒刑或者拘役：

（一）造成死亡一人以上，或者重伤三人以上的；

（二）造成直接经济损失一百万元以上的；

（三）其他造成严重后果或者重大安全事故的情形。

……

第七条　实施《刑法》第一百三十二条、第一百三十四条第一款、第一百三十五条、第一百三十五条之一、第一百三十六条、第一百三十九条规定的行为，因而发生安全事故，具有下列情形之一的，对相关责任人员，处三年以上七年以下有期徒刑：

（一）造成死亡三人以上或者重伤十人以上，负事故主要责任的；

（二）造成直接经济损失五百万元以上，负事故主要责任的；

（三）其他造成特别严重后果、情节特别恶劣或者后果特别严重的情形。

……

第十二条 实施《刑法》第一百三十二条、第一百三十四条至第一百三十九条之一规定的犯罪行为，具有下列情形之一的，从重处罚：

（一）未依法取得安全许可证件或者安全许可证件过期、被暂扣、吊销、注销后从事生产经营活动的；

（二）关闭、破坏必要的安全监控和报警设备的；

（三）已经发现事故隐患，经有关部门或者个人提出后，仍不采取措施的；

（四）一年内曾因危害生产安全违法犯罪活动受过行政处罚或者刑事处罚的；

（五）采取弄虚作假、行贿等手段，故意逃避、阻挠负有安全监督管理职责的部门实施监督检查的；

（六）安全事故发生后转移财产意图逃避承担责任的；

（七）其他从重处罚的情形。

实施前款第五项规定的行为，同时构成《刑法》第三百八十九条规定的犯罪的，依照数罪并罚的规定处罚。

第十三条 实施《刑法》第一百三十二条、第一百三十四条至第一百三十九条之一规定的犯罪行为，在安全事故发生后积极组织、参与事故抢救，或者积极配合调查、主动赔偿损失的，可以酌情从轻处罚。

……

2. 最高人民检察院、公安部《关于公安机关管辖的刑事案件立案追诉标准的规定（一）》

公通字〔2008〕36号

第十一条 【大型群众性活动重大安全事故案（《刑法》第一百三十五条之一）】举办大型群众性活动违反安全管理规定，涉嫌下列情形之一的，应予立案追诉：（1）造成死亡一人以上，或者重伤三人以上；（2）造成直接经济损失五十万元以上的；（3）其他造成严重后果的情形。

（附参考）**浙江省高级人民法院《关于部分罪名定罪量刑情节及数额标准的意见》**浙高法〔2012〕325号

13.《刑法》第一百三十五条之一【大型群众性活动重大安全事故罪】

具有下列情形之一的，属于"发生重大伤亡事故或者造成其他严重后果"，处三年以下有期徒刑或者拘役：

（1）造成死亡一人以上不满三人的；

（2）造成重伤三人以上不满十人的；

（3）造成直接经济损失五十万元以上不满一百五十万元的；

（4）严重后果的其他情形。

具有下列情形之一的，属于"情节特别恶劣"，处三年以上七年以下有期徒刑：

（1）造成死亡三人以上的；

（2）造成重伤十人以上的；

（3）造成直接经济损失一百五十万元以上的；

（4）情节特别恶劣的其他情形。

第一百三十六条【危险物品肇事罪】　违反爆炸性、易燃性、放射性、毒害性、腐蚀性物品的管理规定，在生产、储存、运输、使用中发生重大事故，造成严重后果的，处三年以下有期徒刑或者拘役；后果特别严重的，处三年以上七年以下有期徒刑。

（相关解释同第一百三十五条之一）

（相关解释）**1. 最高人民法院、最高人民检察院《关于办理危害生产安全刑事案件适用法律若干问题的解释》法释〔2015〕22 号（具体见《刑法》第一百三十四条）**

第六条　实施《刑法》第一百三十二条、第一百三十四条第一款、第一百三十五条、第一百三十五条之一、第一百三十六条、第一百三十九条规定的行为，因而发生安全事故，具有下列情形之一的，应当认定为"造成严重后果"或者"发生重大伤亡事故或者造成其他严重后果"，对相关责任人员，处三年以下有期徒刑或者拘役：

（一）造成死亡一人以上，或者重伤三人以上的；

（二）造成直接经济损失一百万元以上的；

（三）其他造成严重后果或者重大安全事故的情形。

……

第七条　实施《刑法》第一百三十二条、第一百三十四条第一款、第一百三十五条、第一百三十五条之一、第一百三十六条、第一百三十九条规定的行为，因而发生安全事故，具有下列情形之一的，对相关责任人员，处三年以上七年以下有期徒刑：

（一）造成死亡三人以上或者重伤十人以上，负事故主要责任的；

（二）造成直接经济损失五百万元以上，负事故主要责任的；

（三）其他造成特别严重后果、情节特别恶劣或者后果特别严重的情形。

……

第十二条　实施《刑法》第一百三十二条、第一百三十四条至第一百三十九条之一规定的犯罪行为，具有下列情形之一的，从重处罚：

（一）未依法取得安全许可证件或者安全许可证件过期、被暂扣、吊销、注销后从事生产经营活动的；

（二）关闭、破坏必要的安全监控和报警设备的；

（三）已经发现事故隐患，经有关部门或者个人提出后，仍不采取措施的；

（四）一年内曾因危害生产安全违法犯罪活动受过行政处罚或者刑事处罚的；

（五）采取弄虚作假、行贿等手段，故意逃避、阻挠负有安全监督管理职责的部门实施监督检查的；

（六）安全事故发生后转移财产意图逃避承担责任的；

（七）其他从重处罚的情形。

实施前款第五项规定的行为，同时构成《刑法》第三百八十九条规定的犯罪的，依照数罪并罚的规定处罚。

第十三条　实施《刑法》第一百三十二条、第一百三十四条至第一百三十九条之一规定的犯罪行为，在安全事故发生后积极组织、参与事故抢救，或者积极配合调查、主动赔偿损失的，可以酌情从轻处罚。

……

2. 最高人民法院、最高人民检察院、公安部、工业和信息化部、住房和城乡建设部、交通运输部、应急管理部、国家铁路局、中国民用航空局、国家邮政局《关于依法惩治涉枪支、弹药、爆炸物、易燃易爆危险物品犯罪的意见》法发〔2021〕35 号（2021 年 12 月

28 日）（具体见第一百二十五条）

5.违反危险化学品安全管理规定，未经依法批准或者许可擅自从事易燃易爆危险物品道路运输活动，或者实施其他违反危险化学品安全管理规定通过道路运输易燃易爆危险物品的行为，危及公共安全的，依照《刑法》第一百三十三条之一第一款第四项的规定，以危险驾驶罪定罪处罚。

在易燃易爆危险物品生产、经营、储存等高度危险的生产作业活动中违反有关安全管理的规定，有下列情形之一，具有发生重大伤亡事故或者其他严重后果的现实危险的，依照《刑法》第一百三十四条之一第三项的规定，以危险作业罪定罪处罚：

（1）委托无资质企业或者个人储存易燃易爆危险物品的；

（2）在储存的普通货物中夹带易燃易爆危险物品的；

（3）将易燃易爆危险物品谎报或者匿报为普通货物申报、储存的；

（4）其他涉及安全生产的事项未经依法批准或者许可，擅自从事易燃易爆危险物品生产、经营、储存等活动的情形。

实施前两款行为，同时构成《刑法》第一百三十条规定之罪等其他犯罪的，依照处罚较重的规定定罪处罚；导致发生重大伤亡事故或者其他严重后果，符合《刑法》第一百三十四条、第一百三十五条、第一百三十六条等规定的，依照各该条的规定定罪从重处罚。

6.在易燃易爆危险物品生产、储存、运输、使用中违反有关安全管理的规定，实施本意见第 5 条前两款规定以外的其他行为，导致发生重大事故，造成严重后果，符合《刑法》第一百三十六条等规定的，以危险物品肇事罪等罪名定罪处罚。

7.实施《刑法》第一百三十六条规定等行为，向负有安全生产监督管理职责的部门不报、谎报或者迟报相关情况的，从重处罚；同时构成《刑法》第一百三十九条之一规定之罪的，依照数罪并罚的规定处罚。

（附参考）**1.浙江省高级人民法院《关于非法制造、买卖、运输、储存液氯定罪处罚的答复》**浙高法〔2005〕163 号（见第一百二十五条）

2.浙江省高级人民法院《关于部分罪名定罪量刑情节及数额标准的意见》浙高法〔2012〕325 号

14.《刑法》第一百三十六条【危险物品肇事罪】

具有下列情形之一的，属于"严重后果"，处三年以下有期徒刑或者拘役：

（1）造成死亡一人以上不满三人的；

（2）造成重伤三人以上不满十人的；

（3）造成直接经济损失五十万元以上不满一百五十万元的；

（4）严重后果的其他情形。

具有下列情形之一的，属于"后果特别严重"，处三年以上七年以下有期徒刑：

（1）造成死亡三人以上的；

（2）造成重伤十人以上的；

（3）造成直接经济损失一百五十万元以上的；

（4）后果特别严重的其他情形。

第一百三十七条【工程重大安全事故罪】 建设单位、设计单位、施工单位、工程监理单位违反国家规定，降低工程质量标准，造成重大安全事故的，对直接责任人员，处五年以下有期徒刑或者拘役，并处罚金；后果特别严重的，处五年以上十年以下有期徒刑，并处罚金。

（相关解释同第一百三十五条之一）

（相关解释）**1. 最高人民法院、最高人民检察院《关于办理危害生产安全刑事案件适用法律若干问题的解释》** 法释〔2015〕22 号（具体见《刑法》第一百三十四条）

第六条　实施《刑法》第一百三十二条、第一百三十四条第一款、第一百三十五条、第一百三十五条之一、第一百三十六条、第一百三十九条规定的行为，因而发生安全事故，具有下列情形之一的，应当认定为"造成严重后果"或者"发生重大伤亡事故或者造成其他严重后果"，对相关责任人员，处三年以下有期徒刑或者拘役：

（一）造成死亡一人以上，或者重伤三人以上的；

（二）造成直接经济损失一百万元以上的；

（三）其他造成严重后果或者重大安全事故的情形。

实施《刑法》第一百三十四条第二款规定的行为，因而发生安全事故，具有本条第一款规定情形的，应当认定为"发生重大伤亡事故或者造成其他严重后果"，对相关责任人员，处五年以下有期徒刑或者拘役。

实施《刑法》第一百三十七条规定的行为，因而发生安全事故，具有本条第一款规定情形的，应当认定为"造成重大安全事故"，对直接责任人员，处五年以下有期徒刑或者拘役，并处罚金。

实施《刑法》第一百三十八条规定的行为，因而发生安全事故，具有本条第一款第一项规定情形的，应当认定为"发生重大伤亡事故"，对直接责任人员，处三年以下有期徒刑或者拘役。

第七条　实施《刑法》第一百三十二条、第一百三十四条第一款、第一百三十五条、第一百三十五条之一、第一百三十六条、第一百三十九条规定的行为，因而发生安全事故，具有下列情形之一的，对相关责任人员，处三年以上七年以下有期徒刑：

（一）造成死亡三人以上或者重伤十人以上，负事故主要责任的；

（二）造成直接经济损失五百万元以上，负事故主要责任的；

（三）其他造成特别严重后果、情节特别恶劣或者后果特别严重的情形。

实施《刑法》第一百三十四条第二款规定的行为，因而发生安全事故，具有本条第一款规定情形的，对相关责任人员，处五年以上有期徒刑。

实施《刑法》第一百三十七条规定的行为，因而发生安全事故，具有本条第一款规定情形的，对直接责任人员，处五年以上十年以下有期徒刑，并处罚金。

实施《刑法》第一百三十八条规定的行为，因而发生安全事故，具有下列情形之一的，对直接责任人员，处三年以上七年以下有期徒刑：

（一）造成死亡三人以上或者重伤十人以上，负事故主要责任的；

（二）具有本解释第六条第一款第一项规定情形，同时造成直接经济损失五百万元以上并负事故主要责任的，或者同时造成恶劣社会影响的。

第十二条　实施《刑法》第一百三十二条、第一百三十四条至第一百三十九条之一规定的犯罪行为，具有下列情形之一的，从重处罚：

（一）未依法取得安全许可证件或者安全许可证件过期、被暂扣、吊销、注销后从事生产经营活动的；

（二）关闭、破坏必要的安全监控和报警设备的；

（三）已经发现事故隐患，经有关部门或者个人提出后，仍不采取措施的；

（四）一年内曾因危害生产安全违法犯罪活动受过行政处罚或者刑事处罚的；

（五）采取弄虚作假、行贿等手段，故意逃避、阻挠负有安全监督管理职责的部门实施监督检查的；

（六）安全事故发生后转移财产意图逃避承担责任的；

（七）其他从重处罚的情形。

实施前款第五项规定的行为，同时构成《刑法》第三百八十九条规定的犯罪的，依照数罪并罚的规定处罚。

第十三条 实施《刑法》第一百三十二条、第一百三十四条至第一百三十九条之一规定的犯罪行为，在安全事故发生后积极组织、参与事故抢救，或者积极配合调查、主动赔偿损失的，可以酌情从轻处罚。

……

2. 最高人民法院、最高人民检察院、公安部《关于办理涉窨井盖相关刑事案件的指导意见》2020年3月16日（具体见第一百一十九条）

五、在生产、作业中违反有关安全管理的规定，擅自移动窨井盖或者未做好安全防护措施等，发生重大伤亡事故或者造成其他严重后果的，依照《刑法》第一百三十四条第一款的规定，以重大责任事故罪定罪处罚。

窨井盖建设、设计、施工、工程监理单位违反国家规定，降低工程质量标准，造成重大安全事故的，依照《刑法》第一百三十七条的规定，以工程重大安全事故罪定罪处罚。

（附参考）**浙江省高级人民法院《关于部分罪名定罪量刑情节及数额标准的意见》**浙高法〔2012〕325号

15.《刑法》第一百三十七条【工程重大安全事故罪】

具有下列情形之一的，属于"重大安全事故"，处五年以下有期徒刑或者拘役，并处罚金：

（1）造成死亡一人以上不满三人的；

（2）造成重伤三人以上不满十人的；

（3）造成直接经济损失五十万元以上不满一百五十万元的；

（4）重大安全事故的其他情形。

具有下列情形之一的，属于"后果特别严重"，处五年以上十年以下有期徒刑，并处罚金：

（1）造成死亡三人以上的；

（2）造成重伤十人以上的；

（3）造成直接经济损失一百五十万元以上的；

（4）后果特别严重的其他情形。

第一百三十八条【教育设施重大安全事故罪】 明知校舍或者教育教学设施有危险，而不采取措施或者不及时报告，致使发生重大伤亡事故的，对直接责任人员，处三年以下有期徒刑或者拘役；后果特别严重的，处三年以上七年以下有期徒刑。

（相关解释）**1. 最高人民法院、最高人民检察院《关于办理危害生产安全刑事案件适用法律若干问题的解释》**法释〔2015〕22号（具体见《刑法》第一百三十四条）

第六条 实施《刑法》第一百三十二条、第一百三十四条第一款、第一百三十五条、第一百三十五条之一、第一百三十六条、第一百三十九条规定的行为，因而发生安全事故，具有下列情形之一的，应当认定为"造成严重后果"或者"发生重大伤亡事故或者造成其他严重后果"，对相关责任人员，处三年以下有期徒刑或者拘役：

（一）造成死亡一人以上，或者重伤三人以上的；

（二）造成直接经济损失一百万元以上的；

（三）其他造成严重后果或者重大安全事故的情形。

实施《刑法》第一百三十四条第二款规定的行为，因而发生安全事故，具有本条第一款规定情形的，应当认定为"发生重大伤亡事故或者造成其他严重后果"，对相关责任人员，处五年以下有期徒刑或者拘役。

实施《刑法》第一百三十七条规定的行为，因而发生安全事故，具有本条第一款规定情形的，应当认定为"造成重大安全事故"，对直接责任人员，处五年以下有期徒刑或者拘役，并处罚金。

实施《刑法》第一百三十八条规定的行为，因而发生安全事故，具有本条第一款第一项规定情形的，应当认定为"发生重大伤亡事故"，对直接责任人员，处三年以下有期徒刑或者拘役。

第七条　实施《刑法》第一百三十二条、第一百三十四条第一款、第一百三十五条、第一百三十五条之一、第一百三十六条、第一百三十九条规定的行为，因而发生安全事故，具有下列情形之一的，对相关责任人员，处三年以上七年以下有期徒刑：

（一）造成死亡三人以上或者重伤十人以上，负事故主要责任的；

（二）造成直接经济损失五百万元以上，负事故主要责任的；

（三）其他造成特别严重后果、情节特别恶劣或者后果特别严重的情形。

实施《刑法》第一百三十四条第二款规定的行为，因而发生安全事故，具有本条第一款规定情形的，对相关责任人员，处五年以上有期徒刑。

实施《刑法》第一百三十七条规定的行为，因而发生安全事故，具有本条第一款规定情形的，对直接责任人员，处五年以上十年以下有期徒刑，并处罚金。

实施《刑法》第一百三十八条规定的行为，因而发生安全事故，具有下列情形之一的，对直接责任人员，处三年以上七年以下有期徒刑：

（一）造成死亡三人以上或者重伤十人以上，负事故主要责任的；

（二）具有本解释第六条第一款第一项规定情形，同时造成直接经济损失五百万元以上并负事故主要责任的，或者同时造成恶劣社会影响的。

第十二条　实施《刑法》第一百三十二条、第一百三十四条至第一百三十九条之一规定的犯罪行为，具有下列情形之一的，从重处罚：

（一）未依法取得安全许可证件或者安全许可证件过期、被暂扣、吊销、注销后从事生产经营活动的；

（二）关闭、破坏必要的安全监控和报警设备的；

（三）已经发现事故隐患，经有关部门或者个人提出后，仍不采取措施的；

（四）一年内曾因危害生产安全违法犯罪活动受过行政处罚或者刑事处罚的；

（五）采取弄虚作假、行贿等手段，故意逃避、阻挠负有安全监督管理职责的部门实施监督检查的；

（六）安全事故发生后转移财产意图逃避承担责任的；

（七）其他从重处罚的情形。

实施前款第五项规定的行为，同时构成《刑法》第三百八十九条规定的犯罪的，依照数罪并罚的规定处罚。

第十三条 实施《刑法》第一百三十二条、第一百三十四条至第一百三十九条之一规定的犯罪行为，在安全事故发生后积极组织、参与事故抢救，或者积极配合调查、主动赔偿损失的，可以酌情从轻处罚。

......

2. 最高人民检察院、公安部《关于公安机关管辖的刑事案件立案追诉标准的规定（一）》

公通字〔2008〕36号

第十四条 【教育设施重大安全事故案（《刑法》第一百三十八条）】明知校舍或者教育教学设施有危险，而不采取措施或者不及时报告，涉嫌下列情形之一的，应予立案追诉：（1）造成死亡一人以上、重伤三人以上或者轻伤十人以上的；（2）其他致使发生重大伤亡事故的情形。

（附参考）**浙江省高级人民法院《关于部分罪名定罪量刑情节及数额标准的意见》**浙高法〔2012〕325号

16.《刑法》第一百三十八条【教育设施重大安全事故罪】

具有下列情形之一的，属于"重大伤亡事故"，处三年以下有期徒刑或者拘役：

（1）造成死亡一人以上不满三人的；

（2）造成重伤三人以上不满十人的；

（3）造成轻伤十人以上不满三十人的；

（4）重大伤亡事故的其他情形。

具有下列情形之一的，属于"后果特别严重"，处三年以上七年以下有期徒刑：

（1）造成死亡三人以上的；

（2）造成重伤十人以上的；

（3）造成轻伤三十人以上的；

（4）后果特别严重的其他情形。

第一百三十九条【消防责任事故罪】 违反消防管理法规，经消防监督机构通知采取改正措施而拒绝执行，造成严重后果的，对直接责任人员，处三年以下有期徒刑或者拘役；后果特别严重的，处三年以上七年以下有期徒刑。

（相关解释）**1. 最高人民法院、最高人民检察院《关于办理危害生产安全刑事案件适用法律若干问题的解释》**法释〔2015〕22号（具体见《刑法》第一百三十四条）

第六条 实施《刑法》第一百三十二条、第一百三十四条第一款、第一百三十五条、第一百三十五条之一、第一百三十六条、第一百三十九条规定的行为，因而发生安全事故，具有下列情形之一的，应当认定为"造成严重后果"或者"发生重大伤亡事故或者造成其他严重后果"，对相关责任人员，处三年以下有期徒刑或者拘役：

（一）造成死亡一人以上，或者重伤三人以上的；

（二）造成直接经济损失一百万元以上的；

（三）其他造成严重后果或者重大安全事故的情形。

实施《刑法》第一百三十四条第二款规定的行为，因而发生安全事故，具有本条第一款规定情形的，应当认定为"发生重大伤亡事故或者造成其他严重后果"，对相关责任人员，处五年以下有期徒刑或者拘役。

实施《刑法》第一百三十七条规定的行为，因而发生安全事故，具有本条第一款规定情形的，应当认定为"造成重大安全事故"，对直接责任人员，处五年以下有期徒刑或者拘役，并处罚金。

实施《刑法》第一百三十八条规定的行为，因而发生安全事故，具有本条第一款第一项规定情形的，应当认定为"发生重大伤亡事故"，对直接责任人员，处三年以下有期徒刑或者拘役。

第七条　实施《刑法》第一百三十二条、第一百三十四条第一款、第一百三十五条、第一百三十五条之一、第一百三十六条、第一百三十九条规定的行为，因而发生安全事故，具有下列情形之一的，对相关责任人员，处三年以上七年以下有期徒刑：

（一）造成死亡三人以上或者重伤十人以上，负事故主要责任的；

（二）造成直接经济损失五百万元以上，负事故主要责任的；

（三）其他造成特别严重后果、情节特别恶劣或者后果特别严重的情形。

......

第十二条　实施《刑法》第一百三十二条、第一百三十四条至第一百三十九条之一规定的犯罪行为，具有下列情形之一的，从重处罚：

（一）未依法取得安全许可证件或者安全许可证件过期、被暂扣、吊销、注销后从事生产经营活动的；

（二）关闭、破坏必要的安全监控和报警设备的；

（三）已经发现事故隐患，经有关部门或者个人提出后，仍不采取措施的；

（四）一年内曾因危害生产安全违法犯罪活动受过行政处罚或者刑事处罚的；

（五）采取弄虚作假、行贿等手段，故意逃避、阻挠负有安全监督管理职责的部门实施监督检查的；

（六）安全事故发生后转移财产意图逃避承担责任的；

（七）其他从重处罚的情形。

实施前款第五项规定的行为，同时构成《刑法》第三百八十九条规定的犯罪的，依照数罪并罚的规定处罚。

第十三条　实施《刑法》第一百三十二条、第一百三十四条至第一百三十九条之一规定的犯罪行为，在安全事故发生后积极组织、参与事故抢救，或者积极配合调查、主动赔偿损失的，可以酌情从轻处罚。

......

2. 最高人民检察院、公安部《关于公安机关管辖的刑事案件立案追诉标准的规定（一）》

公通字〔2008〕36号

第十五条　【消防责任事故案（《刑法》第一百三十九条）】违反消防管理法规，经消防监督机构通知采取改正措施而拒绝执行，涉嫌下列情形之一的，应予立案追诉：（1）造成死亡一人以上，或者重伤三人以上；（2）造成直接经济损失五十万元以上的；（3）造成森林火灾，过火有林地面积二公顷以上，或者过火疏林地、灌木林地、未成林地、苗圃地面积四公顷以上的；（4）其他造成严重后果的情形。

编者注：本条规定的"有林地""疏林地""灌木林地""未成林地""苗圃地"，按照国家林业主管部门的有关规定确定。

（附参考）1. 浙江省高级人民法院、浙江省人民检察院、浙江省公安厅《关于办理失火犯罪和消防责任事故犯罪案件有关问题的通知》浙公发〔2001〕9号

消防责任事故罪处三年以下有期徒刑或拘役：（1）死亡一人以上的；（2）重伤三人

以上的；（3）生活资料基本损失的受灾户三十户以上的；（4）直接财产损失三十万元以上的；（5）火灾事故造成的单项损害后果虽未达到上列单项标准，但同时具有两项以上情形，且数量或数额接近单项标准的。

消防责任事故罪处三年以上七年以下有期徒刑：（1）死亡三人以上的；（2）重伤十人以上的；（3）生活资料基本损失的受灾户五十户以上的；（4）直接财产损失六十万元以上的；（5）火灾事故造成的单项损害后果虽未达到上列单项标准，但同时具有两项以上情形，且数量或数额接近单项标准的。

2. 浙江省高级人民法院《关于部分罪名定罪量刑情节及数额标准的意见》 浙高法〔2012〕325 号

17.《刑法》第一百三十九条【消防责任事故罪】

具有下列情形之一的，属于"严重后果"，处三年以下有期徒刑或拘役：

（1）造成死亡一人以上不满三人的；

（2）造成重伤三人以上不满十人的；

（3）造成直接经济损失五十万元以上不满五百万元的；

（4）造成森林火灾，过火有林地面积二公顷以上不满十公顷，或者过火疏林地、灌木林地、未成林地、苗圃地面积四公顷以上不满二十公顷的；

（5）严重后果的其他情形。

具有下列情形之一的，属于"后果特别严重"，处三年以上七年以下有期徒刑：

（1）造成死亡三人以上的；

（2）造成重伤十人以上的；

（3）造成直接经济损失五百万元以上的；

（4）造成森林火灾，过火有林地面积十公顷以上，或者过火疏林地、灌木林地、未成林地、苗圃地面积二十公顷以上的；

（5）后果特别严重的其他情形。

第一百三十九条之一【不报、谎报安全事故罪】 在安全事故发生后，负有报告职责的人员不报或者谎报事故情况，贻误事故抢救，情节严重的，处三年以下有期徒刑或者拘役；情节特别严重的，处三年以上七年以下有期徒刑。【2006 年 6 月 29 日刑法修正案（六）】

（相关解释）**1. 最高人民法院、最高人民检察院《关于办理危害生产安全刑事案件适用法律若干问题的解释》** 法释〔2015〕22 号（具体见《刑法》第一百三十四条）

第四条 《刑法》第一百三十九条之一规定的"负有报告职责的人员"，是指负有组织、指挥或者管理职责的负责人、管理人员、实际控制人、投资人，以及其他负有报告职责的人员。

第八条 在安全事故发生后，负有报告职责的人员不报或者谎报事故情况，贻误事故抢救，具有下列情形之一的，应当认定为《刑法》第一百三十九条之一规定的"情节严重"：

（一）导致事故后果扩大，增加死亡一人以上，或者增加重伤三人以上，或者增加直接经济损失一百万元以上的；

（二）实施下列行为之一，致使不能及时有效开展事故抢救的：

1. 决定不报、迟报、谎报事故情况或者指使、串通有关人员不报、迟报、谎报事故情况的；

2. 在事故抢救期间擅离职守或者逃匿的；

3.伪造、破坏事故现场，或者转移、藏匿、毁灭遇难人员尸体，或者转移、藏匿受伤人员的；

4.毁灭、伪造、隐匿与事故有关的图纸、记录、计算机数据等资料以及其他证据的；

（三）其他情节严重的情形。

具有下列情形之一的，应当认定为《刑法》第一百三十九条之一规定的"情节特别严重"：

（一）导致事故后果扩大，增加死亡三人以上，或者增加重伤十人以上，或者增加直接经济损失五百万元以上的；

（二）采用暴力、胁迫、命令等方式阻止他人报告事故情况，导致事故后果扩大的；

（三）其他情节特别严重的情形。

第九条　在安全事故发生后，与负有报告职责的人员串通，不报或者谎报事故情况，贻误事故抢救，情节严重的，依照《刑法》第一百三十九条之一的规定，以共犯论处。

第十二条　实施《刑法》第一百三十二条、第一百三十四条至第一百三十九条之一规定的犯罪行为，具有下列情形之一的，从重处罚：

（一）未依法取得安全许可证件或者安全许可证件过期、被暂扣、吊销、注销后从事生产经营活动的；

（二）关闭、破坏必要的安全监控和报警设备的；

（三）已经发现事故隐患，经有关部门或者个人提出后，仍不采取措施的；

（四）一年内曾因危害生产安全违法犯罪活动受过行政处罚或者刑事处罚的；

（五）采取弄虚作假、行贿等手段，故意逃避、阻挠负有安全监督管理职责的部门实施监督检查的；

（六）安全事故发生后转移财产意图逃避承担责任的；

（七）其他从重处罚的情形。

实施前款第五项规定的行为，同时构成《刑法》第三百八十九条规定的犯罪的，依照数罪并罚的规定处罚。

第十三条　实施《刑法》第一百三十二条、第一百三十四条至第一百三十九条之一规定的犯罪行为，在安全事故发生后积极组织、参与事故抢救，或者积极配合调查、主动赔偿损失的，可以酌情从轻处罚。

……

2.最高人民检察院、公安部《关于公安机关管辖的刑事案件立案追诉标准的规定（一）的补充规定》公通字〔2017〕12号

一、在《最高人民检察院、公安部关于公安机关管辖的刑事案件立案追诉标准的规定（一）》（以下简称《立案追诉标准（一）》）第十五条后增加一条，作为第十五条之一：【不报、谎报安全事故案（《刑法》第一百三十九条之一）】在安全事故发生后，负有报告职责的人员不报或者谎报事故情况，贻误事故抢救，涉嫌下列情形之一的，应予立案追诉：

（一）导致事故后果扩大，增加死亡一人以上，或者增加重伤三人以上，或者增加直接经济损失一百万元以上的；

（二）实施下列行为之一，致使不能及时有效开展事故抢救的：

1.决定不报、迟报、谎报事故情况或者指使、串通有关人员不报、迟报、谎报事故情况的；

2.在事故抢救期间擅离职守或者逃匿的；

3.伪造、破坏事故现场，或者转移、藏匿、毁灭遇难人员尸体，或者转移、藏匿受伤人员的；

4.毁灭、伪造、隐匿与事故有关的图纸、记录、计算机数据等资料以及其他证据的；

（三）其他不报、谎报安全事故情节严重的情形。

本条规定的"负有报告职责的人员"，是指负有组织、指挥或者管理职责的负责人、管理人员、实际控制人、投资人，以及其他负有报告职责的人员。

（附参考）**浙江省高级人民法院《关于部分罪名定罪量刑情节及数额标准的意见》**浙高法〔2012〕325号

18.《刑法》第一百三十九条之一 **【不报、谎报安全事故罪】**

具有下列情形之一的，属于"情节严重"，处三年以下有期徒刑或者拘役：

（1）导致事故后果扩大，增加死亡一人以上不满三人，或者增加重伤三人以上不满十人的；

（2）不报、谎报矿山生产安全事故，导致事故后果扩大，增加直接经济损失一百万元以上不满三百万元的；

（3）不报、谎报其他生产安全事故，导致事故后果扩大，增加直接经济损失五十万元以上不满一百五十万元的；

（4）实施下列行为之一，致使不能及时有效开展事故抢救的：①决定不报、谎报事故情况或者指使、串通有关人员不报、谎报事故情况；②在事故抢救期间擅离职守或者逃匿；③伪造、破坏事故现场，或者转移、藏匿、毁灭遇难人员尸体，或者转移、藏匿受伤人员；④毁灭、伪造、隐匿与事故有关的图纸、记录、计算机数据等资料以及其他证据；

（5）情节严重的其他情形。

具有下列情形之一的，属于"情节特别严重"，处三年以上七年以下有期徒刑：

（1）导致事故后果扩大，增加死亡三人以上，或者增加重伤十人以上的；

（2）不报、谎报矿山生产安全事故，导致事故后果扩大，增加直接经济损失三百万元以上的；

（3）不报、谎报其他生产安全事故，导致事故后果扩大，增加直接经济损失一百五十万元以上的；

（4）采用暴力、胁迫、命令等方式阻止他人报告事故情况，导致事故后果扩大的；

（5）情节特别严重的其他情形。

第三章　破坏社会主义市场经济秩序罪

本章刑法罪名共一百一十个，分别为：生产、销售伪劣产品罪（第140条），生产、销售、提供假药罪（第141条），生产、销售、提供劣药罪（第142条），妨害药品管理罪（第142条之一），生产、销售不符合安全标准的食品罪（第143条），生产、销售有毒、有害食品罪（第144条），生产、销售不符合标准的医用器材罪（第145条），生产、销售不符合安全标准的产品罪（第146条），生产、销售伪劣农药、兽药、化肥、种子罪（第147条），生产、销售不符合卫生标准的化妆品罪（第148条），走私武器、弹药罪（第151条第1款），走私核材料罪（第151条第1款），走私假币罪（第151条第1款），走私文物罪（第

151 条第 2 款），走私贵重金属罪（第 151 条第 2 款），走私珍贵动物、珍贵动物制品罪（第 151 条第 2 款），走私国家禁止进出口的货物、物品罪（第 151 条第 3 款），走私淫秽物品罪（第 152 条第 1 款），走私废物罪（第 152 条第 2 款），走私普通货物、物品罪（第 153 条），虚报注册资本罪（第 158 条），虚假出资、抽逃出资罪（第 159 条），欺诈发行证券罪（第 160 条），违规披露、不披露重要信息罪（第 161 条），妨害清算罪（第 162 条），隐匿、故意销毁会计凭证、会计账簿、财务会计报告罪（第 162 条之一），虚假破产罪（第 162 条之二），非国家工作人员受贿罪（第 163 条），对非国家工作人员行贿罪（第 164 条第 1 款），对外国公职人员、国际公共组织官员行贿罪（第 164 条第 2 款），非法经营同类营业罪（第 165 条），为亲友非法牟利罪（第 166 条），签订、履行合同失职被骗罪（第 167 条），国有公司、企业、事业单位人员失职罪（第 168 条），国有公司、企业、事业单位人员滥用职权罪（第 168 条），徇私舞弊低价折股、出售国有资产罪（第 169 条），背信损害上市公司利益罪（第 169 条之一），伪造货币罪（第 170 条），出售、购买、运输假币罪（第 171 条第 1 款），金融工作人员购买假币、以假币换取货币罪（第 171 条第 2 款），持有、使用假币罪（第 172 条），变造货币罪（第 173 条），擅自设立金融机构罪（第 174 条第 1 款），伪造、变造、转让金融机构经营许可证、批准文件罪（第 174 条第 2 款），高利转贷罪（第 175 条），骗取贷款、票据承兑、金融票证罪（第 175 条之一），非法吸收公众存款罪（第 176 条），伪造、变造金融票证罪（第 177 条），妨害信用卡管理罪（第 177 条之一第 1 款），窃取、收买、非法提供信用卡信息罪（第 177 条之一第 2 款），伪造、变造国家有价证券罪（第 178 条第 1 款），伪造、变造股票、公司、企业债券罪（第 178 条第 2 款），擅自发行股票、公司、企业债券罪（第 179 条），内幕交易、泄露内幕信息罪（第 180 条第 1 款），利用未公开信息交易罪（第 180 条第 4 款），编造并传播证券、期货交易虚假信息罪（第 181 条第 1 款），诱骗投资者买卖证券、期货合约罪（第 181 条第 2 款），操纵证券、期货市场罪（第 182 条），背信运用受托财产罪（第 185 条之一第 1 款），违法运用资金罪（第 185 条之一第 2 款），违法发放贷款罪（第 186 条），吸收客户资金不入账罪（第 187 条），违规出具金融票证罪（第 188 条），对违法票据承兑、付款、保证罪（第 189 条），逃汇罪（第 190 条），骗购外汇罪（全国人大常委会《外汇决定》第 1 条），洗钱罪（第 191 条），集资诈骗罪（第 192 条），贷款诈骗罪（第 193 条），票据诈骗罪（第 194 条第 1 款），金融凭证诈骗罪（第 194 条第 2 款），信用证诈骗罪（第 195 条），信用卡诈骗罪（第 196 条），有价证券诈骗罪（第 197 条），保险诈骗罪（第 198 条），逃税罪（第 201 条），抗税罪（第 202 条），逃避追缴欠税罪（第 203 条），骗取出口退税罪（第 204 条第 1 款），虚开增值税专用发票、用于骗取出口退税、抵扣税款发票罪（第 205 条），虚开发票罪（第 205 条之一），伪造、出售伪造的增值税专用发票罪（第 206 条），非法出售增值税专用发票罪（第 207 条），非法购买增值税专用发票、购买伪造的增值税专用发票罪（第 208 条），非法制造、出售非法制造的用于骗取出口退税、抵扣税款发票罪（第 209 条第 1 款），非法制造、出售非法制造的发票罪（第 209 条第 2 款），非法出售用于骗取出口退税、抵扣税款发票罪（第 209 条第 3 款），非法出售发票罪（第 209 条第 4 款），持有伪造的发票罪（第 210 条之一），假冒注册商标罪（第 213 条），销售假冒注册商标的商品罪（第 214 条），非法制造、销售非法制造的注册商标标识罪（第 215 条），假冒专利罪（第 216 条），侵犯著作权罪（第 217 条），销售侵权复制品罪（第 218 条），侵犯商业秘密罪（第 219 条），为境外窃取、刺探、收买、非法提供商业秘密罪（第 219 条之一），损害商业信誉、商品声誉罪（第 221 条），虚假广告罪（第 222 条），串通投标罪（第 223 条），合同诈骗罪（第 224 条），组织、领导传销活动罪（第 224 条之一），非法经营罪（第 225 条），强迫交易罪（第 226 条），伪造、倒卖伪造的有价票证罪（第 227 条第 1 款），倒卖车票、船票罪（第 227 条第 2 款），非法转让、倒卖土地使用权罪（第 228 条），提供虚假证明文件罪（第 229 条第 1 款、第 2 款），出具证明文件重大失实罪（第 229 条第 3 款），逃避商检罪（第 230 条）。

第一节　生产、销售伪劣商品罪

第一百四十条【生产、销售伪劣产品罪】　生产者、销售者在产品中掺杂、掺假，以假充真，以次充好或者以不合格产品冒充合格产品，销售金额五万元以上不满二十万元的，处二年以下有期徒刑或者拘役，并处或者单处销售金额百分之五十以上二倍以下罚金；销售金额二十万元以上不满五十万元的，处二年以上七年以下有期徒刑，并处销售金额百分之五十以上二倍以下罚金；销售金额五十万元以上不满二百万元的，处七年以上有期徒刑，并处销售金额百分之五十以上二倍以下罚金；销售金额二百万元以上的，处十五年有期徒刑或者无期徒刑，并处销售金额百分之五十以上二倍以下罚金或者没收财产。

（相关解释）1. **最高人民法院、最高人民检察院《关于办理危害食品安全刑事案件适用法律若干问题的解释》**法释〔2013〕12 号（已废止）

2. **最高人民法院、最高人民检察院《关于办理危害食品安全刑事案件适用法律若干问题的解释》**法释〔2021〕24 号（2021 年 12 月 30 日）（具体见第一百四十三条）

第十五条　生产、销售不符合食品安全标准的食品添加剂，用于食品的包装材料、容器、洗涤剂、消毒剂，或者用于食品生产经营的工具、设备等，符合《刑法》第一百四十条规定的，以生产、销售伪劣产品罪定罪处罚。

生产、销售用超过保质期的食品原料、超过保质期的食品、回收食品作为原料的食品，或者以更改生产日期、保质期、改换包装等方式销售超过保质期的食品、回收食品，适用前款的规定定罪处罚。

实施前两款行为，同时构成生产、销售不符合安全标准的食品罪，生产、销售不符合安全标准的产品罪等其他犯罪的，依照处罚较重的规定定罪处罚。

3. **最高人民法院、最高人民检察院、公安部、国家烟草专卖局《关于办理假冒伪劣烟草制品等刑事案件适用法律问题座谈会纪要》**高检会〔2003〕4 号

一、关于生产、销售伪劣烟草制品行为适用法律问题

（一）关于生产伪劣烟草制品尚未销售或者尚未完全销售行为定罪量刑问题

根据《刑法》第一百四十条的规定，生产、销售伪劣烟草制品，销售金额在五万元以上的，构成生产、销售伪劣产品罪。

根据最高人民法院、最高人民检察院《关于办理生产、销售伪劣商品刑事案件具体应用法律若干问题的解释》的有关规定，销售金额是指生产者、销售者出售伪劣烟草制品后所得和应得的全部违法收入。伪劣烟草制品尚未销售，货值金额达到《刑法》第一百四十条规定的销售金额三倍（十五万元）以上的，以生产、销售伪劣产品罪（未遂）定罪处罚。货值金额以违法生产、销售的伪劣产品的标价计算；没有标价的，按照同类合格产品的市场中间价格计算。货值金额难以确定的，按照国家计划委员会、最高人民法院、最高人民检察院、公安部1997年4月22日联合发布的《扣押、追缴、没收物品估价管理办法》的规定，委托指定的估价机构确定。

伪劣烟草制品尚未销售，货值金额分别达到十五万元以上不满二十万元、二十万元以上不满五十万元、五十万元以上不满二百万元、二百万元以上的，分别依照《刑法》第一百四十条规定的各量刑档次定罪处罚。

伪劣烟草制品的销售金额不满五万元，但与尚未销售的伪劣烟草制品的货值金额合计达到十五万元以上的，以生产、销售伪劣产品罪（未遂）定罪处罚。

生产伪劣烟草制品尚未销售，无法计算货值金额，有下列情形之一的，以生产、销售伪劣产品罪（未遂）定罪处罚：

1.生产伪劣烟用烟丝数量在一千公斤以上的；

2.生产伪劣烟用烟叶数量在一千五百公斤以上的。

（二）关于非法生产、拼装、销售烟草专用机械行为定罪处罚问题

非法生产、拼装、销售烟草专用机械行为，依照《刑法》第一百四十条的规定，以生产、销售伪劣产品罪追究刑事责任。

二、关于销售明知是假冒烟用注册商标的烟草制品行为中的"明知"问题

根据《刑法》第二百一十四条的规定，销售明知是假冒烟用注册商标的烟草制品，销售金额较大的，构成销售假冒注册商标的商品罪。

"明知"，是指知道或应当知道。有下列情形之一的，可以认定为"明知"：

1.以明显低于市场价格进货的；

2.以明显低于市场价格销售的；

3.销售假冒烟用注册商标的烟草制品被发现后转移、销毁物证或者提供虚假证明、虚假情况的；

4.其他可以认定为明知的情形。

三、关于非法经营烟草制品行为适用法律问题

未经烟草专卖行政主管部门许可，无生产许可证、批发许可证、零售许可证，而生产、批发、零售烟草制品，具有下列情形之一的，依照《刑法》第二百二十五条的规定定罪处罚：

1.个人非法经营数额在五万元以上的，或者违法所得数额在一万元以上的；

2.单位非法经营数额在五十万元以上的，或者违法所得数额在十万元以上的；

3.曾因非法经营烟草制品行为受过二次以上行政处罚又非法经营的，非法经营数额在二万元以上的；

四、关于共犯问题

知道或者应当知道他人实施本《纪要》第一条至第三条规定的犯罪行为，仍实施下列行为之一的，应认定为共犯，依法追究刑事责任：

1.直接参与生产、销售假冒伪劣烟草制品或者销售假冒烟用注册商标的烟草制品或者

直接参与非法经营烟草制品并在其中起主要作用的；

2.提供房屋、场地、设备、车辆、贷款、资金、账号、发票、证明、技术等设施和条件，用于帮助生产、销售、储存、运输假冒伪劣烟草制品、非法经营烟草制品的；

3.运输假冒伪劣烟草制品的。

上述人员中有检举他人犯罪经查证属实，或者提供重要线索，有立功表现的，可以从轻或减轻处罚；有重大立功表现的，可以减轻或者免除处罚。

五、国家机关工作人员参与实施本《纪要》第一条至第三条规定的犯罪行为的处罚问题

根据最高人民法院、最高人民检察院《关于办理生产、销售伪劣商品刑事案件具体应用法律若干问题的解释》的规定，国家机关工作人员参与实施本《纪要》第一条至第三条规定的犯罪行为的，从重处罚。

六、关于一罪与数罪问题

行为人的犯罪行为同时构成生产、销售伪劣产品罪、销售假冒注册商标的商品罪、非法经营罪等罪的，依照处罚较重的规定定罪处罚。

七、关于窝藏、转移非法制售的烟草制品行为的定罪处罚问题

明知是非法制售的烟草制品而予以窝藏、转移的，依照《刑法》第三百一十二条的规定，以窝藏、转移赃物罪定罪处罚。

八、关于以暴力、威胁方法阻碍烟草专卖执法人员依法执行职务行为的定罪处罚问题

以暴力、威胁方法阻碍烟草专卖执法人员依法执行职务的，依照《刑法》第二百七十七条的规定，以妨害公务罪定罪处罚。

九、关于煽动群众暴力抗拒烟草专卖法律实施行为的定罪处罚问题

煽动群众暴力抗拒烟草专卖法律实施的，依照《刑法》第二百七十八条的规定，以煽动暴力抗拒法律实施罪定罪处罚。

十、关于鉴定问题

假冒伪劣烟草制品的鉴定工作，由国家烟草专卖行政主管部门授权的省级以上烟草产品质量监督检验机构，按照国家烟草专卖局制定的假冒伪劣卷烟鉴别检验管理办法和假冒伪劣卷烟鉴别检验规程等有关规定进行。

假冒伪劣烟草专用机械的鉴定由国家质量监督部门，或其委托的国家烟草质量监督检验中心，根据烟草行业的有关技术标准进行。

十一、关于烟草制品、卷烟的范围

本纪要所称烟草制品指卷烟、雪茄烟、烟丝、复烤烟叶、烟叶、卷烟纸、滤嘴棒、烟用丝束。

本纪要所称卷烟包括散支烟和成品烟。

4.最高人民法院、最高人民检察院《关于办理非法生产、销售烟草专卖品等刑事案件具体应用法律若干问题的解释》法释〔2010〕7号

第一条　生产、销售伪劣卷烟、雪茄烟等烟草专卖品，销售金额在五万元以上的，依照《刑法》第一百四十条的规定，以生产、销售伪劣产品罪定罪处罚。

未经卷烟、雪茄烟等烟草专卖品注册商标所有人许可，在卷烟、雪茄烟等烟草专卖品上使用与其注册商标相同的商标，情节严重的，依照《刑法》第二百一十三条的规定，以假冒注册商标罪定罪处罚。

第二条　伪劣卷烟、雪茄烟等烟草专卖品尚未销售，货值金额达到《刑法》第一百四十条规定的销售金额定罪起点数额标准的三倍以上的，或者销售金额未达到五万元，但与

未销售货值金额合计达到十五万元以上的，以生产、销售伪劣产品罪（未遂）定罪处罚。

销售金额和未销售货值金额分别达到不同的法定刑幅度或者均达到同一法定刑幅度的，在处罚较重的法定刑幅度内酌情从重处罚。

查获的未销售的伪劣卷烟、雪茄烟，能够查清销售价格的，按照实际销售价格计算。无法查清实际销售价格，有品牌的，按照该品牌卷烟、雪茄烟的查获地省级烟草专卖行政主管部门出具的零售价格计算；无品牌的，按照查获地省级烟草专卖行政主管部门出具的上年度卷烟平均零售价格计算。

第四条　非法经营烟草专卖品，能够查清销售或者购买价格的，按照其销售或者购买的价格计算非法经营数额。无法查清销售或者购买价格的，按照下列方法计算非法经营数额：

（一）查获的卷烟、雪茄烟的价格，有品牌的，按照该品牌卷烟、雪茄烟的查获地省级烟草专卖行政主管部门出具的零售价格计算；无品牌的，按照查获地省级烟草专卖行政主管部门出具的上年度卷烟平均零售价格计算；

（二）查获的复烤烟叶、烟叶的价格按照查获地省级烟草专卖行政主管部门出具的上年度烤烟调拨平均基准价格计算；

（三）烟丝的价格按照第（二）项规定价格计算标准的一点五倍计算；

（四）卷烟辅料的价格，有品牌的，按照该品牌辅料的查获地省级烟草专卖行政主管部门出具的价格计算；无品牌的，按照查获地省级烟草专卖行政主管部门出具的上年度烟草行业生产卷烟所需该类卷烟辅料的平均价格计算；

（五）非法生产、销售、购买烟草专用机械的价格按照国务院烟草专卖行政主管部门下发的全国烟草专用机械产品指导价格目录进行计算；目录中没有该烟草专用机械的，按照省级以上烟草专卖行政主管部门出具的目录中同类烟草专用机械的平均价格计算。

第五条　行为人实施非法生产、销售烟草专卖品犯罪，同时构成生产、销售伪劣产品罪、侵犯知识产权犯罪、非法经营罪的，依照处罚较重的规定定罪处罚。

第六条　明知他人实施本解释第一条所列犯罪，而为其提供贷款、资金、账号、发票、证明、许可证件，或者提供生产、经营场所、设备、运输、仓储、保管、邮寄、代理进出口等便利条件，或者提供生产技术、卷烟配方的，应当按照共犯追究刑事责任。

第七条　办理非法生产、销售烟草专卖品等刑事案件，需要对伪劣烟草专卖品鉴定的，应当委托国务院产品质量监督管理部门和省、自治区、直辖市人民政府产品质量监督管理部门指定的烟草质量检测机构进行。

第九条　本解释所称"烟草专卖品"，是指卷烟、雪茄烟、烟丝、复烤烟叶、烟叶、卷烟纸、滤嘴棒、烟用丝束、烟草专用机械。

本解释所称"卷烟辅料"，是指卷烟纸、滤嘴棒、烟用丝束。

本解释所称"烟草专用机械"，是指由国务院烟草专卖行政主管部门烟草专用机械名录所公布的，在卷烟、雪茄烟、烟丝、复烤烟叶、烟叶、卷烟纸、滤嘴棒、烟用丝束的生产加工过程中，能够完成一项或者多项特定加工工序，可以独立操作的机械设备。

本解释所称"同类烟草专用机械"，是指在卷烟、雪茄烟、烟丝、复烤烟叶、烟叶、卷烟纸、滤嘴棒、烟用丝束的生产加工过程中，能够完成相同加工工序的机械设备。

5. 最高人民检察院、公安部《关于公安机关管辖的刑事案件立案追诉标准的规定（一）》
公通字〔2008〕36号

第十六条　【生产、销售伪劣产品案（《刑法》第一百四十条）】生产者、销售者在产品中掺杂、掺假，以假充真，以次充好或者以不合格产品冒充合格产品，涉嫌下列情形之一的，应予立案追诉：（1）伪劣产品销售金额五万元以上的；（2）伪劣产品尚未销售，货值金额十五万元以上的；（3）伪劣产品销售金额不满五万元，但将已销售金额乘以三倍后，与尚未销售的伪劣产品货值金额合计十五万元以上的。

本条规定的"掺杂、掺假"，是指在产品中掺入杂质或者异物，致使产品质量不符合国家法律、法规或者产品明示质量标准规定的质量要求，降低、失去应有使用性能的行为；"以假充真"，是指以不具有某种使用性能的产品冒充具有该种使用性能的产品的行为；"以次充好"，是指以低等级、低档次产品冒充高等级、高档次产品，或者以残次、废旧零配件组合、拼装后冒充正品或者新产品的行为；"不合格产品"，是指不符合《中华人民共和国产品质量法》规定的质量要求的产品。

对本条规定的上述行为难以确定的，应当委托法律、行政法规规定的产品质量检验机构进行鉴定。本条规定的"销售金额"，是指生产者、销售者出售伪劣产品后所得和应得的全部违法收入；"货值金额"，以违法生产、销售的伪劣产品的标价计算；没有标价的，按照同类合格产品的市场中间价格计算。货值金额难以确定的，按照《扣押、追缴、没收物品估价管理办法》的规定，委托估价机构进行确定。

6. 最高人民法院、最高人民检察院《关于办理生产、销售伪劣商品刑事案件具体应用法律若干问题的解释》 法释〔2001〕10号

第一条 《刑法》第一百四十条规定的"在产品中掺杂、掺假"，是指在产品中掺入杂质或者异物，致使产品质量不符合国家法律、法规或者产品明示质量标准规定的质量要求，降低、失去应有使用性能的行为。

《刑法》第一百四十条规定的"以假充真"，是指以不具有某种使用性能的产品冒充具有该种使用性能的产品的行为。

《刑法》第一百四十条规定的"以次充好"，是指以低等级、低档次产品冒充高等级、高档次产品，或者以残次、废旧零配件组合、拼装后冒充正品或者新产品的行为。

《刑法》第一百四十条规定的"不合格产品"，是指不符合《中华人民共和国产品质量法》第二十六条第二款规定的质量要求的产品。

对本条规定的上述行为难以确定的，应当委托法律、行政法规规定的产品质量检验机构进行鉴定。

第二条 《刑法》第一百四十条、第一百四十九条规定的"销售金额"，是指生产者、销售者出售伪劣产品后所得和应得的全部违法收入。

伪劣产品尚未销售，货值金额达到《刑法》第一百四十条规定的销售金额三倍以上的，以生产、销售伪劣产品罪（未遂）定罪处罚。

货值金额以违法生产、销售的伪劣产品的标价计算；没有标价的，按照同类合格产品的市场中间价格计算。货值金额难以确定的，按照国家计划委员会、最高人民法院、最高人民检察院、公安部1997年4月22日联合发布的《扣押、追缴、没收物品估价管理办法》的规定，委托指定的估价机构确定。

多次实施生产、销售伪劣产品行为，未经处理的，伪劣产品的销售金额或者货值金额累计计算。

第三条 经省级以上药品监督管理部门设置或者确定的药品检验机构鉴定，生产、销售的假药具有下列情形之一的，应认定为《刑法》第一百四十一条规定的"足以严重危害人体健康"：

（一）含有超标准的有毒有害物质的；

（二）不含所标明的有效成分，可能贻误诊治的；

（三）所标明的适应症或者功能主治超出规定范围，可能造成贻误诊治的；

（四）缺乏所标明的急救必需的有效成分的。

生产、销售的假药被使用后，造成轻伤、重伤或者其他严重后果的，应认定为"对人体健康造成严重危害"。

生产、销售的假药被使用后，致人严重残疾、三人以上重伤、十人以上轻伤或者造成其他特别严重后果的，应认定为"对人体健康造成特别严重危害"。

第四条　经省级以上卫生行政部门确定的机构鉴定，食品中含有可能导致严重食物中毒事故或者其他严重食源性疾患的超标准的有害细菌或者其他污染物的，应认定为《刑法》第一百四十三条规定的"足以造成严重食物中毒事故或者其他严重食源性疾患"。

生产、销售不符合卫生标准的食品被食用后，造成轻伤、重伤或者其他严重后果的，应认定为"对人体健康造成严重危害"。

生产、销售不符合卫生标准的食品被食用后，致人死亡、严重残疾、三人以上重伤、十人以上轻伤或者造成其他特别严重后果的，应认定为"后果特别严重"。

第五条　生产、销售的有毒、有害食品被食用后，造成轻伤、重伤或者其他严重后果的，应认定为《刑法》第一百四十四条规定的"对人体健康造成严重危害"。

生产、销售的有毒、有害食品被食用后，致人严重残疾、三人以上重伤、十人以上轻伤或者造成其他特别严重后果的，应认定为"对人体健康造成特别严重危害"。

第六条　生产、销售不符合标准的医疗器械、医用卫生材料，致人轻伤或者其他严重后果的，应认定为《刑法》第一百四十五条规定的"对人体健康造成严重危害"。

生产、销售不符合标准的医疗器械、医用卫生材料，造成感染病毒性肝炎等难以治愈的疾病、一人以上重伤、三人以上轻伤或者其他严重后果的，应认定为"后果特别严重"。

生产、销售不符合标准的医疗器械、医用卫生材料，致人死亡、严重残疾、感染艾滋病、三人以上重伤、十人以上轻伤或者造成其他特别严重后果的，应认定为"情节特别恶劣"。

医疗机构或者个人，知道或者应当知道是不符合保障人体健康的国家标准、行业标准的医疗器械、医用卫生材料而购买、使用，对人体健康造成严重危害的，以销售不符合标准的医用器材罪定罪处罚。

没有国家标准、行业标准的医疗器械，注册产品标准可视为"保障人体健康的行业标准"。

第七条　《刑法》第一百四十七条规定的生产、销售伪劣农药、兽药、化肥、种子罪中"使生产遭受较大损失"，一般以二万元为起点；"重大损失"，一般以十万元为起点；"特别重大损失"，一般以五十万元为起点。

第八条　国家机关工作人员徇私舞弊，对生产、销售伪劣商品犯罪不履行法律规定的查处职责，具有下列情形之一的，属于《刑法》第四百一十四条规定的"情节严重"：

（一）放纵生产、销售假药或者有毒、有害食品犯罪行为的；

（二）放纵依法可能判处二年有期徒刑以上刑罚的生产、销售伪劣商品犯罪行为的；

（三）对三个以上有生产、销售伪劣商品犯罪行为的单位或者个人不履行追究职责的；

（四）致使国家和人民利益遭受重大损失或者造成恶劣影响的。

第九条　知道或者应当知道他人实施生产、销售伪劣商品犯罪，而为其提供贷款、资金、账号、发票、证明、许可证件，或者提供生产、经营场所或者运输、仓储、保管、邮寄等便利条件，或者提供制假生产技术的，以生产、销售伪劣商品犯罪的共犯论处。

第十条 实施生产、销售伪劣商品犯罪，同时构成侵犯知识产权、非法经营等其他犯罪的，依照处罚较重的规定定罪处罚。

第十一条 实施《刑法》第一百四十条至第一百四十八条规定的犯罪，又以暴力、威胁方法抗拒查处，构成其他犯罪的，依照数罪并罚的规定处罚。

第十二条 国家机关工作人员参与生产、销售伪劣商品犯罪的，从重处罚。

7. 最高人民法院、最高人民检察院、公安部《关于依法严惩"地沟油"犯罪活动的通知》公通字〔2012〕1 号（见第一百四十四条）

（四）虽无法查明"食用油"是否系利用"地沟油"生产、加工，但犯罪嫌疑人、被告人明知该"食用油"来源可疑而予以销售的，应分别情形处理：经鉴定，检出有毒、有害成分的，依照《刑法》第一百四十四条销售有毒、有害食品罪的规定追究刑事责任；属于不符合安全标准的食品的，依照《刑法》一百四十三条销售不符合安全标准的食品罪追究刑事责任；属于以假充真、以次充好、以不合格产品冒充合格产品或者假冒注册商标，构成犯罪的，依照《刑法》第一百四十条销售伪劣产品罪或者第二百一十三条假冒注册商标罪、第二百一十四条销售假冒注册商标的商品罪追究刑事责任。

8. 最高人民法院、最高人民检察院、公安部、国家安全监管总局《关于依法加强对涉嫌犯罪的非法生产经营烟花爆竹行为刑事责任追究的通知》安监总管三〔2012〕116 号

一、非法生产、经营烟花爆竹及相关行为涉及非法制造、买卖、运输、邮寄、储存黑火药、烟火药，构成非法制造、买卖、运输、邮寄、储存爆炸物罪的，应当依照《刑法》第一百二十五条的规定定罪处罚；非法生产、经营烟花爆竹及相关行为涉及生产、销售伪劣产品或不符合安全标准产品，构成生产、销售伪劣产品罪或生产、销售不符合安全标准产品罪的，应当依照《刑法》第一百四十条、第一百四十六条的规定定罪处罚；非法生产、经营烟花爆竹及相关行为构成非法经营罪的，应当依照《刑法》第二百二十五条的规定定罪处罚。上述非法生产经营烟花爆竹行为的定罪量刑和立案追诉标准，分别按照最高人民法院《关于审理非法制造、买卖、运输枪支、弹药、爆炸物等刑事案件具体应用法律若干问题的解释》（法释〔2009〕18 号）、最高人民法院最高人民检察院《关于办理生产、销售伪劣商品刑事案件具体应用法律若干问题的解释》（法释〔2001〕10 号）、最高人民检察院、公安部《关于公安机关管辖的刑事案件立案追诉标准的规定（一）》（公通字〔2008〕36 号）、最高人民检察院、公安部《关于公安机关管辖的刑事案件立案追诉标准的规定（二）》（公通字〔2010〕23 号）等有关规定执行。

9. 最高人民法院、最高人民检察院、公安部、司法部《关于依法惩治妨害新型冠状病毒感染肺炎疫情防控违法犯罪的意见》法发〔2020〕7 号（2020 年 2 月 6 日）（具体见第一百一十五条）

（三）依法严惩制假售假犯罪。在疫情防控期间，生产、销售伪劣的防治、防护产品、物资，或者生产、销售用于防治新型冠状病毒感染肺炎的假药、劣药，符合《刑法》第一百四十条、第一百四十一条、第一百四十二条规定的，以生产、销售伪劣产品罪，生产、销售假药罪或者生产、销售劣药罪定罪处罚。

在疫情防控期间，生产不符合保障人体健康的国家标准、行业标准的医用口罩、护目镜、防护服等医用器材，或者销售明知是不符合标准的医用器材，足以严重危害人体健康的，依照《刑法》第一百四十五条的规定，以生产、销售不符合标准的医用器材罪定罪处罚。

10.最高人民检察院《关于废止〈最高人民检察院关于办理非法经营食盐刑事案件具体应用法律若干问题的解释〉的决定》（2020年4月1日起施行）

为适应盐业体制改革，保证国家法律统一正确适用，根据《食盐专营办法》（国务院令696号）的规定，结合检察工作实际，最高人民检察院决定废止《最高人民检察院关于办理非法经营食盐刑事案件具体应用法律若干问题的解释》（高检发释字〔2002〕6号）。

该解释废止后，对以非碘盐充当碘盐或者以工业用盐等非食盐充当食盐等危害食盐安全的行为，人民检察院可以依据《最高人民法院、最高人民检察院关于办理生产、销售伪劣商品刑事案件具体应用法律若干问题的解释》（法释〔2001〕10号）、《最高人民法院、最高人民检察院关于办理危害食品安全刑事案件适用法律若干问题的解释》（法释〔2013〕12号）的规定，分别不同情况，以生产、销售伪劣产品罪，或者生产、销售不符合安全标准的食品罪，或者生产、销售有毒、有害食品罪追究刑事责任。

11.最高人民法院、最高人民检察院《关于办理危害药品安全刑事案件适用法律若干问题的解释》高检发释字〔2022〕1号（2022年3月3日）（具体见第一百四十一条）

第十一条　以提供给他人生产、销售、提供药品为目的，违反国家规定，生产、销售不符合药用要求的原料、辅料，符合《刑法》第一百四十条规定的，以生产、销售伪劣产品罪从重处罚；同时构成其他犯罪的，依照处罚较重的规定定罪处罚。

（附参考）1.浙江省高级人民法院刑事审判庭《关于执行刑法若干问题的具体意见》浙高法刑〔1999〕1号

29.《刑法》第140条生产、销售伪劣产品罪规定的"销售金额"，是指生产者、销售者出售伪劣产品没有扣除成本、税收等的所有违法收入。

行为人生产了大量伪劣产品而由于某种原因未能卖出，以及为了生产或销售而购进大量伪劣产品后即被查获，情节严重的，属于犯罪未遂。行为人生产或购进伪劣产品的数额，可作为量刑的情节予以考虑。

2.浙江省高级人民法院刑事审判庭《关于执行刑法若干问题的具体意见（二）》浙高法刑〔2000〕2号

12.行为人在生产、销售的伪劣商品上假冒他人注册商标的。按牵连犯的处罚原则，依处罚较重的罪定罪处罚。

3.浙江省高级人民法院刑事审判第一庭、第二庭《关于执行刑法若干问题的具体意见（三）》浙高法刑〔2000〕3号

6.生产、销售伪劣商品犯罪与诈骗之间一般存在法条竞合关系，对于生产、销售伪劣商品骗取钱财的，应按特别法条即生产、销售伪劣商品犯罪的有关规定定罪处罚。

4.浙江省高级人民法院刑二庭《关于印发〈全省法院经济犯罪疑难问题研讨会纪要〉的通知》浙高法刑二〔2005〕1号

三、伪劣产品中"掺杂、掺假、以假充真"行为的认定

"掺杂"一般是指在某种产品中部分地掺入同种的次品或者不合格产品。"掺假"是指在某种产品中部分地掺入非同种产品或者质地不同的产品。认定时应把握"掺杂、掺假"的实质即是"致使产品不符合质量要求，降低或者失去应有的使用性能。"

"以假充真"是指以不具有某种使用性能的产品冒充该种使用性能的产品的行为。这种情况与掺假的区别在于：前者全部是假的，而后者仅部分是假的。在对"以假充真"行为的认定中，应当注意与假冒他人注册商标行为区别开来。以假充真的伪劣产品不包括仅是"假冒"但不"伪劣"的产品，而假冒他人注册商标的产品并不一定就是伪劣的，因

此该产品本身的质量成为区分此罪与彼罪的关键。如果产品本身的质量达到了同类产品最低质量标准，具有此类产品的使用性能，则可能构成假冒注册商标罪或销售假冒注册商标的商品罪；反之，如果产品质量不合格，不具有此类产品使用性能的，则应当按照法条竞合原则选择适用生产、销售伪劣产品罪。

5. 浙江省高级人民法院、浙江省人民检察院、浙江省公安厅《关于办理违反烟草专卖管理刑事案件适用法律若干问题的意见》浙检会（研）〔2005〕8 号

第一条 非法生产、拼装、销售烟草专用机械以及烟草专用机械特定专用部件或者专用配件，销售金额在五万元以上的，以生产、销售伪劣产品罪定罪处罚。

非法生产、拼装的烟草专用机械以及烟草专用机械特定专用部件或者专用配件尚未销售的，货值金额达到十五万元以上的，以生产、销售伪劣产品罪（未遂）定罪处罚。

销售金额不满五万元，但与尚未销售的非法生产、拼装的烟草专用机械以及烟草专用机械特定专用部件或者专用配件的货值金额合计达到十五万元以上的，以生产、销售伪劣产品罪（未遂）定罪处罚。

明知他人非法生产、拼装、销售烟草专用机械以及烟草专用机械特定专用部件或者专用配件而实施运输、储存等帮助行为的，以生产、销售伪劣产品罪的共犯论处。

第二条 无烟草专卖品准运证而非法运输烟草制品，个人违法所得数额在一万元以上、单位违法所得数额在十万元以上的，依照《刑法》第二百二十五条的规定，以非法经营罪定罪处罚。

前款所称违法所得包括实际所得和应得两部分。

第三条 根据最高人民法院、最高人民检察院《关于办理生产、销售伪劣商品刑事案件具体应用法律若干问题的解释》和最高人民法院、最高人民检察院《关于办理侵犯知识产权刑事案件具体应用法律若干问题的解释》的有关规定，销售金额是指生产者、销售者出售伪劣产品后所得和应得的全部违法收入。货值金额以违法生产、销售的伪劣产品的标价或者已经销售的同类伪劣产品的平均价格计算；没有标价的或者无法查清实际销售价格的，按照同类合格产品的市场中间价格计算。货值金额难以确定的，按照国家有关规定，委托指定的估价机构确定。

假冒注册商标罪、伪造、擅自制造他人注册商标标识罪以及销售伪造、擅自制造的注册商标标识罪中的"非法经营数额"，是指行为人在实施侵犯知识产权行为的过程中，制造、储存、运输、销售侵权产品的价值。已销售的侵权产品的价值，按照实际销售的价格计算。制造、储存、运输和未销售的侵权产品的价值，按照标价或者已经查清的侵权产品的实际销售平均价格计算。侵权产品没有标价或者无法查清其实际销售价格的，按照被侵权产品的市场中间价格计算。

第四条 多次实施违反烟草专卖管理行为，未经行政处罚或者刑事处罚的，销售金额、非法经营数额、货值金额或者违法所得数额累计计算。

第五条 假冒、伪劣卷烟包括成品卷烟、散支卷烟。散支卷烟按十三公斤折合为成品卷烟一件（一万支），并按成品卷烟百分之七十的标准计算货值金额。

第六条 烟草专卖品、烟草制品的商标标识和烟草专用机械特定专用部件或者专用配件的鉴定，由省级烟草质量监督检验机构按照国家有关法律法规和国家烟草专卖局的有关规定进行。

第七条 以暴力、威胁方法阻碍烟草专卖执法人员依法执行职务的，依照《刑法》第二百七十七条的规定，以妨碍公务罪定罪处罚。不构成犯罪的，由公安机关依法予以治安处罚。

烟草专卖执法人员依法执行职务是指持有国家烟草专卖局核发的《烟草专卖执法检查证》的烟草专卖执法人员依法履行烟草专卖管理职务的行为。

6. 浙江省人民检察院《关于尚未销售的伪劣烟草制品货值金额如何计算的答复》浙检研〔2005〕125号

根据最高人民法院、最高人民检察院、公安部、国家烟草专卖局《关于办理假冒伪劣烟草制品等刑事案件适用法律问题座谈会纪要》的规定，尚未销售的伪劣烟草制品的货值金额，应以犯罪嫌疑人标示的拟向他人销售的价格或已经销售的同类伪劣烟草制品的平均价格计算；没有标价或者无法查清实际销售价格的，按照同类合格产品的市场中间价计算。

7. 浙江省高级人民法院、浙江省人民检察院、浙江省公安厅《关于办理危害食品、药品安全犯罪案件适用法律若干问题的会议纪要》浙高法〔2012〕274号

一、明确打击重点，坚决查办大要案。当前应特别重视涉及人民群众日常生活的食品、药品安全犯罪案件的侦办、起诉和审判工作，如利用"地沟油"生产食用油、工业明胶冒充食用和药用明胶、食品中非法添加工业染料或非法使用工业硫黄、滥用食品添加剂和果蔬保鲜剂、病死猪等肉品质量安全、网售食品和药品安全等案件。

二、在生产、销售的食品中掺入国家行业主管机关明令禁止使用的非食用物质，或者销售明知掺有国家行业主管机关明令禁止使用的非食用物质的食品的，以生产、销售有毒、有害食品罪追究刑事责任。

对于有确实、充分的证据证实行为人在食品中掺入国家行业主管机关明令禁止使用的非食用物质的，对涉案食品不需由鉴定机构出具鉴定意见。对于无法确认在食品中是否掺入国家行业主管机关明令禁止使用的非食用物质，或者无法确认在食品中是否掺入国家行业主管机关明令禁止使用的非食用物质以外物质的，应由鉴定机构出具鉴定意见，并根据行为人的主观认识分别情形处理：经鉴定，检出有毒、有害成分或有毒、有害成分超过相关标准的，以生产、销售有毒、有害食品罪追究刑事责任；属于不符合安全标准的食品的，以生产、销售不符合安全标准的食品罪追究刑事责任；属于掺杂、掺假、以假充真、以次充好、以不合格产品冒充合格产品或者假冒注册商标，构成犯罪的，以生产、销售伪劣产品罪或者假冒注册商标罪、销售假冒注册商标的商品罪追究刑事责任。

三、"地沟油"犯罪是指用餐厨垃圾、废弃油脂、各类肉及肉制品加工废弃物等非食品原料，生产、加工"食用油"，以及明知是利用"地沟油"生产、加工的油脂而作为食用油销售的行为。

利用"地沟油"生产、加工"食用油"，或者明知是利用"地沟油"生产、加工的油脂而作为食用油销售的，依照《刑法》第一百四十四条生产、销售有毒、有害食品罪的规定追究刑事责任。

明知系利用"地沟油"生产、加工的"食用油"，掺入合格食用油后作为食用油销售的，以生产、销售有毒、有害食品罪追究刑事责任。

四、利用"地沟油"生产、加工非食用油或明知是利用"地沟油"生产、加工的非食用油而作为非食用油销售，或者将利用"地沟油"生产、加工的非食用油掺入合格油脂，用于生产动物饲料及作为药物培养基等非直接食用的，不宜以生产、销售有毒、有害食品罪追究刑事责任，符合生产、销售伪劣产品、侵犯知识产权等其他犯罪构成要件的，则以该罪论处。

五、利用工业明胶生产食品或直接入口的食品、药品辅料，或者明知系利用工业明胶

生产的食品或直接入口的食品、药品辅料而予以销售的，以生产、销售有毒、有害食品罪追究刑事责任。

明知系工业明胶而掺入食用、药用明胶生产食品或直接入口的食品、药品辅料，或者明知系工业明胶而掺入食用、药用明胶生产的食品或直接入口的食品、药品辅料而予以销售的，以生产、销售有毒、有害食品罪追究刑事责任。其中，生产、销售的辅料系药用的，应从重处罚。

六、明知他人实施危害食品、药品安全犯罪，而有下列情形之一的，以危害食品、药品安全犯罪的共犯论处：

（一）提供资金、贷款、账号、发票、证明、许可证件的；

（二）提供生产、经营场所、设备或者运输、仓储、保管、邮寄等便利条件的；

（三）提供生产技术，或者提供原料、辅料、包装材料的；

（四）提供广告等宣传的。

危害食品、药品安全犯罪的实行犯未归案的，不影响对上述共犯定罪。

七、对本《纪要》中"明知"的认定，应当结合犯罪嫌疑人、被告人的认知能力、犯罪嫌疑人、被告人及其同案人的供述和辩解、证人证言、产品质量、进货渠道及进货价格、销售渠道及销售价格等主、客观因素予以综合判断。

八、生产、销售的有毒、有害食品或不符合安全标准的食品被食用后，造成轻伤以上伤害，轻度、中度残疾，器官组织损伤导致一般功能障碍或者严重功能障碍，或者有其他严重危害人体健康情形的，应当认定为《刑法》第一百四十四条生产、销售有毒、有害食品罪和第一百四十三条生产、销售不符合安全标准的食品罪中"对人体健康造成严重危害"。

九、司法实践中对危害食品、药品安全犯罪中"有其他严重情节"、"有其他特别严重情节"的认定，应从涉案食品、药品的有毒、有害成分及超标程度，食品、药品生产、销售的数量和数额、销售的范围、造成恶劣社会影响的程度等方面综合把握。

有下列情形之一的，属《刑法》第一百四十一条生产、销售假药罪、第一百四十三条生产、销售不符合安全标准的食品罪和第一百四十四条生产、销售有毒、有害食品罪中"有其他严重情节"：

（一）生产、销售假药或有毒、有害食品，涉案金额五万元以上不满五十万元，或生产、销售不符合安全标准的食品，涉案金额五万元以上的；

（二）生产、销售假药、有毒、有害食品或不符合安全标准的食品，造成恶劣社会影响的；

（三）具有其他严重情节的。

有下列情形之一的，属《刑法》第一百四十一条生产、销售假药罪和第一百四十四条生产、销售有毒、有害食品罪中"有其他特别严重情节"：

（一）生产、销售假药和有毒、有害食品，涉案金额五十万元以上的；

（二）生产、销售的假药和有毒、有害食品被使用或食用后，造成重度残疾、三人以上重伤、三人以上中度残疾或者器官组织损伤导致严重功能障碍、十人以上轻伤、五人以上轻度残疾或者器官组织损伤导致一般功能障碍的；

（三）具有其他特别严重情节的。

生产、销售的不符合安全标准的食品被食用后，致人死亡、重度残疾、三人以上重伤、三人以上中度残疾或者器官组织损伤导致严重功能障碍、十人以上轻伤、五人以上轻度残疾或者器官组织损伤导致一般功能障碍的，属《刑法》第一百四十三条生产、销售不符合安全标准的食品罪中"后果特别严重"。

十、在办理危害食品、药品安全犯罪案件时，对犯罪嫌疑人、被告人应慎用取保候审。在具体量刑时，要充分考虑犯罪行为对人民群众生命安全和身体健康的危害程度、犯罪数额和数量、犯罪分子主观恶性及其犯罪手段、造成的恶劣影响等。曾因危害食品、药品安全行为受过行政处罚的，应从重处罚。对该类犯罪一般不适用缓刑或免刑。犯罪情节较轻，或具有自首、立功等法定从轻、减轻处罚情节，或系从犯，需要适用缓刑、免刑的，应报省高级法院审批。对依法适用缓刑的，一般同时宣告禁止令，禁止被告人在缓刑考验期内从事与食品、药品生产、销售等有关的活动。

十一、在对被告人依法适用主刑的同时，要加大罚金和没收财产刑的适用与执行力度，并注意通过采取追缴违法所得、收缴犯罪工具、销毁涉案物品等措施，从经济上剥夺犯罪分子再次犯罪的能力和条件。《刑法》对罚金和没收财产刑有数额限制的，应从重判处；对罚金和没收财产刑没有数额限制的，一般应在销售金额一倍以上五倍以下判处，销售金额无法查清的，可根据案件具体情况判处。

十二、被告人实施危害食品、药品安全的行为同时构成危害食品、药品安全犯罪和生产、销售伪劣产品、侵犯知识产权、非法经营等罪的，依照处罚较重的规定定罪处罚。

十三、对于国家工作人员在食品、药品安全监管和查处违法犯罪活动中收受贿赂、滥用职权、玩忽职守、徇私枉法的，要加大查处力度，构成犯罪的，依照《刑法》有关规定追究刑事责任，在量刑时应从重处罚。

在办理危害食品、药品安全犯罪案件中，如发现食品、药品监管及相关部门存在制度缺陷和工作漏洞，应根据案件情况向相关部门发出司法建议。

十四、为便于依法严惩危害食品、药品安全犯罪，同级公安机关、检察院和法院应建立专项联络机制，加强配合，共同研究新情况、新问题。上、下级机关亦应加强沟通，上级机关要加大对下指导力度。

十五、对流动性团伙性跨区域性危害食品、药品安全犯罪案件的管辖问题，按照公安部、最高人民检察院、最高人民法院等部门《关于办理流动性团伙性跨区域性犯罪案件有关问题的意见》（公通字〔2011〕14号）中的相关规定执行。

十六、本纪要下发后，各级人民法院、检察院、公安机关应认真贯彻执行，如有新的规定，按照新的规定执行。

8. 浙江省高级人民法院、浙江省人民检察院、浙江省公安厅、浙江省农业厅、浙江省食品药品监督管理局《关于办理部分生产、销售伪劣食品刑事案件具体适用法律有关问题的会议纪要》 2016 年 4 月 13 日

2015 年 11 月 19 日，省高级人民法院、省人民检察院、省公安厅、省农业厅、省食品药品监督管理局等五部门在省公安厅召开联席会议，就我省司法实践中办理部分生产、销售伪劣食品刑事案件具体适用法律问题进行了研究，并达成共识。现纪要如下：

第一条　在肉类生产经营活动中，具有下列情形之一，且符合追诉标准的，应当以生产、销售伪劣产品罪定罪处罚：

（一）对屠宰前的畜禽活体进行注水的；

（二）对屠宰后的肉类进行注水的；

（三）明知系注水肉类进行销售的。

第二条　在食品生产经营活动中，具有下列情形之一，且符合追诉标准的，应当以生

产、销售伪劣产品罪定罪处罚：

（一）非因生产工艺所需而掺入他种食品原料后混杂生产，致使降低、失去此种食品应有质量、性能的；

（二）将超过保质期的食品作为原料进行再生产的；

（三）以更改生产日期或者保质期、回收进行再生产等形式虚假延长未过期食品保质期的；

（四）将他种食品冒充此种食品进行销售的；

（五）将超过保质期的食品冒充未过期食品进行销售的；

（六）明知是上述（一）、（二）、（三）项情形的食品而进行销售的。

第三条　在案证据足以证实行为人实施了第一条、第二条规定行为之一的，分别对应下列规定处理：

（一）涉案活体、肉类的含水量检测结果是否超过国家标准不作为定罪依据，对涉案活体、肉类可以不出具含水量检测报告。

（二）成品中此种食品与他种食品、掺入的他种食品原料与此种食品原料、过期食品原料与未过期食品原料等混杂比率的高低以及成品的检验鉴定结果是否合格不作为定罪依据，对成品可以不出具相关检验检测报告和鉴定意见。

第四条　实施第一条、第二条所述行为，同时构成生产、销售有毒有害食品罪，生产、销售不符合安全标准的食品罪等其他犯罪的，依照处罚较重的规定定罪处罚。

第五条　本纪要自下发之日起执行。如有新规定，按照新的规定执行。

9.浙江省高级人民法院、浙江省工商行政管理局《办理危害食品、 药品安全犯罪案件适用禁止令若干问题的会议纪要》浙高法〔2018〕186号（2018年10月23日）

一、关于禁止令的适用对象

根据《刑法修正案（八）》、《刑法修正案（九）》以及《最高人民法院、最高人民检察院关于办理危害食品安全刑事案件适用法律若干问题的解释》等规定，禁止令适用于因利用职业便利实施犯罪，或者实施违背职业要求的特定义务的犯罪被判处刑罚的被告人。对涉危害食品、药品安全犯罪的被告人，如果被判处拘役、有期徒刑，根据犯罪情况和预防再犯罪的需要，自刑罚执行完毕之日或者假释之日起对其适用禁止令，期限为三年至五年；如果适用缓刑，缓刑期间应当同时宣告禁止令。

二、关于禁止令的执行程序

禁止令在判决生效后，由原审人民法院移交司法行政机关指导管理的社区矫正机构负责执行。根据最高人民法院与国家工商总局于2014年10月10日联合下发的《关于加强信息合作规范执行与协助执行的通知》（法〔2014〕251号）的精神，对于涉食品、药品犯罪并适用禁止令的被告人，人民法院在宣判时，同时告知被告人，如其在工商（市场监管）部门办理了相关登记的，应在判决生效后办理变更登记手续。由省高级人民法院将禁止令判罚的相关信息通过信息合作通道定期告知省工商局。

三、关于禁止令的执行要求

工商（市场监管）部门在收到禁止令判罚的信息后，应及时将相关信息在企业信用信息公示系统平台公示，并要求企业（含农民专业合作社、个体工商户，下同）在收到变更通知三十日内，办理相关登记手续。如被告人为个体工商户的，应当通知该个体工商户办理禁止令明确的经营范围减少或者经营者变更手续；被告人担任企业法定代表人（负责人）的，应当通知该企业办理相 关人员变更（备案）手续。工商（市场监管）部门在日常监管中发现禁止令签发后仍在从事食品、 药品经营的，应当将相关线索通过信息合作渠道告知同级人民法院。

对于适用禁止令的被告人，如其违反禁止令，应依据相关规定依法处理。

第一百四十一条【生产、销售、提供假药罪】　生产、销售假药的，处三年以下有期徒刑或者拘役，并处罚金；对人体健康造成严重危害或者有其他严重情节的，处三年以上十年以下有期徒刑，并处罚金；致人死亡或者有其他特别严重情节的，处十年以上有期徒刑、无期徒刑或者死刑，并处罚金或者没收财产。

药品使用单位的人员明知是假药而提供给他人使用的，依照前款的规定处罚。【2021年3月1日刑法修正案（十一）】

【1997年刑法】生产、销售假药，足以严重危害人体健康的，处三年以下有期徒刑或者拘役，并处或者单处销售金额百分之五十以上二倍以下罚金；对人体健康造成严重危害的，处三年以上十年以下有期徒刑，并处销售金额百分之五十以上二倍以下罚金；致人死亡或者对人体健康造成特别严重危害的，处十年以上有期徒刑、无期徒刑或者死刑，并处销售金额百分之五十以上二倍以下罚金或者没收财产。

本条所称假药，是指依照《中华人民共和国药品管理法》的规定属于假药和按假药处理的药品、非药品。

【2011年5月1日刑法修正案（八）】生产、销售假药的，处三年以下有期徒刑或者拘役，并处罚金；对人体健康造成严重危害或者有其他严重情节的，处三年以上十年以下有期徒刑，并处罚金；致人死亡或者有其他特别严重情节的，处十年以上有期徒刑、无期徒刑或者死刑，并处罚金或者没收财产。

本条所称假药，是指依照《中华人民共和国药品管理法》的规定属于假药和按假药处理的药品、非药品。

（相关解释）**1.最高人民法院、最高人民检察院《关于办理生产、销售假药、劣药刑事案件具体应用法律若干问题的解释》**法释〔2009〕9号（已废止）

2.最高人民法院、最高人民检察院《关于办理生产、销售伪劣商品刑事案件具体应用法律若干问题的解释》法释〔2001〕10号（刑法修正案八前司法解释）（见第一百四十条）

"足以严重危害人体健康"：（1）含有超标有毒有害物质；（2）不含所标明的有效成分，可能贻误诊治的；（3）所标明的适应症或功能主治超出规定范围，可能造成贻误诊治的；（4）缺乏所标明的急救必需的有效成分的。

"对人体健康造成严重危害"：假药被使用后，造成轻伤、重伤或者其他严重后果。

"对人体健康造成特别严重危害"：假药被使用后，致人严重残疾、三人以上重伤、十人以上轻伤或者其他特别严重后果。

3.最高人民法院、最高人民检察院《关于办理妨害预防、控制突发传染病疫情等灾害的刑事案件具体应用法律若干问题的解释》法释〔2003〕8号

在预防、控制突发传染病疫情等灾害期间，生产、销售伪劣的防治、防护产品、物资，或者生产、销售用于防治传染病的假药、劣药，构成犯罪的，分别依照《刑法》第一百四十条、第一百四十一条、第一百四十二条的规定，以生产、销售伪劣产品罪，生产、销售假药罪或者生产、销售劣药罪定罪，依法从重处罚。

4.最高人民检察院、公安部《关于公安机关管辖的刑事案件立案追诉标准的规定（一）的补充规定》公通字〔2017〕12号

二、将《立案追诉标准（一）》第十七条修改为：【生产、销售假药案（《刑法》第一百四十一条）】生产、销售假药的，应予立案追诉。但销售少量根据民间传统配方私自加工的药品，或者销售少量未经批准进口的国外、境外药品，没有造成他人伤害后果或者延误诊治，情节显著轻微危害不大的除外。

以生产、销售假药为目的，具有下列情形之一的，属于本条规定的"生产"：

1.合成、精制、提取、储存、加工炮制药品原料的；

（二）将药品原料、辅料、包装材料制成成品过程中，进行配料、混合、制剂、储存、包装的；

（三）印制包装材料、标签、说明书的。

医疗机构、医疗机构工作人员明知是假药而有偿提供给他人使用，或者为出售而购买、储存的，属于本条规定的"销售"。

本条规定的"假药"，是指依照《中华人民共和国药品管理法》的规定属于假药和按假药处理的药品、非药品。是否属于假药难以确定的，可以根据地市级以上药品监督管理部门出具的认定意见等相关材料进行认定。必要时，可以委托省级以上药品监督管理部门设置或者确定的药品检验机构进行检验。

5.最高人民法院、最高人民检察院《关于办理危害药品安全刑事案件适用法律若干问题的解释》法释〔2014〕14号（已废止）

6.最高人民法院、最高人民检察院《关于办理危害药品安全刑事案件适用法律若干问题的解释》高检发释字〔2022〕1号（2022年3月3日）

为依法惩治危害药品安全犯罪，保障人民群众生命健康，维护药品管理秩序，根据《中华人民共和国刑法》《中华人民共和国刑事诉讼法》及《中华人民共和国药品管理法》等有关规定，现就办理此类刑事案件适用法律的若干问题解释如下：

第一条 生产、销售、提供假药，具有下列情形之一的，应当酌情从重处罚：

（一）涉案药品以孕产妇、儿童或者危重病人为主要使用对象的；

（二）涉案药品属于麻醉药品、精神药品、医疗用毒性药品、放射性药品、生物制品，或者以药品类易制毒化学品冒充其他药品的；

（三）涉案药品属于注射剂药品、急救药品的；

（四）涉案药品系用于应对自然灾害、事故灾难、公共卫生事件、社会安全事件等突发事件的；

（五）药品使用单位及其工作人员生产、销售假药的；

（六）其他应当酌情从重处罚的情形。

第二条 生产、销售、提供假药，具有下列情形之一的，应当认定为《刑法》第一百四十一条规定的"对人体健康造成严重危害"：

（一）造成轻伤或者重伤的；

（二）造成轻度残疾或者中度残疾的；

（三）造成器官组织损伤导致一般功能障碍或者严重功能障碍的；

（四）其他对人体健康造成严重危害的情形。

第三条 生产、销售、提供假药，具有下列情形之一的，应当认定为《刑法》第一百四十一条规定的"其他严重情节"：

（一）引发较大突发公共卫生事件的；

（二）生产、销售、提供假药的金额二十万元以上不满五十万元的；

（三）生产、销售、提供假药的金额十万元以上不满二十万元，并具有本解释第一条规定情形之一的；

（四）根据生产、销售、提供的时间、数量、假药种类、对人体健康危害程度等，应当认定为情节严重的。

第四条　生产、销售、提供假药，具有下列情形之一的，应当认定为《刑法》第一百四十一条规定的"其他特别严重情节"：

（一）致人重度残疾以上的；

（二）造成三人以上重伤、中度残疾或者器官组织损伤导致严重功能障碍的；

（三）造成五人以上轻度残疾或者器官组织损伤导致一般功能障碍的；

（四）造成十人以上轻伤的；

（五）引发重大、特别重大突发公共卫生事件的；

（六）生产、销售、提供假药的金额五十万元以上的；

（七）生产、销售、提供假药的金额二十万元以上不满五十万元，并具有本解释第一条规定情形之一的；

（八）根据生产、销售、提供的时间、数量、假药种类、对人体健康危害程度等，应当认定为情节特别严重的。

第五条　生产、销售、提供劣药，具有本解释第一条规定情形之一的，应当酌情从重处罚。

生产、销售、提供劣药，具有本解释第二条规定情形之一的，应当认定为《刑法》第一百四十二条规定的"对人体健康造成严重危害"。

生产、销售、提供劣药，致人死亡，或者具有本解释第四条第一项至第五项规定情形之一的，应当认定为《刑法》第一百四十二条规定的"后果特别严重"。

第六条　以生产、销售、提供假药、劣药为目的，合成、精制、提取、储存、加工炮制药品原料，或者在将药品原料、辅料、包装材料制成成品过程中，进行配料、混合、制剂、储存、包装的，应当认定为《刑法》第一百四十一条、第一百四十二条规定的"生产"。

药品使用单位及其工作人员明知是假药、劣药而有偿提供给他人使用的，应当认定为《刑法》第一百四十一条、第一百四十二条规定的"销售"；无偿提供给他人使用的，应当认定为《刑法》第一百四十一条、第一百四十二条规定的"提供"。

第七条　实施妨害药品管理的行为，具有下列情形之一的，应当认定为《刑法》第一百四十二条之一规定的"足以严重危害人体健康"：

（一）生产、销售国务院药品监督管理部门禁止使用的药品，综合生产、销售的时间、数量、禁止使用原因等情节，认为具有严重危害人体健康的现实危险的；

（二）未取得药品相关批准证明文件生产药品或者明知是上述药品而销售，涉案药品属于本解释第一条第一项至第三项规定情形的；

（三）未取得药品相关批准证明文件生产药品或者明知是上述药品而销售，涉案药品的适应症、功能主治或者成分不明的；

（四）未取得药品相关批准证明文件生产药品或者明知是上述药品而销售，涉案药品没有国家药品标准，且无核准的药品质量标准，但检出化学药成分的；

（五）未取得药品相关批准证明文件进口药品或者明知是上述药品而销售，涉案药品在境外也未合法上市的；

（六）在药物非临床研究或者药物临床试验过程中故意使用虚假试验用药品，或者瞒报与药物临床试验用药品相关的严重不良事件的；

（七）故意损毁原始药物非临床研究数据或者药物临床试验数据，或者编造受试动物信息、受试者信息、主要试验过程记录、研究数据、检测数据等药物非临床研究数据或者药物临床试验数据，影响药品的安全性、有效性和质量可控性的；

（八）编造生产、检验记录，影响药品的安全性、有效性和质量可控性的；

（九）其他足以严重危害人体健康的情形。

对于涉案药品是否在境外合法上市，应当根据境外药品监督管理部门或者权利人的证明等证据，结合犯罪嫌疑人、被告人及其辩护人提供的证据材料综合审查，依法作出认定。

对于"足以严重危害人体健康"难以确定的，根据地市级以上药品监督管理部门出具的认定意见，结合其他证据作出认定。

第八条 实施妨害药品管理的行为，具有本解释第二条规定情形之一的，应当认定为《刑法》第一百四十二条之一规定的"对人体健康造成严重危害"。

实施妨害药品管理的行为，足以严重危害人体健康，并具有下列情形之一的，应当认定为《刑法》第一百四十二条之一规定的"有其他严重情节"：

（一）生产、销售国务院药品监督管理部门禁止使用的药品，生产、销售的金额五十万元以上的；

（二）未取得药品相关批准证明文件生产、进口药品或者明知是上述药品而销售，生产、销售的金额五十万元以上的；

（三）药品申请注册中提供虚假的证明、数据、资料、样品或者采取其他欺骗手段，造成严重后果的；

（四）编造生产、检验记录，造成严重后果的；

（五）造成恶劣社会影响或者具有其他严重情节的情形。

实施《刑法》第一百四十二条之一规定的行为，同时又构成生产、销售、提供假药罪、生产、销售、提供劣药罪或者其他犯罪的，依照处罚较重的规定定罪处罚。

第九条 明知他人实施危害药品安全犯罪，而有下列情形之一的，以共同犯罪论处：

（一）提供资金、贷款、账号、发票、证明、许可证件的；

（二）提供生产、经营场所、设备或者运输、储存、保管、邮寄、销售渠道等便利条件的；

（三）提供生产技术或者原料、辅料、包装材料、标签、说明书的；

（四）提供虚假药物非临床研究报告、药物临床试验报告及相关材料的；

（五）提供广告宣传的；

（六）提供其他帮助的。

第十条 办理生产、销售、提供假药、生产、销售、提供劣药、妨害药品管理等刑事案件，应当结合行为人的从业经历、认知能力、药品质量、进货渠道和价格、销售渠道和价格以及生产、销售方式等事实综合判断认定行为人的主观故意。具有下列情形之一的，可以认定行为人有实施相关犯罪的主观故意，但有证据证明确实不具有故意的除外：

（一）药品价格明显异于市场价格的；

（二）向不具有资质的生产者、销售者购买药品，且不能提供合法有效的来历证明的；

（三）逃避、抗拒监督检查的；

（四）转移、隐匿、销毁涉案药品、进销货记录的；

（五）曾因实施危害药品安全违法犯罪行为受过处罚，又实施同类行为的；

（六）其他足以认定行为人主观故意的情形。

第十一条　以提供给他人生产、销售、提供药品为目的，违反国家规定，生产、销售不符合药用要求的原料、辅料，符合《刑法》第一百四十条规定的，以生产、销售伪劣产品罪从重处罚；同时构成其他犯罪的，依照处罚较重的规定定罪处罚。

第十二条　广告主、广告经营者、广告发布者违反国家规定，利用广告对药品作虚假宣传，情节严重的，依照《刑法》第二百二十二条的规定，以虚假广告罪定罪处罚。

第十三条　明知系利用医保骗保购买的药品而非法收购、销售，金额五万元以上的，应当依照《刑法》第三百一十二条的规定，以掩饰、隐瞒犯罪所得罪定罪处罚；指使、教唆、授意他人利用医保骗保购买药品，进而非法收购、销售，符合《刑法》第二百六十六条规定的，以诈骗罪定罪处罚。

对于利用医保骗保购买药品的行为人是否追究刑事责任，应当综合骗取医保基金的数额、手段、认罪悔罪态度等案件具体情节，依法妥当决定。利用医保骗保购买药品的行为人是否被追究刑事责任，不影响对非法收购、销售有关药品的行为人定罪处罚。

对于第一款规定的主观明知，应当根据药品标志、收购渠道、价格、规模及药品追溯信息等综合认定。

第十四条　负有药品安全监督管理职责的国家机关工作人员，滥用职权或者玩忽职守，构成药品监管渎职罪，同时构成商检徇私舞弊罪、商检失职罪等其他渎职犯罪的，依照处罚较重的规定定罪处罚。

负有药品安全监督管理职责的国家机关工作人员滥用职权或者玩忽职守，不构成药品监管渎职罪，但构成前款规定的其他渎职犯罪的，依照该其他犯罪定罪处罚。

负有药品安全监督管理职责的国家机关工作人员与他人共谋，利用其职务便利帮助他人实施危害药品安全犯罪行为，同时构成渎职犯罪和危害药品安全犯罪共犯的，依照处罚较重的规定定罪从重处罚。

第十五条　对于犯生产、销售、提供假药罪、生产、销售、提供劣药罪、妨害药品管理罪的，应当结合被告人的犯罪数额、违法所得，综合考虑被告人缴纳罚金的能力，依法判处罚金。罚金一般应当在生产、销售、提供的药品金额二倍以上；共同犯罪的，对各共同犯罪人合计判处的罚金一般应当在生产、销售、提供的药品金额二倍以上。

第十六条　对于犯生产、销售、提供假药罪、生产、销售、提供劣药罪、妨害药品管理罪的，应当依照《刑法》规定的条件，严格缓刑、免予刑事处罚的适用。对于被判处刑罚的，可以根据犯罪情况和预防再犯罪的需要，依法宣告职业禁止或者禁令。《中华人民共和国药品管理法》等法律、行政法规另有规定的，从其规定。

对于被不起诉或者免予刑事处罚的行为人，需要给予行政处罚、政务处分或者其他处分的，依法移送有关主管机关处理。

第十七条　单位犯生产、销售、提供假药罪、生产、销售、提供劣药罪、妨害药品管理罪的，对单位判处罚金，并对直接负责的主管人员和其他直接责任人员，依照本解释规定的自然人犯罪的定罪量刑标准处罚。

单位犯罪的，对被告单位及其直接负责的主管人员、其他直接责任人员合计判处的罚金一般应当在生产、销售、提供的药品金额二倍以上。

第十八条　根据民间传统配方私自加工药品或者销售上述药品，数量不大，且未造成他人伤害后果或者延误诊治的，或者不以营利为目的实施带有自救、互助性质的生产、进口、销售药品的行为，不应当认定为犯罪。

对于是否属于民间传统配方难以确定的，根据地市级以上药品监督管理部门或者有关部门出具的认定意见，结合其他证据作出认定。

第十九条 《刑法》第一百四十一条、第一百四十二条规定的"假药""劣药"，依照《中华人民共和国药品管理法》的规定认定。

对于《中华人民共和国药品管理法》第九十八条第二款第二项、第四项及第三款第三项至第六项规定的假药、劣药，能够根据现场查获的原料、包装，结合犯罪嫌疑人、被告人供述等证据材料作出判断的，可以由地市级以上药品监督管理部门出具认定意见。对于依据《中华人民共和国药品管理法》第九十八条第二款、第三款的其他规定认定假药、劣药，或者是否属于第九十八条第二款第二项、第三款第六项规定的假药、劣药存在争议的，应当由省级以上药品监督管理部门设置或者确定的药品检验机构进行检验，出具质量检验结论。司法机关根据认定意见、检验结论，结合其他证据作出认定。

第二十条 对于生产、提供药品的金额，以药品的货值金额计算；销售药品的金额，以所得和可得的全部违法收入计算。

第二十一条 本解释自2022年3月6日起施行。本解释公布施行后，《最高人民法院、最高人民检察院关于办理危害药品安全刑事案件适用法律若干问题的解释》（法释〔2014〕14号）、《最高人民法院、最高人民检察院关于办理药品、医疗器械注册申请材料造假刑事案件适用法律若干问题的解释》（法释〔2017〕15号）同时废止。

7. 最高人民检察院法律政策研究室对《关于具有药品经营资质的企业通过非法渠道从私人手中购进药品后销售的如何适用法律问题的请示》的答复 高检研〔2015〕19号

北京市人民检察院法律政策研究室：

你院《关于具有药品经营资质的企业通过非法渠道从私人手中购进药品后销售的如何适用法律问题的请示》（京检字〔2015〕76号）收悉。经研究，答复如下：

司法机关应当根据《中华人民共和国药品管理法》的有关规定，对具有药品经营资质的企业通过非法渠道从私人手中购销的药品的性质进行认定，区分不同情况，分别定性处理：

一是对于经认定属于假药、劣药，且达到"两高"《关于办理危害药品安全刑事案件适用法律若干问题的解释》（以下称《药品解释》）规定的销售假药罪、销售劣药罪的定罪量刑标准的，应当以销售假药罪、销售劣药罪依法追究刑事责任。

二是对于经认定属于劣药，但尚未达到《药品解释》规定的销售劣药罪的定罪量刑标准的，可以依据《刑法》第一百四十九条、第一百四十条的规定，以销售伪劣产品罪追究刑事责任。

三是对于无法认定属于假药、劣药的，可以由药品监督管理部门依照《中华人民共和国药品管理法》的规定给予行政处罚，不宜以非法经营罪追究刑事责任。

8. 最高人民法院、最高人民检察院《关于办理药品、医疗器械注册申请材料造假刑事案件适用法律若干问题的解释》 法释〔2017〕15号（见第二百二十九条）（已废止）

9.《中华人民共和国药品管理法》（2019年8月26日）

第九十八条 禁止生产（包括配制，下同）、销售、使用假药、劣药。

有下列情形之一的，为假药：（一）药品所含成分与国家药品标准规定的成分不符；（二）以非药品冒充药品或者以他种药品冒充此种药品；（三）变质的药品；（四）药品所标明的适应症或者功能主治超出规定范围。

有下列情形之一的，为劣药：（一）药品成分的含量不符合国家药品标准；（二）被污染的药品；（三）未标明或者更改有效期的药品；（四）未注明或者更改产品批号的药品；（五）超过有效期的药品；（六）擅自添加防腐剂、辅料的药品；（七）其他不符合药品标准的药品。禁止未取得药品批准证明文件生产、进口药品；禁止使用未按照规定审评、审批的原料药、包装材料和容器生产药品。

第一百五十五条 本法自 2019 年 12 月 1 日起施行。

10. 国家药品监督管理局、国家市场监督管理总局、公安部、最高人民法院、最高人民检察院《药品行政执法与刑事司法衔接工作办法》国药监法〔2022〕41 号（2023 年 1 月 10 日）

第一章 总 则

第一条 为进一步健全药品行政执法与刑事司法衔接工作机制，加大对药品领域违法犯罪行为打击力度，切实维护人民群众身体健康和生命安全，根据《中华人民共和国刑法》《中华人民共和国刑事诉讼法》《中华人民共和国行政处罚法》《中华人民共和国药品管理法》《中华人民共和国疫苗管理法》《医疗器械监督管理条例》《化妆品监督管理条例》《行政执法机关移送涉嫌犯罪案件的规定》等法律、行政法规和相关司法解释，结合工作实际，制定本办法。

第二条 本办法适用于各级药品监管部门、公安机关、人民检察院、人民法院办理的药品领域（含药品、医疗器械、化妆品，下同）涉嫌违法犯罪案件。

第三条 各级药品监管部门、公安机关、人民检察院、人民法院之间应当加强协作，统一法律适用，健全情况通报、案件移送、信息共享、信息发布等工作机制。

第四条 药品监管部门应当依法向公安机关移送药品领域涉嫌犯罪案件，对发现违法行为明显涉嫌犯罪的，及时向公安机关、人民检察院通报，根据办案需要依法出具认定意见或者协调检验检测机构出具检验结论，依法处理不追究刑事责任、免予刑事处罚或者已给予刑事处罚，但仍应当给予行政处罚的案件。

第五条 公安机关负责药品领域涉嫌犯罪移送案件的受理、审查工作。对符合立案条件的，应当依法立案侦查。对药品监管部门商请协助的重大、疑难案件，与药品监管部门加强执法联动，对明显涉嫌犯罪的，协助采取紧急措施，加快移送进度。

第六条 人民检察院对药品监管部门移送涉嫌犯罪案件活动和公安机关有关立案侦查活动，依法实施法律监督。

第七条 人民法院应当充分发挥刑事审判职能，依法审理危害药品安全刑事案件，准确适用财产刑、职业禁止或者禁止令，提高法律震慑力。

第二章 案件移送与法律监督

第八条 药品监管部门在依法查办案件过程中，发现违法事实涉及的金额、情节、造成的后果，根据法律、司法解释、立案追诉标准等规定，涉嫌构成犯罪，依法需要追究刑事责任的，应当依照本办法向公安机关移送。对应当移送的涉嫌犯罪案件，立即指定 2 名以上行政执法人员组成专案组专门负责，核实情况后，提出移送涉嫌犯罪案件的书面报告。药品监管部门主要负责人应当自接到报告之日起 3 日内作出批准移送或者不批准移送的决定。批准移送的，应当在 24 小时内向同级公安机关移送；不批准移送的，应当将不予批准的理由记录在案。

第九条 药品监管部门向公安机关移送涉嫌犯罪案件，应当附有下列材料，并将案件移送书抄送同级人民检察院：

（一）涉嫌犯罪案件的移送书，载明移送机关名称、违法行为涉嫌犯罪罪名、案件主办人及联系电话等。案件移送书应当附移送材料清单，并加盖移送机关公章；

（二）涉嫌犯罪案件情况的调查报告，载明案件来源，查获情况，犯罪嫌疑人基本情况，涉嫌犯罪的事实、证据和法律依据，处理建议等；

（三）涉案物品清单，载明涉案物品的名称、数量、特征、存放地等事项，并附采取行政强制措施、表明涉案物品来源的相关材料；

（四）对需要检验检测的，附检验检测机构出具的检验结论及检验检测机构资质证明；

（五）现场笔录、询问笔录、认定意见等其他有关涉嫌犯罪的材料。有鉴定意见的，应附鉴定意见。

对有关违法行为已经作出行政处罚决定的，还应当附行政处罚决定书和相关执行情况。

第十条　公安机关对药品监管部门移送的涉嫌犯罪案件，应当出具接受案件的回执或者在案件移送书的回执上签字。

公安机关审查发现移送的涉嫌犯罪案件材料不全的，应当在接受案件的 24 小时内书面告知移送机关在 3 日内补正，公安机关不得以材料不全为由不接受移送案件。

公安机关审查发现移送的涉嫌犯罪案件证据不充分的，可以就证明有犯罪事实的相关证据等提出补充调查意见，由移送机关补充调查并及时反馈公安机关。因客观条件所限，无法补正的，移送机关应当向公安机关作出书面说明。根据实际情况，公安机关可以依法自行调查。

第十一条　药品监管部门移送涉嫌犯罪案件，应当接受人民检察院依法实施的监督。人民检察院发现药品监管部门不依法移送涉嫌犯罪案件的，应当向药品监管部门提出检察意见并抄送同级司法行政机关。药品监管部门应当自收到检察意见之日起 3 日内将案件移送公安机关，并将案件移送书抄送人民检察院。

第十二条　公安机关对药品监管部门移送的涉嫌犯罪案件，应当自接受案件之日起 3 日内作出立案或者不立案的决定；案件较为复杂的，应当在 10 日内作出决定；案情重大、疑难、复杂或者跨区域性的，经县级以上公安机关负责人批准，应当在 30 日内决定是否立案；特殊情况下，受案单位报经上一级公安机关批准，可以再延长 30 日作出决定。接受案件后对属于公安机关管辖但不属于本公安机关管辖的案件，应当在 24 小时内移送有管辖权的公安机关，并书面通知移送机关，抄送同级人民检察院。对不属于公安机关管辖的，应当在 24 小时内退回移送机关，并书面说明理由。

公安机关作出立案、不予立案、撤销案件决定的，应当自作出决定之日起 3 日内书面通知移送机关，同时抄送同级人民检察院。公安机关作出不予立案或者撤销案件决定的，应当说明理由，并将案卷材料退回移送机关。

第十三条　药品监管部门接到公安机关不予立案的通知书后，认为依法应当由公安机关决定立案的，可以自接到不予立案通知书之日起 3 日内，提请作出不予立案决定的公安机关复议，也可以建议人民检察院依法进行立案监督。

作出不予立案决定的公安机关应当自收到药品监管部门提请复议的文件之日起 3 日内作出立案或者不予立案的决定，并书面通知移送机关。移送机关对公安机关不予立案的复议决定仍有异议的，应当自收到复议决定通知书之日起 3 日内建议人民检察院依法进行立案监督。

公安机关应当接受人民检察院依法进行的立案监督。

第十四条　药品监管部门建议人民检察院进行立案监督的案件，应当提供立案监督建议书、相关案件材料，并附公安机关不予立案、立案后撤销案件决定及说明理由的材料，复议维持不予立案决定的材料或者公安机关逾期未作出是否立案决定的材料。

人民检察院认为需要补充材料的，药品监管部门应当及时提供。

第十五条　药品监管部门对于不追究刑事责任的案件，应当依法作出行政处罚或者其他处理。

药品监管部门向公安机关移送涉嫌犯罪案件前，已经作出的警告、责令停产停业、暂扣或者吊销许可证件、责令关闭、限制从业等行政处罚决定，不停止执行。未作出行政处罚决定的，原则上应当在公安机关决定不予立案或者撤销案件、人民检察院作出不起诉决定、人民法院作出无罪或者免予刑事处罚判决后，再决定是否给予行政处罚，但依法需要给予警告、通报批评、限制开展生产经营活动、责令停产停业、责令关闭、限制从业、暂扣或者吊销许可证件行政处罚的除外。

已经作出罚款行政处罚并已全部或者部分执行的，人民法院在判处罚金时，在罚金数额范围内对已经执行的罚款进行折抵。

违法行为构成犯罪，人民法院判处拘役或者有期徒刑时，公安机关已经给予当事人行政拘留并执行完毕的，应当依法折抵相应刑期。

药品监管部门作出移送决定之日起，涉嫌犯罪案件的移送办理时间，不计入行政处罚期限。

第十六条　公安机关对发现的药品违法行为，经审查没有犯罪事实，或者立案侦查后认为犯罪事实显著轻微、不需要追究刑事责任，但依法应当予以行政处罚的，应当将案件及相关证据材料移交药品监管部门。

药品监管部门应当自收到材料之日起 15 日内予以核查，按照行政处罚程序作出立案、不立案、移送案件决定的，应当自作出决定之日起 3 日内书面通知公安机关，并抄送同级人民检察院。

第十七条　人民检察院对作出不起诉决定的案件，认为依法应当给予行政处罚的，应当将案件及相关证据材料移交药品监管部门处理，并提出检察意见。药品监管部门应当自收到检察意见书之日起 2 个月内向人民检察院通报处理情况或者结果。

人民法院对作出无罪或者免予刑事处罚判决的案件，认为依法应当给予行政处罚的，应当将案件及相关证据材料移交药品监管部门处理，并可以提出司法建议。

第十八条　对于尚未作出生效裁判的案件，药品监管部门依法应当作出责令停产停业、吊销许可证件、责令关闭、限制从业等行政处罚，需要配合的，公安机关、人民检察院、人民法院应当给予配合。

对于人民法院已经作出生效裁判的案件，依法还应当由药品监管部门作出吊销许可证件等行政处罚的，需要人民法院提供生效裁判文书，人民法院应当及时提供。药品监管部门可以依据人民法院生效裁判认定的事实和证据依法予以行政处罚。

第十九条　对流动性、团伙性、跨区域性危害药品安全犯罪案件的管辖，依照最高人民法院、最高人民检察院、公安部等部门联合印发的《关于办理流动性、团伙性、跨区域性犯罪案件有关问题的意见》（公通字〔2011〕14 号）相关规定执行。

上级公安机关指定下级公安机关立案侦查的案件，需要人民检察院审查批准逮捕、审查起诉的，按照最高人民法院、最高人民检察院、公安部、国家安全部、司法部、全国人大常委会法制工作委员会联合印发的《关于实施刑事诉讼法若干问题的规定》相关规定执行。

第二十条 多次实施危害药品安全违法犯罪行为，未经处理，且依法应当追诉的，涉案产品的销售金额或者货值金额累计计算。

第二十一条 药品监管部门在行政执法和查办案件过程中依法收集的物证、书证、视听资料、电子数据等证据材料，在刑事诉讼中可以作为证据使用；经人民法院查证属实，可以作为定案的根据。

第二十二条 药品监管部门查处危害药品安全违法行为，依据《中华人民共和国药品管理法》《中华人民共和国疫苗管理法》等相关规定，认为需要对有关责任人员予以行政拘留的，应当在依法作出其他种类的行政处罚后，参照本办法，及时将案件移送有管辖权的公安机关决定是否行政拘留。

第三章 涉案物品检验、认定与移送

第二十三条 公安机关、人民检察院、人民法院办理危害药品安全犯罪案件，商请药品监管部门提供检验结论、认定意见协助的，药品监管部门应当按照公安机关、人民检察院、人民法院刑事案件办理的法定时限要求积极协助，及时提供检验结论、认定意见，并承担相关费用。

药品监管部门应当在其设置或者确定的检验检测机构协调设立检验检测绿色通道，对涉嫌犯罪案件涉案物品的检验检测实行优先受理、优先检验、优先出具检验结论。

第二十四条 地方各级药品监管部门应当及时向公安机关、人民检察院、人民法院通报药品检验检测机构名单、检验检测资质及项目等信息。

第二十五条 对同一批次或者同一类型的涉案药品，如因数量较大等原因，无法进行全部检验检测，根据办案需要，可以依法进行抽样检验检测。公安机关、人民检察院、人民法院对符合行政执法规范要求的抽样检验检测结果予以认可，可以作为该批次或者该类型全部涉案产品的检验检测结果。

第二十六条 对于《中华人民共和国药品管理法》第九十八条第二款第二项、第四项及第三款第三项至第六项规定的假药、劣药，能够根据在案证据材料作出判断的，可以由地市级以上药品监管部门出具认定意见。

对于依据《中华人民共和国药品管理法》第九十八条第二款、第三款的其他规定认定假药、劣药，或者是否属于第九十八条第二款第二项、第三款第六项规定的假药、劣药存在争议的，应当由省级以上药品监管部门设置或者确定的药品检验机构进行检验，出具质量检验结论。

对于《中华人民共和国刑法》第一百四十二条之一规定的"足以严重危害人体健康"难以确定的，根据地市级以上药品监管部门出具的认定意见，结合其他证据作出认定。

对于是否属于民间传统配方难以确定的，根据地市级以上药品监管部门或者有关部门出具的认定意见，结合其他证据作出认定。

第二十七条 药品、医疗器械、化妆品的检验检测，按照《中华人民共和国药品管理法》及其实施条例、《医疗器械监督管理条例》《化妆品监督管理条例》等有关规定执行。必要时，检验机构可以使用经国务院药品监督管理部门批准的补充检验项目和检验方法进行检验，出具检验结论。

第二十八条 药品监管部门依据检验检测报告、结合专家意见等相关材料得出认定意见的，应当包括认定依据、理由、结论。按照以下格式出具结论：

（一）假药案件，结论中应当写明"经认定，……为假药"；

（二）劣药案件，结论中应当写明"经认定，……为劣药"；

（三）妨害药品管理案件，对属于难以确定"足以严重危害人体健康"的，结论中应当写明"经认定，当事人实施……的行为，足以严重危害人体健康"；

（四）生产、销售不符合保障人体健康的国家标准、行业标准的医疗器械案件，结论中应当写明"经认定，涉案医疗器械……不符合……标准，结合本案其他情形，足以严重危害人体健康"；

（五）生产、销售不符合卫生标准的化妆品案件，结论中应当写明"经认定，涉案化妆品……不符合……标准或者化妆品安全技术规范"。

其他案件也应当写明认定涉嫌犯罪应具备的结论性意见。

第二十九条 办案部门应当告知犯罪嫌疑人、被害人或者其辩护律师、法定代理人，在涉案物品依法处置前可以提出重新或者补充检验检测、认定的申请。提出申请的，应有充分理由并提供相应证据。

第三十条 药品监管部门在查处药品违法行为过程中，应当妥善保存所收集的与违法行为有关的证据。

药品监管部门对查获的涉案物品，应当如实填写涉案物品清单，并按照国家有关规定予以处理。对需要进行检验检测的涉案物品，应当由法定检验检测机构进行检验检测，并出具检验结论。

第三十一条 药品监管部门应当自接到公安机关立案通知书之日起3日内，将涉案物品以及与案件有关的其他材料移交公安机关，并办理交接手续。

对于已采取查封、扣押等行政强制措施的涉案物品，药品监管部门于交接之日起解除查封、扣押，由公安机关重新对涉案物品履行查封、扣押手续。

第三十二条 公安机关办理药品监管部门移送的涉嫌犯罪案件和自行立案侦查的案件时，因客观条件限制，或者涉案物品对保管条件、保管场所有特殊要求，或者涉案物品需要无害化处理的，在采取必要措施固定留取证据后，可以委托药品监管部门代为保管和处置。

公安机关应当与药品监管部门签订委托保管协议，并附有公安机关查封、扣押涉案物品的清单。

药品监管部门应当配合公安机关、人民检察院、人民法院在办案过程中对涉案物品的调取、使用及检验检测等工作。

药品监管部门不具备保管条件的，应当出具书面说明，推荐具备保管条件的第三方机构代为保管。

涉案物品相关保管、处置等费用有困难的，由药品监管部门会同公安机关等部门报请本级人民政府解决。

第四章 协作配合与督办

第三十三条 各级药品监管部门、公安机关、人民检察院应当定期召开联席会议，推动建立地区间、部门间药品案件查办联动机制，通报案件办理工作情况，研究解决办案协作、涉案物品处置等重大问题。

第三十四条 药品监管部门、公安机关、人民检察院、人民法院应当建立双向案件咨询制度。药品监管部门对重大、疑难、复杂案件，可以就刑事案件立案追诉标准、证据固定和保全等问题咨询公安机关、人民检察院；公安机关、人民检察院、人民法院可以就案件办理中的专业性问题咨询药品监管部门。受咨询的机关应当认真研究，及时答复；书面咨询的，应当书面答复。

第三十五条　药品监管部门、公安机关和人民检察院应当加强对重大案件的联合督办工作。

国家药品监督管理局、公安部、最高人民检察院可以对下列重大案件实行联合督办：

（一）在全国范围内有重大影响的案件；

（二）引发公共安全事件，对公民生命健康、财产造成特别重大损害、损失的案件；

（三）跨地区，案情复杂、涉案金额特别巨大的案件；

（四）其他有必要联合督办的重大案件。

第三十六条　药品监管部门在日常工作中发现违反药品领域法律法规行为明显涉嫌犯罪的，应当立即以书面形式向同级公安机关和人民检察院通报。

公安机关应当及时进行审查，必要时，经办案部门负责人批准，可以进行调查核实。调查核实过程中，公安机关可以依照有关法律和规定采取询问、查询、勘验、鉴定和调取证据材料等不限制被调查对象人身、财产权利的措施。对符合立案条件的，公安机关应当及时依法立案侦查。

第三十七条　药品监管部门对明显涉嫌犯罪的案件，在查处、移送过程中，发现行为人可能存在逃匿或者转移、灭失、销毁证据等情形的，应当及时通报公安机关，由公安机关协助采取紧急措施，必要时双方协同加快移送进度，依法采取紧急措施予以处置。

第三十八条　各级药品监管部门对日常监管、监督抽检、风险监测和处理投诉举报中发现的涉及药品刑事犯罪的重要违法信息，应当及时通报同级公安机关和人民检察院；公安机关应当将侦办案件中发现的重大药品安全风险信息通报同级药品监管部门。

公安机关在侦查药品犯罪案件中，已查明涉案药品流向的，应当及时通报同级药品监管部门依法采取控制措施，并提供必要的协助。

第三十九条　各级药品监管部门、公安机关、人民检察院、人民法院应当建立药品违法犯罪案件信息发布沟通协作机制。发布案件信息，应当及时提前互相通报情况；联合督办的重要案件信息应当联合发布。

第五章　信息共享与通报

第四十条　各级药品监管部门、公安机关、人民检察院应当通过行政执法与刑事司法衔接信息共享平台，逐步实现涉嫌犯罪案件网上移送、网上受理、网上监督。

第四十一条　已经接入信息共享平台的药品监管部门、公安机关、人民检察院，应当在作出相关决定之日起7日内分别录入下列信息：

（一）适用普通程序的药品违法案件行政处罚、案件移送、提请复议和建议人民检察院进行立案监督的信息；

（二）移送涉嫌犯罪案件的立案、复议、人民检察院监督立案后的处理情况，以及提请批准逮捕、移送审查起诉的信息；

（三）监督移送、监督立案以及批准逮捕、提起公诉的信息。

尚未建成信息共享平台的药品监管部门、公安机关、人民检察院，应当自作出相关决定后及时向其他部门通报前款规定的信息。

有关信息涉及国家秘密、工作秘密的，可免予录入、共享，或者在录入、共享时作脱密处理。

第四十二条　各级药品监管部门、公安机关、人民检察院应当对信息共享平台录入的案件信息及时汇总、分析，定期对平台运行情况总结通报。

第六章　附　则

第四十三条　属于《中华人民共和国监察法》规定的公职人员在行使公权力过程中发生的依法由监察机关负责调查的案件，不适用本办法，应当依法及时将有关问题线索移送监察机关处理。

第四十四条　各省、自治区、直辖市的药品监管部门、公安机关、人民检察院、人民法院可以根据本办法制定本行政区域的实施细则。

第四十五条　本办法中"3日""7日""15日"的规定是指工作日，不含法定节假日、休息日。法律、行政法规和部门规章有规定的从其规定。

第四十六条　本办法自2023年2月1日起施行。《食品药品行政执法与刑事司法衔接工作办法》（食药监稽〔2015〕271号）中有关规定与本办法不一致的，以本办法为准。

（附参考）1. 浙江省高级人民法院、浙江省人民检察院、浙江省公安厅《关于办理危害食品、药品安全犯罪案件适用法律若干问题的会议纪要》浙高法〔2012〕274号（见第一百四十条）

2. 宁波市食品药品监督管理局、宁波市中级人民法院、宁波市人民检察院、宁波市公安局《关于印发假劣药品的司法认定等有关问题的会议纪要的通知》甬食药监稽〔2012〕137号

为依法打击制售假劣药品等违法犯罪行为，根据《刑法修正案（八）》和最高院、最高检《关于办理生产、销售假药、劣药刑事案件具体应用法律若干问题的解释》（法释〔2009〕9号）等有关规定，2012年5月15日，市中级人民法院、市人民检察院、市公安局、市食品药品监管局召开了联席会议，各单位有关领导和职能处室（支队）负责人参加了会议。会议就加强药品行政执法与刑事司法的衔接、有效打击涉药犯罪行为形成了基本的共识，现纪要如下：

一、关于假劣药的认定

（一）假药的认定

1.有下列情形之一的，由县级以上食品药品监管部门出具证明文件后，可直接认定为《刑法》第一百四十一条所规定的假药：

（1）国务院药品监督管理部门规定禁止使用的；

（2）依照《中华人民共和国药品管理法》必须批准而未经批准生产、进口，或者依照《中华人民共和国药品管理法》必须检验而未经检验即销售的；

（3）使用依照《中华人民共和国药品管理法》必须取得批准文号而未取得批准文号的原料药生产的；

（4）所标明的适应症或者功能主治超出规定范围的。

2.有下列情形之一的，根据药品检验的项目，市级及以上有能力检验的食品药品检验所负责检验，并出具相应的检验证明（检验报告书、函件、认定书），可认定为《刑法》第一百四十一条所规定的假药：

（1）药品所含成分与国家药品标准规定的成分不符的；

（2）以非药品冒充药品或者以他种药品冒充此种药品的；

（3）变质的；

（4）被污染的。

（二）劣药的认定

有下列情形之一的，由县级以上食品药品监管部门出具证明文件后，可直接认定为《刑法》第一百四十二条所规定的劣药：

1.未标明有效期或者更改有效期的；

2.不注明或者更改生产批号的；

3.超过有效期的；

4.直接接触药品的包装材料和容器未经批准的；

5.擅自添加着色剂、防腐剂、香料、矫味剂及辅料的；

6.其他不符合药品标准规定的。

经市级以上食品药品检验所的检验后，药品成分的含量不符合国家药品标准的，可认定为《刑法》第一百四十二条所规定的劣药。

二、关于生产、销售假药罪中的主观故意

生产、销售假药主观上要求，犯罪嫌疑人明知涉案药品属于假药而仍然生产、销售。具有下列情形之一的，可以认定为"明知"：

（一）从非法渠道购进药品；

（二）以明显低于市场价格进货的；

（三）以明显低于市场价格销售的；

（四）销售假药被发现后转移、销毁物证或者提供虚假证明、虚假情况的；

（五）曾因生产、销售假药受过刑事处罚或者行政处罚，又实施同种行为的；

（六）未取得相关证照即生产药品或者配制医疗机构制剂的，擅自委托或接受委托生产药品的；

（七）其他可以认定为明知的情形。

其他涉药犯罪中的"明知"，可参照上述条款认定。……

第一百四十二条【生产、销售、提供劣药罪】　生产、销售劣药，对人体健康造成严重危害的，处三年以上十年以下有期徒刑，并处罚金；后果特别严重的，处十年以上有期徒刑或者无期徒刑，并处罚金或者没收财产。

药品使用单位的人员明知是劣药而提供给他人使用的，依照前款的规定处罚。【2021年3月1日刑法修正案（十一）】

【1997年刑法】生产、销售劣药，对人体健康造成严重危害的，处三年以上十年以下有期徒刑，并处销售金额百分之五十以上二倍以下罚金；后果特别严重的，处十年以上有期徒刑或者无期徒刑，并处销售金额百分之五十以上二倍以下罚金或者没收财产。

本条所称劣药，是指依照《中华人民共和国药品管理法》的规定属于劣药的药品。

（相关解释）1.**最高人民法院、最高人民检察院《关于办理生产、销售假药、劣药刑事案件具体应用法律若干问题的解释》**法释〔2009〕9号（见第一百四十一条）（已废止）

2.**最高人民检察院、公安部《关于公安机关管辖的刑事案件立案追诉标准的规定（一）》**公通字〔2008〕36号

应予立案追诉：（1）造成人员轻伤、重伤或者死亡的；（2）其他对人体健康造成严重危害的情形。

本条规定的"劣药"，是指依照《中华人民共和国药品管理法》的规定，药品成分的含量不符合国家药品标准的药品和按劣药论处的药品。

3.**最高人民法院、最高人民检察院《关于办理妨害预防、控制突发传染病疫情等灾害的刑事案件具体应用法律若干问题的解释》**法释〔2003〕8号

在预防、控制突发传染病疫情等灾害期间，生产、销售伪劣的防治、防护产品、物资，

或者生产、销售用于防治传染病的假药、劣药，构成犯罪的，分别依照《刑法》第一百四十条、第一百四十一条、第一百四十二条的规定，以生产、销售伪劣产品罪，生产、销售假药罪或者生产、销售劣药罪定罪，依法从重处罚。

4.最高人民法院、最高人民检察院《关于办理危害药品安全刑事案件适用法律若干问题的解释》 法释〔2014〕14号（见第一百四十一条）（已废止）

5.最高人民法院、最高人民检察院《关于办理危害药品安全刑事案件适用法律若干问题的解释》 高检发释字〔2022〕1号（2022年3月3日）（具体见第一百四十一条）

第五条　生产、销售、提供劣药，具有本解释第一条规定情形之一的，应当酌情从重处罚。

生产、销售、提供劣药，具有本解释第二条规定情形之一的，应当认定为《刑法》第一百四十二条规定的"对人体健康造成严重危害"。

生产、销售、提供劣药，致人死亡，或者具有本解释第四条第一项至第五项规定情形之一的，应当认定为《刑法》第一百四十二条规定的"后果特别严重"。

第六条　以生产、销售、提供假药、劣药为目的，合成、精制、提取、储存、加工炮制药品原料，或者在将药品原料、辅料、包装材料制成成品过程中，进行配料、混合、制剂、储存、包装的，应当认定为《刑法》第一百四十一条、第一百四十二条规定的"生产"。

药品使用单位及其工作人员明知是假药、劣药而有偿提供给他人使用的，应当认定为《刑法》第一百四十一条、第一百四十二条规定的"销售"；无偿提供给他人使用的，应当认定为《刑法》第一百四十一条、第一百四十二条规定的"提供"。

第十五条　对于犯生产、销售、提供假药罪、生产、销售、提供劣药罪、妨害药品管理罪的，应当结合被告人的犯罪数额、违法所得，综合考虑被告人缴纳罚金的能力，依法判处罚金。罚金一般应当在生产、销售、提供的药品金额二倍以上；共同犯罪的，对各共同犯罪人合计判处的罚金一般应当在生产、销售、提供的药品金额二倍以上。

第十六条　对于犯生产、销售、提供假药罪、生产、销售、提供劣药罪、妨害药品管理罪的，应当依照《刑法》规定的条件，严格缓刑、免予刑事处罚的适用。对于被判处刑罚的，可以根据犯罪情况和预防再犯罪的需要，依法宣告职业禁止或者禁止令。《中华人民共和国药品管理法》等法律、行政法规另有规定的，从其规定。

对于被不起诉或者免予刑事处罚的行为人，需要给予行政处罚、政务处分或者其他处分的，依法移送有关主管机关处理。

第十七条　单位犯生产、销售、提供假药罪、生产、销售、提供劣药罪、妨害药品管理罪的，对单位判处罚金，并对直接负责的主管人员和其他直接责任人员，依照本解释规定的自然人犯罪的定罪量刑标准处罚。

单位犯罪的，对被告单位及其直接负责的主管人员、其他直接责任人员合计判处的罚金一般应当在生产、销售、提供的药品金额二倍以上。

第十八条　根据民间传统配方私自加工药品或者销售上述药品，数量不大，且未造成他人伤害后果或者延误诊治的，或者不以营利为目的实施带有自救、互助性质的生产、进口、销售药品的行为，不应当认定为犯罪。

对于是否属于民间传统配方难以确定的，根据地市级以上药品监督管理部门或者有关部门出具的认定意见，结合其他证据作出认定。

第十九条　《刑法》第一百四十一条、第一百四十二条规定的"假药""劣药"，依照《中华人民共和国药品管理法》的规定认定。

对于《中华人民共和国药品管理法》第九十八条第二款第二项、第四项及第三款第三项至第六项规定的假药、劣药，能够根据现场查获的原料、包装，结合犯罪嫌疑人、被告人供述等证据材料作出判断的，可以由地市级以上药品监督管理部门出具认定意见。对于依据《中华人民共和国药品管理法》第九十八条第二款、第三款的其他规定认定假药、劣药，或者是否属于第九十八条第二款第二项、第三款第六项规定的假药、劣药存在争议的，应当由省级以上药品监督管理部门设置或者确定的药品检验机构进行检验，出具质量检验结论。司法机关根据认定意见、检验结论，结合其他证据作出认定。

第二十条 对于生产、提供药品的金额，以药品的货值金额计算；销售药品的金额，以所得和可得的全部违法收入计算。

第二十一条 本解释自 2022 年 3 月 6 日起施行。本解释公布施行后，《最高人民法院、最高人民检察院关于办理危害药品安全刑事案件适用法律若干问题的解释》（法释〔2014〕14 号）、《最高人民法院、最高人民检察院关于办理药品、医疗器械注册申请材料造假刑事案件适用法律若干问题的解释》（法释〔2017〕15 号）同时废止。

6.《中华人民共和国药品管理法》（2019 年 8 月 26 日）（见第一百四十一条）

第一百四十二条之一【妨害药品管理罪】 违反药品管理法规，有下列情形之一，足以严重危害人体健康的，处三年以下有期徒刑或者拘役，并处或者单处罚金；对人体健康造成严重危害或者有其他严重情节的，处三年以上七年以下有期徒刑，并处罚金：

（一）生产、销售国务院药品监督管理部门禁止使用的药品的；

（二）未取得药品相关批准证明文件生产、进口药品或者明知是上述药品而销售的；

（三）药品申请注册中提供虚假的证明、数据、资料、样品或者采取其他欺骗手段的；

（四）编造生产、检验记录的。

有前款行为，同时又构成本法第一百四十一条、第一百四十二条规定之罪或者其他犯罪的，依照处罚较重的规定定罪处罚。【2021 年 3 月 1 日刑法修正案（十一）】

（相关解释）**最高人民法院、最高人民检察院《关于办理危害药品安全刑事案件适用法律若干问题的解释》**高检发释字〔2022〕1 号（2022 年 3 月 3 日）（具体见第一百四十一条）

第七条 实施妨害药品管理的行为，具有下列情形之一的，应当认定为《刑法》第一百四十二条之一规定的"足以严重危害人体健康"：

（一）生产、销售国务院药品监督管理部门禁止使用的药品，综合生产、销售的时间、数量、禁止使用原因等情节，认为具有严重危害人体健康的现实危险的；

（二）未取得药品相关批准证明文件生产药品或者明知是上述药品而销售，涉案药品属于本解释第一条第一项至第三项规定情形的；

（三）未取得药品相关批准证明文件生产药品或者明知是上述药品而销售，涉案药品的适应症、功能主治或者成分不明的；

（四）未取得药品相关批准证明文件生产药品或者明知是上述药品而销售，涉案药品没有国家药品标准，且无核准的药品质量标准，但检出化学药成分的；

（五）未取得药品相关批准证明文件进口药品或者明知是上述药品而销售，涉案药品在境外也未合法上市的；

（六）在药物非临床研究或者药物临床试验过程中故意使用虚假试验用药品，或者瞒报与药物临床试验用药品相关的严重不良事件的；

（七）故意损毁原始药物非临床研究数据或者药物临床试验数据，或者编造受试动物信息、受试者信息、主要试验过程记录、研究数据、检测数据等药物非临床研究数据或者药物临床试验数据，影响药品的安全性、有效性和质量可控性的；

（八）编造生产、检验记录，影响药品的安全性、有效性和质量可控性的；

（九）其他足以严重危害人体健康的情形。

对于涉案药品是否在境外合法上市，应当根据境外药品监督管理部门或者权利人的证明等证据，结合犯罪嫌疑人、被告人及其辩护人提供的证据材料综合审查，依法作出认定。

对于"足以严重危害人体健康"难以确定的，根据地市级以上药品监督管理部门出具的认定意见，结合其他证据作出认定。

第八条 实施妨害药品管理的行为，具有本解释第二条规定情形之一的，应当认定为《刑法》第一百四十二条之一规定的"对人体健康造成严重危害"。

实施妨害药品管理的行为，足以严重危害人体健康，并具有下列情形之一的，应当认定为《刑法》第一百四十二条之一规定的"有其他严重情节"：

（一）生产、销售国务院药品监督管理部门禁止使用的药品，生产、销售的金额五十万元以上的；

（二）未取得药品相关批准证明文件生产、进口药品或者明知是上述药品而销售，生产、销售的金额五十万元以上的；

（三）药品申请注册中提供虚假的证明、数据、资料、样品或者采取其他欺骗手段，造成严重后果的；

（四）编造生产、检验记录，造成严重后果的；

（五）造成恶劣社会影响或者具有其他严重情节的情形。

实施《刑法》第一百四十二条之一规定的行为，同时又构成生产、销售、提供假药罪、生产、销售、提供劣药罪或者其他犯罪的，依照处罚较重的规定定罪处罚。

第九条 明知他人实施危害药品安全犯罪，而有下列情形之一的，以共同犯罪论处：

（一）提供资金、贷款、账号、发票、证明、许可证件的；

（二）提供生产、经营场所、设备或者运输、储存、保管、邮寄、销售渠道等便利条件的；

（三）提供生产技术或者原料、辅料、包装材料、标签、说明书的；

（四）提供虚假药物非临床研究报告、药物临床试验报告及相关材料的；

（五）提供广告宣传的；

（六）提供其他帮助的。

第十条 办理生产、销售、提供假药、生产、销售、提供劣药、妨害药品管理等刑事案件，应当结合行为人的从业经历、认知能力、药品质量、进货渠道和价格、销售渠道和价格以及生产、销售方式等事实综合判断认定行为人的主观故意。具有下列情形之一的，可以认定行为人有实施相关犯罪的主观故意，但有证据证明确实不具有故意的除外：

（一）药品价格明显异于市场价格的；

（二）向不具有资质的生产者、销售者购买药品，且不能提供合法有效的来历证明的；

（三）逃避、抗拒监督检查的；

（四）转移、隐匿、销毁涉案药品、进销货记录的；

（五）曾因实施危害药品安全违法犯罪行为受过处罚，又实施同类行为的；

（六）其他足以认定行为人主观故意的情形。

第十五条 对于犯生产、销售、提供假药罪、生产、销售、提供劣药罪、妨害药品管理罪的，应当结合被告人的犯罪数额、违法所得，综合考虑被告人缴纳罚金的能力，依法判处罚金。罚金一般应当在生产、销售、提供的药品金额二倍以上；共同犯罪的，对各共同犯罪人合计判处的罚金一般应当在生产、销售、提供的药品金额二倍以上。

第十六条 对于犯生产、销售、提供假药罪、生产、销售、提供劣药罪、妨害药品管理罪的，应当依照《刑法》规定的条件，严格缓刑、免予刑事处罚的适用。对于被判处刑罚的，可以根据犯罪情况和预防再犯罪的需要，依法宣告职业禁止或者禁止令。《中华人民共和国药品管理法》等法律、行政法规另有规定的，从其规定。

对于被不起诉或者免予刑事处罚的行为人，需要给予行政处罚、政务处分或者其他处分的，依法移送有关主管机关处理。

第十七条 单位犯生产、销售、提供假药罪、生产、销售、提供劣药罪、妨害药品管理罪的，对单位判处罚金，并对直接负责的主管人员和其他直接责任人员，依照本解释规定的自然人犯罪的定罪量刑标准处罚。

单位犯罪的，对被告单位及其直接负责的主管人员、其他直接责任人员合计判处的罚金一般应当在生产、销售、提供的药品金额二倍以上。

第十八条 根据民间传统配方私自加工药品或者销售上述药品，数量不大，且未造成他人伤害后果或者延误诊治的，或者不以营利为目的实施带有自救、互助性质的生产、进口、销售药品的行为，不应当认定为犯罪。

对于是否属于民间传统配方难以确定的，根据地市级以上药品监督管理部门或者有关部门出具的认定意见，结合其他证据作出认定。

第十九条 《刑法》第一百四十一条、第一百四十二条规定的"假药""劣药"，依照《中华人民共和国药品管理法》的规定认定。

对于《中华人民共和国药品管理法》第九十八条第二款第二项、第四项及第三款第三项至第六项规定的假药、劣药，能够根据现场查获的原料、包装，结合犯罪嫌疑人、被告人供述等证据材料作出判断的，可以由地市级以上药品监督管理部门出具认定意见。对于依据《中华人民共和国药品管理法》第九十八条第二款、第三款的其他规定认定假药、劣药，或者是否属于第九十八条第二款第二项、第三款第六项规定的假药、劣药存在争议的，应当由省级以上药品监督管理部门设置或者确定的药品检验机构进行检验，出具质量检验结论。司法机关根据认定意见、检验结论，结合其他证据作出认定。

第二十条 对于生产、提供药品的金额，以药品的货值金额计算；销售药品的金额，以所得和可得的全部违法收入计算。

第二十一条 本解释自 2022 年 3 月 6 日起施行。本解释公布施行后，《最高人民法院、最高人民检察院关于办理危害药品安全刑事案件适用法律若干问题的解释》（法释〔2014〕14 号）、《最高人民法院、最高人民检察院关于办理药品、医疗器械注册申请材料造假刑事案件适用法律若干问题的解释》（法释〔2017〕15 号）同时废止。

第一百四十三条【生产、销售不符合安全标准的食品罪】 生产、销售不符合食品安全标准的食品，足以造成严重食物中毒事故或者其他严重食源性疾病的，处三年以下有期徒刑或者拘役，并处罚金；对人体健康造成严重危害或者有其他严重情节的，处三年以上七年以下有期徒刑，并处罚金；后果特别严重的，处七年以上有期徒刑或者无期徒刑，并处罚金或者没收财产。【2011 年 5 月 1 日刑法修正案（八）】

【1997年刑法】生产、销售不符合卫生标准的食品，足以造成严重食物中毒事故或者其他严重食源性疾患的，处三年以下有期徒刑或者拘役，并处或者单处销售金额百分之五十以上二倍以下罚金；对人体健康造成严重危害的，处三年以上七年以下有期徒刑，并处销售金额百分之五十以上二倍以下罚金；后果特别严重的，处七年以上有期徒刑或者无期徒刑，并处销售金额百分之五十以上二倍以下罚金或者没收财产。

（相关解释）1.最高人民法院、最高人民检察院《关于办理危害食品安全刑事案件适用法律若干问题的解释》法释〔2013〕12号（已废止）

2.最高人民法院、最高人民检察院《关于办理危害食品安全刑事案件适用法律若干问题的解释》法释〔2021〕24号（2021年12月30日）

为依法惩治危害食品安全犯罪，保障人民群众身体健康、生命安全，根据《中华人民共和国刑法》《中华人民共和国刑事诉讼法》的有关规定，对办理此类刑事案件适用法律的若干问题解释如下：

第一条 生产、销售不符合食品安全标准的食品，具有下列情形之一的，应当认定为《刑法》第一百四十三条规定的"足以造成严重食物中毒事故或者其他严重食源性疾病"：

（一）含有严重超出标准限量的致病性微生物、农药残留、兽药残留、生物毒素、重金属等污染物质以及其他严重危害人体健康的物质的；

（二）属于病死、死因不明或者检验检疫不合格的畜、禽、兽、水产动物肉类及其制品的；

（三）属于国家为防控疾病等特殊需要明令禁止生产、销售的；

（四）特殊医学用途配方食品、专供婴幼儿的主辅食品营养成分严重不符合食品安全标准的；

（五）其他足以造成严重食物中毒事故或者严重食源性疾病的情形。

第二条 生产、销售不符合食品安全标准的食品，具有下列情形之一的，应当认定为《刑法》第一百四十三条规定的"对人体健康造成严重危害"：

（一）造成轻伤以上伤害的；

（二）造成轻度残疾或者中度残疾的；

（三）造成器官组织损伤导致一般功能障碍或者严重功能障碍的；

（四）造成十人以上严重食物中毒或者其他严重食源性疾病的；

（五）其他对人体健康造成严重危害的情形。

第三条 生产、销售不符合食品安全标准的食品，具有下列情形之一的，应当认定为《刑法》第一百四十三条规定的"其他严重情节"：

（一）生产、销售金额二十万元以上的；

（二）生产、销售金额十万元以上不满二十万元，不符合食品安全标准的食品数量较大或者生产、销售持续时间六个月以上的；

（三）生产、销售金额十万元以上不满二十万元，属于特殊医学用途配方食品、专供婴幼儿的主辅食品的；

（四）生产、销售金额十万元以上不满二十万元，且在中小学校园、托幼机构、养老机构及周边面向未成年人、老年人销售的；

（五）生产、销售金额十万元以上不满二十万元，曾因危害食品安全犯罪受过刑事处罚或者二年内因危害食品安全违法行为受过行政处罚的；

（六）其他情节严重的情形。

第四条　生产、销售不符合食品安全标准的食品，具有下列情形之一的，应当认定为《刑法》第一百四十三条规定的"后果特别严重"：

（一）致人死亡的；

（二）造成重度残疾以上的；

（三）造成三人以上重伤、中度残疾或者器官组织损伤导致严重功能障碍的；

（四）造成十人以上轻伤、五人以上轻度残疾或者器官组织损伤导致一般功能障碍的；

（五）造成三十人以上严重食物中毒或者其他严重食源性疾病的；

（六）其他特别严重的后果。

第五条　在食品生产、销售、运输、贮存等过程中，违反食品安全标准，超限量或者超范围滥用食品添加剂，足以造成严重食物中毒事故或者其他严重食源性疾病的，依照《刑法》第一百四十三条的规定以生产、销售不符合安全标准的食品罪定罪处罚。

在食用农产品种植、养殖、销售、运输、贮存等过程中，违反食品安全标准，超限量或者超范围滥用添加剂、农药、兽药等，足以造成严重食物中毒事故或者其他严重食源性疾病的，适用前款的规定定罪处罚。

第六条　生产、销售有毒、有害食品，具有本解释第二条规定情形之一的，应当认定为《刑法》第一百四十四条规定的"对人体健康造成严重危害"。

第七条　生产、销售有毒、有害食品，具有下列情形之一的，应当认定为《刑法》第一百四十四条规定的"其他严重情节"：

（一）生产、销售金额二十万元以上不满五十万元的；

（二）生产、销售金额十万元以上不满二十万元，有毒、有害食品数量较大或者生产、销售持续时间六个月以上的；

（三）生产、销售金额十万元以上不满二十万元，属于特殊医学用途配方食品、专供婴幼儿的主辅食品的；

（四）生产、销售金额十万元以上不满二十万元，且在中小学校园、托幼机构、养老机构及周边面向未成年人、老年人销售的；

（五）生产、销售金额十万元以上不满二十万元，曾因危害食品安全犯罪受过刑事处罚或者二年内因危害食品安全违法行为受过行政处罚的；

（六）有毒、有害的非食品原料毒害性强或者含量高的；

（七）其他情节严重的情形。

第八条　生产、销售有毒、有害食品，生产、销售金额五十万元以上，或者具有本解释第四条第二项至第六项规定的情形之一的，应当认定为《刑法》第一百四十四条规定的"其他特别严重情节"。

第九条　下列物质应当认定为《刑法》第一百四十四条规定的"有毒、有害的非食品原料"：

（一）因危害人体健康，被法律、法规禁止在食品生产经营活动中添加、使用的物质；

（二）因危害人体健康，被国务院有关部门列入《食品中可能违法添加的非食用物质名单》《保健食品中可能非法添加的物质名单》和国务院有关部门公告的禁用农药、《食品动物中禁止使用的药品及其他化合物清单》等名单上的物质；

（三）其他有毒、有害的物质。

第十条　《刑法》第一百四十四条规定的"明知"，应当综合行为人的认知能力、食品质量、进货或者销售的渠道及价格等主、客观因素进行认定。

具有下列情形之一的，可以认定为《刑法》第一百四十四条规定的"明知"，但存在相反证据并经查证属实的除外：

（一）长期从事相关食品、食用农产品生产、种植、养殖、销售、运输、贮存行业，不依法履行保障食品安全义务的；

（二）没有合法有效的购货凭证，且不能提供或者拒不提供销售的相关食品来源的；

（三）以明显低于市场价格进货或者销售且无合理原因的；

（四）在有关部门发出禁令或者食品安全预警的情况下继续销售的；

（五）因实施危害食品安全行为受过行政处罚或者刑事处罚，又实施同种行为的；

（六）其他足以认定行为人明知的情形。

第十一条　在食品生产、销售、运输、贮存等过程中，掺入有毒、有害的非食品原料，或者使用有毒、有害的非食品原料生产食品的，依照《刑法》第一百四十四条的规定以生产、销售有毒、有害食品罪定罪处罚。

在食用农产品种植、养殖、销售、运输、贮存等过程中，使用禁用农药、食品动物中禁止使用的药品及其他化合物等有毒、有害的非食品原料，适用前款的规定定罪处罚。

在保健食品或者其他食品中非法添加国家禁用药物等有毒、有害的非食品原料的，适用第一款的规定定罪处罚。

第十二条　在食品生产、销售、运输、贮存等过程中，使用不符合食品安全标准的食品包装材料、容器、洗涤剂、消毒剂，或者用于食品生产经营的工具、设备等，造成食品被污染，符合《刑法》第一百四十三条、第一百四十四条规定的，以生产、销售不符合安全标准的食品罪或者生产、销售有毒、有害食品罪定罪处罚。

第十三条　生产、销售不符合食品安全标准的食品，有毒、有害食品，符合《刑法》第一百四十三条、第一百四十四条规定的，以生产、销售不符合安全标准的食品罪或者生产、销售有毒、有害食品罪定罪处罚。同时构成其他犯罪的，依照处罚较重的规定定罪处罚。

生产、销售不符合食品安全标准的食品，无证据证明足以造成严重食物中毒事故或者其他严重食源性疾病，不构成生产、销售不符合安全标准的食品罪，但构成生产、销售伪劣产品罪，妨害动植物防疫、检疫罪等其他犯罪的，依照该其他犯罪定罪处罚。

第十四条　明知他人生产、销售不符合食品安全标准的食品，有毒、有害食品，具有下列情形之一的，以生产、销售不符合安全标准的食品罪或者生产、销售有毒、有害食品罪的共犯论处：

（一）提供资金、贷款、账号、发票、证明、许可证件的；

（二）提供生产、经营场所或者运输、贮存、保管、邮寄、销售渠道等便利条件的；

（三）提供生产技术或者食品原料、食品添加剂、食品相关产品或者有毒、有害的非食品原料的；

（四）提供广告宣传的；

（五）提供其他帮助行为的。

第十五条　生产、销售不符合食品安全标准的食品添加剂，用于食品的包装材料、容器、洗涤剂、消毒剂，或者用于食品生产经营的工具、设备等，符合《刑法》第一百四十条规定的，以生产、销售伪劣产品罪定罪处罚。

生产、销售用超过保质期的食品原料、超过保质期的食品、回收食品作为原料的食品，或者以更改生产日期、保质期、改换包装等方式销售超过保质期的食品、回收食品，适用前款的规定定罪处罚。

实施前两款行为，同时构成生产、销售不符合安全标准的食品罪，生产、销售不符合安全标准的产品罪等其他犯罪的，依照处罚较重的规定定罪处罚。

第十六条 以提供给他人生产、销售食品为目的，违反国家规定，生产、销售国家禁止用于食品生产、销售的非食品原料，情节严重的，依照《刑法》第二百二十五条的规定以非法经营罪定罪处罚。

以提供给他人生产、销售食用农产品为目的，违反国家规定，生产、销售国家禁用农药、食品动物中禁止使用的药品及其他化合物等有毒、有害的非食品原料，或者生产、销售添加上述有毒、有害的非食品原料的农药、兽药、饲料、饲料添加剂、饲料原料，情节严重的，依照前款的规定定罪处罚。

第十七条 违反国家规定，私设生猪屠宰厂（场），从事生猪屠宰、销售等经营活动，情节严重的，依照《刑法》第二百二十五条的规定以非法经营罪定罪处罚。

在畜禽屠宰相关环节，对畜禽使用食品动物中禁止使用的药品及其他化合物等有毒、有害的非食品原料，依照《刑法》第一百四十四条的规定以生产、销售有毒、有害食品罪定罪处罚；对畜禽注水或者注入其他物质，足以造成严重食物中毒事故或者其他严重食源性疾病的，依照《刑法》第一百四十三条的规定以生产、销售不符合安全标准的食品罪定罪处罚；虽不足以造成严重食物中毒事故或者其他严重食源性疾病，但符合《刑法》第一百四十条规定的，以生产、销售伪劣产品罪定罪处罚。

第十八条 实施本解释规定的非法经营行为，非法经营数额在十万元以上，或者违法所得数额在五万元以上的，应当认定为《刑法》第二百二十五条规定的"情节严重"；非法经营数额在五十万元以上，或者违法所得数额在二十五万元以上的，应当认定为《刑法》第二百二十五条规定的"情节特别严重"。

实施本解释规定的非法经营行为，同时构成生产、销售伪劣产品罪，生产、销售不符合安全标准的食品罪，生产、销售有毒、有害食品罪，生产、销售伪劣农药、兽药罪等其他犯罪的，依照处罚较重的规定定罪处罚。

第十九条 违反国家规定，利用广告对保健食品或者其他食品作虚假宣传，符合《刑法》第二百二十二条规定的，以虚假广告罪定罪处罚；以非法占有为目的，利用销售保健食品或者其他食品诈骗财物，符合《刑法》第二百六十六条规定的，以诈骗罪定罪处罚。同时构成生产、销售伪劣产品罪等其他犯罪的，依照处罚较重的规定定罪处罚。

第二十条 负有食品安全监督管理职责的国家机关工作人员，滥用职权或者玩忽职守，构成食品监管渎职罪，同时构成徇私舞弊不移交刑事案件罪、商检徇私舞弊罪、动植物检疫徇私舞弊罪、放纵制售伪劣商品犯罪行为罪等其他渎职犯罪的，依照处罚较重的规定定罪处罚。

负有食品安全监督管理职责的国家机关工作人员滥用职权或者玩忽职守，不构成食品监管渎职罪，但构成前款规定的其他渎职犯罪的，依照该其他犯罪定罪处罚。

负有食品安全监督管理职责的国家机关工作人员与他人共谋，利用其职务行为帮助他人实施危害食品安全犯罪行为，同时构成渎职犯罪和危害食品安全犯罪共犯的，依照处罚较重的规定定罪从重处罚。

第二十一条 犯生产、销售不符合安全标准的食品罪，生产、销售有毒、有害食品罪，一般应当依法判处生产、销售金额二倍以上的罚金。

共同犯罪的，对各共同犯罪人合计判处的罚金一般应当在生产、销售金额的二倍以上。

第二十二条　对实施本解释规定之犯罪的犯罪分子，应当依照《刑法》规定的条件，严格适用缓刑、免予刑事处罚。对于依法适用缓刑的，可以根据犯罪情况，同时宣告禁止令。

对于被不起诉或者免予刑事处罚的行为人，需要给予行政处罚、政务处分或者其他处分的，依法移送有关主管机关处理。

第二十三条　单位实施本解释规定的犯罪的，对单位判处罚金，并对直接负责的主管人员和其他直接责任人员，依照本解释规定的定罪量刑标准处罚。

第二十四条　"足以造成严重食物中毒事故或者其他严重食源性疾病""有毒、有害的非食品原料"等专门性问题难以确定的，司法机关可以依据鉴定意见、检验报告、地市级以上相关行政主管部门组织出具的书面意见，结合其他证据作出认定。必要时，专门性问题由省级以上相关行政主管部门组织出具书面意见。

第二十五条　本解释所称"二年内"，以第一次违法行为受到行政处罚的生效之日与又实施相应行为之日的时间间隔计算确定。

第二十六条　本解释自 2022 年 1 月 1 日起施行。本解释公布实施后，《最高人民法院、最高人民检察院关于办理危害食品安全刑事案件适用法律若干问题的解释》（法释〔2013〕12 号）同时废止；之前发布的司法解释与本解释不一致的，以本解释为准。

3. 最高人民法院、最高人民检察院《关于办理生产、销售伪劣商品刑事案件具体应用法律若干问题的解释》法释〔2001〕10 号（见第一百四十条）

"足以造成严重食物中毒事故或者其他严重食源性疾患"：经省级以上卫生行政部门确定的机构鉴定，食品中含有可能导致严重食物中毒事故或其他严重食源性疾患的超标准有害细菌或其他污染物。

"对人体健康造成严重危害"：生产、销售不符合卫生标准的食品被食用后，造成轻伤、重伤或者其他严重后果。

"后果特别严重"：生产、销售不符合卫生标准的食品被食用后，致人死亡、严重残疾、三人以上重伤、十人以上轻伤或其他特别严重后果。

4. 最高人民检察院、公安部《关于公安机关管辖的刑事案件立案追诉标准的规定（一）的补充规定》公通字〔2017〕12 号

三、将《立案追诉标准（一）》第十九条修改为：【生产、销售不符合安全标准的食品案（《刑法》第一百四十三条）】生产、销售不符合食品安全标准的食品，涉嫌下列情形之一的，应予立案追诉：

（一）食品含有严重超出标准限量的致病性微生物、农药残留、兽药残留、重金属、污染物质以及其他危害人体健康的物质的；

（二）属于病死、死因不明或者检验检疫不合格的畜、禽、兽、水产动物及其肉类、肉类制品的；

（三）属于国家为防控疾病等特殊需要明令禁止生产、销售的食品的；

（四）婴幼儿食品中生长发育所需营养成分严重不符合食品安全标准的；

（五）其他足以造成严重食物中毒事故或者严重食源性疾病的情形。

在食品加工、销售、运输、贮存等过程中，违反食品安全标准，超限量或者超范围滥用食品添加剂，足以造成严重食物中毒事故或者其他严重食源性疾病的，应予立案追诉。

在食用农产品种植、养殖、销售、运输、贮存等过程中，违反食品安全标准，超限量或者超范围滥用添加剂、农药、兽药等，足以造成严重食物中毒事故或者其他严重食源性疾病的，应予立案追诉。

5.最高人民法院、最高人民检察院、公安部《关于依法严惩"地沟油"犯罪活动的通知》公通字〔2012〕1号（见第一百四十四条）

（四）虽无法查明"食用油"是否系利用"地沟油"生产、加工，但犯罪嫌疑人、被告人明知该"食用油"来源可疑而予以销售的，应分别情形处理：经鉴定，检出有毒、有害成分的，依照《刑法》第一百四十四条销售有毒、有害食品罪的规定追究刑事责任；属于不符合安全标准的食品的，依照《刑法》一百四十三条销售不符合安全标准的食品罪追究刑事责任；属于以假充真、以次充好、以不合格产品冒充合格产品或者假冒注册商标，构成犯罪的，依照《刑法》第一百四十条销售伪劣产品罪或者第二百一十三条假冒注册商标罪、第二百一十四条销售假冒注册商标的商品罪追究刑事责任。

6.最高人民法院《关于审理走私、非法经营、非法使用兴奋剂刑事案件适用法律若干问题的解释》法释〔2019〕16号（见第一百五十一条）

第五条　生产、销售含有兴奋剂目录所列物质的食品，符合《刑法》第一百四十三条、第一百四十四条规定的，以生产、销售不符合安全标准的食品罪，生产、销售有毒、有害食品罪定罪处罚。

（附参考）**浙江省高级人民法院、浙江省人民检察院、浙江省公安厅《关于办理危害食品、药品安全犯罪案件适用法律若干问题的会议纪要》浙高法〔2012〕274号（见第一百四十条）**

第一百四十四条【生产、销售有毒、有害食品罪】　在生产、销售的食品中掺入有毒、有害的非食品原料的，或者销售明知掺有有毒、有害的非食品原料的食品的，处五年以下有期徒刑，并处罚金；对人体健康造成严重危害或者有其他严重情节的，处五年以上十年以下有期徒刑，并处罚金；致人死亡或者有其他特别严重情节的，依照本法第一百四十一条的规定处罚。**【2011年5月1日刑法修正案（八）】**

【1997年刑法】在生产、销售的食品中掺入有毒、有害的非食品原料的，或者销售明知掺有有毒、有害的非食品原料的食品的，处五年以下有期徒刑或者拘役，并处或者单处销售金额百分之五十以上二倍以下罚金；造成严重食物中毒事故或者其他严重食源性疾患，对人体健康造成严重危害的，处五年以上十年以下有期徒刑，并处销售金额百分之五十以上二倍以下罚金；致人死亡或者对人体健康造成特别严重危害的，依照本法第一百四十一条的规定处罚。

（相关解释）**1.最高人民法院、最高人民检察院《关于办理危害食品安全刑事案件适用法律若干问题的解释》法释〔2013〕12号（已废止）**

2.最高人民法院、最高人民检察院《关于办理危害食品安全刑事案件适用法律若干问题的解释》法释〔2021〕24号（2021年12月30日）（具体见第一百四十三条）

第六条　生产、销售有毒、有害食品，具有本解释第二条规定情形之一的，应当认定为《刑法》第一百四十四条规定的"对人体健康造成严重危害"。

第七条　生产、销售有毒、有害食品，具有下列情形之一的，应当认定为《刑法》第一百四十四条规定的"其他严重情节"：

（一）生产、销售金额二十万元以上不满五十万元的；

（二）生产、销售金额十万元以上不满二十万元，有毒、有害食品数量较大或者生产、销售持续时间六个月以上的；

（三）生产、销售金额十万元以上不满二十万元，属于特殊医学用途配方食品、专供婴幼儿的主辅食品的；

（四）生产、销售金额十万元以上不满二十万元，且在中小学校园、托幼机构、养老机构及周边面向未成年人、老年人销售的；

（五）生产、销售金额十万元以上不满二十万元，曾因危害食品安全犯罪受过刑事处罚或者二年内因危害食品安全违法行为受过行政处罚的；

（六）有毒、有害的非食品原料毒害性强或者含量高的；

（七）其他情节严重的情形。

第八条　生产、销售有毒、有害食品，生产、销售金额五十万元以上，或者具有本解释第四条第二项至第六项规定的情形之一的，应当认定为《刑法》第一百四十四条规定的"其他特别严重情节"。

第九条　下列物质应当认定为《刑法》第一百四十四条规定的"有毒、有害的非食品原料"：

（一）因危害人体健康，被法律、法规禁止在食品生产经营活动中添加、使用的物质；

（二）因危害人体健康，被国务院有关部门列入《食品中可能违法添加的非食用物质名单》《保健食品中可能非法添加的物质名单》和国务院有关部门公告的禁用农药、《食品动物中禁止使用的药品及其他化合物清单》等名单上的物质；

（三）其他有毒、有害的物质。

第十条　《刑法》第一百四十四条规定的"明知"，应当综合行为人的认知能力、食品质量、进货或者销售的渠道及价格等主、客观因素进行认定。

具有下列情形之一的，可以认定为《刑法》第一百四十四条规定的"明知"，但存在相反证据并经查证属实的除外：

（一）长期从事相关食品、食用农产品生产、种植、养殖、销售、运输、贮存行业，不依法履行保障食品安全义务的；

（二）没有合法有效的购货凭证，且不能提供或者拒不提供销售的相关食品来源的；

（三）以明显低于市场价格进货或者销售且无合理原因的；

（四）在有关部门发出禁令或者食品安全预警的情况下继续销售的；

（五）因实施危害食品安全行为受过行政处罚或者刑事处罚，又实施同种行为的；

（六）其他足以认定行为人明知的情形。

第十一条　在食品生产、销售、运输、贮存等过程中，掺入有毒、有害的非食品原料，或者使用有毒、有害的非食品原料生产食品的，依照《刑法》第一百四十四条的规定以生产、销售有毒、有害食品罪定罪处罚。

在食用农产品种植、养殖、销售、运输、贮存等过程中，使用禁用农药、食品动物中禁止使用的药品及其他化合物等有毒、有害的非食品原料，适用前款的规定定罪处罚。

在保健食品或者其他食品中非法添加国家禁用药物等有毒、有害的非食品原料的，适用第一款的规定定罪处罚。

第十二条　在食品生产、销售、运输、贮存等过程中，使用不符合食品安全标准的食品包装材料、容器、洗涤剂、消毒剂，或者用于食品生产经营的工具、设备等，造成食品被污染，符合《刑法》第一百四十三条、第一百四十四条规定的，以生产、销售不符合安全标准的食品罪或者生产、销售有毒、有害食品罪定罪处罚。

第十三条 生产、销售不符合食品安全标准的食品，有毒、有害食品，符合《刑法》第一百四十三条、第一百四十四条规定的，以生产、销售不符合安全标准的食品罪或者生产、销售有毒、有害食品罪定罪处罚。同时构成其他犯罪的，依照处罚较重的规定定罪处罚。

生产、销售不符合食品安全标准的食品，无证据证明足以造成严重食物中毒事故或者其他严重食源性疾病，不构成生产、销售不符合安全标准的食品罪，但构成生产、销售伪劣产品罪，妨害动植物防疫、检疫罪等其他犯罪的，依照该其他犯罪定罪处罚。

第十四条 明知他人生产、销售不符合食品安全标准的食品，有毒、有害食品，具有下列情形之一的，以生产、销售不符合安全标准的食品罪或者生产、销售有毒、有害食品罪的共犯论处：

（一）提供资金、贷款、账号、发票、证明、许可证件的；

（二）提供生产、经营场所或者运输、贮存、保管、邮寄、销售渠道等便利条件的；

（三）提供生产技术或者食品原料、食品添加剂、食品相关产品或者有毒、有害的非食品原料的；

（四）提供广告宣传的；

（五）提供其他帮助行为的。

第二十一条 犯生产、销售不符合安全标准的食品罪，生产、销售有毒、有害食品罪，一般应当依法判处生产、销售金额二倍以上的罚金。

共同犯罪的，对各共同犯罪人合计判处的罚金一般应当在生产、销售金额的二倍以上。

第二十二条 对实施本解释规定之犯罪的犯罪分子，应当依照《刑法》规定的条件，严格适用缓刑、免予刑事处罚。对于依法适用缓刑的，可以根据犯罪情况，同时宣告禁止令。

对于被不起诉或者免予刑事处罚的行为人，需要给予行政处罚、政务处分或者其他处分的，依法移送有关主管机关处理。

第二十三条 单位实施本解释规定的犯罪的，对单位判处罚金，并对直接负责的主管人员和其他直接责任人员，依照本解释规定的定罪量刑标准处罚。

第二十四条 "足以造成严重食物中毒事故或者其他严重食源性疾病""有毒、有害的非食品原料"等专门性问题难以确定的，司法机关可以依据鉴定意见、检验报告、地市级以上相关行政主管部门组织出具的书面意见，结合其他证据作出认定。必要时，专门性问题由省级以上相关行政主管部门组织出具书面意见。

第二十五条 本解释所称"二年内"，以第一次违法行为受到行政处罚的生效之日与又实施相应行为之日的时间间隔计算确定。

第二十六条 本解释自 2022 年 1 月 1 日起施行。本解释公布实施后，《最高人民法院、最高人民检察院关于办理危害食品安全刑事案件适用法律若干问题的解释》（法释〔2013〕12 号）同时废止；之前发布的司法解释与本解释不一致的，以本解释为准。

3. 最高人民法院、最高人民检察院《关于办理生产、销售伪劣商品刑事案件具体应用法律若干问题的解释》 法释〔2001〕10 号（见第一百四十条）

"对人体健康造成严重危害"：生产、销售的假药被使用后，造成轻伤、重伤或者其他严重后果的。

"对人体健康造成特别严重危害"：生产、销售的假药被使用后，致人严重残疾、三人以上重伤、十人以上轻伤或其他特别严重后果的。

4. 最高人民检察院、公安部《关于公安机关管辖的刑事案件立案追诉标准的规定（一）的补充规定》公通字〔2017〕12号

四、将《立案追诉标准（一）》第二十条修改为：【生产、销售有毒、有害食品案（《刑法》第一百四十四条）】在生产、销售的食品中掺入有毒、有害的非食品原料的，或者销售明知掺有有毒、有害的非食品原料的食品的，应予立案追诉。

在食品加工、销售、运输、贮存等过程中，掺入有毒、有害的非食品原料，或者使用有毒、有害的非食品原料加工食品的，应予立案追诉。

在食用农产品种植、养殖、销售、运输、贮存等过程中，使用禁用农药、兽药等禁用物质或者其他有毒、有害物质的，应予立案追诉。

在保健食品或者其他食品中非法添加国家禁用药物等有毒、有害物质的，应予立案追诉。

下列物质应当认定为本条规定的"有毒、有害的非食品原料"：

（一）法律、法规禁止在食品生产经营活动中添加、使用的物质；

（二）国务院有关部门公布的《食品中可能违法添加的非食用物质名单》《保健食品中可能非法添加的物质名单》中所列物质；

（三）国务院有关部门公告禁止使用的农药、兽药以及其他有毒、有害物质；

（四）其他危害人体健康的物质。

5. 最高人民法院、最高人民检察院《关于办理非法生产、销售、使用禁止在饲料和动物饮用水中使用的药品等刑事案件具体应用法律若干问题的解释》法释〔2002〕26号

第三条　使用盐酸克仑特罗等禁止在饲料和动物饮用水中使用的药品或者含有该类药品的饲料养殖供人食用的动物，或者销售明知是使用该类药品或者含有该类药品的饲料养殖的供人食用的动物的，依照《刑法》第一百四十四条的规定，以生产、销售有毒、有害食品罪追究刑事责任。

第四条　明知是使用盐酸克仑特罗等禁止在饲料和动物饮用水中使用的药品或者含有该类药品的饲料养殖的供人食用的动物，而提供屠宰等加工服务，或者销售其制品的，依照《刑法》第一百四十四条的规定，以生产、销售有毒、有害食品罪追究刑事责任。

第五条　实施本解释规定的行为，同时触犯《刑法》规定的两种以上犯罪的，依照处罚较重的规定追究刑事责任。

第六条　禁止在饲料和动物饮用水中使用的药品，依照国家有关部门公告的禁止在饲料和动物饮用水中使用的药物品种目录确定。

6. 最高人民法院、最高人民检察院、公安部《关于依法严惩"地沟油"犯罪活动的通知》公通字〔2012〕1号

二、准确理解法律规定，严格区分犯罪界限

（一）对于利用"地沟油"生产"食用油"的，依照《刑法》第一百四十四条生产有毒、有害食品罪的规定追究刑事责任。

（二）明知是利用"地沟油"生产的"食用油"而予以销售的，依照《刑法》第一百四十四条销售有毒、有害食品罪的规定追究刑事责任。认定是否"明知"，应当结合犯罪嫌疑人、被告人的认知能力，犯罪嫌疑人、被告人及其同案人的供述和辩解，证人证言，产品质量，进货渠道及进货价格、销售渠道及销售价格等主、客观因素予以综合判断。

（三）对于利用"地沟油"生产的"食用油"，已经销售出去没有实物，但是有证据证明系已被查实生产、销售有毒、有害食品犯罪事实的上线提供的，依照《刑法》第一百四十四条销售有毒、有害食品罪的规定追究刑事责任。

（四）虽无法查明"食用油"是否系利用"地沟油"生产、加工，但犯罪嫌疑人、被告人明知该"食用油"来源可疑而予以销售的，应分别情形处理：经鉴定，检出有毒、有害成分的，依照《刑法》第一百四十四条销售有毒、有害食品罪的规定追究刑事责任；属于不符合安全标准的食品的，依照《刑法》一百四十三条销售不符合安全标准的食品罪追究刑事责任；属于以假充真、以次充好、以不合格产品冒充合格产品或者假冒注册商标，构成犯罪的，依照《刑法》第一百四十条销售伪劣产品罪或者第二百一十三条假冒注册商标罪、第二百一十四条销售假冒注册商标的商品罪追究刑事责任。

（五）知道或应当知道他人实施以上第（一）（二）（三）款犯罪行为，而为其掏捞、加工、贩运"地沟油"，或者提供贷款、资金、账号、发票、证明、许可证件，或者提供技术、生产、经营场所、运输、仓储、保管等便利条件的，依照本条第（一）（二）（三）款犯罪的共犯论处。

（六）对违反有关规定，掏捞、加工、贩运"地沟油"，没有证据证明用于生产"食用油"的，交由行政部门处理。

（七）对于国家工作人员在食用油安全监管和查处"地沟油"违法犯罪活动中滥用职权、玩忽职守、徇私枉法，构成犯罪的，依照《刑法》有关规定追究刑事责任。

三、准确把握宽严相济刑事政策在食品安全领域的适用

在对"地沟油"犯罪定罪量刑时，要充分考虑犯罪数额、犯罪分子主观恶性及其犯罪手段、犯罪行为对人民群众生命安全和身体健康的危害、对市场经济秩序的破坏程度、恶劣影响等。对于具有累犯、前科、共同犯罪的主犯、集团犯罪的首要分子等情节，以及犯罪数额巨大、情节恶劣、危害严重，群众反映强烈，给国家和人民利益造成重大损失的犯罪分子，依法严惩，罪当判处死刑的，要坚决依法判处死刑。对在同一条生产销售链上的犯罪分子，要在法定刑幅度内体现严惩源头犯罪的精神，确保生产环节与销售环节量刑的整体平衡。对于明知是"地沟油"而非法销售的公司、企业，要依法从严追究有关单位和直接责任人员的责任。对于具有自首、立功、从犯等法定情节的犯罪分子，可以依法从宽处理。要严格把握适用缓刑、免予刑事处罚的条件。对依法必须适用缓刑的，一般同时宣告禁止令，禁止其在缓刑考验期内从事与食品生产、销售等有关的活动。

7. 最高人民法院《关于审理走私、非法经营、非法使用兴奋剂刑事案件适用法律若干问题的解释》法释〔2019〕16号（见第一百五十一条）

第五条 生产、销售含有兴奋剂目录所列物质的食品，符合《刑法》第一百四十三条、第一百四十四条规定的，以生产、销售不符合安全标准的食品罪，生产、销售有毒、有害食品罪定罪处罚。

（附参考）1. 浙江省高级人民法院、浙江省人民检察院、浙江省公安厅《关于办理非法生产、销售、使用禁止在饲料和动物饮用水中使用的药品等刑事案件具体问题的意见》浙高发〔2005〕21号（见第二百二十五条）

使用禁用药品或者含有禁用药品的饲料养殖供人食用的动物，或者销售明知是使用禁用药品饲养的供人食用的动物，依照生产、销售有毒有害食品罪追究刑事责任。但情节显著轻微危害不大的，可不以犯罪论处。

2. 浙江省高级人民法院、浙江省人民检察院、浙江省公安厅《关于办理危害食品、药品安全犯罪案件适用法律若干问题的会议纪要》浙高法〔2012〕274号（见第一百四十条）

第一百四十五条【生产、销售不符合标准的医用器材罪】　生产不符合保障人体健康的国家标准、行业标准的医疗器械、医用卫生材料，或者销售明知是不符合保障人体健康的国家标准、行业标准的医疗器械、医用卫生材料，足以严重危害人体健康的，处三年以下有期徒刑或者拘役，并处销售金额百分之五十以上二倍以下罚金；对人体健康造成严重危害的，处三年以上十年以下有期徒刑，并处销售金额百分之五十以上二倍以下罚金；后果特别严重的，处十年以上有期徒刑或者无期徒刑，并处销售金额百分之五十以上二倍以下罚金或者没收财产。【2002年12月28日刑法修正案（四）】

【1997年刑法】生产不符合保障人体健康的国家标准、行业标准的医疗器械、医用卫生材料，或者销售明知是不符合保障人体健康的国家标准、行业标准的医疗器械、医用卫生材料，对人体健康造成严重危害的，处五年以下有期徒刑，并处销售金额百分之五十以上二倍以下罚金；后果特别严重的，处五年以上十年以下有期徒刑，并处销售金额百分之五十以上二倍以下罚金，其中情节特别恶劣的，处十年以上有期徒刑或者无期徒刑，并处销售金额百分之五十以上二倍以下罚金或者没收财产。

（相关解释）1. 最高人民法院、最高人民检察院《关于办理生产、销售伪劣商品刑事案件具体应用法律若干问题的解释》法释〔2001〕10号（见第一百四十条）

"对人体健康造成严重危害"：生产、销售不符合标准的医疗器械、医用卫生材料，致人轻伤或者其他严重后果。

"后果特别严重"：生产、销售不符合标准的医疗器械、医用卫生材料，造成感染病毒性肝炎等难以治愈的疾病、一人以上重伤、三人以上轻伤或者其他严重后果。

"情节特别恶劣"：《刑法修正案（四）》前刑法条文）生产、销售不符合标准的医疗器械、医用卫生材料，致人死亡、严重残疾、感染艾滋病、三人以上重伤、十人以上轻伤或其他特别严重后果。

2. 最高人民检察院、公安部《关于公安机关管辖的刑事案件立案追诉标准的规定（一）》公通字〔2008〕36号

第二十一条　【生产、销售不符合标准的医用器材案（《刑法》第一百四十五条）】生产不符合保障人体健康的国家标准、行业标准的医疗器械、医用卫生材料，或者销售明知是不符合保障人体健康的国家标准、行业标准的医疗器械、医用卫生材料，涉嫌下列情形之一的，应予立案追诉：（1）进入人体的医疗器械的材料中含有超过标准的有毒有害物质的；（2）进入人体的医疗器械的有效性指标不符合标准要求，导致治疗、替代、调节、补偿功能部分或者全部丧失，可能造成贻误诊治或者人体严重损伤的；（3）用于诊断、监护、治疗的有源医疗器械的安全指标不符合强制性标准要求，可能对人体构成伤害或者潜在危害的；（4）用于诊断、监护、治疗的有源医疗器械的主要性能指标不合格，可能造成贻误诊治或者人体严重损伤的；（5）未经批准，擅自增加功能或者适用范围，可能造成贻误诊治或者人体严重损伤的；（6）其他足以严重危害人体健康或者对人体健康造成严重危害的情形。

医疗机构或者个人知道或者应当知道是不符合保障人体健康的国家标准、行业标准的医疗器械、医用卫生材料而购买并有偿使用的，视为本条规定的"销售"。

3. 最高人民法院、最高人民检察院《关于办理妨害预防、控制突发传染病疫情等灾害的刑事案件具体应用法律若干问题的解释》法释〔2003〕8号

在预防、控制突发传染病疫情等灾害期间，生产用于防治传染病的不符合保障人体健康的国家标准、行业标准的医疗器械、医用卫生材料，或者销售明知是用于防治传染病的

不符合保障人体健康的国家标准、行业标准的医疗器械、医用卫生材料，不具有防护、救治功能，足以严重危害人体健康的，依照《刑法》第一百四十五条的规定，以生产、销售不符合标准的医用器材罪定罪，依法从重处罚。

医疗机构或者个人，知道或者应当知道系前款规定的不符合保障人体健康的国家标准、行业标准的医疗器械、医用卫生材料而购买并有偿使用的，以销售不符合标准的医用器材罪定罪，依法从重处罚。

4.最高人民法院、最高人民检察院、公安部、司法部《关于依法惩治妨害新型冠状病毒感染肺炎疫情防控违法犯罪的意见》 法发〔2020〕7号（2020年2月6日）（具体见第一百一十五条）

（三）依法严惩制假售假犯罪。在疫情防控期间，生产、销售伪劣的防治、防护产品、物资，或者生产、销售用于防治新型冠状病毒感染肺炎的假药、劣药，符合《刑法》第一百四十条、第一百四十一条、第一百四十二条规定的，以生产、销售伪劣产品罪，生产、销售假药罪或者生产、销售劣药罪定罪处罚。

在疫情防控期间，生产不符合保障人体健康的国家标准、行业标准的医用口罩、护目镜、防护服等医用器材，或者销售明知是不符合标准的医用器材，足以严重危害人体健康的，依照《刑法》第一百四十五条的规定，以生产、销售不符合标准的医用器材罪定罪处罚。

第一百四十六条【生产、销售不符合安全标准的产品罪】 生产不符合保障人身、财产安全的国家标准、行业标准的电器、压力容器、易燃易爆产品或者其他不符合保障人身、财产安全的国家标准、行业标准的产品，或者销售明知是以上不符合保障人身、财产安全的国家标准、行业标准的产品，造成严重后果的，处五年以下有期徒刑，并处销售金额百分之五十以上二倍以下罚金；后果特别严重的，处五年以上有期徒刑，并处销售金额百分之五十以上二倍以下罚金。

（相关解释）**1.最高人民检察院、公安部《关于公安机关管辖的刑事案件立案追诉标准的规定（一）》** 公通字〔2008〕36号

第二十二条 **【生产、销售不符合安全标准的产品案（《刑法》第一百四十六条）】** 生产不符合保障人身、财产安全的国家标准、行业标准的电器、压力容器、易燃易爆或者其他不符合保障人身、财产安全的国家标准、行业标准的产品，或者销售明知是以上不符合保障人身、财产安全的国家标准、行业标准的产品，涉嫌下列情形之一的，应予立案追诉：（1）造成人员重伤或者死亡的；（2）造成直接经济损失十万元以上的；（3）其他造成严重后果的情形。

2.最高人民法院、最高人民检察院、公安部、国家安全监管总局《关于依法加强对涉嫌犯罪的非法生产经营烟花爆竹行为刑事责任追究的通知》 安监总管三〔2012〕116号

一、非法生产、经营烟花爆竹及相关行为涉及非法制造、买卖、运输、邮寄、储存黑火药、烟火药，构成非法制造、买卖、运输、邮寄、储存爆炸物罪的，应当依照《刑法》第一百二十五条的规定定罪处罚；非法生产、经营烟花爆竹及相关行为涉及生产、销售伪劣产品或不符合安全标准产品，构成生产、销售伪劣产品罪或生产、销售不符合安全标准产品罪的，应当依照《刑法》第一百四十条、第一百四十六条的规定定罪处罚；非法生产、经营烟花爆竹及相关行为构成非法经营罪的，应当依照《刑法》第二百二十五条的规定定罪处罚。上述非法生产经营烟花爆竹行为的定罪量刑和立案追诉标准，分别按照最高人民法院《关于审理非法制造、买卖、运输枪支、弹药、爆炸物等刑事案件具体应用法律若干

问题的解释》（法释〔2009〕18号）、最高人民法院最高人民检察院《关于办理生产、销售伪劣商品刑事案件具体应用法律若干问题的解释》（法释〔2001〕10号）、最高人民检察院、公安部《关于公安机关管辖的刑事案件立案追诉标准的规定（一）》（公通字〔2008〕36号）、最高人民检察院、公安部《关于公安机关管辖的刑事案件立案追诉标准的规定（二）》（公通字〔2010〕23号）等有关规定执行。

3.最高人民法院、最高人民检察院《关于办理危害生产安全刑事案件适用法律若干问题的解释》法释〔2015〕22号（具体见《刑法》第一百三十四条）

第十一条　生产不符合保障人身、财产安全的国家标准、行业标准的安全设备，或者明知安全设备不符合保障人身、财产安全的国家标准、行业标准而进行销售，致使发生安全事故，造成严重后果的，依照《刑法》第一百四十六条的规定，以生产、销售不符合安全标准的产品罪定罪处罚。

4.最高人民法院、最高人民检察院、公安部《关于办理涉窨井盖相关刑事案件的指导意见》2020年3月16日（具体见第一百一十九条）

六、生产不符合保障人身、财产安全的国家标准、行业标准的窨井盖，或者销售明知是不符合保障人身、财产安全的国家标准、行业标准的窨井盖，造成严重后果的，依照《刑法》第一百四十六条的规定，以生产、销售不符合安全标准的产品罪定罪处罚。

（附参考）**1.浙江省高级人民法院刑事审判第一庭、第二庭《关于执行刑法若干问题具体意见（三）》**浙法刑〔2000〕3号

生产、销售不符合安全标准的产品罪，造成受害人重伤、死亡、三人以上轻伤或者使公私财产遭受损失五万元以上的，可视为"造成严重后果"。

2.浙江省高级人民法院《关于部分罪名定罪量刑情节及数额标准的意见》浙高法〔2012〕325号

19.《刑法》第一百四十六条　【生产、销售不符合安全标准的产品罪】

具有下列情形之一的，属于"严重后果"，处五年以下有期徒刑，并处销售金额百分之五十以上二倍以下罚金：

（1）造成重伤一人以上不满三人的；

（2）造成轻伤三人以上不满十人的；

（3）造成直接经济损失十万元以上不满五十万元的；

（4）严重后果的其他情形。

具有下列情形之一的，属于"后果特别严重"，处五年以上有期徒刑，并处销售金额百分之五十以上二倍以下罚金：

（1）造成人员死亡或者重度残疾的；

（2）造成重伤三人以上的；

（3）造成轻伤十人以上的；

（4）造成直接经济损失五十万元以上的；

（5）后果特别严重的其他情形。

第一百四十七条【生产、销售伪劣农药、兽药、化肥、种子罪】　生产假农药、假兽药、假化肥，销售明知是假的或者失去使用效能的农药、兽药、化肥、种子，或者生产者、销售者以不合格的农药、兽药、化肥、种子冒充合格的农药、兽药、化肥、种子，使生产遭受较大损失的，处三年以下有期徒刑或者拘役，并处或者单处销售金额百分之五十以上

二倍以下罚金；使生产遭受重大损失的，处三年以上七年以下有期徒刑，并处销售金额百分之五十以上二倍以下罚金；使生产遭受特别重大损失的，处七年以上有期徒刑或者无期徒刑，并处销售金额百分之五十以上二倍以下罚金或者没收财产。

（相关解释）**1. 最高人民法院、最高人民检察院《关于办理生产、销售伪劣商品刑事案件具体应用法律若干问题的解释》** 法释〔2001〕10号（见第一百四十条）

《刑法》第一百四十七条规定的生产、销售伪劣农药、兽药、化肥、种子罪中"使生产遭受较大损失"，一般以二万元为起点；"重大损失"，一般以十万元为起点；"特别重大损失"，一般以五十万元为起点。

2. 最高人民检察院、公安部《关于公安机关管辖的刑事案件立案追诉标准的规定（一）》 公通字〔2008〕36号

第二十三条　【生产、销售伪劣农药、兽药、化肥种子案（《刑法》第一百四十七条）】生产假农药、假兽药、假化肥，销售明知是假的或者失去使用效能的农药、兽药、化肥、种子，或者生产者、销售者以不合格的农药、兽药、化肥、种子冒充合格的农药、兽药、化肥、种子，涉嫌下列情形之一的，应予立案追诉：（1）使生产遭受损失二万元以上的；（2）其他使生产遭受较大损失的情形。

3. 最高人民法院《关于进一步加强涉种子刑事审判工作的指导意见》 法〔2022〕66号（2022年3月2日）

为深入贯彻落实中央关于种业振兴决策部署，依法惩治涉种子犯罪，全面净化种业市场，维护国家种源安全，加快种业振兴，根据有关法律规定，制定本意见。

一、切实提高政治站位，深刻认识进一步加强涉种子刑事审判工作的重要意义。农业现代化，种子是基础。党中央高度重视种业发展，把种源安全提升到关系国家安全的战略高度。种子制假售假和套牌侵权等违法犯罪，严重扰乱种业市场秩序，妨害种业健康发展，危害国家种源安全。各级人民法院要提高思想认识，不断增强工作责任感，提高涉种子刑事审判能力水平，提升案件审判质效。

二、充分发挥刑事审判职能作用，坚持依法从严惩处的基本要求。要依法加大对制假售假、套牌侵权和破坏种质资源等涉种子犯罪的惩处力度，重拳出击，形成震慑，有效维护种子生产经营者、使用者的合法权益，净化种业市场，维护国家种源安全，为种业健康发展提供有力刑事司法保障。

三、准确适用法律，依法严惩种子制假售假犯罪。对销售明知是假的或者失去使用效能的种子，或者生产者、销售者以不合格的种子冒充合格的种子，使生产遭受较大损失的，依照《刑法》第一百四十七条的规定以生产、销售伪劣种子罪定罪处罚。

对实施生产、销售伪劣种子行为，因无法认定使生产遭受较大损失等原因，不构成生产、销售伪劣种子罪，但是销售金额在五万元以上的，依照《刑法》第一百四十条的规定以生产、销售伪劣产品罪定罪处罚。同时构成假冒注册商标罪等其他犯罪的，依照处罚较重的规定定罪处罚。

四、立足现有罪名，依法严惩种子套牌侵权相关犯罪。假冒品种权以及未经许可或者超出委托规模生产、繁殖授权品种种子对外销售等种子套牌侵权行为，经常伴随假冒注册商标、侵犯商业秘密等其他犯罪行为。审理此类案件时要把握这一特点，立足《刑法》现有规定，通过依法适用与种子套牌侵权密切相关的假冒注册商标罪，销售假冒注册商标的商品罪，非法制造、销售非法制造的注册商标标识罪，侵犯商业秘密罪，为境外窃取、刺探、收买、非法提供商业秘密罪等罪名，实现对种子套牌侵权行为的依法惩处。同时，应

当将种子套牌侵权行为作为从重处罚情节，加大对此类犯罪的惩处力度。

五、保护种质资源，依法严惩破坏种质资源犯罪。非法采集或者采伐天然种质资源，符合《刑法》第三百四十四条规定的，以危害国家重点保护植物罪定罪处罚。

在种质资源库、种质资源保护区或者种质资源保护地实施上述行为的，应当酌情从重处罚。

六、贯彻落实宽严相济的刑事政策，确保裁判效果。实施涉种子犯罪，具有下列情形之一的，应当酌情从重处罚：针对稻、小麦、玉米、棉花、大豆等主要农作物种子实施的，曾因涉种子犯罪受过刑事处罚的，二年内曾因涉种子违法行为受过行政处罚的，其他应当酌情从重处罚的情形。

对受雇佣或者受委托参与种子生产、繁殖的，要综合考虑社会危害程度、在共同犯罪中的地位作用、认罪悔罪表现等情节，准确适用刑罚。犯罪情节轻微的，可以依法免予刑事处罚；情节显著轻微危害不大的，不以犯罪论处。

七、依法解决鉴定难问题，准确认定伪劣种子。对是否属于假的、失去使用效能的或者不合格的种子，或者使生产遭受的损失难以确定的，可以依据具有法定资质的种子质量检验机构出具的鉴定意见、检验报告，农业农村、林业和草原主管部门出具的书面意见，农业农村主管部门所属的种子管理机构组织出具的田间现场鉴定书等，结合其他证据作出认定。

八、坚持多措并举，健全完善工作机制。各级人民法院要加强与农业农村主管部门、林业和草原主管部门、公安机关、检察机关等部门的协作配合，推动构建专业咨询和信息互通渠道，建立健全涉种子行政执法与刑事司法衔接长效工作机制，有效解决伪劣种子的认定，涉案物品的保管、移送和处理，案件信息共享等问题。

各级人民法院要延伸审判职能，参与综合治理。对涉种子刑事审判中发现的监管问题、违法犯罪线索，应当及时向有关单位进行通报，必要时应当发送司法建议，形成有效合力，实现源头治理，全面净化种业市场，积极推动种业健康发展。

第一百四十八条【生产、销售不符合卫生标准的化妆品罪】 生产不符合卫生标准的化妆品，或者销售明知是不符合卫生标准的化妆品，造成严重后果的，处三年以下有期徒刑或者拘役，并处或者单处销售金额百分之五十以上二倍以下罚金。

（相关解释）**最高人民检察院、公安部《关于公安机关管辖的刑事案件立案追诉标准的规定（一）》**公通字〔2008〕36号

第二十四条 【生产、销售不符合卫生标准的化妆品案（《刑法》第一百四十八条）】生产不符合卫生标准的化妆品，或者销售明知是不符合卫生标准的化妆品，涉嫌下列情形之一的，应予立案追诉：（1）造成他人容貌毁损或者皮肤严重损伤的；（2）造成他人器官组织损伤导致严重功能障碍的；（3）致使他人精神失常或者自杀、自残造成重伤、死亡的；（4）其他造成严重后果的情形。

第一百四十九条 生产、销售本节第一百四十一条至第一百四十八条所列产品，不构成各该条规定的犯罪，但是销售金额在五万元以上的，依照本节第一百四十条【生产、销售伪劣产品罪】的规定定罪处罚。

生产、销售本节第一百四十一条至第一百四十八条所列产品，构成各该条规定的犯罪，同时又构成本节第一百四十条规定之罪的，依照处罚较重的规定定罪处罚。

第一百五十条　　单位犯本节第一百四十条至第一百四十八条规定之罪的,对单位判处罚金,并对其直接负责的主管人员和其他直接责任人员,依照各该条的规定处罚。

第二节　走私罪

第一百五十一条【走私武器、弹药罪,走私核材料罪,走私假币罪】走私武器、弹药、核材料或者伪造的货币的,处七年以上有期徒刑,并处罚金或者没收财产;情节特别严重的,处无期徒刑,并处没收财产;情节较轻的,处三年以上七年以下有期徒刑,并处罚金。

【走私文物罪,走私贵重金属罪,走私珍贵动物、珍贵动物制品罪】走私国家禁止出口的文物、黄金、白银和其他贵重金属或者国家禁止进出口的珍贵动物及其制品的,处五年以上十年以下有期徒刑,并处罚金;情节特别严重的,处十年以上有期徒刑或者无期徒刑,并处没收财产;情节较轻的,处五年以下有期徒刑,并处罚金。

【走私国家禁止进出口的货物、物品罪】走私珍稀植物及其制品等国家禁止进出口的其他货物、物品的,处五年以下有期徒刑或者拘役,并处或者单处罚金;情节严重的,处五年以上有期徒刑,并处罚金。

单位犯本条规定之罪的,对单位判处罚金,并对其直接负责的主管人员和其他直接责任人员,依照本条各款的规定处罚。【2015年11月1日刑法修正案（九）】

【1997年刑法】走私武器、弹药、核材料或者伪造的货币的,处七年以上有期徒刑,并处罚金或者没收财产;情节较轻的,处三年以上七年以下有期徒刑,并处罚金。

走私国家禁止出口的文物、黄金、白银和其他贵重金属或者国家禁止进出口的珍贵动物及其制品的,处五年以上有期徒刑,并处罚金;情节较轻的,处五年以下有期徒刑,并处罚金。

走私国家禁止进出口的珍稀植物及其制品的,处五年以下有期徒刑,并处或者单处罚金;情节严重的,处五年以上有期徒刑,并处罚金。

犯第一款、第二款罪,情节特别严重的,处无期徒刑或者死刑,并处没收财产。

单位犯本条规定之罪的,对单位判处罚金,并对其直接负责的主管人员和其他直接责任人员,依照本条各款的规定处罚。

【2009年2月28日刑法修正案（七）】走私武器、弹药、核材料或者伪造的货币的,处七年以上有期徒刑,并处罚金或者没收财产;情节较轻的,处三年以上七年以下有期徒刑,并处罚金。

走私国家禁止出口的文物、黄金、白银和其他贵重金属或者国家禁止进出口的珍贵动物及其制品的,处五年以上有期徒刑,并处罚金;情节较轻的,处五年以下有期徒刑,并处罚金。

走私珍稀植物及其制品等国家禁止进出口的其他货物、物品的,处五年以下有期徒刑或者拘役,并处或者单处罚金;情节严重的,处五年以上有期徒刑,并处罚金。

犯第一款、第二款罪,情节特别严重的,处无期徒刑或者死刑,并处没收财产。

单位犯本条规定之罪的,对单位判处罚金,并对其直接负责的主管人员和其他直接责任人员,依照本条各款的规定处罚。

【2011年5月1日刑法修正案（八）】走私武器、弹药、核材料或者伪造的货币的,处七年以上有期徒刑,并处罚金或者没收财产;情节特别严重的,处无期徒刑或者死刑,

并处没收财产；情节较轻的，处三年以上七年以下有期徒刑，并处罚金。

走私国家禁止出口的文物、黄金、白银和其他贵重金属或者国家禁止进出口的珍贵动物及其制品的，处五年以上十年以下有期徒刑，并处罚金；情节特别严重的，处十年以上有期徒刑或者无期徒刑，并处没收财产；情节较轻的，处五年以下有期徒刑，并处罚金。

走私珍稀植物及其制品等国家禁止进出口的其他货物、物品的，处五年以下有期徒刑或者拘役，并处或者单处罚金；情节严重的，处五年以上有期徒刑，并处罚金。

单位犯本条规定之罪的，对单位判处罚金，并对其直接负责的主管人员和其他直接责任人员，依照本条各款的规定处罚。

（相关解释）**1. 国家林业局、公安部《关于森林和陆生野生动物刑事案件管辖及立案标准》林安字〔2001〕156 号**

走私珍稀植物二株以上、珍稀植物制品价值在二万元以上的，为重大案件；走私珍稀植物十株以上、珍稀植物制品价值在十万元以上的，为特别重大案件。

走私国家重点保护和《濒危野生动植物种国际贸易公约》附录Ⅰ、附录Ⅱ的陆生野生动物制品价值十万元以上的，应当立为重大案件；走私国家重点保护和《濒危野生动植物种国际贸易公约》附录Ⅰ、附录Ⅱ的陆生野生动物制品价值二十万元以上的，应当立为特别重大案件。

2. 最高人民法院、最高人民检察院、海关总署《关于办理走私刑事案件适用法律若干问题的意见》法〔2002〕139 号

一、关于走私犯罪案件的管辖问题

根据刑事诉讼法的规定，走私犯罪案件由犯罪地的走私犯罪侦查机关立案侦查。走私犯罪案件复杂，环节多，其犯罪地可能涉及多个犯罪行为发生地，包括货物、物品的进口（境）地、出口（境）地、报关地、核销地等。如果发生《刑法》第一百五十四条、第一百五十五条规定的走私犯罪行为的，走私货物、物品的销售地、运输地、收购地和贩卖地均属于犯罪行为的发生地。对有多个走私犯罪行为发生地的，由最初受理的走私犯罪侦查机关或者由主要犯罪地的走私犯罪侦查机关管辖。对管辖有争议的，由共同的上级走私犯罪侦查机关指定管辖。

对发生在海（水）上的走私犯罪案件由该辖区的走私犯罪侦查机关管辖，但对走私船舶有跨辖区连续追缉情形的，由缉获走私船舶的走私犯罪侦查机关管辖。

人民检察院受理走私犯罪侦查机关提请批准逮捕、移送审查起诉的走私犯罪案件，人民法院审理人民检察院提起公诉的走私犯罪案件，按照最高人民法院、最高人民检察院、公安部、司法部、海关总署《关于走私犯罪侦查机关办理走私犯罪案件适用刑事诉讼程序若干问题的通知》（署侦〔1998〕742 号）的有关规定执行。

二、关于电子数据证据的收集、保全问题

走私犯罪侦查机关对于能够证明走私犯罪案件真实情况的电子邮件、电子合同、电子账册、单位内部的电子信息资料等电子数据应当作为刑事证据予以收集、保全。

侦查人员应当对提取、复制电子数据的过程制作有关文字说明，记明案由、对象、内容，提取、复制的时间、地点，电子数据的规格、类别、文件格式等，并由提取、复制电子数据的制作人、电子数据的持有人和能够证明提取、复制过程的见证人签名或者盖章，附所提取、复制的电子数据一并随案移送。

电子数据的持有人不在案或者拒绝签字的，侦查人员应当记明情况；有条件的可将提取、复制有关电子数据的过程拍照或者录像。

三、关于办理走私普通货物、物品刑事案件偷逃应缴税额的核定问题

在办理走私普通货物、物品刑事案件中，对走私行为人涉嫌偷逃应缴税额的核定，应当由走私犯罪案件管辖地的海关出具《涉嫌走私的货物、物品偷逃税款海关核定证明书》（以下简称《核定证明书》）。海关出具的《核定证明书》，经走私犯罪侦查机关、人民检察院、人民法院审查确认，可以作为办案的依据和定罪量刑的证据。

走私犯罪侦查机关、人民检察院和人民法院对《核定证明书》提出异议或者因核定偷逃税额的事实发生变化，认为需要补充核定或者重新核定的，可以要求原出具《核定证明书》的海关补充核定或者重新核定。

走私犯罪嫌疑人、被告人或者辩护人对《核定证明书》有异议，向走私犯罪侦查机关、人民检察院或者人民法院提出重新核定申请的，经走私犯罪侦查机关、人民检察院或者人民法院同意，可以重新核定。重新核定应当另行指派专人进行。

四、关于走私犯罪嫌疑人的逮捕条件

对走私犯罪嫌疑人提请逮捕和审查批准逮捕，应当依照刑事诉讼法第六十条规定的逮捕条件来办理。一般按照下列标准掌握：

（一）有证据证明有走私犯罪事实

1.有证据证明发生了走私犯罪事实

有证据证明发生了走私犯罪事实，须同时满足下列两项条件：

（1）有证据证明发生了违反国家法律、法规，逃避海关监管的行为；

（2）查扣的或者有证据证明的走私货物、物品的数量、价值或者偷逃税额达到《刑法》及相关司法解释规定的起刑点。

2.有证据证明走私犯罪事实系犯罪嫌疑人实施的

有下列情形之一，可认为走私犯罪事实系犯罪嫌疑人实施的：

（1）现场查获犯罪嫌疑人实施走私犯罪的；

（2）视听资料显示犯罪嫌疑人实施走私犯罪的；

（3）犯罪嫌疑人供认的；

（4）有证人证言指证的；

（5）有同案的犯罪嫌疑人供述的；

（6）其他证据能够证明犯罪嫌疑人实施走私犯罪的。

3.证明犯罪嫌疑人实施走私犯罪行为的证据已经查证属实的

符合下列证据规格要求之一，属于证明犯罪嫌疑人实施走私犯罪行为的证据已经查证属实的：

（1）现场查获犯罪嫌疑人实施犯罪，有现场勘查笔录、留置盘问记录、海关扣留查问笔录或者海关查验（检查）记录等证据证实的；

（2）犯罪嫌疑人的供述有其他证据能够印证的；

（3）证人证言能够相互印证的；

（4）证人证言或者同案犯供述能够与其他证据相互印证的；

（5）证明犯罪嫌疑人实施走私犯罪的其他证据已经查证属实的。

（二）可能判处有期徒刑以上的刑罚是指根据《刑法》第一百五十一条、第一百五十二条、第一百五十三条、第三百四十七条、第三百五十条等规定和最高人民法院《关于审理走私刑事案件具体应用法律若干问题的解释》等有关司法解释的规定，结合已查明的走私犯罪事实，对走私犯罪嫌疑人可能判处有期徒刑以上的刑罚。

（三）采取取保候审、监视居住等方法，尚不足以防止发生社会危险性而有逮捕必要的主要是指：走私犯罪嫌疑人可能逃跑、自杀、串供、干扰证人作证以及伪造、毁灭证据等妨碍刑事诉讼活动的正常进行的，或者存在行凶报复、继续作案可能的。

五、关于走私犯罪嫌疑人、被告人主观故意的认定问题

行为人明知自己的行为违反国家法律法规，逃避海关监管，偷逃进出境货物、物品的应缴税额，或者逃避国家有关进出境的禁止性管理，并且希望或者放任危害结果发生的，应认定为具有走私的主观故意。

走私主观故意中的"明知"是指行为人知道或者应当知道所从事的行为是走私行为。具有下列情形之一的，可以认定为"明知"，但有证据证明确属被蒙骗的除外：

（一）逃避海关监管，运输、携带、邮寄国家禁止进出境的货物、物品的；

（二）用特制的设备或者运输工具走私货物、物品的；

（三）未经海关同意，在非设关的码头、海（河）岸、陆路边境等地点，运输（驳载）、收购或者贩卖非法进出境货物、物品的；

（四）提供虚假的合同、发票、证明等商业单证委托他人办理通关手续的；

（五）以明显低于货物正常进（出）口的应缴税额委托他人代理进（出）口业务的；

（六）曾因同一种走私行为受过刑事处罚或者行政处罚的；

（七）其他有证据证明的情形。

六、关于行为人对其走私的具体对象不明确的案件的处理问题

走私犯罪嫌疑人主观上具有走私犯罪故意，但对其走私的具体对象不明确的，不影响走私犯罪构成，应当根据实际的走私对象定罪处罚。但是，确有证据证明行为人因受蒙骗而对走私对象发生认识错误的，可以从轻处罚。

七、关于走私珍贵动物制品行为的处罚问题

走私珍贵动物制品的，应当根据《刑法》第一百五十一条第二、四、五款和最高人民法院《关于审理走私刑事案件具体应用法律若干问题的解释》（以下简称《解释》）第四条的有关规定予以处罚，但同时具有下列情形，情节较轻的，一般不以犯罪论处：

（一）珍贵动物制品购买地允许交易；

（二）入境人员为留作纪念或者作为礼品而携带珍贵动物制品进境，不具有牟利目的的。

同时具有上述两种情形，达到《解释》第四条第三款规定的量刑标准的，一般处五年以下有期徒刑，并处罚金；达到《解释》第四条第四款规定的量刑标准的，一般处五年以上有期徒刑，并处罚金。

八、关于走私旧汽车、切割车等货物、物品的行为的定罪问题

走私《刑法》第一百五十一条、第一百五十二条、第三百四十七条、第三百五十条规定的货物、物品以外的，已被国家明令禁止进出口的货物、物品，例如旧汽车、切割车、侵犯知识产权的货物、来自疫区的动植物及其产品等，应当依照《刑法》第一百五十三条的规定，以走私普通货物、物品罪追究刑事责任。

九、关于利用购买的加工贸易登记手册、特定减免税批文等涉税单证进口货物行为的定性处理问题

加工贸易登记手册、特定减免税批文等涉税单证是海关根据国家法律法规以及有关政策性规定，给予特定企业用于保税货物经营管理和减免税优惠待遇的凭证。利用购买的加工贸易登记手册、特定减免税批文等涉税单证进口货物，实质是将一般贸易货物伪报为加

工贸易保税货物或者特定减免税货物进口，以达到偷逃应缴税款的目的，应当适用《刑法》第一百五十三条以走私普通货物、物品罪定罪处罚。如果行为人与走私分子通谋出售上述涉税单证，或者在出卖批文后又以提供印章、向海关伪报保税货物、特定减免税货物等方式帮助买方办理进口通关手续的，对卖方依照《刑法》第一百五十六条以走私罪共犯定罪处罚。买卖上述涉税单证情节严重尚未进口货物的，依照《刑法》第二百八十条的规定定罪处罚。

十、关于在加工贸易活动中骗取海关核销行为的认定问题

在加工贸易经营活动中，以假出口、假结转或者利用虚假单证等方式骗取海关核销，致使保税货物、物品脱离海关监管，造成国家税款流失，情节严重的，依照《刑法》第一百五十三条的规定，以走私普通货物、物品罪追究刑事责任。但有证据证明因不可抗力原因导致保税货物脱离海关监管，经营人无法办理正常手续而骗取海关核销的，不认定为走私犯罪。

十一、关于伪报价格走私犯罪案件中实际成交价格的认定问题

走私犯罪案件中的伪报价格行为，是指犯罪嫌疑人、被告人在进出口货物、物品时，向海关申报进口或者出口的货物、物品的价格低于或者高于进出口货物的实际成交价格。

对实际成交价格的认定，在无法提取真、伪两套合同、发票等单证的情况下，可以根据犯罪嫌疑人、被告人的付汇渠道、资金流向、会计账册、境内外收发货人的真实交易方式，以及其他能够证明进出口货物实际成交价格的证据材料综合认定。

十二、关于出售走私货物已缴纳的增值税应否从走私偷逃应缴税额中扣除的问题

走私犯罪嫌疑人为出售走私货物而开具增值税专用发票并缴纳增值税，是其走私行为既遂后在流通领域获违法所得的一种手段，属于非法开具增值税专用发票。对走私犯罪嫌疑人因出售走私货物而实际缴纳走私货物增值税的，在核定走私货物偷逃应缴税额时，不应当将其已缴纳的增值税额从其走私偷逃应缴税额中扣除。

十三、关于《刑法》第一百五十四条规定的"销售牟利"的理解问题

《刑法》第一百五十四条第（一）（二）项规定的"销售牟利"，是指行为人主观上为了牟取非法利益而擅自销售海关监管的保税货物、特定减免税货物。该种行为是否构成犯罪，应当根据偷逃的应缴税额是否达到《刑法》第一百五十三条及相关司法解释规定的数额标准予以认定。实际获利与否或者获利多少并不影响其定罪。

十四、关于海上走私犯罪案件如何追究运输人的刑事责任问题

对《刑法》第一百五十五条第（二）项规定的实施海上走私犯罪行为的运输人、收购人或者贩卖人应当追究刑事责任。对运输人，一般追究运输工具的负责人或者主要责任人的刑事责任，但对于事先通谋的、集资走私的或者使用特殊的走私运输工具从事走私犯罪活动的，可以追究其他参与人员的刑事责任。

十五、关于《刑法》第一百五十六条规定的"与走私罪犯通谋"的理解问题

通谋是指犯罪行为人之间事先或者事中形成的共同的走私故意。下列情形可以认定为通谋：

（一）对明知他人从事走私活动而同意为其提供贷款、资金、账号、发票、证明、海关单证，提供运输、保管、邮寄或者其他方便的；

（二）多次为同一走私犯罪分子的走私行为提供前项帮助的。

十六、关于放纵走私罪的认定问题

依照《刑法》第四百一十一条的规定，负有特定监管义务的海关工作人员徇私舞弊，

利用职权，放任、纵容走私犯罪行为，情节严重的，构成放纵走私罪。放纵走私行为，一般是消极的不作为。如果海关工作人员与走私分子通谋，在放纵走私过程中以积极的行为配合走私分子逃避海关监管或者在放纵走私之后分得赃款的，应以共同走私犯罪追究刑事责任。

海关工作人员收受贿赂又放纵走私的，应以受贿罪和放纵走私罪数罪并罚。

十七、关于单位走私犯罪案件诉讼代表人的确定及其相关问题

单位走私犯罪案件的诉讼代表人，应当是单位的法定代表人或者主要负责人。单位的法定代表人或者主要负责人被依法追究刑事责任或者因其他原因无法参与刑事诉讼的，人民检察院应当另行确定被告单位的其他负责人作为诉讼代表人参加诉讼。

接到出庭通知的被告单位的诉讼代表人应当出庭应诉。拒不出庭的，人民法院在必要的时候，可以拘传到庭。

对直接负责的主管人员和其他直接责任人员均无法归案的单位走私犯罪案件，只要单位走私犯罪的事实清楚、证据确实充分，且能够确定诉讼代表人代表单位参与刑事诉讼活动的，可以先行追究该单位的刑事责任。

被告单位没有合适人选作为诉讼代表人出庭的，因不具备追究该单位刑事责任的诉讼条件，可按照单位犯罪的条款先行追究单位犯罪中直接负责的主管人员或者其他直接责任人员的刑事责任。人民法院在对单位犯罪中直接负责的主管人员或者直接责任人员进行判决时，对于扣押、冻结的走私货物、物品、违法所得以及属于犯罪单位所有的走私犯罪工具，应当一并判决予以追缴、没收。

十八、关于单位走私犯罪及其直接负责的主管人员和直接责任人员的认定问题

具备下列特征的，可以认定为单位走私犯罪：（1）以单位的名义实施走私犯罪，即由单位集体研究决定，或者由单位的负责人或者被授权的其他人员决定、同意；（2）为单位谋取不正当利益或者违法所得大部分归单位所有。

依照最高人民法院《关于审理单位犯罪案件具体应用法律有关问题的解释》第二条的规定，个人为进行违法犯罪活动而设立的公司、企业、事业单位实施犯罪的，或者个人设立公司、企业、事业单位后，以实施犯罪为主要活动的，不以单位犯罪论处。单位是否以实施犯罪为主要活动，应根据单位实施走私行为的次数、频度、持续时间、单位进行合法经营的状况等因素综合考虑认定。

根据单位人员在单位走私犯罪活动中所发挥的不同作用，对其直接负责的主管人员和其他直接责任人员，可以确定为一人或者数人。对于受单位领导指派而积极参与实施走私犯罪行为的人员，如果其行为在走私犯罪的主要环节起重要作用的，可以认定为单位犯罪的直接责任人员。

十九、关于单位走私犯罪后发生分立、合并或者其他资产重组情形以及单位被依法注销、宣告破产等情况下，如何追究刑事责任的问题

单位走私犯罪后，单位发生分立、合并或者其他资产重组等情况的，只要承受该单位权利义务的单位存在，应当追究单位走私犯罪的刑事责任。走私单位发生分立、合并或者其他资产重组后，原单位名称发生更改的，仍以原单位（名称）作为被告单位。承受原单位权利义务的单位法定代表人或者负责人为诉讼代表人。

单位走私犯罪后，发生分立、合并或者其他资产重组情形，以及被依法注销、宣告破产等情况的，无论承受该单位权利义务的单位是否存在，均应追究原单位直接负责的主管人员和其他直接责任人员的刑事责任。

人民法院对原走私单位判处罚金的，应当将承受原单位权利义务的单位作为被执行人。罚金超出新单位所承受的财产的，可在执行中予以减除。

二十、关于单位与个人共同走私普通货物、物品案件的处理问题

单位和个人（不包括单位直接负责的主管人员和其他直接责任人员）共同走私的，单位和个人均应对共同走私所偷逃应缴税额负责。

对单位和个人共同走私偷逃应缴税额为五万元以上不满二十五万元的，应当根据其在案件中所起的作用，区分不同情况做出处理。单位起主要作用的，对单位和个人均不追究刑事责任，由海关予以行政处理；个人起主要作用的，对个人依照《刑法》有关规定追究刑事责任，对单位由海关予以行政处理。无法认定单位或个人起主要作用的，对个人和单位分别按个人犯罪和单位犯罪的标准处理。

单位和个人共同走私偷逃应缴税额超过二十五万元且能区分主、从犯的，应当按照《刑法》关于主、从犯的有关规定，对从犯从轻、减轻处罚或者免除处罚。

二十一、关于单位走私犯罪案件自首的认定问题

在办理单位走私犯罪案件中，对单位集体决定自首的，或者单位直接负责的主管人员自首的，应当认定单位自首。认定单位自首后，如实交代主要犯罪事实的单位负责的其他主管人员和其他直接责任人员，可视为自首，但对拒不交代主要犯罪事实或逃避法律追究的人员，不以自首论。

二十二、关于共同走私犯罪案件如何判处罚金刑问题审理共同走私犯罪案件时，对各共同犯罪人判处罚金的总额应掌握在共同走私行为偷逃应缴税额的一倍以上五倍以下。

二十三、关于走私货物、物品、走私违法所得以及走私犯罪工具的处理问题

在办理走私犯罪案件过程中，对发现的走私货物、物品、走私违法所得以及属于走私犯罪分子所有的犯罪工具，走私犯罪侦查机关应当及时追缴，依法予以查扣、冻结。在移送审查起诉时应当将扣押物品文件清单、冻结存款证明文件等材料随案移送，对于扣押的危险品或者鲜活、易腐、易失效、易贬值等不宜长期保存的货物、物品，已经依法先行变卖、拍卖的，应当随案移送变卖、拍卖物品清单以及原物的照片或者录像资料；人民检察院在提起公诉时应当将上述扣押物品文件清单、冻结存款证明和变卖、拍卖物品清单一并移送；人民法院在判决走私罪案件时，应当对随案清单、证明文件中载明的款、物审查确认并依法判决予以追缴、没收；海关根据人民法院的判决和海关法的有关规定予以处理，上缴中央国库。

二十四、关于走私货物、物品无法扣押或者不便扣押情况下走私违法所得的追缴问题

在办理走私普通货物、物品犯罪案件中，对于走私货物、物品因流入国内市场或者投入使用，致使走私货物、物品无法扣押或者不便扣押的，应当按照走私货物、物品的进出口完税价格认定违法所得予以追缴；走私货物、物品实际销售价格高于进出口完税价格的，应当按照实际销售价格认定违法所得予以追缴。

3. 最高人民检察院、公安部《关于公安机关管辖的刑事案件立案追诉标准的规定（二）》（2022年4月6日）（附则见第一百二十条之一）

第二条 【走私假币案（《刑法》第一百五十一条第一款）】走私伪造的货币，涉嫌下列情形之一的，应予立案追诉：

（一）总面额在二千元以上或者币量在二百张（枚）以上的；

（二）总面额在一千元以上或者币量在一百张（枚）以上，二年内因走私假币受过行政处罚，又走私假币的；

（三）其他走私假币应予追究刑事责任的情形。

4. 最高人民法院、最高人民检察院《关于办理走私刑事案件适用法律若干问题的解释》

法释〔2014〕10 号

为依法惩治走私犯罪活动，根据《刑法》有关规定，现就办理走私刑事案件适用法律的若干问题解释如下：

第一条　走私武器、弹药，具有下列情形之一的，可以认定为《刑法》第一百五十一条第一款规定的"情节较轻"：

（一）走私以压缩气体等非火药为动力发射枪弹的枪支二支以上不满五支的；

（二）走私气枪铅弹五百发以上不满二千五百发，或者其他子弹十发以上不满五十发的；

（三）未达到上述数量标准，但属于犯罪集团的首要分子，使用特种车辆从事走私活动，或者走私的武器、弹药被用于实施犯罪等情形的；

（四）走私各种口径在六十毫米以下常规炮弹、手榴弹或者枪榴弹等分别或者合计不满五枚的。

具有下列情形之一的，依照《刑法》第一百五十一条第一款的规定处七年以上有期徒刑，并处罚金或者没收财产：

（一）走私以火药为动力发射枪弹的枪支一支，或者以压缩气体等非火药为动力发射枪弹的枪支五支以上不满十支的；

（二）走私第一款第二项规定的弹药，数量在该项规定的最高数量以上不满最高数量五倍的；

（三）走私各种口径在六十毫米以下常规炮弹、手榴弹或者枪榴弹等分别或者合计达到五枚以上不满十枚，或者各种口径超过六十毫米以上常规炮弹合计不满五枚的；

（四）达到第一款第一、二、四项规定的数量标准，且属于犯罪集团的首要分子，使用特种车辆从事走私活动，或者走私的武器、弹药被用于实施犯罪等情形的。

具有下列情形之一的，应当认定为《刑法》第一百五十一条第一款规定的"情节特别严重"：

（一）走私第二款第一项规定的枪支，数量超过该项规定的数量标准的；

（二）走私第一款第二项规定的弹药，数量在该项规定的最高数量标准五倍以上的；

（三）走私第二款第三项规定的弹药，数量超过该项规定的数量标准，或者走私具有巨大杀伤力的非常规炮弹一枚以上的；

（四）达到第二款第一项至第三项规定的数量标准，且属于犯罪集团的首要分子，使用特种车辆从事走私活动，或者走私的武器、弹药被用于实施犯罪等情形的。

走私其他武器、弹药，构成犯罪的，参照本条各款规定的标准处罚。

第二条　《刑法》第一百五十一条第一款规定的"武器、弹药"的种类，参照《中华人民共和国进口税则》及《中华人民共和国禁止进出境物品表》的有关规定确定。

第三条　走私枪支散件，构成犯罪的，依照《刑法》第一百五十一条第一款的规定，以走私武器罪定罪处罚。成套枪支散件以相应数量的枪支计，非成套枪支散件以每三十件为一套枪支散件计。

第四条　走私各种弹药的弹头、弹壳，构成犯罪的，依照《刑法》第一百五十一条第一款的规定，以走私弹药罪定罪处罚。具体的定罪量刑标准，按照本解释第一条规定的数量标准的五倍执行。

走私报废或者无法组装并使用的各种弹药的弹头、弹壳，构成犯罪的，依照《刑法》

第一百五十三条的规定，以走私普通货物、物品罪定罪处罚；属于废物的，依照《刑法》第一百五十二条第二款的规定，以走私废物罪定罪处罚。

弹头、弹壳是否属于前款规定的"报废或者无法组装并使用"或者"废物"，由国家有关技术部门进行鉴定。

第五条 走私国家禁止或者限制进出口的仿真枪、管制刀具，构成犯罪的，依照《刑法》第一百五十一条第三款的规定，以走私国家禁止进出口的货物、物品罪定罪处罚。具体的定罪量刑标准，适用本解释第十一条第一款第六、七项和第二款的规定。

走私的仿真枪经鉴定为枪支，构成犯罪的，依照《刑法》第一百五十一条第一款的规定，以走私武器罪定罪处罚。不以牟利或者从事违法犯罪活动为目的，且无其他严重情节的，可以依法从轻处罚；情节轻微不需要判处刑罚的，可以免予刑事处罚。

第六条 走私伪造的货币，数额在二千元以上不满二万元，或者数量在二百张（枚）以上不满二千张（枚）的，可以认定为《刑法》第一百五十一条第一款规定的"情节较轻"。

具有下列情形之一的，依照《刑法》第一百五十一条第一款的规定处七年以上有期徒刑，并处罚金或者没收财产：

（一）走私数额在二万元以上不满二十万元，或者数量在二千张（枚）以上不满二万张（枚）的；

（二）走私数额或者数量达到第一款规定的标准，且具有走私的伪造货币流入市场等情节的。

具有下列情形之一的，应当认定为《刑法》第一百五十一条第一款规定的"情节特别严重"：

（一）走私数额在二十万元以上，或者数量在二万张（枚）以上的；

（二）走私数额或者数量达到第二款第一项规定的标准，且属于犯罪集团的首要分子，使用特种车辆从事走私活动，或者走私的伪造货币流入市场等情形的。

第七条 《刑法》第一百五十一条第一款规定的"货币"，包括正在流通的人民币和境外货币。伪造的境外货币数额，折合成人民币计算。

第八条 走私国家禁止出口的三级文物二件以下的，可以认定为《刑法》第一百五十一条第二款规定的"情节较轻"。

具有下列情形之一的，依照《刑法》第一百五十一条第二款的规定处五年以上十年以下有期徒刑，并处罚金：

（一）走私国家禁止出口的二级文物不满三件，或者三级文物三件以上不满九件的；

（二）走私国家禁止出口的三级文物不满三件，且具有造成文物严重毁损或者无法追回等情节的。

具有下列情形之一的，应当认定为《刑法》第一百五十一条第二款规定的"情节特别严重"：

（一）走私国家禁止出口的一级文物一件以上，或者二级文物三件以上，或者三级文物九件以上的；

（二）走私国家禁止出口的文物达到第二款第一项规定的数量标准，且属于犯罪集团的首要分子，使用特种车辆从事走私活动，或者造成文物严重毁损、无法追回等情形的。

第九条 走私国家一、二级保护动物未达到本解释附表中（一）规定的数量标准，或者走私珍贵动物制品数额不满二十万元的，可以认定为《刑法》第一百五十一条第二款规定的"情节较轻"。

具有下列情形之一的，依照《刑法》第一百五十一条第二款的规定处五年以上十年以下有期徒刑，并处罚金：

（一）走私国家一、二级保护动物达到本解释附表中（一）规定的数量标准的；

（二）走私珍贵动物制品数额在二十万元以上不满一百万元的；

（三）走私国家一、二级保护动物未达到本解释附表中（一）规定的数量标准，但具有造成该珍贵动物死亡或者无法追回等情节的。

具有下列情形之一的，应当认定为《刑法》第一百五十一条第二款规定的"情节特别严重"：

（一）走私国家一、二级保护动物达到本解释附表中（二）规定的数量标准的；

（二）走私珍贵动物制品数额在一百万元以上的；

（三）走私国家一、二级保护动物达到本解释附表中（一）规定的数量标准，且属于犯罪集团的首要分子，使用特种车辆从事走私活动，或者造成该珍贵动物死亡、无法追回等情形的。

不以牟利为目的，为留作纪念而走私珍贵动物制品进境，数额不满十万元的，可以免予刑事处罚；情节显著轻微的，不作为犯罪处理。

第十条 《刑法》第一百五十一条第二款规定的"珍贵动物"，包括列入《国家重点保护野生动物名录》中的国家一、二级保护野生动物，《濒危野生动植物种国际贸易公约》附录Ⅰ、附录Ⅱ中的野生动物，以及驯养繁殖的上述动物。

走私本解释附表中未规定的珍贵动物的，参照附表中规定的同属或者同科动物的数量标准执行。

走私本解释附表中未规定珍贵动物的制品的，按照最高人民法院、最高人民检察院、国家林业局、公安部、海关总署《关于破坏野生动物资源刑事案件中涉及的 CITES 附录Ⅰ和附录Ⅱ所列陆生野生动物制品价值核定问题的通知》（林濒发〔2012〕239 号）的有关规定核定价值。

第十一条 走私国家禁止进出口的货物、物品，具有下列情形之一的，依照《刑法》第一百五十一条第三款的规定处五年以下有期徒刑或者拘役，并处或者单处罚金：

（一）走私国家一级保护野生植物五株以上不满二十五株，国家二级保护野生植物十株以上不满五十株，或者珍稀植物、珍稀植物制品数额在二十万元以上不满一百万元的；

（二）走私重点保护古生物化石或者未命名的古生物化石不满十件，或者一般保护古生物化石十件以上不满五十件的；

（三）走私禁止进出口的有毒物质一吨以上不满五吨，或者数额在二万元以上不满十万元的；

（四）走私来自境外疫区的动植物及其产品五吨以上不满二十五吨，或者数额在五万元以上不满二十五万元的；

（五）走私木炭、硅砂等妨害环境、资源保护的货物、物品十吨以上不满五十吨，或者数额在十万元以上不满五十万元的；

（六）走私旧机动车、切割车、旧机电产品或者其他禁止进出口的货物、物品二十吨以上不满一百吨，或者数额在二十万元以上不满一百万元的；

（七）数量或者数额未达到本款第一项至第六项规定的标准，但属于犯罪集团的首要分子，使用特种车辆从事走私活动，造成环境严重污染，或者引起甲类传染病传播、重大动植物疫情等情形的。

　　具有下列情形之一的，应当认定为《刑法》第一百五十一条第三款规定的"情节严重"：

　　（一）走私数量或者数额超过前款第一项至第六项规定的标准的；

　　（二）达到前款第一项至第六项规定的标准，且属于犯罪集团的首要分子，使用特种车辆从事走私活动，造成环境严重污染，或者引起甲类传染病传播、重大动植物疫情等情形的。

　　第十二条　《刑法》第一百五十一条第三款规定的"珍稀植物"，包括列入《国家重点保护野生植物名录》《国家重点保护野生药材物种名录》《国家珍贵树种名录》中的国家一、二级保护野生植物、国家重点保护的野生药材、珍贵树木，《濒危野生动植物种国际贸易公约》附录Ⅰ、附录Ⅱ中的野生植物，以及人工培育的上述植物。

　　本解释规定的"古生物化石"，按照《古生物化石保护条例》的规定予以认定。走私具有科学价值的古脊椎动物化石、古人类化石，构成犯罪的，依照《刑法》第一百五十一条第二款的规定，以走私文物罪定罪处罚。

　　第十三条　以牟利或者传播为目的，走私淫秽物品，达到下列数量之一的，可以认定为《刑法》第一百五十二条第一款规定的"情节较轻"：

　　（一）走私淫秽录像带、影碟五十盘（张）以上不满一百盘（张）的；

　　（二）走私淫秽录音带、音碟一百盘（张）以上不满二百盘（张）的；

　　（三）走私淫秽扑克、书刊、画册一百副（册）以上不满二百副（册）的；

　　（四）走私淫秽照片、画片五百张以上不满一千张的；

　　（五）走私其他淫秽物品相当于上述数量的。

　　走私淫秽物品在前款规定的最高数量以上不满最高数量五倍的，依照《刑法》第一百五十二条第一款的规定处三年以上十年以下有期徒刑，并处罚金。

　　走私淫秽物品在第一款规定的最高数量五倍以上，或者在第一款规定的最高数量以上不满五倍，但属于犯罪集团的首要分子，使用特种车辆从事走私活动等情形的，应当认定为《刑法》第一百五十二条第一款规定的"情节严重"。

　　第十四条　走私国家禁止进口的废物或者国家限制进口的可用作原料的废物，具有下列情形之一的，应当认定为《刑法》第一百五十二条第二款规定的"情节严重"：

　　（一）走私国家禁止进口的危险性固体废物、液态废物分别或者合计达到一吨以上不满五吨的；

　　（二）走私国家禁止进口的非危险性固体废物、液态废物分别或者合计达到五吨以上不满二十五吨的；

　　（三）走私国家限制进口的可用作原料的固体废物、液态废物分别或者合计达到二十吨以上不满一百吨的；

　　（四）未达到上述数量标准，但属于犯罪集团的首要分子，使用特种车辆从事走私活动，或者造成环境严重污染等情形的。

　　具有下列情形之一的，应当认定为《刑法》第一百五十二条第二款规定的"情节特别严重"：

　　（一）走私数量超过前款规定的标准的；

　　（二）达到前款规定的标准，且属于犯罪集团的首要分子，使用特种车辆从事走私活动，或者造成环境严重污染等情形的；

　　（三）未达到前款规定的标准，但造成环境严重污染且后果特别严重的。

　　走私置于容器中的气态废物，构成犯罪的，参照前两款规定的标准处罚。

第十五条 国家限制进口的可用作原料的废物的具体种类，参照国家有关部门的规定确定。

第十六条 走私普通货物、物品，偷逃应缴税额在十万元以上不满五十万元的，应当认定为《刑法》第一百五十三条第一款规定的"偷逃应缴税额较大"；偷逃应缴税额在五十万元以上不满二百五十万元的，应当认定为"偷逃应缴税额巨大"；偷逃应缴税额在二百五十万元以上的，应当认定为"偷逃应缴税额特别巨大"。

走私普通货物、物品，具有下列情形之一，偷逃应缴税额在三十万元以上不满五十万元的，应当认定为《刑法》第一百五十三条第一款规定的"其他严重情节"；偷逃应缴税额在一百五十万元以上不满二百五十万元的，应当认定为"其他特别严重情节"：

（一）犯罪集团的首要分子；

（二）使用特种车辆从事走私活动的；

（三）为实施走私犯罪，向国家机关工作人员行贿的；

（四）教唆、利用未成年人、孕妇等特殊人群走私的；

（五）聚众阻挠缉私的。

第十七条 《刑法》第一百五十三条第一款规定的"一年内曾因走私被给予二次行政处罚后又走私"中的"一年内"，以因走私第一次受到行政处罚的生效之日与"又走私"行为实施之日的时间间隔计算确定；"被给予二次行政处罚"的走私行为，包括走私普通货物、物品以及其他货物、物品；"又走私"行为仅指走私普通货物、物品。

第十八条 《刑法》第一百五十三条规定的"应缴税额"，包括进出口货物、物品应当缴纳的进出口关税和进口环节海关代征的税额。应缴税额以走私行为实施时的税则、税率、汇率和完税价格计算；多次走私的，以每次走私行为实施时的税则、税率、汇率和完税价格逐票计算；走私行为实施时间不能确定的，以案发时的税则、税率、汇率和完税价格计算。

《刑法》第一百五十三条第三款规定的"多次走私未经处理"，包括未经行政处理和刑事处理。

第十九条 《刑法》第一百五十四条规定的"保税货物"，是指经海关批准，未办理纳税手续进境，在境内储存、加工、装配后应予复运出境的货物，包括通过加工贸易、补偿贸易等方式进口的货物，以及在保税仓库、保税工厂、保税区或者免税商店内等储存、加工、寄售的货物。

第二十条 直接向走私人非法收购走私进口的货物、物品，在内海、领海、界河、界湖运输、收购、贩卖国家禁止进出口的物品，或者没有合法证明，在内海、领海、界河、界湖运输、收购、贩卖国家限制进出口的货物、物品，构成犯罪的，应当按照走私货物、物品的种类，分别依照《刑法》第一百五十一条、第一百五十二条、第一百五十三条、第三百四十七条、第三百五十条的规定定罪处罚。

《刑法》第一百五十五条第二项规定的"内海"，包括内河的入海口水域。

第二十一条 未经许可进出口国家限制进出口的货物、物品，构成犯罪的，应当依照《刑法》第一百五十一条、第一百五十二条的规定，以走私国家禁止进出口的货物、物品罪等罪名定罪处罚；偷逃应缴税额，同时又构成走私普通货物、物品罪的，依照处罚较重的规定定罪处罚。

取得许可，但超过许可数量进出口国家限制进出口的货物、物品，构成犯罪的，依照《刑法》第一百五十三条的规定，以走私普通货物、物品罪定罪处罚。

租用、借用或者使用购买的他人许可证，进出口国家限制进出口的货物、物品的，适用本条第一款的规定定罪处罚。

第二十二条　在走私的货物、物品中藏匿《刑法》第一百五十一条、第一百五十二条、第三百四十七条、第三百五十条规定的货物、物品，构成犯罪的，以实际走私的货物、物品定罪处罚；构成数罪的，实行数罪并罚。

第二十三条　实施走私犯罪，具有下列情形之一的，应当认定为犯罪既遂：

（一）在海关监管现场被查获的；

（二）以虚假申报方式走私，申报行为实施完毕的；

（三）以保税货物或者特定减税、免税进口的货物、物品为对象走私，在境内销售的，或者申请核销行为实施完毕的。

第二十四条　单位犯《刑法》第一百五十一条、第一百五十二条规定之罪，依照本解释规定的标准定罪处罚。

单位犯走私普通货物、物品罪，偷逃应缴税额在二十万元以上不满一百万元的，应当依照《刑法》第一百五十三条第二款的规定，对单位判处罚金，并对其直接负责的主管人员和其他直接责任人员，处三年以下有期徒刑或者拘役；偷逃应缴税额在一百万元以上不满五百万元的，应当认定为"情节严重"；偷逃应缴税额在五百万元以上的，应当认定为"情节特别严重"。

第二十五条　本解释发布实施后，最高人民法院《关于审理走私刑事案件具体应用法律若干问题的解释》（法释〔2000〕30号）、最高人民法院《关于审理走私刑事案件具体应用法律若干问题的解释（二）》（法释〔2006〕9号）同时废止。之前发布的司法解释与本解释不一致的，以本解释为准。

5. 最高人民法院、最高人民检察院《关于办理妨害文物管理等刑事案件适用法律若干问题的解释》 法释〔2015〕23号（具体见《刑法》第三百二十四条）

第一条　《刑法》第一百五十一条规定的"国家禁止出口的文物"，依照《中华人民共和国文物保护法》规定的"国家禁止出境的文物"的范围认定。

走私国家禁止出口的二级文物的，应当依照《刑法》第一百五十一条第二款的规定，以走私文物罪处五年以上十年以下有期徒刑，并处罚金；走私国家禁止出口的一级文物的，应当认定为《刑法》第一百五十一条第二款规定的"情节特别严重"；走私国家禁止出口的三级文物的，应当认定为《刑法》第一百五十一条第二款规定的"情节较轻"。

走私国家禁止出口的文物，无法确定文物等级，或者按照文物等级定罪量刑明显过轻或者过重的，可以按照走私的文物价值定罪量刑。走私的文物价值在二十万元以上不满一百万元的，应当依照《刑法》第一百五十一条第二款的规定，以走私文物罪处五年以上十年以下有期徒刑，并处罚金；文物价值在一百万元以上的，应当认定为《刑法》第一百五十一条第二款规定的"情节特别严重"；文物价值在五万元以上不满二十万元的，应当认定为《刑法》第一百五十一条第二款规定的"情节较轻"。

第十一条　单位实施走私文物、倒卖文物等行为，构成犯罪的，依照本解释规定的相应自然人犯罪的定罪量刑标准，对直接负责的主管人员和其他直接责任人员定罪处罚，并对单位判处罚金。

公司、企业、事业单位、机关、团体等单位实施盗窃文物，故意损毁文物、名胜古迹，过失损毁文物，盗掘古文化遗址、古墓葬等行为的，依照本解释规定的相应定罪量刑标准，追究组织者、策划者、实施者的刑事责任。

第十二条　针对不可移动文物整体实施走私、盗窃、倒卖等行为的，根据所属不可移动文物的等级，依照本解释第一条、第二条、第六条的规定定罪量刑：

（一）尚未被确定为文物保护单位的不可移动文物，适用一般文物的定罪量刑标准；

（二）市、县级文物保护单位，适用三级文物的定罪量刑标准；

（三）全国重点文物保护单位、省级文物保护单位，适用二级以上文物的定罪量刑标准。

针对不可移动文物中的建筑构件、壁画、雕塑、石刻等实施走私、盗窃、倒卖等行为的，根据建筑构件、壁画、雕塑、石刻等文物本身的等级或者价值，依照本解释第一条、第二条、第六条的规定定罪量刑。建筑构件、壁画、雕塑、石刻等所属不可移动文物的等级，应当作为量刑情节予以考虑。

第十三条　案件涉及不同等级的文物的，按照高级别文物的量刑幅度量刑；有多件同级文物的，五件同级文物视为一件高一级文物，但是价值明显不相当的除外。

第十四条　依照文物价值定罪量刑的，根据涉案文物的有效价格证明认定文物价值；无有效价格证明，或者根据价格证明认定明显不合理的，根据销赃数额认定，或者结合本解释第十五条规定的鉴定意见、报告认定。

第十五条　在行为人实施有关行为前，文物行政部门已对涉案文物及其等级作出认定的，可以直接对有关案件事实作出认定。

对案件涉及的有关文物鉴定、价值认定等专门性问题难以确定的，由司法鉴定机构出具鉴定意见，或者由国务院文物行政部门指定的机构出具报告。其中，对于文物价值，也可以由有关价格认证机构作出价格认证并出具报告。

第十六条　实施本解释第一条、第二条、第六条至第九条规定的行为，虽已达到应当追究刑事责任的标准，但行为人系初犯，积极退回或者协助追回文物，未造成文物损毁，并确有悔罪表现的，可以认定为犯罪情节轻微，不起诉或者免予刑事处罚。

实施本解释第三条至第五条规定的行为，虽已达到应当追究刑事责任的标准，但行为人系初犯，积极赔偿损失，并确有悔罪表现的，可以认定为犯罪情节轻微，不起诉或者免予刑事处罚。

第十七条　走私、盗窃、损毁、倒卖、盗掘或者非法转让具有科学价值的古脊椎动物化石、古人类化石的，依照《刑法》和本解释的有关规定定罪量刑。

6.最高人民法院《关于审理走私、非法经营、非法使用兴奋剂刑事案件适用法律若干问题的解释》 法释〔2019〕16号

为依法惩治走私、非法经营、非法使用兴奋剂犯罪，维护体育竞赛的公平竞争，保护体育运动参加者的身心健康，根据《中华人民共和国刑法》《中华人民共和国刑事诉讼法》的规定，制定本解释。

第一条　运动员、运动员辅助人员走私兴奋剂目录所列物质，或者其他人员以在体育竞赛中非法使用为目的走私兴奋剂目录所列物质，涉案物质属于国家禁止进出口的货物、物品，具有下列情形之一的，应当依照《刑法》第一百五十一条第三款的规定，以走私国家禁止进出口的货物、物品罪定罪处罚：

（一）一年内曾因走私被给予二次以上行政处罚后又走私的；

（二）用于或者准备用于未成年人运动员、残疾人运动员的；

（三）用于或者准备用于国内、国际重大体育竞赛的；

（四）其他造成严重恶劣社会影响的情形。

实施前款规定的行为，涉案物质不属于国家禁止进出口的货物、物品，但偷逃应缴税

额一万元以上或者一年内曾因走私被给予二次以上行政处罚后又走私的，应当依照《刑法》第一百五十三条的规定，以走私普通货物、物品罪定罪处罚。

对于本条第一款、第二款规定以外的走私兴奋剂目录所列物质行为，适用《最高人民法院、最高人民检察院关于办理走私刑事案件适用法律若干问题的解释》（法释〔2014〕10号）规定的定罪量刑标准。

第二条　违反国家规定，未经许可经营兴奋剂目录所列物质，涉案物质属于法律、行政法规规定的限制买卖的物品，扰乱市场秩序，情节严重的，应当依照《刑法》第二百二十五条的规定，以非法经营罪定罪处罚。

第三条　对未成年人、残疾人负有监护、看护职责的人组织未成年人、残疾人在体育运动中非法使用兴奋剂，具有下列情形之一的，应当认定为《刑法》第二百六十条之一规定的"情节恶劣"，以虐待被监护、看护人罪定罪处罚：

（一）强迫未成年人、残疾人使用的；

（二）引诱、欺骗未成年人、残疾人长期使用的；

（三）其他严重损害未成年人、残疾人身心健康的情形。

第四条　在普通高等学校招生、公务员录用等法律规定的国家考试涉及的体育、体能测试等体育运动中，组织考生非法使用兴奋剂的，应当依照《刑法》第二百八十四条之一的规定，以组织考试作弊罪定罪处罚。

明知他人实施前款犯罪而为其提供兴奋剂的，依照前款的规定定罪处罚。

第五条　生产、销售含有兴奋剂目录所列物质的食品，符合《刑法》第一百四十三条、第一百四十四条规定的，以生产、销售不符合安全标准的食品罪，生产、销售有毒、有害食品罪定罪处罚。

第六条　国家机关工作人员在行使反兴奋剂管理职权时滥用职权或者玩忽职守，造成严重兴奋剂违规事件，严重损害国家声誉或者造成恶劣社会影响，符合《刑法》第三百九十七条规定的，以滥用职权罪、玩忽职守罪定罪处罚。

依法或者受委托行使反兴奋剂管理职权的单位的工作人员，在行使反兴奋剂管理职权时滥用职权或者玩忽职守的，依照前款规定定罪处罚。

第七条　实施本解释规定的行为，涉案物质属于毒品、制毒物品等，构成有关犯罪的，依照相应犯罪定罪处罚。

第八条　对于是否属于本解释规定的"兴奋剂""兴奋剂目录所列物质""体育运动""国内、国际重大体育竞赛"等专门性问题，应当依据《中华人民共和国体育法》《反兴奋剂条例》等法律法规，结合国务院体育主管部门出具的认定意见等证据材料作出认定。

第九条　本解释自2020年1月1日起施行。

7.最高人民法院、最高人民检察院、公安部、司法部《关于依法惩治非法野生动物交易犯罪的指导意见》公通字〔2020〕19号（2020年12月18日）（具体见第三百四十一条）

二、依法严厉打击非法收购、运输、出售、进出口野生动物及其制品的犯罪行为，切断非法野生动物交易的利益链条。

非法收购、运输、出售国家重点保护的珍贵、濒危野生动物及其制品，符合《刑法》第三百四十一条第一款规定的，以非法收购、运输、出售珍贵、濒危野生动物、珍贵、濒危野生动物制品罪定罪处罚。

走私国家禁止进出口的珍贵动物及其制品，符合《刑法》第一百五十一条第二款规定的，以走私珍贵动物、珍贵动物制品罪定罪处罚。

8.最高人民法院、最高人民检察院、海关总署、公安部、中国海警局《关于打击粤港澳海上跨境走私犯罪适用法律若干问题的指导意见》署缉发〔2021〕141号（2021年12月14日）

近一时期来，粤港澳海上跨境走私冻品等犯罪频发，严重破坏海关监管秩序和正常贸易秩序。走私冻品存在疫情传播风险，严重危害公共卫生安全和食品安全。走私犯罪分子为实施犯罪或逃避追缉，采取暴力抗拒执法，驾驶改装船舶高速行驶冲撞等方式，严重威胁海上正常航行安全。为严厉打击粤港澳海上跨境走私，现就当前比较突出的法律适用问题提出以下指导意见：

一、非设关地走私进口未取得国家检验检疫准入证书的冻品，应认定为国家禁止进口的货物，构成犯罪的，按走私国家禁止进出口的货物罪定罪处罚。其中，对走私来自境外疫区的冻品，依据《最高人民法院、最高人民检察院关于办理走私刑事案件适用法律若干问题的解释》（法释〔2014〕10号，以下简称《解释》）第十一条第一款第四项和第二款规定定罪处罚。对走私来自境外非疫区的冻品，或者无法查明是否来自境外疫区的冻品，依据《解释》第十一条第一款第六项和第二款规定定罪处罚。

二、走私犯罪分子在实施走私犯罪或者逃避追缉过程中，实施碰撞、挤别、抛撒障碍物、超高速行驶、强光照射驾驶人员等危险行为，危害公共安全的，以走私罪和以危险方法危害公共安全罪数罪并罚。以暴力、威胁方法抗拒缉私执法，以走私罪和袭警罪或者妨害公务罪数罪并罚。武装掩护走私的，依照《刑法》第一百五十一条第一款规定从重处罚。

三、犯罪嫌疑人真实姓名、住址无法查清的，按其绰号或者自报的姓名、住址认定，并在法律文书中注明。

犯罪嫌疑人的国籍、身份，根据其入境时的有效证件认定；拥有两国以上护照的，以其入境时所持的护照认定其国籍。

犯罪嫌疑人国籍不明的，可以通过出入境管理部门协助查明，或者以有关国家驻华使、领馆出具的证明认定；确实无法查明国籍的，以无国籍人员对待。

四、对用于运输走私冻品等货物的船舶、车辆，按照以下原则处置：

（一）对"三无"船舶，无法提供有效证书的船舶、车辆，依法予以没收、收缴或者移交主管机关依法处置；

（二）对走私犯罪分子自有的船舶、车辆或者假挂靠、长期不作登记、虚假登记等实为走私分子所有的船舶、车辆，作为犯罪工具依法没收；

（三）对所有人明知或者应当知道他人实施走私冻品等犯罪而出租、出借的船舶、车辆，依法予以没收。

具有下列情形之一的，可以认定船舶、车辆出租人、出借人明知或者应当知道他人实施违法犯罪，但有证据证明确属被蒙骗或者有其他相反证据的除外：

（一）出租人、出借人未经有关部门批准，擅自将船舶改装为可运载冻品等货物用的船舶，或者进行伪装的；

（二）出租人、出借人默许实际承运人将船舶改装为可运载冻品等货物用船舶，或者进行伪装的；

（三）因出租、出借船舶、车辆用于走私受过行政处罚，又出租、出借给同一走私人或者同一走私团伙使用的；

（四）出租人、出借人拒不提供真实的实际承运人信息，或者提供虚假的实际承运人信息的；

（五）其他可以认定明知或者应当知道的情形。

是否属于"三无"船舶，按照《"三无"船舶联合认定办法》（署缉发〔2021〕88号印发）规定认定。

五、对查封、扣押的未取得国家检验检疫准入证书的冻品，走私犯罪事实已基本查清的，在做好拍照、录像、称量、勘验、检查等证据固定工作和保留样本后，依照《罚没走私冻品处置办法（试行）》（署缉发〔2015〕289号印发）和《海关总署 财政部关于查获走私冻品由地方归口处置的通知》（署财函〔2019〕300号）规定，先行移交有关部门作无害化处理。

六、办理粤港澳海上以外其他地区非设关地走私刑事案件，可以参照本意见的精神依法处理。

9.最高人民法院、最高人民检察院《关于办理破坏野生动物资源刑事案件适用法律若干问题的解释》法释〔2022〕12号（2022年4月6日）

为依法惩治破坏野生动物资源犯罪，保护生态环境，维护生物多样性和生态平衡，根据《中华人民共和国刑法》《中华人民共和国刑事诉讼法》《中华人民共和国野生动物保护法》等法律的有关规定，现就办理此类刑事案件适用法律的若干问题解释如下：

第一条 具有下列情形之一的，应当认定为《刑法》第一百五十一条第二款规定的走私国家禁止进出口的珍贵动物及其制品：

（一）未经批准擅自进出口列入经国家濒危物种进出口管理机构公布的《濒危野生动植物种国际贸易公约》附录Ⅰ、附录Ⅱ的野生动物及其制品；

（二）未经批准擅自出口列入《国家重点保护野生动物名录》的野生动物及其制品。

第二条 走私国家禁止进出口的珍贵动物及其制品，价值二十万元以上不满二百万元的，应当依照《刑法》第一百五十一条第二款的规定，以走私珍贵动物、珍贵动物制品罪处五年以上十年以下有期徒刑，并处罚金；价值二百万元以上的，应当认定为"情节特别严重"，处十年以上有期徒刑或者无期徒刑，并处没收财产；价值二万元以上不满二十万元的，应当认定为"情节较轻"，处五年以下有期徒刑，并处罚金。

实施前款规定的行为，具有下列情形之一的，从重处罚：

（一）属于犯罪集团的首要分子的；

（二）为逃避监管，使用特种交通工具实施的；

（三）二年内曾因破坏野生动物资源受过行政处罚的。

实施第一款规定的行为，不具有第二款规定的情形，且未造成动物死亡或者动物、动物制品无法追回，行为人全部退赃退赔，确有悔罪表现的，按照下列规定处理：

（一）珍贵动物及其制品价值二百万元以上的，可以处五年以上十年以下有期徒刑，并处罚金；

（二）珍贵动物及其制品价值二十万元以上不满二百万元的，可以认定为"情节较轻"，处五年以下有期徒刑，并处罚金；

（三）珍贵动物及其制品价值二万元以上不满二十万元的，可以认定为犯罪情节轻微，不起诉或者免予刑事处罚；情节显著轻微危害不大的，不作为犯罪处理。

第三条 在内陆水域，违反保护水产资源法规，在禁渔区、禁渔期或者使用禁用的工具、方法捕捞水产品，具有下列情形之一的，应当认定为《刑法》第三百四十条规定的"情节严重"，以非法捕捞水产品罪定罪处罚：

（一）非法捕捞水产品五百公斤以上或者价值一万元以上的；

（二）非法捕捞有重要经济价值的水生动物苗种、怀卵亲体或者在水产种质资源保护区内捕捞水产品五十公斤以上或者价值一千元以上的；

（三）在禁渔区使用电鱼、毒鱼、炸鱼等严重破坏渔业资源的禁用方法或者禁用工具捕捞的；

（四）在禁渔期使用电鱼、毒鱼、炸鱼等严重破坏渔业资源的禁用方法或者禁用工具捕捞的；

（五）其他情节严重的情形。

实施前款规定的行为，具有下列情形之一的，从重处罚：

（一）暴力抗拒、阻碍国家机关工作人员依法履行职务，尚未构成妨害公务罪、袭警罪的；

（二）二年内曾因破坏野生动物资源受过行政处罚的；

（三）对水生生物资源或者水域生态造成严重损害的；

（四）纠集多条船只非法捕捞的；

（五）以非法捕捞为业的。

实施第一款规定的行为，根据渔获物的数量、价值和捕捞方法、工具等，认为对水生生物资源危害明显较轻的，综合考虑行为人自愿接受行政处罚、积极修复生态环境等情节，可以认定为犯罪情节轻微，不起诉或者免予刑事处罚；情节显著轻微危害不大的，不作为犯罪处理。

第四条　《刑法》第三百四十一条第一款规定的"国家重点保护的珍贵、濒危野生动物"包括：

（一）列入《国家重点保护野生动物名录》的野生动物；

（二）经国务院野生动物保护主管部门核准按照国家重点保护的野生动物管理的野生动物。

第五条　《刑法》第三百四十一条第一款规定的"收购"包括以营利、自用等为目的的购买行为；"运输"包括采用携带、邮寄、利用他人、使用交通工具等方法进行运送的行为；"出售"包括出卖和以营利为目的的加工利用行为。

《刑法》第三百四十一条第三款规定的"收购""运输""出售"，是指以食用为目的，实施前款规定的相应行为。

第六条　非法猎捕、杀害国家重点保护的珍贵、濒危野生动物，或者非法收购、运输、出售国家重点保护的珍贵、濒危野生动物及其制品，价值二万元以上不满二十万元的，应当依照《刑法》第三百四十一条第一款的规定，以危害珍贵、濒危野生动物罪处五年以下有期徒刑或者拘役，并处罚金；价值二十万元以上不满二百万元的，应当认定为"情节严重"，处五年以上十年以下有期徒刑，并处罚金；价值二百万元以上的，应当认定为"情节特别严重"，处十年以上有期徒刑，并处罚金或者没收财产。

实施前款规定的行为，具有下列情形之一的，从重处罚：

（一）属于犯罪集团的首要分子的；

（二）为逃避监管，使用特种交通工具实施的；

（三）严重影响野生动物科研工作的；

（四）二年内曾因破坏野生动物资源受过行政处罚的。

实施第一款规定的行为，不具有第二款规定的情形，且未造成动物死亡或者动物、动物制品无法追回，行为人全部退赃退赔，确有悔罪表现的，按照下列规定处理：

（一）珍贵、濒危野生动物及其制品价值二百万元以上的，可以认定为"情节严重"，处五年以上十年以下有期徒刑，并处罚金；

（二）珍贵、濒危野生动物及其制品价值二十万元以上不满二百万元的，可以处五年以下有期徒刑或者拘役，并处罚金；

（三）珍贵、濒危野生动物及其制品价值二万元以上不满二十万元的，可以认定为犯罪情节轻微，不起诉或者免予刑事处罚；情节显著轻微危害不大的，不作为犯罪处理。

第七条　违反狩猎法规，在禁猎区、禁猎期或者使用禁用的工具、方法进行狩猎，破坏野生动物资源，具有下列情形之一的，应当认定为《刑法》第三百四十一条第二款规定的"情节严重"，以非法狩猎罪定罪处罚：

（一）非法猎捕野生动物价值一万元以上的；

（二）在禁猎区使用禁用的工具或者方法狩猎的；

（三）在禁猎期使用禁用的工具或者方法狩猎的；

（四）其他情节严重的情形。

实施前款规定的行为，具有下列情形之一的，从重处罚：

（一）暴力抗拒、阻碍国家机关工作人员依法履行职务，尚未构成妨害公务罪、袭警罪的；

（二）对野生动物资源或者栖息地生态造成严重损害的；

（三）二年内曾因破坏野生动物资源受过行政处罚的。

实施第一款规定的行为，根据猎获物的数量、价值和狩猎方法、工具等，认为对野生动物资源危害明显较轻的，综合考虑猎捕的动机、目的、行为人自愿接受行政处罚、积极修复生态环境等情节，可以认定为犯罪情节轻微，不起诉或者免予刑事处罚；情节显著轻微危害不大的，不作为犯罪处理。

第八条　违反野生动物保护管理法规，以食用为目的，非法猎捕、收购、运输、出售《刑法》第三百四十一条第一款规定以外的在野外环境自然生长繁殖的陆生野生动物，具有下列情形之一的，应当认定为《刑法》第三百四十一条第三款规定的"情节严重"，以非法猎捕、收购、运输、出售陆生野生动物罪定罪处罚：

（一）非法猎捕、收购、运输、出售有重要生态、科学、社会价值的陆生野生动物或者地方重点保护陆生野生动物价值一万元以上的；

（二）非法猎捕、收购、运输、出售第一项规定以外的其他陆生野生动物价值五万元以上的；

（三）其他情节严重的情形。

实施前款规定的行为，同时构成非法狩猎罪的，应当依照《刑法》第三百四十一条第三款的规定，以非法猎捕陆生野生动物罪定罪处罚。

第九条　明知是非法捕捞犯罪所得的水产品、非法狩猎犯罪所得的猎获物而收购、贩卖或者以其他方法掩饰、隐瞒，符合《刑法》第三百一十二条规定的，以掩饰、隐瞒犯罪所得罪定罪处罚。

第十条　负有野生动物保护和进出口监督管理职责的国家机关工作人员，滥用职权或者玩忽职守，致使公共财产、国家和人民利益遭受重大损失的，应当依照《刑法》第三百九十七条的规定，以滥用职权罪或者玩忽职守罪追究刑事责任。

负有查禁破坏野生动物资源犯罪活动职责的国家机关工作人员，向犯罪分子通风报信、提供便利，帮助犯罪分子逃避处罚的，应当依照《刑法》第四百一十七条的规定，以帮助犯罪分子逃避处罚罪追究刑事责任。

第十一条　对于"以食用为目的"，应当综合涉案动物及其制品的特征，被查获的地点，加工、包装情况，以及可以证明来源、用途的标识、证明等证据作出认定。

实施本解释规定的相关行为，具有下列情形之一的，可以认定为"以食用为目的"：

（一）将相关野生动物及其制品在餐饮单位、饮食摊点、超市等场所作为食品销售或者运往上述场所的；

（二）通过包装、说明书、广告等介绍相关野生动物及其制品的食用价值或者方法的；

（三）其他足以认定以食用为目的的情形。

第十二条　二次以上实施本解释规定的行为构成犯罪，依法应当追诉的，或者二年内实施本解释规定的行为未经处理的，数量、数额累计计算。

第十三条　实施本解释规定的相关行为，在认定是否构成犯罪以及裁量刑罚时，应当考虑涉案动物是否系人工繁育、物种的濒危程度、野外存活状况、人工繁育情况、是否列入人工繁育国家重点保护野生动物名录、行为手段、对野生动物资源的损害程度，以及对野生动物及其制品的认知程度等情节，综合评估社会危害性，准确认定是否构成犯罪，妥当裁量刑罚，确保罪责刑相适应；根据本解释的规定定罪量刑明显过重的，可以根据案件的事实、情节和社会危害程度，依法作出妥当处理。

涉案动物系人工繁育，具有下列情形之一的，对所涉案件一般不作为犯罪处理；需要追究刑事责任的，应当依法从宽处理：

（一）列入人工繁育国家重点保护野生动物名录的；

（二）人工繁育技术成熟、已成规模，作为宠物买卖、运输的。

第十四条　对于实施本解释规定的相关行为被不起诉或者免予刑事处罚的行为人，依法应当给予行政处罚、政务处分或者其他处分的，依法移送有关主管机关处理。

第十五条　对于涉案动物及其制品的价值，应当根据下列方法确定：

（一）对于国家禁止进出口的珍贵动物及其制品、国家重点保护的珍贵、濒危野生动物及其制品的价值，根据国务院野生动物保护主管部门制定的评估标准和方法核算；

（二）对于有重要生态、科学、社会价值的陆生野生动物、地方重点保护野生动物、其他野生动物及其制品的价值，根据销赃数额认定；无销赃数额、销赃数额难以查证或者根据销赃数额认定明显偏低的，根据市场价格核算，必要时，也可以参照相关评估标准和方法核算。

第十六条　根据本解释第十五条规定难以确定涉案动物及其制品价值的，依据司法鉴定机构出具的鉴定意见，或者下列机构出具的报告，结合其他证据作出认定：

（一）价格认证机构出具的报告；

（二）国务院野生动物保护主管部门、国家濒危物种进出口管理机构或者海关总署等指定的机构出具的报告；

（三）地、市级以上人民政府野生动物保护主管部门、国家濒危物种进出口管理机构的派出机构或者直属海关等出具的报告。

第十七条　对于涉案动物的种属类别、是否系人工繁育，非法捕捞、狩猎的工具、方法，以及对野生动物资源的损害程度等专门性问题，可以由野生动物保护主管部门、侦查机关依据现场勘验、检查笔录等出具认定意见；难以确定的，依据司法鉴定机构出具的鉴定意见、本解释第十六条所列机构出具的报告，被告人及其辩护人提供的证据材料，结合其他证据材料综合审查，依法作出认定。

第十八条　餐饮公司、渔业公司等单位实施破坏野生动物资源犯罪的，依照本解释规定的相应自然人犯罪的定罪量刑标准，对直接负责的主管人员和其他直接责任人员定罪处罚，并对单位判处罚金。

第十九条　在海洋水域，非法捕捞水产品，非法采捕珊瑚、砗磲或者其他珍贵、濒危水生野生动物，或者非法收购、运输、出售珊瑚、砗磲或者其他珍贵、濒危水生野生动物及其制品的，定罪量刑标准适用《最高人民法院关于审理发生在我国管辖海域相关案件若干问题的规定（二）》(法释〔2016〕17号)的相关规定。

第二十条　本解释自2022年4月9日起施行。本解释公布施行后，《最高人民法院关于审理破坏野生动物资源刑事案件具体应用法律若干问题的解释》（法释〔2000〕37号）同时废止；之前发布的司法解释与本解释不一致的，以本解释为准。

（附参考）**浙江省高级人民法院刑事审判庭《关于执行刑法若干问题的具体意见》**浙高法刑〔1999〕1号

30.走私文物罪是指走私国家禁止出口的文物的行为。走私文物入境的行为，应按走私普通货物、物品处理。

第一百五十二条【走私淫秽物品罪】　以牟利或者传播为目的，走私淫秽的影片、录像带、录音带、图片、书刊或者其他淫秽物品的，处三年以上十年以下有期徒刑，并处罚金；情节严重的，处十年以上有期徒刑或者无期徒刑，并处罚金或者没收财产；情节较轻的，处三年以下有期徒刑、拘役或者管制，并处罚金。

【走私废物罪】　逃避海关监管将境外固体废物、液态废物和气态废物运输进境，情节严重的，处五年以下有期徒刑，并处或者单处罚金；情节特别严重的，处五年以上有期徒刑，并处罚金。

单位犯前两款罪的，对单位判处罚金，并对其直接负责的主管人员和其他直接责任人员，依照前两款的规定处罚。【2002年12月28日刑法修正案（四）】

【1997年刑法】以牟利或者传播为目的，走私淫秽的影片、录像带、录音带、图片、书刊或者其他淫秽物品的，处三年以上十年以下有期徒刑，并处罚金；情节严重的，处十年以上有期徒刑或者无期徒刑，并处罚金或者没收财产；情节较轻的，处三年以下有期徒刑、拘役或者管制，并处罚金。

单位犯前款罪的，对单位判处罚金，并对其直接负责的主管人员和其他直接责任人员，依照前款的规定处罚。

（相关解释）**1.最高人民法院《关于审理走私刑事案件具体应用法律若干问题的解释》**法释〔2000〕30号（已废止）

2.最高人民法院《关于审理走私刑事案件具体应用法律若干问题的解释（二）》法释〔2006〕9号（已废止）

3.最高人民法院、最高人民检察院、海关总署《关于办理走私刑事案件适用法律若干问题的意见》法〔2002〕139号（见第一百五十一条）

4.最高人民检察院、公安部《关于公安机关管辖的刑事案件立案追诉标准的规定(一)》公通字〔2008〕36号

第二十五条　【走私淫秽物品案（《刑法》第一百五十二条第一款）】以牟利为目的，走私淫秽的影片、录像带、录音带、图片、书刊或者其他通过文字、声音、形象等形式表现淫秽内容的影碟、音碟、电子出版物等物品，涉嫌下列情形之一的，应予立案追诉：（1）

走私淫秽录像带、影碟五十盘（张）以上的；（2）走私淫秽录音带、音碟一百盘（张）以上的；（3）走私淫秽扑克、书刊、画册一百副（册）以上的；（4）走私淫秽照片、画片五百张以上的；（5）走私其他淫秽物品相当于上述数量的；（6）走私淫秽物品数量虽未达到本条第（1）项至第（4）项规定标准，但分别达到其中两项以上标准的百分之五十以上的。

5. 最高人民法院、最高人民检察院《关于办理走私刑事案件适用法律若干问题的解释》

法释〔2014〕10号（具体参照第一百五十一条）

第十三条 以牟利或者传播为目的，走私淫秽物品，达到下列数量之一的，可以认定为《刑法》第一百五十二条第一款规定的"情节较轻"：

（一）走私淫秽录像带、影碟五十盘（张）以上不满一百盘（张）的；

（二）走私淫秽录音带、音碟一百盘（张）以上不满二百盘（张）的；

（三）走私淫秽扑克、书刊、画册一百副（册）以上不满二百副（册）的；

（四）走私淫秽照片、画片五百张以上不满一千张的；

（五）走私其他淫秽物品相当于上述数量的。

走私淫秽物品在前款规定的最高数量以上不满最高数量五倍的，依照《刑法》第一百五十二条第一款的规定处三年以上十年以下有期徒刑，并处罚金。

走私淫秽物品在第一款规定的最高数量五倍以上，或者在第一款规定的最高数量以上不满五倍，但属于犯罪集团的首要分子，使用特种车辆从事走私活动等情形的，应当认定为《刑法》第一百五十二条第一款规定的"情节严重"。

第十四条 走私国家禁止进口的废物或者国家限制进口的可用作原料的废物，具有下列情形之一的，应当认定为《刑法》第一百五十二条第二款规定的"情节严重"：

（一）走私国家禁止进口的危险性固体废物、液态废物分别或者合计达到一吨以上不满五吨的；

（二）走私国家禁止进口的非危险性固体废物、液态废物分别或者合计达到五吨以上不满二十五吨的；

（三）走私国家限制进口的可用作原料的固体废物、液态废物分别或者合计达到二十吨以上不满一百吨的；

（四）未达到上述数量标准，但属于犯罪集团的首要分子，使用特种车辆从事走私活动，或者造成环境严重污染等情形的。

具有下列情形之一的，应当认定为《刑法》第一百五十二条第二款规定的"情节特别严重"：

（一）走私数量超过前款规定的标准的；

（二）达到前款规定的标准，且属于犯罪集团的首要分子，使用特种车辆从事走私活动，或者造成环境严重污染等情形的；

（三）未达到前款规定的标准，但造成环境严重污染且后果特别严重的。

走私置于容器中的气态废物，构成犯罪的，参照前两款规定的标准处罚。

第十五条 国家限制进口的可用作原料的废物的具体种类，参照国家有关部门的规定确定。

第二十一条 未经许可进出口国家限制进出口的货物、物品，构成犯罪的，应当依照《刑法》第一百五十一条、第一百五十二条的规定，以走私国家禁止进出口的货物、物品罪等罪名定罪处罚；偷逃应缴税额，同时又构成走私普通货物、物品罪的，依照处罚较重的规定定罪处罚。

取得许可，但超过许可数量进出口国家限制进出口的货物、物品，构成犯罪的，依照《刑法》第一百五十三条的规定，以走私普通货物、物品罪定罪处罚。

租用、借用或者使用购买的他人许可证，进出口国家限制进出口的货物、物品的，适用本条第一款的规定定罪处罚。

第一百五十三条【走私普通货物、物品罪】 走私本法第一百五十一条、第一百五十二条、第三百四十七条规定以外的货物、物品的，根据情节轻重，分别依照下列规定处罚：

（一）走私货物、物品偷逃应缴税额较大或者一年内曾因走私被给予二次行政处罚后又走私的，处三年以下有期徒刑或者拘役，并处偷逃应缴税额一倍以上五倍以下罚金。

（二）走私货物、物品偷逃应缴税额巨大或者有其他严重情节的，处三年以上十年以下有期徒刑，并处偷逃应缴税额一倍以上五倍以下罚金。

（三）走私货物、物品偷逃应缴税额特别巨大或者有其他特别严重情节的，处十年以上有期徒刑或者无期徒刑，并处偷逃应缴税额一倍以上五倍以下罚金或者没收财产。

单位犯前款罪的，对单位判处罚金，并对其直接负责的主管人员和其他直接责任人员，处三年以下有期徒刑或者拘役；情节严重的，处三年以上十年以下有期徒刑；情节特别严重的，处十年以上有期徒刑。

对多次走私未经处理的，按照累计走私货物、物品的偷逃应缴税额处罚。【2011年5月1日刑法修正案（八）】

【1997年刑法】走私本法第一百五十一条、第一百五十二条、第三百四十七条规定以外的货物、物品的，根据情节轻重，分别依照下列规定处罚：

（一）走私货物、物品偷逃应缴税额在五十万元以上的，处十年以上有期徒刑或者无期徒刑，并处偷逃应缴税额一倍以上五倍以下罚金或者没收财产；情节特别严重的，依照本法第一百五十一条第四款的规定处罚。

（二）走私货物、物品偷逃应缴税额在十五万元以上不满五十万元的，处三年以上十年以下有期徒刑，并处偷逃应缴税额一倍以上五倍以下罚金；情节特别严重的，处十年以上有期徒刑或者无期徒刑，并处偷逃应缴税额一倍以上五倍以下罚金或者没收财产。

（三）走私货物、物品偷逃应缴税额在五万元以上不满十五万元的，处三年以下有期徒刑或者拘役，并处偷逃应缴税额一倍以上五倍以下罚金。

单位犯前款罪的，对单位判处罚金，并对其直接负责的主管人员和其他直接责任人员，处三年以下有期徒刑或者拘役；情节严重的，处三年以上十年以下有期徒刑；情节特别严重的，处十年以上有期徒刑。

对多次走私未经处理的，按照累计走私货物、物品的偷逃应缴税额处罚。

第一百五十四条 下列走私行为，根据本节规定构成犯罪的，依照本法第一百五十三条【走私普通货物、物品罪】的规定定罪处罚：

（一）未经海关许可并且未补缴应缴税额，擅自将批准进口的来料加工、来件装配、补偿贸易的原材料、零件、制成品、设备等保税货物，在境内销售牟利的；

（二）未经海关许可并且未补缴应缴税额，擅自将特定减税、免税进口的货物、物品，在境内销售牟利的。

第一百五十五条 下列行为，以走私罪论处，依照本节的有关规定处罚：

（一）直接向走私人非法收购国家禁止进口物品的，或者直接向走私人非法收购走私进口的其他货物、物品，数额较大的；

（二）在内海、领海、界河、界湖运输、收购、贩卖国家禁止进出口物品的，或者运输、收购、贩卖国家限制进出口货物、物品，数额较大，没有合法证明的。【2002 年 12 月 28 日刑法修正案（四）】

【1997 年刑法】下列行为，以走私罪论处，依照本节的有关规定处罚：

（一）直接向走私人非法收购国家禁止进口物品的，或者直接向走私人非法收购走私进口的其他货物、物品，数额较大的；

（二）在内海、领海运输、收购、贩卖国家禁止进出口物品的，或者运输、收购、贩卖国家限制进出口货物、物品，数额较大，没有合法证明的；

（三）逃避海关监管将境外固体废物运输进境的。

第一百五十六条　与走私罪犯通谋，为其提供贷款、资金、账号、发票、证明，或者为其提供运输、保管、邮寄或者其他方便的，以走私罪的共犯论处。

第一百五十七条　武装掩护走私的，依照本法第一百五十一条第一款的规定从重处罚。

以暴力、威胁方法抗拒缉私的，以走私罪和本法第二百七十七条【妨害公务罪】规定的阻碍国家机关工作人员依法执行职务罪，依照数罪并罚的规定处罚。【2011 年 5 月 1 日刑法修正案（八）】

【1997 年刑法】武装掩护走私的，依照本法第一百五十一条第一款、第四款的规定从重处罚。

以暴力、威胁方法抗拒缉私的，以走私罪和本法第二百七十七条规定的阻碍国家机关工作人员依法执行职务罪，依照数罪并罚的规定处罚。

（相关解释）1. 最高人民法院《关于审理走私刑事案件具体应用法律若干问题的解释》法释〔2000〕30 号（已废止）

2. 最高人民法院《关于审理走私刑事案件具体应用法律若干问题的解释（二）》法释〔2006〕9 号（已废止）

3. 最高人民法院、最高人民检察院、海关总署《关于办理走私刑事案件适用法律若干问题的意见》法〔2002〕139 号　（见第一百五十一条）

4. 公安部《关于如何理解走私犯罪中"直接负责的主管人员"和"直接责任人员"的答复》公法〔1994〕27 号

所谓"直接负责的主管人员"，是指在企业事业单位、机关、团体中，对本单位实施走私犯罪起决定作用的、负有组织、决策、指挥责任的领导人员。单位的领导人如果没有参与单位走私的组织、决策、指挥，或者仅是一般参与，并不是起决定作用的，则不应对单位的走私犯罪负刑事责任。

所谓"直接责任人员"，是指直接实施本单位走私犯罪行为或者虽对本单位走私犯罪负有部分组织责任，但对本单位走私犯罪行为不起决定作用，只是具体执行、积极参与的该单位的部门负责人或者一般工作人员。

对涉及两个或两个以上企事业单位、机关、团体联合走私的，认定"直接负责的主管人员"和"直接责任人员"，按上述原则办理。

5. 最高人民检察院《关于擅自销售进料加工保税货物的行为法律适用问题的解释》高

检发释字〔2000〕3号

保税货物是指经海关批准未办理纳税手续进境，在境内储存、加工、装配后复运出境的货物。经海关批准进口的进料加工的货物属于保税货物。未经海关许可并且未补缴应缴税额，擅自将批准进口的进料加工的原材料、零件、制成品、设备等保税货物，在境内销售牟利，偷逃应缴税额在五万元以上的，依照《刑法》第一百五十四条、第一百五十三条的规定，以走私普通货物、物品罪追究刑事责任。

6. 最高人民法院、最高人民检察院《关于办理走私刑事案件适用法律若干问题的解释》

法释〔2014〕10号（具体参照第一百五十一条）

第十六条 走私普通货物、物品，偷逃应缴税额在十万元以上不满五十万元的，应当认定为《刑法》第一百五十三条第一款规定的"偷逃应缴税额较大"；偷逃应缴税额在五十万元以上不满二百五十万元的，应当认定为"偷逃应缴税额巨大"；偷逃应缴税额在二百五十万元以上的，应当认定为"偷逃应缴税额特别巨大"。

走私普通货物、物品，具有下列情形之一，偷逃应缴税额在三十万元以上不满五十万元的，应当认定为《刑法》第一百五十三条第一款规定的"其他严重情节"；偷逃应缴税额在一百五十万元以上不满二百五十万元的，应当认定为"其他特别严重情节"：

（一）犯罪集团的首要分子；

（二）使用特种车辆从事走私活动的；

（三）为实施走私犯罪，向国家机关工作人员行贿的；

（四）教唆、利用未成年人、孕妇等特殊人群走私的；

（五）聚众阻挠缉私的。

第十七条 《刑法》第一百五十三条第一款规定的"一年内曾因走私被给予二次行政处罚后又走私"中的"一年内"，以因走私第一次受到行政处罚的生效之日与"又走私"行为实施之日的时间间隔计算确定；"被给予二次行政处罚"的走私行为，包括走私普通货物、物品以及其他货物、物品；"又走私"行为仅指走私普通货物、物品。

第十八条 《刑法》第一百五十三条规定的"应缴税额"，包括进出口货物、物品应当缴纳的进出口关税和进口环节海关代征税的税额。应缴税额以走私行为实施时的税则、税率、汇率和完税价格计算；多次走私的，以每次走私行为实施时的税则、税率、汇率和完税价格逐票计算；走私行为实施时间不能确定的，以案发时的税则、税率、汇率和完税价格计算。

《刑法》第一百五十三条第三款规定的"多次走私未经处理"，包括未经行政处理和刑事处理。

第十九条 《刑法》第一百五十四条规定的"保税货物"，是指经海关批准，未办理纳税手续进境，在境内储存、加工、装配后应予复运出境的货物，包括通过加工贸易、补偿贸易等方式进口的货物，以及在保税仓库、保税工厂、保税区或者免税商店内等储存、加工、寄售的货物。

第二十条 直接向走私人非法收购走私进口的货物、物品，在内海、领海、界河、界湖运输、收购、贩卖国家禁止进出口的物品，或者没有合法证明，在内海、领海、界河、界湖运输、收购、贩卖国家限制进出口的货物、物品，构成犯罪的，应当按照走私货物、物品的种类，分别依照《刑法》第一百五十一条、第一百五十二条、第一百五十三条、第三百四十七条、第三百五十条的规定定罪处罚。

《刑法》第一百五十五条第二项规定的"内海"，包括内河的入海口水域。

第二十一条　未经许可进出口国家限制进出口的货物、物品，构成犯罪的，应当依照《刑法》第一百五十一条、第一百五十二条的规定，以走私国家禁止进出口的货物、物品罪等罪名定罪处罚；偷逃应缴税额，同时又构成走私普通货物、物品罪的，依照处罚较重的规定定罪处罚。

取得许可，但超过许可数量进出口国家限制进出口的货物、物品，构成犯罪的，依照《刑法》第一百五十三条的规定，以走私普通货物、物品罪定罪处罚。

租用、借用或者使用购买的他人许可证，进出口国家限制进出口的货物、物品的，适用本条第一款的规定定罪处罚。

第二十二条　在走私的货物、物品中藏匿《刑法》第一百五十一条、第一百五十二条、第三百四十七条、第三百五十条规定的货物、物品，构成犯罪的，以实际走私的货物、物品定罪处罚；构成数罪的，实行数罪并罚。

第二十三条　实施走私犯罪，具有下列情形之一的，应当认定为犯罪既遂：

（一）在海关监管现场被查获的；

（二）以虚假申报方式走私，申报行为实施完毕的；

（三）以保税货物或者特定减税、免税进口的货物、物品为对象走私，在境内销售的，或者申请核销行为实施完毕的。

第二十四条　单位犯《刑法》第一百五十一条、第一百五十二条规定之罪，依照本解释规定的标准定罪处罚。

单位犯走私普通货物、物品罪，偷逃应缴税额在二十万元以上不满一百万元的，应当依照《刑法》第一百五十三条第二款的规定，对单位判处罚金，并对其直接负责的主管人员和其他直接责任人员，处三年以下有期徒刑或者拘役；偷逃应缴税额在一百万元以上不满五百万元的，应当认定为"情节严重"；偷逃应缴税额在五百万元以上的，应当认定为"情节特别严重"。

第二十五条　本解释发布实施后，最高人民法院《关于审理走私刑事案件具体应用法律若干问题的解释》（法释〔2000〕30号）、最高人民法院《关于审理走私刑事案件具体应用法律若干问题的解释（二）》（法释〔2006〕9号）同时废止。之前发布的司法解释与本解释不一致的，以本解释为准。

7.最高人民法院、最高人民检察院、海关总署《打击非设关地成品油走私专题研讨会会议纪要》署缉发〔2019〕210号（2019年10月25日）

近一时期，我国东南沿海、西南陆路边境等非设关地成品油走私活动猖獗，严重破坏国家进出境监管秩序，给社会公共安全和环境保护带来重大隐患。2019年3月27日，最高人民法院、最高人民检察院、海关总署在江苏省南京市召开打击非设关地成品油走私专题研讨会，最高人民法院刑五庭、最高人民检察院第四检察厅、海关总署缉私局及部分地方人民法院、人民检察院和海关缉私部门有关同志参加会议。会议分析了当前非设关地成品油走私的严峻形势，总结交流了办理非设关地成品油走私刑事案件的经验，研究探讨了办案中的疑难问题，对人民法院、人民检察院、海关缉私部门依法严厉打击非设关地成品油走私犯罪、正确适用法律办理案件达成共识。现纪要如下：

一、关于定罪处罚

走私成品油，构成犯罪的，依照《刑法》第一百五十三条的规定，以走私普通货物罪定罪处罚。

对不构成走私共犯的收购人，直接向走私人购买走私的成品油，数额较大的，依照《刑法》第一百五十五条第（一）项的规定，以走私罪论处；向非直接走私人购买走私的成品油的，根据其主观故意，分别依照《刑法》第一百九十一条规定的洗钱罪或者第三百一十二条规定的掩饰、隐瞒犯罪所得、犯罪所得收益罪定罪处罚。

在办理非设关地走私成品油刑事案件中，发现行为人在销售的成品油中掺杂、掺假，以假充真，以次充好或者以不合格油品冒充合格油品，构成犯罪的，依照《刑法》第一百四十条的规定，对该行为以生产、销售伪劣产品罪定罪处罚。

行为人与他人事先通谋或者明知他人从事走私成品油犯罪活动，而在我国专属经济区或者公海向其贩卖、过驳成品油的，应当按照走私犯罪的共犯追究刑事责任。

明知他人从事走私成品油犯罪活动而为其提供资金、贷款、账号、发票、证明、许可文件，或者提供运输、仓储等其他便利条件的，应当按照走私犯罪的共犯追究刑事责任。

对成品油走私共同犯罪或者犯罪集团中的主要出资者、组织者，应当认定为主犯；对受雇用的联络员、船长等管理人员，可以认定为从犯，如其在走私犯罪中起重要作用的，应当认定为主犯；对其他参与人员，如船员、司机、"黑引水"、盯梢望风人员等，不以其职业、身份判断是否追究刑事责任，应当按照其在走私活动中的实际地位、作用、涉案金额、参与次数等确定是否追究刑事责任。

对在非设关地走私成品油的犯罪嫌疑人、被告人，人民检察院、人民法院应当依法严格把握不起诉、缓刑适用条件。

二、关于主观故意的认定

行为人没有合法证明，逃避监管，在非设关地运输、贩卖、收购、接卸成品油，有下列情形之一的，综合其他在案证据，可以认定具有走私犯罪故意，但有证据证明确属被蒙骗或者有其他相反证据的除外：

（一）使用"三无"船舶、虚假船名船舶、非法改装的船舶，或者使用虚假号牌车辆、非法改装、伪装的车辆的；

（二）虚假记录船舶航海日志、轮机日志，进出港未申报或者进行虚假申报的；

（三）故意关闭或者删除船载 AIS 系统、GPS 及其他导航系统存储数据，销毁手机存储数据，或者销毁成品油交易、运输单证的；

（四）在明显不合理的隐蔽时间、偏僻地点过驳成品油的；

（五）使用无实名登记或者无法定位的手机卡、卫星电话卡等通讯工具的；

（六）使用暗号、信物进行联络、接头的；

（七）交易价格明显低于同类商品国内合规市场同期价格水平且无法作出合理解释的；

（八）使用控制的他人名下银行账户收付成品油交易款项的；

（九）逃避、抗拒执法机关检查，或者事前制定逃避执法机关检查预案的；

（十）其他可以认定具有走私犯罪故意情形的。

三、关于犯罪数额的认定

非设关地成品油走私活动属于非法的贸易活动，计核非设关地成品油走私刑事案件的偷逃应缴税额，一律按照成品油的普通税率核定，不适用最惠国税率或者暂定税率。

查获部分走私成品油的，可以按照被查获的走私成品油标准核定应缴税额；全案没有查获成品油的，可以结合其他在案证据综合认定走私成品油的种类和数量，核定应缴税额。

办理非设关地成品油走私犯罪案件，除主要犯罪嫌疑人以外，对集团犯罪、共同犯罪中的其他犯罪嫌疑人，无法准确核定其参与走私的具体偷逃应缴税额的，可以结合在案相关证据，根据其参与走私的涉案金额、次数或者在走私活动中的地位、作用等情节决定是否追究刑事责任。

四、关于证据的收集

办理非设关地成品油走私犯罪案件，应当注意收集、提取以下证据：

（一）反映涉案地点的位置、环境，涉案船舶、车辆、油品的特征、数量、属性等的证据；

（二）涉案船舶的航次航图、航海日志、GPS、AIS 轨迹、卫星电话及其通话记录；

（三）涉案人员的手机号码及其通话记录、手机短信、微信聊天记录，涉案人员通过微信、支付宝、银行卡等方式收付款的资金交易记录；

（四）成品油取样、计量过程的照片、视听资料；

（五）跟踪守候、监控拍摄的照片、视听资料；

（六）其他应当收集、提取的证据。

依照法律规定采取技术侦查措施收集的物证、书证、视听资料、电子数据等证据材料对定罪量刑有重大影响的，应当随案移送，并移送批准采取技术侦查措施的法律文书和侦查办案部门对证据内容的说明材料。对视听资料中涉及的绰号、暗语、俗语、方言等，侦查机关应当结合犯罪嫌疑人的供述、证人证言等证据说明其内容。

确因客观条件的限制无法逐一收集船员、司机、收购人等人员证言的，可结合已收集的言词证据和物证、书证、视听资料、电子数据等证据，综合认定犯罪事实。

五、关于涉案货物、财产及运输工具的处置

对查封、扣押的涉案成品油及易贬值、不易保管的涉案船舶、车辆，权利人明确的，经其本人书面同意或者申请，依法履行审批程序，并固定证据和留存样本后，可以依法先行变卖、拍卖，变卖、拍卖所得价款暂予保存，待诉讼终结后一并依法处理。

有证据证明依法应当追缴、没收的涉案财产被他人善意取得或者与其他合法财产混合且不可分割的，应当追缴、没收其他等值财产。

侦查机关查封、扣押的财物经审查后应当返还的，应当通知原主认领。无人认领的，应当公告通知，公告满三个月无人认领的，依法拍卖、变卖后所得价款上缴国库；上缴国库后有人认领，经查证属实的，应当申请退库予以返还。

对用于运输走私成品油的船舶、车辆，按照以下原则处置：

（一）对"三无"船舶、无法提供有效证书的船舶、车辆，依法予以没收、收缴或者移交主管机关依法处置；

（二）对走私犯罪分子自有的船舶、车辆或者假挂靠、长期不作登记、虚假登记等实为走私分子所有的船舶、车辆，作为犯罪工具依法没收；

（三）对所有人明知他人实施走私犯罪而出租、出借的船舶、车辆，依法予以没收。

具有下列情形之一的，可以认定船舶、车辆出租人、出借人明知他人实施违法犯罪，但有证据证明确属被蒙骗或者有其他相反证据的除外：

（一）出租人、出借人未经有关部门批准，擅自将船舶、车辆改装为可装载油料用的船舶、车辆，或者进行伪装的；

（二）出租人、出借人默许实际承租人将船舶、车辆改装为可装载油料用船舶、车辆，或者进行伪装的；

（三）因出租、出借船舶、车辆用于走私受过行政处罚，又出租、出借给同一走私人或者同一走私团伙使用的；

（四）出租人、出借人拒不提供真实的实际承运人信息，或者提供虚假的实际承运信息的；

（五）其他可以认定明知的情形。

六、关于办案协作

为有效遏制非设关地成品油走私犯罪活动，各级海关缉私部门、人民检察院和人民法院要进一步加强办案协作，依法及时开展侦查、批捕、起诉和审判工作。要强化人民检察院提前介入机制，并加大对非设关地重特大成品油走私案件联合挂牌督办力度。要强化案件信息沟通，积极发挥典型案例指引作用，保证执法司法标准的统一性和均衡性。

七、其他问题

本纪要中的成品油是指汽油、煤油、柴油以及其他具有相同用途的乙醇汽油和生物柴油等替代燃料（包括添加染色剂的"红油""白油""蓝油"等）。

办理非设关地走私白糖、冻品等刑事案件的相关问题，可以参照本纪要的精神依法处理。

8.最高人民法院、最高人民检察院 、海关总署《关于办理利用海南离岛旅客免税购物政策走私刑事案件有关问题的指导意见》法〔2022〕192 号（2022 年 8 月 25 日）

海南离岛旅客免税购物政策（以下简称离岛免税政策）是中央支持海南自贸港建设的一项特殊优惠政策。组织利用他人离岛免税购物资格和额度分散购买离岛免税商品后在国内市场销售牟利，是离岛免税政策实施过程中出现的新型走私方式。当前，利用离岛免税政策走私免税商品的犯罪频发，影响"一线放开、二线管住"贸易自由便利制度的稳步推进，直接损害海南自由贸易港的健康发展。为准确把握打击范围，统一执法、司法标准，有效遏制此类走私犯罪，保障离岛免税政策有序稳定运行，根据有关法律法规，经共同研究，提出以下指导意见。

一、关于利用离岛免税政策走私行为的认定

违反海关监管规定，组织利用他人离岛免税购物资格和额度分散购买免税商品后再次销售牟利的，系伪报贸易性质的走私行为，构成犯罪的，依照《刑法》第一百五十三条的规定，以走私普通货物罪定罪处罚。

旅客违反海关监管规定，以转售牟利为目的，利用自身免税额度购买免税商品后销售的，系走私行为，构成犯罪的，依照《刑法》第一百五十三条的规定，以走私普通货物罪定罪处罚。案发后主动退缴违法所得，情节显著轻微的，可不作为犯罪处理。

明知他人利用离岛免税政策走私免税商品仍直接向其收购，数额较大的，依照《刑法》第一百五十五条第（一）项的规定，以走私罪论处，但对于普通消费者利用离岛免税政策委托他人代购商品自用的，不作为犯罪处理。

二、准确把握宽严相济刑事政策

对于利用离岛免税政策走私行为，应在查明偷逃应缴税额的基础上，综合考虑行为人在走私活动中的实际地位、作用、参与次数、涉案金额、获利情况等，确定是否追究刑事责任及罪责大小。

对于走私离岛免税商品共同犯罪，应从犯意发起、实行行为的分工与完成、获利分配等方面综合考虑，区分主从犯。对于组织、策划、指挥者、为主出资者、主要获利者，应认定为主犯。对于为获取少量报酬或者仅领取工资，听从雇主指挥、安排实施特定环节行为的参与者，一般可以认定为从犯，依法从轻、减轻或者免除处罚。减轻、免除处罚的，可根据情节适当减轻或者免除罚金刑。

实施走私离岛免税商品犯罪，认罪认罚，主动退缴违法所得、预缴罚金的，一般应当从宽处理。

（附参考）**浙江省高级人民法院刑二庭《关于印发〈全省法院经济犯罪疑难问题研讨会纪要〉的通知》**浙高法刑二〔2005〕1号

四、走私犯罪的既未遂的判定标准

根据走私的具体方式不同，可以将走私犯罪分为绕关走私、通关走私、准走私和后续走私等四种方式。在不同的走私方式中，其既未遂认定标准不同。在绕关走私和后续走私这两种走私方式中，可以分别以进入我国关境以及货物是否交付给买方为标准来认定。通关走私应以是否逃避海关监管为标准，如果是在逃避海关监管后被抓获的，即构成既遂。而在通关现场查获的，不管是否已被海关查验，都应定未遂。准走私中，若直接向走私人收购走私货物、物品，可以货物、物品是否交付给买方为标准来区分既未遂；若在内海、领海运输禁止进出口物品，限制进出口货物、物品，无合法证明的，无合法证明状态本身就是既遂，在这种情况下无未遂可能；在收购、贩卖这些物品的情况下，则应以物品的交付为标准来认定既未遂。

第三节　妨害对公司、企业的管理秩序罪

第一百五十八条【虚报注册资本罪】　申请公司登记使用虚假证明文件或者采取其他欺诈手段虚报注册资本，欺骗公司登记主管部门，取得公司登记，虚报注册资本数额巨大、后果严重或者有其他严重情节的，处三年以下有期徒刑或者拘役，并处或者单处虚报注册资本金额百分之一以上百分之五以下罚金。

单位犯前款罪的，对单位判处罚金，并对其直接负责的主管人员和其他直接责任人员，处三年以下有期徒刑或者拘役。

（相关解释）**1. 最高人民检察院、公安部《关于公安机关管辖的刑事案件立案追诉标准的规定（二）》**（2022年4月6日）（附则见第一百二十条之一）

第三条　【虚报注册资本案（《刑法》第一百五十八条）】申请公司登记使用虚假证明文件或者采取其他欺诈手段虚报注册资本，欺骗公司登记主管部门，取得公司登记，涉嫌下列情形之一的，应予立案追诉：

（一）法定注册资本最低限额在六百万元以下，虚报数额占其应缴出资数额百分之六十以上的；

（二）法定注册资本最低限额超过六百万元，虚报数额占其应缴出资数额百分之三十以上的；

（三）造成投资者或者其他债权人直接经济损失累计数额在五十万元以上的；

（四）虽未达到上述数额标准，但具有下列情形之一的：

1. 二年内因虚报注册资本受过二次以上行政处罚，又虚报注册资本的；

2. 向公司登记主管人员行贿的；

3. 为进行违法活动而注册的。

（五）其他后果严重或者有其他严重情节的情形。

本条只适用于依法实行注册资本实缴登记制的公司。

2.《全国人民代表大会常务委员会关于〈中华人民共和国刑法〉第一百五十八条、第一百五十九条的解释》2014年4月24日

全国人民代表大会常务委员会讨论了公司法修改后《刑法》第一百五十八条、第一百五十九条对实行注册资本实缴登记制、认缴登记制的公司的适用范围问题，解释如下：

《刑法》第一百五十八条、第一百五十九条的规定，只适用于依法实行注册资本实缴

登记制的公司。

3. 最高人民检察院、公安部《关于严格依法办理虚报注册资本和虚假出资抽逃出资刑事案件的通知》公经〔2014〕247 号

2013 年 12 月 28 日，第十二届全国人民代表大会常务委员会第六次会议通过了关于修改《中华人民共和国公司法》的决定，自 2014 年 3 月 1 日起施行。2014 年 4 月 24 日，第十二届全国人民代表大会常务委员会第八次会议通过了《全国人大常委会关于〈刑法〉第一百五十八条、第一百五十九条的解释》。为了正确执行新修改的公司法和全国人大常委会立法解释，现就严格依法办理虚报注册资本和虚假出资、抽逃出资刑事案件的有关要求通知如下：

一、充分认识公司法修改对案件办理工作的影响。新修改的公司法主要涉及三个方面：一是将注册资本实缴登记制改为认缴登记制，除对公司注册资本实缴有另行规定的以外，取消了公司法定出资期限的规定，采取公司股东（发起人）自主约定认缴出资额、出资方式、出资期限等并记载于公司章程的规定。二是放宽注册资本登记条件，除对公司注册资本最低限额有另行规定的以外，取消了公司最低注册资本限制、公司设立时股东（发起人）的首次出资比例以及货币出资比例限制。三是简化登记事项和登记文件，有限责任公司股东认缴出资额、公司实收资本不再作为登记事项，公司登记时不需要提交验资报告。全国人大常委会立法解释规定："《刑法》第一百五十八条、第一百五十九条的规定，只适用于依法实行注册资本实缴登记制的公司。"新修改的公司法和上述立法解释，必将对公安机关、检察机关办理虚报注册资本和虚假出资、抽逃出资刑事案件产生重大影响。各级公安机关、检察机关要充分认识新修改的公司法和全国人大常委会立法解释的重要意义，深刻领会其精神实质，力争在案件办理工作中准确适用，并及时了解掌握本地区虚报注册资本和虚假出资、抽逃出资案件新情况、新问题以及其他相关犯罪态势，进一步提高办理虚报注册资本和虚假出资、抽逃出资刑事案件的能力和水平。

二、严格把握罪与非罪的界限。根据新修改的公司法和全国人大常委会立法解释，自 2014 年 3 月 1 日起，除依法实行注册资本实缴登记制的公司（参见《国务院关于印发注册资本登记制度改革方案的通知》（国发〔2014〕7 号））以外，对申请公司登记的单位和个人不得以虚报注册资本罪追究刑事责任；对公司股东、发起人不得以虚假出资、抽逃出资罪追究刑事责任。对依法实行注册资本实缴登记制的公司涉嫌虚报注册资本和虚假出资、抽逃出资犯罪的，各级公安机关、检察机关依照《刑法》和《立案追诉标准（二）》的相关规定追究刑事责任时，应当认真研究行为性质和危害后果，确保执法办案的法律效果和社会效果。

三、依法妥善处理跨时限案件。各级公安机关、检察机关对发生在 2014 年 3 月 1 日以前尚未处理或者正在处理的虚报注册资本和虚假出资、抽逃出资刑事案件，应当按照《刑法》第十二条规定的精神处理：除依法实行注册资本实缴登记制的公司以外，依照新修改的公司法不再符合犯罪构成要件的案件，公安机关已经立案侦查的，应当撤销案件；检察机关已经批准逮捕的，应当撤销批准逮捕决定，并监督公安机关撤销案件；检察机关审查起诉的，应当作出不起诉决定；检察机关已经起诉的，应当撤回起诉并作出不起诉决定；检察机关已经抗诉的，应当撤回抗诉。

四、进一步加强工作联系和沟通。各级公安机关、检察机关应当加强工作联系，对重大、疑难、复杂案件，主动征求意见，共同研究案件定性和法律适用等问题；应当加强与人民法院、工商行政管理等部门的工作联系，建立健全案件移送制度和有关工作协作制度，全面掌握公司注册资本制度改革后面临的经济犯罪态势；上级公安机关、检察机关应当加强对下级公安机关、检察机关的指导，确保虚报注册资本和虚假出资、抽逃出资案件得到依法妥善处理。

各地在执行中遇到的问题，请及时报告最高人民检察院和公安部。

（附参考）1. 浙江省高级人民法院刑二庭《关于印发〈全省法院经济犯罪疑难问题研讨会纪要〉的通知》浙高法刑二〔2005〕1号

五、虚报注册资本与虚假出资竞合时的定性

虚报注册资本罪侵犯的是国家工商登记管理制度和债权人利益，行为只限于申请公司登记之时，目的是非法取得公司登记；虚假出资罪侵犯的是公司本身的财产权、其他股东的利益和债权人的合法权益，行为既可以在公司成立之前，也可以在公司成立之后，目的是通过少出资或不出资牟利。实践中存在行为人既欺骗其他股东虚假出资，又欺骗公司登记主管部门虚报注册资本且分别构罪的情况，属于竞合，如行为人虚假出资是为欺骗公司登记主管部门而成立公司，虚假出资行为与虚报注册资本行为属牵连行为，因虚假出资罪的法定刑较虚报注册资本罪的法定刑重，对行为人可只定虚假出资罪。

2. 浙江省高级人民法院《关于部分罪名定罪量刑情节及数额标准的意见》浙高法〔2012〕325号

20.《刑法》第一百五十八条　【虚报注册资本罪】

具有下列情形之一的，属于"数额巨大、后果严重或者有其他严重情节"，处三年以下有期徒刑或者拘役，并处或者单处虚报注册资本金额百分之一以上百分之五以下罚金：

（1）超过法定出资期限，实缴注册资本不足法定注册最低限额，有限责任公司虚报数额在三十万元以上并占其应缴出资数额60%以上的，股份有限公司虚报数额在三百万元以上并占其应缴出资数额30%以上的；

（2）超过法定出资期限，实缴注册资本达到法定注册资本最低限额，但仍虚报注册资本，有限责任公司虚报数额在一百万元以上并占其应缴出资数额60%以上的，股份有限公司虚报数额在一千万元以上并占其应缴出资数额30%以上的；

（3）造成投资者或者其他债权人直接经济损失累计数额在十万元以上的；

（4）虽未达到上述三项数额标准，但两年内因虚报注册资本受过行政处罚二次以上又虚报注册资本的，或者向公司登记主管人员行贿的，或者为进行违法活动而注册的；

（5）后果严重或者严重情节的其他情形。

第一百五十九条【虚假出资、抽逃出资罪】　公司发起人、股东违反公司法的规定未交付货币、实物或者未转移财产权，虚假出资，或者在公司成立后又抽逃其出资，数额巨大、后果严重或者有其他严重情节的，处五年以下有期徒刑或者拘役，并处或者单处虚假出资金额或者抽逃出资金额百分之二以上百分之十以下罚金。

单位犯前款罪的，对单位判处罚金，并对其直接负责的主管人员和其他直接责任人员，处五年以下有期徒刑或者拘役。

（相关解释）1. 最高人民检察院、公安部《关于公安机关管辖的刑事案件立案追诉标准的规定（二）》（2022年4月6日）（附则见第一百二十条之一）

第四条　【虚假出资、抽逃出资案（《刑法》第一百五十九条）】公司发起人、股东违反公司法的规定未交付货币、实物或者未转移财产权，虚假出资，或者在公司成立后又抽逃其出资，涉嫌下列情形之一的，应予立案追诉：

（一）法定注册资本最低限额在六百万元以下，虚假出资、抽逃出资数额占其应缴出资数额百分之六十以上的；

（二）法定注册资本最低限额超过六百万元，虚假出资、抽逃出资数额占其应缴出资数额百分之三十以上的；

（三）造成公司、股东、债权人的直接经济损失累计数额在五十万元以上的；

（四）虽未达到上述数额标准，但具有下列情形之一的：

1. 致使公司资不抵债或者无法正常经营的；

2. 公司发起人、股东合谋虚假出资、抽逃出资的；

3. 二年内因虚假出资、抽逃出资受过二次以上行政处罚，又虚假出资、抽逃出资的；

4. 利用虚假出资、抽逃出资所得资金进行违法活动的。

（五）其他后果严重或者有其他严重情节的情形。

本条只适用于依法实行注册资本实缴登记制的公司。

2.《全国人民代表大会常务委员会关于〈中华人民共和国刑法〉第一百五十八条、第一百五十九条的解释》2014 年 4 月 24 日（见第一百五十八条）

3.最高人民检察院、公安部《关于严格依法办理虚报注册资本和虚假出资抽逃出资刑事案件的通知》公经〔2014〕247 号（见第一百五十八条）

（附参考）浙江省高级人民法院《关于部分罪名定罪量刑情节及数额标准的意见》浙高法〔2012〕325 号

21.《刑法》第一百五十九条 【虚假出资、抽逃出资罪】

具有下列情形之一的，属于"数额巨大、后果严重或者有其他严重情节"，处五年以下有期徒刑或者拘役，并处或者单处虚假出资金额或者抽逃出资金额百分之二以上百分之十以下罚金：

（1）超过法定出资期限，有限责任公司股东虚假出资数额在三十万元以上并占其应缴出资数额 60% 以上的，股份有限公司发起人、股东虚假出资数额在三百万元以上并占其应缴出资数额 30% 以上的；

（2）有限责任公司股东抽逃出资数额在三十万元以上并占其实缴出资数额 60% 以上的，股份有限公司发起人、股东抽逃出资数额在三百万元以上并占其实缴出资数额 30% 以上的；

（3）造成公司、股东、债权人直接经济损失累计数额在十万元以上的；

（4）虽未达到上述三项数额标准，但致使公司资不抵债或者无法正常经营的，或者公司发起人、股东合谋虚假出资、抽逃出资的，或者两年内因虚假出资、抽逃出资受过行政处罚二次以上，又虚假出资、抽逃出资的，或者利用虚假出资、抽逃出资所得资金进行违法活动的；

（5）后果严重或者严重情节的其他情形。

第一百六十条【欺诈发行证券罪】 在招股说明书、认股书、公司、企业债券募集办法等发行文件中隐瞒重要事实或者编造重大虚假内容，发行股票或者公司、企业债券、存托凭证或者国务院依法认定的其他证券，数额巨大、后果严重或者有其他严重情节的，处五年以下有期徒刑或者拘役，并处或者单处罚金；数额特别巨大、后果特别严重或者有其他特别严重情节的，处五年以上有期徒刑，并处罚金。

控股股东、实际控制人组织、指使实施前款行为的，处五年以下有期徒刑或者拘役，并处或者单处非法募集资金金额百分之二十以上一倍以下罚金；数额特别巨大、后果特别严重或者有其他特别严重情节的，处五年以上有期徒刑，并处非法募集资金金额百分之二十以上一倍以下罚金。

单位犯前两款罪的，对单位判处非法募集资金金额百分之二十以上一倍以下罚金，并对其直接负责的主管人员和其他直接责任人员，依照第一款的规定处罚。【2021年3月1日刑法修正案（十一）】

【1997年刑法】在招股说明书、认股书、公司、企业债券募集办法中隐瞒重要事实或者编造重大虚假内容，发行股票或者公司、企业债券，数额巨大、后果严重或者有其他严重情节的，处五年以下有期徒刑或者拘役，并处或者单处非法募集资金金额百分之一以上百分之五以下罚金。

单位犯前款罪的，对单位判处罚金，并对其直接负责的主管人员和其他直接责任人员，处五年以下有期徒刑或者拘役。

（相关解释）**最高人民检察院、公安部《关于公安机关管辖的刑事案件立案追诉标准的规定（二）》**（2022年4月6日）（附则见第一百二十条之一）

第五条　【欺诈发行证券案（《刑法》第一百六十条）】在招股说明书、认股书、公司、企业债券募集办法等发行文件中隐瞒重要事实或者编造重大虚假内容，发行股票或者公司、企业债券、存托凭证或者国务院依法认定的其他证券，涉嫌下列情形之一的，应予立案追诉：

（一）非法募集资金金额在一千万元以上的；

（二）虚增或者虚减资产达到当期资产总额百分之三十以上的；

（三）虚增或者虚减营业收入达到当期营业收入总额百分之三十以上的；

（四）虚增或者虚减利润达到当期利润总额百分之三十以上的；

（五）隐瞒或者编造的重大诉讼、仲裁、担保、关联交易或者其他重大事项所涉及的数额或者连续十二个月的累计数额达到最近一期披露的净资产百分之五十以上的；

（六）造成投资者直接经济损失数额累计在一百万元以上的；

（七）为欺诈发行证券而伪造、变造国家机关公文、有效证明文件或者相关凭证、单据的；

（八）为欺诈发行证券向负有金融监督管理职责的单位或者人员行贿的；

（九）募集的资金全部或者主要用于违法犯罪活动的；

（十）其他后果严重或者有其他严重情节的情形。

第一百六十一条【违规披露、不披露重要信息罪】　依法负有信息披露义务的公司、企业向股东和社会公众提供虚假的或者隐瞒重要事实的财务会计报告，或者对依法应当披露的其他重要信息不按照规定披露，严重损害股东或者其他人利益，或者有其他严重情节的，对其直接负责的主管人员和其他直接责任人员，处五年以下有期徒刑或者拘役，并处或者单处罚金；情节特别严重的，处五年以上十年以下有期徒刑，并处罚金。

前款规定的公司、企业的控股股东、实际控制人实施或者组织、指使实施前款行为的，或者隐瞒相关事项导致前款规定的情形发生的，依照前款的规定处罚。

犯前款罪的控股股东、实际控制人是单位的，对单位判处罚金，并对其直接负责的主管人员和其他直接责任人员，依照第一款的规定处罚。【2021年3月1日刑法修正案（十一）】

【1997年刑法】公司向股东和社会公众提供虚假的或者隐瞒重要事实的财务会计报

告，严重损害股东或者其他人利益的，对其直接负责的主管人员和其他直接责任人员，处三年以下有期徒刑或者拘役，并处或者单处二万元以上二十万元以下罚金。

【2006年6月29日刑法修正案（六）】依法负有信息披露义务的公司、企业向股东和社会公众提供虚假的或者隐瞒重要事实的财务会计报告，或者对依法应当披露的其他重要信息不按照规定披露，严重损害股东或者其他人利益，或者有其他严重情节的，对其直接负责的主管人员和其他直接责任人员，处三年以下有期徒刑或者拘役，并处或者单处二万元以上二十万元以下罚金。

（相关解释）**最高人民检察院、公安部《关于公安机关管辖的刑事案件立案追诉标准的规定（二）》**（2022年4月6日）（附则见第一百二十条之一）

第六条 **【违规披露、不披露重要信息案（《刑法》第一百六十一条）】**依法负有信息披露义务的公司、企业向股东和社会公众提供虚假的或者隐瞒重要事实的财务会计报告，或者对依法应当披露的其他重要信息不按照规定披露，涉嫌下列情形之一的，应予立案追诉：

（一）造成股东、债权人或者其他人直接经济损失数额累计在一百万元以上的；

（二）虚增或者虚减资产达到当期披露的资产总额百分之三十以上的；

（三）虚增或者虚减营业收入达到当期披露的营业收入总额百分之三十以上的；

（四）虚增或者虚减利润达到当期披露的利润总额百分之三十以上的；

（五）未按照规定披露的重大诉讼、仲裁、担保、关联交易或者其他重大事项所涉及的数额或者连续十二个月的累计数额达到最近一期披露的净资产百分之五十以上的；

（六）致使不符合发行条件的公司、企业骗取发行核准或者注册并且上市交易的；

（七）致使公司、企业发行的股票或者公司、企业债券、存托凭证或者国务院依法认定的其他证券被终止上市交易的；

（八）在公司财务会计报告中将亏损披露为盈利，或者将盈利披露为亏损的；

（九）多次提供虚假的或者隐瞒重要事实的财务会计报告，或者多次对依法应当披露的其他重要信息不按照规定披露的；

（十）其他严重损害股东、债权人或者其他人利益，或者有其他严重情节的情形。

第一百六十二条【妨害清算罪】 公司、企业进行清算时，隐匿财产，对资产负债表或者财产清单作虚伪记载或者在未清偿债务前分配公司、企业财产，严重损害债权人或者其他人利益的，对其直接负责的主管人员和其他直接责任人员，处五年以下有期徒刑或者拘役，并处或单处二万以上二十万以下罚金。

（相关解释）**最高人民检察院、公安部《关于公安机关管辖的刑事案件立案追诉标准的规定（二）》**（2022年4月6日）（附则见第一百二十条之一）

第七条 **【妨害清算案（《刑法》第一百六十二条）】**公司、企业进行清算时，隐匿财产，对资产负债表或者财产清单作虚伪记载或者在未清偿债务前分配公司、企业财产，涉嫌下列情形之一的，应予立案追诉：

（一）隐匿财产价值在五十万元以上的；

（二）对资产负债表或者财产清单作虚伪记载涉及金额在五十万元以上的；

（三）在未清偿债务前分配公司、企业财产价值在五十万元以上的；

（四）造成债权人或者其他人直接经济损失数额累计在十万元以上的；

（五）虽未达到上述数额标准，但应清偿的职工的工资、社会保险费用和法定补偿金得不到及时清偿，造成恶劣社会影响的；

（六）其他严重损害债权人或者其他人利益的情形。

第一百六十二条之一【隐匿、故意销毁会计凭证、会计账簿、财务会计报告罪】　隐匿或者故意销毁依法应当保存的会计凭证、会计账簿、财务会计报告，情节严重的，处五年以下有期徒刑或者拘役，并处或者单处二万元以上二十万元以下罚金。

单位犯前款罪的，对单位判处罚金，并对其直接负责的主管人员和其他直接责任人员，依照前款的规定处罚。【1999年12月25日刑法修正案】

（相关解释）**最高人民检察院、公安部《关于公安机关管辖的刑事案件立案追诉标准的规定（二）》**（2022年4月6日）（附则见第一百二十条之一）

第八条　【隐匿、故意销毁会计凭证、会计账簿、财务会计报告案（《刑法》第一百六十二条之一）】隐匿或者故意销毁依法应当保存的会计凭证、会计账簿、财务会计报告，涉嫌下列情形之一的，应予立案追诉：

（一）隐匿、故意销毁的会计凭证、会计账簿、财务会计报告涉及金额在五十万元以上的；

（二）依法应当向监察机关、司法机关、行政机关、有关主管部门等提供而隐匿、故意销毁或者拒不交出会计凭证、会计账簿、财务会计报告的；

（三）其他情节严重的情形。

第一百六十二条之二【虚假破产罪】　公司、企业通过隐匿财产、承担虚构的债务或者以其他方法转移、处分财产，实施虚假破产，严重损害债权人或者其他人利益的，对其直接负责的主管人员和其他直接责任人员，处五年以下有期徒刑或者拘役，并处或者单处二万元以上二十万元以下罚金。【2006年6月29日刑法修正案（六）】

（相关解释）**最高人民检察院、公安部《关于公安机关管辖的刑事案件立案追诉标准的规定（二）》**（2022年4月6日）（附则见第一百二十条之一）

第九条　【虚假破产案（《刑法》第一百六十二条之二）】公司、企业通过隐匿财产、承担虚构的债务或者以其他方法转移、处分财产，实施虚假破产，涉嫌下列情形之一的，应予立案追诉：

（一）隐匿财产价值在五十万元以上的；

（二）承担虚构的债务涉及金额在五十万元以上的；

（三）以其他方法转移、处分财产价值在五十万元以上的；

（四）造成债权人或者其他人直接经济损失数额累计在十万元以上的；

（五）虽未达到上述数额标准，但应清偿的职工的工资、社会保险费用和法定补偿金得不到及时清偿，造成恶劣社会影响的；

（六）其他严重损害债权人或者其他人利益的情形。

第一百六十三条【非国家工作人员受贿罪】　公司、企业或者其他单位的工作人员，利用职务上的便利，索取他人财物或者非法收受他人财物，为他人谋取利益，数额较大的，处三年以下有期徒刑或者拘役，并处罚金；数额巨大或者有其他严重情节的，处三年以上十年以下有期徒刑，并处罚金；数额特别巨大或者有其他特别严重情节的，处十年以上有期徒刑或者无期徒刑，并处罚金。

公司、企业或者其他单位的工作人员在经济往来中，利用职务上的便利，违反国家规定，收受各种名义的回扣、手续费，归个人所有的，依照前款的规定处罚。

国有公司、企业或者其他国有单位中从事公务的人员和国有公司、企业或者其他国有单位委派到非国有公司、企业以及其他单位从事公务的人员有前两款行为的，依照本法第三百八十五条、第三百八十六条【受贿罪】的规定定罪处罚。【2021年3月1日刑法修正案（十一）】

【1997年刑法】公司、企业的工作人员利用职务上的便利，索取他人财物或者非法收受他人财物，为他人谋取利益，数额较大的，处五年以下有期徒刑或者拘役；数额巨大的，处五年以上有期徒刑，可以并处没收财产。

公司、企业的工作人员在经济往来中，违反国家规定，收受各种名义的回扣、手续费，归个人所有的，依照前款的规定处罚。

国有公司、企业中从事公务的人员和国有公司、企业委派到非国有公司、企业从事公务的人员有前两款行为的，依照本法第三百八十五条、第三百八十六条的规定定罪处罚。

【2006年6月29日刑法修正案（六）】公司、企业或者其他单位的工作人员利用职务上的便利，索取他人财物或者非法收受他人财物，为他人谋取利益，数额较大的，处五年以下有期徒刑或者拘役；数额巨大的，处五年以上有期徒刑，可以并处没收财产。

公司、企业或者其他单位的工作人员在经济往来中，利用职务上的便利，违反国家规定，收受各种名义的回扣、手续费，归个人所有的，依照前款的规定处罚。

国有公司、企业或者其他国有单位中从事公务的人员和国有公司、企业或者其他国有单位委派到非国有公司、企业以及其他单位从事公务的人员有前两款行为的，依照本法第三百八十五条、第三百八十六条的规定定罪处罚。

（相关解释）**1.最高人民法院、最高人民检察院《关于办理贪污贿赂刑事案件适用法律若干问题的解释》**法释〔2016〕9号（具体见第三百八十三条）

第十一条　《刑法》第一百六十三条规定的非国家工作人员受贿罪、第二百七十一条规定的职务侵占罪中的"数额较大""数额巨大"的数额起点，按照本解释关于受贿罪、贪污罪相对应的数额标准规定的二倍、五倍执行。

《刑法》第二百七十二条规定的挪用资金罪中的"数额较大""数额巨大"以及"进行非法活动"情形的数额起点，按照本解释关于挪用公款罪"数额较大""情节严重"以及"进行非法活动"的数额标准规定的二倍执行。

《刑法》第一百六十四条第一款规定的对非国家工作人员行贿罪中的"数额较大""数额巨大"的数额起点，按照本解释第七条、第八条第一款关于行贿罪的数额标准规定的二倍执行。

2.最高人民法院、最高人民检察院《关于办理商业贿赂刑事案件适用法律若干问题的意见》法发〔2008〕33号

一、商业贿赂犯罪涉及《刑法》规定的以下八种罪名：（1）非国家工作人员受贿罪（《刑法》第一百六十三条）；（2）对非国家工作人员行贿罪（《刑法》第一百六十四条）；（3）受贿罪（《刑法》第三百八十五条）；（4）单位受贿罪（《刑法》第三百八十七条）；（5）行贿罪（《刑法》第三百八十九条）；（6）对单位行贿罪（《刑法》第三百九十一条）；（7）介绍贿赂罪（《刑法》第三百九十二条）；（8）单位行贿罪（《刑法》第三百九十三条）。

二、《刑法》第一百六十三条、第一百六十四条规定的"其他单位"，既包括事业

单位、社会团体、村民委员会、居民委员会、村民小组等常设性的组织，也包括为组织体育赛事、文艺演出或者其他正当活动而成立的组委会、筹委会、工程承包队等非常设性的组织。

三、《刑法》第一百六十三条、第一百六十四条规定的"公司、企业或者其他单位的工作人员"，包括国有公司、企业以及其他国有单位中的非国家工作人员。

四、医疗机构中的国家工作人员，在药品、医疗器械、医用卫生材料等医药产品采购活动中，利用职务上的便利，索取销售方财物，或者非法收受销售方财物，为销售方谋取利益，构成犯罪的，依照《刑法》第三百八十五条的规定，以受贿罪定罪处罚。

医疗机构中的非国家工作人员，有前款行为，数额较大的，依照《刑法》第一百六十三条的规定，以非国家工作人员受贿罪定罪处罚。

医疗机构中的医务人员，利用开处方的职务便利，以各种名义非法收受药品、医疗器械、医用卫生材料等医药产品销售方财物，为医药产品销售方谋取利益，数额较大的，依照《刑法》第一百六十三条的规定，以非国家工作人员受贿罪定罪处罚。

五、学校及其他教育机构中的国家工作人员，在教材、教具、校服或者其他物品的采购等活动中，利用职务上的便利，索取销售方财物，或者非法收受销售方财物，为销售方谋取利益，构成犯罪的，依照《刑法》第三百八十五条的规定，以受贿罪定罪处罚。

学校及其他教育机构中的非国家工作人员，有前款行为，数额较大的，依照《刑法》第一百六十三条的规定，以非国家工作人员受贿罪定罪处罚。

学校及其他教育机构中的教师，利用教学活动的职务便利，以各种名义非法收受教材、教具、校服或者其他物品销售方财物，为教材、教具、校服或者其他物品销售方谋取利益，数额较大的，依照《刑法》第一百六十三条的规定，以非国家工作人员受贿罪定罪处罚。

六、依法组建的评标委员会、竞争性谈判采购中谈判小组、询价采购中询价小组的组成人员，在招标、政府采购等事项的评标或者采购活动中，索取他人财物或者非法收受他人财物，为他人谋取利益，数额较大的，依照《刑法》第一百六十三条的规定，以非国家工作人员受贿罪定罪处罚。

依法组建的评标委员会、竞争性谈判采购中谈判小组、询价采购中询价小组中国家机关或者其他国有单位的代表有前款行为的，依照《刑法》第三百八十五条的规定，以受贿罪定罪处罚。

七、商业贿赂中的财物，既包括金钱和实物，也包括可以用金钱计算数额的财产性利益，如提供房屋装修、含有金额的会员卡、代币卡（券）、旅游费用等。具体数额以实际支付的资费为准。

八、收受银行卡的，不论受贿人是否实际取出或者消费，卡内的存款数额一般应全额认定为受贿数额。使用银行卡透支的，如果由给予银行卡的一方承担还款责任，透支数额也应当认定为受贿数额。

九、在行贿犯罪中，"谋取不正当利益"，是指行贿人谋取违反法律、法规、规章或者政策规定的利益，或者要求对方违反法律、法规、规章、政策、行业规范的规定提供帮助或者方便条件。

在招标投标、政府采购等商业活动中，违背公平原则，给予相关人员财物以谋取竞争优势的，属于"谋取不正当利益"。

十、办理商业贿赂犯罪案件，要注意区分贿赂与馈赠的界限。主要应当结合以下因素全面分析、综合判断：（1）发生财物往来的背景，如双方是否存在亲友关系及历史上交往的情形和程度；（2）往来财物的价值；（3）财物往来的缘由、时机和方式，提供财物方对于接受方有无职务上的请托；（4）接受方是否利用职务上的便利为提供方谋取利益。

十一、非国家工作人员与国家工作人员通谋，共同收受他人财物，构成共同犯罪的，根据双方利用职务便利的具体情形分别定罪追究刑事责任：（1）利用国家工作人员的职务便利为他人谋取利益的，以受贿罪追究刑事责任。（2）利用非国家工作人员的职务便利为他人谋取利益的，以非国家工作人员受贿罪追究刑事责任。（3）分别利用各自的职务便利为他人谋取利益的，按照主犯的犯罪性质追究刑事责任，不能分清主从犯的，可以受贿罪追究刑事责任。

3.最高人民检察院、公安部《关于公安机关管辖的刑事案件立案追诉标准的规定（二）》（2022年4月6日）（附则见第一百二十条之一）

第十条 【非国家工作人员受贿案（《刑法》第一百六十三条）】公司、企业或者其他单位的工作人员利用职务上的便利，索取他人财物或者非法收受他人财物，为他人谋取利益，或者在经济往来中，利用职务上的便利，违反国家规定，收受各种名义的回扣、手续费，归个人所有，数额在三万元以上的，应予立案追诉。

（附参考）**浙江省高级人民法院、浙江省人民检察院、浙江省公安厅《关于医务人员利用开处方的职务便利收受医药产品销售方财物的行为适用法律问题的会议纪要》**浙高法〔2009〕17号

一、医疗机构中的医务人员，利用开处方的职务便利，以各种名义非法收受药品、医疗器械、医用卫生材料等医药产品销售方数额较大的财物，为药品销售方谋取利益的行为，发生在《刑法修正案（六）》公布实施的2006年6月29日之前的，不构成非国家工作人员受贿犯罪，由卫生行政部门依法依纪处理。

二、医疗机构中的医务人员，利用开处方的职务便利，以各种名义非法收受药品、医疗器械、医用卫生材料等医药产品销售方数额较大以上的财物，为药品销售方谋取利益的行为，发生在《刑法修正案（六）》公布实施的2006年6月29日之后2008年11月20日之前，能主动如实上缴财物的，可由卫生行政部门依法依纪处理；但具有下列情形之一的，应予追究刑事责任：1.因前述行为被行政处理后，继续利用开处方的职务便利，收受数额较大以上的财物，且不主动如实上缴的；2.为销售方推销假冒伪劣的药品、医疗器械、医用卫生材料，收受数额较大以上财物的；3.为销售方推销明显与患者不对症的药品、医疗器械、医用卫生材料，或为推销药品违反禁忌症对患者使用药品、医疗器械、医用卫生材料，导致患者因用药不当发生药源性严重疾病，或导致患者原有病情明显恶化或死亡，或贻误治疗造成患者严重残疾、死亡，并收受数额较大以上财物；4.收受数额较大以上财物，导致发生影响社会稳定的事件或造成恶劣社会影响的；5.收受数额较大以上财物，并具有其他特别严重情节的。

构成销售假药、劣药、不符合标准的医用器材等罪，同时有第二项所列行为的，依照处罚较重规定定罪处罚。有第三项所列行为，同时构成其他犯罪的，依法实行数罪并罚。

三、医疗机构中的医务人员，利用开处方的职务便利，以各种名义非法收受药品、医疗器械、医用卫生材料等医药产品销售方数额较大以上的财物，为药品销售方谋取利益的行为，发生在 2008年11月20日以后的，应予以追究刑事责任；能主动如实上缴财物的，可予以酌情从轻处罚。

第一百六十四条【对非国家工作人员行贿罪】 为谋取不正当利益，给予公司、企业

或者其他单位的工作人员以财物，数额较大的，处三年以下有期徒刑或者拘役，并处罚金；数额巨大的，处三年以上十年以下有期徒刑，并处罚金。

【对外国公职人员、国际公共组织官员行贿罪】　为谋取不正当商业利益，给予外国公职人员或者国际公共组织官员以财物的，依照前款的规定处罚。

单位犯前两款罪的，对单位判处罚金，并对其直接负责的主管人员和其他直接责任人员，依照第一款的规定处罚。

行贿人在被追诉前主动交待行贿行为的，可以减轻处罚或者免除处罚。**【2015 年 11 月 1 日刑法修正案（九）】**

【1997 年刑法】为谋取不正当利益，给予公司、企业的工作人员以财物，数额较大的，处三年以下有期徒刑或者拘役；数额巨大的，处三年以上十年以下有期徒刑，并处罚金。

单位犯前款罪的，对单位判处罚金，并对其直接负责的主管人员和其他直接责任人员，依照前款的规定处罚。

行贿人在被追诉前主动交待行贿行为的，可以减轻处罚或者免除处罚。

【2006 年 6 月 29 日刑法修正案（六）】为谋取不正当利益，给予公司、企业或者其他单位的工作人员以财物，数额较大的，处三年以下有期徒刑或者拘役；数额巨大的，处三年以上十年以下有期徒刑，并处罚金。

单位犯前款罪的，对单位判处罚金，并对其直接负责的主管人员和其他直接责任人员，依照前款的规定处罚。

行贿人在被追诉前主动交待行贿行为的，可以减轻处罚或者免除处罚。

【2011 年 5 月 1 日刑法修正案（八）】　为谋取不正当利益，给予公司、企业或者其他单位的工作人员以财物，数额较大的，处三年以下有期徒刑或者拘役；数额巨大的，处三年以上十年以下有期徒刑，并处罚金。

为谋取不正当商业利益，给予外国公职人员或者国际公共组织官员以财物的，依照前款的规定处罚。

单位犯前两款罪的，对单位判处罚金，并对其直接负责的主管人员和其他直接责任人员，依照第一款的规定处罚。

行贿人在被追诉前主动交待行贿行为的，可以减轻处罚或者免除处罚。

（相关解释）**1.最高人民法院、最高人民检察院《关于办理贪污贿赂刑事案件适用法律若干问题的解释》**法释〔2016〕9号（具体见第三百八十三条）

第十一条　《刑法》第一百六十三条规定的非国家工作人员受贿罪、第二百七十一条规定的职务侵占罪中的"数额较大""数额巨大"的数额起点，按照本解释关于受贿罪、贪污罪相对应的数额标准规定的二倍、五倍执行。

《刑法》第二百七十二条规定的挪用资金罪中的"数额较大""数额巨大"以及"进行非法活动"情形的数额起点，按照本解释关于挪用公款罪"数额较大""情节严重"以及"进行非法活动"的数额标准规定的二倍执行。

《刑法》第一百六十四条第一款规定的对非国家工作人员行贿罪中的"数额较大""数额巨大"的数额起点，按照本解释第七条、第八条第一款关于行贿罪的数额标准规定的二倍执行。

2.最高人民法院、最高人民检察院《关于办理商业贿赂刑事案件适用法律若干问题的意见》法发〔2008〕33 号（见第一百六十三条）

3.最高人民检察院、公安部《关于公安机关管辖的刑事案件立案追诉标准的规定（二）》

（2022年4月6日）（附则见第一百二十条之一）

第十一条 【对非国家工作人员行贿案（《刑法》第一百六十四条第一款）】为谋取不正当利益，给予公司、企业或者其他单位的工作人员以财物，个人行贿数额在三万元以上的，单位行贿数额在二十万元以上的，应予立案追诉。

第十二条 【对外国公职人员、国际公共组织官员行贿案（《刑法》第一百六十四条第二款)】为谋取不正当商业利益，给予外国公职人员或者国际公共组织官员以财物，个人行贿数额在三万元以上的，单位行贿数额在二十万元以上的，应予立案追诉。

第一百六十五条【非法经营同类营业罪】 国有公司、企业的董事、经理利用职务便利，自己经营或者为他人经营与其所任职公司、企业同类的营业，获取非法利益，数额巨大的，处三年以下有期徒刑或者拘役，并处或者单处罚金；数额特别巨大的，处三年以上七年以下有期徒刑，并处罚金。

（附参考）**浙江省高级人民法院《关于部分罪名定罪量刑情节及数额标准的意见》**浙高法〔2012〕325号

25.《刑法》第一百六十五条 【非法经营同类营业罪】

获取非法利益，数额在十万元以上不满五十万元的，属于"数额巨大"，处三年以下有期徒刑或者拘役，并处或者单处罚金。

获取非法利益，数额在五十万元以上的，属于"数额特别巨大"，处三年以上七年以下有期徒刑，并处罚金。

第一百六十六条【为亲友非法牟利罪】 国有公司、企业、事业单位的工作人员，利用职务便利，有下列情形之一，使国家利益遭受重大损失的，处三年以下有期徒刑或者拘役，并处或者单处罚金；致使国家利益遭受特别重大损失的，处三年以上七年以下有期徒刑，并处罚金：

（一）将本单位的盈利业务交由自己的亲友进行经营的；

（二）以明显高于市场的价格向自己的亲友经营管理的单位采购商品或者以明显低于市场的价格向自己的亲友经营管理的单位销售商品的；

（三）向自己的亲友经营管理的单位采购不合格商品的。

（附参考）**浙江省高级人民法院《关于部分罪名定罪量刑情节及数额标准的意见》**浙高法〔2012〕325号

26.《刑法》第一百六十六条 【为亲友非法牟利罪】

具有下列情形之一的，属于"重大损失"，处三年以下有期徒刑或者拘役，并处或者单处罚金：

（1）造成国家直接经济损失十万元以上不满五十万元的；

（2）使其亲友非法获利二十万元以上不满一百万元的；

（3）造成有关单位破产，停业、停产六个月以上，或者被吊销许可证和营业执照、责令关闭、撤销、解散的；

（4）重大损失的其他情形。

具有下列情形之一的，属于"特别重大损失"，处三年以上七年以下有期徒刑，并处罚金：

（1）造成国家直接经济损失五十万元以上的；

（2）使其亲友非法获利一百万元以上的；

（3）造成国家直接经济损失十万元以上不满五十万元，且同时致使有关单位破产，或者被吊销许可证和营业执照、责令关闭、撤销、解散的；

（4）特别重大损失的其他情形。

第一百六十七条【签订、履行合同失职被骗罪】 国有公司、企业、事业单位直接负责的主管人员，在签订、履行合同过程中，因严重不负责任被诈骗，致使国家利益遭受重大损失的，处三年以下有期徒刑或者拘役；致使国家利益遭受特别重大损失的，处三年以上七年以下有期徒刑。

（相关解释）**1.《全国人大常委会关于惩治骗购外汇、逃汇、和非法买卖外汇犯罪的决定》**1998年12月29日

金融机构、从事对外贸易经营活动的公司、企业的工作人员严重不负责任，造成大量外汇被骗购或者逃汇，致使国家利益遭受重大损失的，依照《刑法》第一百六十七条的规定定罪处罚。

2.最高人民法院刑二庭审判长会议纪要《关于签订、履行合同失职被骗犯罪是否以对方当事人的行为构成诈骗犯罪为要件的意见》

关于《刑法》第一百六十七条规定的"签订、履行合同失职被骗罪"和第四百零六条规定的"国家机关工作人员签订、履行合同"是否以对方构成诈骗犯罪为要件的问题，最高人民法院刑二庭审判长会议进行了研究，纪要如下：

认定签订、履行合同失职被骗罪和国家机关工作人员签订、履行合同失职被骗罪应当以对方当事人涉嫌诈骗，行为构成犯罪为前提。

但司法机关在办理或者审判行为人被指控犯有上述两罪的案件过程中，不能以对方当事人已经被人民法院判决构成诈骗犯罪作为认定本案当事人构成签订、履行合同失职被骗罪或者国家机关工作人员签订、履行合同失职被骗罪的前提。

也就是说，司法机关在办理案件过程中，只要认定对方当事人的行为已经涉嫌构成诈骗犯罪，就可依法认定行为人构成签订、履行合同失职被骗罪或者国家机关工作人员签订、履行合同失职被骗罪，而不需要搁置或者中止审理，直至对方当事人被人民法院审理并判决构成诈骗犯罪。

（附参考）**浙江省高级人民法院《关于部分罪名定罪量刑情节及数额标准的意见》**浙高法〔2012〕325号

27.《刑法》第一百六十七条 **【签订、履行合同失职被骗罪】**

具有下列情形之一的，属于"重大损失"，处三年以下有期徒刑或者拘役：

（1）造成国家直接经济损失五十万元以上不满二百五十万元的；

（2）造成有关单位破产、停业、停产六个月以上，或者被吊销许可证和营业执照、责令关闭、撤销、解散的；

（3）金融机构、从事对外贸易经营活动的公司、企业的工作人员严重不负责任，造成一百万美元以上不满三百万美元外汇被骗购或者逃汇一千万美元以上不满三千万美元的；

（4）重大损失的其他情形。

具有下列情形之一的，属于"特别重大损失"，处三年以上七年以下有期徒刑：

（1）造成国家直接经济损失二百五十万元以上的；

（2）金融机构、从事对外贸易经营活动的公司、企业的工作人员严重不负责任，造成三百万美元以上外汇被骗购或者逃汇三千万美元以上的；

（3）特别重大损失的其他情形。

第一百六十八条【国有公司、企业、事业单位人员失职罪，国有公司、企业、事业单位人员滥用职权罪】 国有公司、企业的工作人员，由于严重不负责任或者滥用职权，造成国有公司、企业破产或者严重损失，致使国家利益遭受重大损失的，处三年以下有期徒刑或者拘役；致使国家利益遭受特别重大损失的，处三年以上七年以下有期徒刑。

国有事业单位的工作人员有前款行为，致使国家利益遭受重大损失的，依照前款的规定处罚。

国有公司、企业、事业单位的工作人员，徇私舞弊，犯前两款罪的，依照第一款的规定从重处罚。【1999年12月25日刑法修正案】

【1997年刑法】国有公司、企业直接负责的主管人员，徇私舞弊，造成国有公司、企业破产或者严重亏损，致使国家利益遭受重大损失的，处三年以下有期徒刑或者拘役。

（相关解释）**1.最高人民法院《关于审理扰乱电信市场管理秩序案件具体应用法律若干问题的解释》**法释〔2000〕12号

国有电信企业的工作人员，由于严重不负责任或者滥用职权，造成国有电信企业破产或者严重损失，致使国家利益遭受重大损失的，依照《刑法》第一百六十八条的规定定罪处罚。

2.最高人民法院、最高人民检察院《关于办理妨害预防、控制突发传染病疫情等灾害的刑事案件具体应用法律若干问题的解释》法释〔2003〕8号

国有公司、企业、事业单位的工作人员，在预防、控制突发传染病疫情等灾害的工作中，由于严重不负责任或者滥用职权，造成国有公司、企业破产或者严重损失，致使国家利益遭受重大损失的，依照《刑法》第一百六十八条的规定，以国有公司、企业、事业单位人员失职罪或者国有公司、企业、事业单位人员滥用职权罪定罪处罚。

3.最高人民法院、最高人民检察院《关于办理国家出资企业中职务犯罪案件具体应用法律若干问题的意见》法发〔2010〕49号

在企业改制过程中未采取低估资产、隐瞒债权、虚设债务、虚构产权交易等方式故意隐匿公司、企业财产的，一般不应当认定为贪污；造成国有资产重大损失，依法构成《刑法》第一百六十八条或者第一百六十九条规定的犯罪的，依照该规定定罪处罚。

国家出资企业中的国家工作人员在公司、企业改制或者国有资产处置过程中严重不负责任或者滥用职权，致使国家利益遭受重大损失的，依照《刑法》第一百六十八条的规定，以国有公司、企业人员失职罪或者国有公司、企业人员滥用职权罪定罪处罚。

（附参考）**1.浙江省高级人民法院刑事审判第一庭、第二庭《关于执行刑法若干问题的具体意见（三）》**浙高法刑〔2000〕3号

7.国有公司、企业、事业单位工作人员，利用职务便利擅自以私盖公章等形式为他人提供贷款担保，造成单位因承担担保责任而使国家利益遭受重大损失的，依照《刑法》修正案修正后的《刑法》第一百六十八条定罪处罚；如果行为人是以此为手段以达到非法侵吞财物之目的的，依照主体情况以贪污罪或者职务侵占罪定罪处罚。

2.浙江省高级人民法院《关于部分罪名定罪量刑情节及数额标准的意见》浙高法〔2012〕325号

28.《刑法》第一百六十八条　【国有公司、企业、事业单位人员失职罪】

具有下列情形之一的，属于"重大损失"，处三年以下有期徒刑或者拘役：

（1）造成国家直接经济损失五十万元以上不满二百五十万元的；

（2）造成有关单位破产，停业、停产一年以上，或者被吊销许可证和营业执照、责令关闭、撤销、解散的；

（3）重大损失的其他情形。

具有下列情形之一的，属于"特别重大损失"，处三年以上七年以下有期徒刑：

（1）造成国家直接经济损失二百五十万元以上的；

（2）特别重大损失的其他情形。

29.《刑法》第一百六十八条　【国有公司、企业、事业单位人员滥用职权罪】

具有下列情形之一的，属于"重大损失"，处三年以下有期徒刑或者拘役：

（1）造成国家直接经济损失三十万元以上不满一百五十万元的；

（2）造成有关单位破产，停业、停产六个月以上，或者被吊销许可证和营业执照、责令关闭、撤销、解散的；

（3）重大损失的其他情形。

具有下列情形之一的，属于"特别重大损失"，处三年以上七年以下有期徒刑：

（1）造成国家直接经济损失一百五十万元以上的；

（2）特别重大损失的其他情形。

第一百六十九条【徇私舞弊低价折股、出售国有资产罪】　国有公司、企业或者其上级主管部门直接负责的主管人员，徇私舞弊，将国有资产低价折股或者低价出售，致使国家利益遭受重大损失的，处三年以下有期徒刑或者拘役；致使国家利益遭受特别重大损失的，处三年以上七年以下有期徒刑。

（相关解释）**最高人民法院、最高人民检察院《关于办理国家出资企业中职务犯罪案件具体应用法律若干问题的意见》**法发〔2010〕49号

在企业改制过程中未采取低估资产、隐瞒债权、虚设债务、虚构产权交易等方式故意隐匿公司、企业财产的，一般不应当认定为贪污；造成国有资产重大损失，依法构成《刑法》第一百六十八条或者第一百六十九条规定的犯罪的，依照该规定定罪处罚。

国家出资企业中的国家工作人员在公司、企业改制或者国有资产处置过程中徇私舞弊，将国有资产低价折股或者低价出售给其本人未持有股份的公司、企业或者其他个人，致使国家利益遭受重大损失的，依照《刑法》第一百六十九条的规定，以徇私舞弊低价折股、出售国有资产罪定罪处罚。

（附参考）**浙江省高级人民法院《关于部分罪名定罪量刑情节及数额标准的意见》**浙高法〔2012〕325号

30.《刑法》第一百六十九条　【徇私舞弊低价折股、出售国有资产罪】

具有下列情形之一的，属于"重大损失"，处三年以下有期徒刑或者拘役：

（1）造成国家直接经济损失三十万元以上不满一百五十万元的；

（2）造成有关单位破产，停业、停产六个月以上，或者被吊销许可证和营业执照、责令关闭、撤销、解散的；

（3）重大损失的其他情形。

具有下列情形之一的，属于"特别重大损失"，处三年以上七年以下有期徒刑：

（1）造成国家直接经济损失一百五十万元以上的；

（2）特别重大损失的其他情形。

第一百六十九条之一【背信损害上市公司利益罪】 上市公司的董事、监事、高级管理人员违背对公司的忠实义务，利用职务便利，操纵上市公司从事下列行为之一，致使上市公司利益遭受重大损失的，处三年以下有期徒刑或者拘役，并处或者单处罚金；致使上市公司利益遭受特别重大损失的，处三年以上七年以下有期徒刑，并处罚金：

（一）无偿向其他单位或者个人提供资金、商品、服务或者其他资产的；

（二）以明显不公平的条件，提供或者接受资金、商品、服务或者其他资产的；

（三）向明显不具有清偿能力的单位或者个人提供资金、商品、服务或者其他资产的；

（四）为明显不具有清偿能力的单位或者个人提供担保，或者无正当理由为其他单位或者个人提供担保的；

（五）无正当理由放弃债权、承担债务的；

（六）采用其他方式损害上市公司利益的。

上市公司的控股股东或者实际控制人，指使上市公司董事、监事、高级管理人员实施前款行为的，依照前款的规定处罚。

犯前款罪的上市公司的控股股东或者实际控制人是单位的，对单位判处罚金，并对其直接负责的主管人员和其他直接责任人员，依照第一款的规定处罚。【2006年6月29日刑法修正案（六）】

（相关解释）**最高人民检察院、公安部《关于公安机关管辖的刑事案件立案追诉标准的规定（二）》**（2022年4月6日）（附则见第一百二十条之一）

第十三条 【背信损害上市公司利益案（《刑法》第一百六十九条之一）】上市公司的董事、监事、高级管理人员违背对公司的忠实义务，利用职务便利，操纵上市公司从事损害上市公司利益的行为，以及上市公司的控股股东或者实际控制人，指使上市公司董事、监事、高级管理人员实施损害上市公司利益的行为，涉嫌下列情形之一的，应予立案追诉：

（一）无偿向其他单位或者个人提供资金、商品、服务或者其他资产，致使上市公司直接经济损失数额在一百五十万元以上的；

（二）以明显不公平的条件，提供或者接受资金、商品、服务或者其他资产，致使上市公司直接经济损失数额在一百五十万元以上的；

（三）向明显不具有清偿能力的单位或者个人提供资金、商品、服务或者其他资产，致使上市公司直接经济损失数额在一百五十万元以上的；

（四）为明显不具有清偿能力的单位或者个人提供担保，或者无正当理由为其他单位或者个人提供担保，致使上市公司直接经济损失数额在一百五十万元以上的；

（五）无正当理由放弃债权、承担债务，致使上市公司直接经济损失数额在一百五十万元以上的；

（六）致使公司、企业发行的股票或者公司、企业债券、存托凭证或者国务院依法认定的其他证券被终止上市交易的；

（七）其他致使上市公司利益遭受重大损失的情形。

第四节　破坏金融管理秩序罪

第一百七十条【伪造货币罪】 伪造货币的，处三年以上十年以下有期徒刑，并处罚金；有下列情形之一的，处十年以上有期徒刑或者无期徒刑，并处罚金或者没收财产：

（一）伪造货币集团的首要分子；

（二）伪造货币数额特别巨大的；

（三）有其他特别严重情节的。【2015年11月1日刑法修正案（九）】

【1997年刑法】 伪造货币的，处三年以上十年以下有期徒刑，并处五万元以上五十万元以下罚金；有下列情形之一的，处十年以上有期徒刑、无期徒刑或者死刑，并处五万元以上五十万元以下罚金或者没收财产：

（一）伪造货币集团的首要分子；

（二）伪造货币数额特别巨大的；

（三）有其他特别严重情节的。

（相关解释）**1. 最高人民检察院、公安部《关于公安机关管辖的刑事案件立案追诉标准的规定（二）》**（2022年4月6日）（附则见第一百二十条之一）

第十四条　【伪造货币案（《刑法》第一百七十条）】伪造货币，涉嫌下列情形之一的，应予立案追诉：

（一）总面额在二千元以上或者币量在二百张（枚）以上的；

（二）总面额在一千元以上或者币量在一百张（枚）以上，二年内因伪造货币受过行政处罚，又伪造货币的；

（三）制造货币版样或者为他人伪造货币提供版样的；

（四）其他伪造货币应予追究刑事责任的情形。

第七十九条　本规定中的"货币"是指在境内外正在流通的以下货币：

（一）人民币（含普通纪念币、贵金属纪念币）、港元、澳门元、新台币；

（二）其他国家及地区的法定货币。

贵金属纪念币的面额以中国人民银行授权中国金币总公司的初始发售价格为准。

2. 最高人民法院《关于审理伪造货币等案件具体应用法律的若干问题的解释》 法释〔2000〕26号

第一条　伪造货币的总面额在二千元以上不满三万元或者币量在二百张（枚）以上不足三千张（枚）的，依照《刑法》第一百七十条的规定，处三年以上十年以下有期徒刑，并处五万元以上五十万元以下罚金。

伪造货币的总面额在三万元以上的，属于"伪造货币数额特别巨大"。

行为人制造货币版样或者与他人事前通谋，为他人伪造货币提供版样的，依照《刑法》第一百七十条的规定定罪处罚。

第七条　本解释所称"货币"是指可在国内市场流通或者兑换的人民币和境外货币。

货币面额应当以人民币计算，其他币种以案发时国家外汇管理机关公布的外汇牌价折算成人民币。

3. 最高人民法院《关于审理伪造货币等案件具体应用法律的若干问题的解释（二）》 法释〔2010〕14号

第一条　仿照真货币的图案、形状、色彩等特征非法制造假币，冒充真币的行为，应当认定为《刑法》第一百七十条规定的"伪造货币"。

第二条 同时采用伪造和变造手段，制造真伪拼凑货币的行为，依照《刑法》第一百七十条的规定，以伪造货币罪定罪处罚。

第三条 以正在流通的境外货币为对象的假币犯罪，依照《刑法》第一百七十条至第一百七十三条的规定定罪处罚。

假境外货币犯罪的数额，按照案发当日中国外汇交易中心或者中国人民银行授权机构公布的人民币对该货币的中间价折合成人民币计算。中国外汇交易中心或者中国人民银行授权机构未公布汇率中间价的境外货币，按照案发当日境内银行人民币对该货币的中间价折算成人民币，或者该货币在境内银行、国际外汇市场对美元汇率，与人民币对美元汇率中间价进行套算。

第四条 以中国人民银行发行的普通纪念币和贵金属纪念币为对象的假币犯罪，依照《刑法》第一百七十条至第一百七十三条的规定定罪处罚。

假普通纪念币犯罪的数额，以面额计算；假贵金属纪念币犯罪的数额，以贵金属纪念币的初始发售价格计算。

4. 最高人民法院《全国法院审理金融犯罪案件工作座谈会纪要》法〔2001〕8号

2. 关于假币犯罪

假币犯罪的认定。假币犯罪是一种严重破坏金融管理秩序的犯罪。只要有证据证明行为人实施了出售、购买、运输、使用假币行为，且数额较大，就构成犯罪。伪造货币的，只要实施了伪造行为，不论是否完成全部印制工序，即构成伪造货币罪；对于尚未制造出成品，无法计算伪造、销售假币面额的，或者制造、销售用于伪造货币的版样的，不认定犯罪数额，依据犯罪情节决定刑罚。明知是伪造的货币而持有，数额较大，根据现有证据不能认定行为人是为了进行其他假币犯罪的，以持有假币罪定罪处罚；如果有证据证明其持有的假币已构成其他假币犯罪的，应当以其他假币犯罪定罪处罚。

假币犯罪罪名的确定。假币犯罪案件中犯罪分子实施数个相关行为的，在确定罪名时应把握以下原则：

（1）对同一宗假币实施了法律规定为选择性罪名的行为，应根据行为人所实施的数个行为，按相关罪名《刑法》规定的排列顺序并列确定罪名，数额不累计计算，不实行数罪并罚。

（2）对不同宗假币实施法律规定为选择性罪名的行为，并列确定罪名，数额按全部假币面额累计计算，不实行数罪并罚。

（3）对同一宗假币实施了《刑法》没有规定为选择性罪名的数个犯罪行为，择一重罪从重处罚。如伪造货币或者购买假币后使用的，以伪造货币罪或购买假币罪定罪，从重处罚。

（4）对不同宗假币实施了《刑法》没有规定为选择性罪名的数个犯罪行为，分别定罪，数罪并罚。

出售假币被查获部分的处理。在出售假币时被抓获的，除现场查获的假币应认定为出售假币的犯罪数额外，现场之外在行为人住所或者其他藏匿地查获的假币，亦应认定为出售假币的犯罪数额。但有证据证实后者是行为人有实施其他假币犯罪的除外。

制造或者出售伪造的台币行为的处理。对于伪造台币的，应当以伪造货币罪定罪处罚；出售伪造的台币的，应当以出售假币罪定罪处罚。

第一百七十一条【出售、购买、运输假币罪】 出售、购买伪造的货币或者明知是伪造的货币而运输，数额较大的，处三年以下有期徒刑或者拘役，并处二万元以上二十万元以下罚金；数额巨大的，处三年以上十年以下有期徒刑，并处五万元以上五十万元以下罚金；数额特别巨大的，处十年以上有期徒刑或者无期徒刑，并处五万元以上五十万元以下罚金或者没收财产。

【金融工作人员购买假币、以假币换取货币罪】　银行或者其他金融机构的工作人员购买伪造的货币或者利用职务上的便利，以伪造的货币换取货币的，处三年以上十年以下有期徒刑，并处二万元以上二十万元以下罚金；数额巨大或者有其他严重情节的，处十年以上有期徒刑或者无期徒刑，并处二万元以上二十万元以下罚金或者没收财产；情节较轻的，处三年以下有期徒刑或者拘役，并处或者单处一万元以上十万元以下罚金。

伪造货币并出售或者运输伪造的货币的，依照本法第一百七十条【伪造货币罪】的规定定罪从重处罚。

（相关解释）**1.最高人民检察院、公安部《关于公安机关管辖的刑事案件立案追诉标准的规定（二）》**（2022年4月6日）（附则见第一百二十条之一）

第十五条　【出售、购买、运输假币案（《刑法》第一百七十一条第一款）】出售、购买伪造的货币或者明知是伪造的货币而运输，涉嫌下列情形之一的，应予立案追诉：

（一）总面额在四千元以上或者币量在四百张（枚）以上的；

（二）总面额在二千元以上或者币量在二百张（枚）以上，二年内因出售、购买、运输假币受过行政处罚，又出售、购买、运输假币的；

（三）其他出售、购买、运输假币应予追究刑事责任的情形。

在出售假币时被抓获的，除现场查获的假币应认定为出售假币的数额外，现场之外在行为人住所或者其他藏匿地查获的假币，也应认定为出售假币的数额。

第十六条　【金融工作人员购买假币、以假币换取货币案（《刑法》第一百七十一条第二款）】银行或者其他金融机构的工作人员购买伪造的货币或者利用职务上的便利，以伪造的货币换取货币，总面额在二千元以上或者币量在二百张（枚）以上的，应予立案追诉。

2.最高人民法院《关于审理伪造货币等案件具体应用法律的若干问题的解释》法释〔2000〕26号

第二条　行为人购买假币后使用，构成犯罪的，依照《刑法》第一百七十一条的规定，以购买假币罪定罪，从重处罚。

行为人出售、运输假币构成犯罪，同时有使用假币行为的，依照《刑法》第一百七十一条、第一百七十二条的规定，实行数罪并罚。

第三条　出售、购买假币或者明知是假币而运输，总面额在四千元以上不满五万元的，属于"数额较大"；总面额在五万元以上不满二十万元的，属于"数额巨大"；总面额在二十万元以上的，属于"数额特别巨大"，依照《刑法》第一百七十一条第一款的规定定罪处罚。

第四条　银行或者其他金融机构的工作人员购买假币或者利用职务上的便利，以假币换取货币，总面额在四千元以上不满五万元或者币量在四百张（枚）以上不足五千张（枚）的，处三年以上十年以下有期徒刑，并处二万元以上二十万元以下罚金；总面额在五万元以上或者币量在五千张（枚）以上或者有其他严重情节的，处十年以上有期徒刑或者无期徒刑，并处二万元以上二十万元以下罚金或者没收财产；总面额不满人民币四千元或者币量不足四百张（枚）或者具有其他情节较轻情形的，处三年以下有期徒刑或者拘役，并处或者单处一万元以上十万元以下罚金。

3. 最高人民法院《关于审理伪造货币等案件具体应用法律的若干问题的解释（二）》 法释〔2010〕14号

第三条 以正在流通的境外货币为对象的假币犯罪，依照《刑法》第一百七十条至第一百七十三条的规定定罪处罚。

假境外货币犯罪的数额，按照案发当日中国外汇交易中心或者中国人民银行授权机构公布的人民币对该货币的中间价折合成人民币计算。中国外汇交易中心或者中国人民银行授权机构未公布汇率中间价的境外货币，按照案发当日境内银行人民币对该货币的中间价折算成人民币，或者该货币在境内银行、国际外汇市场对美元汇率，与人民币对美元汇率中间价进行套算。

第四条 以中国人民银行发行的普通纪念币和贵金属纪念币为对象的假币犯罪，依照《刑法》第一百七十条至第一百七十三条的规定定罪处罚。

假普通纪念币犯罪的数额，以面额计算；假贵金属纪念币犯罪的数额，以贵金属纪念币的初始发售价格计算。

4. 最高人民法院《全国法院审理金融犯罪案件工作座谈会纪要》 法〔2001〕8号（见第一百七十条）

（附参考）**浙江省高级人民法院刑事审判庭《关于执行刑法若干问题的具体意见》** 浙高法刑〔1999〕1号

31.不知道是假币而盗窃，如果窃得假币数额较大的，以盗窃罪（未遂）论处；明知是假币而盗窃，可根据案件的具体情况，以持有、使用、销售、运输假币罪定罪处罚。

32.行为人出售、购买、运输假币构成犯罪，同时有使用同宗假币行为的，依照《刑法》第一百七十一条的规定，以出售、购买、运输假币罪定罪，从重处罚。

第一百七十二条【持有、使用假币罪】 明知是伪造的货币而持有、使用，数额较大的，处三年以下有期徒刑或者拘役，并处或者单处一万元以上十万元以下罚金；数额巨大的，处三年以上十年以下有期徒刑，并处二万元以上二十万元以下罚金；数额特别巨大的，处十年以上有期徒刑，并处五万元以上五十万元以下罚金或者没收财产。

（相关解释）**1. 最高人民检察院、公安部《关于公安机关管辖的刑事案件立案追诉标准的规定（二）》**（2022年4月6日）（附则见第一百二十条之一）

第十七条 【持有、使用假币案（《刑法》第一百七十二条）】明知是伪造的货币而持有、使用，涉嫌下列情形之一的，应予立案追诉：

（一）总面额在四千元以上或者币量在四百张（枚）以上的；

（二）总面额在二千元以上或者币量在二百张（枚）以上，二年内因持有、使用假币受过行政处罚，又持有、使用假币的；

（三）其他持有、使用假币应予追究刑事责任的情形。

2. 最高人民法院《关于审理伪造货币等案件具体应用法律的若干问题的解释》 法释〔2000〕26号

行为人出售、运输假币构成犯罪，同时有使用假币行为的，依照《刑法》第一百七十一条、第一百七十二条的规定，实行数罪并罚。

第五条 明知是假币而持有、使用，总面额在四千元以上不满五万元的，属于"数额较大"；总面额在五万元以上不满二十万元的，属于"数额巨大"；总面额在二十万元以上的，属于"数额特别巨大"，依照《刑法》第一百七十二条的规定定罪处罚。

3. 最高人民法院《关于审理伪造货币等案件具体应用法律的若干问题的解释（二）》法释〔2010〕14号

第三条　以正在流通的境外货币为对象的假币犯罪，依照《刑法》第一百七十条至第一百七十三条的规定定罪处罚。

假境外货币犯罪的数额，按照案发当日中国外汇交易中心或者中国人民银行授权机构公布的人民币对该货币的中间价折合成人民币计算。中国外汇交易中心或者中国人民银行授权机构未公布汇率中间价的境外货币，按照案发当日境内银行人民币对该货币的中间价折算成人民币，或者该货币在境内银行、国际外汇市场对美元汇率，与人民币对美元汇率中间价进行套算。

第四条　以中国人民银行发行的普通纪念币和贵金属纪念币为对象的假币犯罪，依照《刑法》第一百七十条至第一百七十三条的规定定罪处罚。

假普通纪念币犯罪的数额，以面额计算；假贵金属纪念币犯罪的数额，以贵金属纪念币的初始发售价格计算。

（附参考）**浙江省高级人民法院刑事审判庭《关于执行刑法若干问题的具体意见》**浙高法刑〔1999〕1号（见第一百七十一条）

第一百七十三条【变造货币罪】　变造货币，数额较大的，处三年以下有期徒刑或者拘役，并处或者单处一万元以上十万元以下罚金；数额巨大的，处三年以上十年以下有期徒刑，并处二万元以上二十万元以下罚金。

（相关解释）**1. 最高人民检察院、公安部《关于公安机关管辖的刑事案件立案追诉标准的规定（二）》**（2022年4月6日）（附则见第一百二十条之一）

第十八条　【变造货币案（《刑法》第一百七十三条）】变造货币，涉嫌下列情形之一的，应予立案追诉：

（一）总面额在二千元以上或者币量在二百张（枚）以上的；

（二）总面额在一千元以上或者币量在一百张（枚）以上，二年内因变造货币受过行政处罚，又变造货币的；

（三）其他变造货币应予追究刑事责任的情形。

2. 最高人民法院《关于审理伪造货币等案件具体应用法律的若干问题的解释》法释〔2000〕26号

第六条　变造货币的总面额在二千元以上不满三万元的，属于"数额较大"；总面额在三万元以上的，属于"数额巨大"，依照《刑法》第一百七十三条的规定定罪处罚。

3. 最高人民法院《关于审理伪造货币等案件具体应用法律的若干问题的解释（二）》法释〔2010〕14号

对真货币采用剪贴、挖补、揭层、涂改、移位、重印等方法加工处理，改变真币形态、价值的行为，应当认定为《刑法》第一百七十三条规定的"变造货币"。

第三条　以正在流通的境外货币为对象的假币犯罪，依照《刑法》第一百七十条至第一百七十三条的规定定罪处罚。

假境外货币犯罪的数额，按照案发当日中国外汇交易中心或者中国人民银行授权机构公布的人民币对该货币的中间价折合成人民币计算。中国外汇交易中心或者中国人民银行授权机构未公布汇率中间价的境外货币，按照案发当日境内银行人民币对该货币的中间价折算成人民币，或者该货币在境内银行、国际外汇市场对美元汇率，与人民币对美元汇率中间价进行套算。

第四条 以中国人民银行发行的普通纪念币和贵金属纪念币为对象的假币犯罪，依照《刑法》第一百七十条至第一百七十三条的规定定罪处罚。

假普通纪念币犯罪的数额，以面额计算；假贵金属纪念币犯罪的数额，以贵金属纪念币的初始发售价格计算。

第一百七十四条【擅自设立金融机构罪】 未经国家有关主管部门批准，擅自设立商业银行、证券交易所、期货交易所、证券公司、期货经纪公司、保险公司或者其他金融机构的，处三年以下有期徒刑或者拘役，并处或者单处二万元以上二十万元以下罚金；情节严重的，处三年以上十年以下有期徒刑，并处五万元以上五十万元以下罚金。

【伪造、变造、转让金融机构经营许可证、批准文件罪】 伪造、变造、转让商业银行、证券交易所、期货交易所、证券公司、期货经纪公司、保险公司或者其他金融机构的经营许可证或者批准文件的，依照前款的规定处罚。

单位犯前两款罪的，对单位判处罚金，并对其直接负责的主管人员和其他直接责任人员，依照第一款的规定处罚。【1999年12月25日刑法修正案】

【1997年刑法】 未经中国人民银行批准，擅自设立商业银行或者其他金融机构的，处三年以下有期徒刑或者拘役，并处或者单处二万元以上二十万元以下罚金；情节严重的，处三年以上十年以下有期徒刑，并处五万元以上五十万元以下罚金。

伪造、变造、转让商业银行或者其他金融机构经营许可证的，依照前款的规定处罚。

单位犯前两款罪的，对单位判处罚金，并对其直接负责的主管人员和其他直接责任人员，依照第一款的规定处罚。

（相关解释）**最高人民检察院、公安部《关于公安机关管辖的刑事案件立案追诉标准的规定（二）》**（2022年4月6日）（附则见第一百二十条之一）

第十九条 **【擅自设立金融机构案（《刑法》第一百七十四条第一款）】** 未经国家有关主管部门批准，擅自设立金融机构，涉嫌下列情形之一的，应予立案追诉：

（一）擅自设立商业银行、证券交易所、期货交易所、证券公司、期货公司、保险公司或者其他金融机构的；

（二）擅自设立金融机构筹备组织的。

第二十条 **【伪造、变造、转让金融机构经营许可证、批准文件案（《刑法》第一百七十四条第二款）】** 伪造、变造、转让商业银行、证券交易所、期货交易所、证券公司、期货公司、保险公司或者其他金融机构的经营许可证或者批准文件的，应予立案追诉。

第一百七十五条【高利转贷罪】 以转贷牟利为目的，套取金融机构信贷资金高利转贷他人，违法所得数额较大的，处三年以下有期徒刑或者拘役，并处违法所得一倍以上五倍以下罚金；数额巨大的，处三年以上七年以下有期徒刑，并处违法所得一倍以上五倍以下罚金。

单位犯前款罪的，对单位判处罚金，并对其直接负责的主管人员和其他直接责任人员，处三年以下有期徒刑或者拘役。

（相关解释）**最高人民检察院、公安部《关于公安机关管辖的刑事案件立案追诉标准的规定（二）》**（2022年4月6日）（附则见第一百二十条之一）

第二十一条 【高利转贷案（《刑法》第一百七十五条）】以转贷牟利为目的，套取金融机构信贷资金高利转贷他人，违法所得数额在五十万元以上的，应予立案追诉。

（附参考）**浙江省高级人民法院《关于部分罪名定罪量刑情节及数额标准的意见》**浙高法〔2012〕325号

31.《刑法》第一百七十五条 【高利转贷罪】

第二十六条 【高利转贷案（《刑法》第一百七十五条）】违法所得数额在十万元以上不满五十万元的，属于"数额较大"，处三年以下有期徒刑或者拘役，并处违法所得一倍以上五倍以下罚金。

违法所得数额虽未达到十万元，但两年内因高利转贷受过行政处罚二次以上，又高利转贷的，处三年以下有期徒刑或者拘役，并处违法所得一倍以上五倍以下罚金。

违法所得数额在五十万元以上的，属于"数额巨大"，处三年以上七年以下有期徒刑，并处违法所得一倍以上五倍以下罚金。

第一百七十五条之一【骗取贷款、票据承兑、金融票证罪】 以欺骗手段取得银行或者其他金融机构贷款、票据承兑、信用证、保函等，给银行或者其他金融机构造成重大损失的，处三年以下有期徒刑或者拘役，并处或者单处罚金；给银行或者其他金融机构造成特别重大损失或者有其他特别严重情节的，处三年以上七年以下有期徒刑，并处罚金。

单位犯前款罪的，对单位判处罚金，并对其直接负责的主管人员和其他直接责任人员，依照前款的规定处罚。【2021年3月1日刑法修正案（十一）】

【2006年6月29日刑法修正案（六）】以欺骗手段取得银行或者其他金融机构贷款、票据承兑、信用证、保函等，给银行或者其他金融机构造成重大损失或者有其他严重情节的，处三年以下有期徒刑或者拘役，并处或者单处罚金；给银行或者其他金融机构造成特别重大损失或者有其他特别严重情节的，处三年以上七年以下有期徒刑，并处罚金。

单位犯前款罪的，对单位判处罚金，并对其直接负责的主管人员和其他直接责任人员，依照前款的规定处罚。

（相关解释）**最高人民检察院、公安部《关于公安机关管辖的刑事案件立案追诉标准的规定（二）》**（2022年4月6日）（附则见第一百二十条之一）

第二十二条 【骗取贷款、票据承兑、金融票证案（《刑法》第一百七十五条之一）】以欺骗手段取得银行或者其他金融机构贷款、票据承兑、信用证、保函等，给银行或者其他金融机构造成直接经济损失数额在五十万元以上的，应予立案追诉

（附参考）1.**浙江省高级人民法院《关于部分罪名定罪量刑情节及数额标准的意见》**浙高法〔2012〕325号

32.《刑法》第一百七十五条之一 【骗取贷款、票据承兑、金融票证罪】

具有下列情形之一的，属于"造成重大损失或者有其他严重情节"，处三年以下有期徒刑或者拘役，并处或者单处罚金：

（1）以欺骗手段取得贷款、票据承兑、信用证、保函等，数额在一百万元以上不满五百万元的；

（2）以欺骗手段取得贷款、票据承兑、信用证、保函等，给银行或者其他金融机构造成直接经济损失数额在二十万元以上不满一百万元的；

（3）虽未达到上述二项数额标准，但多次以欺骗手段取得贷款、票据承兑、信用证、保函等的；

（4）造成重大损失或者严重情节的其他情形。

具有下列情形之一的，属于"造成特别重大损失或者有其他特别严重情节"，处三年以上七年以下有期徒刑，并处罚金：

（1）以欺骗手段取得贷款、票据承兑、信用证、保函等，数额在五百万元以上的；

（2）以欺骗手段取得贷款、票据承兑、信用证、保函等，给银行或者其他金融机构造成直接经济损失数额在一百万元以上的；

（3）造成特别重大损失或者特别严重情节的其他情形。

2. 浙江省高级人民法院、浙江省人民检察院、浙江省公安厅《关于办理骗取贷款、票据承兑、金融票证罪有关法律适用问题的会议纪要》2015年8月26日

为有效打击骗取贷款、票据承兑、金融票证犯罪，维护金融秩序和安全，保障经济持续健康发展，2015年5月27日，浙江省高级人民法院、浙江省人民检察院、浙江省公安厅召开座谈会，对骗取贷款、票据承兑、金融票证罪的有关法律适用问题进行了研究，并达成共识。现纪要如下：

一、《刑法》第一百七十五条之一规定的"欺骗手段"是指行为人在取得银行或者其他金融机构的贷款、票据承兑、金融票证时，采用虚构事实、隐瞒真相等手段，掩盖客观事实，骗取银行或者其他金融机构信任的行为。

行为人编造虚假的资信证明、资金用途、抵押物价值等虚假材料，导致银行或者其他金融机构高估其资信现状的，可以认定为使用"欺骗手段"。实践中，《刑法》第一百七十五之一"欺骗手段"的具体认定可参考《刑法》关于贷款诈骗罪的相关规定。

二、根据《刑法》规定，行为人以欺骗手段取得银行或者其他金融机构贷款、票据承兑、金融票证，给银行或者其他金融机构造成重大损失的，应当追究刑事责任。在一审判决前偿还的，可以从宽处理。

行为人以欺骗手段取得银行或者其他金融机构贷款、票据承兑、金融票证，数额超过人民币一百万元不满五百万元，但在侦查机关立案前已偿还信贷资金，未给银行或者其他金融机构造成直接经济损失的，或者行为人以自有财产提供担保且担保物足以偿还贷款本息的，可认定为《刑法》第十三条的"情节显著轻微危害不大"，不作为犯罪处理。

行为人以欺骗手段取得银行或者其他金融机构贷款、票据承兑、金融票证，数额超过五百万元，未给银行或者其他金融机构造成直接经济损失的，是否需要追究刑事责任，可综合考虑行为人的主观恶性、行为的客观危害，如行为人在授信、贸易背景、贷款用途、抵押物价值等方面是否存在多环节或多次实施欺骗手段，有无给其他人造成经济损失等案件具体情节加以确定。

行为人以欺骗手段取得贷款、票据承兑、金融票证，给银行或者其他金融机构造成直接经济损失数额二十万元以上的，认定为《刑法》第一百七十五条之一规定的"重大损失"。

直接经济损失应限定为侦查机关立案时逾期未偿还银行或者其他金融机构的信贷资金。

偿还信贷资金是指行为人通过自己偿还、他人代为偿还、担保人偿还等途径已经向银行或者其他金融机构偿还贷款合同约定的本金及利息。

三、除第二条规定的情形外，行为人以欺骗手段取得银行或者其他金融机构贷款、票据承兑、金融票证的行为是否构成骗取贷款、票据承兑、金融票证罪，严格按照《刑法》和相关司法解释的规定处理。

四、担保人明知他人实施骗取贷款、票据承兑、金融票证行为而为其提供虚假担保的，可作为共同犯罪处理。

银行或其他金融机构工作人员明知行为人采取了虚构事实、隐瞒真相手段仍予以发放贷款、出具票据等金融票证，或者行为人、银行或其他金融机构工作人员各自或共同虚构事实、隐瞒真相取得担保人担保，构成其他犯罪的，按照《刑法》和相关司法解释的规定处理。

五、本纪要自印发之日起执行。如有新的规定，按照新的规定执行。

第一百七十六条【非法吸收公众存款罪】 非法吸收公众存款或者变相吸收公众存款，扰乱金融秩序的，处三年以下有期徒刑或者拘役，并处或者单处罚金；数额巨大或者有其他严重情节的，处三年以上十年以下有期徒刑，并处罚金；数额特别巨大或者有其他特别严重情节的，处十年以上有期徒刑，并处罚金。

单位犯前款罪的，对单位判处罚金，并对其直接负责的主管人员和其他直接责任人员，依照前款的规定处罚。

有前两款行为，在提起公诉前积极退赃退赔，减少损害结果发生的，可以从轻或者减轻处罚。【2021年3月1日刑法修正案（十一）】

【1997年刑法】非法吸收公众存款或者变相吸收公众存款，扰乱金融秩序的，处三年以下有期徒刑或者拘役，并处或者单处二万元以上二十万元以下罚金；数额巨大或者有其他严重情节的，处三年以上十年以下有期徒刑，并处五万元以上五十万元以下罚金。

单位犯前款罪的，对单位判处罚金，并对其直接负责的主管人员和其他直接责任人员，依照前款的规定处罚。

（相关解释）**1. 最高人民法院《关于审理非法集资刑事案件具体应用法律若干问题的解释》** 法释〔2022〕5号（2010年11月22日最高人民法院审判委员会第1502次会议通过，根据2021年12月30日最高人民法院审判委员会第1860次会议通过的《最高人民法院关于修改〈最高人民法院关于审理非法集资刑事案件具体应用法律若干问题的解释〉的决定》修正，该修正自2022年3月1日起施行）（2022年2月23日）

为依法惩治非法吸收公众存款、集资诈骗等非法集资犯罪活动，根据《中华人民共和国刑法》的规定，现就审理此类刑事案件具体应用法律的若干问题解释如下：

第一条　违反国家金融管理法律规定，向社会公众（包括单位和个人）吸收资金的行为，同时具备下列四个条件的，除《刑法》另有规定的以外，应当认定为《刑法》第一百七十六条规定的"非法吸收公众存款或者变相吸收公众存款"：

（一）未经有关部门依法许可或者借用合法经营的形式吸收资金；

（二）通过网络、媒体、推介会、传单、手机信息等途径向社会公开宣传；

（三）承诺在一定期限内以货币、实物、股权等方式还本付息或者给付回报；

（四）向社会公众即社会不特定对象吸收资金。

未向社会公开宣传，在亲友或者单位内部针对特定对象吸收资金的，不属于非法吸收或者变相吸收公众存款。

第二条　实施下列行为之一，符合本解释第一条第一款规定的条件的，应当依照《刑法》第一百七十六条的规定，以非法吸收公众存款罪定罪处罚：

（一）不具有房产销售的真实内容或者不以房产销售为主要目的，以返本销售、售后包租、约定回购、销售房产份额等方式非法吸收资金的；

（二）以转让林权并代为管护等方式非法吸收资金的；

（三）以代种植（养殖）、租种植（养殖）、联合种植（养殖）等方式非法吸收资金的；

（四）不具有销售商品、提供服务的真实内容或者不以销售商品、提供服务为主要目的，以商品回购、寄存代售等方式非法吸收资金的；

（五）不具有发行股票、债券的真实内容，以虚假转让股权、发售虚构债券等方式非法吸收资金的；

（六）不具有募集基金的真实内容，以假借境外基金、发售虚构基金等方式非法吸收资金的；

（七）不具有销售保险的真实内容，以假冒保险公司、伪造保险单据等方式非法吸收资金的；

（八）以网络借贷、投资入股、虚拟币交易等方式非法吸收资金的；

（九）以委托理财、融资租赁等方式非法吸收资金的；

（十）以提供"养老服务"、投资"养老项目"、销售"老年产品"等方式非法吸收资金的；

（十一）利用民间"会""社"等组织非法吸收资金的；

（十二）其他非法吸收资金的行为。

第三条　非法吸收或者变相吸收公众存款，具有下列情形之一的，应当依法追究刑事责任：

（一）非法吸收或者变相吸收公众存款数额在 100 万元以上的；

（二）非法吸收或者变相吸收公众存款对象 150 人以上的；

（三）非法吸收或者变相吸收公众存款，给存款人造成直接经济损失数额在 50 万元以上的。

非法吸收或者变相吸收公众存款数额在 50 万元以上或者给存款人造成直接经济损失数额在 25 万元以上，同时具有下列情节之一的，应当依法追究刑事责任：

（一）曾因非法集资受过刑事追究的；

（二）二年内曾因非法集资受过行政处罚的；

（三）造成恶劣社会影响或者其他严重后果的。

第四条　非法吸收或者变相吸收公众存款，具有下列情形之一的，应当认定为《刑法》第一百七十六条规定的"数额巨大或者有其他严重情节"：

（一）非法吸收或者变相吸收公众存款数额在 500 万元以上的；

（二）非法吸收或者变相吸收公众存款对象 500 人以上的；

（三）非法吸收或者变相吸收公众存款，给存款人造成直接经济损失数额在 250 万元以上的。

非法吸收或者变相吸收公众存款数额在 250 万元以上或者给存款人造成直接经济损失数额在 150 万元以上，同时具有本解释第三条第二款第三项情节的，应当认定为"其他严重情节"。

第五条　非法吸收或者变相吸收公众存款，具有下列情形之一的，应当认定为《刑法》第一百七十六条规定的"数额特别巨大或者有其他特别严重情节"：

（一）非法吸收或者变相吸收公众存款数额在 5000 万元以上的；

（二）非法吸收或者变相吸收公众存款对象 5000 人以上的；

（三）非法吸收或者变相吸收公众存款，给存款人造成直接经济损失数额在 2500 万元以上的。

非法吸收或者变相吸收公众存款数额在 2500 万元以上或者给存款人造成直接经济损失数额在 1500 万元以上，同时具有本解释第三条第二款第三项情节的，应当认定为"其他特别严重情节"。

第六条　非法吸收或者变相吸收公众存款的数额，以行为人所吸收的资金全额计算。在提起公诉前积极退赃退赔，减少损害结果发生的，可以从轻或者减轻处罚；在提起公诉后退赃退赔的，可以作为量刑情节酌情考虑。

非法吸收或者变相吸收公众存款，主要用于正常的生产经营活动，能够在提起公诉前清退所吸收资金，可以免予刑事处罚；情节显著轻微危害不大的，不作为犯罪处理。

对依法不需要追究刑事责任或者免予刑事处罚的，应当依法将案件移送有关行政机关。

第七条　以非法占有为目的，使用诈骗方法实施本解释第二条规定所列行为的，应当依照《刑法》第一百九十二条的规定，以集资诈骗罪定罪处罚。

使用诈骗方法非法集资，具有下列情形之一的，可以认定为"以非法占有为目的"：

（一）集资后不用于生产经营活动或者用于生产经营活动与筹集资金规模明显不成比例，致使集资款不能返还的；

（二）肆意挥霍集资款，致使集资款不能返还的；

（三）携带集资款逃匿的；

（四）将集资款用于违法犯罪活动的；

（五）抽逃、转移资金、隐匿财产，逃避返还资金的；

（六）隐匿、销毁账目，或者搞假破产、假倒闭，逃避返还资金的；

（七）拒不交代资金去向，逃避返还资金的；

（八）其他可以认定非法占有目的的情形。

集资诈骗罪中的非法占有目的，应当区分情形进行具体认定。行为人部分非法集资行为具有非法占有目的的，对该部分非法集资行为所涉集资款以集资诈骗罪定罪处罚；非法集资共同犯罪中部分行为人具有非法占有目的，其他行为人没有非法占有集资款的共同故意和行为的，对具有非法占有目的的行为人以集资诈骗罪定罪处罚。

第八条　集资诈骗数额在 10 万元以上的，应当认定为"数额较大"；数额在 100 万元以上的，应当认定为"数额巨大"。

集资诈骗数额在 50 万元以上，同时具有本解释第三条第二款第三项情节的，应当认定为《刑法》第一百九十二条规定的"其他严重情节"。

集资诈骗的数额以行为人实际骗取的数额计算，在案发前已归还的数额应予扣除。行为人为实施集资诈骗活动而支付的广告费、中介费、手续费、回扣，或者用于行贿、赠与等费用，不予扣除。行为人为实施集资诈骗活动而支付的利息，除本金未归还可予折抵本金以外，应当计入诈骗数额。

第九条　犯非法吸收公众存款罪，判处三年以下有期徒刑或者拘役，并处或者单处罚金的，处五万元以上一百万元以下罚金；判处三年以上十年以下有期徒刑的，并处十万元以上五百万元以下罚金；判处十年以上有期徒刑的，并处五十万元以上罚金。

犯集资诈骗罪，判处三年以上七年以下有期徒刑的，并处十万元以上五百万元以下罚金；判处七年以上有期徒刑或者无期徒刑的，并处五十万元以上罚金或者没收财产。

第十条　未经国家有关主管部门批准，向社会不特定对象发行、以转让股权等方式变相发行股票或者公司、企业债券，或者向特定对象发行、变相发行股票或者公司、企业债券累计超过 200 人的，应当认定为《刑法》第一百七十九条规定的"擅自发行股票或者公司、企业债券"。构成犯罪的，以擅自发行股票、公司、企业债券罪定罪处罚。

第十一条 违反国家规定，未经依法核准擅自发行基金份额募集基金，情节严重的，依照《刑法》第二百二十五条的规定，以非法经营罪定罪处罚。

第十二条 广告经营者、广告发布者违反国家规定，利用广告为非法集资活动相关的商品或者服务作虚假宣传，具有下列情形之一的，依照《刑法》第二百二十二条的规定，以虚假广告罪定罪处罚：

（一）违法所得数额在 10 万元以上的；

（二）造成严重危害后果或者恶劣社会影响的；

（三）二年内利用广告作虚假宣传，受过行政处罚二次以上的；

（四）其他情节严重的情形。

明知他人从事欺诈发行证券，非法吸收公众存款，擅自发行股票、公司、企业债券，集资诈骗或者组织、领导传销活动等集资犯罪活动，为其提供广告等宣传的，以相关犯罪的共犯论处。

第十三条 通过传销手段向社会公众非法吸收资金，构成非法吸收公众存款罪或者集资诈骗罪，同时又构成组织、领导传销活动罪的，依照处罚较重的规定定罪处罚。

第十四条 单位实施非法吸收公众存款、集资诈骗犯罪的，依照本解释规定的相应自然人犯罪的定罪量刑标准，对单位判处罚金，并对其直接负责的主管人员和其他直接责任人员定罪处罚。

第十五条 此前发布的司法解释与本解释不一致的，以本解释为准。

2. 最高人民法院《全国法院审理金融犯罪案件工作座谈会纪要》 法〔2001〕8 号

关于非法吸收公众存款罪。非法吸收或者变相吸收公众存款的，要从非法吸收公众存款的数额、范围以及给存款人造成的损失等方面来判定扰乱金融秩序造成危害的程度。根据司法实践，具有下列情形之一的，可以按非法吸收公众存款罪定罪处罚：

（1）个人非法吸收或者变相吸收公众存款二十万元以上的，单位非法吸收或者变相吸收公众存款一百万元以上的；

（2）个人非法吸收或者变相吸收公众存款三十户以上的，单位非法吸收或者变相吸收公众存款一百五十户以上的；

（3）个人非法吸收或者变相吸收公众存款给存款人造成损失十万元以上的，单位非法吸收或者变相吸收公众存款给存款人造成损失五十万元以上的，或者造成其他严重后果的；个人非法吸收或者变相吸收公众存款一百万元以上，单位非法吸收或者变相吸收公众存款五百万元以上的，可以认定为"数额巨大"。

3. 最高人民检察院、公安部《关于公安机关管辖的刑事案件立案追诉标准的规定（二）》（2022 年 4 月 6 日）（附则见第一百二十条之一）

第二十三条 【非法吸收公众存款案（《刑法》第一百七十六条）】非法吸收公众存款或者变相吸收公众存款，扰乱金融秩序，涉嫌下列情形之一的，应予立案追诉：

（一）非法吸收或者变相吸收公众存款数额在一百万元以上的；

（二）非法吸收或者变相吸收公众存款对象一百五十人以上的；

（三）非法吸收或者变相吸收公众存款，给集资参与人造成直接经济损失数额在五十万元以上的；

非法吸收或者变相吸收公众存款数额在五十万元以上或者给集资参与人造成直接经

济损失数额在二十五万元以上，同时涉嫌下列情形之一的，应予立案追诉：

（一）因非法集资受过刑事追究的；

（二）二年内因非法集资受过行政处罚的；

（三）造成恶劣社会影响或者其他严重后果的。

4. 最高人民法院、最高人民检察院、公安部《关于办理非法集资刑事案件适用法律若干问题的意见》2014年3月25日

一、关于行政认定的问题

行政部门对于非法集资的性质认定，不是非法集资刑事案件进入刑事诉讼程序的必经程序。行政部门未对非法集资作出性质认定的，不影响非法集资刑事案件的侦查、起诉和审判。

公安机关、人民检察院、人民法院应当依法认定案件事实的性质，对于案情复杂、性质认定疑难的案件，可参考有关部门的认定意见，根据案件事实和法律规定作出性质认定。

二、关于"向社会公开宣传"的认定问题

最高人民法院《关于审理非法集资刑事案件具体应用法律若干问题的解释》第一条第一款第二项中的"向社会公开宣传"，包括以各种途径向社会公众传播吸收资金的信息，以及明知吸收资金的信息向社会公众扩散而予以放任等情形。

三、关于"社会公众"的认定问题

下列情形不属于最高人民法院《关于审理非法集资刑事案件具体应用法律若干问题的解释》第一条第二款规定的"针对特定对象吸收资金"的行为，应当认定为向社会公众吸收资金：

（一）在向亲友或者单位内部人员吸收资金的过程中，明知亲友或者单位内部人员向不特定对象吸收资金而予以放任的；

（二）以吸收资金为目的，将社会人员吸收为单位内部人员，并向其吸收资金的。

四、关于共同犯罪的处理问题

为他人向社会公众非法吸收资金提供帮助，从中收取代理费、好处费、返点费、佣金、提成等费用，构成非法集资共同犯罪的，应当依法追究刑事责任。能够及时退缴上述费用的，可依法从轻处罚；其中情节轻微的，可以免除处罚；情节显著轻微、危害不大的，不作为犯罪处理。

五、关于涉案财物的追缴和处置问题

向社会公众非法吸收的资金属于违法所得。以吸收的资金向集资参与人支付的利息、分红等回报，以及向帮助吸收资金人员支付的代理费、好处费、返点费、佣金、提成等费用，应当依法追缴。集资参与人本金尚未归还的，所支付的回报可予折抵本金。

将非法吸收的资金及其转换财物用于清偿债务或者转让给他人，有下列情形之一的，应当依法追缴：

（一）他人明知是上述资金及财物而收取的；

（二）他人无偿取得上述资金及财物的；

（三）他人以明显低于市场的价格取得上述资金及财物的；

（四）他人取得上述资金及财物系源于非法债务或者违法犯罪活动的；

（五）其他依法应当追缴的情形。

查封、扣押、冻结的易贬值及保管、养护成本较高的涉案财物，可以在诉讼终结前依照有关规定变卖、拍卖。所得价款由查封、扣押、冻结机关予以保管，待诉讼终结后一并处置。

查封、扣押、冻结的涉案财物，一般应在诉讼终结后，返还集资参与人。涉案财物不足全部返还的，按照集资参与人的集资额比例返还。

六、关于证据的收集问题

办理非法集资刑事案件中，确因客观条件的限制无法逐一收集集资参与人的言词证据的，可结合已收集的集资参与人的言词证据和依法收集并查证属实的书面合同、银行账户交易记录、会计凭证及会计账簿、资金收付凭证、审计报告、互联网电子数据等证据，综合认定非法集资对象人数和吸收资金数额等犯罪事实。

七、关于涉及民事案件的处理问题

对于公安机关、人民检察院、人民法院正在侦查、起诉、审理的非法集资刑事案件，有关单位或者个人就同一事实向人民法院提起民事诉讼或者申请执行涉案财物的，人民法院应当不予受理，并将有关材料移送公安机关或者检察机关。

人民法院在审理民事案件或者执行过程中，发现有非法集资犯罪嫌疑的，应当裁定驳回起诉或者中止执行，并及时将有关材料移送公安机关或者检察机关。

公安机关、人民检察院、人民法院在侦查、起诉、审理非法集资刑事案件中，发现与人民法院正在审理的民事案件属同一事实，或者被申请执行的财物属于涉案财物的，应当及时通报相关人民法院。人民法院经审查认为确属涉嫌犯罪的，依照前款规定处理。

八、关于跨区域案件的处理问题

跨区域非法集资刑事案件，在查清犯罪事实的基础上，可以由不同地区的公安机关、人民检察院、人民法院分别处理。

对于分别处理的跨区域非法集资刑事案件，应当按照统一制定的方案处置涉案财物。

国家机关工作人员违反规定处置涉案财物，构成渎职等犯罪的，应当依法追究刑事责任。

5. 最高人民检察院《关于办理涉互联网金融犯罪案件有关问题座谈会纪要》 高检诉〔2017〕14号

互联网金融是金融与互联网相互融合形成的新型金融业务模式。发展互联网金融，对加快实施创新驱动发展战略、推进供给侧结构性改革、促进经济转型升级具有积极作用。但是，在互联网金融快速发展过程中，部分机构、业态偏离了正确方向，有些甚至打着"金融创新"的幌子进行非法集资、金融诈骗等违法犯罪活动，严重扰乱了金融管理秩序，侵害了人民群众合法权益。

2016年4月，国务院部署开展了互联网金融风险专项整治工作，集中整治违法违规行为，防范和化解互联网金融风险。各级检察机关积极参与专项整治工作，依法办理进入检察环节的涉互联网金融犯罪案件。针对办案中遇到的新情况、新问题，高检院公诉厅先后在昆明、上海、福州召开座谈会，对办理涉互联网金融犯罪案件中遇到的有关行为性质、法律适用、证据审查、追诉范围等问题进行了深入研究。纪要如下：

一、办理涉互联网金融犯罪案件的基本要求

促进和保障互联网金融规范健康发展，是检察机关服务经济社会发展的重要内容。各地检察机关公诉部门应当充分认识防范和化解互联网金融风险的重要性、紧迫性和复杂性，立足检察职能，积极参与互联网金融风险专项整治工作，有效预防、依法惩治涉互联网金融犯罪，切实维护人民群众合法权益，维护国家金融安全。

1.准确认识互联网金融的本质。互联网金融的本质仍然是金融，其潜在的风险与传统金融没有区别，甚至还可能因互联网的作用而被放大。要依据现有的金融管理法律规定，依法准确判断各类金融活动、金融业态的法律性质，准确界定金融创新和金融违法犯罪的界限。在办理涉互联网金融犯罪案件时，判断是否符合"违反国家规定""未经有关国家主管部门批准"等要件时，应当以现行刑事法律和金融管理法律法规为依据。对各种类型互联网金融活动，要深入剖析行为实质并据此判断其性质，从而准确区分罪与非罪、此罪与彼罪、罪轻与罪重、打击与保护的界限，不能机械地被所谓"互联网金融创新"表象所迷惑。

2.妥善把握刑事追诉的范围和边界。涉互联网金融犯罪案件涉案人员众多，要按照区别对待的原则分类处理，综合运用刑事追诉和非刑事手段处置和化解风险，打击少数、教育挽救大多数。要坚持主客观相统一的原则，根据犯罪嫌疑人在犯罪活动中的地位作用、涉案数额、危害结果、主观过错等主客观情节，综合判断责任轻重及刑事追诉的必要性，做到罪责适应、罚当其罪。对犯罪情节严重、主观恶性大、在犯罪中起主要作用的人员，特别是核心管理层人员和骨干人员，依法从严打击；对犯罪情节相对较轻、主观恶性较小、在犯罪中起次要作用的人员依法从宽处理。

3.注重案件统筹协调推进。涉互联网金融犯罪跨区域特征明显，各地检察机关公诉部门要按照"统一办案协调、统一案件指挥、统一资产处置、分别侦查诉讼、分别落实维稳"（下称"三统两分"）的要求分别处理好辖区内案件，加强横向、纵向联系，在上级检察机关特别是省级检察院的指导下统一协调推进办案工作，确保辖区内案件处理结果相对平衡统一。跨区县案件由地市级检察院统筹协调，跨地市案件由省级检察院统一协调，跨省案件由高检院公诉厅统一协调。各级检察机关公诉部门要加强与公安机关、地方金融办等相关单位以及检察机关内部侦监、控申等部门的联系，建立健全案件信息通报机制，及时掌握重大案件的立案、侦查、批捕、信访等情况，适时开展提前介入侦查等工作，并及时上报上级检察院。省级检察院公诉部门要发挥工作主动性，主动掌握社会影响大的案件情况，研究制定工作方案，统筹协调解决办案中遇到的问题，重大、疑难、复杂问题要及时向高检院报告。

4.坚持司法办案"三个效果"有机统一。涉互联网金融犯罪影响广泛，社会各界特别是投资人群体十分关注案件处理。各级检察机关公诉部门要从有利于全案依法妥善处置的角度出发，切实做好提前介入侦查引导取证、审查起诉、出庭公诉等各个阶段的工作，依法妥善处理重大敏感问题，不能机械司法、就案办案。同时，要把办案工作与保障投资人合法权益紧密结合起来，同步做好释法说理、风险防控、追赃挽损、维护稳定等工作，努力实现司法办案的法律效果、社会效果、政治效果有机统一。

二、准确界定涉互联网金融行为法律性质

互联网金融涉及P2P网络借贷、股权众筹、第三方支付、互联网保险以及通过互联网开展资产管理及跨界从事金融业务等多个金融领域，行为方式多样，所涉法律关系复杂。违法犯罪行为隐蔽性、迷惑性强，波及面广，社会影响大，要根据犯罪行为的实质特征和社会危害，准确界定行为的法律性质和《刑法》适用的罪名。

（一）非法吸收公众存款行为的认定

1.涉互联网金融活动在未经有关部门依法批准的情形下，公开宣传并向不特定公众吸收资金，承诺在一定期限内还本付息的，应当依法追究刑事责任。其中，应重点审查互联网金融活动相关主体是否存在归集资金、沉淀资金，致使投资人资金存在被挪用、侵占等重大风险等情形。

2.互联网金融的本质是金融，判断其是否属于"未经有关部门依法批准"，即行为是否具有非法性的主要法律依据是《商业银行法》、《非法金融机构和非法金融业务活动取缔办法》（国务院令第247号）等现行有效的金融管理法律规定。

3.对以下网络借贷领域的非法吸收公众资金的行为，应当以非法吸收公众存款罪分别追究相关行为主体的刑事责任：

（1）中介机构以提供信息中介服务为名，实际从事直接或间接归集资金、甚至自融或变相自融等行为，应当依法追究中介机构的刑事责任。特别要注意识别变相自融行为，如中介机构通过拆分融资项目期限、实行债权转让等方式为自己吸收资金的，应当认定为非法吸收公众存款。

（2）中介机构与借款人存在以下情形之一的，应当依法追究刑事责任：①中介机构与借款人合谋或者明知借款人存在违规情形，仍为其非法吸收公众存款提供服务的；中介机构与借款人合谋，采取向出借人提供信用担保、通过电子渠道以外的物理场所开展借贷业务等违规方式向社会公众吸收资金的；②双方合谋通过拆分融资项目期限、实行债权转让等方式为借款人吸收资金的。在对中介机构、借款人进行追诉时，应根据各自在非法集资中的地位、作用确定其刑事责任。中介机构虽然没有直接吸收资金，但是通过大肆组织借款人开展非法集资并从中收取费用数额巨大、情节严重的，可以认定为主犯。

（3）借款人故意隐瞒事实，违反规定，以自己名义或借用他人名义利用多个网络借贷平台发布借款信息，借款总额超过规定的最高限额，或将吸收资金用于明确禁止的投资股票、场外配资、期货合约等高风险行业，造成重大损失和社会影响的，应当依法追究借款人的刑事责任。对于借款人将借款主要用于正常的生产经营活动，能够及时清退所吸收资金，不作为犯罪处理。

4.在非法吸收公众存款罪中，原则上认定主观故意并不要求以明知法律的禁止性规定为要件。特别是具备一定涉金融活动相关从业经历、专业背景或在犯罪活动中担任一定管理职务的犯罪嫌疑人，应当知晓相关金融法律管理规定，如果有证据证明其实际从事的行为应当批准而未经批准，行为在客观上具有非法性，原则上就可以认定其具有非法吸收公众存款的主观故意。在证明犯罪嫌疑人的主观故意时，可以收集运用犯罪嫌疑人的任职情况、职业经历、专业背景、培训经历、此前任职单位或者其本人因从事同类行为受到处罚情况等证据，证明犯罪嫌疑人提出的"不知道相关行为被法律所禁止，故不具有非法吸收公众存款的主观故意"等辩解不能成立。除此之外，还可以收集运用以下证据进一步印证犯罪嫌疑人知道或应当知道其所从事行为具有非法性，比如犯罪嫌疑人故意规避法律以逃避监管的相关证据：自己或要求下属与投资人签订虚假的亲友关系确认书，频繁更换宣传用语逃避监管，实际推介内容与宣传用语、实际经营状况不一致，刻意向投资人夸大公司兑付能力，在培训课程中传授或接受规避法律的方法，等等。

5.对于无相关职业经历、专业背景，且从业时间短暂，在单位犯罪中层级较低，纯属执行单位领导指令的犯罪嫌疑人提出辩解的，如确实无其他证据证明其具有主观故意的，可以不作为犯罪处理。另外，实践中还存在犯罪嫌疑人提出因信赖行政主管部门出具的相关意见而陷入错误认识的辩解。如果上述辩解确有证据证明，不应作为犯罪处理，但应当对行政主管部门出具的相关意见及其出具过程进行查证，如存在以下情形之一，仍应认定犯罪嫌疑人具有非法吸收公众存款的主观故意：

（1）行政主管部门出具意见所涉及的行为与犯罪嫌疑人实际从事的行为不一致的；

（2）行政主管部门出具的意见未对是否存在非法吸收公众存款问题进行合法性审查，仅对其他合法性问题进行审查的；

（3）犯罪嫌疑人在行政主管部门出具意见时故意隐瞒事实、弄虚作假的；

（4）犯罪嫌疑人与出具意见的行政主管部门的工作人员存在利益输送行为的；

（5）犯罪嫌疑人存在其他影响和干扰行政主管部门出具意见公正性的情形的。

对于犯罪嫌疑人提出因信赖专家学者、律师等专业人士、主流新闻媒体宣传或有关行政主管部门工作人员的个人意见而陷入错误认识的辩解，不能作为犯罪嫌疑人判断自身行为合法性的根据和排除主观故意的理由。

6.负责或从事吸收资金行为的犯罪嫌疑人非法吸收公众存款金额，根据其实际参与吸收的全部金额认定。但以下金额不应计入该犯罪嫌疑人的吸收金额：

（1）犯罪嫌疑人自身及其近亲属所投资的资金金额；

（2）记录在犯罪嫌疑人名下，但其未实际参与吸收且未从中收取任何形式好处的资金。

吸收金额经过司法会计鉴定的，可以将前述不计入部分直接扣除。但是，前述两项所涉金额仍应计入相对应的上一级负责人及所在单位的吸收金额。

7.投资人在每期投资结束后，利用投资账户中的资金（包括每期投资结束后归还的本金、利息）进行反复投资的金额应当累计计算，但对反复投资的数额应当作出说明。对负责或从事行政管理、财务会计、技术服务等辅助工作的犯罪嫌疑人，应当按照其参与的犯罪事实，结合其在犯罪中的地位和作用，依法确定刑事责任范围。

8.确定犯罪嫌疑人的吸收金额时，应当重点审查、运用以下证据：

（1）涉案主体自身的服务器或第三方服务器上存储的交易记录等电子数据；

（2）会计账簿和会计凭证；

（3）银行账户交易记录、POS机支付记录；

（4）资金收付凭证、书面合同等书证。仅凭投资人报案数据不能认定吸收金额。

（二）集资诈骗行为的认定

1.以非法占有为目的，使用诈骗方法非法集资，是集资诈骗罪的本质特征。是否具有非法占有目的，是区分非法吸收公众存款罪和集资诈骗罪的关键要件，对此要重点围绕融资项目真实性、资金去向、归还能力等事实进行综合判断。犯罪嫌疑人存在以下情形之一的，原则上可以认定具有非法占有目的：

（1）大部分资金未用于生产经营活动，或名义上投入生产经营但又通过各种方式抽逃转移资金的；

（2）资金使用成本过高，生产经营活动的盈利能力不具有支付全部本息的现实可能性的；

（3）对资金使用的决策极度不负责任或肆意挥霍造成资金缺口较大的；

（4）归还本息主要通过借新还旧来实现的；

（5）其他依照有关司法解释可以认定为非法占有目的的情形。

2.对于共同犯罪或单位犯罪案件中，不同层级的犯罪嫌疑人之间存在犯罪目的发生转化或者犯罪目的明显不同的，应当根据犯罪嫌疑人的犯罪目的分别认定。

（1）注意区分犯罪目的发生转变的时间节点。犯罪嫌疑人在初始阶段仅具有非法吸收公众存款的故意，不具有非法占有目的，但在发生经营失败、资金链断裂等问题后，明知没有归还能力仍然继续吸收公众存款的，这一时间节点之后的行为应当认定为集资诈骗罪，此前的行为应当认定为非法吸收公众存款罪。

（2）注意区分犯罪嫌疑人的犯罪目的的差异。在共同犯罪或单位犯罪中，犯罪嫌人由于层级、职责分工、获取收益方式、对全部犯罪事实的知情程度等不同，其犯罪目的也存在不同。在非法集资犯罪中，有的犯罪嫌疑人具有非法占有的目的，有的则不具有非法占有目的，对此，应当分别认定为集资诈骗罪和非法吸收公众存款罪。

3.证明主观上是否具有非法占有目的，可以重点收集、运用以下客观证据：

（1）与实施集资诈骗整体行为模式相关的证据：投资合同、宣传资料、培训内容等；

（2）与资金使用相关的证据：资金往来记录、会计账簿和会计凭证、资金使用成本（包括利息和佣金等）、资金决策使用过程、资金主要用途、财产转移情况等；

（3）与归还能力相关的证据：吸收资金所投资项目内容、投资实际经营情况、盈利能力、归还本息资金的主要来源、负债情况、是否存在虚构业绩等虚假宣传行为等；

（4）其他涉及欺诈等方面的证据：虚构融资项目进行宣传、隐瞒资金实际用途、隐匿销毁账簿；等等。司法会计鉴定机构对相关数据进行鉴定时，办案部门可以根据查证犯罪事实的需要提出重点鉴定的项目，保证司法会计鉴定意见与待证的构成要件事实之间的关联性。

4.集资诈骗的数额，应当以犯罪嫌疑人实际骗取的金额计算。犯罪嫌疑人为吸收公众资金制造还本付息的假象，在诈骗的同时对部分投资人还本付息的，集资诈骗的金额以案发时实际未兑付的金额计算。案发后，犯罪嫌疑人主动退还集资款项的，不能从集资诈骗的金额中扣除，但可以作为量刑情节考虑。

（三）非法经营资金支付结算行为的认定

支付结算业务（也称支付业务）是商业银行或者支付机构在收付款人之间提供的货币资金转移服务。非银行机构从事支付结算业务，应当经中国人民银行批准取得《支付业务许可证》，成为支付机构。未取得支付业务许可从事该业务的行为，违反《非法金融机构和非法金融业务活动取缔办法》第四条第一款第（三）、（四）项的规定，破坏了支付结算业务许可制度，危害支付市场秩序和安全，情节严重的，适用《刑法》第二百二十五条第（三）项，以非法经营罪追究刑事责任。具体情形：

（1）未取得支付业务许可经营基于客户支付账户的网络支付业务。无证网络支付机构为客户非法开立支付账户，客户先把资金支付到该支付账户，再由无证机构根据订单信息从支付账户平台将资金结算到收款人银行账户。

（2）未取得支付业务许可经营多用途预付卡业务。无证发卡机构非法发行可跨地区、跨行业、跨法人使用的多用途预付卡，聚集大量的预付卡销售资金，并根据客户订单信息向商户划转结算资金。

在具体办案时，要深入剖析相关行为是否具备资金支付结算的实质特征，准确区分支付工具的正常商业流转与提供支付结算服务、区分单用途预付卡与多用途预付卡业务，充分考虑具体行为与"地下钱庄"等同类犯罪在社会危害方面的相当性以及刑事处罚的必要性，严格把握入罪和出罪标准。

三、依法认定单位犯罪及其责任人员

涉互联网金融犯罪案件多以单位形式组织实施，所涉单位数量众多、层级复杂，其中还包括大量分支机构和关联单位，集团化特征明显。有的涉互联网金融犯罪案件中分支机构遍布全国，既有具备法人资格的，又有不具备法人资格的；既有受总公司直接领导的，又有受总公司的下属单位领导的。公安机关在立案时做法不一，有的对单位立案，有的不对单位立案，有的被立案的单位不具有独立法人资格，有的仅对最上层的单位立案而不对分支机构立案。对此，检察机关公诉部门在审查起诉时，应当从能够全面揭示犯罪行为基本特征、全面覆盖犯罪活动、准确界定区分各层级人员的地位作用、有利于有力指控犯罪、有利于追缴违法所得等方面依法具体把握，确定是否以单位犯罪追究。

涉互联网金融犯罪所涉罪名中，《刑法》规定应当追究单位刑事责任的，对同时具备以下情形且具有独立法人资格的单位，可以以单位犯罪追究：

（1）犯罪活动经单位决策实施；

（2）单位的员工主要按照单位的决策实施具体犯罪活动；

（3）违法所得归单位所有，经单位决策使用，收益亦归单位所有。但是，单位设立后专门从事违法犯罪活动的，应当以自然人犯罪追究刑事责任。

对参与涉互联网金融犯罪，但不具有独立法人资格的分支机构，是否追究其刑事责任，可以区分两种情形处理：

（1）全部或部分违法所得归分支机构所有并支配，分支机构作为单位犯罪主体追究刑事责任；

（2）违法所得完全归分支机构上级单位所有并支配的，不能对分支机构作为单位犯罪主体追究刑事责任，而是应当对分支机构的上级单位（符合单位犯罪主体资格）追究刑事责任。

分支机构认定为单位犯罪主体的，该分支机构相关涉案人员应当作为该分支机构的"直接负责的主管人员"或者"其他直接责任人员"追究刑事责任。仅将分支机构的上级单位认定为单位犯罪主体的，该分支机构相关涉案人员可以作为该上级单位的"其他直接责任人员"追究刑事责任。

对符合追诉条件的分支机构（包括具有独立法人资格的和不具有独立法人资格）及其所属单位，公安机关均没有作为犯罪嫌疑单位移送审查起诉，仅将其所属单位的上级单位作为犯罪嫌疑单位移送审查起诉的，对相关分支机构涉案人员可以区分以下情形处理：

（1）有证据证明被立案的上级单位（比如总公司）在业务、财务、人事等方面对下属单位及其分支机构进行实际控制，下属单位及其分支机构涉案人员可以作为被移送审查起诉的上级单位的"其他直接责任人员"追究刑事责任。在证明实际控制关系时，应当收集、运用公司决策、管理、考核等相关文件，OA系统等电子数据，资金往来记录等证据。对不同地区同一单位的分支机构涉案人员起诉时，证明实际控制关系的证据体系、证明标准应基本一致。

（2）据现有证据无法证明被立案的上级单位与下属单位及其分支机构之间存在实际控制关系的，对符合单位犯罪构成要件的下属单位或分支机构应当补充起诉，下属单位及其分支机构已不具备补充起诉条件的，可以将下属单位及其分支机构的涉案犯罪嫌疑人直接起诉。

四、综合运用定罪量刑情节

在办理跨区域涉互联网金融犯罪案件时，在追诉标准、追诉范围以及量刑建议等方面应当注意统一平衡。对于同一单位在多个地区分别设立分支机构的，在同一省（自治区、直辖市）范围内应当保持基本一致。分支机构所涉犯罪嫌疑人与上级单位主要犯罪嫌疑人之间应当保持适度平衡，防止出现责任轻重"倒挂"的现象。

单位犯罪中，直接负责的主管人员和其他直接责任人员在涉互联网金融犯罪案件中的地位、作用存在明显差别的，可以区分主犯和从犯。对起组织领导作用的总公司的直接负责的主管人员和发挥主要作用的其他直接责任人员，可以认定为全案的主犯，其他人员可以认定为从犯。

最大限度减少投资人的实际损失是办理涉互联网金融犯罪案件特别是非法集资案件的重要工作。在决定是否起诉、提出量刑建议时，要重视对是否具有认罪认罚、主动退赃退赔等情节的考察。分支机构涉案人员积极配合调查、主动退还违法所得、真诚认罪悔罪的，应当依法提出从轻、减轻处罚的量刑建议。其中，对情节轻微、可以免予刑事处罚的，或者情节显著轻微、危害不大、不认为是犯罪的，应当依法作出不起诉决定。对被不起诉人需要给予行政处罚或者没收违法所得的，应当向行政主管部门提出检察意见。

五、证据的收集、审查与运用

涉互联网金融犯罪案件证据种类复杂、数量庞大、且分散于各地，收集、审查、运用证据的难度大。各地检察机关公诉部门要紧紧围绕证据的真实性、合法性、关联性，引导公安机关依法全面收集固定证据，加强证据的审查、运用，确保案件事实经得起法律的检验。

对于重大、疑难、复杂涉互联网金融犯罪案件，检察机关公诉部门要依法提前介入侦查，围绕指控犯罪的需要积极引导公安机关全面收集固定证据，必要时与公安机关共同会商，提出完善侦查思路、侦查提纲的意见建议。加强对侦查取证合法性的监督，对应当依法排除的非法证据坚决予以排除，对应当补正或作出合理解释的及时提出意见。

电子数据在涉互联网金融犯罪案件的证据体系中地位重要，对于指控证实相关犯罪事实具有重要作用。随着互联网技术的不断发展，电子数据的形式、载体出现了许多新的变化，对电子数据的勘验、提取、审查等提出了更高要求，处理不当会对电子数据的真实性、合法性造成不可逆转的损害。检察机关公诉部门要严格执行《最高人民法院、最高人民检察院、公安部关于办理刑事案件收集提取和审查判断电子数据问题的若干规定》（法发〔2016〕22号），加强对电子数据收集、提取程序和技术标准的审查，确保电子数据的真实性、合法性。对云存储电子数据等新类型电子数据进行提取、审查时，要高度重视程序合法性、数据完整性等问题，必要时主动征求相关领域专家意见，在提取前会同公安机关、云存储服务提供商制定科学合法的提取方案，确保万无一失。

落实"三统两分"要求，健全证据交换共享机制，协调推进跨区域案件办理。对涉及主案犯罪嫌疑人的证据，一般由主案侦办地办案机构负责收集，其他地区提供协助。其他地区办案机构需要主案侦办地提供证据材料的，应当向主案侦办地办案机构提出证据需求，由主案侦办地办案机构收集并依法移送。无法移送证据原件的，应当在移送复制件的同时，按照相关规定作出说明。各地检察机关公诉部门之间要加强协作，加强与公安机关的协调，督促本地公安机关与其他地区公安机关做好证据交换共享相关工作。案件进入审查起诉阶段后，检察机关公诉部门可以根据案件需要，直接向其他地区检察机关调取证据，其他地区检察机关公诉部门应积极协助。此外，各地检察机关在办理案件过程中发现对其他地区案件办理有重要作用的证据，应当及时采取措施并通知相应检察机关，做好依法移送工作。

六、投资人合法权益的保护

涉互联网金融犯罪案件投资人诉求复杂多样，矛盾化解和维护稳定工作任务艰巨繁重，各地检察机关公诉部门在办案过程中要求坚持刑事追诉和权益保障并重。根据《刑事诉讼法》等相关法律规定，依法保证互联网金融活动中投资人的合法权益，坚持把追赃挽损等工作贯穿到侦查、起诉、审判等各个环节，配合公安、法院等部门，最大限度减少投资人的实际损失，加强与本案控申部门、公安机关的联系沟通，及时掌握涉案动态信息，认真开展办案风险评估预警工作，周密制定处置预案，并落实责任到位，避免因部门之间衔接不畅、处置不当造成工作被动。发现重大风险隐患的，及时向有关部门通报情况，必要时逐级上报高检院。

随着互联网金融的发展，涉互联网金融犯罪中的新情况、新问题还将不断出现。各地检察机关公诉部门要按照会议纪要的精神，结合各地办案工作实际，依法办理涉互联网金融犯罪案件；在办好案件的同时，要不断总结办案经验，加强对重大疑难复杂案件的研究，努力提高办理涉互联网金融犯罪案件的能力和水平，为促进互联网金融规范发展，保障经济社会大局稳定作出积极贡献。在办案过程中遇到疑难问题的，要及时层报高检院公诉厅。

6. 最高人民法院、最高人民检察院、公安部《关于办理非法集资刑事案件若干问题的意见》高检会〔2019〕2号（2019年1月30日）

一、关于非法集资的"非法性"认定依据问题

人民法院、人民检察院、公安机关认定非法集资的"非法性"，应当以国家金融管理法律法规作为依据。对于国家金融管理法律法规仅作原则性规定的，可以根据法律规定的精神并参考中国人民银行、中国银行保险监督管理委员会、中国证券监督管理委员会等行政主管部门依照国家金融管理法律法规制定的部门规章或者国家有关金融管理的规定、办法、实施细则等规范性文件的规定予以认定。

二、关于单位犯罪的认定问题

单位实施非法集资犯罪活动，全部或者大部分违法所得归单位所有的，应当认定为单位犯罪。

个人为进行非法集资犯罪活动而设立的单位实施犯罪的，或者单位设立后，以实施非法集资犯罪活动为主要活动的，不以单位犯罪论处，对单位中组织、策划、实施非法集资犯罪活动的人员应当以自然人犯罪依法追究刑事责任。

判断单位是否以实施非法集资犯罪活动为主要活动，应当根据单位实施非法集资的次数、频度、持续时间、资金规模、资金流向、投入人力物力情况、单位进行正当经营的状况以及犯罪活动的影响、后果等因素综合考虑认定。

三、关于涉案下属单位的处理问题

办理非法集资刑事案件中，人民法院、人民检察院、公安机关应当全面查清涉案单位，包括上级单位（总公司、母公司）和下属单位（分公司、子公司）的主体资格、层级、关系、地位、作用、资金流向等，区分情况依法作出处理。

上级单位已被认定为单位犯罪，下属单位实施非法集资犯罪活动，且全部或者大部分违法所得归下属单位所有的，对该下属单位也应当认定为单位犯罪。上级单位和下属单位构成共同犯罪的，应当根据犯罪单位的地位、作用，确定犯罪单位的刑事责任。

上级单位已被认定为单位犯罪，下属单位实施非法集资犯罪活动，但全部或者大部分违法所得归上级单位所有的，对下属单位不单独认定为单位犯罪。下属单位中涉嫌犯罪的人员，可以作为上级单位的其他直接责任人员依法追究刑事责任。

上级单位未被认定为单位犯罪，下属单位被认定为单位犯罪的，对上级单位中组织、策划、实施非法集资犯罪的人员，一般可以与下属单位按照自然人与单位共同犯罪处理。

上级单位与下属单位均未被认定为单位犯罪的，一般以上级单位与下属单位中承担组织、领导、管理、协调职责的主管人员和发挥主要作用的人员作为主犯，以其他积极参加非法集资犯罪的人员作为从犯，按照自然人共同犯罪处理。

四、关于主观故意的认定问题

认定犯罪嫌疑人、被告人是否具有非法吸收公众存款的犯罪故意，应当依据犯罪嫌疑

人、被告人的任职情况、职业经历、专业背景、培训经历、本人因同类行为受到行政处罚或者刑事追究情况以及吸收资金方式、宣传推广、合同资料、业务流程等证据，结合其供述，进行综合分析判断。

犯罪嫌疑人、被告人使用诈骗方法非法集资，符合《最高人民法院关于审理非法集资刑事案件具体应用法律若干问题的解释》第四条规定的，可以认定为集资诈骗罪中"以非法占有为目的"。

办案机关在办理非法集资刑事案件中，应当根据案件具体情况注意收集运用涉及犯罪嫌疑人、被告人的以下证据：是否使用虚假身份信息对外开展业务；是否虚假订立合同、协议；是否虚假宣传，明显超出经营范围或者夸大经营、投资、服务项目及盈利能力；是否吸收资金后隐匿、销毁合同、协议、账目；是否传授或者接受规避法律、逃避监管的方法，等等。

五、关于犯罪数额的认定问题

非法吸收或者变相吸收公众存款构成犯罪，具有下列情形之一的，向亲友或者单位内部人员吸收的资金应当与向不特定对象吸收的资金一并计入犯罪数额：

（一）在向亲友或者单位内部人员吸收资金的过程中，明知亲友或者单位内部人员向不特定对象吸收资金而予以放任的；

（二）以吸收资金为目的，将社会人员吸收为单位内部人员，并向其吸收资金的；

（三）向社会公开宣传，同时向不特定对象、亲友或者单位内部人员吸收资金的。

非法吸收或者变相吸收公众存款的数额，以行为人所吸收的资金全额计算。集资参与人收回本金或者获得回报后又重复投资的数额不予扣除，但可以作为量刑情节酌情考虑。

六、关于宽严相济刑事政策把握问题

办理非法集资刑事案件，应当贯彻宽严相济刑事政策，依法合理把握追究刑事责任的范围，综合运用刑事手段和行政手段处置和化解风险，做到惩处少数、教育挽救大多数。要根据行为人的客观行为、主观恶性、犯罪情节及其地位、作用、层级、职务等情况，综合判断行为人的责任轻重和刑事追究的必要性，按照区别对待原则分类处理涉案人员，做到罚当其罪、罪责刑相适应。

重点惩处非法集资犯罪活动的组织者、领导者和管理人员，包括单位犯罪中的上级单位（总公司、母公司）的核心层、管理层和骨干人员，下属单位（分公司、子公司）的管理层和骨干人员，以及其他发挥主要作用的人员。

对于涉案人员积极配合调查、主动退赃退赔、真诚认罪悔罪的，可以依法从轻处罚；其中情节轻微的，可以免除处罚；情节显著轻微、危害不大的，不作为犯罪处理。

七、关于管辖问题

跨区域非法集资刑事案件按照《国务院关于进一步做好防范和处置非法集资工作的意见》（国发〔2015〕59号）确定的工作原则办理。如果合并侦查、诉讼更为适宜的，可以合并办理。

办理跨区域非法集资刑事案件，如果多个公安机关都有权立案侦查的，一般由主要犯罪地公安机关作为案件主办地，对主要犯罪嫌疑人立案侦查和移送审查起诉；由其他犯罪地公安机关作为案件分办地根据案件具体情况，对本地区犯罪嫌疑人立案侦查和移送审查起诉。

管辖不明或者有争议的，按照有利于查清犯罪事实、有利于诉讼的原则，由其共同的上级公安机关协调确定或者指定有关公安机关作为案件主办地立案侦查。需要提请批准逮捕、移送审查起诉、提起公诉的，由分别立案侦查的公安机关所在地的人民检察院、人民法院受理。

对于重大、疑难、复杂的跨区域非法集资刑事案件，公安机关应当在协调确定或者指定案件主办地立案侦查的同时，通报同级人民检察院、人民法院。人民检察院、人民法院参照前款规定，确定主要犯罪地作为案件主办地，其他犯罪地作为案件分办地，由所在地的人民检察院、人民法院负责起诉、审判。

本条规定的"主要犯罪地"，包括非法集资活动的主要组织、策划、实施地，集资行为人的注册地、主要营业地、主要办事机构所在地，集资参与人的主要所在地等。

八、关于办案工作机制问题

案件主办地和其他涉案地办案机关应当密切沟通协调，协同推进侦查、起诉、审判、资产处置工作，配合有关部门最大限度追赃挽损。

案件主办地办案机关应当统一负责主要犯罪嫌疑人、被告人涉嫌非法集资全部犯罪事实的立案侦查、起诉、审判，防止遗漏犯罪事实；并应就全案处理政策、追诉主要犯罪嫌疑人、被告人的证据要求及诉讼时限、追赃挽损、资产处置等工作要求，向其他涉案地办案机关进行通报。其他涉案地办案机关应当对本地区犯罪嫌疑人、被告人涉嫌非法集资的犯罪事实及时立案侦查、起诉、审判，积极协助主办地处置涉案资产。

案件主办地和其他涉案地办案机关应当建立和完善证据交换共享机制。对涉及主要犯罪嫌疑人、被告人的证据，一般由案件主办地办案机关负责收集，其他涉案地提供协助。案件主办地办案机关应当及时通报接收涉及主要犯罪嫌疑人、被告人的证据材料的程序及要求。其他涉案地办案机关需要案件主办地提供证据材料的，应当向案件主办地办案机关提出证据需求，由案件主办地收集并依法移送。无法移送证据原件的，应当在移送复制件的同时，按照相关规定作出说明。

九、关于涉案财物追缴处置问题

办理跨区域非法集资刑事案件，案件主办地办案机关应当及时归集涉案财物，为统一资产处置做好基础性工作。其他涉案地办案机关应当及时查明涉案财物，明确其来源、去向、用途、流转情况，依法办理查封、扣押、冻结手续，并制作详细清单，对扣押款项应当设立明细账，在扣押后立即存入办案机关唯一合规账户，并将有关情况提供案件主办地办案机关。

人民法院、人民检察院、公安机关应当严格依照《刑事诉讼法》和相关司法解释的规定，依法移送、审查、处理查封、扣押、冻结的涉案财物。对审判时尚未追缴到案或者尚未足额退赔的违法所得，人民法院应当判决继续追缴或者责令退赔，并由人民法院负责执行，处置非法集资职能部门、人民检察院、公安机关等应当予以配合。

人民法院对涉案财物依法作出判决后，有关地方和部门应当在处置非法集资职能部门统筹协调下，切实履行协作义务，综合运用多种手段，做好涉案财物清运、财产变现、资金归集、资金清退等工作，确保最大限度减少实际损失。

根据有关规定，查封、扣押、冻结的涉案财物，一般应在诉讼终结后返还集资参与人。涉案财物不足全部返还的，按照集资参与人的集资额比例返还。退赔集资参与人的损失一般优先于其他民事债务以及罚金、没收财产的执行。

十、关于集资参与人权利保障问题

集资参与人，是指向非法集资活动投入资金的单位和个人，为非法集资活动提供帮助并获取经济利益的单位和个人除外。

人民法院、人民检察院、公安机关应当通过及时公布案件进展、涉案资产处置情况等方式，依法保障集资参与人的合法权利。集资参与人可以推选代表人向人民法院提出相关意见和建议；推选不出代表人的，人民法院可以指定代表人。人民法院可以视案件情况决定集资参与人代表人参加或者旁听庭审，对集资参与人提起附带民事诉讼等请求不予受理。

十一、关于行政执法与刑事司法衔接问题

处置非法集资职能部门或者有关行政主管部门，在调查非法集资行为或者行政执法过程中，认为案情重大、疑难、复杂的，可以商请公安机关就追诉标准、证据固定等问题提出咨询或者参考意见；发现非法集资行为涉嫌犯罪的，应当按照《行政执法机关移送涉嫌犯罪案件的规定》等规定，履行相关手续，在规定的期限内将案件移送公安机关。

人民法院、人民检察院、公安机关在办理非法集资刑事案件过程中，可商请处置非法集资职能部门或者有关行政主管部门指派专业人员配合开展工作，协助查阅、复制有关专业资料，就案件涉及的专业问题出具认定意见。涉及需要行政处理的事项，应当及时移交处置非法集资职能部门或者有关行政主管部门依法处理。

十二、关于国家工作人员相关法律责任问题

国家工作人员具有下列行为之一，构成犯罪的，应当依法追究刑事责任：

（一）明知单位和个人所申请机构或者业务涉嫌非法集资，仍为其办理行政许可或者注册手续的；

（二）明知所主管、监管的单位有涉嫌非法集资行为，未依法及时处理或者移送处置非法集资职能部门的；

（三）查处非法集资过程中滥用职权、玩忽职守、徇私舞弊的；

（四）徇私舞弊不向司法机关移交非法集资刑事案件的；

（五）其他通过职务行为或者利用职务影响，支持、帮助、纵容非法集资的。

7. 最高人民法院《全国法院民商事审判工作会议纪要》法〔2019〕254号（2019年11月8日）

十二、关于民刑交叉案件的程序处理

会议认为，近年来，在民间借贷、P2P等融资活动中，与涉嫌诈骗、合同诈骗、票据诈骗、集资诈骗、非法吸收公众存款等犯罪有关的民商事案件的数量有所增加，出现了一些新情况和新问题。在审理案件时，应当依照《最高人民法院关于在审理经济纠纷案件中涉及经济犯罪嫌疑若干问题的规定》《最高人民法院关于审理非法集资刑事案件具体应用法律若干问题的解释》《最高人民法院、最高人民检察院、公安部关于办理非法集资刑事案件适用法律若干问题的意见》以及民间借贷司法解释等规定，处理好民刑交叉案件之间的程序关系。

128. 【分别审理】同一当事人因不同事实分别发生民商事纠纷和涉嫌刑事犯罪，民商事案件与刑事案件应当分别审理，主要有下列情形：

（1）主合同的债务人涉嫌刑事犯罪或者刑事裁判认定其构成犯罪，债权人请求担保人承担民事责任的；

（2）行为人以法人、非法人组织或者他人名义订立合同的行为涉嫌刑事犯罪或者刑事裁判认定其构成犯罪，合同相对人请求该法人、非法人组织或者他人承担民事责任的；

（3）法人或者非法人组织的法定代表人、负责人或者其他工作人员的职务行为涉嫌刑事犯罪或者刑事裁判认定其构成犯罪，受害人请求该法人或者非法人组织承担民事责任的；

（4）侵权行为人涉嫌刑事犯罪或者刑事裁判认定其构成犯罪，被保险人、受益人或者其他赔偿权利人请求保险人支付保险金的；

（5）受害人请求涉嫌刑事犯罪的行为人之外的其他主体承担民事责任的。

审判实践中出现的问题是，在上述情形下，有的人民法院仍然以民商事案件涉嫌刑事犯罪为由不予受理，已经受理的，裁定驳回起诉。对此，应予纠正。

129.【涉众型经济犯罪与民商事案件的程序处理】2014 年颁布实施的《最高人民法院、最高人民检察院、公安部关于办理非法集资刑事案件适用法律若干问题的意见》和2019 年 1 月颁布实施的《最高人民法院、最高人民检察院、公安部关于办理非法集资刑事案件若干问题的意见》规定的涉嫌集资诈骗、非法吸收公众存款等涉众型经济犯罪，所涉人数众多、当事人分布地域广、标的额特别巨大、影响范围广，严重影响社会稳定，对于受害人就同一事实提起的以犯罪嫌疑人或者刑事被告人为被告的民事诉讼，人民法院应当裁定不予受理，并将有关材料移送侦查机关、检察机关或者正在审理该刑事案件的人民法院。受害人的民事权利保护应当通过刑事追赃、退赔的方式解决。正在审理民商事案件的人民法院发现有上述涉众型经济犯罪线索的，应当及时将犯罪线索和有关材料移送侦查机关。侦查机关作出立案决定前，人民法院应当中止审理；作出立案决定后，应当裁定驳回起诉；侦查机关未及时立案的，人民法院必要时可以将案件报请党委政法委协调处理。除上述情形人民法院不予受理外，要防止通过刑事手段干预民商事审判，搞地方保护，影响营商环境。

当事人因租赁、买卖、金融借款等与上述涉众型经济犯罪无关的民事纠纷，请求上述主体承担民事责任的，人民法院应予受理。

130.【民刑交叉案件中民商事案件中止审理的条件】人民法院在审理民商事案件时，如果民商事案件必须以相关刑事案件的审理结果为依据，而刑事案件尚未审结的，应当根据《民事诉讼法》第一百五十条第五项的规定裁定中止诉讼。待刑事案件审结后，再恢复民商事案件的审理。如果民商事案件不是必须以相关的刑事案件的审理结果为依据，则民商事案件应当继续审理。

8.国务院《防范和处置非法集资条例》（2021 年 1 月 26 日）

第二十五条　非法集资人、非法集资协助人应当向集资参与人清退集资资金。清退过程应当接受处置非法集资牵头部门监督。

任何单位和个人不得从非法集资中获取经济利益。

因参与非法集资受到的损失，由集资参与人自行承担。

第四十条　本条例自 2021 年 5 月 1 日起施行。1998 年 7 月 13 日国务院发布的《非法金融机构和非法金融业务活动取缔办法》同时废止。

（附参考）1.浙江省高级人民法院、浙江省人民检察院、浙江省公安厅《关于当前办理集资类刑事案件适用法律若干问题的会议纪要》浙高法〔2008〕352 号

一、未经依法批准，以承诺还本分红或者付息的方法，向社会不特定对象吸收资金，用于发放贷款、办理结算、票据贴现、资金拆借、信托投资、金融租赁、融资担保、外汇买卖、证券期货等非法营利活动的，应当依法按照非法吸收公众存款定性处理；行为人具有非法占有目的的，应当依法按照集资诈骗等处理。

二、为生产经营所需，以承诺还本分红或者付息的方法，向相对固定的人员（一定范围内的人员如职工、亲友等）筹集资金，主要用于合法的生产经营活动，因经营亏损或者

资金周转困难而未能及时兑付本息引发纠纷的，应当作为民间借贷纠纷处理。对此类案件，不能仅仅因为借款人或借款单位负责人出走，就认定为非法吸收公众存款犯罪或者集资诈骗犯罪。

三、以生产经营所需为由，以承诺还本分红或者付息的方法，向相对固定的人员筹集资金，部分用于合法的生产经营活动，部分用于违法犯罪行为，违法使用资金的行为触犯《刑法》的，依据其触犯的罪名定罪处罚。

四、为生产经营所需，以承诺还本分红或者付息的方法，向社会不特定对象筹集资金，主要用于合法的生产经营活动，因经营亏损或者资金周转困难而未能及时兑付本息引发纠纷的，一般可不作为非法吸收公众存款犯罪案件处理。但对于其中后果严重，严重影响社会稳定的，应当按非法吸收公众存款犯罪处理。

五、以生产经营或者投资所需为幌子，以承诺还本分红或者付息的方法，向社会不特定对象吸收资金，非法占有资金的，按照集资诈骗犯罪处理。

六、司法机关应当依法妥善处理涉及众多被害人的犯罪案件，积极配合地方党委和政府做好善后工作，尽量将犯罪造成的不良后果降到最低限度，确保社会稳定。要注意及时扣押、冻结、追缴赃款赃物和违法所得，及时将非法集资款返还被害人。但对于超出本金部分的利息，不予保护。对扣押、冻结、追缴在案的赃款赃物、违法所得，应当按照尚未归还的被害人集资本金按比例分配归还。对办案过程中发现有关部门和单位在资金管理中存在的漏洞和隐患，要及时提出司法建议，以做到防患于未然。

2. 浙江省高级人民法院、浙江省人民检察院、浙江省公安厅《关于当前办理集资类刑事案件适用法律若干问题的会议纪要（二）》浙高法〔2011〕198号

一、非法吸收公众存款等集资犯罪行为的本质特征在于违反规定向社会公众即社会不特定对象吸收资金。集资对象是否特定的判断，既要考察行为人主观上是否仅向特定对象吸收资金，又要考察其客观上所实施的行为是否可控。如果行为人对集资行为的辐射面事先不加以限制、事中不作控制，或者在蔓延至社会后听之任之，不设法加以阻止的，应当认定为向社会不特定对象吸收资金。

行为人以向单位内部职工或亲友集资为名，实质上希望或放任内部职工或亲友向社会介绍，通过内部职工或亲友间接向社会公众吸收资金的，可以认定为向社会不特定对象吸收资金。

二、向社会公开宣传系判定行为人主观上具有向社会不特定对象集资的客观依据之一。公开宣传的具体途径可以多种多样，不应局限于司法解释所列举的"通过媒体、推介会、传单、手机短信"等几种。对于以口头等方式发布、传播集资信息是否属于公开宣传，能否将口口相传的效果归责于集资行为人，应根据主客观相统一的原则，结合行为人对此是否知情、态度如何、有无具体参与、是否设法加以阻止等主客观因素具体认定。

行为人为逃避有关部门的监管，采用相对隐蔽的手段向社会不特定对象发布、传播吸收资金信息的，可以认定为向社会公开宣传。

三、非法占有目的是区分集资诈骗罪和非法吸收公众存款罪等其他集资犯罪的关键所在。行为人主观上是否具有非法占有的目的，应当根据主客观相统一原则加以综合分析认定。行为人在非法集资过程中产生非法占有目的，应当只对非法占有目的支配下的非法集资犯罪行为以集资诈骗罪定性处罚，对于之前实施的行为，构成非法吸收公众存款罪等其他犯罪的，应按相关犯罪处理，并实行数罪并罚。

行为人将集资款用于高风险行业的情况，能否认定其主观上具有非法占有目的，不宜一概而论，应当结合行为人的抗风险能力，如自有资金、亏损程度、负债状况等案件具体情况具体认定。行为人明知自己没有偿还能力仍予为之，并造成严重后果的，可以认定行为人具有非法占有目的。

3. 浙江省高级人民法院、浙江省人民检察院、浙江省公安厅《关于当前办理集资类刑事案件适用法律若干问题的会议纪要（三）》浙高法〔2013〕241 号

三、根据集资犯罪的本质特征，准确把握具体案件定性。非法集资的核心内涵和本质特征在于未经依法批准，以高息为诱饵，向社会公众即社会不特定对象募集资金。实践中，对于行为人按生产经营规模所需吸收资金，并用于生产经营活动的，可不以非法吸收公众存款罪处理。对行为人前期吸取资金用于生产经营活动，因生产经营不善导致亏损或者生产经营活动停止后，演变为向社会不特定对象吸收资金的，对后期行为可以认定为非法吸收公众存款罪。行为人在严重负债的情况下，明知自己无法偿还，仍以生产经营为幌子，以高息为诱饵，大肆非法集资，造成巨额集资款无法归还的，应当认定其主观上具有非法占有目的的，以集资诈骗罪定罪处罚。

四、围绕集资犯罪构成要件，严格区分刑、民界限。《刑法》对非法吸收公款存款罪、集资诈骗罪等所作的法律规定是对相关集资类犯罪构成要件的高度概括。最高人民法院《关于审理非法集资刑事案件具体应用法律若干问题的解释》（下称《司法解释》）第一条所规定的"非法性、公开性、利诱性、社会性"四大特征，是判定非法集资犯罪的具体标准。《司法解释》第三条所规定的定罪数额和人数要求，是在集资行为人同时符合第一条规定的"四大特征"前提下，所必须具备的定罪标准，在实践中不应脱离《刑法》规定的犯罪构成要件，将《司法解释》第一条和第三条割裂开来，仅以具体集资的人数或数额作为区分民间借贷与非法集资犯罪的界限，机械地理解和执行刑事立案标准。

五、坚持主客观相统一原则，准确界定"不特定对象""亲友"。对不特定对象的认定，要严格贯彻《纪要（二）》的有关精神，根据主客观相统一的原则整体加以把握。对涉及"亲友"的案件，应当针对案件具体情况具体对待，如果行为人先期仅向亲友借款没有扩大，后来再转为向不特定对象集资，该亲友的"借款"可不认定为犯罪数额。如系通过亲友向社会公众集资，或者被告人主观上产生了非法集资的目的后，在向社会不特定对象集资的同时，亦向亲友集资，则亲友的集资数额不应从犯罪数额中剔除。

六、注重查实资金的来源及去向，合理界定"资金用于生产经营活动"。资金的来源、用途和去向，是判定行为人是否向社会不特定对象吸取资金、主观上有无非法占有目的的主要依据之一。办案机关应当特别注重对行为人所吸收资金来源、用途和去向的调查取证。"资金用于生产经营活动"是指将募集的资金用于企业因生产经营活动所需的正常合理支出。对于将募集资金用于购车、购房等情形，是否属于"资金用于生产经营"不宜一概而论。在实践中，应结合其主观动机、实际用途等因素综合分析后加以判定。如行为人将资金用于购买运输等正常的生产经营所需的工作用车或者购买生产经营所需房产等，可认定其将资金用于生产经营活动。如明显不属于生产经营所需，不能认定其将资金用于生产经营活动。行为人为弥补亏损，无视自身实力和抗风险能力，滥用他人资金盲目博弈，将集资款用于高风险投资（如期货、股票）的，一般不能认定为用于生产经营活动。

七、建立立案相互通报制度，确保信息畅通。公安机关对非法集资类犯罪案件立案后，一般情况下应在七日内将相关情况函告同级人民法院、人民检察院。人民法院在受理、审理和执行民间借贷案件过程中，如发现同一被告人及众多原告，可能涉嫌非法集资犯罪，应函告有管辖权的公安机关及同级人民检察院，建议有关部门查处。接到函告的公安机关

应当及时核查，并将核查结果，及时函告人民法院和人民检察院。

八、做好刑民交叉案件的立案审查、移送等程序衔接与处置工作。在处置集资类案件过程中，对于涉及的相关刑、民交叉问题，应当按以下几个原则区别对待：

（一）对于公安机关已立案侦查的涉嫌非法集资类犯罪事实，债权人以相同的事实向人民法院提起民事诉讼的，法院原则上不予受理。

（二）对于人民法院已经作为民事案件受理、尚在审理之中的借贷纠纷事实，如公安机关认为该事实已涉嫌非法集资，有必要作为犯罪事实予以追究的，公安机关应及时函告相关法院。法院经审查认为该民事诉讼事实涉嫌非法集资犯罪的，可裁定驳回起诉，并将相关材料移送公安机关。

（三）对于民事裁判已生效、尚在执行中的涉案事实，公安机关审查认为该民事裁判确认的事实涉嫌非法集资犯罪、须纳入刑事追究范围的，应当及时函告相关法院。相关法院核查后，应对民事裁判中止执行，与刑事案件一并执行。

（四）对于民事裁判已经生效已执行到位的涉案事实，除涉及虚假诉讼、非法转移赃款等严重侵害其他债权人利益依法应当撤销生效裁判文书的情形外，可视为当事人在案发前已经归还的借款，可不再将相关事实纳入刑事追究的范围，公安机关不再立案侦查，检察机关不再立案监督。

上述涉及刑民交叉问题的生效民事法律文书，除涉及虚假诉讼、非法转移赃款等严重侵害其他债权人利益情形，依法应当撤销外，一般不宜在提起审判监督程序予以撤销。

九、加强协调配合，妥善处理遗漏罪行。针对集资类犯罪容易不断出现"漏罪漏诉"情况等特殊性，为实现刑事司法公正与效率的统筹兼顾，公、检、法三机关应当加强沟通协调，要妥善处置集资类犯罪中的"漏罪"现象。一般情况下，公安机关立案侦查后，可在行为人非法集资区域发出公告，通知相关被害人及时报案。对于被害人不愿报案或不配合侦查，不提供相关借条等书面凭证，应当向其说明不报案不配合的法律后果。有犯罪嫌疑人如实供述并有其他证据予以印证的，即使被害人不配合，应当计入犯罪数额，移送审查起诉。

十、审慎认定刑民交叉情况下民间借贷合同和担保合同的效力。审理民间借贷纠纷案件时，如果相关刑事判决已经生效，且讼争借贷已被刑事裁判认定为非法集资犯罪事实的，为避免刑事、民事判决矛盾冲突，原则上应认定借贷合同无效。根据担保法的精神，涉及非法集资类犯罪的借贷合同无效的，担保合同一般应认定为无效。担保人承担的责任应根据案件实际情况按以下原则区别对待：

（一）刑事被告人以其实际控制的财产为非法集资提供担保的，一般不认定出借人对担保财产享有优先受偿权。

（二）第三人提供担保的，可依照担保法司法解释第八条的规定，在主合同无效导致担保合同无效的情形下，根据担保人的过错使其在债务人不能清偿债务的三分之一限额内承担责任。

（三）第三人提供担保，担保人属于明知借款人从事非法集资，或存在其他严重过错导致担保合同无效的，担保人的连带赔偿责任可不受前述三分之一限额责任的限制。构成共犯的，还应依法承担刑事责任。

十一、加大追赃力度，最大限度挽回被害人的损失。对涉及众多被害人的集资类犯罪案件，司法机关应积极配合地方党委和政府做好善后工作，尽量将犯罪造成的不良后果降到最低限度，确保社会稳定。在处置集资类刑民交叉案件的财产过程中，应当遵循以下几个原则：

（一）刑事立案后，公安机关应及时查实集资款的去向，对涉案财物依法查封和冻结，并予以证据固定。

（二）人民法院已经启动民事程序并采取保全措施的相关涉案财产，因当事人行为涉嫌犯罪而将案件移送公安机关侦查的，或公安机关立案并采用查封、扣押、冻结措施后，经审查不构成犯罪，当事人再提起民事诉讼的，人民法院和公安机关应做好民事财产保全与扣押、冻结和查封转换的沟通、衔接工作，以避免行为人利用刑事和民事程序交接失控而转移财产。

（三）对于已经扣押和冻结的涉案财产，办案机关应当随案及时移送。如冻结、扣押的财产系易腐败、变质、贬值财物，可以根据具体情况，经履行批准手续，由扣押和冻结单位通过拍卖等方式予以处理。处理后的价款暂予保存，待诉讼终结后一并处理。

（四）对于案件既涉及非法集资犯罪、又涉及行为人以自有财产提供担保向他人合法融资的，在有确凿证据证明担保财产不属于非法集资犯罪所得，如担保财产系在非法集资犯罪行为发生前购置等情况下，应当允许合法融资行为的债权人依法实现担保物权。

（五）人民法院对移送的所有涉案财产应明确判决处理避免因法院判决书不明确，导致相关涉案财产得不到及时合法处理。

第一百七十七条　【伪造、变造金融票证罪】 有下列情形之一，伪造、变造金融票证的，处五年以下有期徒刑或者拘役，并处或者单处二万元以上二十万元以下罚金；情节严重的，处五年以上十年以下有期徒刑，并处五万元以上五十万元以下罚金；情节特别严重的，处十年以上有期徒刑或者无期徒刑，并处五万元以上五十万元以下罚金或者没收财产：

（一）伪造、变造汇票、本票、支票的；

（二）伪造、变造委托收款凭证、汇款凭证、银行存单等其他银行结算凭证的；

（三）伪造、变造信用证或者附随的单据、文件的；

（四）伪造信用卡的。

单位犯前款罪的，对单位判处罚金，并对其直接负责的主管人员和其他直接责任人员，依照前款的规定处罚。

（相关解释）**1.最高人民检察院、公安部《关于公安机关管辖的刑事案件立案追诉标准的规定（二）》**（2022年4月6日）（附则见第一百二十条之一）

第二十四条　【伪造、变造金融票证案（《刑法》第一百七十七条）】伪造、变造金融票证，涉嫌下列情形之一的，应予立案追诉：

（一）伪造、变造汇票、本票、支票，或者伪造、变造委托收款凭证、汇款凭证、银行存单等其他银行结算凭证，或者伪造、变造信用证或者附随的单据、文件，总面额在一万元以上或者数量在十张以上的；

2.最高人民法院、最高人民检察院《关于办理妨害信用卡管理刑事案件具体应用法律若干问题的解释》法释〔2009〕19号（见第一百九十六条）

第一条　复制他人信用卡、将他人信用卡信息资料写入磁条介质、芯片或者以其他方法伪造信用卡一张以上的，应当认定为《刑法》第一百七十七条第一款第（四）项规定的"伪造信用卡"，以伪造金融票证罪定罪处罚。

伪造空白信用卡十张以上的，应当认定为《刑法》第一百七十七条第一款第（四）项规定的"伪造信用卡"，以伪造金融票证罪定罪处罚。

伪造信用卡，有下列情形之一的，应当认定为《刑法》第一百七十七条规定的"情节严重"：

（一）伪造信用卡五张以上不满二十五张的；

（二）伪造的信用卡内存款余额、透支额度单独或者合计数额在二十万元以上不满一百万元的；

（三）伪造空白信用卡五十张以上不满二百五十张的；

（四）其他情节严重的情形。

伪造信用卡，有下列情形之一的，应当认定为《刑法》第一百七十七条规定的"情节特别严重"：

（一）伪造信用卡二十五张以上的；

（二）伪造的信用卡内存款余额、透支额度单独或者合计数额在一百万元以上的；

（三）伪造空白信用卡二百五十张以上的；

（四）其他情节特别严重的情形。

本条所称"信用卡内存款余额、透支额度"，以信用卡被伪造后发卡行记录的最高存款余额、可透支额度计算。

（附参考）**浙江省高级人民法院《关于部分罪名定罪量刑情节及数额标准的意见》**浙高法〔2012〕325号

33.《刑法》第一百七十七条 **【伪造、变造金融票证罪】**

伪造、变造汇票、本票、支票，或者伪造、变造委托收款凭证、汇款凭证、银行存单等其他银行结算凭证，或者伪造、变造信用证或者附随的单据、文件，总面额在一万元以上不满五万元或者数量在十张以上不满五十张的，处五年以下有期徒刑或者拘役，并处或者单处二万元以上二十万元以下罚金。

伪造、变造汇票、本票、支票，或者伪造、变造委托收款凭证、汇款凭证、银行存单等其他银行结算凭证，或者伪造、变造信用证或者附随的单据、文件，总面额在五万元以上不满二十五万元或者数量在五十张以上不满二百五十张的，属于"情节严重"，处五年以上十年以下有期徒刑，并处五万元以上五十万元以下罚金。

伪造、变造汇票、本票、支票，或者伪造、变造委托收款凭证、汇款凭证、银行存单等其他银行结算凭证，或者伪造、变造信用证或者附随的单据、文件，总面额在二十五万元以上或者数量在二百五十张以上的，属于"情节特别严重"，处十年以上有期徒刑或者无期徒刑，并处五万元以上五十万元以下罚金或者没收财产。

第一百七十七条之一【妨害信用卡管理罪】 有下列情形之一，妨害信用卡管理的，处三年以下有期徒刑或者拘役，并处或者单处一万元以上十万元以下罚金；数量巨大或者有其他严重情节的，处三年以上十年以下有期徒刑，并处二万元以上二十万元以下罚金：

（一）明知是伪造的信用卡而持有、运输的，或者明知是伪造的空白信用卡而持有、运输，数量较大的；

（二）非法持有他人信用卡，数量较大的；

（三）使用虚假的身份证明骗领信用卡的；

（四）出售、购买、为他人提供伪造的信用卡或者以虚假的身份证明骗领的信用卡的。

【窃取、收买、非法提供信用卡信息罪】 窃取、收买或者非法提供他人信用卡信息资料的，依照前款规定处罚。

银行或者其他金融机构的工作人员利用职务上的便利，犯第二款罪的，从重处罚。【2005年2月28日刑法修正案（五）】

（相关解释）**1. 最高人民法院、最高人民检察院《关于办理妨害信用卡管理刑事案件具体应用法律若干问题的解释》** 法释〔2009〕19号（具体见第一百九十六条）

第二条 明知是伪造的空白信用卡而持有、运输十张以上不满一百张的，应当认定为《刑法》第一百七十七条之一第一款第（一）项规定的"数量较大"；非法持有他人信用卡五张以上不满五十张的，应当认定为《刑法》第一百七十七条之一第一款第（二）项规定的"数量较大"。

有下列情形之一的，应当认定为《刑法》第一百七十七条之一第一款规定的"数量巨大"：

（一）明知是伪造的信用卡而持有、运输十张以上的；

（二）明知是伪造的空白信用卡而持有、运输一百张以上的；

（三）非法持有他人信用卡五十张以上的；

（四）使用虚假的身份证明骗领信用卡十张以上的；

（五）出售、购买、为他人提供伪造的信用卡或者以虚假的身份证明骗领的信用卡十张以上的。

违背他人意愿，使用其居民身份证、军官证、士兵证、港澳居民往来内地通行证、台湾居民来往大陆通行证、护照等身份证明申领信用卡的，或者使用伪造、变造的身份证明申领信用卡的，应当认定为《刑法》第一百七十七条之一第一款第（三）项规定的"使用虚假的身份证明骗领信用卡"。

第三条 窃取、收买、非法提供他人信用卡信息资料，足以伪造可进行交易的信用卡，或者足以使他人以信用卡持卡人名义进行交易，涉及信用卡一张以上不满五张的，依照《刑法》第一百七十七条之一第二款的规定，以窃取、收买、非法提供信用卡信息罪定罪处罚；涉及信用卡五张以上的，应当认定为《刑法》第一百七十七条之一第一款规定的"数量巨大"。

2.《全国人大常委会关于〈中华人民共和国刑法〉有关信用卡规定的解释》 2004年

《刑法》规定的"信用卡"，是指由商业银行或者其他金融机构发行的具有消费支付、信用贷款、转账结算、存取现金等全部功能或者部分功能的电子支付卡。

3. 最高人民检察院、公安部《关于公安机关管辖的刑事案件立案追诉标准的规定（二）》（2022年4月6日）（附则见第一百二十条之一）

第二十五条 【妨害信用卡管理案（《刑法》第一百七十七条之一第一款）】妨害信用卡管理，涉嫌下列情形之一的，应予立案追诉：

（一）明知是伪造的信用卡而持有、运输的；

（二）明知是伪造的空白信用卡而持有、运输，数量累计在十张以上的；

（三）非法持有他人信用卡，数量累计在五张以上的；

（四）使用虚假的身份证明骗领信用卡的；

（五）出售、购买、为他人提供伪造的信用卡或者以虚假的身份证明骗领的信用卡的。

违背他人意愿，使用其居民身份证、军官证、士兵证、港澳居民往来内地通行证、台湾居民来往大陆通行证、护照等身份证明申领信用卡的，或者使用伪造、变造的身份证明申领信用卡的，应当认定为"使用虚假的身份证明骗领信用卡"。

第二十六条 【窃取、收买、非法提供信用卡信息案（《刑法》第一百七十七条之一第二款）】窃取、收买或者非法提供他人信用卡信息资料，足以伪造可进行交易的信用卡，或者足以使他人以信用卡持卡人名义进行交易，涉及信用卡一张以上的，应予立案追诉。

4. 最高人民法院、最高人民检察院、公安部《关于信用卡诈骗犯罪管辖有关问题的通知》 公通字〔2011〕29号

对以窃取、收买等手段非法获取他人信用卡信息资料后在异地使用的信用卡诈骗犯罪案件，持卡人信用卡申领地的公安机关、人民检察院、人民法院可以依法立案侦查、起诉、审判。

5. 最高人民法院、最高人民检察院、公安部《关于办理电信网络诈骗等刑事案件适用法律若干问题的意见》 法发〔2016〕32号（见第二百六十六条）

（四）非法持有他人信用卡，没有证据证明从事电信网络诈骗犯罪活动，符合《刑法》第一百七十七条之一第一款第（二）项规定的，以妨害信用卡管理罪追究刑事责任。

6. 最高人民法院、最高人民检察院、公安部《关于办理电信网络诈骗等刑事案件适用法律若干问题的意见（二）》 法发〔2021〕22号（2021年6月17日）（具体见《刑法》第二百六十六条）

四、无正当理由持有他人的单位结算卡的，属于《刑法》第一百七十七条之一第一款第（二）项规定的"非法持有他人信用卡"。

第一百七十八条【伪造、变造国家有价证券罪】 伪造、变造国库券或者国家发行的其他有价证券，数额较大的，处三年以下有期徒刑或者拘役，并处或者单处二万元以上二十万元以下罚金；数额巨大的，处三年以上十年以下有期徒刑，并处五万元以上五十万元以下罚金；数额特别巨大的，处十年以上有期徒刑或者无期徒刑，并处五万元以上五十万元以下罚金或者没收财产。

【伪造、变造股票、公司、企业债券罪】 伪造、变造股票或者公司、企业债券，数额较大的，处三年以下有期徒刑或者拘役，并处或者单处一万元以上十万元以下罚金；数额巨大的，处三年以上十年以下有期徒刑，并处二万元以上二十万元以下罚金。

单位犯前两款罪的，对单位判处罚金，并对其直接负责的主管人员和其他直接责任人员，依照前两款的规定处罚。

（相关解释）**最高人民检察院、公安部《关于公安机关管辖的刑事案件立案追诉标准的规定（二）》**（2022年4月6日）（附则见第一百二十条之一）

第二十七条 **【伪造、变造国家有价证券案（《刑法》第一百七十八条第一款）】** 伪造、变造国库券或者国家发行的其他有价证券，总面额在二千元以上的，应予立案追诉。

第二十八条 **【伪造、变造股票、公司、企业债券案（《刑法》第一百七十八条第二款）】** 伪造、变造股票或者公司、企业债券，总面额在三万元以上的，应予立案追诉。

（附参考）**浙江省高级人民法院《关于部分罪名定罪量刑情节及数额标准的意见》** 浙高法〔2012〕325号

34.《刑法》第一百七十八条第一款 **【伪造、变造国家有价证券罪】**

伪造、变造国库券或者国家发行的其他有价证券，总面额在二千元以上不满三万元的，属于"数额较大"，处三年以下有期徒刑或者拘役，并处或者单处二万元以上二十万元以下罚金。

伪造、变造国库券或者国家发行的其他有价证券，总面额在三万元以上不满三十万元的，属于"数额巨大"，处三年以上十年以下有期徒刑，并处五万元以上五十万元以下罚金。

伪造、变造国库券或者国家发行的其他有价证券，总面额在三十万元以上的，属于"数额特别巨大"，处十年以上有期徒刑或者无期徒刑，并处五万元以上五十万元以下罚金或者没收财产。

35.《刑法》第一百七十八条第二款　【伪造、变造股票、公司、企业债券罪】

伪造、变造股票或者公司、企业债券，总面额在五千元以上不满十万元的，属于"数额较大"，处三年以下有期徒刑或者拘役，并处或者单处一万元以上十万元以下罚金。

伪造、变造股票或者公司、企业债券，总面额在十万元以上的，属于"数额巨大"，处三年以上十年以下有期徒刑，并处二万元以上二十万元以下罚金。

第一百七十九条【擅自发行股票、公司、企业债券罪】　未经国家有关主管部门批准，擅自发行股票或者公司、企业债券，数额巨大、后果严重或者有其他严重情节的，处五年以下有期徒刑或者拘役，并处或者单处非法募集资金金额百分之一以上百分之五以下罚金。

单位犯前款罪的，对单位判处罚金，并对其直接负责的主管人员和其他直接责任人员，处五年以下有期徒刑或者拘役。

（相关解释）**1.最高人民检察院、公安部《关于公安机关管辖的刑事案件立案追诉标准的规定（二）》**（2022年4月6日）（附则见第一百二十条之一）

第二十九条　【擅自发行股票、公司、企业债券案（《刑法》第一百七十九条）】未经国家有关主管部门批准或者注册，擅自发行股票或者公司、企业债券，涉嫌下列情形之一的，应予立案追诉：

（一）非法募集资金金额在一百万元以上的；

（二）造成投资者直接经济损失数额累计在五十万元以上的；

（三）募集的资金全部或者主要用于违法犯罪活动的；

（四）其他后果严重或者有其他严重情节的情形。

本条规定的"擅自发行股票或者公司、企业债券"，是指向社会不特定对象发行、以转让股权等方式变相发行股票或者公司、企业债券，或者向特定对象发行、变相发行股票或者公司、企业债券累计超过二百人的行为。

2.最高人民法院《关于审理非法集资刑事案件具体应用法律若干问题的解释》法释〔2022〕5号（2010年11月22日最高人民法院审判委员会第1502次会议通过，根据2021年12月30日最高人民法院审判委员会第1860次会议通过的《最高人民法院关于修改〈最高人民法院关于审理非法集资刑事案件具体应用法律若干问题的解释〉的决定》修正，该修正自2022年3月1日起施行）（2022年2月23日）（具体见第一百七十六条）

第十条　未经国家有关主管部门批准，向社会不特定对象发行、以转让股权等方式变相发行股票或者公司、企业债券，或者向特定对象发行、变相发行股票或者公司、企业债券累计超过200人的，应当认定为《刑法》第一百七十九条规定的"擅自发行股票或者公司、企业债券"。构成犯罪的，以擅自发行股票、公司、企业债券罪定罪处罚。

3.最高人民法院、最高人民检察院、公安部、中国证券监督管理委员会《关于整治非法证券活动有关问题的通知》证监发〔2008〕1号（2008年1月2日）

二、明确法律政策界限，依法打击非法证券活动

（一）关于公司及其股东向社会公众擅自转让股票行为的性质认定。《证券法》第十条第三款规定："非公开发行证券，不得采用广告、公开劝诱和变相公开方式。"国办发

99 号文规定："严禁任何公司股东自行或委托他人以公开方式向社会公众转让股票。向特定对象转让股票，未依法报经证监会核准的，转让后，公司股东累计不得超过 200 人。"公司、公司股东违反上述规定，擅自向社会公众转让股票，应当追究其擅自发行股票的责任。公司与其股东合谋，实施上述行为的，公司与其股东共同承担责任。

（二）关于擅自发行证券的责任追究。未经依法核准，擅自发行证券，涉嫌犯罪的，依照《刑法》第一百七十九条之规定，以擅自发行股票、公司、企业债券罪追究刑事责任。未经依法核准，以发行证券为幌子，实施非法证券活动，涉嫌犯罪的，依照《刑法》第一百七十六条、第一百九十二条等规定，以非法吸收公众存款罪、集资诈骗罪等罪名追究刑事责任。未构成犯罪的，依照《证券法》和有关法律的规定给予行政处罚。

（三）关于非法经营证券业务的责任追究。任何单位和个人经营证券业务，必须经证监会批准。未经批准的，属于非法经营证券业务，应予以取缔；涉嫌犯罪的，依照《刑法》第二百二十五条之规定，以非法经营罪追究刑事责任。对于中介机构非法代理买卖非上市公司股票，涉嫌犯罪的，应当依照《刑法》第二百二十五条之规定，以非法经营罪追究刑事责任；所代理的非上市公司涉嫌擅自发行股票，构成犯罪的，应当依照《刑法》第一百七十九条之规定，以擅自发行股票罪追究刑事责任。非上市公司和中介机构共谋擅自发行股票，构成犯罪的，以擅自发行股票罪的共犯论处。未构成犯罪的，依照《证券法》和有关法律的规定给予行政处罚。

（四）关于非法证券活动性质的认定。非法证券活动是否涉嫌犯罪，由公安机关、司法机关认定。公安机关、司法机关认为需要有关行政主管机关进行性质认定的，行政主管机关应当出具认定意见。对因案情复杂、意见分歧，需要进行协调的，协调小组应当根据办案部门的要求，组织有关单位进行研究解决。

（五）关于修订后的《证券法》与修订前的《证券法》中针对擅自发行股票和非法经营证券业务规定的衔接。修订后的《证券法》与修订前的《证券法》针对擅自发行股票和非法经营证券业务的规定是一致的，是相互衔接的，因此在修订后的《证券法》实施之前发生的擅自发行股票和非法经营证券业务行为，也应予以追究。

（六）关于非法证券活动受害人的救济途径。根据 1998 年 3 月 25 日《国务院办公厅转发证监会关于清理整顿场外非法股票交易方案的通知》（国办发〔1998〕10 号）的规定，最高人民法院于 1998 年 12 月 4 日发布了《关于中止审理、中止执行涉及场外非法股票交易经济纠纷案件的通知》（法〔1998〕145 号），目的是为配合国家当时解决 STAQ、NET 交易系统发生的问题，而非针对目前非法证券活动所产生的纠纷。如果非法证券活动构成犯罪，被害人应当通过公安、司法机关刑事追赃程序追偿；如果非法证券活动仅是一般违法行为而没有构成犯罪，当事人符合民事诉讼法规定的起诉条件的，可以通过民事诉讼程序请求赔偿。

第一百八十条【内幕交易、泄露内幕信息罪】 证券、期货交易内幕信息的知情人员或者非法获取证券、期货交易内幕信息的人员，在涉及证券的发行，证券、期货交易或者其他对证券、期货交易价格有重大影响的信息尚未公开前，买入或者卖出该证券，或者从事与该内幕信息有关的期货交易，或者泄露该信息，或者明示、暗示他人从事上述交易活动，情节严重的，处五年以下有期徒刑或者拘役，并处或者单处违法所得一倍以上五倍以下罚金；情节特别严重的，处五年以上十年以下有期徒刑，并处违法所得一倍以上五倍以下罚金。

单位犯前款罪的，对单位判处罚金，并对其直接负责的主管人员和其他直接责任人员，处五年以下有期徒刑或者拘役。

内幕信息、知情人员的范围，依照法律、行政法规的规定确定。

【利用未公开信息交易罪】　证券交易所、期货交易所、证券公司、期货经纪公司、基金管理公司、商业银行、保险公司等金融机构的从业人员以及有关监管部门或者行业协会的工作人员，利用因职务便利获取的内幕信息以外的其他未公开的信息，违反规定，从事与该信息相关的证券、期货交易活动，或者明示、暗示他人从事相关交易活动，情节严重的，依照第一款的规定处罚。【2009年2月28日刑法修正案（七）】

【1997年刑法】证券交易内幕信息的知情人员或者非法获取证券交易内幕信息的人员，在涉及证券的发行、交易或者其他对证券的价格有重大影响的信息尚未公开前，买入或者卖出该证券，或者泄露该信息，情节严重的，处五年以下有期徒刑或者拘役，并处或者单处违法所得一倍以上五倍以下罚金；情节特别严重的，处五年以上十年以下有期徒刑，并处违法所得一倍以上五倍以下罚金。

单位犯前款罪的，对单位判处罚金，并对其直接负责的主管人员和其他直接责任人员，处五年以下有期徒刑或者拘役。

内幕信息的范围，依照法律、行政法规的规定确定。

知情人员的范围，依照法律、行政法规的规定确定。

【1999年12月25日刑法修正案】证券、期货交易内幕信息的知情人员或者非法获取证券、期货交易内幕信息的人员，在涉及证券的发行，证券、期货交易或者其他对证券、期货交易价格有重大影响的信息尚未公开前，买入或者卖出该证券，或者从事与该内幕信息有关的期货交易，或者泄露该信息，情节严重的，处五年以下有期徒刑或者拘役，并处或者单处违法所得一倍以上五倍以下罚金；情节特别严重的，处五年以上十年以下有期徒刑，并处违法所得一倍以上五倍以下罚金。

单位犯前款罪的，对单位判处罚金，并对其直接负责的主管人员和其他直接责任人员，处五年以下有期徒刑或者拘役。

内幕信息、知情人员的范围，依照法律、行政法规的规定确定。

（相关解释）1.最高人民检察院、公安部**《关于公安机关管辖的刑事案件立案追诉标准的规定（二）》**（2022年4月6日）（附则见第一百二十条之一）

第三十条　**【内幕交易、泄露内幕信息案（《刑法》第一百八十条第一款）】**证券、期货交易内幕信息的知情人员、单位或者非法获取证券、期货交易内幕信息的人员、单位，在涉及证券的发行，证券、期货交易或者其他对证券、期货交易价格有重大影响的信息尚未公开前，买入或者卖出该证券，或者从事与该内幕信息有关的期货交易，或者泄露该信息，或者明示、暗示他人从事上述交易活动，涉嫌下列情形之一的，应予立案追诉：

（一）获利或者避免损失数额在五十万元以上的；

（二）证券交易成交额在二百万元以上的；

（三）期货交易占用保证金数额在一百万元以上的；

（四）二年内三次以上实施内幕交易、泄露内幕信息行为的；

（五）明示、暗示三人以上从事与内幕信息相关的证券、期货交易活动的；

（六）具有其他严重情节的。

内幕交易获利或者避免损失数额在二十五万元以上，或者证券交易成交额在一百万元以上，或者期货交易占用保证金数额在五十万元以上，同时涉嫌下列情形之一的，应予立案追诉：

（一）证券法规定的证券交易内幕信息的知情人实施或者与他人共同实施内幕交易行为的；

（二）以出售或者变相出售内幕信息等方式，明示、暗示他人从事与该内幕信息相关的交易活动的；

（三）因证券、期货犯罪行为受过刑事追究的；

（四）二年内因证券、期货违法行为受过行政处罚的；

（五）造成其他严重后果的。

第三十一条 【利用未公开信息交易案（《刑法》第一百八十条第四款）】证券交易所、期货交易所、证券公司、期货公司、基金管理公司、商业银行、保险公司等金融机构的从业人员以及有关监管部门或者行业协会的工作人员，利用因职务便利获取的内幕信息以外的其他未公开的信息，违反规定，从事与该信息相关的证券、期货交易活动，或者明示、暗示他人从事相关交易活动，涉嫌下列情形之一的，应予立案追诉：

（一）获利或者避免损失数额在一百万元以上的；

（二）二年内三次以上利用未公开信息交易的；

（三）明示、暗示三人以上从事相关交易活动的；

（四）具有其他严重情节的。

利用未公开信息交易，获利或者避免损失数额在五十万元以上，或者证券交易成交额在五百万元以上，或者期货交易占用保证金数额在一百万元以上，同时涉嫌下列情形之一的，应予立案追诉：

（一）以出售或者变相出售未公开信息等方式，明示、暗示他人从事相关交易活动的；

（二）因证券、期货犯罪行为受过刑事追究的；

（三）二年内因证券、期货违法行为受过行政处罚的；

（四）造成其他严重后果的。

2.最高人民法院、最高人民检察院《关于办理内幕交易、泄露内幕信息刑事案件具体应用法律若干问题的解释》法释〔2012〕6号

第一条 下列人员应当认定为《刑法》第一百八十条第一款规定的"证券、期货交易内幕信息的知情人员"：

（一）证券法第七十四条规定的人员；

（二）期货交易管理条例第八十五条第十二项规定的人员。

第二条 具有下列行为的人员应当认定为《刑法》第一百八十条第一款规定的"非法获取证券、期货交易内幕信息的人员"：

（一）利用窃取、骗取、套取、窃听、利诱、刺探或者私下交易等手段获取内幕信息的；

（二）内幕信息知情人员的近亲属或者其他与内幕信息知情人员关系密切的人员，在内幕信息敏感期内，从事或者明示、暗示他人从事，或者泄露内幕信息导致他人从事与该内幕信息有关的证券、期货交易，相关交易行为明显异常，且无正当理由或者正当信息来源的；

（三）在内幕信息敏感期内，与内幕信息知情人员联络、接触，从事或者明示、暗示他人从事，或者泄露内幕信息导致他人从事与该内幕信息有关的证券、期货交易，相关交易行为明显异常，且无正当理由或者正当信息来源的。

第三条 本解释第二条第二项、第三项规定的"相关交易行为明显异常"，要综合以下情形，从时间吻合程度、交易背离程度和利益关联程度等方面予以认定：

（一）开户、销户、激活资金账户或者指定交易（托管）、撤销指定交易（转托管）的时间与该内幕信息形成、变化、公开时间基本一致的；

（二）资金变化与该内幕信息形成、变化、公开时间基本一致的；

（三）买入或者卖出与内幕信息有关的证券、期货合约时间与内幕信息的形成、变化和公开时间基本一致的；

（四）买入或者卖出与内幕信息有关的证券、期货合约时间与获悉内幕信息的时间基本一致的；

（五）买入或者卖出证券、期货合约行为明显与平时交易习惯不同的；

（六）买入或者卖出证券、期货合约行为，或者集中持有证券、期货合约行为与该证券、期货公开信息反映的基本面明显背离的；

（七）账户交易资金进出与该内幕信息知情人员或者非法获取人员有关联或者利害关系的；

（八）其他交易行为明显异常情形。

第四条　具有下列情形之一的，不属于《刑法》第一百八十条第一款规定的从事与内幕信息有关的证券、期货交易：

（一）持有或者通过协议、其他安排与他人共同持有上市公司百分之五以上股份的自然人、法人或者其他组织收购该上市公司股份的；

（二）按照事先订立的书面合同、指令、计划从事相关证券、期货交易的；

（三）依据已被他人披露的信息而交易的；

（四）交易具有其他正当理由或者正当信息来源的。

第五条　本解释所称"内幕信息敏感期"是指内幕信息自形成至公开的期间。

证券法第六十七条第二款所列"重大事件"的发生时间，第七十五条规定的"计划""方案"以及期货交易管理条例第八十五条第十一项规定的"政策""决定"等的形成时间，应当认定为内幕信息的形成之时。

影响内幕信息形成的动议、筹划、决策或者执行人员，其动议、筹划、决策或者执行初始时间，应当认定为内幕信息的形成之时。

内幕信息的公开，是指内幕信息在国务院证券、期货监督管理机构指定的报刊、网站等媒体披露。

第六条　在内幕信息敏感期内从事或者明示、暗示他人从事或者泄露内幕信息导致他人从事与该内幕信息有关的证券、期货交易，具有下列情形之一的，应当认定为《刑法》第一百八十条第一款规定的"情节严重"：

（一）证券交易成交额在五十万元以上的；

（二）期货交易占用保证金数额在三十万元以上的；

（三）获利或者避免损失数额在十五万元以上的；

（四）三次以上的；

（五）具有其他严重情节的。

第七条　在内幕信息敏感期内从事或者明示、暗示他人从事或者泄露内幕信息导致他人从事与该内幕信息有关的证券、期货交易，具有下列情形之一的，应当认定为《刑法》第一百八十条第一款规定的"情节特别严重"：

（一）证券交易成交额在二百五十万元以上的；

（二）期货交易占用保证金数额在一百五十万元以上的；

（三）获利或者避免损失数额在七十五万元以上的；

（四）具有其他特别严重情节的。

第八条 二次以上实施内幕交易或者泄露内幕信息行为，未经行政处理或者刑事处理的，应当对相关交易数额依法累计计算。

第九条 同一案件中，成交额、占用保证金额、获利或者避免损失额分别构成情节严重、情节特别严重的，按照处罚较重的数额定罪处罚。

构成共同犯罪的，按照共同犯罪行为人的成交总额、占用保证金总额、获利或者避免损失总额定罪处罚，但判处各被告人罚金的总额应掌握在获利或者避免损失总额的一倍以上五倍以下。

第十条 《刑法》第一百八十条第一款规定的"违法所得"，是指通过内幕交易行为所获利益或者避免的损失。

内幕信息的泄露人员或者内幕交易的明示、暗示人员未实际从事内幕交易的，其罚金数额按照因泄露而获悉内幕信息人员或者被明示、暗示人员从事内幕交易的违法所得计算。

第十一条 单位实施《刑法》第一百八十条第一款规定的行为，具有本解释第六条规定情形之一的，按照《刑法》第一百八十条第二款的规定定罪处罚。

3. 最高人民法院、最高人民检察院《关于办理利用未公开信息交易刑事案件适用法律若干问题的解释》法释〔2019〕10 号

第一条 《刑法》第一百八十条第四款规定的"内幕信息以外的其他未公开的信息"，包括下列信息：

（一）证券、期货的投资决策、交易执行信息；

（二）证券持仓数量及变化、资金数量及变化、交易动向信息；

（三）其他可能影响证券、期货交易活动的信息。

第二条 内幕信息以外的其他未公开的信息难以认定的，司法机关可以在有关行政主（监）管部门的认定意见的基础上，根据案件事实和法律规定作出认定。

第三条 《刑法》第一百八十条第四款规定的"违反规定"，是指违反法律、行政法规、部门规章、全国性行业规范有关证券、期货未公开信息保护的规定，以及行为人所在的金融机构有关信息保密、禁止交易、禁止利益输送等规定。

第四条 《刑法》第一百八十条第四款规定的行为人"明示、暗示他人从事相关交易活动"，应当综合以下方面进行认定：

（一）行为人具有获取未公开信息的职务便利；

（二）行为人获取未公开信息的初始时间与他人从事相关交易活动的初始时间具有关联性；

（三）行为人与他人之间具有亲友关系、利益关联、交易终端关联等关联关系；

（四）他人从事相关交易的证券、期货品种、交易时间与未公开信息所涉证券、期货品种、交易时间等方面基本一致；

（五）他人从事的相关交易活动明显不具有符合交易习惯、专业判断等正当理由；

（六）行为人对明示、暗示他人从事相关交易活动没有合理解释。

第五条 利用未公开信息交易，具有下列情形之一的，应当认定为《刑法》第一百八十条第四款规定的"情节严重"：

（一）违法所得数额在一百万元以上的；

（二）二年内三次以上利用未公开信息交易的；

（三）明示、暗示三人以上从事相关交易活动的。

第六条 利用未公开信息交易，违法所得数额在五十万元以上，或者证券交易成交额在五百万元以上，或者期货交易占用保证金数额在一百万元以上，具有下列情形之一的，应当认定为《刑法》第一百八十条第四款规定的"情节严重"：

（一）以出售或者变相出售未公开信息等方式，明示、暗示他人从事相关交易活动的；

（二）因证券、期货犯罪行为受过刑事追究的；

（三）二年内因证券、期货违法行为受过行政处罚的；

（四）造成恶劣社会影响或者其他严重后果的。

第七条 《刑法》第一百八十条第四款规定的"依照第一款的规定处罚"，包括该条第一款关于"情节特别严重"的规定。

利用未公开信息交易，违法所得数额在一千万元以上的，应当认定为"情节特别严重"。

违法所得数额在五百万元以上，或者证券交易成交额在五千万元以上，或者期货交易占用保证金数额在一千万元以上，具有本解释第六条规定的四种情形之一的，应当认定为"情节特别严重"。

第八条 二次以上利用未公开信息交易，依法应予行政处理或者刑事处理而未经处理的，相关交易数额或者违法所得数额累计计算。

第九条 本解释所称"违法所得"，是指行为人利用未公开信息从事与该信息相关的证券、期货交易活动所获利益或者避免的损失。

行为人明示、暗示他人利用未公开信息从事相关交易活动，被明示、暗示人员从事相关交易活动所获利益或者避免的损失，应当认定为"违法所得"。

第十条 行为人未实际从事与未公开信息相关的证券、期货交易活动的，其罚金数额按照被明示、暗示人员从事相关交易活动的违法所得计算。

第十一条 符合本解释第五条、第六条规定的标准，行为人如实供述犯罪事实，认罪悔罪，并积极配合调查，退缴违法所得的，可以从轻处罚；其中犯罪情节轻微的，可以依法不起诉或者免予刑事处罚。

符合《刑事诉讼法》规定的认罪认罚从宽适用范围和条件的，依照《刑事诉讼法》的规定处理。

第十二条 本解释自 2019 年 7 月 1 日起施行。

第一百八十一条【编造并传播证券、期货交易虚假信息罪】 编造并且传播影响证券、期货交易的虚假信息，扰乱证券、期货交易市场，造成严重后果的，处五年以下有期徒刑或者拘役，并处或者单处一万元以上十万元以下罚金。

【诱骗投资者买卖证券、期货合约罪】 证券交易所、期货交易所、证券公司、期货经纪公司的从业人员，证券业协会、期货业协会或者证券期货监督管理部门的工作人员，故意提供虚假信息或者伪造、变造、销毁交易记录，诱骗投资者买卖证券、期货合约，造成严重后果的，处五年以下有期徒刑或者拘役，并处或者单处一万元以上十万元以下罚金；情节特别恶劣的，处五年以上十年以下有期徒刑，并处二万元以上二十万元以下罚金。

单位犯前两款罪的，对单位判处罚金，并对其直接负责的主管人员和其他直接责任人员，处五年以下有期徒刑或者拘役。【1999 年 12 月 25 日刑法修正案】

【1997 年刑法】编造并且传播影响证券交易的虚假信息，扰乱证券交易市场，造成严重后果的，处五年以下有期徒刑或者拘役，并处或者单处一万元以上十万元以下罚金。

证券交易所、证券公司的从业人员，证券业协会或者证券管理部门的工作人员，故意提供虚假信息或者伪造、变造、销毁交易记录，诱骗投资者买卖证券，造成严重后果的，处五年以下有期徒刑或者拘役，并处或者单处一万元以上十万元以下罚金；情节特别恶劣的，处五年以上十年以下有期徒刑，并处二万元以上二十万元以下罚金。

单位犯前两款罪的，对单位判处罚金，并对其直接负责的主管人员和其他直接责任人员，处五年以下有期徒刑或者拘役。

（相关解释）**最高人民检察院、公安部《关于公安机关管辖的刑事案件立案追诉标准的规定（二）》**（2022年4月6日）（附则见第一百二十条之一）

第三十二条 【编造并传播证券、期货交易虚假信息案（《刑法》第一百八十一条第一款）】编造并且传播影响证券、期货交易的虚假信息，扰乱证券、期货交易市场，涉嫌下列情形之一的，应予立案追诉：

（一）获利或者避免损失数额在五万元以上的；

（二）造成投资者直接经济损失数额在五十万元以上的；

（三）虽未达到上述数额标准，但多次编造并且传播影响证券、期货交易的虚假信息的；

（四）致使交易价格或者交易量异常波动的；

（五）造成其他严重后果的。

第三十三条 【诱骗投资者买卖证券、期货合约案（《刑法》第一百八十一条第二款）】证券交易所、期货交易所、证券公司、期货公司的从业人员，证券业协会、期货业协会或者证券期货监督管理部门的工作人员，故意提供虚假信息或者伪造、变造、销毁交易记录，诱骗投资者买卖证券、期货合约，涉嫌下列情形之一的，应予立案追诉：

（一）获利或者避免损失数额在五万元以上的；

（二）造成投资者直接经济损失数额在五十万元以上的；

（三）虽未达到上述数额标准，但多次诱骗投资者买卖证券、期货合约的；

（四）致使交易价格或者交易量异常波动的；

（五）造成其他严重后果的。

第一百八十二条【操纵证券、期货市场罪】 有下列情形之一，操纵证券、期货市场，影响证券、期货交易价格或者证券、期货交易量，情节严重的，处五年以下有期徒刑或者拘役，并处或者单处罚金；情节特别严重的，处五年以上十年以下有期徒刑，并处罚金：

（一）单独或者合谋，集中资金优势、持股或者持仓优势或者利用信息优势联合或者连续买卖的；

（二）与他人串通，以事先约定的时间、价格和方式相互进行证券、期货交易的；

（三）在自己实际控制的账户之间进行证券交易，或者以自己为交易对象，自买自卖期货合约的；

（四）不以成交为目的，频繁或者大量申报买入、卖出证券、期货合约并撤销申报的；

（五）利用虚假或者不确定的重大信息，诱导投资者进行证券、期货交易的；

（六）对证券、证券发行人、期货交易标的公开作出评价、预测或者投资建议，同时进行反向证券交易或者相关期货交易的；

（七）以其他方法操纵证券、期货市场的。

单位犯前款罪的，对单位判处罚金，并对其直接负责的主管人员和其他直接责任人员，依照前款的规定处罚。【2021年3月1日刑法修正案（十一）】

【1997年刑法】有下列情形之一，操纵证券交易价格，获取不正当利益或者转嫁风险，情节严重的，处五年以下有期徒刑或者拘役，并处或者单处违法所得一倍以上五倍以下罚金：

（一）单独或者合谋，集中资金优势、持股优势或者利用信息优势联合或者连续买卖，操纵证券交易价格的；

（二）与他人串通，以事先约定的时间、价格和方式相互进行证券交易或者相互买卖并不持有的证券，影响证券交易价格或者证券交易量的；

（三）以自己为交易对象，进行不转移证券所有权的自买自卖，影响证券交易价格或者证券交易量的；

（四）以其他方法操纵证券交易价格的。

单位犯前款罪的，对单位判处罚金，并对其直接负责的主管人员和其他直接责任人员，处五年以下有期徒刑或者拘役。

【1999年12月25日刑法修正案】有下列情形之一，操纵证券、期货交易价格，获取不正当利益或者转嫁风险，情节严重的，处五年以下有期徒刑或者拘役，并处或者单处违法所得一倍以上五倍以下罚金：

（一）单独或者合谋，集中资金优势、持股或者持仓优势或者利用信息优势联合或者连续买卖，操纵证券、期货交易价格的；

（二）与他人串通，以事先约定的时间、价格和方式相互进行证券、期货交易，或者相互买卖并不持有的证券，影响证券、期货交易价格或者证券、期货交易量的；

（三）以自己为交易对象，进行不转移证券所有权的自买自卖，或者以自己为交易对象，自买自卖期货合约，影响证券、期货交易价格或者证券、期货交易量的；

（四）以其他方法操纵证券、期货交易价格的。

单位犯前款罪的，对单位判处罚金，并对其直接负责的主管人员和其他直接责任人员，处五年以下有期徒刑或者拘役。

【2006年6月29日刑法修正案（六）】有下列情形之一，操纵证券、期货市场，情节严重的，处五年以下有期徒刑或者拘役，并处或者单处罚金；情节特别严重的，处五年以上十年以下有期徒刑，并处罚金：

（一）单独或者合谋，集中资金优势、持股或者持仓优势或者利用信息优势联合或者连续买卖，操纵证券、期货交易价格或者证券、期货交易量的；

（二）与他人串通，以事先约定的时间、价格和方式相互进行证券、期货交易，影响证券、期货交易价格或者证券、期货交易量的；

（三）在自己实际控制的账户之间进行证券交易，或者以自己为交易对象，自买自卖期货合约，影响证券、期货交易价格或者证券、期货交易量的；

（四）以其他方法操纵证券、期货市场的。

单位犯前款罪的，对单位判处罚金，并对其直接负责的主管人员和其他直接责任人员，依照前款的规定处罚。

（相关解释）1.**最高人民检察院、公安部《关于公安机关管辖的刑事案件立案追诉标准的规定（二）》**（2022年4月6日）（附则见第一百二十条之一）

第三十四条 【操纵证券、期货市场案（《刑法》第一百八十二条）】操纵证券、期货市场，影响证券、期货交易价格或者证券、期货交易量，涉嫌下列情形之一的，应予立案追诉：

（一）持有或者实际控制证券的流通股份数量达到该证券的实际流通股份总量百分之十以上，实施《刑法》第一百八十二条第一款第一项操纵证券市场行为，连续十个交易日的累计成交量达到同期该证券总成交量百分之二十以上的；

（二）实施《刑法》第一百八十二条第一款第二项、第三项操纵证券市场行为，连续十个交易日的累计成交量达到同期该证券总成交量百分之二十以上的；

（三）利用虚假或者不确定的重大信息，诱导投资者进行证券交易，行为人进行相关证券交易的成交额在一千万元以上的；

（四）对证券、证券发行人公开作出评价、预测或者投资建议，同时进行反向证券交易，证券交易成交额在一千万元以上的；

（五）通过策划、实施资产收购或者重组、投资新业务、股权转让、上市公司收购等虚假重大事项，误导投资者作出投资决策，并进行相关交易或者谋取相关利益，证券交易成交额在一千万元以上的；

（六）通过控制发行人、上市公司信息的生成或者控制信息披露的内容、时点、节奏，误导投资者作出投资决策，并进行相关交易或者谋取相关利益，证券交易成交额在一千万元以上的；

（七）实施《刑法》第一百八十二条第一款第一项操纵期货市场行为，实际控制的账户合并持仓连续十个交易日的最高值超过期货交易所限仓标准的二倍，累计成交量达到同期该期货合约总成交量百分之二十以上，且期货交易占用保证金数额在五百万元以上的；

（八）通过囤积现货，影响特定期货品种市场行情，并进行相关期货交易，实际控制的账户合并持仓连续十个交易日的最高值超过期货交易所限仓标准的二倍，累计成交量达到同期该期货合约总成交量百分之二十以上，且期货交易占用保证金数额在五百万元以上的；

（九）实施《刑法》第一百八十二条第一款第二项、第三项操纵期货市场行为，实际控制的账户连续十个交易日的累计成交量达到同期该期货合约总成交量百分之二十以上，且期货交易占用保证金数额在五百万元以上的；

（十）利用虚假或者不确定的重大信息，诱导投资者进行期货交易，行为人进行相关期货交易，实际控制的账户连续十个交易日的累计成交量达到同期该期货合约总成交量百分之二十以上，且期货交易占用保证金数额在五百万元以上的；

（十一）对期货交易标的公开作出评价、预测或者投资建议，同时进行相关期货交易，实际控制的账户连续十个交易日的累计成交量达到同期该期货合约总成交量的百分之二十以上，且期货交易占用保证金数额在五百万元以上的；

（十二）不以成交为目的，频繁或者大量申报买入、卖出证券、期货合约并撤销申报，当日累计撤回申报量达到同期该证券、期货合约总申报量百分之五十以上，且证券撤回申报额在一千万元以上、撤回申报的期货合约占用保证金数额在五百万元以上的；

（十三）实施操纵证券、期货市场行为，获利或者避免损失数额在一百万元以上的。

操纵证券、期货市场，影响证券、期货交易价格或者证券、期货交易量，获利或者避免损失数额在五十万元以上，同时涉嫌下列情形之一的，应予立案追诉：

（一）发行人、上市公司及其董事、监事、高级管理人员、控股股东或者实际控制人实施操纵证券、期货市场行为的；

（二）收购人、重大资产重组的交易对方及其董事、监事、高级管理人员、控股股东或者实际控制人实施操纵证券、期货市场行为的；

（三）行为人明知操纵证券、期货市场行为被有关部门调查，仍继续实施的；

（四）因操纵证券、期货市场行为受过刑事追究的；

（五）二年内因操纵证券、期货市场行为受过行政处罚的；

（六）在市场出现重大异常波动等特定时段操纵证券、期货市场的；

（七）造成其他严重后果的。

对于在全国中小企业股份转让系统中实施操纵证券市场行为，社会危害性大，严重破坏公平公正的市场秩序的，比照本条的规定执行，但本条第一款第一项和第二项除外。

2. 最高人民法院、最高人民检察院《关于办理操纵证券、期货市场刑事案件适用法律若干问题的解释》法释〔2019〕9号

第一条 行为人具有下列情形之一的，可以认定为《刑法》第一百八十二条第一款第四项规定的"以其他方法操纵证券、期货市场"：

（一）利用虚假或者不确定的重大信息，诱导投资者作出投资决策，影响证券、期货交易价格或者证券、期货交易量，并进行相关交易或者谋取相关利益的；

（二）通过对证券及其发行人、上市公司、期货交易标的公开作出评价、预测或者投资建议，误导投资者作出投资决策，影响证券、期货交易价格或者证券、期货交易量，并进行与其评价、预测、投资建议方向相反的证券交易或者相关期货交易的；

（三）通过策划、实施资产收购或者重组、投资新业务、股权转让、上市公司收购等虚假重大事项，误导投资者作出投资决策，影响证券交易价格或者证券交易量，并进行相关交易或者谋取相关利益的；

（四）通过控制发行人、上市公司信息的生成或者控制信息披露的内容、时点、节奏，误导投资者作出投资决策，影响证券交易价格或者证券交易量，并进行相关交易或者谋取相关利益的；

（五）不以成交为目的，频繁申报、撤单或者大额申报、撤单，误导投资者作出投资决策，影响证券、期货交易价格或者证券、期货交易量，并进行与申报相反的交易或者谋取相关利益的；

（六）通过囤积现货，影响特定期货品种市场行情，并进行相关期货交易的；

（七）以其他方法操纵证券、期货市场的。

第二条 操纵证券、期货市场，具有下列情形之一的，应当认定为《刑法》第一百八十二条第一款规定的"情节严重"：

（一）持有或者实际控制证券的流通股份数量达到该证券的实际流通股份总量百分之十以上，实施《刑法》第一百八十二条第一款第一项操纵证券市场行为，连续十个交易日的累计成交量达到同期该证券总成交量百分之二十以上的；

（二）实施《刑法》第一百八十二条第一款第二项、第三项操纵证券市场行为，连续十个交易日的累计成交量达到同期该证券总成交量百分之二十以上的；

（三）实施本解释第一条第一项至第四项操纵证券市场行为，证券交易成交额在一千万元以上的；

（四）实施《刑法》第一百八十二条第一款第一项及本解释第一条第六项操纵期货市场行为，实际控制的账户合并持仓连续十个交易日的最高值超过期货交易所限仓标准的二

倍，累计成交量达到同期该期货合约总成交量百分之二十以上，且期货交易占用保证金数额在五百万元以上的；

（五）实施《刑法》第一百八十二条第一款第二项、第三项及本解释第一条第一项、第二项操纵期货市场行为，实际控制的账户连续十个交易日的累计成交量达到同期该期货合约总成交量百分之二十以上，且期货交易占用保证金数额在五百万元以上的；

（六）实施本解释第一条第五项操纵证券、期货市场行为，当日累计撤回申报量达到同期该证券、期货合约总申报量百分之五十以上，且证券撤回申报额在一千万元以上、撤回申报的期货合约占用保证金数额在五百万元以上的；

（七）实施操纵证券、期货市场行为，违法所得数额在一百万元以上的。

第三条 操纵证券、期货市场，违法所得数额在五十万元以上，具有下列情形之一的，应当认定为《刑法》第一百八十二条第一款规定的"情节严重"：

（一）发行人、上市公司及其董事、监事、高级管理人员、控股股东或者实际控制人实施操纵证券、期货市场行为的；

（二）收购人、重大资产重组的交易对方及其董事、监事、高级管理人员、控股股东或者实际控制人实施操纵证券、期货市场行为的；

（三）行为人明知操纵证券、期货市场行为被有关部门调查，仍继续实施的；

（四）因操纵证券、期货市场行为受过刑事追究的；

（五）二年内因操纵证券、期货市场行为受过行政处罚的；

（六）在市场出现重大异常波动等特定时段操纵证券、期货市场的；

（七）造成恶劣社会影响或者其他严重后果的。

第四条 具有下列情形之一的，应当认定为《刑法》第一百八十二条第一款规定的"情节特别严重"：

（一）持有或者实际控制证券的流通股份数量达到该证券的实际流通股份总量百分之十以上，实施《刑法》第一百八十二条第一款第一项操纵证券市场行为，连续十个交易日的累计成交量达到同期该证券总成交量百分之五十以上的；

（二）实施《刑法》第一百八十二条第一款第二项、第三项操纵证券市场行为，连续十个交易日的累计成交量达到同期该证券总成交量百分之五十以上的；

（三）实施本解释第一条第一项至第四项操纵证券市场行为，证券交易成交额在五千万元以上的；

（四）实施《刑法》第一百八十二条第一款第一项及本解释第一条第六项操纵期货市场行为，实际控制的账户合并持仓连续十个交易日的最高值超过期货交易所限仓标准的五倍，累计成交量达到同期该期货合约总成交量百分之五十以上，且期货交易占用保证金数额在二千五百万元以上的；

（五）实施《刑法》第一百八十二条第一款第二项、第三项及本解释第一条第一项、第二项操纵期货市场行为，实际控制的账户连续十个交易日的累计成交量达到同期该期货合约总成交量百分之五十以上，且期货交易占用保证金数额在二千五百万元以上的；

（六）实施操纵证券、期货市场行为，违法所得数额在一千万元以上的。

实施操纵证券、期货市场行为，违法所得数额在五百万元以上，并具有本解释第三条规定的七种情形之一的，应当认定为"情节特别严重"。

第五条 下列账户应当认定为《刑法》第一百八十二条中规定的"自己实际控制的账户"：

（一）行为人以自己名义开户并使用的实名账户；

（二）行为人向账户转入或者从账户转出资金，并承担实际损益的他人账户；

（三）行为人通过第一项、第二项以外的方式管理、支配或者使用的他人账户；

（四）行为人通过投资关系、协议等方式对账户内资产行使交易决策权的他人账户；

（五）其他有证据证明行为人具有交易决策权的账户。

有证据证明行为人对前款第一项至第三项账户内资产没有交易决策权的除外。

第六条 二次以上实施操纵证券、期货市场行为，依法应予行政处理或者刑事处理而未经处理的，相关交易数额或者违法所得数额累计计算。

第七条 符合本解释第二条、第三条规定的标准，行为人如实供述犯罪事实，认罪悔罪，并积极配合调查，退缴违法所得的，可以从轻处罚；其中犯罪情节轻微的，可以依法不起诉或者免予刑事处罚。

符合《刑事诉讼法》规定的认罪认罚从宽适用范围和条件的，依照《刑事诉讼法》的规定处理。

第八条 单位实施《刑法》第一百八十二条第一款行为的，依照本解释规定的定罪量刑标准，对其直接负责的主管人员和其他直接责任人员定罪处罚，并对单位判处罚金。

第九条 本解释所称"违法所得"，是指通过操纵证券、期货市场所获利益或者避免的损失。

本解释所称"连续十个交易日"，是指证券、期货市场开市交易的连续十个交易日，并非指行为人连续交易的十个交易日。

第十条 对于在全国中小企业股份转让系统中实施操纵证券市场行为，社会危害性大，严重破坏公平公正的市场秩序的，比照本解释的规定执行，但本解释第二条第一项、第二项和第四条第一项、第二项除外。

第十一条 本解释自2019年7月1日起施行。

第一百八十三条 保险公司的工作人员利用职务上的便利，故意编造未曾发生的保险事故进行虚假理赔，骗取保险金归自己所有的，依照本法第二百七十一条【职务侵占罪】的规定定罪处罚。

国有保险公司工作人员和国有保险公司委派到非国有保险公司从事公务的人员有前款行为的，依照本法第三百八十二条、第三百八十三条【贪污罪】的规定定罪处罚。

第一百八十四条 银行或者其他金融机构的工作人员在金融业务活动中索取他人财物或者非法收受他人财物，为他人谋取利益的，或者违反国家规定，收受各种名义的回扣、手续费，归个人所有的，依照本法第一百六十三条【非国家工作人员受贿罪】的规定定罪处罚。

国有金融机构工作人员和国有金融机构委派到非国有金融机构从事公务的人员有前款行为的，依照本法第三百八十五条、第三百八十六条【受贿罪】的规定定罪处罚。

第一百八十五条 商业银行、证券交易所、期货交易所、证券公司、期货经纪公司、保险公司或者其他金融机构的工作人员利用职务上的便利，挪用本单位或者客户资金的，依照本法第二百七十二条【挪用资金罪】的规定定罪处罚。

国有商业银行、证券交易所、期货交易所、证券公司、期货经纪公司、保险公司或者其他国有金融机构的工作人员和国有商业银行、证券交易所、期货交易所、证券公司、期货经纪公司、保险公司或者其他国有金融机构委派到前款规定中的非国有机构从事公务的人员有前款行为的，依照本法第三百八十四条【挪用公款罪】的规定定罪处罚。【1999 年 12 月 25 日刑法修正案】

【1997 年刑法】银行或者其他金融机构的工作人员利用职务上的便利，挪用本单位或者客户资金的，依照本法第二百七十二条的规定定罪处罚。

国有金融机构工作人员和国有金融机构委派到非国有金融机构从事公务的人员有前款行为的，依照本法第三百八十四条的规定定罪处罚。

第一百八十五条之一【背信运用受托财产罪】 商业银行、证券交易所、期货交易所、证券公司、期货经纪公司、保险公司或者其他金融机构，违背受托义务，擅自运用客户资金或者其他委托、信托的财产，情节严重的，对单位判处罚金，并对其直接负责的主管人员和其他直接责任人员，处三年以下有期徒刑或者拘役，并处三万元以上三十万元以下罚金；情节特别严重的，处三年以上十年以下有期徒刑，并处五万元以上五十万元以下罚金。

【违规运用资金罪】 社会保障基金管理机构、住房公积金管理机构等公众资金管理机构，以及保险公司、保险资产管理公司、证券投资基金管理公司，违反国家规定运用资金的，对其直接负责的主管人员和其他直接责任人员，依照前款的规定处罚。【2006 年 6 月 29 日刑法修正案（六）】

（相关解释）**最高人民检察院、公安部《关于公安机关管辖的刑事案件立案追诉标准的规定（二）》**（2022年4月6日）（附则见第一百二十条之一）

第三十五条 【背信运用受托财产案（《刑法》第一百八十五条之一第一款）】商业银行、证券交易所、期货交易所、证券公司、期货公司、保险公司或者其他金融机构，违背受托义务，擅自运用客户资金或者其他委托、信托的财产，涉嫌下列情形之一的，应予立案追诉：

（一）擅自运用客户资金或者其他委托、信托的财产数额在三十万元以上的；

（二）虽未达到上述数额标准，但多次擅自运用客户资金或者其他委托、信托的财产，或者擅自运用多个客户资金或者其他委托、信托的财产的；

（三）其他情节严重的情形。

第三十六条 【违法运用资金案（《刑法》第一百八十五条之一第二款）】社会保障基金管理机构、住房公积金管理机构等公众资金管理机构，以及保险公司、保险资产管理公司、证券投资基金管理公司，违反国家规定运用资金，涉嫌下列情形之一的，应予立案追诉：

（一）违反国家规定运用资金数额在三十万元以上的；

（二）虽未达到上述数额标准，但多次违反国家规定运用资金的；

（三）其他情节严重的情形。

第一百八十六条【违法发放贷款罪】 银行或者其他金融机构的工作人员违反国家规定发放贷款，数额巨大或者造成重大损失的，处五年以下有期徒刑或者拘役，并处一万元以上十万元以下罚金；数额特别巨大或者造成特别重大损失的，处五年以上有期徒刑，并处二万元以上二十万元以下罚金。

银行或者其他金融机构的工作人员违反国家规定，向关系人发放贷款的，依照前款的规定从重处罚。

单位犯前两款罪的，对单位判处罚金，并对其直接负责的主管人员和其他直接责任人员，依照前两款的规定处罚。

关系人的范围，依照《中华人民共和国商业银行法》和有关金融法规确定。【2006年6月29日刑法修正案（六）】

【1997年刑法】银行或者其他金融机构的工作人员违反法律、行政法规规定，向关系人发放信用贷款或者发放担保贷款的条件优于其他借款人同类贷款的条件，造成较大损失的，处五年以下有期徒刑或者拘役，并处一万元以上十万元以下罚金；造成重大损失的，处五年以上有期徒刑，并处二万元以上二十万元以下罚金。

银行或者其他金融机构的工作人员违反法律、行政法规规定，向关系人以外的其他人发放贷款，造成重大损失的，处五年以下有期徒刑或者拘役，并处一万元以上十万元以下罚金；造成特别重大损失的，处五年以上有期徒刑，并处二万元以上二十万元以下罚金。

单位犯前两款罪的，对单位判处罚金，并对其直接负责的主管人员和其他直接责任人员，依照前两款的规定处罚。

关系人的范围，依照《中华人民共和国商业银行法》和有关金融法规确定。

（相关解释）**1. 最高人民检察院、公安部《关于公安机关管辖的刑事案件立案追诉标准的规定（二）》**（2022年4月6日）（附则见第一百二十条之一）

第三十七条 **【违法发放贷款案（《刑法》第一百八十六条）】** 银行或者其他金融机构及其工作人员违反国家规定发放贷款，涉嫌下列情形之一的，应予立案追诉：

（一）违法发放贷款，数额在二百万元以上的；

（二）违法发放贷款，造成直接经济损失数额在五十万元以上的。

2. 最高人民法院《全国法院审理金融犯罪案件工作座谈会纪要》 法〔2001〕8号

关于违法向关系人发放贷款罪。银行或者其他金融机构工作人员违反法律、行政法规规定，向关系人发放信用贷款或者发放担保贷款的条件优于其他借款人同类贷款条件，造成十至三十万元以上损失的，可以认定为"造成较大损失"；造成五十至一百万元以上损失的，可以认定为"造成重大损失"。

关于违法发放贷款罪。银行或者其他金融机构工作人员违反法律、行政法规规定，向关系人以外的其他人发放贷款，造成五十至一百万元以上损失的，可以认定为"造成重大损失"；造成三百至五百万元以上损失的，可以认定为"造成特别重大损失"。

（附参考）**浙江省高级人民法院《关于部分罪名定罪量刑情节及数额标准的意见》** 浙高法〔2012〕325号

36.《刑法》第一百八十六条 **【违法发放贷款罪】**

具有下列情形之一的，属于"数额巨大或者造成重大损失"，处五年以下有期徒刑或者拘役，并处一万元以上十万元以下罚金：

（1）违法发放贷款一百万元以上不满五百万元的；

（2）造成直接经济损失二十万元以上不满一百万元的；

（3）造成重大损失的其他情形。

具有下列情形之一的，属于"数额特别巨大或者造成特别重大损失"，处五年以上有期徒刑，并处二万元以上二十万元以下罚金：

（1）违法发放贷款五百万元以上的；

（2）造成直接经济损失一百万元以上的；

（3）造成特别重大损失的其他情形。

第一百八十七条【吸收客户资金不入账罪】 银行或者其他金融机构的工作人员吸收客户资金不入账，数额巨大或者造成重大损失的，处五年以下有期徒刑或者拘役，并处二万元以上二十万元以下罚金；数额特别巨大或者造成特别重大损失的，处五年以上有期徒刑，并处五万元以上五十万元以下罚金。

单位犯前款罪的，对单位判处罚金，并对其直接负责的主管人员和其他直接责任人员，依照前款的规定处罚。【2006年6月29日刑法修正案（六）】

【1997年刑法】银行或者其他金融机构的工作人员以牟利为目的，采取吸收客户资金不入账的方式，将资金用于非法拆借、发放贷款，造成重大损失的，处五年以下有期徒刑或者拘役，并处二万元以上二十万元以下罚金；造成特别重大损失的，处五年以上有期徒刑，并处五万元以上五十万元以下罚金。

单位犯前款罪的，对单位判处罚金，并对其直接负责的主管人员和其他直接责任人员，依照前款的规定处罚。

（相关解释）**1.最高人民检察院、公安部《关于公安机关管辖的刑事案件立案追诉标准的规定（二）》**（2022年4月6日）（附则见第一百二十条之一）

第三十八条 **【吸收客户资金不入账案（《刑法》第一百八十七条）】**银行或者其他金融机构及其工作人员吸收客户资金不入账，涉嫌下列情形之一的，应予立案追诉：

（一）吸收客户资金不入账，数额在二百万元以上的；

（二）吸收客户资金不入账，造成直接经济损失数额在五十万元以上的。

2.最高人民法院《全国法院审理金融犯罪案件工作座谈会纪要》法〔2001〕8号

3.用账外客户资金非法拆借、发放贷款行为的认定和处罚

银行或者其他金融机构及其工作人员以牟利为目的，采取吸收客户资金不入账的方式，将客户资金用于非法拆借、发放贷款，造成重大损失的，构成用账外客户资金非法拆借、发放贷款罪。以牟利为目的，是指金融机构及其工作人员为本单位或者个人牟利，不具有这种目的，不构成该罪。这里的"牟利"，一般是指谋取用账外客户资金非法拆借、发放贷款所产生的非法收益，如利息、差价等。对于用款人为取得贷款而支付的回扣、手续费等，应根据具体情况分别处理：银行或者其他金融机构用账外客户资金非法拆借、发放贷款，收取的回扣、手续费等，应认定为"牟利"；银行或者其他金融机构的工作人员利用职务上的便利，用账外客户资金非法拆借、发放贷款，收取回扣、手续费等，数额较小的，以"牟利"论处；银行或者其他金融机构的工作人员将用款人支付给单位的回扣、手续费秘密占为己有，数额较大的，以贪污罪定罪处罚；银行或者其他金融机构的工作人员利用职务便利，用账外客户资金非法拆借、发放贷款，索取用款人的财物，或者非法收受其他财物，或者收取回扣、手续费等，数额较大的，以受贿罪定罪处罚。吸收客户资金不入账，是指不记入金融机构的法定存款账目，以逃避国家金融监管，至于是否记入法定账目以外设立的账目，不影响该罪成立。

审理银行或者其他金融机构及其工作人员用账外客户资金非法拆借、发放贷款案件，要注意将用账外客户资金非法拆借、发放贷款的行为与挪用公款罪和挪用资金罪区别开来。对于利用职务上的便利，挪用已经记入金融机构法定存款账户的客户资金归个人使用的，或者吸收客户资金不入账，却给客户开具银行存单，客户也认为将款已存入银行，该款却被行为人以个人名义借贷给他人的，均应认定为挪用公款罪或者挪用资金罪。

4.破坏金融管理秩序相关犯罪数额和情节的认定

关于用账外客户资金非法拆借、发放贷款罪。对于银行或者其他金融机构工作人员以牟利为目的，采取吸收客户资金不入账的方式，将资金用于非法拆借、发放贷款，造成五十至一百万元以上损失的，可以认定为"造成重大损失"；造成三百至五百万元以上损失的，可以认定为"造成特别重大损失"。

对于单位实施违法发放贷款和用账外客户资金非法拆借、发放贷款造成损失构成犯罪的数额标准，可按个人实施上述犯罪的数额标准二至四倍掌握。

（附参考）**1.浙江省高级人民法院刑事审判庭《关于执行刑法若干问题的具体意见》** 浙高法刑〔1999〕1号

33.《刑法》第一百八十七条，银行或者其他金融机构的工作人员"采取吸收客户资金不入账的方式，将资金用于非法拆借、发放贷款"，是指行为人与客户约定后，将客户资金不记入银行账户，用于非法拆借、发放贷款。如果行为人没有与客户约定，利用职务便利将客户的资金用于非法拆借、发放贷款的，应按照《刑法》第二百七十二条挪用资金罪或者《刑法》第三百八十四条挪用公款罪定罪处罚。

2.浙江省高级人民法院《关于部分罪名定罪量刑情节及数额标准的意见》 浙高法〔2012〕325号

37.《刑法》第一百八十七条 【吸收客户资金不入账罪】

具有下列情形之一的，属于"数额巨大或者造成重大损失"，处五年以下有期徒刑或者拘役，并处二万元以上二十万元以下罚金：

（1）收客户资金不入账，数额在一百万元以上不满五百万元的；

（2）造成直接经济损失二十万元以上不满一百万元的；

（3）造成重大损失的其他情形。

具有下列情形之一的，属于"数额特别巨大或者造成特别重大损失"，处五年以上有期徒刑，并处五万元以上五十万元以下罚金：

（1）收客户资金不入账，数额在五百万元以上的；

（2）造成直接经济损失一百万元以上的；

（3）造成特别重大损失的其他情形。

第一百八十八条【违规出具金融票证罪】 银行或者其他金融机构的工作人员违反规定，为他人出具信用证或者其他保函、票据、存单、资信证明，情节严重的，处五年以下有期徒刑或者拘役；情节特别严重的，处五年以上有期徒刑。

单位犯前款罪的，对单位判处罚金，并对其直接负责的主管人员和其他直接责任人员，依照前款的规定处罚。【2006年6月29日刑法修正案（六）】

【1997年刑法】银行或者其他金融机构的工作人员违反规定，为他人出具信用证或者其他保函、票据、存单、资信证明，造成较大损失的，处五年以下有期徒刑或者拘役；造成重大损失的，处五年以上有期徒刑。

单位犯前款罪的，对单位判处罚金，并对其直接负责的主管人员和其他直接责任人员，依照前款的规定处罚。

（相关解释）**最高人民检察院、公安部《关于公安机关管辖的刑事案件立案追诉标准的规定（二）》**（2022年4月6日）（附则见第一百二十条之一）

第三十九条 【违规出具金融票证案（《刑法》第一百八十八条）】银行或者其他金

融机构及其工作人员违反规定，为他人出具信用证或者其他保函、票据、存单、资信证明，涉嫌下列情形之一的，应予立案追诉：

（一）违反规定为他人出具信用证或者其他保函、票据、存单、资信证明，数额在二百万元以上的；

（二）违反规定为他人出具信用证或者其他保函、票据、存单、资信证明，造成直接经济损失数额在五十万元以上的；

（三）多次违规出具信用证或者其他保函、票据、存单、资信证明的；

（四）接受贿赂违规出具信用证或者其他保函、票据、存单、资信证明的；

（五）其他情节严重的情形。

（附参考）**浙江省高级人民法院《关于部分罪名定罪量刑情节及数额标准的意见》**浙高法〔2012〕325号

38.《刑法》第一百八十八条 【违规出具金融票证罪】

具有下列情形之一的，属于"情节严重"，处五年以下有期徒刑或者拘役：

（1）违反规定为他人出具信用证或者其他保函、票据、存单、资信证明，数额在一百万元以上不满五百万元的；

（2）造成直接经济损失二十万元以上不满一百万元的；

（3）多次违规出具信用证或者其他保函、票据、存单、资信证明的；

（4）收受贿赂违规出具信用证或者其他保函、票据、存单、资信证明的；

（5）情节严重的其他情形。

具有下列情形之一的，属于"情节特别严重"，处五年以上有期徒刑：

（1）违反规定为他人出具信用证或者其他保函、票据、存单、资信证明，数额在五百万元以上的；

（2）造成直接经济损失一百万元以上的；

（3）情节特别严重的其他情形。

第一百八十九条【对违法票据承兑、付款、保证罪】 银行或者其他金融机构的工作人员在票据业务中，对违反票据法规定的票据予以承兑、付款或者保证，造成重大损失的，处五年以下有期徒刑或者拘役；造成特别重大损失的，处五年以上有期徒刑。

单位犯前款罪的，对单位判处罚金，并对其直接负责的主管人员和其他直接责任人员，依照前款的规定处罚。

（相关解释）**最高人民检察院、公安部《关于公安机关管辖的刑事案件立案追诉标准的规定（二）》**（2022年4月6日）（附则见第一百二十条之一）

第四十条 【对违法票据承兑、付款、保证案（《刑法》第一百八十九条）】银行或者其他金融机构及其工作人员在票据业务中，对违反票据法规定的票据予以承兑、付款或者保证，造成直接经济损失数额在五十万元以上的，应予立案追诉。

（附参考）**浙江省高级人民法院《关于部分罪名定罪量刑情节及数额标准的意见》**浙高法〔2012〕325号

39.《刑法》第一百八十九条 【对违法票据承兑、付款、保证罪】

具有下列情形之一的，属于"重大损失"，处五年以下有期徒刑或者拘役：

（1）造成直接经济损失二十万元以上不满一百万元的；

（2）重大损失的其他情形。

具有下列情形之一的，属于"特别重大损失"，处五年以上有期徒刑：

（1）造成直接经济损失一百万元以上的；

（2）特别重大损失的其他情形。

第一百九十条【逃汇罪】　公司、企业或者其他单位，违反国家规定，擅自将外汇存放境外，或者将境内的外汇非法转移到境外，数额较大的，对单位判处逃汇数额百分之五以上百分之三十以下罚金，并对其直接负责的主管人员和其他直接责任人员处五年以下有期徒刑或者拘役；数额巨大或者有其他严重情节的，对单位判处逃汇数额百分之五以上百分之三十以下罚金，并对其直接负责的主管人员和其他直接责任人员处五年以上有期徒刑。（根据《全国人大常委会关于惩治骗购外汇、逃汇和非法买卖外汇犯罪的决定》修正）

【骗购外汇罪】　有下列情形之一，骗购外汇，数额较大的，处五年以下有期徒刑或者拘役，并处骗购外汇数额百分之五以上百分之三十以下罚金；数额巨大或者有其他严重情节的，处五年以上十年以下有期徒刑，并处骗购外汇数额百分之五以上百分之三十以下罚金；数额特别巨大或者有其他特别严重情节的，处十年以上有期徒刑或者无期徒刑，并处骗购外汇数额百分之五以上百分之三十以下罚金或者没收财产：

（一）使用伪造、变造的海关签发的报关单、进口证明、外汇管理部门核准件等凭证和单据的；

（二）重复使用海关签发的报关单、进口证明、外汇管理部门核准件等凭证和单据的；

（三）以其他方式骗购外汇的。

伪造、变造海关签发的报关单、进口证明、外汇管理部门核准件等凭证和单据，并用于骗购外汇的，依照前款的规定从重处罚。

明知用于骗购外汇而提供人民币资金的，以共犯论处。

单位犯前三款罪的，对单位依照第一款的规定判处罚金，并对其直接负责的主管人员和其他直接责任人员，处五年以下有期徒刑或者拘役；数额巨大或者有其他严重情节的，处五年以上十年以下有期徒刑；数额特别巨大或者有其他特别严重情节的，处十年以上有期徒刑或者无期徒刑。《全国人大常委会关于惩治骗购外汇、逃汇和非法买卖外汇犯罪的决定》

（相关解释）**1. 最高人民检察院、公安部《关于公安机关管辖的刑事案件立案追诉标准的规定（二）》**（2022年4月6日）（附则见第一百二十条之一）

第四十一条　【逃汇案（《刑法》第一百九十条）】公司、企业或者其他单位，违反国家规定，擅自将外汇存放境外，或者将境内的外汇非法转移到境外，单笔在二百万美元以上或者累计数额在五百万美元以上的，应予立案追诉。

第四十二条　【骗购外汇案《全国人民代表大会常务委员会关于惩治骗购外汇、逃汇和非法买卖外汇犯罪的决定》第一条）】骗购外汇，数额在五十万美元以上的，应予立案追诉。

2.《全国人大常委会关于惩治骗购外汇、逃汇和非法买卖外汇犯罪的决定》 1998年

为了惩治骗购外汇、逃汇和非法买卖外汇的犯罪行为，维护国家外汇管理秩序，对《刑法》作如下补充修改：

一、有下列情形之一，骗购外汇，数额较大的，处五年以下有期徒刑或者拘役，并处骗购外汇数额百分之五以上百分之三十以下罚金；数额巨大或者有其他严重情节的，处五年以上十年以下有期徒刑，并处骗购外汇数额百分之五以上百分之三十以下罚金；数额特

别巨大或者有其他特别严重情节的，处十年以上有期徒刑或者无期徒刑，并处骗购外汇数额百分之五以上百分之三十以下罚金或者没收财产：

（一）使用伪造、变造的海关签发的报关单、进口证明、外汇管理部门核准件等凭证和单据的；

（二）重复使用海关签发的报关单、进口证明、外汇管理部门核准件等凭证和单据的；

（三）以其他方式骗购外汇的。

伪造、变造海关签发的报关单、进口证明、外汇管理部门核准件等凭证和单据，并用于骗购外汇的，依照前款的规定从重处罚。

明知用于骗购外汇而提供人民币资金的，以共犯论处。

单位犯前三款罪的，对单位依照第一款的规定判处罚金，并对其直接负责的主管人员和其他直接责任人员，处五年以下有期徒刑或者拘役；数额巨大或者有其他严重情节的，处五年以上十年以下有期徒刑；数额特别巨大或者有其他特别严重情节的，处十年以上有期徒刑或者无期徒刑。

三、将《刑法》第一百九十条修改为：公司、企业或者其他单位，违反国家规定，擅自将外汇存放境外，或者将境内的外汇非法转移到境外，数额较大的，对单位判处逃汇数额百分之五以上百分之三十以下罚金，并对其直接负责的主管人员和其他直接责任人员处五年以下有期徒刑或者拘役；数额巨大或者有其他严重情节的，对单位判处逃汇数额百分之五以上百分之三十以下罚金，并对其直接负责的主管人员和其他直接责任人员处五年以上有期徒刑。

五、海关、外汇管理部门以及金融机构、从事对外贸易经营活动的公司、企业或者其他单位的工作人员与骗购外汇或者逃汇的行为人通谋，为其提供购买外汇的有关凭证或者其他便利的，或者明知是伪造、变造的凭证和单据而售汇、付汇的，以共犯论，依照本决定从重处罚。

3. 最高人民法院《关于审理骗购外汇、非法买卖外汇刑事案件具体应用法律若干问题的解释》 法释〔1998〕20号

第一条 以进行走私、逃汇、洗钱、骗税等犯罪活动为目的，使用虚假、无效的凭证、商业单据或者采取其他手段向外汇指定银行骗购外汇的，应当分别按照《刑法》分则第三章第二节、第一百九十条、第一百九十一条和第二百零四条等规定定罪处罚。

非国有公司、企业或者其他单位，与国有公司、企业或者其他国有单位勾结逃汇的，以逃汇罪的共犯处罚。

第五条 海关、银行、外汇管理机关工作人员与骗购外汇的行为人通谋，为其提供购买外汇的有关凭证，或者明知是伪造、变造的凭证和商业单据而出售外汇，构成犯罪的，按照《刑法》的有关规定从重处罚。

第六条 实施本解释规定的行为，同时触犯2个以上罪名的，择一重罪从重处罚。

第七条 根据《刑法》第六十四条规定，骗购外汇、非法买卖外汇的，其违法所得予以追缴，用于骗购外汇、非法买卖外汇的资金予以没收，上缴国库。

第八条 骗购、非法买卖不同币种的外汇的，以案发时国家外汇管理机关制定的统一折算率折合后依照本解释处理。

4. 最高人民法院、最高人民检察院、公安部《办理骗汇、逃汇犯罪案件联席会议纪要》 公通字〔1999〕39号

二、《全国人大常委会关于惩治骗购外汇、逃汇和非法买卖外汇犯罪的决定》（以下简

称《决定》）公布施行后发生的犯罪行为，应当依照《决定》办理；对于《决定》公布施行前发生的公布后尚未处理或者正在处理的行为，依照修订后的《刑法》第十二条第一款规定的原则办理。

最高人民法院1998年8月28日发布的《关于审理骗购外汇、非法买卖外汇刑事案件具体应用法律若干问题的解释》（以下简称《解释》），是对具体应用修订后的《刑法》有关问题的司法解释，适用于依照修订后的《刑法》判处的案件。各执法部门对于《解释》应当准确理解，严格执行。

三、公安机关侦查骗汇、逃汇犯罪案件中涉及人民检察院管辖的贪污贿赂、渎职犯罪案件的，应当将贪污贿赂、渎职犯罪案件材料移送有管辖权的人民检察院审查。对管辖交叉的案件，可以分别立案，共同工作。如果涉嫌主罪属于公安机关管辖，由公安机关为主侦查，人民检察院予以配合；如果涉嫌主罪属于人民检察院管辖，由人民检察院为主侦查，公安机关予以配合。双方意见有较大分歧的，要协商解决，并及时向当地党委、政法委和上级主管机关请示。

四、公安机关侦查骗汇、逃汇犯罪案件，要及时全面收集和固定犯罪证据，抓紧缉捕犯罪分子。人民检察院和人民法院对正在办理的骗汇、逃汇犯罪案件，只要基本犯罪事实清楚，基本证据确实充分，应当及时依法起诉、审判。主犯在逃或者骗购外汇所需人民币资金的来源无法彻底查清，但证明在案的其他犯罪嫌疑人实施犯罪的基本证据确实充分的，为在法定时限内结案，可以对在案的其他犯罪嫌疑人先行处理。对于已收集到外汇指定银行汇出凭证和境外收汇银行收款凭证等证据，能够证明所骗购外汇确已汇至港澳台地区或国外的，应视为骗购外汇既遂。

五、坚持"惩办与宽大相结合"的政策。对骗购外汇共同犯罪的主犯，或者参与伪造、变造购汇凭证的骗汇人员，以及与骗购外汇的犯罪分子相勾结的国家工作人员，要从严惩处。对具有自首、立功或者其他法定从轻、减轻情节的，依法从轻、减轻处理。

第一百九十一条【洗钱罪】 为掩饰、隐瞒毒品犯罪、黑社会性质的组织犯罪、恐怖活动犯罪、走私犯罪、贪污贿赂犯罪、破坏金融管理秩序犯罪、金融诈骗犯罪的所得及其产生的收益的来源和性质，有下列行为之一的，没收实施以上犯罪的所得及其产生的收益，处五年以下有期徒刑或者拘役，并处或者单处罚金；情节严重的，处五年以上十年以下有期徒刑，并处罚金：

（一）提供资金账户的；
（二）将财产转换为现金、金融票据、有价证券的；
（三）通过转账或者其他支付结算方式转移资金的；
（四）跨境转移资产的；
（五）以其他方法掩饰、隐瞒犯罪所得及其收益的来源和性质的。

单位犯前款罪的，对单位判处罚金，并对其直接负责的主管人员和其他直接责任人员，依照前款的规定处罚。【2021年3月1日刑法修正案（十一）】

【1997年刑法】明知是毒品犯罪、黑社会性质的组织犯罪、走私犯罪的违法所得及其产生的收益，为掩饰、隐瞒其来源和性质，有下列行为之一的，没收实施以上犯罪的违法所得及其产生的收益，处五年以下有期徒刑或者拘役，并处或者单处洗钱数额百分之五以上百分之二十以下罚金；情节严重的，处五年以上十年以下有期徒刑，并处洗钱数额百分之五以上百分之二十以下罚金：

（一）提供资金账户的；

（二）协助将财产转换为现金或者金融票据的；

（三）通过转账或者其他结算方式协助资金转移的；

（四）协助将资金汇往境外的；

（五）以其他方法掩饰、隐瞒犯罪的违法所得及其收益的性质和来源的。

单位犯前款罪的，对单位判处罚金，并对其直接负责的主管人员和其他直接责任人员，处五年以下有期徒刑或者拘役。

【2001年12月29日刑法修正案（三）】明知是毒品犯罪、黑社会性质的组织犯罪、恐怖活动犯罪、走私犯罪的违法所得及其产生的收益，为掩饰、隐瞒其来源和性质，有下列行为之一的，没收实施以上犯罪的违法所得及其产生的收益，处五年以下有期徒刑或者拘役，并处或者单处洗钱数额百分之五以上百分之二十以下罚金；情节严重的，处五年以上十年以下有期徒刑，并处洗钱数额百分之五以上百分之二十以下罚金：

（一）提供资金账户的；

（二）协助将财产转换为现金或者金融票据的；

（三）通过转账或者其他结算方式协助资金转移的；

（四）协助将资金汇往境外的；

（五）以其他方法掩饰、隐瞒犯罪的违法所得及其收益的来源和性质的。

单位犯前款罪的，对单位判处罚金，并对其直接负责的主管人员和其他直接责任人员，处五年以下有期徒刑或者拘役；情节严重的，处五年以上十年以下有期徒刑。

【2006年6月29日刑法修正案（六）】明知是毒品犯罪、黑社会性质的组织犯罪、恐怖活动犯罪、走私犯罪、贪污贿赂犯罪、破坏金融管理秩序犯罪、金融诈骗犯罪的所得及其产生的收益，为掩饰、隐瞒其来源和性质，有下列行为之一的，没收实施以上犯罪的所得及其产生的收益，处五年以下有期徒刑或者拘役，并处或者单处洗钱数额百分之五以上百分之二十以下罚金；情节严重的，处五年以上十年以下有期徒刑，并处洗钱数额百分之五以上百分之二十以下罚金：

（一）提供资金账户的；

（二）协助将财产转换为现金、金融票据、有价证券的；

（三）通过转账或者其他结算方式协助资金转移的；

（四）协助将资金汇往境外的；

（五）以其他方法掩饰、隐瞒犯罪所得及其收益的来源和性质的。

单位犯前款罪的，对单位判处罚金，并对其直接负责的主管人员和其他直接责任人员，处五年以下有期徒刑或者拘役；情节严重的，处五年以上十年以下有期徒刑。

（相关解释）1.最高人民检察院、公安部《关于公安机关管辖的刑事案件立案追诉标准的规定（二）》（2022年4月6日）（附则见第一百二十条之一）

第四十三条 【洗钱案（《刑法》第一百九十一条）】为掩饰、隐瞒毒品犯罪、黑社会性质的组织犯罪、恐怖活动犯罪、走私犯罪、贪污贿赂犯罪、破坏金融管理秩序犯罪、金融诈骗犯罪的所得及其产生的收益的来源和性质，涉嫌下列情形之一的，应予立案追诉：

（一）提供资金账户的；

（二）将财产转换为现金、金融票据、有价证券的；

（三）通过转账或者其他支付结算方式转移资金的；

（四）跨境转移资产的；

（五）以其他方法掩饰、隐瞒犯罪所得及其收益的来源和性质的。

2. 最高人民法院《关于审理骗购外汇、非法买卖外汇刑事案件具体应用法律若干问题的解释》 法释〔1998〕20号

以进行走私、逃汇、洗钱、骗税等犯罪活动为目的，使用虚假、无效的凭证、商业单据或者采取其他手段向外汇指定银行骗购外汇的，应当分别按照《刑法》分则第三章第二节、第一百九十条、第一百九十一条和第二百零四条等规定定罪处罚。

3. 最高人民法院《关于审理洗钱等刑事案件具体应用法律若干问题的解释》 法释〔2009〕15号

第一条　《刑法》第一百九十一条、第三百一十二条规定的"明知"，应当结合被告人的认知能力，接触他人犯罪所得及其收益的情况，犯罪所得及其收益的种类、数额，犯罪所得及其收益的转换、转移方式以及被告人的供述等主、客观因素进行认定。

具有下列情形之一的，可以认定被告人明知系犯罪所得及其收益，但有证据证明确实不知道的除外：

（一）知道他人从事犯罪活动，协助转换或者转移财物的；

（二）没有正当理由，通过非法途径协助转换或者转移财物的；

（三）没有正当理由，以明显低于市场的价格收购财物的；

（四）没有正当理由，协助转换或者转移财物，收取明显高于市场的"手续费"的；

（五）没有正当理由，协助他人将巨额现金散存于多个银行账户或者在不同银行账户之间频繁划转的；

（六）协助近亲属或者其他关系密切的人转换或者转移与其职业或者财产状况明显不符的财物的；

（七）其他可以认定行为人明知的情形。

被告人将《刑法》第一百九十一条规定的某一上游犯罪的犯罪所得及其收益误认为《刑法》第一百九十一条规定的上游犯罪范围内的其他犯罪所得及其收益的，不影响《刑法》第一百九十一条规定的"明知"的认定。

第二条　具有下列情形之一的，可以认定为《刑法》第一百九十一条第一款第（五）项规定的"以其他方法掩饰、隐瞒犯罪所得及其收益的来源和性质"：

（一）通过典当、租赁、买卖、投资等方式，协助转移、转换犯罪所得及其收益的；

（二）通过与商场、饭店、娱乐场所等现金密集型场所的经营收入相混合的方式，协助转移、转换犯罪所得及其收益的；

（三）通过虚构交易、虚设债权债务、虚假担保、虚报收入等方式，协助将犯罪所得及其收益转换为"合法"财物的；

（四）通过买卖彩票、奖券等方式，协助转换犯罪所得及其收益的；

（五）通过赌博方式，协助将犯罪所得及其收益转换为赌博收益的；

（六）协助将犯罪所得及其收益携带、运输或者邮寄出入境的；

（七）通过前述规定以外的方式协助转移、转换犯罪所得及其收益的。

第三条　明知是犯罪所得及其产生的收益而予以掩饰、隐瞒，构成《刑法》第三百一十二条规定的犯罪，同时又构成《刑法》第一百九十一条或者第三百四十九条规定的犯罪的，依照处罚较重的规定定罪处罚。

第四条　《刑法》第一百九十一条、第三百一十二条、第三百四十九条规定的犯罪，应当以上游犯罪事实成立为认定前提。上游犯罪尚未依法裁判，但查证属实的，不影响《刑

法》第一百九十一条、第三百一十二条、第三百四十九条规定的犯罪的审判。

上游犯罪事实可以确认，因行为人死亡等原因依法不予追究刑事责任的，不影响《刑法》第一百九十一条、第三百一十二条、第三百四十九条规定的犯罪的认定。

上游犯罪事实可以确认，依法以其他罪名定罪处罚的，不影响《刑法》第一百九十一条、第三百一十二条、第三百四十九条规定的犯罪的认定。

本条所称"上游犯罪"，是指产生《刑法》第一百九十一条、第三百一十二条、第三百四十九条规定的犯罪所得及其收益的各种犯罪行为。

4.最高人民法院、最高人民检察院《关于办理非法从事资金支付结算业务、非法买卖外汇刑事案件适用法律若干问题的解释》法释〔2019〕1号（见第二百二十五条）

第五条　非法从事资金支付结算业务或者非法买卖外汇，构成非法经营罪，同时又构成《刑法》第一百二十条之一规定的帮助恐怖活动罪或者第一百九十一条规定的洗钱罪的，依照处罚较重的规定定罪处罚。

5.最高人民法院、最高人民检察院、公安部《关于办理洗钱刑事案件若干问题的意见》法发〔2020〕41号（2020年11月6日）

为依法惩治洗钱犯罪活动，维护金融管理秩序和国家经济金融安全，根据《刑法》、《刑事诉讼法》及有关司法解释等规定，现就办理洗钱刑事案件若干问题提出如下意见。

一、办理洗钱刑事案件的总体要求

1.充分认识依法严惩洗钱犯罪的重大意义。洗钱犯罪严重破坏金融管理秩序，严重危害国家经济金融安全。当前，我国反洗钱工作面临艰巨任务。党中央、国务院高度重视反洗钱工作。各级人民法院、人民检察院、公安机关要进一步提高政治站位，从维护国家经济金融安全、推进国家治理体系和治理能力现代化、参与全球治理的高度，深刻认识加强反洗钱工作，依法严惩洗钱犯罪的重大意义，把思想和行动统一到党中央的决策部署上来，依法从严惩处洗钱犯罪，切实维护金融管理秩序，更好服务保障金融安全和经济发展，发挥我国在参与国际反洗钱治理、惩治洗钱犯罪方面的积极作用。

2.坚持以事实为根据，以法律为准绳。人民法院、人民检察院、公安机关办理洗钱刑事案件，必须坚持以事实为根据，以法律为准绳，正确区分罪与非罪、此罪与彼罪的界限，确保每一起洗钱刑事案件事实清楚，证据确实、充分，定罪准确，量刑适当。要坚持证据裁判和疑罪从无原则，严格按照证据裁判标准和要求，全面收集、固定、审查和认定证据，依法排除非法证据，确保洗钱刑事案件办案质量。要切实贯彻宽严相济的刑事政策，依法从严惩处洗钱犯罪，加大财产刑力度，严格控制缓刑适用，同时对具有法定从宽处罚情节的要依法体现政策，做到罪责刑相适应，确保法律效果、政治效果和社会效果的统一。

3.坚持分工负责、互相配合、互相制约。人民法院、人民检察院、公安机关要切实改变"重上游犯罪、轻洗钱犯罪"的倾向，充分发挥职能作用，切实强化洗钱刑事案件的侦查、起诉和审判工作。要加强工作协调配合，健全完善工作机制，形成工作合力，依法、及时、有效惩治洗钱犯罪。要坚持以审判为中心，按照刑事诉讼制度改革要求，不断强化证据意识和程序意识，充分发挥庭审在查明事实、认定证据、保护诉权、公正裁判中的决定性作用，有效加强法律监督，确保严格执法、公正司法。

二、依法准确认定洗钱犯罪

4.《刑法》第一百九十一条规定的洗钱罪与《刑法》第三百一十二条规定的掩饰、隐瞒犯罪所得、犯罪所得收益罪是《刑法》特别规定与一般规定的关系。掩饰、隐瞒犯罪所得、犯罪所得收益罪包含传统的窝藏犯罪和普通的洗钱犯罪，洗钱罪是针对毒品犯罪、黑社会性质的组织犯罪、恐怖活动犯罪、走私犯罪、贪污贿赂犯罪、破坏金融管理秩序犯罪、金融诈骗犯罪等严重犯罪而为其洗钱的行为所作的特别规定。同时符合《刑法》第一百九十一条和第三百一十二条规定的，优先适用第一百九十一条特别规定。

5.《刑法》第一百九十一条规定的"黑社会性质的组织犯罪所得及其产生的收益"，是指黑社会性质组织及其成员实施的各种犯罪所得及其产生的收益，包括黑社会性质组织的形成、发展过程中，该组织及组织成员通过违法犯罪活动或其他不正当手段聚敛的全部财物、财产性权益及其孳息、收益。

6.主观上认识到是《刑法》第一百九十一条规定的上游犯罪的所得及其产生的收益，并实施该条第一款规定的洗钱行为的，可以认定其具有掩饰、隐瞒犯罪所得及其收益的来源和性质的目的，但有证据证明不是为掩饰、隐瞒犯罪所得及其收益的来源和性质的除外。

7.《刑法》第一百九十一条规定的洗钱罪，应当以上游犯罪事实成立为认定前提。上游犯罪是否既遂，不影响洗钱罪的认定。上游犯罪尚未依法裁判，但查证属实的，不影响洗钱罪的认定。

上游犯罪事实经查证属实，因行为人死亡、未达到刑事责任年龄等原因依法不予追究刑事责任的，不影响洗钱罪的认定。

8.主观上认识到是《刑法》第一百九十一条规定的上游犯罪的所得及其产生的收益，包括知道或者应当知道。其中："知道"是指根据犯罪嫌疑人、被告人的供述、证人证言等证据，可以直接证明犯罪嫌疑人、被告人知悉、了解其所掩饰、隐瞒的是《刑法》第一百九十一条规定的上游犯罪的所得及其产生的收益；"应当知道"是指结合查证的主、客观证据，可以证明犯罪嫌疑人、被告人知悉、了解其所掩饰、隐瞒的是《刑法》第一百九十一条规定的上游犯罪的所得及其产生的收益。

认定主观认知，应当结合犯罪嫌疑人、被告人的身份背景、职业经历、认知能力及其所接触、接收的信息，与上游犯罪嫌疑人、被告人的亲属关系、上下级关系、交往情况、了解程度、信任程度，接触、接收他人犯罪所得及其收益的情况，犯罪所得及其收益的种类、数额，犯罪所得及其收益的转换、转移方式，交易行为、资金账户的异常情况，以及犯罪嫌疑人、被告人的供述及证人证言等主、客观因素，进行综合分析判断。对于犯罪嫌疑人、被告人的供述和辩解，要结合全案证据进行审查判断。

9.主观上认识到是《刑法》第一百九十一条规定的上游犯罪的所得及其产生的收益，是指对上游犯罪客观事实的认识，而非对行为性质的认识。将某一上游犯罪的所得及其产生的收益认为是该条规定的其他上游犯罪的所得及其产生的收益的，不影响主观认知的认定。

10.实施《刑法》第一百九十一条规定的洗钱行为，构成洗钱罪的同时，又构成《刑法》第三百四十九条规定的窝藏、转移、隐瞒毒赃罪，《刑法》第一百二十条之一规定的帮助恐怖活动罪，或者《刑法》第二百二十五条规定的非法经营罪的，依照处罚较重的规定定罪处罚。法律和司法解释另有规定的除外。

具有《刑法》第一百九十一条规定的上游犯罪的犯罪事实，又具有为其他不是同一事实的上游犯罪洗钱的犯罪事实的，分别以上游犯罪、洗钱罪定罪处罚，依法实行数罪并罚。

三、依法从严惩处洗钱犯罪

11.行为人主观上认识到是《刑法》第一百九十一条规定的七类上游犯罪的所得及其产生的收益，并实施该条第一款规定的洗钱行为，从而掩饰、隐瞒犯罪所得及其收益的来源和性质，构成犯罪的，应依法以洗钱罪定罪处罚。

12.洗钱数额在十万元以上的，或者洗钱数额在五万元以上，且具有下列情形之一的，可以认定为"情节严重"：

（1）多次实施洗钱行为的；（2）曾因洗钱行为受过刑事追究的；（3）拒不交代涉案资金去向或者拒不配合追缴工作，致使赃款无法追缴的；（4）造成重大损失或者其他严重后果的。

二次以上实施洗钱犯罪行为，依法应予刑事处理而未经处理的，洗钱数额累计计算。

13.地下钱庄实施洗钱犯罪的，或者金融机构及其从业人员实施洗钱犯罪的，可以依法从重处罚。

14.单位实施洗钱犯罪行为的，与自然人犯罪的定罪量刑标准相同，对单位判处罚金，并依法对其直接负责的主管人员和其他直接责任人员定罪处罚。

15.要依法用足用好财产刑，从经济上最大限度制裁洗钱犯罪分子。对洗钱犯罪判处罚金，应当根据被告人的犯罪情节，在法律规定的数额幅度内决定罚金数额，充分体现从重处罚的政策精神。对于自然人洗钱犯罪"情节严重"的，一般可并处洗钱数额百分之十以上百分之二十以下罚金。对单位犯罪，一般可判处洗钱数额百分之十以上罚金。

16.对于行为人如实供述犯罪事实，认罪悔罪，并如实交代涉案资金去向，积极配合调查和追缴工作，符合《刑事诉讼法》规定的认罪认罚从宽适用范围和条件的，可以依法从宽处理。

17.要从严掌握洗钱犯罪的缓刑适用。适用缓刑，应当综合考虑犯罪情节、悔罪表现、再犯罪的危险以及宣告缓刑对所居住社区的影响，依法作出决定。对于地下钱庄犯罪分子，以洗钱为业，多次实施洗钱行为，或者拒不交代涉案资金去向的，一般不适用缓刑。

四、强化洗钱刑事案件证据的收集、审查和运用

18.人民法院、人民检察院、公安机关在办理毒品犯罪、黑社会性质的组织犯罪、恐怖活动犯罪、走私犯罪、贪污贿赂犯罪、破坏金融管理秩序犯罪、金融诈骗犯罪案件过程中，要以"追踪资金"为重点，深挖洗钱犯罪线索，依法惩治洗钱犯罪和上游犯罪。进一步加大对涉地下钱庄洗钱犯罪的惩治力度，在办理地下钱庄犯罪案件中，深挖洗钱犯罪和上游犯罪线索，坚决遏制职业化、专业化、组织化的洗钱犯罪活动。

19.公安机关要加强对洗钱刑事案件的侦查取证工作，深入查明犯罪事实。对《刑法》第一百九十一条规定的上游犯罪开展"一案双查"，发现涉嫌洗钱犯罪的，依法立案侦查。在侦查工作中，紧紧围绕洗钱犯罪的犯罪构成事实，就行为人主观上是否认识到是洗钱罪的上游犯罪的所得及其产生的收益，是否具有掩饰、隐瞒犯罪所得及其收益的来源和性质

的目的，以及实施的具体洗钱行为等进行调查取证，及时收集固定证据，依法移送起诉。对跨境、跨区域或重大、复杂的洗钱刑事案件，及时与人民检察院沟通，必要时可以商请人民检察院适时介入侦查活动，提供指导。

20.人民检察院要积极履行在刑事诉讼中指控证明犯罪的主导责任，加强对洗钱刑事案件证据的审查，对审查发现可能影响洗钱罪认定的事实证据问题，要引导公安机关按照洗钱罪的构成要件及时补充侦查、完善证据。要注重从上游犯罪的事实证据中挖掘、发现洗钱犯罪线索，办理《刑法》第一百九十一条规定的上游犯罪案件时，同步审查是否涉嫌洗钱罪，审查发现洗钱犯罪线索的，及时要求公安机关开展侦查，引导侦查人员收集完善证据，会同相关部门加大对洗钱犯罪的查处力度。

21.人民法院要强化对洗钱刑事案件证据的审查、判断，综合运用证据，就行为人主观上是否认识到是洗钱罪的七类上游犯罪的所得及其产生的收益，是否通过实施洗钱行为掩饰、隐瞒犯罪所得及其收益的来源和性质等犯罪事实进行审查、认定，确保案件事实清楚，证据确实、充分。同时要注重从上游犯罪的事实证据中挖掘洗钱犯罪线索，发现洗钱犯罪线索或者新的洗钱犯罪事实的，应当及时将有关材料移送公安机关，或者建议人民检察院补充、追加或者变更起诉。

22.公安机关对人民法院、人民检察院、监察机关、中国人民银行等相关部门移送的洗钱犯罪线索，要及时进行调查，对涉嫌洗钱、犯罪的要及时立案侦查，必要时可请相关部门予以协助并提供相关证据材料。人民检察院要加强刑事立案监督、侦查活动监督工作，督促公安机关利用反洗钱工具和措施进行追踪、监测，对洗钱犯罪行为及时依法追诉。

23.人民法院、人民检察院、公安机关办理洗钱刑事案件，应当依法查询、查封、扣押、冻结全部涉案财产。对于依法查封、扣押、冻结的涉案财产，应当全面收集、审查证明其来源、性质、用途、权属及价值大小等有关证据。

对于涉及洗钱犯罪及其上游犯罪的违法所得及其产生的收益，应当依法追缴、没收。依法应当追缴、没收的财产无法找到、价值灭失或者与其他合法财产混合且不可分割的，可以追缴、没收洗钱犯罪行为人的其他等值财产。人民法院可以依法判决责令行为人以其他等值财产在违法所得范围内退赔。

对于依法查封、扣押、冻结的涉案财产，有证据证明确属被害人合法财产，或者确与行为人及其犯罪活动无关的，应予返还。

五、合力预防和惩治洗钱犯罪

24.人民法院、人民检察院、公安机关要健全完善洗钱刑事案件立案侦查、审查起诉、审判执行等相关工作机制，建立健全专业化、一体化、规范化执法司法协作工作机制，形成工作合力，规范调查取证、审查起诉、审判执行工作，及时立案侦查、审查起诉、审判执行，确保办案质量、办案效率和办案效果。办案中遇到重大争议问题，及时层报最高人民法院、最高人民检察院、公安部。

25.人民法院、人民检察院、公安机关要加强与中国人民银行等相关部门协作配合，充分发挥反洗钱工作联席会议机制，健全完善情报会商、信息交流、数据共享、案件反馈机制，加强对洗钱犯罪线索的分析研判，建立健全可疑交易线索移交合作机制，及时发现、有效预防和惩治洗钱犯罪。对于案情复杂、性质认定疑难案件，必要时可以听取中国人民银行等相关部门的意见，并根据案件事实和法律规定作出认定。

26.人民法院、人民检察院、公安机关要加强洗钱刑事案件的国际合作，完善刑事司法协助、引渡、警务合作制度机制和工作程序，强化打击跨国（境）洗钱犯罪，提升惩治跨国（境）洗钱犯罪效能。要规范跨国（境）刑事案件证据收集、移交、审查工作，依照国际条约或者互惠原则，提请证据材料所在地司法机关收集，或通过国际警务合作、国际刑警组织渠道收集的境外证据材料，公安机关应对其来源、提取人、提取时间或者提供人、提供时间以及保管移交的过程等作出说明；对其他来自境外的证据材料，应当对其来源、提供人、提供时间以及提取人、提取时间进行审查。能够证明案件事实的，可以作为证据使用。

27.人民法院、人民检察院、公安机关要加强反洗钱数据统计，在案件侦查、起诉、审判环节、扣押、冻结、没收犯罪资产、国际合作等工作中细化数据统计，按照要求梳理、统计相关信息、数据和案例；建立健全全国洗钱犯罪案件数据库，运用大数据、人工智能、云计算等信息技术为反洗钱工作提供支持。

28.人民法院、人民检察院、公安机关要结合工作实际，进一步健全办案机构，加强办案力量，加大办案工作力度，要加强反洗钱工作执法司法队伍专业化建设，鼓励、支持省级人民法院、人民检察院、公安机关辖区内专业办案能力建设和培养。通过联合调研、联合培训、发布典型案例等方式，进一步统一思想认识，统一执法司法尺度，提高办理洗钱刑事案件的能力和水平。

第五节　金融诈骗罪

第一百九十二条【集资诈骗罪】　以非法占有为目的，使用诈骗方法非法集资，数额较大的，处三年以上七年以下有期徒刑，并处罚金；数额巨大或者有其他严重情节的，处七年以上有期徒刑或者无期徒刑，并处罚金或者没收财产。

单位犯前款罪的，对单位判处罚金，并对其直接负责的主管人员和其他直接责任人员，依照前款的规定处罚。【2021年3月1日刑法修正案（十一）】

【1997年刑法】以非法占有为目的，使用诈骗方法非法集资，数额较大的，处五年以下有期徒刑或者拘役，并处二万元以上二十万元以下罚金；数额巨大或者有其他严重情节的，处五年以上十年以下有期徒刑，并处五万元以上五十万元以下罚金；数额特别巨大或者有其他特别严重情节的，处十年以上有期徒刑或者无期徒刑，并处五万元以上五十万元以下罚金或者没收财产。

（相关解释）1.**最高人民法院《关于审理非法集资刑事案件具体应用法律若干问题的解释》**法释〔2022〕5号（2010年11月22日最高人民法院审判委员会第1502次会议通过，根据2021年12月30日最高人民法院审判委员会第1860次会议通过的《最高人民法院关于修改〈最高人民法院关于审理非法集资刑事案件具体应用法律若干问题的解释〉的决定》修正，该修正自2022年3月1日起施行）（2022年2月23日）（具体见第一百七十六条）

第二条　实施下列行为之一，符合本解释第一条第一款规定的条件的，应当依照《刑法》第一百七十六条的规定，以非法吸收公众存款罪定罪处罚：

（一）不具有房产销售的真实内容或者不以房产销售为主要目的，以返本销售、售后包租、约定回购、销售房产份额等方式非法吸收资金的；

（二）以转让林权并代为管护等方式非法吸收资金的；

（三）以代种植（养殖）、租种植（养殖）、联合种植（养殖）等方式非法吸收资金的；

（四）不具有销售商品、提供服务的真实内容或者不以销售商品、提供服务为主要目的，以商品回购、寄存代售等方式非法吸收资金的；

（五）不具有发行股票、债券的真实内容，以虚假转让股权、发售虚构债券等方式非法吸收资金的；

（六）不具有募集基金的真实内容，以假借境外基金、发售虚构基金等方式非法吸收资金的；

（七）不具有销售保险的真实内容，以假冒保险公司、伪造保险单据等方式非法吸收资金的；

（八）以网络借贷、投资入股、虚拟币交易等方式非法吸收资金的；

（九）以委托理财、融资租赁等方式非法吸收资金的；

（十）以提供"养老服务"、投资"养老项目"、销售"老年产品"等方式非法吸收资金的；

（十一）利用民间"会""社"等组织非法吸收资金的；

（十二）其他非法吸收资金的行为。

第七条　以非法占有为目的，使用诈骗方法实施本解释第二条规定所列行为的，应当依照《刑法》第一百九十二条的规定，以集资诈骗罪定罪处罚。

使用诈骗方法非法集资，具有下列情形之一的，可以认定为"以非法占有为目的"：

（一）集资后不用于生产经营活动或者用于生产经营活动与筹集资金规模明显不成比例，致使集资款不能返还的；

（二）肆意挥霍集资款，致使集资款不能返还的；

（三）携带集资款逃匿的；

（四）将集资款用于违法犯罪活动的；

（五）抽逃、转移资金、隐匿财产，逃避返还资金的；

（六）隐匿、销毁账目，或者搞假破产、假倒闭，逃避返还资金的；

（七）拒不交代资金去向，逃避返还资金的；

（八）其他可以认定非法占有目的的情形。

集资诈骗罪中的非法占有目的，应当区分情形进行具体认定。行为人部分非法集资行为具有非法占有目的的，对该部分非法集资行为所涉集资款以集资诈骗罪定罪处罚；非法集资共同犯罪中部分行为人具有非法占有目的，其他行为人没有非法占有集资款的共同故意和行为的，对具有非法占有目的的行为人以集资诈骗罪定罪处罚。

第八条　集资诈骗数额在 10 万元以上的，应当认定为"数额较大"；数额在 100 万元以上的，应当认定为"数额巨大"。

集资诈骗数额在 50 万元以上，同时具有本解释第三条第二款第三项情节的，应当认定为《刑法》第一百九十二条规定的"其他严重情节"。

集资诈骗的数额以行为人实际骗取的数额计算，在案发前已归还的数额应予扣除。行为人为实施集资诈骗活动而支付的广告费、中介费、手续费、回扣，或者用于行贿、赠与等费用，不予扣除。行为人为实施集资诈骗活动而支付的利息，除本金未归还可予折抵本金以外，应当计入诈骗数额。

第九条 犯非法吸收公众存款罪，判处三年以下有期徒刑或者拘役，并处或者单处罚金的，处五万元以上一百万元以下罚金；判处三年以上十年以下有期徒刑的，并处十万元以上五百万元以下罚金；判处十年以上有期徒刑的，并处五十万元以上罚金。

犯集资诈骗罪，判处三年以上七年以下有期徒刑的，并处十万元以上五百万元以下罚金；判处七年以上有期徒刑或者无期徒刑的，并处五十万元以上罚金或者没收财产。

2.最高人民检察院、公安部《关于公安机关管辖的刑事案件立案追诉标准的规定（二）》（2022年4月6日）（附则见第一百二十条之一）

第四十四条 【集资诈骗案（《刑法》第一百九十二条）】以非法占有为目的，使用诈骗方法非法集资，数额在十万元以上的，应予立案追诉。

3.最高人民法院《全国法院审理金融犯罪案件工作座谈会纪要》 法〔2001〕8号

1.金融诈骗罪中非法占有目的的认定。金融诈骗犯罪都是以非法占有为目的的犯罪。在司法实践中，认定是否具有非法占有目的，应当坚持主客观相一致的原则，既要避免单纯根据损失结果客观归罪，也不能仅凭被告人自己的供述，而应当根据案件具体情况具体分析。根据司法实践，对于行为人通过诈骗的方法非法获取资金，造成数额较大资金不能归还，并具有下列情形之一的，可以认定为具有非法占有的目的：

（1）明知没有归还能力而大量骗取资金的；

（2）非法获取资金后逃跑的；

（3）肆意挥霍骗取资金的；

（4）使用骗取的资金进行违法犯罪活动的；

（5）抽逃、转移资金、隐匿财产，以逃避返还资金的；

（6）隐匿、销毁账目，或者搞假破产、假倒闭，以逃避返还资金的；

（7）其他非法占有资金、拒不返还的行为。但是，在处理具体案件的时候，对于有证据证明行为人不具有非法占有目的的，不能单纯以财产不能归还就按金融诈骗罪处罚。

3.集资诈骗罪的认定和处理。集资诈骗罪和欺诈发行股票、债券罪、非法吸收公众存款罪在客观上均表现为向社会公众非法募集资金。区别的关键在于行为人是否具有非法占有的目的。对于以非法占有为目的而非法集资，或者在非法集资过程中产生了非法占有他人资金的故意，均构成集资诈骗罪。但是，在处理具体案件时要注意以下两点：一是不能仅凭较大数额的非法集资款不能返还的结果，推定行为人具有非法占有的目的；二是行为人将大部分资金用于投资或生产经营活动，而将少量资金用于个人消费或挥霍的，不应仅以此便认定具有非法占有的目的。

4.金融诈骗犯罪定罪量刑的数额标准和犯罪数额的计算。金融诈骗的数额不仅是定罪的重要标准，也是量刑的主要依据。在没有新的司法解释之前，可参照1996年最高人民法院《关于审理诈骗案件具体应用法律的若干问题的解释》的规定执行。在具体认定金融诈骗犯罪的数额时，应当以行为人实际骗取的数额计算。对于行为人为实施金融诈骗活动而支付的中介费、手续费、回扣等，或者用于行贿、赠与等费用，均应计入金融诈骗的犯罪数额。但应当将案发前已归还的数额扣除。

4.最高人民法院《关于非法集资刑事案件性质认定问题的通知》法〔2011〕262号

一、行政部门对于非法集资的性质认定，不是非法集资案件进入刑事程序的必经程序。

行政部门未对非法集资作出性质认定的，不影响非法集资刑事案件的审判。

二、人民法院应当依照《刑法》和最高人民法院《关于审理非法集资刑事案件具体应用法律若干问题的解释》等有关规定认定案件事实的性质，并认定相关行为是否构成犯罪。

三、对于案情复杂、性质认定疑难的案件，人民法院可以在有关部门关于是否符合行业技术标准的行政认定意见的基础上，根据案件事实和法律规定作出性质认定。

5.最高人民法院、最高人民检察院、公安部《关于办理组织领导传销活动刑事案件适用法律若干问题的意见》公通字〔2013〕37号

六、关于罪名的适用问题

以非法占有为目的，组织、领导传销活动，同时构成组织、领导传销活动罪和集资诈骗罪的，依照处罚较重的规定定罪处罚。

6.最高人民法院、最高人民检察院、公安部《关于办理非法集资刑事案件适用法律若干问题的意见》（具体参照第一百七十六条）

7.最高人民检察院《关于办理涉互联网金融犯罪案件有关问题座谈会纪要》高检诉〔2017〕14号　（见第一百七十六条）

8.最高人民法院、最高人民检察院、公安部《关于办理非法集资刑事案件若干问题的意见》高检会〔2019〕2号（见第一百七十六条）

9.最高人民法院《全国法院民商事审判工作会议纪要》法〔2019〕254号（2019年11月8日）（见第一百七十六条）

（附参考）**1.浙江省高级人民法院　浙江省人民检察院　浙江省公安厅《关于当前办理集资类刑事案件适用法律若干问题的会议纪要》**浙高法〔2008〕352号（见第一百七十六条）

2.浙江省高级人民法院、浙江省人民检察院、浙江省公安厅《关于当前办理集资类刑事案件适用法律若干问题的会议纪要（二）》浙高法〔2011〕198号（见第一百七十六条）

3.浙江省高级人民法院《关于部分罪名定罪量刑情节及数额标准的意见》浙高法〔2012〕325号

40.《刑法》第一百九十二条　【集资诈骗罪】

个人集资诈骗数额在十万元以上不满三十万元，单位集资诈骗数额在五十万元以上不满一百五十万元的，属于"数额较大"，处五年以下有期徒刑或者拘役，并处二万元以上二十万元以下罚金。

具有下列情形之一的，属于"数额巨大或者有其他严重情节"，处五年以上十年以下有期徒刑，并处五万元以上五十万元以下罚金：

（1）个人集资诈骗数额在三十万元以上不满一百万元，单位集资诈骗数额在一百五十万元以上不满五百万元的；

（2）挥霍集资款，或者利用集资款进行违法活动，致使数额较大的集资款无法归还的；

（3）因非法集资行为受过行政处罚又非法集资，数额较大的；

（4）虽未达到本款第（1）项的数额标准，但向五十人以上非法集资，社会影响恶劣的；

（5）严重情节的其他情形。

具有下列情形之一的，属于"数额特别巨大或者有其他特别严重情节"，处十年以上有期徒刑或者无期徒刑，并处五万元以上五十万元以下罚金或者没收财产：

（1）个人集资诈骗数额在一百万元以上，单位集资诈骗数额在五百万元以上的；

（2）挥霍集资款，或者利用集资款进行违法活动，致使数额巨大的集资款无法归还的；

（3）因非法集资行为受过行政处罚又非法集资，数额巨大的；

（4）虽未达到本款第（1）项的数额标准，但向一百人以上非法集资，社会影响极其恶劣的；

（5）特别严重情节的其他情形。

4. 浙江省高级人民法院、浙江省人民检察院、浙江省公安厅《关于当前办理集资类刑事案件适用法律若干问题的会议纪要（三）》浙高法〔2013〕241号（见第一百七十六条）

第一百九十三条【贷款诈骗罪】 有下列情形之一，以非法占有为目的，诈骗银行或者其他金融机构的贷款，数额较大的，处五年以下有期徒刑或者拘役，并处二万元以上二十万元以下罚金；数额巨大或者有其他严重情节的，处五年以上十年以下有期徒刑，并处五万元以上五十万元以下罚金；数额特别巨大或者有其他特别严重情节的，处十年以上有期徒刑或者无期徒刑，并处五万元以上五十万元以下罚金或者没收财产：

（一）编造引进资金、项目等虚假理由的；

（二）使用虚假的经济合同的；

（三）使用虚假的证明文件的；

（四）使用虚假的产权证明作担保或者超出抵押物价值重复担保的；

（五）以其他方法诈骗贷款的。

（相关解释）**1. 最高人民检察院、公安部《关于公安机关管辖的刑事案件立案追诉标准的规定（二）》（2022年4月6日）（附则见第一百二十条之一）**

第四十五条 【贷款诈骗案（《刑法》第一百九十三条）】以非法占有为目的，诈骗银行或者其他金融机构的贷款，数额在五万元以上的，应予立案追诉。

2. 最高人民法院《全国法院审理金融犯罪案件工作座谈会纪要》法〔2001〕8号

贷款诈骗罪的认定和处理。贷款诈骗犯罪是目前案发较多的金融诈骗犯罪之一。审理贷款诈骗犯罪案件，应当注意以下两个问题：

一是单位不能构成贷款诈骗罪。根据《刑法》第三十条和第一百九十三条的规定，单位不构成贷款诈骗罪。对于单位实施的贷款诈骗行为，不能以贷款诈骗罪定罪处罚，也不能以贷款诈骗罪追究直接负责的主管人员和其他直接责任人员的刑事责任。但是，在司法实践中，对于单位十分明显地以非法占有为目的，利用签订、履行借款合同诈骗银行或其他金融机构贷款，符合《刑法》第二百二十四条规定的合同诈骗罪构成要件的，应当以合同诈骗罪定罪处罚。

二是要严格区分贷款诈骗与贷款纠纷的界限。对于合法取得贷款后，没有按规定的用途使用贷款，到期没有归还贷款的，不能以贷款诈骗罪定罪处罚；对于确有证据证明行为人不具有非法占有的目的，因不具备贷款的条件而采取了欺骗手段获取贷款，案发时有能力履行还贷义务，或者案发时不能归还贷款是因为意志以外的原因，如因经营不善、被骗、市场风险等，不应以贷款诈骗罪定罪处罚。

（附参考）浙江省高级人民法院《关于部分罪名定罪量刑情节及数额标准的意见》浙高法〔2012〕325号

41.《刑法》第一百九十三条【贷款诈骗罪】

贷款诈骗数额在二万元以上不满二十万元的，属于"数额较大"，处五年以下有期徒刑或者拘役，并处二万元以上二十万元以下罚金。

贷款诈骗数额在二十万元以上不满一百万元的，属于"数额巨大"，处五年以上十年以下有期徒刑，并处五万元以上五十万元以下罚金。

贷款诈骗数额在一百万元以上的，属于"数额特别巨大"，处十年以上有期徒刑或者无期徒刑，并处五万元以上五十万元以下罚金或者没收财产。

第一百九十四条【票据诈骗罪】 有下列情形之一，进行金融票据诈骗活动，数额较大的，处五年以下有期徒刑或者拘役，并处二万元以上二十万元以下罚金；数额巨大或者有其他严重情节的，处五年以上十年以下有期徒刑，并处五万元以上五十万元以下罚金；数额特别巨大或者有其他特别严重情节的，处十年以上有期徒刑或者无期徒刑，并处五万元以上五十万元以下罚金或者没收财产：

（一）明知是伪造、变造的汇票、本票、支票而使用的；

（二）明知是作废的汇票、本票、支票而使用的；

（三）冒用他人的汇票、本票、支票的；

（四）签发空头支票或者与其预留印鉴不符的支票，骗取财物的；

（五）汇票、本票的出票人签发无资金保证的汇票、本票或者在出票时作虚假记载，骗取财物的。

【金融凭证诈骗罪】 使用伪造、变造的委托收款凭证、汇款凭证、银行存单等其他银行结算凭证的，依照前款的规定处罚。

（相关解释）**最高人民检察院、公安部《关于公安机关管辖的刑事案件立案追诉标准的规定（二）》**（2022年4月6日）（附则见第一百二十条之一）

第四十六条 【票据诈骗案（《刑法》第一百九十四条第一款）】进行金融票据诈骗活动，数额在五万元以上的，应予立案追诉。

第四十七条 【金融凭证诈骗案（《刑法》第一百九十四条第二款）】使用伪造、变造的委托收款凭证、汇款凭证、银行存单等其他银行结算凭证进行诈骗活动，数额在五万元以上的，应予立案追诉。

（附参考）**1. 浙江省高级人民法院刑二庭《关于印发〈全省法院经济犯罪疑难问题研讨会纪要〉的通知》** 浙高法刑二〔2005〕1号

六、用盗窃来的银行承兑汇票进行贴现行为的定性

票据权利的实现或者票据票面上所载金额的取得，必须具备法定的条件，并履行相应的法定程序。在实现取得过程中，付款人负有对汇票进行形式审查的义务和责任，我国票据法规定，如果付款人未履行这一审查义务，在付款时主观上有故意或者重大过失，其在向冒用人付款后，不能免除其向真正的权利人付款的责任。行为人在窃得银行承兑汇票后，为了顺利通过付款人的审查，使付款人相信其是真正的票据权利人，就必需伪造并提供一些虚假的身份证明或者其他一些证件材料。这种虚构事实、隐瞒真相的行为完全符合诈骗犯罪的行为特征，而此前的盗窃行为只是为实施诈骗提供条件。因此，行为人在盗窃票据后进行使用贴现的，符合《刑法》规定的票据诈骗罪中"冒用他人本票、汇票、支票"的情形，构成票据诈骗罪。

2. 浙江省高级人民法院《关于部分罪名定罪量刑情节及数额标准的意见》 浙高法〔2012〕325号

42.《刑法》第一百九十四条第一款 【票据诈骗罪】

个人进行金融票据诈骗，数额在一万元以上不满十万元，单位进行金融票据诈骗，数额在十万元以上不满五十万元的，属于"数额较大"，处五年以下有期徒刑或者拘役，并处二万元以上二十万元以下罚金。

个人进行金融票据诈骗，数额在十万元以上不满五十万元，单位进行金融票据诈骗，数额在五十万元以上不满二百五十万元的，属于"数额巨大"，处五年以上十年以下有期徒刑，并处五万元以上五十万元以下罚金。

个人进行金融票据诈骗，数额在五十万元以上，单位进行金融票据诈骗，数额在二百五十万元以上的，属于"数额特别巨大"，处十年以上有期徒刑或者无期徒刑，并处五万元以上五十万元以下罚金或者没收财产。

43.《刑法》第一百九十四条第二款 【金融凭证诈骗罪】

个人进行金融凭证诈骗，数额在一万元以上不满十万元，单位进行金融凭证诈骗，数额在十万元以上不满五十万元的，属于"数额较大"，处五年以下有期徒刑或者拘役，并处二万元以上二十万元以下罚金。

个人进行金融凭证诈骗，数额在十万元以上不满五十万元，单位进行金融凭证诈骗，数额在五十万元以上不满二百五十万元的，属于"数额巨大"，处五年以上十年以下有期徒刑，并处五万元以上五十万元以下罚金。

个人进行金融凭证诈骗，数额在五十万元以上，单位进行金融凭证诈骗，数额在二百五十万元以上的，属于"数额特别巨大"，处十年以上有期徒刑或者无期徒刑，并处五万元以上五十万元以下罚金或者没收财产。

第一百九十五条【信用证诈骗罪】 有下列情形之一，进行信用证诈骗活动的，处五年以下有期徒刑或者拘役，并处二万元以上二十万元以下罚金；数额巨大或者有其他严重情节的，处五年以上十年以下有期徒刑，并处五万元以上五十万元以下罚金；数额特别巨大或者有其他特别严重情节的，处十年以上有期徒刑或者无期徒刑，并处五万元以上五十万元以下罚金或者没收财产：

（一）使用伪造、变造的信用证或者附随的单据、文件的；

（二）使用作废的信用证的；

（三）骗取信用证的；

（四）以其他方法进行信用证诈骗活动的。

（相关解释）**最高人民检察院、公安部《关于公安机关管辖的刑事案件立案追诉标准的规定（二）》**（2022年4月6日）（附则见第一百二十条之一）

第四十八条 【信用证诈骗案（《刑法》第一百九十五条）】进行信用证诈骗活动，涉嫌下列情形之一的，应予立案追诉：

（一）使用伪造、变造的信用证或者附随的单据、文件的；

（二）使用作废的信用证的；

（三）骗取信用证的；

（四）以其他方法进行信用证诈骗活动的。

（附参考）**浙江省高级人民法院《关于部分罪名定罪量刑情节及数额标准的意见》**浙高法〔2012〕325号

44.《刑法》第一百九十五条 【信用证诈骗罪】

个人进行信用证诈骗，数额在五十万元以上不满二百五十万元，单位进行信用证诈骗，数额在一百万元以上不满五百万元的，属于"数额巨大"，处五年以上十年以下有期徒刑，并处五万元以上五十万元以下罚金。

个人进行信用证诈骗，数额在二百五十万元以上，单位进行信用证诈骗，数额在五百万元以上的，属于"数额特别巨大"，处十年以上有期徒刑或者无期徒刑，并处五万元以上五十万元以下罚金或者没收财产。

第一百九十六条【信用卡诈骗罪】 有下列情形之一，进行信用卡诈骗活动，数额较大的，处五年以下有期徒刑或者拘役，并处二万元以上二十万元以下罚金；数额巨大或者有其他严重情节的，处五年以上十年以下有期徒刑，并处五万元以上五十万元以下罚金；数额特别巨大或者有其他特别严重情节的，处十年以上有期徒刑或者无期徒刑，并处五万元以上五十万元以下罚金或者没收财产：

（一）使用伪造的信用卡的，或者使用以虚假的身份证明骗领的信用卡的；

（二）使用作废的信用卡的；

（三）冒用他人信用卡的；

（四）恶意透支的。

前款所称恶意透支，是指持卡人以非法占有为目的，超过规定限额或者规定期限透支，并且经发卡银行催收后仍不归还的行为。

盗窃信用卡并使用的，依照本法第二百六十四条【盗窃罪】的规定定罪处罚。【2005年2月28日刑法修正案（五）】

【1997年刑法】 有下列情形之一，进行信用卡诈骗活动，数额较大的，处五年以下有期徒刑或者拘役，并处二万元以上二十万元以下罚金；数额巨大或者有其他严重情节的，处五年以上十年以下有期徒刑，并处五万元以上五十万元以下罚金；数额特别巨大或者有其他特别严重情节的，处十年以上有期徒刑或者无期徒刑，并处五万元以上五十万元以下罚金或者没收财产：

（一）使用伪造的信用卡的；

（二）使用作废的信用卡的；

（三）冒用他人信用卡的；

（四）恶意透支的。

前款所称恶意透支，是指持卡人以非法占有为目的，超过规定限额或者规定期限透支，并且经发卡银行催收后仍不归还的行为。

盗窃信用卡并使用的，依照本法第二百六十四条的规定定罪处罚。

（相关解释）1.**最高人民法院、最高人民检察院《关于办理妨害信用卡管理刑事案件具体应用法律若干问题的解释》**法释〔2009〕19号（2018年10月19日《最高人民法院、最高人民检察院关于修改〈关于办理妨害信用卡管理刑事案件具体应用法律若干问题的解释〉的决定》修正，法释〔2018〕19号）

为依法惩治妨害信用卡管理犯罪活动，维护信用卡管理秩序和持卡人合法权益，根据《中华人民共和国刑法》规定，现就办理这类刑事案件具体应用法律的若干问题解释如下：

第一条 复制他人信用卡、将他人信用卡信息资料写入磁条介质、芯片或者以其他方法伪造信用卡一张以上的，应当认定为《刑法》第一百七十七条第一款第四项规定的"伪造信用卡"，以伪造金融票证罪定罪处罚。

伪造空白信用卡十张以上的，应当认定为《刑法》第一百七十七条第一款第四项规定的"伪造信用卡"，以伪造金融票证罪定罪处罚。

伪造信用卡，有下列情形之一的，应当认定为《刑法》第一百七十七条规定的"情节严重"：

（一）伪造信用卡五张以上不满二十五张的；

（二）伪造的信用卡内存款余额、透支额度单独或者合计数额在二十万元以上不满一百万元的；

（三）伪造空白信用卡五十张以上不满二百五十张的；

（四）其他情节严重的情形。

伪造信用卡，有下列情形之一的，应当认定为《刑法》第一百七十七条规定的"情节特别严重"：

（一）伪造信用卡二十五张以上的；

（二）伪造的信用卡内存款余额、透支额度单独或者合计数额在一百万元以上的；

（三）伪造空白信用卡二百五十张以上的；

（四）其他情节特别严重的情形。

本条所称"信用卡内存款余额、透支额度"，以信用卡被伪造后发卡行记录的最高存款余额、可透支额度计算。

第二条 明知是伪造的空白信用卡而持有、运输十张以上不满一百张的，应当认定为《刑法》第一百七十七条之一第一款第一项规定的"数量较大"；非法持有他人信用卡五张以上不满五十张的，应当认定为《刑法》第一百七十七条之一第一款第二项规定的"数量较大"。

有下列情形之一的，应当认定为《刑法》第一百七十七条之一第一款规定的"数量巨大"：

（一）明知是伪造的信用卡而持有、运输十张以上的；

（二）明知是伪造的空白信用卡而持有、运输一百张以上的；

（三）非法持有他人信用卡五十张以上的；

（四）使用虚假的身份证明骗领信用卡十张以上的；

（五）出售、购买、为他人提供伪造的信用卡或者以虚假的身份证明骗领的信用卡十张以上的。

违背他人意愿，使用其居民身份证、军官证、士兵证、港澳居民往来内地通行证、台湾居民来往大陆通行证、护照等身份证明申领信用卡的，或者使用伪造、变造的身份证明申领信用卡的，应当认定为《刑法》第一百七十七条之一第一款第三项规定的"使用虚假的身份证明骗领信用卡"。

第三条 窃取、收买、非法提供他人信用卡信息资料，足以伪造可进行交易的信用卡，或者足以使他人以信用卡持卡人名义进行交易，涉及信用卡一张以上不满五张的，依照《刑法》第一百七十七条之一第二款的规定，以窃取、收买、非法提供信用卡信息罪定罪处罚；涉及信用卡五张以上的，应当认定为《刑法》第一百七十七条之一第一款规定的"数量巨大"。

第四条 为信用卡申请人制作、提供虚假的财产状况、收入、职务等资信证明材料，涉及伪造、变造、买卖国家机关公文、证件、印章，或者涉及伪造公司、企业、事业单位、人民团体印章，应当追究刑事责任的，依照《刑法》第二百八十条的规定，分别以伪造、变造、买卖国家机关公文、证件、印章罪和伪造公司、企业、事业单位、人民团体印章罪定罪处罚。

承担资产评估、验资、验证、会计、审计、法律服务等职责的中介组织或其人员，为信用卡申请人提供虚假的财产状况、收入、职务等资信证明材料，应当追究刑事责任的，依照《刑法》第二百二十九条的规定，分别以提供虚假证明文件罪和出具证明文件重大失实罪定罪处罚。

第五条 使用伪造的信用卡、以虚假的身份证明骗领的信用卡、作废的信用卡或者冒用他人信用卡，进行信用卡诈骗活动，数额在五千元以上不满五万元的，应当认定为《刑法》第一百九十六条规定的"数额较大"；数额在五万元以上不满五十万元的，应当认定为《刑法》第一百九十六条规定的"数额巨大"；数额在五十万元以上的，应当认定为《刑法》第一百九十六条规定的"数额特别巨大"。

《刑法》第一百九十六条第一款第三项所称"冒用他人信用卡"，包括以下情形：

（一）拾得他人信用卡并使用的；

（二）骗取他人信用卡并使用的；

（三）窃取、收买、骗取或者以其他非法方式获取他人信用卡信息资料，并通过互联网、通讯终端等使用的；

（四）其他冒用他人信用卡的情形。

第六条 持卡人以非法占有为目的，超过规定限额或者规定期限透支，经发卡银行两次有效催收后超过三个月仍不归还的，应当认定为《刑法》第一百九十六条规定的"恶意透支"。

对于是否以非法占有为目的，应当综合持卡人信用记录、还款能力和意愿、申领和透支信用卡的状况、透支资金的用途、透支后的表现、未按规定还款的原因等情节作出判断。不得单纯依据持卡人未按规定还款的事实认定非法占有目的。

具有以下情形之一的，应当认定为《刑法》第一百九十六条第二款规定的"以非法占有为目的"，但有证据证明持卡人确实不具有非法占有目的的除外：

（一）明知没有还款能力而大量透支，无法归还的；

（二）使用虚假资信证明申领信用卡后透支，无法归还的；

（三）透支后通过逃匿、改变联系方式等手段，逃避银行催收的；

（四）抽逃、转移资金，隐匿财产，逃避还款的；

（五）使用透支的资金进行犯罪活动的；

（六）其他非法占有资金，拒不归还的情形。

第七条 催收同时符合下列条件的，应当认定为本解释第六条规定的"有效催收"：

（一）在透支超过规定限额或者规定期限后进行；

（二）催收应当采用能够确认持卡人收悉的方式，但持卡人故意逃避催收的除外；

（三）两次催收至少间隔三十日；

（四）符合催收的有关规定或者约定。

对于是否属于有效催收，应当根据发卡银行提供的电话录音、信息送达记录、信函送达回执、电子邮件送达记录、持卡人或者其家属签字以及其他催收原始证据材料作出判断。

发卡银行提供的相关证据材料，应当有银行工作人员签名和银行公章。

第八条 恶意透支，数额在五万元以上不满五十万元的，应当认定为《刑法》第一百九十六条规定的"数额较大"；数额在五十万元以上不满五百万元的，应当认定为《刑法》第一百九十六条规定的"数额巨大"；数额在五百万元以上的，应当认定为《刑法》第一百九十六条规定的"数额特别巨大"。

第九条 恶意透支的数额，是指公安机关刑事立案时尚未归还的实际透支的本金数额，不包括利息、复利、滞纳金、手续费等发卡银行收取的费用。归还或者支付的数额，应当认定为归还实际透支的本金。

检察机关在审查起诉、提起公诉时，应当根据发卡银行提供的交易明细、分类账单（透支账单、还款账单）等证据材料，结合犯罪嫌疑人、被告人及其辩护人所提辩解、辩护意见及相关证据材料，审查认定恶意透支的数额；恶意透支的数额难以确定的，应当依据司法会计、审计报告，结合其他证据材料审查认定。人民法院在审判过程中，应当在对上述证据材料查证属实的基础上，对恶意透支的数额作出认定。

发卡银行提供的相关证据材料，应当有银行工作人员签名和银行公章。

第十条 恶意透支数额较大，在提起公诉前全部归还或者具有其他情节轻微情形的，可以不起诉；在一审判决前全部归还或者具有其他情节轻微情形的，可以免予刑事处罚。但是，曾因信用卡诈骗受过两次以上处罚的除外。

第十一条 发卡银行违规以信用卡透支形式变相发放贷款，持卡人未按规定归还的，不适用《刑法》第一百九十六条'恶意透支'的规定。构成其他犯罪的，以其他犯罪论处。

第十二条 违反国家规定，使用销售点终端机具（POS机）等方法，以虚构交易、虚开价格、现金退货等方式向信用卡持卡人直接支付现金，情节严重的，应当依据《刑法》第二百二十五条的规定，以非法经营罪定罪处罚。

实施前款行为，数额在一百万元以上的，或者造成金融机构资金二十万元以上逾期未还的，或者造成金融机构经济损失十万元以上的，应当认定为《刑法》第二百二十五条规定的"情节严重"；数额在五百万元以上的，或者造成金融机构资金一百万元以上逾期未还的，或者造成金融机构经济损失五十万元以上的，应当认定为《刑法》第二百二十五条规定的"情节特别严重"。

持卡人以非法占有为目的，采用上述方式恶意透支，应当追究刑事责任的，依照《刑法》第一百九十六条的规定，以信用卡诈骗罪定罪处罚。

第十三条 单位实施本解释规定的行为，适用本解释规定的相应自然人犯罪的定罪量刑标准。

2.《全国人大常委会关于〈中华人民共和国刑法〉有关信用卡规定的解释》 2004 年

《刑法》规定的"信用卡"，是指由商业银行或者其他金融机构发行的具有消费支付、信用贷款、转账结算、存取现金等全部功能或者部分功能的电子支付卡。

3.最高人民检察院《关于拾得他人信用卡并在自动柜员机（ATM机）上使用的行为如何定性问题的批复》 高检发释字〔2008〕1 号

拾得他人信用卡并在自动柜员机（ATM 机）上使用的行为，属于《刑法》第一百九十六条第一款第（三）项规定的"冒用他人信用卡"的情形，构成犯罪的，以信用卡诈骗罪追究刑事责任。

4.最高人民法院、最高人民检察院、公安部《关于信用卡诈骗犯罪管辖有关问题的通知》 公通字〔2011〕29 号

对以窃取、收买等手段非法获取他人信用卡信息资料后在异地使用的信用卡诈骗犯罪案件，持卡人信用卡申领地的公安机关、人民检察院、人民法院可以依法立案侦查、起诉、审判。

5.最高人民法院研究室《关于信用卡犯罪法律适用若干问题的复函》 法研〔2010〕105 号

公安部经济犯罪侦查局：

你局公经金融〔2010〕110 号《关于公安机关办理信用卡犯罪案件法律适用若干问题征求意见的函》收悉。经研究，提出以下意见供参考：

一、对于一人持有多张信用卡进行恶意透支，每张信用卡透支数额均未达到1万元的立案追诉标准的，原则上可以累计数额进行追诉。但考虑到一人办多张信用卡的情况复杂，如累计透支数额不大的，应分别不同情况慎重处理。

二、发卡银行的"催收"应有电话录音、持卡人或其家属签字等证据证明。"两次催收"一般应分别采用电话、信函、上门等两种以上催收形式。

三、若持卡人在透支大额款项后，仅向发卡行偿还远远低于最低还款额的欠款，具有非法占有目的的，可以认定为"恶意透支"；行为人确实不具有非法占有目的的，不能认定为"恶意透支"。

四、非法套现犯罪的证据规格，仍应遵循刑事诉讼法规定的证据确实、充分的证明标准。原则上应向各持卡人询问并制作笔录。如因持卡人数量众多、下落不明等客观原因导致无法取证，且其他证据已能确实、充分地证明使用信用卡非法套现的犯罪事实及套现数额的，则可以不向所有持卡人询问并制作笔录。

6. 最高人民检察院、公安部《关于公安机关管辖的刑事案件立案追诉标准的规定（二）》（2022年4月6日）（附则见第一百二十条之一）

第四十九条　【信用卡诈骗案（《刑法》第一百九十六条）】进行信用卡诈骗活动，涉嫌下列情形之一的，应予立案追诉：

（一）使用伪造的信用卡、以虚假的身份证明骗领的信用卡、作废的信用卡或者冒用他人信用卡，进行诈骗活动，数额在五千元以上的；

（二）恶意透支，数额在五万元以上的。

本条规定的"恶意透支"，是指持卡人以非法占有为目的，超过规定限额或者规定期限透支，经发卡银行两次有效催收后超过三个月仍不归还的。

恶意透支的数额，是指公安机关刑事立案时尚未归还的实际透支的本金数额，不包括利息、复利、滞纳金、手续费等发卡银行收取的费用。归还或者支付的数额，应当认定为归还实际透支的本金。

恶意透支，数额在五万元以上不满五十万元的，在提起公诉前全部归还或者具有其他情节轻微情形的，可以不起诉。但是，因信用卡诈骗受过二次以上处罚的除外。

（附参考）1. 浙江省高级人民法院《关于印发〈全省法院刑事审判疑难问题研讨会纪要〉的通知》浙高法〔2012〕47号

九、关于涉及信用卡犯罪的认定

根据《刑法》第一百九十六条第一款第（三）项规定，冒用他人信用卡，骗取财物数额较大的，应以信用卡诈骗罪追究刑事责任。

利用他人遗忘在银行自动柜员机（ATM机）内并已输入密码的信用卡取款的行为，符合秘密窃取他人财物的本质特征，数额较大的，应以盗窃罪追究刑事责任。

根据法律规定，恶意透支型信用卡诈骗犯罪中的持卡人有特定指向，包括信用卡的所有人和合法使用人。在办理以信用卡实际使用者为被告人的诈骗案件中，可从被告人是否属于冒用他人信用卡、主观上是否具有非法占有他人财物的诈骗犯罪故意等角度审查其实施的行为是否符合诈骗犯罪的构成特征。

2. 宁波市中级人民法院、宁波市人民检察院、宁波市公安局《关于印发宁波市公检法刑事执法工作联席会议纪要的通知》甬公通字〔2012〕91号

三、关于信用卡诈骗犯罪

（一）发卡银行应当提供信件、电话等不同形式的催收记录，做到催收的形式、内容明确，能证明发卡银行已履行了两次以上有效催收的义务，并通知到持卡人本人及亲属或者所在单位、居委会。持卡人逃匿或者无正当理由改变联系方式逃避银行催收的，也可以认定"经发卡银行两次催收"。

（二）信用卡诈骗犯罪的数额应当认定为本金。

四、关于刑事案件的管辖

（一）信用卡诈骗案件由犯罪地公安机关管辖，也可以由犯罪嫌疑人居住地公安机关管辖，并由同级人民检察院审查逮捕、审查起诉，同级人民法院审理。

3.浙江省高级人民法院、浙江省人民检察院、浙江省公安厅《关于办理电信网络诈骗犯罪案件若干问题的解答》浙高法〔2020〕44号　2020年4月24日（具体见第二百六十六条）

三、与关联犯罪的区分

7.问：在电信网络诈骗犯罪中，犯罪分子窃取被害人财物的行为构成诈骗罪、信用卡诈骗罪还是盗窃罪？

答：行为人利用信息网络，诱骗他人点击虚假链接而实际通过预先植入的计算机程序窃取财物构成犯罪的，以盗窃罪定罪处罚。行为人虚构可供交易的商品或者服务，欺骗他人点击付款链接而骗取财物构成犯罪的，以诈骗罪定罪处罚。

行为人窃取或骗取他人信用卡资料后通过互联网、通讯终端等使用的，应按照前述电信网络诈骗的"特征"有关规定，严格认定是否属于电信网络诈骗犯罪。

信用卡诈骗的本质在于非持卡人以持卡人名义使用持卡人的信用卡实施诈骗财物的行为。如果行为人使用木马程序病毒等方式窃取他人信用卡密码并登陆信用卡获取他人卡内数额较大的资金，可认定其行为构成盗窃罪。如果行为人未使用木马程序病毒等方式窃取信用卡密码，而是通过其他途径获知信用卡密码，冒用他人信用卡窃取数额较大的资金，可认定其行为构成信用卡诈骗罪。

第一百九十七条【有价证券诈骗罪】　使用伪造、变造的国库券或者国家发行的其他有价证券，进行诈骗活动，数额较大的，处五年以下有期徒刑或者拘役，并处二万元以上二十万元以下罚金；数额巨大或者有其他严重情节的，处五年以上十年以下有期徒刑，并处五万元以上五十万元以下罚金；数额特别巨大或者有其他特别严重情节的，处十年以上有期徒刑或者无期徒刑，并处五万元以上五十万元以下罚金或者没收财产。

（相关解释）**最高人民检察院、公安部《关于公安机关管辖的刑事案件立案追诉标准的规定（二）》**（2022年4月6日）（附则见第一百二十条之一）

第五十条　【有价证券诈骗案（《刑法》第一百九十七条）】使用伪造、变造的国库券或者国家发行的其他有价证券进行诈骗活动，数额在五万元以上的，应予立案追诉。

（附参考）**浙江省高级人民法院《关于部分罪名定罪量刑情节及数额标准的意见》**浙高法〔2012〕325号

45.《刑法》第一百九十七条　【有价证券诈骗罪】

使用有价证券进行诈骗，数额在一万元以上不满十万元的，属于"数额较大"，处五年以下有期徒刑或者拘役，并处二万元以上二十万元以下罚金。

使用有价证券进行诈骗，数额在十万元以上不满五十万元的，属于"数额巨大"，处五年以上十年以下有期徒刑，并处五万元以上五十万元以下罚金。

使用有价证券进行诈骗，数额在五十万元以上的，属于"数额特别巨大"，处十年以上有期徒刑或者无期徒刑，并处五万元以上五十万元以下罚金或者没收财产。

第一百九十八条【保险诈骗罪】 有下列情形之一，进行保险诈骗活动，数额较大的，处五年以下有期徒刑或者拘役，并处一万元以上十万元以下罚金；数额巨大或者有其他严重情节的，处五年以上十年以下有期徒刑，并处二万元以上二十万元以下罚金；数额特别巨大或者有其他特别严重情节的，处十年以上有期徒刑，并处二万元以上二十万元以下罚金或者没收财产：

（一）投保人故意虚构保险标的，骗取保险金的；

（二）投保人、被保险人或者受益人对发生的保险事故编造虚假的原因或者夸大损失的程度，骗取保险金的；

（三）投保人、被保险人或者受益人编造未曾发生的保险事故，骗取保险金的；

（四）投保人、被保险人故意造成财产损失的保险事故，骗取保险金的；

（五）投保人、受益人故意造成被保险人死亡、伤残或者疾病，骗取保险金的。

有前款第四项、第五项所列行为，同时构成其他犯罪的，依照数罪并罚的规定处罚。

单位犯第一款罪的，对单位判处罚金，并对其直接负责的主管人员和其他直接责任人员，处五年以下有期徒刑或者拘役；数额巨大或者有其他严重情节的，处五年以上十年以下有期徒刑；数额特别巨大或者有其他特别严重情节的，处十年以上有期徒刑。

保险事故的鉴定人、证明人、财产评估人故意提供虚假的证明文件，为他人诈骗提供条件的，以保险诈骗的共犯论处。

（相关解释）**1.最高人民检察院、公安部《关于公安机关管辖的刑事案件立案追诉标准的规定（二）》**（2022年4月6日）（附则见第一百二十条之一）

第五十一条 【保险诈骗案（《刑法》第一百九十八条）】进行保险诈骗活动，数额在五万元以上的，应予立案追诉。

2.最高人民法院、最高人民检察院、公安部《关于依法办理"碰瓷"违法犯罪案件的指导意见》公通字〔2020〕12号（2020年9月22日）（具体见《刑法》第二百六十六条）

一、实施"碰瓷"，虚构事实、隐瞒真相，骗取赔偿，符合《刑法》第二百六十六条规定的，以诈骗罪定罪处罚；骗取保险金，符合《刑法》第一百九十八条规定的，以保险诈骗罪定罪处罚。

实施"碰瓷"，捏造人身、财产权益受到侵害的事实，虚构民事纠纷，提起民事诉讼，符合《刑法》第三百零七条之一规定的，以虚假诉讼罪定罪处罚；同时构成其他犯罪的，依照处罚较重的规定定罪从重处罚。

（附参考）**浙江省高级人民法院《关于部分罪名定罪量刑情节及数额标准的意见》**浙高法〔2012〕325号

46.《刑法》第一百九十八条 【保险诈骗罪】

个人进行保险诈骗，数额在一万元以上不满十万元，单位进行保险诈骗，数额在五万元以上不满五十万元的，属于"数额较大"，处五年以下有期徒刑或者拘役，并处一万元以上十万元以下罚金。

个人进行保险诈骗，数额在十万元以上不满五十万元，单位进行保险诈骗，数额在五十万元以上不满二百五十万元的，属于"数额巨大"，处五年以上十年以下有期徒刑，并处二万元以上二十万元以下罚金。

个人或者单位进行保险诈骗，达到"数额较大"的标准，并具有下列情形之一的，属于"其他严重情节"，处五年以上十年以下有期徒刑，并处二万元以上二十万元以下罚金：

（1）为骗取保险金而对保险公司工作人员、鉴定人、证明人、财产评估人等行贿的；

（2）以故意造成保险事故的方式骗取保险金三次以上，尚未构成其他犯罪的；

（3）严重情节的其他情形。

个人进行保险诈骗，数额在五十万元以上，单位进行保险诈骗，数额在二百五十万元以上的，属于"数额特别巨大"，处十年以上有期徒刑，并处二万元以上二十万元以下罚金或者没收财产。

个人或者单位进行保险诈骗，达到"数额巨大"的标准，并具有下列情形之一的，属于"其他特别严重情节"，处十年以上有期徒刑，并处二万元以上二十万元以下罚金或者没收财产：

（1）为骗取保险金而对保险公司工作人员、鉴定人、证明人、财产评估人等行贿的；

（2）以故意造成保险事故的方式骗取保险金三次以上，尚未构成其他犯罪的；

（3）特别严重情节的其他情形。

第一百九十九条 （删去第一百九十九条）【2015 年 11 月 1 日刑法修正案（九）】

【1997 年刑法】犯本节第一百九十二条、第一百九十四条、第一百九十五条规定之罪，数额特别巨大并且给国家和人民利益造成特别重大损失的，处无期徒刑或者死刑，并处没收财产。

【2011 年 5 月 1 日刑法修正案（八）】犯本节第一百九十二条规定之罪，数额特别巨大并且给国家和人民利益造成特别重大损失的，处无期徒刑或者死刑，并处没收财产。

第二百条 单位犯本节第一百九十四条、第一百九十五条规定之罪的，对单位判处罚金，并对其直接负责的主管人员和其他直接责任人员，处五年以下有期徒刑或者拘役，可以并处罚金；数额巨大或者有其他严重情节的，处五年以上十年以下有期徒刑，并处罚金；数额特别巨大或者有其他特别严重情节的，处十年以上有期徒刑或者无期徒刑，并处罚金。【2021 年 3 月 1 日刑法修正案（十一）】

【1997 年刑法】单位犯本节第一百九十二条、第一百九十四条、第一百九十五条规定之罪的，对单位判处罚金，并对其直接负责的主管人员和其他直接责任人员，处五年以下有期徒刑或者拘役；数额巨大或者有其他严重情节的，处五年以上十年以下有期徒刑；数额特别巨大或者有其他特别严重情节的，处十年以上有期徒刑或者无期徒刑。

【2011 年 5 月 1 日刑法修正案（八）】单位犯本节第一百九十二条、第一百九十四条、第一百九十五条规定之罪的，对单位判处罚金，并对其直接负责的主管人员和其他直接责任人员，处五年以下有期徒刑或者拘役，可以并处罚金；数额巨大或者有其他严重情节的，处五年以上十年以下有期徒刑，并处罚金；数额特别巨大或者有其他特别严重情节的，处十年以上有期徒刑或者无期徒刑，并处罚金。

第六节 危害税收征管罪

第二百零一条【逃税罪】 纳税人采取欺骗、隐瞒手段进行虚假纳税申报或者不申报，逃避缴纳税款数额较大并且占应纳税额百分之十以上的，处三年以下有期徒刑或者拘役，并处罚金；数额巨大并且占应纳税额百分之三十以上的，处三年以上七年以下有期徒刑，并处罚金。

扣缴义务人采取前款所列手段，不缴或者少缴已扣、已收税款，数额较大的，依照前款的规定处罚。

对多次实施前两款行为，未经处理的，按照累计数额计算。

有第一款行为，经税务机关依法下达追缴通知后，补缴应纳税款，缴纳滞纳金，已受行政处罚的，不予追究刑事责任；但是，五年内因逃避缴纳税款受过刑事处罚或者被税务机关给予二次以上行政处罚的除外。【2009年2月28日刑法修正案（七）】

【1997年刑法】纳税人采取伪造、变造、隐匿、擅自销毁账簿、记账凭证，在账簿上多列支出或者不列、少列收入，经税务机关通知申报而拒不申报或者进行虚假的纳税申报的手段，不缴或者少缴应纳税款，偷税数额占应纳税额的百分之十以上不满百分之三十并且偷税数额在一万元以上不满十万元的，或者因偷税被税务机关给予二次行政处罚又偷税的，处三年以下有期徒刑或者拘役，并处偷税数额一倍以上五倍以下罚金；偷税数额占应纳税额的百分之三十以上并且偷税数额在十万元以上的，处三年以上七年以下有期徒刑，并处偷税数额一倍以上五倍以下罚金。

扣缴义务人采取前款所列手段，不缴或者少缴已扣、已收税款，数额占应缴税额的百分之十以上并且数额在一万元以上的，依照前款的规定处罚。

对多次犯有前两款行为，未经处理的，按照累计数额计算。

（相关解释）**1. 最高人民检察院、公安部《关于公安机关管辖的刑事案件立案追诉标准的规定（二）》**（2022年4月6日）（附则见第一百二十条之一）

第五十二条 【逃税案（《刑法》第二百零一条）】逃避缴纳税款，涉嫌下列情形之一的，应予立案追诉：

（一）纳税人采取欺骗、隐瞒手段进行虚假纳税申报或者不申报，逃避缴纳税款，数额在十万元以上并且占各税种应纳税总额百分之十以上，经税务机关依法下达追缴通知后，不补缴应纳税款、不缴纳滞纳金或者不接受行政处罚的；

（二）纳税人五年内因逃避缴纳税款受过刑事处罚或者被税务机关给予二次以上行政处罚，又逃避缴纳税款，数额在十万元以上并且占各税种应纳税总额百分之十以上的；

（三）扣缴义务人采取欺骗、隐瞒手段，不缴或者少缴已扣、已收税款，数额在十万元以上的。

纳税人在公安机关立案后再补缴应纳税款、缴纳滞纳金或者接受行政处罚的，不影响刑事责任的追究。

2. 最高人民法院《关于审理偷税抗税刑事案件具体应用法律若干问题的解释》 法释〔2002〕33号

第一条 纳税人实施下列行为之一，不缴或者少缴应纳税款，偷税数额占应纳税额的百分之十以上且偷税数额在一万元以上的，依照《刑法》第二百零一条第一款的规定定罪处罚：

（一）伪造、变造、隐匿、擅自销毁账簿、记账凭证；

（二）在账簿上多列支出或者不列、少列收入；

（三）经税务机关通知申报而拒不申报纳税；

（四）进行虚假纳税申报；

（五）缴纳税款后，以假报出口或者其他欺骗手段，骗取所缴纳的税款。

扣缴义务人实施前款行为之一，不缴或者少缴已扣、已收税款，数额在一万元以上且占应缴税额百分之十以上的，依照《刑法》第二百零一条第一款的规定定罪处罚。扣缴义务人书面承诺代纳税人支付税款的，应当认定扣缴义务人"已扣、已收税款"。

实施本条第一款、第二款规定的行为，偷税数额在五万元以下，纳税人或者扣缴义务人在公安机关立案侦查以前已经足额补缴应纳税款和滞纳金，犯罪情节轻微，不需要判处刑罚的，可以免予刑事处罚。

第二条 纳税人伪造、变造、隐匿、擅自销毁用于记账的发票等原始凭证的行为，应当认定为《刑法》第二百零一条第一款规定的伪造、变造、隐匿、擅自销毁记账凭证的行为。

具有下列情形之一的，应当认定为《刑法》第二百零一条第一款规定的"经税务机关通知申报"：

（一）纳税人、扣缴义务人已经依法办理税务登记或者扣缴税款登记的；

（二）依法不需要办理税务登记的纳税人，经税务机关依法书面通知其申报的；

（三）尚未依法办理税务登记、扣缴税款登记的纳税人、扣缴义务人，经税务机关依法书面通知其申报的。

《刑法》第二百零一条第一款规定的"虚假的纳税申报"，是指纳税人或者扣缴义务人向税务机关报送虚假的纳税申报表、财务报表、代扣代缴、代收代缴税款报告表或者其他纳税申报资料，如提供虚假申请，编造减税、免税、抵税、先征收后退还税款等虚假资料等。

《刑法》第二百零一条第三款规定的"未经处理"，是指纳税人或者扣缴义务人在五年内多次实施偷税行为，但每次偷税数额均未达到《刑法》第二百零一条规定的构成犯罪的数额标准，且未受行政处罚的情形。

纳税人、扣缴义务人因同一偷税犯罪行为受到行政处罚，又被移送起诉的，人民法院应当依法受理。依法定罪并判处罚金的，行政罚款折抵罚金。

第三条 偷税数额，是指在确定的纳税期间，不缴或者少缴各税种税款的总额。

偷税数额占应纳税额的百分比，是指一个纳税年度中的各税种偷税总额与该纳税年度应纳税总额的比例。不按纳税年度确定纳税期的其他纳税人，偷税数额占应纳税额的百分比，按照行为人最后一次偷税行为发生之日前一年中各税种偷税总额与该年纳税总额的比例确定。纳税义务存续期间不足一个纳税年度的，偷税数额占应纳税额的百分比，按照各税种偷税总额与实际发生纳税义务期间应当缴纳税款总额的比例确定。

偷税行为跨越若干个纳税年度，只要其中一个纳税年度的偷税数额及百分比达到《刑法》第二百零一条第一款规定的标准，即构成偷税罪。各纳税年度的偷税数额应当累计计算，偷税百分比应当按照最高的百分比确定。

第四条 两年内因偷税受过二次行政处罚，又偷税且数额在一万元以上的，应当以偷税罪定罪处罚。

（附参考）**浙江省高级人民法院《关于部分罪名定罪量刑情节及数额标准的意见》**浙高法〔2012〕325号

47.《刑法》第二百零一条 【逃税罪】

逃避缴纳税款数额在五万元以上不满二十五万元的，属于"数额较大"。

逃避缴纳税款数额在二十五万元以上的，属于"数额巨大"。

第二百零二条【抗税罪】 以暴力、威胁方法拒不缴纳税款的，处三年以下有期徒刑或者拘役，并处拒缴税款一倍以上五倍以下罚金；情节严重的，处三年以上七年以下有期徒刑，并处拒缴税款一倍以上五倍以下罚金。

（相关解释）**1. 最高人民检察院、公安部《关于公安机关管辖的刑事案件立案追诉标准的规定（二）》**（2022年4月6日）（附则见第一百二十条之一）

第五十三条 【抗税案（《刑法》第二百零二条）】以暴力、威胁方法拒不缴纳税款，涉嫌下列情形之一的，应予立案追诉：

（一）造成税务工作人员轻微伤以上的；

（二）以给税务工作人员及其亲友的生命、健康、财产等造成损害为威胁，抗拒缴纳税款的；

（三）聚众抗拒缴纳税款的；

（四）以其他暴力、威胁方法拒不缴纳税款的。

2. 最高人民法院《关于审理偷税抗税刑事案件具体应用法律若干问题的解释》 法释〔2002〕33号

实施抗税行为具有下列情形之一的，属于《刑法》第二百零二条规定的"情节严重"：（1）聚众抗税的首要分子；（2）抗税数额在十万元以上的；（3）多次抗税的；（4）故意伤害致人轻伤的；（5）具有其他严重情节。

与纳税人或者扣缴义务人共同实施抗税行为的，以抗税罪的共犯依法处罚。

第二百零三条【逃避追缴欠税罪】 纳税人欠缴应纳税款，采取转移或者隐匿财产的手段，致使税务机关无法追缴欠缴的税款，数额在一万元以上不满十万元的，处三年以下有期徒刑或者拘役，并处或者单处欠缴税款一倍以上五倍以下罚金；数额在十万元以上的，处三年以上七年以下有期徒刑，并处欠缴税款一倍以上五倍以下罚金。

（相关解释）**最高人民检察院、公安部《关于公安机关管辖的刑事案件立案追诉标准的规定（二）》**（2022年4月6日）（附则见第一百二十条之一）

第五十四条 【逃避追缴欠税案（《刑法》第二百零三条）】纳税人欠缴应纳税款，采取转移或者隐匿财产的手段，致使税务机关无法追缴欠缴的税款，数额在一万元以上的，应予立案追诉。

第二百零四条【骗取出口退税罪】 以假报出口或者其他欺骗手段，骗取国家出口退税款，数额较大的，处五年以下有期徒刑或者拘役，并处骗取税款一倍以上五倍以下罚金；数额巨大或者有其他严重情节的，处五年以上十年以下有期徒刑，并处骗取税款一倍以上五倍以下罚金；数额特别巨大或者有其他特别严重情节的，处十年以上有期徒刑或者无期徒刑，并处骗取税款一倍以上五倍以下罚金或者没收财产。

纳税人缴纳税款后，采取前款规定的欺骗方法，骗取所缴纳的税款的，依照本法第二百零一条【逃税罪】的规定定罪处罚；骗取税款超过所缴纳的税款部分，依照前款的规定处罚。

（相关解释）**1. 最高人民法院《关于审理骗取出口退税刑事案件具体应用法律若干问题的解释》** 法释〔2002〕30号

第一条 《刑法》第二百零四条规定的"假报出口"，是指以虚构已税货物出口事实为目的，具有下列情形之一的行为：

（一）伪造或者签订虚假的买卖合同；

（二）以伪造、变造或者其他非法手段取得出口货物报关单、出口收汇核销单、出口货物专用缴款书等有关出口退税单据、凭证；

（三）虚开、伪造、非法购买增值税专用发票或者其他可以用于出口退税的发票；

（四）其他虚构已税货物出口事实的行为。

第二条 具有下列情形之一的，应当认定为《刑法》第二百零四条规定的"其他欺骗手段"：

（一）骗取出口货物退税资格的；

（二）将未纳税或者免税货物作为已税货物出口的；

（三）虽有货物出口，但虚构该出口货物的品名、数量、单价等要素，骗取未实际纳税部分出口退税款的；

（四）以其他手段骗取出口退税款的。

第三条 骗取国家出口退税款五万元以上的，为《刑法》第二百零四条规定的"数额较大"；骗取国家出口退税款五十万元以上的，为《刑法》第二百零四条规定的"数额巨大"；骗取国家出口退税款二百五十万元以上的，为《刑法》第二百零四条规定的"数额特别巨大"。

第四条 具有下列情形之一的，属于《刑法》第二百零四条规定的"其他严重情节"：

（一）造成国家税款损失三十万元以上并且在第一审判决宣告前无法追回的；

（二）因骗取国家出口退税行为受过行政处罚，两年内又骗取国家出口退税款数额在三十万元以上的；

（三）情节严重的其他情形。

第五条 具有下列情形之一的，属于《刑法》第二百零四条规定的"其他特别严重情节"：

（一）造成国家税款损失一百五十万元以上并且在第一审判决宣告前无法追回的；

（二）因骗取国家出口退税行为受过行政处罚，两年内又骗取国家出口退税款数额在一百五十万元以上的；

（三）情节特别严重的其他情形。

第六条 有进出口经营权的公司、企业，明知他人意欲骗取国家出口退税款，仍违反国家有关进出口经营的规定，允许他人自带客户、自带货源、自带汇票并自行报关，骗取国家出口退税款的，依照《刑法》第二百零四条第一款、第二百一十一条的规定定罪处罚。

第七条 实施骗取国家出口退税行为，没有实际取得出口退税款的，可以比照既遂犯从轻或者减轻处罚。

第八条 国家工作人员参与实施骗取出口退税犯罪活动的，依照《刑法》第二百零四条第一款的规定从重处罚。

第九条 实施骗取出口退税犯罪，同时构成虚开增值税专用发票罪等其他犯罪的，依照《刑法》处罚较重的规定定罪处罚。

2. 最高人民检察院、公安部《关于公安机关管辖的刑事案件立案追诉标准的规定（二）》（2022年4月6日）（附则见第一百二十条之一）

第五十五条 【骗取出口退税案（《刑法》第二百零四条）】以假报出口或者其他欺骗手段，骗取国家出口退税款，数额在十万元以上的，应予立案追诉。

3. 最高人民法院《关于审理骗购外汇、非法买卖外汇刑事案件具体应用法律若干问题的解释》 法释〔1998〕20号

以进行走私、逃汇、洗钱、骗税等犯罪活动为目的，使用虚假、无效的凭证、商业单

据或者采取其他手段向外汇指定银行骗购外汇的，应当分别按照《刑法》分则第三章第二节、第一百九十条、第一百九十一条和第二百零四条等规定定罪处罚。

第二百零五条【虚开增值税专用发票、用于骗取出口退税、抵扣税款发票罪】　虚开增值税专用发票或者虚开用于骗取出口退税、抵扣税款的其他发票的，处三年以下有期徒刑或者拘役，并处二万元以上二十万元以下罚金；虚开的税款数额较大或者有其他严重情节的，处三年以上十年以下有期徒刑，并处五万元以上五十万元以下罚金；虚开的税款数额巨大或者有其他特别严重情节的，处十年以上有期徒刑或者无期徒刑，并处五万元以上五十万元以下罚金或者没收财产。

单位犯本条规定之罪的，对单位判处罚金，并对其直接负责的主管人员和其他直接责任人员，处三年以下有期徒刑或者拘役；虚开的税款数额较大或者有其他严重情节的，处三年以上十年以下有期徒刑；虚开的税款数额巨大或者有其他特别严重情节的，处十年以上有期徒刑或者无期徒刑。

虚开增值税专用发票或者虚开用于骗取出口退税、抵扣税款的其他发票，是指有为他人虚开、为自己虚开、让他人为自己虚开、介绍他人虚开行为之一的。【2011年5月1日刑法修正案（八）】

【1997年刑法】虚开增值税专用发票或者虚开用于骗取出口退税、抵扣税款的其他发票的，处三年以下有期徒刑或者拘役，并处二万元以上二十万元以下罚金；虚开的税款数额较大或者有其他严重情节的，处三年以上十年以下有期徒刑，并处五万元以上五十万元以下罚金；虚开的税款数额巨大或者有其他特别严重情节的，处十年以上有期徒刑或者无期徒刑，并处五万元以上五十万元以下罚金或者没收财产。

有前款行为骗取国家税款，数额特别巨大，情节特别严重，给国家利益造成特别重大损失的，处无期徒刑或者死刑，并处没收财产。

单位犯本条规定之罪的，对单位判处罚金，并对其直接负责的主管人员和其他直接责任人员，处三年以下有期徒刑或者拘役；虚开的税款数额较大或者有其他严重情节的，处三年以上十年以下有期徒刑；虚开的税款数额巨大或者有其他特别严重情节的，处十年以上有期徒刑或者无期徒刑。

虚开增值税专用发票或者虚开用于骗取出口退税、抵扣税款的其他发票，是指有为他人虚开、为自己虚开、让他人为自己虚开、介绍他人虚开行为之一的。

（相关解释）**1.最高人民法院《关于适用〈全国人民代表大会常务委员会关于惩治虚开、伪造和非法出售增值税专用发票犯罪的决定〉的若干问题的解释》法发〔1996〕30号**

一、根据《决定》第一条规定，虚开增值税专用发票的，构成虚开增值税专用发票罪。

具有下列行为之一的，属于"虚开增值税专用发票"：（1）没有货物购销或者没有提供或接受应税劳务而为他人、为自己、让他人为自己、介绍他人开具增值税专用发票；（2）有货物购销或者提供或接受了应税劳务但为他人、为自己、让他人为自己、介绍他人开具数量或者金额不实的增值税专用发票；（3）进行了实际经营活动，但让他人为自己代开增值税专用发票。

五、根据《决定》第五条规定，虚开用于骗取出口退税、抵扣税款的其他发票的，构成虚开专用发票罪，依照《决定》第一条的规定处罚。

"用于骗取出口退税、抵扣税款的其他发票"是指可以用于申请出口退税、抵扣税款的非增值税专用发票，如运输发票、废旧物品收购发票、农业产品收购发票等。

七、盗窃增值税专用发票或者可以用于骗取出口退税、抵扣税款的其他发票二十五份以上，或者其他发票五十份以上的；诈骗增值税专用发票或者可以用于骗取出口退税、抵扣税款的其他发票五十份以上，或者其他发票一百份以上的，依照《刑法》第一百五十一条的规定处罚。

盗窃增值税专用发票或者可以用于骗取出口退税、抵扣税款的其他发票二百五十份以上，或者其他发票五百份以上的；诈骗增值税专用发票或者可以用于骗取出口退税、抵扣税款的其他发票五百份以上，或者其他发票一千份以上的，依照《刑法》第一百五十二条的规定处罚。

盗窃增值税专用发票或者其他发票情节特别严重的，依照《全国人民代表大会常务委员会关于严惩严重破坏经济的罪犯的决定》第一条第（一）项的规定处罚。

盗窃、诈骗增值税专用发票或者其他发票后，又实施《决定》规定的虚开、出售等犯罪的，按照其中的重罪定罪处罚，不实行数罪并罚。

2. 最高人民检察院、公安部《关于公安机关管辖的刑事案件立案追诉标准的规定(二)》（2022年4月6日）（附则见第一百二十条之一）

第五十六条 **【虚开增值税专用发票、用于骗取出口退税、抵扣税款发票案（《刑法》第二百零五条）】**虚开增值税专用发票或者虚开用于骗取出口退税、抵扣税款的其他发票，虚开的税款数额在十万元以上或者造成国家税款损失数额在五万元以上的，应予立案追诉。

3. 《全国人大常委会关于〈中华人民共和国刑法〉有关出口退税、抵扣税款的其他发票规定的解释》2005 年

《刑法》规定的"出口退税、抵扣税款的其他发票"，是指除增值税专用发票以外的，具有出口退税、抵扣税款功能的收付款凭证或者完税凭证。

4. 最高人民法院研究室《〈关于如何认定以"挂靠"有关公司名义实施经营活动并让有关公司为自己虚开增值税专用发票行为的性质〉征求意见的复函》法研〔2015〕58 号

公安部经济犯罪侦查局：

贵局《关于如何认定以"挂靠"有关公司名义实施经营活动并让有关公司为自己虚开增值税专用发票行为的性质的函》（公经财税〔2015〕40 号）收悉，经研究，现提出如下意见：

一、挂靠方以挂靠形式向受票方实际销售货物，被挂靠方向受票方开具增值税专用发票的，不属于《刑法》第二百零五条规定的"虚开增值税专用发票"。

主要考虑：（1）由挂靠方适用被挂靠方的经营资格进行经营活动，并向挂靠方支付挂靠费的经营方式在实践中客观存在，且带有一定普遍性。相关法律并未明确禁止以挂靠形式从事经营活动。

（2）虚开增值税专用发票罪是行政犯，对相关入罪要件的判断，应当依据、参照相关行政法规、部门规章等，而根据《国家税务总局关于纳税人对外开具增值税专用发票有关问题的公告》（国家税务总局公告 2014 年第 39 号），挂靠方以挂靠形式向受票方实际销售货物，被挂靠方向受票方开具增值税专用发票的，不属于虚开。

二、行为人利用他人的名义从事经营活动，并以他人名义开具增值税专用发票的，即便行为人与该他人之间不存在挂靠关系，但如行为人进行了实际的经营活动，主观上并无骗取抵扣税款的故意，客观上也未造成国家增值税款损失的，不宜认定为《刑法》第二百零五条规定的"虚开增值税专用发票"；符合逃税罪等其他犯罪构成条件的，可以其他犯

罪论处。

主要考虑：（1）虚开增值税发票罪的危害实质在于通过虚开行为骗取抵扣税款，对于有实际交易存在的代开行为，如行为人主观上并无骗取的扣税款的故意，客观上未造成国家增值税款损失的，不宜以虚开增值税专用发票罪论处。虚开增值税专用发票罪的法定最高刑为无期徒刑，系严重犯罪，如将该罪理解为行为犯，只要虚开增值税专用发票，侵犯增值税专用发票管理秩序的，即构成犯罪并要判处重刑，也不符合罪刑责相适应原则。

（2）1996年10月17日《关于适用〈全国人民代表大会常务委员会关于惩治虚开、伪造和非法出售增值税专用发票犯罪的决定〉的若干问题的解释》虽然未被废止，但该解释制定于1997年刑法施行前，根据我院《关于认真学习宣传贯彻修订的〈中华人民共和国刑法〉的通知》（法发〔1997〕3号）第五条"修订的刑法实施后，对已明令废止的全国人大常委会有关决定和补充规定，最高人民法院原作出的有关司法解释不再适用，但是如果修订的刑法有关条文实质内容没有变化的，人民法院在刑事审判工作中，在没有新的司法解释前，可参照执行。其他对于与修订的刑法规定相抵触的司法解释，不再适用"的规定，应当根据现行《刑法》第二百零五条关于虚开增值税专用发票罪的规定，合理选择该解释中可以继续参照适用的条文。其中，该解释中关于"进行了实际经营活动，但让他人为自己代开增值税专用发票"也属于虚开的规定，与虚开增值税专用发票罪的规定不符，不应继续适用；如继续适用该解释的上述规定，则对于挂靠代开案件也要以犯罪论处，显然有失妥当。

（3）《刑事审判参考》曾刊登"芦才兴虚开抵扣税款发票案"。该案例提出，虚开可以用于抵扣税款的发票冲减营业额偷逃税款的行为。主观上明知所虚开的运输发票均不用于抵扣税款，客观上使用虚开发票冲减营业额的方法偷逃应纳税款，其行为不符合虚开用于抵扣税款发票罪的构成要件，属于偷税行为。2001年福建高院请示的泉州市松苑绵涤实业有限公司等虚开增值税专用发票案，被告单位不以抵扣税款为目的，而是为了显示公司实力以达到在与外商谈判中处于有利地位的目的而虚开增值税发票。我院答复认为该公司的行为不构成犯罪。

以上意见供参考。

5.最高人民法院《关于虚开增值税专用发票定罪量刑标准有关问题的通知》法〔2018〕226号

为正确适用《刑法》第二百零五条关于虚开增值税专用发票罪的有关规定，确保罪责刑相适应，现就有关问题通知如下：

一、自本通知下发之日起，人民法院在审判工作中不再参照执行《最高人民法院关于适用〈全国人民代表大会常务委员会关于惩治虚开、伪造和非法出售增值税专用发票犯罪的决定〉的若干问题的解释》（法发〔1996〕30号）第一条规定的虚开增值税专用发票罪的定罪量刑标准。

二、在新的司法解释颁行前，对虚开增值税专用发票刑事案件定罪量刑的数额标准，可以参照《最高人民法院关于审理骗取出口退税刑事案件具体应用法律若干问题的解释》（法释〔2002〕30号）第三条的规定执行，即虚开的税款数额在五万元以上的，以虚开增值税专用发票罪处三年以下有期徒刑或者拘役，并处二万元以上二十万元以下罚金；虚开的税款数额在五十万元以上的，认定为《刑法》第二百零五条规定的"数额较大"；虚开的税款数额在二百五十万元以上的，认定为《刑法》第二百零五条规定的"数额巨大"。

以上通知，请遵照执行。执行中发现的新情况、新问题，请及时报告我院。

6. 最高人民法院研究室《关于税收通用完税证和车辆购置税完税证是否属于发票问题的回函》 法研〔2010〕140号

完税证是税务机关或代征机关在收取税金时给纳税人开具的纳税证明，是证明纳税人缴纳税款情况的凭证。发票是指单位和个人在购销商品、提供或接受服务以及从事其他经营活动过程中，提供给对方的收付款的书面证明，是财务收支的法定凭证，是会计核算的原始依据。完税证与发票性质有所不同，完税证一般不能被认定为发票。

根据《全国人民代表大会常务委员会关于〈中华人民共和国刑法〉有关出口退税、抵扣税款的其他发票规定的解释》，如果完税证具有出口退税、抵扣税款功能，则属于《刑法》中规定的出口退税、抵扣税款的其他发票。据此，税收通用完税证和车辆购置税完税证在具有出口退税、抵扣税款功能时，属于《刑法》中规定的出口退税、抵扣税款的其他发票；否则，不属于一般意义上的发票。

对伪造税务机关征税专用章，非法制造税收通用完税证和车辆购置税完税证对外出售的，视情可以伪造国家机关印章罪论处；对非法购买上述两种伪造的完税证，逃避缴纳税款的，视情可以逃税罪论处。

（附参考）浙江省高级人民法院刑二庭《关于印发〈全省法院经济犯罪疑难问题研讨会纪要〉的通知》 浙高法刑二〔2005〕1号

（一）虚开增值税专用发票数额的认定

虚开增值税专用发票的真正危害在于抵扣税款，从而给国家税款造成损失。对于确有证据证实行为人主观上不具有偷骗税目的，客观上也不会造成国家税款流失的虚开增值税专用发票行为，不应以虚开增值税专用发票犯罪论处。在行为人虚开销项发票后，为了抵扣又让他人虚开进项发票即"虚进虚出"的情形下，不应将虚开的销项税额与进项税额累计计算，而应当按照销项与进项中数额较大的一项进行计算。因为，行为人为他人虚开发票后，为了取得进项抵扣依据，使自己免缴或者少缴开出发票后所应缴纳的销项税款，又为自己虚开或者让他人为自己虚开进项发票的，此时由于行为人不存在实际的商品交易，也就不负有纳税义务，虚开的进项税额仅仅是用作冲抵虚开销项发票差额，进项部分没有骗取国家税款，只有虚开的销项发票被抵扣才造成了国家税款的损失。

（二）虚开增值税专用发票造成损失的认定

参照最高人民法院《关于适用〈全国人民代表大会常务委员会关于虚开、伪造和非法出售增值税专用发票犯罪的决定〉的若干问题的解释》的精神，所谓给国家税款造成损失的数额，实际上就是被骗取的国家税款在侦查终结以前无法追回的部分。因此，并非被骗取的国家税款数额就是给国家造成的损失。对于那些已经追回以及能够追回的税款数额部分，在认定损失时应当予以剔除。司法实践中对"能够追回"的税款数额部分，应当正确处理。对于仍在正常经营的受票单位，如税务机关或侦查机关向他们追缴被骗取的税款能够追回的，对该部分不宜作为损失数额计算在内。只有在受票单位已经不复存在，或者虽然存在，但因资不抵债而无法追回损失等情形才能计入给国家造成的税款损失中。另外，在认定给国家利益造成的损失时，还应当将行为人或其家属退赔的数额，以及税务机关向开票单位申领增值税专用发票时预收的税款部分从中予以剔除。

第二百零五条之一【虚开发票罪】 虚开本法第二百零五条规定以外的其他发票，情节严重的，处二年以下有期徒刑、拘役或者管制，并处罚金；情节特别严重的，处二年以上七年以下有期徒刑，并处罚金。

单位犯前款罪的，对单位判处罚金，并对其直接负责的主管人员和其他直接责任人员，依照前款的规定处罚。【2011 年 5 月 1 日刑法修正案（八）】

（相关解释）**最高人民检察院、公安部《关于公安机关管辖的刑事案件立案追诉标准的规定（二）》（2022 年 4 月 6 日）**（附则见第一百二十条之一）

第五十七条　【虚开发票案（《刑法》第二百零五条之一)】虚开《刑法》第二百零五条规定以外的其他发票，涉嫌下列情形之一的，应予立案追诉：

（一）虚开发票金额累计在五十万元以上的；

（二）虚开发票一百份以上且票面金额在三十万元以上的；

（三）五年内因虚开发票受过刑事处罚或者二次以上行政处罚，又虚开发票，数额达到第一、二项标准百分之六十以上的。

（附参考）**浙江省高级人民法院《关于部分罪名定罪量刑情节及数额标准的意见》**浙高法〔2012〕325 号

48.《刑法》第二百零五条之一　【虚开发票罪】

具有下列情形之一的，属于"情节严重"，处二年以下有期徒刑、拘役或者管制，并处罚金：

（1）虚开发票一百份以上不满五百份的；

（2）虚开金额累计在四十万元以上不满二百万元的；

（3）五年内因虚开发票受过行政处罚二次以上，又虚开发票的；

（4）情节严重的其他情形。

具有下列情形之一的，属于"情节特别严重"，处二年以上七年以下有期徒刑，并处罚金：

（1）虚开发票五百份以上的；

（2）虚开金额累计在二百万元以上的；

（3）情节特别严重的其他情形。

第二百零六条【伪造、出售伪造的增值税专用发票罪】　伪造或者出售伪造的增值税专用发票的，处三年以下有期徒刑、拘役或者管制，并处二万元以上二十万元以下罚金；数量较大或者有其他严重情节的，处三年以上十年以下有期徒刑，并处五万元以上五十万元以下罚金；数量巨大或者有其他特别严重情节的，处十年以上有期徒刑或者无期徒刑，并处五万元以上五十万元以下罚金或者没收财产。

单位犯本条规定之罪的，对单位判处罚金，并对其直接负责的主管人员和其他直接责任人员，处三年以下有期徒刑、拘役或者管制；数量较大或者有其他严重情节的，处三年以上十年以下有期徒刑；数量巨大或者有其他特别严重情节的，处十年以上有期徒刑或者无期徒刑。【2011 年 5 月 1 日刑法修正案（八）】

【1997 年刑法】伪造或者出售伪造的增值税专用发票的，处三年以下有期徒刑、拘役或者管制，并处二万元以上二十万元以下罚金；数量较大或者有其他严重情节的，处三年以上十年以下有期徒刑，并处五万元以上五十万元以下罚金；数量巨大或者有其他特别严重情节的，处十年以上有期徒刑或者无期徒刑，并处五万元以上五十万元以下罚金或者没收财产。

伪造并出售伪造的增值税专用发票，数量特别巨大，情节特别严重，严重破坏经济秩序的，处无期徒刑或者死刑，并处没收财产。

单位犯本条规定之罪的，对单位判处罚金，并对其直接负责的主管人员和其他直接责任人员，处三年以下有期徒刑、拘役或者管制；数量较大或者有其他严重情节的，处三年以上十年以下有期徒刑；数量巨大或者有其他特别严重情节的，处十年以上有期徒刑或者无期徒刑。

（相关解释）**1. 最高人民法院《关于适用〈全国人民代表大会常务委员会关于惩治虚开、伪造和非法出售增值税专用发票犯罪的决定〉的若干问题的解释》法发〔1996〕30号**

二、根据《决定》第二条规定，伪造或者出售伪造的增值税专用发票的，构成伪造、出售伪造的增值税专用发票罪。

伪造或者出售伪造的增值税专用发票二十五份以上或者票面额（百元版以每份一百元，千元版以每份一千元，万元版以每份一万元计算，以此类推。下同）累计十万元以上的应当依法定罪处罚。

伪造或者出售伪造的增值税专用发票一百份以上或者票面额累计五十万元以上的，属于"数量较大"；具有下列情形之一的，属于"有其他严重情节"：（1）违法所得数额在一万元以上的；（2）伪造并出售伪造的增值税专用发票六十份以上或者票面额累计三十万元以上的；（3）造成严重后果或者具有其他严重情节的。

伪造或者出售伪造的增值税专用发票五百份以上或者票面额累计二百五十万元以上的，属于"数量巨大"；具有下列情形之一的，属于"有其他特别严重情节"：（1）违法所得数额在五万元以上的；（2）伪造并出售伪造的增值税专用发票三百份以上或者票面额累计二百万元以上的；（3）伪造或者出售伪造的增值税专用发票接近"数量巨大"并有其他严重情节的；（4）造成特别严重后果或者具有其他特别严重情节的。

伪造并出售伪造的增值税专用发票一千份以上或者票面额累计一千万元以上的，属于"伪造并出售伪造的增值税专用发票数量特别巨大"；具有下列情形之一的，属于"情节特别严重"：（1）违法所得数额在五万元以上的；（2）因伪造、出售伪造的增值税专用发票致使国家税款被骗取一百万元以上的；（3）给国家税款造成实际损失五十万元以上的；（4）具有其他特别严重情节的。对于伪造并出售伪造的增值税专用发票数量达到特别巨大，又具有特别严重情节，严重破坏经济秩序的，应当依照《决定》第二条第二款的规定处罚。

伪造并出售同一宗增值税专用发票的，数量或者票面额不重复计算。

变造增值税专用发票的，按照伪造增值税专用发票行为处理。

2. 最高人民检察院、公安部《关于公安机关管辖的刑事案件立案追诉标准的规定（二）》（2022年4月6日）（附则见第一百二十条之一）

第五十八条 【伪造、出售伪造的增值税专用发票案（《刑法》第二百零六条）】伪造或者出售伪造的增值税专用发票，涉嫌下列情形之一的，应予立案追诉：

（一）票面税额累计在十万元以上的；

（二）伪造或者出售伪造的增值税专用发票十份以上且票面税额在六万元以上的；

（三）非法获利数额在一万元以上的。

第二百零七条【非法出售增值税专用发票罪】 非法出售增值税专用发票的，处三年以下有期徒刑、拘役或者管制，并处二万元以上二十万元下罚金；数量较大的，处三年以上十年以下有期徒刑，并处五万元以上五十万元以下罚金；数量巨大的，处十年以上有期徒刑或者无期徒刑，并处五万元以上五十万元以下罚金或者没收财产。

（相关解释）1.最高人民法院《关于适用〈全国人民代表大会常务委员会关于惩治虚开、伪造和非法出售增值税专用发票犯罪的决定〉的若干问题的解释》法发〔1996〕30号

三、根据《决定》第三条规定，非法出售增值税专用发票的，构成非法出售增值税专用发票罪。

非法出售增值税专用发票案件的定罪量刑数量标准按照本解释第二条第二、三、四款的规定执行。（见第二百零六条）

2.最高人民检察院、公安部《关于公安机关管辖的刑事案件立案追诉标准的规定（二）》（2022年4月6日）（附则见第一百二十条之一）

第五十九条　【非法出售增值税专用发票案（《刑法》第二百零七条）】非法出售增值税专用发票，涉嫌下列情形之一的，应予立案追诉：

（一）票面税额累计在十万元以上的；

（二）非法出售增值税专用发票十份以上且票面税额在六万元以上的；

（三）非法获利数额在一万元以上的。

第二百零八条【非法购买增值税专用发票、购买伪造的增值税专用发票罪】　非法购买增值税专用发票或者购买伪造的增值税专用发票的，处五年以下有期徒刑或者拘役，并处或者单处二万元以上二十万元以下罚金。

非法购买增值税专用发票或者购买伪造的增值税专用发票又虚开或者出售的，分别依照本法第二百零五条【虚开增值税专用发票、用于骗取出口退税、抵扣税款发票罪】、第二百零六条【伪造、出售伪造的增值税专用发票罪】、第二百零七条【非法出售增值税专用发票罪】的规定定罪处罚。

（相关解释）1.最高人民检察院、公安部《关于公安机关管辖的刑事案件立案追诉标准的规定（二）》（2022年4月6日）（附则见第一百二十条之一）

第六十条　【非法购买增值税专用发票、购买伪造的增值税专用发票案（《刑法》第二百零八条第一款）】非法购买增值税专用发票或者购买伪造的增值税专用发票，涉嫌下列情形之一的，应予立案追诉：

（一）非法购买增值税专用发票或者购买伪造的增值税专用发票二十份以上且票面税额在十万元以上的；

（二）票面税额累计在二十万元以上的。

2.最高人民法院《关于适用〈全国人民代表大会常务委员会关于惩治虚开、伪造和非法出售增值税专用发票犯罪的决定〉的若干问题的解释》法发〔1996〕30号

四、根据《决定》第四条规定，非法购买增值税专用发票或者购买伪造的增值税专用发票的，构成非法购买增值税专用发票、伪造的增值税专用发票罪。

非法购买增值税专用发票或者购买伪造的增值税专用发票二十五份以上或者票面额累计十万元以上的，应当依法定罪处罚。

非法购买真、伪两种增值税专用发票的，数量累计计算，不实行数罪并罚。

第二百零九条【非法制造、出售非法制造的用于骗取出口退税、抵扣税款发票罪】伪造、擅自制造或者出售伪造、擅自制造的可以用于骗取出口退税、抵扣税款的其他发票的，处三年以下有期徒刑、拘役或者管制，并处二万元以上二十万元以下罚金；数量巨大的，处三年以上七年以下有期徒刑，并处五万元以上五十万元以下罚金；数量特别巨大的，处

七年以上有期徒刑，并处五万元以上五十万元以下罚金或者没收财产。

【非法制造、出售非法制造的发票罪】 伪造、擅自制造或者出售伪造、擅自制造的前款规定以外的其他发票的，处二年以下有期徒刑、拘役或者管制，并处或者单处一万元以上五万元以下罚金；情节严重的，处二年以上七年以下有期徒刑，并处五万元以上五十万元以下罚金。

【非法出售用于骗取出口退税、抵扣税款发票罪】 非法出售可以用于骗取出口退税、抵扣税款的其他发票的，依照第一款的规定处罚。

【非法出售发票罪】 非法出售第三款规定以外的其他发票的，依照第二款的规定处罚。

（相关解释）1. 最高人民检察院、公安部《关于公安机关管辖的刑事案件立案追诉标准的规定（二）》（2022年4月6日）（附则见第一百二十条之一）

第六十一条 【非法制造、出售非法制造的用于骗取出口退税、抵扣税款发票案（《刑法》第二百零九条第一款）】伪造、擅自制造或者出售伪造、擅自制造的用于骗取出口退税、抵扣税款的其他发票，涉嫌下列情形之一的，应予立案追诉：

（一）票面可以退税、抵扣税额累计在十万元以上的；

（二）伪造、擅自制造或者出售伪造、擅自制造的发票十份以上且票面可以退税、抵扣税额在六万元以上的；

（三）非法获利数额在一万元以上的。

第六十二条 【非法制造、出售非法制造的发票案（《刑法》第二百零九条第二款）】伪造、擅自制造或者出售伪造、擅自制造的不具有骗取出口退税、抵扣税款功能的其他发票，涉嫌下列情形之一的，应予立案追诉：

（一）伪造、擅自制造或者出售伪造、擅自制造的不具有骗取出口退税、抵扣税款功能的其他发票一百份以上且票面金额累计在三十万元以上的；

（二）票面金额累计在五十万元以上的；

（三）非法获利数额在一万元以上的。

第六十三条 【非法出售用于骗取出口退税、抵扣税款发票案（《刑法》第二百零九条第三款）】非法出售可以用于骗取出口退税、抵扣税款的其他发票，涉嫌下列情形之一的，应予立案追诉：

（一）票面可以退税、抵扣税额累计在十万元以上的；

（二）非法出售用于骗取出口退税、抵扣税款的其他发票十份以上且票面可以退税、抵扣税额在六万元以上的；

（三）非法获利数额在一万元以上的。

第六十四条 【非法出售发票案（《刑法》第二百零九条第四款）】非法出售增值税专用发票、用于骗取出口退税、抵扣税款的其他发票以外的发票，涉嫌下列情形之一的，应予立案追诉：

（一）非法出售增值税专用发票、用于骗取出口退税、抵扣税款的其他发票以外的发票一百份以上且票面金额累计在三十万元以上的；

（二）票面金额累计在五十万元以上的；

（三）非法获利数额在一万元以上的。

2. 最高人民法院《关于适用〈全国人民代表大会常务委员会关于惩治虚开、伪造和非法出售增值税专用发票犯罪的决定〉的若干问题的解释》 法发〔1996〕30号

六、根据《决定》第六条规定，伪造、擅自制造或者出售伪造、擅自制造的可以用于

骗取出口退税、抵扣税款的其他发票的，构成非法制造专用发票罪或出售非法制造的专用发票罪。

伪造、擅自制造或者出售伪造、擅自制造的可以用于骗取出口退税、抵扣税款的其他发票五十份以上的，应当依法定罪处罚；伪造、擅自制造或者出售伪造、擅自制造的可以用于骗取出口退税、抵扣税款的其他发票二百份以上的，属于"数量巨大"；伪造、擅自制造或者出售伪造、擅自制造的可以用于骗取出口退税、抵扣税款的其他发票一千份以上的，属于"数量特别巨大"。

3.《全国人大常委会关于〈中华人民共和国刑法〉有关出口退税、抵扣税款的其他发票规定的解释》2005年

《刑法》规定的"出口退税、抵扣税款的其他发票"，是指除增值税专用发票以外的，具有出口退税、抵扣税款功能的收付款凭证或者完税凭证。

（附参考）**1. 浙江省高级人民法院《关于部分罪名定罪量刑情节及数额标准的意见》**浙高法〔2012〕325号

49.《刑法》第二百零九条第一款　**【非法制造、出售非法制造的用于骗取出口退税、抵扣税款发票罪】**

伪造、擅自制造或者出售伪造、擅自制造的可以用于骗取出口退税、抵扣税款的其他发票五十份以上不满二百份或者票面额累计在二十万元以上不满一百万元的，处三年以下有期徒刑、拘役或者管制，并处二万元以上二十万元以下罚金。

伪造、擅自制造或者出售伪造、擅自制造的可以用于骗取出口退税、抵扣税款的其他发票二百份以上不满一千份或者票面额累计在一百万元以上不满五百万元的，属于"数量巨大"，处三年以上七年以下有期徒刑，并处五万元以上五十万元以下罚金。

伪造、擅自制造或者出售伪造、擅自制造的可以用于骗取出口退税、抵扣税款的其他发票一千份以上或者票面额累计在五百万元以上的，属于"数量特别巨大"，处七年以上有期徒刑，并处五万元以上五十万元以下罚金或者没收财产。

50.《刑法》第二百零九条第二款　**【非法制造、出售非法制造的发票罪】**

伪造、擅自制造或者出售伪造、擅自制造的不具有出口退税、抵扣税款功能的普通发票一百份以上不满五百份或者票面额累计在四十万元以上不满二百万元的，处二年以下有期徒刑、拘役或者管制，并处或者单处一万元以上五万元以下罚金。

具有下列情形之一的，属于"情节严重"，处二年以上七年以下有期徒刑，并处五万元以上五十万元以下罚金：

（1）伪造、擅自制造或者出售伪造、擅自制造的不具有出口退税、抵扣税款功能的普通发票五百份以上或者票面额累计在二百万元以上的；

（2）情节严重的其他情形。

51.《刑法》第二百零九条第三款　**【非法出售用于骗取出口退税、抵扣税款发票罪】**

非法出售可以用于骗取出口退税、抵扣税款的其他发票五十份以上不满二百份或者票面额累计在二十万元以上不满一百万元的，处三年以下有期徒刑、拘役或者管制，并处二万元以上二十万元以下罚金。

非法出售可以用于骗取出口退税、抵扣税款的其他发票二百份以上不满一千份或者票面额累计在一百万元以上不满五百万元的，属于"数量巨大"，处三年以上七年以下有期徒刑，并处五万元以上五十万元以下罚金。

非法出售可以用于骗取出口退税、抵扣税款的其他发票一千份以上或者票面额累计在五百万元以上的，属于"数量特别巨大"，处七年以上有期徒刑，并处五万元以上五十万元以下罚金或者没收财产。

52.《刑法》第二百零九条第四款 【非法出售发票罪】

非法出售不具有出口退税、抵扣税款功能的普通发票一百份以上不满五百份或者票面额累计在四十万元以上不满二百万元的，处二年以下有期徒刑、拘役或者管制，并处或者单处一万元以上五万元以下罚金。

具有下列情形之一的，属于"情节严重"，处二年以上七年以下有期徒刑，并处五万元以上五十万元以下罚金：

（1）非法出售不具有出口退税、抵扣税款功能的普通发票五百份以上或者票面额累计在二百万元以上的；

（2）情节严重的其他情形。

2. 浙江省公安厅经侦总队《关于出售非法制造的发票案追诉标准的批复》 浙公经〔2010〕303号

杭州市公安局经侦支队：

你队2010年6月10日向我总队上报的《关于出售非法制造的发票案追诉标准的紧急请示》（杭公经〔2010〕156号）收悉，经研究并商有关单位，批复如下：

1.根据最高人民法院、最高人民检察院《关于适用刑事司法解释时间效力问题的规定》（高检发释字〔2001〕5号）第三条规定"对于新的司法解释实施前发生的行为，行为时已有相关司法解释，依照行为时的司法解释办理，但适用新的司法解释对犯罪嫌疑人、被告人有利的，适用新的司法解释"的精神，对于发生于《关于公安机关管辖的刑事案件立案追诉标准的规定（二）》（以下简称《追诉标准（二）》）发布之日即2010年5月7日前的非法制造、出售非法制造的发票的行为，以从旧兼从轻原则适用追诉标准。

2.《追诉标准（二）》施行后，"非法获利1000元以上的"不再作为我省办理非法制造、出售非法制造的发票案件的追诉标准之一。因为，最高人民检察院和公安部发布《追诉标准（二）》时没有授权各省可以结合本地实际情况，确定本省的数额标准；《追诉标准（二）》也未将非法获利列为非法制造、出售非法制造的发票案件立案追诉的情形。

3.根据最高人民检察院和公安部印发《关于公安机关管辖的刑事案件立案追诉标准的规定（二）》的通知要求，各级公安机关应当依照《追诉标准（二）》规定立案侦查。

第二百一十条 盗窃增值税专用发票或者可以用于骗取出口退税、抵扣税款的其他发票的，依照本法第二百六十四条【盗窃罪】的规定定罪处罚。

使用欺骗手段骗取增值税专用发票或者可以用于骗取出口退税、抵扣税款的其他发票的，依照本法第二百六十六条【诈骗罪】的规定定罪处罚。

（相关解释）**最高人民法院《关于适用〈全国人民代表大会常务委员会关于惩治虚开、伪造和非法出售增值税专用发票犯罪的决定〉的若干问题的解释》** 法发〔1996〕30号

七、盗窃增值税专用发票或者可以用于骗取出口退税、抵扣税款的其他发票二十五份以上，或者其他发票五十份以上的；诈骗增值税专用发票或者可以用于骗取出口退税、抵扣税款的其他发票五十份以上，或者其他发票一百份以上的，依照《刑法》第一百五十一条的规定处罚。

盗窃增值税专用发票或者可以用于骗取出口退税、抵扣税款的其他发票二百五十份以

上，或者其他发票五百份以上的；诈骗增值税专用发票或者可以用于骗取出口退税、抵扣税款的其他发票五百份以上，或者其他发票一千份以上的，依照《刑法》第一百五十二条的规定处罚。

盗窃增值税专用发票或者其他发票情节特别严重的，依照《全国人民代表大会常务委员会关于严惩严重破坏经济的罪犯的决定》第一条第（一）项的规定处罚。

盗窃、诈骗增值税专用发票或者其他发票后，又实施《决定》规定的虚开、出售等犯罪的，按照其中的重罪定罪处罚，不实行数罪并罚。

第二百一十条之一【持有伪造的发票罪】　明知是伪造的发票而持有，数量较大的，处二年以下有期徒刑、拘役或者管制，并处罚金；数量巨大的，处二年以上七年以下有期徒刑，并处罚金。

单位犯前款罪的，对单位判处罚金，并对其直接负责的主管人员和其他直接责任人员，依照前款的规定处罚。【2011年5月1日刑法修正案（八）】

（相关解释）**最高人民检察院、公安部《关于公安机关管辖的刑事案件立案追诉标准的规定（二）》**（2022年4月6日）（附则见第一百二十条之一）

第六十五条　【持有伪造的发票案（《刑法》第二百一十条之一)】明知是伪造的发票而持有，涉嫌下列情形之一的，应予立案追诉：

（一）持有伪造的增值税专用发票或者可以用于骗取出口退税、抵扣税款的其他发票五十份以上且票面税额累计在二十五万元以上的；

（二）持有伪造的增值税专用发票或者可以用于骗取出口退税、抵扣税款的其他发票票面税额累计在五十万元以上的；

（三）持有伪造的第一项规定以外的其他发票一百份以上且票面金额在五十万元以上的；

（四）持有伪造的第一项规定以外的其他发票票面金额累计在一百万元以上的。

（附参考）**浙江省高级人民法院《关于部分罪名定罪量刑情节及数额标准的意见》**浙高法〔2012〕325号

53.《刑法》第二百一十条之一　【持有伪造的发票罪】

具有下列情形之一的，属于"数量较大"，处二年以下有期徒刑、拘役或者管制，并处罚金：

（1）持有伪造的增值税专用发票五十份以上不满二百五十份，或者票面额累计在二十万元以上不满一百万元的；

（2）持有伪造的可以用于骗取出口退税、抵扣税款的其他发票一百份以上不满五百份，或者票面额累计在四十万元以上不满二百万元的；

（3）持有伪造的上述二项规定以外的其他发票二百份以上不满一千份，或者票面额累计在八十万元以上不满四百万元的。

具有下列情形之一的，属于"数量巨大"，处二年以上七年以下有期徒刑，并处罚金：

（1）持有伪造的增值税专用发票二百五十份以上，或者票面额累计在一百万元以上的；

（2）持有伪造的可以用于骗取出口退税、抵扣税款的其他发票五百份以上，或者票面额累计在二百万元以上的；

（3）持有伪造的上述二项规定以外的其他发票一千份以上，或者票面额累计在四百万元以上的。

第二百一十一条 单位犯本节第二百零一条、第二百零三条、第二百零四条、第二百零七条、第二百零八条、第二百零九条规定之罪的，对单位判处罚金，并对其直接负责的主管人员和其他直接责任人员，依照各该条的规定处罚。

第二百一十二条 犯本节第二百零一条至第二百零五条规定之罪，被判处罚金、没收财产的，在执行前，应当先由税务机关追缴税款和所骗取的出口退税款。

第七节　侵犯知识产权罪
（本节综合解释见第二百二十条）

第二百一十三条【假冒注册商标罪】 未经注册商标所有人许可，在同一种商品、服务上使用与其注册商标相同的商标，情节严重的，处三年以下有期徒刑，并处或者单处罚金；情节特别严重的，处三年以上十年以下有期徒刑，并处罚金。【2021年3月1日刑法修正案（十一）】

【1997年刑法】未经注册商标所有人许可，在同一种商品上使用与其注册商标相同的商标，情节严重的，处三年以下有期徒刑或者拘役，并处或者单处罚金；情节特别严重的，处三年以上七年以下有期徒刑，并处罚金。

（相关解释）1.最高人民法院、最高人民检察院《关于办理侵犯知识产权刑事案件应用法律若干问题的解释》法释〔2004〕19号

第一条　未经注册商标所有人许可，在同一种商品上使用与其注册商标相同的商标，具有下列情形之一的，属于《刑法》第二百一十三条规定的"情节严重"，应当以假冒注册商标罪判处三年以下有期徒刑或者拘役，并处或者单处罚金：

（一）非法经营数额在五万元以上或者违法所得数额在三万元以上的；

（二）假冒两种以上注册商标，非法经营数额在三万元以上或者违法所得数额在二万元以上的；

（三）其他情节严重的情形。

具有下列情形之一的，属于《刑法》第二百一十三条规定的"情节特别严重"，应当以假冒注册商标罪判处三年以上七年以下有期徒刑，并处罚金：

（一）非法经营数额在二十五万元以上或者违法所得数额在十五万元以上的；

（二）假冒两种以上注册商标，非法经营数额在十五万元以上或者违法所得数额在十万元以上的；

（三）其他情节特别严重的情形。

第八条　《刑法》第二百一十三条规定的"相同的商标"，是指与被假冒的注册商标完全相同，或者与被假冒的注册商标在视觉上基本无差别、足以对公众产生误导的商标。

《刑法》第二百一十三条规定的"使用"，是指将注册商标或者假冒的注册商标用于商品、商品包装或者容器以及产品说明书、商品交易文书，或者将注册商标或者假冒的注册商标用于广告宣传、展览以及其他商业活动等行为。

第十二条　本解释所称"非法经营数额"，是指行为人在实施侵犯知识产权行为过程

中，制造、储存、运输、销售侵权产品的价值。已销售的侵权产品的价值，按照实际销售的价格计算。制造、储存、运输和未销售的侵权产品的价值，按照标价或者已经查清的侵权产品的实际销售平均价格计算。侵权产品没有标价或者无法查清其实际销售价格的，按照被侵权产品的市场中间价格计算。

多次实施侵犯知识产权行为，未经行政处理或者刑事处罚的，非法经营数额、违法所得数额或者销售金额累计计算。

本解释第三条所规定的"件"，是指标有完整商标图样的一份标识。

第十三条 实施《刑法》第二百一十三条规定的假冒注册商标犯罪，又销售该假冒注册商标的商品，构成犯罪的，应当依照《刑法》第二百一十三条的规定，以假冒注册商标罪定罪处罚。

实施《刑法》第二百一十三条规定的假冒注册商标犯罪，又销售明知是他人的假冒注册商标的商品，构成犯罪的，应当实行数罪并罚。

第十五条 单位实施《刑法》第二百一十三条至第二百一十九条规定的行为，按照本解释规定的相应个人犯罪的定罪量刑标准的三倍定罪量刑。

第十六条 明知他人实施侵犯知识产权犯罪，而为其提供贷款、资金、账号、发票、证明、许可证件，或者提供生产、经营场所或者运输、储存、代理进出口等便利条件、帮助的，以侵犯知识产权犯罪的共犯论处。

2. 最高人民法院、最高人民检察院《关于办理侵犯知识产权刑事案件应用法律若干问题的解释（二）》法释〔2007〕6号

第三条 侵犯知识产权犯罪，符合《刑法》规定的缓刑条件的，依法适用缓刑。有下列情形之一的，一般不适用缓刑：

（一）因侵犯知识产权被刑事处罚或者行政处罚后，再次侵犯知识产权构成犯罪的；

（二）不具有悔罪表现的；

（三）拒不交出违法所得的；

（四）其他不宜适用缓刑的情形。

第四条 对于侵犯知识产权犯罪的，人民法院应当综合考虑犯罪的违法所得、非法经营数额、给权利人造成的损失、社会危害性等情节，依法判处罚金。罚金数额一般在违法所得的一倍以上五倍以下，或者按照非法经营数额的百分之五十以上一倍以下确定。

第五条 被害人有证据证明的侵犯知识产权刑事案件，直接向人民法院起诉的，人民法院应当依法受理；严重危害社会秩序和国家利益的侵犯知识产权刑事案件，由人民检察院依法提起公诉。

3. 最高人民法院、最高人民检察院、公安部《关于办理侵犯知识产权刑事案件适用法律若干问题的意见》法发〔2011〕3号

一、关于侵犯知识产权犯罪案件的管辖问题

侵犯知识产权犯罪案件由犯罪地公安机关立案侦查。必要时，可以由犯罪嫌疑人居住地公安机关立案侦查。侵犯知识产权犯罪案件的犯罪地，包括侵权产品制造地、储存地、运输地、销售地，传播侵权作品、销售侵权产品的网站服务器所在地、网络接入地、网站建立者或者管理者所在地，侵权作品上传者所在地，权利人受到实际侵害的犯罪结果发生地。对有多个侵犯知识产权犯罪地的，由最初受理的公安机关或者主要犯罪地公安机关管辖。多个侵犯知识产权犯罪地的公安机关对管辖有争议的，由共同的上级公安机关指定管辖，需要提请批准逮捕、移送审查起诉、提起公诉的，由该公安机关所在地的同级人民检

察院、人民法院受理。

对于不同犯罪嫌疑人、犯罪团伙跨地区实施的涉及同一批侵权产品的制造、储存、运输、销售等侵犯知识产权犯罪行为，符合并案处理要求的，有关公安机关可以一并立案侦查，需要提请批准逮捕、移送审查起诉、提起公诉的，由该公安机关所在地的同级人民检察院、人民法院受理。

二、关于办理侵犯知识产权刑事案件中行政执法部门收集、调取证据的效力问题

行政执法部门依法收集、调取、制作的物证、书证、视听资料、检验报告、鉴定结论、勘验笔录、现场笔录，经公安机关、人民检察院审查，人民法院庭审质证确认，可以作为刑事证据使用。

行政执法部门制作的证人证言、当事人陈述等调查笔录，公安机关认为有必要作为刑事证据使用的，应当依法重新收集、制作。

三、关于办理侵犯知识产权刑事案件的抽样取证问题和委托鉴定问题

公安机关在办理侵犯知识产权刑事案件时，可以根据工作需要抽样取证，或者商请同级行政执法部门、有关检验机构协助抽样取证。法律、法规对抽样机构或者抽样方法有规定的，应当委托规定的机构并按照规定方法抽取样品。

公安机关、人民检察院、人民法院在办理侵犯知识产权刑事案件时，对于需要鉴定的事项，应当委托国家认可的有鉴定资质的鉴定机构进行鉴定。

公安机关、人民检察院、人民法院应当对鉴定结论进行审查，听取权利人、犯罪嫌疑人、被告人对鉴定结论的意见，可以要求鉴定机构作出相应说明。

四、关于侵犯知识产权犯罪自诉案件的证据收集问题

人民法院依法受理侵犯知识产权刑事自诉案件，对于当事人因客观原因不能取得的证据，在提起自诉时能够提供有关线索，申请人民法院调取的，人民法院应当依法调取。

五、关于《刑法》第二百一十三条规定的"同一种商品"的认定问题

名称相同的商品以及名称不同但指同一事物的商品，可以认定为"同一种商品"。"名称"是指国家工商行政管理总局商标局在商标注册工作中对商品使用的名称，通常即《商标注册用商品和服务国际分类》中规定的商品名称。"名称不同但指同一事物的商品"是指在功能、用途、主要原料、消费对象、销售渠道等方面相同或者基本相同，相关公众一般认为是同一种事物的商品。

认定"同一种商品"，应当在权利人注册商标核定使用的商品和行为人实际生产销售的商品之间进行比较。

六、关于《刑法》第二百一十三条规定的"与其注册商标相同的商标"的认定问题

具有下列情形之一，可以认定为"与其注册商标相同的商标"：

（一）改变注册商标的字体、字母大小写或者文字横竖排列，与注册商标之间仅有细微差别的；

（二）改变注册商标的文字、字母、数字等之间的间距，不影响体现注册商标显著特征的；

（三）改变注册商标颜色的；

（四）其他与注册商标在视觉上基本无差别、足以对公众产生误导的商标。

七、关于尚未附着或者尚未全部附着假冒注册商标标识的侵权产品价值是否计入非法经营数额的问题

在计算制造、储存、运输和未销售的假冒注册商标侵权产品价值时，对于已经制作完

成但尚未附着（含加贴）或者尚未全部附着（含加贴）假冒注册商标标识的产品，如果有确实、充分证据证明该产品将假冒他人注册商标，其价值计入非法经营数额。

十、关于侵犯著作权犯罪案件"以营利为目的"的认定问题

除销售外，具有下列情形之一的，可以认定为"以营利为目的"：

（一）以在他人作品中刊登收费广告、捆绑第三方作品等方式直接或者间接收取费用的；

（二）通过信息网络传播他人作品，或者利用他人上传的侵权作品，在网站或者网页上提供刊登收费广告服务，直接或间接收取费用的；

（三）以会员制方式通过信息网络传播他人作品，收取会员注册费或者其他费用的；

（四）其他利用他人作品牟利的情形。

十一、关于侵犯著作权犯罪案件"未经著作权人许可"的认定问题

"未经著作权人许可"一般应当依据著作权人或者其授权的代理人、著作权集体管理组织、国家著作权行政管理部门指定的著作权认证机构出具的涉案作品版权认证文书，或者证明出版者、复制发行者伪造、涂改授权许可文件或者超出授权许可范围的证据，结合其他证据综合予以认定。

在涉案作品种类众多且权利人分散的案件中，上述证据确实难以一一取得，但有证据证明涉案复制品系非法出版、复制发行的，且出版者、复制发行者不能提供获得著作权人许可的相关证明材料的，可以认定为"未经著作权人许可"。但是，有证据证明权利人放弃权利、涉案作品的著作权不受我国著作权法保护，或者著作权保护期限已经届满的除外。

十四、关于多次实施侵犯知识产权行为累计计算数额问题

依照最高人民法院、最高人民检察院《关于办理侵犯知识产权刑事案件具体应用法律若干问题的解释》第十二条第二款的规定，多次实施侵犯知识产权行为，未经行政处理或者刑事处罚的，非法经营数额、违法所得数额或者销售金额累计计算。

二年内多次实施侵犯知识产权违法行为，未经行政处理，累计数额构成犯罪的，应当依法定罪处罚。实施侵犯知识产权犯罪行为的追诉期限，适用《刑法》的有关规定，不受前述二年的限制。

十五、关于为他人实施侵犯知识产权犯罪提供原材料、机械设备等行为的定性问题

明知他人实施侵犯知识产权犯罪，而为其提供生产、制造侵权产品的主要原材料、辅助材料、半成品、包装材料、机械设备、标签标识、生产技术、配方等帮助，或者提供互联网接入、服务器托管、网络存储空间、通讯传输通道、代收费、费用结算等服务的，以侵犯知识产权犯罪的共犯论处。

十六、关于侵犯知识产权犯罪竞合的处理问题

行为人实施侵犯知识产权犯罪，同时构成生产、销售伪劣商品犯罪的，依照侵犯知识产权犯罪与生产、销售伪劣商品犯罪中处罚较重的规定定罪处罚。

4.最高人民法院、最高人民检察院、公安部、国家烟草专卖局《关于办理假冒伪劣烟草制品等刑事案件适用法律问题座谈会纪要》高检会〔2003〕4号（见第一百四十条）

5.最高人民法院、最高人民检察院《关于办理非法生产、销售烟草专卖品等刑事案件具体应用法律若干问题的解释》法释〔2010〕7号

第一条　生产、销售伪劣卷烟、雪茄烟等烟草专卖品，销售金额在五万元以上的，依照《刑法》第一百四十条的规定，以生产、销售伪劣产品罪定罪处罚。

未经卷烟、雪茄烟等烟草专卖品注册商标所有人许可，在卷烟、雪茄烟等烟草专卖品

上使用与其注册商标相同的商标，情节严重的，依照《刑法》第二百一十三条的规定，以假冒注册商标罪定罪处罚。

6. 最高人民法院、最高人民检察院、公安部《关于依法严惩"地沟油"犯罪活动的通知》公通字〔2012〕1号

（四）虽无法查明"食用油"是否系利用"地沟油"生产、加工，但犯罪嫌疑人、被告人明知该"食用油"来源可疑而予以销售的，应分别情形处理：经鉴定，检出有毒、有害成分的，依照《刑法》第一百四十四条销售有毒、有害食品罪的规定追究刑事责任；属于不符合安全标准的食品的，依照《刑法》一百四十三条销售不符合安全标准的食品罪追究刑事责任；属于以假充真、以次充好、以不合格产品冒充合格产品或者假冒注册商标，构成犯罪的，依照《刑法》第一百四十条销售伪劣产品罪或者第二百一十三条假冒注册商标罪、第二百一十四条销售假冒注册商标的商品罪追究刑事责任。

7. 最高人民法院、最高人民检察院《关于办理侵犯知识产权刑事案件具体应用法律若干问题的解释（三）》法释〔2020〕10号（2020年9月12日）（见《刑法》第二百二十条）

第一条 具有下列情形之一的，可以认定为《刑法》第二百一十三条规定的"与其注册商标相同的商标"：

（一）改变注册商标的字体、字母大小写或者文字横竖排列，与注册商标之间基本无差别的；

（二）改变注册商标的文字、字母、数字等之间的间距，与注册商标之间基本无差别的；

（三）改变注册商标颜色，不影响体现注册商标显著特征的；

（四）在注册商标上仅增加商品通用名称、型号等缺乏显著特征要素，不影响体现注册商标显著特征的；

（五）与立体注册商标的三维标志及平面要素基本无差别的；

（六）其他与注册商标基本无差别、足以对公众产生误导的商标。

（附参考）**1. 浙江省高级人民法院《关于部分罪名定罪量刑情节及数额标准的意见》**浙高法〔2012〕325号

54.《刑法》第二百一十三条 【假冒注册商标罪】

具有下列情形之一的，属于"情节严重"，处三年以下有期徒刑或者拘役，并处或者单处罚金：

（1）非法经营数额在五万元以上不满二十五万元或者违法所得数额在三万元以上不满十五万元的；

（2）假冒两种以上注册商标，非法经营数额在三万元以上不满十五万元或者违法所得数额在二万元以上不满十万元的；

（3）假冒注册商标数量在一千件以上不满五千件的；

（4）造成恶劣社会影响、国际影响的；

（5）情节严重的其他情形。

具有下列情形之一的，属于"情节特别严重"，处三年以上七年以下有期徒刑，并处罚金：

（1）非法经营数额在二十五万元以上或者违法所得数额在十五万元以上的；

（2）假冒两种以上注册商标，非法经营数额在十五万元以上，或者违法所得数额在十万元以上的；

（3）假冒注册商标数量在五千件以上的；

（4）造成特别恶劣社会影响、国际影响的；

（5）情节特别严重的其他情形。

2. 浙江省高级人民法院、浙江省人民检察院、浙江省公安厅《关于办理涉外定牌加工等侵犯知识产权刑事案件有关法律适用问题的会议纪要》（2016年6月28日）

为准确认定涉外定牌加工等涉知识产权刑事案件的行为性质，统一司法尺度，防止出现执法偏差，切实发挥《刑法》的保护和保障功能，保障经济持续健康发展，浙江省高级人民法院、浙江省人民检察院、浙江省公安厅于近期召开座谈会，对办理涉外定牌加工等侵犯知识产权刑事案件有关法律适用问题进行了研讨，并达成共识。现纪要如下：

一、办理侵犯知识产权刑事案件中应坚持宽严相济的刑事政策

知识产权刑事司法保护是知识产权保护的最后一道防线，各级公、检、法机关应贯彻落实知识产权国家战略，依法制止、制裁和打击各类侵犯知识产权犯罪行为，切实维护相关权利人的合法权利和公平、有序的社会主义市场经济秩序。依法从严惩处严重侵犯知识产权的犯罪分子，严格缓、免刑的适用条件。在依法适用主刑的同时，加大罚金刑的适用与执行力度，并注意通过采取追缴违法所得、收缴犯罪工具、销毁侵权产品等措施，从经济上剥夺犯罪分子再次犯罪的能力和条件。同时，在办理侵犯知识产权刑事案件过程中，要注重推动综合运用刑事、民事、行政等多种途径强化知识产权的司法保护，充分考虑我国经济发展的阶段性特征和知识产权的私权属性，坚持《刑法》谦抑性原则和刑事证明标准，强化事实证据的收集和审查，防止刑事司法手段的过度介入，合理控制打击面，以实现法律效果和社会效果的有机统一。

二、关于涉外定牌加工行为的性质认定

合法授权范围内的涉外定牌加工，是指境内生产厂家受境外注册商标权利人的委托生产使用该注册商标的商品，该商品全部销往境外而不在境内销售的一种加工生产方式。由于商品均销往境外，相关商标并未在境内市场发挥识别商品来源的功能，境内相关公众对该商品来源不会产生混淆或误认，境内商标注册权人在境内的市场份额和竞争地位未受到影响，其相关权利并未受到实际侵害。行为人是受境外注册商标权利人委托生产使用该注册商标的商品，没有假冒注册商标的主观故意，也没有假冒注册商标的行为，因此对合法授权范围内的涉外定牌加工行为不宜以假冒注册商标犯罪论处。

对境内受托方超出涉外订单范围生产该注册商标的商品，且确有充足证据证实已在或将在境内销售的部分，由于已侵犯或势必会侵犯境内相关权利人的商标专用权，如符合入罪标准，则可以假冒注册商标罪定罪处罚。司法实践中，应当注重收集和审查行为人对超出订单范围的辩解是否合理、有无在境内销售或意图在境内销售等事实、证据，把好案件事实关和证据关，确保案件质量。

涉外定牌加工中，行为人未经涉外委托方授权或同意，将加工业务转委托给他人加工，由于涉案商品均在境外销售，故仍属合法授权范围的涉外定牌加工，对转委托人和实际加工人的行为一般仍不宜以假冒注册商标罪论处。至于未经涉外委托方授权或同意的转委托是否有效，属于相关当事人是否应当承担其他责任的问题，不属《刑法》调整的范畴。

三、关于假冒注册商标犯罪的数额、数量等情节标准

　　根据《刑法》第213条规定，假冒注册商标罪是指未经注册商标所有人许可，在同一种商品上使用与其注册商标相同的商标，情节严重的行为。具有下列情形之一的，属于"情节严重"，处三年以下有期徒刑或者拘役，并处或者单处罚金：

　　（1）非法经营数额在5万元以上不满25万元或者违法所得数额在3万元以上不满15万元的；

　　（2）假冒两种以上注册商标，非法经营数额在3万元以上不满15万元或者违法所得数额在2万元以上不满10万元的；

　　（3）假冒注册商标的商品数量在1000件以上，且非法经营数额在3万元以上不满15万元或者违法所得数额在2万元以上不满10万元的；

　　（4）造成恶劣社会影响、国际影响的；

　　（5）情节严重的其他情形。

　　具有下列情形之一的，属于"情节特别严重"，处三年以上七年以下有期徒刑，并处罚金：

　　（1）非法经营数额在25万元以上或者违法所得数额在15万元以上的；

　　（2）假冒两种以上注册商标，非法经营数额在15万元以上或者违法所得数额在10万元以上的；

　　（3）假冒注册商标的商品数量在5000件以上，且非法经营数额在15万元以上或者违法所得数额在10万元以上的；

　　（4）造成特别恶劣社会影响、国际影响的；

　　（5）情节特别严重的其他情形。

第二百一十四条【销售假冒注册商标的商品罪】　销售明知是假冒注册商标的商品，违法所得数额较大或者有其他严重情节的，处三年以下有期徒刑，并处或者单处罚金；违法所得数额巨大或者有其他特别严重情节的，处三年以上十年以下有期徒刑，并处罚金。【2021年3月1日刑法修正案（十一）】

　　【1997年刑法】销售明知是假冒注册商标的商品，销售金额数额较大的，处三年以下有期徒刑或者拘役，并处或者单处罚金；销售金额数额巨大的，处三年以上七年以下有期徒刑，并处罚金。

　　（相关解释）1.最高人民法院、最高人民检察院《关于办理侵犯知识产权刑事案件应用法律若干问题的解释》法释〔2004〕19号

　　第二条　销售明知是假冒注册商标的商品，销售金额在五万元以上的，属于《刑法》第二百一十四条规定的"数额较大"，应当以销售假冒注册商标的商品罪判处三年以下有期徒刑或者拘役，并处或者单处罚金。

　　销售金额在二十五万元以上的，属于《刑法》第二百一十四条规定的"数额巨大"，应当以销售假冒注册商标的商品罪判处三年以上七年以下有期徒刑，并处罚金。

　　第九条　《刑法》第二百一十四条规定的"销售金额"，是指销售假冒注册商标的商品后所得和应得的全部违法收入。

　　具有下列情形之一的，应当认定为属于《刑法》第二百一十四条规定的"明知"：

　　（一）知道自己销售的商品上的注册商标被涂改、调换或者覆盖的；

　　（二）因销售假冒注册商标的商品受到过行政处罚或者承担过民事责任、又销售同一种假冒注册商标的商品的；

（三）伪造、涂改商标注册人授权文件或者知道该文件被伪造、涂改的；

（四）其他知道或者应当知道是假冒注册商标的商品的情形。

第十五条　单位实施《刑法》第二百一十三条至第二百一十九条规定的行为，按照本解释规定的相应个人犯罪的定罪量刑标准的三倍定罪量刑。

2. 最高人民法院、最高人民检察院、公安部《关于办理侵犯知识产权刑事案件适用法律若干问题的意见》法发〔2011〕3号（见第二百一十三条）

八、关于销售假冒注册商标的商品犯罪案件中尚未销售或者部分销售情形的定罪量刑问题

销售明知是假冒注册商标的商品，具有下列情形之一的，依照《刑法》第二百一十四条的规定，以销售假冒注册商标的商品罪（未遂）定罪处罚：

（一）假冒注册商标的商品尚未销售，货值金额在十五万元以上的；

（二）假冒注册商标的商品部分销售，已销售金额不满五万元，但与尚未销售的假冒注册商标的商品的货值金额合计在十五万元以上的。

假冒注册商标的商品尚未销售，货值金额分别达到十五万元以上不满二十五万元、二十五万元以上的，分别依照《刑法》第二百一十四条规定的各法定刑幅度定罪处罚。

销售金额和未销售货值金额分别达到不同的法定刑幅度或者均达到同一法定刑幅度的，在处罚较重的法定刑或者同一法定刑幅度内酌情从重处罚。

3. 最高人民法院、最高人民检察院《关于办理侵犯知识产权刑事案件应用法律若干问题的解释（二）》法释〔2007〕6号（见第二百一十三条）

4. 最高人民法院、最高人民检察院、公安部、国家烟草专卖局《关于办理假冒伪劣烟草制品等刑事案件适用法律问题座谈会纪要》高检会〔2003〕4号

二、关于销售明知是假冒烟用注册商标的烟草制品行为中的"明知"问题

根据《刑法》第二百一十四条的规定，销售明知是假冒烟用注册商标的烟草制品，销售金额较大的，构成销售假冒注册商标的商品罪。

"明知"，是指知道或应当知道。有下列情形之一的，可以认定为"明知"：1. 以明显低于市场价格进货的；2. 以明显低于市场价格销售的；3. 销售假冒烟用注册商标的烟草制品被发现后转移、销毁物证或者提供虚假证明、虚假情况的；4. 其他可以认定为明知的情形。

5. 最高人民法院、最高人民检察院《关于办理非法生产、销售烟草专卖品等刑事案件具体应用法律若干问题的解释》法释〔2010〕7号

销售明知是假冒他人注册商标的卷烟、雪茄烟等烟草专卖品，销售金额较大的，依照《刑法》第二百一十四条的规定，以销售假冒注册商标的商品罪定罪处罚。

6. 最高人民法院、最高人民检察院、公安部《关于依法严惩"地沟油"犯罪活动的通知》公通字〔2012〕1号（见第二百一十三条）

第二百一十五条【非法制造、销售非法制造的注册商标标识罪】　伪造、擅自制造他人注册商标标识或者销售伪造、擅自制造的注册商标标识，情节严重的，处三年以下有期徒刑，并处或者单处罚金；情节特别严重的，处三年以上十年以下有期徒刑，并处罚金。

【2021年3月1日刑法修正案（十一）】

【1997年刑法】伪造、擅自制造他人注册商标标识或者销售伪造、擅自制造的注册商标标识，情节严重的，处三年以下有期徒刑、拘役或者管制，并处或者单处罚金；情节特

别严重的，处三年以上七年以下有期徒刑，并处罚金。

（相关解释）**1. 最高人民法院、最高人民检察院《关于办理侵犯知识产权刑事案件应用法律若干问题的解释》**法释〔2004〕19号

第三条 伪造、擅自制造他人注册商标标识或者销售伪造、擅自制造的注册商标标识，具有下列情形之一的，属于《刑法》第二百一十五条规定的"情节严重"，应当以非法制造、销售非法制造的注册商标标识罪判处三年以下有期徒刑、拘役或者管制，并处或者单处罚金：

（一）伪造、擅自制造或者销售伪造、擅自制造的注册商标标识数量在二万件以上，或者非法经营数额在五万元以上，或者违法所得数额在三万元以上的；

（二）伪造、擅自制造或者销售伪造、擅自制造两种以上注册商标标识数量在一万件以上，或者非法经营数额在三万元以上，或者违法所得数额在二万元以上的；

（三）其他情节严重的情形。

具有下列情形之一的，属于《刑法》第二百一十五条规定的"情节特别严重"，应当以非法制造、销售非法制造的注册商标标识罪判处三年以上七年以下有期徒刑，并处罚金：

（一）伪造、擅自制造或者销售伪造、擅自制造的注册商标标识数量在十万件以上，或者非法经营数额在二十五万元以上，或者违法所得数额在十五万元以上的；

（二）伪造、擅自制造或者销售伪造、擅自制造两种以上注册商标标识数量在五万件以上，或者非法经营数额在十五万元以上，或者违法所得数额在十万元以上的；

（三）其他情节特别严重的情形。

第十二条 本解释第三条所规定的"件"，是指标有完整商标图样的一份标识。

第十五条 单位实施《刑法》第二百一十三条至第二百一十九条规定的行为，按照本解释规定的相应个人犯罪的定罪量刑标准的三倍定罪量刑。

2. 最高人民法院、最高人民检察院《关于办理侵犯知识产权刑事案件应用法律若干问题的解释（二）》法释〔2007〕6号（见第二百一十三条）

3. 最高人民法院、最高人民检察院、公安部《关于办理侵犯知识产权刑事案件适用法律若干问题的意见》法发〔2011〕3号（见第二百一十三条）

九、关于销售他人非法制造的注册商标标识犯罪案件中尚未销售或者部分销售情形的定罪问题

销售他人伪造、擅自制造的注册商标标识，具有下列情形之一的，依照《刑法》第二百一十五条的规定，以销售非法制造的注册商标标识罪（未遂）定罪处罚：

（一）尚未销售他人伪造、擅自制造的注册商标标识数量在六万件以上的；

（二）尚未销售他人伪造、擅自制造的两种以上注册商标标识数量在三万件以上的；

（三）部分销售他人伪造、擅自制造的注册商标标识，已销售标识数量不满二万件，但与尚未销售标识数量合计在六万件以上的；

（四）部分销售他人伪造、擅自制造的两种以上注册商标标识，已销售标识数量不满一万件，但与尚未销售标识数量合计在三万件以上的。

4. 最高人民法院、最高人民检察院《关于办理非法生产、销售烟草专卖品等刑事案件具体应用法律若干问题的解释》法释〔2010〕7号

伪造、擅自制造他人卷烟、雪茄烟注册商标标识或者销售伪造、擅自制造的卷烟、雪茄烟注册商标标识，情节严重的，依照《刑法》第二百一十五条的规定，以非法制造、销售非法制造的注册商标标识罪定罪处罚。

第二百一十六条【假冒专利罪】　假冒他人专利，情节严重的，处三年以下有期徒刑或者拘役，并处或者单处罚金。

（相关解释）**1. 最高人民法院、最高人民检察院《关于办理侵犯知识产权刑事案件应用法律若干问题的解释》法释〔2004〕19号**

第四条　假冒他人专利，具有下列情形之一的，属于《刑法》第二百一十六条规定的"情节严重"，应当以假冒专利罪判处三年以下有期徒刑或者拘役，并处或者单处罚金：

（一）非法经营数额在二十万元以上或者违法所得数额在十万元以上的；

（二）给专利权人造成直接经济损失五十万元以上的；

（三）假冒两项以上他人专利，非法经营数额在十万元以上或者违法所得数额在五万元以上的；

（四）其他情节严重的情形。

第十条　实施下列行为之一的，属于《刑法》第二百一十六条规定的"假冒他人专利"的行为：

（一）未经许可，在其制造或者销售的产品、产品的包装上标注他人专利号的；

（二）未经许可，在广告或者其他宣传材料中使用他人的专利号，使人将所涉及的技术误认为是他人专利技术的；

（三）未经许可，在合同中使用他人的专利号，使人将合同涉及的技术误认为是他人专利技术的；

（四）伪造或者变造他人的专利证书、专利文件或者专利申请文件的。

第十五条　单位实施《刑法》第二百一十三条至第二百一十九条规定的行为，按照本解释规定的相应个人犯罪的定罪量刑标准的三倍定罪量刑。

2. 最高人民法院、最高人民检察院《关于办理侵犯知识产权刑事案件应用法律若干问题的解释（二）》法释〔2007〕6号（见第二百一十三条）

3. 最高人民法院、最高人民检察院、公安部《关于办理侵犯知识产权刑事案件适用法律若干问题的意见》法发〔2011〕3号（见第二百一十三条）

第二百一十七条【侵犯著作权罪】　以营利为目的，有下列侵犯著作权或者与著作权有关的权利的情形之一，违法所得数额较大或者有其他严重情节的，处三年以下有期徒刑，并处或者单处罚金；违法所得数额巨大或者有其他特别严重情节的，处三年以上十年以下有期徒刑，并处罚金：

（一）未经著作权人许可，复制发行、通过信息网络向公众传播其文字作品、音乐、美术、视听作品、计算机软件及法律、行政法规规定的其他作品的；

（二）出版他人享有专有出版权的图书的；

（三）未经录音录像制作者许可，复制发行、通过信息网络向公众传播其制作的录音录像的；

（四）未经表演者许可，复制发行录有其表演的录音录像制品，或者通过信息网络向公众传播其表演的；

（五）制作、出售假冒他人署名的美术作品的；

（六）未经著作权人或者与著作权有关的权利人许可，故意避开或者破坏权利人为其作品、录音录像制品等采取的保护著作权或者与著作权有关的权利的技术措施的。【2021

年 3 月 1 日刑法修正案（十一）】

【1997 年刑法】以营利为目的，有下列侵犯著作权情形之一，违法所得数额较大或者有其他严重情节的，处三年以下有期徒刑或者拘役，并处或者单处罚金；违法所得数额巨大或者有其他特别严重情节的，处三年以上七年以下有期徒刑，并处罚金：

（一）未经著作权人许可，复制发行其文字作品、音乐、电影、电视、录像作品、计算机软件及其他作品的；

（二）出版他人享有专有出版权的图书的；

（三）未经录音录像制作者许可，复制发行其制作的录音录像的；

（四）制作、出售假冒他人署名的美术作品的。

（相关解释）**1.最高人民法院、最高人民检察院《关于办理侵犯知识产权刑事案件应用法律若干问题的解释》**法释〔2004〕19 号

第五条 以营利为目的，实施《刑法》第二百一十七条所列侵犯著作权行为之一，违法所得数额在三万元以上的，属于"违法所得数额较大"；具有下列情形之一的，属于"有其他严重情节"，应当以侵犯著作权罪判处三年以下有期徒刑或者拘役，并处或者单处罚金：

（一）非法经营数额在五万元以上的；

（二）未经著作权人许可，复制发行其文字作品、音乐、电影、电视、录像作品、计算机软件及其他作品，复制品数量合计在一千张（份）以上的；

（三）其他严重情节的情形。

以营利为目的，实施《刑法》第二百一十七条所列侵犯著作权行为之一，违法所得数额在十五万元以上的，属于"违法所得数额巨大"；具有下列情形之一的，属于"有其他特别严重情节"，应当以侵犯著作权罪判处三年以上七年以下有期徒刑，并处罚金：

（一）非法经营数额在二十五万元以上的；

（二）未经著作权人许可，复制发行其文字作品、音乐、电影、电视、录像作品、计算机软件及其他作品，复制品数量合计在五千张（份）以上的；

（三）其他特别严重情节的情形。

第十一条 以刊登收费广告等方式直接或者间接收取费用的情形，属于《刑法》第二百一十七条规定的"以营利为目的"。

《刑法》第二百一十七条规定的"未经著作权人许可"，是指没有得到著作权人授权或者伪造、涂改著作权人授权许可文件或者超出授权许可范围的情形。

通过信息网络向公众传播他人文字作品、音乐、电影、电视、录像作品、计算机软件及其他作品的行为，应当视为《刑法》第二百一十七条规定的"复制发行"。

第十四条 实施《刑法》第二百一十七条规定的侵犯著作权犯罪，又销售该侵权复制品，构成犯罪的，应当依照《刑法》第二百一十七条的规定，以侵犯著作权罪定罪处罚。

实施《刑法》第二百一十七条规定的侵犯著作权犯罪，又销售明知是他人的侵权复制品，构成犯罪的，应当实行数罪并罚。

第十五条 单位实施《刑法》第二百一十三条至第二百一十九条规定的行为，按照本解释规定的相应个人犯罪的定罪量刑标准的三倍定罪量刑。

2.最高人民法院、最高人民检察院《关于办理侵犯知识产权刑事案件应用法律若干问题的解释（二）》法释〔2007〕6 号（见第二百一十三条）

第一条 以营利为目的，未经著作权人许可，复制发行其文字作品、音乐、电影、电视、录像作品、计算机软件及其他作品，复制品数量合计在五百张（份）以上的，属于《刑

法》第二百一十七条规定的"有其他严重情节";复制品数量在二千五百张（份）以上的，属于《刑法》第二百一十七条规定的"有其他特别严重情节"。

第二条　《刑法》第二百一十七条侵犯著作权罪中的"复制发行"，包括复制、发行或者既复制又发行的行为。

侵权产品的持有人通过广告、征订等方式推销侵权产品的，属于《刑法》第二百一十七条规定的"发行"。

非法出版、复制、发行他人作品，侵犯著作权构成犯罪的，按照侵犯著作权罪定罪处罚。

3. 最高人民法院、最高人民检察院、公安部《关于办理侵犯知识产权刑事案件适用法律若干问题的意见》法发〔2011〕3号（见第二百一十三条）

十一、关于侵犯著作权犯罪案件"未经著作权人许可"的认定问题

"未经著作权人许可"一般应当依据著作权人或者其授权的代理人、著作权集体管理组织、国家著作权行政管理部门指定的著作权认证机构出具的涉案作品版权认证文书，或者证明出版者、复制发行者伪造、涂改授权许可文件或者超出授权许可范围的证据，结合其他证据综合予以认定。

在涉案作品种类众多且权利人分散的案件中，上述证据确实难以一一取得，但有证据证明涉案复制品系非法出版、复制发行的，且出版者、复制发行者不能提供获得著作权人许可的相关证明材料的，可以认定为"未经著作权人许可"。但是，有证据证明权利人放弃权利、涉案作品的著作权不受我国著作权法保护，或者著作权保护期限已经届满的除外。

十二、关于《刑法》第二百一十七条规定的"发行"的认定及相关问题

"发行"，包括总发行、批发、零售、通过信息网络传播以及出租、展销等活动。

非法出版、复制、发行他人作品，侵犯著作权构成犯罪的，按照侵犯著作权罪定罪处罚，不认定为非法经营罪等其他犯罪。

十三、关于通过信息网络传播侵权作品行为的定罪处罚标准问题

以营利为目的，未经著作权人许可，通过信息网络向公众传播他人文字作品、音乐、电影、电视、美术、摄影、录像作品、录音录像制品、计算机软件及其他作品，具有下列情形之一的，属于《刑法》第二百一十七条规定的"其他严重情节"：

（一）非法经营数额在五万元以上的；

（二）传播他人作品的数量合计在五百件（部）以上的；

（三）传播他人作品的实际被点击数达到五万次以上的；

（四）以会员制方式传播他人作品，注册会员达到一千人以上的；

（五）数额或者数量虽未达到第（一）项至第（四）项规定标准，但分别达到其中两项以上标准一半以上的；

（六）其他严重情节的情形。

实施前款规定的行为，数额或者数量达到前款第（一）项至第（五）项规定标准五倍以上的，属于《刑法》第二百一十七条规定的"其他特别严重情节"。

4. 最高人民法院《关于审理非法出版物刑事案件具体应用法律若干问题的解释》法释〔1998〕30号

第二条　以营利为目的，实施《刑法》第二百一十七条所列侵犯著作权行为之一，个人违法所得数额在五万元以上，单位违法所得数额在二十万元以上的，属于"违法所得数额较大"；具有下列情形之一的，属于"有其他严重情节"：

（一）因侵犯著作权曾经两次以上被追究行政责任或者民事责任，两年内又实施《刑

法》第二百一十七条所列侵犯著作权行为之一的；

（二）个人非法经营数额在二十万元以上，单位非法经营数额在一百万元以上的；

（三）造成其他严重后果的。

以营利为目的，实施《刑法》第二百一十七条所列侵犯著作权行为之一，个人违法所得数额在二十万元以上，单位违法所得数额在一百万元以上的，属于"违法所得数额巨大"；具有下列情形之一的，属于"有其他特别严重情节"：

（一）个人非法经营数额在一百万元以上，单位非法经营数额在五百万元以上的；

（二）造成其他特别严重后果的。

第三条　《刑法》第二百一十七条第（一）项中规定的"复制发行"，是指行为人以营利为目的，未经著作权人许可而实施的复制、发行或者既复制又发行其文字作品、音乐、电影、电视、录像作品、计算机软件及其他作品的行为。

第五条　实施《刑法》第二百一十七条规定的侵犯著作权行为，又销售该侵权复制品，违法所得数额巨大的，只定侵犯著作权罪，不实行数罪并罚。

实施《刑法》第二百一十七条规定的侵犯著作权的犯罪行为，又明知是他人的侵权复制品而予以销售，构成犯罪的，应当实行数罪并罚。

第十六条　出版单位与他人事前通谋，向其出售、出租或者以其他形式转让该出版单位的名称、书号、刊号、版号，他人实施本解释第二条、第四条、第八条、第九条、第十条、第十一条规定的行为，构成犯罪的，对该出版单位应当以共犯论处。

第十七条　本解释所称"经营数额"，是指以非法出版物的定价数额乘以行为人经营的非法出版物数量所得的数额。

本解释所称"违法所得数额"，是指获利数额。

非法出版物没有定价或者以境外货币定价的，其单价数额应当按照行为人实际出售的价格认定。

5. 最高人民检察院、公安部《关于公安机关管辖的刑事案件立案追诉标准的规定（一）》
公通字〔2008〕36号

第二十六条　【侵犯著作权案（《刑法》第二百一十七条）】以营利为目的，未经著作权人许可，复制发行其文字作品、音乐、电影、电视、录像作品、计算机软件及其他作品，或者出版他人享有专有出版权的图书，或者未经录音录像制作者许可，复制发行其制作的录音录像，或者制作、出售假冒他人署名的美术作品，涉嫌下列情形之一的，应予立案追诉：（1）违法所得数额三万元以上的；（2）非法经营数额五万元以上的；（3）未经著作权人许可，复制发行其文字作品、音乐、电影、电视、录像作品、计算机软件及其他作品，复制品数量合计五百张（份）以上的；（4）未经录音录像制作者许可，复制发行其制作的录音录像制品，复制品数量合计五百张（份）以上的；（5）其他情节严重的情形。

以刊登收费广告等方式直接或者间接收取费用的情形，属于本条规定的"以营利为目的"。

本条规定的"未经著作权人许可"，是指没有得到著作权人授权或者伪造、涂改著作权人授权许可文件或者超出授权许可范围的情形。

本条规定的"复制发行"，包括复制、发行或者既复制又发行的行为。

通过信息网络向公众传播他人文字作品、音乐、电影、电视、录像作品、计算机软件及其他作品，或者通过信息网络传播他人制作的录音录像制品的行为，应当视为本条规定的"复制发行"。

侵权产品的持有人通过广告、征订等方式推销侵权产品的，属于本条规定的"发行"。

本条规定的"非法经营数额"，是指行为人在实施侵犯知识产权行为过程中，制造、储存、运输、销售侵权产品的价值。已销售的侵权产品的价值，按照实际销售的价格计算。制造、储存、运输和未销售的侵权产品的价值，按照标价或者已经查清的侵权产品的实际销售平均价格计算。侵权产品没有标价或者无法查清其实际销售价格的，按照被侵权产品的市场中间价格计算。

6. 最高人民法院、最高人民检察院《关于办理侵犯知识产权刑事案件具体应用法律若干问题的解释（三）》法释〔2020〕10号（2020年9月12日）（见《刑法》第二百二十条）

第二条　在《刑法》第二百一十七条规定的作品、录音制品上以通常方式署名的自然人、法人或者非法人组织，应当推定为著作权人或者录音制作者，且该作品、录音制品上存在着相应权利，但有相反证明的除外。

在涉案作品、录音制品种类众多且权利人分散的案件中，有证据证明涉案复制品系非法出版、复制发行，且出版者、复制发行者不能提供获得著作权人、录音制作者许可的相关证据材料的，可以认定为《刑法》第二百一十七条规定的"未经著作权人许可""未经录音制作者许可"。但是，有证据证明权利人放弃权利、涉案作品的著作权或者录音制品的有关权利不受我国著作权法保护、权利保护期限已经届满的除外。

（附参考）**浙江省高级人民法院《关于印发〈全省法院刑事审判疑难问题研讨会纪要〉的通知》**浙高法〔2012〕47号

八、关于销售盗版光碟行为的定性

根据2011年1月公布的最高人民法院、最高人民检察院、公安部《关于办理侵犯知识产权刑事案件适用法律若干问题的意见》第十二条规定，《刑法》第二百一十七条规定的"发行"，包括总发行、批发、零售、通过信息网络传播以及出租、展销等活动。非法出版、复制、发行他人作品，侵犯著作权构成犯罪的，按照侵犯著作权罪定罪处罚，不宜认定为非法经营罪等其他犯罪。据此，行为人实施销售盗版光碟等行为，侵犯他人著作权构成犯罪的，宜按照侵犯著作权罪定罪处罚。

第二百一十八条【销售侵权复制品罪】 以营利为目的，销售明知是本法第二百一十七条规定的侵权复制品，违法所得数额巨大或者有其他严重情节的，处五年以下有期徒刑，并处或者单处罚金。**【2021年3月1日刑法修正案（十一）】**

【1997年刑法】以营利为目的，销售明知是本法第二百一十七条规定的侵权复制品，违法所得数额巨大的，处三年以下有期徒刑或者拘役，并处或者单处罚金。

（相关解释）**1. 最高人民检察院、公安部《关于公安机关管辖的刑事案件立案追诉标准的规定（一）》公通字〔2008〕36号**

第七十三条　【侵犯商业秘密案（《刑法》第二百一十九条）】以营利为目的，销售明知是《刑法》第二百一十七条规定的侵权复制品，涉嫌下列情形之一的，应予立案追诉：（1）违法所得数额十万元以上的；（2）违法所得数额虽未达到上述数额标准，但尚未销售的侵权复制品货值金额达到三十万元以上的。

2. 最高人民法院、最高人民检察院《关于办理侵犯知识产权刑事案件应用法律若干问题的解释》法释〔2004〕19号

第六条　以营利为目的，实施《刑法》第二百一十八条规定的行为，违法所得数额在十万元以上的，属于"违法所得数额巨大"，应当以销售侵权复制品罪判处三年以下有期徒刑或者拘役，并处或者单处罚金。

第十五条 单位实施《刑法》第二百一十三条至第二百一十九条规定的行为，按照本解释规定的相应个人犯罪的定罪量刑标准的三倍定罪量刑。

3. 最高人民法院、最高人民检察院《关于办理侵犯知识产权刑事案件应用法律若干问题的解释（二）》法释〔2007〕6号（见第二百一十三条）

4. 最高人民法院、最高人民检察院、公安部《关于办理侵犯知识产权刑事案件适用法律若干问题的意见》法发〔2011〕3号（见第二百一十三条）

5. 最高人民法院《关于审理非法出版物刑事案件具体应用法律若干问题的解释》法释〔1998〕30号

第四条 以营利为目的，实施《刑法》第二百一十八条规定的行为，个人违法所得数额在十万元以上，单位违法所得数额在五十万元以上的，依照《刑法》第二百一十八条的规定，以销售侵权复制品罪定罪处罚。

第二百一十九条【侵犯商业秘密罪】 有下列侵犯商业秘密行为之一，情节严重的，处三年以下有期徒刑，并处或者单处罚金；情节特别严重的，处三年以上十年以下有期徒刑，并处罚金：

（一）以盗窃、贿赂、欺诈、胁迫、电子侵入或者其他不正当手段获取权利人的商业秘密的；

（二）披露、使用或者允许他人使用以前项手段获取的权利人的商业秘密的；

（三）违反保密义务或者违反权利人有关保守商业秘密的要求，披露、使用或者允许他人使用其所掌握的商业秘密的。

明知前款所列行为，获取、披露、使用或者允许他人使用该商业秘密的，以侵犯商业秘密论。

本条所称权利人，是指商业秘密的所有人和经商业秘密所有人许可的商业秘密使用人。【2021年3月1日刑法修正案（十一）】

【1997年刑法】有下列侵犯商业秘密行为之一，给商业秘密的权利人造成重大损失的，处三年以下有期徒刑或者拘役，并处或者单处罚金；造成特别严重后果的，处三年以上七年以下有期徒刑，并处罚金：

（一）以盗窃、利诱、胁迫或者其他不正当手段获取权利人的商业秘密的；

（二）披露、使用或者允许他人使用以前项手段获取的权利人的商业秘密的；

（三）违反约定或者违反权利人有关保守商业秘密的要求，披露、使用或者允许他人使用其所掌握的商业秘密的。

明知或者应知前款所列行为，获取、使用或者披露他人的商业秘密的，以侵犯商业秘密论。

本条所称商业秘密，是指不为公众所知悉，能为权利人带来经济利益，具有实用性并经权利人采取保密措施的技术信息和经营信息。

本条所称权利人，是指商业秘密的所有人和经商业秘密所有人许可的商业秘密使用人。

（相关解释）**1. 最高人民法院、最高人民检察院《关于办理侵犯知识产权刑事案件应用法律若干问题的解释》法释〔2004〕19号**

第七条 实施《刑法》第二百一十九条规定的行为之一，给商业秘密的权利人造成损失数额在五十万元以上的，属于"给商业秘密的权利人造成重大损失"，应当以侵犯商业秘密罪判处三年以下有期徒刑或者拘役，并处或者单处罚金。

给商业秘密的权利人造成损失数额在二百五十万元以上的，属于《刑法》第二百一十九条规定的"造成特别严重后果"，应当以侵犯商业秘密罪判处三年以上七年以下有期徒刑，并处罚金。

第十五条 单位实施《刑法》第二百一十三条至第二百一十九条规定的行为，按照本解释规定的相应个人犯罪的定罪量刑标准的三倍定罪量刑。

2.最高人民法院、最高人民检察院《关于办理侵犯知识产权刑事案件应用法律若干问题的解释（二）》 法释〔2007〕6号（见第二百一十三条）

3.最高人民法院、最高人民检察院、公安部《关于办理侵犯知识产权刑事案件适用法律若干问题的意见》 法发〔2011〕3号（见第二百一十三条）

4.最高人民法院、最高人民检察院《关于办理侵犯知识产权刑事案件具体应用法律若干问题的解释（三）》 法释〔2020〕10号（2020年9月12日）（见《刑法》第二百二十条）

第三条 采取非法复制、未经授权或者超越授权使用计算机信息系统等方式窃取商业秘密的，应当认定为《刑法》第二百一十九条第一款第一项规定的"盗窃"。

以贿赂、欺诈、电子侵入等方式获取权利人的商业秘密的，应当认定为《刑法》第二百一十九条第一款第一项规定的"其他不正当手段"。

第四条 实施《刑法》第二百一十九条规定的行为，具有下列情形之一的，应当认定为"给商业秘密的权利人造成重大损失"：

（一）给商业秘密的权利人造成损失数额或者因侵犯商业秘密违法所得数额在三十万元以上的；

（二）直接导致商业秘密的权利人因重大经营困难而破产、倒闭的；

（三）造成商业秘密的权利人其他重大损失的。

给商业秘密的权利人造成损失数额或者因侵犯商业秘密违法所得数额在二百五十万元以上的，应当认定为《刑法》第二百一十九条规定的"造成特别严重后果"。

第五条 实施《刑法》第二百一十九条规定的行为造成的损失数额或者违法所得数额，可以按照下列方式认定：

（一）以不正当手段获取权利人的商业秘密，尚未披露、使用或者允许他人使用的，损失数额可以根据该项商业秘密的合理许可使用费确定；

（二）以不正当手段获取权利人的商业秘密后，披露、使用或者允许他人使用的，损失数额可以根据权利人因被侵权造成销售利润的损失确定，但该损失数额低于商业秘密合理许可使用费的，根据合理许可使用费确定；

（三）违反约定、权利人有关保守商业秘密的要求，披露、使用或者允许他人使用其所掌握的商业秘密的，损失数额可以根据权利人因被侵权造成销售利润的损失确定；

（四）明知商业秘密是不正当手段获取或者是违反约定、权利人有关保守商业秘密的要求披露、使用、允许使用，仍获取、使用或者披露的，损失数额可以根据权利人因被侵权造成销售利润的损失确定；

（五）因侵犯商业秘密行为导致商业秘密已为公众所知悉或者灭失的，损失数额可以根据该项商业秘密的商业价值确定。商业秘密的商业价值，可以根据该项商业秘密的研究开发成本、实施该项商业秘密的收益综合确定；

（六）因披露或者允许他人使用商业秘密而获得的财物或者其他财产性利益，应当认定为违法所得。

前款第二项、第三项、第四项规定的权利人因被侵权造成销售利润的损失，可以根据权利人因被侵权造成销售量减少的总数乘以权利人每件产品的合理利润确定；销售量减少的总数无法确定的，可以根据侵权产品销售量乘以权利人每件产品的合理利润确定；权利人因被侵权造成销售量减少的总数和每件产品的合理利润均无法确定的，可以根据侵权产品销售量乘以每件侵权产品的合理利润确定。商业秘密系用于服务等其他经营活动的，损失数额可以根据权利人因被侵权而减少的合理利润确定。

商业秘密的权利人为减轻对商业运营、商业计划的损失或者重新恢复计算机信息系统安全、其他系统安全而支出的补救费用，应当计入给商业秘密的权利人造成的损失。

第六条 在刑事诉讼程序中，当事人、辩护人、诉讼代理人或者案外人书面申请对有关商业秘密或者其他需要保密的商业信息的证据、材料采取保密措施的，应当根据案件情况采取组织诉讼参与人签署保密承诺书等必要的保密措施。

违反前款有关保密措施的要求或者法律法规规定的保密义务的，依法承担相应责任。擅自披露、使用或者允许他人使用在刑事诉讼程序中接触、获取的商业秘密，符合《刑法》第二百一十九条规定的，依法追究刑事责任。

（附参考）**1. 浙江省高级人民法院刑二庭《关于印发〈全省法院经济犯罪疑难问题研讨会纪要〉的通知》**浙高法刑二〔2005〕1号

八、侵犯商业秘密罪造成损失的计算

可参照《反不正当竞争法》第二十条的规定，即判断行为人侵犯他人商业秘密是否给权利人造成重大损失（只限于物质损失）时，可以从权利人的所失或侵权人的所得方面加以考虑。在商业秘密尚未被非法公开的情况下，侵犯商业秘密造成的损失，可理解为权利人因被侵权使其产品销售量减少而造成所得利润的减少，这种损失难以计算的，可将侵权人在侵权期间因侵权所获得的利润视为权利人的损失；在商业秘密已被非法公开的情况下，则应根据该商业秘密的开发成本、现行市价及利用周期等因素综合加以确定。

2. 浙江省高级人民法院《关于部分罪名定罪量刑情节及数额标准的意见》浙高法〔2012〕325号

55.《刑法》第二百一十九条 【侵犯商业秘密罪】

具有下列情形之一的，属于"重大损失"，处三年以下有期徒刑或者拘役，并处或者单处罚金：

（1）给商业秘密权利人造成损失数额在五十万元以上不满二百五十万元的；

（2）因侵犯商业秘密违法所得数额在五十万元以上不满二百五十万元的；

（3）重大损失的其他情形。

具有下列情形之一的，属于"特别严重后果"，处三年以上七年以下有期徒刑，并处罚金：

（1）给商业秘密权利人造成损失数额在二百五十万元以上的；

（2）因侵犯商业秘密违法所得数额在二百五十万元以上的；

（3）致使商业秘密权利人破产的；

（4）特别严重后果的其他情形。

第二百一十九条之一【为境外窃取、刺探、收买、非法提供商业秘密罪】 为境外的机构、组织、人员窃取、刺探、收买、非法提供商业秘密的，处五年以下有期徒刑，并处或者单处罚金；情节严重的，处五年以上有期徒刑，并处罚金。【2021年3月1日刑法修正案（十一）】

第二百二十条 单位犯本节第二百一十三条至第二百一十九条之一规定之罪的，对单位判处罚金，并对其直接负责的主管人员和其他直接责任人员，依照本节各该条的规定处罚。【2021年3月1日刑法修正案（十一）】

【1997年刑法】单位犯本节第二百一十三条至第二百一十九条规定之罪的，对单位判处罚金，并对其直接负责的主管人员和其他直接责任人员，依照本节各该条的规定处罚。

（相关解释）**1.最高人民法院、最高人民检察院《关于办理侵犯知识产权刑事案件应用法律若干问题的解释（二）》法释〔2007〕6号**

第六条 单位实施《刑法》第二百一十三条至第二百一十九条规定的行为，按照最高人民法院、最高人民检察院《关于办理侵犯知识产权刑事案件具体应用法律若干问题的解释》和本解释规定的相应个人犯罪的定罪量刑标准定罪处罚。

第七条 以前发布的司法解释与本解释不一致的，以本解释为准。

2.最高人民法院、最高人民检察院《关于办理侵犯知识产权刑事案件具体应用法律若干问题的解释（三）》法释〔2020〕10号（2020年9月12日）

为依法惩治侵犯知识产权犯罪，维护社会主义市场经济秩序，根据《中华人民共和国刑法》《中华人民共和国刑事诉讼法》等有关规定，现就办理侵犯知识产权刑事案件具体应用法律的若干问题解释如下：

第一条 具有下列情形之一的，可以认定为《刑法》第二百一十三条规定的"与其注册商标相同的商标"：

（一）改变注册商标的字体、字母大小写或者文字横竖排列，与注册商标之间基本无差别的；

（二）改变注册商标的文字、字母、数字等之间的间距，与注册商标之间基本无差别的；

（三）改变注册商标颜色，不影响体现注册商标显著特征的；

（四）在注册商标上仅增加商品通用名称、型号等缺乏显著特征要素，不影响体现注册商标显著特征的；

（五）与立体注册商标的三维标志及平面要素基本无差别的；

（六）其他与注册商标基本无差别、足以对公众产生误导的商标。

第二条 在《刑法》第二百一十七条规定的作品、录音制品上以通常方式署名的自然人、法人或者非法人组织，应当推定为著作权人或者录音制作者，且该作品、录音制品上存在着相应权利，但有相反证明的除外。

在涉案作品、录音制品种类众多且权利人分散的案件中，有证据证明涉案复制品系非法出版、复制发行，且出版者、复制发行者不能提供获得著作权人、录音制作者许可的相关证据材料的，可以认定为《刑法》第二百一十七条规定的"未经著作权人许可""未经录音制作者许可"。但是，有证据证明权利人放弃权利、涉案作品的著作权或者录音制品的有关权利不受我国著作权法保护、权利保护期限已经届满的除外。

第三条 采取非法复制、未经授权或者超越授权使用计算机信息系统等方式窃取商业秘密的，应当认定为《刑法》第二百一十九条第一款第一项规定的"盗窃"。

以贿赂、欺诈、电子侵入等方式获取权利人的商业秘密的，应当认定为《刑法》第二百一十九条第一款第一项规定的"其他不正当手段"。

第四条 实施《刑法》第二百一十九条规定的行为，具有下列情形之一的，应当认定为"给商业秘密的权利人造成重大损失"：

（一）给商业秘密的权利人造成损失数额或者因侵犯商业秘密违法所得数额在三十万元以上的；

（二）直接导致商业秘密的权利人因重大经营困难而破产、倒闭的；

（三）造成商业秘密的权利人其他重大损失的。

给商业秘密的权利人造成损失数额或者因侵犯商业秘密违法所得数额在二百五十万元以上的，应当认定为《刑法》第二百一十九条规定的"造成特别严重后果"。

第五条 实施《刑法》第二百一十九条规定的行为造成的损失数额或者违法所得数额，可以按照下列方式认定：

（一）以不正当手段获取权利人的商业秘密，尚未披露、使用或者允许他人使用的，损失数额可以根据该项商业秘密的合理许可使用费确定；

（二）以不正当手段获取权利人的商业秘密后，披露、使用或者允许他人使用的，损失数额可以根据权利人因被侵权造成销售利润的损失确定，但该损失数额低于商业秘密合理许可使用费的，根据合理许可使用费确定；

（三）违反约定、权利人有关保守商业秘密的要求，披露、使用或者允许他人使用其所掌握的商业秘密的，损失数额可以根据权利人因被侵权造成销售利润的损失确定；

（四）明知商业秘密是不正当手段获取或者是违反约定、权利人有关保守商业秘密的要求披露、使用、允许使用，仍获取、使用或者披露的，损失数额可以根据权利人因被侵权造成销售利润的损失确定；

（五）因侵犯商业秘密行为导致商业秘密已为公众所知悉或者灭失的，损失数额可以根据该项商业秘密的商业价值确定。商业秘密的商业价值，可以根据该项商业秘密的研究开发成本、实施该项商业秘密的收益综合确定；

（六）因披露或者允许他人使用商业秘密而获得的财物或者其他财产性利益，应当认定为违法所得。

前款第二项、第三项、第四项规定的权利人因被侵权造成销售利润的损失，可以根据权利人因被侵权造成销售量减少的总数乘以权利人每件产品的合理利润确定；销售量减少的总数无法确定的，可以根据侵权产品销售量乘以权利人每件产品的合理利润确定；权利人因被侵权造成销售量减少的总数和每件产品的合理利润均无法确定的，可以根据侵权产品销售量乘以每件侵权产品的合理利润确定。商业秘密系用于服务等其他经营活动的，损失数额可以根据权利人因被侵权而减少的合理利润确定。

商业秘密的权利人为减轻对商业运营、商业计划的损失或者重新恢复计算机信息系统安全、其他系统安全而支出的补救费用，应当计入给商业秘密的权利人造成的损失。

第六条 在刑事诉讼程序中，当事人、辩护人、诉讼代理人或者案外人书面申请对有关商业秘密或者其他需要保密的商业信息的证据、材料采取保密措施的，应当根据案件情况采取组织诉讼参与人签署保密承诺书等必要的保密措施。

违反前款有关保密措施的要求或者法律法规规定的保密义务的，依法承担相应责任。擅自披露、使用或者允许他人使用在刑事诉讼程序中接触、获取的商业秘密，符合《刑法》

第二百一十九条规定的，依法追究刑事责任。

第七条 除特殊情况外，假冒注册商标的商品、非法制造的注册商标标识、侵犯著作权的复制品、主要用于制造假冒注册商标的商品、注册商标标识或者侵权复制品的材料和工具，应当依法予以没收和销毁。

上述物品需要作为民事、行政案件的证据使用的，经权利人申请，可以在民事、行政案件终结后或者采取取样、拍照等方式对证据固定后予以销毁。

第八条 具有下列情形之一的，可以酌情从重处罚，一般不适用缓刑：

（一）主要以侵犯知识产权为业的；

（二）因侵犯知识产权被行政处罚后再次侵犯知识产权构成犯罪的；

（三）在重大自然灾害、事故灾难、公共卫生事件期间，假冒抢险救灾、防疫物资等商品的注册商标的；

（四）拒不交出违法所得的。

第九条 具有下列情形之一的，可以酌情从轻处罚：

（一）认罪认罚的；

（二）取得权利人谅解的；

（三）具有悔罪表现的；

（四）以不正当手段获取权利人的商业秘密后尚未披露、使用或者允许他人使用的。

第十条 对于侵犯知识产权犯罪的，应当综合考虑犯罪违法所得数额、非法经营数额、给权利人造成的损失数额、侵权假冒物品数量及社会危害性等情节，依法判处罚金。

罚金数额一般在违法所得数额的一倍以上五倍以下确定。违法所得数额无法查清的，罚金数额一般按照非法经营数额的百分之五十以上一倍以下确定。违法所得数额和非法经营数额均无法查清，判处三年以下有期徒刑、拘役、管制或者单处罚金的，一般在三万元以上一百万元以下确定罚金数额；判处三年以上有期徒刑的，一般在十五万元以上五百万元以下确定罚金数额。

第十一条 本解释发布施行后，之前发布的司法解释和规范性文件与本解释不一致的，以本解释为准。

第十二条 本解释自 2020 年 9 月 14 日起施行。

（附参考）1. 浙江省高级人民法院、浙江省人民检察院、浙江省公安厅《办理侵犯知识产权刑事案件适用法律若干问题会议纪要》（2015 年 4 月 14 日）

一、权利人主营业地域登记地属于《关于办理侵犯知识产权刑事案件适用法律若干问题的意见》第一条中规定的"权利人受到实际侵害的犯罪结果发生地"。

二、主要犯罪行为发生在互联网上的侵犯知识产权类刑事案件属于《关于办理网络犯罪案件适用刑事诉讼程序若干问题的意见》中"网络犯罪案件"范围。有关案件的立案管辖按照该意见和省公检法三部门《关于简化刑事案件管辖对接问题的意见》确定。

三、对销售假冒注册商标的商品犯罪的销售行为、实际销售价格、销售金额等方面的认定，如结合收集的物证、书证、证人证言、犯罪嫌疑人供述和鉴定意见等，足以形成认定犯罪事实证据链的，可不对购买者逐个调查取证。有保存账目、销售记录，现场查获有未销售假冒商品的，主要犯罪嫌疑人与同案犯罪嫌疑人的供述与账目、销售记录能相互印证，可以按照账目、销售记录记载的价格、数量认定实际销售价格和销售金额，第三方电商平台运营商保存的电子交易记录可作为认定销售价格和销售金额的证据，收集在案。

在互联网上销售假冒注册商标的商品犯罪，现场无遗留假冒商品的，不能仅凭犯罪嫌疑人供述与电子交易记录账目、销售记录等能相互印证进行简单认定，需对购买者进行抽样取证和取样鉴定。

如犯罪嫌疑人提出销售记录中存在虚假交易，或部分商品系非假冒商品，应要求犯罪嫌疑人就此提供证据或证据线索，并就此进行核查。

四、从犯罪嫌疑人所使用的第三方电商平台账户中提取的电子数据，具有证据效力。该电子数据经当事人签名或者盖章确认，其对交易信息真实性、客观性无异议的，可不再向第三方电商平台运营调取。

五、对现场查获产品构件齐全，但尚未完全组装成品，虽未附着（含加粘）或者未全部附着（含加粘）假冒注册商标标志的产品，在有充分、确实证据证明组装的成品将假冒他人注册商标的，按可组装完成的成品数量来计算假冒注册商标商品的数量。

六、违法所得是侵犯知识产权犯罪定罪量刑的重要依据之一，若当事人供述了违法所得并可查明的，应及时查明并予扣押或者冻结。

七、在侵犯商标权犯罪案件的侦查过程中，应按照办理侵犯知识产权刑事案件的相关司法解释规定的顺序查明与非法经营数额相关的事实，即优先查明侵权商品的销售价格或标价，在无法查清时，应要求犯罪嫌疑人提供侵权商品实际销售价格的证据或者证据线索，仍无法查清的，按照被侵权商品市场中间价计算非法经营数额。

八、对于假冒同一商标的商品，若被侵权商品与侵权商品没有相同款式的，被侵权商品的市场中间价按照被侵权同类商品的市场中间价认定。

九、侦查过程中对可能影响案件定罪量刑的证据应全面扣押、调取、及时移送，扣押时应就现场情况整体拍照，对所扣押的物品及配件做到不遗漏、不破坏，并对成品、半成品、原料分别归类。尽量移送扣押物品实物，数量过多可抽样移送，难以移送实物的可移送扣押物品照片，但应进行全方位拍照并重点突出扣押物品特征、商标及标价等信息。

十、实施侵犯知识产权犯罪，可能同时构成生产、销售伪劣商品犯罪的（如假冒商品系饮用水、酒、食品等），公安机关就假冒商品是否伪劣、是否符合卫生标准等事实委托鉴定或作出相关书面说明。

2. 浙江省高级人民法院刑事审判第二庭《关于审理侵犯知识产权刑事案件若干问题的解答》 2016 年 12 月 7 日

为加强知识产权刑事司法保护，强化对侵犯知识产权刑事案件的审判指导，现将我们调研中发现的相关问题梳理汇总并解答如下，供审理案件时参考。

一、审理侵犯知识产权刑事案件时如何贯彻宽严相济的刑事政策？

答：知识产权刑事司法保护是知识产权保护的最后一道防线，各级法院应贯彻落实国家知识产权战略，依法制裁和打击各类侵犯知识产权犯罪行为，切实维护相关权利人的合法权利和公平、有序的社会主义市场经济秩序。依法从严惩处严重侵犯知识产权的犯罪分子，严格缓、免刑的适用条件，加大罚金刑的适用与执行力度，并注意通过采取追缴违法所得、收缴犯罪工具、销毁侵权产品等措施，从经济上剥夺犯罪分子再次犯罪的能力和条件。同时，在审理侵犯知识产权案件过程中，要注重推动综合运用刑事、民事、行政等多种途径强化知识产权的司法保护，充分考虑我国经济发展的阶段性特征和知识产权的私权属性，坚持《刑法》谦抑性原则和刑事证明标准，强化事实证据的收集和审查，防止刑事司法手段的过度介入，合理控制打击面，以实现法律效果和社会效果的有机统一。

二、销售盗版光碟行为如何定性？

答：根据最高人民法院、最高人民检察院、公安部《关于办理侵犯知识产权刑事案件适用法律若干问题的意见》（下称《两高一部意见》）的规定，发行包括总发行、批发、零售、通过信息网络传播以及出租、展销等活动；非法出版、复制、发行他人作品，侵犯著作权构成犯罪的，按照侵犯著作权罪定罪处罚，不认定为非法经营罪等其他犯罪。在司法实践中，此处的批发、零售有否限定为复制者自身实施的销售行为，存有一定争议。对此，我们认为，此处的批发、零售并未限定为复制者自身实施的销售行为，而应指所有的批发、零售行为，在新的规定出台前，对销售包括盗版光碟在内的侵权复制品的行为，一般宜以侵犯著作权罪论处，不宜认定为销售侵权复制品罪。但是，销售他人享有专有出版权的图书或所销售的作品未侵犯他人著作权时，仍可能构成销售侵权复制品罪或非法经营罪等犯罪。

三、未经著作权人许可运营其网络游戏的行为如何定性？

答：从技术特征来看，私自运营的网络游戏与合法授权的网络游戏并无本质不同，无论是何种类型的私自运营行为，都离不开对著作权人软件作品的复制和传播，即复制服务端程序安装到计算机中，同时通过网络向游戏玩家提供客户端程序。从实践情况看，私自运营者在复制并控制游戏程序服务端后，通常提供客户端程序供游戏玩家免费下载，而客户端程序本身也可视为计算机软件作品。在网络环境下，复制、发行还包括以电子数据形式转移他人享有著作权的作品的行为。网络上传播的结果并非作品有形载体物理空间的变更，而是在新的有形载体上产生了作品复制件，导致复制件数量的绝对增加。根据《两高一部意见》第十三条的规定，以营利为目的，未经著作权人许可运营其网络游戏，违法所得数额较大或者有其他严重情节的，应以侵犯著作权罪论处。

四、侵犯著作权罪如何认定未遂？

答：对已着手非法出版、复制他人作品，尚未完成即被查获的，或者单纯销售、贩卖侵权复制品而未实际售出的，可根据情况认定为未遂。对该类案件的处理，可参照《两高一部意见》中对销售假冒注册商标的商品罪（未遂）的规定，数额或数量达到入罪标准三倍以上的，可以侵犯著作权罪（未遂）处罚。

五、侵犯著作权罪中"其他作品"是否包含美术作品？

答：《刑法》第二百一十七条第（四）项规定"制作、出售假冒他人署名的美术作品的"，可以构成侵犯著作权罪。有观点认为，只有制作、出售假冒他人署名的美术作品的情况，才可能构成侵犯著作权罪，《刑法》第二百一十七条第（一）项中"其他作品"不包括美术作品。我们认为，根据《两高一部意见》第十三规定，此处的"其他作品"应该包括美术作品。未经著作权人许可，复制发行其美术作品，如符合入罪数量或数额标准的，应以侵犯著作权罪定罪处罚。

六、假冒注册商标罪中如何认定"同一种商品"？

答：对假冒注册商标罪中"同一种商品"的认定，应当严格依照《两高一部意见》第五条关于"名称相同的商品以及名称不同但指向同一事物的商品"的规定加以把握。在判定是否属于"名称不同但指向同一事物的商品"时，既不能仅局限于"名称相同的商品"，但也要注意避免将商标民事侵权判定中"类似商品或者服务"的认定标准扩大适用到刑事案件领域。司法实践中，应注意区分以下两种情形：一是被控侵权商品实际使用名称在《类似商品和服务区分表》中没有对应记载，但与注册商标核定使用的商品在功能、用途、主要原料、消费对象、销售渠道等方面相同或者基本相同，相关公众一般认为是同一事物的，可以认定为"同一种商品"；二是被控侵权商品与注册商标核定使用的商品在《类似商品和服务区分表》中有各自对应名称的，且通常情况下相关公众也不会认为两者指向同一事物的，一般不应当认定为"同一种商品"。在认定"同一种商品"时，应当将被控侵权商品与注册商标核定使用的商品进行对比，以确定是否属于"同一种商品"。注册商标所有人超出核定使用范围使用注册商标的，行为人照此在该超出核定使用范围的商品上使用相同商标的，不构成刑法规定的"在同一种商品上使用与注册商标相同的商标"。

七、假冒注册商标罪中如何认定"相同的商标"？

答：对假冒注册商标罪中"相同的商标"的认定，应当严格依照最高人民法院、最高人民检察院《关于办理侵犯知识产权刑事案件具体应用法律若干问题的解释》（下称《解释一》）第八条和《两高一部意见》第六条等规定加以把握，即指与被假冒的注册商标完全相同，或者与被假冒的注册商标在视觉上基本无差别、足以对公众产生误导。在理解"视觉上基本无差别、足以对公众产生误导"时，应当以商标完全相同为判断基准，如果被控侵权商标与注册商标虽有细微差异，但构成高度近似且足以导致相关公众产生误认的，则应当认定为"相同的商标"，但要注意避免将商标民事侵权判定中"商标近似"的认定标准扩大适用到刑事领域。

八、假冒注册商标罪主观方面能否为间接故意？

答：假冒的商标标识一般来源于行为人自己制作、通过非正常渠道购买、盗窃或侵占等违法犯罪手段获取。这几种来源方式均反映行为人对此种商标没有使用的权利。行为人未经注册商标权利人许可，将他人的注册商标使用在自己生产或销售的与注册商标权利人相同的商品上，一般出于牟取经济利益、打击竞争对手、倾销伪劣产品的动机和目的。行为人对他人的注册商标以及相应商品的知名度和质量一般有着明确的认识和了解。明知自己的行为侵犯他人的注册商标专用权而仍然故意实施，行为人的主观形态只能是直接故意。故假冒注册商标罪主观方面并不存在间接故意形态。

九、非法制造、销售非法制造的注册商标标识罪中如何计算商标标识数量？

答：计算商标标识数量时应以《解释（一）》第十二条第三款规定的"标有完整商标图样的一份标识，一般应当认定为一件商标标识"的规定为计算原则。在计算标识数量时，应当将每一件完整且可以独立使用的侵权商标标识作累加计算。例如，一瓶酒的外包装盒、瓶贴、瓶盖上分别附着相同或者不同的商标标识，在计算商标标识件数时，应当计算为三件。在同一载体上印制数个相同或者不同的商标标识，且上述商标标识不能独立使用的，一般应当计算为一件商标标识。例如，在一个皮具商品的外包装纸上同时印有数个相同或者不同的商标标识的，在计算商标标识数量时，应当计算为一件。存在大、中、小包装盒时，这些包装盒上分别印有相同商标标识，大小包装依次套装。在计算商标标识数量时，应当以最小商品上的商标标识计算为一件；无最小商品的商标标识，只以包装盒上侵权商标标识作累加计算。

十、侵犯商业秘密罪中如何认定"重大损失"？

答：侵犯商业秘密罪中"重大损失"一般是指商业秘密被侵权后权利人受到的直接经济损失，这种损失必须是能够明确计算的，不应包括间接的或者仅仅是理论上推理的损失。在实践中，主要有以下几种计算方式：一是成本说，即根据权利人研究该商业秘密所投入的开发费用、保密费用等成本来计算损失；二是价值说，即根据商业秘密的价值计算权利人的损失；三是损失说，即根据商业秘密被侵犯后权利人失去的利润来计算损失；四是获利说，即根据行为人侵犯商业秘密后实际获得的违法所得数额计算权利人的损失。鉴于重大损失计算方法的多样性和复杂性，选择上述何种计算方式须坚持具体案件具体分析，并注意区分技术信息与经营信息的不同情形。如行为人盗窃他人的商业秘密后卖给他人获取巨额利益，虽然被及时发现后没有给权利人造成实际损失，但考虑到行为人获利的情节，可以按照这一数额追究其刑事责任。又如权利人花费巨资开发的商业秘密被侵犯后变成了公共信息，这笔巨资也可以作为重大损失予以考虑。

十一、如何认定"违法所得数额"？

答："违法所得数额较大"系部分侵犯知识产权罪的入罪标准。根据最高人民法院《关于审理非法出版物刑事案件具体应用法律若干问题的解释》有关规定，"违法所得数额"是指获利数额，即行为人已经获得或应得的非法收入，没有获得或不可能获得的收入不应视为违法所得数额。

十二、侵犯知识产权刑事案件能否提起刑事附带民事诉讼？

答：根据《刑事诉讼法司法解释》第一百三十八规定，被害人因人身权利受到犯罪侵犯或者财物被犯罪分子毁坏而遭受物质损失的，有权在刑事诉讼过程中提起附带民事诉讼。知识产权表现为智力成果，系一种无形财产。侵犯知识产权罪中既不涉及人身权利受侵犯，也不存在有形物被犯罪分子毁坏的情形。根据上述司法解释，被害人不宜提起附带民事诉讼。

十三、审理侵犯知识产权刑事案件时如何把握缓刑适用？

答：缓刑适用有利于分化瓦解犯罪分子，有利于提高刑罚执行效率，节约司法资源。但是，侵犯知识产权刑事案件缓刑适用率整体偏高或滥用缓刑不仅损害刑法的权威性和严肃性，也不利于知识产权司法保护。对此，各级法院应予高度重视，在审理侵犯知识产权刑事案件中应避免缓刑被滥用的风险。为此，应严格遵守《刑法》第七十二条、《关于办理侵犯知识产权刑事案件具体应用法律若干问题的解释（二）》等法律和司法解释关于缓刑适用的相关规定，对因侵犯知识产权被刑事处罚或者行政处罚后再次侵犯知识产权构成犯罪，或不具有悔罪表现，或拒不交出违法所得以及其他不宜适用缓刑的，一般不应适用缓刑。要完善社会调查程序，规范法官自由裁量权的合理行使；统一缓刑适用尺度，落实"同城待遇"，避免外地籍被告人与本地籍被告人缓刑适用标准不一；在决定对被告人是否适用缓刑时应避免机械受制于审前强制措施。

3. 浙江省高级人民法院、浙江省人民检察院、浙江省公安厅《关于知识产权刑事案件适用法律若干问题的会议纪要》浙高法〔2020〕83 号（2020 年 7 月 12 日）

近年来，随着知识产权刑事司法保护力度不断加大，司法实践中各类新情况、新问题不断出现，部分问题存在较大争议。为准确理解和适用知识产权刑事法律和司法解释，统一执法尺度，深入推进知识产权审判"三合一"工作，全面提升知识产权刑事司法保护水平，省法院、省检察院、省公安厅近期对知识产权刑事案件办理中存在的法律适用问题进行了研讨，对相关争议性问题达成共识。现纪要如下：

一、"相同商标"的判定

刑法意义上的"相同商标"包括"与注册商标完全相同"和"视觉上与注册商标基本无差别，足以对公众产生误导"的商标，后者中该两个构成要件须同时满足，缺一不可，尤其应重视"视觉上与注册商标基本无差别"的判定，以免造成刑罚的不当扩张。

刑事上"相同商标"的比对，不宜采用商标民事侵权案件中的隔离比对方法，宜将被诉商标与权利商标放在同一视域范围进行比对。

被诉商标在权利商标上添加文字、图形的，如果添加的内容与其他部分难以分割，可以构成完整的商业标识的，应当将该完整标识与权利商标进行比对；如果添加的内容在物理形态上与其他部分明显可以分离，可不认为系一整体商业标识的，或者虽在物理形态上与其他部分难以分离，但表示标识以外其他含义的，该添加部分一般可不纳入比对范围。

对"视觉上与注册商标基本无差别"的判定，可根据商标的不同组合进行具体分析：（1）文字商标（特别是中文商标），一般要求两个商标的文字基本无差别；（2）图形商标，图形整体效果对判定具有决定性意义；（3）组合商标，如果文字为商标的显著部分，一般要求文字相同或基本无差别，如果图形为商标的显著部分，一般要求图形相同或基本无差别。对于不作为显著部分的图形或文字对判定的影响，应根据其所占比重在个案中具体分析。无法区分显著部分时，只要两个商标之间有任何一部分差别较大的，一般不能认定为基本无差别。此外，对于指定颜色的权利商标，一般要求被诉商标与权利商标在颜色上相同或基本无差别。

二、假冒注册商标种数的认定

在认定是否假冒两种以上注册商标时，应以商标注册号不同为基础，同时考虑是否使用在同一件商品上。《最高人民法院、最高人民检察院关于办理侵犯知识产权刑事案件具体应用法律若干问题的解释》（以下简称《知产刑事司法解释（一）》）对假冒两种以上注册商标较假冒单一商标规定更低的入罪标准，主要是从侵权范围引发的社会危害考虑，被侵权的注册号不同的数个商标使用在同一件商品上，与典型的单一商标权被侵犯在危害性上并无多大区别。对注册号不同，但同时使用在同一件商品上的数个商标，即使被假冒商标权利人不同，由于假冒行为指向一个特定的商品来源，不宜认定为假冒两种以上商标。需要指出的是，此种情况下不认定为两种以上商标的前提是同时使用在同一件商品上，如果不是在同一件商品上使用，即使被假冒商标权利人同一，原则上也应认定为两种以上商标。

三、未实际使用的注册商标可否由刑法保护

由于被假冒的注册商标未实际使用于商品，权利人在市场上无商品流通，实际不会发生商品来源的混淆和误认，一般对商标权人的实际经济利益不会造成损害或损害不大，对市场竞争秩序不会造成严重破坏，故未实际使用的注册商标不宜由刑法保护，权利人可通过民事途径寻求保护。

四、假冒注册商标罪中的商标是否包含证明商标

注册在商品上的证明商标，属于商品商标。未经注册证明商标所有人许可，在同一种商品上使用与其注册证明商标相同的商标，既侵犯权利人的商标专用权，又扰乱市场竞争秩序，如果达到入罪数额或数量标准，即符合假冒注册商标罪的构成要件，应以假冒注册商标罪定罪处罚。

五、对未经合法授权的涉外定牌加工行为能否追究刑事责任

合法授权范围内的涉外定牌加工，是指行为人（境内生产厂家）接受境外注册商标权利人或其他有权委托人的委托，生产使用该注册商标的商品，该商品全部销往境外而不在境内销售的一种加工生产方式。对合法授权范围内的涉外定牌加工行为原则上不宜以假冒注册商标犯罪论处，省法院、省检察院、省公安厅于2016年6月下发的《关于办理涉外定牌加工等侵犯知识产权刑事案件有关法律适用问题的会议纪要》对此已予明确。对于境外委托人无权委托的涉外定牌加工行为能否刑事追究，在司法实践中争议较大，不宜一概认为应予刑事追究或不予刑事追究，应根据行为人对境外委托的审查情况、是否规范使用境外委托人提供的商标、境内商标权人的商品是否在涉案商品目的地国销售等案件具体情况，根据主客观相统一原则综合分析。如果被控行为实际损害境内权利人较大经济利益，扰乱市场竞争秩序，且符合假冒注册商标罪入罪数额或数量标准等构成要件的，可以假冒注册商标罪定罪处罚。

六、销售假冒注册商标的商品罪与销售非法制造的注册商标标识罪的竞合处理

司法实践中，有些商品的标识与商品紧密结合，难以分离，而单价又极低，如反光贴等，行为人销售该类商品数量很大，而犯罪金额又不高，往往达不到销售假冒注册商标的商品罪的入罪数额标准，但是可以达到销售非法制造的注册商标标识罪的入罪数量标准。由于行为人销售的系可以独立使用的商品，而非使用于商品的商标标识，根据主客观相统一原则，不宜以销售非法制造的注册商标标识罪定罪处罚。

七、非法制造、销售非法制造的注册商标标识罪中如何计算商标标识数量

计算商标标识数量时应严格依照《知产刑事司法解释（一）》第十二条第三款规定的"本解释第三条所规定的'件'，是指标有完整商标图样的一份标识"为计算原则。在计算标识数量时，应当将每一件完整且可以独立使用的侵权标识累加计算。例如，一瓶酒的外包装盒、瓶贴、瓶盖上分别附着商标标识，在计算商标标识件数时，应当计算为三件；存在大、中、小包装盒时，这些包装盒上分别印有商标标识，大小包装依次套装，在计算商标标识数量时，应当累加计算。在同一载体上印制数个商标标识，且该商标标识不能独立使用的，一般应当计算为一件。

八、查扣的系已加贴侵权标识的半成品或尚未加贴侵权标识的成品可否认定未遂

假冒注册商标罪在客观方面的要件为未经许可将假冒的注册商标用于商品等行为，在半成品上加贴了侵权标识或成品上尚未加贴侵权标识，此种情况下标识与商品尚未完成结合，未齐备该罪客观方面的要件，尚未达到既遂形态，故该部分犯罪一般可认定为未遂。但是，如果有证据证实犯罪嫌疑人、被告人在假冒注册商标的过程中为规避法律，将商品与侵权标识有意分离，如分开销售、运输等，可认定为既遂。

九、侵犯著作权罪与销售侵权复制品罪的竞合处理

《最高人民法院、最高人民检察院关于办理侵犯知识产权刑事案件具体应用法律若干问题的解释（二）》第二条规定，侵犯著作权罪中的"复制发行"包括复制、发行或者既复制又发行的行为。《最高人民法院、最高人民检察院、公安部关于办理侵犯知识产权刑事案件适用法律若干问题的意见》（以下简称《两高一部意见》）第十二条规定，发行包括总发行、批发、零售、通过信息网络传播以及出租、展销等活动；非法出版、复制、发行他人作品，侵犯著作权构成犯罪的，按照侵犯著作权罪定罪处罚，不认定为非法经营罪等其他犯罪。由于相关司法解释规定的侵犯著作权罪的入罪标准明显低于销售侵权复制品罪的入罪标准，一般情况下只要符合销售侵权复制品罪的行为亦构成侵犯著作权罪，应依照上述规定，以侵犯著作权罪定罪处罚。

需要注意的是，《中华人民共和国刑法》第二百一十七条第三项规定，出版他人享有专有出版权的图书的，也可能构成侵犯著作权罪。在法律语境中，"出版"一词具有特定的含义，是指将作品编辑加工后，经过复制向公众发行的行为。故单纯销售、贩卖他人享有专有出版权的图书的，不属于"出版"图书。非法销售他人享有专有出版权的图书的，如达到违法所得十万元的入罪标准，则构成销售侵权复制品罪。

十、侵犯著作权罪中"其他作品"的认定

根据《中华人民共和国刑法》第二百一十七条第一项规定，以营利为目的，未经著作权人许可，复制发行其文字作品、音乐、电影、电视、录像作品、计算机软件及其他作品的，违法所得数额较大或者有其他严重情节的，构成侵犯著作权罪。司法实践中，不能将侵犯著作权罪中作品的范围仅限于上述条款明确列举的作品类型，只要与上述条款所列举的作品类型在性质、被侵权后所造成的危害后果等方面大致相当的作品类型均可以纳入刑

法的保护范围，包括但不限于《两高一部意见》第十三条关于通过信息网络传播侵权作品行为的定罪处罚标准问题的规定中所列举的《刑法》第二百一十七条第一项中规定的作品类型以外的美术、摄影作品。

十一、侵犯著作权罪既未遂的认定

对侵犯著作权罪既未遂的认定，应区别情形分别处理：（1）对已着手非法出版、复制他人作品，但尚未完成即被查获的，可认定为未遂；（2）对已非法出版、复制但尚未发行的，可认定为既遂；（3）对单纯销售侵权复制品而未实际售出的，可认定为未遂。

十二、侵犯商业秘密罪中损失的认定

对于侵犯商业秘密刑事案件，应当根据不同的行为方式，采用不同的损失认定模式：

（一）非法获取商业秘密或使用自身掌握的商业秘密自行进行生产和销售。此种情形下，权利人并未彻底丧失商业秘密的经济价值，未来仍可从其商业秘密中获益，故一般不宜以商业秘密的研发成本或自身价值作为损失。可以采取以下方式之一认定损失：（1）权利人因被侵权所受到的损失；（2）行为人因侵权所获得的利益;（3）商业秘密的许可使用费（评估的或实际发生的）。

（二）将非法获取或自身掌握的商业秘密转让或许可给第三人。原则上应以行为人和第三人达成的商业秘密转让价格或者许可使用费来计算损失。但是，如果行为人无偿转让、转让价格或者许可使用费明显低于正常市场转让价格或许可使用费的，则应当以正常市场转让价格或者合理许可使用费来计算损失。如果该第三人使用该商业秘密进行生产销售，则也可以权利人因被侵权所受到的损失或第三人因使用该商业秘密所获得的利益计算损失。

（三）通过非法手段或者合同关系等获取商业秘密后予以公开。这种情况下，由于商业秘密进入公知领域，其秘密性遭破坏，从而使其全部价值基本丧失，原则上可以商业秘密被侵犯时的自身价值或研发成本计算损失。商业秘密的自身价值可以由鉴定机构结合商业秘密研发成本、使用周期、市场竞争程度、市场前景、经济价值大小和新颖程度等因素综合评估确定。如果存在该商业秘密被使用，且造成权利人实际损失或使用人获利大于商业秘密自身价值或研发成本的情形，也可以权利人的实际损失或使用人的获利计算损失。

（四）单纯非法获取他人商业秘密。如果行为人非法获取他人商业秘密后，未进一步实施披露、使用、允许他人使用、转让或许可等行为，此时权利人没有丧失对商业秘密的控制，权利人无实际损失，故一般可不作为犯罪处理。但是，如果权利人的商业秘密记载在唯一载体上，侵权人将该载体非法获取之后（特别是该载体已灭失的情况），权利人就完全丧失了商业秘密，无法再从中获得收益，此时可以商业秘密的自身价值或研发成本作为损失。

权利人因被侵权所受损失，可以根据权利人因被侵权造成的商品销售减少量与权利人商品单位利润乘积计算；权利人商品销售减少量难以确定的，可以将侵权商品销售量与权利人商品单位利润乘积视为权利人因被侵权所受损失。权利人因被侵权所受损失难以计算的，行为人因侵权所获利益可以视为权利人损失。行为人因侵权所获利益，可以根据侵权商品销售量与该商品单位利润乘积计算；侵权商品单位利润难以查清的，可以根据侵权商品销售数量与同类产品市场平均单位利润乘积计算。

在计算权利人的实际损失或侵权人的侵权获利时，应合理考虑所涉技术秘密对整个产品利润的贡献比例。

十三、"知假卖假、知假买假"案件中非法经营额的认定在适用《知产刑事司法解释（一）》第十二条规定以被侵权产品的市场中间价格计算非法经营数额时，必须注意：只有在穷尽其他方法后才可适用，且应根据行为人具体销售环节（出厂、批发或零售）来确定。在"知假卖假、知假买假"（伪而不劣）案件中犯罪数额认定尤需慎重。实践中，由于多种原因，往往很难查实售假者的实际售价或者尚未售出即被查获。如果简单地按照被侵权商品，即正品的市场中间价格来定罪量刑可能会造成量刑明显失当，还可能出现上下游犯罪量刑严重倒挂的情况。当出现这种情形时，就不能机械适用按正品市场中间价格计算的规定。按照被侵权产品的市场中间价格确定非法经营数额的，应当委托价格鉴证机构进行价格鉴证。在委托价格鉴证时，应当注意以下两点：第一，被侵权产品没有与侵权产品相对应的规格型号的，可要求鉴证机构以规格型号最类似的被侵权产品市场中间价格计算；第二，被侵权产品没有类似规格型号，或者按被侵权产品市场中间价格计算，计算结果明显高于侵权产品实际销售价格，且可能导致处罚过重的，可以要求鉴证机构按照同类合格产品市场中间价格计算，并结合犯罪嫌疑人、被告人供述、证人证言等证据综合认定非法经营数额。同类合格产品是指能够在市场上合法流通，与侵权产品品质大体相当的同一类别产品。

十四、网络购物案件中运费应否计入犯罪数额

可区分包邮与不包邮两种情况：（1）不包邮的扣除运费。对于不包邮的商品，行为人在网店链接展示时已经明确区分了商品的销售价格与运费，根据《知产刑事司法解释（一）》第十二条规定"已销售侵权产品的价值，按实际销售价格计算"，即犯罪金额应以网店中明示的销售价格计算。网络平台交易记录系在一定期间内行为人获得的所有收入，该收入由侵权产品的销售收入和由买受人支付、行为人代收、实际归属第三方物流公司的运费组成，其中的运费并非侵权产品的销售收入。（2）包邮的不扣除运费。对于包邮的商品，运费由行为人支付，系其经营成本，应计入非法经营数额或销售金额。

十五、对已受行政处罚的侵犯知识产权违法犯罪事实能否再予刑事追究

（一）对于已受行政处罚的行政违法事实，不得再次作为犯罪处理。对于数额犯的数额计算，我国刑事司法实行附条件的累计计算原则，即未经处理的一般都可以累计计算，已受行政处罚的违法事实不得再次被追究责任。需要注意的是，该行政处罚必须是依法作出的，或者说已受行政处罚的事实应当限定为行政违法事实，对于以行政处罚代替刑事处罚的，不在此列。

（二）对于已受行政处罚的犯罪事实，应当依法追究刑事责任。对已受行政处罚的犯罪事实追究刑事责任，是对不当行政处罚行为的更正和补足，故不存在双重处罚的问题。当然，行政执法机关已经给予当事人罚款的，人民法院判处罚金时，应依法折抵相应罚金。

第八节 扰乱市场秩序罪

第二百二十一条【损害商业信誉、商品声誉罪】 捏造并散布虚伪事实，损害他人的商业信誉、商品声誉，给他人造成重大损失或者有其他严重情节的，处二年以下有期徒刑或者拘役，并处或者单处罚金。

（相关解释）1.**最高人民检察院、公安部《关于公安机关管辖的刑事案件立案追诉标准的规定（二）》**（2022年4月6日）（附则见第一百二十条之一）

第六十六条 【损害商业信誉、商品声誉案（《刑法》第二百二十一条）】捏造并散布虚伪事实，损害他人的商业信誉、商品声誉，涉嫌下列情形之一的，应予立案追诉：

（一）给他人造成直接经济损失数额在五十万元以上的；

（二）虽未达到上述数额标准，但造成公司、企业等单位停业、停产六个月以上，或者破产的；

（三）其他给他人造成重大损失或者有其他严重情节的情形。

2. 最高人民法院、最高人民检察院《关于办理利用信息网络实施诽谤等刑事案件适用法律若干问题的解释》 法释〔2013〕21号

第九条 利用信息网络实施诽谤、寻衅滋事、敲诈勒索、非法经营犯罪，同时又构成《刑法》第二百二十一条规定的损害商业信誉、商品声誉罪，第二百七十八条规定的煽动暴力抗拒法律实施罪，第二百九十一条之一规定的编造、故意传播虚假恐怖信息罪等犯罪的，依照处罚较重的规定定罪处罚。

第十条 本解释所称信息网络，包括以计算机、电视机、固定电话机、移动电话机等电子设备为终端的计算机互联网、广播电视网、固定通信网、移动通信网等信息网络，以及向公众开放的局域网络。

（附参考）**浙江省高级人民法院《关于部分罪名定罪量刑情节及数额标准的意见》** 浙高法〔2012〕325号

56.《刑法》第二百二十一条 【损害商业信誉、商品声誉罪】

具有下列情形之一的，属于"重大损失或者有其他严重情节"，处二年以下有期徒刑或者拘役，并处或者单处罚金：

（1）造成他人直接经济损失数额在五十万元以上的；

（2）虽未达到第（1）项规定的数额标准，但利用互联网或者其他媒体公开损害他人商业信誉、商品声誉的；

（3）虽未达到第（1）项规定的数额标准，但造成公司、企业等单位停业、停产六个月以上，或者破产的；

（4）犯罪手段卑劣，造成重大社会影响的；

（5）严重情节的其他情形。

第二百二十二条【虚假广告罪】 广告主、广告经营者、广告发布者违反国家规定，利用广告对商品或者服务作虚假宣传，情节严重的，处二年以下有期徒刑或者拘役，并处或者单处罚金。

（相关解释）**1. 最高人民检察院、公安部《关于公安机关管辖的刑事案件立案追诉标准的规定（二）》**（2022年4月6日）（附则见第一百二十条之一）

第六十七条 【虚假广告案（《刑法》第二百二十二条）】广告主、广告经营者、广告发布者违反国家规定，利用广告对商品或者服务作虚假宣传，涉嫌下列情形之一的，应予立案追诉：

（一）违法所得数额在十万元以上的；

（二）假借预防、控制突发事件、传染病防治的名义，利用广告作虚假宣传，致使多人上当受骗，违法所得数额在三万元以上的；

（三）利用广告对食品、药品作虚假宣传，违法所得数额在三万元以上的；

（四）虽未达到上述数额标准，但二年内因利用广告作虚假宣传受过二次以上行政处

罚，又利用广告作虚假宣传的；

（五）造成严重危害后果或者恶劣社会影响的；

（六）其他情节严重的情形。

2. 最高人民法院《关于审理非法集资刑事案件具体应用法律若干问题的解释》法释〔2022〕5号（2010年11月22日最高人民法院审判委员会第1502次会议通过，根据2021年12月30日最高人民法院审判委员会第1860次会议通过的《最高人民法院关于修改〈最高人民法院关于审理非法集资刑事案件具体应用法律若干问题的解释〉的决定》修正，该修正自2022年3月1日起施行）（2022年2月23日）（具体见第一百七十六条）

第十二条　广告经营者、广告发布者违反国家规定，利用广告为非法集资活动相关的商品或者服务作虚假宣传，具有下列情形之一的，依照《刑法》第二百二十二条的规定，以虚假广告罪定罪处罚：

（一）违法所得数额在10万元以上的；

（二）造成严重危害后果或者恶劣社会影响的；

（三）二年内利用广告作虚假宣传，受过行政处罚二次以上的；

（四）其他情节严重的情形。

明知他人从事欺诈发行证券，非法吸收公众存款，擅自发行股票、公司、企业债券，集资诈骗或者组织、领导传销活动等集资犯罪活动，为其提供广告等宣传的，以相关犯罪的共犯论处。

3. 最高人民法院、最高人民检察院《关于办理妨害预防、控制突发传染病疫情等灾害的刑事案件具体应用法律若干问题的解释》法释〔2003〕8号

广告主、广告经营者、广告发布者违反国家规定，假借预防、控制突发传染病疫情等灾害的名义，利用广告对所推销的商品或者服务作虚假宣传，致使多人上当受骗，违法所得数额较大或者有其他严重情节的，依照《刑法》第二百二十二条的规定，以虚假广告罪定罪处罚。

4. 最高人民法院、最高人民检察院《关于办理危害食品安全刑事案件适用法律若干问题的解释》法释〔2013〕12号（已废止）

5. 最高人民法院、最高人民检察院《关于办理危害食品安全刑事案件适用法律若干问题的解释》法释〔2021〕24号（2021年12月30日）（具体见第一百四十三条）

第十九条　违反国家规定，利用广告对保健食品或者其他食品作虚假宣传，符合《刑法》第二百二十二条规定的，以虚假广告罪定罪处罚；以非法占有为目的，利用销售保健食品或者其他食品诈骗财物，符合《刑法》第二百六十六条规定的，以诈骗罪定罪处罚。同时构成生产、销售伪劣产品罪等其他犯罪的，依照处罚较重的规定定罪处罚。

6. 最高人民法院、最高人民检察院《关于办理危害药品安全刑事案件适用法律若干问题的解释》法释〔2014〕14号（已废止）

7. 最高人民法院、最高人民检察院《关于办理危害药品安全刑事案件适用法律若干问题的解释》高检发释字〔2022〕1号（2022年3月3日）（具体见第一百四十一条）

第十二条　广告主、广告经营者、广告发布者违反国家规定，利用广告对药品作虚假宣传，情节严重的，依照《刑法》第二百二十二条的规定，以虚假广告罪定罪处罚。

8. 最高人民法院、最高人民检察院、公安部、司法部《关于依法惩治妨害新型冠状病毒感染肺炎疫情防控违法犯罪的意见》法发〔2020〕7号（2020年2月6日）（具体见第一百一十五条）

（五）依法严惩诈骗、聚众哄抢犯罪。在疫情防控期间，假借研制、生产或者销售用于疫情防控的物品的名义骗取公私财物，或者捏造事实骗取公众捐赠款物，数额较大的，依照《刑法》第二百六十六条的规定，以诈骗罪定罪处罚。

在疫情防控期间，违反国家规定，假借疫情防控的名义，利用广告对所推销的商品或者服务作虚假宣传，致使多人上当受骗，违法所得数额较大或者有其他严重情节的，依照《刑法》第二百二十二条的规定，以虚假广告罪定罪处罚。

在疫情防控期间，聚众哄抢公私财物特别是疫情防控和保障物资，数额较大或者有其他严重情节的，对首要分子和积极参加者，依照《刑法》第二百六十八条的规定，以聚众哄抢罪定罪处罚。

9. 最高人民法院、最高人民检察院《关于办理危害药品安全刑事案件适用法律若干问题的解释》高检发释字〔2022〕1号（2022年3月3日）（具体见第一百四十一条）

第十二条 广告主、广告经营者、广告发布者违反国家规定，利用广告对药品作虚假宣传，情节严重的，依照《刑法》第二百二十二条的规定，以虚假广告罪定罪处罚。

第二百二十三条 【串通投标罪】 投标人相互串通投标报价，损害招标人或者其他投标人利益，情节严重的，处三年以下有期徒刑或者拘役，并处或者单处罚金。

投标人与招标人串通投标，损害国家、集体、公民的合法利益的，依照前款的规定处罚。

（相关解释）**最高人民检察院、公安部《关于公安机关管辖的刑事案件立案追诉标准的规定（二）》**（2022年4月6日）（附则见第一百二十条之一）

第六十八条 【串通投标案（《刑法》第二百二十三条）】投标人相互串通投标报价，或者投标人与招标人串通投标，涉嫌下列情形之一的，应予立案追诉：

（一）损害招标人、投标人或者国家、集体、公民的合法利益，造成直接经济损失数额在五十万元以上的；

（二）违法所得数额在二十万元以上的；

（三）中标项目金额在四百万元以上的；

（四）采取威胁、欺骗或者贿赂等非法手段的；

（五）虽未达到上述数额标准，但二年内因串通投标受过二次以上行政处罚，又串通投标的；

（六）其他情节严重的情形。

（附参考）**浙江省高级人民法院、浙江省人民检察院、浙江省公安厅《关于办理建筑施工企业从业人员犯罪案件若干法律适用问题的会议纪要》**浙高法〔2017〕228号（见第二百七十一条）

八、关于项目经理、承包人个人行贿和单位行贿的认定问题

项目经理、承包人为承揽业务，未经建筑施工企业负责人或集体研究决定，个人实施行贿、串通投标等犯罪行为，违法所得亦归个人所有一般不宜认定为单位犯罪。

第二百二十四条【合同诈骗罪】 有下列情形之一，以非法占有为目的，在签订、履行合同过程中，骗取对方当事人财物，数额较大的，处三年以下有期徒刑或者拘役，并处或者单处罚金；数额巨大或者有其他严重情节的，处三年以上十年以下有期徒刑，并处罚金；数额特别巨大或者有其他特别严重情节的，处十年以上有期徒刑或者无期徒刑，并处

罚金或者没收财产：

（一）以虚构的单位或者冒用他人名义签订合同的；

（二）以伪造、变造、作废的票据或者其他虚假的产权证明作担保的；

（三）没有实际履行能力，以先履行小额合同或者部分履行合同的方法，诱骗对方当事人继续签订和履行合同的；

（四）收受对方当事人给付的货物、货款、预付款或者担保财产后逃匿的；

（五）以其他方法骗取对方当事人财物的。

（相关解释）**1. 最高人民检察院、公安部《关于公安机关管辖的刑事案件立案追诉标准的规定（二）》**（2022年4月6日）（附则见第一百二十条之一）

第六十九条　【合同诈骗案（《刑法》第二百二十四条）】以非法占有为目的，在签订、履行合同过程中，骗取对方当事人财物，数额在二万元以上的，应予立案追诉。

2. 最高人民法院《关于审理经济纠纷案件中涉及经济犯罪嫌疑若干问题的规定》法释〔1998〕7号

第一条　同一公民、法人或其他经济组织因不同的法律事实，分别涉及经济纠纷和经济犯罪嫌疑的，经济纠纷案件和经济犯罪嫌疑案件应当分开审理。

第二条　单位直接负责的主管人员和其他直接责任人员，以为单位骗取财物为目的，采取欺骗手段对外签订经济合同，骗取的财物被该单位占有、使用或处分构成犯罪的，除依法追究有关人员的刑事责任，责令该单位返还骗取的财物外，如给被害人造成经济损失的，单位应当承担赔偿责任。

第三条　单位直接负责的主管人员和其他直接责任人员，以该单位的名义对外签订经济合同，将取得的财物部分或全部占为己有构成犯罪的，除依法追究行为人的刑事责任外，该单位对行为人因签订、履行该经济合同造成的后果，依法应当承担民事责任。

第四条　个人借用单位的业务介绍信、合同专用章或者盖有公章的空白合同书，以出借单位名义签订经济合同，骗取财物归个人占有、使用、处分或者进行其他犯罪活动，给对方造成经济损失构成犯罪的，除依法追究借用人的刑事责任外，出借业务介绍信、合同专用章或者盖有公章的空白合同书的单位，依法应当承担赔偿责任。但是，有证据证明被害人明知签订合同对方当事人是借用行为，仍与之签订合同的除外。

第五条　行为人盗窃、盗用单位的公章、业务介绍信、盖有公章的空白合同书，或者私刻单位的公章签订经济合同，骗取财物归个人占有、使用、处分或者进行其他犯罪活动构成犯罪的，单位对行为人该犯罪行为所造成的经济损失不承担民事责任。

行为人私刻单位公章或者擅自使用单位公章、业务介绍信、盖有公章的空白合同书以签订经济合同的方法进行的犯罪行为，单位有明显过错，且该过错行为与被害人的经济损失之间具有因果关系的，单位对该犯罪行为所造成的经济损失，依法应当承担赔偿责任。

第六条　企业承包、租赁经营合同期满后，企业按规定办理了企业法定代表人的变更登记，而企业法人未采取有效措施收回其公章、业务介绍信、盖有公章的空白合同书，或者没有及时采取措施通知相对人，致原企业承包人、租赁人得以用原承包、租赁企业的名义签订经济合同，骗取财物占为己有构成犯罪的，该企业对被害人的经济损失，依法应当承担赔偿责任。但是，原承包人、承租人利用擅自保留的公章、业务介绍信、盖有公章的空白合同书以原承包、租赁企业的名义签订经济合同，骗取财物占为己有构成犯罪的，企业一般不承担民事责任。

单位聘用的人员被解聘后，或者受单位委托保管公章的人员被解除委托后，单位未及时收回其公章，行为人擅自利用保留的原单位公章签订经济合同，骗取财物占为己有构成犯罪，如给被害人造成经济损失的，单位应当承担赔偿责任。

第七条　单位直接负责的主管人员和其他直接责任人员，将单位进行走私或其他犯罪活动所得财物以签订经济合同的方法予以销售，买方明知或者应当知道的，如因此造成经济损失，其损失由买方自负。但是，如果买方不知该经济合同的标的物是犯罪行为所得财物而购买的，卖方对买方所造成的经济损失应当承担民事责任。

第八条　根据《中华人民共和国刑事诉讼法》第七十七条第一款的规定，被害人对本《规定》第二条因单位犯罪行为造成经济损失的，对第四条、第五条第一款、第六条应当承担刑事责任的被告人未能返还财物而遭受经济损失提起附带民事诉讼的，受理刑事案件的人民法院应当依法一并审理。被害人因其遭受经济损失也有权对单位另行提起民事诉讼。若被害人另行提起民事诉讼的，有管辖权的人民法院应当依法受理。

第九条　被害人请求保护其民事权利的诉讼时效在公安机关、检察机关查处经济犯罪嫌疑期间中断。如果公安机关决定撤销涉嫌经济犯罪案件或者检察机关决定不起诉的，诉讼时效从撤销案件或决定不起诉之次日起重新计算。

第十条　人民法院在审理经济纠纷案件中，发现与本案有牵连，但与本案不是同一法律关系的经济犯罪嫌疑线索、材料，应将犯罪嫌疑线索、材料移送有关公安机关或检察机关查处，经济纠纷案件继续审理。

第十一条　人民法院作为经济纠纷受理的案件，经审理认为不属经济纠纷案件而有经济犯罪嫌疑的，应当裁定驳回起诉，将有关材料移送公安机关或检察机关。

第十二条　人民法院已立案审理的经济纠纷案件，公安机关或检察机关认为有经济犯罪嫌疑，并说明理由附有关材料函告受理该案的人民法院的，有关人民法院应当认真审查。经过审查，认为确有经济犯罪嫌疑的，应当将案件移送公安机关或检察机关，并书面通知当事人，退还案件受理费；如认为确属经济纠纷案件的，应当依法继续审理，并将结果函告有关公安机关或检察机关。

（附参考）1. **浙江省高级人民法院刑二庭《关于印发〈全省法院经济犯罪疑难问题研讨会纪要〉的通知》**浙高法刑二〔2005〕1号

九、合同诈骗罪中合同的种类问题

定罪应围绕犯罪构成要件来分析，合同诈骗罪属侵犯市场经济秩序的犯罪。因此，只要利用体现市场经济秩序的合同进行诈骗，且符合扰乱市场秩序的特征，即构成合同诈骗罪。对在生产、销售领域中利用口头合同进行诈骗的，只要该合同具备合同法的要件，应以合同诈骗罪定罪处罚，对于在日常生活中，利用口头合同进行诈骗的，一般可不以合同诈骗定罪，构成其他犯罪的，可以他罪认定。

十、擅卖他人房屋（未过户）且拒不退还房款行为的定性

在这种情况下，尽管出卖人与买受人之间订有房屋买卖合同，但是该合同并不具有转移房屋所有权的效力。根据法律规定，房屋所有权随过户登记而转移，而在过户登记之前，房屋的所有权并不会发生转移。因此，该房屋的所有权仍然属于原所有人，其完全可以要求买受人退出房屋；故该房屋的原所有人并不是被害人。出卖人以非法占有为目的，在签订合同过程中，向他人隐瞒事实真相，将不属于本人所有的房屋出卖，骗取房屋买受人的财物，其行为符合合同诈骗罪的行为特征，因而构成合同诈骗罪。

2. **浙江省高级人民法院《关于部分罪名定罪量刑情节及数额标准的意见》**浙高法〔2012〕325号

57.《刑法》第二百二十四条　【合同诈骗罪】

合同诈骗数额在二万元以上不满二十万元的，属于"数额较大"，处三年以下有期徒刑或者拘役，并处或者单处罚金。

合同诈骗数额在二十万元以上不满一百万元的，属于"数额巨大"，处三年以上十年以下有期徒刑，并处罚金。

合同诈骗达到"数额较大"的标准，并具有下列情形之一的，属于"其他严重情节"，处三年以上十年以下有期徒刑，并处罚金：

（1）诈骗救灾、抢险、防汛、优抚、扶贫、移民、救济、医疗款物的；

（2）以赈灾募捐名义实施诈骗的；

（3）诈骗残疾人、老年人或者丧失劳动能力人的财物的；

（4）造成被害人自杀、精神失常或者其他严重后果的；

（5）属于诈骗集团首要分子的；

（6）严重情节的其他情形。

合同诈骗数额在一百万元以上的，属于"数额特别巨大"，处十年以上有期徒刑或者无期徒刑，并处罚金或者没收财产。

合同诈骗达到"数额巨大"的标准，并具有下列情形之一，属于"其他特别严重情节"，处十年以上有期徒刑或者无期徒刑，并处罚金或者没收财产：

（1）诈骗救灾、抢险、防汛、优抚、扶贫、移民、救济、医疗款物的；

（2）以赈灾募捐名义实施诈骗的；

（3）诈骗残疾人、老年人或者丧失劳动能力人的财物的；

（4）造成被害人自杀、精神失常或者其他严重后果的；

（5）属于诈骗集团首要分子的；

（6）特别严重情节的其他情形。

3. 浙江省高级人民法院、浙江省人民检察院、浙江省公安厅《关于办理"电商代运营"诈骗案件适用法律若干问题的会议纪要》浙公通字〔2017〕84号

为进一步规范"电商代运营"诈骗案件法律适用问题，统一定罪量刑标准，切实维护刑事执法的严肃性、公平性，贯彻落实省委、省政府提出的"共同研究探讨预防措施"要求，6月23日，省高级人民法院、省人民检察院、省公安厅召开了"电商代运营"诈骗案件中相关法律适用问题进行了研讨，达成了共识。现将会议有关情况纪要如下：

一、案件定性问题

电商代运营，是指从事电子商务经营者把网上店铺日常经营、管理、营销、推广的工作委托给专业的代运营公司操作。电商代运营诈骗案件，是指利用他人不熟悉电商经营，或是急需电商经营配套服务等情况，通过通信网络等途径引诱其购买相关运营服务，最终骗取被害人财物。

鉴于此类案件往往以注册成立的公司为幌子，犯罪嫌疑人明知自身没有履行能力，通过虚假广告招揽客户，并通过签订服务合同形式骗取被害人财物，符合合同诈骗罪构成要件。其中符合单位犯罪构成要件的，以单位犯罪论。

除上述规定的情形外，行为人以电商代运营为由骗取他人财物的行为，是否构成合同诈骗罪、诈骗罪或者其他犯罪，按照《刑法》和相关司法解释规定处理。

二、"虚构事实、隐瞒真相"认定问题

"电商代运营"诈骗案件主要集中电子商务领域，实践中可以从以下方面（包括但不限于）判断"虚构事实、隐瞒真相"特征：

（一）通过信息网络等方式针对不特定对象广泛发布不实信息，虚构或者过分夸大自身运营能力以引诱他人；

（二）缺乏运营店铺所必需资金设备、专业人员、物流仓储等基本条件；

（三）收取费用后不提供承诺的运营服务。

三、情节和数额标准适用问题

鉴于此类案件涉案嫌疑人人数众多，层级复杂，各自地位和作用也不尽然形同，应当按照"宽严相济"刑事司法政策，突出对主要负责人、直接责任人的打击惩治力度；对于其他一些低层级、涉案金额少、地位作用不明显，或是具有初犯、偶犯，以及主动认罪认罚情节的嫌疑人，应当按照"教育为主，惩罚为辅"原则，作区别对待处理。

（一）对于担任公司股东、经历、销售主管的嫌疑人，涉案金额按照其组织、策划、指挥、实施的诈骗总额计算。

（二）对于具体实施诈骗的"业务员"，涉案金额按照其实际参与的诈骗金额计算。

对于其中涉案金额不足 20 万元，且主动认罪认罚的，可以不起诉或者免予刑事处罚。

（三）对于从事会计、客服、美工、技术等只领取固定工资的行政服务人员，可以认定为情节显著轻微，不认为是犯罪。

四、证据收集问题

办理"电商代运营"电信网络诈骗案件，确因被害人人数众多等客观条件的限制，无法逐一收集被害人陈述的，可以结合已收集的被害人陈述，以及经查证属实的银行账户交易记录、第三方支付结算账户交易记录、通话记录、电子数据等证据，在慎重审查犯罪嫌疑人、被告人及其辩护人所提辩解、辩护意见的基础上，综合认定被害人人数及诈骗资金数额等犯罪事实。

要坚持"事实清楚，证据确实充分，排除合理怀疑"的证明标准，审慎认定嫌疑人主观故意，尤其对从事具体劳务的"业务员"要结合其供述和辩解、涉案时间、认识能力、既往经历、参与程度，以及犯罪所得等各方面因素综合认定，足以证明具有直接非法占有故意的，可以作为共犯论处。

本纪要自下发之日起执行。如遇有新的规定，按照新规定执行。

第二百二十四条之一【组织、领导传销活动罪】 组织、领导以推销商品、提供服务等经营活动为名，要求参加者以缴纳费用或者购买商品、服务等方式获得加入资格，并按照一定顺序组成层级，直接或者间接以发展人员的数量作为计酬或者返利依据，引诱、胁迫参加者继续发展他人参加，骗取财物，扰乱经济社会秩序的传销活动的，处五年以下有期徒刑或者拘役，并处罚金；情节严重的，处五年以上有期徒刑，并处罚金。【2009 年 2 月 28 日刑法修正案（七）】

（相关解释）1.最高人民检察院、公安部《关于公安机关管辖的刑事案件立案追诉标准的规定（二）》（2022 年 4 月 6 日）（附则见第一百二十条之一）

第七十条 【组织、领导传销活动案（《刑法》第二百二十四条之一）】组织、领导以推销商品、提供服务等经营活动为名，要求参加者以缴纳费用或者购买商品、服务等方式获得加入资格，并按照一定顺序组成层级，直接或者间接以发展人员的数量作为计酬或者返利依据，引诱、胁迫参加者继续发展他人参加，骗取财物，扰乱经济社会秩序的传销活动，涉嫌组织、领导的传销活动人员在三十人以上且层级在三级以上的，对组织者、领导者，应予立案追诉。

下列人员可以认定为传销活动的组织者、领导者：

（一）在传销活动中起发起、策划、操纵作用的人员；

（二）在传销活动中承担管理、协调等职责的人员；

（三）在传销活动中承担宣传、培训等职责的人员；

（四）因组织、领导传销活动受过刑事追究，或者一年内因组织、领导传销活动受过行政处罚，又直接或者间接发展参与传销活动人员在十五人以上且层级在三级以上的人员；

（五）其他对传销活动的实施、传销组织的建立、扩大等起关键作用的人员。

2. 最高人民法院、最高人民检察院、公安部《关于办理组织领导传销活动刑事案件适用法律若干问题的意见》公通字〔2013〕37 号

一、关于传销组织层级及人数的认定问题

以推销商品、提供服务等经营活动为名，要求参加者以缴纳费用或者购买商品、服务等方式获得加入资格，并按照一定顺序组成层级，直接或者间接以发展人员的数量作为计酬或者返利依据，引诱、胁迫参加者继续发展他人参加，骗取财物，扰乱经济社会秩序的传销组织，其组织内部参与传销活动人员在三十人以上且层级在三级以上的，应当对组织者、领导者追究刑事责任。

组织、领导多个传销组织，单个或者多个组织中的层级已达三级以上的，可将在各个组织中发展的人数合并计算。

组织者、领导者形式上脱离原传销组织后，继续从原传销组织获取报酬或者返利的，原传销组织在其脱离后发展人员的层级数和人数，应当计算为其发展的层级数和人数。

办理组织、领导传销活动刑事案件中，确因客观条件的限制无法逐一收集参与传销活动人员的言词证据的，可以结合依法收集并查证属实的缴纳、支付费用及计酬、返利记录，视听资料，传销人员关系图，银行账户交易记录，互联网电子数据，鉴定意见等证据，综合认定参与传销的人数、层级数等犯罪事实。

二、关于传销活动有关人员的认定和处理问题

下列人员可以认定为传销活动的组织者、领导者：

（一）在传销活动中起发起、策划、操纵作用的人员；

（二）在传销活动中承担管理、协调等职责的人员；

（三）在传销活动中承担宣传、培训等职责的人员；

（四）曾因组织、领导传销活动受过刑事处罚，或者一年以内因组织、领导传销活动受过行政处罚，又直接或者间接发展参与传销活动人员在十五人以上且层级在三级以上的人员；

（五）其他对传销活动的实施、传销组织的建立、扩大等起关键作用的人员。

以单位名义实施组织、领导传销活动犯罪的，对于受单位指派，仅从事劳务性工作的人员，一般不予追究刑事责任。

三、关于"骗取财物"的认定问题

传销活动的组织者、领导者采取编造、歪曲国家政策，虚构、夸大经营、投资、服务项目及盈利前景，掩饰计酬、返利真实来源或者其他欺诈手段，实施《刑法》第二百二十四条之一规定的行为，从参与传销活动人员缴纳的费用或者购买商品、服务的费用中非法

获利的，应当认定为骗取财物。参与传销活动人员是否认为被骗，不影响骗取财物的认定。

四、关于"情节严重"的认定问题

对符合本意见第一条第一款规定的传销组织的组织者、领导者，具有下列情形之一的，应当认定为《刑法》第二百二十四条之一规定的"情节严重"：

（一）组织、领导的参与传销活动人员累计达一百二十人以上的；

（二）直接或者间接收取参与传销活动人员缴纳的传销资金数额累计达二百五十万元以上的；

（三）曾因组织、领导传销活动受过刑事处罚，或者一年以内因组织、领导传销活动受过行政处罚，又直接或者间接发展参与传销活动人员累计达六十人以上的；

（四）造成参与传销活动人员精神失常、自杀等严重后果的；

（五）造成其他严重后果或者恶劣社会影响的。

五、关于"团队计酬"行为的处理问题

传销活动的组织者或者领导者通过发展人员，要求传销活动的被发展人员发展其他人员加入，形成上下线关系，并以下线的销售业绩为依据计算和给付上线报酬，牟取非法利益的，是"团队计酬"式传销活动。

以销售商品为目的、以销售业绩为计酬依据的单纯的"团队计酬"式传销活动，不作为犯罪处理。形式上采取"团队计酬"方式，但实质上属于"以发展人员的数量作为计酬或者返利依据"的传销活动，应当依照《刑法》第二百二十四条之一的规定，以组织、领导传销活动罪定罪处罚。

六、关于罪名的适用问题

以非法占有为目的，组织、领导传销活动，同时构成组织、领导传销活动罪和集资诈骗罪的，依照处罚较重的规定定罪处罚。

犯组织、领导传销活动罪，并实施故意伤害、非法拘禁、敲诈勒索、妨害公务、聚众扰乱社会秩序、聚众冲击国家机关、聚众扰乱公共场所秩序、交通秩序等行为，构成犯罪的，依照数罪并罚的规定处罚。

七、其他问题

本意见所称"以上""以内"，包括本数。

本意见所称"层级"和"级"，系指组织者、领导者与参与传销活动人员之间的上下线关系层次，而非组织者、领导者在传销组织中的身份等级。

对传销组织内部人数和层级数的计算，以及对组织者、领导者直接或者间接发展参与传销活动人员人数和层级数的计算，包括组织者、领导者本人及其本层级在内。

（附参考）1.浙江省高级人民法院、浙江省人民检察院、浙江省公安厅《关于传销或者变相传销行为构成非法经营罪有关数额标准的通知》浙高法〔2002〕15号

（1）个人实施传销或者变相传销行为，经营数额在三十万元以上或者违法所得额在三万元以上的；单位经营数额在一百万元以上或者违法所得额在十万元以上的，属于非法经营行为"情节严重"。

（2）个人实施传销或者变相传销行为，经营数额在一百万元以上或者违法所得额在十万元以上的；单位经营数额在五百万元以上或者违法所得额在三十万元以上的，属于非法经营行为"情节特别严重"。

（3）传销或者变相传销数额虽未达到定罪数额标准，但有其他严重情节或者后果的，如波及面较广，涉及人数较多，致使他人家破人亡，可以非法经营罪予以处罚。

2. 浙江省高级人民法院、浙江省人民检察院、浙江省公安厅《关于办理组织、领导传销活动罪追诉标准问题的会议纪要》浙公办〔2009〕109号

对于同时具有下列情形的传销活动组织者、领导者，应当以组织、领导传销活动罪追究刑事责任：（1）组织、领导的传销活动人员在三十人以上的；（2）组织、领导的传销活动层级在三级以上的。

组织者、领导者，是指在传销活动中起组织、领导作用的发起人、决策人、策划、指挥、布置、协调人，以及其他在传销活动中担负重要职责，或者在传销活动中起到关键作用的人员。

3. 浙江省高级人民法院《关于部分罪名定罪量刑情节及数额标准的意见》浙高法〔2012〕325号

58.《刑法》第二百二十四条之一　【组织、领导传销活动罪】

组织、领导的传销活动人员在三十人以上不满一百人且层级在三级以上的，处五年以下有期徒刑或者拘役，并处罚金。

具有下列情形之一的，属于"情节严重"，处五年以上有期徒刑，并处罚金：

（1）组织、领导的传销活动人员在一百人以上且层级在三级以上的；

（2）组织、领导传销活动骗取财物十万元以上的；

（3）组织、领导的传销活动造成他人自杀、精神失常或者其他严重后果的；

（4）因组织、领导传销活动发生冲击执法部门等群体性事件，严重扰乱社会秩序的；

（5）情节严重的其他情形。

第二百二十五条【非法经营罪】　违反国家规定，有下列非法经营行为之一，扰乱市场秩序，情节严重的，处五年以下有期徒刑或者拘役，并处或者单处违法所得一倍以上五倍以下罚金；情节特别严重的，处五年以上有期徒刑，并处违法所得一倍以上五倍以下罚金或者没收财产：

（一）未经许可经营法律、行政法规规定的专营、专卖物品或者其他限制买卖的物品的；

（二）买卖进出口许可证、进出口原产地证明以及其他法律、行政法规规定的经营许可证或者批准文件的；

（三）未经国家有关主管部门批准非法经营证券、期货、保险业务的，或者非法从事资金支付结算业务的；

（四）其他严重扰乱市场秩序的非法经营行为。【2009年2月28日刑法修正案（七）】

【1997年刑法】违反国家规定，有下列非法经营行为之一，扰乱市场秩序，情节严重的，处五年以下有期徒刑或者拘役，并处或者单处违法所得一倍以上五倍以下罚金；情节特别严重的，处五年以上有期徒刑，并处违法所得一倍以上五倍以下罚金或者没收财产：

（一）未经许可经营法律、行政法规规定的专营、专卖物品或者其他限制买卖的物品的；

（二）买卖进出口许可证、进出口原产地证明以及其他法律、行政法规规定的经营许可证或者批准文件的；

（三）其他严重扰乱市场秩序的非法经营行为。

【1999年12月25日刑法修正案】违反国家规定，有下列非法经营行为之一，扰乱市场秩序，情节严重的，处五年以下有期徒刑或者拘役，并处或者单处违法所得一倍以上

五倍以下罚金；情节特别严重的，处五年以上有期徒刑，并处违法所得一倍以上五倍以下罚金或者没收财产：

（一）未经许可经营法律、行政法规规定的专营、专卖物品或者其他限制买卖的物品的；

（二）买卖进出口许可证、进出口原产地证明以及其他法律、行政法规规定的经营许可证或者批准文件的；

（三）未经国家有关主管部门批准，非法经营证券、期货或者保险业务的；

（四）其他严重扰乱市场秩序的非法经营行为。

（相关解释）**1. 最高人民检察院、公安部《关于公安机关管辖的刑事案件立案追诉标准的规定（二）》**（2022年4月6日）（附则见第一百二十条之一）

第七十一条 【非法经营案（《刑法》第二百二十五条）】违反国家规定，进行非法经营活动，扰乱市场秩序，涉嫌下列情形之一的，应予立案追诉：

（一）违反国家烟草专卖管理法律法规，未经烟草专卖行政主管部门许可，无烟草专卖生产企业许可证、烟草专卖批发企业许可证、特种烟草专卖经营企业许可证、烟草专卖零售许可证等许可证明，非法经营烟草专卖品，具有下列情形之一的：

1. 非法经营数额在五万元以上，或者违法所得数额在二万元以上的；

2. 非法经营卷烟二十万支以上的；

3. 三年内因非法经营烟草专卖品受过二次以上行政处罚，又非法经营烟草专卖品且数额在三万元以上的。

（二）未经国家有关主管部门批准，非法经营证券、期货、保险业务，或者非法从事资金支付结算业务，具有下列情形之一的：

1. 非法经营证券、期货、保险业务，数额在一百万元以上，或者违法所得数额在十万元以上的；

2. 非法从事资金支付结算业务，数额在五百万元以上，或者违法所得数额在十万元以上的；

3. 非法从事资金支付结算业务，数额在二百五十万元以上不满五百万元，或者违法所得数额在五万元以上不满十万元，且具有下列情形之一的：

（1）因非法从事资金支付结算业务犯罪行为受过刑事追究的；

（2）二年内因非法从事资金支付结算业务违法行为受过行政处罚的；

（3）拒不交代涉案资金去向或者拒不配合追缴工作，致使赃款无法追缴的；

（4）造成其他严重后果的。

4. 使用销售点终端机具（POS机）等方法，以虚构交易、虚开价格、现金退货等方式向信用卡持卡人直接支付现金，数额在一百万元以上的，或者造成金融机构资金二十万元以上逾期未还的，或者造成金融机构经济损失十万元以上的。

（三）实施倒买倒卖外汇或者变相买卖外汇等非法买卖外汇行为，扰乱金融市场秩序，具有下列情形之一的：

1. 非法经营数额在五百万元以上的，或者违法所得数额在十万元以上的；

2. 非法经营数额在二百五十万元以上，或者违法所得数额在五万元以上，且具有下列情形之一的：

（1）因非法买卖外汇犯罪行为受过刑事追究的；

（2）二年内因非法买卖外汇违法行为受过行政处罚的；

（3）拒不交代涉案资金去向或者拒不配合追缴工作，致使赃款无法追缴的；

（4）造成其他严重后果的。

3. 公司、企业或者其他单位违反有关外贸代理业务的规定，采用非法手段，或者明知是伪造、变造的凭证、商业单据，为他人向外汇指定银行骗购外汇，数额在五百万美元以上或者违法所得数额在五十万元以上的；

4. 居间介绍骗购外汇，数额在一百万美元以上或者违法所得数额在十万元以上的。

（四）出版、印刷、复制、发行严重危害社会秩序和扰乱市场秩序的非法出版物，具有下列情形之一的：

1. 个人非法经营数额在五万元以上的，单位非法经营数额在十五万元以上的；

2. 个人违法所得数额在二万元以上的，单位违法所得数额在五万元以上的；

3. 个人非法经营报纸五千份或者期刊五千本或者图书二千册或者音像制品、电子出版物五百张（盒）以上的，单位非法经营报纸一万五千份或者期刊一万五千本或者图书五千册或者音像制品、电子出版物一千五百张（盒）以上的；

4. 虽未达到上述数额标准，但具有下列情形之一的：

（1）二年内因出版、印刷、复制、发行非法出版物受过二次以上行政处罚，又出版、印刷、复制、发行非法出版物的；

（2）因出版、印刷、复制、发行非法出版物造成恶劣社会影响或者其他严重后果的。

（五）非法从事出版物的出版、印刷、复制、发行业务，严重扰乱市场秩序，具有下列情形之一的：

1. 个人非法经营数额在十五万元以上的，单位非法经营数额在五十万元以上的；

2. 个人违法所得数额在五万元以上的，单位违法所得数额在十五万元以上的；

3. 个人非法经营报纸一万五千份或者期刊一万五千本或者图书五千册或者音像制品、电子出版物一千五百张（盒）以上的，单位非法经营报纸五万份或者期刊五万本或者图书一万五千册或者音像制品、电子出版物五千张（盒）以上的；

4. 虽未达到上述数额标准，二年内因非法从事出版物的出版、印刷、复制、发行业务受过二次以上行政处罚，又非法从事出版物的出版、印刷、复制、发行业务的。

（六）采取租用国际专线、私设转接设备或者其他方法，擅自经营国际电信业务或者涉港澳台电信业务进行营利活动，扰乱电信市场管理秩序，具有下列情形之一的：

1. 经营去话业务数额在一百万元以上的；

2. 经营来话业务造成电信资费损失数额在一百万元以上的；

3. 虽未达到上述数额标准，但具有下列情形之一的：

（1）二年内因非法经营国际电信业务或者涉港澳台电信业务行为受过二次以上行政处罚，又非法经营国际电信业务或者涉港澳台电信业务的；

（2）因非法经营国际电信业务或者涉港澳台电信业务行为造成其他严重后果的。

（七）以营利为目的，通过信息网络有偿提供删除信息服务，或者明知是虚假信息，通过信息网络有偿提供发布信息等服务，扰乱市场秩序，具有下列情形之一的：

1. 个人非法经营数额在五万元以上，或者违法所得数额在二万元以上的；

2. 单位非法经营数额在十五万元以上，或者违法所得数额在五万元以上的。

（八）非法生产、销售"黑广播""伪基站"、无线电干扰器等无线电设备，具有下列情形之一的：

1. 非法生产、销售无线电设备三套以上的；

2. 非法经营数额在五万元以上的；

3. 虽未达到上述数额标准，但二年内因非法生产、销售无线电设备受过二次以上行政处罚，又非法生产、销售无线电设备的。

（九）以提供给他人开设赌场为目的，违反国家规定，非法生产、销售具有退币、退分、退钢珠等赌博功能的电子游戏设施设备或者其专用软件，具有下列情形之一的：

1. 个人非法经营数额在五万元以上，或者违法所得数额在一万元以上的；

2. 单位非法经营数额在五十万元以上，或者违法所得数额在十万元以上的；

3. 虽未达到上述数额标准，但二年内因非法生产、销售赌博机行为受过二次以上行政处罚，又进行同种非法经营行为的；

4. 其他情节严重的情形。

（十）实施下列危害食品安全行为，非法经营数额在十万元以上，或者违法所得数额在五万元以上的：

1. 以提供给他人生产、销售食品为目的，违反国家规定，生产、销售国家禁止用于食品生产、销售的非食品原料的；

2. 以提供给他人生产、销售食用农产品为目的，违反国家规定，生产、销售国家禁用农药、食品动物中禁止使用的药品及其他化合物等有毒、有害的非食品原料，或者生产、销售添加上述有毒、有害的非食品原料的农药、兽药、饲料、饲料添加剂、饲料原料的；

3. 违反国家规定，私设生猪屠宰厂（场），从事生猪屠宰、销售等经营活动的。

（十一）未经监管部门批准，或者超越经营范围，以营利为目的，以超过百分之三十六的实际年利率经常性地向社会不特定对象发放贷款，具有下列情形之一的：

1. 个人非法放贷数额累计在二百万元以上的，单位非法放贷数额累计在一千万元以上的；

2. 个人违法所得数额累计在八十万元以上的，单位违法所得数额累计在四百万元以上的；

3. 个人非法放贷对象累计在五十人以上的，单位非法放贷对象累计在一百五十人以上的；

4. 造成借款人或者其近亲属自杀、死亡或者精神失常等严重后果的。

5. 虽未达到上述数额标准，但具有下列情形之一的：

（1）二年内因实施非法放贷行为受过二次以上行政处罚的；

（2）以超过百分之七十二的实际年利率实施非法放贷行为十次以上的。

黑恶势力非法放贷的，按照第1、2、3项规定的相应数额、数量标准的百分之五十确定。同时具有第5项规定情形的，按照相应数额、数量标准的百分之四十确定。

（十二）从事其他非法经营活动，具有下列情形之一的：

1. 个人非法经营数额在五万元以上，或者违法所得数额在一万元以上的；

2. 单位非法经营数额在五十万元以上，或者违法所得数额在十万元以上的；

3. 虽未达到上述数额标准，但二年内因非法经营行为受过二次以上行政处罚，又从事同种非法经营行为的；

4. 其他情节严重的情形。

法律、司法解释对非法经营罪的立案追诉标准另有规定的，依照其规定。

2.最高人民法院《关于审理骗购外汇、非法买卖外汇刑事案件具体应用法律若干问题的解释》法释〔1998〕20号第（三）项规定定罪处罚：（1）非法买卖外汇二十万美元或违法所得五万元以上的；（2）单位非法为他人骗购外汇五百万美元或违法所得五十万元以上的；（3）居间介绍骗购一百万美元或违法所得十万元以上的。

3. 最高人民法院《关于审理非法集资刑事案件具体应用法律若干问题的解释》 法释〔2022〕5号（2010年11月22日最高人民法院审判委员会第1502次会议通过，根据2021年12月30日最高人民法院审判委员会第1860次会议通过的《最高人民法院关于修改〈最高人民法院关于审理非法集资刑事案件具体应用法律若干问题的解释〉的决定》修正，该修正自2022年3月1日起施行）（2022年2月23日）（具体见第一百七十六条）

第十一条 违反国家规定，未经依法核准擅自发行基金份额募集基金，情节严重的，依照《刑法》第二百二十五条的规定，以非法经营罪定罪处罚。

4. 最高人民法院《关于审理扰乱电信市场管理秩序案件具体应用法律若干问题的解释》 法释〔2000〕12号

第一条 违反国家规定，采取租用国际专线、私设转接设备或者其他方法，擅自经营国际电信业务或者涉港澳台电信业务进行营利活动，扰乱电信市场管理秩序，情节严重的，依照《刑法》第二百二十五条第（四）项的规定，以非法经营罪定罪处罚。

第二条 实施本解释第一条规定的行为，具有下列情形之一的，属于非法经营行为"情节严重"：

（一）经营去话业务数额在一百万元以上的；

（二）经营来话业务造成电信资费损失数额在一百万元以上的。

具有下列情形之一的，属于非法经营行为"情节特别严重"：

（一）经营去话业务数额在五百万元以上的；

（二）经营来话业务造成电信资费损失数额在五百万元以上的。

第三条 实施本解释第一条规定的行为，经营数额或者造成电信资费损失数额接近非法经营行为"情节严重""情节特别严重"的数额起点标准，并具有下列情形之一的，可以分别认定为非法经营行为"情节严重""情节特别严重"：

（一）两年内因非法经营国际电信业务或者涉港澳台电信业务行为受过行政处罚两次以上的；

（二）因非法经营国际电信业务或者涉港澳台电信业务行为造成其他严重后果的。

第四条 单位实施本解释第一条规定的行为构成犯罪的，对单位判处罚金，并对其直接负责的主管人员和其他直接责任人员，依照本解释第二条、第三条的规定处罚。

第五条 违反国家规定，擅自设置、使用无线电台（站），或者擅自占用频率，非法经营国际电信业务或者涉港澳台电信业务进行营利活动，同时构成非法经营罪和《刑法》第二百八十八条规定的扰乱无线电通讯管理秩序罪的，依照处罚较重的规定定罪处罚。

第十条 本解释所称"经营去话业务数额"，是指以行为人非法经营国际电信业务或者涉港澳台电信业务的总时长（分钟数）乘以行为人每分钟收取的用户使用费所得的数额。

本解释所称"电信资费损失数额"，是指以行为人非法经营国际电信业务或者涉港澳台电信业务的总时长（分钟数）乘以在合法电信业务中我国应当得到的每分钟国际结算价格所得的数额。

5. 最高人民法院、最高人民检察院、公安部《关于印发〈办理非法经营国际电信业务犯罪案件联席会议纪要〉的通知》 公通字〔2002〕29号

2000年5月12日最高人民法院《关于审理扰乱电信市场管理秩序案件具体应用法律

若干问题的解释》（以下简称《解释》），2001 年 4 月 18 日最高人民检察院、公安部《关于经济犯罪案件追诉标准的规定》、2002 年 2 月 6 日最高人民检察院《关于非法经营国际或港澳台地区电信业务行为法律适用问题的批复》先后发布实施……会议纪要如下：

二、《解释》第一条规定："违反国家规定，采取租用国际专线、私设转接设备或者其他方法，擅自经营国际电信业务或者涉港澳台电信业务进行营利活动，扰乱电信市场管理秩序，情节严重的，依照《刑法》第二百二十五条第（四）项的规定，以非法经营罪定罪处罚。"对于未取得国际电信业务（含涉港澳台电信业务，下同）经营许可证而经营，或被终止国际电信业务经营资格后继续经营，应认定为"擅自经营国际电信业务或者涉港澳台电信业务"；情节严重的，应按上述规定以非法经营罪追究刑事责任。

《解释》第一条所称"其他方法"，是指在边境地区私自架设跨境通信线路；利用互联网跨境传送 IP 话音并设立转接设备，将国际话务转接至我境内公用电话网或转接至其他国家或地区；在境内以租用、托管、代维等方式设立转接平台；私自设置国际通信出入口等方法。

三、获得国际电信业务经营许可的经营者（含涉港澳台电信业务经营者）明知他人非法从事国际电信业务，仍违反国家规定，采取出租、合作、授权等手段，为他人提供经营和技术条件，利用现有设备或另设国际话务转接设备并从中营利，情节严重的，应以非法经营罪的共犯追究刑事责任。

四、公安机关侦查非法经营国际电信业务犯罪案件，要及时全面收集和固定犯罪证据，抓紧缉捕犯罪嫌疑人。人民检察院、人民法院对正在办理的非法经营国际电信业务犯罪案件，只要基本犯罪事实清楚，基本证据确实、充分，应当依法及时起诉、审判。主犯在逃，但在案的其他犯罪嫌疑人、被告人实施犯罪的基本证据确实充分的，可以依法先行处理。

五、坚持"惩办与宽大相结合"的刑事政策。对非法经营国际电信业务共同犯罪的主犯，以及与犯罪分子相勾结的国家工作人员，应依法从严惩处。对具有自首、立功或者其他法定从轻、减轻情节的，应依法从轻、减轻处理。

6. 最高人民法院、最高人民检察院《关于办理妨害信用卡管理刑事案件具体应用法律若干问题的解释》法释〔2009〕19 号（具体见第一百九十六条）

第十二条 违反国家规定，使用销售点终端机具（POS 机）等方法，以虚构交易、虚开价格、现金退货等方式向信用卡持卡人直接支付现金，情节严重的，应当依据《刑法》第二百二十五条的规定，以非法经营罪定罪处罚。

实施前款行为，数额在一百万元以上的，或者造成金融机构资金二十万元以上逾期未还的，或者造成金融机构经济损失十万元以上的，应当认定为《刑法》第二百二十五条规定的"情节严重"；数额在五百万元以上的，或者造成金融机构资金一百万元以上逾期未还的，或者造成金融机构经济损失五十万元以上的，应当认定为《刑法》第二百二十五条规定的"情节特别严重"。

持卡人以非法占有为目的，采用上述方式恶意透支，应当追究刑事责任的，依照《刑法》第一百九十六条的规定，以信用卡诈骗罪定罪处罚。

7. 最高人民法院、最高人民检察院《关于办理非法生产、销售烟草专卖品等刑事案件具体应用法律若干问题的解释》法释〔2010〕7 号

第二条 违反国家烟草专卖管理法律法规，未经烟草专卖行政主管部门许可，无烟草专卖生产企业许可证、烟草专卖批发企业许可证、特种烟草专卖经营企业许可证、烟草专卖零售许可证等许可证明，非法经营烟草专卖品，情节严重的，依照《刑法》第二百二十

五条的规定，以非法经营罪定罪处罚。

第三条　非法经营烟草专卖品，具有下列情形之一的，应当认定为《刑法》第二百二十五条规定的"情节严重"：

（一）非法经营数额在五万元以上的，或者违法所得数额在二万元以上的；

（二）非法经营卷烟二十万支以上的；

（三）曾因非法经营烟草专卖品三年内受过二次以上行政处罚，又非法经营烟草专卖品且数额在三万元以上的。

具有下列情形之一的，应当认定为《刑法》第二百二十五条规定的"情节特别严重"：

（一）非法经营数额在二十五万元以上，或者违法所得数额在十万元以上的；

（二）非法经营卷烟一百万支以上的。

第四条　非法经营烟草专卖品，能够查清销售或者购买价格的，按照其销售或者购买的价格计算非法经营数额。无法查清销售或者购买价格的，按照下列方法计算非法经营数额：

（一）查获的卷烟、雪茄烟的价格，有品牌的，按照该品牌卷烟、雪茄烟的查获地省级烟草专卖行政主管部门出具的零售价格计算；无品牌的，按照查获地省级烟草专卖行政主管部门出具的上年度卷烟平均零售价格计算；

（二）查获的复烤烟叶、烟叶的价格按照查获地省级烟草专卖行政主管部门出具的上年度烤烟调拨平均基准价格计算；

（三）烟丝的价格按照第（二）项规定价格计算标准的一点五倍计算；

（四）卷烟辅料的价格，有品牌的，按照该品牌辅料的查获地省级烟草专卖行政主管部门出具的价格计算；无品牌的，按照查获地省级烟草专卖行政主管部门出具的上年度烟草行业生产卷烟所需该类卷烟辅料的平均价格计算；

（五）非法生产、销售、购买烟草专用机械的价格按照国务院烟草专卖行政主管部门下发的全国烟草专用机械产品指导价格目录进行计算；目录中没有该烟草专用机械的，按照省级以上烟草专卖行政主管部门出具的目录中同类烟草专用机械的平均价格计算。

第五条　行为人实施非法生产、销售烟草专卖品犯罪，同时构成生产、销售伪劣产品罪、侵犯知识产权犯罪、非法经营罪的，依照处罚较重的规定定罪处罚。

8.最高人民法院、最高人民检察院、公安部、国家烟草专卖局《关于办理假冒伪劣烟草制品等刑事案件适用法律问题座谈会纪要》高检会〔2003〕4号

三、关于非法经营烟草制品行为适用法律问题

未经烟草专卖行政主管部门许可，无生产许可证、批发许可证、零售许可证，而生产、批发、零售烟草制品，具有下列情形之一的，依照《刑法》第二百二十五条的规定定罪处罚：

1.个人非法经营数额在五万元以上的，或者违法所得数额在一万元以上的；

2.单位非法经营数额在五十万元以上的，或者违法所得数额在十万元以上的；

3.曾因非法经营烟草制品行为受过二次以上行政处罚又非法经营的，非法经营数额在二万元以上的；

9.最高人民法院《关于被告人李明华非法经营请示一案的批复》〔2011〕刑他字第21号

被告人李明华持有烟草专卖零售许可证，但多次实施批发业务，而且从非指定烟草专卖部门进货的行为，属于超范围和地域经营的情形，不宜按照非法经营罪处理，应由相关主管部门进行处理。

10.《全国人大常委会关于惩治骗购外汇、逃汇和非法买卖外汇犯罪的决定》1998年

12月29日

在国家规定的交易场所以外非法买卖外汇，扰乱市场秩序，情节严重的，依照《刑法》第二百二十五条的规定定罪处罚。

单位犯前款罪的，依照《刑法》第二百三十一条的规定处罚。

11. 最高人民法院《关于审理骗购外汇、非法买卖外汇刑事案件具体应用法律若干问题的解释》法释〔1998〕20号

第四条 公司、企业或者其他单位，违反有关外贸代理业务的规定，采用非法手段，或者明知是伪造、变造的凭证、商业单据，为他人向外汇指定银行骗购外汇，数额在五百万美元以上或者违法所得五十万元人民币以上的，按照《刑法》第二百二十五条第（三）项的规定定罪处罚。

12. 最高人民法院、最高人民检察院、公安部《办理骗汇、逃汇犯罪案件联席会议纪要》公通字〔1999〕39号

《解释》第四条规定："公司、企业或者其他单位，违反有关外贸代理业务的规定，采用非法手段，或者明知是伪造、变造的凭证、商业单据，为他人向外汇指定银行骗购外汇，数额在五百万美元以上或者违法所得五十万元人民币以上的，按照《刑法》第二百二十五条第（三）项的规定定罪处罚；居间介绍骗购外汇一百万美元以上或者违法所得十万元人民币以上的，按照《刑法》第二百二十五条第（三）项的规定定罪处罚。"上述所称"采用非法手段"，是指有国家批准的进出口经营权的外贸代理企业在经营代理进口业务时，不按国家经济主管部门有关规定履行职责，放任被代理方自带客户、自带货源、自带汇票、自行报关，在不见进口产品、不见供货货主、不见外商的情况下代理进口业务，或者采取法律、行政法规和部门规章禁止的其他手段代理进口业务。

认定《解释》第四条所称的"明知"，要结合案件的具体情节予以综合考虑，不能仅仅因为行为人不供述就不予认定。报关行为先于签订外贸代理协议的，或者委托方提供的购汇凭证明显与真实凭证、商业单据不符的，应当认定为明知。

《解释》第四条所称"居间介绍骗购外汇"，是指收取他人人民币、以虚假购汇凭证委托外贸公司、企业骗购外汇，获取非法收益的行为。

13. 最高人民法院、最高人民检察院《关于办理妨害预防、控制突发传染病疫情等灾害的刑事案件具体应用法律若干问题的解释》法释〔2003〕8号

违反国家在预防、控制突发传染病疫情等灾害期间有关市场经营、价格管理等规定，哄抬物价、牟取暴利，严重扰乱市场秩序，违法所得数额较大或者有其他严重情节的，依照《刑法》第二百二十五条第（四）项的规定，以非法经营罪定罪，依法从重处罚。

14. 最高人民法院《关于审理破坏森林资源刑事案件具体应用法律若干问题的解释》法释〔2000〕36号

第十三条 对于伪造、变造、买卖林木采伐许可证、木材运输证件，森林、林木、林地权属证书，占用或者征用林地审核同意书、育林基金等缴费收据以及其他国家机关批准的林业证件构成犯罪的，依照《刑法》第二百八十条第一款的规定，以伪造、变造、买卖国家机关公文、证件罪定罪处罚。

对于买卖允许进出口证明书等经营许可证明，同时触犯《刑法》第二百二十五条、第二百八十条规定之罪的，依照处罚较重的规定定罪处罚。

15. 最高人民法院《关于审理破坏野生动物资源刑事案件具体应用法律若干问题的解释》法释〔2000〕37号（已废止）

16. 最高人民法院、最高人民检察院《关于办理非法生产、销售、使用禁止在饲料和动物饮用水中使用的药品等刑事案件具体应用法律若干问题的解释》法释〔2002〕26号（见第一百四十四条）

第一条　未取得药品生产、经营许可证件和批准文号，非法生产、销售盐酸克仑特罗等禁止在饲料和动物饮用水中使用的药品，扰乱药品市场秩序，情节严重的，依照《刑法》第二百二十五条第（一）项的规定，以非法经营罪追究刑事责任。

第二条　在生产、销售的饲料中添加盐酸克仑特罗等禁止在饲料和动物饮用水中使用的药品，或者销售明知是添加有该类药品的饲料，情节严重的，依照《刑法》第二百二十五条第（四）项的规定，以非法经营罪追究刑事责任。

17. 最高人民法院《关于审理非法集资刑事案件具体应用法律若干问题的解释》法释〔2022〕5号（2010年11月22日最高人民法院审判委员会第1502次会议通过，根据2021年12月30日最高人民法院审判委员会第1860次会议通过的《最高人民法院关于修改〈最高人民法院关于审理非法集资刑事案件具体应用法律若干问题的解释〉的决定》修正，该修正自2022年3月1日起施行）（2022年2月23日）（具体见第一百七十六条）

第十一条　违反国家规定，未经依法核准擅自发行基金份额募集基金，情节严重的，依照《刑法》第二百二十五条的规定，以非法经营罪定罪处罚。

18. 最高人民法院、最高人民检察院、公安部、国家安全监管总局《关于依法加强对涉嫌犯罪的非法生产经营烟花爆竹行为刑事责任追究的通知》安监总管三〔2012〕116号

一、非法生产、经营烟花爆竹及相关行为涉及非法制造、买卖、运输、邮寄、储存黑火药、烟火药，构成非法制造、买卖、运输、邮寄、储存爆炸物罪的，应当依照《刑法》第一百二十五条的规定定罪处罚；非法生产、经营烟花爆竹及相关行为涉及生产、销售伪劣产品或不符合安全标准产品，构成生产、销售伪劣产品罪或生产、销售不符合安全标准产品罪的，应当依照《刑法》第一百四十条、第一百四十六条的规定定罪处罚；非法生产、经营烟花爆竹及相关行为构成非法经营罪的，应当依照《刑法》第二百二十五条的规定定罪处罚。上述非法生产经营烟花爆竹行为的定罪量刑和立案追诉标准，分别按照最高人民法院《关于审理非法制造、买卖、运输枪支、弹药、爆炸物等刑事案件具体应用法律若干问题的解释》（法释〔2009〕18号）、最高人民法院、最高人民检察院《关于办理生产、销售伪劣商品刑事案件具体应用法律若干问题的解释》（法释〔2001〕10号）、最高人民检察院、公安部《关于公安机关管辖的刑事案件立案追诉标准的规定（一）》（公通字〔2008〕36号）、最高人民检察院、公安部《关于公安机关管辖的刑事案件立案追诉标准的规定（二）》（公通字〔2010〕23号）等有关规定执行。

19. 最高人民法院、最高人民检察院《关于办理危害食品安全刑事案件适用法律若干问题的解释》法释〔2013〕12号（已废止）

20. 最高人民法院、最高人民检察院《关于办理危害食品安全刑事案件适用法律若干问题的解释》法释〔2021〕24号（2021年12月30日）（具体见第一百四十三条）

第十六条　以提供给他人生产、销售食品为目的，违反国家规定，生产、销售国家禁止用于食品生产、销售的非食品原料，情节严重的，依照《刑法》第二百二十五条的规定以非法经营罪定罪处罚。

以提供给他人生产、销售食用农产品为目的，违反国家规定，生产、销售国家禁用农药、食品动物中禁止使用的药品及其他化合物等有毒、有害的非食品原料，或者生产、销售添加上述有毒、有害的非食品原料的农药、兽药、饲料、饲料添加剂、饲料原料，情节

严重的，依照前款的规定定罪处罚。

第十七条　违反国家规定，私设生猪屠宰厂（场），从事生猪屠宰、销售等经营活动，情节严重的，依照《刑法》第二百二十五条的规定以非法经营罪定罪处罚。

在畜禽屠宰相关环节，对畜禽使用食品动物中禁止使用的药品及其他化合物等有毒、有害的非食品原料，依照《刑法》第一百四十四条的规定以生产、销售有毒、有害食品罪定罪处罚；对畜禽注水或者注入其他物质，足以造成严重食物中毒事故或者其他严重食源性疾病的，依照《刑法》第一百四十三条的规定以生产、销售不符合安全标准的食品罪定罪处罚；虽不足以造成严重食物中毒事故或者其他严重食源性疾病，但符合《刑法》第一百四十条规定的，以生产、销售伪劣产品罪定罪处罚。

第十八条　实施本解释规定的非法经营行为，非法经营数额在十万元以上，或者违法所得数额在五万元以上的，应当认定为《刑法》第二百二十五条规定的"情节严重"；非法经营数额在五十万元以上，或者违法所得数额在二十五万元以上的，应当认定为《刑法》第二百二十五条规定的"情节特别严重"。

实施本解释规定的非法经营行为，同时构成生产、销售伪劣产品罪，生产、销售不符合安全标准的食品罪，生产、销售有毒、有害食品罪，生产、销售伪劣农药、兽药罪等其他犯罪的，依照处罚较重的规定定罪处罚。

21. 最高人民法院、最高人民检察院、公安部、农业部、食品药品监管总局《关于进一步加强麻黄草管理严厉打击非法买卖麻黄草等违法犯罪活动的通知》公通字〔2013〕16 号

三、依法查处非法采挖、买卖麻黄草等犯罪行为

各地人民法院、人民检察院、公安机关要依法查处非法采挖、买卖麻黄草等犯罪行为，区别情形予以处罚：

（四）违反国家规定采挖、销售、收购麻黄草，没有证据证明以制造毒品或者走私、非法买卖制毒物品为目的，依照《刑法》第二百二十五条的规定构成犯罪的，以非法经营罪定罪处罚。

22. 最高人民法院、最高人民检察院《关于办理利用信息网络实施诽谤等刑事案件适用法律若干问题的解释》 法释〔2013〕21 号

第七条　违反国家规定，以营利为目的，通过信息网络有偿提供删除信息服务，或者明知是虚假信息，通过信息网络有偿提供发布信息等服务，扰乱市场秩序，具有下列情形之一的，属于非法经营行为"情节严重"，依照《刑法》第二百二十五条第（四）项的规定，以非法经营罪定罪处罚：

（一）个人非法经营数额在五万元以上，或者违法所得数额在二万元以上的；

（二）单位非法经营数额在十五万元以上，或者违法所得数额在五万元以上的。

实施前款规定的行为，数额达到前款规定的数额五倍以上的，应当认定为《刑法》第二百二十五条规定的"情节特别严重"。

第八条　明知他人利用信息网络实施诽谤、寻衅滋事、敲诈勒索、非法经营等犯罪，为其提供资金、场所、技术支持等帮助的，以共同犯罪论处。

第九条　利用信息网络实施诽谤、寻衅滋事、敲诈勒索、非法经营犯罪，同时又构成《刑法》第二百二十一条规定的损害商业信誉、商品声誉罪，第二百七十八条规定的煽动暴力抗拒法律实施罪，第二百九十一条之一规定的编造、故意传播虚假恐怖信息罪等犯罪的，依照处罚较重的规定定罪处罚。

第十条　本解释所称信息网络，包括以计算机、电视机、固定电话机、移动电话机等电子设备为终端的计算机互联网、广播电视网、固定通信网、移动通信网等信息网络，以及向公众开放的局域网络。

23. 最高人民法院、最高人民检察院、公安部《关于办理利用赌博机开设赌场案件适用法律若干问题的意见》公通字〔2014〕17号

四、关于生产、销售赌博机的定罪量刑标准

以提供给他人开设赌场为目的，违反国家规定，非法生产、销售具有退币、退分、退钢珠等赌博功能的电子游戏设施设备或者其专用软件，情节严重的，依照《刑法》第二百二十五条的规定，以非法经营罪定罪处罚。

实施前款规定的行为，具有下列情形之一的，属于非法经营行为"情节严重"：

（一）个人非法经营数额在五万元以上，或者违法所得数额在一万元以上的；

（二）单位非法经营数额在五十万元以上，或者违法所得数额在十万元以上的；

（三）虽未达到上述数额标准，但两年内因非法生产、销售赌博机行为受过二次以上行政处罚，又进行同种非法经营行为的；

（四）其他情节严重的情形。

具有下列情形之一的，属于非法经营行为"情节特别严重"：

（一）个人非法经营数额在二十五万元以上，或者违法所得数额在五万元以上的；

（二）单位非法经营数额在二百五十万元以上，或者违法所得数额在五十万元以上的。

24. 最高人民法院、最高人民检察院、公安部、国家安全部《关于依法办理非法生产销售使用"伪基站"设备案件的意见》公通字〔2014〕13号

近年来，各地非法生产、销售、使用"伪基站"设备违法犯罪活动日益猖獗，有的借以非法获取公民个人信息，有的非法经营广告业务，或者发送虚假广告，甚至实施诈骗等犯罪活动。"伪基站"设备是未取得电信设备进网许可和无线电发射设备型号核准的非法无线电通信设备，具有搜取手机用户信息，强行向不特定用户手机发送短信息等功能，使用过程中会非法占用公众移动通信频率，局部阻断公众移动通信网络信号。非法生产、销售、使用"伪基站"设备，不仅破坏正常电信秩序，影响电信运营商正常经营活动，危害公共安全，扰乱市场秩序，而且严重影响用户手机使用，损害公民财产权益，侵犯公民隐私，社会危害性严重。为依法办理非法生产、销售、使用"伪基站"设备案件，保障国家正常电信秩序，维护市场经济秩序，保护公民合法权益，根据有关法律规定，制定本意见。

一、准确认定行为性质

（一）非法生产、销售"伪基站"设备，具有以下情形之一的，依照《刑法》第二百二十五条的规定，以非法经营罪追究刑事责任：

1.个人非法生产、销售"伪基站"设备三套以上，或者非法经营数额五万元以上，或者违法所得数额二万元以上的；

2.单位非法生产、销售"伪基站"设备十套以上，或者非法经营数额十五万元以上，或者违法所得数额五万元以上的；

3.虽未达到上述数额标准，但两年内曾因非法生产、销售"伪基站"设备受过两次以上行政处罚，又非法生产、销售"伪基站"设备的。

实施前款规定的行为，数量、数额达到前款规定的数量、数额五倍以上的，应当认定为《刑法》第二百二十五条规定的"情节特别严重"。

非法生产、销售"伪基站"设备，经鉴定为专用间谍器材的，依照《刑法》第二百八十三条的规定，以非法生产、销售间谍专用器材罪追究刑事责任；同时构成非法经营罪的，以非法经营罪追究刑事责任。

25.最高人民检察院法律政策研究室《关于买卖银行承兑汇票行为如何适用法律问题的答复意见》高检研函字〔2013〕58号

福建省人民检察院法律政策研究室：

你院《关于买卖银行承兑汇票行为如何适用法律问题的请示》（闽检〔2013〕25号）收悉。经研究认为，根据票据行为的无因性以及票据法关于汇票可背书转让的规定，汇票买卖行为不同于支付结算行为，将二者等同可能会造成司法实践的混乱，实践中，买卖银行承兑汇票的情况比较复杂，对于单纯买卖银行承兑汇票的行为不宜以非法经营罪追究刑事责任。

请示所涉及的案件，建议根据案件的具体情况依法处理。

26.最高人民法院、最高人民检察院《关于办理危害药品安全刑事案件适用法律若干问题的解释》法释〔2014〕14号（已废止）

27.最高人民法院《关于准确理解和适用刑法中"国家规定"的有关问题的通知》法发〔2011〕155号

一、根据《刑法》第九十六的规定，《刑法》中的"国家规定"是指，全国人民代表大会及其常务委员会制定的法律和决定，国务院制定的行政法规、规定的行政措施、发布的决定和命令。其中，"国务院规定的行政措施"应当由国务院决定，通常以行政法规或者国务院制发文件的形式加以规定。以国务院办公厅名义制发的文件，符合以下条件的，亦应视为《刑法》中的"国家规定"：（1）有明确的法律依据或者同相关行政法规不相抵触；（2）经国务院常务会议讨论通过或者经国务院批准；（3）在国务院公报上公开发布。

二、各级人民法院在刑事审判工作中，对有关案件所涉及的"违反国家规定"的认定，要依照相关法律、行政法规及司法解释的规定准确把握。对于规定不明确的，要按照本通知的要求审慎认定。对于违反地方性法规、部门规章的行为，不得认定为"违反国家规定"。对被告人的行为是否"违反国家规定"存在争议的，应当作为法律适用问题，逐级向最高人民法院请示。

三、各级人民法院审理非法经营犯罪案件，要依法严格把握《刑法》第二百二十五条第（四）的适用范围。对被告人的行为是否属于《刑法》第二百二十五条第（四）规定的"其他严重扰乱市场秩序的非法经营行为"，有关司法解释未作明确规定的，应当作为法律适用问题，逐级向最高人民法院请示。

28.最高人民法院《关于被告人何伟光、张勇泉等非法经营案的批复》〔2012〕刑他字第136号

广东省高级人民法院：你院（2011）粤高法刑二他字第16号《关于被告人何伟光、张勇泉等以发放高利贷为业的行为是否构成非法经营罪的请示》收悉。我院经研究认为，被告人何伟光、张勇泉等人发放高利贷的行为具有一定的社会危害性，但此类行为是否属于《刑法》第二百二十五条规定的"其他严重扰乱市场秩序的非法经营行为"，相关立法解释和司法解释尚无明确规定，故对何伟光、张勇泉等人的行为不宜以非法经营罪定罪处罚。

29.最高人民法院、最高人民检察院《关于办理扰乱无线电通讯管理秩序等刑事案件适用法律若干问题的解释》法释〔2017〕11号（见第二百八十八条）

第四条 非法生产、销售"黑广播""伪基站"、无线电干扰器等无线电设备，具有下列情形之一的，应当认定为《刑法》第二百二十五条规定的"情节严重"：

（一）非法生产、销售无线电设备三套以上的；

（二）非法经营数额五万元以上的；

（三）其他情节严重的情形。

实施前款规定的行为，数量或者数额达到前款第一项、第二项规定标准五倍以上，或者具有其他情节特别严重的情形的，应当认定为《刑法》第二百二十五条规定的"情节特别严重"。

在非法生产、销售无线电设备窝点查扣的零件，以组装完成的套数以及能够组装的套数认定；无法组装为成套设备的，每三套广播信号调制器（激励器）认定为一套"黑广播"设备，每三块主板认定为一套"伪基站"设备。

第五条 单位犯本解释规定之罪的，对单位判处罚金，并对直接负责的主管人员和其他直接责任人员，依照本解释规定的自然人犯罪的定罪量刑标准定罪处罚。

30.最高人民检察院《关于办理涉互联网金融犯罪案件有关问题座谈会纪要》高检诉〔2017〕14号（见第一百七十六条）

（三）非法经营资金支付结算行为的认定……

31.最高人民法院、最高人民检察院《关于办理非法从事资金支付结算业务、非法买卖外汇刑事案件适用法律若干问题的解释》法释〔2019〕1号

第一条 违反国家规定，具有下列情形之一的，属于《刑法》第二百二十五条第三项规定的"非法从事资金支付结算业务"：

（一）使用受理终端或者网络支付接口等方法，以虚构交易、虚开价格、交易退款等非法方式向指定付款方支付货币资金的；

（二）非法为他人提供单位银行结算账户套现或者单位银行结算账户转个人账户服务的；

（三）非法为他人提供支票套现服务的；

（四）其他非法从事资金支付结算业务的情形。

第二条 违反国家规定，实施倒买倒卖外汇或者变相买卖外汇等非法买卖外汇行为，扰乱金融市场秩序，情节严重的，依照《刑法》第二百二十五条第四项的规定，以非法经营罪定罪处罚。

第三条 非法从事资金支付结算业务或者非法买卖外汇，具有下列情形之一的，应当认定为非法经营行为"情节严重"：

（一）非法经营数额在五百万元以上的；

（二）违法所得数额在十万元以上的。

非法经营数额在二百五十万元以上，或者违法所得数额在五万元以上，且具有下列情形之一的，可以认定为非法经营行为"情节严重"：

（一）曾因非法从事资金支付结算业务或者非法买卖外汇犯罪行为受过刑事追究的；

（二）二年内因非法从事资金支付结算业务或者非法买卖外汇违法行为受过行政处罚的；

（三）拒不交代涉案资金去向或者拒不配合追缴工作，致使赃款无法追缴的；

（四）造成其他严重后果的。

第四条 非法从事资金支付结算业务或者非法买卖外汇，具有下列情形之一的，应当认定为非法经营行为"情节特别严重"：

（一）非法经营数额在二千五百万元以上的；

（二）违法所得数额在五十万元以上的。

非法经营数额在一千二百五十万元以上，或者违法所得数额在二十五万元以上，且具有本解释第三条第二款规定的四种情形之一的，可以认定为非法经营行为"情节特别严重"。

第五条 非法从事资金支付结算业务或者非法买卖外汇，构成非法经营罪，同时又构成《刑法》第一百二十条之一规定的帮助恐怖活动罪或者第一百九十一条规定的洗钱罪的，依照处罚较重的规定定罪处罚。

第六条 二次以上非法从事资金支付结算业务或者非法买卖外汇，依法应予行政处理或者刑事处理而未经处理的，非法经营数额或者违法所得数额累计计算。

同一案件中，非法经营数额、违法所得数额分别构成情节严重、情节特别严重的，按照处罚较重的数额定罪处罚。

第七条 非法从事资金支付结算业务或者非法买卖外汇违法所得数额难以确定的，按非法经营数额的千分之一认定违法所得数额，依法并处或者单处违法所得一倍以上五倍以下罚金。

第八条 符合本解释第三条规定的标准，行为人如实供述犯罪事实，认罪悔罪，并积极配合调查，退缴违法所得的，可以从轻处罚；其中犯罪情节轻微的，可以依法不起诉或者免予刑事处罚。

符合《刑事诉讼法》规定的认罪认罚从宽适用范围和条件的，依照《刑事诉讼法》的规定处理。

第九条 单位实施本解释第一条、第二条规定的非法从事资金支付结算业务、非法买卖外汇行为，依照本解释规定的定罪量刑标准，对单位判处罚金，并对其直接负责的主管人员和其他直接责任人员定罪处罚。

第十条 非法从事资金支付结算业务、非法买卖外汇刑事案件中的犯罪地，包括犯罪嫌疑人、被告人用于犯罪活动的账户开立地、资金接收地、资金过渡账户开立地、资金账户操作地，以及资金交易对手资金交付和汇出地等。

第十一条 涉及外汇的犯罪数额，按照案发当日中国外汇交易中心或者中国人民银行授权机构公布的人民币对该货币的中间价折合成人民币计算。中国外汇交易中心或者中国人民银行授权机构未公布汇率中间价的境外货币，按照案发当日境内银行人民币对该货币的中间价折算成人民币，或者该货币在境内银行、国际外汇市场对美元汇率，与人民币对美元汇率中间价进行套算。

第十二条 本解释自2019年2月1日起施行。《最高人民法院关于审理骗购外汇、非法买卖外汇刑事案件具体应用法律若干问题的解释》（法释〔1998〕20号）与本解释不一致的，以本解释为准。

32. 最高人民法院、最高人民检察院、公安部、司法部《关于办理非法放贷刑事案件若干问题的意见》（2019年7月23日）

为依法惩治非法放贷犯罪活动，切实维护国家金融市场秩序与社会和谐稳定，有效防范因非法放贷诱发涉黑涉恶以及其他违法犯罪活动，保护公民、法人和其他组织合法权益，根据《刑法》《刑事诉讼法》及有关司法解释、规范性文件的规定，现对办理非法放贷刑事案件若干问题提出如下意见：

一、违反国家规定，未经监管部门批准，或者超越经营范围，以营利为目的，经常性地向社会不特定对象发放贷款，扰乱金融市场秩序，情节严重的，依照《刑法》第二百二十五条第（四）项的规定，以非法经营罪定罪处罚。

前款规定中的"经常性地向社会不特定对象发放贷款"，是指2年内向不特定多人（包括单位和个人）以借款或其他名义出借资金10次以上。

贷款到期后延长还款期限的，发放贷款次数按照1次计算。

二、以超过36%的实际年利率实施符合本意见第一条规定的非法放贷行为，具有下列情形之一的，属于《刑法》第二百二十五条规定的"情节严重"，但单次非法放贷行为实际年利率未超过36%的，定罪量刑时不得计入：

（一）个人非法放贷数额累计在200万元以上的，单位非法放贷数额累计在1000万元以上的；

（二）个人违法所得数额累计在80万元以上的，单位违法所得数额累计在400万元以上的；

（三）个人非法放贷对象累计在50人以上的，单位非法放贷对象累计在150人以上的；

（四）造成借款人或者其近亲属自杀、死亡或者精神失常等严重后果的。

具有下列情形之一的，属于《刑法》第二百二十五条规定的"情节特别严重"：

（一）个人非法放贷数额累计在1000万元以上的，单位非法放贷数额累计在5000万元以上的；

（二）个人违法所得数额累计在400万元以上的，单位违法所得数额累计在2000万元以上的；

（三）个人非法放贷对象累计在250人以上的，单位非法放贷对象累计在750人以上的；

（四）造成多名借款人或者其近亲属自杀、死亡或者精神失常等特别严重后果的。

三、非法放贷数额、违法所得数额、非法放贷对象数量接近本意见第二条规定的"情节严重""情节特别严重"的数额、数量起点标准，并具有下列情形之一的，可以分别认定为"情节严重""情节特别严重"：

（一）2年内因实施非法放贷行为受过行政处罚2次以上的；

（二）以超过72%的实际年利率实施非法放贷行为10次以上的。

前款规定中的"接近"，一般应当掌握在相应数额、数量标准的80%以上。

四、仅向亲友、单位内部人员等特定对象出借资金，不得适用本意见第一条的规定定罪处罚。但具有下列情形之一的，定罪量刑时应当与向不特定对象非法放贷的行为一并处理：

（一）通过亲友、单位内部人员等特定对象向不特定对象发放贷款的；

（二）以发放贷款为目的，将社会人员吸收为单位内部人员，并向其发放贷款的；

（三）向社会公开宣传，同时向不特定多人和亲友、单位内部人员等特定对象发放贷款的。

五、非法放贷数额应当以实际出借给借款人的本金金额认定。非法放贷行为人以介绍费、咨询费、管理费、逾期利息、违约金等名义和以从本金中预先扣除等方式收取利息的，相关数额在计算实际年利率时均应计入。

非法放贷行为人实际收取的除本金之外的全部财物，均应计入违法所得。

非法放贷行为未经处理的，非法放贷次数和数额、违法所得数额、非法放贷对象数量等应当累计计算。

六、为从事非法放贷活动，实施擅自设立金融机构、套取金融机构资金高利转贷、骗取贷款、非法吸收公众存款等行为，构成犯罪的，应当择一重罪处罚。

为强行索要因非法放贷而产生的债务，实施故意杀人、故意伤害、非法拘禁、故意毁坏财物、寻衅滋事等行为，构成犯罪的，应当数罪并罚。

纠集、指使、雇佣他人采用滋扰、纠缠、哄闹、聚众造势等手段强行索要债务，尚不单独构成犯罪，但实施非法放贷行为已构成非法经营罪的，应当按照非法经营罪的规定酌情从重处罚。

以上规定的情形，《刑法》、司法解释另有规定的除外。

七、有组织地非法放贷，同时又有其他违法犯罪活动，符合黑社会性质组织或者恶势力、恶势力犯罪集团认定标准的，应当分别按照黑社会性质组织或者恶势力、恶势力犯罪集团侦查、起诉、审判。

黑恶势力非法放贷的，据以认定"情节严重""情节特别严重"的非法放贷数额、违法所得数额、非法放贷对象数量起点标准，可以分别按照本意见第二条规定中相应数额、数量标准的50%确定；同时具有本意见第三条第一款规定情形的，可以分别按照相应数额、数量标准的40%确定。

八、本意见自2019年10月21日起施行。对于本意见施行前发生的非法放贷行为，依照最高人民法院《关于准确理解和适用刑法中"国家规定"的有关问题的通知》（法发〔2011〕155号）的规定办理。

33. 最高人民法院《关于审理走私、非法经营、非法使用兴奋剂刑事案件适用法律若干问题的解释》法释〔2019〕16号（见第一百五十一条）

第二条 违反国家规定，未经许可经营兴奋剂目录所列物质，涉案物质属于法律、行政法规规定的限制买卖的物品，扰乱市场秩序，情节严重的，应当依照《刑法》第二百二十五条的规定，以非法经营罪定罪处罚。

34. 最高人民法院、最高人民检察院、公安部、司法部《关于依法惩治妨害新型冠状病毒感染肺炎疫情防控违法犯罪的意见》法发〔2020〕7号（2020年2月6日）（具体见第一百一十五条）

（四）依法严惩哄抬物价犯罪。在疫情防控期间，违反国家有关市场经营、价格管理等规定，囤积居奇，哄抬疫情防控急需的口罩、护目镜、防护服、消毒液等防护用品、药品或者其他涉及民生的物品价格，牟取暴利，违法所得数额较大或者有其他严重情节，严重扰乱市场秩序的，依照《刑法》第二百二十五条第四项的规定，以非法经营罪定罪处罚。

（九）依法严惩破坏野生动物资源犯罪。违反国家规定，非法经营非国家重点保护野生动物及其制品（包括开办交易场所、进行网络销售、加工食品出售等），扰乱市场秩序，情节严重的，依照《刑法》第二百二十五条第四项的规定，以非法经营罪定罪处罚。

35. 国家市场监督管理总局办公厅、公安部办公厅《关于新冠肺炎疫情防控期间加强价格行政执法与刑事司法衔接工作的通知》市监竞争〔2020〕13号（2020年2月14日）

二、市场监管部门在查处价格违法案件过程中，发现利用疫情捏造、散布涨价信息、恶意囤积、哄抬价格，有下列情形之一的，应当将案件移送公安机关：

(一)个人非法经营数额在五万元以上，或者违法所得数额在一万元以上的；

(二)单位非法经营数额在五十万元以上，或者违法所得数额在十万元以上的；

(三)其他情节严重的情形。

36. 最高人民法院、最高人民检察院、公安部《关于依法开展打击淫秽色情网站专项

行动有关工作的通知》公通字〔2004〕53号（2004年7月17日）

二、充分运用法律武器，突出打击重点

各级公安机关、人民检察院、人民法院要准确把握此类违法犯罪活动的特点，充分发挥各自的职能作用，依法严厉打击利用淫秽色情网站进行违法犯罪活动的不法分子。要通过专项行动破获一批以互联网为媒介，制作、贩卖、传播淫秽物品和组织卖淫嫖娼的案件，打掉一批犯罪团伙，严惩一批经营淫秽色情网站和利用互联网从事非法活动的违法犯罪分子和经营单位。

在专项行动中，要严格按照《刑法》、全国人民代表大会常务委员会《关于维护互联网安全的决定》和有关司法解释的规定，严格依法办案，正确把握罪与非罪的界限，保证办案质量。对于利用互联网从事犯罪活动的，应当根据其具体实施的行为，分别以制作、复制、出版、贩卖、传播淫秽物品牟利罪、传播淫秽物品罪、组织播放淫秽音像制品罪及《刑法》规定的其他有关罪名，依法追究刑事责任。对于违反国家规定，擅自设立互联网上网服务营业场所，或者擅自从事互联网上网服务经营活动，情节严重，构成犯罪的，以非法经营罪追究刑事责任。对于建立淫秽网站、网页，提供涉及未成年人淫秽信息、利用青少年教育网络从事淫秽色情活动以及顶风作案、罪行严重的犯罪分子，要坚决依法从重打击，严禁以罚代刑。要充分运用没收犯罪工具、追缴违法所得等措施，以及没收财产、罚金等财产刑，加大对犯罪分子的经济制裁力度，坚决铲除淫秽色情网站的生存基础，彻底剥夺犯罪分子非法获利和再次犯罪的资本。

要坚持惩办与宽大相结合的刑事政策，区别对待，审时度势，宽严相济，最大限度地分化瓦解犯罪分子；对于主动投案自首或者有检举、揭发淫秽色情违法犯罪活动等立功表现的，可依法从宽处罚。

37. 最高人民法院、最高人民检察院《关于办理赌博刑事案件具体应用法律若干问题的解释》法释〔2005〕3号（2005年5月13日起施行）（具体见第三百零三条）

第六条　未经国家批准擅自发行、销售彩票，构成犯罪的，依照《刑法》第二百二十五条第（四）项的规定，以非法经营罪定罪处罚。

38. 最高人民法院、最高人民检察院、公安部《关于办理走私、非法买卖麻黄碱类复方制剂等刑事案件适用法律若干问题的意见的通知》法发〔2012〕12号（具体见第三百五十条）

一、关于走私、非法买卖麻黄碱类复方制剂等行为的定性

以加工、提炼制毒物品制造毒品为目的，购买麻黄碱类复方制剂，或者运输、携带、寄递麻黄碱类复方制剂进出境的，依照《刑法》第三百四十七条的规定，以制造毒品罪定罪处罚。

以加工、提炼制毒物品为目的，购买麻黄碱类复方制剂，或者运输、携带、寄递麻黄碱类复方制剂进出境的，依照《刑法》第三百五十条第一款、第三款的规定，分别以非法买卖制毒物品罪、走私制毒物品罪定罪处罚。

将麻黄碱类复方制剂拆除包装、改变形态后进行走私或者非法买卖，或者明知是已拆除包装、改变形态的麻黄碱类复方制剂而进行走私或者非法买卖的，依照《刑法》第三百五十条第一款、第三款的规定，分别以走私制毒物品罪、非法买卖制毒物品罪定罪处罚。

非法买卖麻黄碱类复方制剂或者运输、携带、寄递麻黄碱类复方制剂进出境，没有证据证明系用于制造毒品或者走私、非法买卖制毒物品，或者未达到走私制毒物品罪、非法买卖制毒物品罪的定罪数量标准，构成非法经营罪、走私普通货物、物品罪等其他犯罪的，

依法定罪处罚。

实施第一款、第二款规定的行为，同时构成其他犯罪的，依照处罚较重的规定。

39.最高人民法院关于《印发〈全国法院毒品犯罪审判工作座谈会纪要〉的通知》法〔2015〕129号（具体见第三百四十七条）

（七）非法贩卖麻醉药品、精神药品行为的定性问题

行为人向走私、贩卖毒品的犯罪分子或者吸食、注射毒品的人员贩卖国家规定管制的能够使人形成瘾癖的麻醉药品或者精神药品的，以贩卖毒品罪定罪处罚。行为人出于医疗目的，违反有关药品管理的国家规定，非法贩卖上述麻醉药品或者精神药品，扰乱市场秩序，情节严重的，以非法经营罪定罪处罚。

行为人出于医疗目的，违反有关药品管理的国家规定，非法贩卖上述麻醉药品或者精神药品，扰乱市场秩序，情节严重的，以非法经营罪定罪处罚。

40.最高人民法院、最高人民检察院、公安部、国家新闻出版广电总局《关于依法严厉打击非法电视网络接收设备违法犯罪活动的通知》新广电发〔2015〕229号（2015年9月18日）

二、正确把握法律政策界限，依法严厉打击非法电视网络接收设备违法犯罪活动

各级公安、检察、审判机关和新闻出版广电行政主管部门要高度重视查办非法电视网络接收设备违法犯罪案件，正确把握法律政策界限，严格执行法律法规的有关规定，坚决依法严厉打击非法电视网络接收设备违法犯罪活动。非法电视网络接收设备主要包括三类："电视棒"等网络共享设备；非法互联网电视接收设备，包括但不限于内置含有非法电视、非法广播等非法内容的定向接收软件或硬件模块的机顶盒、电视机、投影仪、显示器；用于收看非法电视、收听非法广播的网络软件、移动互联网客户端软件和互联网电视客户端软件。根据《刑法》和司法解释的规定，违反国家规定，从事生产、销售非法电视网络接收设备（含软件），以及为非法广播电视接收软件提供下载服务、为非法广播电视节目频道接收提供链接服务等营利性活动，扰乱市场秩序，个人非法经营数额在五万元以上或违法所得数额在一万元以上，单位非法经营数额在五十万元以上或违法所得数额在十万元以上，按照非法经营罪追究刑事责任。对于利用生产、销售、安装非法电视网络接收设备传播淫秽色情节目、实施危害国家安全等行为的，根据其行为的性质，依法追究刑事责任。对非法电视网络接收设备犯罪行为，涉及数个罪名的，按照相关原则，择一重罪处罚或数罪并罚。在追究犯罪分子刑事责任的同时，还要依法追缴违法所得，没收其犯罪所用的本人财物。对于实施上述行为尚不构成犯罪的，由新闻出版广电等相关行政主管部门依法给予行政处罚；构成违反治安管理行为的，依法给予治安管理处罚。

41.最高人民法院、最高人民检察院、公安部、中国证券监督管理委员会《关于整治非法证券活动有关问题的通知》证监发〔2008〕1号（2008年1月2日）

二、明确法律政策界限，依法打击非法证券活动

（一）关于公司及其股东向社会公众擅自转让股票行为的性质认定。《证券法》第十条第三款规定："非公开发行证券，不得采用广告、公开劝诱和变相公开方式。"国办发99号文规定："严禁任何公司股东自行或委托他人以公开方式向社会公众转让股票。向特定对象转让股票，未依法报经证监会核准的，转让后，公司股东累计不得超过200人。"公司、公司股东违反上述规定，擅自向社会公众转让股票，应当追究其擅自发行股票的责任。公司与其股东合谋，实施上述行为的，公司与其股东共同承担责任。

（二）关于擅自发行证券的责任追究。未经依法核准，擅自发行证券，涉嫌犯罪的，

依照《刑法》第一百七十九条之规定，以擅自发行股票、公司、企业债券罪追究刑事责任。未经依法核准，以发行证券为幌子，实施非法证券活动，涉嫌犯罪的，依照《刑法》第一百七十六条、第一百九十二条等规定，以非法吸收公众存款罪、集资诈骗罪等罪名追究刑事责任。未构成犯罪的，依照《证券法》和有关法律的规定给予行政处罚。

（三）关于非法经营证券业务的责任追究。任何单位和个人经营证券业务，必须经证监会批准。未经批准的，属于非法经营证券业务，应予以取缔；涉嫌犯罪的，依照《刑法》第二百二十五条之规定，以非法经营罪追究刑事责任。对于中介机构非法代理买卖非上市公司股票，涉嫌犯罪的，应当依照《刑法》第二百二十五条之规定，以非法经营罪追究刑事责任；所代理的非上市公司涉嫌擅自发行股票，构成犯罪的，应当依照《刑法》第一百七十九条之规定，以擅自发行股票罪追究刑事责任。非上市公司和中介机构共谋擅自发行股票，构成犯罪的，以擅自发行股票罪的共犯论处。未构成犯罪的，依照《证券法》和有关法律的规定给予行政处罚。

（四）关于非法证券活动性质的认定。非法证券活动是否涉嫌犯罪，由公安机关、司法机关认定。公安机关、司法机关认为需要有关行政主管机关进行性质认定的，行政主管机关应当出具认定意见。对因案情复杂、意见分歧，需要进行协调的，协调小组应当根据办案部门的要求，组织有关单位进行研究解决。

（五）关于修订后的《证券法》与修订前的《证券法》中针对擅自发行股票和非法经营证券业务规定的衔接。修订后的《证券法》与修订前的《证券法》针对擅自发行股票和非法经营证券业务的规定是一致的，是相互衔接的，因此在修订后的《证券法》实施之前发生的擅自发行股票和非法经营证券业务行为，也应予以追究。

（六）关于非法证券活动受害人的救济途径。根据1998年3月25日《国务院办公厅转发证监会关于清理整顿场外非法股票交易方案的通知》（国办发〔1998〕10号）的规定，最高人民法院于1998年12月4日发布了《关于中止审理、中止执行涉及场外非法股票交易经济纠纷案件的通知》（法〔1998〕145号），目的是为配合国家当时解决STAQ、NET交易系统发生的问题，而非针对目前非法证券活动所产生的纠纷。如果非法证券活动构成犯罪，被害人应当通过公安、司法机关刑事追赃程序追偿；如果非法证券活动仅是一般违法行为而没有构成犯罪，当事人符合民事诉讼法规定的起诉条件的，可以通过民事诉讼程序请求赔偿。

（附参考）1. 浙江省高级人民法院《关于执行刑法若干问题的具体意见（二）》浙法刑〔2002〕2号

非法经营罪，除有特别规定外，个人经营数额在十万元以上或者违法所得数额在三万元以上、单位经营数额在三十万元以上或者违法所得数额在十万元以上，可视为"情节严重"的情形之一；个人经营数额在三十万元以上或者违法所得数额在十万元以上、单位经营数额在一百万元以上或者违法所得数额在三十万元以上的，可视为"情节特别严重"的情形之一。

2. 浙江省高级人民法院、浙江省人民检察院、浙江省公安厅《关于办理"六合彩"赌博案件的若干意见》浙公发〔2004〕7号

四、对非法出版、印刷、复制、发行"六合彩"赌博活动的报刊、图书等出版物，情节严重的，依照《刑法》第二百二十五条及最高人民法院《关于审理非法出版物刑事案件具体应用法律若干问题的解释》（法释〔1998〕30号）等规定，以非法经营罪论处。

3. 浙江省高级人民法院、浙江省人民检察院、浙江省公安厅《关于执行〈关于办理"六

合彩"赌博案件的若干意见〉有关问题的通知》浙检会（研）〔2005〕4号

发行、销售"六合彩"，数额达到非法经营罪起点的，依照《刑法》第二百二十五条第（四）项和《解释》第六条的规定，以非法经营罪定罪处罚；数额尚未达到非法经营罪起点，符合浙江省高级人民法院、浙江省人民检察院、浙江省公安厅《关于办理"六合彩"赌博案件的若干意见》关于赌博犯罪构成规定的，以赌博罪定罪处罚。

4. 浙江省高级人民法院、浙江省人民检察院、浙江省公安厅《关于办理违反烟草专卖管理刑事案件适用法律若干问题的意见》浙检会（研）〔2005〕8号

无烟草专卖品准运证而非法运输烟草制品，个人违法所得数额在一万元以上、单位违法所得数额在十万元以上的，以非法经营罪定罪处罚。

5. 浙江省高级人民法院、浙江省人民检察院、浙江省公安厅《关于传销或者变相传销行为构成非法经营罪有关数额标准的通知》浙高法〔2002〕15号（见第二百二十四条之一）

6. 浙江省高级人民法院、浙江省人民检察院、浙江省公安厅《关于办理非法生产、销售、使用禁止在饲料和动物饮用水中使用的药品等刑事案件具体问题的意见》浙高发〔2005〕21号

未取得药品生产、经营许可证和批准文号，非法生产、销售禁用药品，扰乱市场秩序，有下列情形之一的，属于"情节严重"，依照《刑法》第二百二十五条第（一）项的规定，以非法经营罪追究刑事责任：（1）盐酸克伦特罗等肾上腺素受体激动剂五百克以上或者其稀释剂二千五百克以上；（2）其他禁用药品非法经营数额五万元以上或者违法所得一万元以上；（3）数量或数额接近上述规定标准，在二年内因非法生产、销售禁用药品受过行政处罚的；（4）造成人员中毒或者其他严重后果的。

在生产、销售的饲料中添加禁用药品，或者销售明知是添加有禁用药品的饲料，有下列情形之一的，属于"情节严重"，依照《刑法》第二百二十五条第（四）项的规定，以非法经营罪追究刑事责任：（1）非法经营数额五万元以上或者违法所得一万元以上；（2）数额接近上述规定标准，在二年内因非法生产、销售含有禁用药品的饲料受过行政处罚的；（3）造成人员中毒或者其他严重后果的。

7. 浙江省高级人民法院《关于部分罪名定罪量刑情节及数额标准的意见》浙高法〔2012〕325号

59.《刑法》第二百二十五条 【非法经营罪】

（一）未经国家有关主管部门批准，非法经营证券、期货、保险业务，或者非法从事资金支付结算业务，具有下列情形之一的，属于"情节严重"，处五年以下有期徒刑或者拘役，并处或者单处违法所得一倍以上五倍以下罚金：

（1）非法经营证券、期货、保险业务，数额在三十万元以上不满一百五十万元的；

（2）非法从事资金支付结算业务，数额在二百万元以上不满一千万元的；

（3）违反国家规定，使用销售点终端机具（POS机）等方法，以虚构交易、虚开价格、现金退货等方式向信用卡持卡人直接支付现金，数额在一百万元以上不满五百万元的，或者造成金融机构资金二十万元以上不满一百万元逾期未还的，或者造成金融机构经济损失十万元以上不满五十万元的；

（4）违法所得数额在五万元以上不满二十五万元的；

（5）情节严重的其他情形。

具有下列情形之一的，属于"情节特别严重"，处五年以上有期徒刑，并处违法所得一倍以上五倍以下罚金或者没收财产：

（1）非法经营证券、期货、保险业务，数额在一百五十万元以上的；

（2）非法从事资金支付结算业务，数额在一千万元以上的；

（3）违反国家规定，使用销售点终端机具（POS机）等方法，以虚构交易、虚开价格、现金退货等方式向信用卡持卡人直接支付现金，数额在五百万元以上的，或者造成金融机构资金一百万元以上逾期未还的，或者造成金融机构经济损失五十万元以上的；

（4）违法所得数额在二十五万元以上的；

（5）情节特别严重的其他情形。

（二）非法经营外汇，具有下列情形之一的，属于"情节严重"，处五年以下有期徒刑或者拘役，并处或者单处违法所得一倍以上五倍以下罚金：

（1）在外汇指定银行和中国外汇交易中心及其分中心以外买卖外汇，数额在二十万美元以上不满一百万美元或者违法所得数额在五万元以上不满二十五万元的；

（2）公司、企业或者其他单位违反有关外贸代理业务的规定，采用非法手段，或者明知是伪造、变造的凭证、商业单据，为他人向外汇指定银行骗购外汇，数额在五百万美元以上不满二千五百万美元或者违法所得数额在五十万元以上不满二百五十万元的；

（3）居间介绍骗购外汇，数额在一百万美元以上不满五百万美元或者违法所得数额在十万元以上不满五十万元的；

（4）情节严重的其他情形。

具有下列情形之一的，属于"情节特别严重"，处五年以上有期徒刑，并处违法所得一倍以上五倍以下罚金或者没收财产：

（1）在外汇指定银行和中国外汇交易中心及其分中心以外买卖外汇，数额在一百万美元以上或者违法所得数额在二十五万元以上的；

（2）公司、企业或者其他单位违反有关外贸代理业务的规定，采用非法手段，或者明知是伪造、变造的凭证、商业单据，为他人向外汇指定银行骗购外汇，数额在二千五百万美元以上或者违法所得数额在二百五十万元以上的；

（3）居间介绍骗购外汇，数额在五百万美元以上或者违法所得数额在五十万元以上的；

（4）情节特别严重的其他情形。

（三）从事其他非法经营活动，具有下列情形之一的，属于"情节严重"，处五年以下有期徒刑或者拘役，并处或者单处违法所得一倍以上五倍以下罚金：

（1）个人非法经营数额在五万元以上不满五十万元或者违法所得数额在一万元以上不满十万元的；

（2）单位非法经营数额在五十万元以上不满二百五十万元或者违法所得数额在十万元以上不满五十万元的；

（3）非法经营数额或者违法所得数额接近上述二项的数额标准，且两年内因同种非法经营行为受过二次以上行政处罚，又进行同种非法经营行为的；

（4）情节严重的其他情形。

具有下列情形之一的，属于"情节特别严重"，处五年以上有期徒刑，并处违法所得一倍以上五倍以下罚金或者没收财产：

（1）个人非法经营数额在五十万元以上或者违法所得数额在十万元以上的；

（2）单位非法经营数额在二百五十万元以上或者违法所得数额在五十万元以上的；

（3）非法经营数额或者违法所得数额接近上述二项的数额标准，且两年内因同种非法经营行为受过二次以上行政处罚，又进行同种非法经营行为的；

（4）情节特别严重的其他情形。

8.浙江省人民检察院公诉一处《涉承兑汇票案件的定性处理》 2012 年 11 月 22 日

近来，全省各地相继受理了一批涉承兑汇票刑事案件，主要有两种类型：一是骗取承兑汇票，二是买卖承兑汇票获取差价。对于以欺骗手段取得承兑汇票，给银行或其他金融机构造成重大损失或者有其他严重情节的，认定为骗取票据承兑罪。但对买卖承兑汇票的行为能否认定为犯罪，分歧较大。我处专门就此向高检院公诉厅作了报告。公诉厅认为，买卖承兑汇票是票据中介行为，不是贴现，不属于《刑法修正案（七）》规定的"资金支付结算业务"，不能以非法经营罪定罪处罚。

故司法实践中，在没有新的、明确的司法解释或相关规定出台前，对买卖承兑汇票行为不宜认定为非法经营罪。对于在买卖承兑汇票过程中，实施伪造公司、企业印章、虚开增值税专用发票或伪造增值税专用发票等手段行为构成犯罪的，可依照手段行为定罪处罚。

第二百二十六条【强迫交易罪】 以暴力、威胁手段，实施下列行为之一，情节严重的，处三年以下有期徒刑或者拘役，并处或者单处罚金；情节特别严重的，处三年以上七年以下有期徒刑，并处罚金：

（一）强买强卖商品的；

（二）强迫他人提供或者接受服务的；

（三）强迫他人参与或者退出投标、拍卖的；

（四）强迫他人转让或者收购公司、企业的股份、债券或者其他资产的；

（五）强迫他人参与或者退出特定的经营活动的。【2011 年 5 月 1 日刑法修正案（八）】

【1997 年刑法】以暴力、威胁手段强买强卖商品、强迫他人提供服务或者强迫他人接受服务，情节严重的，处三年以下有期徒刑或者拘役，并处或者单处罚金。

（相关解释）**1.最高人民检察院、公安部《关于公安机关管辖的刑事案件立案追诉标准的规定（一）的补充规定》** 公通字〔2017〕12号

五、将《立案追诉标准（一）》第二十八条修改为：【强迫交易案（《刑法》第二百二十六条）】以暴力、威胁手段强买强卖商品，强迫他人提供服务或者接受服务，涉嫌下列情形之一的，应予立案追诉：

（一）造成被害人轻微伤的；

（二）造成直接经济损失二千元以上的；

（三）强迫交易三次以上或者强迫三人以上交易的；

（四）强迫交易数额一万元以上，或者违法所得数额二千元以上的；

（五）强迫他人购买伪劣商品数额五千元以上，或者违法所得数额一千元以上的；

（六）其他情节严重的情形。

以暴力、威胁手段强迫他人参与或者退出投标、拍卖，强迫他人转让或者收购公司、企业的股份、债券或者其他资产，强迫他人参与或者退出特定的经营活动，具有多次实施、手段恶劣、造成严重后果或者恶劣社会影响等情形之一的，应予立案追诉。

2.最高人民法院《关于审理抢劫、抢夺刑事案件适用法律若干问题的意见》 法发〔2005〕8号

2.以暴力、胁迫手段索取超出正常交易价钱、费用的钱财的行为定性

从事正常商品买卖、交易或者劳动服务的人，以暴力、胁迫手段迫使他人交出与合理价钱、费用相差不大钱物，情节严重的，以强迫交易罪定罪处罚；以非法占有为目的，以买卖、交易、服务为幌子采用暴力、胁迫手段迫使他人交出与合理价钱、费用相差悬殊的钱物的，以抢劫罪定罪处刑。在具体认定时，既要考虑超出合理价钱、费用的绝对数额，还要考虑超出合理价钱、费用的比例，加以综合判断。

3.最高人民检察院《关于强迫借贷行为适用法律问题的批复》高检发释字〔2014〕1号

以暴力、胁迫手段强迫他人借贷，属于《刑法》第二百二十六条第二项规定的"强迫他人提供或者接受服务"，情节严重的，以强迫交易罪追究刑事责任；同时构成故意伤害罪等其他犯罪的，依照处罚较重的规定定罪处罚。以非法占有为目的，以借贷为名采用暴力、胁迫手段获取他人财物，符合《刑法》第二百六十三条或者第二百七十四条规定的，以抢劫罪或者敲诈勒索罪追究刑事责任。

4.最高人民法院、最高人民检察院、公安部、司法部《关于办理黑恶势力犯罪案件若干问题的指导意见》法发〔2018〕1号（见第二百九十四条）

（注：最高人民法院、最高人民检察院、公安部、司法部《关于适用〈中华人民共和国刑法修正案（十一）〉有关问题的通知》法发〔2021〕16号规定：《刑法修正案（十一）》生效后，与《刑法修正案（十一）》不一致的内容，不再适用；与《刑法修正案（十一）》不相冲突的内容，在新的司法解释颁行前，继续有效）（具体见第一百一十五条）

四、依法惩处利用"软暴力"实施的犯罪

17.黑恶势力为谋取不法利益或形成非法影响，有组织地采用滋扰、纠缠、哄闹、聚众造势等手段侵犯人身权利、财产权利，破坏经济秩序、社会秩序，构成犯罪的，应当分别依照《刑法》相关规定处理：

（1）有组织地采用滋扰、纠缠、哄闹、聚众造势等手段扰乱正常的工作、生活秩序，使他人产生心理恐惧或者形成心理强制，分别属于《刑法》第293条第一款第（二）项规定的"恐吓"、《刑法》第226规定的"威胁"，同时符合其他犯罪构成条件的，应分别以寻衅滋事罪、强迫交易罪定罪处罚。

《关于办理寻衅滋事刑事案件适用法律若干问题的解释》第2条至第4条中的"多次"一般应当理解为2年内实施寻衅滋事行为3次以上。2年内多次实施不同种类寻衅滋事行为的，应当追究刑事责任。

（2）以非法占有为目的强行索取公私财物，有组织地采用滋扰、纠缠、哄闹、聚众造势等手段扰乱正常的工作、生活秩序，同时符合《刑法》第274条规定的其他犯罪构成条件的，应当以敲诈勒索罪定罪处罚。同时由多人实施或者以统一着装、显露纹身、特殊标识以及其他明示或者暗示方式，足以使对方感知相关行为的有组织性的，应当认定为《关于办理敲诈勒索刑事案件适用法律若干问题的解释》第2条第（五）项规定的"以黑恶势力名义敲诈勒索"。

采用上述手段，同时又构成其他犯罪的，应当依法按照处罚较重的规定定罪处罚。

雇佣、指使他人有组织地采用上述手段强迫交易、敲诈勒索，构成强迫交易罪、敲诈勒索罪的，对雇佣者、指使者，一般应当以共同犯罪中的主犯论处。为强索不受法律保护的债务或者因其他非法目的，雇佣、指使他人有组织地采用上述手段寻衅滋事，构成寻衅滋事罪的，对雇佣者、指使者，一般应当以共同犯罪中的主犯论处；为追讨合法债务或者因婚恋、家庭、邻里纠纷等民间矛盾而雇佣、指使，没有造成严重后果的，一般不作为犯

罪处理，但经有关部门批评制止或者处理处罚后仍继续实施的除外。

5.最高人民法院、最高人民检察院、公安部、司法部《关于办理实施"软暴力"的刑事案件若干问题的意见》（2019年4月9日）（见第二百九十四条）

五、采用"软暴力"手段，使他人产生心理恐惧或者形成心理强制，分别属于《刑法》第二百二十六条规定的"威胁"、《刑法》第二百九十三条第一款第（二）项规定的"恐吓"，同时符合其他犯罪构成要件的，应当分别以强迫交易罪、寻衅滋事罪定罪处罚。

6.最高人民法院、最高人民检察院、公安部、司法部《关于办理利用信息网络实施黑恶势力犯罪刑事案件若干问题的意见》（2019年7月23日）（见第二百九十四条）

5.利用信息网络威胁他人，强迫交易，情节严重的，依照《刑法》第二百二十六条的规定，以强迫交易罪定罪处罚。

8.侦办利用信息网络实施的强迫交易、敲诈勒索等非法敛财类案件，确因被害人人数众多等客观条件的限制，无法逐一收集被害人陈述的，可以结合已收集的被害人陈述，以及经查证属实的银行账户交易记录、第三方支付结算账户交易记录、通话记录、电子数据等证据，综合认定被害人人数以及涉案资金数额等。

（附参考）**1.浙江省公安厅、浙江省高级人民法院、浙江省人民检察院《关于办理强迫交易案件适用法律有关问题的规定》**浙公发〔2001〕26号

根据《刑法》第二百二十六条规定，结合我省司法实践，对强迫交易情节认定问题作如下规定：

凡具有下列情形之一的，属于情节严重，应当依法追究刑事责任：

（一）实施强迫交易行为三次以上的；

（二）实施强迫交易行为致一人以上轻伤或者二人以上轻微伤的；

（三）实施强迫交易行为个人违法所得在二万元以上，或者强迫交易数额在五万元以上的；

（四）以强迫交易手段推销伪劣产品，造成恶劣的社会影响的；

（五）实施强迫交易行为造成其他严重后果的。

实施强迫交易行为致人重伤或者死亡的，应当按照故意伤害罪或故意杀人罪定罪处罚。

2.浙江省高级人民法院刑二庭《关于印发〈全省法院经济犯罪疑难问题研讨会纪要〉的通知》浙高法刑二〔2005〕1号

十三、抢劫罪与强迫交易罪的区分

区分抢劫罪与强迫交易罪的关键，不在于是否使用了暴力或威胁手段，也不在于主观目的是否为取得财物，而在于行为人与对方有无特定的交易存在，在于行为人的目的是否为达成交易，虽然这种交易可能是不平等的交易。判断某行为是否属市场交易行为，应从多方面进行综合分析，如侵犯他人财产权利的程度、商品或服务的提供者是否市场的经营主体、能否提供相对稳定的商品或服务，特别是前者。对强迫交易而言，行为人的主要目的是为了完成交易，一般情况下其侵犯财产的程度不会十分严重。至于侵犯财产要到何种程度才作为强迫交易行为与抢劫行为相区分的标准，很难做出一个具体的量化规定，司法实践中应结合案件的具体情况、生活经验以及社会认可的一般观念等因素进行综合判定。一般认为，行为人采用暴力、胁迫手段迫使他人交出与合理价钱、费用相差悬殊的钱物的即可认定，认定合理范围，既要考虑绝对数，还要考虑一定的比例。

3.浙江省高级人民法院《关于部分罪名定罪量刑情节及数额标准的意见》浙高法〔2012〕325号

60.《刑法》的二百二十六条 【强迫交易罪】

具有下列情形之一的，属于"情节严重"，处三年以下有期徒刑或者拘役，并处或者单处罚金：

（1）造成人员轻伤，或者轻微伤二人以上的；

（2）造成直接经济损失二千元以上不满一万元的；

（3）强迫交易三次以上不满十次，或者强迫三人以上不满十人交易的；

（4）强迫交易数额在一万元以上不满十万元，或者违法所得数额在二千元以上不满二万元的；

（5）强迫他人购买伪劣商品，数额在五千元以上不满五万元，或者违法所得数额在一千元以上不满一万元的；

（6）情节严重的其他情形。

具有下列情形之一的，属于"情节特别严重"，处三年以上七年以下有期徒刑，并处罚金：

（1）造成直接经济损失一万元以上的；

（2）强迫交易十次以上，或者强迫十人以上交易的；

（3）强迫交易数额在十万元以上，或者违法所得数额在二万元以上的；

（4）强迫他人购买伪劣商品，数额在五万元以上，或者违法所得数额在一万元以上的；

（5）情节特别严重的其他情形。

第二百二十七条【伪造、倒卖伪造的有价票证罪】 伪造或者倒卖伪造的车票、船票、邮票或者其他有价票证，数额较大的，处二年以下有期徒刑、拘役或者管制，并处或者单处票证价额一倍以上五倍以下罚金；数额巨大的，处二年以上七年以下有期徒刑，并处票证价额一倍以上五倍以下罚金。

【倒卖车票、船票罪】 倒卖车票、船票，情节严重的，处三年以下有期徒刑、拘役或者管制，并处或者单处票证价额一倍以上五倍以下罚金。

（相关解释）**1. 最高人民法院《关于审理倒卖车票刑事案件有关问题的解释》** 法释〔1999〕17号

第一条 高价、变相加价倒卖车票或者倒卖坐席、卧铺签字号及订购车票凭证，票面数额在五千元以上，或者非法获利数额在二千元以上的，构成《刑法》第二百二十七条第二款规定的"倒卖车票情节严重"。

第二条 对于铁路职工倒卖车票或者与其他人员勾结倒卖车票；组织倒卖车票的首要分子；曾因倒卖车票受过治安处罚两次以上或者被劳动教养一次以上，两年内又倒卖车票，构成倒卖车票罪的，依法从重处罚。

2. 最高人民检察院、公安部《关于公安机关管辖的刑事案件立案追诉标准的规定(一)》 公通字〔2008〕36号

第二十九条 【伪造、倒卖伪造的有价票证案（《刑法》第二百二十七条第一款）】伪造或者倒卖伪造的车票、船票、邮票或者其他有价票据，涉嫌下列情形之一的，应予立案追诉：（1）车票、船票票面数额累计二千元以上，或者数量累计五十张以上的；（2）邮票票面数额累计五千元以上，或者数量累计一千枚以上的；（3）其他有价票证价额累计五千元以上，或者数量累计一百张以上的；（4）非法获利累计一千元以上的；（5）其他数额较大的情形。

第三十条 【倒卖车票、船票案（《刑法》第二百二十七条第二款）】倒卖车票、船票或者倒卖车票坐席、卧铺签字号以及订购车票、船票凭证，涉嫌下列情形之一的，应予立案追诉：（1）票面数额累计五千元以上的；（2）非法获利累计二千元以上的；（3）其他情节严重的情形。

3. 最高人民法院《关于对变造、倒卖变造邮票行为如何适用法律问题的解释》 法释〔2000〕14号

对变造或者倒卖变造的邮票数额较大的，应当依照《刑法》第二百二十七条第一款的规定定罪处罚。

4. 最高人民检察院《关于非法制作、出售、使用IC电话卡行为如何适用法律问题的答复》 高检研发〔2003〕10号

非法制作或者出售非法制作的IC电话卡，数额较大的，应当依照《刑法》第二百二十七条第一款的规定，以伪造、倒卖伪造的有价票证罪追究刑事责任，犯罪数额可以根据销售数额认定；明知是非法制作的IC电话卡而使用或者购买并使用，造成电信资费损失数额较大的，应当依照《刑法》第二百六十四条的规定，以盗窃罪追究刑事责任。

（附参考）**1. 浙江省高级人民法院刑事审判庭《关于执行刑法若干问题具体意见》** 浙法刑〔1999〕1号

伪造、倒卖伪造的有价票证罪，以非法经营额一千元或非法获利五百元为"数额较大"的起点；以非法经营额一万元或非法获利五千元为"数额巨大"的起点。

倒卖车票、船票罪，非法经营额在二千元以上或者非法获利数额在一千元以上的，属于倒卖车票、船票"情节严重"的情形之一。

2. 浙江省高级人民法院《关于部分罪名定罪量刑情节及数额标准的意见》 浙高法〔2012〕325号

61.《刑法》第二百二十七条第一款 【伪造、倒卖伪造的有价票证罪】

具有下列情形之一的，属于"数额较大"，处二年以下有期徒刑、拘役或者管制，并处或者单处票证价额一倍以上五倍以下罚金：

（1）车票、船票票面数额累计二千元以上不满一万元，或者数量累计五十张以上不满二百五十张的；

（2）邮票票面数额累计五千元以上不满二万五千元，或者数量累计一千枚以上不满五千枚的；

（3）其他有价票证价额累计五千元以上不满二万五千元，或者数量累计一百张以上不满五百张的；

（4）非法获利累计一千元以上不满五千元的；

（5）数额较大的其他情形。

具有下列情形之一的，属于"数额巨大"，处二年以上七年以下有期徒刑，并处票证价额一倍以上五倍以下罚金：

（1）车票、船票票面数额累计一万元以上，或者数量累计二百五十张以上的；

（2）邮票票面数额累计二万五千元以上，或者数量累计五千枚以上的；

（3）其他有价票证价额累计二万五千元以上，或者数量累计五百张以上的；

（4）非法获利累计五千元以上的；

（5）数额巨大的其他情形。

第二百二十八条【非法转让、倒卖土地使用权罪】 以牟利为目的，违反土地管理法规，非法转让、倒卖土地使用权，情节严重的，处三年以下有期徒刑或者拘役，并处或者单处非法转让、倒卖土地使用权价额百分之五以上百分之二十以下罚金；情节特别严重的，处三年以上七年以下有期徒刑，并处非法转让、倒卖土地使用权价额百分之五以上百分之二十以下罚金。

（相关解释）**1.最高人民法院《关于审理破坏土地资源刑事案件具体应用法律若干问题的解释》**法释〔2000〕14号

第一条 以牟利为目的，违反土地管理法规，非法转让、倒卖土地使用权，具有下列情形之一的，属于非法转让、倒卖土地使用权"情节严重"，依照《刑法》第二百二十八条的规定，以非法转让、倒卖土地使用权罪定罪处罚：

（一）非法转让、倒卖基本农田五亩以上的；

（二）非法转让、倒卖基本农田以外的耕地十亩以上的；

（三）非法转让、倒卖其他土地二十亩以上的；

（四）非法获利五十万元以上的；

（五）非法转让、倒卖土地接近上述数量标准并具有其他恶劣情节的，如曾因非法转让、倒卖土地使用权受过行政处罚或者造成严重后果等。

第二条 实施第一条规定的行为，具有下列情形之一的，属于非法转让、倒卖土地使用权"情节特别严重"：

（一）非法转让、倒卖基本农田十亩以上的；

（二）非法转让、倒卖基本农田以外的耕地二十亩以上的；

（三）非法转让、倒卖其他土地四十亩以上的；

（四）非法获利一百万元以上的；

（五）非法转让、倒卖土地接近上述数量标准并具有其他恶劣情节，如造成严重后果等。

第八条 单位犯非法转让、倒卖土地使用权罪、非法占有耕地罪的定罪量刑标准，依照本解释第一条、第二条、第三条的规定执行。

第九条 多次实施本解释规定的行为依法应当追诉的，或者一年内多次实施本解释规定的行为未经处理的，按照累计的数量、数额处罚。

2.最高人民检察院、公安部《关于公安机关管辖的刑事案件立案追诉标准的规定（二）》（2022年4月6日）（附则见第一百二十条之一）

第七十二条 **【非法转让、倒卖土地使用权案（《刑法》第二百二十八条）】**以牟利为目的，违反土地管理法规，非法转让、倒卖土地使用权，涉嫌下列情形之一的，应予立案追诉：

（一）非法转让、倒卖永久基本农田五亩以上的；

（二）非法转让、倒卖永久基本农田以外的耕地十亩以上的；

（三）非法转让、倒卖其他土地二十亩以上的；

（四）违法所得数额在五十万元以上的；

（五）虽未达到上述数额标准，但因非法转让、倒卖土地使用权受过行政处罚，又非法转让、倒卖土地的；

（六）其他情节严重的情形。

3.《全国人大常委会关于〈中华人民共和国刑法〉第二百二十八条、第三百四十二条、第四百一十条的解释》2001年8月31日实施（根据2009年8月27日《全国人大常委会关于修

改部分法律的决定》修改）

全国人民代表大会常务委员会讨论了《刑法》第二百二十八条、第三百四十二条、第四百一十条规定的"违反土地管理法规"和第四百一十条规定的"非法批准征收、征用、占用土地"的含义问题，解释如下：

《刑法》第二百二十八条、第三百四十二条、第四百一十条规定的"违反土地管理法规"，是指违反土地管理法、森林法、草原法等法律以及有关行政法规中关于土地管理的规定。

《刑法》第四百一十条规定的"非法批准征收、征用、占用土地"，是指非法批准征收、征用、占用耕地、林地等农用地以及其他土地。

4.《全国人大常委会关于修改部分法律的决定》主席令第18号

（一）将下列法律和法律解释中的"征用"修改为"征收、征用"

12.《中华人民共和国刑法》第三百八十一条、第四百一十条

13.全国人民代表大会常务委员会关于《中华人民共和国刑法》第九十三条第二款的解释

14.全国人民代表大会常务委员会关于《中华人民共和国刑法》第二百二十八条、第三百四十二条、第四百一十条的解释

第二百二十九条【提供虚假证明文件罪】 承担资产评估、验资、验证、会计、审计、法律服务、保荐、安全评价、环境影响评价、环境监测等职责的中介组织的人员故意提供虚假证明文件，情节严重的，处五年以下有期徒刑或者拘役，并处罚金；有下列情形之一的，处五年以上十年以下有期徒刑，并处罚金：

（一）提供与证券发行相关的虚假的资产评估、会计、审计、法律服务、保荐等证明文件，情节特别严重的；

（二）提供与重大资产交易相关的虚假的资产评估、会计、审计等证明文件，情节特别严重的；

（三）在涉及公共安全的重大工程、项目中提供虚假的安全评价、环境影响评价等证明文件，致使公共财产、国家和人民利益遭受特别重大损失的。

有前款行为，同时索取他人财物或者非法收受他人财物构成犯罪的，依照处罚较重的规定定罪处罚。

【出具证明文件重大失实罪】 第一款规定的人员，严重不负责任，出具的证明文件有重大失实，造成严重后果的，处三年以下有期徒刑或者拘役，并处或者单处罚金。【2021年3月1日刑法修正案（十一）】

【1997年刑法】承担资产评估、验资、验证、会计、审计、法律服务等职责的中介组织的人员故意提供虚假证明文件，情节严重的，处五年以下有期徒刑或者拘役，并处罚金。

前款规定的人员，索取他人财物或者非法收受他人财物，犯前款罪的，处五年以上十年以下有期徒刑，并处罚金。

第一款规定的人员，严重不负责任，出具的证明文件有重大失实，造成严重后果的，处三年以下有期徒刑或者拘役，并处或者单处罚金。

（相关解释）**1.最高人民检察院、公安部《关于公安机关管辖的刑事案件立案追诉标准的规定（二）》**（2022年4月6日）（附则见第一百二十条之一）

第七十三条 【提供虚假证明文件案（《刑法》第二百二十九条第一款）】承担资产

评估、验资、验证、会计、审计、法律服务、保荐、安全评价、环境影响评价、环境监测等职责的中介组织的人员故意提供虚假证明文件，涉嫌下列情形之一的，应予立案追诉：

（一）给国家、公众或者其他投资者造成直接经济损失数额在五十万元以上的；

（二）违法所得数额在十万元以上的；

（三）虚假证明文件虚构数额在一百万元以上且占实际数额百分之三十以上的；

（四）虽未达到上述数额标准，但二年内因提供虚假证明文件受过二次以上行政处罚，又提供虚假证明文件的；

（五）其他情节严重的情形。

第七十四条 【出具证明文件重大失实案（《刑法》第二百二十九条第三款）】承担资产评估、验资、验证、会计、审计、法律服务、保荐、安全评价、环境影响评价、环境监测等职责的中介组织的人员严重不负责任，出具的证明文件有重大失实，涉嫌下列情形之一的，应予立案追诉：

（一）给国家、公众或者其他投资者造成直接经济损失数额在一百万元以上的；

（二）其他造成严重后果的情形。

2. 最高人民法院、最高人民检察院《关于办理妨害信用卡管理刑事案件具体应用法律若干问题的解释》法释〔2009〕19号（具体见第一百九十六条）

承担资产评估、验资、验证、会计、审计、法律服务等职责的中介组织或其人员，为信用卡申请人提供虚假的财产状况、收入、职务等资信证明材料，应当追究刑事责任的，依照《刑法》第二百二十九条的规定，分别以提供虚假证明文件罪和出具证明文件重大失实罪定罪处罚。

3. 最高人民检察院《关于地质工程勘测院和其他履行勘测职责的单位及其工作人员能否成为〈刑法〉第二百二十九条规定的有关犯罪主体的批复》2015年10月27日

重庆市人民检察院：

你院渝检（研）〔2015〕8号《关于地质工程勘测院能否成为《刑法》第二百二十九条的有关犯罪主体的请示》收悉。经研究，批复如下：

地质工程勘测院和其他履行勘测职责的单位及其工作人员在履行勘察、勘查、测绘职责过程中，故意提供虚假工程地质勘察报告等证明文件，情节严重的，依照《刑法》第二百二十九条第一款和第二百三十一条的规定，以提供虚假证明文件罪追究刑事责任；地质工程勘测院和其他履行勘测职责的单位及其工作人员在履行勘察、勘查、测绘职责过程中，严重不负责任，出具的工程地质勘察报告等证明文件有重大失实，造成严重后果的，依照《刑法》第二百二十九条第三款和第二百三十一条的规定，以出具证明文件重大失实罪追究刑事责任。

4. 最高人民法院、最高人民检察院《关于办理环境污染刑事案件适用法律若干问题的解释》法释〔2016〕29号（见第三百三十八条）

第九条 环境影响评价机构或其人员，故意提供虚假环境影响评价文件，情节严重的，或者严重不负责任，出具的环境影响评价文件存在重大失实，造成严重后果的，应当依照《刑法》第二百二十九条、第二百三十一条的规定，以提供虚假证明文件罪或者出具证明文件重大失实罪定罪处罚。

5. 最高人民法院、最高人民检察院《关于办理药品、医疗器械注册申请材料造假刑事案件适用法律若干问题的解释》法释〔2017〕15号（已废止）

6.最高人民法院、最高人民检察院《关于办理危害生产安全刑事案件适用法律若干问题的解释（二）》法释〔2022〕19号（2022年12月19日）（具体见第一百三十四条）

第六条 承担安全评价职责的中介组织的人员提供的证明文件有下列情形之一的，属于《刑法》第二百二十九条第一款规定的"虚假证明文件"：

（一）故意伪造的；

（二）在周边环境、主要建（构）筑物、工艺、装置、设备设施等重要内容上弄虚作假，导致与评价期间实际情况不符，影响评价结论的；

（三）隐瞒生产经营单位重大事故隐患及整改落实情况、主要灾害等级等情况，影响评价结论的；

（四）伪造、篡改生产经营单位相关信息、数据、技术报告或者结论等内容，影响评价结论的；

（五）故意采用存疑的第三方证明材料、监测检验报告，影响评价结论的；

（六）有其他弄虚作假行为，影响评价结论的情形。

生产经营单位提供虚假材料、影响评价结论，承担安全评价职责的中介组织的人员对评价结论与实际情况不符无主观故意的，不属于《刑法》第二百二十九条第一款规定的"故意提供虚假证明文件"。

有本条第二款情形，承担安全评价职责的中介组织的人员严重不负责任，导致出具的证明文件有重大失实，造成严重后果的，依照《刑法》第二百二十九条第三款的规定追究刑事责任。

第七条 承担安全评价职责的中介组织的人员故意提供虚假证明文件，有下列情形之一的，属于《刑法》第二百二十九条第一款规定的"情节严重"：

（一）造成死亡一人以上或者重伤三人以上安全事故的；

（二）造成直接经济损失五十万元以上安全事故的；

（三）违法所得数额十万元以上的；

（四）两年内因故意提供虚假证明文件受过两次以上行政处罚，又故意提供虚假证明文件的；

（五）其他情节严重的情形。

在涉及公共安全的重大工程、项目中提供虚假的安全评价文件，有下列情形之一的，属于《刑法》第二百二十九条第一款第三项规定的"致使公共财产、国家和人民利益遭受特别重大损失"：

（一）造成死亡三人以上或者重伤十人以上安全事故的；

（二）造成直接经济损失五百万元以上安全事故的；

（三）其他致使公共财产、国家和人民利益遭受特别重大损失的情形。

承担安全评价职责的中介组织的人员有《刑法》第二百二十九条第一款行为，在裁量刑罚时，应当考虑其行为手段、主观过错程度、对安全事故的发生所起作用大小及其获利情况、一贯表现等因素，综合评估社会危害性，依法裁量刑罚，确保罪责刑相适应。

第八条 承担安全评价职责的中介组织的人员，严重不负责任，出具的证明文件有重大失实，有下列情形之一的，属于《刑法》第二百二十九条第三款规定的"造成严重后果"：

（一）造成死亡一人以上或者重伤三人以上安全事故的；

（二）造成直接经济损失一百万元以上安全事故的；

（三）其他造成严重后果的情形。

第九条　承担安全评价职责的中介组织犯《刑法》第二百二十九条规定之罪的，对该中介组织判处罚金，并对其直接负责的主管人员和其他直接责任人员，依照本解释第七条、第八条的规定处罚。

第二百三十条【逃避商检罪】　违反进出口商品检验法的规定，逃避商品检验，将必须经商检机构检验的进口商品未报经检验而擅自销售、使用，或者将必须经商检机构检验的出口商品未报经检验合格而擅自出口，情节严重的，处三年以下有期徒刑或者拘役，并处或者单处罚金。

（相关解释）**最高人民检察院、公安部《关于公安机关管辖的刑事案件立案追诉标准的规定（二）》**（2022 年 4 月 6 日）（附则见第一百二十条之一）

第七十五条　【逃避商检案（《刑法》第二百三十条）】违反进出口商品检验法的规定，逃避商品检验，将必须经商检机构检验的进口商品未报经检验而擅自销售、使用，或者将必须经商检机构检验的出口商品未报经检验合格而擅自出口，涉嫌下列情形之一的，应予立案追诉：

（一）给国家、单位或者个人造成直接经济损失数额在五十万元以上的；

（二）逃避商检的进出口货物货值金额在三百万元以上的；

（三）导致病疫流行、灾害事故的；

（四）多次逃避商检的；

（五）引起国际经济贸易纠纷，严重影响国家对外贸易关系，或者严重损害国家声誉的；

（六）其他情节严重的情形。

第二百三十一条　单位犯本节第二百二十一条至第二百三十条规定之罪的，对单位判处罚金，并对其直接负责的主管人员和其他直接责任人员，依照本节各该条的规定处罚。

（相关解释）**最高人民法院、最高人民检察院《关于办理环境污染刑事案件适用法律若干问题的解释》**法释〔2016〕29 号（见第三百三十八条）

第九条　环境影响评价机构或其人员，故意提供虚假环境影响评价文件，情节严重的，或者严重不负责任，出具的环境影响评价文件存在重大失实，造成严重后果的，应当依照《刑法》第二百二十九条、第二百三十一条的规定，以提供虚假证明文件罪或者出具证明文件重大失实罪定罪处罚。

第四章　侵犯公民人身权利、民主权利罪

本章刑法罪名共四十三个，分别为：故意杀人罪（第 232 条），过失致人死亡罪（第 233 条），故意伤害罪（第 234 条），组织出卖人体器官罪（第 234 条之一），过失致人重伤罪（第 235 条），强奸罪（第 236 条），负有照护职责人员性侵罪（第 236 条之一），强制猥亵、侮辱罪（第 237 条第 1 款、第 2 款），猥亵儿童罪（第 237 条第 3 款），非法拘禁罪（第 238 条），绑架罪（第 239 条），拐卖妇女、儿童罪（第 240 条），收买被拐卖的妇女、儿童罪（第 241 条），聚众阻碍解救被收买的妇女、儿童罪（第 242 条第 2 款），诬告陷害罪（第 243

条），强迫劳动罪（第 244 条），雇用童工从事危重劳动罪（第 244 条之一），非法搜查罪（第 245 条），非法侵入住宅罪（第 245 条），侮辱罪（第 246 条），诽谤罪（第 246 条），刑讯逼供罪（第 247 条），暴力取证罪（第 247 条），虐待被监管人罪（第 248 条），煽动民族仇恨、民族歧视罪（第 249 条），出版歧视、侮辱少数民族作品罪（第 250 条），非法剥夺公民宗教信仰自由罪（第 251 条），侵犯少数民族风俗习惯罪（第 251 条），侵犯通信自由罪（第 252 条），私自开拆、隐匿、毁弃邮件、电报罪（第 253 条），侵犯公民个人信息罪（第 253 条之一），报复陷害罪（第 254 条），打击报复会计、统计人员罪（第 255 条），破坏选举罪（第 256 条），暴力干涉婚姻自由罪（第 257 条），重婚罪（第 258 条），破坏军婚罪（第 259 条），虐待罪（第 260 条），虐待被监护、看护人罪（第 260 条之一），遗弃罪（第 261 条），拐骗儿童罪（第 262 条），组织残疾人、儿童乞讨罪（第 262 条之一），组织未成年人进行违反治安管理活动罪（第 262 条之二）。

第二百三十二条【故意杀人罪】 故意杀人的，处死刑、无期徒刑或者十年以上有期徒刑；情节较轻的，处三年以上十年以下有期徒刑。

（相关解释）**1.最高人民法院《全国法院维护农村稳定刑事审判工作座谈会纪要》**法〔1999〕217 号

（一）关于故意杀人、故意伤害案件

要准确把握故意杀人犯罪适用死刑的标准。对故意杀人犯罪是否判处死刑，不仅要看是否造成了被害人死亡结果，还要综合考虑案件的全部情况。对于因婚姻家庭、邻里纠纷等民间矛盾激化引发的故意杀人犯罪，适用死刑一定要十分慎重，应当与发生在社会上的严重危害社会治安的其他故意杀人犯罪案件有所区别。对于被害人一方有明显过错或对矛盾激化负有直接责任，或者被告人有法定从轻处罚情节的，一般不应判处死刑立即执行。

要注意严格区分故意杀人罪与故意伤害罪的界限。在直接故意杀人与间接故意杀人案件中，犯罪人的主观恶性程度是不同的，在处刑上也应有所区别。间接故意杀人与故意伤害致人死亡，虽然都造成了死亡后果，但行为人故意的性质和内容是截然不同的。不注意区分犯罪的性质和故意的内容，只要有死亡后果就判处死刑的做法是错误的，这在今后的工作中，应当予以纠正。对于故意伤害致人死亡，手段特别残忍，情节特别恶劣的，才可以判处死刑。

（三）关于农村恶势力犯罪案件

修订后的《刑法》将原"流氓罪"分解为若干罪名，分别规定了相应的刑罚，更有利于打击此类犯罪，也便于实践中操作。对实施多种原《刑法》规定的"流氓"行为，构成犯罪的，应按照修订后《刑法》的罪名分别定罪量刑，按数罪并罚原则处理。对于团伙成员相对固定，以暴力、威胁手段称霸一方，欺压百姓，采取收取"保护费"、代人强行收债、违规强行承包等手段，公然与政府对抗的，应按照黑社会性质组织犯罪处理；其中，又有故意杀人、故意伤害等犯罪行为的，按数罪并罚的规定处罚。

2.最高人民法院《关于抢劫过程中故意杀人案件如何定罪问题的批复》法释〔2001〕16 号

行为人为劫取财物而预谋故意杀人，或者在劫取财物过程中，为制服被害人反抗而故意杀人的，以抢劫罪定罪处罚。

行为人实施抢劫后，为灭口而故意杀人的，以抢劫罪和故意杀人罪定罪，实行数罪并罚。

3.最高人民法院《关于审理交通肇事刑事案件具体应用法律若干问题的解释》 法释〔2000〕33号

行为人在交通肇事后为逃避法律追究，将被害人带离事故现场后隐藏或者遗弃，致使被害人无法得到救助而死亡或者严重残疾的，应当分别依照《刑法》第二百三十二条、第二百三十四条第二款的规定，以故意杀人罪或者故意伤害罪定罪处罚。

4.最高人民法院《关于审理偷税抗税刑事案件具体应用法律若干问题的解释》 法释〔2002〕33号

实施抗税行为致人重伤、死亡，构成故意伤害罪、故意杀人罪的，分别依照《刑法》第二百三十四条第二款、第二百三十二条的规定定罪处罚。

5.最高人民法院、最高人民检察院《关于办理妨害预防、控制突发传染病疫情等灾害的刑事案件具体应用法律若干问题的解释》 法释〔2003〕8号

在预防、控制突发传染病疫情等灾害期间，聚众"打砸抢"，致人伤残、死亡的，依照《刑法》第二百八十九条、第二百三十四条、第二百三十二条的规定，以故意伤害罪或者故意杀人罪定罪，依法从重处罚。对毁坏或者抢走公私财物的首要分子，依照《刑法》第二百八十九条、第二百六十三条的规定，以抢劫罪定罪，依法从重处罚。

6.最高人民法院、最高人民检察院《关于办理组织和利用邪教组织犯罪案件具体应用法律若干问题的解释》 法释〔1999〕18号

组织和利用邪教组织制造、散布迷信邪说，指使、胁迫其成员或者其他人实施自杀、自伤行为的，分别依照《刑法》第二百三十二条、第二百三十四条的规定，以故意杀人罪或者故意伤害罪定罪处罚。

7.最高人民法院、最高人民检察院《关于办理组织和利用邪教组织犯罪案件具体应用法律若干问题的解释（二）》 法释〔2001〕19号

组织、策划、煽动、教唆、帮助邪教组织人员自杀、自残的，依照《刑法》第二百三十二条、第二百三十四条的规定，以故意杀人罪、故意伤害罪定罪处罚。

8.最高人民法院刑三庭《在审理故意杀人、伤害及黑社会性质组织犯罪案件中切实贯彻宽严相济刑事政策》 2010年4月14日

二、故意杀人、伤害案件审判中宽严相济的把握

1.注意区分两类不同性质的案件。故意杀人、故意伤害侵犯的是人的生命和身体健康，社会危害大，直接影响到人民群众的安全感，《意见》第七条将故意杀人、故意伤害致人死亡犯罪作为严惩的重点是十分必要的。但是，实践中的故意杀人、伤害案件复杂多样，处理时要注意分别案件的不同性质，做到区别对待。

实践中，故意杀人、伤害案件从性质上通常可分为两类：一类是严重危害社会治安、严重影响人民群众安全感的案件，如极端仇视国家和社会，以不特定人为行凶对象的；一类是因婚姻家庭、邻里纠纷等民间矛盾激化引发的案件。对于前者应当作为严惩的重点，依法判处被告人重刑直至判处死刑。对于后者处理时应注意体现从严的精神，在判处重刑尤其是适用死刑时应特别慎重，除犯罪情节特别恶劣、犯罪后果特别严重、人身危险性极大的被告人外，一般不应当判处死刑。对于被害人在起因上存在过错，或者是被告人案发后积极赔偿，真诚悔罪，取得被害人或其家属谅解的，应依法从宽处罚，对同时有法定从轻、减轻处罚情节的，应考虑在无期徒刑以下裁量刑罚。同时应重视此类案件中的附带民事调解工作，努力化解双方矛盾，实现积极的"案结事了"，增进社会和谐，达成法律效果与社会效果的有机统一。《意见》第二十三条是对此审判经验的总结。

此外，实践中一些致人死亡的犯罪是故意杀人还是故意伤害往往难以区分，在认定时除从作案工具、打击的部位、力度等方面进行判断外，也要注意考虑犯罪的起因等因素。对于民间纠纷引发的案件，如果难以区分是故意杀人还是故意伤害时，一般可考虑定故意伤害罪。

2.充分考虑各种犯罪情节。犯罪情节包括犯罪的动机、手段、对象、场所及造成的后果等，不同的犯罪情节反映不同的社会危害性。犯罪情节多属酌定量刑情节，法律往往未作明确的规定，但犯罪情节是适用刑罚的基础，是具体案件决定从严或从宽处罚的基本依据，需要在案件审理中进行仔细甄别，以准确判断犯罪的社会危害性。有的案件犯罪动机特别卑劣，比如为了铲除政治对手而雇凶杀人的，也有一些人犯罪是出于义愤，甚至是"大义灭亲""为民除害"的动机杀人。有的案件犯罪手段特别残忍，比如采取放火、泼硫酸等方法把人活活烧死的故意杀人行为。犯罪后果也可以分为一般、严重和特别严重几档。在实际中一般认为故意杀人、故意伤害一人死亡的为后果严重，致二人以上死亡的为犯罪后果特别严重。特定的犯罪对象和场所也反映社会危害性的不同，如针对妇女、儿童等弱势群体或在公共场所实施的杀人、伤害，就具有较大的社会危害性。以上犯罪动机卑劣，或者犯罪手段残忍，或者犯罪后果严重，或者针对妇女、儿童等弱势群体作案等情节恶劣的，又无其他法定或酌定从轻情节应当依法从重判处。如果犯罪情节一般，被告人真诚悔罪，或有立功、自首等法定从轻情节的，一般应考虑从宽处罚。

实践中，故意杀人、伤害案件的被告人既有法定或酌定的从宽情节，又有法定或酌定从严情节的情形比较常见，此时，就应当根据《意见》第二十八条，在全面考察犯罪的事实、性质、情节和对社会危害程度的基础上，结合被告人的主观恶性、人身危险性、社会治安状况等因素，综合作出分析判断。

3.充分考虑主观恶性和人身危险性。《意见》第十条、第十六条明确了被告人的主观恶性和人身危险性是从严和从宽的重要依据，在适用刑罚时必须充分考虑。主观恶性是被告人对自己行为及社会危害性所抱的心理态度，在一定程度上反映了被告人的改造可能性。一般来说，经过精心策划的、有长时间计划的杀人、伤害，显示被告人的主观恶性深；激情犯罪，临时起意的犯罪，因被害人的过错行为引发的犯罪，显示的主观恶性较小。对主观恶性深的被告人要从严惩处，主观恶性较小的被告人则可考虑适用较轻的刑罚。

人身危险性即再犯可能性，可从被告人有无前科、平时表现及悔罪情况等方面综合判断。人身危险性大的被告人，要依法从重处罚。如累犯中前罪系暴力犯罪，或者曾因暴力犯罪被判重刑后又犯故意杀人、故意伤害致人死亡的；平时横行乡里，寻衅滋事杀人、伤害致人死亡的，应依法从重判处。人身危险性小的被告人，应依法体现从宽精神。如被告人平时表现较好，激情犯罪，系初犯、偶犯的；被告人杀人或伤人后有抢救被害人行为的，在量刑时应该酌情予以从宽处罚。

未成年人及老年人的故意杀人、伤害犯罪与一般人犯罪相比，主观恶性和人身危险性等方面有一定特殊性，在处理时应当依据《意见》的第二十条、第二十一条考虑从宽。对犯故意杀人、伤害罪的未成年人，要坚持"教育为主，惩罚为辅"的原则和"教育、感化、挽救"的方针进行处罚。对于情节较轻、后果不重的伤害案件，可以依法适用缓刑，或者判处管制、单处罚金等非监禁刑。对于情节严重的未成年人，也应当从轻或减轻处罚。对于已满十四周岁不满十六周岁的未成年人，一般不判处无期徒刑。对于七十周岁以上的老年人犯故意杀人、伤害罪的，由于其已没有再犯罪的可能，在综合考虑其犯罪情节和主观恶性、人身危险性的基础上，一般也应酌情从宽处罚。

4.严格控制和慎重适用死刑。故意杀人和故意伤害犯罪在判处死刑的案件中所占比例最高，审判中要按照《意见》第二十九条的规定，准确理解和严格执行"保留死刑，严格控制和慎重适用死刑"的死刑政策，坚持统一的死刑适用标准，确保死刑只适用于极少数罪行极其严重的犯罪分子；坚持严格的证据标准，确保把每一起判处死刑的案件都办成铁案。对于罪行极其严重，但只要有法定、酌定从轻情节，依法可不立即执行的，就不应当判处死刑立即执行。

对于自首的故意杀人、故意伤害致人死亡的被告人，除犯罪情节特别恶劣，犯罪后果特别严重的，一般不应考虑判处死刑立即执行。对亲属送被告人归案或协助抓获被告人的，也应视为自首，原则上应当从宽处罚。对具有立功表现的故意杀人、故意伤害致死的被告人，一般也应当体现从宽，可考虑不判处死刑立即执行。但如果犯罪情节特别恶劣，犯罪后果特别严重的，即使有立功情节，也可以不予从轻处罚。

共同犯罪中，多名被告人共同致死一名被害人的，原则上只判处一人死刑。处理时，根据案件的事实和证据能分清主从犯的，都应当认定主从犯；有多名主犯的，应当在主犯中进一步区分出罪行最为严重者和较为严重者，不能以分不清主次为由，简单地一律判处死刑。

9.最高人民法院、最高人民检察院、公安部、司法部《关于依法惩治拐卖妇女儿童犯罪的意见》法发〔2010〕7号

拐卖妇女、儿童，又对被拐卖的妇女、儿童实施故意杀害、伤害、猥亵、侮辱等行为，构成其他犯罪的，依照数罪并罚的规定处罚。

10.最高人民法院、最高人民检察院、公安部、司法部《印发〈关于依法惩治性侵害未成年人犯罪的意见〉的通知》法发〔2013〕12号（全文见第二百三十六条）（已废止）

11.最高人民法院、最高人民检察院《关于办理强奸、猥亵未成年人刑事案件适用法律若干问题的解释》法释〔2023〕3号（2023年5月24日）（见第二百三十六条）

第十条　实施猥亵未成年人犯罪，造成被害人轻伤以上后果，同时符合《刑法》第二百三十四条或者第二百三十二条的规定，构成故意伤害罪、故意杀人罪的，依照处罚较重的规定定罪处罚。

12.最高人民法院、最高人民检察院《关于办理危害生产安全刑事案件适用法律若干问题的解释》法释〔2015〕22号（具体见《刑法》第一百三十四条）

第十条　在安全事故发生后，直接负责的主管人员和其他直接责任人员故意阻挠开展抢救，导致人员死亡或者重伤，或者为逃避法律追究，对被害人进行隐藏、遗弃，致使被害人因无法得到救助而死亡或者重度残疾的，分别依照《刑法》第二百三十二条、第二百三十四条的规定，以故意杀人罪或者故意伤害罪定罪处罚。

13.最高人民法院《关于依法妥善审理高空抛物、坠物案件的意见》法发〔2019〕25号（2019年10月21日）（见第一百一十四条）

（注：最高人民法院、最高人民检察院、公安部、司法部《关于适用〈中华人民共和国刑法修正案（十一）〉有关问题的通知》法发〔2021〕16号规定：《刑法修正案（十一）》生效后，与《刑法修正案（十一）》不一致的内容，不再适用；与《刑法修正案（十一）》不相冲突的内容，在新的司法解释颁行前，继续有效）（具体见第一百一十五条）

5.准确认定高空抛物犯罪。对于高空抛物行为，应当根据行为人的动机、抛物场所、抛掷物的情况以及造成的后果等因素，全面考量行为的社会危害程度，准确判断行为性质，正确适用罪名，准确裁量刑罚。

故意从高空抛弃物品，尚未造成严重后果，但足以危害公共安全的，依照《刑法》第一百一十四条规定的以危险方法危害公共安全罪定罪处罚；致人重伤、死亡或者使公私财产遭受重大损失的，依照《刑法》第一百一十五条第一款的规定处罚。为伤害、杀害特定人员实施上述行为的，依照故意伤害罪、故意杀人罪定罪处罚。

6.依法从重惩治高空抛物犯罪。具有下列情形之一的，应当从重处罚，一般不得适用缓刑：（1）多次实施的；（2）经劝阻仍继续实施的；（3）受过刑事处罚或者行政处罚后又实施的；（4）在人员密集场所实施的；（5）其他情节严重的情形。

7.准确认定高空坠物犯罪。过失导致物品从高空坠落，致人死亡、重伤，符合《刑法》第二百三十三条、第二百三十五条规定的，依照过失致人死亡罪、过失致人重伤罪定罪处罚。在生产、作业中违反有关安全管理规定，从高空坠落物品，发生重大伤亡事故或者造成其他严重后果的，依照《刑法》第一百三十四条第一款的规定，以重大责任事故罪定罪处罚。

14. 最高人民法院、最高人民检察院、公安部《关于办理涉窨井盖相关刑事案件的指导意见》 2020年3月16日（具体见第一百一十九条）

三、对于本意见第一条、第二条规定以外的其他场所的窨井盖，明知会造成人员伤亡后果而实施盗窃、破坏行为，致人受伤或者死亡的，依照《刑法》第二百三十四条、第二百三十二条的规定，分别以故意伤害罪、故意杀人罪定罪处罚。

过失致人重伤或者死亡的，依照《刑法》第二百三十五条、第二百三十三条的规定，分别以过失致人重伤罪、过失致人死亡罪定罪处罚。

十、对窨井盖负有管理职责的其他公司、企业、事业单位的工作人员，严重不负责任，导致人员坠井等事故，致人重伤或者死亡，符合《刑法》第二百三十五条、第二百三十三条规定的，分别以过失致人重伤罪、过失致人死亡罪定罪处罚。

15. 最高人民法院、最高人民检察院、公安部《关于依法办理"碰瓷"违法犯罪案件的指导意见》 公通字〔2020〕12号（2020年9月22日）（具体见《刑法》第二百六十六条）

七、为实施"碰瓷"而故意杀害、伤害他人或者过失致人重伤、死亡，符合《刑法》第二百三十二条、第二百三十四条、第二百三十三条、第二百三十五条规定的，分别以故意杀人罪、故意伤害罪、过失致人死亡罪、过失致人重伤罪定罪处罚。

（附参考）**1. 浙江省高级人民法院刑事审判庭《关于执行刑法若干问题的具体意见》** 浙高法刑〔1999〕1号

行为人在交通肇事后将因交通事故遭受重伤的被害人带离事故现场后隐藏遗弃，致使被害人因得不到及时救治而死亡的，应以故意杀人罪定罪处罚。

2. 浙江省高级人民法院刑事审判庭《关于执行刑法若干问题的具体意见（二）》 浙高法刑〔2000〕2号

13.对杀人取财行为按以下原则定罪处罚：

（1）以故意杀人的暴力手段当场劫取财物的，以抢劫罪定罪，依抢劫致人死亡的法定刑处罚；（2）为谋取被害人的钱财而先将被害人杀死，但不是当场劫取财物的，以故意杀人罪定罪处罚；（3）行为人在故意杀人后，临时起意占有死者财物的，应分别定故意杀人罪和盗窃罪实行数罪并罚；（4）行为人在实施抢劫以后，又杀人灭口的，应分别定抢劫罪和故意杀人罪实施数罪并罚。

3. 浙江省公安厅、浙江省高级人民法院、浙江省人民检察院《关于办理强迫交易案件

适用法律有关问题的规定》浙公发〔2001〕26号

实施强迫交易行为致人重伤或者死亡的，应当按照故意伤害罪或故意杀人罪定罪处罚。

第二百三十三条【过失致人死亡罪】 过失致人死亡的，处三年以上七年以下有期徒刑；情节较轻的，处三年以下有期徒刑。本法另有规定的，依照规定。

（相关解释）**最高人民法院《关于审理交通肇事刑事案件具体应用法律若干问题的解释》**法释〔2000〕33号

在公共交通管理的范围外，驾驶机动车辆或者使用其他交通工具致人伤亡或者致使公共财产或者他人财产遭受重大损失，构成犯罪的，分别依照《刑法》第一百三十四条、第一百三十五条、第二百三十三条等规定定罪处罚。

第二百三十四条【故意伤害罪】 故意伤害他人身体的，处三年以下有期徒刑、拘役或者管制。

犯前款罪，致人重伤的，处三年以上十年以下有期徒刑；致人死亡或者以特别残忍手段致人重伤造成严重残疾的，处十年以上有期徒刑、无期徒刑或者死刑。本法另有规定的，依照规定。

（相关解释主要同第二百三十二条部分）

1.最高人民法院《全国法院维护农村稳定刑事审判工作座谈会纪要》法〔1999〕217号

要准确把握故意伤害致人重伤造成"严重残疾"的标准。参照1996年国家技术监督局颁布的《职工工伤与职业病致残程度鉴定标准》（以下简称《工伤标准》），《刑法》第二百三十四条第二款规定的"严重残疾"是指下列情形之一：被害人身体器官大部缺损、器官明显畸形、身体器官有中等功能障碍、造成严重并发症等。残疾程序可以分为一般残疾（十至七级）、严重残疾（六至三级）、特别严重残疾（二至一级），六级以上视为"严重残疾"。在有关司法解释出台前，可统一参照《工伤标准》确定残疾等级。实践中，并不是只要达到"严重残疾"就判处死刑，还要根据伤害致人"严重残疾"的具体情况，综合考虑犯罪情节和危害后果来决定刑罚。故意伤害致重伤造成严重残疾，只有犯罪手段特别残忍，后果特别严重的，才能考虑适用死刑（包括死刑，缓期二年执行）。

2.最高人民法院、最高人民检察院、公安部《关于办理组织领导传销活动刑事案件适用法律若干问题的意见》公通字〔2013〕37号

六、关于罪名的适用问题

犯组织、领导传销活动罪，并实施故意伤害、非法拘禁、敲诈勒索、妨害公务、聚众扰乱社会秩序、聚众冲击国家机关、聚众扰乱公共场所秩序、交通秩序等行为，构成犯罪的，依照数罪并罚的规定处罚。

3.最高人民法院、最高人民检察院《关于办理组织、强迫、引诱、容留、介绍卖淫刑事案件适用法律若干问题的解释》法释〔2017〕13号（见第三百五十八条）

第十二条 明知自己患有艾滋病或者感染艾滋病病毒而卖淫、嫖娼的，依照《刑法》第三百六十条的规定，以传播性病罪定罪，从重处罚。

具有下列情形之一，致使他人感染艾滋病病毒的，认定为《刑法》第九十五条第三项"其他对于人身健康有重大伤害"所指的"重伤"，依照《刑法》第二百三十四条第二款的规定，以故意伤害罪定罪处罚：

（一）明知自己感染艾滋病病毒而卖淫、嫖娼的；

（二）明知自己感染艾滋病病毒，故意不采取防范措施而与他人发生性关系的。

4. 最高人民法院、最高人民检察院、公安部、司法部《关于依法惩治妨害新型冠状病毒感染肺炎疫情防控违法犯罪的意见》 法发〔2020〕7号（2020年2月6日）（具体见第一百一十五条）

（二）依法严惩暴力伤医犯罪。在疫情防控期间，故意伤害医务人员造成轻伤以上的严重后果，或者对医务人员实施撕扯防护装备、吐口水等行为，致使医务人员感染新型冠状病毒的，依照《刑法》第二百三十四条的规定，以故意伤害罪定罪处罚。

随意殴打医务人员，情节恶劣的，依照《刑法》第二百九十三条的规定，以寻衅滋事罪定罪处罚。

采取暴力或者其他方法公然侮辱、恐吓医务人员，符合《刑法》第二百四十六条、第二百九十三条规定的，以侮辱罪或者寻衅滋事罪定罪处罚。

以不准离开工作场所等方式非法限制医务人员人身自由，符合《刑法》第二百三十八条规定的，以非法拘禁罪定罪处罚。

5. 最高人民检察院、公安部《关于依法妥善办理轻伤害案件的指导意见》 高检发办字〔2022〕167号（2022年12月22日）

为全面贯彻习近平法治思想，践行以人民为中心的发展理念，落实宽严相济刑事政策，提升轻伤害案件办案质效，有效化解社会矛盾，促进社会和谐稳定，实现办案政治效果、法律效果和社会效果的统一，根据《中华人民共和国刑法》《中华人民共和国刑事诉讼法》等有关规定，制定本意见。

一、基本要求

（一）坚持严格依法办案。人民检察院、公安机关要严格遵循证据裁判原则，全面、细致收集、固定、审查、判断证据，在查清事实，厘清原委的基础上依法办理案件，要坚持"犯罪事实清楚，证据确实、充分"的证明标准，正确理解与适用法律，准确把握罪与非罪，此罪与彼罪的界限，慎重把握逮捕、起诉条件。

（二）注重矛盾化解，诉源治理。轻伤害案件常见多发，如果处理不当，容易埋下问题隐患或者激化矛盾。人民检察院、公安机关办理轻伤害案件，要依法用足用好认罪认罚从宽制度，刑事和解制度和司法救助制度，把化解矛盾、修复社会关系作为履职办案的重要任务。要充分借助当事人所在单位、社会组织、基层组织、调解组织等第三方力量，不断创新工作机制和方法，促进矛盾纠纷解决以及当事人和解协议的有效履行。

（三）落实宽严相济刑事政策。人民检察院、公安机关要以宽严相济刑事政策为指导，对因婚恋、家庭、亲友、邻里、同学、同事等民间矛盾纠纷或者偶发事件引发的轻伤害案件，结合个案具体情况把握好法理情的统一，依法少捕慎诉慎押；对主观恶性大、情节恶劣的轻伤害案件，应当依法从严处，当捕即捕、当诉则诉。

二、依法全面调查取证、审查案件

（四）坚持全面调查取证。公安机关应当注重加强现场调查走访，及时、全面、规范收集、固定证据，建立以物证、勘验笔录、检查笔录、视听资料等客观性较强的证据为核心的证据体系，避免过于依赖言词证据定案。对适用刑事和解和认罪认罚从宽的案件，也应当全面调查取证，查明事实。

（五）坚持全面审查案件。人民检察院应当注重对案发背景、案发起因、当事人的关系、案发时当事人的行为、伤害手段、部位、后果，当事人事后态度等方面进行全面审查，综合运用鉴定意见，有专门知识的人的意见等，准确认定事实，辨明是非曲直。

（六）对鉴定意见进行实质性审查。人民检察院、公安机关要注重审查检材与其他证据是否相互印证，文书形式、鉴定人资质、检验程序是否规范合法，鉴定依据、方法是否准确，损伤是否因既往伤病所致，是否及时就医，以及论证分析是否科学严谨，鉴定意见是否明确等。需要对鉴定意见等技术性证据材料进行专门审查的，可以按照有关规定送交检察、侦查技术人员或者其他有专门知识的人进行审查并出具审查意见。

对同一鉴定事项存在两份以上结论不同的鉴定意见或者当事人对鉴定结论有不同意见时，人民检察院，公安机关要注意对分歧点进行重点审查分析，听取当事人、鉴定人、有专门知识的人的意见，开展相关调查取证，综合全案证据决定是否采信。必要时，可以依法进行补充鉴定或者重新鉴定。

（七）准确区分罪与非罪。对被害人出现伤害后果的，人民检察院，公安机关判断犯罪嫌疑人是否构成故意伤害罪时，应当在全面审查案件事实，证据的基础上，根据双方的主观方面和客观行为准确认定，避免"唯结果论""谁受伤谁有理"，如果犯罪嫌疑人只是与被害人发生轻微推，拉扯的，或者为摆脱被害人拉扯或者控制而实施甩手、后退等应急、防御行为的，不宜认定为《刑法》意义上的故意伤害行为。

（八）准确区分寻衅滋事罪与故意伤害罪。对出现被害人轻伤后果的案件，人民检察院、公安机关要全面分析案件性质，查明案件发生起因、犯罪嫌疑人的动机、是否有涉黑涉恶或者其他严重情节等，依法准确定性，不能简单化办案，一概机械认定为故意伤害罪。犯罪嫌疑人无事生非，借故生非，随意殴打他人的，属于"寻衅滋事"，构成犯罪的，应当以寻衅滋事罪依法从严惩处。

（九）准确区分正当防卫与互殴型故意伤害。人民检察院、公安机关要坚持主客观相统一的原则，综合考察案发起因、对冲突升级是否有过错、是否使用或者准备使用凶器、是否采用明显不相当的暴力、是否纠集他人参与打斗等客观情节，准确判断犯罪嫌疑人的主观意图和行为性质。因琐事发生争执，双方均不能保持克制而引发打斗，对于过错的一方先动手且手段明显过激，或者一方先动手，在对方努力避免冲突的情况下仍继续侵害，还击一方造成对方伤害的，一般应当认定为正当防卫，故意挑拨对方实施不法侵害，借机伤害对方的，一般不认定为正当防卫。

（十）准确认定共同犯罪。二人以上对同一被害人共同故意实施伤害行为，无论是否能够证明伤害结果具体由哪一犯罪嫌疑人的行为造成的，均应当按照共同犯罪认定处理，并根据各犯罪嫌疑人在共同犯罪中的地位，作用、情节等追究刑事责任。

犯罪嫌疑人对被害人实施伤害时，对虽然在场但并无伤害故意和伤害行为的人员，不能认定为共同犯罪。

对虽然有一定参与但犯罪情节轻微，依照《刑法》规定不需要判处刑罚或者免除刑罚的，可以依法作出不起诉处理，对情节显著轻微，危害不大，不认为是犯罪的，应当撤销案件，或者作出不起诉处理。

三、积极促进矛盾化解

（十一）充分适用刑事和解制度。对于轻伤害案件，符合刑事和解条件的，人民检察院、公安机关可以建议当事人进行和解，并告知相应的权利义务，必要时可以提供法律咨询，积极促进当事人自愿和解。

当事人双方达成和解并已实际履行的，应当依法从宽处理。符合不起诉条件的，应当作出不起诉决定。被害人事后反悔要求追究犯罪嫌疑人刑事责任或者不同意对犯罪嫌疑人从宽处理的，人民检察院，公安机关应当调查了解原因，认为被害人理由正当的，应当依法保障被害人的合法权益；对和解系自愿、合法的，应当维持已作出的从宽处理决定。

人民检察院，公安机关开展刑事和解工作的相关证据和材料，应当随案移送。

（十二）充分适用认罪认罚从宽制度。人民检察院，公安机关应当向犯罪嫌疑人，被害人告知认罪认罚从宽制度，通过释明认罪认罚从宽制度的法律规定，鼓励犯罪嫌疑人认罪认罚、赔偿损失、赔礼道歉，促成当事人矛盾化解，并依法予以从宽处理。

（十三）积极开展国家司法救助。人民检察院、公安机关对于符合国家司法救助条件的被害人，应当及时开展国家司法救助，在解决被害人因该案遭受损伤而面临的生活急迫困难的同时，促进矛盾化解。

（十四）充分发挥矛盾纠纷多元化解工作机制作用。对符合刑事和解条件的，人民检察院、公安机关要充分利用检调、公调对接机制，依托调解组织，社会组织，基层组织、当事人所在单位及同事、亲友、律师等单位、个人，促进矛盾化解、纠纷解决。

（十五）注重通过不起诉释法说理修复社会关系。人民检察院宣布不起诉决定，一般应当在人民检察院的宣告室等场所进行。根据案件的具体情况，也可以到当事人所在村、社区、单位等场所宣布，并请社区、单位有关人员参加，宣布不起诉决定时，应当就案件事实、法律责任、不起诉依据、理由等释法说理。

对于犯罪嫌疑人系未成年人的刑事案件，应当以不公开方式

宣布不起诉决定，并结合案件具体情况对未成年犯罪嫌疑人予以训诫和教育。

四、规范落实少捕慎诉慎押刑事司法政策

（十六）依法准确把握逮捕标准，轻伤害案件中，犯罪嫌疑人具有认罪认罚，且没有其他犯罪嫌疑；与被害人已达成和解协议并履行赔偿义务；系未成年人或者在校学生，本人确有悔罪表现等情形，人民检察院，公安机关经审查认为犯罪嫌疑人不具有社会危险性的，公安机关可以不再提请批准逮捕，人民检察院可以作出不批捕的决定。

犯罪嫌疑人因其伤害行为致使当事人双方矛盾进一步激化，可能实施新的犯罪或者具有其他严重社会危险性情形的，人民检察院可以依法批准逮捕。

（十七）依法准确适用不起诉。对于犯罪事实清楚，证据确实、充分，犯罪嫌疑人具有本意见第十六条第一款规定情形之一，依照《刑法》规定不需要判处刑罚或者免除刑罚的，可以依法作出不起诉决定。

对犯罪嫌疑人自愿认罪认罚，愿意积极赔偿，并提供了担保，但因被害人赔偿请求明显不合理，未能达成和解谅解的，一般不影响对符合条件的犯罪嫌疑人依法作出不起诉决定。

（十八）落实不起诉后非刑罚责任。人民检察院决定不起诉的轻伤害案件，可以根据案件的不同情况，对被不起诉人予以训诫或者责令具结悔过、赔礼道歉、赔偿损失。被不起诉人在不起诉前已被刑事拘留、逮捕的，或者当事人双方已经和解并承担了民事赔偿责任的，人民检察院作出不起诉决定后，一般不再提出行政拘留的检察意见。

（十九）依法开展羁押必要性审查。对于已经批准逮捕的犯罪嫌疑人，如果犯罪嫌疑人认罪认罚，当事人达成刑事和解，没有继续羁押必要的，人民检察院应当依法释放、变更强制措施或者建议公安机关、人民法院释放、变更强制措施。

（二十）对情节恶劣的轻伤害案件依法从严处理。对于虽然属于轻伤害案件，但犯罪嫌疑人涉黑涉恶的，雇凶伤害他人的，在被采取强制措施或者刑罚执行期间伤害他人的，犯罪动机、手段恶劣的，伤害多人的，多次伤害他人的，伤害未成年人、老年人、孕妇、残疾人及医护人员等特定职业人员的，以及具有累犯等其他恶劣情节的，应当依

法从严惩处。

五、健全完善工作机制

（二十一）注重发挥侦查监督与协作配合机制的作用。办理轻伤害案件，人民检察院、公安机关要发挥侦查监督与协作配合办公室的作用，加强案件会商与协作配合，确保案件定性、法律适用准确；把矛盾化解贯穿侦查、起诉全过程，促进当事人达成刑事和解，协同落实少捕慎诉慎押刑事司法政策；共同开展类案总结分析，剖析案发原因，促进犯罪预防，同时要注意查找案件办理中存在的问题，强化监督制约，提高办案质量和效果。

对于不批捕、不起诉的犯罪嫌疑人，人民检察院、公安机关要加强协作配合，并与其所在单位，现居住地村（居）委会等进行沟通，共同做好风险防范工作。

（二十二）以公开听证促进案件公正处理。对于事实认定、法律适用、案件处理等方面存在较大争议，或者有重大社会影响，需要当面听取当事人和邻里，律师等其他相关人员意见的案件，人民检察院拟作出不起诉决定的，可以组织听证，把事理、情理、法理讲清说透，实现案结事了人和。对其他拟作不起诉的，也要坚持"应听尽听"。

办理审查逮捕、审查延长侦查羁押期限、羁押必要性审查案件的听证，按照《人民检察院羁押听证办法》相关规定执行。

六、附则

（二十三）本意见所称轻伤害案件，是指根据《中华人民共和国刑法》第二百三十四条第一款的规定，故意伤害他人身体，致人损伤程度达到《人体损伤程度鉴定标准》轻伤标准的案件。

（二十四）本意见自发布之日起施行。

6. 最高人民法院、最高人民检察院、公安部、司法部《关于依法严厉打击传播艾滋病病毒等违法犯罪行为的指导意见》公通字〔2019〕23号（2019年5月19日）

近期，个别地方发生假冒或者利用艾滋病病毒感染者或者病人身份、以谎称含有或者含有艾滋病病毒的血液为工具实施违法犯罪的案件。为依法严厉打击，有效震慑此类违法犯罪行为，维护社会治安，根据有关法律法规，制定本指导意见。

一、依法严厉打击

艾滋病是一种传染性强、死亡率高的传染病。极少数违法犯罪分子利用群众对艾滋病的恐惧心理，假冒或者利用艾滋病病毒感染者或者病人身份，以谎称含有或者含有艾滋病病毒的血液为工具，追逐、拦截、恐吓他人，实施敲诈勒索、寻衅滋事等违法犯罪；有的虚构事实、编造谣言，利用信息网络炫耀致人感染的情况，公然兜售声称含有艾滋病病毒的血液，或者传授致人感染艾滋病病毒的犯罪方法；有的明知是编造的虚假信息，在信息网络上散布，或者组织、指使人员在信息网络上散布，起哄闹事，造成社会公众恐慌，扰乱社会秩序；甚至有极个别艾滋病病毒感染者或者病人明知自己感染艾滋病病毒或者患有艾滋病，违法失德，自暴自弃，实施违法犯罪，对他人生命健康造成严重损害。此类违法犯罪性质恶劣、影响极坏，人民法院、人民检察院、公安机关、司法行政机关要从维护社会治安的大局出发，依法严厉惩治，切实维护人民群众的安全感和生命健康权。

二、准确认定行为性质

（一）故意伤害罪。明知自己感染艾滋病病毒或者患有艾滋病而卖淫、嫖娼或者故意不采取防范措施与他人发生性关系，致人感染艾滋病病毒的，依照《刑法》第二百三十四条第二款的规定，以故意伤害罪定罪处罚。

故意采取针刺等方法，致人感染艾滋病病毒的，依照《刑法》第二百三十四条第二款的规定，以故意伤害罪定罪处罚；未致人感染艾滋病病毒，但造成他人身体轻伤以上伤害的，依照《刑法》第二百三十四条的规定，以故意伤害罪定罪处罚。

明知他人感染艾滋病病毒或者患有艾滋病而隐瞒情况，介绍与其他人发生性关系，致人感染艾滋病病毒的，以故意伤害罪的共犯论处。

告知对方自己感染艾滋病病毒或者患有艾滋病，或者对方明知他人感染艾滋病病毒或者患有艾滋病，双方仍自愿发生性关系的，不作为犯罪处理。

（二）传播性病罪。明知自己感染艾滋病病毒或者患有艾滋病而卖淫、嫖娼，未致人感染艾滋病病毒的，依照《刑法》第三百六十条的规定，以传播性病罪定罪，并从重处罚。

明知他人感染艾滋病病毒或者患有艾滋病，介绍其卖淫，同时构成介绍卖淫罪、故意伤害罪的，依照处罚较重的规定定罪处罚。

（三）寻衅滋事罪。假冒或者利用艾滋病病毒感染者或者病人身份，以谎称含有或者含有艾滋病病毒的血液为工具，追逐、拦截、恐吓他人，情节恶劣，破坏社会秩序的，依照《刑法》第二百九十三条第一款第二项的规定，以寻衅滋事罪定罪处罚。

编造致人感染艾滋病病毒等虚假信息，或者明知是编造的虚假信息，在信息网络上散布，或者组织、指使人员在信息网络上散布，起哄闹事，造成公共秩序严重混乱的，依照《刑法》第二百九十三条第一款第四项的规定，以寻衅滋事罪定罪处罚。

对前款中"明知"的认定，应当结合行为人的主观认知、行为表现、案件的具体情节等综合分析，准确认定。对无确实、充分的证据证明主观明知的，不得以犯罪论处。

（四）敲诈勒索罪。假冒或者利用艾滋病病毒感染者或者病人身份，以谎称含有或者含有艾滋病病毒的血液为工具，敲诈勒索公私财物数额较大或者多次敲诈勒索的，依照《刑法》第二百七十四条的规定，以敲诈勒索罪定罪处罚。

（五）诈骗罪。出售谎称含有艾滋病病毒的血液，骗取他人财物，数额较大的，依照《刑法》第二百六十六条的规定，以诈骗罪定罪处罚。

（六）抢劫罪。假冒或者利用艾滋病病毒感染者或者病人身份，以谎称含有或者含有艾滋病病毒的血液为工具，以暴力、胁迫或者其他方法抢劫公私财物的，依照《刑法》第二百六十三条的规定，以抢劫罪定罪处罚。

（七）传授犯罪方法罪。通过语言、文字、动作或者其他方式传授能够致人感染艾滋病病毒的具体方法的，依照《刑法》第二百九十五条的规定，以传授犯罪方法罪定罪处罚。

（八）以危险方法危害公共安全罪。采用危险方法，意图使不特定多数人感染艾滋病病毒，危害公共安全，尚未造成严重后果的，依照《刑法》第一百一十四条的规定，以以危险方法危害公共安全罪定罪处罚；致人重伤、死亡或者使公私财产遭受重大损失的，依照《刑法》第一百一十五条的规定定罪处罚。

（九）非法买卖危险物质罪。非法买卖含有艾滋病病毒的血液，危害公共安全的，依照《刑法》第一百二十五条第二款的规定，以非法买卖危险物质罪定罪处罚。

（十）非法采集、供应血液罪。非法采集、供应血液，含有艾滋病病毒的，依照《刑法》第三百三十四条第一款的规定，以非法采集、供应血液罪定罪处罚。

（十一）非法利用信息网络罪。设立网站、通讯群组，用于销售谎称含有或者含有艾滋病病毒的血液等违法犯罪活动，情节严重的，依照《刑法》第二百八十七条之一的规定，以非法利用信息网络罪定罪处罚。

（十二）治安管理处罚或者其他行政处罚。实施本条第一项至第十一项规定的行为，不构成犯罪，依法不起诉或者免予刑事处罚的，依法予以治安管理处罚或者其他行政处罚。

三、依法收集证据查明案件事实

公安机关要依法、及时，全面收集固定证据，确保证据真实性、合法性。突出以下取证重点：

（一）查明违法犯罪嫌疑人明知自己感染艾滋病病毒或者患有艾滋病的情况。通过调查违法犯罪嫌疑人背景、患病状况、含有艾滋病病毒的血液来源等，查明其明知自己感染艾滋病病毒或者患有艾滋病的情况。特别要调取违法犯罪嫌疑人被医院或者其他医疗机构诊断感染艾滋病病毒或者患有艾滋病的有关证据，询问被害人获取违法犯罪嫌疑人事后告知其患病情况的陈述，收集违法犯罪嫌疑人亲属、朋友有关患病、就医等方面的证人证言等。

（二）查明发生性关系的情况。鉴于发生性行为情况比较隐蔽，办案中应当加大收集取证力度。对发生性行为后即报案报警的，应当及时提取痕迹物证。对发生性行为距报案报警时间较长的，应当多方收集证据，形成证据链，例如及时讯问犯罪嫌疑人、询问被害人、被害人家属等人，查明犯罪嫌疑人、被害人进出案发场所的时间、持续时长，查明犯罪嫌疑人、被害人联系情况，事后犯罪嫌疑人向他人炫耀情况等。

（三）查明非法采集供应血液情况，及时讯问犯罪嫌疑人获取对非法采集供应血液过程、使用器械工具的供述。收集工商登记营业执照等书证，查明犯罪嫌疑人未经国家主管部门批准或者超过批准的业务范围采集供应血液的情况。及时对非法采集供应的血液进行艾滋病病毒抗体检测，查明是否含有艾滋病病毒。询问被害人获取其使用非法供应血液的时间、地点、经过等陈述。调查非法采集供应血液过程的中间介绍人、血液供应者以及其他参与人员，查明是否参与共同犯罪。

（四）收集提取电子数据。勘验检查与违法犯罪嫌疑人发布信息有关的信息网络平台、网络存储设备、社交网络等，及时收集固定违法犯罪嫌疑人在信息网络发布炫耀传播艾滋病、出售谎称含有或者含有艾滋病病毒的血液、传授传播艾滋病病毒的犯罪方法、向被害人发送嘲讽威胁等信息等。

（五）查明危害结果。及时收集被害人事后就医、诊断证明、病历等情况，对其进行艾滋病病毒抗体检测，查明其是否已经感染艾滋病病毒，及时询问被害人，及时鉴定其伤害情况，查明其财产损失情况等。收集固定编造、传播的虚假信息在信息网络上被转发、评论，报道，造成公共秩序严重混乱的相关证据。

四、健全完善工作机制

（一）依法及时立案侦查。公安机关发现炫耀传播艾滋病，出售谎称含有或者含有艾滋病病毒的血液、传授传播艾滋病犯罪方法等信息，或者接到相关报案报警的，要及时依法立案侦查。

（二）注重办案安全。公安机关接到报警，对违法犯罪嫌疑人可能是艾滋病病毒感染者或者病人的，或者违法犯罪嫌疑人自称感染艾滋病病毒或者患有艾滋病的，应当提醒、保障处警民警携带必要的防护装备。需要羁押的，办案机关应当在送押时将有关情况告知监管场所。要加强培训，提高有关工作人员对艾滋病的认识，增强在履行审判、提讯、审讯、关押等职能时的自我保护能力和防范能力，避免发生被抓伤、挠伤、咬伤等艾滋病病毒职业暴露。一旦发生艾滋病病毒职业暴露的，要及时送医救治。

（三）强化沟通协调。人民法院、人民检察院、公安机关、司法行政机关要加强沟通协调，确保案件顺利起诉、审判、送监执行。有确实、充分的证据证明致人感染艾滋病病毒的，应当认定为《刑法》第九十五条第三项"其他对于人身健康有重大伤害"规定的"重伤"，无需另行证明艾滋病病毒的具体危害。监管场所应当及时依法收押违法犯罪的艾滋病病毒感染者或者病人，并根据艾滋病防治工作需要，确定专门监管场所或者在监管场所（医疗机构）内划定专门区域，对其进行管理、治疗，并定期健康检查，及时掌握其病情变化情况。

（四）加强宣传教育。人民法院、人民检察院、公安机关、司法行政机关要落实"谁执法谁普法"普法责任制，选择典型案例，以类释法，宣传有关艾滋病防治的法律知识，加大警示教育，震慑违法犯罪分子，充分展示严惩此类犯罪、维护人民群众安全和生命健康的决心。对查明系假冒艾滋病病毒感染者或者病人、谎称含有艾滋病病毒的，要及时公布案件真相，以正视听，尽快平息事态，消除社会恐慌。

五、依法保护艾滋病病毒感染者和病人的合法权益

人民法院、人民检察院、公安机关、司法行政机关要依法保护艾滋病病毒感染者和病人的合法权益，不得歧视艾滋病病毒感染者和病人。要依法保护艾滋病病毒感染者和病人的个人信息；未经本人或者其监护人同意，任何单位或者个人不得公开艾滋病病毒感染者和病人的个人信息，以及其他可能推断出其具体身份的信息。对感染艾滋病病毒的被害人、解除监管出狱、出所、宣告社区矫正的艾滋病病毒感染者和病人，要按照有关规定将有关信息报送监管场所所在地、其户籍地或者居住地疾病预防控制机构，配合卫生健康部门做好抗病毒治疗、医学随访等工作。

（附参考）1.浙江省公安厅、浙江省高级人民法院、浙江省人民检察院《关于办理伤害等案件中有关法律适用问题的若干意见》浙公发〔2001〕20号

一、关于轻伤害案件的管辖、共同伤害行为的认定

1.对轻伤害案件，凡事实清楚，有足够证据，被害人直接向人民法院起诉的，人民法院应当依法受理；凡事实不清、证据不足的，公安机关应当立案侦查；凡公安机关已经受理、立案、侦查的，应当按公诉程序进行。

2.对多人参与的伤害案件，确实不能查明具体哪个行为致伤，但确有证据证明行为人都实施了伤害行为的，以共同伤害罪论处，按行为人在共同伤害中的地位、作用确定罪责。

2.浙江省高级人民法院、浙江省人民检察院、浙江省公安厅《关于当前办理轻伤犯罪案件适用法律若干问题的意见》浙检会研〔2004〕11号

二、正在侦查、审查起诉的轻伤犯罪案件，被害人要求改变程序，自行直接向法院起诉的，公安、检察机关应予同意。被害人直接向法院起诉的轻伤犯罪案件，经审查证据不充分或者被告人下落不明，法院要求被害人撤回自诉或者裁定驳回起诉的，被害人可以要求公安机关处理，公安机关应当依法受理。法院受理被害人直接起诉的轻伤犯罪案件，可以要求公安机关处理，公安机关应当依法受理。法院受理被害人直接起诉的轻伤犯罪案件，可以向公安、检察机关调取有关证据，公安、检察机关应当配合。

三、为妥善处理社会矛盾，维护社会稳定，实现办案法律效果与社会效果的统一，轻伤犯罪案件在侦查、审查起诉过程中，具备下列条件的，经审查属实，公安机关可以撤案，检察机关可以作相对不诉：1.当事人双方自愿就民事赔偿问题达成一致，形成书面协议；2.当事人双方和解，被害人书面要求或者同意不追究犯罪嫌疑人刑事责任；3.犯罪嫌疑人本人确有悔罪表现，社会危险性已经消除，不需要判处刑罚。

3.宁波市中级人民法院、宁波市人民检察院、宁波市公安局《联席会议纪要》（2017年10月5日）

一、关于案件的管辖

公安机关在侦查系列性案件过程中，根据法律、司法解释及相关规范性文件的规定进行并案处理，并由上级公安机关指定管辖的案件，一般应向同级人民检察院提请批准逮捕、移送审查起诉，并由同级人民法院审判。

二、关于案件的分案处理

犯罪嫌疑人人数较多的毒品犯罪、黑社会性质组织犯罪等案件，其中与主要犯罪事实关联性不强或者犯罪行为相对独立的犯罪嫌疑人，公安机关可以作分案处理。

三、关于涉案财物的移送、处理

案件移送审查起诉时，公安机关查封、扣押、冻结的犯罪嫌疑人财物及孳息，除了不宜移送的物品外，应当制作清单并随案移送。检察机关对于公安机关移送的涉案物品，一般应当予以接收。检察机关提起公诉时，应向人民法院随案移送涉案物品。人民法院应当按照《刑事诉讼法》第二百三十四条第三款的规定，在判决书中对查封、扣押、冻结的财物及其孳息作出处理。人民法院在审理时认为需要对移送的涉案财物进行关联性说明的，公安机关应当予以说明。

四、关于民间纠纷引起的轻伤害案件的刑事和解

（一）因民间纠纷引起的轻伤害案件，当事双方自愿和解，犯罪嫌疑人认罪悔罪态度较好且积极履行赔偿义务的，公安机关可以主持和解并制作和解协议书。

（二）公安机关主持和解的，应当在调解室内进行，确保和解过程全程录音录像。和解时应邀请乡镇（街道）、村（社区）的相关人员见证参与。

（三）公安机关刑事立案以后，双方当事人达成和解协议并履行完毕的，可视为情节显著轻微，公安机关可以撤销案件。在移送审查起诉阶段和解的，人民检察院可以作出不起诉决定。

（四）当事人在公安机关主持下达成和解协议并履行完毕后，又向人民法院提起自诉，人民法院经审查认为和解协议合法有效的，可以裁定不予受理或者驳回起诉。

（五）对于民间纠纷引起的轻伤害案件，公安机关作出撤销案件决定时应当严格审核把关，并定期将此类撤销案件情况报同级人民检察院备案。有下列情形之一的，不适用和解撤案程序：

1.涉枪、持械、雇凶或者涉黑涉恶的；

2.涉及寻衅滋事、聚众斗殴的；

3.多次故意伤害他人身体的；

4.曾因故意伤害他人身体受过行政或刑事处罚的；

5.其他不宜和解处理的。

五、关于伤势预检意见

（一）刑事案件涉案人员伤势经公安机关法医初检已经明确达到《人体损伤程度鉴定标准》轻伤二级以上，但尚无法出具正式伤势鉴定意见的，可由公安机关法医先出具伤势预检意见。侦查机关可据此依法刑事立案、采取刑事强制措施以及提请批准逮捕，检察机关可据此依法批准逮捕。

（二）公安机关法医出具的伤势预检意见仅作为案件的立案、采取刑事强制措施以及提请批准逮捕的依据，正式鉴定意见仍需依法及时出具并告知相关当事人。

4.浙江省高级人民法院、浙江省人民检察院、浙江省公安厅《关于办理盗窃、故意伤害、赌博刑事案件的若干意见》浙检发诉一字〔2018〕21号（2018年10月24日）

一、一般规定

第一条 全面贯彻落实宽严相济刑事政策，要根据犯罪的具体情况，全面把握、区别对待，做到该宽则宽，当严则严，宽严相济，罚当其罪，确保案件办理取得法律效果、政治效果和社会效果的有机统一。

第二条 对于情节严重、性质恶劣，特别是严重影响人民群众安全感的重大盗窃、故意伤害、赌博等刑事犯罪，要依法从严惩处。严惩严重刑事犯罪，必须充分考虑被告人的主观恶性和人身危险性。对于具有累犯、惯犯、职业犯等情节，或者因故意犯罪受过刑事处罚，在缓刑、假释考验期内又犯罪的，要依法严惩，以有效实现刑罚的特殊预防功能。

第三条 对于具有一定社会危害性，但情节显著轻微危害不大的行为，不作为犯罪处理。对于犯罪情节轻微，或者未成年人、在校学生实施的较轻犯罪，或者系初犯、从犯、预备犯、中止犯、防卫过当、避险过当、自首、重大立功以及因亲友、邻里、同学、同事之间纠纷引发的一般性案件，符合不起诉条件的，可以依法适用不起诉；对于依法不需要判处刑罚的，可以免予刑事处罚。对于犯罪性质尚不严重、情节较轻和社会危害性较小的犯罪，以及犯罪嫌疑人、被告人认罪、悔罪，从宽处罚更有利于社会和谐稳定的，依法应予从宽处理。

第四条 对于情节显著轻微危害不大，不作为犯罪处理，或者情节轻微，依法予以不起诉处理的案件，可以根据案件不同情况，给予行政处罚，或者予以训诫、责令具结悔过、赔礼道歉、赔偿损失、参加社区服务、参加公益劳动等非刑罚处罚措施。

三、关于办理故意伤害刑事案件

第八条 因民间纠纷引发的轻伤害案件，犯罪嫌疑人真诚悔罪，以赔偿损失、赔礼道歉等方式获得被害人谅解，被害人自愿和解的，依法可作为当事人和解的公诉案件办理。

第九条 具有下列情形之一的轻伤害案件，已达成调解或和解协议，被害人明确表示谅解，公安机关认为情节显著轻微、危害不大的，可不作犯罪处理，依法撤销案件，并向同级检察机关备案：

（一）在拉扯、推搡过程中造成伤害的；

（二）被害人有重大过错的；

（三）具有防卫性质的；

（四）其他可以不作为犯罪处理的。

第十条 具有下列情形之一的轻伤害案件，已达成调解或和解协议，被害人明确表示谅解的，可以从宽处理；对于犯罪情节轻微，不需要判处刑罚的，可以作出不起诉决定：

（一）亲友、邻里或者同事之间因琐事发生纠纷的；

（二）犯罪嫌疑人、被告人系未成年人、在校学生或已满七十五周岁的；

（三）被害人有较大过错的；

（四）其他适用从宽处理有利于化解矛盾的。

第十一条 具有下列情形之一的轻伤害案件，人民检察院应当作出起诉决定：

（一）纠集无关人员伤害他人的；

（二）涉及黑恶势力犯罪的；

（三）具有寻衅滋事性质的；

（四）具有聚众斗殴性质的；

（五）多次故意伤害他人身体的；

（六）故意伤害残疾人、未成年人、老年人等特殊群体，造成恶劣社会影响的；

（七）其他社会影响恶劣的。

第十二条 刑事和解过程中，公安机关、人民检察院、人民法院可以适用赔偿保证金制度，保证伤害案件赔偿到位。

第十三条 公安机关、人民检察院、人民法院应当审查和解的轻伤害案件事实，审查双方当事人是否自愿达成调解或和解，是否符合规定的条件，并主持制作和解协议书。必要时，可以听取双方当事人亲属、当地村（居）民委员会等的意见。

第十七条 本意见自印发之日起执行。法律、法规、司法解释另有规定的，按照相关规定执行。本意见实施以前我省有关规定的内容与本意见不一致的，不再执行。本意见下发前已审结的案件，不予变动。

第二百三十四条之一【组织出卖人体器官罪】 组织他人出卖人体器官的，处五年以下有期徒刑，并处罚金；情节严重的，处五年以上有期徒刑，并处罚金或者没收财产。

未经本人同意摘取其器官，或者摘取不满十八周岁的人的器官，或者强迫、欺骗他人捐献器官的，依照本法第二百三十四条【故意伤害罪】、第二百三十二条【故意杀人罪】的规定定罪处罚。

违背本人生前意愿摘取其尸体器官，或者本人生前未表示同意，违反国家规定，违背其近亲属意愿摘取其尸体器官的，依照本法第三百零二条【盗窃、侮辱尸体罪】的规定定罪处罚。【2011年5月1日刑法修正案（八）】

第二百三十五条【过失致人重伤罪】 过失伤害他人致人重伤的，处三年以下有期徒刑或者拘役。本法另有规定的，依照规定。

第二百三十六条【强奸罪】 以暴力、胁迫或者其他手段强奸妇女的，处三年以上十年以下有期徒刑。

奸淫不满十四周岁的幼女的，以强奸论，从重处罚。

强奸妇女、奸淫幼女，有下列情形之一的，处十年以上有期徒刑、无期徒刑或者死刑：

（一）强奸妇女、奸淫幼女情节恶劣的；

（二）强奸妇女、奸淫幼女多人的；

（三）在公共场所当众强奸妇女、奸淫幼女的；

（四）二人以上轮奸的；

（五）奸淫不满十周岁的幼女或者造成幼女伤害的；

（六）致使被害人重伤、死亡或者造成其他严重后果的。【2021年3月1日刑法修正案（十一）】

【1997年刑法】 以暴力、胁迫或者其他手段强奸妇女的，处三年以上十年以下有期徒刑。

奸淫不满十四周岁的幼女的，以强奸论，从重处罚。

强奸妇女、奸淫幼女，有下列情形之一的，处十年以上有期徒刑、无期徒刑或者死刑：

（一）强奸妇女、奸淫幼女情节恶劣的；

（二）强奸妇女、奸淫幼女多人的；

（三）在公共场所当众强奸妇女的；

（四）二人以上轮奸的；

（五）致使被害人重伤、死亡或者造成其他严重后果的。

（相关解释）**1.最高人民法院、最高人民检察院《关于办理组织和利用邪教组织犯罪案件具体应用法律若干问题的解释》**法释〔1999〕18号

组织和利用邪教组织，以迷信邪说引诱、胁迫、欺骗或者其他手段，奸淫妇女、幼女的，依照《刑法》第二百三十六条的规定，以强奸罪或者奸淫幼女罪定罪处罚。

2.最高人民法院、最高人民检察院、公安部、司法部《印发〈关于依法惩治性侵害未成年人犯罪的意见〉的通知》法发〔2013〕12号（已废止）

3.最高人民法院、最高人民检察院、公安部、司法部《关于办理性侵害未成年人刑事案件的意见》（2023年5月24日）

为深入贯彻习近平法治思想，依法惩治性侵害未成年人犯罪，规范办理性侵害未成年人刑事案件，加强未成年人司法保护，根据《中华人民共和国刑法》《中华人民共和国刑事诉讼法》《中华人民共和国未成年人保护法》等相关法律规定，结合司法实际，制定本意见。

一、总则

第一条　本意见所称性侵害未成年人犯罪，包括《中华人民共和国刑法》第二百三十六条、第二百三十六条之一、第二百三十七条、第三百五十八条、第三百五十九条规定的针对未成年人实施的强奸罪，负有照护职责人员性侵罪，强制猥亵、侮辱罪，猥亵儿童罪，组织卖淫罪，强迫卖淫罪，协助组织卖淫罪，引诱、容留、介绍卖淫罪，引诱幼女卖淫罪等。

第二条　办理性侵害未成年人刑事案件，应当坚持以下原则：

（一）依法从严惩处性侵害未成年人犯罪；

（二）坚持最有利于未成年人原则，充分考虑未成年人身心发育尚未成熟、易受伤害等特点，切实保障未成年人的合法权益；

（三）坚持双向保护原则，对于未成年人实施性侵害未成年人犯罪的，在依法保护未成年被害人的合法权益时，也要依法保护未成年犯罪嫌疑人、未成年被告人的合法权益。

第三条　人民法院、人民检察院、公安机关应当确定专门机构或者指定熟悉未成年人身心特点的专门人员，负责办理性侵害未成年人刑事案件。未成年被害人系女性的，应当有女性工作人员参与。

法律援助机构应当指派熟悉未成年人身心特点的律师为未成年人提供法律援助。

第四条　人民法院、人民检察院在办理性侵害未成年人刑事案件中发现社会治理漏洞的，依法提出司法建议、检察建议。

人民检察院依法对涉及性侵害未成年人的诉讼活动等进行监督，发现违法情形的，应当及时提出监督意见。发现未成年人合法权益受到侵犯，涉及公共利益的，应当依法提起公益诉讼。

二、案件办理

第五条　公安机关接到未成年人被性侵害的报案、控告、举报，应当及时受理，迅速审查。符合刑事立案条件的，应当立即立案侦查，重大、疑难、复杂案件立案审查期限原则上不超过七日。具有下列情形之一，公安机关应当在受理后直接立案侦查：

（一）精神发育明显迟滞的未成年人或者不满十四周岁的未成年人怀孕、妊娠终止或者分娩的；

（二）未成年人的生殖器官或者隐私部位遭受明显非正常损伤的；

（三）未成年人被组织、强迫、引诱、容留、介绍卖淫的；

（四）其他有证据证明性侵害未成年人犯罪发生的。

第六条　公安机关发现可能有未成年人被性侵害或者接报相关线索的，无论案件是否属于本单位管辖，都应当及时采取制止侵害行为、保护被害人、保护现场等紧急措施。必要时，应当通报有关部门对被害人予以临时安置、救助。

第七条　公安机关受理案件后，经过审查，认为有犯罪事实需要追究刑事责任，但因犯罪地、犯罪嫌疑人无法确定，管辖权不明的，受理案件的公安机关应当先立案侦查，经过侦查明确管辖后，及时将案件及证据材料移送有管辖权的公安机关。

第八条　人民检察院、公安机关办理性侵害未成年人刑事案件，应当坚持分工负责、互相配合、互相制约，加强侦查监督与协作配合，健全完善信息双向共享机制，形成合力。在侦查过程中，公安机关可以商请人民检察院就案件定性、证据收集、法律适用、未成年人保护要求等提出意见建议。

第九条　人民检察院认为公安机关应当立案侦查而不立案侦查的，或者被害人及其法定代理人、对未成年人负有特殊职责的人员据此向人民检察院提出异议，经审查其诉求合理的，人民检察院应当要求公安机关说明不立案的理由。人民检察院认为不立案理由不成立的，应当通知公安机关立案，公安机关接到通知后应当立案。

第十条　对性侵害未成年人的成年犯罪嫌疑人、被告人，应当依法从严把握适用非羁押强制措施，依法追诉，从严惩处。

第十一条　公安机关办理性侵害未成年人刑事案件，在提请批准逮捕、移送起诉时，案卷材料中应当包含证明案件来源与案发过程的有关材料和犯罪嫌疑人归案（抓获）情况的说明等。

第十二条　人民法院、人民检察院办理性侵害未成年人案件，应当及时告知未成年被害人及其法定代理人或者近亲属有权委托诉讼代理人，并告知其有权依法申请法律援助。

第十三条　人民法院、人民检察院、公安机关办理性侵害未成年人刑事案件，除有碍案件办理的情形外，应当将案件进展情况、案件处理结果及时告知未成年被害人及其法定代理人，并对有关情况予以说明。

第十四条　人民法院确定性侵害未成年人刑事案件开庭日期后，应当将开庭的时间、地点通知未成年被害人及其法定代理人。

第十五条　人民法院开庭审理性侵害未成年人刑事案件，未成年被害人、证人一般不出庭作证。确有必要出庭的，应当根据案件情况采取不暴露外貌、真实声音等保护措施，或者采取视频等方式播放询问未成年人的录音录像，播放视频亦应当采取技术处理等保护措施。

被告人及其辩护人当庭发问的方式或者内容不当，可能对未成年被害人、证人造成身心伤害的，审判长应当及时制止。未成年被害人、证人在庭审中出现恐慌、紧张、激动、抗拒等影响庭审正常进行的情形的，审判长应当宣布休庭，并采取相应的情绪安抚疏导措施，评估未成年被害人、证人继续出庭作证的必要性。

第十六条　办理性侵害未成年人刑事案件，对于涉及未成年人的身份信息及可能推断出身份信息的资料和涉及性侵害的细节等内容，审判人员、检察人员、侦查人员、律师及参与诉讼、知晓案情的相关人员应当保密。

对外公开的诉讼文书，不得披露未成年人身份信息及可能推断出身份信息的其他资料，对性侵害的事实必须以适当方式叙述。

办案人员到未成年人及其亲属所在学校、单位、住所调查取证的，应当避免驾驶警车、穿着制服或者采取其他可能暴露未成年人身份、影响未成年人名誉、隐私的方式。

第十七条　知道或者应当知道对方是不满十四周岁的幼女，而实施奸淫等性侵害行为的，应当认定行为人"明知"对方是幼女。

对不满十二周岁的被害人实施奸淫等性侵害行为的，应当认定行为人"明知"对方是幼女。

对已满十二周岁不满十四周岁的被害人，从其身体发育状况、言谈举止、衣着特征、生活作息规律等观察可能是幼女，而实施奸淫等性侵害行为的，应当认定行为人"明知"对方是幼女。

第十八条　在校园、游泳馆、儿童游乐场、学生集体宿舍等公共场所对未成年人实施强奸、猥亵犯罪，只要有其他多人在场，不论在场人员是否实际看到，均可以依照《刑法》第二百三十六条第三款、第二百三十七条的规定，认定为在公共场所"当众"强奸、猥亵。

第十九条　外国人在中华人民共和国领域内实施强奸、猥亵未成年人等犯罪的，在依法判处刑罚时，可以附加适用驱逐出境。对于尚不构成犯罪但构成违反治安管理行为的，或者有性侵害未成年人犯罪记录不适宜在境内继续停留居留的，公安机关可以依法适用限期出境或者驱逐出境。

第二十条　对性侵害未成年人的成年犯罪分子严格把握减刑、假释、暂予监外执行的适用条件。纳入社区矫正的，应当严管严控。

三、证据收集与审查判断

第二十一条　公安机关办理性侵害未成年刑事案件，应当依照法定程序，及时、全面收集固定证据。对与犯罪有关的场所、物品、人身等及时进行勘验、检查，提取与案件有关的痕迹、物证、生物样本；及时调取与案件有关的住宿、通行、银行交易记录等书证，现场监控录像等视听资料，手机短信、即时通讯记录、社交软件记录、手机支付记录、音视频、网盘资料等电子数据。视听资料、电子数据等证据因保管不善灭失的，应当向原始数据存储单位重新调取，或者提交专业机构进行技术性恢复、修复。

第二十二条　未成年被害人陈述、未成年证人证言中提到其他犯罪线索，属于公安机关管辖的，公安机关应当及时调查核实；属于其他机关管辖的，应当移送有管辖权的机关。

具有密切接触未成年人便利条件的人员涉嫌性侵害未成年人犯罪的，公安机关应当注意摸排犯罪嫌疑人可能接触到的其他未成年人，以便全面查清犯罪事实。

对于发生在犯罪嫌疑人住所周边或者相同、类似场所且犯罪手法雷同的性侵害案件，符合并案条件的，应当及时并案侦查，防止遗漏犯罪事实。

第二十三条　询问未成年被害人，应当选择"一站式"取证场所、未成年人住所或者其他让未成年人心理上感到安全的场所进行，并通知法定代理人到场。法定代理人不能到场或者不宜到场的，应当通知其他合适成年人到场，并将相关情况记录在案。

询问未成年被害人，应当采取和缓的方式，以未成年人能够理解和接受的语言进行。坚持一次询问原则，尽可能避免多次反复询问，造成次生伤害。确有必要再次询问的，应当针对确有疑问需要核实的内容进行。

询问女性未成年被害人应当由女性工作人员进行。

第二十四条　询问未成年被害人应当进行同步录音录像。录音录像应当全程不间断进行，不得选择性录制，不得剪接、删改。录音录像声音、图像应当清晰稳定，被询问人面部应当清楚可辨，能够真实反映未成年被害人回答询问的状态。录音录像应当随案移送。

第二十五条　询问未成年被害人应当问明与性侵害犯罪有关的事实及情节，包括被害人的年龄等身份信息、与犯罪嫌疑人、被告人交往情况、侵害方式、时间、地点、次数、后果等。

询问尽量让被害人自由陈述，不得诱导，并将提问和未成年被害人的回答记录清楚。记录应当保持未成年人的语言特点，不得随意加工或者归纳。

第二十六条 未成年被害人陈述和犯罪嫌疑人、被告人供述中具有特殊性、非亲历不可知的细节，包括身体特征、行为特征和环境特征等，办案机关应当及时通过人身检查、现场勘查等调查取证方法固定证据。

第二十七条 能够证实未成年被害人和犯罪嫌疑人、被告人相识交往、矛盾纠纷及其异常表现、特殊癖好等情况，对完善证据链条、查清全部案情具有证明作用的证据，应当全面收集。

第二十八条 能够证实未成年人被性侵害后心理状况或者行为表现的证据，应当全面收集。未成年被害人出现心理创伤、精神抑郁或者自杀、自残等伤害后果的，应当及时检查、鉴定。

第二十九条 认定性侵害未成年人犯罪，应当坚持事实清楚，证据确实、充分，排除合理怀疑的证明标准。对案件事实的认定要立足证据，结合经验常识，考虑性侵害案件的特殊性和未成年人的身心特点，准确理解和把握证明标准。

第三十条 对未成年被害人陈述，应当着重审查陈述形成的时间、背景，被害人年龄、认知、记忆和表达能力，生理和精神状态是否影响陈述的自愿性、完整性，陈述与其他证据之间能否相互印证，有无矛盾。

低龄未成年人对被侵害细节前后陈述存在不一致的，应当考虑其身心特点，综合判断其陈述的主要事实是否客观、真实。

未成年被害人陈述了与犯罪嫌疑人、被告人或者性侵害事实相关的非亲历不可知的细节，并且可以排除指证、诱证、诬告、陷害可能的，一般应当采信。

未成年被害人询问笔录记载的内容与询问同步录音录像记载的内容不一致的，应当结合同步录音录像记载准确客观认定。

对未成年证人证言的审查判断，依照本条前四款规定进行。

第三十一条 对十四周岁以上未成年被害人真实意志的判断，不以其明确表示反对或者同意为唯一证据，应当结合未成年被害人的年龄、身体状况、被侵害前后表现以及双方关系、案发环境、案发过程等进行综合判断。

四、未成年被害人保护与救助

第三十二条 人民法院、人民检察院、公安机关办理性侵害未成年人刑事案件，应当根据未成年被害人的实际需要及当地情况，协调有关部门为未成年被害人提供心理疏导、临时照料、医疗救治、转学安置、经济帮扶等救助保护措施。

第三十三条 犯罪嫌疑人到案后，办案人员应当第一时间了解其有无艾滋病，发现犯罪嫌疑人患有艾滋病的，在征得未成年被害人监护人同意后，应当及时配合或者会同有关部门对未成年被害人采取阻断治疗等保护措施。

第三十四条 人民法院、人民检察院、公安机关办理性侵害未成年人刑事案件，发现未成年人的父母或者其他监护人不依法履行监护职责或者侵犯未成年人合法权益的，应当予以训诫，并书面督促其依法履行监护职责。必要时，可以责令未成年人父母或者其他监护人接受家庭教育指导。

第三十五条 未成年人受到监护人性侵害，其他具有监护资格的人员、民政部门等有关单位和组织向人民法院提出申请，要求撤销监护人资格，另行指定监护人的，人民法院依法予以支持。

有关个人和组织未及时向人民法院申请撤销监护人资格的，人民检察院可以依法督促、支持其提起诉讼。

第三十六条 对未成年人因被性侵害而造成人身损害，不能及时获得有效赔偿，生活困难的，人民法院、人民检察院、公安机关可会同有关部门，优先考虑予以救助。

五、其他

第三十七条 人民法院、人民检察院、公安机关、司法行政机关应当积极推动侵害未成年人案件强制报告制度落实。未履行报告义务造成严重后果的，应当依照《中华人民共和国未成年人保护法》等法律法规追究责任。

第三十八条 人民法院、人民检察院、公安机关、司法行政机关应当推动密切接触未成年人相关行业依法建立完善准入查询性侵害违法犯罪信息制度，建立性侵害违法犯罪人员信息库，协助密切接触未成年人单位开展信息查询工作。

第三十九条 办案机关应当建立完善性侵害未成年人案件"一站式"办案救助机制，通过设立专门场所、配置专用设备、完善工作流程和引入专业社会力量等方式，尽可能一次性完成询问、人身检查、生物样本采集、侦查辨认等取证工作，同步开展救助保护工作。

六、附则

第四十条 本意见自 2023 年 6 月 1 日起施行。本意见施行后，《最高人民法院、最高人民检察院、公安部、司法部关于依法惩治性侵害未成年人犯罪的意见》（法发〔2013〕12 号）同时废止。

4. 最高人民法院、最高人民检察院《关于办理强奸、猥亵未成年人刑事案件适用法律若干问题的解释》 法释〔2023〕3 号（2023 年 5 月 24 日）

为依法惩处强奸、猥亵未成年人犯罪，保护未成年人合法权益，根据《中华人民共和国刑法》等法律规定，现就办理此类刑事案件适用法律的若干问题解释如下：

第一条 奸淫幼女的，依照《刑法》第二百三十六条第二款的规定从重处罚。具有下列情形之一的，应当适用较重的从重处罚幅度：

（一）负有特殊职责的人员实施奸淫的；

（二）采用暴力、胁迫等手段实施奸淫的；

（三）侵入住宅或者学生集体宿舍实施奸淫的；

（四）对农村留守女童、严重残疾或者精神发育迟滞的被害人实施奸淫的；

（五）利用其他未成年人诱骗、介绍、胁迫被害人的；

（六）曾因强奸、猥亵犯罪被判处刑罚的。

强奸已满十四周岁的未成年女性，具有前款第一项、第三项至第六项规定的情形之一，或者致使被害人轻伤、患梅毒、淋病等严重性病的，依照《刑法》第二百三十六条第一款的规定定罪，从重处罚。

第二条 强奸已满十四周岁的未成年女性或者奸淫幼女，具有下列情形之一的，应当认定为《刑法》第二百三十六条第三款第一项规定的"强奸妇女、奸淫幼女情节恶劣"：

（一）负有特殊职责的人员多次实施强奸、奸淫的；

（二）有严重摧残、凌辱行为的；

（三）非法拘禁或者利用毒品诱骗、控制被害人的；

（四）多次利用其他未成年人诱骗、介绍、胁迫被害人的；

（五）长期实施强奸、奸淫的；

（六）奸淫精神发育迟滞的被害人致使怀孕的；

（七）对强奸、奸淫过程或者被害人身体隐私部位制作视频、照片等影像资料，以此胁迫对被害人实施强奸、奸淫，或者致使影像资料向多人传播，暴露被害人身份的；

（八）其他情节恶劣的情形。

第三条　奸淫幼女，具有下列情形之一的，应当认定为《刑法》第二百三十六条第三款第五项规定的"造成幼女伤害"：

（一）致使幼女轻伤的；

（二）致使幼女患梅毒、淋病等严重性病的；

（三）对幼女身心健康造成其他伤害的情形。

第四条　强奸已满十四周岁的未成年女性或者奸淫幼女，致使其感染艾滋病病毒的，应当认定为《刑法》第二百三十六条第三款第六项规定的"致使被害人重伤"。

第五条　对已满十四周岁不满十六周岁的未成年女性负有特殊职责的人员，与该未成年女性发生性关系，具有下列情形之一的，应当认定为《刑法》第二百三十六条之一规定的"情节恶劣"：

（一）长期发生性关系的；

（二）与多名被害人发生性关系的；

（三）致使被害人感染艾滋病病毒或者患梅毒、淋病等严重性病的；

（四）对发生性关系的过程或者被害人身体隐私部位制作视频、照片等影像资料，致使影像资料向多人传播，暴露被害人身份的；

（五）其他情节恶劣的情形。

第六条　对已满十四周岁的未成年女性负有特殊职责的人员，利用优势地位或者被害人孤立无援的境地，迫使被害人与其发生性关系的，依照《刑法》第二百三十六条的规定，以强奸罪定罪处罚。

第七条　猥亵儿童，具有下列情形之一的，应当认定为《刑法》第二百三十七条第三款第三项规定的"造成儿童伤害或者其他严重后果"：

（一）致使儿童轻伤以上的；

（二）致使儿童自残、自杀的；

（三）对儿童身心健康造成其他伤害或者严重后果的情形。

第八条　猥亵儿童，具有下列情形之一的，应当认定为《刑法》第二百三十七条第三款第四项规定的"猥亵手段恶劣或者有其他恶劣情节"：

（一）以生殖器侵入肛门、口腔或者以生殖器以外的身体部位、物品侵入被害人生殖器、肛门等方式实施猥亵的；

（二）有严重摧残、凌辱行为的；

（三）对猥亵过程或者被害人身体隐私部位制作视频、照片等影像资料，以此胁迫对被害人实施猥亵，或者致使影像资料向多人传播，暴露被害人身份的；

（四）采取其他恶劣手段实施猥亵或者有其他恶劣情节的情形。

第九条　胁迫、诱骗未成年人通过网络视频聊天或者发送视频、照片等方式，暴露身体隐私部位或者实施淫秽行为，符合《刑法》第二百三十七条规定的，以强制猥亵罪或者猥亵儿童罪定罪处罚。

胁迫、诱骗未成年人通过网络直播方式实施前款行为，同时符合《刑法》第二百三十七条、第三百六十五条的规定，构成强制猥亵罪、猥亵儿童罪、组织淫秽表演罪的，依照处罚较重的规定定罪处罚。

第十条 实施猥亵未成年人犯罪，造成被害人轻伤以上后果，同时符合《刑法》第二百三十四条或者第二百三十二条的规定，构成故意伤害罪、故意杀人罪的，依照处罚较重的规定定罪处罚。

第十一条 强奸、猥亵未成年人的成年被告人认罪认罚的，是否从宽处罚及从宽幅度应当从严把握。

第十二条 对强奸未成年人的成年被告人判处刑罚时，一般不适用缓刑。

对于判处刑罚同时宣告缓刑的，可以根据犯罪情况，同时宣告禁止令，禁止犯罪分子在缓刑考验期限内从事与未成年人有关的工作、活动，禁止其进入中小学校、幼儿园及其他未成年人集中的场所。确因本人就学、居住等原因，经执行机关批准的除外。

第十三条 对于利用职业便利实施强奸、猥亵未成年人等犯罪的，人民法院应当依法适用从业禁止。

第十四条 对未成年人实施强奸、猥亵等犯罪造成人身损害的，应当赔偿医疗费、护理费、交通费、营养费、住院伙食补助费等为治疗和康复支付的合理费用，以及因误工减少的收入。

根据鉴定意见、医疗诊断书等证明需要对未成年人进行精神心理治疗和康复，所需的相关费用，应当认定为前款规定的合理费用。

第十五条 本解释规定的"负有特殊职责的人员"，是指对未成年人负有监护、收养、看护、教育、医疗等职责的人员，包括与未成年人具有共同生活关系且事实上负有照顾、保护等职责的人员。

第十六条 本解释自2023年6月1日起施行。

（附参考）宁波市中级人民法院、宁波市人民检察院《关于印发〈宁波法院刑事审判疑难问题研讨会会议纪要〉的通知》甬中法〔2013〕2号

三、强奸犯罪中一人得逞一人未得逞能否认定为轮奸

所谓轮奸，是指二男以上出于共同强奸的故意，在同一时间段内，轮流对同一妇女强行奸淫的行为。在共同犯罪中，一人实施了奸淫后，另一人接着实施奸淫，虽然奸淫未成的，仍应认定两人具有轮奸情节。如果一人实施奸淫后，另一人未实施奸淫行为的，则不宜认定为具有轮奸情节。

对于强奸未得逞的或没有具体实施强奸行为的，可作为量刑情节考虑，同时还要综合考虑其参与共谋和共同预备行为中发挥的作用等情节，确定其是否可认定为从犯。

第二百三十六条之一【负有照护职责人员性侵罪】 对已满十四周岁不满十六周岁的未成年女性负有监护、收养、看护、教育、医疗等特殊职责的人员，与该未成年女性发生性关系的，处三年以下有期徒刑；情节恶劣的，处三年以上十年以下有期徒刑。

有前款行为，同时又构成本法第二百三十六条规定之罪的，依照处罚较重的规定定罪处罚。【2021年3月1日刑法修正案（十一）】

（相关解释）1.**最高人民法院、最高人民检察院、公安部、司法部《关于办理性侵害未成年人刑事案件的意见》**（2023年5月24日）（见第二百三十六条）

2.**最高人民法院、最高人民检察院《关于办理强奸、猥亵未成年人刑事案件适用法律若干问题的解释》**法释〔2023〕3号（2023年5月24日）（见第二百三十六条）

第五条　对已满十四周岁不满十六周岁的未成年女性负有特殊职责的人员，与该未成年女性发生性关系，具有下列情形之一的，应当认定为《刑法》第二百三十六条之一规定的"情节恶劣"：

（一）长期发生性关系的；

（二）与多名被害人发生性关系的；

（三）致使被害人感染艾滋病病毒或者患梅毒、淋病等严重性病的；

（四）对发生性关系的过程或者被害人身体隐私部位制作视频、照片等影像资料，致使影像资料向多人传播，暴露被害人身份的；

（五）其他情节恶劣的情形。

第二百三十七条【强制猥亵、侮辱罪】　以暴力、胁迫或者其他方法强制猥亵他人或者侮辱妇女的，处五年以下有期徒刑或者拘役。

聚众或者在公共场所当众犯前款罪的，或者有其他恶劣情节的，处五年以上有期徒刑。

【猥亵儿童罪】　猥亵儿童的，处五年以下有期徒刑；有下列情形之一的，处五年以上有期徒刑：

（一）猥亵儿童多人或者多次的；

（二）聚众猥亵儿童的，或者在公共场所当众猥亵儿童，情节恶劣的；

（三）造成儿童伤害或者其他严重后果的；

（四）猥亵手段恶劣或者有其他恶劣情节的。【2021年3月1日刑法修正案（十一）】

【1997年刑法】以暴力、胁迫或者其他方法强制猥亵妇女或者侮辱妇女的，处五年以下有期徒刑或者拘役。

聚众或者在公共场所当众犯前款罪的，处五年以上有期徒刑。

猥亵儿童的，依照前两款的规定从重处罚。

【2015年11月1日刑法修正案（九）】以暴力、胁迫或者其他方法强制猥亵他人或者侮辱妇女的，处五年以下有期徒刑或者拘役。

聚众或者在公共场所当众犯前款罪的，或者有其他恶劣情节的，处五年以上有期徒刑。

猥亵儿童的，依照前两款的规定从重处罚。

（相关解释）**1. 最高人民法院、最高人民检察院、公安部、司法部《关于依法惩治拐卖妇女儿童犯罪的意见》法发〔2010〕7号**

拐卖妇女、儿童，又对被拐卖的妇女、儿童实施故意杀害、伤害、猥亵、侮辱等行为，构成其他犯罪的，依照数罪并罚的规定处罚。

2. 最高人民法院、最高人民检察院、公安部、司法部《印发〈关于依法惩治性侵害未成年人犯罪的意见〉的通知》法发〔2013〕12号（见第二百三十六条）（已废止）

3. 最高人民法院、最高人民检察院、公安部、司法部《关于办理性侵害未成年人刑事案件的意见》（2023年5月24日）（见第二百三十六条）

第十八条　在校园、游泳馆、儿童游乐场、学生集体宿舍等公共场所对未成年人实施强奸、猥亵犯罪，只要有其他多人在场，不论在场人员是否实际看到，均可以依照《刑法》第二百三十六条第三款、第二百三十七条的规定，认定为在公共场所"当众"强奸、猥亵。

4. 最高人民法院、最高人民检察院《关于办理强奸、猥亵未成年人刑事案件适用法律若干问题的解释》法释〔2023〕3号（2023年5月24日）（见第二百三十六条）

第七条 猥亵儿童，具有下列情形之一的，应当认定为《刑法》第二百三十七条第三款第三项规定的"造成儿童伤害或者其他严重后果"：

（一）致使儿童轻伤以上的；

（二）致使儿童自残、自杀的；

（三）对儿童身心健康造成其他伤害或者严重后果的情形。

第八条 猥亵儿童，具有下列情形之一的，应当认定为《刑法》第二百三十七条第三款第四项规定的"猥亵手段恶劣或者有其他恶劣情节"：

（一）以生殖器侵入肛门、口腔或以生殖器以外的身体部位、物品侵入被害人生殖器、肛门等方式实施猥亵的；

（二）有严重摧残、凌辱行为的；

（三）对猥亵过程或者被害人身体隐私部位制作视频、照片等影像资料，以此胁迫对被害人实施猥亵，或者致使影像资料向多人传播，暴露被害人身份的；

（四）采取其他恶劣手段实施猥亵或者有其他恶劣情节的情形。

第九条 胁迫、诱骗未成年人通过网络视频聊天或者发送视频、照片等方式，暴露身体隐私部位或者实施淫秽行为，符合《刑法》第二百三十七条规定的，以强制猥亵罪或者猥亵儿童罪定罪处罚。

胁迫、诱骗未成年人通过网络直播方式实施前款行为，同时符合《刑法》第二百三十七条、第三百六十五条的规定，构成强制猥亵罪、猥亵儿童罪、组织淫秽表演罪的，依照处罚较重的规定定罪处罚。

第二百三十八条【非法拘禁罪】 非法拘禁他人或者以其他方法非法剥夺他人人身自由的，处三年以下有期徒刑、拘役、管制或者剥夺政治权利。具有殴打、侮辱情节的，从重处罚。

犯前款罪，致人重伤的，处三年以上十年以下有期徒刑；致人死亡的，处十年以上有期徒刑。使用暴力致人伤残、死亡的，依照本法第二百三十四条【故意伤害罪】、第二百三十二条【故意杀人罪】的规定定罪处罚。

为索取债务非法扣押、拘禁他人的，依照前两款的规定处罚。

国家机关工作人员利用职权犯前三款罪的，依照前三款的规定从重处罚。

（相关解释）1. 最高人民检察院《关于渎职侵权犯罪案件立案标准的规定》高检发释字〔2006〕2号[①]

国家机关工作人员利用职权实施的非法拘禁案，应予立案：（1）非法剥夺他人人身自由二十四小时以上的；（2）非法剥夺他人人身自由，并使用械具或者捆绑等恶劣手段，或者实施殴打、侮辱、虐待行为的；（3）非法拘禁，造成被拘禁人轻伤、重伤、死亡的；（4）非法拘禁，情节严重，导致被拘禁人自杀、自残造成重伤、死亡，或者精神失常的；（5）非法拘禁三人次以上的；（6）司法工作人员对明知是没有违法犯罪事实的人而非法拘禁的；（7）其他非法拘禁应予追究刑事责任的情形。

2. 最高人民法院《关于对为索取法律不予保护的债务非法拘禁他人行为如何定罪问题的解释》法释〔2000〕19号

[①]本规定中的"多次"，是指三次以上。本规定中的"虽未达到上述数额标准"，是指接近上述数额标准且已达到该数额的百分之八十以上的。

行为人为索取高利贷、赌债等法律不予保护的债务，非法扣押、拘禁他人的，依照《刑法》第二百三十八条的规定定罪处罚。

3. 最高人民法院、最高人民检察院、公安部《关于办理组织领导传销活动刑事案件适用法律若干问题的意见》公通字〔2013〕37号

六、关于罪名的适用问题

犯组织、领导传销活动罪，并实施故意伤害、非法拘禁、敲诈勒索、妨害公务、聚众扰乱社会秩序、聚众冲击国家机关、聚众扰乱公共场所秩序、交通秩序等行为，构成犯罪的，依照数罪并罚的规定处罚。

4. 最高人民法院、最高人民检察院、公安部、司法部《关于办理黑恶势力犯罪案件若干问题的指导意见》法发〔2018〕1号（见第二百九十四条）

18.黑恶势力有组织地多次短时间非法拘禁他人的，应当认定为《刑法》第238条规定的"以其他方法非法剥夺他人人身自由"。非法拘禁他人3次以上、每次持续时间在4小时以上，或者非法拘禁他人累计时间在12小时以上的，应以非法拘禁罪定罪处罚。

5. 最高人民法院、最高人民检察院、公安部、司法部《关于办理实施"软暴力"的刑事案件若干问题的意见》（2019年4月9日）（见第二百九十四条）

六、有组织地多次短时间非法拘禁他人的，应当认定为《刑法》第二百三十八条规定的"以其他方法非法剥夺他人人身自由"。非法拘禁他人三次以上、每次持续时间在四小时以上，或者非法拘禁他人累计时间在十二小时以上的，应当以非法拘禁罪定罪处罚。

6. 最高人民法院、最高人民检察院、公安部、司法部《关于依法惩治妨害新型冠状病毒感染肺炎疫情防控违法犯罪的意见》法发〔2020〕7号（2020年2月6日）（具体见第一百一十五条）

（二）依法严惩暴力伤医犯罪。在疫情防控期间，故意伤害医务人员造成轻伤以上的严重后果，或者对医务人员实施撕扯防护装备、吐口水等行为，致使医务人员感染新型冠状病毒的，依照《刑法》第二百三十四条的规定，以故意伤害罪定罪处罚。

随意殴打医务人员，情节恶劣的，依照《刑法》第二百九十三条的规定，以寻衅滋事罪定罪处罚。

采取暴力或者其他方法公然侮辱、恐吓医务人员，符合《刑法》第二百四十六条、第二百九十三条规定的，以侮辱罪或者寻衅滋事罪定罪处罚。

以不准离开工作场所等方式非法限制医务人员人身自由，符合《刑法》第二百三十八条规定的，以非法拘禁罪定罪处罚。

7. 最高人民法院、最高人民检察院、公安部《关于依法办理"碰瓷"违法犯罪案件的指导意见》公通字〔2020〕12号（2020年9月22日）（具体见《刑法》第二百六十六条）

八、实施"碰瓷"，为索取财物，采取非法拘禁等方法非法剥夺他人人身自由或者非法搜查他人身体，符合《刑法》第二百三十八条、第二百四十五条规定的，分别以非法拘禁罪、非法搜查罪定罪处罚。

第二百三十九条【绑架罪】 以勒索财物为目的绑架他人的，或者绑架他人作为人质的，处十年以上有期徒刑或者无期徒刑，并处罚金或者没收财产；情节较轻的，处五年以上十年以下有期徒刑，并处罚金。

犯前款罪，杀害被绑架人的，或者故意伤害被绑架人，致人重伤、死亡的，处无期徒刑或者死刑，并处没收财产。

以勒索财物为目的偷盗婴幼儿的，依照前两款的规定处罚。【2015 年 11 月 1 日刑法修正案（九）】

【1997 年刑法】以勒索财物为目的绑架他人的，或者绑架他人作为人质的，处十年以上有期徒刑或者无期徒刑，并处罚金或者没收财产；致使被绑架人死亡或者杀害被绑架人的，处死刑，并处没收财产。

以勒索财物为目的偷盗婴幼儿的，依照前款的规定处罚。

【2009 年 2 月 28 日刑法修正案（七）】以勒索财物为目的绑架他人的，或者绑架他人作为人质的，处十年以上有期徒刑或者无期徒刑，并处罚金或者没收财产；情节较轻的，处五年以上十年以下有期徒刑，并处罚金。

犯前款罪，致使被绑架人死亡或者杀害被绑架人的，处死刑，并处没收财产。

以勒索财物为目的偷盗婴幼儿的，依照前两款的规定处罚。

（相关解释）**1. 最高人民法院《关于对在拐卖、绑架妇女（幼女）过程中又奸淫被害人的行为应如何定罪问题的批复》**法复〔1994〕6 号

在拐卖妇女（幼女）过程中，奸淫被拐卖的妇女（幼女）的，应当依照《全国人民代表大会常务委员会关于严惩拐卖、绑架妇女、儿童的犯罪分子的决定》第一条第一款第（三）项的规定定罪处罚。在绑架妇女（幼女）过程中，奸淫被绑架妇女（幼女）的，应以绑架妇女罪、绑架儿童罪或者绑架勒索罪从重处罚。

2. 最高人民法院研究室《关于对在绑架过程中以暴力、胁迫等手段当场劫取被害人财物的行为如何适用法律问题的答复》法函〔2001〕68 号

行为人在绑架过程中，又以暴力、胁迫等手段当场劫取被害人财物，构成犯罪的，择一重罪处罚。

3. 最高人民法院《关于审理抢劫、抢夺刑事案件适用法律若干问题的意见》法发〔2005〕8 号

3. 抢劫罪与绑架罪的界限

绑架罪是侵害他人人身自由权利的犯罪，其与抢劫罪的区别在于：第一，主观方面不尽相同。抢劫罪中，行为人一般出于非法占有他人财物的故意实施抢劫行为，绑架罪中，行为人既可能为勒索他人财物而实施绑架行为，也可能出于其他非经济目的实施绑架行为；第二，行为手段不尽相同。抢劫罪表现为行为人劫取财物一般应在同一时间、同一地点，具有"当场性"；绑架罪表现为行为人以杀害、伤害等方式向被绑架人的亲属或其他人或单位发出威胁，索取赎金或提出其他非法要求，劫取财物一般不具有"当场性"。

绑架过程中又当场劫取被害人随身携带财物的，同时触犯绑架罪和抢劫罪两罪名，应择一重罪定罪处罚。

4. 最高人民检察院《关于相对刑事责任年龄的人承担刑事责任范围有关问题的答复》〔2003〕高检研发第 13 号

相对刑事责任年龄的人实施了《刑法》第十七条第二款规定的行为，应当追究刑事责任的，其罪名应当根据所触犯的《刑法》分则具体条文认定。对于绑架后杀害被绑架人的，其罪名应认定为绑架罪。

（附参考）**1. 浙江省高级人民法院刑二庭《关于印发〈全省法院经济犯罪疑难问题研讨会纪要〉的通知》**浙高法刑二〔2005〕1 号

十四、抢劫罪与绑架罪、敲诈勒索罪的区分

抢劫罪与索财型绑架罪在犯罪主观方面、犯罪客体方面极为相似。二者主要有以下区

别：（1）行为手段不尽相同。抢劫罪是用对公私财物的所有人、保管人或者其他在场人当场实施暴力、以当场实施暴力相威胁或者利用其他当场侵犯人身的方法，迫使被害人当场交出财物或者当场夺走其财物；而索财型绑架罪，是将人掳走或限制其自由后，威胁被害人以外亲友等其他人，迫使其交出赎金；（2）实施犯罪行为的时间、地点不同。抢劫罪是当场使用暴力、胁迫等强制手段，当场取得财物，侵犯被害人人身权利和非法获取财物是在同一时间、同一地点完成的；而索财型绑架罪是先绑架人质，然后勒令强制交付财物，侵犯被害人人身权利和非法占有他人财物的行为有一定间隔，发生的地点一般也不同；（3）侵犯的对象不尽相同。抢劫罪表现为当场直接从被害人处将财物抢走；而索财型绑架罪中被勒令交付财产者不是被绑架者，而是他的亲友或其他人。

十六、抢劫行为与绑架行为部分重合时的定罪

对于预谋绑架且将被害人劫持后发现无勒索对象即向被绑架人本人勒索的情形的定罪问题，司法实践中存在争议。从犯罪构成上分析，行为人的行为分别构成绑架罪及抢劫罪，但绑架罪与抢劫罪在构成要件的部分事实上出现了重合，即绑架罪中的控制人质行为与抢劫罪中的劫持人质行为在两个犯罪构成中都需要加以评价。实践中可将控制人质的手段行为放在法定刑较重的犯罪中评价，而对另一犯罪行为仅作为量刑情节考虑，一般不需数罪并罚。

2. 浙江省高级人民法院《关于印发〈全省法院刑事审判疑难问题研讨会纪要〉的通知》

浙高法〔2012〕47号

四、关于绑架罪情节较轻的认定

《刑法修正案（七）》所规定的绑架罪"情节较轻"，是指绑架犯罪行为本身情节较轻，而不是指案发后行为人具有自首、立功、认罪悔罪等案后从轻处罚情节。犯罪行为本身情节是否较轻，应当根据主客观相统一原则，充分考虑绑架行为人的主观恶性和行为的客观危害，围绕绑架目的和动机是否卑劣、对象是否特殊、是否事出有因、暴力手段是否明显、情节是否恶劣、造成后果是否严重等因素进行综合分析后加以判定。

绑架后限制人身自由时间不长、尚未取得赎金即主动释放被绑架人，且未造成人身伤害后果的，可认定为情节较轻。

具有下列情形之一的，不应认定为情节较轻：（1）绑架造成他人轻伤以上后果的；（2）获得赎金数额巨大的；（3）造成其他严重后果或恶劣社会影响的。

第二百四十条【拐卖妇女、儿童罪】 拐卖妇女、儿童的，处五年以上十年以下有期徒刑，并处罚金；有下列情形之一的，处十年以上有期徒刑或者无期徒刑，并处罚金或者没收财产；情节特别严重的，处死刑，并处没收财产：

（一）拐卖妇女、儿童集团的首要分子；

（二）拐卖妇女、儿童三人以上的；

（三）奸淫被拐卖的妇女的；

（四）诱骗、强迫被拐卖的妇女卖淫或者将被拐卖的妇女卖给他人迫使其卖淫的；

（五）以出卖为目的，使用暴力、胁迫或者麻醉方法绑架妇女、儿童的；

（六）以出卖为目的，偷盗婴幼儿的；

（七）造成被拐卖的妇女、儿童或者其亲属重伤、死亡或者其他严重后果的；

（八）将妇女、儿童卖往境外的。

拐卖妇女、儿童是指以出卖为目的，有拐骗、绑架、收买、贩卖、接送、中转妇女、

儿童的行为之一的。

（相关解释）**1.最高人民法院《关于审理拐卖妇女案件适用法律有关问题的解释》**法释〔2000〕1号

第一条 《刑法》第二百四十条规定的拐卖妇女罪中的"妇女"，既包括具有中国国籍的妇女，也包括具有外国国籍和无国籍的妇女。被拐卖的外国妇女没有身份证明的，不影响对犯罪分子的定罪处罚。

第二条 外国人或者无国籍人拐卖外国妇女到我国境内被查获的，应当根据《刑法》第六条的规定，适用我国《刑法》定罪处罚。

第三条 对于外国籍被告人身份无法查明或者其国籍国拒绝提供有关身份证明，人民检察院根据刑事诉讼法第一百二十八条第二款的规定起诉的案件，人民法院应当依法受理。

2.最高人民法院、最高人民检察院、公安部、司法部《关于依法惩治拐卖妇女儿童犯罪的意见》法发〔2010〕7号

二、管辖

4.拐卖妇女、儿童犯罪案件依法由犯罪地的司法机关管辖。拐卖妇女、儿童犯罪的犯罪地包括拐出地、中转地、拐入地以及拐卖活动的途经地。如果由犯罪嫌疑人、被告人居住地的司法机关管辖更为适宜的，可以由犯罪嫌疑人、被告人居住地的司法机关管辖。

5.几个地区的司法机关都有权管辖的，一般由最先受理的司法机关管辖。犯罪嫌疑人、被告人或者被拐卖的妇女、儿童人数较多，涉及多个犯罪地的，可以移送主要犯罪地或者主要犯罪嫌疑人、被告人居住地的司法机关管辖。

6.相对固定的多名犯罪嫌疑人、被告人分别在拐出地、中转地、拐入地实施某一环节的犯罪行为，犯罪所跨地域较广，全案集中管辖有困难的，可以由拐出地、中转地、拐入地的司法机关对不同犯罪分子分别实施的拐出、中转和拐入犯罪行为分别管辖。

7.对管辖权发生争议的，争议各方应当本着有利于迅速查清犯罪事实，及时解救被拐卖的妇女、儿童，以及便于起诉、审判的原则，在法定期间内尽快协商解决；协商不成的，报请共同的上级机关确定管辖。

正在侦查中的案件发生管辖权争议的，在上级机关作出管辖决定前，受案机关不得停止侦查工作。

三、立案

8.具有下列情形之一，经审查，符合管辖规定的，公安机关应当立即以刑事案件立案，迅速开展侦查工作：

（1）接到拐卖妇女、儿童的报案、控告、举报的；

（2）接到儿童失踪或者已满十四周岁不满十八周岁的妇女失踪报案的；

（3）接到已满十八周岁的妇女失踪，可能被拐卖的报案的；

（4）发现流浪、乞讨的儿童可能系被拐卖的；

（5）发现有收买被拐卖妇女、儿童行为，依法应当追究刑事责任的；

（6）表明可能有拐卖妇女、儿童犯罪事实发生的其他情形的。

9.公安机关在工作中发现犯罪嫌疑人或者被拐卖的妇女、儿童，不论案件是否属于自己管辖，都应当首先采取紧急措施。经审查，属于自己管辖的，依法立案侦查；不属于自己管辖的，及时移送有管辖权的公安机关处理。

10.人民检察院要加强对拐卖妇女、儿童犯罪案件的立案监督，确保有案必立、有案必查。

四、证据

11.公安机关应当依照法定程序，全面收集能够证实犯罪嫌疑人有罪或者无罪、犯罪情节轻重的各种证据。

要特别重视收集、固定买卖妇女、儿童犯罪行为交易环节中钱款的存取证明、犯罪嫌疑人的通话清单、乘坐交通工具往来有关地方的票证、被拐卖儿童的 DNA 鉴定结论、有关监控录像、电子信息等客观性证据。

取证工作应当及时，防止时过境迁，难以弥补。

12.公安机关应当高度重视并进一步加强 DNA 数据库的建设和完善。对失踪儿童的父母，或者疑似被拐卖的儿童，应当及时采集血样进行检验，通过全国 DNA 数据库，为查获犯罪，帮助被拐卖的儿童及时回归家庭提供科学依据。

13.拐卖妇女、儿童犯罪所涉地区的办案单位应当加强协作配合。需要到异地调查取证的，相关司法机关应当密切配合；需要进一步补充查证的，应当积极支持。

五、定性

14.犯罪嫌疑人、被告人参与拐卖妇女、儿童犯罪活动的多个环节，只有部分环节的犯罪事实查证清楚、证据确实、充分的，可以对该环节的犯罪事实依法予以认定。

15.以出卖为目的强抢儿童，或者捡拾儿童后予以出卖，符合《刑法》第二百四十条第二款规定的，应当以拐卖儿童罪论处。

以抚养为目的的偷盗婴幼儿或者拐骗儿童，之后予以出卖的，以拐卖儿童罪论处。

16.以非法获利为目的，出卖亲生子女的，应当以拐卖妇女、儿童罪论处。

17.要严格区分借送养之名出卖亲生子女与民间送养行为的界限。区分的关键在于行为人是否具有非法获利的目的。应当通过审查将子女"送"人的背景和原因、有无收取钱财及收取钱财的多少、对方是否具有抚养目的及有无抚养能力等事实，综合判断行为人是否具有非法获利的目的。

具有下列情形之一的，可以认定属于出卖亲生子女，应当以拐卖妇女、儿童罪论处：

（1）将生育作为非法获利手段，生育后即出卖子女的；

（2）明知对方不具有抚养目的，或者根本不考虑对方是否具有抚养目的，为收取钱财将子女"送"给他人的；

（3）为收取明显不属于"营养费""感谢费"的巨额钱财将子女"送"给他人的；

（4）其他足以反映行为人具有非法获利目的的"送养"行为的。

不是出于非法获利目的，而是迫于生活困难，或者受重男轻女思想影响，私自将没有独立生活能力的子女送给他人抚养，包括收取少量"营养费""感谢费"的，属于民间送养行为，不能以拐卖妇女、儿童罪论处。对私自送养导致子女身心健康受到严重损害，或者具有其他恶劣情节，符合遗弃罪特征的，可以遗弃罪论处；情节显著轻微危害不大的，可由公安机关依法予以行政处罚。

18.将妇女拐卖给有关场所，致使被拐卖的妇女被迫卖淫或者从事其他色情服务的，以拐卖妇女罪论处。

有关场所的经营管理人员事前与拐卖妇女的犯罪人通谋的，对该经营管理人员以拐卖妇女罪的共犯论处；同时构成拐卖妇女罪和组织卖淫罪的，择一重罪论处。

19.医疗机构、社会福利机构等单位的工作人员以非法获利为目的，将所诊疗、护理、抚养的儿童贩卖给他人的，以拐卖儿童罪论处。

20.明知是被拐卖的妇女、儿童而收买，具有下列情形之一的，以收买被拐卖的妇女、儿童罪论处；同时构成其他犯罪的，依照数罪并罚的规定处罚：

（1）收买被拐卖的妇女后，违背被收买妇女的意愿，阻碍其返回原居住地的；

（2）阻碍对被收买妇女、儿童进行解救的；

（3）非法剥夺、限制被收买妇女、儿童的人身自由，情节严重，或者对被收买妇女、儿童有强奸、伤害、侮辱、虐待等行为的；

（4）所收买的妇女、儿童被解救后又再次收买，或者收买多名被拐卖的妇女、儿童的；

（5）组织、诱骗、强迫被收买的妇女、儿童从事乞讨、苦役，或者盗窃、传销、卖淫等违法犯罪活动的；

（6）造成被收买妇女、儿童或者其亲属重伤、死亡以及其他严重后果的；

（7）具有其他严重情节的。

被追诉前主动向公安机关报案或者向有关单位反映，愿意让被收买妇女返回原居住地，或者将被收买儿童送回其家庭，或者将被收买妇女、儿童交给公安、民政、妇联等机关、组织，没有其他严重情节的，可以不追究刑事责任。

六、共同犯罪

21.明知他人拐卖妇女、儿童，仍然向其提供被拐卖妇女、儿童的健康证明、出生证明或者其他帮助的，以拐卖妇女、儿童罪的共犯论处。

明知他人收买被拐卖的妇女、儿童，仍然向其提供被收买妇女、儿童的户籍证明、出生证明或者其他帮助的，以收买被拐卖的妇女、儿童罪的共犯论处，但是，收买人未被追究刑事责任的除外。

认定是否"明知"，应当根据证人证言、犯罪嫌疑人、被告人及其同案人供述和辩解，结合提供帮助的人次，以及是否明显违反相关规章制度、工作流程等，予以综合判断。

22.明知他人系拐卖儿童的"人贩子"，仍然利用从事诊疗、福利救助等工作的便利或者了解被拐卖方情况的条件，居间介绍的，以拐卖儿童罪的共犯论处。

23.对于拐卖妇女、儿童犯罪的共犯，应当根据各被告人在共同犯罪中的分工、地位、作用，参与拐卖的人数、次数，以及分赃数额等，准确区分主从犯。

对于组织、领导、指挥拐卖妇女、儿童的某一个或者某几个犯罪环节，或者积极参与实施拐骗、绑架、收买、贩卖、接送、中转妇女、儿童等犯罪行为，起主要作用的，应当认定为主犯。

对于仅提供被拐卖妇女、儿童信息或者相关证明文件，或者进行居间介绍，起辅助或者次要作用，没有获利或者获利较少的，一般可认定为从犯。

对于各被告人在共同犯罪中的地位、作用区别不明显的，可以不区分主从犯。

七、一罪与数罪

24.拐卖妇女、儿童，又奸淫被拐卖的妇女、儿童，或者诱骗、强迫被拐卖的妇女、儿童卖淫的，以拐卖妇女、儿童罪处罚。

25.拐卖妇女、儿童，又对被拐卖的妇女、儿童实施故意杀害、伤害、猥亵、侮辱等行为，构成其他犯罪的，依照数罪并罚的规定处罚。

26.拐卖妇女、儿童或者收买被拐卖的妇女、儿童，又组织、教唆被拐卖、收买的妇女、儿童进行犯罪的，以拐卖妇女、儿童罪或者收买被拐卖的妇女、儿童罪与其所组织、教唆的罪数罪并罚。

27.拐卖妇女、儿童或者收买被拐卖的妇女、儿童，又组织、教唆被拐卖、收买的未成年妇女、儿童进行盗窃、诈骗、抢夺、敲诈勒索等违反治安管理活动的，以拐卖妇女、儿童罪或者收买被拐卖的妇女、儿童罪与组织未成年人进行违反治安管理活动罪数罪并罚。

八、刑罚适用

28.对于拐卖妇女、儿童犯罪集团的首要分子，情节严重的主犯，累犯，偷盗婴幼儿、强抢儿童情节严重，将妇女、儿童卖往境外情节严重，拐卖妇女、儿童多人多次、造成伤亡后果，或者具有其他严重情节的，依法从重处罚；情节特别严重的，依法判处死刑。

拐卖妇女、儿童，并对被拐卖的妇女、儿童实施故意杀害、伤害、猥亵、侮辱等行为，数罪并罚决定执行的刑罚应当依法体现从严。

29.对于拐卖妇女、儿童的犯罪分子，应当注重依法适用财产刑，并切实加大执行力度，以强化刑罚的特殊预防与一般预防效果。

30.犯收买被拐卖的妇女、儿童罪，对被收买妇女、儿童实施违法犯罪活动或者将其作为牟利工具的，处罚时应当依法体现从严。

收买被拐卖的妇女、儿童，对被收买妇女、儿童没有实施摧残、虐待行为或者与其已形成稳定的婚姻家庭关系，但仍应依法追究刑事责任的，一般应当从轻处罚；符合缓刑条件的，可以依法适用缓刑。

收买被拐卖的妇女、儿童，犯罪情节轻微的，可以依法免予刑事处罚。

31.多名家庭成员或者亲友共同参与出卖亲生子女，或者"买人为妻""买人为子"构成收买被拐卖的妇女、儿童罪的，一般应当在综合考察犯意提起、各行为人在犯罪中所起作用等情节的基础上，依法追究其中罪责较重者的刑事责任。对于其他情节显著轻微危害不大，不认为是犯罪的，依法不追究刑事责任；必要时可以由公安机关予以行政处罚。

32.具有从犯、自首、立功等法定从宽处罚情节的，依法从轻、减轻或者免除处罚。

对被拐卖的妇女、儿童没有实施摧残、虐待等违法犯罪行为，或者能够协助解救被拐卖的妇女、儿童，或者具有其他酌定从宽处罚情节的，可以依法酌情从轻处罚。

33.同时具有从严和从宽处罚情节的，要在综合考察拐卖妇女、儿童的手段、拐卖妇女、儿童或者收买被拐卖妇女、儿童的人次、危害后果以及被告人主观恶性、人身危险性等因素的基础上，结合当地此类犯罪发案情况和社会治安状况，决定对被告人总体从严或者从宽处罚。

九、涉外犯罪

34.要进一步加大对跨国、跨境拐卖妇女、儿童犯罪的打击力度。加强双边或者多边"反拐"国际交流与合作，加强对被跨国、跨境拐卖的妇女、儿童的救助工作。依照我国缔结或者参加的国际条约的规定，积极行使所享有的权利，履行所承担的义务，及时请求或者提供各项司法协助，有效遏制跨国、跨境拐卖妇女、儿童犯罪。

3.公安部《关于打击拐卖妇女儿童犯罪适用法律和政策有关问题的意见》公通字〔2000〕25号

二、关于拐卖妇女、儿童犯罪

（一）要正确认定拐卖妇女、儿童罪。凡是拐卖妇女、儿童的，不论是哪个环节，只要是以出卖为目的，有拐骗、绑架、收买、贩卖、接送、中转妇女、儿童的行为之一的，均以拐卖妇女、儿童罪立案侦查。

（二）在办理拐卖妇女、儿童案件中，不论拐卖人数多少，是否获利，只要实施拐卖妇女、儿童行为的，均应当以拐卖妇女、儿童罪立案侦查。

（三）明知是拐卖妇女、儿童的犯罪分子而事先通谋，为其拐卖行为提供资助或者其他便利条件的，应当以拐卖妇女、儿童罪的共犯立案侦查。

（四）对拐卖过程中奸淫被拐卖妇女的；诱骗、强迫被拐卖的妇女卖淫或者将被拐卖的妇女卖给他人迫使其卖淫的；以出卖为目的使用暴力、胁迫、麻醉等方法绑架妇女、儿童的；以出卖为目的，偷盗婴幼儿的；造成被拐卖的妇女、儿童或者其亲属重伤、死亡或者其他严重后果的，均以拐卖妇女、儿童罪立案侦查。

（五）教唆他人实施拐卖妇女、儿童犯罪的，以拐卖妇女、儿童罪的共犯立案侦查。向他人传授拐卖妇女、儿童的犯罪方法的，以传授犯罪方法罪立案侦查。明知是拐卖妇女、儿童的犯罪分子，而在其实施犯罪后为其提供隐藏处所、财物，帮助其逃匿或者作假证明包庇的，以窝藏、包庇罪立案侦查。

（六）出卖亲生子女的，由公安机关依法没收非法所得，并处以罚款；以营利为目的，出卖不满十四周岁子女，情节恶劣的，以拐卖儿童罪立案侦查。

（七）出卖十四周岁以上女性亲属或者其他不满十四周岁亲属的，以拐卖妇女、儿童罪立案侦查。

（八）借收养名义拐卖儿童的，出卖捡拾的儿童的，均以拐卖儿童罪立案侦查。

（九）以勒索财物为目的，偷盗婴幼儿的，以绑架罪立案侦查。

（十）犯组织他人偷越国（边）境罪，对被组织的妇女、儿童有拐卖犯罪行为的，以组织他人偷越国（边）境罪和拐卖妇女、儿童罪立案侦查。

（十一）非以出卖为目的，拐骗不满十四周岁的未成年人脱离家庭或者监护人的，以拐骗儿童罪立案侦查。

（十二）教唆被拐卖、拐骗、收买的未成年人实施盗窃、诈骗等犯罪行为的，应当以盗窃罪、诈骗罪等犯罪的共犯立案侦查。

办案中，要正确区分罪与非罪、罪与罪的界限，特别是拐卖妇女罪与介绍婚姻收取钱物行为、拐卖儿童罪与收养中介行为、拐卖儿童罪与拐骗儿童罪，以及绑架儿童罪与拐卖儿童罪的界限，防止扩大打击面或者放纵犯罪。

三、关于收买被拐卖的妇女、儿童犯罪

（一）收买被拐卖的妇女、儿童的，以收买被拐卖的妇女、儿童罪立案侦查。

（二）收买被拐卖的妇女、儿童，并有下列犯罪行为的，同时以收买被拐卖的妇女、儿童罪和下列罪名立案侦查：

1.违背被拐卖妇女的意志，强行与其发生性关系的，以强奸罪立案侦查。

2.明知收买的妇女是精神病患者（间歇性精神病患者在发病期间）或者痴呆者（程度严重的）而与其发生性关系的，以强奸罪立案侦查。

3.与收买的不满十四周岁的幼女发生性关系的，不论被害人是否同意，均以奸淫幼女罪立案侦查。

4.非法剥夺、限制被拐卖的妇女、儿童人身自由的，或者对其实施伤害、侮辱、猥亵等犯罪行为的，以非法拘禁罪，或者伤害罪、侮辱罪、强制猥亵妇女罪、猥亵儿童罪等犯罪立案侦查。

5.明知被拐卖的妇女是现役军人的妻子而与之同居或者结婚的，以破坏军婚罪立案侦查。

（三）收买被拐卖的妇女、儿童后又出卖的，以拐卖妇女、儿童罪立案侦查。

（四）凡是帮助买主实施强奸、伤害、非法拘禁被拐卖的妇女、儿童等犯罪行为的，应当分别以强奸罪、伤害罪、非法拘禁罪等犯罪的共犯立案侦查。

（五）收买被拐卖的妇女、儿童，按照被买妇女的意愿，不阻碍其返回原居住地的，对被买儿童没有虐待行为，不阻碍对其进行解救的，可以不追究刑事责任。

4.最高人民法院《全国法院维护农村稳定刑事审判工作座谈会纪要》法〔1999〕217号

（六）关于拐卖妇女、儿童犯罪案件

要从严惩处拐卖妇女、儿童犯罪团伙的首要分子和以拐卖妇女、儿童为常业的"人贩子"。

要严格把握此类案件罪与非罪的界限。对于买卖至亲的案件，要区别对待：以贩卖牟利为目的的"收养"子女的，应以拐卖儿童罪处理；对那些迫于生活困难、受重男轻女思想影响而出卖亲生子女或收养子女的，可不作为犯罪处理；对于出卖子女确属情节恶劣的，可按遗弃罪处罚；对于那些确属介绍婚姻，且被介绍的男女双方相互了解对方的基本情况，或者确属介绍收养，并经被收养人父母同意的，尽管介绍的人数较多，从中收取财物较多，也不应作犯罪处理。

5. 最高人民法院《关于审理拐卖妇女儿童犯罪案件具体应用法律若干问题的解释》法释〔2016〕28号

为依法惩治拐卖妇女、儿童犯罪，切实保障妇女、儿童的合法权益，维护家庭和谐与社会稳定，根据《刑法》有关规定，结合司法实践，现就审理此类案件具体应用法律的若干问题解释如下：

第一条　对婴幼儿采取欺骗、利诱等手段使其脱离监护人或者看护人的，视为《刑法》第二百四十条第一款第（六）项规定的"偷盗婴幼儿"。

第二条　医疗机构、社会福利机构等单位的工作人员以非法获利为目的，将所诊疗、护理、抚养的儿童出卖给他人的，以拐卖儿童罪论处。

第三条　以介绍婚姻为名，采取非法扣押身份证件、限制人身自由等方式，或者利用妇女人地生疏、语言不通、孤立无援等境况，违背妇女意志，将其出卖给他人的，应当以拐卖妇女罪追究刑事责任。

以介绍婚姻为名，与被介绍妇女串通骗取他人钱财，数额较大的，应当以诈骗罪追究刑事责任。

第四条　在国家机关工作人员排查来历不明儿童或者进行解救时，将所收买的儿童藏匿、转移或者实施其他妨碍解救行为，经说服教育仍不配合的，属于《刑法》第二百四十一条第六款规定的"阻碍对其进行解救"。

第五条　收买被拐卖的妇女，业已形成稳定的婚姻家庭关系，解救时被买妇女自愿继续留在当地共同生活的，可以视为"按照被买妇女的意愿，不阻碍其返回原居住地"。

第六条　收买被拐卖的妇女、儿童后又组织、强迫卖淫或者组织乞讨、进行违反治安管理活动等构成其他犯罪的，依照数罪并罚的规定处罚。

第七条　收买被拐卖的妇女、儿童，又以暴力、威胁方法阻碍国家机关工作人员解救被收买的妇女、儿童，或者聚众阻碍国家机关工作人员解救被收买的妇女、儿童，构成妨害公务罪、聚众阻碍解救被收买的妇女、儿童罪的，依照数罪并罚的规定处罚。

第八条　出于结婚目的收买被拐卖的妇女，或者出于抚养目的收买被拐卖的儿童，涉及多名家庭成员、亲友参与的，对其中起主要作用的人员应当依法追究刑事责任。

第九条　《刑法》第二百四十条、第二百四十一条规定的儿童，是指不满十四周岁的人。其中，不满一周岁的为婴儿，一周岁以上不满六周岁的为幼儿。

第十条　本解释自2017年1月1日起施行。

第二百四十一条【收买被拐卖的妇女、儿童罪】　收买被拐卖的妇女、儿童的，处三年以下有期徒刑、拘役或者管制。

收买被拐卖的妇女，强行与其发生性关系的，依照本法第二百三十六条【强奸罪】的规定定罪处罚。

收买被拐卖的妇女，儿童，非法剥夺、限制其人身自由或者有伤害、侮辱等犯罪行为的，依照本法的有关规定定罪处罚。

收买被拐卖的妇女，儿童，并有第二款、第三款规定的犯罪行为的，依照数罪并罚的规定处罚。

收买被拐卖的妇女，儿童又出卖的，依照本法第二百四十条【拐卖妇女、儿童罪】的规定定罪处罚。

收买被拐卖的妇女、儿童，对被买儿童没有虐待行为，不阻碍对其进行解救的，可以从轻处罚；按照被买妇女的意愿，不阻碍其返回原居住地的，可以从轻或者减轻处罚。【2015年11月1日刑法修正案（九）】

【1997年刑法】收买被拐卖的妇女、儿童的，处三年以下有期徒刑、拘役或者管制。

收买被拐卖的妇女，强行与其发生性关系的，依照本法第二百三十六条的规定定罪处罚。

收买被拐卖的妇女、儿童，非法剥夺、限制其人身自由或者有伤害、侮辱等犯罪行为的，依照本法的有关规定定罪处罚。

收买被拐卖的妇女、儿童，并有第二款、第三款规定的犯罪行为的，依照数罪并罚的规定处罚。

收买被拐卖的妇女、儿童又出卖的，依照本法第二百四十条的规定定罪处罚。

收买被拐卖的妇女、儿童，按照被买妇女的意愿，不阻碍其返回原居住地的，对被买儿童没有虐待行为，不阻碍对其进行解救的，可以不追究刑事责任。

（相关解释）**1. 公安部《关于打击拐卖妇女儿童犯罪适用法律和政策有关问题的意见》**公通字〔2000〕25号

三、关于收买被拐卖的妇女、儿童犯罪

（一）收买被拐卖的妇女、儿童的，以收买被拐卖的妇女、儿童罪立案侦查。

（二）收买被拐卖的妇女、儿童，并有下列犯罪行为的，同时以收买被拐卖的妇女、儿童罪和下列罪名立案侦查：

1. 违背被拐卖妇女的意志，强行与其发生性关系的，以强奸罪立案侦查。

2. 明知收买的妇女是精神病患者（间歇性精神病患者在发病期间）或者痴呆者（程度严重的）而与其发生性关系的，以强奸罪立案侦查。

3. 与收买的不满十四周岁的幼女发生性关系的，不论被害人是否同意，均以奸淫幼女罪立案侦查。

4. 非法剥夺、限制被拐卖的妇女、儿童人身自由的，或者对其实施伤害、侮辱、猥亵等犯罪行为的，以非法拘禁罪，或者伤害罪、侮辱罪、强制猥亵妇女罪、猥亵儿童罪等犯罪立案侦查。

5. 明知被拐卖的妇女是现役军人的妻子而与之同居或者结婚的，以破坏军婚罪立案侦查。

（三）收买被拐卖的妇女、儿童后又出卖的，以拐卖妇女、儿童罪立案侦查。

（四）凡是帮助买主实施强奸、伤害、非法拘禁被拐卖的妇女、儿童等犯罪行为的，应当分别以强奸罪、伤害罪、非法拘禁罪等犯罪的共犯立案侦查。

2. 最高人民法院《关于审理拐卖妇女儿童犯罪案件具体应用法律若干问题的解释》法释〔2016〕28号（见第二百四十条）

第四条 在国家机关工作人员排查来历不明儿童或者进行解救时，将所收买的儿童藏匿、转移或者实施其他妨碍解救行为，经说服教育仍不配合的，属于《刑法》第二百四十一条第六款规定的"阻碍对其进行解救"。

第五条　收买被拐卖的妇女，业已形成稳定的婚姻家庭关系，解救时被买妇女自愿继续留在当地共同生活的，可以视为"按照被买妇女的意愿，不阻碍其返回原居住地"。

第二百四十二条　以暴力、威胁方法阻碍国家机关工作人员解救被收买的妇女、儿童的，依照本法第二百七十七条【妨害公务罪】的规定定罪处罚。

【聚众阻碍解救被收买的妇女、儿童罪】　聚众阻碍国家机关工作人员解救被收买的妇女、儿童的首要分子，处五年以下有期徒刑或者拘役；其他参与者使用暴力、威胁方法的，依照前款的规定处罚。

（相关解释）**最高人民法院《关于审理拐卖妇女儿童犯罪案件具体应用法律若干问题的解释》**法释〔2016〕28号（见第二百四十条）

第七条　收买被拐卖的妇女、儿童，又以暴力、威胁方法阻碍国家机关工作人员解救被收买的妇女、儿童，或者聚众阻碍国家机关工作人员解救被收买的妇女、儿童，构成妨害公务罪、聚众阻碍解救被收买的妇女、儿童罪的，依照数罪并罚的规定处罚。

第二百四十三条【诬告陷害罪】　捏造事实诬告陷害他人，意图使他人受刑事追究，情节严重的，处三年以下有期徒刑、拘役或者管制；造成严重后果的，处三年以上十年以下有期徒刑。

国家机关工作人员犯前款罪的，从重处罚。

不是有意诬陷，而是错告，或者检举失实的，不适用前两款的规定。

（附参考）**浙江省高级人民法院、浙江省人民检察院、浙江省公安厅《关于依法处理妨碍政法干警履行法定职责违法行为的指导意见》**2015年3月2日（见第二百九十条）

（七）捏造政法干警犯罪的事实，向有关国家机关告发，意图使政法干警受刑事追究或者治安管理处罚的，以诬告陷害定性处理。

第二百四十四条【强迫劳动罪】　以暴力、威胁或者限制人身自由的方法强迫他人劳动的，处三年以下有期徒刑或者拘役，并处罚金；情节严重的，处三年以上十年以下有期徒刑，并处罚金。

明知他人实施前款行为，为其招募、运送人员或者有其他协助强迫他人劳动行为的，依照前款的规定处罚。

单位犯前两款罪的，对单位判处罚金，并对其直接负责的主管人员和其他直接责任人员，依照第一款的规定处罚。【2011年5月1日刑法修正案（八）】

【1997年刑法】用人单位违反劳动管理法规，以限制人身自由方法强迫职工劳动，情节严重的，对直接责任人员，处三年以下有期徒刑或者拘役，并处或者单处罚金。

（相关解释）**最高人民检察院、公安部《关于公安机关管辖的刑事案件立案追诉标准的规定（一）的补充规定》**公通字〔2017〕12号

六、将《立案追诉标准（一）》第三十一条修改为：【强迫劳动案（《刑法》第二百四十四条）】以暴力、威胁或者限制人身自由的方法强迫他人劳动的，应予立案追诉。

明知他人以暴力、威胁或者限制人身自由的方法强迫他人劳动，为其招募、运送人员或者有其他协助强迫他人劳动行为的，应予立案追诉。

（附参考）**浙江省高级人民法院《关于部分罪名定罪量刑情节及数额标准的意见》**浙高法〔2012〕325号

62.《刑法》第二百四十四条【强迫劳动罪】

具有下列情形之一的，属于"情节严重"，处三年以上十年以下有期徒刑，并处罚金：

（1）造成人员伤亡或者患职业病的；

（2）强迫10人以上劳动的；

（3）因强迫他人劳动受过行政处罚二次以上，又强迫他人劳动的；

（4）强迫妇女从事井下劳动、国家规定的第四级体力劳动强度的劳动或者其他禁忌从事的劳动，或者强迫处于经期、孕期和哺乳期妇女从事国家规定的第三级体力劳动强度以上的劳动或者其他禁忌从事的劳动的；

（5）强迫未成年人从事国家规定的第四级体力劳动强度的劳动，或者从事高空、井下劳动，或者在爆炸性、易燃性、放射性、毒害性等危险环境下从事劳动的；

（6）情节严重的其他情形。

第二百四十四条之一【雇用童工从事危重劳动罪】 违反劳动管理法规，雇用未满十六周岁的未成年人从事超强度体力劳动的，或者从事高空、井下作业的，或者在爆炸性、易燃性、放射性、毒害性等危险环境下从事劳动，情节严重的，对直接责任人员，处三年以下有期徒刑或者拘役，并处罚金；情节特别严重的，处三年以上七年以下有期徒刑，并处罚金。

有前款行为，造成事故，又构成其他犯罪的，依照数罪并罚的规定处罚。【2002年12月28日刑法修正案（四）】

（相关解释）**最高人民检察院、公安部《关于公安机关管辖的刑事案件立案追诉标准的规定（一）》**公通字〔2008〕36号

违反劳动管理法规，雇用未满十六周岁的未成年人从事国家规定的第四级体力劳动强度的劳动，或者从事高空、井下劳动，或者在爆炸性、易燃性、放射性、毒害性等危险环境下从事劳动，涉嫌下列情形之一的，应予立案追诉：（1）造成未满十六周岁的未成年人伤亡或者对其身体健康造成严重危害的；（2）雇用未满十六周岁的未成年人三人以上的；（3）以强迫、欺骗等手段雇用未满十六周岁的未成年人从事危重劳动的；（4）其他情节严重的情形。

（附参考）**浙江省高级人民法院《关于部分罪名定罪量刑情节及数额标准的意见》**浙高法〔2012〕325号

63.《刑法》第二百四十四条之一【雇用童工从事危重劳动罪】

第三十二条 【雇用童工从事危重劳动案（《刑法》第二百四十四条之一）】具有下列情形之一的，属于"情节严重"，处三年以下有期徒刑或者拘役，并处罚金：

（1）造成不满十六周岁的未成年人身体健康受到严重伤害的；

（2）雇用不满十六周岁的未成年人3人以上不满10人的；

（3）情节严重的其他情形。

具有下列情形之一的，属于"情节特别严重"，处三年以上七年以下有期徒刑，并处罚金：

（1）造成不满十六周岁的未成年人死亡或者重伤3人以上的；

（2）雇用不满十六周岁的未成年人10人以上的；

（3）情节特别严重的其他情形。

第二百四十五条【非法搜查罪】【非法侵入住宅罪】 非法搜查他人身体、住宅，或者非法侵入他人住宅的，处三年以下有期徒刑或者拘役。

司法工作人员滥用职权，犯前款罪的，从重处罚。

（相关解释）1.最高人民检察院《关于渎职侵权犯罪案件立案标准的规定》高检发释字〔2006〕2号

国家机关工作人员利用职权非法搜查，应予立案：（1）非法搜查他人身体、住宅，并实施殴打、侮辱等行为的；（2）非法搜查，情节严重，导致被搜查人或者其近亲属自杀、自残造成重伤、死亡，或者精神失常的；（3）非法搜查，造成财物严重损坏的；（4）非法搜查三人（户）次以上的；（5）司法工作人员对明知是与涉嫌犯罪无关的人身、住宅非法搜查的；（6）其他非法搜查应予追究刑事责任的情形。

2.最高人民法院、最高人民检察院、公安部、司法部《关于办理实施"软暴力"的刑事案件若干问题的意见》（2019年4月9日）（见第二百九十四条）

七、以"软暴力"手段非法进入或者滞留他人住宅的，应当认定为《刑法》第二百四十五条规定的"非法侵入他人住宅"，同时符合其他犯罪构成要件的，应当以非法侵入住宅罪定罪处罚。

3.最高人民法院、最高人民检察院、公安部《关于依法办理"碰瓷"违法犯罪案件的指导意见》公通字〔2020〕12号（2020年9月22日）（具体见《刑法》第二百六十六条）

八、实施"碰瓷"，为索取财物，采取非法拘禁等方法非法剥夺他人人身自由或者非法搜查他人身体，符合《刑法》第二百三十八条、第二百四十五条规定的，分别以非法拘禁罪、非法搜查罪定罪处罚。

（附参考）1.浙江省高级人民法院、浙江省人民检察院、浙江省公安厅《关于办理盗窃案件适用法律若干问题的意见》浙检会（研）〔2006〕18号

入户盗窃，虽不构成盗窃罪，可以非法侵入他人住宅罪追究刑事责任：（1）以翻窗、撬门、开锁手段入户的；（2）携带凶器入户或者入户后准备凶器的；（3）对户内财物进行破坏并造成严重后果的；（4）对户内人员造成严重精神损害的；（5）其他严重影响他人正常生活和居住安全的。

2.宁波市中级人民法院、宁波市人民检察院、宁波市公安局《关于贯彻宽严相济刑事司法政策若干问题的意见》甬公通字〔2008〕134号

入户盗窃，不能以盗窃罪追究刑事责任，但具有下列情形之一的，可以非法侵入住宅罪追究刑事责任：（1）以撞门、撬窗、挖洞、技术开锁等带有破坏性、技术性、危险性手段入户的；（2）携带管制刀具、弓弩、枪支、爆炸物等足以对人身安全造成危险的管制器械或者违禁入户的；（3）故意损害户内财物，价值数一千元以上的。

第二百四十六条【侮辱罪】【诽谤罪】 以暴力或者其他方法公然侮辱他人或者捏造事实诽谤他人，情节严重的，处三年以下有期徒刑、拘役、管制或者剥夺政治权利。

前款罪，告诉的才处理，但是严重危害社会秩序和国家利益的除外。

通过信息网络实施第一款规定的行为，被害人向人民法院告诉，但提供证据确有困难的，人民法院可以要求公安机关提供协助。【2015年11月1日刑法修正案（九）】

【1997年刑法】以暴力或者其他方法公然侮辱他人或者捏造事实诽谤他人，情节严重

的，处三年以下有期徒刑、拘役、管制或者剥夺政治权利。

前款罪，告诉的才处理，但是严重危害社会秩序和国家利益的除外。

（相关解释）**1. 最高人民法院《关于审理非法出版物刑事案件具体应用法律若干问题的解释》**法释〔1998〕30号

在出版物中公然侮辱他人或者捏造事实诽谤他人，情节严重的，依照《刑法》第二百四十六条的规定，分别以侮辱罪或者诽谤罪定罪处罚。

2. 最高人民法院、最高人民检察院《关于办理组织和利用邪教组织犯罪案件具体应用法律若干问题的解释（二）》法释〔2001〕19号

第三条 制作、传播邪教宣传品，公然侮辱他人或者捏造事实诽谤他人的，依照《刑法》第二百四十六条的规定，以侮辱罪或者诽谤罪定罪处罚。

第四条 制作、传播的邪教宣传品具有煽动分裂国家、破坏国家统一，煽动颠覆国家政权、推翻社会主义制度，侮辱、诽谤他人，严重危害社会秩序和国家利益，或者破坏国家法律、行政法规实施等内容，其行为同时触犯《刑法》第一百零三条第二款、第一百零五条第二款、第二百四十六条、第三百条第一款等规定的，依照处罚较重的规定定罪处罚。

3. 最高人民法院、最高人民检察院《关于办理利用信息网络实施诽谤等刑事案件适用法律若干问题的解释》法释〔2013〕21号

第一条 具有下列情形之一的，应当认定为《刑法》第二百四十六条第一款规定的"捏造事实诽谤他人"：

（一）捏造损害他人名誉的事实，在信息网络上散布，或者组织、指使人员在信息网络上散布的；

（二）将信息网络上涉及他人的原始信息内容篡改为损害他人名誉的事实，在信息网络上散布，或者组织、指使人员在信息网络上散布的；

明知是捏造的损害他人名誉的事实，在信息网络上散布，情节恶劣的，以"捏造事实诽谤他人"论。

第二条 利用信息网络诽谤他人，具有下列情形之一的，应当认定为《刑法》第二百四十六条第一款规定的"情节严重"：

（一）同一诽谤信息实际被点击、浏览次数达到五千次以上，或者被转发次数达到五百次以上的；

（二）造成被害人或者其近亲属精神失常、自残、自杀等严重后果的；

（三）二年内曾因诽谤受过行政处罚，又诽谤他人的；

（四）其他情节严重的情形。

第三条 利用信息网络诽谤他人，具有下列情形之一的，应当认定为《刑法》第二百四十六条第二款规定的"严重危害社会秩序和国家利益"：

（一）引发群体性事件的；

（二）引发公共秩序混乱的；

（三）引发民族、宗教冲突的；

（四）诽谤多人，造成恶劣社会影响的；

（五）损害国家形象，严重危害国家利益的；

（六）造成恶劣国际影响的；

（七）其他严重危害社会秩序和国家利益的情形。

第四条 一年内多次实施利用信息网络诽谤他人行为未经处理，诽谤信息实际被点击、

浏览、转发次数累计计算构成犯罪的，应当依法定罪处罚。

第八条 明知他人利用信息网络实施诽谤、寻衅滋事、敲诈勒索、非法经营等犯罪，为其提供资金、场所、技术支持等帮助的，以共同犯罪论处。

第九条 利用信息网络实施诽谤、寻衅滋事、敲诈勒索、非法经营犯罪，同时又构成《刑法》第二百二十一条规定的损害商业信誉、商品声誉罪，第二百七十八条规定的煽动暴力抗拒法律实施罪，第二百九十一条之一规定的编造、故意传播虚假恐怖信息罪等犯罪的，依照处罚较重的规定定罪处罚。

第十条 本解释所称信息网络，包括以计算机、电视机、固定电话机、移动电话机等电子设备为终端的计算机互联网、广播电视网、固定通信网、移动通信网等信息网络，以及向公众开放的局域网络。

4. 最高人民法院、最高人民检察院、公安部、司法部《关于依法惩治妨害新型冠状病毒感染肺炎疫情防控违法犯罪的意见》法发〔2020〕7号（2020年2月6日）（具体见第一百一十五条）

（二）依法严惩暴力伤医犯罪。在疫情防控期间，故意伤害医务人员造成轻伤以上的严重后果，或者对医务人员实施撕扯防护装备、吐口水等行为，致使医务人员感染新型冠状病毒的，依照《刑法》第二百三十四条的规定，以故意伤害罪定罪处罚。

随意殴打医务人员，情节恶劣的，依照《刑法》第二百九十三条的规定，以寻衅滋事罪定罪处罚。

采取暴力或者其他方法公然侮辱、恐吓医务人员，符合《刑法》第二百四十六条、第二百九十三条规定的，以侮辱罪或者寻衅滋事罪定罪处罚。

以不准离开工作场所等方式非法限制医务人员人身自由，符合《刑法》第二百三十八条规定的，以非法拘禁罪定罪处罚。

（附参考）浙江省高级人民法院、浙江省人民检察院、浙江省公安厅《关于依法处理妨碍政法干警履行法定职责违法行为的指导意见》（见第二百九十条）

（六）使用暴力或张贴、散发文字、图像等方法，公然败坏政法干警名誉的，以侮辱行为定性处理。情节严重的，以侮辱行为严重危害社会秩序和国家利益定性处理。

（七）捏造政法干警犯罪的事实，向有关国家机关告发，意图使政法干警受刑事追究或者治安管理处罚的，以诬告陷害定性处理。

（八）对政法干警进行诽谤，有下列情形之一的，以诽谤行为定性处理：

1.捏造损害政法干警名誉的事实进行散布；

2.捏造损害政法干警名誉的事实，在信息网络上散布，或者组织、指使人员在信息网络上散布；

3.将信息网络上涉及政法干警的原始信息内容篡改为损害名誉的事实，在信息网络上散布，或者组织、指使人员在信息网络上散布；

4.明知是捏造的损害政法干警名誉的事实，在信息网络上散布。

实施上述行为，情节严重的，以诽谤行为严重危害社会秩序和国家利益定性处理。

第二百四十七条【刑讯逼供罪，暴力取证罪】 司法工作人员对犯罪嫌疑人、被告人实行刑讯逼供或者使用暴力逼取证人证言的，处三年以下有期徒刑或者拘役。致人伤残、死亡的，依照本法第二百三十四条【故意伤害罪】、第二百三十二条【故意杀人罪】的规定定罪从重处罚。

（相关解释）**最高人民检察院《关于渎职侵权犯罪案件立案标准的规定》**高检发释字
〔2006〕2 号

刑讯逼供罪是指司法工作人员对犯罪嫌疑人、被告人使用肉刑或者变相肉刑逼取口供
的行为。涉嫌下列情形之一的，应予立案：（1）以殴打、捆绑、违法使用械具等恶劣手
段逼取口供的；（2）以较长时间冻、饿、晒、烤等手段逼取口供，严重损害犯罪嫌疑人、
被告人身体健康的；（3）刑讯逼供造成犯罪嫌疑人、被告人轻伤、重伤、死亡的；（4）
刑讯逼供，情节严重，导致犯罪嫌疑人、被告人自杀、自残造成重伤、死亡，或者精神失
常的；（5）刑讯逼供，造成错案的；（6）刑讯逼供三人次以上的；（7）纵容、授意、
指使、强迫他人刑讯逼供，具有上述情形之一的；（8）其他刑讯逼供应予追究刑事责任
的情形。

暴力取证罪是指司法工作人员以暴力逼取证人证言的行为。涉嫌下列情形之一的，应
予立案：（1）以殴打、捆绑、违法使用械具等恶劣手段逼取证人证言的；（2）暴力取
证造成证人轻伤、重伤、死亡的；（3）暴力取证，情节严重，导致证人自杀、自残造成
重伤、死亡，或者精神失常的；（4）暴力取证，造成错案的；（5）暴力取证三人次以上
的；（6）纵容、授意、指使、强迫他人暴力取证，具有上述情形之一的；（7）其他暴力
取证应予追究刑事责任的情形。

第二百四十八条【虐待被监管人罪】 监狱、拘留所、看守所等监管机构的监管人员
对被监管人进行殴打或者体罚虐待，情节严重的，处三年以下有期徒刑或者拘役；情节特
别严重的，处三年以上十年以下有期徒刑。致人伤残、死亡的，依照本法第二百三十四条
【故意伤害罪】、第二百三十二条【故意杀人罪】的规定定罪从重处罚。

监管人员指使被监管人殴打或者体罚虐待其他被监管人的，依照前款的规定处罚。

（相关解释）**1.最高人民检察院《关于渎职侵权犯罪案件立案标准的规定》**高检发释
字〔2006〕2 号

虐待被监管人罪是指监狱、拘留所、看守所、拘役所、劳教所等监管机构的监管人员对
被监管人进行殴打或者体罚虐待，情节严重的行为。涉嫌下列情形之一的，应予立案：（1）
以殴打、捆绑、违法使用械具等恶劣手段虐待被监管人的；（2）以较长时间冻、饿、晒、
烤等手段虐待被监管人，严重损害其身体健康的；（3）虐待造成被监管人轻伤、重伤、死
亡的；（4）虐待被监管人，情节严重，导致被监管人自杀、自残造成重伤、死亡，或者精
神失常的；（5）殴打或者体罚虐待三人次以上的；（6）指使被监管人殴打、体罚虐待其他
被监管人，具有上述情形之一的；（7）其他情节严重的情形。

**2.最高人民检察院《关于受监管机关正式聘用或委托履行监管职务的人员能否成为体
罚虐待人犯罪和私放罪犯罪主体的批复》**高检发研字〔1994〕1 号

经研究，我们认为，根据《刑法》第八十四条和第一百八十九条、第一百九十条的规
定，受监管机关正式聘用或委托实际履行监管职务的人员是有监管人犯职务的人员。上述
人员违反监管法规，体罚、虐待被监管人犯，情节严重的，或者私放罪犯的，应分别以体
罚、虐待人犯罪或私放罪犯罪追究刑事责任。

**3.最高人民检察院《关于强制隔离戒毒所工作人员能否成为虐待被监管人罪主体问题
的批复》**高检发释字〔2015〕2 号

河北省人民检察院：

你院冀检呈字〔2014〕46 号《关于强制隔离戒毒所工作人员能否成为《刑法》第二百

四十八条虐待被监管人罪主体的请示》收悉。经研究，批复如下：

根据有关法律规定，强制隔离戒毒所是对符合特定条件的吸毒成瘾人员限制人身自由，进行强制隔离戒毒的监管机构，其履行监管职责的工作人员属于《刑法》第二百四十八条规定的监管人员。

对于强制隔离戒毒所监管人员殴打或者体罚虐待戒毒人员，或者指使戒毒人员殴打、体罚虐待其他戒毒人员，情节严重的，应当适用《刑法》第二百四十八条的规定，以虐待被监管人罪追究刑事责任；造成戒毒人员伤残、死亡后果的，应当依照《刑法》第二百三十四条、第二百三十二条的规定，以故意伤害罪、故意杀人罪从重处罚。

第二百四十九条【煽动民族仇恨、民族歧视罪】 煽动民族仇恨、民族歧视，情节严重的，处三年以下有期徒刑、拘役、管制或者剥夺政治权利；情节特别严重的，处三年以上十年以下有期徒刑。

（相关解释）**最高人民法院 最高人民检察院 公安部《关于办理暴力恐怖和宗教极端刑事案件适用法律若干问题的意见》**公通字〔2014〕34号（具体参照第一百二十条）

二、准确认定案件性质

（三）实施下列行为之一，煽动分裂国家、破坏国家统一的，以煽动分裂国家罪定罪处罚：

1.组织、纠集他人，宣扬、散布、传播宗教极端、暴力恐怖思想的；

2.出版、印刷、复制、发行载有宣扬宗教极端、暴力恐怖思想内容的图书、期刊、音像制品、电子出版物或者制作、印刷、复制载有宣扬宗教极端、暴力恐怖思想内容的传单、图片、标语、报纸的；

3.通过建立、开办、经营、管理网站、网页、论坛、电子邮件、博客、微博、即时通讯工具、群组、聊天室、网络硬盘、网络电话、手机应用软件及其他网络应用服务，或者利用手机、移动存储介质、电子阅读器等登载、张贴、复制、发送、播放、演示载有宗教极端、暴力恐怖思想内容的图书、文稿、图片、音频、视频、音像制品及相关网址，宣扬、散布、传播宗教极端、暴力恐怖思想的；

4.制作、编译、编撰、编辑、汇编或者从境外组织、机构、个人、网站直接获取载有宣扬宗教极端、暴力恐怖思想内容的图书、文稿、图片、音像制品等，供他人阅读、观看、收听、出版、印刷、复制、发行、传播的；

5.设计、制造、散发、邮寄、销售、展示含有宗教极端、暴力恐怖思想内容的标识、标志物、旗帜、徽章、服饰、器物、纪念品的；

6.以其他方式宣扬宗教极端、暴力恐怖思想的。

实施上述行为，煽动民族仇恨、民族歧视，情节严重的，以煽动民族仇恨、民族歧视罪定罪处罚。同时构成煽动分裂国家罪的，依照处罚较重的规定定罪处罚。

（六）明知图书、文稿、图片、音像制品、移动存储介质、电子阅读器中载有利用宗教极端、暴力恐怖思想煽动分裂国家、破坏国家统一或者煽动民族仇恨、民族歧视的内容，而提供仓储、邮寄、投递、运输、传输及其他服务的，以煽动分裂国家罪或者煽动民族仇恨、民族歧视罪的共同犯罪定罪处罚。

虽不明知图书、文稿、图片、音像制品、移动存储介质、电子阅读器中载有利用宗教极端、暴力恐怖思想煽动分裂国家、破坏国家统一或者煽动民族仇恨、民族歧视的内容，但出于营利或其他目的，违反国家规定，予以出版、印刷、复制、发行、传播或者提供仓储、邮寄、投递、运输、传输等服务的，按照其行为所触犯的具体罪名定罪处罚。

（七）网站、网页、论坛、电子邮件、博客、微博、即时通讯工具、群组、聊天室、网络硬盘、网络电话、手机应用软件及其他网络应用服务的建立、开办、经营、管理者，明知他人散布、宣扬利用宗教极端、暴力恐怖思想煽动分裂国家、破坏国家统一或者煽动民族仇恨、民族歧视的内容，允许或者放任他人在其网站、网页、论坛、电子邮件、博客、微博、即时通讯工具、群组、聊天室、网络硬盘、网络电话、手机应用软件及其他网络应用服务上发布的，以煽动分裂国家罪或者煽动民族仇恨、民族歧视罪的共同犯罪定罪处罚。

第二百五十条【出版歧视、侮辱少数民族作品罪】 在出版物中刊载歧视、侮辱少数民族的内容，情节恶劣，造成严重后果的，对直接责任人员，处三年以下有期徒刑、拘役或者管制。

（相关解释）**最高人民法院《关于审理非法出版物刑事案件具体应用法律若干问题的解释》**法释〔1998〕30号

出版刊载歧视、侮辱少数民族内容的作品，情节恶劣，造成严重后果的，依照《刑法》第二百五十条的规定，以出版歧视、侮辱少数民族作品罪定罪处罚。

第二百五十一条【非法剥夺公民宗教信仰自由罪，侵犯少数民族风俗习惯罪】 国家机关工作人员非法剥夺公民的宗教信仰自由和侵犯少数民族风俗习惯，情节严重的，处二年以下有期徒刑或者拘役。

第二百五十二条【侵犯通信自由罪】 隐匿、毁弃或者非法开拆他人信件，侵犯公民通信自由权利，情节严重的，处一年以下有期徒刑或者拘役。

第二百五十三条【私自开拆、隐匿、毁弃邮件、电报罪】 邮政工作人员私自开拆或者隐匿、毁弃邮件、电报的，处二年以下有期徒刑或者拘役。

犯前款罪而窃取财物的，依照本法第二百六十四条【盗窃罪】的规定定罪从重处罚。

第二百五十三条之一【侵犯公民个人信息罪】 违反国家有关规定，向他人出售或者提供公民个人信息，情节严重的，处三年以下有期徒刑或者拘役，并处或者单处罚金；情节特别严重的，处三年以上七年以下有期徒刑，并处罚金。

违反国家有关规定，将在履行职责或者提供服务过程中获得的公民个人信息，出售或者提供给他人的，依照前款的规定从重处罚。

窃取或者以其他方法非法获取公民个人信息的，依照第一款的规定处罚。

单位犯前三款罪的，对单位判处罚金，并对其直接负责的主管人员和其他直接责任人员，依照各该款的规定处罚。【2015年11月1日刑法修正案（九）】

【2009年2月28日刑法修正案（七）】国家机关或者金融、电信、交通、教育、医疗等单位的工作人员，违反国家规定，将本单位在履行职责或者提供服务过程中获得的公民个人信息，出售或者非法提供给他人，情节严重的，处三年以下有期徒刑或者拘役，并处或者单处罚金。

窃取或者以其他方法非法获取上述信息，情节严重的，依照前款的规定处罚。

单位犯前两款罪的，对单位判处罚金，并对其直接负责的主管人员和其他直接责任人员，依照各该款的规定处罚。

（相关解释）1.**最高人民法院、最高人民检察院、公安部《关于依法惩处侵害公民个人信息犯罪活动的通知》公通字〔2013〕12号　2013年4月23日**

近年来，随着我国经济快速发展和信息网络的广泛普及，侵害公民个人信息的违法犯罪日益突出，互联网上非法买卖公民个人信息泛滥，由此滋生的电信诈骗、网络诈骗、敲诈勒索、绑架和非法讨债等犯罪屡打不绝，社会危害严重，群众反响强烈。为有效遏制、惩治侵害公民个人信息犯罪，切实保障广大人民群众的个人信息安全和合法权益，促进社会协调发展，维护社会稳定，现就有关事项通知如下：

一、切实提高认识，坚决打击侵害公民个人信息犯罪活动。当前，一些犯罪分子为追逐不法利益，利用互联网大肆倒卖公民个人信息，已逐渐形成庞大"地下产业"和黑色利益链。买卖的公民个人信息包括户籍、银行、电信开户资料等，涉及公民个人生活的方方面面。部分国家机关和金融、电信、交通、教育、医疗以及物业公司、房产中介、保险、快递等企事业单位的一些工作人员，将在履行职责或者提供服务过程中获取的公民个人信息出售、非法提供给他人。获取信息的中间商在互联网上建立数据平台，大肆出售信息牟取暴利。非法调查公司根据这些信息从事非法讨债、诈骗和敲诈勒索等违法犯罪活动。此类犯罪不仅严重危害公民的信息安全，而且极易引发多种犯罪，成为电信诈骗、网络诈骗以及滋扰型"软暴力"等信息犯罪的根源，甚至与绑架、敲诈勒索、暴力追债等犯罪活动相结合，影响人民群众的安全感，威胁社会和谐稳定。各级公安机关、人民检察院、人民法院务必清醒认识此类犯罪的严重危害，以对党和人民高度负责的精神，统一思想，提高认识，精心组织，周密部署，依法惩处侵害公民个人信息犯罪活动。

二、正确适用法律，实现法律效果与社会效果的有机统一。侵害公民个人信息犯罪是新型犯罪，各级公安机关、人民检察院、人民法院要从切实保护公民个人信息安全和维护社会和谐稳定的高度，借鉴以往的成功判例，综合考虑出售、非法提供或非法获取个人信息的次数、数量、手段和牟利数额、造成的损害后果等因素，依法加大打击力度，确保取得良好的法律效果和社会效果。出售、非法提供公民个人信息罪的犯罪主体，除国家机关或金融、电信、交通、教育、医疗单位的工作人员之外，还包括在履行职责或者提供服务过程中获得公民个人信息的商业、房地产业等服务业中其他企事业单位的工作人员。公民个人信息包括公民的姓名、年龄、有效证件号码、婚姻状况、工作单位、学历、履历、家庭住址、电话号码等能够识别公民个人身份或者涉及公民个人隐私的信息、数据资料。对于在履行职责或者提供服务过程中，将获得的公民个人信息出售或者非法提供给他人，被他人用以实施犯罪，造成受害人人身伤害或者死亡，或者造成重大经济损失、恶劣社会影响的，或者出售、非法提供公民个人信息数量较大，或者违法所得数额较大的，均应当依法以非法出售、非法提供公民个人信息罪追究刑事责任。对于窃取或者以购买等方法非法获取公民个人信息数量较大，或者违法所得数额较大，或者造成其他严重后果的，应当依法以非法获取公民个人信息罪追究刑事责任。对使用非法获取的个人信息，实施其他犯罪行为，构成数罪的，应当依法予以并罚。单位实施侵害公民个人信息罪的，应当追究直接负责的主管人员和其他直接责任人员的刑事责任。要依法加大对财产刑的适用力度，剥夺犯罪分子非法获利和再次犯罪的资本。

三、加强协作配合，确保执法司法及时高效。侵害公民个人信息犯罪网络覆盖面大，关系错综复杂。犯罪行为发生地、犯罪结果发生地、犯罪分子所在地等往往不在一地。同时，由于犯罪行为大多依托互联网、移动电子设备，通过即时通讯工具、电子邮件等多种方式实施，调查取证难度很大。各级公安机关、人民检察院、人民法院要在分工负责、依法高效履行职责的基础上，进一步加强沟通协调，通力配合，密切协作，保证立案、侦查、批捕、审查起诉、审判等各个环节顺利进行。对查获的及时立案侦查，及时移送审查起诉。对于几个公安机关都有权管辖的案件，由最初受理的公安机关管辖。必要时，可以由主要犯罪地的公安机关管辖。对管辖不明确或者有争议的刑事案件，可以由有关公安机关协商。协商不成的，由共同上级公安机关指定管辖。对于指定管辖的案件，需要逮捕犯罪嫌疑人的，由被指定管辖的公安机关提请同级人民检察院审查批准；需要提起公诉的，由该公安机关移送同级人民检察院审查决定；认为应当由上级人民检察院或者同级其他人民检察院起诉的，应当将案件移交有管辖权的人民检察院；人民检察院认为需要依照刑事诉讼法的规定指定审判管辖的，应当协商同级人民法院办理指定管辖有关事宜。在办理侵害公民个人信息犯罪案件的过程中，对于疑难、复杂案件，人民检察院可以适时派员会同公安机关共同就证据收集等方面进行研究和沟通协调。人民检察院对于公安机关提请批准逮捕、移送审查起诉的相关案件，符合批捕、起诉条件的，要依法尽快予以批捕、起诉；对于确需补充侦查的，要制作具体、详细的补充侦查提纲。人民法院要加强审判力量，准确定性，依法快审快结。

四、推进综合治理，建立防范、打击长效工作机制。预防和打击侵害公民个人信息犯罪是一项艰巨任务，必须标本兼治，积极探索和构建防范、打击的长效工作机制。各地公安机关、人民检察院、人民法院在依法惩处此类犯罪的同时，要积极参与综合治理，注意发现保护公民个人信息工作中的疏漏和隐患，及时通报相关部门，提醒和督促有关部门和单位加强监管、完善制度。要充分利用报纸、广播、电视、网络等多种媒体平台，大力宣传党和国家打击此类犯罪的决心和力度，宣传相关的政策和法律法规，提醒和教育广大群众运用法律保障和维护自身合法权益，提高自我防范的意识和能力。

各地接此通知后，请迅速传达至各级人民法院、人民检察院、公安机关。执行中遇到的问题，请及时报最高人民法院、最高人民检察院、公安部。

2. 最高人民法院、最高人民检察院、公安部《关于办理电信网络诈骗等刑事案件适用法律若干问题的意见》 法发〔2016〕32 号（见第二百六十六条）

三、全面惩处关联犯罪

（二）违反国家有关规定，向他人出售或者提供公民个人信息，窃取或者以其他方法非法获取公民个人信息，符合《刑法》第二百五十三条之一规定的，以侵犯公民个人信息罪追究刑事责任。

使用非法获取的公民个人信息，实施电信网络诈骗犯罪行为，构成数罪的，应当依法予以并罚。

3. 最高人民法院、最高人民检察院《关于办理侵犯公民个人信息刑事案件适用法律若干问题的解释》 法释〔2017〕10 号

为依法惩治侵犯公民个人信息犯罪活动，保护公民个人信息安全和合法权益，根据《中华人民共和国刑法》《中华人民共和国刑事诉讼法》的有关规定，现就办理此类刑事案件适用法律的若干问题解释如下：

第一条 《刑法》第二百五十三条之一规定的"公民个人信息"，是指以电子或者其他方式记录的能够单独或者与其他信息结合识别特定自然人身份或者反映特定自然人活动情况的各种信息，包括姓名、身份证件号码、通信通讯联系方式、住址、账号密码、财

产状况、行踪轨迹等。

第二条　违反法律、行政法规、部门规章有关公民个人信息保护的规定的，应当认定为《刑法》第二百五十三条之一规定的"违反国家有关规定"。

第三条　向特定人提供公民个人信息，以及通过信息网络或者其他途径发布公民个人信息的，应当认定为《刑法》第二百五十三条之一规定的"提供公民个人信息"。

未经被收集者同意，将合法收集的公民个人信息向他人提供的，属于《刑法》第二百五十三条之一规定的"提供公民个人信息"，但是经过处理无法识别特定个人且不能复原的除外。

第四条　违反国家有关规定，通过购买、收受、交换等方式获取公民个人信息，或者在履行职责、提供服务过程中收集公民个人信息的，属于《刑法》第二百五十三条之一第三款规定的"以其他方法非法获取公民个人信息"。

第五条　非法获取、出售或者提供公民个人信息，具有下列情形之一的，应当认定为《刑法》第二百五十三条之一规定的"情节严重"：

（一）出售或者提供行踪轨迹信息，被他人用于犯罪的；

（二）知道或者应当知道他人利用公民个人信息实施犯罪，向其出售或者提供的；

（三）非法获取、出售或者提供行踪轨迹信息、通信内容、征信信息、财产信息五十条以上的；

（四）非法获取、出售或者提供住宿信息、通信记录、健康生理信息、交易信息等其他可能影响人身、财产安全的公民个人信息五百条以上的；

（五）非法获取、出售或者提供第三项、第四项规定以外的公民个人信息五千条以上的；

（六）数量未达到第三项至第五项规定标准，但是按相应比例合计达到有关数量标准的；

（七）违法所得五千元以上的；

（八）将在履行职责或者提供服务过程中获得的公民个人信息出售或者提供给他人，数量或者数额达到第三项至第七项规定标准一半以上的；

（九）曾因侵犯公民个人信息受过刑事处罚或者二年内受过行政处罚，又非法获取、出售或者提供公民个人信息的；

（十）其他情节严重的情形。

实施前款规定的行为，具有下列情形之一的，应当认定为《刑法》第二百五十三条之一第一款规定的"情节特别严重"：

（一）造成被害人死亡、重伤、精神失常或者被绑架等严重后果的；

（二）造成重大经济损失或者恶劣社会影响的；

（三）数量或者数额达到前款第三项至第八项规定标准十倍以上的；

（四）其他情节特别严重的情形。

第六条　为合法经营活动而非法购买、收受本解释第五条第一款第三项、第四项规定以外的公民个人信息，具有下列情形之一的，应当认定为《刑法》第二百五十三条之一规定的"情节严重"：

（一）利用非法购买、收受的公民个人信息获利五万元以上的；

（二）曾因侵犯公民个人信息受过刑事处罚或者二年内受过行政处罚，又非法购买、收受公民个人信息的；

（三）其他情节严重的情形。

实施前款规定的行为，将购买、收受的公民个人信息非法出售或者提供的，定罪量刑标准适用本解释第五条的规定。

第七条　单位犯《刑法》第二百五十三条之一规定之罪的，依照本解释规定的相应自然人犯罪的定罪量刑标准，对直接负责的主管人员和其他直接责任人员定罪处罚，并对单位判处罚金。

第八条　设立用于实施非法获取、出售或者提供公民个人信息违法犯罪活动的网站、通讯群组，情节严重的，应当依照《刑法》第二百八十七条之一的规定，以非法利用信息网络罪定罪处罚；同时构成侵犯公民个人信息罪的，依照侵犯公民个人信息罪定罪处罚。

第九条　网络服务提供者拒不履行法律、行政法规规定的信息网络安全管理义务，经监管部门责令采取改正措施而拒不改正，致使用户的公民个人信息泄露，造成严重后果的，应当依照《刑法》第二百八十六条之一的规定，以拒不履行信息网络安全管理义务罪定罪处罚。

第十条　实施侵犯公民个人信息犯罪，不属于"情节特别严重"，行为人系初犯，全部退赃，并确有悔罪表现的，可以认定为情节轻微，不起诉或者免予刑事处罚；确有必要判处刑罚的，应当从宽处罚。

第十一条　非法获取公民个人信息后又出售或者提供的，公民个人信息的条数不重复计算。

向不同单位或者个人分别出售、提供同一公民个人信息的，公民个人信息的条数累计计算。

对批量公民个人信息的条数，根据查获的数量直接认定，但是有证据证明信息不真实或者重复的除外。

第十二条　对于侵犯公民个人信息犯罪，应当综合考虑犯罪的危害程度、犯罪的违法所得数额以及被告人的前科情况、认罪悔罪态度等，依法判处罚金。罚金数额一般在违法所得的一倍以上五倍以下。

第十三条　本解释自 2017 年 6 月 1 日起施行。

4. 最高人民检察院《检察机关办理侵犯公民个人信息案件指引》高检发侦监字〔2018〕13 号（2018 年 11 月 9 日）

根据《中华人民共和国刑法》第二百五十三条之一的规定，侵犯公民个人信息罪是指违反国家有关规定，向他人出售、提供公民个人信息，或者通过窃取等方法非法获取公民个人信息，情节严重的行为。结合《最高人民法院、最高人民检察院关于办理侵犯公民个人信息刑事案件适用法律若干问题的解释》（法释〔2017〕10 号）（以下简称《解释》），办理侵犯公民个人信息案件，应当特别注意以下问题：一是对"公民个人信息"的审查认定；二是对"违反国家有关规定"的审查认定；三是对"非法获取"的审查认定；四是对"情节严重"和"情节特别严重"的审查认定；五是对关联犯罪的审查认定。

一、审查证据的基本要求

（一）审查逮捕

1. 有证据证明发生了侵犯公民个人信息犯罪事实

（1）证明侵犯公民个人信息案件发生

主要证据包括：报案登记、受案登记、立案决定书、破案经过、证人证言、被害人陈述、犯罪嫌疑人供述和辩解以及证人、被害人提供的短信、微信或 QQ 截图等电子数据。

（2）证明被侵犯对象系公民个人信息

主要证据包括：扣押物品清单、勘验检查笔录、电子数据、司法鉴定意见及公民信息查询结果说明、被害人陈述、被害人提供的原始信息资料和对比资料等。

2.有证据证明侵犯公民个人信息行为是犯罪嫌疑人实施的

（1）证明违反国家有关规定的证据：犯罪嫌疑人关于所从事的职业的供述、其所在公司的工商注册资料、公司出具的犯罪嫌疑人职责范围说明、劳动合同、保密协议及公司领导、同事关于犯罪嫌疑人职责范围的证言等。

（2）证明出售、提供行为的证据：远程勘验笔录及QQ、微信等即时通讯工具聊天记录、论坛、贴吧、电子邮件、手机短信记录等电子数据，证明犯罪嫌疑人通过上述途径向他人出售、提供、交换公民个人信息的情况。公民个人信息贩卖者、提供者、担保交易人及购买者、收受者的证言或供述，相关银行账户明细、第三方支付平台账户明细，证明出售公民个人信息违法所得情况。此外，如果犯罪嫌疑人系通过信息网络发布方式提供公民个人信息，证明该行为的证据还包括远程勘验笔录、扣押笔录、扣押物品清单、对手机、电脑存储介质、云盘、FTP等的司法鉴定意见等。

（3）证明犯罪嫌疑人或公民个人信息购买者、收受者控制涉案信息的证据：搜查笔录、扣押笔录、扣押物品清单、对手机、电脑存储介质等的司法鉴定意见等，证实储存有公民个人信息的电脑、手机、U盘或者移动硬盘、云盘、FTP等介质与犯罪嫌疑人或公民个人信息购买者、收受者的关系。犯罪嫌疑人供述、辨认笔录及证人证言等，证实犯罪嫌疑人或公民个人信息购买者、收受者所有或实际控制、使用涉案存储介质。

（4）证明涉案公民个人信息真实性的证据：被害人陈述、被害人提供的原始信息资料、公安机关或相关单位出具的涉案公民个人信息与权威数据库内信息同一性的比对说明。针对批量的涉案公民个人信息的真实性问题，根据《解释》精神，可以根据查获的数量直接认定，但有证据证明信息不真实或重复的除外。

（5）证明违反国家规定，通过窃取、购买、收受、交换等方式非法获取公民个人信息的证据：主要证据与上述以出售、提供方式侵犯公民个人信息行为的证据基本相同。针对窃取的方式如通过技术手段非法获取公民个人信息的行为，需证明犯罪嫌疑人实施上述行为，除被害人陈述、犯罪嫌疑人供述和辩解外，还包括侦查机关从被害公司数据库中发现入侵电脑IP地址情况、从犯罪嫌疑人电脑中提取的侵入被害公司数据的痕迹等现场勘验检查笔录，以及涉案程序（木马）的司法鉴定意见等。

3.有证据证明犯罪嫌疑人具有侵犯公民个人信息的主观故意

（1）证明犯罪嫌疑人明知没有获取、提供公民个人信息的法律依据或资格，主要证据包括：犯罪嫌疑人的身份证明、犯罪嫌疑人关于所从事职业的供述、其所在公司的工商资料和营业范围、公司关于犯罪嫌疑人的职责范围说明、公司主要负责人的证人证言等。

（2）证明犯罪嫌疑人积极实施窃取、出售、提供、购买、交换、收受公民个人信息的行为，主要证据除了证人证言、犯罪嫌疑人供述和辩解外，还包括远程勘验笔录、手机短信记录、即时通讯工具聊天记录、电子数据司法鉴定意见、银行账户明细、第三方支付平台账户明细等。

4.有证据证明"情节严重"或"情节特别严重"

（1）公民个人信息购买者或收受者的证言或供述。

（2）公民个人信息购买、收受公司工作人员利用公民个人信息进行电话或短信推销、商务调查等经营性活动后出具的证言或供述。

（3）公民个人信息购买者或者收受者利用所获信息从事违法犯罪活动后出具的证言或供述。

（4）远程勘验笔录、电子数据司法鉴定意见书、最高人民检察院或公安部指定的机构对电子数据涉及的专门性问题出具的报告、公民个人信息资料等。证明犯罪嫌疑人通过即时通讯工具、电子邮箱、论坛、贴吧、手机等向他人出售、提供、购买、交换、收受公民个人信息的情况。

（5）银行账户明细、第三方支付平台账户明细。

（6）死亡证明、伤情鉴定意见、医院诊断记录、经济损失鉴定意见、相关案件起诉书、判决书等。

（二）审查起诉

除审查逮捕阶段证据审查基本要求之外，对侵犯公民个人信息案件的审查起诉工作还应坚持"犯罪事实清楚，证据确实、充分"的标准，保证定罪量刑的事实都有证据证明；据以定案的证据均经法定程序查证属实；综合全案证据，对所认定的事实已排除合理怀疑。

1.有确实充分的证据证明发生了侵犯公民个人信息犯罪事实。该证据与审查逮捕的证据类型相同。

2.有确实充分的证据证明侵犯公民个人信息行为是犯罪嫌疑人实施的

（1）对于证明犯罪行为是犯罪嫌疑人实施的证据审查，需要结合《解释》精神，准确把握对"违反国家有关规定""出售、提供行为""窃取或以其他方法"的认定。

（2）对证明违反国家有关规定的证据审查，需要明确国家有关规定的具体内容，违反法律、行政法规、部门规章有关公民个人信息保护规定的，应当认定为《刑法》第二百五十三条之一规定的"违反国家有关规定"。

（3）对证明出售、提供行为的证据审查，应当明确"出售、提供"包括在履职或提供服务的过程中将合法持有的公民个人信息出售或者提供给他人的行为：向特定人提供、通过信息网络或者其他途径发布公民个人信息、未经被收集者同意，将合法收集的公民个人信息（经过处理无法识别特定个人且不能复原的除外）向他人提供的，均属于《刑法》第二百五十三条之一规定的"提供公民个人信息"。应当全面审查犯罪嫌疑人所出售提供公民个人信息的来源、途经与去向，对相关供述、物证、书证、证人证言、被害人陈述、电子数据等证据种类进行综合审查，针对使用信息网络进行犯罪活动的，需要结合专业知识，根据证明该行为的远程勘验笔录、扣押笔录、扣押物品清单、电子存储介质、网络存储介质等的司法鉴定意见进行审查。

（4）对证明通过窃取或以其他非法方法获取公民个人信息等方式非法获取公民个人信息的证据审查，应当明确"以其他方法获取公民个人信息"包括购买、收受、交换等方式获取公民个人信息，或者在履行职责、提供服务过程中收集公民个人信息的行为。

针对窃取行为，如通过信息网络窃取公民个人信息，则应当结合犯罪嫌疑人供述、证人证言、被害人陈述，着重审查证明犯罪嫌疑人侵入信息网络、数据库时的 IP 地址、MAC 地址、侵入工具、侵入痕迹等内容的现场勘验检查笔录以及涉案程序（木马）的司法鉴定意见等。

针对购买、收受、交换行为，应当全面审查购买、收受、交换公民个人信息的来源、途经、去向，结合犯罪嫌疑人供述和辩解、辨认笔录、证人证言等证据，对搜查笔录、扣押笔录、扣押物品清单、涉案电子存储介质等司法鉴定意见进行审查，明确上述证据同犯罪嫌疑人或公民个人信息购买、收受、交换者之间的关系。

针对履行职责、提供服务过程中收集公民个人信息的行为，应当审查证明犯罪嫌疑人所从事职业及其所负职责的证据，结合法律、行政法规、部门规章等国家有关公民个人信息保护的规定，明确犯罪嫌疑人的行为属于违反国家有关规定，以其他方法非法获取公民个人信息的行为。

（5）对证明涉案公民个人信息真实性证据的审查，应当着重审查被害人陈述、被害人提供的原始信息资料、公安机关或其他相关单位出具的涉案公民个人信息与权威数据库内信息同一性的对比说明。对批量的涉案公民个人信息的真实性问题，根据《解释》精神，可以根据查获的数量直接认定，但有证据证明信息不真实或重复的除外。

3.有确实充分的证据证明犯罪嫌疑人具有侵犯公民个人信息的主观故意

（1）对证明犯罪嫌疑人主观故意的证据审查，应当综合审查犯罪嫌疑人的身份证明、犯罪嫌疑人关于所从事职业的供述、其所在公司的工商资料和营业范围、公司关于犯罪嫌疑人的职责范围说明、公司主要负责人的证人证言等，结合国家公民个人信息保护的相关规定，夯实犯罪嫌疑人在实施犯罪时的主观明知。

（2）对证明犯罪嫌疑人积极实施窃取或者以其他方法非法获取公民个人信息行为的证据审查，应当结合犯罪嫌疑人供述、证人证言，着重审查远程勘验笔录、手机短信记录、即时通讯工具聊天记录、电子数据司法鉴定意见、银行账户明细、第三方支付平台账户明细等，明确犯罪嫌疑人在实施犯罪时的积极作为。

4.有确实充分的证据证明"情节严重"或"情节特别严重"。该证据与审查逮捕的证据类型相同。

二、需要特别注意的问题

在侵犯公民个人信息案件审查逮捕、审查起诉中，要根据相关法律、司法解释等规定，结合在案证据，重点注意以下问题：

（一）对"公民个人信息"的审查认定

根据《解释》的规定，公民个人信息是指以电子或者其他方式记录的能够单独或者与其他信息结合识别特定自然人身份或者反映特定自然人活动情况的各种信息，包括姓名、身份证件号码、通信通讯联系方式、住址、账号密码、财产状况、行踪轨迹等。经过处理无法识别特定自然人且不能复原的信息，虽然也可能反映自然人活动情况，但与特定自然人无直接关联，不属于公民个人信息的范畴。

对于企业工商登记等信息中所包含的手机、电话号码等信息，应当明确该号码的用途。对由公司购买、使用的手机、电话号码等信息，不属于个人信息的范畴，从而严格区分"手机、电话号码等由公司购买，归公司使用"与"公司经办人在工商登记等活动中登记个人电话、手机号码"两种不同情形。

（二）对"违反国家有关规定"的审查认定

《中华人民共和国刑法修正案（九）》将原第二百五十三条之一的"违反国家规定"修改为"违反国家有关规定"，后者的范围明显更广。根据《刑法》第九十六条的规定，"国家规定"仅限于全国人大及其常委会制定的法律和决定，国务院制定的行政法规、规定的行政措施、发布的决定和命令。而"国家有关规定"还包括部门规章，这些规定散见于金融、电信、交通、教育、医疗、统计、邮政等领域的法律、行政法规或部门规章中。

（三）对"非法获取"的审查认定

在窃取或者以其他方法非法获取公民个人信息的行为中，需要着重把握"其他方法"的范围问题。"其他方法"，是指"窃取"以外，与窃取行为具有同等危害性的方法，其中，购买是最常见的非法获取手段。侵犯公民个人信息犯罪作为电信网络诈骗的上游犯罪，诈骗分子往往先通过网络向他人购买公民个人信息，然后自己直接用于诈骗或转发给其他同伙用于诈骗，诈骗分子购买公民个人信息的行为属于非法获取行为，其同伙接收公民个人信息的行为明显也属于非法获取行为。同时，一些房产中介、物业管理公司、保险公司、担保公司的业务员往往与同行通过QQ、微信群互相交换各自掌握的客户信息，这种交换行为也属于非法获取行为。此外，行为人在履行职责、提供服务过程中，违反国家有关规定，未经他人同意收集公民个人信息，或者收集与提供的服务无关的公民个人信息的，也属于非法获取公民个人信息的行为。

（四）对"情节严重"和"情节特别严重"的审查认定

1.关于"情节严重"的具体认定标准，根据《解释》第五条第一款的规定，主要涉及五个方面：

（1）信息类型和数量。①行踪轨迹信息、通信内容、征信信息、财产信息，此类信息与公民人身、财产安全直接相关，数量标准为五十条以上，且仅限于上述四类信息，不允许扩大范围。对于财产信息，既包括银行、第三方支付平台、证券期货等金融服务账户的身份认证信息（一组确认用户操作权限的数据，包括账号、口令、密码、数字证书等），也包括存款、房产、车辆等财产状况信息。②住宿信息、通信记录、健康生理信息、交易信息等可能影响公民人身、财产安全的信息，数量标准为五百条以上，此类信息也与人身、财产安全直接相关，但重要程度要弱于行踪轨迹信息、通信内容、征信信息、财产信息。对"其他可能影响人身、财产安全的公民个人信息"的把握，应当确保所适用的公民个人信息涉及人身、财产安全，且与"住宿信息、通信记录、健康生理信息、交易信息"在重要程度上具有相当性。③除上述两类信息以外的其他公民个人信息，数量标准为五千条以上。

（2）违法所得数额。对于违法所得，可直接以犯罪嫌疑人出售公民个人信息的收入予以认定，不必扣减其购买信息的犯罪成本。同时，在审查认定违法所得数额过程中，应当以查获的银行交易记录、第三方支付平台交易记录、聊天记录、犯罪嫌疑人供述、证人证言综合予以认定，对于犯罪嫌疑人无法说明合法来源的用于专门实施侵犯公民个人信息犯罪的银行账户或第三方支付平台账户内资金收入，可综合全案证据认定为违法所得。

（3）信息用途。公民个人信息被他人用于违法犯罪活动的，不要求他人的行为必须构成犯罪，只要行为人明知他人非法获取公民个人信息用于违法犯罪活动即可。

（4）主体身份。如果行为人系将在履行职责或者提供服务过程中获得的公民个人信息出售或者提供给他人的，涉案信息数量、违法所得数额只要达到一般主体的一半，即可认为"情节严重"。

（5）主观恶性。曾因侵犯公民个人信息受过刑事处罚或者二年内受过行政处罚，又非法获取、出售或者提供公民个人信息的，即可认为"情节严重"。

2.关于"情节特别严重"的认定标准，根据《解释》，主要分为两类：一是信息数量、违法所得数额标准。二是信息用途引发的严重后果，其中造成人身伤亡、经济损失、恶劣社会影响等后果，需要审查认定侵犯公民个人信息的行为与严重后果间存在因果关系。

对于涉案公民个人信息数量的认定，根据《解释》第十一条，非法获取公民个人信息后又出售或者提供的，公民个人信息的条数不重复计算；向不同单位或者个人分别出售、提供同一公民个人信息的，公民个人信息的条数累计计算；对批量出售、提供公民个人信息的条数，根据查获的数量直接认定，但是有证据证明信息不真实或者重复的除外。在实践中，如犯罪嫌疑人多次获取同一条公民个人信息，一般认定为一条，不重复累计；但获取的该公民个人信息内容发生了变化的除外。

对于涉案公民个人信息的数量、社会危害性等因素的审查，应当结合《刑法》第二百五十三条和《解释》的规定进行综合审查。涉案公民个人信息数量极少，但造成被害人死亡等严重后果的，应审查犯罪嫌疑人行为与该后果之间的因果关系，符合条件的，可以认定为实施《解释》第五条第一款第十项"其他情节严重的情形"的行为，造成被害人死亡等严重后果，从而认定为"情节特别严重"。如涉案公民个人信息数量较多，但犯罪嫌疑人仅仅获取而未向他人出售或提供，则可以在认定相关犯罪事实的基础上，审查该行为是否符合《解释》第五条第一款第三、四、五、六、九项及第二款第三项的情形，符合条件的，可以分别认定为"情节严重""情节特别严重"。

此外，针对为合法经营活动而购买、收受公民个人信息的行为，在适用《解释》第六条的定罪量刑标准时须满足三个条件：一是为了合法经营活动，对此可以综合全案证据认定，但主要应当由犯罪嫌疑人一方提供相关证据；二是限于普通公民个人信息，即不包括可能影响人身、财产安全的敏感信息；三是信息没有再流出扩散，即行为方式限于购买、收受。如果将购买、收受的公民个人信息非法出售或者提供的，定罪量刑标准应当适用《解释》第五条的规定。

（五）对关联犯罪的审查认定

对于侵犯公民个人信息犯罪与电信网络诈骗犯罪相交织的案件，应严格按照《最高人民法院、最高人民检察院、公安部关于办理电信网络诈骗等刑事案件适用法律若干问题的意见》（法发〔2016〕32号）的规定进行审查认定，即通过认真审查非法获取、出售、提供公民个人信息的犯罪嫌疑人对电信网络诈骗犯罪的参与程度，结合能够证实其认知能力的学历文化、聊天记录、通话频率、获取固定报酬还是参与电信网络诈骗犯罪分成等证据，分析判断其是否属于诈骗共同犯罪、是否应该数罪并罚。

根据《解释》第八条的规定，设立用于实施出售、提供或者非法获取公民个人信息违法犯罪活动的网站、通讯群组，情节严重的，应当依照《刑法》第二百八十七条之一的规定，以非法利用信息网络罪定罪；同时构成侵犯公民个人信息罪的，应当认定为侵犯公民个人信息罪。

对于违反国家有关规定，采用技术手段非法侵入合法存储公民个人信息的单位数据库窃取公民个人信息的行为，也符合《刑法》第二百八十五条第二款非法获取计算机信息系统数据罪的客观特征，同时触犯侵犯公民个人信息罪和非法获取计算机信息系统数据罪的，应择一重罪论处。

此外，针对公安民警在履行职责过程中，违反国家有关规定，查询、提供公民个人信息的情形，应当认定为"违反国家有关规定，将在履行职责或者提供服务过程中以其他方法非法获取或提供公民个人信息"。但同时，应当审查犯罪嫌疑人除该行为之外有无其他行为侵害其他法益，从而对可能存在的其他犯罪予以准确认定。

三、社会危险性及羁押必要性审查

（一）审查逮捕

1.犯罪动机：一是出售牟利；二是用于经营活动；三是用于违法犯罪活动。犯罪动机表明犯罪嫌疑人主观恶性，也能证明犯罪嫌疑人是否可能实施新的犯罪。

2.犯罪情节。犯罪嫌疑人的行为直接反映其人身危险性。具有下列情节的侵犯公民个人信息犯罪，能够证实犯罪嫌疑人主观恶性和人身危险性较大，实施新的犯罪的可能性也较大，可以认为具有较大的社会危险性：一是犯罪持续时间较长、多次实施侵犯公民个人信息犯罪的；二是被侵犯的公民个人信息数量或违法所得巨大的；三是利用公民个人信息进行违法犯罪活动的；四是犯罪手段行为本身具有违法性或者破坏性，即犯罪手段恶劣的，如骗取、窃取公民个人信息，采取胁迫、植入木马程序侵入他人计算机系统等方式非法获取信息。

犯罪嫌疑人实施侵犯公民个人信息犯罪，不属于"情节特别严重"，系初犯，全部退赃，并确有悔罪表现的，可以认定社会危险性较小，没有逮捕必要。

（二）审查起诉

在审查起诉阶段，要结合侦查阶段取得的事实证据，进一步引导侦查机关加大捕后侦查力度，及时审查新证据。在羁押期限届满前对全案进行综合审查，对于未达到逮捕证明标准的，撤销原逮捕决定。

经羁押必要性审查，发现犯罪嫌疑人具有下列情形之一的，应当向办案机关提出释放或者变更强制措施的建议：

1.案件证据发生重大变化，没有证据证明有犯罪事实或者犯罪行为系犯罪嫌疑人、被告人所为的。

2.案件事实或者情节发生变化，犯罪嫌疑人、被告人可能被判处拘役、管制、独立适用附加刑、免予刑事处罚或者判决无罪的。

3.继续羁押犯罪嫌疑人、被告人，羁押期限将超过依法可能判处的刑期的。

4.案件事实基本查清，证据已经收集固定，符合取保候审或者监视居住条件的。

经羁押必要性审查，发现犯罪嫌疑人、被告人具有下列情形之一，且具有悔罪表现，不予羁押不致发生社会危险性的，可以向办案机关提出释放或者变更强制措施的建议：

1.预备犯或者中止犯；共同犯罪中的从犯或者胁从犯。

2.主观恶性较小的初犯。

3.系未成年人或者年满七十五周岁的人。

4.与被害方依法自愿达成和解协议，且已经履行或者提供担保的。

5.患有严重疾病、生活不能自理的。

6.系怀孕或者正在哺乳自己婴儿的妇女。

7.系生活不能自理的人的唯一扶养人。

8.可能被判处一年以下有期徒刑或者宣告缓刑的。

9.其他不需要继续羁押犯罪嫌疑人、被告人的情形。

5.最高人民法院、最高人民检察院、公安部《关于办理电信网络诈骗等刑事案件适用法律若干问题的意见（二）》法发〔2021〕22号（2021年6月17日）（具体见《刑法》第二百六十六条）

五、非法获取、出售、提供具有信息发布、即时通讯、支付结算等功能的互联网账号密码、个人生物识别信息，符合《刑法》第二百五十三条之一规定的，以侵犯公民个人信息罪追究刑事责任。

对批量前述互联网账号密码、个人生物识别信息的条数，根据查获的数量直接认定，但有证据证明信息不真实或者重复的除外。

第二百五十四条【报复陷害罪】 国家机关工作人员滥用职权、假公济私，对控告人、申诉人、批评人、举报人实行报复陷害的，处二年以下有期徒刑或者拘役；情节严重的，处二年以上七年以下有期徒刑。

（相关解释）**最高人民检察院《关于渎职侵权犯罪案件立案标准的规定》高检发释字〔2006〕2号**

报复陷害罪是指国家机关工作人员滥用职权、假公济私，对控告人、申诉人、批评人、举报人实行报复、陷害的行为。涉嫌下列情形之一的，应予立案：（1）报复陷害，情节严重，导致控告人、申诉人、批评人、举报人或者其近亲属自杀、自残造成重伤、死亡，或者精神失常的；（2）致使控告人、申诉人、批评人、举报人或者其近亲属的其他合法权利受到严重损害的；（3）其他报复陷害应予追究刑事责任的情形。

（附参考）**浙江省高级人民法院《关于部分罪名定罪量刑情节及数额标准的意见》**浙高法〔2012〕325号

64.《刑法》第254条 【报复陷害罪】

具有下列情形之一的，属于"情节严重"，处二年以上七年以下有期徒刑：

（1）导致控告人、申诉人、批评人、举报人或者其近亲属自杀、自残造成死亡、严重残疾或者精神失常的；

（2）报复陷害三人以上的；

（3）造成特别恶劣社会影响的；

（4）情节严重的其他情形。

第二百五十五条【打击报复会计、统计人员罪】 公司、企业、事业单位、机关、团体的领导人，对依法履行职责、抵制违反会计法、统计法行为的会计、统计人员实行打击报复，情节恶劣的，处三年以下有期徒刑或者拘役。

第二百五十六条【破坏选举罪】 在选举各级人民代表大会代表和国家机关领导人员时，以暴力、威胁、欺骗、贿赂、伪造选举文件、虚报选举票数等手段破坏选举或者妨害选民和代表自由行使选举权和被选举权，情节严重的，处三年以下有期徒刑、拘役或者剥夺政治权利。

（相关解释）**最高人民检察院《关于渎职侵权犯罪案件立案标准的规定》**高检发释字〔2006〕2号

破坏选举罪是指在选举各级人民代表大会代表和国家机关领导人员时，以暴力、威胁、欺骗、贿赂、伪造选举文件、虚报选举票数或者编造选举结果等手段破坏选举或者妨害选民和代表自由行使选举权和被选举权，情节严重的行为。国家机关工作人员利用职权破坏选举，涉嫌下列情形之一的，应予立案：（1）以暴力、威胁、欺骗、贿赂等手段，妨害选民、各级人民代表大会代表自由行使选举权和被选举权，致使选举无法正常进行，或者选举无效，或者选举结果不真实的；（2）以暴力破坏选举场所或者选举设备，致使选举无法正常进行的；（3）伪造选民证、选票等选举文件，虚报选举票数，产生不真实的选举结果或者强行宣布合法选举无效、非法选举有效的；（4）聚众冲击选举场所或者故意扰乱选举场所秩序，使选举工作无法进行的；（5）其他情节严重的情形。

（附参考）**浙江省高级人民法院《关于部分罪名定罪量刑情节及数额标准的意见》**浙高法〔2012〕325号

65.《刑法》第256条【破坏选举罪】

具有下列情形之一的，属于"情节严重"，处三年以下有期徒刑、拘役或者剥夺政治权利：

（1）以暴力、威胁、欺骗、贿赂等手段，妨害选民、各级人民代表大会代表自由行使选举权和被选举权，致使选举无法正常进行，或者选举无效，或者选举结果不真实的；

（2）以暴力破坏选举场所或者选举设备，致使选举无法正常进行的；

（3）伪造选民证、选票等选举文件，虚报选举票数，产生不真实的选举结果或者强行宣布合法选举无效、非法选举有效的；

（4）聚众冲击选举场所或者故意扰乱选举场所秩序，致使选举工作无法进行的；

（5）情节严重的其他情形。

第二百五十七条【暴力干涉婚姻自由罪】 以暴力干涉他人婚姻自由的，处二年以下有期徒刑或者拘役。

犯前款罪，致使被害人死亡的，处二年以上七年以下有期徒刑。

第一款罪，告诉的才处理。

第二百五十八条【重婚罪】 有配偶而重婚的，或者明知他人有配偶而与之结婚的，处二年以下有期徒刑或者拘役。

（相关解释）1.**最高人民法院研究室《关于重婚案件中受骗的一方当事人能否作为被害人向法院提起诉讼问题的电话答复》**1992 年 11 月 7 日

基本同意你院的第二种意见，即：重婚案件中的被害人，既包括重婚者在原合法婚姻关系中的配偶，也包括后来受欺骗而与重婚者结婚的人。鉴于受骗一方当事人在主观上不具有重婚的故意，因此，根据你院《请示》中介绍的案情，陈若容可以作为本案的被害人。根据最高人民法院、最高人民检察院 1983 年 7 月 26 日《关于重婚案件管辖问题的通知》中关于"由被害人提出控告的重婚案件……由人民法院直接受理"的规定，陈若容可以作为自诉人，直接向人民法院提起诉讼。

2.**最高人民法院《关于〈婚姻登记管理条例〉施行后发生的以夫妻名义非法同居的重婚案件是否以重婚罪定罪处罚的批复》**法复〔1994〕10 号

新的《婚姻登记管理条例》（1994 年 1 月 12 日国务院批准，1994 年 2 月 1 日民政部发布）发布施行后，有配偶的人与他人以夫妻名义同居生活的，或者明知他人有配偶而与之以夫妻名义同居生活的，仍应按重婚罪定罪处罚。

第二百五十九条【破坏军婚罪】 明知是现役军人的配偶而与之同居或者结婚的，处三年以下有期徒刑或者拘役。

利用职权、从属关系，以胁迫手段奸淫现役军人的妻子的，依照本法第二百三十六条【强奸罪】的规定定罪处罚。

第二百六十条【虐待罪】 虐待家庭成员，情节恶劣的，处二年以下有期徒刑、拘役或者管制。

犯前款罪，致使被害人重伤、死亡的，处二年以上七年以下有期徒刑。

第一款罪，告诉的才处理，但被害人没有能力告诉，或者因受到强制、威吓无法告诉的除外。【2015 年 11 月 1 日刑法修正案（九）】

【1997 年刑法】虐待家庭成员，情节恶劣的，处二年以下有期徒刑、拘役或者管制。

犯前款罪，致使被害人重伤、死亡的，处二年以上七年以下有期徒刑。

第一款罪，告诉的才处理。

（相关解释）**最高人民法院、最高人民检察院、公安部、司法部《关于依法办理家庭暴力犯罪案件的意见》**法发〔2015〕4 号

三、定罪处罚

16.依法准确定罪处罚。对故意杀人、故意伤害、强奸、猥亵儿童、非法拘禁、侮辱、暴力干涉婚姻自由、虐待、遗弃等侵害公民人身权利的家庭暴力犯罪,应当根据犯罪的事实、犯罪的性质、情节和对社会的危害程度,严格依照《刑法》的有关规定判处。对于同一行为同时触犯多个罪名的,依照处罚较重的规定定罪处罚。

17.依法惩处虐待犯罪。采取殴打、冻饿、强迫过度劳动、限制人身自由、恐吓、侮辱、谩骂等手段,对家庭成员的身体和精神进行摧残、折磨,是实践中较为多发的虐待性质的家庭暴力。根据司法实践,具有虐待持续时间较长、次数较多;虐待手段残忍;虐待造成被害人轻微伤或者患较严重疾病;对未成年人、老年人、残疾人、孕妇、哺乳期妇女、重病患者实施较为严重的虐待行为等情形,属于《刑法》第二百六十条第一款规定的虐待"情节恶劣",应当依法以虐待罪定罪处罚。

准确区分虐待犯罪致人重伤、死亡与故意伤害、故意杀人犯罪致人重伤、死亡的界限,要根据被告人的主观故意、所实施的暴力手段与方式、是否立即或者直接造成被害人伤亡后果等进行综合判断。对于被告人主观上不具有侵害被害人健康或者剥夺被害人生命的故意,而是出于追求被害人肉体和精神上的痛苦,长期或者多次实施虐待行为,逐渐造成被害人身体损害,过失导致被害人重伤或者死亡的;或者因虐待致使被害人不堪忍受而自残、自杀,导致重伤或者死亡的,属于《刑法》第二百六十条第二款规定的虐待"致使被害人重伤、死亡",应当以虐待罪定罪处罚。对于被告人虽然实施家庭暴力呈现出经常性、持续性、反复性的特点,但其主观上具有希望或者放任被害人重伤或者死亡的故意,持凶器实施暴力,暴力手段残忍,暴力程度较强,直接或者立即造成被害人重伤或者死亡的,应当以故意伤害罪或者故意杀人罪定罪处罚。

依法惩处遗弃犯罪。负有扶养义务且有扶养能力的人,拒绝扶养年幼、年老、患病或者其他没有独立生活能力的家庭成员,是危害严重的遗弃性质的家庭暴力。根据司法实践,具有对被害人长期不予照顾、不提供生活来源;驱赶、逼迫被害人离家,致使被害人流离失所或者生存困难;遗弃患严重疾病或者生活不能自理的被害人;遗弃致使被害人身体严重损害或者造成其他严重后果等情形,属于《刑法》第二百六十一条规定的遗弃"情节恶劣",应当依法以遗弃罪定罪处罚。

准确区分遗弃罪与故意杀人罪的界限,要根据被告人的主观故意、所实施行为的时间与地点、是否立即造成被害人死亡,以及被害人对被告人的依赖程度等进行综合判断。对于只是为了逃避扶养义务,并不希望或者放任被害人死亡,将生活不能自理的被害人弃置在福利院、医院、派出所等单位或者广场、车站等行人较多的场所,希望被害人得到他人救助的,一般以遗弃罪定罪处罚。对于希望或者放任被害人死亡,不履行必要的扶养义务,致使被害人因缺乏生活照料而死亡,或者将生活不能自理的被害人带至荒山野岭等人迹罕至的场所扔弃,使被害人难以得到他人救助的,应当以故意杀人罪定罪处罚。

18.切实贯彻宽严相济刑事政策。对于实施家庭暴力构成犯罪的,应当根据罪刑法定、罪刑相适应原则,兼顾维护家庭稳定、尊重被害人意愿等因素综合考虑,宽严并用,区别对待。根据司法实践,对于实施家庭暴力手段残忍或者造成严重后果;出于恶意侵占财产等卑劣动机实施家庭暴力;因酗酒、吸毒、赌博等恶习而长期或者多次实施家庭暴力;曾因实施家庭暴力受到刑事处罚、行政处罚;或者具有其他恶劣情形的,可以酌情从重处罚。对于实施家庭暴力犯罪情节较轻,或者被告人真诚悔罪,获得被害人谅解,从轻处罚有利于被扶养人的,可以酌情从轻处罚;对于情节轻微不需要判处刑罚的,人民检察院可以不起诉，人民法院可以判处免予刑事处罚。

对于实施家庭暴力情节显著轻微危害不大不构成犯罪的，应当撤销案件、不起诉，或者宣告无罪。

人民法院、人民检察院、公安机关应当充分运用训诫，责令施暴人保证不再实施家庭暴力，或者向被害人赔礼道歉、赔偿损失等非刑罚处罚措施，加强对施暴人的教育与惩戒。

19.准确认定对家庭暴力的正当防卫。为了使本人或者他人的人身权利免受不法侵害，对正在进行的家庭暴力采取制止行为，只要符合《刑法》规定的条件，就应当依法认定为正当防卫，不负刑事责任。防卫行为造成施暴人重伤、死亡，且明显超过必要限度，属于防卫过当，应当负刑事责任，但是应当减轻或者免除处罚。

认定防卫行为是否"明显超过必要限度"，应当以足以制止并使防卫人免受家庭暴力不法侵害的需要为标准，根据施暴人正在实施家庭暴力的严重程度、手段的残忍程度、防卫人所处的环境、面临的危险程度、采取的制止暴力的手段、造成施暴人重大损害的程度，以及既往家庭暴力的严重程度等进行综合判断。

20.充分考虑案件中的防卫因素和过错责任。对于长期遭受家庭暴力后，在激愤、恐惧状态下为了防止再次遭受家庭暴力，或者为了摆脱家庭暴力而故意杀害、伤害施暴人，被告人的行为具有防卫因素，施暴人在案件起因上具有明显过错或者直接责任的，可以酌情从宽处罚。对于因遭受严重家庭暴力，身体、精神受到重大损害而故意杀害施暴人；或者因不堪忍受长期家庭暴力而故意杀害施暴人，犯罪情节不是特别恶劣，手段不是特别残忍的，可以认定为《刑法》第二百三十二条规定的故意杀人"情节较轻"。在服刑期间确有悔改表现的，可以根据其家庭情况，依法放宽减刑的幅度，缩短减刑的起始时间与间隔时间；符合假释条件的，应当假释。被杀害施暴人的近亲属表示谅解的，在量刑、减刑、假释时应当予以充分考虑。

四、其他措施

21.充分运用禁止令措施。人民法院对实施家庭暴力构成犯罪被判处管制或者宣告缓刑的犯罪分子，为了确保被害人及其子女和特定亲属的人身安全，可以依照《刑法》第三十八条第二款、第七十二条第二款的规定，同时禁止犯罪分子再次实施家庭暴力，侵扰被害人的生活、工作、学习，进行酗酒、赌博等活动；经被害人申请且有必要的，禁止接近被害人及其未成年子女。

22.告知申请撤销施暴人的监护资格。人民法院、人民检察院、公安机关对于监护人实施家庭暴力，严重侵害被监护人合法权益的，在必要时可以告知被监护人及其他有监护资格的人员、单位，向人民法院提出申请，要求撤销监护人资格，依法另行指定监护人。

23.充分运用人身安全保护措施。人民法院为了保护被害人的人身安全，避免其再次受到家庭暴力的侵害，可以根据申请，依照民事诉讼法等法律的相关规定，作出禁止施暴人再次实施家庭暴力、禁止接近被害人、迁出被害人的住所等内容的裁定。对于施暴人违反裁定的行为，如对被害人进行威胁、恐吓、殴打、伤害、杀害，或者未经被害人同意拒不迁出住所的，人民法院可以根据情节轻重予以罚款、拘留；构成犯罪的，应当依法追究刑事责任。

24.充分运用社区矫正措施。社区矫正机构对因实施家庭暴力构成犯罪被判处管制、宣告缓刑、假释或者暂予监外执行的犯罪分子，应当依法开展家庭暴力行为矫治，通过制定有针对性的监管、教育和帮助措施，矫正犯罪分子的施暴心理和行为恶习。

25.加强反家庭暴力宣传教育。人民法院、人民检察院、公安机关、司法行政机关应当结合本部门工作职责，通过以案说法、社区普法、针对重点对象法制教育等多种形式，开展反家庭暴力宣传教育活动，有效预防家庭暴力，促进平等、和睦、文明的家庭关系，维护社会和谐、稳定。

第二百六十条之一【虐待被监护、看护人罪】　对未成年人、老年人、患病的人、残疾人等负有监护、看护职责的人虐待被监护、看护的人，情节恶劣的，处三年以下有期徒刑或者拘役。

单位犯前款罪的，对单位判处罚金，并对其直接负责的主管人员和其他直接责任人员，依照前款的规定处罚。

有第一款行为，同时构成其他犯罪的，依照处罚较重的规定定罪处罚。【2015年11月1日刑法修正案（九）】

（相关解释）**最高人民法院《关于审理走私、非法经营、非法使用兴奋剂刑事案件适用法律若干问题的解释》**法释〔2019〕16号（见第一百五十一条）

第三条　对未成年人、残疾人负有监护、看护职责的人组织未成年人、残疾人在体育运动中非法使用兴奋剂，具有下列情形之一的，应当认定为《刑法》第二百六十条之一规定的"情节恶劣"，以虐待被监护、看护人罪定罪处罚：

（一）强迫未成年人、残疾人使用的；

（二）引诱、欺骗未成年人、残疾人长期使用的；

（三）其他严重损害未成年人、残疾人身心健康的情形。

第二百六十一条【遗弃罪】　对于年老、年幼、患病或者其他没有独立生活能力的人，负有扶养义务而拒绝扶养，情节恶劣的，处五年以下有期徒刑、拘役或者管制。

（相关解释同第二百六十条）

第二百六十二条【拐骗儿童罪】　拐骗不满十四周岁的未成年人，脱离家庭或者监护人的，处五年以下有期徒刑或者拘役。

第二百六十二条之一【组织残疾人、儿童乞讨罪】　以暴力、胁迫手段组织残疾人或者不满十四周岁的未成年人乞讨的，处三年以下有期徒刑或者拘役，并处罚金；情节严重的，处三年以上七年以下有期徒刑，并处罚金。【2006年6月29日刑法修正案（六）】

（相关解释）**最高人民法院《关于审理拐卖妇女儿童犯罪案件具体应用法律若干问题的解释》**法释〔2016〕28号（见第二百四十条）

第六条　收买被拐卖的妇女、儿童后又组织、强迫卖淫或者组织乞讨、进行违反治安管理活动等构成其他犯罪的，依照数罪并罚的规定处罚。

第二百六十二条之二【组织未成年人进行违反治安管理活动罪】　组织未成年人进行盗窃、诈骗、抢夺、敲诈勒索等违反治安管理活动的，处三年以下有期徒刑或者拘役，并处罚金；情节严重的，处三年以上七年以下有期徒刑，并处罚金。【2009年2月28日刑法修正案（七）】

（相关解释）1.**最高人民法院、最高人民检察院、公安部、司法部《关于依法惩治拐卖妇女儿童犯罪的意见》**法发〔2010〕7号拐卖妇女、儿童或者收买被拐卖的妇女、儿童，又组织、教唆被拐卖、收买的未成年妇女、儿童进行盗窃、诈骗、抢夺、敲诈勒索等违反治安管理活动的，以拐卖妇女、儿童罪或者收买被拐卖的妇女、儿童罪与组织未成年人进行违反治安管理活动罪数罪并罚。

2.最高人民法院《关于审理拐卖妇女儿童犯罪案件具体应用法律若干问题的解释》法释〔2016〕28号（见第二百四十条）

第六条 收买被拐卖的妇女、儿童后又组织、强迫卖淫或者组织乞讨、进行违反治安管理活动等构成其他犯罪的，依照数罪并罚的规定处罚。

第五章 侵犯财产罪

本章刑法罪名共十三个，分别为：抢劫罪（第263条），盗窃罪（第264条），诈骗罪（第266条），抢夺罪（第267条），聚众哄抢罪（第268条），侵占罪（第270条），职务侵占罪（第271条），挪用资金罪（第272条），挪用特定款物罪（第273条），敲诈勒索罪（第274条），故意毁坏财物罪（第275条），破坏生产经营罪（第276条），拒不支付劳动报酬罪（第276条之一）。

第二百六十三条【抢劫罪】 以暴力、胁迫或者其他方法抢劫财物的，处三年以上十年以下有期徒刑，并处罚金；有下列情形之一的，处十年以上有期徒刑、无期徒刑或者死刑，并处罚金或者没收财产：

（一）入户抢劫的；
（二）在公共交通工具上抢劫的；
（三）抢劫银行或者其他金融机构的；
（四）多次抢劫或者抢劫数额巨大的；
（五）抢劫致人重伤、死亡的；
（六）冒充军警人员抢劫的；
（七）持枪抢劫的；
（八）抢劫军用物资或者抢险、救灾、救济物资的。

（相关解释）**1.最高人民法院《关于审理抢劫案件具体应用法律若干问题的解释》**法释〔2000〕35号

第一条 《刑法》第二百六十三条第（一）项规定的"入户抢劫"，是指为实施抢劫行为而进入他人生活的与外界相对隔离的住所，包括封闭的院落、牧民的帐篷、渔民作为家庭生活场所的渔船、为生活租用的房屋等进行抢劫的行为。

对于入户盗窃，因被发现而当场使用暴力或者以暴力相威胁的行为，应当认定为入户抢劫。

第二条 《刑法》第二百六十三条第（二）项规定的"在公共交通工具上抢劫"，既包括在从事旅客运输的各种公共汽车，大、中型出租车，火车，船只，飞机等正在运营中的机动公共交通工具上对旅客、司售、乘务人员实施的抢劫，也包括对运行途中的机动公共交通工具加以拦截后，对公共交通工具上的人员实施的抢劫。

第三条 《刑法》第二百六十三条第（三）项规定的"抢劫银行或者其他金融机构"，是指抢劫银行或者其他金融机构的经营资金、有价证券和客户的资金等。

抢劫正在使用中的银行或者其他金融机构的运钞车的，视为"抢劫银行或者其他金融机构"。

第四条　《刑法》第二百六十三条第（四）项规定的"抢劫数额巨大"的认定标准，参照各地确定的盗窃罪数额巨大的认定标准执行。（注：浙江省，八万元以上）

第五条　《刑法》第二百六十三条第（七）项规定的"持枪抢劫"，是指行为人使用枪支或者向被害人显示持有、佩带的枪支进行抢劫的行为。"枪支"的概念和范围，适用《中华人民共和国枪支管理法》的规定。

第六条　《刑法》第二百六十七条第二款规定的"携带凶器抢夺"，是指行为人随身携带枪支、爆炸物、管制刀具等国家禁止个人携带的器械进行抢夺或者为了实施犯罪而携带其他器械进行抢夺的行为。

2. 最高人民法院《关于审理抢劫、抢夺刑事案件适用法律若干问题的意见》法发〔2005〕8号

一、关于"入户抢劫"的认定

根据《抢劫解释》第一条规定，认定"入户抢劫"时，应当注意以下三个问题：一是"户"的范围。"户"在这里是指住所，其特征表现为供他人家庭生活和与外界相对隔离两个方面，前者为功能特征，后者为场所特征。一般情况下，集体宿舍、旅店宾馆、临时搭建工棚等不应认定为"户"，但在特定情况下，如果确实具有上述两个特征的，也可以认定为"户"。二是"入户"目的的非法性。进入他人住所须以实施抢劫等犯罪为目的。抢劫行为虽然发生在户内，但行为人不以实施抢劫等犯罪为目的进入他人住所，而是在户内临时起意实施抢劫的，不属于"入户抢劫"。三是暴力或者暴力胁迫行为必须发生在户内。入户实施盗窃被发现，行为人为窝藏赃物、抗拒抓捕或者毁灭罪证而当场使用暴力或者以暴力相威胁的，如果暴力或者暴力胁迫行为发生在户内，可以认定为"入户抢劫"；如果发生在户外，不能认定为"入户抢劫"。

二、关于"在公共交通工具上抢劫"的认定

公共交通工具承载的旅客具有不特定多数人的特点。根据《抢劫解释》第二条规定，"在公共交通工具上抢劫"主要是指在从事旅客运输的各种公共汽车、大、中型出租车、火车、船只、飞机等正在运营中的机动公共交通工具上对旅客、司售、乘务人员实施的抢劫。在未运营中的大、中型公共交通工具上针对司售、乘务人员抢劫的，或者在小型出租车上抢劫的，不属于"在公共交通工具上抢劫"。

三、关于"多次抢劫"的认定

《刑法》第二百六十三条第（四）项中的"多次抢劫"是指抢劫三次以上。

对于"多次"的认定，应以行为人实施的每一次抢劫行为均已构成犯罪为前提，综合考虑犯罪故意的产生、犯罪行为实施的时间、地点等因素，客观分析、认定。对于行为人基于一个犯意实施犯罪的，如在同一地点同时对在场的多人实施抢劫的；或基于同一犯意在同一地点实施连续抢劫犯罪的，如在同一地点连续地对途经此地的多人进行抢劫的；或在一次犯罪中对一栋居民楼房中的几户居民连续实施入户抢劫的，一般应认定为一次犯罪。

四、关于"携带凶器抢夺"的认定

《抢劫解释》第六条规定，"携带凶器抢夺"，是指行为人随身携带枪支、爆炸物、管制刀具等国家禁止个人携带的器械进行抢夺或者为了实施犯罪而携带其他器械进行抢夺的行为。行为人随身携带国家禁止个人携带的器械以外的其他器械抢夺，但有证据证明该

器械确实不是为了实施犯罪准备的，不以抢劫罪定罪；行为人将随身携带凶器有意加以显示、能为被害人察觉到的，直接适用《刑法》第二百六十三条的规定定罪处罚；行为人携带凶器抢夺后，在逃跑过程中为窝藏赃物、抗拒抓捕或者毁灭罪证而当场使用暴力或者以暴力相威胁的，适用《刑法》第二百六十七条第二款的规定定罪处罚。

五、关于转化抢劫的认定

行为人实施盗窃、诈骗、抢夺行为，未达到"数额较大"，为窝藏赃物、抗拒抓捕或者毁灭罪证当场使用暴力或者以暴力相威胁，情节较轻、危害不大的，一般不以犯罪论处；但具有下列情节之一的，可依照《刑法》第二百六十九条的规定，以抢劫罪定罪处罚：

（1）盗窃、诈骗、抢夺接近"数额较大"标准的；

（2）入户或在公共交通工具上盗窃、诈骗、抢夺后在户外或交通工具外实施上述行为的；

（3）使用暴力致人轻微伤以上后果的；

（4）使用凶器或以凶器相威胁的；

（5）具有其他严重情节的。

六、关于抢劫犯罪数额的计算

抢劫信用卡后使用、消费的，其实际使用、消费的数额为抢劫数额；抢劫信用卡后未实际使用、消费的，不计数额，根据情节轻重量刑。所抢信用卡数额巨大，但未实际使用、消费或者实际使用、消费的数额未达到巨大标准的，不适用"抢劫数额巨大"的法定刑。

为抢劫其他财物，劫取机动车辆当作犯罪工具或者逃跑工具使用的，被劫取机动车辆的价值计入抢劫数额；为实施抢劫以外的其他犯罪劫取机动车辆的，以抢劫罪和实施的其他犯罪实行数罪并罚。

抢劫存折、机动车辆的数额计算，参照执行《关于审理盗窃案件具体应用法律若干问题的解释》的相关规定。

七、关于抢劫特定财物行为的定性

以毒品、假币、淫秽物品等违禁品为对象，实施抢劫的，以抢劫罪定罪；抢劫的违禁品数量作为量刑情节予以考虑。抢劫违禁品后又以违禁品实施其他犯罪的，应以抢劫罪与具体实施的其他犯罪实行数罪并罚。

抢劫赌资、犯罪所得的赃款赃物的，以抢劫罪定罪，但行为人仅以其所输赌资或所赢赌债为抢劫对象，一般不以抢劫罪定罪处罚。构成其他犯罪的，依照《刑法》的相关规定处罚。

为个人使用，以暴力、胁迫等手段取得家庭成员或近亲属财产的，一般不以抢劫罪定罪处罚，构成其他犯罪的，依照《刑法》的相关规定处理；教唆或者伙同他人采取暴力、胁迫等手段劫取家庭成员或近亲属财产的，可以抢劫罪定罪处罚。

八、关于抢劫罪数的认定

行为人实施伤害、强奸等犯罪行为，在被害人未失去知觉，利用被害人不能反抗、不敢反抗的处境，临时起意劫取他人财物的，应以此前所实施的具体犯罪与抢劫罪实行数罪并罚；在被害人失去知觉或者没有发觉的情形下，以及实施故意杀人犯罪行为之后，临时起意拿走他人财物的，应以此前所实施的具体犯罪与盗窃罪实行数罪并罚。

九、关于抢劫罪与相似犯罪的界限

1.冒充正在执行公务的人民警察、联防人员，以抓卖淫嫖娼、赌博等违法行为为名非法占有财物的行为定性行为人冒充正在执行公务的人民警察"抓赌""抓嫖"，没收赌资或者罚款的行为，构成犯罪的，以招摇撞骗罪从重处罚；在实施上述行为中使用暴力或者暴力威胁的，以抢劫罪定罪处罚。行为人冒充治安联防队员"抓赌""抓嫖"、没收赌资或者罚款的行为，构成犯罪的，以敲诈勒索罪定罪处罚；在实施上述行为中使用暴力或者暴力威胁的，以抢劫罪定罪处罚。

2.以暴力、胁迫手段索取超出正常交易价钱、费用的钱财的行为定性

从事正常商品买卖、交易或者劳动服务的人，以暴力、胁迫手段迫使他人交出与合理价钱、费用相差不大钱物，情节严重的，以强迫交易罪定罪处罚；以非法占有为目的，以买卖、交易、服务为幌子采用暴力、胁迫手段迫使他人交出与合理价钱、费用相差悬殊的钱物的，以抢劫罪定罪处刑。在具体认定时，既要考虑超出合理价钱、费用的绝对数额，还要考虑超出合理价钱、费用的比例，加以综合判断。

3.抢劫罪与绑架罪的界限

绑架罪是侵害他人人身自由权利的犯罪，其与抢劫罪的区别在于：第一，主观方面不尽相同。抢劫罪中，行为人一般出于非法占有他人财物的故意实施抢劫行为，绑架罪中，行为人既可能为勒索他人财物而实施绑架行为，也可能出于其他非经济目的实施绑架行为；第二，行为手段不尽相同。抢劫罪表现为行为人劫取财物一般应在同一时间、同一地点，具有"当场性"；绑架罪表现为行为人以杀害、伤害等方式向被绑架人的亲属或其他人或单位发出威胁，索取赎金或提出其他非法要求，劫取财物一般不具有"当场性"。

绑架过程中又当场劫取被害人随身携带财物的，同时触犯绑架罪和抢劫罪两罪名，应择一重罪定罪处罚。

4.抢劫罪与寻衅滋事罪的界限

寻衅滋事罪是严重扰乱社会秩序的犯罪，行为人实施寻衅滋事的行为时，客观上也可能表现为强拿硬要公私财物的特征。这种强拿硬要的行为与抢劫罪的区别在于：前者行为人主观上还具有逞强好胜和通过强拿硬要来填补其精神空虚等目的，后者行为人一般只具有非法占有他人财物的目的；前者行为人客观上一般不以严重侵犯他人人身权利的方法强拿硬要财物，而后者行为人则以暴力、胁迫等方式作为劫取他人财物的手段。司法实践中，对于未成年人使用或威胁使用轻微暴力强抢少量财物的行为，一般不宜以抢劫罪定罪处罚。其行为符合寻衅滋事罪特征的，可以寻衅滋事罪定罪处罚。

5.抢劫罪与故意伤害罪的界限

行为人为索取债务，使用暴力、暴力威胁等手段的，一般不以抢劫罪定罪处罚。构成故意伤害等其他犯罪的，依照《刑法》第二百三十四条等规定处罚。

十、抢劫罪的既遂、未遂的认定

抢劫罪侵犯的是复杂客体，既侵犯财产权利又侵犯人身权利，具备劫取财物或者造成他人轻伤以上后果两者之一的，均属抢劫既遂；既未劫取财物，又未造成他人人身伤害后果的，属抢劫未遂。据此，《刑法》第二百六十三条规定的八种处罚情节中除"抢劫致人重伤、死亡的"这一结果加重情节之外，其余七种处罚情节同样存在既遂、未遂问题，其中属抢劫未遂的，应当根据《刑法》关于加重情节的法定刑规定，结合未遂犯的处理原则量刑。

十一、驾驶机动车、非机动车夺取他人财物行为的定性

对于驾驶机动车、非机动车（以下简称"驾驶车辆"）夺取他人财物的，一般以抢夺罪从重处罚。但具有下列情形之一，应当以抢劫罪定罪处罚：

（1）驾驶车辆，逼挤、撞击或强行逼倒他人以排除他人反抗，乘机夺取财物的；

（2）驾驶车辆强抢财物时，因被害人不放手而采取强拉硬拽方法劫取财物的；

（3）行为人明知其驾驶车辆强行夺取他人财物的手段会造成他人伤亡的后果，仍然强行夺取并放任造成财物持有人轻伤以上后果的。

3. 最高人民法院关于印发《关于审理抢劫刑事案件适用法律若干问题的指导意见》的通知 法发〔2016〕2号

抢劫犯罪是多发性的侵犯财产和侵犯公民人身权利的犯罪。1997年《刑法》修订后，最高人民法院先后发布了《关于审理抢劫案件具体应用法律若干问题的解释》（以下简称《抢劫解释》）和《关于审理抢劫、抢夺刑事案件适用法律问题的意见》（以下简称《两抢意见》），对抢劫案件的法律适用作出了规范，发挥了重要的指导作用。但是，抢劫犯罪案件的情况越来越复杂，各级法院在审判过程中不断遇到新情况、新问题。为统一适用法律，根据《刑法》和司法解释的规定，结合近年来人民法院审理抢劫案件的经验，现对审理抢劫犯罪案件中较为突出的几个法律适用问题和刑事政策把握问题提出如下指导意见：

一、关于审理抢劫刑事案件的基本要求

坚持贯彻宽严相济刑事政策。对于多次结伙抢劫，针对农村留守妇女、儿童及老人等弱势群体实施抢劫，在抢劫中实施强奸等暴力犯罪的，要在法律规定的量刑幅度内从重判处。

对于罪行严重或者具有累犯情节的抢劫犯罪分子，减刑、假释时应当从严掌握，严格控制减刑的幅度和频度。对因家庭成员就医等特定原因初次实施抢劫，主观恶性和犯罪情节相对较轻的，要与多次抢劫以及为了挥霍、赌博、吸毒等实施抢劫的案件在量刑上有所区分。对于犯罪情节较轻，或者具有法定、酌定从轻、减轻处罚情节的，坚持依法从宽处理。

确保案件审判质量。审理抢劫刑事案件，要严格遵守证据裁判原则，确保事实清楚，证据确实、充分。特别是对因抢劫可能判处死刑的案件，更要切实贯彻执行《刑事诉讼法》及相关司法解释、司法文件，严格依法审查判断和运用证据，坚决防止冤错案件的发生。

对抢劫刑事案件适用死刑，应当坚持"保留死刑，严格控制和慎重适用死刑"的刑事政策，以最严格的标准和最审慎的态度，确保死刑只适用于极少数罪行极其严重的犯罪分子。对被判处死刑缓期二年执行的抢劫犯罪分子，根据犯罪情节等情况，可以同时决定对其限制减刑。

二、关于抢劫犯罪部分加重处罚情节的认定

1.认定"入户抢劫"，要注重审查行为人"入户"的目的，将"入户抢劫"与"在户内抢劫"区别开来。以侵害户内人员的人身、财产为目的，入户后实施抢劫，包括入户实施盗窃、诈骗等犯罪而转化为抢劫的，应当认定为"入户抢劫"。因访友办事等原因经户内人员允许入户后，临时起意实施抢劫，或者临时起意实施盗窃、诈骗等犯罪而转化为抢劫的，不应认定为"入户抢劫"。

对于部分时间从事经营、部分时间用于生活起居的场所，行为人在非营业时间强行入内抢劫或者以购物等为名骗开房门入内抢劫的，应认定为"入户抢劫"。对于部分用于经营、部分用于生活且之间有明确隔离的场所，行为人进入生活场所实施抢劫的，应认定为"入户抢劫"；如场所之间没有明确隔离，行为人在营业时间入内实施抢劫的，不认定为"入户抢劫"，但在非营业时间入内实施抢劫的，应认定为"入户抢劫"。

2."公共交通工具"，包括从事旅客运输的各种公共汽车，大、中型出租车，火车，地铁，轻轨，轮船，飞机等，不含小型出租车。对于虽不具有商业营运执照，但实际从事旅客运输的大、中型交通工具，可认定为"公共交通工具"。接送职工的单位班车、接送师生的校车等大、中型交通工具，视为"公共交通工具"。

"在公共交通工具上抢劫"，既包括在处于运营状态的公共交通工具上对旅客及司售、乘务人员实施抢劫，也包括拦截运营途中的公共交通工具对旅客及司售、乘务人员实施抢劫，但不包括在未运营的公共交通工具上针对司售、乘务人员实施抢劫。以暴力、胁迫或者麻醉等手段对公共交通工具上的特定人员实施抢劫的，一般应认定为"在公共交通工具上抢劫"。

3.认定"抢劫数额巨大"，参照各地认定盗窃罪数额巨大的标准执行。抢劫数额以实际抢劫到的财物数额为依据。对以数额巨大的财物为明确目标，由于意志以外的原因，未能抢到财物或实际抢得的财物数额不大的，应同时认定"抢劫数额巨大"和犯罪未遂的情节，根据《刑法》有关规定，结合未遂犯的处理原则量刑。

根据《两抢意见》第六条第一款规定，抢劫信用卡后使用、消费的，以行为人实际使用、消费的数额为抢劫数额。由于行为人意志以外的原因无法实际使用、消费的部分，虽不计入抢劫数额，但应作为量刑情节考虑。通过银行转账或者电子支付、手机银行等支付平台获取抢劫财物的，以行为人实际获取的财物为抢劫数额。

4.认定"冒充军警人员抢劫"，要注重对行为人是否穿着军警制服、携带枪支、是否出示军警证件等情节进行综合审查，判断是否足以使他人误以为是军警人员。对于行为人仅穿着类似军警的服装或仅以言语宣称系军警人员但未携带枪支、也未出示军警证件而实施抢劫的，要结合抢劫地点、时间、暴力或威胁的具体情形，依照常人判断标准，确定是否认定为"冒充军警人员抢劫"。

军警人员利用自身的真实身份实施抢劫的，不认定为"冒充军警人员抢劫"，应依法从重处罚。

三、关于转化型抢劫犯罪的认定

根据《刑法》第二百六十九条的规定，"犯盗窃、诈骗、抢夺罪，为窝藏赃物、抗拒抓捕或者毁灭罪证而当场使用暴力或者以暴力相威胁的"，依照抢劫罪定罪处罚。"犯盗窃、诈骗、抢夺罪"，主要是指行为人已经着手实施盗窃、诈骗、抢夺行为，一般不考察盗窃、诈骗、抢夺行为是否既遂。但是所涉财物数额明显低于"数额较大"的标准，又不具有《两抢意见》第五条所列五种情节之一的，不构成抢劫罪。"当场"是指在盗窃、诈骗、抢夺的现场以及行为人刚离开现场即被他人发现并抓捕的情形。

对于以摆脱的方式逃脱抓捕，暴力强度较小，未造成轻伤以上后果的，可不认定为"使用暴力"，不以抢劫罪论处。

入户或者在公共交通工具上盗窃、诈骗、抢夺后，为了窝藏赃物、抗拒抓捕或者毁灭罪证，在户内或者公共交通工具上当场使用暴力或者以暴力相威胁的，构成"入户抢劫"或者"在公共交通工具上抢劫"。

两人以上共同实施盗窃、诈骗、抢夺犯罪，其中部分行为人为窝藏赃物、抗拒抓捕或者毁灭罪证而当场使用暴力或者以暴力相威胁的，对于其余行为人是否以抢劫罪共犯论处，主要看其对实施暴力或者以暴力相威胁的行为人是否形成共同犯意、提供帮助。基于一定意思联络，对实施暴力或者以暴力相威胁的行为人提供帮助或实际成为帮凶的，可以抢劫共犯论处。

四、具有法定八种加重处罚情节的刑罚适用

1.根据《刑法》第二百六十三条的规定，具有"抢劫致人重伤、死亡"等八种法定加重处罚情节的，处十年以上有期徒刑、无期徒刑或者死刑，并处罚金或者没收财产。应当根据抢劫的次数及数额、抢劫对人身的损害、对社会治安的危害等情况，结合被告人的主观恶性及人身危险程度，并根据量刑规范化的有关规定，确定具体的刑罚。判处无期徒刑以上刑罚的，一般应并处没收财产。

2.具有下列情形之一的，可以判处无期徒刑以上刑罚：

（1）抢劫致三人以上重伤，或者致人重伤造成严重残疾的；

（2）在抢劫过程中故意杀害他人，或者故意伤害他人，致人死亡的；

（3）具有除"抢劫致人重伤、死亡"外的两种以上加重处罚情节，或者抢劫次数特别多、抢劫数额特别巨大的。

3.为劫取财物而预谋故意杀人，或者在劫取财物过程中为制服被害人反抗、抗拒抓捕而杀害被害人，且被告人无法定从宽处罚情节的，可依法判处死刑立即执行。对具有自首、立功等法定从轻处罚情节的，判处死刑立即执行应当慎重。对于采取故意杀人以外的其他手段实施抢劫并致人死亡的案件，要从犯罪的动机、预谋、实行行为等方面分析被告人主观恶性的大小，并从有无前科及平时表现、认罪悔罪情况等方面判断被告人的人身危险程度，不能不加区别，仅以出现被害人死亡的后果，一律判处死刑立即执行。

4.抢劫致人重伤案件适用死刑，应当更加慎重、更加严格，除非具有采取极其残忍的手段造成被害人严重残疾等特别恶劣的情节或者造成特别严重后果的，一般不判处死刑立即执行。

5.具有《刑法》第二百六十三条规定的"抢劫致人重伤、死亡"以外其他七种加重处罚情节，且犯罪情节特别恶劣、危害后果特别严重的，可依法判处死刑立即执行。认定"情节特别恶劣、危害后果特别严重"，应当从严掌握，适用死刑必须非常慎重、非常严格。

五、抢劫共同犯罪的刑罚适用

1.审理抢劫共同犯罪案件，应当充分考虑共同犯罪的情节及后果、共同犯罪人在抢劫中的作用以及被告人的主观恶性、人身危险性等情节，做到准确认定主从犯，分清罪责，以责定刑，罚当其罪。一案中有两名以上主犯的，要从犯罪提意、预谋、准备、行为实施、赃物处理等方面区分出罪责最大者和较大者；有两名以上从犯的，要在从犯中区分出罪责相对更轻者和较轻者。对从犯的处罚，要根据案件的具体事实、从犯的罪责，确定从轻还是减轻处罚。对具有自首、立功或者未成年人且初次抢劫等情节的从犯，可以依法免除处罚。

2.对于共同抢劫致一人死亡的案件，依法应当判处死刑的，除犯罪手段特别残忍、情节及后果特别严重、社会影响特别恶劣、严重危害社会治安的外，一般只对共同抢劫犯罪中作用最突出、罪行最严重的那名主犯判处死刑立即执行。罪行最严重的主犯如因系未成年人而不适用死刑，或者因具有自首、立功等法定从宽处罚情节而不判处死刑立即执行的，不能不加区别地对其他主犯判处死刑立即执行。

3.在抢劫共同犯罪案件中，有同案犯在逃的，应当根据现有证据尽量分清在押犯与在逃犯的罪责，对在押犯应按其罪责处刑。罪责确实难以分清，或者不排除在押犯的罪责可能轻于在逃犯的，对在押犯适用刑罚应当留有余地，判处死刑立即执行要格外慎重。

六、累犯等情节的适用

根据《刑法》第六十五条第一款的规定，对累犯应当从重处罚。抢劫犯罪被告人具有累犯情节的，适用刑罚时要综合考虑犯罪的情节和后果，所犯前后罪的性质、间隔时间及判刑轻重等情况，决定从重处罚的力度。对于前罪系抢劫等严重暴力犯罪的累犯，应当依法加大从重处罚的力度。对于虽不构成累犯，但具有抢劫犯罪前科的，一般不适用减轻处罚和缓刑。对于可能判处死刑的罪犯具有累犯情节的也应慎重，不能只要是累犯就一律判处死刑立即执行；被告人同时具有累犯和法定从宽处罚情节的，判处死刑立即执行应当综合考虑，从严掌握。

七、关于抢劫案件附带民事赔偿的处理原则

要妥善处理抢劫案件附带民事赔偿工作。审理抢劫刑事案件，一般情况下人民法院不主动开展附带民事调解工作。但是，对于犯罪情节不是特别恶劣或者被害方生活、医疗陷入困境，被告人与被害方自行达成民事赔偿和解协议的，民事赔偿情况可作为评价被告人悔罪态度的依据之一，在量刑上酌情予以考虑。

4.最高人民法院《关于抢劫过程中故意杀人案件如何定罪问题的批复》法释〔2001〕16号

行为人为劫取财物而预谋故意杀人，或者在劫取财物过程中，为制服被害人反抗而故意杀人的，以抢劫罪定罪处罚。

行为人实施抢劫后，为灭口而故意杀人的，以抢劫罪和故意杀人罪定罪，实行数罪并罚。

5.最高人民法院、最高人民检察院《关于办理妨害预防、控制突发传染病疫情等灾害的刑事案件具体应用法律若干问题的解释》法释〔2003〕8号

在预防、控制突发传染病疫情等灾害期间，聚众"打砸抢"，致人伤残、死亡的，依照《刑法》第二百八十九条、第二百三十四条、第二百三十二条的规定，以故意伤害罪或者故意杀人罪定罪，依法从重处罚。对毁坏或者抢走公私财物的首要分子，依照《刑法》第二百八十九条、第二百六十三条的规定，以抢劫罪定罪，依法从重处罚。

6.最高人民法院《关于审理未成年人刑事案件具体应用法律若干问题的解释》法释〔2006〕1号

第七条　已满十四周岁不满十六周岁的人使用轻微暴力或者威胁，强行索要其他未成年人随身携带的生活、学习用品或者钱财数量不大，且未造成被害人轻微伤以上或者不敢正常到校学习、生活等危害后果的，不认为是犯罪。

已满十六周岁不满十八周岁的人具有前款规定情形的，一般也不认为是犯罪。

第八条　已满十六周岁不满十八周岁的人出于以大欺小、以强凌弱或者寻求精神刺激，随意殴打其他未成年人、多次对其他未成年人强拿硬要或者任意损毁公私财物，扰乱学校及其他公共场所秩序，情节严重的，以寻衅滋事罪定罪处罚。

7.最高人民法院《全国法院审理毒品犯罪案件工作座谈会纪要》法〔2000〕42号

（六）关于盗窃、抢劫毒品犯罪的定性问题

盗窃、抢劫毒品的，应当分别以盗窃罪或者抢劫罪定罪。认定盗窃犯罪数额，可以参考当地毒品非法交易的价格。认定抢劫罪的数额，即是抢劫毒品的实际数量。盗窃、抢劫毒品后又实施其他毒品犯罪的，则以盗窃罪、抢劫罪与实施的具体毒品犯罪，依法实行数罪并罚。

8.最高人民检察院《关于相对刑事责任年龄的人承担刑事责任范围有关问题的答复》〔2003〕高检研发第13号

相对刑事责任年龄的人实施了《刑法》第二百六十九条规定的行为的，应当依照《刑法》第二百六十三条的规定，以抢劫罪追究刑事责任。但对情节显著轻微，危害不大的，可根据《刑法》第十三条的规定，不予追究刑事责任。

9.最高人民法院研究室《关于对在绑架过程中以暴力、胁迫等手段当场劫取被害人财物的行为如何适用法律问题的答复》法函〔2001〕68号

行为人在绑架过程中，又以暴力、胁迫等手段当场劫取被害人财物，构成犯罪的，择一重罪处罚。

10. 最高人民法院、最高人民检察院《关于办理抢夺刑事案件适用法律若干问题的解释》 法释〔2013〕25号

第六条 驾驶机动车、非机动车夺取他人财物，具有下列情形之一的，应当以抢劫罪定罪处罚：

（一）夺取他人财物时因被害人不放手而强行夺取的；

（二）驾驶车辆逼挤、撞击或者强行逼倒他人夺取财物的；

（三）明知会致人伤亡仍然强行夺取并放任造成财物持有人轻伤以上后果的。

11. 最高人民检察院《关于强迫借贷行为适用法律问题的批复》 高检发释字〔2014〕1号

以暴力、胁迫手段强迫他人借贷，属于《刑法》第二百二十六条第二项规定的"强迫他人提供或者接受服务"，情节严重的，以强迫交易罪追究刑事责任；同时构成故意伤害罪等其他犯罪的，依照处罚较重的规定定罪处罚。以非法占有为目的，以借贷为名采用暴力、胁迫手段获取他人财物，符合《刑法》第二百六十三条或者第二百七十四条规定的，以抢劫罪或者敲诈勒索罪追究刑事责任。

12. 最高人民法院、最高人民检察院、公安部《关于依法办理"碰瓷"违法犯罪案件的指导意见》 公通字〔2020〕12号（2020年9月22日）（具体见《刑法》第二百六十六条）

三、实施"碰瓷"，当场使用暴力、胁迫或者其他方法，当场劫取他人财物，符合《刑法》第二百六十三条规定的，以抢劫罪定罪处罚。

（附参考）1. 浙江省高级人民法院刑事审判庭《关于执行刑法若干问题的具体意见》 浙高法刑〔1999〕1号

39. "抢劫银行或者其他金融机构"，是指抢劫银行或者其他金融机构的经营资金、有价证券和客户存入的资金等，包括抢劫正在执行运钞任务的银行或者其他金融机构的运钞车，不包括抢劫银行或者其他金融机构的办公用品、交通工具等财物的行为。

40. "持枪抢劫"中的枪支，是指以火药或者压缩气体等为动力，利用管状器具发射金属弹丸或者其他物质，足以致人伤亡或者丧失知觉的各种枪支。

2. 浙江省高级人民法院刑事审判庭《关于执行刑法若干问题的具体意见（二）》 浙高法刑〔2000〕2号

14. 抢劫罪既遂与未遂区分标准：抢劫罪侵犯的是财产权利和人身权利双重客体，如果造成被害人轻伤以上结果的，不论是否取得财物均为既遂；其余抢劫以是否取得财物作为区分既遂与未遂的标准。

15. 认定《刑法》第二百六十七条第二款"携带凶器抢夺"时，应当注意审查两方面内容：一是客观上此处的凶器应是易于伤害他人身体的器具；二是主观上行为人对携带该器具的正常用途能否作出合理解释。

16. 《刑法》第二百六十九条转化型抢劫罪，如果盗窃、诈骗、抢夺未得到财物，一般不转化为抢劫罪，构成故意伤害罪、非法侵入住宅罪等罪的，以故意伤害罪、非法侵入住宅罪等罪定罪处罚；如果盗窃、诈骗、抢夺的财物不到"数额较大"，但为窝藏赃物、抗拒抓捕或者毁灭罪证而当场使用暴力或者以暴力相威胁，情节严重的（"情节严重"依照浙高法〔1994〕70号《全省刑事审判工作研讨会纪要》认定），可以认定为转化的抢劫罪；如果盗窃、诈骗、抢夺的是数额巨大的特定目标，即使实际未得到财物，而当场使用暴力或者以暴力相威胁的，可以定为转化的抢劫罪。

17.《刑法》第二百六十三条"入户抢劫"和最高人民法院《关于审理盗窃案件具体应用法律若干问题的解释》第四条"入户盗窃"中的"户"，是指家庭成员生活的与外界相对隔离的场所，如封闭的院落、住宅、作为家庭生活场所的船只、为家庭生活租用的房屋等。集生活、经营于一体的场所在经营时间内不属于"户"。

3. 浙江省高级人民法院刑二庭《关于印发〈全省法院经济犯罪疑难问题研讨会纪要〉的通知》浙高法刑二〔2005〕1号

十一、关于转化型抢劫的认定

行为人实施盗窃、诈骗、抢夺行为，未达到"数额较大"，为窝藏赃物、抗拒抓捕或者毁灭罪证当场使用暴力或者以暴力相威胁，情节较轻、危害不大的，不以犯罪论处；但具有下列情节之一的，可依照《刑法》第二百六十九条的规定，以抢劫罪定罪处罚：（1）盗窃、诈骗、抢夺接近数额较大标准的；（2）入户或在公共交通工具上盗窃、诈骗、抢夺后在户外或交通工具外实施上述行为的；（3）使用暴力致人轻微伤以上后果的；（4）使用凶器或以凶器相威胁的；（5）具有其他严重情节的。行为人实施盗窃、诈骗、抢夺行为，为窝藏赃物、抗拒抓捕或者毁灭罪证当场使用暴力或者以暴力相威胁，具备《刑法》第二百六十三条规定八种处罚情节的，处十年以上有期徒刑、无期徒刑或者死刑，并处罚金或者没收财产。

十二、抢劫与盗窃、诈骗、抢夺等相互转化问题

在司法实践中，经常出现抢夺、盗窃、诈骗与抢劫的转化问题，如行为人预谋抢劫，为抢劫罪的实行做准备（不包括携带器械），其犯罪预备中原本没有包含盗窃、抢夺的内容，而在着手实施犯罪时，因主客观因素改变了犯意，从而未实施抢劫行为，而实施了抢夺、盗窃行为的，只要行为人实际实施的盗窃、抢夺行为足以构成犯罪，一般应定为盗窃罪或抢夺罪，而前面的抢劫预备行为一般不予另定抢劫罪。但如果这种预备行为的性质达到相当严重且应受刑罚惩罚的程度，如预谋抢劫银行并进行踩点，但在着手实施前改变犯意，未实施抢劫行为，而仅实施了盗窃或抢夺行为，盗窃或抢夺行为又不足以构罪的，对行为人可按重行为吸收轻行为，以抢劫罪（预备）论处，行为人预谋实施盗窃、诈骗、抢夺，在着手实施前发现难以窃取、骗取或夺取财物，遂临时临地改变犯意，以暴力、胁迫等侵犯人身的方法占有财物的，或者在着手实施盗窃、诈骗、抢夺的过程中被人发现（含自认为被人发现）或遭到反抗，自感以原定的犯罪手段难以占有财物，遂改用侵犯人身的手段非法占有财物，其行为符合抢劫罪的特征，应定抢劫罪。

十三、抢劫罪与强迫交易罪的区分

区分抢劫罪与强迫交易罪的关键，不在于是否使用了暴力或威胁手段，也不在于主观目的是否为取得财物，而在于行为人与对方有无特定的交易存在，在于行为人的目的是否为达成交易，虽然这种交易可能是不平等的交易。判断某行为是否属市场交易行为，应从多方面进行综合分析，如侵犯他人财产权利的程度、商品或服务的提供者是否市场的经营主体、能否提供相对稳定的商品或服务，特别是前者。对强迫交易而言，行为人的主要目的是为了完成交易，一般情况下其侵犯财产的程度不会十分严重。至于侵犯财产要到何种程度才作为强迫交易行为与抢劫行为相区分的标准，很难做出一个具体的量化规定，司法实践中应结合案件的具体情况、生活经验以及社会认可的一般观念等因素进行综合判定。一般认为，行为人采用暴力、胁迫手段迫使他人交出与合理价钱、费用相差悬殊的钱物的即可认定，认定合理范围，既要考虑绝对数，还要考虑一定的比例。

十四、抢劫罪与绑架罪、敲诈勒索罪的区分

抢劫罪与索财型绑架罪在犯罪主观方面、犯罪客体方面极为相似。二者主要有以下区别：（1）行为手段不尽相同。抢劫罪是用对公私财物的所有人、保管人或者其他在场人当场实施暴力、以当场实施暴力相威胁或者利用其他当场侵犯人身的方法，迫使被害人当场交出财物或者当场夺走其财物；而索财型绑架罪，是将人掳走或限制其自由后，威胁被害人以外亲友等其他人，迫使其交出赎金；（2）实施犯罪行为的时间、地点不同。抢劫罪是当场使用暴力、胁迫等强制手段，当场取得财物，侵犯被害人人身权利和非法获取财物是在同一时间、同一地点完成的；而索财型绑架罪是先绑架人质，然后勒令强制交付财物，侵犯被害人人身权利和非法占有他人财物的行为有一定间隔，发生的地点一般也不同；（3）侵犯的对象不尽相同。抢劫罪表现为当场直接从被害人处将财物抢走；而索财型绑架罪中被勒令交付财产者不是被绑架者，而是他的亲友或其他人。

抢劫罪与敲诈勒索罪主要有以下区别：（1）威胁的内容、实施方式及可能实施的时间不同。抢劫罪的威胁是当场直接向被害人发出的直接侵犯人的生命健康的暴力威胁，暴力威胁的内容一般要在当场予以实施；而敲诈勒索罪的威胁可以是对被害人公开实施，也可以是利用书信、通讯或他人转达的方式间接实施，威胁内容除暴力之外，也可以是毁人名誉、揭发隐私等，一般系将来某个时间将所威胁的具体内容加以实施；（2）非法取得财物的时间不同。抢劫罪非法取得财物的时间只能是当场；而敲诈勒索罪非法取得财物的时间，既可是当场，也可是将来。

十五、共同抢劫中实行过限行为的认定

实行过限行为，是指在共同犯罪中，其中一个共同犯罪人所实施的犯罪行为超出其他共同犯罪人的故意而造成了其他犯罪结果的情形。共同犯罪中某人的行为是否属于过限行为，取决于某人实施的犯罪行为是否超出其他共同犯罪人的共同故意。共同犯罪的故意包括明确故意和概括故意两种形式。在明确故意共同犯罪中的刑事责任认定问题比较简单，较复杂的是概括故意下的实行过限问题。概括故意一般表现为各成员之间往往只是有一个明确的犯罪目标，而对其侵害程度往往没有达成共识。在这种情况下，尽管各共同犯罪人对其他人的主观心态没有明确的认识，但是各个成员对其他成员可能给犯罪对象造成的危害是有预见的，而且对这种结果持放任态度。如共同预谋盗窃，但携带凶器等作案工具，共同行为人均认识到一旦盗窃被发现，即可能采用暴力手段，就属于概括故意。其中任何一人所实施的伤害、杀人在这种概括故意范围内的行为均不属实行过限行为，各共同犯罪人对犯罪结果应当共同承担刑事责任。对是否属于共同概括故意，司法实践中应视案情综合分析确定。

十六、抢劫行为与绑架行为部分重合时的定罪

对于预谋绑架且将被害人劫持后发现无勒索对象即向被绑架人本人勒索的情形的定罪问题，司法实践中存在争议。从犯罪构成上分析，行为人的行为分别构成绑架罪及抢劫罪，但绑架罪与抢劫罪在构成要件的部分事实上出现了重合，即绑架罪中的控制人质行为与抢劫罪中的劫持人质行为在两个犯罪构成中都需要加以评价。实践中可将控制人质的手段行为放在法定刑较重的犯罪中评价，而对另一犯罪行为仅作为量刑情节考虑，一般不需数罪并罚。

4.浙江省高级人民法院、浙江省人民检察院、浙江省公安厅《关于抢劫、盗窃、诈骗、抢夺借据、欠条等借款凭证是否构成犯罪的意见》浙高法〔2002〕10号

债务人以消灭债务为目的，抢劫、盗窃、诈骗、抢夺合法、有效的借据、欠条等借款凭证，并且该借款凭证是确认债权债务关系存在的唯一证明的，可以抢劫罪、盗窃罪、诈

骗罪、抢夺罪论处。债务人以外的人在债务人的教唆之下实施或者帮助债务人实施抢劫、盗窃、诈骗、抢夺借据、欠条等借款凭证，并且明知债务人是为了消灭债务的，以抢劫罪、盗窃罪、诈骗罪、抢夺罪的共犯论处。

5. 浙江省高级人民法院、浙江省人民检察院、浙江省公安厅《关于办理抢劫、抢夺犯罪案件适用法律的指导意见》浙公通字〔2009〕22号

以下情形应按抢劫罪定罪处罚：（1）夺取财物时，因被害人不放手而采取强拉硬拽并造成被害人轻微伤以上后果的；（2）夺取财物后，犯罪嫌疑人为掩护同伙携赃逃跑而使用暴力或者以暴力相威胁的，如该行为系事先合谋，则共谋人均以抢劫罪定罪处罚；（3）携带凶器实施抢夺的；（4）驾驶机动车、非机动车，逼挤、撞击或逼倒他人，劫取财物的；（5）驾驶机动车（包括电动车），在夺取财物过程中将被害人拖倒或拖拉着行驶的。

第二百六十四条【盗窃罪】 盗窃公私财物，数额较大的，或者多次盗窃、入户盗窃、携带凶器盗窃、扒窃的，处三年以下有期徒刑、拘役或者管制，并处或者单处罚金；数额巨大或者有其他严重情节的，处三年以上十年以下有期徒刑，并处罚金；数额特别巨大或者有其他特别严重情节的，处十年以上有期徒刑或者无期徒刑，并处罚金或者没收财产。
【2011年5月1日刑法修正案（八）】

【1997年刑法】 盗窃公私财物，数额较大或者多次盗窃的，处三年以下有期徒刑、拘役或者管制，并处或者单处罚金；数额巨大或者有其他严重情节的，处三年以上十年以下有期徒刑，并处罚金；数额特别巨大或者有其他特别严重情节的，处十年以上有期徒刑或者无期徒刑，并处罚金或者没收财产；有下列情形之一的，处无期徒刑或者死刑，并处没收财产：

（一）盗窃金融机构，数额特别巨大的；
（二）盗窃珍贵文物，情节严重的。

第二百六十五条 以牟利为目的，盗接他人通信线路、复制他人电信码号或者明知是盗接、复制的电信设备、设施而使用的，依照本法第二百六十四条【盗窃罪】的规定定罪处罚。

（相关解释）**1. 最高人民法院、最高人民检察院《关于办理盗窃刑事案件适用法律若干问题的解释》法释〔2013〕8号**

为依法惩治盗窃犯罪活动，保护公私财产，根据《中华人民共和国刑法》《中华人民共和国刑事诉讼法》的有关规定，现就办理盗窃刑事案件适用法律的若干问题解释如下：

第一条 盗窃公私财物价值一千元至三千元以上、三万元至十万元以上、三十万元至五十万元以上的，应当分别认定为《刑法》第二百六十四条规定的"数额较大""数额巨大""数额特别巨大"。

各省、自治区、直辖市高级人民法院、人民检察院可以根据本地区经济发展状况，并考虑社会治安状况，在前款规定的数额幅度内，确定本地区执行的具体数额标准，报最高人民法院、最高人民检察院批准。

在跨地区运行的公共交通工具上盗窃，盗窃地点无法查证的，盗窃数额是否达到"数额较大""数额巨大""数额特别巨大"，应当根据受理案件所在地省、自治区、直辖市高级人民法院、人民检察院确定的有关数额标准认定。

盗窃毒品等违禁品，应当按照盗窃罪处理的，根据情节轻重量刑。

第二条　盗窃公私财物，具有下列情形之一的，"数额较大"的标准可以按照前条规定标准的百分之五十确定：

（一）曾因盗窃受过刑事处罚的；

（二）一年内曾因盗窃受过行政处罚的；

（三）组织、控制未成年人盗窃的；

（四）自然灾害、事故灾害、社会安全事件等突发事件期间，在事件发生地盗窃的；

（五）盗窃残疾人、孤寡老人、丧失劳动能力人的财物的；

（六）在医院盗窃病人或者其亲友财物的；

（七）盗窃救灾、抢险、防汛、优抚、扶贫、移民、救济款物的；

（八）因盗窃造成严重后果的。

第三条　二年内盗窃三次以上的，应当认定为"多次盗窃"。

非法进入供他人家庭生活，与外界相对隔离的住所盗窃的，应当认定为"入户盗窃"。

携带枪支、爆炸物、管制刀具等国家禁止个人携带的器械盗窃，或者为了实施违法犯罪携带其他足以危害他人人身安全的器械盗窃的，应当认定为"携带凶器盗窃"。

在公共场所或者公共交通工具上盗窃他人随身携带的财物的，应当认定为"扒窃"。

第四条　盗窃的数额，按照下列方法认定：

（一）被盗财物有有效价格证明的，根据有效价格证明认定；无有效价格证明，或者根据价格证明认定盗窃数额明显不合理的，应当按照有关规定委托估价机构估价；

（二）盗窃外币的，按照盗窃时中国外汇交易中心或者中国人民银行授权机构公布的人民币对该货币的中间价折合成人民币计算；中国外汇交易中心或者中国人民银行授权机构未公布汇率中间价的外币，按照盗窃时境内银行人民币对该货币的中间价折算成人民币，或者该货币在境内银行、国际外汇市场对美元汇率，与人民币对美元汇率中间价进行套算；

（三）盗窃电力、燃气、自来水等财物，盗窃数量能够查实的，按照查实的数量计算盗窃数额；盗窃数量无法查实的，以盗窃前六个月月均正常用量减去盗窃后计量仪表显示的月均用量推算盗窃数额；盗窃前正常使用不足六个月的，按照正常使用期间的月均用量减去盗窃后计量仪表显示的月均用量推算盗窃数额；

（四）明知是盗接他人通信线路、复制他人电信码号的电信设备、设施而使用的，按照合法用户为其支付的费用认定盗窃数额；无法直接确认的，以合法用户的电信设备、设施被盗接、复制后的月缴费额减去被盗接、复制前六个月的月均电话费推算盗窃数额；合法用户使用电信设备、设施不足六个月的，按照实际使用的月均电话费推算盗窃数额；

（五）盗接他人通信线路、复制他人电信码号出售的，按照销赃数额认定盗窃数额。

盗窃行为给失主造成的损失大于盗窃数额的，损失数额可以作为量刑情节考虑。

第五条　盗窃有价支付凭证、有价证券、有价票证的，按照下列方法认定盗窃数额：

（一）盗窃不记名、不挂失的有价支付凭证、有价证券、有价票证的，应当按票面数额和盗窃时应得的孳息、奖金或者奖品等可得收益一并计算盗窃数额；

（二）盗窃记名的有价支付凭证、有价证券、有价票证，已经兑现的，按照兑现部分的财物价值计算盗窃数额；没有兑现，但失主无法通过挂失、补领、补办手续等方式避免损失的，按照给失主造成的实际损失计算盗窃数额。

第六条　盗窃公私财物，具有本解释第二条第三项至第八项规定情形之一，或者入户盗窃、携带凶器盗窃，数额达到本解释第一条规定的"数额巨大""数额特别巨大"百分之五十的，可以分别认定为《刑法》第二百六十四条规定的"其他严重情节"或者"其他特别严重情节"。

第七条 盗窃公私财物数额较大，行为人认罪、悔罪，退赃、退赔，且具有下列情形之一，情节轻微的，可以不起诉或者免予刑事处罚；必要时，由有关部门予以行政处罚：

（一）具有法定从宽处罚情节的；

（二）没有参与分赃或者获赃较少且不是主犯的；

（三）被害人谅解的；

（四）其他情节轻微、危害不大的。

第八条 偷拿家庭成员或者近亲属的财物，获得谅解的，一般可不认为是犯罪；追究刑事责任的，应当酌情从宽。

第九条 盗窃国有馆藏一般文物、三级文物、二级以上文物的，应当分别认定为《刑法》第二百六十四条规定的"数额较大""数额巨大""数额特别巨大"。

盗窃多件不同等级国有馆藏文物的，三件同级文物可以视为一件高一级文物。

盗窃民间收藏的文物的，根据本解释第四条第一款第一项的规定认定盗窃数额。

第十条 偷开他人机动车的，按照下列规定处理：

（一）偷开机动车，导致车辆丢失的，以盗窃罪定罪处罚；

（二）为盗窃其他财物，偷开机动车作为犯罪工具使用后非法占有车辆，或者将车辆遗弃导致丢失的，被盗车辆的价值计入盗窃数额；

（三）为实施其他犯罪，偷开机动车作为犯罪工具使用后非法占有车辆，或者将车辆遗弃导致丢失的，以盗窃罪和其他犯罪数罪并罚；将车辆送回未造成丢失的，按照其所实施的其他犯罪从重处罚。

第十一条 盗窃公私财物并造成财物损毁的，按照下列规定处理：

（一）采用破坏性手段盗窃公私财物，造成其他财物损毁的，以盗窃罪从重处罚；同时构成盗窃罪和其他犯罪的，择一重罪从重处罚；

（二）实施盗窃犯罪后，为掩盖罪行或者报复等，故意毁坏其他财物构成犯罪的，以盗窃罪和构成的其他犯罪数罪并罚；

（三）盗窃行为未构成犯罪，但损毁财物构成其他犯罪的，以其他犯罪定罪处罚。

第十二条 盗窃未遂，具有下列情形之一的，应当依法追究刑事责任：

（一）以数额巨大的财物为盗窃目标的；

（二）以珍贵文物为盗窃目标的；

（三）其他情节严重的情形。

盗窃既有既遂，又有未遂，分别达到不同量刑幅度的，依照处罚较重的规定处罚；达到同一量刑幅度的，以盗窃罪既遂处罚。

第十三条 单位组织、指使盗窃，符合《刑法》第二百六十四条及本解释有关规定的，以盗窃罪追究组织者、指使者、直接实施者的刑事责任。

第十四条 因犯盗窃罪，依法判处罚金刑的，应当在一千元以上盗窃数额的二倍以下判处罚金；没有盗窃数额或者盗窃数额无法计算的，应当在一千元以上十万元以下判处罚金。

第十五条 本解释发布实施后，最高人民法院《关于审理盗窃案件具体应用法律若干问题的解释》（法释〔1998〕4号）同时废止；之前发布的司法解释和规范性文件与本解释不一致的，以本解释为准。

2. 最高人民法院《关于审理破坏公用电信设施刑事案件具体应用法律若干问题的解释》 法释〔2004〕21 号

盗窃公用电信设施价值数额不大，但是构成危害公共安全犯罪的，依照《刑法》第一百二十四条的规定定罪处罚；盗窃公用电信设施同时构成盗窃罪和破坏公用电信设施罪的，依照处罚较重的规定定罪处罚。

3. 最高人民法院《关于审理扰乱电信市场管理秩序案件具体应用法律若干问题的解释》 法释〔2000〕12 号

将电信卡非法充值后使用，造成电信资费损失数额较大的，依照《刑法》第二百六十四条的规定，以盗窃罪定罪处罚。

盗用他人公共信息网络上网账号、密码上网，造成他人电信资费损失数额较大的，依照《刑法》第二百六十四条的规定，以盗窃罪定罪处罚。

4. 最高人民法院、最高人民检察院《关于办理盗窃油气、破坏油气设备等刑事案件具体应用法律若干问题的解释》 法释〔2007〕3 号

第三条　盗窃油气或者正在使用的油气设备，构成犯罪，但未危害公共安全的，依照《刑法》第二百六十四条的规定，以盗窃罪定罪处罚。

盗窃油气，数额巨大但尚未运离现场的，以盗窃未遂定罪处罚。

为他人盗窃油气而偷开油气井、油气管道等油气设备阀门排放油气或者提供其他帮助的，以盗窃罪的共犯定罪处罚。

第四条　盗窃油气同时构成盗窃罪和破坏易燃易爆设备罪的，依照《刑法》处罚较重的规定定罪处罚。

第五条　明知是盗窃犯罪所得的油气或者油气设备，而予以窝藏、转移、收购、加工、代为销售或者以其他方法掩饰、隐瞒的，依照《刑法》第三百一十二条的规定定罪处罚。

实施前款规定的犯罪行为，事前通谋的，以盗窃犯罪的共犯定罪处罚。

5. 最高人民检察院《关于单位有关人员组织实施盗窃行为如何适用法律问题的批复》 高检发释字〔2002〕5 号

单位有关人员为谋取单位利益组织实施盗窃行为，情节严重的，应当依照《刑法》第二百六十四条的规定以盗窃罪追究直接责任人员的刑事责任。

6. 最高人民法院《全国法院维护农村稳定刑事审判工作座谈会纪要》 法〔1999〕217 号

（二）关于盗窃案件

要重点打击的是：盗窃农业生产资料和承包经营的山林、果林、鱼塘产品等严重影响和破坏农村经济发展的犯罪；盗窃农民生活资料，严重影响农民生活和社会稳定的犯罪；结伙盗窃、盗窃集团和盗、运、销一条龙的犯罪；盗窃铁路、油田、重点工程物资的犯罪等。

对盗窃集团的首要分子、盗窃惯犯、累犯，盗窃活动造成特别严重后果的，要依法从严惩处。对于盗窃牛、马、骡、拖拉机等生产经营工具或者生产资料的，应当依法从重处罚。对盗窃犯罪的初犯、未成年犯，或者确因生活困难而实施盗窃犯罪，或积极退赃、赔偿损失的，应当注意体现政策，酌情从轻处罚。其中，具备判处管制、单处罚金或者宣告缓刑条件的，应区分不同情况尽可能适用管制、罚金或者缓刑。

最高人民法院《关于审理盗窃案件具体应用法律若干问题的解释》第四条中"入户盗窃"的"户"，是指家庭及其成员与外界相对隔离的生活场所，包括封闭的院落、为家庭生活租用的房屋、牧民的帐篷以及渔民作为家庭生活场所的渔船等。集生活、经营于一体

的处所，在经营时间内一般不视为"户"。

7. 最高人民法院《关于审理破坏广播电视设施等刑事案件具体应用法律若干问题的解释》法释〔2011〕13号

盗窃正在使用的广播电视设施，尚未构成盗窃罪，但具有本解释第一条、第二条规定情形的，以破坏广播电视设施罪定罪处罚；同时构成盗窃罪和破坏广播电视设施罪的，依照处罚较重的规定定罪处罚。

8. 最高人民法院《关于审理破坏森林资源刑事案件具体应用法律若干问题的解释》法释〔2000〕36号

第九条　将国家、集体、他人所有并已经伐倒的树木窃为己有，以及偷砍他人房前屋后、自留地种植的零星树木，数额较大的，依照《刑法》第二百六十四条的规定，以盗窃罪定罪处罚。

第十五条　非法实施采种、采脂、挖笋、掘根、剥树皮等行为，牟取经济利益数额较大的，依照《刑法》第二百六十四条的规定，以盗窃罪定罪处罚。同时构成其他犯罪的，依照处罚较重的规定定罪处罚。

9. 最高人民检察院《关于非法制作、出售、使用IC电话卡行为如何适用法律问题的答复》高检研发〔2003〕10号

明知是非法制作的IC电话卡而使用或者购买并使用，造成电信资费损失数额较大的，应当依照《刑法》第二百六十四条的规定，以盗窃罪追究刑事责任。

10. 最高人民法院、最高人民检察院《关于办理妨害文物管理等刑事案件适用法律若干问题的解释》法释〔2015〕23号（具体见《刑法》第三百二十四条）

第二条　盗窃一般文物、三级文物、二级以上文物的，应当分别认定为《刑法》第二百六十四条规定的"数额较大""数额巨大""数额特别巨大"。

盗窃文物，无法确定文物等级，或者按照文物等级定罪量刑明显过轻或者过重的，按照盗窃的文物价值定罪量刑。

第八条　《刑法》第三百二十八条第一款规定的"古文化遗址、古墓葬"包括水下古文化遗址、古墓葬。"古文化遗址、古墓葬"不以公布为不可移动文物的古文化遗址、古墓葬为限。

实施盗掘行为，已损害古文化遗址、古墓葬的历史、艺术、科学价值的，应当认定为盗掘古文化遗址、古墓葬罪既遂。

采用破坏性手段盗窃古文化遗址、古墓葬以外的古建筑、石窟寺、石刻、壁画、近代现代重要史迹和代表性建筑等其他不可移动文物的，依照《刑法》第二百六十四条的规定，以盗窃罪追究刑事责任。

第十一条　单位实施走私文物、倒卖文物等行为，构成犯罪的，依照本解释规定的相应自然人犯罪的定罪量刑标准，对直接负责的主管人员和其他直接责任人员定罪处罚，并对单位判处罚金。

公司、企业、事业单位、机关、团体等单位实施盗窃文物，故意损毁文物、名胜古迹，过失损毁文物，盗掘古文化遗址、古墓葬等行为的，依照本解释规定的相应定罪量刑标准，追究组织者、策划者、实施者的刑事责任。

第十二条　针对不可移动文物整体实施走私、盗窃、倒卖等行为的，根据所属不可移动文物的等级，依照本解释第一条、第二条、第六条的规定定罪量刑：

（一）尚未被确定为文物保护单位的不可移动文物，适用一般文物的定罪量刑标准；

（二）市、县级文物保护单位，适用三级文物的定罪量刑标准；

（三）全国重点文物保护单位、省级文物保护单位，适用二级以上文物的定罪量刑标准。

针对不可移动文物中的建筑构件、壁画、雕塑、石刻等实施走私、盗窃、倒卖等行为的，根据建筑构件、壁画、雕塑、石刻等文物本身的等级或者价值，依照本解释第一条、第二条、第六条的规定定罪量刑。建筑构件、壁画、雕塑、石刻等所属不可移动文物的等级，应当作为量刑情节予以考虑。

第十三条 案件涉及不同等级的文物的，按照高级别文物的量刑幅度量刑；有多件同级文物的，五件同级文物视为一件高一级文物，但是价值明显不相当的除外。

第十四条 依照文物价值定罪量刑的，根据涉案文物的有效价格证明认定文物价值；无有效价格证明，或者根据价格证明认定明显不合理的，根据销赃数额认定，或者结合本解释第十五条规定的鉴定意见、报告认定。

第十五条 在行为人实施有关行为前，文物行政部门已对涉案文物及其等级作出认定的，可以直接对有关案件事实作出认定。

对案件涉及的有关文物鉴定、价值认定等专门性问题难以确定的，由司法鉴定机构出具鉴定意见，或者由国务院文物行政部门指定的机构出具报告。其中，对于文物价值，也可以由有关价格认证机构作出价格认证并出具报告。

第十六条 实施本解释第一条、第二条、第六条至第九条规定的行为，虽已达到应当追究刑事责任的标准，但行为人系初犯，积极退回或者协助追回文物，未造成文物损毁，并确有悔罪表现的，可以认定为犯罪情节轻微，不起诉或者免予刑事处罚。

实施本解释第三条至第五条规定的行为，虽已达到应当追究刑事责任的标准，但行为人系初犯，积极赔偿损失，并确有悔罪表现的，可以认定为犯罪情节轻微，不起诉或者免予刑事处罚。

第十七条 走私、盗窃、损毁、倒卖、盗掘或者非法转让具有科学价值的古脊椎动物化石、古人类化石的，依照《刑法》和本解释的有关规定定罪量刑。

11. 最高人民检察院法律政策研究室关于《关于多次盗窃中"次"如何认定的法律适用请示》的答复意见》2016 年 3 月 18 日

多次盗窃中"次"的判断，可以参照 2005 年最高人民法院《关于审理抢劫、抢夺刑事案件适用法律若干问题的意见》中多次抢劫的规定认定。但多次盗窃与多次抢劫必定有所不同，实践中应结合具体案件的具体情况，从主观方面考量行为人是基于一个盗窃的故意，还是多个盗窃的故意；同时，更需要结合客观方面的行为方式，实施行为的条件，以及行为所造成的后果等来综合判断。

12. 最高人民法院、最高人民检察院、公安部《关于办理盗窃油气、破坏油气设备等刑事案件适用法律若干问题的意见》法发〔2018〕18 号（见第一百一十九条）

二、关于盗窃油气未遂的刑事责任

着手实施盗窃油气行为，由于意志以外的原因未得逞，具有下列情形之一的，以盗窃罪（未遂）追究刑事责任：

（一）以数额巨大的油气为盗窃目标的；

（二）已将油气装入包装物或者运输工具，达到"数额较大"标准三倍以上的；

（三）携带盗油卡子、手摇钻、电钻、电焊枪等切割、打孔、撬砸、拆卸工具的；

（四）其他情节严重的情形。

三、关于共犯的认定

在共同盗窃油气、破坏油气设备等犯罪中，实际控制、为主出资或者组织、策划、纠集、雇佣、指使他人参与犯罪的，应当依法认定为主犯；对于其他人员，在共同犯罪中起主要作用的，也应当依法认定为主犯。

在输油输气管道投入使用前擅自安装阀门，在管道投入使用后将该阀门提供给他人盗窃油气的，以盗窃罪、破坏易燃易爆设备罪等有关犯罪的共同犯罪论处。

四、关于内外勾结盗窃油气行为的处理

行为人与油气企业人员勾结共同盗窃油气，没有利用油气企业人员职务便利，仅仅是利用其易于接近油气设备、熟悉环境等方便条件的，以盗窃罪的共同犯罪论处。

实施上述行为，同时构成破坏易燃易爆设备罪的，依照处罚较重的规定定罪处罚。

13. 最高人民法院、最高人民检察院、公安部《关于办理涉窨井盖相关刑事案件的指导意见》 2020年3月16日（具体见第一百一十九条）

四、盗窃本意见第一条、第二条规定以外的其他场所的窨井盖，且不属于本意见第三条规定的情形，数额较大，或者多次盗窃的，依照《刑法》第二百六十四条的规定，以盗窃罪定罪处罚。

故意毁坏本意见第一条、第二条规定以外的其他场所的窨井盖，且不属于本意见第三条规定的情形，数额较大或者有其他严重情节的，依照《刑法》第二百七十五条的规定，以故意毁坏财物罪定罪处罚。

14. 最高人民法院、最高人民检察院、公安部《关于依法办理"碰瓷"违法犯罪案件的指导意见》 公通字〔2020〕12号（2020年9月22日）（具体见《刑法》第二百六十六条）

四、实施"碰瓷"，采取转移注意力、趁人不备等方式，窃取、夺取他人财物，符合《刑法》第二百六十四条、第二百六十七条规定的，分别以盗窃罪、抢夺罪定罪处罚。

（附参考）1. 浙江省高级人民法院刑事审判庭《关于执行刑法若干问题的具体意见》 浙高法刑〔1999〕1号

31. 不知道是假币而盗窃，如果窃得假币数额较大的，以盗窃罪（未遂）论处；明知是假币而盗窃，可根据案件的具体情况，以持有、使用、销售、运输假币罪定罪处罚。

41. 将废旧电话磁卡充磁后继续使用，造成话费损失数额较大的，以盗窃罪定罪处罚。

42. 盗窃未遂，但能明确计算盗窃数额，并符合定罪标准的，应以盗窃罪定罪处罚。

2. 浙江省高级人民法院刑事审判第一庭、第二庭《关于执行刑法若干问题的具体意见（三）》 浙高法刑〔2000〕3号

9. 盗窃信用卡并使用的，盗窃数额按照行为人实际的消费数额或获利数额认定。

3. 浙江省高级人民法院、浙江省人民检察院、浙江省公安厅《关于抢劫、盗窃、诈骗、抢夺借据、欠条等借款凭证是否构成犯罪的意见》 浙高法〔2002〕10号（见第二百六十三条）

4. 浙江省高级人民法院刑二庭《关于印发〈全省法院经济犯罪疑难问题研讨会纪要〉的通知》 浙高法刑二〔2005〕1号

十七、"单位"盗窃的定罪

单位实施了危害社会的行为如要对单位追究刑事责任，只有在法律明文规定的情况下才属合法。如法律没有规定则不能对单位追究刑事责任，但是并不意味着对实施危害行为的直接负责的主管人员和其他直接负责人员也不能追究刑事责任。因为在这种情况下，该危害社会的行为完全可能符合自然人犯罪的构成要件，故应以自然人犯罪对直接责任人员追究刑事责任。如单位领导集体决定的窃电，完全可能符合以非法占有为目的，秘密窃取

公私财物为本质特征的自然人盗窃罪的构成要件。因此，对直接责任人员可以盗窃罪追究刑事责任。

十八、以借打手机为名当场秘密携机逃走行为的定性

在司法实践中，存在盗窃罪与诈骗罪不易区分的情形，这主要是指行为人以欺骗手段为掩护或制造假象，其目的在于秘密窃取公私财物行为的定性。对此种行为，应当判断行为人的本质特征是秘密性还是欺骗性，如选择秘密窃取为直接手段侵占公私财物，应定盗窃罪；如选择欺骗为直接手段侵占公私财物，则应定诈骗罪。被害人将手机借给行为人时，并没有将手机转移给其占有的意思表示，此时手机虽在行为人的手中但还处于被害人的控制之下，其后来占有、控制该手机采取的是乘人不注意当场秘密携机逃离的方法，因此，其行为符合盗窃罪的行为特征，而缺乏诈骗罪所要求的交付行为和抢夺罪所要求的公然夺取行为，故对行为人的行为应定盗窃罪。这与行为人假装购物，售货员将财物交到行为人手中供其挑选，行为人趁售货员不备携物逃离的行为性质是一样的。

十九、无人售票公交车驾驶员窃取车上票款箱中票款行为的定性

从职务侵占罪的犯罪构成分析，本单位的财物一般由于职务的原因在行为人的占有、控制之下，而被行为人利用职务便利占为己有。盗窃罪则是采用非法手段，改变财物的占有，使财物从他人手中转移到自己的占有之下。公交车驾驶员从事的仅是服务性的劳务活动，其职责是驾驶公交车，监督乘客投币，按规定驾驶员不得自行打开票款箱，票款本身不在其职责管理范围之内。行为人取得票款不是利用其职务便利，而是通过秘密窃取的方式，其行为符合盗窃罪的构成要件，故构成盗窃罪。

二十、使用自制的硬币在自动售货机上"购买"商品或在投币电话上盗打电话行为的定性

诈骗罪通常要有人被骗，从而"自愿"交付财物，而机器是不能被骗的，因为机器没有意识不会产生认识错误，更不会基于认识错误处分财产。行为人以此种方式与机器发生联系，不属受骗的被害人基于认识错误自愿交付财物，因此不属诈骗。行为人取得财物采用的是秘密窃取的方法，与使用自制的钥匙开锁取得财物的性质相同，故应定盗窃罪。

二十二、盗窃罪与诈骗罪（被骗人即财产转移人与被害人不同一时）的界定

诈骗通常表现为，行为人向被害人实施欺骗行为，被害人产生认识错误进而处分自己占有的财产，最后导致财产损失。受骗人与被害人在这种场合具有同一性，但是在诈骗罪中，也存在受骗人与被害人不是同一人的现象。在这种场合下不仅要求财产转移人与受骗人是同一人，而且要求实际的财产转移人具有转移被害人财产的权限或者处于可以转移被害人财产的地位。如果受骗人没有转移财产的权限与地位，行为人的行为则可能符合盗窃罪的特征，从而构成盗窃罪。转移被害人财产的权限或地位，不仅包括法律上的权限或地位，也包括事实上的权限或地位，是否具有事实上转移被害人财产的权限和地位，应根据有无委托、是否财物的占有者及社会认可的一般观念等因素综合判定。

二十三、侵占罪中"代为保管"的认定

保管是一种事实上的控制和支配，代为保管是指行为人代替他人保管，其不仅指行为人经他人委托而代为保管他人财物，也指虽未经他人委托而基于某种事实自行代为保管他人财物。如属代为保管，则表明行为人对他人财物已合法持有，此时如将财物非法所有，则可能构成侵占罪，反之则可能构成盗窃罪。

5.浙江省高级人民法院、浙江省人民检察院、浙江省公安厅《关于办理盗窃案件适用法律若干问题的意见》浙检会（研）〔2006〕18号

　　盗窃公私财物达到"数额较大"的百分之八十，并具有下列情形之一的，可以盗窃罪追究刑事责任：（1）以破坏性手段盗窃造成财产损失的；（2）盗窃残疾人、孤寡老人或者丧失劳动能力人的财物的；（3）造成严重后果或者具有其他恶劣情节的。

　　以破坏性手段盗窃，是指为盗窃而损害盗窃对象以外的其他财物。

6. 浙江省公安厅、浙江省高级人民法院、浙江省人民检察院、浙江省电力工业局《关于办理窃电和盗窃、破坏电力设施以及其他严重妨碍电力建设、生产、供应、使用秩序案件的意见》浙公发〔2001〕25号

　　窃电量与金额的确认：（1）在供电企业的供电设施上，擅自接线用电的，所窃电量按私接设备额定容量（千伏安视同千瓦）乘以实际使用时间计算确定；（2）以其他行为窃电的，所窃电量按计费电能表标定电流值（对装有限流器的，按限流器额定电流值）所指的容量乘以实际窃用的时间计算确定；（3）窃电时间无法查明的，可以分别按下列方法计算窃电量（行政处罚时，窃电量仍按《供电营业规则》第一百零三条规定的方法确定）：1.按同属性单位正常用电的单耗和产品产量相乘计算用电量，加上其他辅助用电量后与抄见电量对比的差额；2.在总表上窃电，按分表电量总和与总表抄见电量的差额计算；3.按历史上正常月份用电量与窃电后抄见电量的差额，并根据实际用电变化情况进行调整；4.窃电金额=窃电电量×电力销售价格。高峰、低谷窃电量无法查明的，按同类用电的电度电价计算窃电金额。

　　对窃电行为的处罚：盗窃电能的，由电力管理部门责令停止违法行为，追缴电费并处应交电费五倍以下的罚款；对窃电数额较大构成犯罪的，按有关盗窃罪的规定追究刑事责任。为单位利益窃电的，对单位处以罚款；构成犯罪的，还应追究其直接负责的主管人员和其他直接责任人员的刑事责任，但应与个人盗窃有所区别。

7. 浙江省高级人民法院《关于印发〈全省法院刑事审判疑难问题研讨会纪要〉的通知》浙高法〔2012〕47号

　　五、关于盗窃罪的认定

　　《刑法修正案（八）》对盗窃罪所列举的五种情况即盗窃数额较大、多次盗窃、入户盗窃、携带凶器盗窃、扒窃之间系并列关系。据此，对扒窃行为入罪并没有次数、金额等附加限制条件，但情节显著轻微危害不大的，不认定为犯罪。

　　所谓扒窃，是指在公共交通工具上，或车站、码头、商店、交通要道等公共场所，行为人以非法占有为目的，秘密窃取他人贴身放置在衣服口袋或包中财物的行为。对窃取他人非贴身放置、与身体有一定距离财物的行为，如窃取放置在椅子靠背上、悬挂衣帽钩上衣服内的现金，搁置在附近包内的财物等情形，一般不宜认定为扒窃。

　　所谓凶器，是指枪支、爆炸物、管制刀具等国家禁止个人携带的器械或者明显不能作为盗窃作案工具且能对人身构成较大危险性的器物。

8. 浙江省高级人民法院《关于部分罪名定罪量刑情节及数额标准的意见》浙高法〔2012〕325号

　　66.《刑法》第二百六十四、二百六十五条【盗窃罪】

　　具有下列情形之一的，处三年以下有期徒刑、拘役或者管制，并处或者单处罚金：

　　（1）盗窃公私财物二千元以上不满二万元的；

　　（2）盗窃公私财物达到第（1）项规定数额的80%，并具有下列情形之一的：①以破坏性手段盗窃造成财产损失；②盗窃残疾人、孤寡老人或者丧失劳动能力人的财物；③教唆未成年人盗窃；④服刑或者劳教期间盗窃；⑤缓刑、假释考验期内或者监外执行期间盗

窃；⑥因盗窃被刑事处罚（包括免于刑事处罚）后两年内又盗窃；⑦造成严重后果或者具有其他恶劣情节；

（3）一年内盗窃三次以上的；

（4）入户盗窃的；

（5）携带凶器盗窃的；

（6）扒窃的；

（7）盗窃国家三级文物一件以上不满三件的；

（8）盗窃增值税专用发票或者可以用于骗取出口退税、抵扣税款的其他发票二十五份以上不满二百五十份的；

（9）盗窃鸦片二百克以上不满五百克、海洛因十克以上不满四十克或者其他毒品数量较大，或者淫秽录像带或者光盘三十盘以上、淫秽书刊五十本以上、淫秽扑克牌或者其他淫秽物品六十件以上的。

具有下列情形之一的，处三年以上十年以下有期徒刑，并处罚金：

（1）盗窃公私财物二万元以上不满十万元的；

（2）盗窃公私财物达到第一款第（1）项规定的数额，并具有下列情形之一的：①犯罪集团的首要分子或者共同犯罪中情节严重的主犯；②盗窃金融机构；③流窜作案危害严重；④达到数额巨大数额的80%，累犯；⑤导致被害人死亡、精神失常或者其他严重后果；⑥盗窃救灾、抢险、防汛、优抚、扶贫、移民、救济、医疗款物造成严重后果；⑦盗窃生产资料严重影响生产；⑧造成其他重大损失；

（3）盗窃国家二级文物一件以上不满三件或者国家三级文物三件以上的；

（4）盗窃增值税专用发票或者可以用于骗取出口退税、抵扣税款的其他发票二百五十份以上不满二千五百份的。

具有下列情形之一的，处十年以上有期徒刑或者无期徒刑，并处罚金或者没收财产：

（1）盗窃公私财物十万元以上的；

（2）盗窃公私财物达到第二款第（1）项规定的数额，并具有下列情形之一的：①犯罪集团的首要分子或者共同犯罪中情节严重的主犯；②盗窃金融机构；③流窜作案危害严重；④累犯；⑤导致被害人死亡、精神失常或者其他严重后果；⑥盗窃救灾、抢险、防汛、优抚、扶贫、移民、救济、医疗款物造成严重后果；⑦盗窃生产资料严重影响生产；⑧造成其他重大损失；

（3）盗窃国家一级文物一件以上或者国家二级文物三件以上的；

（4）盗窃增值税专用发票或者可以用于骗取出口退税、抵扣税款的其他发票二千五百份以上的。

具有下列情形之一的，处无期徒刑，并处没收财产：

（1）盗窃金融机构的经营资金、有价证券或者客户资金等，数额在十万元以上的；

（2）盗窃国家一级文物后造成毁损、流失，无法追回的；

（3）盗窃国家一级文物一件以上或者国家二级文物三件以上，并具有下列情形之一的：①犯罪集团的首要分子或者共同犯罪中情节严重的主犯；②流窜作案危害严重；③累犯；④造成其他重大损失。

9. 浙江省高级人民法院、浙江省人民检察院《关于确定盗窃罪数额标准的通知》浙高法〔2013〕105号

盗窃公私财物价值三千元以上、八万元以上、四十万元以上的，应当分别认定为《刑

法》第二百六十四条规定的"数额较大""数额巨大""数额特别巨大"。

10.浙江省高级人民法院、浙江省人民检察院、浙江省公安厅《关于办理盗窃刑事案件的若干意见》浙检发侦监字〔2015〕8号

为进一步规范我省盗窃刑事案件的办理,深入贯彻落实宽严相济刑事政策,根据《刑法》及相关司法解释的规定,结合我省实际,就办理此类案件相关问题制定本意见。

一、关于多次盗窃

"多次盗窃"是指在两年内实施三次以上盗窃行为,但数额累计未达到较大以上的情形。

1."次"的认定。一般情况下,对基于同一概况的盗窃故意,在同一时间段内于相对固定的区域连续实施的盗窃行为可以认定为一次盗窃行为。比如,同个晚上在同一条或者接壤的马路上连续盗窃多辆汽车内物品的,可以认定为一次盗窃;同个晚上在同一个小区内连续盗窃多辆自行车的,可以认定为一次盗窃。

多次盗窃中存在盗窃未遂的,不影响次数的认定。

2.已受行政处罚的盗窃行为可以计入"多次盗窃"的次数之内;因"多次盗窃"被判处刑罚的,对行政处罚决定可以不予撤销,但行政拘留和罚款应予折抵。

"多次盗窃"不包括已受刑事处罚的盗窃犯罪行为。

3.虽有多次盗窃行为,但仅为充饥或保暖而盗窃少量食物、衣物,且没有其他严重情节的,可视为犯罪情节显著轻微,不作为犯罪处理。

二、关于入户盗窃

入户盗窃是指非法进入供他人居家生活,与外界相对隔离的居所而实施盗窃的行为。

1."入户"的非法性

(1)行为人"入户"必须基于非法的目的。如果是为了实施盗窃以外的非法目的入户的,是否作为入户盗窃处理应视情而定。为了实施抢劫、强奸、诈骗等行为而入户的,在实施了相应犯罪行为后又临时起意在户内盗窃财物的,应分别以抢劫、强奸、诈骗定罪,并与盗窃(非入户盗窃)并罚;非法入户后未实施预谋的犯罪,临时改变犯意实施盗窃的,应认定为入户盗窃。

(2)"入户"以行为人身体的全部进入户内为前提。如果只是在门窗外利用竹竿或其他工具伸进户内实施盗窃的,不宜认定为入户盗窃。

2."户"的界定

(1)"供他人居家生活"不仅包括以婚姻或血缘关系维系的家庭生活,也包括单独一人和基于同事、朋友等密切关系维系的居家生活。

房屋因居住者外出等原因暂时无人居住的,如果屋内供居家生活的设备基本齐全,且居住者仍会不定期回来居住的,该房屋仍应视为"供他人居家生活"。

(2)"与外界相对隔离"是指对户采取一定的安全保障措施,比如用房门或者院墙将户与外界隔离,以警示他人不能随意进入。

非共同租住者非法进入合租房实施盗窃,不论是进入客厅、厨房等内部公共区域还是进入各租住者的房间,均属于入户盗窃。合租者在租房内盗窃其他租住者财物的,如果是在客厅、厨房等内部公共区域盗窃的,不作为入户盗窃;如果是进入其他租住者的房间盗窃的,则应视为入户盗窃。

(3)对"户"的认识,以行为人知道或应当知道为标准。对"屋店合一"等经营与生活混同的场所,若是在营业时间之外秘密进入该场所盗窃的,应当视为入户盗窃。对"前店后房"、"下店上房"等经营与生活紧密相邻的场所,只要经营场所与生活场所之间设置有一定的隔离措施，行为人秘密进入生活场所实施盗窃的，应当认定为入户盗窃。反之，行为人主观上认为是他人生活居住的房屋而入户盗窃，但客观上该房屋为存放货物的仓库的，则不作为入户盗窃处理。

三、关于携带凶器盗窃

携带凶器盗窃是指行为人携带枪支、爆炸物、管制器具等国家禁止个人携带的器械实施盗窃或者携带其他足以危害他人人身安全的器械进行盗窃的行为。

认定"携带凶器盗窃"，要求行为人着手实施盗窃行为时须将携带的凶器置于现实的支配范围之内，具有随时使用的可能性。如果行为人为实施盗窃而携带了凶器，但将凶器放在车上或其他地方而未置于可直接支配范围内的，不能认定为携带凶器盗窃。

四、关于扒窃

扒窃是指在公共场所或者公共交通工具上盗窃他人随身携带财物的行为。

1.公共场所是指对社会不特定公众开放，满足公共社会活动需求的场所，比如公园、商场、电影院、网吧等。在特定时间内为举办某项社会活动而面向不特定公众开放的场所，在社会活动举办期间可以视为公共场所。比如学校举办面向公众的书画展览，展览期间的展览区域可视为公共场所。

2.随身携带包括两种情形：

（1）财物与所有人（或占有人，下同）身体有直接接触，呈现贴身保管状态，比如将钱包放置于衣服口袋内或将背包背在身上。

（2）财物放置在所有人身边能够紧密控制的位置，所有人无须移动身体或使用媒介就可以随时对财物进行支配，比如将电脑、手机、背包放置于座位旁边触手可及的地方。

3.扒窃少量财物，但系初犯、偶犯的，可以视为情节显著轻微，不作为犯罪处理。

五、关于盗窃既未遂

1.盗窃犯罪一般以财物脱离所有人的控制并且已处于行为人的实际控制之下为既遂标准。仅使所有人对财物失去控制而行为人尚未实际控制财物的，不能认定为犯罪既遂。

2.行为人是否实际占有和控制财物要根据盗窃的具体方式、对象、场所等情形分别认定。比如，进入室内或户内实施盗窃的，一般应以盗得财物并离开房屋为既遂。在超市中盗窃的，一般应以将财物带离收银台或超市设置的防盗报警器所在位置为既遂。在工矿企业盗窃的，要根据被盗物品种类分别认定既遂标准；若是盗窃可随身隐蔽的小件物品的，以将物品带离存放地点为既遂；若是盗窃大件物品的，要看工矿企业是否设置门卫，未设置门卫的，一般以将大件物品带离存放点为既遂，设置了门卫的，一般应以将大件物品带离门卫看守范围为既遂。盗窃车辆的，若车辆存放处无人看管，一般应以将车辆驶离停放地点为既遂；若车辆存放处有人看管的，一般应以将车辆驶离看管人看管范围为既遂。

3.视频监控下盗窃行为的既未遂认定。若盗窃行为进行当时被财物所有人通过视频监控发现，行为人被当场抓获并追回赃物的，视频监控可视为财物所有人对被盗财物控制权的延伸，被盗财物仍处于所有人的控制之下，该盗窃行为可认定为未遂；若是其他人通过视频监控发现盗窃行为并抓获行为人，且行为人已经窃得财物的，则应当认定为盗窃既遂。若盗窃现场虽然属于监控范围，但无人通过视频监控发现盗窃行为，只是在事后通过查看监控录像寻找作案线索时发现盗窃行为的，此时盗窃行为已实施终了，应认定为既遂。

4.盗窃未遂，但以数额巨大的财物为盗窃目标的，应当依法追究刑事责任。"以数额巨大的财物为盗窃目标"，不仅指以客观上数额巨大的财物为盗窃目标，也包括以行为人主观上认为数额巨大但客观上并未达到数额巨大的财物为盗窃目标。具有下列情形之一的，"数额巨大"的标准可以按照我省规定标准的百分之五十以上（含本数）掌握：

（1）曾因盗窃受过刑事处罚的；

（2）一年内曾因盗窃受过行政处罚的；

（3）组织、控制未成年人盗窃的；

（4）自然灾害、事故灾害、社会安全事件等突发事件期间，在事件发生地盗窃的；

（5）盗窃残疾人、孤寡老人、丧失劳动能力的人的财物的；

（6）在医院盗窃病人或其亲友财物的；

（7）盗窃救灾、抢险、防汛、优抚、扶贫、移民、救灾款物的；

（8）因盗窃造成严重后果的。

入户盗窃、携带凶器盗窃、扒窃未遂的，应当依法追究刑事责任；但根据案件具体情况，盗窃情节显著轻微危害不大的，可不认为是犯罪。

六、关于盗窃数额的累计

1.单次盗窃达到入罪标准，且仍在追诉时效内的，盗窃数额累计计算。

2.单次盗窃未达到入罪标准，但发生在两年内的，盗窃数额累计计算。

七、其他规定

本意见自印发之日起试行。法律、司法解释另有规定的，按相关规定执行。

11.宁波市中级人民法院、宁波市人民检察院、宁波市公安局《关于运输过程中非法占有运输物品案件适用法律问题的意见》甬公通字〔2009〕172号

一、承运的物品已加封或加锁的，行为人采用去封、去锁等手段窃取财物，数额较大，按照《刑法》第二百六十四条的规定，以盗窃罪定罪处罚。

承运的物品未加封或加锁的，承运人、押运人将承运物品占为己有，数额较大的，应根据行为人的身份情况，按照《刑法》第二百七十条、第二百七十一条的规定，以侵占罪或职务侵占罪定罪处罚。

二、承运人在交货时截留所运货物，非法占有，数额较大的，按照《刑法》第二百六十四条的规定，以盗窃罪定罪处罚。

承运人弄虚作假，以"增加空车自重"等手段非法占有货物，数额较大的，按照《刑法》第二百六十六条的规定，以诈骗罪定罪处罚。

12.浙江省高级人民法院、浙江省人民检察院、浙江省公安厅《关于办理盗窃、故意伤害、赌博刑事案件的若干意见》浙检发诉一字〔2018〕21号（见第二百三十四条）

二、关于办理盗窃刑事案件

第五条　盗窃公私财物，行为人认罪、悔罪，退赔、退赃，未造成严重后果，且具有下列情形之一，情节轻微的，可以不起诉或免予刑事处罚：

（一）偷拿他人食品、衣物等价值不大的日常生活用品的；

（二）农村利用串门偷拿邻居屋内少量财物，且行为人系初犯、偶犯的；

（三）以溜门入户的方式盗窃少量财物，且行为人系初犯、偶犯的；

（四）扒窃少量财物，且行为人系初犯、偶犯的；

（五）其他虽有多次盗窃、入户盗窃、扒窃情节，但可以不起诉或免予刑事处罚的。

第六条　盗窃公私财物数额较大，行为人系初犯、偶犯，认罪、悔罪，退赔、退赃，未造成严重后果，且具有下列情形之一，情节轻微的，可以不起诉或免予刑事处罚：

（一）归案前主动将赃物放回原处或者归还被害人的；

（二）偷拿亲属、同事、朋友财物，获得谅解的；

（三）未成年人盗窃的；

（四）其他情节轻微、危害不大的。

第七条 盗窃公私财物构成犯罪，且具有下列情形之一的，人民检察院应当作出起诉决定：

（一）曾因盗窃受过刑事处罚或一年内曾因盗窃受过行政处罚的；

（二）夜间或携带凶器入户盗窃的；

（三）组织、控制未成年人盗窃的；

（四）自然灾害、事故灾害、社会安全事件等突发事件期间，在事件发生地盗窃的；

（五）盗窃残疾人、孤寡老人。丧失劳动能力的人的财物的；

（六）在医院盗窃病人或者其亲友财物的；

（七）盗窃救灾、抢险、防汛，优抚、移民、救济款物的；

（八）因盗窃造成严重后果的；

（九）流窜作案的；

（十）其他根据行为人的主观恶性，社会危害性等情况应当予以刑事处罚的情形。

对于未成年犯罪嫌疑人具有前款规定的情形之一，但有悔罪表现的，人民检察院可以依法作出附条件不起诉决定或不起诉决定。

13. 浙江省高级人民法院、浙江省人民检察院、浙江省公安厅《关于办理电信网络诈骗犯罪案件若干问题的解答》浙高法〔2020〕44号 2020年4月24日（具体见第二百六十六条）

三、与关联犯罪的区分

7.问：在电信网络诈骗犯罪中，犯罪分子窃取被害人财物的行为构成诈骗罪、信用卡诈骗罪还是盗窃罪？

答：行为人利用信息网络，诱骗他人点击虚假链接而实际通过预先植入的计算机程序窃取财物构成犯罪的，以盗窃罪定罪处罚。行为人虚构可供交易的商品或者服务，欺骗他人点击付款链接而骗取财物构成犯罪的，以诈骗罪定罪处罚。

行为人窃取或骗取他人信用卡资料后通过互联网、通讯终端等使用的，应按照前述电信网络诈骗的"特征"有关规定，严格认定是否属于电信网络诈骗犯罪。

信用卡诈骗的本质在于非持卡人以持卡人名义使用持卡人的信用卡实施诈骗财物的行为。如果行为人使用木马程序病毒等方式窃取他人信用卡密码并登陆信用卡获取他人卡内数额较大的资金，可认定其行为构成盗窃罪。如果行为人未使用木马程序病毒等方式窃取信用卡密码，而是通过其他途径获知信用卡密码，冒用他人信用卡窃取数额较大的资金，可认定其行为构成信用卡诈骗罪。

第二百六十六条【诈骗罪】 诈骗公私财物，数额较大的，处三年以下有期徒刑、拘役或者管制，并处或者单处罚金；数额巨大或者有其他严重情节的，处三年以上十年以下有期徒刑，并处罚金；数额特别巨大或者有其他特别严重情节的，处十年以上有期徒刑或者无期徒刑，并处罚金或者没收财产。本法另有规定的，依照规定。

（相关解释）**1. 最高人民法院、最高人民检察院《关于办理诈骗刑事案件具体应用法律若干问题的解释》法释〔2011〕7号**

第一条 诈骗公私财物价值三千元至一万元以上、三万元至十万元以上、五十万元以上的，应当分别认定为《刑法》第二百六十六条规定的"数额较大""数额巨大""数额特别巨大"。

各省、自治区、直辖市高级人民法院、人民检察院可以结合本地区经济社会发展状况，在前款规定的数额幅度内，共同研究确定本地区执行的具体数额标准，报最高人民法院、最高人民检察院备案。

第二条　诈骗公私财物达到本解释第一条规定的数额标准，具有下列情形之一的，可以依照《刑法》第二百六十六条的规定酌情从严惩处：

（一）通过发送短信、拨打电话或者利用互联网、广播电视、报纸杂志等发布虚假信息，对不特定多数人实施诈骗的；

（二）诈骗救灾、抢险、防汛、优抚、扶贫、移民、救济、医疗款物的；

（三）以赈灾募捐名义实施诈骗的；

（四）诈骗残疾人、老年人或者丧失劳动能力人的财物的；

（五）造成被害人自杀、精神失常或者其他严重后果的。

诈骗数额接近本解释第一条规定的"数额巨大""数额特别巨大"的标准，并具有前款规定的情形之一或者属于诈骗集团首要分子的，应当分别认定为《刑法》第二百六十六条规定的"其他严重情节""其他特别严重情节"。

第三条　诈骗公私财物虽已达到本解释第一条规定的"数额较大"的标准，但具有下列情形之一，且行为人认罪、悔罪的，可以根据《刑法》第三十七条、刑事诉讼法第一百四十二条的规定不起诉或者免予刑事处罚：

（一）具有法定从宽处罚情节的；

（二）一审宣判前全部退赃、退赔的；

（三）没有参与分赃或者获赃较少且不是主犯的；

（四）被害人谅解的；

（五）其他情节轻微、危害不大的。

第四条　诈骗近亲属的财物，近亲属谅解的，一般可不按犯罪处理。

诈骗近亲属的财物，确有追究刑事责任必要的，具体处理也应酌情从宽。

第五条　诈骗未遂，以数额巨大的财物为诈骗目标的，或者具有其他严重情节的，应当定罪处罚。

利用发送短信、拨打电话、互联网等电信技术手段对不特定多数人实施诈骗，诈骗数额难以查证，但具有下列情形之一的，应当认定为《刑法》第二百六十六条规定的"其他严重情节"，以诈骗罪（未遂）定罪处罚：

（一）发送诈骗信息五千条以上的；

（二）拨打诈骗电话五百人次以上的；

（三）诈骗手段恶劣、危害严重的。

实施前款规定行为，数量达到前款第（一）（二）项规定标准十倍以上的，或者诈骗手段特别恶劣、危害特别严重的，应当认定为《刑法》第二百六十六条规定的"其他特别严重情节"，以诈骗罪（未遂）定罪处罚。

第六条　诈骗既有既遂，又有未遂，分别达到不同量刑幅度的，依照处罚较重的规定处罚；达到同一量刑幅度的，以诈骗罪既遂处罚。

第七条　明知他人实施诈骗犯罪，为其提供信用卡、手机卡、通讯工具、通讯传输通道、网络技术支持、费用结算等帮助的，以共同犯罪论处。

第八条　冒充国家机关工作人员进行诈骗，同时构成诈骗罪和招摇撞骗罪的，依照处罚较重的规定定罪处罚。

第九条 案发后查封、扣押、冻结在案的诈骗财物及其孳息，权属明确的，应当发还被害人；权属不明确的，可按被骗款物占查封、扣押、冻结在案的财物及其孳息总额的比例发还被害人，但已获退赔的应予扣除。

第十条 行为人已将诈骗财物用于清偿债务或者转让给他人，具有下列情形之一的，应当依法追缴：

（一）对方明知是诈骗财物而收取的；

（二）对方无偿取得诈骗财物的；

（三）对方以明显低于市场的价格取得诈骗财物的；

（四）对方取得诈骗财物系源于非法债务或者违法犯罪活动的。

他人善意取得诈骗财物的，不予追缴。

2. 最高人民法院《关于审理伪造货币等案件具体应用法律的若干问题的解释（二）》法释〔2010〕14号

以使用为目的，伪造停止流通的货币，或者使用伪造的停止流通的货币的，依照《刑法》第二百六十六条的规定，以诈骗罪定罪处罚。

3. 最高人民法院《关于审理扰乱电信市场管理秩序案件具体应用法律若干问题的解释》法释〔2000〕12号

以虚假、冒用的身份证件办理入网手续并使用移动电话，造成电信资费损失数额较大的，依照《刑法》第二百六十六条的规定，以诈骗罪定罪处罚。

4. 最高人民法院、最高人民检察院《关于办理组织和利用邪教组织犯罪案件具体应用法律若干问题的解释》法释〔1999〕18号

组织和利用邪教组织以各种欺骗手段，收取他人财物的，依照《刑法》第二百六十六条的规定，以诈骗罪定罪处罚。

5. 最高人民法院、最高人民检察院《关于办理妨害预防、控制突发传染病疫情等灾害的刑事案件具体应用法律若干问题的解释》法释〔2003〕8号

在预防、控制突发传染病疫情等灾害期间，假借研制、生产或者销售用于预防、控制突发传染病疫情等灾害用品的名义，诈骗公私财物数额较大的，依照《刑法》有关诈骗罪的规定定罪，依法从重处罚。

6. 最高人民检察院法律政策研究室《关于通过伪造证据骗取法院民事裁判占有他人财物的行为如何适用法律问题的答复》2002年10月24日

以非法占有为目的，通过伪造证据骗取法院民事裁判占有他人财物的行为所侵害的主要是人民法院正常的审判活动可以由人民法院依照民事诉讼法的有关规定作出处理，不宜以诈骗罪追究行为人的刑事责任。如果行为人伪造证据时，实施了伪造公司、企业、事业单位、人民团体印章的行为，构成犯罪的，应当依照《刑法》第二百八十条第二款的规定，以伪造公司、企业、事业单位、人民团体印章罪追究刑事责任；如果行为人有指使他人作伪证行为，构成犯罪的应当依照《刑法》第三百零七条第一款的规定，以妨害作证罪追究刑事责任。

7. 全国人民代表大会常务委员会《关于〈中华人民共和国刑法〉第二百六十六条的解释》（2014年4月24日第十二届全国人民代表大会常务委员会第八次会议通过）

全国人民代表大会常务委员会根据司法实践中遇到的情况，讨论了《刑法》第二百六十六条的含义及骗取养老、医疗、工伤、失业、生育等社会保险金或者其他社会保障待遇

的行为如何适用《刑法》有关规定的问题，解释如下：

以欺诈、伪造证明材料或者其他手段骗取养老、医疗、工伤、失业、生育等社会保险金或者其他社会保障待遇的，属于《刑法》第二百六十六条规定的诈骗公私财物的行为。

8.最高人民法院、最高人民检察院、公安部《关于办理电信网络诈骗等刑事案件适用法律若干问题的意见》 法发〔2016〕32号

为依法惩治电信网络诈骗等犯罪活动，保护公民、法人和其他组织的合法权益，维护社会秩序，根据《中华人民共和国刑法》《中华人民共和国刑事诉讼法》等法律和有关司法解释的规定，结合工作实际，制定本意见。

一、总体要求

近年来，利用通讯工具、互联网等技术手段实施的电信网络诈骗犯罪活动持续高发，侵犯公民个人信息，扰乱无线电通讯管理秩序，掩饰、隐瞒犯罪所得、犯罪所得收益等上下游关联犯罪不断蔓延。此类犯罪严重侵害人民群众财产安全和其他合法权益，严重干扰电信网络秩序，严重破坏社会诚信，严重影响人民群众安全感和社会和谐稳定，社会危害性大，人民群众反映强烈。

人民法院、人民检察院、公安机关要针对电信网络诈骗等犯罪的特点，坚持全链条全方位打击，坚持依法从严从快惩处，坚持最大力度最大限度追赃挽损，进一步健全工作机制，加强协作配合，坚决有效遏制电信网络诈骗等犯罪活动，努力实现法律效果和社会效果的高度统一。

二、依法严惩电信网络诈骗犯罪

（一）根据《最高人民法院、最高人民检察院关于办理诈骗刑事案件具体应用法律若干问题的解释》第一条的规定，利用电信网络技术手段实施诈骗，诈骗公私财物价值三千元以上、三万元以上、五十万元以上的，应当分别认定为《刑法》第二百六十六条规定的"数额较大""数额巨大""数额特别巨大"。

二年内多次实施电信网络诈骗未经处理，诈骗数额累计计算构成犯罪的，应当依法定罪处罚。

（二）实施电信网络诈骗犯罪，达到相应数额标准，具有下列情形之一的，酌情从重处罚：

1.造成被害人或其近亲属自杀、死亡或者精神失常等严重后果的；

2.冒充司法机关等国家机关工作人员实施诈骗的；

3.组织、指挥电信网络诈骗犯罪团伙的；

4.在境外实施电信网络诈骗的；

5.曾因电信网络诈骗犯罪受过刑事处罚或者二年内曾因电信网络诈骗受过行政处罚的；

6.诈骗残疾人、老年人、未成年人、在校学生、丧失劳动能力人的财物，或者诈骗重病患者及其亲属财物的；

7.诈骗救灾、抢险、防汛、优抚、扶贫、移民、救济、医疗等款物的；

8.以赈灾、募捐等社会公益、慈善名义实施诈骗的；

9.利用电话追呼系统等技术手段严重干扰公安机关等部门工作的；

10.利用"钓鱼网站"链接、"木马"程序链接、网络渗透等隐蔽技术手段实施诈骗的。

（三）实施电信网络诈骗犯罪，诈骗数额接近"数额巨大""数额特别巨大"的标准，具有前述第（二）条规定的情形之一的，应当分别认定为《刑法》第二百六十六条规定的

"其他严重情节""其他特别严重情节"。

上述规定的"接近"，一般应掌握在相应数额标准的百分之八十以上。

（四）实施电信网络诈骗犯罪，犯罪嫌疑人、被告人实际骗得财物的，以诈骗罪（既遂）定罪处罚。诈骗数额难以查证，但具有下列情形之一的，应当认定为《刑法》第二百六十六条规定的"其他严重情节"，以诈骗罪（未遂）定罪处罚：

1.发送诈骗信息五千条以上的，或者拨打诈骗电话五百人次以上的；

2.在互联网上发布诈骗信息，页面浏览量累计五千次以上的。

具有上述情形，数量达到相应标准十倍以上的，应当认定为《刑法》第二百六十六条规定的"其他特别严重情节"，以诈骗罪（未遂）定罪处罚。

上述"拨打诈骗电话"，包括拨出诈骗电话和接听被害人回拨电话。反复拨打、接听同一电话号码，以及反复向同一被害人发送诈骗信息的，拨打、接听电话次数、发送信息条数累计计算。

因犯罪嫌疑人、被告人故意隐匿、毁灭证据等原因，致拨打电话次数、发送信息条数的证据难以收集的，可以根据经查证属实的日拨打人次数、日发送信息条数，结合犯罪嫌疑人、被告人实施犯罪的时间、犯罪嫌疑人、被告人的供述等相关证据，综合予以认定。

（五）电信网络诈骗既有既遂，又有未遂，分别达到不同量刑幅度的，依照处罚较重的规定处罚；达到同一量刑幅度的，以诈骗罪既遂处罚。

（六）对实施电信网络诈骗犯罪的被告人裁量刑罚，在确定量刑起点、基准刑时，一般应就高选择。确定宣告刑时，应当综合全案事实情节，准确把握从重、从轻量刑情节的调节幅度，保证罪责刑相适应。

（七）对实施电信网络诈骗犯罪的被告人，应当严格控制适用缓刑的范围，严格掌握适用缓刑的条件。

（八）对实施电信网络诈骗犯罪的被告人，应当更加注重依法适用财产刑，加大经济上的惩罚力度，最大限度剥夺被告人再犯的能力。

三、全面惩处关联犯罪

（一）在实施电信网络诈骗活动中，非法使用"伪基站""黑广播"，干扰无线电通讯秩序，符合《刑法》第二百八十八条规定的，以扰乱无线电通讯管理秩序罪追究刑事责任。同时构成诈骗罪的，依照处罚较重的规定定罪处罚。

（二）违反国家有关规定，向他人出售或者提供公民个人信息，窃取或者以其他方法非法获取公民个人信息，符合《刑法》第二百五十三条之一规定的，以侵犯公民个人信息罪追究刑事责任。

使用非法获取的公民个人信息，实施电信网络诈骗犯罪行为，构成数罪的，应当依法予以并罚。

（三）冒充国家机关工作人员实施电信网络诈骗犯罪，同时构成诈骗罪和招摇撞骗罪的，依照处罚较重的规定定罪处罚。

（四）非法持有他人信用卡，没有证据证明从事电信网络诈骗犯罪活动，符合《刑法》第一百七十七条之一第一款第（二）项规定的，以妨害信用卡管理罪追究刑事责任。

（五）明知是电信网络诈骗犯罪所得及其产生的收益，以下列方式之一予以转账、套现、取现的，依照《刑法》第三百一十二条第一款的规定，以掩饰、隐瞒犯罪所得、犯罪所得收益罪追究刑事责任。但有证据证明确实不知道的除外：

1.通过使用销售点终端机具（POS机）刷卡套现等非法途径，协助转换或者转移财物的；

2.帮助他人将巨额现金散存于多个银行账户，或在不同银行账户之间频繁划转的；

3.多次使用或者使用多个非本人身份证明开设的信用卡、资金支付结算账户或者多次采用遮蔽摄像头、伪装等异常手段，帮助他人转账、套现、取现的；

4.为他人提供非本人身份证明开设的信用卡、资金支付结算账户后，又帮助他人转账、套现、取现的；

5.以明显异于市场的价格，通过手机充值、交易游戏点卡等方式套现的。

实施上述行为，事前通谋的，以共同犯罪论处。

实施上述行为，电信网络诈骗犯罪嫌疑人尚未到案或案件尚未依法裁判，但现有证据足以证明该犯罪行为确实存在的，不影响掩饰、隐瞒犯罪所得、犯罪所得收益罪的认定。

实施上述行为，同时构成其他犯罪的，依照处罚较重的规定定罪处罚。法律和司法解释另有规定的除外。

（六）网络服务提供者不履行法律、行政法规规定的信息网络安全管理义务，经监管部门责令采取改正措施而拒不改正，致使诈骗信息大量传播，或者用户信息泄露造成严重后果的，依照《刑法》第二百八十六条之一的规定，以拒不履行信息网络安全管理义务罪追究刑事责任。同时构成诈骗罪的，依照处罚较重的规定定罪处罚。

（七）实施《刑法》第二百八十七条之一、第二百八十七条之二规定之行为，构成非法利用信息网络罪、帮助信息网络犯罪活动罪，同时构成诈骗罪的，依照处罚较重的规定定罪处罚。

（八）金融机构、网络服务提供者、电信业务经营者等在经营活动中，违反国家有关规定，被电信网络诈骗犯罪分子利用，使他人遭受财产损失的，依法承担相应责任。构成犯罪的，依法追究刑事责任。

四、准确认定共同犯罪与主观故意

（一）三人以上为实施电信网络诈骗犯罪而组成的较为固定的犯罪组织，应依法认定为诈骗犯罪集团。对组织、领导犯罪集团的首要分子，按照集团所犯的全部罪行处罚。对犯罪集团中组织、指挥、策划者和骨干分子依法从严惩处。

对犯罪集团中起次要、辅助作用的从犯，特别是在规定期限内投案自首、积极协助抓获主犯、积极协助追赃的，依法从轻或减轻处罚。

对犯罪集团首要分子以外的主犯，应当按照其所参与的或者组织、指挥的全部犯罪处罚。全部犯罪包括能够查明具体诈骗数额的事实和能够查明发送诈骗信息条数、拨打诈骗电话人次数、诈骗信息网页浏览次数的事实。

（二）多人共同实施电信网络诈骗，犯罪嫌疑人、被告人应对其参与期间该诈骗团伙实施的全部诈骗行为承担责任。在其所参与的犯罪环节中起主要作用的，可以认定为主犯；起次要作用的，可以认定为从犯。

上述规定的"参与期间"，从犯罪嫌疑人、被告人着手实施诈骗行为开始起算。

（三）明知他人实施电信网络诈骗犯罪，具有下列情形之一的，以共同犯罪论处，但法律和司法解释另有规定的除外：

1.提供信用卡、资金支付结算账户、手机卡、通讯工具的；

2.非法获取、出售、提供公民个人信息的；

3.制作、销售、提供"木马"程序和"钓鱼软件"等恶意程序的；

4.提供"伪基站"设备或相关服务的；

5.提供互联网接入、服务器托管、网络存储、通讯传输等技术支持，或者提供支付结算等帮助的；

6.在提供改号软件、通话线路等技术服务时，发现主叫号码被修改为国内党政机关、司法机关、公共服务部门号码，或者境外用户改为境内号码，仍提供服务的；

7.提供资金、场所、交通、生活保障等帮助的；

8.帮助转移诈骗犯罪所得及其产生的收益，套现、取现的。

上述规定的"明知他人实施电信网络诈骗犯罪"，应当结合被告人的认知能力，既往经历，行为次数和手段，与他人关系，获利情况，是否曾因电信网络诈骗受过处罚，是否故意规避调查等主客观因素进行综合分析认定。

（四）负责招募他人实施电信网络诈骗犯罪活动，或者制作、提供诈骗方案、术语清单、语音包、信息等的，以诈骗共同犯罪论处。

（五）部分犯罪嫌疑人在逃，但不影响对已到案共同犯罪嫌疑人、被告人的犯罪事实认定的，可以依法先行追究已到案共同犯罪嫌疑人、被告人的刑事责任。

五、依法确定案件管辖

（一）电信网络诈骗犯罪案件一般由犯罪地公安机关立案侦查，如果由犯罪嫌疑人居住地公安机关立案侦查更为适宜的，可以由犯罪嫌疑人居住地公安机关立案侦查。犯罪地包括犯罪行为发生地和犯罪结果发生地。

"犯罪行为发生地"包括用于电信网络诈骗犯罪的网站服务器所在地，网站建立者、管理者所在地，被侵害的计算机信息系统或其管理者所在地，犯罪嫌疑人、被害人使用的计算机信息系统所在地，诈骗电话、短信息、电子邮件等的拨打地、发送地、到达地、接受地，以及诈骗行为持续发生的实施地、预备地、开始地、途经地、结束地。

"犯罪结果发生地"包括被害人被骗时所在地，以及诈骗所得财物的实际取得地、藏匿地、转移地、使用地、销售地等。

（二）电信网络诈骗最初发现地公安机关侦办的案件，诈骗数额当时未达到"数额较大"标准，但后续累计达到"数额较大"标准，可由最初发现地公安机关立案侦查。

（三）具有下列情形之一的，有关公安机关可以在其职责范围内并案侦查：

1.一人犯数罪的；

2.共同犯罪的；

3.共同犯罪的犯罪嫌疑人还实施其他犯罪的；

4.多个犯罪嫌疑人实施的犯罪存在直接关联，并案处理有利于查明案件事实的。

（四）对因网络交易、技术支持、资金支付结算等关系形成多层级链条、跨区域的电信网络诈骗等犯罪案件，可由共同上级公安机关按照有利于查清犯罪事实、有利于诉讼的原则，指定有关公安机关立案侦查。

（五）多个公安机关都有权立案侦查的电信网络诈骗等犯罪案件，由最初受理的公安机关或者主要犯罪地公安机关立案侦查。有争议的，按照有利于查清犯罪事实、有利于诉讼的原则，协商解决。经协商无法达成一致的，由共同上级公安机关指定有关公安机关立案侦查。

（六）在境外实施的电信网络诈骗等犯罪案件，可由公安部按照有利于查清犯罪事实、有利于诉讼的原则，指定有关公安机关立案侦查。

（七）公安机关立案、并案侦查，或因有争议，由共同上级公安机关指定立案侦查的案件，需要提请批准逮捕、移送审查起诉、提起公诉的，由该公安机关所在地的人民检察院、人民法院受理。

对重大疑难复杂案件和境外案件，公安机关应在指定立案侦查前，向同级人民检察院、人民法院通报。

（八）已确定管辖的电信诈骗共同犯罪案件，在逃的犯罪嫌疑人归案后，一般由原管辖的公安机关、人民检察院、人民法院管辖。

六、证据的收集和审查判断

（一）办理电信网络诈骗案件，确因被害人人数众多等客观条件的限制，无法逐一收集被害人陈述的，可以结合已收集的被害人陈述，以及经查证属实的银行账户交易记录、第三方支付结算账户交易记录、通话记录、电子数据等证据，综合认定被害人人数及诈骗资金数额等犯罪事实。

（二）公安机关采取技术侦查措施收集的案件证明材料，作为证据使用的，应当随案移送批准采取技术侦查措施的法律文书和所收集的证据材料，并对其来源等作出书面说明。

（三）依照国际条约、刑事司法协助、互助协议或平等互助原则，请求证据材料所在地司法机关收集，或通过国际警务合作机制、国际刑警组织启动合作取证程序收集的境外证据材料，经查证属实，可以作为定案的依据。公安机关应对其来源、提取人、提取时间或者提供人、提供时间以及保管移交的过程等作出说明。

对其他来自境外的证据材料，应当对其来源、提供人、提供时间以及提取人、提取时间进行审查。能够证明案件事实且符合刑事诉讼法规定的，可以作为证据使用。

七、涉案财物的处理

（一）公安机关侦办电信网络诈骗案件，应当随案移送涉案赃款赃物，并附清单。人民检察院提起公诉时，应一并移交受理案件的人民法院，同时就涉案赃款赃物的处理提出意见。

（二）涉案银行账户或者涉案第三方支付账户内的款项，对权属明确的被害人的合法财产，应当及时返还。确因客观原因无法查实全部被害人，但有证据证明该账户系用于电信网络诈骗犯罪，且被告人无法说明款项合法来源的，根据《刑法》第六十四条的规定，应认定为违法所得，予以追缴。

（三）被告人已将诈骗财物用于清偿债务或者转让给他人，具有下列情形之一的，应当依法追缴：

1.对方明知是诈骗财物而收取的；

2.对方无偿取得诈骗财物的；

3.对方以明显低于市场的价格取得诈骗财物的；

4.对方取得诈骗财物系源于非法债务或者违法犯罪活动的。

他人善意取得诈骗财物的，不予追缴。

9.最高人民法院、最高人民检察院《关于办理扰乱无线电通讯管理秩序等刑事案件适用法律若干问题的解释》法释〔2017〕11号（见第二百八十八条）

第六条　擅自设置、使用无线电台（站），或者擅自使用无线电频率，同时构成其他犯罪的，按照处罚较重的规定定罪处罚。

明知他人实施诈骗等犯罪，使用"黑广播""伪基站"等无线电设备为其发送信息或者提供其他帮助，同时构成其他犯罪的，按照处罚较重的规定定罪处罚。

10.最高人民法院、最高人民检察院《关于办理虚假诉讼刑事案件适用法律若干问题的解释》法释〔2018〕17号（见第三百零七条之一）

第四条 实施《刑法》第三百零七条之一第一款行为，非法占有他人财产或者逃避合法债务，又构成诈骗罪，职务侵占罪，拒不执行判决、裁定罪，贪污罪等犯罪的，依照处罚较重的规定定罪从重处罚。

11. 最高人民法院《关于依法妥善审理民间借贷案件的通知》法〔2018〕215号

一、加大对借贷事实和证据的审查力度。"套路贷"诈骗等犯罪设局者具备知识型犯罪特征，善于通过虚增债权债务、制造银行流水痕迹、故意失联制造违约等方式，形成证据链条闭环，并借助民事诉讼程序实现非法目的。因此，人民法院在审理民间借贷纠纷案件中，除根据《最高人民法院关于审理民间借贷案件适用法律若干问题的规定》第十五条、第十六条规定，对借据、收据、欠条等债权凭证及银行流水等款项交付凭证进行审查外，还应结合款项来源、交易习惯、经济能力、财产变化情况、当事人关系以及当事人陈述等因素综合判断借贷的真实情况。有违法犯罪等合理怀疑，代理人对案件事实无法说明的，应当传唤当事人本人到庭，就有关案件事实接受询问。要适当加大调查取证力度，查明事实真相。

二、严格区分民间借贷行为与诈骗等犯罪行为。人民法院在审理民间借贷纠纷案件中，要切实提高对"套路贷"诈骗等犯罪行为的警觉，加强对民间借贷行为与诈骗等犯罪行为的甄别，发现涉嫌违法犯罪线索、材料的，要及时按照《最高人民法院关于在审理经济纠纷案件中涉及经济犯罪嫌疑若干问题的规定》和《最高人民法院关于审理民间借贷案件适用法律若干问题的规定》依法处理。民间借贷行为本身涉及违法犯罪的，应当裁定驳回起诉，并将涉嫌犯罪的线索、材料移送公安机关或检察机关，切实防范犯罪分子将非法行为合法化，利用民事判决堂而皇之侵占被害人财产。刑事判决认定出借人构成"套路贷"诈骗等犯罪的，人民法院对已按普通民间借贷纠纷作出的生效判决，应当及时通过审判监督程序予以纠正。

12. 最高人民法院、最高人民检察院、公安部、司法部《关于办理黑恶势力犯罪案件若干问题的指导意见》法发〔2018〕1号（见第二百九十四条）

（注：最高人民法院、最高人民检察院、公安部、司法部《关于适用〈中华人民共和国刑法修正案（十一）〉有关问题的通知》法发〔2021〕16号规定：《刑法修正案（十一）》生效后，与《刑法修正案（十一）》不一致的内容，不再适用；与《刑法修正案（十一）》不相冲突的内容，在新的司法解释颁行前，继续有效）（具体见第一百一十五条）

五、依法打击非法放贷讨债的犯罪活动

19.在民间借贷活动中，如有擅自设立金融机构、非法吸收公众存款、骗取贷款、套取金融机构资金发放高利贷以及为强索债务而实施故意杀人、故意伤害、非法拘禁、故意毁坏财物等行为的，应当按照具体犯罪侦查、起诉、审判。依法符合数罪并罚条件的，应当并罚。

20.对于以非法占有为目的，假借民间借贷之名，通过"虚增债务""签订虚假借款协议""制造资金走账流水""肆意认定违约""转单平账""虚假诉讼"等手段非法占有他人财产，或者使用暴力、威胁手段强立债权、强行索债的，应当根据案件具体事实，以诈骗、强迫交易、敲诈勒索、抢劫、虚假诉讼等罪名侦查、起诉、审判。对于非法占有的被害人实际所得借款以外的虚高"债务"和以"保证金""中介费""服务费"等各种名目扣除或收取的额外费用，均应计入违法所得。对于名义上为被害人所得、但在案证据能够证明实际上却为犯罪嫌疑人、被告人实施后续犯罪所使用的"借款"，应予以没收。

21.对采用讨债公司、"地下执法队"等各种形式有组织地进行上述活动，符合黑社会性质组织、犯罪集团认定标准的，应当按照组织、领导、参加黑社会性质组织罪或者犯罪集团侦查、起诉、审判。

13.最高人民检察院《检察机关办理电信网络诈骗案件指引》高检发侦监字〔2018〕12号（2018年11月9日）

电信网络诈骗犯罪，是指以非法占有为目的，利用电话、短信、互联网等电信网络技术手段，虚构事实，设置骗局，实施远程、非接触式诈骗，骗取公私财物的犯罪行为。根据《中华人民共和国刑法》第二百六十六条、《最高人民法院、最高人民检察院关于办理诈骗刑事案件具体应用法律若干问题的解释》（法释〔2011〕7号）（以下简称《解释》）、《最高人民法院、最高人民检察院、公安部关于办理电信网络诈骗等刑事案件适用法律若干问题的意见》（法发〔2016〕32号）（以下简称《意见》），办理电信网络诈骗案件除了要把握普通诈骗案件的基本要求外，还要特别注意以下问题：一是电信网络诈骗犯罪的界定；二是犯罪形态的审查；三是诈骗数额及发送信息、拨打电话次数的认定；四是共同犯罪及主从犯责任的认定；五是关联犯罪事前通谋的审查；六是电子数据的审查；七是境外证据的审查。

一、审查证据的基本要求

（一）审查逮捕

1.有证据证明发生了电信网络诈骗犯罪事实

（1）证明电信网络诈骗案件发生

证据主要包括：报案登记、受案登记、受案笔录、立案决定书、破案经过、证人证言、被害人陈述、犯罪嫌疑人供述和辩解、被害人银行开户申请、开户明细单、银行转账凭证、银行账户交易记录、银行汇款单、网银转账记录、第三方支付结算交易记录、手机转账信息等证据。跨国电信网络诈骗还可能需要有国外有关部门出具的与案件有关的书面材料。

（2）证明电信网络诈骗行为的危害结果

①证明诈骗数额达到追诉标准的证据：证人证言、被害人陈述、犯罪嫌疑人供述和辩解、银行转账凭证、汇款凭证、转账信息、银行卡、银行账户交易记录、第三方支付结算交易记录以及其他与电信网络诈骗关联的账户交易记录、犯罪嫌疑人提成记录、诈骗账目记录等证据以及其他有关证据。

②证明发送信息条数、拨打电话次数以及页面浏览量达到追诉标准的证据：QQ、微信、skype等即时通讯工具聊天记录、CDR电话清单、短信记录、电话录音、电子邮件、远程勘验笔录、电子数据鉴定意见、网页浏览次数统计、网页浏览次数鉴定意见、改号软件、语音软件的登录情况及数据、拨打电话记录内部资料以及其他有关证据。

2.有证据证明诈骗行为是犯罪嫌疑人实施的

（1）言词证据：证人证言、被害人陈述、犯罪嫌疑人供述和辩解等，注意审查犯罪嫌疑人供述的行为方式与被害人陈述的被骗方式、交付财物过程或者其他证据是否一致。对于团伙作案的，要重视对同案犯罪嫌疑人供述和辩解的审查，梳理各个同案犯罪嫌疑人的指证是否相互印证。

（2）有关资金链条的证据：银行转账凭证、交易流水、第三方支付交易记录以及其他关联账户交易记录、现场查扣的书证、与犯罪关联的银行卡及申请资料等，从中审查相关银行卡信息与被害人存款、转移赃款等账号有无关联，资金交付支配占有过程；犯罪嫌疑人的短信以及QQ、微信、skype等即时通讯工具聊天记录，审查与犯罪有关的信息，是否出现过与本案资金流转有关的银行卡账号、资金流水等信息。要注意审查被害人转账、汇款账号、资金流向等是否有相应证据印证赃款由犯罪嫌疑人取得。对诈骗集团租用或交叉使用账户的，要结合相关言词证据及书证、物证、勘验笔录等分析认定。

（3）有关信息链条的证据：侦查机关远程勘验笔录，远程提取证据笔录，CDR电话清单、查获的手机IMEI串号、语音网关设备、路由设备、交换设备、手持终端等。要注意审查诈骗窝点物理IP地址是否与所使用电话CDR数据清单中记录的主叫IP地址或IP地址所使用的线路（包括此线路的账号、用户名称、对接服务器、语音网关、手持终端等设备的IP配置）一致，电话CDR数据清单中是否存在被害人的相关信息资料，改号电话显示号码、呼叫时间、电话、IP地址是否与被害人陈述及其他在案证据印证。在电信网络诈骗窝点查获的手机IMEI串号以及其他电子作案工具，是否与被害人所接到的诈骗电话显示的信息来源一致。

（4）其他证据：跨境电信网络诈骗犯罪案件犯罪嫌疑人出入境记录、户籍证明材料、在境外使用的网络设备及虚拟网络身份的网络信息，证明犯罪嫌疑人出入境情况及身份情况。诈骗窝点的纸质和电子账目报表，审查时间、金额等细节是否与被害人陈述相互印证。犯罪过程中记载被害人身份、诈骗数额、时间等信息的流转单，审查相关信息是否与被害人陈述、银行转账记录等相互印证。犯罪嫌疑人之间的聊天记录、诈骗脚本、内部分工、培训资料、监控视频等证据，审查犯罪的具体手法、过程。购买作案工具和资源（手机卡、银行卡、POS机、服务器、木马病毒、改号软件、公民个人信息等）的资金流水、电子数据等证据。

3.有证据证明犯罪嫌疑人具有诈骗的主观故意

（1）证明犯罪嫌疑人主观故意的证据：犯罪嫌疑人的供述和辩解、证人证言、同案犯指证；诈骗脚本、诈骗信息内容、工作日记、分工手册、犯罪嫌疑人的具体职责、地位、参与实施诈骗行为的时间等；赃款的账册、分赃的记录、诈骗账目记录、提成记录、工作环境、工作形式等；短信、QQ、微信、skype等即时通讯工具聊天记录等，审查其中是否出现有关诈骗的内容以及诈骗专门用的黑话、暗语等。

（2）证明提供帮助者的主观故意的证据：提供帮助犯罪嫌疑人供述和辩解、电信网络诈骗犯罪嫌疑人的指证、证人证言；双方短信以及QQ、微信、skype等即时通讯工具聊天记录等信息材料；犯罪嫌疑人的履历、前科记录、行政处罚记录、双方资金往来的凭证、犯罪嫌疑人提供帮助、协助的收益数额、取款时的监控视频、收入记录、处罚判决情况等。

（二）审查起诉

除审查逮捕阶段证据审查基本要求之外，对电信网络诈骗案件的审查起诉工作还应坚持"犯罪事实清楚，证据确实、充分"的标准，保证定罪量刑的事实都有证据证明；据以定案的证据均经法定程序查证属实；综合全案证据，对所认定的事实均已排除合理怀疑。

1.有确实充分的证据证明发生了电信网络诈骗犯罪事实

（1）证明电信网络诈骗事实发生。除审查逮捕要求的证据类型之外，跨国电信网络诈骗还需要有出入境记录、飞机铁路等交通工具出行记录，必要时需国外有关部门出具的与案件有关的书面证据材料，包括原件、翻译件、使领馆认证文件等。

（2）证明电信网络诈骗行为的危害结果

①证明诈骗数额达到追诉标准的证据：能查清诈骗事实的相关证人证言、被害人陈述、犯罪嫌疑人供述和辩解、银行账户交易明细、交易凭证、第三方支付结算交易记录以及其他与电信网络诈骗关联的账户交易记录、犯罪嫌疑人的诈骗账目记录以及其他有关证据。

需要特别注意"犯罪数额接近提档"的情形。当诈骗数额接近"数额巨大""数额特别巨大"的标准（一般掌握在80%以上，即达到2.4万元、40万元），根据《解释》和《意见》的规定，具有《意见》第二条第二款"酌情从重处罚"十种情形之一的，应当分别认定为《刑法》第二百六十六条规定的"其他严重情节""其他特别严重情节"，提高一档量刑。

②证明发送信息条数、拨打电话次数以及页面浏览量达到追诉标准的证据类型与审查逮捕的证据类型相同。

2.有确实充分的证据证明诈骗行为是犯罪嫌疑人实施的

（1）有关资金链条的证据。重点审查被害人的银行交易记录和犯罪嫌疑人持有的银行卡及账号的交易记录，用于查明被害人遭受的财产损失及犯罪嫌疑人诈骗的犯罪数额；重点审查犯罪嫌疑人的短信，以及QQ、微信、skype等即时通讯工具聊天记录，用于查明是否出现涉案银行卡账号、资金流转等犯罪信息，赃款是否由犯罪嫌疑人取得。此外，对诈骗团伙或犯罪集团租用或交叉使用多层级账户洗钱的，要结合资金存取流转的书证、监控录像、辨认笔录、证人证言、被害人陈述、犯罪嫌疑人供述和辩解等证据分析认定。

（2）有关人员链条的证据。电信网络诈骗多为共同犯罪，在审查刑事责任年龄、刑事责任能力方面的证据基础上，应重点审查犯罪嫌疑人供述和辩解、手机通信记录等，通过自供和互证，以及与其他证据之间的相互印证，查明各自的分工和作用，以区分主、从犯。对于分工明确、有明显首要分子、较为固定的组织结构的三人以上固定的犯罪组织，应当认定为犯罪集团。

言词证据及有关信息链条的证据与审查逮捕的证据类型相同。

3.有确实充分的证据证明犯罪嫌疑人具有诈骗的主观故意

证明犯罪嫌疑人及提供帮助者主观故意的证据类型同审查逮捕证据类型相同。需要注意的是，由于犯罪嫌疑人各自分工不同，其供述和辩解也呈现不同的证明力。一般而言，专门行骗人对于单起事实的细节记忆相对粗略，只能供述诈骗的手段和方式；专业取款人对于取款的具体细目记忆也粗略，只能供述大概经过和情况，重点审查犯罪手段的同类性、共同犯罪人之间的关系及各自分工和作用。

二、需要特别注意的问题

在电信网络诈骗案件审查逮捕、审查起诉中，要根据相关法律、司法解释等规定，结合在案证据，重点注意以下问题：

（一）电信网络诈骗犯罪的界定

1.此罪彼罪

在一些案件中，尤其是利用网络钓鱼、木马链接实施犯罪的案件中，既存在虚构事实、隐瞒真相的诈骗行为，又可能存在秘密窃取的行为，关键要审查犯罪嫌疑人取得财物是否基于被害人对财物的主动处分意识。如果行为人通过秘密窃取的行为获取他人财物，则应认定构成盗窃罪；如果窃取或者骗取的是他人信用卡资料，并通过互联网、通讯终端等使用的，根据《最高人民法院、最高人民检察院关于办理妨害信用卡管理刑事案件具体应用法律若干问题的解释》（法释〔2009〕19号），则可能构成信用卡诈骗罪；如果通过电信网络技术向不特定多数人发送诈骗信息后又转入接触式诈骗，或者为实现诈骗目的，线上线下并行同时进行接触式和非接触式诈骗，应当按照诈骗取财行为的本质定性，虽然使用电信网络技术但被害人基于接触被骗的，应当认定普通诈骗；如果出现电信网络诈骗和合同诈骗、保险诈骗等特殊诈骗罪名的竞合，应依据《刑法》有关规定定罪量刑。

2.追诉标准低于普通诈骗犯罪且无地域差别

追诉标准直接决定了法律适用问题甚至罪与非罪的认定。《意见》规定，利用电信网络技术手段实施诈骗，诈骗公私财物价值三千元以上的，认定为《刑法》第二百六十六条规定的"数额较大"。而《解释》规定，"诈骗公私财物价值三千元至一万元以上的，认定为《刑法》第二百六十六条规定的"数额较大"。因此，电信网络诈骗的追诉标准要低于普通诈骗的追诉标准，且全国统一无地域差别，即犯罪数额达到三千元以上、三万元以上、五十万元以上的，应当分别认定为《刑法》第二百六十六条规定的"数额较大""数额巨大""数额特别巨大"。

（二）犯罪形态的审查

1.可以查证诈骗数额的未遂

电信网络诈骗应以被害人失去对被骗钱款的实际控制为既遂认定标准。一般情形下，诈骗款项转出后即时到账构成既遂。但随着银行自助设备、第三方支付平台陆续推出"延时到账""撤销转账"等功能，被害人通过自助设备、第三方支付平台向犯罪嫌疑人指定账户转账，可在规定时间内撤销转账，资金并未实时转出。此种情形下被害人并未对被骗款项完全失去控制，而犯罪嫌疑人亦未取得实际控制，应当认定为未遂。

2.无法查证诈骗数额的未遂

根据《意见》规定，对于诈骗数额难以查证的，犯罪嫌疑人发送诈骗信息五千条以上，或者拨打诈骗电话五百人次以上，或者在互联网上发布诈骗信息的页面浏览量累计五千次以上，可以认定为诈骗罪中"其他严重情节"，以诈骗罪（未遂）定罪处罚。具有上述情形，数量达到相应标准十倍以上的，应当认定为《刑法》第二百六十六条规定的"其他特别严重情节"，以诈骗罪（未遂）定罪处罚。

（三）诈骗数额及发送信息、拨打电话次数的认定

1.诈骗数额的认定

（1）根据犯罪集团诈骗账目登记表、犯罪嫌疑人提成表等书证，结合证人证言、犯罪嫌疑人供述和辩解等言词证据，认定犯罪嫌疑人的诈骗数额。

（2）根据经查证属实的银行账户交易记录、第三方支付结算账户交易记录、通话记录、电子数据等证据，结合已收集的被害人陈述，认定被害人人数及诈骗资金数额。

（3）对于确因客观原因无法查实全部被害人，尽管有证据证明该账户系用于电信网络诈骗犯罪，且犯罪嫌疑人无法说明款项合法来源的，也不能简单将账户内的款项全部推定为"犯罪数额"。要根据在案其他证据，认定犯罪集团是否有其他收入来源，"违法所得"有无其他可能性。如果证据足以证实"违法所得"的排他性，则可以将"违法所得"均认定为犯罪数额。

（4）犯罪嫌疑人为实施犯罪购买作案工具、伪装道具、租用场地、交通工具甚至雇佣他人等诈骗成本不能从诈骗数额中扣除。对通过向被害人交付一定货币，进而骗取其信任并实施诈骗的，由于货币具有流通性和经济价值，该部分货币可以从诈骗数额中扣除。

2.发送信息、拨打电话次数的认定

（1）拨打电话包括拨出诈骗电话和接听被害人回拨电话。反复拨打、接听同一电话号码，以及反复向同一被害人发送诈骗信息的，拨打、接听电话次数、发送信息条数累计计算。

（2）被害人是否接听、接收到诈骗电话、信息不影响次数、条数计算。

（3）通过语音包发送的诈骗录音或通过网络等工具辅助拨出的电话，应当认定为拨打电话。

（4）发送信息条数、拨打电话次数的证据难以收集的，可以根据经查证属实的日发送信息条数、日拨打人次数，结合犯罪嫌疑人实施犯罪的时间、犯罪嫌疑人的供述等相关证据予以认定。

（5）发送信息条数和拨打电话次数在法律及司法解释未明确的情况下不宜换算累加。

（四）共同犯罪及主从犯责任的认定

1.对于三人以上为实施电信网络诈骗而组成的较为固定的犯罪组织，应当依法认定为犯罪集团。对于犯罪集团的首要分子，按照集团所犯全部犯罪处罚，并且对犯罪集团中组织、指挥、策划者和骨干分子依法从严惩处。

2.对于其余主犯，按照其所参与或者组织、指挥的全部犯罪处罚。多人共同实施电信网络诈骗，犯罪嫌疑人、被告人应对其参与期间该诈骗团伙实施的全部诈骗行为承担责任。

3.对于部分被招募发送信息、拨打电话的犯罪嫌疑人，应当对其参与期间整个诈骗团伙的诈骗行为承担刑事责任，但可以考虑参与时间较短、诈骗数额较低、发送信息、拨打电话较少，认定为从犯，从宽处理。

4.对于专门取款人，由于其可在短时间内将被骗款项异地转移，对诈骗既遂起到了至关重要的作用，也大大增加了侦查和追赃难度，因此应按其在共同犯罪中的具体作用进行认定，不宜一律认定为从犯。

（五）关联犯罪事前通谋的审查

根据《意见》规定，明知是电信网络诈骗犯罪所得及其产生的收益，通过使用销售点终端机具（POS机）刷卡套现等非法途径，协助转换或者转移财物等五种方式转账、套现、取现的，需要与直接实施电信网络诈骗犯罪嫌疑人事前通谋的才以共同犯罪论处。因此，应当重点审查帮助转换或者转移财物行为人是否在诈骗犯罪既遂之前与实施诈骗犯罪嫌疑人共谋或者虽无共谋但明知他人实施犯罪而提供帮助。对于帮助者明知的内容和程度，并不要求其明知被帮助者实施诈骗行为的具体细节，其只要认识到对方实施诈骗犯罪行为即可。审查时，要根据犯罪嫌疑人的认知能力、既往经历、行为次数和手段、与他人关系、获利情况、是否曾因电信网络诈骗受过处罚以及是否故意规避调查等主客观因素分析认定。

（六）电子数据的审查

1.电子数据真实性的审查

（1）是否移送原始存储介质；在原始存储介质无法封存、不便移动时，有无说明原因，并注明收集、提取过程及原始存储介质的存放地点或者电子数据的来源等情况。

（2）电子数据是否具有数字签名、数字证书等特殊标识。

（3）电子数据的收集、提取过程是否可以重现。

（4）电子数据如有增加、删除、修改等情形的，是否附有说明。

（5）电子数据的完整性是否可以保证。

2.电子数据合法性的审查

（1）收集、提取电子数据是否由二名以上侦查人员进行，取证方法是否符合相关技术标准。

（2）收集、提取电子数据，是否附有笔录、清单，并经侦查人员、电子数据持有人（提供人）、见证人签名或者盖章；没有持有人（提供人）签名或者盖章的，是否注明原因；对电子数据的类别、文件格式等是否注明清楚。

（3）是否依照有关规定由符合条件的人员担任见证人，是否对相关活动进行录像。

（4）电子数据检查是否将电子数据存储介质通过写保护设备接入到检查设备；有条件的，是否制作电子数据备份，并对备份进行检查；无法制作备份且无法使用写保护设备的，是否附有录像。

（5）通过技术侦查措施，利用远程计算机信息系统进行网络远程勘验收集到电子数据，作为证据使用的，是否随案移送批准采取技术侦查措施的法律文书和所收集的证据材料，是否对其来源等作出书面说明。

（6）对电子数据作出鉴定意见的鉴定机构是否具有司法鉴定资质。

3.电子数据的采信

（1）经过公安机关补正或者作出合理解释可以采信的电子数据：未以封存状态移送的；笔录或者清单上没有侦查人员、电子数据持有人（提供人）、见证人签名或者盖章的；对电子数据的名称、类别、格式等注明不清的；有其他瑕疵的。

（2）不能采信的电子数据：电子数据系篡改、伪造或者无法确定真伪的；电子数据有增加、删除、修改等情形，影响电子数据真实性的；其他无法保证电子数据真实性的情形。

（七）境外证据的审查

1.证据来源合法性的审查

境外证据的来源包括：外交文件（国际条约、互助协议）；司法协助（刑事司法协助、平等互助原则）；警务合作（国际警务合作机制、国际刑警组织）。

由于上述来源方式均需要有法定的程序和条件，对境外证据的审查要注意：证据来源是否是通过上述途径收集，审查报批、审批手续是否完备，程序是否合法；证据材料移交过程是否合法，手续是否齐全，确保境外证据的来源合法性。

2.证据转换的规范性审查

对于不符合我国证据种类和收集程序要求的境外证据，侦查机关要重新进行转换和固定，才能作为证据使用。注重审查：

（1）境外交接证据过程的连续性，是否有交接文书，交接文书是否包含接收证据。

（2）接收移交、开箱、登记时是否全程录像，确保交接过程的真实性，交接物品的完整性。

（3）境外证据按照我国证据收集程序重新进行固定的，依据相关规定进行，注意证据转换过程的连续性和真实性的审查。

（4）公安机关是否对境外证据来源、提取人、提取时间或者提供人、提供时间以及保管移交的过程等作出说明，有无对电子数据完整性等专门性问题的鉴定意见等。

（5）无法确认证据来源、证据真实性、收集程序违法无法补正等境外证据应予排除。

3.其他来源的境外证据的审查

通过其他渠道收集的境外证据材料，作为证据使用的，应注重对其来源、提供人、提供时间以及提取人、提取时间进行审查。能够证明案件事实且符合刑事诉讼法规定的，可以作为证据使用。

三、社会危险性及羁押必要性审查

（一）审查逮捕

符合下列情形之一的，可以结合案件具体情况考虑认定犯罪嫌疑人具有社会危险性，有羁押必要：

1.《最高人民检察院、公安部关于逮捕社会危险性条件若干问题的规定（试行）》（高检会〔2015〕9号）规定的具有社会危险性情节的。

2.犯罪嫌疑人是诈骗团伙的首要分子或者主犯。对于首要分子，要重点审查其在电信网络诈骗集团中是否起到组织、策划、指挥作用。对于其他主犯，要重点审查其是否是犯意的发起者、犯罪的组织者、策划者、指挥者、主要责任者，是否参与了犯罪的全过程或关键环节以及在犯罪中所起的作用；诈骗团伙的具体管理者、组织者、招募者、电脑操盘人员、对诈骗成员进行培训的人员以及制作、提供诈骗方案、术语清单、语音包、信息的人员可以认定为主犯；取款组、供卡组、公民个人信息提供组等负责人，对维持诈骗团伙运转起着重要作用的，可以认定为主犯；对于其他实行犯是否属于主犯，主要通过其参加时段实施共同犯罪活动的程度、具体罪行的大小、对造成危害后果的作用等来认定。

3.有证据证明犯罪嫌疑人实施诈骗行为，犯罪嫌疑人拒不供认或者作虚假供述的。

4.有证据显示犯罪嫌疑人参与诈骗且既遂数额巨大、被害人众多，诈骗数额等需进一步核实的。

5.有证据证明犯罪嫌疑人参与诈骗的时间长，应当明知诈骗团伙其他同案犯犯罪事实的，但犯罪嫌疑人拒绝指证或虚假指证的。

6.其他具有社会危险性或羁押必要的情形。

在犯罪嫌疑人罪行较轻的前提下，根据犯罪嫌疑人在犯罪团伙中的地位、作用、参与时间、工作内容、认罪态度、悔罪表现等情节，结合案件整体情况，依据主客观相一致原则综合判断犯罪嫌疑人的社会危险性或者羁押必要性。在犯罪嫌疑人真诚认罪悔罪，如实供述且供述稳定的情况下，有下列情形的可以考虑社会危险性较小：

1.预备犯、中止犯。

2.直接参与诈骗的数额未达巨大，有自首、立功表现的。

3.直接参与诈骗的数额未达巨大，参与时间短的发送信息、拨打电话人员。

4.涉案数额未达巨大，受雇负责饮食、住宿等辅助工作人员。

5.直接参与诈骗的数额未达巨大，积极退赃的从犯。

6.被胁迫参加电信网络诈骗团伙，没有造成严重影响和后果的。

7.其他社会危险性较小的情形。

需要注意的是，对犯罪嫌疑人社会危险性的把握，要根据案件社会影响、造成危害后果、打击力度的需要等多方面综合判断和考虑。

（二）审查起诉

在审查起诉阶段，要结合侦查阶段取得的事实证据，进一步引导侦查机关加大捕后侦查力度，及时审查新证据。在羁押期限届满前对全案进行综合审查，对于未达到逮捕证明标准的，撤销原逮捕决定。

经羁押必要性审查，发现犯罪嫌疑人具有下列情形之一的，应当向办案机关提出释放或者变更强制措施的建议：

1.案件证据发生重大变化，没有证据证明有犯罪事实或者犯罪行为系犯罪嫌疑人、被告人所为的。

2.案件事实或者情节发生变化，犯罪嫌疑人、被告人可能被判处拘役、管制、独立适用附加刑、免予刑事处罚或者判决无罪的。

3.继续羁押犯罪嫌疑人、被告人，羁押期限将超过依法可能判处的刑期的。

4.案件事实基本查清，证据已经收集固定，符合取保候审或者监视居住条件的。

经羁押必要性审查，发现犯罪嫌疑人、被告人具有下列情形之一，且具有悔罪表现，不予羁押不致发生社会危险性的，可以向办案机关提出释放或者变更强制措施的建议：

1.预备犯或者中止犯；共同犯罪中的从犯或者胁从犯。

2.主观恶性较小的初犯。

3.系未成年人或者年满七十五周岁的人。

4.与被害方依法自愿达成和解协议，且已经履行或者提供担保的。

5.患有严重疾病、生活不能自理的。

6.系怀孕或者正在哺乳自己婴儿的妇女。

7.系生活不能自理的人的唯一扶养人。

8.可能被判处一年以下有期徒刑或者宣告缓刑的。

9.其他不需要继续羁押犯罪嫌疑人、被告人的情形。

14.最高人民法院研究室《关于申付强诈骗案如何认定诈骗数额问题的电话答复》（1991年4月23日）

同意你院的倾向性意见。即在具体认定诈骗犯罪数额时，应把案发前已被追回的被骗款额扣除，按最后实际诈骗所得数额计算。但在处罚时，对于这种情况应当作为从重情节予以考虑。

15.最高人民法院、最高人民检察院、公安部、司法部《关于办理"套路贷"刑事案件若干问题的意见》（2019年4月9日）

一、准确把握"套路贷"与民间借贷的区别

1."套路贷"，是对以非法占有为目的，假借民间借贷之名，诱使或迫使被害人签订"借贷"或变相"借贷""抵押""担保"等相关协议，通过虚增借贷金额、恶意制造违约、肆意认定违约、毁匿还款证据等方式形成虚假债权债务，并借助诉讼、仲裁、公证或者采用暴力、威胁以及其他手段非法占有被害人财物的相关违法犯罪活动的概括性称谓。

2."套路贷"与平等主体之间基于意思自治而形成的民事借贷关系存在本质区别，民间借贷的出借人是为了到期按照协议约定的内容收回本金并获取利息，不具有非法占有他人财物的目的，也不会在签订、履行借贷协议过程中实施虚增借贷金额、制造虚假给付痕迹、恶意制造违约、肆意认定违约、毁匿还款证据等行为。

司法实践中，应当注意非法讨债引发的案件与"套路贷"案件的区别，犯罪嫌疑人、被告人不具有非法占有目的，也未使用"套路"与借款人形成虚假债权债务，不应视为"套路贷"。因使用暴力、威胁以及其他手段强行索债构成犯罪的，应当根据具体案件事实定罪处罚。

3.实践中，"套路贷"的常见犯罪手法和步骤包括但不限于以下情形：

（1）制造民间借贷假象。犯罪嫌疑人、被告人往往以"小额贷款公司""投资公司""咨询公司""担保公司""网络借贷平台"等名义对外宣传，以低息、无抵押、无担保、快速放款等为诱饵吸引被害人借款，继而以"保证金""行规"等虚假理由诱使被害人基于错误认识签订金额虚高的"借贷"协议或相关协议。有的犯罪嫌疑人、被告人还会以被害人先前借贷违约等理由，迫使对方签订金额虚高的"借贷"协议或相关协议。

（2）制造资金走账流水等虚假给付事实。犯罪嫌疑人、被告人按照虚高的"借贷"协议金额将资金转入被害人账户，制造已将全部借款交付被害人的银行流水痕迹，随后便采取各种手段将其中全部或者部分资金收回，被害人实际上并未取得或者完全取得"借贷"协议、银行流水上显示的钱款。

（3）故意制造违约或者肆意认定违约。犯罪嫌疑人、被告人往往会以设置违约陷阱、制造还款障碍等方式，故意造成被害人违约，或者通过肆意认定违约，强行要求被害人偿还虚假债务。

（4）恶意垒高借款金额。当被害人无力偿还时，有的犯罪嫌疑人、被告人会安排其所属公司或者指定的关联公司、关联人员为被害人偿还"借款"，继而与被害人签订金额更大的虚高"借贷"协议或相关协议，通过这种"转单平账""以贷还贷"的方式不断垒高"债务"。

（5）软硬兼施"索债"。在被害人未偿还虚高"借款"的情况下，犯罪嫌疑人、被告人借助诉讼、仲裁、公证或者采用暴力、威胁以及其他手段向被害人或者被害人的特定关系人索取"债务"。

二、依法严惩"套路贷"犯罪

4.实施"套路贷"过程中，未采用明显的暴力或者威胁手段，其行为特征从整体上表现为以非法占有为目的，通过虚构事实、隐瞒真相骗取被害人财物的，一般以诈骗罪定罪处罚；对于在实施"套路贷"过程中多种手段并用，构成诈骗、敲诈勒索、非法拘禁、虚假诉讼、寻衅滋事、强迫交易、抢劫、绑架等多种犯罪的，应当根据具体案件事实，区分不同情况，依照《刑法》及有关司法解释的规定数罪并罚或者择一重处。

5.多人共同实施"套路贷"犯罪，犯罪嫌疑人、被告人在所参与的犯罪中起主要作用的，应当认定为主犯，对其参与或组织、指挥的全部犯罪承担刑事责任；起次要或辅助作用的，应当认定为从犯。

明知他人实施"套路贷"犯罪，具有以下情形之一的，以相关犯罪的共犯论处，但《刑法》和司法解释等另有规定的除外：

（1）组织发送"贷款"信息、广告，吸引、介绍被害人"借款"的；

（2）提供资金、场所、银行卡、账号、交通工具等帮助的；

（3）出售、提供、帮助获取公民个人信息的；

（4）协助制造走账记录等虚假给付事实的；

（5）协助办理公证的；

（6）协助以虚假事实提起诉讼或者仲裁的；

（7）协助套现、取现、办理动产或不动产过户等，转移犯罪所得及其产生的收益的；

（8）其他符合共同犯罪规定的情形。

上述规定中的"明知他人实施'套路贷'犯罪"，应当结合行为人的认知能力、既往经历、行为次数和手段、与同案人、被害人的关系、获利情况、是否曾因"套路贷"受过处罚、是否故意规避查处等主客观因素综合分析认定。

6.在认定"套路贷"犯罪数额时，应当与民间借贷相区别，从整体上予以否定性评价，"虚高债务"和以"利息""保证金""中介费""服务费""违约金"等名目被犯罪嫌疑人、被告人非法占有的财物，均应计入犯罪数额。

犯罪嫌疑人、被告人实际给付被害人的本金数额，不计入犯罪数额。

已经着手实施"套路贷"，但因意志以外原因未得逞的，可以根据相关罪名所涉及的《刑法》、司法解释规定，按照已着手非法占有的财物数额认定犯罪未遂。既有既遂，又有未遂，犯罪既遂部分与未遂部分分别对应不同法定刑幅度的，应当先决定对未遂部分是否减轻处罚，确定未遂部分对应的法定刑幅度，再与既遂部分对应的法定刑幅度进行比较，选择处罚较重的法定刑幅度，并酌情从重处罚；二者在同一量刑幅度的，以犯罪既遂酌情从重处罚。

7.犯罪嫌疑人、被告人实施"套路贷"违法所得的一切财物，应当予以追缴或者责令退赔；对被害人的合法财产，应当及时返还。有证据证明是犯罪嫌疑人、被告人为实施"套路贷"而交付给被害人的本金，赔偿被害人损失后如有剩余，应依法予以没收。

犯罪嫌疑人、被告人已将违法所得的财物用于清偿债务、转让或者设置其他权利负担，具有下列情形之一的，应当依法追缴：

（1）第三人明知是违法所得财物而接受的；

（2）第三人无偿取得或者以明显低于市场的价格取得违法所得财物的；

（3）第三人通过非法债务清偿或者违法犯罪活动取得违法所得财物的；

（4）其他应当依法追缴的情形。

8.以老年人、未成年人、在校学生、丧失劳动能力的人为对象实施"套路贷"，或者因实施"套路贷"造成被害人或其特定关系人自杀、死亡、精神失常、为偿还"债务"而实施犯罪活动的，除《刑法》、司法解释另有规定的外，应当酌情从重处罚。

在坚持依法从严惩处的同时，对于认罪认罚、积极退赃、真诚悔罪或者具有其他法定、酌定从轻处罚情节的被告人，可以依法从宽处罚。

9.对于"套路贷"犯罪分子，应当根据其所触犯的具体罪名，依法加大财产刑适用力度。符合《刑法》第三十七条之一规定的，可以依法禁止从事相关职业。

10.三人以上为实施"套路贷"而组成的较为固定的犯罪组织，应当认定为犯罪集团。对首要分子应按照集团所犯全部罪行处罚。

符合黑恶势力认定标准的，应当按照黑社会性质组织、恶势力或者恶势力犯罪集团侦查、起诉、审判。

三、依法确定"套路贷"刑事案件管辖

11."套路贷"犯罪案件一般由犯罪地公安机关侦查，如果由犯罪嫌疑人居住地公安机关立案侦查更为适宜的，可以由犯罪嫌疑人居住地公安机关立案侦查。犯罪地包括犯罪行为发生地和犯罪结果发生地。

"犯罪行为发生地"包括为实施"套路贷"所设立的公司所在地、"借贷"协议或相关协议签订地、非法讨债行为实施地、为实施"套路贷"而进行诉讼、仲裁、公证的受案法院、仲裁委员会、公证机构所在地，以及"套路贷"行为的预备地、开始地、途经地、结束地等。

"犯罪结果发生地"包括违法所得财物的支付地、实际取得地、藏匿地、转移地、使用地、销售地等。

除犯罪地、犯罪嫌疑人居住地外，其他地方公安机关对于公民扭送、报案、控告、举报或者犯罪嫌疑人自首的"套路贷"犯罪案件，都应当立即受理，经审查认为有犯罪事实的，移送有管辖权的公安机关处理。

黑恶势力实施的"套路贷"犯罪案件，由侦办黑社会性质组织、恶势力或者恶势力犯罪集团案件的公安机关进行侦查。

12.具有下列情形之一的，有关公安机关可以在其职责范围内并案侦查：

（1）一人犯数罪的；

（2）共同犯罪的；

（3）共同犯罪的犯罪嫌疑人还实施其他犯罪的；

（4）多个犯罪嫌疑人实施的犯罪存在直接关联，并案处理有利于查明案件事实的。

13.本意见自2019年4月9日起施行。

16. 最高人民法院、最高人民检察院、公安部、司法部《关于依法惩治妨害新型冠状病毒感染肺炎疫情防控违法犯罪的意见》 法发〔2020〕7号（2020年2月6日）（具体见第一百一十五条）

（五）依法严惩诈骗、聚众哄抢犯罪。在疫情防控期间，假借研制、生产或者销售用于疫情防控的物品的名义骗取公私财物，或者捏造事实骗取公众捐赠款物，数额较大的，依照《刑法》第二百六十六条的规定，以诈骗罪定罪处罚。

在疫情防控期间，违反国家规定，假借疫情防控的名义，利用广告对所推销的商品或者服务作虚假宣传，致使多人上当受骗，违法所得数额较大或者有其他严重情节的，依照《刑法》第二百二十二条的规定，以虚假广告罪定罪处罚。

在疫情防控期间，聚众哄抢公私财物特别是疫情防控和保障物资，数额较大或者有其他严重情节的，对首要分子和积极参加者，依照《刑法》第二百六十八条的规定，以聚众哄抢罪定罪处罚。

17. 最高人民法院、最高人民检察院、公安部《关于依法办理"碰瓷"违法犯罪案件的指导意见》 公通字〔2020〕12号（2020年9月22日）

近年来，"碰瓷"现象时有发生。所谓"碰瓷"，是指行为人通过故意制造或者编造其被害假象，采取诈骗、敲诈勒索等方式非法索取财物的行为。实践中，一些不法分子有的通过"设局"制造或者捏造他人对其人身、财产造成损害来实施；有的通过自伤、造成同伙受伤或者利用自身原有损伤，诬告系被害人所致来实施；有的故意制造交通事故，利用被害人违反道路通行规定或者酒后驾驶、无证驾驶、机动车手续不全等违法违规行为，通过被害人害怕被查处的心理来实施；有的在"碰瓷"行为被识破后，直接对被害人实施抢劫、抢夺、故意伤害等违法犯罪活动等。此类违法犯罪行为性质恶劣，危害后果严重，败坏社会风气，且易滋生黑恶势力，人民群众反响强烈。为依法惩治"碰瓷"违法犯罪活动，保障人民群众合法权益，维护社会秩序，根据《刑法》、刑事诉讼法、治安管理处罚法等法律的规定，制定本意见。

一、实施"碰瓷"，虚构事实、隐瞒真相，骗取赔偿，符合《刑法》第二百六十六条规定的，以诈骗罪定罪处罚；骗取保险金，符合《刑法》第一百九十八条规定的，以保险诈骗罪定罪处罚。

实施"碰瓷"，捏造人身、财产权益受到侵害的事实，虚构民事纠纷，提起民事诉讼，符合《刑法》第三百零七条之一规定的，以虚假诉讼罪定罪处罚；同时构成其他犯罪的，依照处罚较重的规定定罪从重处罚。

二、实施"碰瓷"，具有下列行为之一，敲诈勒索他人财物，符合《刑法》第二百七十四条规定的，以敲诈勒索罪定罪处罚：

1. 实施撕扯、推搡等轻微暴力或者围困、阻拦、跟踪、贴靠、滋扰、纠缠、哄闹、聚众造势、扣留财物等软暴力行为的；

2. 故意制造交通事故，进而利用被害人违反道路通行规定或者其他违法违规行为相要挟的；

3. 以揭露现场掌握的当事人隐私相要挟的；

4. 扬言对被害人及其近亲属人身、财产实施侵害的。

三、实施"碰瓷"，当场使用暴力、胁迫或者其他方法，当场劫取他人财物，符合《刑法》第二百六十三条规定的，以抢劫罪定罪处罚。

四、实施"碰瓷"，采取转移注意力、趁人不备等方式，窃取、夺取他人财物，符合

《刑法》第二百六十四条、第二百六十七条规定的，分别以盗窃罪、抢夺罪定罪处罚。

五、实施"碰瓷"，故意造成他人财物毁坏，符合《刑法》第二百七十五条规定的，以故意毁坏财物罪定罪处罚。

六、实施"碰瓷"，驾驶机动车对其他机动车进行追逐、冲撞、挤别、拦截或者突然加减速、急刹车等可能影响交通安全的行为，因而发生重大事故，致人重伤、死亡或者使公私财物遭受重大损失，符合《刑法》第一百三十三条规定的，以交通肇事罪定罪处罚。

七、为实施"碰瓷"而故意杀害、伤害他人或者过失致人重伤、死亡，符合《刑法》第二百三十二条、第二百三十四条、第二百三十三条、第二百三十五条规定的，分别以故意杀人罪、故意伤害罪、过失致人死亡罪、过失致人重伤罪定罪处罚。

八、实施"碰瓷"，为索取财物，采取非法拘禁等方法非法剥夺他人人身自由或者非法搜查他人身体，符合《刑法》第二百三十八条、第二百四十五条规定的，分别以非法拘禁罪、非法搜查罪定罪处罚。

九、共同故意实施"碰瓷"犯罪，起主要作用的，应当认定为主犯，对其参与或者组织、指挥的全部犯罪承担刑事责任；起次要或者辅助作用的，应当认定为从犯，依法予以从轻、减轻处罚或者免除处罚。

三人以上为共同故意实施"碰瓷"犯罪而组成的较为固定的犯罪组织，应当认定为犯罪集团。对首要分子应当按照集团所犯全部罪行处罚。

符合黑恶势力认定标准的，应当按照黑社会性质组织、恶势力或者恶势力犯罪集团侦查、起诉、审判。

十、对实施"碰瓷"，尚不构成犯罪，但构成违反治安管理行为的，依法给予治安管理处罚。

各级人民法院、人民检察院和公安机关要严格依法办案，加强协作配合，对"碰瓷"违法犯罪行为予以快速处理、准确定性、依法严惩。一要依法及时开展调查处置、批捕、起诉、审判工作。公安机关接到报案、控告、举报后应当立即赶到现场，及时制止违法犯罪，妥善保护案发现场，控制行为人。对于符合立案条件的及时开展立案侦查，全面收集证据，调取案发现场监控视频，收集在场证人证言，核查涉案人员、车辆信息等，并及时串并案进行侦查。人民检察院对于公安机关提请批准逮捕、移送审查起诉的"碰瓷"案件，符合逮捕、起诉条件的，应当依法尽快予以批捕、起诉。对于"碰瓷"案件，人民法院应当依法及时审判，构成犯罪的，严格依法追究犯罪分子刑事责任。二要加强协作配合。公安机关、人民检察院要加强沟通协调，解决案件定性、管辖、证据标准等问题，确保案件顺利办理。对于疑难复杂案件，公安机关可以听取人民检察院意见。对于确需补充侦查的，人民检察院要制作明确、详细的补充侦查提纲，公安机关应当及时补充证据。人民法院要加强审判力量，严格依法公正审判。三要严格贯彻宽严相济的刑事政策，落实认罪认罚从宽制度。要综合考虑主观恶性大小、行为的手段、方式、危害后果以及在案件中所起作用等因素，切实做到区别对待。对于"碰瓷"犯罪集团的首要分子、积极参加的犯罪分子以及屡教不改的犯罪分子，应当作为打击重点依法予以严惩。对犯罪性质和危害后果特别严重、社会影响特别恶劣的犯罪分子，虽具有酌定从宽情节但不足以从宽处罚的，依法不予从宽处罚。具有自首、立功、坦白、认罪认罚等情节的，依法从宽处理。同时，应当准确把握法律尺度，注意区分"碰瓷"违法犯罪同普通民事纠纷、行政违法的界限，既防止出现"降格处理"，也要防止打击面过大等问题。四要强化宣传教育。人民法院、人民检察院、公安机关在依法惩处此类犯罪的过程中，要加大法制宣传教育力度，在依法办案的同时，视情通过新闻媒体、微信公众号、微博等形式，向社会公众揭露"碰瓷"违法犯罪的手段和方式，引导人民群众加强自我保护意识，遇到此类情形，应当及时报警，依法维护自身合法权益。要适时公开曝光一批典型案例，通过对案件解读，有效震慑违法犯罪分子，在全社会营造良好法治环境。

各地各相关部门要认真贯彻执行。执行中遇有问题，请及时上报各自上级机关。

18. 最高人民法院、最高人民检察院、公安部《关于办理电信网络诈骗等刑事案件适用法律若干问题的意见（二）》法发〔2021〕22号（2021年6月17日）

为进一步依法严厉惩治电信网络诈骗犯罪，对其上下游关联犯罪实行全链条、全方位打击，根据《中华人民共和国刑法》《中华人民共和国刑事诉讼法》等法律和有关司法解释的规定，针对司法实践中出现的新的突出问题，结合工作实际，制定本意见。

一、电信网络诈骗犯罪地，除《最高人民法院、最高人民检察院、公安部关于办理电信网络诈骗等刑事案件适用法律若干问题的意见》规定的犯罪行为发生地和结果发生地外，还包括：

（一）用于犯罪活动的手机卡、流量卡、物联网卡的开立地、销售地、转移地、藏匿地；

（二）用于犯罪活动的信用卡的开立地、销售地、转移地、藏匿地、使用地以及资金交易对手资金交付和汇出地；

（三）用于犯罪活动的银行账户、非银行支付账户的开立地、销售地、使用地以及资金交易对手资金交付和汇出地；

（四）用于犯罪活动的即时通讯信息、广告推广信息的发送地、接受地、到达地；

（五）用于犯罪活动的"猫池"（Modem Pool）、GOIP设备、多卡宝等硬件设备的销售地、入网地、藏匿地；

（六）用于犯罪活动的互联网账号的销售地、登录地。

二、为电信网络诈骗犯罪提供作案工具、技术支持等帮助以及掩饰、隐瞒犯罪所得及其产生的收益，由此形成多层级犯罪链条的，或者利用同一网站、通讯群组、资金账户、作案窝点实施电信网络诈骗犯罪的，应当认定为多个犯罪嫌疑人、被告人实施的犯罪存在关联，人民法院、人民检察院、公安机关可以在其职责范围内并案处理。

三、有证据证实行为人参加境外诈骗犯罪集团或犯罪团伙，在境外针对境内居民实施电信网络诈骗犯罪行为，诈骗数额难以查证，但一年内出境赴境外诈骗犯罪窝点累计时间30日以上或多次出境赴境外诈骗犯罪窝点的，应当认定为《刑法》第二百六十六条规定的"其他严重情节"，以诈骗罪依法追究刑事责任。有证据证明其出境从事正当活动的除外。

四、无正当理由持有他人的单位结算卡的，属于《刑法》第一百七十七条之一第一款第（二）项规定的"非法持有他人信用卡"。

五、非法获取、出售、提供具有信息发布、即时通讯、支付结算等功能的互联网账号密码、个人生物识别信息，符合《刑法》第二百五十三条之一规定的，以侵犯公民个人信息罪追究刑事责任。

对批量前述互联网账号密码、个人生物识别信息的条数，根据查获的数量直接认定，但有证据证明信息不真实或者重复的除外。

六、在网上注册办理手机卡、信用卡、银行账户、非银行支付账户时，为通过网上认证，使用他人身份证件信息并替换他人身份证件相片，属于伪造身份证件行为，符合《刑法》第二百八十条第三款规定的，以伪造身份证件罪追究刑事责任。

使用伪造、变造的身份证件或者盗用他人身份证件办理手机卡、信用卡、银行账户、非银行支付账户，符合《刑法》第二百八十条之一第一款规定的，以使用虚假身份证件、盗用身份证件罪追究刑事责任。

实施上述两款行为，同时构成其他犯罪的，依照处罚较重的规定定罪处罚。法律和司法解释另有规定的除外。

七、为他人利用信息网络实施犯罪而实施下列行为，可以认定为《刑法》第二百八十七条之二规定的"帮助"行为：

（一）收购、出售、出租信用卡、银行账户、非银行支付账户、具有支付结算功能的互联网账号密码、网络支付接口、网上银行数字证书的；

（二）收购、出售、出租他人手机卡、流量卡、物联网卡的。

八、认定《刑法》第二百八十七条之二规定的行为人明知他人利用信息网络实施犯罪，应当根据行为人收购、出售、出租前述第七条规定的信用卡、银行账户、非银行支付账户、具有支付结算功能的互联网账号密码、网络支付接口、网上银行数字证书，或者他人手机卡、流量卡、物联网卡等的次数、张数、个数，并结合行为人的认知能力、既往经历、交易对象、与实施信息网络犯罪的行为人的关系、提供技术支持或者帮助的时间和方式、获利情况以及行为人的供述等主客观因素，予以综合认定。

收购、出售、出租单位银行结算账户、非银行支付机构单位支付账户，或者电信、银行、网络支付等行业从业人员利用履行职责或提供服务便利,非法开办并出售、出租他人手机卡、信用卡、银行账户、非银行支付账户等的，可以认定为《最高人民法院、最高人民检察院关于办理非法利用信息网络、帮助信息网络犯罪活动等刑事案件适用法律若干问题的解释》第十一条第（七）项规定的"其他足以认定行为人明知的情形"。但有相反证据的除外。

九、明知他人利用信息网络实施犯罪，为其犯罪提供下列帮助之一的，可以认定为《最高人民法院、最高人民检察院关于办理非法利用信息网络、帮助信息网络犯罪活动等刑事案件适用法律若干问题的解释》第十二条第一款第（七）项规定的"其他情节严重的情形"：

（一）收购、出售、出租信用卡、银行账户、非银行支付账户、具有支付结算功能的互联网账号密码、网络支付接口、网上银行数字证书5张（个）以上的；

（二）收购、出售、出租他人手机卡、流量卡、物联网卡20张以上的。

十、电商平台预付卡、虚拟货币、手机充值卡、游戏点卡、游戏装备等经销商，在公安机关调查案件过程中，被明确告知其交易对象涉嫌电信网络诈骗犯罪，仍与其继续交易，符合《刑法》第二百八十七条之二规定的，以帮助信息网络犯罪活动罪追究刑事责任。同时构成其他犯罪的，依照处罚较重的规定定罪处罚。

十一、明知是电信网络诈骗犯罪所得及其产生的收益，以下列方式之一予以转账、套现、取现，符合《刑法》第三百一十二条第一款规定的，以掩饰、隐瞒犯罪所得、犯罪所得收益罪追究刑事责任。但有证据证明确实不知道的除外。

（一）多次使用或者使用多个非本人身份证明开设的收款码、网络支付接口等，帮助他人转账、套现、取现的；

（二）以明显异于市场的价格，通过电商平台预付卡、虚拟货币、手机充值卡、游戏点卡、游戏装备等转换财物、套现的；

（三）协助转换或者转移财物，收取明显高于市场的"手续费"的。

实施上述行为，事前通谋的，以共同犯罪论处；同时构成其他犯罪的，依照处罚较重的规定定罪处罚。法律和司法解释另有规定的除外。

十二、为他人实施电信网络诈骗犯罪提供技术支持、广告推广、支付结算等帮助，或者窝藏、转移、收购、代为销售及以其他方法掩饰、隐瞒电信网络诈骗犯罪所得及其产生的收益，诈骗犯罪行为可以确认，但实施诈骗的行为人尚未到案，可以依法先行追究已到案的上述犯罪嫌疑人、被告人的刑事责任。

十三、办案地公安机关可以通过公安机关信息化系统调取异地公安机关依法制作、收集的刑事案件受案登记表、立案决定书、被害人陈述等证据材料。调取时不得少于两名侦查人员，并应记载调取的时间、使用的信息化系统名称等相关信息，调取人签名并加盖办案地公安机关印章。经审核证明真实的，可以作为证据使用。

十四、通过国（区）际警务合作收集或者境外警方移交的境外证据材料，确因客观条件限制，境外警方未提供相关证据的发现、收集、保管、移交情况等材料的，公安机关应当对上述证据材料的来源、移交过程以及种类、数量、特征等作出书面说明，由两名以上侦查人员签名并加盖公安机关印章。经审核能够证明案件事实的，可以作为证据使用。

十五、对境外司法机关抓获并羁押的电信网络诈骗犯罪嫌疑人，在境内接受审判的，境外的羁押期限可以折抵刑期。

十六、办理电信网络诈骗犯罪案件，应当充分贯彻宽严相济刑事政策。在侦查、审查起诉、审判过程中，应当全面收集证据、准确甄别犯罪嫌疑人、被告人在共同犯罪中的层级地位及作用大小，结合其认罪态度和悔罪表现，区别对待，宽严并用，科学量刑，确保罚当其罪。

对于电信网络诈骗犯罪集团、犯罪团伙的组织者、策划者、指挥者和骨干分子，以及利用未成年人、在校学生、老年人、残疾人实施电信网络诈骗的，依法从严惩处。

对于电信网络诈骗犯罪集团、犯罪团伙中的从犯，特别是其中参与时间相对较短、诈骗数额相对较低或者从事辅助性工作并领取少量报酬，以及初犯、偶犯、未成年人、在校学生等，应当综合考虑其在共同犯罪中的地位作用、社会危害程度、主观恶性、人身危险性、认罪悔罪表现等情节，可以依法从轻、减轻处罚。犯罪情节轻微的，可以依法不起诉或者免予刑事处罚；情节显著轻微危害不大的，不以犯罪论处。

十七、查扣的涉案账户内资金，应当优先返还被害人，如不足以全额返还的，应当按照比例返还。

19. 最高人民法院、最高人民检察院《关于办理危害药品安全刑事案件适用法律若干问题的解释》 高检发释字〔2022〕1号（2022年3月3日）（具体见第一百四十一条）

第十三条　明知系利用医保骗保购买的药品而非法收购、销售，金额五万元以上的，应当依照《刑法》第三百一十二条的规定，以掩饰、隐瞒犯罪所得罪定罪处罚；指使、教唆、授意他人利用医保骗保购买药品，进而非法收购、销售，符合《刑法》第二百六十六条规定的，以诈骗罪定罪处罚。

对于利用医保骗保购买药品的行为人是否追究刑事责任，应当综合骗取医保基金的数额、手段、认罪悔罪态度等案件具体情节，依法妥当决定。利用医保骗保购买药品的行为人是否被追究刑事责任，不影响对非法收购、销售有关药品的行为人定罪处罚。

对于第一款规定的主观明知，应当根据药品标志、收购渠道、价格、规模及药品追溯信息等综合认定。

20. 最高人民法院、最高人民检察院、公安部《关于办理信息网络犯罪案件适用刑事

诉讼程序若干问题的意见》法发〔2022〕23号（2022年8月26日）

为依法惩治信息网络犯罪活动，根据《中华人民共和国刑法》《中华人民共和国刑事诉讼法》以及有关法律、司法解释的规定，结合侦查、起诉、审判实践，现就办理此类案件适用刑事诉讼程序问题提出以下意见。

一、关于信息网络犯罪案件的范围

1.本意见所称信息网络犯罪案件包括：

（1）危害计算机信息系统安全犯罪案件；

（2）拒不履行信息网络安全管理义务、非法利用信息网络、帮助信息网络犯罪活动的犯罪案件；

（3）主要行为通过信息网络实施的诈骗、赌博、侵犯公民个人信息等其他犯罪案件。

二、关于信息网络犯罪案件的管辖

2.信息网络犯罪案件由犯罪地公安机关立案侦查。必要时，可以由犯罪嫌疑人居住地公安机关立案侦查。

信息网络犯罪案件的犯罪地包括用于实施犯罪行为的网络服务使用的服务器所在地，网络服务提供者所在地，被侵害的信息网络系统及其管理者所在地，犯罪过程中犯罪嫌疑人、被害人或者其他涉案人员使用的信息网络系统所在地，被害人被侵害时所在地以及被害人财产遭受损失地等。

涉及多个环节的信息网络犯罪案件，犯罪嫌疑人为信息网络犯罪提供帮助的，其犯罪地、居住地或者被帮助对象的犯罪地公安机关可以立案侦查。

3.有多个犯罪地的信息网络犯罪案件，由最初受理的公安机关或者主要犯罪地公安机关立案侦查。有争议的，按照有利于查清犯罪事实、有利于诉讼的原则，协商解决；经协商无法达成一致的，由共同上级公安机关指定有关公安机关立案侦查。需要提请批准逮捕、移送审查起诉、提起公诉的，由立案侦查的公安机关所在地的人民检察院、人民法院受理。

4.具有下列情形之一的，公安机关、人民检察院、人民法院可以在其职责范围内并案处理：

（1）一人犯数罪的；

（2）共同犯罪的；

（3）共同犯罪的犯罪嫌疑人、被告人还实施其他犯罪的；

（4）多个犯罪嫌疑人、被告人实施的犯罪行为存在关联，并案处理有利于查明全部案件事实的。

对为信息网络犯罪提供程序开发、互联网接入、服务器托管、网络存储、通讯传输等技术支持，或者广告推广、支付结算等帮助，涉嫌犯罪的，可以依照第一款的规定并案侦查。

有关公安机关依照前两款规定并案侦查的案件，需要提请批准逮捕、移送审查起诉、提起公诉的，由该公安机关所在地的人民检察院、人民法院受理。

5.并案侦查的共同犯罪或者关联犯罪案件，犯罪嫌疑人人数众多、案情复杂的，公安机关可以分案移送审查起诉。分案移送审查起诉的，应当对并案侦查的依据、分案移送审查起诉的理由作出说明。

对于前款规定的案件，人民检察院可以分案提起公诉，人民法院可以分案审理。

分案处理应当以有利于保障诉讼质量和效率为前提，并不得影响当事人质证权等诉讼权利的行使。

6.依照前条规定分案处理，公安机关、人民检察院、人民法院在分案前有管辖权的，分案后对相关案件的管辖权不受影响。根据具体情况，分案处理的相关案件可以由不同审级的人民法院分别审理。

7.对于共同犯罪或者已并案侦查的关联犯罪案件，部分犯罪嫌疑人未到案，但不影响对已到案共同犯罪或者关联犯罪的犯罪嫌疑人、被告人的犯罪事实认定的，可以先行追究已到案犯罪嫌疑人、被告人的刑事责任。之前未到案的犯罪嫌疑人、被告人归案后，可以由原办案机关所在地公安机关、人民检察院、人民法院管辖其所涉及的案件。

8.对于具有特殊情况，跨省（自治区、直辖市）指定异地公安机关侦查更有利于查清犯罪事实、保证案件公正处理的重大信息网络犯罪案件，以及在境外实施的信息网络犯罪案件，公安部可以商最高人民检察院和最高人民法院指定侦查管辖。

9.人民检察院对于审查起诉的案件，按照《刑事诉讼法》的管辖规定，认为应当由上级人民检察院或者同级其他人民检察院起诉的，应当将案件移送有管辖权的人民检察院，并通知移送起诉的公安机关。人民检察院认为需要依照《刑事诉讼法》的规定指定审判管辖的，应当协商同级人民法院办理指定管辖有关事宜。

10.犯罪嫌疑人被多个公安机关立案侦查的，有关公安机关一般应当协商并案处理，并依法移送案件。协商不成的，可以报请共同上级公安机关指定管辖。

人民检察院对于审查起诉的案件，发现犯罪嫌疑人还有犯罪被异地公安机关立案侦查的，应当通知移送审查起诉的公安机关。

人民法院对于提起公诉的案件，发现被告人还有其他犯罪被审查起诉、立案侦查的，可以协商人民检察院、公安机关并案处理，但可能造成审判过分迟延的除外。决定对有关犯罪并案处理，符合《中华人民共和国刑事诉讼法》第二百零四条规定的，人民检察院可以建议人民法院延期审理。

三、关于信息网络犯罪案件的调查核实

11.公安机关对接受的案件或者发现的犯罪线索，在审查中发现案件事实或者线索不明，需要经过调查才能够确认是否达到刑事立案标准的，经公安机关办案部门负责人批准，可以进行调查核实；经过调查核实达到刑事立案标准的，应当及时立案。

12.调查核实过程中，可以采取询问、查询、勘验、检查、鉴定、调取证据材料等不限制被调查对象人身、财产权利的措施，不得对被调查对象采取强制措施，不得查封、扣押、冻结被调查对象的财产，不得采取技术侦查措施。

13.公安机关在调查核实过程中依法收集的电子数据等材料，可以根据有关规定作为证据使用。

调查核实过程中收集的材料作为证据使用的，应当随案移送，并附批准调查核实的相关材料。

调查核实过程中收集的证据材料经查证属实，且收集程序符合有关要求的，可以作为定案依据。

四、关于信息网络犯罪案件的取证

14.公安机关向网络服务提供者调取电子数据的，应当制作调取证据通知书，注明需要调取的电子数据的相关信息。调取证据通知书及相关法律文书可以采用数据电文形式。跨地域调取电子数据的，可以通过公安机关信息化系统传输相关数据电文。

网络服务提供者向公安机关提供电子数据的，可以采用数据电文形式。采用数据电文形式提供电子数据的，应当保证电子数据的完整性，并制作电子证明文件，载明调证法律文书编号、单位电子公章、完整性校验值等保护电子数据完整性方法的说明等信息。

数据电文形式的法律文书和电子证明文件，应当使用电子签名、数字水印等方式保证完整性。

15.询（讯）问异地证人、被害人以及与案件有关联的犯罪嫌疑人的，可以由办案地公安机关通过远程网络视频等方式进行并制作笔录。

远程询（讯）问的，应当由协作地公安机关事先核实被询（讯）问人的身份。办案地公安机关应当将询（讯）问笔录传输至协作地公安机关。询（讯）问笔录经被询（讯）问人确认并逐页签名、捺指印后，由协作地公安机关协作人员签名或者盖章，并将原件提供给办案地公安机关。询（讯）问人员收到笔录后，应当在首页右上方写明"于某年某月某日收到"，并签名或者盖章。

远程询（讯）问的，应当对询（讯）问过程同步录音录像，并随案移送。

异地证人、被害人以及与案件有关联的犯罪嫌疑人亲笔书写证词、供词的，参照执行本条第二款规定。

16.人民检察院依法自行侦查、补充侦查，或者人民法院调查核实相关证据的，适用本意见第14条、第15条的有关规定。

17.对于依照本意见第14条的规定调取的电子数据，人民检察院、人民法院可以通过核验电子签名、数字水印、电子数据完整性校验值及调证法律文书编号是否与证明文件相一致等方式，对电子数据进行审查判断。

对调取的电子数据有疑问的，由公安机关、提供电子数据的网络服务提供者作出说明，或者由原调取机关补充收集相关证据。

五、关于信息网络犯罪案件的其他问题

18.采取技术侦查措施收集的材料作为证据使用的，应当随案移送，并附采取技术侦查措施的法律文书、证据材料清单和有关说明材料。

移送采取技术侦查措施收集的视听资料、电子数据的，应当由两名以上侦查人员制作复制件，并附制作说明，写明原始证据材料、原始存储介质的存放地点等信息，由制作人签名，并加盖单位印章。

19.采取技术侦查措施收集的证据材料，应当经过当庭出示、辨认、质证等法庭调查程序查证。

当庭调查技术侦查证据材料可能危及有关人员的人身安全，或者可能产生其他严重后果的，法庭应当采取不暴露有关人员身份和技术侦查措施使用的技术设备、技术方法等保护措施。必要时，审判人员可以在庭外对证据进行核实。

20.办理信息网络犯罪案件，对于数量特别众多且具有同类性质、特征或者功能的物证、书证、证人证言、被害人陈述、视听资料、电子数据等证据材料，确因客观条件限制无法逐一收集的，应当按照一定比例或者数量选取证据，并对选取情况作出说明和论证。

人民检察院、人民法院应当重点审查证方法、过程是否科学。经审查认为取证不科学的，应当由原取证机关作出补充说明或者重新取证。

人民检察院、人民法院应当结合其他证据材料，以及犯罪嫌疑人、被告人及其辩护人所提辩解、辩护意见，审查认定取得的证据。经审查，对相关事实不能排除合理怀疑的，应当作出有利于犯罪嫌疑人、被告人的认定。

21.对于涉案人数特别众多的信息网络犯罪案件，确因客观条件限制无法收集证据逐一证明、逐人核实涉案账户的资金来源，但根据银行账户、非银行支付账户等交易记录和其他证据材料，足以认定有关账户主要用于接收、流转涉案资金的，可以按照该账户接收的资金数额认定犯罪数额，但犯罪嫌疑人、被告人能够作出合理说明的除外。案外人提出异议的，应当依法审查。

22.办理信息网络犯罪案件,应当依法及时查封、扣押、冻结涉案财物,督促涉案人员退赃退赔,及时追赃挽损。

公安机关应当全面收集证明涉案财物性质、权属情况、依法应予追缴、没收或者责令退赔的证据材料，在移送审查起诉时随案移送并作出说明。其中，涉案财物需要返还被害人的，应当尽可能查明被害人损失情况。人民检察院应当对涉案财物的证据材料进行审查，在提起公诉时提出处理意见。人民法院应当依法作出判决，对涉案财物作出处理。

对应当返还被害人的合法财产，权属明确的，应当依法及时返还；权属不明的，应当在人民法院判决、裁定生效后，按比例返还被害人，但已获退赔的部分应予扣除。

23.本意见自 2022 年 9 月 1 日起施行。《最高人民法院、最高人民检察院、公安部关于办理网络犯罪案件适用刑事诉讼程序若干问题的意见》（公通字〔2014〕10 号）同时废止。

21.最高人民法院、最高人民检察院、公安部《关于依法惩治招摇撞骗等违法犯罪行为的指导意见》公通字〔2021〕21 号（2021 年 12 月 16 日）（具体见第二百七十九条）

二、冒充党和国家领导人或者其他领导干部的亲属、身边工作人员，骗取公私财物，符合《刑法》第二百六十六条规定的，以诈骗罪定罪处罚；诈骗数额接近"数额巨大""数额特别巨大"的标准，并且严重损害国家机关、军队形象和威信或者诈骗手段恶劣、造成其他严重后果的，应当分别认定为《刑法》第二百六十六条规定的"其他严重情节""其他特别严重情节"。

三、伪造党和国家领导人或者其他领导干部的题词、书法、绘画或者合影照片、音频、视频等，骗取公私财物，符合《刑法》第二百六十六条规定的，以诈骗罪定罪处罚。

（附参考）1.浙江省高级人民法院、浙江省人民检察院《关于我省执行诈骗罪"数额较大""数额巨大""数额特别巨大"标准的意见》浙高法〔2013〕257号

根据最高人民法院、最高人民检察院《关于办理诈骗刑事案件具体应用法律若干问题的解释》规定，结合我省经济社会发展和治安状况，现将我省办理诈骗罪执行的具体数额标准确定如下：

诈骗公私财物价值人民币六千元以上不满十万元的、十万元以上不满五十万元的、五十万元以上的，应当分别认定为《刑法》第二百六十六条规定的"数额较大""数额巨大""数额特别巨大"。

2.浙江省高级人民法院刑事审判庭《关于执行刑法若干问题具体意见》浙法刑〔1999〕1号

43.使用伪造的身份证或者使用他人的身份证并冒用他人名义或者雇用他人使用该人的身份证购买移动电话进行使用，造成话费损失数额较大的，以诈骗罪定罪处罚。

44.出售伪造的电话磁卡诈骗公私财物，数额较大的，以诈骗罪定罪处罚。

70.诈骗增值税专用发票或者可以用于骗取出口退税、抵扣税款的其他发票五十份以上，属于诈骗"数额较大"；诈骗五百份以上，属于诈骗"数额巨大"。

3.浙江省高级人民法院、浙江省人民检察院、浙江省公安厅《关于抢劫、盗窃、诈骗、抢夺借据、欠条等借款凭证是否构成犯罪的意见》浙高法〔2002〕10 号（见第二百六十三条）

4.浙江省高级人民法院刑二庭《关于印发〈全省法院经济犯罪疑难问题研讨会纪要〉

的通知》浙高法刑二〔2005〕1 号

二十二、盗窃罪与诈骗罪（被骗人即财产转移人与被害人不同一时）的界定

诈骗通常表现为，行为人向被害人实施欺骗行为，被害人产生认识错误进而处分自己占有的财产，最后导致财产损失。受骗人与被害人在这种场合具有同一性，但是在诈骗罪中，也存在受骗人与被害人不是同一人的现象。在这种场合下不仅要求财产转移人与受骗人是同一人，而且要求实际的财产转移人具有转移被害人财产的权限或者处于可以转移被害人财产的地位。如果受骗人没有转移财产的权限与地位，行为人的行为则可能符合盗窃罪的特征，从而构成盗窃罪。转移被害人财产的权限或地位，不仅包括法律上的权限或地位，也包括事实上的权限或地位，是否具有事实上转移被害人财产的权限和地位，应根据有无委托、是否财物的占有者及社会认可的一般观念等因素综合判定。

5.浙江省高级人民法院、浙江省人民检察院《关于办理虚假诉讼刑事案件具体适用法律的指导意见》浙高法〔2010〕207 号

六、以非法占有为目的，进行虚假诉讼，骗取公私财物的，按照《刑法》第二百六十六条诈骗罪处理。

6.浙江省高级人民法院《关于印发〈全省法院刑事审判疑难问题研讨会纪要〉的通知》浙高法〔2012〕47 号

十、关于以租车典当或抵押借款等手段骗取他人财物行为的定性

行为人以租赁的形式取得汽车，后采取将汽车典当或抵押等非法手段骗取他人提供借款的行为，是否构成合同诈骗罪，不能仅凭合同的形式加以判定。行为人虽具有以合同的方式骗取他人车辆的表象，但其实施的犯罪行为主要侵犯他人财产所有权而非扰乱市场经济秩序的，不符合合同诈骗罪的本质特征，对此类行为宜以诈骗罪定性处罚。

7.浙江省高级人民法院、浙江省人民检察院、浙江省公安厅《关于办理"六合彩"赌博案件的若干意见》浙公发〔2004〕7 号

三、对以非法占有他人财物为目的，以"六合彩"赌博活动为诱饵，收取投注款后携款逃跑的，依照《刑法》第二百六十六条之规定，以诈骗罪论处。但对收受他人投注后因被司法机关查处或因赔率问题无力支付而携款逃跑的，不以诈骗罪论，应仍以赌博罪论处。

8.宁波市中级人民法院、宁波市人民检察院、宁波市公安局《关于运输过程中非法占有运输物品案件适用法律问题的意见》甬公通字〔2009〕172 号

二、承运人在交货时截留所运货物，非法占有，数额较大的，按照《刑法》第二百六十四条的规定，以盗窃罪定罪处罚。

承运人弄虚作假，以"增加空车自重"等手段非法占有货物，数额较大的，按照《刑法》第二百六十六条的规定，以诈骗罪定罪处罚。

9.浙江省高级人民法院、浙江省人民检察院、浙江省公安厅《关于办理偷逃高速公路车辆通行费、盗窃高速公路交通设施等刑事案件具体适用法律若干问题的意见》浙公通字〔2010〕78 号

为依法惩处偷逃高速公路车辆通行费、盗窃高速公路交通设施等违法犯罪活动，根据《刑法》和有关司法解释的规定，结合我省实际，制定如下意见。

一、有下列情形之一，偷逃高速公路车辆通行费，数额较大的，依照《刑法》第二百六十六条的规定，以诈骗罪定罪处罚：

（一）使用伪造、盗窃、买卖或者他人非法提供的武装部队车辆号牌；

（二）采用调换车辆通行卡等方法减少实际通行计费里程；

（三）使用伪造、变造的车辆通行卡支付；

（四）使用伪造、变造、盗窃的其他车辆交费优惠证明；

（五）假冒绿色通道免费车辆；

（六）采用影响计重的方式，隐瞒车辆实际载重；

（七）采用其他手段偷逃高速公路车辆通行费。

同时具有上述所列两项以上行为的，诈骗数额应当累计计算。

使用伪造、盗窃、买卖或者他人非法提供的武装部队车辆号牌，偷逃高速公路车辆通行费，同时构成伪造、盗窃、买卖、非法使用武装部队专用标志犯罪和诈骗犯罪的，依照《刑法》处罚较重的规定定罪处罚。

五、本意见自下发之日起执行。如有新的规定，以新的规定为准。执行中遇有问题，请及时报告。

10. 浙江省高级人民法院、浙江省人民检察院、浙江省公安厅《关于办理"电商代运营"诈骗案件适用法律若干问题的会议纪要》浙公通字〔2017〕84号（见第二百二十四条）

11. 浙江省高级人民法院、浙江省人民检察院、浙江省公安厅《关于办理"套路贷"刑事案件的指导意见》浙公通字〔2018〕25号

为依法惩治"套路贷"犯罪活动，保护公民、法人和其他组织的合法权益，维护社会秩序，根据《中华人民共和国刑法》《中华人民共和国刑事诉讼法》、两高两部《关于办理黑恶势力犯罪案件若干问题的指导意见》等法律和有关司法解释规定，结合本省工作实际，制定本意见。

一、总体要求

近年来，假借民间借贷之名，通过"虚增债务""签订虚假借款协议""制造资金走账流水""肆意认定违约""转单平账"等方式，采用欺骗、胁迫、滋扰、纠缠、非法拘禁、敲诈勒索、虚假诉讼等手段，非法占有公私财物的"套路贷"犯罪日益猖獗，此类犯罪严重侵害人民群众财产安全和其他合法权益，严重扰乱金融市场秩序，严重妨害司法公正，严重影响人民群众安全感和社会和谐稳定，社会危害性大，人民群众反映强烈。

各级人民法院、人民检察院、公安机关要对"套路贷"犯罪坚持全链条全方位打击，坚持依法从重惩处，坚持最大限度追赃挽损，进一步健全工作机制，坚决有效遏制"套路贷"犯罪活动，努力实现法律效果、社会效果统一。公安机关要依法及时受案、立案和开展侦查工作，对符合移诉条件的一律移送起诉；检察机关在审查逮捕和审查起诉过程中，要严格依法审查，从严掌握不捕和不起诉适用条件，对符合起诉条件的，及时依法提起公诉；法院要坚持依法从重惩处，从严掌握缓刑适用条件，注重利用财产刑及涉案财物处置打击"套路贷"犯罪的经济基础。

二、案件定性

（一）对"套路贷"刑事案件的定性，要结合案件的本质特征从整体把握，"套路贷"犯罪的主观目的是非法占有公私财物，部分犯罪主体带有黑恶团伙性质。

（二）犯罪嫌疑人、被告人以"违约金""保证金""中介费""服务费""行业规矩"等各种名义骗取被害人签订虚高借款合同、阴阳借款合同、房产抵押合同等明显不利于被害人的各类合同或者与被害人进行相关口头约定，制造资金给付凭证或证据，制造各种借口单方面认定被害人"违约"并要求"偿还"虚高借款，在被害人无力"偿还"的情况下，进而通过讨债或者利用其制造的明显不利于被害人的证据向法院提起民事诉讼等各种手段向被害人或其近亲属施压，以实现侵占被害人或其近亲属合法财产的目的，一般情况下应当以侵犯财产类犯罪定罪处罚。对实施上述"套路贷"行为的，可参照以下情形加以认定：

1.犯罪嫌疑人、被告人实施"套路贷"犯罪时，未采用明显暴力或者威胁手段，被害人依约定交付资金的，则犯罪嫌疑人、被告人的行为从整体上属于以非法占有为目的，虚构事实、隐瞒真相骗取被害人财产的诈骗行为，一般可以诈骗罪追究刑事责任。

2.犯罪嫌疑人、被告人实施"套路贷"犯罪时，既采用了虚构事实、隐瞒真相的诈骗手段，又采用了暴力、威胁、虚假诉讼等手段，同时构成诈骗、抢劫、敲诈勒索、非法拘禁、虚假诉讼等多种犯罪的，依据《刑法》的规定数罪并罚或者按照处罚较重的定罪处罚。暴力手段包括但不限于所谓的"谈判""协商""调解"以及滋扰、纠缠、哄闹、聚众造势等使被害人产生心理恐惧或心理强制等"软暴力"手段。

（三）在"套路贷"犯罪案件中，相关犯罪嫌疑人、被告人不明知真实借贷情况，帮助实施故意伤害、非法拘禁或者滋扰被害人及其近亲属正常生活行为，或者帮助捏造事实提起民事诉讼，符合故意伤害罪、非法拘禁罪、寻衅滋事罪、非法侵入他人住宅罪、虚假诉讼罪的构成要件的，对该部分犯罪嫌疑人、被告人以相关罪名追究刑事责任。

三、共同犯罪认定

（一）多人共同实施"套路贷"犯罪，犯罪嫌疑人、被告人应对其参与的或组织、指挥的全部犯罪行为承担刑事责任。在其所参与的犯罪环节中起主要作用的，可以认定为主犯；起次要或辅助作用的，可以认定为从犯。

有证据证明三人以上组成较为严密和固定的犯罪组织，有预谋、有计划地实施"套路贷"犯罪，已经形成犯罪集团的，应当认定为犯罪集团，对首要分子，应当按照集团所犯的全部罪行处罚。

（二）明知他人实施"套路贷"犯罪的，具有以下情形之一的，以共同犯罪论处，但法律和司法解释另有规定的除外：

1.协助制造现金支付、银行走账记录、第三方支付记录等虚假给付事实；

2.协助办理司法公证的；

3.提供资金、场所、交通等帮助的；

4.协助以虚假事实提起民事诉讼的；

5.非法出售、提供公民个人信息的；

6.帮助、掩饰、隐瞒转移犯罪所得及其产生收益，套现、取现的；

7.中介人员长期参与"套路贷"犯罪活动的；

8.其他符合共同犯罪的情形。

上述规定的"明知他人实施'套路贷'犯罪"，应当结合被告人的认知能力、既往经历、行为次数和手段、与他人关系、获利情况、是否因"套路贷"犯罪受过处罚、是否故意规避调查等主客观因素进行综合分析认定。

四、犯罪数额认定和涉案财物处理

（一）在"套路贷"犯罪数额的认定上，要把握"套路贷"行为的犯罪本质，将其与民间借贷区别开来，从整体上对其予以否定性评价。除了被害人实际收到的本金外，虚高的本金、双方约定的利息以及被告人在借贷过程中以"违约金""保证金""中介费""服务费"等名义收取的费用均应作为犯罪数额予以认定。

（二）犯罪嫌疑人、被告人已将违法所得财物用于清偿债务或者转让给他人，具有下列情形之一的，应当依法追缴：

1.对方明知是违法所得财物而收取的；

2.对方无偿取得违法所得财物的；

3.对方以明显低于市场的价格取得违法所得财物的；

4.对方取得违法所得财物系源于非法债务或者违法犯罪活动的。

12.浙江省高级人民法院、浙江省人民检察院、浙江省公安厅《电信网络诈骗犯罪案件证据收集审查判断工作指引》浙检发诉三字〔2018〕6号

为提高电信网络诈骗犯罪案件办案质量，根据相关法律及司法解释规定，结合我省实际，制定本指引。

一、一般规定

第一条　本指引所称的电信网络诈骗犯罪，是指犯罪分子以电信通讯、互联网等技术手段为传播方式或媒介，对被害人发布虚假信息或设置骗局，诱使被害人给付钱财或网络转账而遭受损失的犯罪行为。

第二条　证明电信网络诈骗犯罪嫌疑人、被告人身份情况的证据除身份证，户籍证明等材料外，还应当调取犯罪嫌疑人、被告人的虚拟身份信息，包括网络注册信息身份认证信息、网络社区登录密码等。

第三条　认定犯罪嫌疑人、被告人网络身份与现实身份的同一性，可通过核查相关IP地址、网络活动记录、上网终端归属、相关证人证言以及犯罪嫌疑人、被告人供述和辩解等进行综合判断。

第四条　认定电信网络诈骗犯罪主观故意的主要证据是书证、电子证据、证人证言、犯罪嫌疑人、被告人的供述和辩解及其他有助于判断主观故意的材料。

第五条　电信网络诈骗犯罪主观故意中的"明知"是指行为人知道或应当知道其实施的行为系诈骗犯罪。具有下列身份或行为已被查证属实，且犯罪嫌疑人、被告人不能作出合理解释，可以认定其主观故意为"明知"，确有证据证明犯罪嫌疑人、被告人不知道其行为系诈骗除外：

（一）行为人系诈骗团伙发起股东、业务主管或小组长的；

（二）行为人系诈骗软件、网站、支付链接的研发、销售提供者、技术支持者或维护者，诈骗话术剧本编写者或诈骗技能培训者

（三）行为人具有电信网络诈骗前科劣迹的；

（四）拨打电话时冒充国家工作人员、企事业单位人员等非真实身份的；

（五）将电话号码使用改号软件进行更改后拨打电话的；

（六）现场查扣到伪基站、改号软件等诈骗设备或工具，或查扣到超过正常数量的非本人名下通讯工具、手机卡或资金支付结算账户，银行卡的；

（七）在行为人实际控制的车辆、住所或随身查获正在发送诈骗信息的伪基站、猫池、电脑、手机等电子设备的；

（八）仅从事拨打电话、发送短信或发布虚假广告等行为而获取不同寻常的高额或者不等值报酬的；

（九）行为人知晓所在公司因诈骗客户被处罚或有同类从业者因诈骗被刑罚而导致公司更名后继续经营相同业务，仍在该公司工作的；

（十）从事诈骗营销推广、销售或善后业务，入职工作时间在二个月以上的；

（十一）多次参加交流诈骗经营模式、引诱增加被骗客户、赃款赃物洗钱、处理投诉、善后安抚被害人的业务会议、培训的；

（十二）公安机关抓捕时试图毁坏电脑、U盘等存储介质，或试图进行格式化等删除操作，在存储介质中提取到话术剧本、交易信息、资金往来、客户信息、财务报表等电子数据的；

（十三）其他足以认定行为人主观上明知其行为是诈骗的情形。

第六条　证明诈骗团伙的普通成员主观明知是诈骗行为的，应当结合书证（包括但不限于业绩单、话术剧本，培训记录、座谈会记录、工作日记）、电子数据（包括但不限于短信记录、网络聊天记录）、证人证言，同案犯的指认及犯罪嫌疑人、被告人供述等证据综合认定。

证明诈骗团伙成员是"明知他人实施电信网络诈骗犯罪"而提供帮助的，应当结合犯罪嫌疑人、被告人的认知能力、既往经历、行为次数和手段，与电信网络诈骗犯罪实施者之间的关系，获利情况，是否曾因电信网络诈骗受过处罚，是否故意规避调查等主客观因素进行综合分析认定。

第七条　证明诈骗团伙成员主观明知从事诈骗行为的时间点，要遵循严格的证明标准，坚持"事实清楚，证据确实充分，排除合理怀疑"的证明要求。

犯罪嫌疑人、被告人供述主观明知从事诈骗行为的时间，且得到其他证据印证；或多次确认过主观明知从事诈骗行为的时间点，后来翻供否认，但不能合理说明翻供原因或者其辩解与其他证据相矛盾的，应当采信其原有能得到其他证据印证的供述，或其多次确认的供述。

第八条　证明电信网络诈骗犯罪客观方面的主要证据有：

（一）物证及照片，包括电脑、服务器、伪基站设备、改号软件设备、手机、座机等实物及照片；

（二）书证，主要有：

1.证明诈骗团伙发起成立的书证，如公司注册登记材料、公司章程、营业执照、合伙协议、股东名册等；

2.证明诈骑行为实施的书证，如诈骗话术剧本、招募他人实施电信网络诈骗犯罪活动的材料，会议记录、虚假广告信息、手机通话记录、短信记录、微信、QQ等聊天记录，以及术语清单、托运单、仓单、货单、邮寄单等；

3.证明网络运营的书证，如网站服务器运营协议、租赁协议网络经营许可证、网信部门出具的关于IP地址说明、云服务器分布点的证明材料；

4.证明诈骗赃款资金往来的书证，如银行支付凭证、网络转账记录、账户交易明细、现金收支凭证等；

5.证明诈骗赃款分成的书证，如考勤表、工资表、业绩单等；

（三）报案记录、投诉记录、投案记录、破案报告等能证明案情及相关情况的书面材料；

（四）涉案银行卡、资金支付结算账户、诈骗设备工具及其他涉案物品的扣押清单；

（五）证人证言，包括侦查人员的证言以及技术专家对电信网络信息等专业性问题所作的情况说明；

（六）被害人陈述；

（七）犯罪嫌疑人、被告人的供述和辩解；

（八）辨认笔录、指认笔录及其照片，包括但不限于犯罪嫌疑人之间的辨认和犯罪嫌疑人对涉案账户、诈骗设备工具的指认情况；

（九）现场勘验、检查笔录及照片、录像、现场制图，包括对远程勘验及对人身，物品的检查笔录；

（十）视听资料，包括监控视频，录音、录像光盘等；

（十一）电子数据，包括"木马"程序、"钓鱼软件"、电子邮件、网络聊天记录、手机数据、电子签名等；

（十二）其他能证明电信网络诈骗犯罪客观方面的证据。

第九条　侦查机关应当出具由两名侦查人员署名并加盖侦查机关印章的案件侦破经过说明。

案件侦破经过说明应当详细写明案件来源情况、确定犯罪嫌疑人及侦破案件的方法和过程，以及犯罪嫌疑人到案时间、地点、经过及到案顺序等内容。

对于通过秘密侦查，技术侦查手段侦破的案件，有关秘密侦查、技术侦查材料，侦查机关应当归入保密卷随案移送检察机关、审判机关认为有必要就秘密侦查、技术侦查情况作出说明的，侦查机关应当单独提供书面说明材料。

第十条　犯罪嫌疑人、被告人自首的，检察机关、审判机关应当审查其投案经过以及是否在规定期限内投案。

犯罪嫌疑人，被告人检举揭发他人违法犯罪情况，特别是愿意积极协助抓获电信网络诈骗主犯的，侦查机关应当积极侦查核实。

第十一条　对未成年犯罪嫌疑人、被害人进行讯问、询问的，应当按照刑事诉讼法中特别程序的相关规定执行。

第十二条　办案人员应当加强对物证、书证、电子数据等客观性证据的收集、固定、挖掘与审查、判断、运用。

第十三条　严格遵循法定程序收集、提取和固定证据。经检察机关、审判机关审查或审理，确认或不能排除存在非法取证情形的，对有关非法证据应当予以排除。

二、电信网络诈骗犯罪案件中各类证据的收集、审查、判断

（一）物证、书证

第十四条　提取、扣押物证、书证的侦查人员不得少于二人，并应持有相关法律文书及侦查人员工作证件。对于提取、扣押的物证、书证应当会同在场见证人和被提取、扣押物证的持有人进行查点确认，当场开列扣押物品清单，写明物品的名称、编号规格、数量、特征及来源，由侦查人员、见证人和持有人签名或者盖章，必要时以拍照、录像固定。

第十五条　对有条件提取的原始储存介质，应当进行扣押并封存，确保在不解除原始封存状态下，无法对储存介质内的数据进行增加、删除、修改。

第十六条　侦查机关调取银行交易记录、支付转账记录、通话通信记录，一般应当加盖书证出具单位印章；从公安机关入驻的反诈中心内银行调取的交易记录，加盖反诈中心印章或银行专用业务印章的可以作为书证使用；从银行调取的电子数据，可以在调取证据通知书回执上注明文件大小、文件名称、最后修改时间等信息。对于涉案的银行卡、支付宝、财付通等支付结算工具内的资金，应当及时查询、冻结、止付。

第十七条　侦查机关提取通话记录，应当有通讯双方号码主叫被叫、通话时长，通话时间等信息；提取转账交易记录，应当有交易双方账号、交易金额、交易时间等信息；提取网络聊天记录，应当有聊天者虚拟身份、时间以及传输文件等信息。

第十八条　重视物证、书证在定罪体系中的证明作用，特别注重运用经营账本、财务报表、业绩表单、银行记录、书面合同、话术资料、会议记录、通讯记录等书证来证明犯

罪。注重审查用于记录犯罪数额、分赃数额的账本、业绩表等是否与犯罪嫌疑人、被告人供述、转账记录、电子数据等证据相印证。

（二）勘验、检查、搜查、辨认笔录

第十九条　侦查机关在诈骗活动场所抓获犯罪嫌疑人的，应当注重保护现场证据，对现场进行勘验、检查，制作勘验、检查笔录时，有条件的应当进行同步录音录像。侦查机关对犯罪所用的服务器进行网络远程勘验、检查时，有条件的应当进行同步录音录像。

第二十条　现场提取的物证、书证应当在现场勘验、检查笔录中有反映并附有扣押物品清单、照片；从犯罪嫌疑人随身、住处或其供述、指认的场所发现并提取的物证、书证以及从第三人处提取的物证、书证均应当附有人身检查笔录、搜查笔录、辨认笔录并附扣押物品清单、照片。

扣押物品清单应当详细记录被扣押物品的名称、规格、数量特征及来源等，并由侦查人员、物品持有人和见证人签名或者盖章。

第二十一条　侦查机关在对犯罪嫌疑人的身体、物品、处所和其他有关地方进行搜查时，应持搜查证。在搜查中应全面、细致、及时提取、扣押可疑的物证、书证，并制作搜查笔录，由侦查人员、被搜查人员或其家属、邻居或者其他见证人签名或者盖章，对与案件无关的物品应及时发还。

（三）电子数据

第二十二条　收集、提取、保存电子数据，应当由两名以上具备相关专业知识的侦查人员依照相关技术标准进行提取，并制作提取笔录、清单。提取笔录、清单应当注明电子数据的名称、类别、文件格式，并由侦查人员、数据持有人签名或盖章。数据持有人无法签名或者拒绝签名的，应当在笔录中注明，由见证人签名或者盖章。没有符合条件的人员担任见证人的，应当在笔录中注明，并对相关活动进行录像。

第二十三条　对原始存储介质进行电子数据检查时，应当对原始存储介质拆封过程进行录像，并通过写保护设备接入到检查设备，制作电子数据备份，同时计算电子数据的完整性校验值。

第二十四条　应当及时对被扣押的手机、电脑及其他技术设备等存储介质提取与案件有关的电子数据，包括短信、图片、微信、QQ聊天记录、通话记录，支付宝、财付通、网银等交易记录网站页面、IP地址、MAC地址、上网记录、电子邮件、电子账册等数据。对案件定罪量刑起关键作用的录音包等录音内容，应当转化为一定的媒介储存在案。

第二十五条　原始存储介质不便提取、扣押、封存的，应及时提取原始存储介质内的涉案电子数据，并注明原始存储介质存放地点、不能提取、扣押的原因。

对于原始存储介质位于境外或远程计算机信息系统上的涉案电子数据，可以通过网络在线提取电子数据，应当注明网络在线提取电子数据情况以及电子数据来源的真实性。

通过数据恢复，破解等技术方式获取被存储介质内被删除、隐藏或者加密的电子数据，应当对恢复、破解过程和方法作出说明。

案件初查过程中收集，提取、封存的电子数据，可以作为诉讼证据使用。

第二十六条　在无法封存、无法备份或无法使用写保护设备等可能导致电子数据被增加、删除、修改的情况下，一般应当对存储介质进行扣押、电子数据进行提取以及电子设备、电子数据进行指认等过程进行录音录像。但犯罪嫌疑人正在销毁电子数据或犯罪用电脑装有还原精灵、启动U盘等情况，侦查员来不及录音录像，或者来不及等到专业人员到场进行现场勘查，搜集到的电子数据，应出具证据来源说明。

第二十七条　向电商平台等数据提供者调取电子数据时，应当向数据提供者详细说明需要调取的电子数据的起始时间、格式种类等限定条件。电子数据涉及云服务器的，应调取云服务器分布点的相关明材料。

第二十八条　侦查机关、检察机关、审判机关可以在专业技术人员的辅助下对电子数据进行筛查或统计，增强庭审环节示证、质证的针对性。

专业技术人员辅助对电子数据进行筛查或统计的，应当说明筛查的原理，并将专业技术人员的身份、职称、专业背景、联系方式等情况附卷。

对电子数据涉及的专门性问题难以确定的，由司法鉴定机构出具鉴定意见，或者由公安部指定的机构出具检验报告。

第二十九条　对同一事项存在多份鉴定意见、检验报告，且鉴定意见、检验报告之间内容差异较大的；对鉴定意见或检验报告中检材的可鉴定条件、鉴定依据、论证分析过程有较大争议的；对鉴定或检验过程的合法性有异议的；控辩双方认为有必要申请鉴定人或有专门知识的人出庭的，审判机关应当通知鉴定人或有专门知识的人出庭作证。

第三十条　鉴定人或有专门知识的人有正当理由不能出庭的，审判机关可以根据情况决定延期审理。经审判机关通知，鉴定人拒不出庭的，鉴定意见不得作为定案的依据。有专门知识的人当庭对鉴定意见提出质疑，鉴定人能够做出合理解释，并与相关证据印证的，可以采信鉴定意见；不能做出合理解释，无法确定鉴定意见可靠性的，有关鉴定意见不能作为定案依据。

第三十一条　检察机关、审判机关审查电子数据，应当结合案件其他证据，按照最高人民法院、最高人民检察院、公安部《关于办理刑事案件收集提取和审查判断电子数据若干问题的规定》第二十二至二十四条规定的方式审查其真实性完整性和合法性。

第三十二条　电子数据收集、提取程序存在瑕疵，经补正或者作出合理解释的，可以采用；不能补正或者作出合理解释的，不得作为定案的依据。

检察机关、审判机关经审查确认电子数据有增加、删除、修改等情形，不能确定电子数据真实性，或电子数据系篡改、伪造，无法确定真伪的，不得作为定案的依据。

（四）被害人陈述

第三十三条　询问被害人，应当记录以下信息：

（一）被害人身份。包括自然身份信息和网络虚拟身份信息重点查明是否为残疾人、老年人、未成年人、在校学生、丧失劳动能力的人或者重病患者的亲属；

（二）报案的情况。未报案的，询问未报案的原因；报过案的，应当调取之前的报案记录，也可重新制作报案笔录并注明之前报案情况；

（三）被骗的经过。包括被害人被骗的始末、交流沟通、心理变化及遭受损失的经过、涉及网络通讯工具、网页网址信息支付结算工具以及是否造成被害人及其近亲属自杀、死亡或者精神失常后果等情况。有条件的，应当让被害人操作演示被骗经过并进行拍照或录像固定；由侦查人员操作被骗流程的，应当将流程经过交被害人核实。

被害人为外国籍的，应审查被害人身份信息、笔录内容的原件及翻译件、翻译人员信息等是否完备。

第三十四条　被害人数量在百人以内的，应当对所有被害人进行调查核实，并制作笔录。确因客观原因无法联系上被害人，或被害人拒绝作证的，应当记录在案。

第三十五条　被害人数量超过百人，且书证、电子证据等证据充足，已能查明各犯罪嫌疑人的诈骗行为、诈骗数额等犯罪事实，对被害人进行抽样取证不影响对各犯罪嫌疑人具体行为及诈骗数额的认定的，可以进行抽样取证。但因物证、书证、电子数据等客观性证据不充足，只能依靠被害人陈述来认定诈骗金额的案件除外。

对于只能依靠被害人陈述认定诈骗金额的案件，应当根据网上投诉记录、聊天记录、交易记录、财务记录等信息尽可能寻找并联系被害人进行调查取证。

第三十六条　对被害人进行抽样取证，应该重点选取被骗资金量大、空间距离相对较近、被害特殊群体、已经报案或涉案方法有代表性的被害人作为证据样本。

侦查机关应当对被害人数量抽样情况进行详细论证和说明检察机关、审判机关审查认为抽样情况不具有科学性、代表性或全面性的，可以要求侦查机关进行补充取证，涉及案件定罪量刑的，侦查机关应当补充取证。

第三十七条　制作被害人陈述，侦查机关可以设置和使用询问模板，但制作抽样取证的被害人陈述除外。

被害人不愿配合侦查机关制作询问笔录的，可要求被害人以自书材料的形式提供陈述。侦查人员应当将自书材料的格式告知被害人，并告知被害人在诉讼中的权利和义务，被害人应当在自书材料上逐页签字、捺印。

侦查机关收到被害人自书材料后，应当在首页右上方写明"于某年某月某日收到"并签名。合法的被害人自书材料应当作为诉讼证据使用。

第三十八条　制作被害人陈述，应当在法律规定的地点进行。采用异地协查方式取证的，侦查机关应当向异地公安机关提供被询问人身份情况、询问提纲或询问模板，并附上工作过程说明。

第三十九条　远程询问被害人的，应当按照最高人民法院最高人民检察院、公安部《关于办理网络犯罪案件适用刑事诉讼程序若干问题的意见》相关规定进行。

第四十条　被害人能提供相关被害证明材料的，侦查人员应当记录并调取作为诉讼证据使用。被害人陈述提供证据线索的，侦查机关应当根据线索挖掘、收集、调取、扣押相关涉案的物证书证、电子数据等。

第四十一条　被相同诈骗模式欺骗的被害人无法提供与被诈骗时相关的网站、链接等证明材料的，在其有详细被骗陈述之后可将同案已经报案的其他被害人陈述的上述证明材料交由该被害人阅看、确认、核实。

（五）犯罪嫌疑人、被告人的供述或辩解

第四十二条　犯罪嫌疑人被刑事拘留后，应当立即送看守所羁押，至迟不得超过24小时。非出于指认犯罪现场、追缴赃款物等办案需要，不得将犯罪嫌疑人提押出所。

第四十三条　讯问犯罪嫌疑人，应当完整地讯问并记录以下信息：

（一）犯罪嫌疑人姓名、年龄、民族、籍贯、职业、户籍、住址、身份证号码等信息；

（二）犯罪嫌疑人持有使用的QQ、微信、陌陌、财付通、支付宝、微博等社交软件工具的账号、昵称、密码等虚拟身份信息；

（三）犯罪嫌疑人前科、家庭成员、犯罪时的住址、工作单位，有无信息技术知识背景，是否属于专业人员网络犯罪等情况；

（四）犯罪嫌疑人在网络活动中使用过的作案工具，包括电脑、手机等硬件设备；利用第三方网络平台或通过第三方服务器自行建立的网络平台；网络社交软件工具QQ，微信微博、陌陌、阿里旺旺、Twitter、Facebook、直播平台等；网络快捷支付工具支付宝、财付通、ApplePay、网银账户等；

（五）犯罪嫌疑人实施诈骗犯罪的经过、主观明知的起始时间、获取、占有财物的方式、资金流向、收入提成情况等。有条件的，应当让犯罪嫌疑人操作演示作案经过并进行录像或截图保存；由侦查人员操作的，应当将操作经过交犯罪嫌疑人核对确认对于共同犯罪的案件，应当讯问并记录犯罪嫌疑人与其他同案犯各自在共同犯罪中所处的地位和作用情况、共谋和联络情况、作案方式情况、分工协作情况、分提成情况等。

第四十四条 犯罪嫌疑人提供证据线索的，侦查机关应当根据犯罪嫌疑人的供述及时挖掘和提取相关物证作案工具、书证、电子数据等材料。

第四十五条 对主要犯罪嫌疑人的讯问及指认犯罪现场、指认作案工具等侦查活动，侦查机关应当对此进行同步录音录像、拍照固定。

第四十六条 检察机关、审判机关应当重视对犯罪嫌疑人被告人供述或辩解的合法性审查、判断。犯罪嫌疑人、被告人提供侦查机关采取刑讯逼供等非法取证线索的、检察机关、审判机关应当予以调查核实。

（六）技术侦查措施

第四十七条 对于技术含量高、诈骗手段隐蔽、波及面广、社会影响大的严重危害社会的电信网络诈骗犯罪案件，确有必要依据《刑事诉讼法》第一百四十八条的规定采取技术侦查措施的，应当依法经过严格的批准手续。

第四十八条 侦查机关对电信网络诈骗犯罪案件采取技术侦查措施，应当注重监控犯罪与证据收集的同步性。

采取技术侦查措施收集的证据材料应标注密级独立成卷并随案移送，批准采取技术侦查措施的法律文书应体现技术侦查措施种类、适用对象和执行期限。

第四十九条 对犯罪嫌疑人采取监听措施的，将监听录音作为技术侦查证据材料使用的，侦查机关应当选取能够证明犯罪过程重要环节，核心事实，关键内容的监听录音，转换成书面材料，并标注重要内容的起止时间，由经办人签名并加盖印章，与同步录音光盘一并移送供检察机关、审判机关审查、判断。

第五十条 技术侦查证据材料，经当庭出示、辨认、质证等法庭调查程序查证属实的，可以作为定案根据。需要对技术侦查证据材料进行鉴定的，按照有关法律规定，指派或者委托有资质的机构进行。

第五十一条 对技术侦查证据材料当庭质证的，除司法机关工作人员、当事人和辩护律师外，其他诉讼参与人需要参加的应当签署保密承诺书，明确泄露技术侦查证据内容的法律责任经审判机关许可并通知，辩护律师、被告人参加技术侦查证据材料庭外核实的，也应签署保密承诺书，并另行向审判机关提交书面质证意见。

第五十二条 其他涉及技术侦查具体内容的，按照《关于刑事诉讼中技术侦查证据材料使用若干问题的指导意见》（浙高法〔2018〕45号）执行。

三、附则

第五十三条 本指引自下发之日起执行。法律、司法解释、上级有关规定另有规定的，按法律、司法解释、上级有关规定执行。

13. 浙江省高级人民法院、浙江省人民检察院、浙江省公安厅《关于办理"套路贷"相关刑事案件若干问题的纪要》浙高法〔2019〕117号

一、准确界定"套路贷"的构成要素

1.以非法占有为目的，假借民间借贷之名，以低息、无抵押、快速放贷等为诱饵，诱使或者迫使被害人签订"借贷"或变相"借贷"等相关协议，通过收取"家访费""调查费""保证金""中介费""行规费""安装费""利息""砍头息"等一种或者多种费用，虚增贷款金额、制造虚假给付痕迹、恶意制造认定违约、多平台借款平账、毁匿还款证据等一种或者多种方式设置"套路"形成虚假债权债务关系的，属于"套路贷"。

"套路贷"案件通常伴有非法讨债的情形，但不是"套路贷"的构成要素。"套路"多少不影响"套路贷"的认定。没有使用"套路"的，不属于"套路贷"。

二、准确把握"套路贷"的本质

2.以非法占有为目的，是"套路贷"的本质属性。在"套路贷"案件中，只要有"套路"，就可认定非法占有目的。

3.行为人收取名目繁多的费用，虚增贷款金额、故意设置不平等条款等明显不符合民间借贷习惯，无论对方是否明知，均不影响行为人非法占有目的的认定。

三、准确认定"套路贷"的行为性质

4.具备"套路贷"的构成要素，设置各种"套路"骗取他人财物的，以诈骗罪论处。

"套路贷"一般以合同形式表现，但不应以合同诈骗罪论处。诈骗不成，反被对方所骗的，不影响诈骗罪的认定。

四、准确区分一罪和数罪

5.实施"套路贷"过程中，行为人以非法占有为目的，虚构事实、隐瞒全部或者部分真相，通过诉讼、仲裁等手段，骗取他人财物的，以诈骗罪定罪处罚。

6.实施"套路贷"过程中，行为人针对同一人实施敲诈勒索、强迫交易、抢夺、抢劫、寻衅滋事等侵财型手段非法占有他人财物的，一般以牵连犯择一重罪处罚；针对不同人的，一般应数罪并罚。

7.实施"套路贷"过程中，行为人通过实施故意杀人、故意伤害、绑架、非法拘禁、寻衅滋事等非侵财型手段非法占有他人财物的，一般应数罪并罚。

五、准确认定共同犯罪

8.明知他人实施"套路贷"，帮助制定相关格式文本、传授如何制造虚假债务证据的方法或者提供其他帮助的，符合共同犯罪相关规定的，以诈骗罪共犯论处。

9.仅参与采用非法手段讨债或以虚假事实提起诉讼、仲裁，构成犯罪的，以其具体行为构成的相关犯罪论处。

六、准确认定犯罪数额及既未遂论处情形

10.在认定"套路贷"犯罪数额时，应准确把握"套路贷"犯罪非法占有他人财物的本质特征，予以整体否定性评价。

11.实施"套路贷"违法犯罪行为所产生的"利息""砍头息"，虽然表现形式是利息，但实质是以非法占有为目的，假借民间借贷之名所产生的违法犯罪所得，均应计入犯罪数额。

12."虚高债务"和以"利息""砍头息""保证金""中介费""家访费""调查费""服务费""安装费""违约金"等名目约定的费用，均应计入犯罪数额。已经被行为人实际占有的，以相关犯罪既遂论处；尚未实际占有的，可按相关犯罪未遂论处。

13.行为人实际给付的"本金"，应视为实施"套路贷"的犯罪工具予以没收或追缴，但不计入犯罪数额。

如果被害人从行为人处收到的"本金"数额大于其后来实际交给行为人"利息""费用"等累计的金额，则差额部分可以从被害人处追缴。在案件侦查过程中，公安机关应注重追缴差额部分。

如果行为人采用掩盖被害人已归还部分借款的事实，以借贷合同上借款金额提起诉讼、仲裁的，被害人已归还的部分借款金额应视为诈骗犯罪既遂的数额。借贷合同上借款金额不计入犯罪数额，但超过借贷合同金额的"利息"应当计入犯罪数额。如果行为人已经非法占有相应"利息"，则利息计入诈骗犯罪既遂数额；如果尚未非法占有相应"利息"，则"利息"计入诈骗未遂数额。

七、准确把握酌情从重处罚情节

14.行为人实施"套路贷"造成被害人或者特定关系人自杀、死亡、精神失常或为偿还虚高债务而实施违法犯罪活动等严重后果的，对行为人酌情从重处罚。

15.多个行为人实施"套路贷"造成同一被害人或特定关系人自杀、死亡、精神失常、为偿还虚高债务而实施违法犯罪活动等严重后果，若能确定具体行为人的，对相关行为人酌情从重处罚；若不能确定具体行为人的，对全部行为人酌情从重处罚。

八、坚决贯彻宽严相济刑事政策

16.在办理"套路贷"相关刑事案件过程中，坚决贯彻宽严相济刑事政策。对于"套路贷"涉黑恶案件，在侦查、起诉、审判、执行各阶段体现依法从严惩处精神。

对于"套路贷"相关犯罪的主犯、"保护伞"或采用虚假诉讼手段实施"套路贷"的，要从严惩处；对从犯、特别是被动参与"套路贷"犯罪、年纪较轻且犯罪情节较轻或认罪态度好的，要从宽处罚。

认罪认罚从宽处罚是宽严相济刑事政策的一个重要方面，认罪认罚一般应从宽处罚；但认罪认罚是否从宽及从宽的幅度要综合考量。

九、施行日期

17.本纪要自2019年7月24日起施行。

14.浙江省公安厅《"套路贷"案件证据标准指引》浙公通字〔2019〕46号（2019年8月30日）

"套路贷"案件一般经过"合同签订""发放贷款""履行合同""索取债务"等四个阶段。司法实践中，可以根据四个阶段的特点，依法、全面、及时收集固定相应证据。预备阶段相应行为，参照适用。

一、合同签订阶段

该阶段主要查明犯罪嫌疑人是否欺骗被害人签订虚高借款合同、阴阳借款合同（协议）等，是否具有非法占有他人财物的故意。

（一）犯罪嫌疑人供述和辩解

1.嫌疑人基本情况。

2.嫌疑人所在公司基本情况，包括但不限于：公司组织架构（包括临时雇佣、聘用人员）、经营模式（如公司名称、注册与否、业务范围、人员构成、公司地址、放贷资质等情况）；公司自成立以来的经营状况；公司有无"业务"外包（如有"外包"业务的，可按照上述指引查证"外包"公司基本情况）。

3.开展相关业务培训情况。

4.嫌疑人及其他公司人员具体分工、工资提成以及实施"套路贷"犯罪活动各自违法所得数额。

5.与被害人是否认识，如何结识（如通过微信、QQ、他人介绍或者其他方式）；有中间人介绍的，查明中间人、嫌疑人、被害人相互间的关系，以及中间人是否收取佣金、介绍费，通过何种渠道与嫌疑人开展业务（如QQ群、微信群、他人介绍等），是否存在长期或者固定的合作关系。

6.达成"借贷"情况（是被害人提出借贷要求，还是中间人撮合，或是嫌疑人主动物色）。

7.先前与被害人有无债务纠纷、其他个人纠纷等情况。

8.事先是否知道被害人借款用途，有无对被害人偿还能力、诚信情况（包括借贷人的姓名、住址、工作单位、动产、不动产、收入、婚姻、信用以及有无其他借贷、是否有赌博吸毒等情况）进行审查，如何审查。

9.借款有无格式合同，是否"阴阳合同"；合同条款由谁制定；如是格式合同，该合同条款由谁起草（有无专业法律人士草拟）；合同条款具体内容，包括借款人、借款数额、还款期限、约定利息、违约条款等。

10.借款内容是否真实，约定条款是否清楚、有无向被害人解释说明以及解释说明的程度。重点查明违约条款由谁约定、约定意图，如何认定被害人违约，以及约定时有无向被害人解释说明及解释说明的程度；是否存在刻意催促被害人浏览合同、刻意表示合同只是走形式、刻意模糊带过合同中违约条款等情形。

11.是否存在以"保证金""中介费""服务费""违约金""家访费"等各种名义收取的费用以及相关比例。

12.签订合同的具体过程，包括时间、地点、人员、方式、合同的份数以及合同由谁保管（"套路贷"犯罪中，往往借款合同仅有一份，并由贷款公司保管）。

13.是否要求被害人提供担保，担保人或者担保物情况，以及有无占有担保物；有无要求拍摄或提供裸照或者其他涉及个人隐秘部位的照片、视频，隐私照片、视频的拍摄目的、具体内容以及拍摄地点、时间及方式；是否要求被害人提供手机通讯录、微信通讯录，或是亲朋好友的联系方式等。

14.是否"家访"及其主要目的，重点查明"家访"是否流于形式，是否只是收取家访费的借口，或者是为了了解被害人情况，方便后期采取暴力或者"软暴力"手段索取债务；"家访"人员情况、时间、地点、方式及过程，以及签订房屋租赁合同、办理房产等不动产抵押或者安装车辆GPS及其相关情况。

（二）被害人陈述

1.被害人的基本情况。重点查明被害人生活经历、职业背景、借款用途等。

2.被害人与嫌疑人是否认识、如何结识。系原本认识的，查明相互间关系；系中间人介绍的，查明中间人与嫌疑人、被害人的关系，以及中间人是否收取佣金、介绍费等。

3.被害人先前与嫌疑人有无债务纠纷、其他个人纠纷等情况。

4.嫌疑人是否询问、了解被害人借款用途，有无对被害人偿还能力、诚信情况进行审查，如何审查。

5.借款有无格式合同，是否"阴阳"合同；合同具体约定内容，包括借款人、借款数额、还款期限、约定利息、违约条款（重点查明约定逾期未还款的利息及计算方法等）。

6.合同条款由谁制定，如是格式合同，该合同条款由谁起草。

7.是否存在以"保证金""中介费""服务费""违约金""家访费"等各种名义收取的费用以及相关比例。

8.签订合同的具体过程，包括时间、地点、人员、方式、合同的份数以及合同由谁保管。

9.借款内容是否真实，约定事项是否清楚，相关条款有无向被害人解释说明以及解释说明的程度。

10.由谁约定违约条款，约定违约条款的意图，有无向被害人解释说明以及解释说明的程度。

11.嫌疑人是否要求提供担保，担保人或者担保物情况，以及有无占有担保物；嫌疑人有无要求拍摄或提供裸照或者其他涉及个人隐秘部位的照片、视频；隐私照片、视频的拍摄目的、具体内容以及拍摄地点、拍摄或提供时间及方式等；有无签订长期低价房屋租赁合同、房屋抵押合同等涉及不动产处置协议及其相关情况。

12.是否"家访"及其主要目的，"家访"人员情况、时间、地点、方式等具体过程，以及签订房屋租赁合同、办理房产等不动产抵押或者安装车辆GPS及其相关情况。

（三）证人证言

除贷款公司一般工作人员以及其他知情人证言外，还要重点扩展至被害人所在楼栋、小区、单位、街道或村组，查证社会影响材料，收集知情人或群众对"套路贷"行为及其危害的观感、评价，有无对相关地域或者行业形成软、硬控制力和各方面群众反映等证据。

（四）物证、书证

1.贷款公司工商登记资料、公司财务账簿、内部培训资料、公司会议记录，公司和相关人员的电脑、优盘、硬盘、U盾，以及其他有关物证、书证等。

2.借款合同（协议）、借条、欠条、抵押质押合同等。

（五）勘验、检查笔录，鉴定意见、视听资料、电子数据及其他证据

主要是指相关人员QQ、微信、支付宝及其他社交媒体中的聊天记录、转账记录，对嫌疑人的辨认笔录以及相关社会面监控视频等。

二、发放贷款阶段

该阶段主要是查明嫌疑人是否通过制造银行走账流水痕迹，以各种理由要求被害人立即提现，并收取高额"保证金""手续费""服务费"等费用，致使实际借款金额与合同约定借款金额严重不符。

（一）犯罪嫌疑人供述和辩解

1.放款交易的场所、时间，放款账户性质（公司账户还是私人账户），以及放款金额的决定者；在银行走账、提现的整个过程以及来回乘坐的交通工具（颜色、车型、牌照等），有无其他参与人或知情人在场。

2.被害人实际取得借款数额，与合同内容或银行流水账单是否一致、为何不一致，以及被害人提现资金的流向。

3.向被害人收取相关费用的理由（如首期利息、"保证金""手续费""服务费""行业规定"等）、数额以及收取的实质原因（包括放款方确定收取费用数额的依据）。

（二）被害人陈述

1.放款交易的场所、时间，在银行走账、提现的整个过程，以及有无参与人或知情人在场等情况。

2.被害人实际取得借款数额，与合同内容或银行流水账单是否一致、为何不一致，以及被害人提现资金的流向。

3.嫌疑人收取相关费用的理由（如首期利息、"保证金""手续费""服务费""行业规定"等）以及数额。

（三）证人证言

主要是指实施交易的银行网点工作人员以及其他参与人、知情人证言。

（四）物证、书证

主要是指调取的银行转账记录、流水账单等，包括相关印鉴、签名等材料。

（五）勘验、检查笔录，鉴定意见、视听资料、电子数据及其他证据

主要是指银行柜台、POS 机以及银行周边的监控视频资料，相关人员 QQ、微信、支付宝、其他社交媒体中的聊天记录、转账记录，以及对嫌疑人的辨认笔录等。

三、履行合同阶段

该阶段主要查明嫌疑人是否肆意制造违约，意图收取高额"违约金"，或者介绍其他假冒的"贷款公司"或者个人，或者扮演其他公司与被害人签订新的"虚高借款协议"予以"平账"，进一步垒高借款金额。

（一）犯罪嫌疑人供述和辩解

1.被害人还贷情况（包括还贷时间、地点、金额、次数、方式等），以及有无相应还贷记录。

2.被害人有无逾期未还款，以及逾期未还款的具体情形（如被害人逾期由谁负责监控、采用何种方法确定、由谁负责确定）；被害人是否采取补救措施防止和减少违约后果的发生和扩大，逾期未还款有无产生实际损失；嫌疑人有无违反公平和诚信原则肆意认定违约的情况，如故意制造被害人无法按期还款、未及时还款等情形；嫌疑人是否告知被害人认定其违约，有无给予被害人辩解和补救的权利、被害人有无实际行使抗辩情况（包括涉及承认、变更、拒绝等诉求的协商、协议、调解等）。

3.被害人逾期未还款后，有无收取"违约金"及收取金额，以及采取何种手段、方式（如欺骗、"软暴力"、殴打、非法拘禁，非法占有担保物或其他财物并威胁加以处分等）。

4.实施前述欺骗、逼迫、胁迫等行为收取"违约金"的具体经过，包括人员、时间、地点以及团伙成员在其中各自扮演的角色（如老板、催收人、业务员等）。

5.被害人无法还清本期贷款（借款）或者其他费用，嫌疑人有无介绍他人或者其他贷款公司，与被害人重新签订借款合同（协议）予以"平账"，从而进一步垒高借款金额。

6.嫌疑人所介绍的人员或者贷款公司，或者所扮演的公司有无实际放款，被害人被进一步垒高的借款金额；嫌疑人与新的出资人、贷款公司的关系，是否为同一控制人或者同一家公司，是否有长期合作关系。

7.新签借款合同（协议）、借条由谁制定，以及具体内容。

8.新签借款合同（协议）、借条的签订经过，包括时间、地点、参与人员以及其他有关情况。

9.新签借款合同（协议）、借条中的新出资方（人）、贷款公司的有关情况，以及其是否实际出资，如有实际出资，应查明实际出资金额。

10.新出资方（人）、贷款公司负责人及经办人员是否明知嫌疑人的行为意图。

（二）被害人陈述

1.被害人还贷情况（包括还贷时间、地点、金额、次数、方式等），以及有无相应还贷记录。

2.被害人有无逾期未还款，逾期未还款的原因（系刻意还是无意，或者是对还款期限的认知差异所导致）；被害人是否采取补救措施防止和减少违约后果的发生和扩大，逾期未还款有无产生实际损失；嫌疑人有无违反公平原则和诚信原则肆意认定违约的情况。

3.被害人逾期未还款后，有无被收取"违约金"等费用及收取金额，以及采取何种手段、方式（如欺骗、"软暴力"、殴打、非法拘禁，非法占有担保物或其他财物并威胁加以处分，以及其他逼迫、胁迫等）收取。

4.被前述欺骗、逼迫、胁迫等行为收取"违约金"等费用的具体经过，包括人员、时间、地点等。

5.被害人无法还清本期贷款（借款）或者其他费用，嫌疑人有无介绍他人或者其他贷款公司，或者扮演其他公司与被害人重新签订借款合同（协议）予以"平账"，以及被害人被进一步垒高的借款金额。

6.新签借款合同（协议）、借条的签订经过，包括时间、地点、参与人员、现场环境，被害人当时的心理状态，以及其他签订过程中的有关情况。

7.新签借款合同（协议）、借条的具体内容，双方是否实际履行以及实际履行情况。对于实际履行情况，应重点查明新借款合同（协议）、借条中的新出资方（人）、贷款公司的有关情况，其是否实际出资，实际出资的金额、提供资金的方式，以及被害人依据新签借款合同（协议）、借条还款情况。

（三）证人证言

主要是指有关参与人、知情人证言。

（四）物证、书证

主要是指用于转单平账而新签署的借款合同（协议）、借条等。

（五）勘验、检查笔录，鉴定意见、视听资料、电子数据及其他证据

主要是指涉案人员QQ、微信、支付宝、其他社交媒体中的聊天记录、转账记录，以及对嫌疑人的辨认笔录等。

四、索取债务阶段

该阶段主要查明嫌疑人采取辱骂、胁迫、滋扰、纠缠、殴打、非法拘禁、非法扣押财物等多种手段向被害人或者其近亲属索取债务，或者提起虚假诉讼谋求胜诉判决，意图侵占被害人或者其近亲属财产的过程，并据此确定嫌疑人所涉相关罪名。

（一）犯罪嫌疑人供述和辩解

1.索债人员是否为本公司人员，通过何种途径（如有固定合作关系、他人介绍、QQ或者微信群寻找）雇佣索债人员，中间介绍人情况、联系方式，以及索取债务费用有关情况（包括费用名目、数额、支付方式及相关微信、支付宝、银行卡账户情况等）。

2.嫌疑人索取债务主要采取何种手段，包括但不限于辱骂、胁迫、滋扰、纠缠、殴打、非法拘禁、非法扣押财物或者虚假诉讼等。

3.嫌疑人以所谓"谈判""协商""调解"名义，采取出场摆势、言语恐吓、跟踪滋扰、纠缠挑衅等手段威胁索债，或者采取网络造谣、电话骚扰、侮辱诽谤、贴报喷字、堵锁眼、泼油漆等"软暴力"手段索债的过程（包括时间、地点、人员、手段、次数、后果以及索债人员具体行为等），以及期间是否经有关部门制止或者处理处罚的情况。

4.嫌疑人以公开隐私、非法占有他人财物为要挟，索取债务的过程（包括时间、地点、人员、手段、后果以及索债人员具体行为等，主要涉嫌敲诈勒索罪）。

5.嫌疑人采取殴打或者其他方式故意伤害被害人或者其近亲属，强行索取债务的过程（包括时间、地点、人员、手段、后果以及索债人员具体行为等，主要涉嫌故意伤害罪）。

6.嫌疑人采取非法限制人身自由的方式，强行向被害人索取债务的过程（包括时间、地点、人员、手段、后果、次数以及索债人员具体行为等，主要涉嫌非法拘禁罪）。

7.嫌疑人采取暴力、威胁手段，强立债权、强行索债的过程（包括时间、地点、人员、手段、后果以及索债人员具体行为等，主要涉嫌强迫交易罪、抢劫罪）。

8.嫌疑人以捏造的虚假借款合同（协议）、借条，提起民事诉讼，或者隐瞒债务已经全

部清偿的事实，提起民事诉讼要求他人履行债务，或者向人民法院申请执行基于捏造的事实作出的仲裁裁决、公证债权文书，或者在民事执行过程中以捏造的事实对执行标的提出异议，申请参与执行财产分配的过程（包括单方还是与他人恶意串通、恶意串通情况、是否委托代理律师及其委托经过、与律师讨论案件处理和应对法院情况、有无教唆他人作伪证及其作伪证情况，以及在法院提起诉讼的具体过程）。

（二）被害人陈述

1.嫌疑人索取债务主要采取何种手段，包括但不限于辱骂、胁迫、滋扰、纠缠、殴打、非法拘禁、非法扣押财物或者虚假诉讼等。

2.嫌疑人以所谓"谈判""协商""调解"名义，采取出场摆势、言语恐吓、跟踪滋扰、纠缠挑衅等手段威胁索债，或者采取网络造谣、电话骚扰、侮辱诽谤、贴报喷字、堵锁眼、泼油漆等"软暴力"手段索债的过程（包括时间、地点、人员、手段、次数、后果以及索债人员具体行为等），以及嫌疑人期间是否经有关部门制止或者处理处罚的情况。重点询问被害人"软暴力"以及其他非法索债手段对其造成的影响，如是否足以影响、限制、危及其或其近亲属人身自由、人身安全以及正常生产、工作、生活，是否足以使其或其近亲属产生恐惧并形成精神压制、心理强制；存在多名被害人的，还应注重鉴别各被害人陈述是否具有相似性（如同一伙人、同一"套路"、同一账户等）。

3.嫌疑人以公开被害人隐私、非法占有被害人财物为要挟，索取债务的过程（重点包括时间、地点、人员、手段、后果以及索债人员具体行为等）。

4.嫌疑人采取殴打或者其他方式故意伤害被害人或者其近亲属，强行索取债务的过程（重点包括时间、地点、人员、手段、后果以及索债人员具体行为等）。

5.嫌疑人采取非法限制人身自由的方式，强行向被害人索取债务的过程（重点包括时间、地点、人员、手段、后果、次数以及索债人员具体行为等）。

6.嫌疑人采取暴力、威胁手段，强立债权、强行索债的过程（重点包括时间、地点、人员、手段、后果以及索债人员具体行为等）。

7.嫌疑人以捏造的虚假借款合同（协议）、借条，提起民事诉讼，或者隐瞒债务已经全部清偿的事实，提起民事诉讼要求他人履行债务，或者向人民法院申请执行基于捏造的事实作出的仲裁裁决、公证债权文书，或者在民事执行过程中以捏造的事实对执行标的提出异议，申请参与执行财产分配的过程（包括被害人出庭应诉情况、嫌疑人是否委托代理律师、债务是否全部清偿，先前仲裁、公证债权情况，法院民事执行情况、案件证据真伪情况以及被害人了解的案件其他情况）。

（三）证人证言

主要是指实施前述违法犯罪行为现场目击者以及其他知情者证言，重点注意收集嫌疑人对受害人家属索债时进行威胁、骚扰等情节。

（四）物证、书证

主要是指非法索取债务过程中所形成的物证、书证。

（五）勘验、检查笔录，鉴定意见、视听资料、电子数据及其他证据

主要是指涉案人员QQ、微信、支付宝、其他社交媒体中的聊天记录、转账记录，以及对嫌疑人的辨认笔录等。

五、其他取证要求

（一）对"套路贷"行为的定性，要结合案件的本质特征从整体上把握，这类行为主要犯罪目的是非法占有他人财产，一般情况下应当以侵财类犯罪立案侦查；但在"套路贷"

索取债务阶段，犯罪嫌疑人采用暴力、威胁、虚假诉讼等手段进行索债，构成犯罪的，应当依据《刑法》有关规定数罪并罚或者按照处罚较重的罪名定罪处罚。涉嫌以上犯罪的，除了收集"套路贷"犯罪的有关证据外，还要按照相关罪名的构成要件做好证据收集工作。

（二）区分"套路贷"与正常借贷（包括高利贷）的本质在于基础性借贷关系，以及借贷中形成的相关利息等费用是否建立在双方当事人平等自愿的意思表示基础上，是否符合契约自由原则。只有在有证据证明违反上述原则前提下，才可考虑以"套路贷"违法犯罪论处。尤其是虚高、虚增费用主要涉及"利息""砍头息"的，应当根据有关规定，先认定为"套路贷"犯罪行为，然后将产生的"利息""砍头息"计入犯罪数额，而不是依据"利息""砍头息"表象特征，来认定涉嫌"套路贷"违法犯罪。

15.宁波市中级人民法院、宁波市人民检察院、宁波市公安局《关于办理网贷APP类犯罪案件有关问题联席会议纪要》（2019年5月6日）

2019年4月18日，市扫黑办召集市中级人民法院、市人民检察院、市公安局召开联席会议。会议就打击非法经营网贷APP类犯罪活动适用法律若干问题展开研讨并达成了共识。现将会议纪要公布如下：

一、关于行为定性

网贷APP类犯罪基本模式是：以低息、无息、无担保、无抵押等形式吸引借款人贷款，要求借款人上传通话记录和手机通讯录等个人信息，以手续费、保险费、审核费等名义扣除一定比例的"砍头息"后发放贷款，在借款人逾期后进行逾期提醒并追加展期息、逾期息等费用，并采用暴力或"软暴力"手段催讨。对这类案件的定性，要结合案件的本质特征从整体上把握，行为人以低息、无息、无担保、无抵押等为诱饵，以暴力或"软暴力"手段为倚仗，强行索取不受法律保护的高额手续费、审核费等费用，其主观目的是非法占有他人财物，一般情况下应当以侵犯财产类、妨害社会管理秩序类等犯罪定罪处罚。具体如下：

（一）行为人与他人串通，以缴纳保险费等费用为由，诱骗借款人向第三方支付一定比例的费用，事后又通过返现等形式取回这部分资金，符合《刑法》第二百六十六条规定的，以诈骗罪追究刑事责任。

（二）行为人事前巧立名目扣除展期息、逾期息、手续费、审核费等费用后发放贷款，事后又通过暴力或"软暴力"手段迫使借款人支付上述费用，符合《刑法》第二百七十四条或第二百九十三条规定的，以敲诈勒索或寻衅滋事罪追究刑事责任。

（三）行为人虽独立于网贷公司之外，但明知他人利用网贷APP实施犯罪活动，仍通过暴力或"软暴力"手段帮助催讨，符合《刑法》第二百七十四条或第二百九十三条之规定的，以敲诈勒索罪、寻衅滋事罪共犯追究刑事责任；不明知他人利用网贷APP实施犯罪活动，仅通过暴力或"软暴力"手段帮助催讨，符合《刑法》第二百九十三条规定的，以寻衅滋事罪追究刑事责任。

（四）行为人明知他人利用网贷APP实施犯罪活动，仍为其提供系统维护、技术服务、广告推广、支付结算等帮助，符合《刑法》第二百八十七条之二规定的，以帮助信息网络犯罪活动罪追究刑事责任。同时构成其他犯罪的，择一重罪论处。

（五）行为人委托第三方实施催讨时，将获取的借款人以外的公民个人信息非法提供给第三方，符合《刑法》第二百五十三条之一之规定的，以侵犯公民个人信息罪定罪处罚。

二、关于暴力性的认定

行为人通过电话、短信、微信，采取侮辱、恐吓，多次拨打借款人及其亲友、同事等人的通讯工具，发送裸照、遗照等恶意 PS 的图片等手段向借款人及其亲友、同事等施压，足以让借款人及其亲友、同事等人产生心理恐惧或形成心理强制的行为，应认定为两高两部《关于办理实施"软暴力"的刑事案件若干问题的意见》中规定的"软暴力"。

三、关于共同犯罪的认定

多人共同实施网贷 APP 类犯罪，符合《刑法》第二十六条规定的，应以犯罪集团予以认定。对组织、领导犯罪集团的首要分子，按照犯罪集团所犯的全部罪行处罚；对犯罪集团首要分子以外的主犯，应当按照其所参与的或者组织、指挥的全部犯罪处罚。

其中对于运营时间较长（一般掌握在一年以上），经营数额巨大（一般掌握在五百万以上），贷款发放、催讨一体化且分工明确，造成被害人及其近亲属自杀致伤亡、精神严重失常等严重后果或重大恶劣影响的网贷公司，组织特征、经济特征、行为特征、危害性特征符合《刑法》第二百九十四条规定的，应认定为黑社会性质组织。

在共同犯罪认定时要认真贯彻宽严相济的刑事政策，结合行为人认知能力、既往经历、持续时间、行为次数和手段，与同案人、被害人关系，获利情况等予以综合认定：

（一）明知他人实施网贷 APP 类犯罪，仍以入股、借贷等形式为其提供资金支持的，应以共同犯罪论处。

（二）明知他人实施网贷 APP 类犯罪，仍积极参与组织、指挥、管理，策划、制作或提供方案，负责招募或培训人员等的，以共同犯罪论处。

（三）多人共同实施敲诈勒索、寻衅滋事等网贷 APP 类犯罪行为人应对其参与期间该犯罪团伙实施的全部犯罪行为承担责任。"参与期间"从行为人着手实施敲诈勒索、寻衅滋事行为之日开始起算。

（四）仅是一般参与网贷 APP 类犯罪，情节较轻的，可以从轻、减轻、免予刑事处罚或不予追究刑事责任。

四、关于犯罪数额的认定

在认定网贷 APP 类犯罪数额时，应从整体上予以否定性评价，以"利息""逾期息""展期息""保险费""手续费""服务费"等名目被行为人非法占有的财物，均应计入犯罪数额。但行为人实际给付被害人的本金数额，不计入犯罪数额。行为人实施网贷 APP 类犯罪所得的一切财物，应当予以追缴或者责令退赔；对被害人的合法财产，应当及时返还。有证据证明是行为人为实施网贷 APP 类犯罪而交付给被害人的本金，赔偿被害人损失后如有剩余，应当依法予以没收。

五、关于证据规格要求

公安机关办理网贷 APP 类犯罪案件应全面收集证人证言、被害人陈述、犯罪嫌疑人供述、电子数据、物证、书证、视听资料等主客观证据，对其中以诈骗罪、寻衅滋事罪或组织、领导、参加黑社会性质组织罪认定的案件，确因客观条件的限制无法逐一收集被害人陈述、证人证言等相关证据的，可以结合已收集的言词证据和依法收集并查证属实的电子数据、物证、书证、视听资料等实物证据来综合认定涉案人员数量和犯罪数额。询问被害人的数量一般不得少于实际查明被害人总数的 10%或 50 人，并应当重点收集受害程度较重的被害人及其家属的陈述。

16.浙江省高级人民法院、浙江省人民检察院、浙江省公安厅《关于办理电信网络诈骗犯罪案件若干问题的解答》浙高法〔2020〕44号（2020年4月24日）

一、关于电信网络诈骗犯罪的界定问题

1.问：如何理解掌握电信网络诈骗犯罪的概念？

答：电信网络诈骗犯罪，是指以非法占有为目的，利用电信通讯、互联网等技术手段，向社会公众发布虚假信息或设置骗局，主要通过远程控制，非接触性地诱使被害人交付财物的犯罪行为。

2.问：该类犯罪一般具有哪些特征？

答：除符合诈骗罪的特征以外，电信网络诈骗犯罪一般应同时具有技术性、非接触性、远程性的特征。其中，技术性是指该类犯罪主要利用电话、短信、互联网等信息交互工具的技术手段。利用广播电台、报刊杂志等方式实施诈骗，一般不认为具有技术性；非接触性是指该类犯罪中行为人与被害人无需面对面接触。实施"线上拉拢，线下骗取"行为的案件属于接触性犯罪，一般不认定为电信网络诈骗；远程性是指该类犯罪中行为人主要利用电信网络技术手段进行远程联系。

二、关于管辖权与分案处理

3.问：如果多个公安机关对电信网络诈骗案件有管辖权，由何地公安机关管辖较为合适？

答：由最初受理案件的公安机关或者主要犯罪地公安机关立案侦查。有争议的，按照有利于查清犯罪事实、有利于诉讼的原则，由共同上级公安机关指定立案侦查。

4.问：多个犯罪嫌疑人、被告人实施的犯罪存在关联，是否可并案处理？

答：多个犯罪嫌疑人、被告人实施的犯罪存在关联，并案处理有利于查明案件事实的，公安机关可在其职责范围内并案侦查，需要提请批准逮捕、移送审查起诉、提起公诉的，由该公安机关所在地的人民检察院、人民法院受理，不另行指定管辖。对并案侦查等可能存在管辖权争议的案件，按照指定管辖途径办理。

5.问：对于人数众多的电信网络诈骗犯罪案件，如何提高办案质量、效率和效果，准确定罪量刑，保障当事人的合法权益？

答：为便于查清犯罪事实，准确定罪量刑，提高办案质效，公安机关和人民检察院在侦查或审查起诉阶段可以对人数众多的电信网络诈骗案件进行拆分。对于已经指定管辖，或者根据本解答管辖权规定不需另行指定管辖的，案件拆分后不再另行指定管辖。

案件拆分应根据案件的实际情况具体处理。可视情分成团伙首要分子、积极参加者以及其他参加者，也可按团队或者小组垂直关系等进行拆分。对可能判处无期徒刑的首要分子及同案审理有利于查明案件事实的积极参加者，需要移送地市级人民检察院审查起诉及中级人民法院审理的，一般应对主案人数有所限制。对涉嫌妨害信用卡管理罪、掩饰、隐瞒犯罪所得罪等轻罪名的其他犯罪嫌疑人、被告人，可不跟随主案移送。

三、与关联犯罪的区分

6.问：电信网络诈骗犯罪分子经常利用"伪基站"群发短信，该行为构成诈骗罪、破坏公用电信设施罪还是扰乱无线电通讯管理秩序罪？

答：如果行为人通过"伪基站"群发的短信内容不属于诱骗他人处分财产的，一般不以诈骗罪定性。如果该行为，按照相关司法解释，造成"二千以上不满一万用户通信中断一小时以上"，或者"一万以上用户通信中断不满一小时的"，属于通讯线路"截断"，应认定为破坏公用电信设施罪；如果仅造成短暂的手机通讯停滞中断，应认定为扰乱无线电通讯管理秩序罪。

如果行为人通过"伪基站"群发的短信内容虚假，属于诱骗他人处分财产的，构成诈骗罪。如果行为人的行为构成诈骗罪，同时符合破坏公用电信设施罪或扰乱无线电通讯管理秩序罪构成要件的，择一重罪定罪处罚。

7.问：在电信网络诈骗犯罪中，犯罪分子窃取被害人财物的行为构成诈骗罪、信用卡诈骗罪还是盗窃罪？

答：行为人利用信息网络，诱骗他人点击虚假链接而实际通过预先植入的计算机程序窃取财物构成犯罪的，以盗窃罪定罪处罚。行为人虚构可供交易的商品或者服务，欺骗他人点击付款链接而骗取财物构成犯罪的，以诈骗罪定罪处罚。

行为人窃取或骗取他人信用卡资料后通过互联网、通讯终端等使用的，应按照前述电信网络诈骗的"特征"有关规定，严格认定是否属于电信网络诈骗犯罪。

信用卡诈骗的本质在于非持卡人以持卡人名义使用持卡人的信用卡实施诈骗财物的行为。如果行为人使用木马程序病毒等方式窃取他人信用卡密码并登陆信用卡获取他人卡内数额较大的资金，可认定其行为构成盗窃罪。如果行为人未使用木马程序病毒等方式窃取信用卡密码，而是通过其他途径获知信用卡密码，冒用他人信用卡窃取数额较大的资金，可认定其行为构成信用卡诈骗罪。

8.问：我国刑法修正案（九）增加了非法利用信息网络罪，如果犯罪分子在互联网上发布诈骗信息，应当认定为非法利用信息网络罪还是诈骗罪（未遂）？

答：行为人如果在信息网络上发布信息系为犯罪活动创造条件，情节严重的，应以非法利用信息网络罪认定。如果该行为同时符合破坏公用电信设施罪或扰乱无线电通讯管理秩序罪构成要件的，择一重罪定罪处罚。行为人如果在信息网络上发布诈骗信息，且达5000 条以上，未骗取财物的，可认定为诈骗罪未遂；发布的信息在 5000 条以下，情节严重的，可认定为非法利用信息网络罪。

四、关于主观故意的认定

9.问：司法实践中，如何判断和认定电信网络诈骗实行犯主观的"明知"？

答：应按照主客观相统一原则进行认定，根据犯罪嫌疑人、被告人实施犯罪事前、事中、事后的各种客观表现，结合犯罪嫌疑人和被告人的供述及辩解，证人证言，诈骗脚本、诈骗信息内容、账册、分赃记录及手机短信、微信、QQ、skype 等通讯工具聊天记录等，进行审查判断。

10.问：对于提供帮助的犯罪分子，一般如何审查其主观是否具有"明知"？

答：应重点审查其与实施电信网络诈骗的犯罪嫌疑人之间是否存在共谋，或者虽无共谋但是否系明知他人实施犯罪等内容。对于帮助者明知的内容和程度，一般只要有证据能够印证其认识到对方可能实施诈骗犯罪行为即可，并不要求其认识到对方实施犯罪的具体情况。除前一款提到的证据外，还要综合考虑其认知能力、既往经历、行为次数和手段、与实行犯的关系、获利情况、是否曾因电信网络诈骗受过处罚以及是否故意规避调查等情况。

11.问：最高人民法院、最高人民检察院、公安部《关于办理电信网络诈骗等刑事案件适用法律若干问题的意见》中规定，帮助电信网络诈骗犯罪分子转账、套现、取现的，如果事前通谋的，应以共同犯罪论处。司法实务中如何认定"事先通谋"？

答：取款人与电信网络诈骗犯罪团伙之间形成较长时间稳定的"销售"配合模式，可以认定为"事先通谋"。当取款行为与诈骗实行行为呈现交替重叠、循环往复的状态时，即应认定其具备了"对他人实施电信网络诈骗的明知"。

五、关于证据收集与犯罪事实认定

12.问：电信网络诈骗犯罪往往涉案人数众多，涉及面广，证据收集难度大，司法实务中如何更好地固定和收集证据？

答：对于电信网络诈骗犯罪团伙使用的电脑、手机等工具，公安机关应及时扣押并进行数据分析，固定相关证据。对于被害人人数众多的电信网络诈骗案件，可采取远程取证等方式取证。确因客观条件的限制，无法逐一收集被害人陈述的，可以结合已收集的被害人陈述，银行账户交易记录，第三方支付结算账户交易记录等客观性证据，在审查犯罪嫌疑人、被告人及其辩护人所提的辩解辩护意见的基础上，综合认定被害人人数及诈骗数额等犯罪事实。确因客观原因无法联系上被害人，或被害人拒绝作证的，应当记录在案。

13.问：对于被害人人数特别多的案件，如何有效地进行取证？是否可以采用抽样取证的方法？

答：如被害人人数在一百人以上，可对被害人陈述采取抽样取证的方法。公安机关应该重点选取被骗资金量大、空间距离相对较近、被害对象特殊、涉案方法有代表性的被害人作为证据样本，并对抽样情况进行详细论证和说明。人民检察院、人民法院审查认为抽样情况不具有科学性、代表性或全面性的，可以要求公安机关进行补充取证，涉及案件定罪量刑的，公安机关应当补充取证。取证的证据应符合"事实清楚，证据确实、充分，已排除合理怀疑"的证明标准。

六、犯罪数额的认定

14.问：在电信网络诈骗集团或团伙中，不同层级的人员如何把握和认定犯罪数额？

答：（1）诈骗集团或团伙的首要分子，以诈骗集团或团伙所犯罪行的全部数额认定；诈骗集团或团伙其他主犯，以其参与、组织、指挥的全部犯罪数额认定。

（2）普通业务组长，以其参与期间主管的小组成员诈骗数额总额认定，量刑时参考具体犯罪时间和作用。

（3）普通业务员，原则上认定为从犯并以个人参与的诈骗数额作为量刑依据，同时参考其具体犯罪时间和收入。

（4）被认定为从犯的行政等人员，按照其参与犯罪期间的数额认定，量刑时还应考虑得赃情况。

七、涉案财物的处置

15.问：司法机关如何认定电信网络诈骗案件中的赃物赃款？赃物赃款应如何处置？处置时应注意哪些原则？

答：电信网络诈骗犯罪涉案财物包括犯罪分子的犯罪所得，犯罪分子用于犯罪的工具和其他具有经济价值的物品等。如果系赃物，以溯源返还为原则；如果系赃款，以统一分配为原则。涉案专门账户内无法说明合理来源的资金，应结合账户是否仅为被告人所控制和使用、涉案账户内资金流水是否发生于电信网络诈骗时间段、被告人是否有其他正当商业行为等综合认定。如确有证据证实涉案账户系被告人合法收入的，应予剔除。第三人善意取得诈骗财物的，不予追缴。

16.问：侦查机关在查扣涉案资金时，应注意哪些事项？

答：异地进行资金冻结、划转的，公安机关、人民检察院、人民法院应积极协作配合。案件移送给有管辖权的公安机关时，应将相关款项随案移送。公安机关移交银行卡时，一般应同时说明账户信息、卡内余额等。

为查明案件事实、避免遗漏被害人、推进案款退赔，公安机关在侦查时应一并要求被害人提供返还资金申请表、本人身份证复印件、本人银行账号等必要资料信息，并结合电子数据等证据核对被害人的身份及损失金额，制作包括姓名、身份证号码、联系电话、住址、损失金额等信息的清单，附卷随案移送。对确实无法查明身份的人员，可予单列。被害人或资金来源明确的案件，人民法院以节约当事人领款成本为原则，在审查核实被害人身份后，可根据返还资金申请表、身份证复印件、银行账号等必要资料，依法予以发还。

17.问：在电信网络诈骗共同犯罪中，主犯和从犯是否具有相同的退赔义务？一般应如何掌握？

答：主犯原则上具有共同的退赔义务。首要分子按照犯罪集团所犯罪行的全部数额进行退赃和退赔，其他主犯按其参与、组织、指挥的全部犯罪数额进行退赃和退赔。从犯一般按实际违法所得进行退赃和退赔。被告人主动退赔或其亲友代为退赔的数额超过实际违法所得的，可在量刑时予以酌情从宽处罚。

18.问：司法机关办理电信网络诈骗案件，对未报案被害人的权益有无保护措施？

答：司法机关可根据被告人供述、银行交易明细以及相关人员电子数据等证据，认定未报案被害人的被骗事实、被骗金额和具体身份。未报案被害人可与其他已报案的被害人享有平等的返还资金的权利。

未报案或案件判决后报案，根据被告人供述、银行交易明细及相关电子数据等能够认定被害人被骗事实及被骗数额，可在案件判决后由被害人向人民法院申请分配查扣的赃款。人民法院依法审核，确认该被害人系交付被骗款项的当事人身份后，可参与分配。

人民法院判决未将未报案的被害人被骗的犯罪事实和被骗金额认定在内的，如案件尚在执行期间，报案数额不影响被告人定罪量刑的，由人民法院依法审核确认报案人是否可参与分配；如已执行终结，依法另行处理。

19.问：如果被告人退赃数额或查扣钱款超过已查明的被害人被骗钱款总额的，如何处理？

答：该情形下，超过的数额不应冲抵被告人应缴的财产刑。人民法院可与财政等部门协调，设立单独账户接受此类资金留待本案其他被害人报案后，依据公安机关调查查明的事实向人民法院申请，参与专门账户内资金的发还。

八、严格贯彻宽严相济刑事司法政策

20.问：在我省司法实践中，如何体现对电信网络诈骗犯罪从严惩处？

答：在司法实践中，对电信网络诈骗集团或团伙中股东、团伙核心成员，以及整个团伙中起到组织、管理职责的主管人员等，应当认定为主犯，依法从严惩处，原则上不得减轻处罚，并加大财产刑的惩罚力度。对诈骗工具研发者、诈骗话术编写者、诈骗模式培训者、诈骗业务骨干应结合其在共同犯罪中的地位、作用进行认定，一般不宜认定为从犯。

21.问：我省在依法打击电信网络诈骗犯罪中，对于一些参与时间短、参与程度不高的犯罪分子如何体现宽严相济的刑事政策中从宽的一面？

答：对于虽明知本人实施的行为是诈骗行为，但系在校学生，毕业后参加工作不久或入职时间不足两个月，没有犯罪前科的人员，应依法从宽处理。

具有上款规定的情形之一，且主动认罪悔罪，退清所得赃款或者协助公安机关抓获其他同案犯的，可由公安机关进行行政处罚，不移送人民检察院审查起诉；已经移送审查起诉的，人民检察院可作不起诉处理；已经移送审判的，人民法院可免予刑事处罚。

对于明知他人实施电信网络诈骗犯罪而提供帮助行为的人员，如领取未明显高于正常固定薪资，情节轻微的，可比照前一款规定依法从宽处理。

22.问：对于电信网络诈骗案件中犯罪地位明显较低、作用明显较小，仅从事辅助性工作的一些人员是否可以不作犯罪论处？

答：从事辅助性工作的人员以及其他层级较低的人员，直接获利（包括工资、奖金、提成等）金额较小且能积极清退的，可不作犯罪论处；主观上不确切明知电信网络诈骗行为的从事辅助性工作的人员不作犯罪论处。

17. 浙江省人民检察院《诈骗类犯罪案件专题研讨会会议纪要》（检诉〔2005〕20号 2005年12月24日）

本省各级人民检察院公诉处（科）：

为进一步加强全省检察机关诈骗类犯罪案件的审查工作，正确理解和适用刑法对诈骗犯罪的有关规定，更加准确有力地依法打击各种诈骗犯罪，省院公诉处于2005年10月24日至26日在金华组织召开了庭审观摩及诈骗类犯罪案件专题研讨会。省高级人民法院刑二庭、省院研究室等代表也应邀参加了研讨。经征求省高级人民法院刑二庭意见，现将会议纪要如下，供各地在执法办案中参考：

一、关于诈骗类犯罪的客观构成要件

诈骗类犯罪客观方面的逻辑结构表现为：行为人的欺诈行为——被害人的错误认识——被害人"自愿"交付——行为人取得财物——被害人遭受损失。

被害人的错误认识包括两种情形，一种情形是使事先并无错误认识的被害人产生错误认识，另一种情形是使事先已经产生错误认识的被害人继续陷入或者进一步产生错误认识。就后一种情形而言，一般要求行为人实施使被害人延续或者加剧错误认识的积极的欺诈行为。如行为人并未积极促成被害人产生或者继续产生错误认识，而仅仅是消极地利用被害人既存的错误认识取得财物的，因缺少诈骗犯罪构成逻辑结构中"欺诈行为"的必要一环，一般不应当认定为诈骗犯罪。

被害人的财物交付行为一般是基于错误认识而实施的，如果行为人采取欺诈手段后并未使被害人产生错误认识，而被害人则基于怜悯或者同情等原因而自愿交付财物的，一般也不能认定为诈骗。

行为人根据被害人的财物处分行为而取得该财物，在被害人的财物处分行为和行为人的财物取得事实之间具有直接的因果关系，这是鉴别判断诈骗犯罪与盗窃罪、抢劫罪等毗邻财产犯罪的原则界限。

二、关于"以非法占有为目的"的认定

1. "以非法占有为目的"的地位

金融诈骗和合同诈骗都是从传统诈骗中分离出来的新罪名，其与诈骗罪在犯罪构成客观方面存在差异，即特殊类型诈骗犯罪存在一个特定的犯罪媒介或者平台（如票据诈骗犯罪以票据为媒介，贷款诈骗犯罪以信贷为平台），但构成犯罪的主观方面不管相关条文是否明文规定，以非法占有为目的都是成立犯罪的必备主观要件。最高人民法院2001年印发的《全国法院审理金融犯罪案件工作座谈会纪要》也明确指出，金融诈骗都是以非法占有为目的的犯罪。我们在审查该类金融诈骗和合同诈骗案件中，除了审查行为人客观行为和危害后果外，还必须认真查明行为人主观上是否具有"非法占有为目的"。

2. 关于非法占有目的的产生时间

对于传统的诈骗罪来说，被害人"自愿"交付财物后，诈骗犯罪即完成，行为人的非法占有目的一般产生于其非法控制公私财物之前。但有的情况下，行为人先占有了被害人的财物，然后使用欺骗方法，使被害人自愿放弃财物，从而非法占有他人财产，也可以构成诈骗罪。

在合同诈骗中，非法占有目的既可以产生在合同签订前，也可以产生在合同履行过程中。是否具有非法占有的目的，是合同诈骗罪与和合同经济纠纷的本质区别。认定行为人是否"以非法占有为目的"，应当结合行为人签订合同时的履约能力和担保真伪，履行合同中有无实际履约行动、对标的物的处置情况、未履行合同的原因以及事后行为人的态度等方面综合判定。

3."以非法占有为目的"的认定方法

"以非法占有为目的"作为行为人的主观心理活动具有潜隐性和动态性，在司法实践中，有两种认定方法：一是直接证明，即根据行为人的自身供述内容加以证明。但由于行为人有避重就轻、逃避惩处的心理，往往不会主动供述其行为是以非法占有为目的，实践中直接证明方法并不能得到普遍运用。另一种是通过查明的相关事实，借由刑事逻辑学中通常采用的刑事推定的方法。

《全国法院审理金融犯罪案件座谈会纪要》（以下简称《纪要》）对金融诈骗犯罪"以非法占有为目的"的认定确定了若干操作规则，这些操作规则，属于事实上的推定，在司法实践中具有重要的参考价值。鉴于目前我国刑事推定技术研究尚未成熟，刑事推定作业缺乏科学的操作规则，有关问题需要通过司法实践不断加以总结提升。关于推定，应当强调三点：（1）基础事实真实原则。即据以推定的基础事实必须是可以借由证据加以证明的客观事实。（2）具有高度盖然性原则。作为推定的基础事实和待证事实之间应当有紧密常态联系，具有高度盖然性，缺乏高度盖然性共存关系的两个事实是不能推定的。（3）可辩驳原则。刑事推定所产生结论的效力具有可辩驳性。被告人提出确切事实足以使推定结论产生"真伪难辨"的（不必要求推翻或者否定推定结论），推定即不能成立。在具体办案过程中，应当全面收集对被告人有利和不利的证据，避免作出片面推定。

4.合同诈骗罪"以非法占有为目的"的认定

是否具有非法占有的目的，是合同诈骗罪与和合同经济纠纷的本质区别。在判断行为人有无非法占有目的时，要结合个案综合判定，一般主要应考虑以下几方面的因素：

一是行为人的履约能力。应区分不同的情况作出不同的认定。应认定为合同诈骗犯罪之情形有：有完全履约能力，但行为人自始至终无任何履约行为，而以欺骗手段让对方当事人单方履行合同，占有对方财物；有完全履约能力，但行为人只履行一部分，其部分履行意在诱使相对人继续履行，从而占有对方财物；有部分履约能力，但行为人自始至终无任何履约行为，而以欺骗手段让对方当事人单方履行合同，占有对方财物；有部分履约能力和履约行为，行为人的履约行为本意不在承担合同义务，而在于诱使相对人继续履行合同，从而占有对方财物；签订合同时无履约能力，之后仍无此种能力，而依然蒙蔽对方，占有对方财物的。

签订合同时无履行能力，但事后经过各种努力，具备了履约能力，并且有积极的履约行为，则无论合同最后是否得以完全履行等情形，均只构成民事欺诈。

二是行为人的履约行为。虽然在构成合同诈骗罪与构成民事欺诈的场合，行为人所签订的合同都是欺诈性合同，但是合同诈骗的行为具有无偿占有他人财物的故意，因而通常都不会有履行合同的行为，即使有部分履约行为，往往也是以此诱骗对方当事人，意图占有对方财物。而民事欺诈的行为人获取不法利益的同时，一般还会承担合同约定的义务，而且其不法利益的取得，多是通过履行一定的合同义务而获得的。所以，考察行为人是否履行了一定的合同义务，也可以作为区分合同诈骗罪与民事欺诈行为的界限之一。当然，"实际存在的履行行为，必须是真实的履行合同义务的行为，而不是虚假的行为"。履行行为是否真实，应当结合上述履约能力的不同情形来判断。

实践中，还须注意以下两种情况下对行为性质的认定：①行为人在签订合同时并无非法占有相对人财物的目的，签订合同后也采取了积极履约的行为，但是在尚未履行完毕时，由于主客观条件发生变化，行为人产生了非法占有对方财物的意图，将对方财物占为己有。此种情况下，行为人的部分履行行为虽然是积极的、真实的，但是由于其非法占有的犯意产生在履行合同的过程中，其先前的积极履行行为已经不能对抗其后来行为的刑事违法性，因而应构成合同诈骗罪。②行为人在取得相对人财物后，不履行合同，迫于对方追讨，又与他人签订合同骗取财物，用以抵充前一合同的债务。以后又用相同手法循环补缺，订立一连串假合同，以便使自己始终非法占有一定数额的他人财物。这种"拆东墙补西墙"的连环诈骗，表面上看似乎是行为人履行了合同，但行为人的真实意图是通过对每个相对方财物逐次分别短期占有，来实现对利益的相对较长时间的占有，并以个别债务形式上的偿还来掩盖整体和实质上的合同不履行。所以，这种连环诈骗行为不能认为是履约行为，而应认定为合同诈骗罪。

三是行为人对取得财物的处置情况。当行为人没有履行合同的原因难以说明或者部分履行合同的行为是否真实难以断定时，可根据其对他人财物的处置情况认定其主观上是否有"非法占有"的目的：①如果行为人将取得的财物全部或部分用以挥霍，或者从事非法活动、偿还他人债务、携款逃匿等，应认定行为人有"非法占有"之故意。②如果行为人将取得的财物全部或大部分用于合同的履行，即使客观上未能完全履行合同之全部义务，不宜以合同诈骗罪论处。③如果行为人将取得的财物用于自己合法的经营活动，要综合认定。

四是行为人事后的态度。"行为人的事后态度，也是区分行为人在主观上有无诈骗故意的重要标志。"给对方当事人造成损失后，如果行为人不主动采取补救措施，而是百般推脱责任，或者以"拆东墙补西墙"的办法还债，或者逃匿的，一般应认为行为人有诈骗的故意。

总之，上述这些因素都不能孤立地用以认定行为人是否有"非法占有"的目的，而应在坚持主客观相统一原则的前提下，结合案件各种事实进行综合考量，罪与非罪，需要综合整个案件中可资推定的客观事实后才可认定。

三、关于连环诈骗数额的认定

所谓连环诈骗，是指诈骗行为人连续诈骗，以后一次诈骗所得的财物偿还前一次诈骗所得的行为。对于此类诈骗案件，应按其最后一次行骗使被害人实际支付的数额，加上前几次所骗得尚未偿还的数额来计算。对前几次诈骗已经偿还的累计数额，可作为量刑的一个重要情节来考虑。

四、关于欺盗、欺夺结合案件的定性判断

欺盗、欺夺结合，指行为人以欺诈手段骗取被害人信任诱使其在物理意义上交出财物后又以秘密窃取或者公然夺取的手段取得财物的行为，即所谓如假装购买香烟而趁商家不注意之际以假烟调换真烟、谎称借打手机而趁机主不留神之机逃离，等等。对于此类行为，应当根据前述诈骗犯罪构成逻辑结构的分析加以判断。诈骗罪的构成，要求被害人交付财物和行为人取得财物之间具有直接的因果关系，即行为人取得财物所有权乃是直接根据被害人的处分意思和处分行为而为的。上述一类案件中，尽管被害人实施了物理意义上的交付行为，但此种交付不具有转移所有权或者让渡财物的意思，不能视为处分行为，行为人并非直接根据此种交付行为取得财物而是借由秘密窃取或者公然夺取手段取得财物，故而应当认定为盗窃或者抢夺罪。

五、关于骗取他人抛弃财物后予以拾取行为的定性

行为人采取欺诈手段诱使他人产生错误认识从而抛弃财物后加以拾取的，一般不宜认

定为盗窃犯罪，更不应认定为侵占（遗忘物）罪，一般应当认定为诈骗罪。

六、盗窃记名有价证券后支取财物的行为应如何认定的问题

记名有价证券中所记载的财物是一种特殊性质的财物——虽然财物不是由证券的权利人实际占有，但证券的权利人某种程度上控制证券中记载的财物。同时，证券中记载的财物又被银行等部门实际管理支配，在这些部门的管理权限内发生的责任和损失，自然不能由证券权利人负责。因此，当行为人盗窃了记名的有价证券后，在还没有得到证券中记载的财物时，盗窃行为尚未完成。此时，（1）如果该种有价证券可以即时兑现，如活期存折，金融机构一般只认存折不认人，冒领支取的行为人不用任何证明手续即可兑现，并且被骗的单位不负任何责任，所以虽然冒名本身也是诈骗，但银行并不是因为这种诈骗而将财物交付，此种情形一般不能认定诈骗罪。（2）如果有价证券不能即时兑现，金融机构在支付财物时，有义务查验支取人的身份，如未到期的定期存折，则行为人的支取行为不仅仅是先前盗窃行为的继续，同时也是对金融机构的诈骗。金融机构把财物交付不仅仅是因为存折的出现，同时也是受了行为人的诈骗，一般也要在自己的义务范围内承担经济责任。所以，行为人的支取行为与先前的盗窃行为构成盗窃罪，同时，支取行为也构成诈骗罪，属于牵连犯，应择一重罪定罪处罚。

七、关于合同诈骗罪之"合同"的理解

1.合同诈骗罪的合同主要是指体现市场交易行为的合同。主流观点认为，1997年刑法将合同诈骗从诈骗罪中分离出来，并置于《刑法》第三章"破坏社会主义市场经济秩序罪"中的第八节"扰乱市场秩序罪"一节内，其目的主要是为了保护市场秩序。因此，合同诈骗罪中的合同应是进行市场交易的一种法律行为。并不是所有利用上述合同进行诈骗的行为均构成合同诈骗罪，在具体的案件中，应考虑利用合同诈骗是否扰乱了市场经济秩序，如果行为人利用合同形式进行诈骗不致扰乱市场经济秩序，则不应构成合同诈骗罪。合同诈骗罪中合同的范围除包括买卖合同、加工承揽合同、仓储合同、建设工程合同等债权合同外，也应包括抵押合同、质押合同、国有土地使用权出让合同等物权合同，以及合伙合同、联营合同、承包合同等；而行政法上的行政合同、劳动法上的劳动合同以及有关身份关系的合同不属于合同诈骗罪中的合同的范围。利用行政合同、人身合同实施诈骗犯罪的，可以考虑认定为传统诈骗犯罪或其他罪名。

2.从形式来看，合同诈骗罪中的合同一般指书面合同（包括合同书、信件和数据电文如电报、电传、传真、电子数据交换和电子邮件等可以有形地表现所载内容的形式），也包括口头合同。但口头合同一般限于生产、销售领域，且必须具备合同法规定的要件。对于在日常生活中，利用口头合同进行诈骗的，一般可不以合同诈骗定罪，构成其他犯罪的，可以其他犯罪认定。

八、关于金融机构工作人员诈骗本单位贷款的认定

1.金融机构工作人员如果利用职务之便，用冒名贷款等方式骗取本单位贷款，意图非法占有，应以贪污罪或职务侵占罪处罚。

2.金融机构工作人员如果利用职务之便，出于挪用的目的骗取本单位贷款，应以挪用公款罪或挪用资金罪处罚。

九、关于使用信用卡犯罪的几种情形

1.拾得他人信用卡并使用的，可根据信用卡使用方式的不同，而分别处理。

（1）在使用信用卡时，银行或相关单位根据规定必须查验身份证明的，行为人使用了伪造、冒用他人身份证明的方式，骗取资金或进行消费的，一般可以信用卡诈骗定性。

（2）在使用信用卡时，不需要查验身份证明，只需凭密码消费或提现，行为人通过破译、窃取方式取得密码而使用的，一般可以盗窃定性。

2.盗窃作废信用卡并使用的，应以信用卡诈骗论处。

第二百六十七条【抢夺罪】 抢夺公私财物，数额较大的，或者多次抢夺的，处三年以下有期徒刑、拘役或者管制，并处或者单处罚金；数额巨大或者有其他严重情节的，处三年以上十年以下有期徒刑，并处罚金；数额特别巨大或者有其他特别严重情节的，处十年以上有期徒刑或者无期徒刑，并处罚金或者没收财产。

携带凶器抢夺的，依照本法第二百六十三条【抢劫罪】的规定定罪处罚。【2015年11月1日刑法修正案（九）】

【1997年刑法】抢夺公私财物，数额较大的，处三年以下有期徒刑、拘役或者管制，并处或者单处罚金；数额巨大或者有其他严重情节的，处三年以上十年以下有期徒刑，并处罚金；数额特别巨大或者有其他特别严重情节的，处十年以上有期徒刑或者无期徒刑，并处罚金或者没收财产。

携带凶器抢夺的，依照本法第二百六十三条的规定定罪处罚。

（相关解释）**1.最高人民法院、最高人民检察院《关于办理抢夺刑事案件适用法律若干问题的解释》** 法释〔2013〕25号

第一条 抢夺公私财物价值一千元至三千元以上、三万元至八万元以上、二十万元至四十万元以上的，应当分别认定为《刑法》第二百六十七条规定的"数额较大""数额巨大""数额特别巨大"。

各省、自治区、直辖市高级人民法院、人民检察院可以根据本地区经济发展状况，并考虑社会治安状况，在前款规定的数额幅度内，确定本地区执行的具体数额标准，报最高人民法院、最高人民检察院批准。

第二条 抢夺公私财物，具有下列情形之一的，"数额较大"的标准按照前条规定标准的百分之五十确定：

（一）曾因抢劫、抢夺或者聚众哄抢受过刑事处罚的；

（二）一年内曾因抢夺或者哄抢受过行政处罚的；

（三）一年内抢夺三次以上的；

（四）驾驶机动车、非机动车抢夺的；

（五）组织、控制未成年人抢夺的；

（六）抢夺老年人、未成年人、孕妇、携带婴幼儿的人、残疾人、丧失劳动能力人的财物的；

（七）在医院抢夺病人或者其亲友财物的；

（八）抢夺救灾、抢险、防汛、优抚、扶贫、移民、救济款物的；

（九）自然灾害、事故灾害、社会安全事件等突发事件期间，在事件发生地抢夺的；

（十）导致他人轻伤或者精神失常等严重后果的。

第三条 抢夺公私财物，具有下列情形之一的，应当认定为《刑法》第二百六十七条规定的"其他严重情节"：

（一）导致他人重伤的；

（二）导致他人自杀的；

（三）具有本解释第二条第三项至第十项规定的情形之一，数额达到本解释第一条规

定的"数额巨大"百分之五十的。

第四条 抢夺公私财物，具有下列情形之一的，应当认定为《刑法》第二百六十七条规定的"其他特别严重情节"：

（一）导致他人死亡的；

（二）具有本解释第二条第三项至第十项规定的情形之一，数额达到本解释第一条规定的"数额特别巨大"百分之五十的。

第五条 抢夺公私财物数额较大，但未造成他人轻伤以上伤害，行为人系初犯，认罪、悔罪，退赃、退赔，且具有下列情形之一的，可以认定为犯罪情节轻微，不起诉或者免予刑事处罚；必要时，由有关部门依法予以行政处罚：

（一）具有法定从宽处罚情节的；

（二）没有参与分赃或者获赃较少，且不是主犯的；

（三）被害人谅解的；

（四）其他情节轻微、危害不大的。

第六条 驾驶机动车、非机动车夺取他人财物，具有下列情形之一的，应当以抢劫罪定罪处罚：

（一）夺取他人财物时因被害人不放手而强行夺取的；

（二）驾驶车辆逼挤、撞击或者强行逼倒他人夺取财物的；

（三）明知会致人伤亡仍然强行夺取并放任造成财物持有人轻伤以上后果的。

第七条 本解释公布施行后，最高人民法院《关于审理抢夺刑事案件具体应用法律若干问题的解释》（法释〔2002〕18号）同时废止；之前发布的司法解释和规范性文件与本解释不一致的，以本解释为准。

2.最高人民法院《关于审理抢劫、抢夺刑事案件适用法律若干问题的意见》法发〔2005〕8号

十一、驾驶机动车、非机动车夺取他人财物行为的定性

对于驾驶机动车、非机动车（以下简称"驾驶车辆"）夺取他人财物的，一般以抢夺罪从重处罚。但具有下列情形之一，应当以抢劫罪定罪处罚：

（1）驾驶车辆，逼挤、撞击或强行逼倒他人以排除他人反抗，乘机夺取财物的；

（2）驾驶车辆强抢财物时，因被害人不放手而采取强拉硬拽方法劫取财物的；

（3）行为人明知其驾驶车辆强行夺取他人财物的手段会造成他人伤亡的后果，仍然强行夺取并放任造成财物持有人轻伤以上后果的。

3.最高人民法院《关于审理抢劫案件具体应用法律若干问题的解释》法释〔2000〕35号

第六条 《刑法》第二百六十七条第二款规定的"携带凶器抢夺"，是指行为人随身携带枪支、爆炸物、管制刀具等国家禁止个人携带的器械进行抢夺或者为了实施犯罪而携带其他器械进行抢夺的行为。

4.最高人民法院、最高人民检察院、公安部《关于依法办理"碰瓷"违法犯罪案件的指导意见》公通字〔2020〕12号（2020年9月22日）（具体见《刑法》第二百六十六条）

四、实施"碰瓷"，采取转移注意力、趁人不备等方式，窃取、夺取他人财物，符合《刑法》第二百六十四条、第二百六十七条规定的，分别以盗窃罪、抢夺罪定罪处罚。

（附参考）**1.浙江省高级人民法院、浙江省人民检察院《印发关于确定抢夺罪数额标准的通知》**浙高法〔2014〕76号

抢夺公私财物价值人民币二千元以上、六万元以上、三十万元以上的，应当分别认定

为《刑法》第二百六十七条规定的"数额较大""数额巨大""数额特别巨大"。

2. 浙江省高级人民法院、浙江省人民检察院、浙江省公安厅《关于办理抢劫、抢夺犯罪案件适用法律的指导意见》浙公通字〔2009〕22号

四、准确把握"两抢"犯罪的证据规格

坚持以证据证明犯罪事实、以犯罪事实为裁判依据的原则，依法从重从快起诉、审判"两抢"案件。

（一）确实未能追缴到赃物，犯罪嫌疑人也否认犯罪行为，但有被害人的陈述和目击证人指证，且目击证人与犯罪嫌疑人、被害人没有利害关系，被害人陈述与证人指证能相印证的，可以认定作案事实的存在；

（二）犯罪嫌疑人虽否认作案，但从现场或其身上、住所搜缴到赃物，且被害人陈述或证人指证能与物证相印证的，可以认定作案事实的存在；

（三）团伙犯罪案件中，虽部分犯罪嫌疑人在逃，但根据现有证据可认定犯罪，可先行追究已归案犯罪嫌疑人的刑事责任。

3. 浙江省高级人民法院、浙江省人民检察院、浙江省公安厅《关于抢劫、盗窃、诈骗、抢夺借据、欠条等借款凭证是否构成犯罪的意见》浙高法〔2002〕10号（见第二百六十三条）

第二百六十八条【聚众哄抢罪】 聚众哄抢公私财物，数额较大或者有其他严重情节的，对首要分子和积极参加的，处三年以下有期徒刑、拘役或者管制，并处罚金；数额巨大或者有其他特别严重情节的，处三年以上十年以下有期徒刑，并处罚金。

（相关解释）**1. 最高人民法院《关于审理破坏森林资源刑事案件具体应用法律若干问题的解释》法释〔2000〕36号**

第十四条　聚众哄抢林木五立方米以上的，属于聚众哄抢"数额较大"；聚众哄抢林木二十立方米以上的，属于聚众哄抢"数额巨大"，对首要分子和积极参加的，依照《刑法》第二百六十八条的规定，以聚众哄抢罪定罪处罚。

2. 最高人民法院、最高人民检察院、公安部、司法部《关于依法惩治妨害新型冠状病毒感染肺炎疫情防控违法犯罪的意见》法发〔2020〕7号（2020年2月6日）（具体见第一百一十五条）

（五）依法严惩诈骗、聚众哄抢犯罪。在疫情防控期间，假借研制、生产或者销售用于疫情防控的物品的名义骗取公私财物，或者捏造事实骗取公众捐赠款物，数额较大的，依照《刑法》第二百六十六条的规定，以诈骗罪定罪处罚。

在疫情防控期间，违反国家规定，假借疫情防控的名义，利用广告对所推销的商品或者服务作虚假宣传，致使多人上当受骗，违法所得数额较大或者有其他严重情节的，依照《刑法》第二百二十二条的规定，以虚假广告罪定罪处罚。

在疫情防控期间，聚众哄抢公私财物特别是疫情防控和保障物资，数额较大或者有其他严重情节的，对首要分子和积极参加者，依照《刑法》第二百六十八条的规定，以聚众哄抢罪定罪处罚。

第二百六十九条 犯盗窃、诈骗、抢夺罪，为窝藏赃物、抗拒抓捕或者毁灭罪证而当场使用暴力或者以暴力相威胁的，依照本法第二百六十三条【抢劫罪】的规定定罪处罚。

（相关解释）**1. 最高人民法院《关于审理抢劫、抢夺刑事案件适用法律若干问题的意见》法发〔2005〕8号**

五、关于转化抢劫的认定

行为人实施盗窃、诈骗、抢夺行为，未达到"数额较大"，为窝藏赃物、抗拒抓捕或者毁灭罪证当场使用暴力或者以暴力相威胁，情节较轻、危害不大的，一般不以犯罪论处；但具有下列情节之一的，可依照《刑法》第二百六十九条的规定，以抢劫罪定罪处罚；

（1）盗窃、诈骗、抢夺接近"数额较大"标准的；

（2）入户或在公共交通工具上盗窃、诈骗、抢夺后在户外或交通工具外实施上述行为的；

（3）使用暴力致人轻微伤以上后果的；

（4）使用凶器或以凶器相威胁的；

（5）具有其他严重情节的。

2. 最高人民法院《关于审理未成年人犯罪案件具体应用法律若干问题的解释》 法释〔2006〕1号

第十条 已满十四周岁不满十六周岁的人盗窃、诈骗、抢夺他人财物，为窝藏赃物、抗拒抓捕或者毁灭罪证，当场使用暴力，故意伤害致人重伤或者死亡，或者故意杀人的，应当分别以故意伤害罪或者故意杀人罪定罪处罚。

已满十六周岁不满十八周岁的人犯盗窃、诈骗、抢夺罪，为窝藏赃物、抗拒抓捕或者毁灭罪证而当场使用暴力或者以暴力相威胁的，应当依照《刑法》第二百六十九条的规定定罪处罚；情节轻微的，可不以抢劫罪定罪处罚。

3. 最高人民检察院《关于相对刑事责任年龄的人承担刑事责任范围有关问题的答复》〔2003〕高检研发第13号

二、相对刑事责任年龄的人实施了《刑法》第二百六十九条规定的行为的，应当依照《刑法》第二百六十三条的规定，以抢劫罪追究刑事责任。但对情节显著轻微，危害不大的，可根据《刑法》第十三条的规定，不予追究刑事责任。

（附参考）浙江省高级人民法院、浙江省人民检察院、浙江省公安厅《关于办理抢劫、抢夺犯罪案件适用法律的指导意见》浙公通字〔2009〕22号

三、有关转化为抢劫情形的认定

行为人实施盗窃、诈骗、抢夺行为，虽未达到"数额较大"起点，但为窝藏赃物、抗拒抓捕或者毁灭罪证当场使用暴力或者以暴力相威胁，具有下列情形之一的，应以抢劫罪定罪处罚：

（一）盗窃、诈骗、抢夺达到"数额较大"标准百分之八十上的；

（二）入户或在公共交通工具上盗窃、诈骗、抢夺后在户外或交通工具外实施上述行为的；

（三）使用暴力致人轻微伤以上后果的；

（四）使用凶器或以凶器相威胁的；

（五）具有其他严重情节的。

第二百七十条【侵占罪】 将代为保管的他人财物非法占为己有，数额较大，拒不退还的，处二年以下有期徒刑、拘役或者罚金；数额巨大或者有其他严重情节的，处二年以上五年以下有期徒刑，并处罚金。

将他人的遗忘物或者埋藏物非法占为己有，数额较大，拒不交出的，依照前款的规定处罚。

本条罪，告诉的才处理。

（附参考）**1. 浙江省高级人民法院刑二庭《关于印发〈全省法院经济犯罪疑难问题研讨会纪要〉的通知》**浙高法刑二〔2005〕1号

二十三、侵占罪中"代为保管"的认定

保管是一种事实上的控制和支配，代为保管是指行为人代替他人保管，其不仅指行为人经他人委托而代为保管他人财物，也指虽未经他人委托而基于某种事实自行代为保管他人财物。如属代为保管，则表明行为人对他人财物已合法持有，此时如将财物非法所有，则可能构成侵占罪，反之则可能构成盗窃罪。

2. 浙江省高级人民法院《关于部分罪名定罪量刑情节及数额标准的意见》浙高法〔2012〕325号

67.《刑法》第二百七十条　【侵占罪】

侵占他人财物，数额在二万元以上不满十万元的，属于"数额较大"，处二年以下有期徒刑、拘役或者罚金。

侵占他人财物，数额在十万元以上的，属于"数额巨大"，处二年以上五年以下有期徒刑，并处罚金。

具有下列情形之一的，属于"其他严重情节"，处二年以上五年以下有期徒刑，并处罚金：

（1）侵占残疾人、老年人、不满十四周岁的未成年人或者丧失劳动能力人的财物的；

（2）侵占灾民、移民、受救助对象的财物的；

（3）严重情节的其他情形。

3. 宁波市中级人民法院、宁波市人民检察院、宁波市公安局《关于运输过程中非法占有运输物品案件适用法律问题的意见》甬公通字〔2009〕172号

一、承运的物品已加封或加锁的，行为人采用去封、去锁等手段窃取财物，数额较大，按照《刑法》第二百六十四条的规定，以盗窃罪定罪处罚。

承运的物品未加封或者加锁的，承运人、押运人将承运物品占为己有，数额较大的，应根据行为人的身份情况，按照《刑法》第二百七十条、第二百七十一条的规定，以侵占罪或职务侵占罪定罪处罚。

第二百七十一条【职务侵占罪】　公司、企业或者其他单位的工作人员，利用职务上的便利，将本单位财物非法占为己有，数额较大的，处三年以下有期徒刑或者拘役，并处罚金；数额巨大的，处三年以上十年以下有期徒刑，并处罚金；数额特别巨大的，处十年以上有期徒刑或者无期徒刑，并处罚金。

国有公司、企业或者其他国有单位中从事公务的人员和国有公司、企业或者其他国有单位委派到非国有公司、企业以及其他单位从事公务的人员有前款行为的，依照本法第三百八十二条、第三百八十三条【贪污罪】的规定定罪处罚。【2021年3月1日刑法修正案（十一）】

【1997年刑法】公司、企业或者其他单位的人员，利用职务上的便利，将本单位财物非法占为己有，数额较大的，处五年以下有期徒刑或者拘役；数额巨大的，处五年以上有期徒刑，可以并处没收财产。

国有公司、企业或者其他国有单位中从事公务的人员和国有公司、企业或者其他国有单位委派到非国有公司、企业以及其他单位从事公务的人员有前款行为的，依照本法第三

百八十二条、第三百八十三条的规定定罪处罚。

（相关解释）**1. 最高人民法院、最高人民检察院《关于办理贪污贿赂刑事案件适用法律若干问题的解释》**法释〔2016〕9号（具体见第三百八十三条）

第十一条　《刑法》第一百六十三条规定的非国家工作人员受贿罪、第二百七十一条规定的职务侵占罪中的"数额较大""数额巨大"的数额起点，按照本解释关于受贿罪、贪污罪相对应的数额标准规定的二倍、五倍执行。

《刑法》第二百七十二条规定的挪用资金罪中的"数额较大""数额巨大"以及"进行非法活动"情形的数额起点，按照本解释关于挪用公款罪"数额较大""情节严重"以及"进行非法活动"的数额标准规定的二倍执行。

《刑法》第一百六十四条第一款规定的对非国家工作人员行贿罪中的"数额较大""数额巨大"的数额起点，按照本解释第七条、第八条第一款关于行贿罪的数额标准规定的二倍执行。

2. 最高人民法院《关于如何认定国有控股、参股股份有限公司中的国有公司、企业人员的解释》法释〔2005〕10号

国有公司、企业委派到国有控股、参股公司从事公务的人员，以国有公司、企业人员论。

3. 最高人民法院《关于在国有资本控股、参股的股份有限公司中从事管理工作的人员利用职务便利非法占有本公司财物如何定罪问题的批复》法释〔2001〕17号

在国有资本控股、参股的股份有限公司中从事管理工作的人员，除受国家机关、国有公司、企业、事业单位委派从事公务的以外，不属于国家工作人员。对其利用职务上的便利，将本单位财物非法占为己有，数额较大的，应当依照《刑法》第二百七十一条第一款的规定，以职务侵占罪定罪处罚。

4. 最高人民法院《关于村民小组组长利用职务便利非法占有公共财物行为如何定性问题的批复》法释〔1999〕12号

对村民小组组长利用职务上的便利，将村民小组集体财产非法占为己有，数额较大的行为，应当依照《刑法》第二百七十一条第一款的规定，以职务侵占罪定罪处罚。

5. 最高人民法院《关于审理贪污、职务侵占案件如何认定共同犯罪几个问题的解释》法释〔2000〕15号

第一条　行为人与国家工作人员勾结，利用国家工作人员的职务便利，共同侵吞、窃取、骗取或者以其他手段非法占有公共财物的，以贪污罪共犯论处。

第二条　行为人与公司、企业或者其他单位的人员勾结，利用公司、企业或者其他单位人员的职务便利，共同将该单位财物非法占为己有，数额较大的，以职务侵占罪共犯论处。

第三条　公司、企业或者其他单位中，不具有国家工作人员身份的人与国家工作人员勾结，分别利用各自的职务便利，共同将本单位财物非法占为己有的，按照主犯的犯罪性质定罪。

6. 最高人民法院、最高人民检察院《关于办理妨害预防、控制突发传染病疫情等灾害的刑事案件具体应用法律若干问题的解释》法释〔2003〕8号

贪污、侵占用于预防、控制突发传染病疫情等灾害的款物或者挪用归个人使用，构成犯罪的，分别依照《刑法》第三百八十二条、第三百八十三条、第二百七十一条、第三百八十四条、第二百七十二条的规定，以贪污罪、侵占罪、挪用公款罪、挪用资金罪定罪，依法从重处罚。

7. 最高人民法院《全国法院维护农村稳定刑事审判工作座谈会纪要》法〔1999〕217号

（三）关于村委会和村党支部成员利用职务便利侵吞集体财产犯罪的定性问题

为了保证案件的及时审理，在没有司法解释规定之前，对于已起诉到法院的这类案件，原则上以职务侵占罪定罪处罚。

8. 最高人民法院、最高人民检察院《关于办理国家出资企业中职务犯罪案件具体应用法律若干问题的意见》法发〔2010〕49号

国家工作人员或者受国家机关、国有公司、企业、事业单位、人民团体委托管理、经营国有财产的人员利用职务上的便利，在国家出资企业改制过程中故意通过低估资产、隐瞒债权、虚设债务、虚构产权交易等方式隐匿公司、企业财产，转为本人持有股份的改制后公司、企业所有，应当依法追究刑事责任的，依照《刑法》第三百八十二条、第三百八十三条的规定，以贪污罪定罪处罚。贪污数额一般应当以所隐匿财产全额计算；改制后公司、企业仍有国有股份的，按股份比例扣除归国有的部分。

所隐匿财产在改制过程中已为行为人实际控制，或者国家出资企业改制已经完成的，以犯罪既遂处理。

第一款规定以外的人员实施该款行为的，依照《刑法》第二百七十一条的规定，以职务侵占罪定罪处罚；第一款规定以外的人员与第一款规定的人员共同实施该款行为的，以贪污罪的共犯论处。

9. 公安部经侦局《关于对非法占有他人股权是否构成职务侵占罪问题的工作意见》2005年6月24日

近年来，许多地方公安机关就公司股东之间或者被委托人采用非法手段侵占股权，是否涉嫌职务侵占罪问题请示我局。对此问题，我局多次召开座谈会并分别征求了高检、高法及人大法工委《刑法》室等有关部门的意见。近日，最高人民法院刑事审判第二庭书面答复我局：对于公司股东之间或者被委托人利用职务便利，非法占有公司股东股权的行为，如果能够认定行为人主观上具有非法占有他人财物的目的，则可对其利用职务便利，非法占有公司管理中的股东股权的行为以职务侵占罪论处。

10. 全国人民代表大会常务委员会法制工作委员会《对关于公司人员利用职务上的便利采取欺骗等手段非法占有股东股权的行为如何定性处理的批复的意见》法工委发函〔2005〕105号

最高人民检察院：

你院法律政策研究室2005年8月26日来函收悉。经研究，答复如下：

根据《刑法》第九十二条的规定，股份属于财产。采用各种非法手段侵吞，占有他人依法享有的股份，构成犯罪的，适用《刑法》有关非法侵犯他人财产的犯罪规定。

11. 最高人民法院、最高人民检察院《关于办理虚假诉讼刑事案件适用法律若干问题的解释》法释〔2018〕17号（见第三百零七条之一）

第四条　实施《刑法》第三百零七条之一第一款行为，非法占有他人财产或者逃避合法债务，又构成诈骗罪、职务侵占罪，拒不执行判决、裁定罪，贪污罪等犯罪的，依照处罚较重的规定定罪从重处罚。

12. 最高人民检察院、公安部《关于公安机关管辖的刑事案件立案追诉标准的规定（二）》（2022年4月6日）（附则见第一百二十条之一）

第七十六条　【职务侵占案（《刑法》第二百七十一条第一款）】公司、企业或者其他单位的人员，利用职务上的便利，将本单位财物非法占为己有，数额在三万元以上的，

应予立案追诉。

（附参考）**1. 浙江省高级人民法院刑事审判第一庭、第二庭《关于执行刑法若干问题的具体意见（三）》浙高法刑〔2000〕3 号**

7.国有公司、企业、事业单位工作人员，利用职务便利擅自以私盖公章等形式为他人提供贷款担保，造成单位因承担担保责任而使国家利益遭受重大损失的，依照《刑法》修正案修正后的《刑法》第一百六十八条定罪处罚；如果行为人是以此为手段以达到非法侵吞财物之目的的，依照主体情况以贪污罪或者职务侵占罪定罪处罚。

8.银行工作人员或者特约商户工作人员利用职务之便，盗划顾客的信用卡窃取资金的，依照行为人的主体身份，以贪污罪或者职务侵占罪定罪处罚。

2. 浙江省高级人民法院刑二庭《关于印发〈全省法院经济犯罪疑难问题研讨会纪要〉的通知》浙高法刑二〔2005〕1 号

一、村委会能否作为单位犯罪的主体

《刑法》第三十条规定："公司、企业、事业单位、机关、团体实施的危害社会的行为，法律规定为单位犯罪的，应当负刑事责任。" 此规定表明，能够成为单位犯罪的主体限于公司、企业、事业单位、机关、团体五类。村委会不属于上述规定中的前四类主体，但是否可将其归入团体范畴，在理论上和司法实践中均存有争议。而村委会成员作为"其他单位的人员"可以成为《刑法》第二百七十一条职务侵占罪的犯罪主体，对此在最高法院案例中已予认可，应当认为村委会可属于"其他单位"。因此，根据村委会的性质和职能，在司法实践中可以将其视为单位犯罪的主体。

3. 浙江省高级人民法院、浙江省人民检察院《关于办理虚假诉讼刑事案件具体适用法律的指导意见》浙高法〔2010〕207 号（见第三百零七条）

4. 宁波市中级人民法院、宁波市人民检察院、宁波市公安局《关于运输过程中非法占有运输物品案件适用法律问题的意见》甬公通字〔2009〕172 号

一、承运的物品已加封或加锁的，行为人采用去封、去锁等手段窃取财物，数额较大，按照《刑法》第二百六十四条的规定，以盗窃罪定罪处罚。

承运的物品未加封或者加锁的，承运人、押运人将承运物品占为己有，数额较大的，应根据行为人的身份情况，按照《刑法》第二百七十条、第二百七十一条的规定，以侵占罪或职务侵占罪定罪处罚。

5. 浙江省高级人民法院、浙江省人民检察院、浙江省公安厅《关于办理偷逃高速公路车辆通行费、盗窃高速公路交通设施等刑事案件具体适用法律若干问题的意见》浙公通字〔2010〕78 号（具体参照第二百六十六条）

二、行为人与高速公路营运管理工作人员合谋，利用高速公路营运管理工作人员的职务便利，共同偷逃高速公路车辆通行费，数额较大的，依照《刑法》第二百七十一条的规定，以职务侵占罪共犯论处；高速公路营运管理工作人员系国家工作人员的，依照《刑法》第三百八十二条的规定，以贪污罪共犯论处。

6. 浙江省高级人民法院刑二庭《关于审理建筑领域职务犯罪和经济犯罪案件若干问题的解答》2015 年 12 月 29 日

为加强建筑领域职务犯罪和经济犯罪案件的审判工作，现将我们调研中收集到的有关问题梳理汇总解答如下，供审理案件时参考。

一、如何理解和确定建筑领域涉及项目经理职务犯罪和经济犯罪案件的管辖？

答：实践中，由于建筑施工企业分支机构数量众多、分布分散，建筑施工企业的注册地、施工项目所在地、被告人户籍所在地、犯罪行为发生地和犯罪结果地往往不在同一地区，导致以项目经理为主体的经济犯罪和职务犯罪案件容易产生管辖方面的争议。根据刑事诉讼法和司法解释的有关规定，刑事案件一般由犯罪地的人民法院管辖，如果由被告人居住地人民法院管辖更为适宜的，可以由被告人居住地的人民法院管辖；犯罪地包括犯罪行为发生地和犯罪结果发生地。对项目经理职务侵占、挪用资金等职务犯罪和经济犯罪案件的管辖问题一般可按以下几个原则加以把握：

（1）建筑施工企业的工程项目所在地与建筑企业注册地一致的情况下，依照法律规定，犯罪地和被告人居住地的人民法院均当然具有管辖权。

（2）建筑施工企业的工程项目不在建筑施工企业注册地，但所挪用、侵占的资金是由建筑施工企业汇到项目地的，该建筑施工企业注册地可视为犯罪结果发生地，当地司法机关具有管辖权。

（3）被告人居住地、工程项目所在地、资金汇出地均不在建筑施工企业注册地的情况下，可参照单位犯罪、网络犯罪等司法解释的有关规定办理，不具有法人资格的建筑施工企业的项目部作为建筑施工企业的主要办事机构，本质上是建筑施工企业内部分支机构，项目经理在分支机构实施的犯罪可视为建筑施工企业内部人员实施犯罪，有关犯罪行为也必然侵害建筑施工企业的财产利益，使其遭受财产损失，故也应认可建筑施工企业注册地的司法机关有管辖权。

二、如何理解和认定建筑领域项目经理职务犯罪和经济犯罪中的主体身份？

答：项目经理的形态多种多样，既包括建筑施工企业依法设立的企业内部承包人员，也包括挂靠、非法转包等情形下的项目实际负责人；有的与建筑施工企业先前签订了劳动合同，有的补签了劳动合同，有的根本没签订劳动合同，能否成为职务侵占、挪用资金等职务类犯罪的主体，既要作形式审查，又要作实质判断，不宜一概而论。一般情况下，对项目经理的主体身份问题，可按以下几个原则加以把握：

（1）对于项目经理与建筑施工企业签订劳动合同或者存在事实上的劳动关系的情形，由于二者之间存在合法的劳动关系，项目经理由建筑施工企业任命，且以建筑施工企业的名义施工，符合职务类犯罪的主体要件，可以成为职务侵占、挪用资金等职务类犯罪的主体。

（2）对于不存在劳动关系的挂靠、非法转包情形，对项目经理的主体身份问题，可以按"授权型项目经理"和"非授权型项目经理"作进一步区分。所谓授权型项目经理，指建筑施工企业通过签订内部承包协议，出具任命文件、介绍信、委托书或者其他授权方式，赋予与建筑施工企业不存在劳动关系的项目经理以建筑施工企业的名义对外行为的权限，建筑施工企业愿意对外承担责任的情形，授权型项目经理可以成为职务侵占、挪用资金等职务类犯罪的主体。所谓非授权型项目经理，指与建筑施工企业不存在劳动关系的项目经理与建筑施工企业之间，既没有内部承包协议、任命书等文件，也不存在其他足以证明其已获建筑施工企业明确授权的情况，项目经理对外擅自以建筑施工企业的名义从事相关行为的情形，非授权型项目经理不宜成为职务侵占、挪用资金等职务类犯罪的主体。

三、如何理解和认定施工项目资金所有权归属，项目经理将施工项目资金、工程材料等财物占为己有或者将工程款挪作他用是否可构成职务侵占、挪用资金等犯罪？

答：依法准确认定施工项目资金等财物所有权归属，是审查认定职务犯罪和经济犯罪的前提和基础。在项目经理内部承包责任制下，项目经理垫资现象十分常见。因此，在审理相关案件时应以施工项目资金本质上是否垫付为判断标准，具体可分以下三种情况加以把握：

（1）对于项目经理垫付范围内的施工项目资金，垫付并不改变其财产所有权的归属，即应确定施工项目资金的所有权仍归属于项目经理。在此情形下，项目经理"侵占""挪用"其自己垫付的施工项目资金的行为一般不宜以职务侵占、挪用资金等犯罪定罪处罚。

（2）对于项目经理垫付范围外的施工项目资金，工程没有完工的，应当以工程结算节点为界。结算以前或者无法进行结算的，施工项目资金的所有权归属于建筑施工企业，结算以后施工项目资金的所有权归属于项目经理。

（3）建筑施工企业与项目经理对资金归属、资金使用范围等进行明确约定的，从约定。

四、如何理解和把握建筑领域伪造印章犯罪的定性处罚？

答：伪造印章犯罪是建筑领域较为常见的犯罪，通常不单独出现，而是作为伪造证据、虚假诉讼等行为的一种手段。根据《刑法》第二百八十条规定，伪造公司、企业、事业单位、人民团体印章罪的印章，不仅包括公司公章，还包括公司项目部章、合同专用章、技术专用章、财务专用章等印章。项目经理伪造上述有关印章的，可认定为伪造公司印章。对项目经理实施违规利用（伪造、偷盖、修改粘贴方式）建筑施工企业印章、虚假诉讼以及损害建筑施工企业利益的其他行为，构成其他犯罪的，宜根据从一重罪处断等原则依法处理。

五、如何理解和把握建筑领域项目经理拒不支付劳动报酬行为的定性？

答：《刑法修正案（八）》增设了拒不支付劳动报酬罪，对项目经理拖欠、拒不支付民工工资等行为具有较大的威慑作用。但在司法实践中，对于项目经理拒不支付劳动报酬案件，还存在主体身份难确定、入罪标准不明确等问题。对此，一般宜按以下几个原则加以把握：

（1）根据《最高人民法院关于审理拒不支付劳动报酬刑事案件适用法律若干问题的解释》第二条、第七条的规定，拒不支付劳动报酬罪的犯罪主体为一般主体，既包括用工单位，也包括用工个人。

（2）当建筑施工企业为用人单位时，应由建筑施工企业对外承担支付劳动报酬的法律责任，项目经理以逃匿、去向不明等方式转移资产拒不支付劳动报酬的行为，可按职务侵占等犯罪处理，一般不宜以拒不支付劳动报酬罪定性处罚。

（3）当项目经理作为用工主体时，其以逃避支付劳动者的劳动报酬为目的转移财产、逃匿、去向不明的，宜以拒不支付劳动报酬罪追究刑事责任。

六、如何理解和把握建筑领域项目经理虚假诉讼行为的定性处罚？

答：虚假诉讼是指民事诉讼各方当事人恶意串通，采取虚构法律关系、捏造案件事实方式提起民事诉讼，或者利用虚假仲裁裁决、公证文书申请执行，使法院作出错误裁判或执行，以获取非法利益的行为。《刑法修正案（九）》实施后，对于项目经理虚假诉讼行为，可按以下原则加以把握：

（1）对于项目经理与他人恶意串通进行虚假诉讼的行为一般以虚假诉讼罪定罪处罚。实践中，应注意审查虚假诉讼行为是个人行为还是单位行为。若项目经理以其个人名义，以捏造的事实提起民事诉讼，并将违法所得归个人所有的，项目经理构成个人犯罪。若项目经理以其所在单位的名义进行虚假诉讼，且违法所得归单位所有的，可构成单位犯罪。

（2）项目经理实施虚假诉讼，非法占有他人财产或者逃避合法债务，同时构成诈骗罪、职务侵占罪等其他犯罪的，依照处罚较重的规定定罪从重处罚。

7. 浙江省高级人民法院、浙江省人民检察院、浙江省公安厅《关于办理建筑施工企业从业人员犯罪案件若干法律适用问题的会议纪要》浙高法〔2017〕228 号

为进一步统一法律适用尺度，防止执法偏差，省高级人民法院、省人民检察院和省公安厅就办理建筑施工企业项目经理等从业人员犯罪案件中出现的新情况新问题，于近期进行了研讨并达成共识，现纪要如下：

一、关于建筑施工企业从业人员犯罪案件的管辖问题

实践中，由于建筑施工企业分支机构数量众多、分布分散，建筑施工企业的注册地、施工项目所在地、被告人户籍所在地、犯罪行为发生地和犯罪结果地往往不在同一地区，导致建筑领域以项目经理或承包人为主体的犯罪案件容易产生管辖方面的争议。对建筑领域项目经理、承包人职务侵占、挪用资金等职务犯罪和伪造印章、虚假诉讼、合同诈骗等其他犯罪案件的侦查、起诉和审判管辖问题，可以由犯罪行为发生地司法机关管辖，也可以由上述案件犯罪结果地即建筑企业所在地司法机关管辖。

二、关于建筑领域职务犯罪的主体认定问题

对于项目经理、承包人与建筑施工企业签订劳动合同或内部承包合同，并负责管理工程项目或分公司的，相关成员可以成为职务侵占、挪用资金等职务类犯罪的主体。

对于项目经理、承包人与建筑施工企业既不存在劳动关系，又无内部承包合同、任命书等文件足以证明其已获建筑施工企业明确授权，擅自以建筑施工企业的名义从事活动的，相关成员不宜成为针对该企业的职务侵占、挪用资金等职务类犯罪的主体。构成其他犯罪的，应依法追究刑事责任。

三、关于施工项目资金所有权归属及相关行为的定性问题

依法准确认定施工项目资金等财物所有权归属，是审查认定职务犯罪和经济犯罪的前提和基础。在项目经理内部承包责任制下，对施工项目资金所有权的归属，可根据在案的事实证据情况按下列原则处理：

（1）建筑施工企业与项目经理、承包人对资金归属和使用等问题有明确约定的，从约定。

（2）对于项目经理、承包人垫付范围内的施工项目资金，垫付并不改变其财产所有权的归属，即应确定施工项目资金的所有权仍归属于项目经理、承包人。但在认定项目经理、承包人垫付工程款时，应当由项目经理、承包人提供明确规范的资金往来财务凭证，并向建筑企业与项目经理、承包人核实确认。在此情形下，项目经理、承包人"侵占""挪用"施工项目资金未超出其垫付数额的，一般不宜以职务侵占、挪用资金等犯罪定罪处罚。

（3）对于项目经理、承包人垫付范围外的施工项目资金，工程没有完工的，应当以工程结算节点为界。结算以前或者无法进行结算的，施工项目资金的所有权归属于建筑施工企业，结算以后施工项目资金的所有权归属于项目经理、承包人。

四、关于建筑领域伪造印章犯罪的定性处罚问题

伪造印章犯罪是建筑领域较为常见的犯罪，通常不单独出现，而是作为伪造证据、虚假诉讼等行为的一种手段。根据《刑法》第二百八十条规定，伪造公司、企业、事业单位、人民团体印章罪的印章，不仅包括公司公章，还包括公司项目部章、合同专用章、技术专用章、财务专用章等印章。

项目经理、承包人伪造一枚上述有关印章且直接获利6万元以上或造成30万元以上经济损失的，或伪造三枚以上印章的，可以伪造公司印章罪追究刑事责任。

对项目经理、承包人实施违规利用（伪造、偷盖、修改粘贴方式）建筑施工企业印章、虚假诉讼以及损害建筑施工企业利益的其他行为，构成其他犯罪的，宜根据从一重罪处断等原则依法处理。

五、关于建筑领域项目经理、承包人拒不支付劳动报酬行为的定性问题

《刑法修正案（八）》增设了拒不支付劳动报酬罪。对于项目经理、承包人拒不支付劳动报酬案件，在主体身份的确定、入罪标准等方面可按以下几个原则加以把握：

（1）根据《最高人民法院关于审理拒不支付劳动报酬刑事案件适用法律若干问题的解释》第二条、第七条的规定，拒不支付劳动报酬罪的犯罪主体为一般主体，既包括用工单位，也包括用工个人。在劳动人员由项目经理、承包人雇佣的情况下，项目经理、承包人可以成为该罪的犯罪主体。

（2）当建筑施工企业为用工主体时，应由建筑施工企业对外承担支付劳动报酬的法律责任，项目经理、承包人以逃匿、去向不明等方式转移资产拒不支付劳动报酬的行为，可按职务侵占等犯罪处理，一般不宜以拒不支付劳动报酬罪定性处罚。

（3）当项目经理、承包人作为用工主体时，其以逃避支付劳动者的劳动报酬为目的转移财产、逃匿的，或在经有关部门与施工企业催告后仍拒不支付劳动报酬的，宜以拒不支付劳动报酬罪追究刑事责任。

六、关于建筑领域项目经理、承包人虚假诉讼行为的定性处罚问题

《刑法修正案（九）》实施后，对于项目经理、承包人虚假诉讼行为，可按以下原则加以把握：

（1）对于项目经理、承包人与他人恶意串通进行虚假诉讼的行为一般以虚假诉讼罪定罪处罚。

（2）项目经理、承包人实施虚假诉讼，非法占有他人财产或者逃避合法债务，同时构成诈骗罪、职务侵占罪等其他犯罪的，依照处罚较重的规定定罪处罚。

七、关于建筑领域刑民交叉案件的处置问题

人民法院在民事诉讼中发现有虚假诉讼犯罪嫌疑的，将有关犯罪线索、证据材料一并移送公安机关，公安机关应予受案审查，并将立案或不予立案情况函告人民法院。公安机关发现立案侦查的涉嫌虚假诉讼案件已经在人民法院审理的，应将立案情况函告人民法院，人民法院经审查认为属于同一法律事实的，应当依法中止审理，并函告公安机关。检察机关应当强化建筑领域犯罪案件的执法监督，切实维护司法公正。

对于项目经理、承包人以垫付工程款名义对外借款的，在民事诉讼中应加强对借款资金交付、去向等影响借款是否真实发生的证据审查。在查办建筑领域刑事案件过程中，应当更加注重协调刑民交叉案件相关事实的认定。相关民事判决最终认定建筑企业承担民事责任，项目经理、承包人涉嫌构成挪用、职务侵占等犯罪行为的，应依法追究刑事责任。

八、关于项目经理、承包人个人行贿和单位行贿的认定问题

项目经理、承包人为承揽业务，未经建筑施工企业负责人或集体研究决定，个人实施行贿、串通投标等犯罪行为，违法所得亦归个人所有一般不宜认定为单位犯罪。

九、本纪要下发后，各级人民法院、人民检察院、公安机关要认真贯彻执行，如上级有新的规定，按照新的规定执行。

第二百七十二条【挪用资金罪】 公司、企业或者其他单位的工作人员，利用职务上的便利，挪用本单位资金归个人使用或者借贷给他人，数额较大、超过三个月未还的，或者虽未超过三个月，但数额较大、进行营利活动的，或者进行非法活动的，处三年以下有期徒刑或者拘役；挪用本单位资金数额巨大的，处三年以上七年以下有期徒刑；数额特别巨大的，处七年以上有期徒刑。

国有公司、企业或者其他国有单位中从事公务的人员和国有公司、企业或者其他国有单位委派到非国有公司、企业以及其他单位从事公务的人员有前款行为的，依照本法第三百八十四条【挪用公款罪】的规定定罪处罚。

有第一款行为，在提起公诉前将挪用的资金退还的，可以从轻或者减轻处罚。其中，犯罪较轻的，可以减轻或者免除处罚。【2021年3月1日刑法修正案（十一）】

【1997年刑法】公司、企业或者其他单位的工作人员，利用职务上的便利，挪用本单位资金归个人使用或者借贷给他人，数额较大、超过三个月未还的，或者虽未超过三个月，但数额较大、进行营利活动的，或者进行非法活动的，处三年以下有期徒刑或者拘役；挪用本单位资金数额巨大的，或者数额较大不退还的，处三年以上十年以下有期徒刑。

国有公司、企业或者其他国有单位中从事公务的人员和国有公司、企业或者其他国有单位委派到非国有公司、企业以及其他单位从事公务的人员有前款行为的，依照本法第三百八十四条的规定定罪处罚。

（相关解释）**1.最高人民法院、最高人民检察院《关于办理贪污贿赂刑事案件适用法律若干问题的解释》**法释〔2016〕9号（具体见第三百八十三条）

第十一条　《刑法》第一百六十三条规定的非国家工作人员受贿罪、第二百七十一条规定的职务侵占罪中的"数额较大""数额巨大"的数额起点，按照本解释关于受贿罪、贪污罪相对应的数额标准规定的二倍、五倍执行。

《刑法》第二百七十二条规定的挪用资金罪中的"数额较大""数额巨大"以及"进行非法活动"情形的数额起点，按照本解释关于挪用公款罪"数额较大""情节严重"以及"进行非法活动"的数额标准规定的二倍执行。

《刑法》第一百六十四条第一款规定的对非国家工作人员行贿罪中的"数额较大""数额巨大"的数额起点，按照本解释第七条、第八条第一款关于行贿罪的数额标准规定的二倍执行。

2.最高人民法院《关于如何理解〈刑法〉第二百七十二条规定的"挪用本单位资金归个人使用或者借贷给他人"问题的批复》法释〔2000〕22号

公司、企业或者其他单位的非国家工作人员，利用职务上的便利，挪用本单位资金归本人或者其他自然人使用，或者挪用人以个人名义将所挪用的资金借给其他自然人和单位，构成犯罪的，应当依照《刑法》第二百七十二条第一款的规定定罪处罚。

3.最高人民法院《关于对受委托管理、经营国有财产人员挪用国有资金行为如何定罪问题的批复》法释〔2000〕5号

对于受国家机关、国有公司、企业、事业单位、人民团体委托，管理、经营国有财产的非国家工作人员，利用职务上的便利，挪用国有资金归个人使用构成犯罪的，应当依照《刑法》第二百七十二条第一款的规定定罪处罚。

4.最高人民检察院《关于挪用尚未注册成立公司资金的行为适用法律问题的批复》高检发研字〔2000〕19号

筹建公司的工作人员在公司登记注册前，利用职务上的便利，挪用准备设立的公司在银行开设的临时账户上的资金，归个人使用或者借贷给他人，数额较大、超过三个月未还的，或者虽未超过三个月，但数额较大、进行营利活动的，或者进行非法活动的，应当根据《刑法》第二百七十二条的规定，追究刑事责任。

5.最高人民法院、最高人民检察院《关于办理妨害预防、控制突发传染病疫情等灾害的刑事案件具体应用法律若干问题的解释》法释〔2003〕8号

贪污、侵占用于预防、控制突发传染病疫情等灾害的款物或者挪用归个人使用，构成犯罪的，分别依照《刑法》第三百八十二条、第三百八十三条、第二百七十一条、第三百八十四条、第二百七十二条的规定，以贪污罪、侵占罪、挪用公款罪、挪用资金罪定罪，依法从重处罚。

6. 最高人民法院、最高人民检察院《关于办理国家出资企业中职务犯罪案件具体应用法律若干问题的意见》法发〔2010〕49号

国家出资企业的工作人员在公司、企业改制过程中为购买公司、企业股份，利用职务上的便利，将公司、企业的资金或者金融凭证、有价证券等用于个人贷款担保的，依照《刑法》第二百七十二条或者第三百八十四条的规定，以挪用资金罪或者挪用公款罪定罪处罚。

行为人在改制前的国家出资企业持有股份的，不影响挪用数额的认定，但量刑时应当酌情考虑。

经有关主管部门批准或者按照有关政策规定，国家出资企业的工作人员为购买改制公司、企业股份实施前款行为的，可以视具体情况不作为犯罪处理。

7. 公安部《关于村民小组组长以本组资金为他人担保贷款如何定性处理问题的批复》
公法〔2001〕83号
陕西省公安厅：

你厅《关于村民小组组长以组上资金为他人担保贷款造成集体资金严重损失如何定性问题的请示》收悉。现批复如下：

村民小组组长利用职务上的便利，擅自将村民小组的集体财产为他人担保贷款，并以集体财产承担担保责任的，属于挪用本单位资金归个人使用的行为。构成犯罪的，应当依照《刑法》第二百七十二条第一款的规定，以挪用资金罪追究行为人的刑事责任。

8. 最高人民检察院、公安部《关于公安机关管辖的刑事案件立案追诉标准的规定（二）》
（2022年4月6日）（附则见第一百二十条之一）

第七十七条 【挪用资金案（《刑法》第二百七十二条第一款）】公司、企业或者其他单位的工作人员，利用职务上的便利，挪用本单位资金归个人使用或者借贷给他人，涉嫌下列情形之一的，应予立案追诉：

（一）挪用本单位资金数额在五万元以上，超过三个月未还的；

（二）挪用本单位资金数额在五万元以上，进行营利活动的；

（三）挪用本单位资金数额在三万元以上，进行非法活动的。

具有下列情形之一的，属于本条规定的"归个人使用"：

（一）将本单位资金供本人、亲友或者其他自然人使用的；

（二）以个人名义将本单位资金供其他单位使用的；

（三）个人决定以单位名义将本单位资金供其他单位使用，谋取个人利益的。

（附参考）1. 浙江省高级人民法院刑事审判庭《关于执行刑法若干问题的具体意见》
浙高法刑〔1999〕1号

33.《刑法》第一百八十七条，银行或者其他金融机构的工作人员"采取吸收客户资金不入账的方式，将资金用于非法拆借、发放贷款"，是指行为人与客户约定后，将客户资金不记入银行账户，用于非法拆借、发放贷款。如果行为人没有与客户约定，利用职务便利将客户的资金用于非法拆借、发放贷款的，应按照《刑法》第二百七十二条挪用资金罪或者《刑法》第三百八十四条挪用公款罪定罪处罚。

2. 浙江省高级人民法院刑事审判庭《关于执行刑法若干问题的具体意见（二）》浙高

法刑〔2000〕2号

19.《刑法》第二百七十二条挪用资金罪，挪用资金存入银行或者借给他人而挪用人从中获取收益的，属于挪用资金进行营利活动。

3. 浙江省高级人民法院刑二庭《关于印发〈全省法院经济犯罪疑难问题研讨会纪要〉的通知》浙高法刑二〔2005〕1号

二十四、挪用资金罪的追诉时效

追诉时效确定的依据是犯罪行为所应具体适用的量刑幅度，即在具体确定某犯罪行为的追诉时效时，应先确定量刑幅度。《刑法》第二百七十二条规定了挪用资金罪的两个量刑幅度，其中第二个幅度中有挪用本单位资金数额较大不退还的情形。《刑法》和司法解释对如何确定挪用资金不退还，均未作出明确规定。最高人民法院、最高人民检察院《关于执行〈关于惩治贪污罪贿赂罪的补充规定〉若干问题的解答》第二条第（三）项规定，"挪用公款数额较大不退还的，以贪污论处"中的"退还"是指挪用人或其家属在司法机关立案后将挪用款交还。最高人民法院《关于审理挪用公款案件具体应用法律若干问题的解释》第五条规定，"挪用公款数额巨大不退还的"，是指挪用公款数额巨大，因客观原因在一审宣判前不能退还的。挪用资金罪与挪用公款罪的定罪处刑模式基本一致，且部分挪用资金罪是从原挪用公款罪中分离出来的，因此，对于挪用资金不退还的理解可参照上述司法解释的规定，即"不退还"是指在一审宣判前因客观原因不能退还。

最高人民法院于2003年9月22日给天津高院的批复中指出："根据《刑法》第八十九条第三百八十四条的规定，挪用公款归个人使用，进行非法活动的，或者挪用公款数额较大、进行营利活动的，犯罪的追诉期限从挪用行为实施完毕之日起计算；挪用公款数额较大、超过三个月未还的，犯罪的追诉期限从挪用公款成立之日起计算。挪用公款行为有连续状态的，犯罪的追诉期限应当从最后一次挪用行为实施完毕之日起或犯罪成立之日起计算。"挪用资金罪追诉时效的起算时间可参照上述司法解释的规定。

4. 浙江省高级人民法院刑二庭《关于审理建筑领域职务犯罪和经济犯罪案件若干问题的解答》2015年12月29日（具体见第二百七十一条）

5. 浙江省高级人民法院、浙江省人民检察院、浙江省公安厅《关于办理建筑施工企业从业人员犯罪案件若干法律适用问题的会议纪要》浙高法〔2017〕228号（见第二百七十一条）

第二百七十三条【挪用特定款物罪】 挪用用于救灾、抢险、防汛、优抚、扶贫、移民、救济款物，情节严重，致使国家和人民群众利益遭受重大损害的，对直接责任人员，处三年以下有期徒刑或者拘役；情节特别严重的，处三年以上七年以下有期徒刑。

（相关解释）**1. 最高人民检察院《关于挪用失业保险基金和下岗职工基本生活保障资金的行为适用法律问题的批复》**高检发释字〔2003〕1号

挪用失业保险基金和下岗职工基本生活保障资金属于挪用救济款物。挪用失业保险基金和下岗职工基本生活保障资金，情节严重，致使国家和人民群众利益遭受重大损害的，对直接责任人员，应当依照《刑法》第二百七十三条的规定，以挪用特定款物罪追究刑事责任；国家工作人员利用职务上的便利，挪用失业保险基金和下岗职工基本生活保障资金归个人使用，构成犯罪的，应当依照《刑法》第三百八十四条的规定，以挪用公款罪追究刑事责任。

2. 最高人民法院、最高人民检察院《关于办理妨害预防、控制突发传染病疫情等灾害

的刑事案件具体应用法律若干问题的解释》法释〔2003〕8号

挪用用于预防、控制突发传染病疫情等灾害的救灾、优抚、救济等款物，构成犯罪的，对直接责任人员，依照《刑法》第二百七十三条的规定，以挪用特定款物罪定罪处罚。

（附参考）**浙江省高级人民法院《关于部分罪名定罪量刑情节及数额标准的意见》**浙高法〔2012〕325号

70.《刑法》第二百七十三条【挪用特定款物罪】

具有下列情形之一的，属于"情节严重，致使国家和人民群众利益遭受重大损害"，处三年以下有期徒刑或者拘役：

（1）挪用特定款物数额在五千元以上不满五万元的；

（2）造成国家和人民群众直接经济损失五万元以上不满五十万元的；

（3）虽未达到上述二项数额标准，但多次挪用特定款物，或者造成人民群众的生产、生活严重困难的；

（4）严重损害国家声誉，或者造成恶劣社会影响的；

（5）情节严重，致使国家和人民群众利益遭受重大损害的其他情形。

具有下列情形之一的，属于"情节特别严重"，处三年以上七年以下有期徒刑：

（1）挪用特定款物数额在五万元以上的；

（2）造成国家和人民群众直接经济损失五十万元以上的；

（3）情节特别严重的其他情形。

第二百七十四条【敲诈勒索罪】 敲诈勒索公私财物，数额较大或者多次敲诈勒索的，处三年以下有期徒刑、拘役或者管制，并处或者单处罚金；数额巨大或者有其他严重情节的，处三年以上十年以下有期徒刑，并处罚金；数额特别巨大或者有其他特别严重情节的，处十年以上有期徒刑，并处罚金。【2011年5月1日刑法修正案（八）】

【1997年刑法】敲诈勒索公私财物，数额较大的，处三年以下有期徒刑、拘役或者管制；数额巨大或者有其他严重情节的，处三年以上十年以下有期徒刑。

（相关解释）1.**最高人民法院、最高人民检察院《关于办理敲诈勒索刑事案件适用法律若干问题的解释》**法释〔2013〕10号

第一条 敲诈勒索公私财物价值二千元至五千元以上、三万元至十万元以上、三十万元至五十万元以上的，应当分别认定为《刑法》第二百七十四条规定的"数额较大""数额巨大""数额特别巨大"。

各省、自治区、直辖市高级人民法院、人民检察院可以根据本地区经济发展状况和社会治安状况，在前款规定的数额幅度内，共同研究确定本地区执行的具体数额标准，报最高人民法院、最高人民检察院批准。

第二条 敲诈勒索公私财物，具有下列情形之一的，"数额较大"的标准可以按照本解释第一条规定标准的百分之五十确定：

（一）曾因敲诈勒索受过刑事处罚的；

（二）一年内曾因敲诈勒索受过行政处罚的；

（三）对未成年人、残疾人、老年人或者丧失劳动能力人敲诈勒索的；

（四）以将要实施放火、爆炸等危害公共安全犯罪或者故意杀人、绑架等严重侵犯公民人身权利犯罪相威胁敲诈勒索的；

（五）以黑恶势力名义敲诈勒索的；

（六）利用或者冒充国家机关工作人员、军人、新闻工作者等特殊身份敲诈勒索的；

（七）造成其他严重后果的。

第三条　二年内敲诈勒索三次以上的，应当认定为《刑法》第二百七十四条规定的"多次敲诈勒索"。

第四条　敲诈勒索公私财物，具有本解释第二条第三项至第七项规定的情形之一，数额达到本解释第一条规定的"数额巨大""数额特别巨大"百分之八十的，可以分别认定为《刑法》第二百七十四条规定的"其他严重情节""其他特别严重情节"。

第五条　敲诈勒索数额较大，行为人认罪、悔罪，退赃、退赔，并具有下列情形之一的，可以认定为犯罪情节轻微，不起诉或者免予刑事处罚，由有关部门依法予以行政处罚：

（一）具有法定从宽处罚情节的；

（二）没有参与分赃或者获赃较少且不是主犯的；

（三）被害人谅解的；

（四）其他情节轻微、危害不大的。

第六条　敲诈勒索近亲属的财物，获得谅解的，一般不认为是犯罪；认定为犯罪的，应当酌情从宽处理。

被害人对敲诈勒索的发生存在过错的，根据被害人过错程度和案件其他情况，可以对行为人酌情从宽处理；情节显著轻微危害不大的，不认为是犯罪。

第七条　明知他人实施敲诈勒索犯罪，为其提供信用卡、手机卡、通讯工具、通讯传输通道、网络技术支持等帮助的，以共同犯罪论处。

第八条　对犯敲诈勒索罪的被告人，应当在二千元以上、敲诈勒索数额的二倍以下判处罚金；被告人没有获得财物的，应当在二千元以上十万元以下判处罚金。

第九条　本解释公布施行后，最高人民法院《关于敲诈勒索罪数额认定标准问题的规定》（法释〔2000〕11号）同时废止；此前发布的司法解释与本解释不一致的，以本解释为准。

2. 最高人民法院、最高人民检察院《关于办理利用信息网络实施诽谤等刑事案件适用法律若干问题的解释》 法释〔2013〕21号

第六条　以在信息网络上发布、删除等方式处理网络信息为由，威胁、要挟他人，索取公私财物，数额较大，或者多次实施上述行为的，依照《刑法》第二百七十四条的规定，以敲诈勒索罪定罪处罚。

第八条　明知他人利用信息网络实施诽谤、寻衅滋事、敲诈勒索、非法经营等犯罪，为其提供资金、场所、技术支持等帮助的，以共同犯罪论处。

第九条　利用信息网络实施诽谤、寻衅滋事、敲诈勒索、非法经营犯罪，同时又构成《刑法》第二百二十一条规定的损害商业信誉、商品声誉罪，第二百七十八条规定的煽动暴力抗拒法律实施罪，第二百九十一条之一规定的编造、故意传播虚假恐怖信息罪等犯罪的，依照处罚较重的规定定罪处罚。

第十条　本解释所称信息网络，包括以计算机、电视机、固定电话机、移动电话机等电子设备为终端的计算机互联网、广播电视网、固定通信网、移动通信网等信息网络，以及向公众开放的局域网络。

3. 最高人民法院、最高人民检察院、公安部《关于办理组织领导传销活动刑事案件适用法律若干问题的意见》 公通字〔2013〕37号

六、关于罪名的适用问题

犯组织、领导传销活动罪，并实施故意伤害、非法拘禁、敲诈勒索、妨害公务、聚众扰乱社会秩序、聚众冲击国家机关、聚众扰乱公共场所秩序、交通秩序等行为，构成犯罪的，依照数罪并罚的规定处罚。

4. 最高人民检察院《关于强迫借贷行为适用法律问题的批复》 高检发释字〔2014〕1号

以暴力、胁迫手段强迫他人借贷，属于《刑法》第二百二十六条第二项规定的"强迫他人提供或者接受服务"，情节严重的，以强迫交易罪追究刑事责任；同时构成故意伤害罪等其他犯罪的，依照处罚较重的规定定罪处罚。以非法占有为目的，以借贷为名采用暴力、胁迫手段获取他人财物，符合《刑法》第二百六十三条或者第二百七十四条规定的，以抢劫罪或者敲诈勒索罪追究刑事责任。 2014年4月17日

5. 最高人民法院、最高人民检察院、公安部、司法部《关于办理黑恶势力犯罪案件若干问题的指导意见》法发〔2018〕1号（见第二百九十四条）

（注：最高人民法院、最高人民检察院、公安部、司法部《关于适用〈中华人民共和国刑法修正案（十一）〉有关问题的通知》法发〔2021〕16号规定：《刑法修正案（十一）》生效后，与《刑法修正案（十一）》不一致的内容，不再适用；与《刑法修正案（十一）》不相冲突的内容，在新的司法解释颁行前，继续有效）（具体见第一百一十五条）

四、依法惩处利用"软暴力"实施的犯罪

17.黑恶势力为谋取不法利益或形成非法影响，有组织地采用滋扰、纠缠、哄闹、聚众造势等手段侵犯人身权利、财产权利，破坏经济秩序、社会秩序，构成犯罪的，应当分别依照《刑法》相关规定处理：

（1）有组织地采用滋扰、纠缠、哄闹、聚众造势等手段扰乱正常的工作、生活秩序，使他人产生心理恐惧或者形成心理强制，分别属于《刑法》第293条第一款第（二）项规定的"恐吓"、《刑法》第226规定的"威胁"，同时符合其他犯罪构成条件的，应分别以寻衅滋事罪、强迫交易罪定罪处罚。

《关于办理寻衅滋事刑事案件适用法律若干问题的解释》第2条至第4条中的"多次"一般应当理解为2年内实施寻衅滋事行为3次以上。2年内多次实施不同种类寻衅滋事行为的，应当追究刑事责任。

（2）以非法占有为目的强行索取公私财物，有组织地采用滋扰、纠缠、哄闹、聚众造势等手段扰乱正常的工作、生活秩序，同时符合《刑法》第274条规定的其他犯罪构成条件的，应当以敲诈勒索罪定罪处罚。同时由多人实施或者以统一着装、显露纹身、特殊标识以及其他明示或者暗示方式，足以使对方感知相关行为的有组织性的，应当认定为《关于办理敲诈勒索刑事案件适用法律若干问题的解释》第2条第（五）项规定的"以黑恶势力名义敲诈勒索"。

采用上述手段，同时又构成其他犯罪的，应当依法按照处罚较重的规定定罪处罚。

雇佣、指使他人有组织地采用上述手段强迫交易、敲诈勒索，构成强迫交易罪、敲诈勒索罪的，对雇佣者、指使者，一般应当以共同犯罪中的主犯论处。为强索不受法律保护的债务或者因其他非法目的，雇佣、指使他人有组织地采用上述手段寻衅滋事，构成寻衅滋事罪的，对雇佣者、指使者，一般应当以共同犯罪中的主犯论处；为追讨合法债务或者因婚恋、家庭、邻里纠纷等民间矛盾而雇佣、指使，没有造成严重后果的，一般不作为犯罪处理，但经有关部门批评制止或者处理处罚后仍继续实施的除外。

6. 最高人民法院、最高人民检察院、公安部、司法部《关于办理实施"软暴力"的刑事案件若干问题的意见》（2019年4月9日）（见第二百九十四条）

八、以非法占有为目的，采用"软暴力"手段强行索取公私财物，同时符合《刑法》第二百七十四条规定的其他犯罪构成要件的，应当以敲诈勒索罪定罪处罚。

《关于办理敲诈勒索刑事案件适用法律若干问题的解释》第三条中"二年内敲诈勒索三次以上"，包括已受行政处罚的行为。

7. 最高人民法院、最高人民检察院、公安部、司法部《关于办理利用信息网络实施黑恶势力犯罪刑事案件若干问题的意见》（2019 年 7 月 23 日）（见第二百九十四条）

6.利用信息网络威胁、要挟他人，索取公私财物，数额较大，或者多次实施上述行为的，依照《刑法》第二百七十四条的规定，以敲诈勒索罪定罪处罚。

8.侦办利用信息网络实施的强迫交易、敲诈勒索等非法敛财类案件，确因被害人人数众多等客观条件的限制，无法逐一收集被害人陈述的，可以结合已收集的被害人陈述，以及经查证属实的银行账户交易记录、第三方支付结算账户交易记录、通话记录、电子数据等证据，综合认定被害人人数以及涉案资金数额等。

8. 最高人民法院、最高人民检察院、公安部《关于依法办理"碰瓷"违法犯罪案件的指导意见》公通字〔2020〕12 号（2020 年 9 月 22 日）（具体见《刑法》第二百六十六条）

二、实施"碰瓷"，具有下列行为之一，敲诈勒索他人财物，符合《刑法》第二百七十四条规定的，以敲诈勒索罪定罪处罚：

1.实施撕扯、推搡等轻微暴力或者围困、阻拦、跟踪、贴靠、滋扰、纠缠、哄闹、聚众造势、扣留财物等软暴力行为的；

2.故意制造交通事故，进而利用被害人违反道路通行规定或者其他违法违规行为相要挟的；

3.以揭露现场掌握的当事人隐私相要挟的；

4.扬言对被害人及其近亲属人身、财产实施侵害的。

（附参考）1. 浙江省高级人民法院、浙江省人民检察院《关于印发确定敲诈勒索罪数额标准的通知》浙高法〔2013〕150 号

敲诈勒索公私财物价值人民币四千元以上、八万元以上、四十万元以上的，应当分别认定为《刑法》第二百七十四条规定的"数额较大""数额巨大""数额特别巨大"。

2. 浙江省高级人民法院刑二庭《关于印发〈全省法院经济犯罪疑难问题研讨会纪要〉的通知》浙高法刑二〔2005〕1 号

十四、抢劫罪与绑架罪、敲诈勒索罪的区分

抢劫罪与敲诈勒索罪主要有以下区别：（1）威胁的内容、实施方式及可能实施的时间不同。抢劫罪的威胁是当场直接向被害人发出的直接侵犯人的生命健康的暴力威胁，暴力威胁的内容一般要在当场予以实施；而敲诈勒索罪的威胁可以是对被害人公开实施，也可以是利用书信、通讯或他人转达的方式间接实施，威胁内容除暴力之外，也可以是毁人名誉、揭发隐私等，一般系将来某个时间将所威胁的具体内容加以实施；（2）非法取得财物的时间不同。抢劫罪非法取得财物的时间只能是当场；而敲诈勒索罪非法取得财物的时间，既可是当场，也可是将来。

3. 浙江省高级人民法院《关于部分罪名定罪量刑情节及数额标准的意见》浙高法〔2012〕325 号

71.《刑法》第二百七十四条【敲诈勒索罪】

敲诈勒索公私财物价值二千元以上不满二万元的，属于"数额较大"，处三年以下有期徒刑、拘役或者管制，并处或者单处罚金。

敲诈勒索公私财物价值二万元以上不满十万元的，属于"数额巨大"，处三年以上十年以下有期徒刑，并处罚金。

敲诈勒索公私财物价值达到"数额较大"的标准，并具有下列情形之一的，属于"其他严重情节"，处三年以上十年以下有期徒刑，并处罚金：

（1）敲诈勒索残疾人、老年人、不满十四周岁的未成年人或者丧失劳动能力人的财物的；

（2）以危险方法制造事端，或者冒充国家机关工作人员敲诈勒索，造成恶劣社会影响的；

（3）以非法手段获取他人隐私勒索他人财物，后果严重的；

（4）导致被害人或者其近亲属自杀、自残造成死亡、严重残疾或者精神失常的；

（5）敲诈勒索严重影响生产经营或者其他正常工作的；

（6）严重情节的其他情形。

敲诈勒索公私财物价值十万元以上的，属于"数额特别巨大"，处十年以上有期徒刑，并处罚金。

敲诈勒索公私财物价值达到"数额巨大"的标准，并具有下列情形之一的，属于"其他特别严重情节"，处十年以上有期徒刑，并处罚金：

（1）敲诈勒索残疾人、老年人、不满十四周岁的未成年人或者丧失劳动能力人的财物的；

（2）以危险方法制造事端，或者冒充国家机关工作人员敲诈勒索，造成恶劣社会影响的；

（3）以非法手段获取他人隐私勒索他人财物，后果严重的；

（4）导致被害人或者其近亲属自杀、自残造成死亡、严重残疾或者精神失常的；

（5）敲诈勒索严重影响生产经营或者其他正常工作的；

（6）特别严重情节的其他情形。

第二百七十五条【故意毁坏财物罪】 故意毁坏公私财物，数额较大或者有其他严重情节的，处三年以下有期徒刑、拘役或者罚金；数额巨大或者有其他特别严重情节的，处三年以上七年以下有期徒刑。

（相关解释）**1.最高人民检察院、公安部《关于公安机关管辖的刑事案件立案追诉标准的规定（一）》公通字〔2008〕36号**

第三十三条 【故意毁坏财物案（《刑法》第二百七十五条）】故意毁坏公私财物，涉嫌下列情形之一的，应予立案追诉：

（一）造成公私财物损失五千元以上的；

（二）毁坏公私财物三次以上的；

（三）纠集三人以上公然毁坏公私财物的；

（四）其他情节严重的情形。

2.最高人民法院、最高人民检察院《关于办理盗窃刑事案件适用法律若干问题的解释》法释〔2013〕8号

第十一条 盗窃公私财物并造成财物损毁的，按照下列规定处理：

（一）采用破坏性手段盗窃公私财物，造成其他财物损毁的，以盗窃罪从重处罚；同时构成盗窃罪和其他犯罪的，择一重罪从重处罚；

（二）实施盗窃犯罪后，为掩盖罪行或者报复等，故意毁坏其他财物构成犯罪的，以盗窃罪和构成的其他犯罪数罪并罚；

（三）盗窃行为未构成犯罪，但损毁财物构成其他犯罪的，以其他犯罪定罪处罚。

3. 最高人民法院《关于审理破坏公用电信设施刑事案件具体应用法律若干问题的解释》法释〔2004〕21号（见第一百二十四条）

故意破坏正在使用的公用电信设施尚未危害公共安全，或者故意毁坏尚未投入使用的公用电信设施，造成财物损失，构成犯罪的，依照《刑法》第二百七十五条规定，以故意毁坏财物罪定罪处罚。

4. 最高人民法院《关于审理破坏广播电视设施等刑事案件具体应用法律若干问题的解释》法释〔2011〕13号（见第一百二十四条）

破坏正在使用的广播电视设施未危及公共安全，或者故意毁坏尚未投入使用的广播电视设施，造成财物损失数额较大或者有其他严重情节的，以故意毁坏财物罪定罪处罚。

5. 最高人民法院、最高人民检察院、公安部《关于办理涉窨井盖相关刑事案件的指导意见》2020年3月16日（具体见第一百一十九条）

四、盗窃本意见第一条、第二条规定以外的其他场所的窨井盖，且不属于本意见第三条规定的情形，数额较大，或者多次盗窃的，依照《刑法》第二百六十四条的规定，以盗窃罪定罪处罚。

故意毁坏本意见第一条、第二条规定以外的其他场所的窨井盖，且不属于本意见第三条规定的情形，数额较大或者有其他严重情节的，依照《刑法》第二百七十五条的规定，以故意毁坏财物罪定罪处罚。

6. 最高人民法院、最高人民检察院、公安部《关于依法办理"碰瓷"违法犯罪案件的指导意见》公通字〔2020〕12号（2020年9月22日）（具体见第《刑法》二百六十六条）

五、实施"碰瓷"，故意造成他人财物毁坏，符合《刑法》第二百七十五条规定的，以故意毁坏财物罪定罪处罚。

（附参考）1. 浙江省高级人民法院《关于部分罪名定罪量刑情节及数额标准的意见》浙高法〔2012〕325号

72.《刑法》第二百七十五条　**【故意毁坏财物罪】**

具有下列情形之一的，属于"数额较大或者有其他严重情节"，处三年以下有期徒刑、拘役或者罚金：

（1）毁坏公私财物价值五千元以上不满五万元的；

（2）毁坏公私财物三次以上的；

（3）纠集三人以上公然毁坏公私财物，造成财物损失二千元以上不满二万元的；

（4）严重情节的其他情形。

具有下列情形之一的，属于"数额巨大或者有其他特别严重情节"，处三年以上七年以下有期徒刑：

（1）毁坏公私财物价值五万元以上的；

（2）纠集三人以上公然毁坏公私财物，造成财物损失二万元以上的；

（3）特别严重情节的其他情形。

2. 浙江省高级人民法院、浙江省人民检察院、浙江省公安厅《关于办理森林资源刑事案件若干问题的通知》浙高法〔2002〕9号

在生产、施工等活动中，违反森林管理法律法规，毁坏生长中的林木三十立方米或幼

树一千五百株以上的，或者有其他严重情节的，依照《刑法》第二百七十五条规定，处三年以下有期徒刑、拘役或者罚金。

达到前款所规定的数量，并且有其他严重情节的，或者毁坏林木六十立方米或幼树三千株以上的，依照《刑法》第二百七十五条规定，处三年以上七年以下有期徒刑。

3. 宁波市中级人民法院、宁波市人民检察院、宁波市公安局《关于贯彻宽严相济刑事司法政策若干问题的意见》甬公通字〔2008〕134号

五、对于同时符合下列条件的故意毁坏财物案件，可依法不予追究刑事责任：

（一）因民间纠纷引发且被害人有过错；

（二）毁坏财物数额不足一千元；

（三）加害人认错悔过、赔礼道歉并已经足额赔偿被害人的经济损失；

（四）双方达成和解协议及被害人明确要求不追究加害人刑事责任。

具有雇凶伤人毁物、黑恶势力、屡教不改、胁迫被害人达成和解协议或者其他不宜从轻从宽处理情形的，应当依法追究刑事责任。

第二百七十六条【破坏生产经营罪】 由于泄愤报复或者其他个人目的，毁坏机器设备、残害耕畜或者以其他方法破坏生产经营的，处三年以下有期徒刑、拘役或者管制；情节严重的，处三年以上七年以下有期徒刑。

（相关解释）**最高人民检察院、公安部《关于公安机关管辖的刑事案件立案追诉标准的规定（一）》**公通字〔2008〕36号

第三十四条 **【破坏生产经营案（《刑法》第二百七十六条）】**由于泄愤报复或者其他个人目的，毁坏机器设备、残害耕畜或者以其他方法破坏生产经营，涉嫌下列情形之一的，应予立案追诉：

（一）造成公私财物损失五千元以上的；

（二）破坏生产经营三次以上的；

（三）纠集三人以上公然破坏生产经营的；

（四）其他破坏生产经营应予追究刑事责任的情形。

（附参考）**1. 浙江省高级人民法院《关于部分罪名定罪量刑情节及数额标准的意见》**浙高法〔2012〕325号

73.《刑法》第二百七十六条 **【破坏生产经营罪】**

具有下列情形之一的，处三年以下有期徒刑、拘役或者管制：

（1）造成直接经济损失五千元以上不满五万元的；

（2）破坏生产经营三次以上的；

（3）纠集三人以上公然破坏生产经营，造成直接经济损失二千元以上不满二万元的；

（4）构成犯罪的其他情形。

具有下列情形之一的，属于"情节严重"，处三年以上七年以下有期徒刑：

（1）造成直接经济损失五万元以上的；

（2）纠集三人以上公然破坏生产经营，造成直接经济损失二万元以上的；

（3）破坏重要机器设备造成严重后果的；

（4）犯罪手段卑劣，造成特别恶劣社会影响的；

（5）因泄愤报复或者其他个人目的，毁坏林木三十立方米以上或者幼树一千五百株以上的；

（6）情节严重的其他情形。

2. 浙江省高级人民法院、浙江省人民检察院、浙江省公安厅《关于办理森林资源刑事案件若干问题的通知》浙高法〔2002〕9号

因泄愤报复或其他个人目的，毁坏生长中林木二十立方米或幼树一千株以上的，或者达到该数量百分之八十以上，并且有其他严重情节的，依照《刑法》第二百七十六条规定，处三年以下有期徒刑、拘役或者罚金。

达到前款所规定的数量，并且有其他严重情节的，或者毁坏林木三十立方米或幼树一千五百株以上的，依照《刑法》第二百七十六条规定，处三年以上七年以下有期徒刑。

第二百七十六条之一【拒不支付劳动报酬罪】　以转移财产、逃匿等方法逃避支付劳动者的劳动报酬或者有能力支付而不支付劳动者的劳动报酬，数额较大，经政府有关部门责令支付仍不支付的，处三年以下有期徒刑或者拘役，并处或者单处罚金；造成严重后果的，处三年以上七年以下有期徒刑，并处罚金。

单位犯前款罪的，对单位判处罚金，并对其直接负责的主管人员和其他直接责任人员，依照前款的规定处罚。

有前两款行为，尚未造成严重后果，在提起公诉前支付劳动者的劳动报酬，并依法承担相应赔偿责任的，可以减轻或者免除处罚。【2011年5月1日刑法修正案（八）】

（相关解释）**1. 最高人民法院《关于审理拒不支付劳动报酬刑事案件适用法律若干问题的解释》法释〔2013〕3号**

第一条　劳动者依照《中华人民共和国劳动法》和《中华人民共和国劳动合同法》等法律的规定应得的劳动报酬，包括工资、奖金、津贴、补贴、延长工作时间的工资报酬及特殊情况下支付的工资等，应当认定为《刑法》第二百七十六条之一第一款规定的"劳动者的劳动报酬"。

第二条　以逃避支付劳动者的劳动报酬为目的，具有下列情形之一的，应当认定为《刑法》第二百七十六条之一第一款规定的"以转移财产、逃匿等方法逃避支付劳动者的劳动报酬"：

（一）隐匿财产、恶意清偿、虚构债务、虚假破产、虚假倒闭或者以其他方法转移、处分财产的；

（二）逃跑、藏匿的；

（三）隐匿、销毁或者篡改账目、职工名册、工资支付记录、考勤记录等与劳动报酬相关的材料的；

（四）以其他方法逃避支付劳动报酬的。

第三条　具有下列情形之一的，应当认定为《刑法》第二百七十六条之一第一款规定的"数额较大"：

（一）拒不支付一名劳动者三个月以上的劳动报酬且数额在五千元至二万元以上的；

（二）拒不支付十名以上劳动者的劳动报酬且数额累计在三万元至十万元以上的。

各省、自治区、直辖市高级人民法院可以根据本地区经济社会发展状况，在前款规定的数额幅度内，研究确定本地区执行的具体数额标准，报最高人民法院备案。

第四条　经人力资源社会保障部门或者政府其他有关部门依法以限期整改指令书、行政处理决定书等文书责令支付劳动者的劳动报酬后，在指定的期限内仍不支付的，应当认定为《刑法》第二百七十六条之一第一款规定的"经政府有关部门责令支付仍不支付"，但有证据证明行为人有正当理由未知悉责令支付或者未及时支付劳动报酬的除外。

行为人逃匿，无法将责令支付文书送交其本人、同住成年家属或者所在单位负责收件的人的，如果有关部门已通过在行为人的住所地、生产经营场所等地张贴责令支付文书等方式责令支付，并采用拍照、录像等方式记录的，应当视为"经政府有关部门责令支付"。

第五条　拒不支付劳动者的劳动报酬，符合本解释第三条的规定，并具有下列情形之一的，应当认定为《刑法》第二百七十六条之一第一款规定的"造成严重后果"：

（一）造成劳动者或者其被赡养人、被扶养人、被抚养人的基本生活受到严重影响、重大疾病无法及时医治或者失学的；

（二）对要求支付劳动报酬的劳动者使用暴力或者进行暴力威胁的；

（三）造成其他严重后果的。

第六条　拒不支付劳动者的劳动报酬，尚未造成严重后果，在刑事立案前支付劳动者的劳动报酬，并依法承担相应赔偿责任的，可以认定为情节显著轻微危害不大，不认为是犯罪；在提起公诉前支付劳动者的劳动报酬，并依法承担相应赔偿责任的，可以减轻或者免除刑事处罚；在一审宣判前支付劳动者的劳动报酬，并依法承担相应赔偿责任的，可以从轻处罚。

对于免除刑事处罚的，可以根据案件的不同情况，予以训诫、责令具结悔过或者赔礼道歉。

拒不支付劳动者的劳动报酬，造成严重后果，但在宣判前支付劳动者的劳动报酬，并依法承担相应赔偿责任的，可以酌情从宽处罚。

第七条　不具备用工主体资格的单位或者个人，违法用工且拒不支付劳动者的劳动报酬，数额较大，经政府有关部门责令支付仍不支付的，应当依照《刑法》第二百七十六条之一的规定，以拒不支付劳动报酬罪追究刑事责任。

第八条　用人单位的实际控制人实施拒不支付劳动报酬行为，构成犯罪的，应当依照《刑法》第二百七十六条之一的规定追究刑事责任。

第九条　单位拒不支付劳动报酬，构成犯罪的，依照本解释规定的相应个人犯罪的定罪量刑标准，对直接负责的主管人员和其他直接责任人员定罪处罚，并对单位判处罚金。

2.最高人民法院、最高人民检察院、人力资源社会保障部、公安部《关于加强涉嫌拒不支付劳动报酬犯罪案件查处衔接工作的通知》人社部发〔2014〕100号

为贯彻执行《中华人民共和国刑法》和《最高人民法院关于审理拒不支付劳动报酬刑事案件适用法律若干问题的解释》（法释〔2013〕3号）关于拒不支付劳动报酬罪的相关规定，进一步完善人力资源社会保障行政执法和刑事司法衔接制度，加大对拒不支付劳动报酬犯罪行为的打击力度，切实维护劳动者合法权益，根据《行政执法机关移送涉嫌犯罪案件的规定》（国务院2001年第310号令）及有关规定，现就进一步做好涉嫌拒不支付劳动报酬犯罪案件查处衔接工作通知如下：

一、切实加强涉嫌拒不支付劳动报酬违法犯罪案件查处工作

（一）由于行为人逃匿导致工资账册等证据材料无法调取或用人单位在规定的时间内未提供有关工资支付等相关证据材料的，人力资源社会保障部门应及时对劳动者进行调查询问并制作询问笔录，同时应积极收集可证明劳动用工、欠薪数额等事实的相关证据，依据劳动者提供的工资数额及其他有关证据认定事实。调查询问过程一般要录音录像。

（二）行为人拖欠劳动者劳动报酬后，人力资源社会保障部门通过书面、电话、短信等能够确认其收悉的方式，通知其在指定的时间内到指定的地点配合解决问题，但其在指

定的时间内未到指定的地点配合解决问题或明确表示拒不支付劳动报酬的，视为《刑法》第二百七十六条之一第一款规定的"以逃匿方法逃避支付劳动者的劳动报酬"。但是，行为人有证据证明因自然灾害、突发重大疾病等非人力所能抗拒的原因造成其无法在指定的时间内到指定的地点配合解决问题的除外。

（三）企业将工程或业务分包、转包给不具备用工主体资格的单位或个人，该单位或个人违法招用劳动者不支付劳动报酬的，人力资源社会保障部门应向具备用工主体资格的企业下达限期整改指令书或行政处罚决定书，责令该企业限期支付劳动者劳动报酬。对于该企业有充足证据证明已向不具备用工主体资格的单位或个人支付了劳动者全部的劳动报酬，该单位或个人仍未向劳动者支付的，应向不具备用工主体资格的单位或个人下达限期整改指令书或行政处理决定书，并要求企业监督该单位或个人向劳动者发放到位。

（四）经人力资源社会保障部门调查核实，行为人拖欠劳动者劳动报酬事实清楚、证据确凿、数额较大的，应及时下达责令支付文书。对于行为人逃匿，无法将责令支付文书送交其同住成年家属或所在单位负责收件人的，人力资源社会保障部门可以在行为人住所地、办公地、生产经营场所、建筑施工项目所在地等地张贴责令支付文书，并采用拍照、录像等方式予以记录，相关影像资料应当纳入案卷。

二、切实规范涉嫌拒不支付劳动报酬犯罪案件移送工作

（一）人力资源社会保障部门向公安机关移送涉嫌拒不支付劳动报酬犯罪案件应按照《行政执法机关移送涉嫌犯罪案件的规定》的要求，履行相关手续，并制作《涉嫌犯罪案件移送书》，在规定的期限内将案件移送公安机关。移送的案件卷宗中应当附有以下材料：

1.涉嫌犯罪案件移送书；

2.涉嫌拒不支付劳动报酬犯罪案件调查报告；

3.涉嫌犯罪案件移送审批表；

4.限期整改指令书或行政处理决定书等执法文书及送达证明材料；

5.劳动者本人或劳动者委托代理人调查询问笔录；

6.拖欠劳动者劳动报酬的单位或个人的基本信息；

7.涉案的书证、物证等有关涉嫌拒不支付劳动报酬的证据材料。

人力资源社会保障部门向公安机关移送涉嫌犯罪案件应当移送与案件相关的全部材料，同时应将案件移送书及有关材料目录抄送同级人民检察院。在移送涉嫌犯罪案件时已经作出行政处罚决定的，应当将行政处罚决定书一并抄送公安机关、人民检察院。

（二）公安机关收到人力资源社会保障部门移送的涉嫌犯罪案件，应当在涉嫌犯罪案件移送书回执上签字，对移送材料不全的，可通报人力资源社会保障部门按上述规定补充移送。受理后认为不属于本机关管辖的，应当及时转送有管辖权的机关，并书面告知移送案件的人力资源社会保障部门。对受理的案件，公安机关应当及时审查，依法作出立案或者不予立案的决定，并书面通知人力资源社会保障部门，同时抄送人民检察院。公安机关立案后决定撤销案件的，应当书面通知人力资源社会保障部门，同时抄送人民检察院。公安机关作出不立案决定或者撤销案件的，应当同时将案卷材料退回人力资源社会保障部门，并书面说明理由。

（三）人力资源社会保障部门对于公安机关不接受移送的涉嫌犯罪案件或者已受理的案件未依法及时作出立案或不立案决定的，可以建议人民检察院依法进行立案监督。对公安机关受理后作出不予立案决定的，可在接到不予立案通知书后3日内向作出决定的公安机关提请复议，也可以建议人民检察院依法进行立案监督。

（四）人民检察院发现人力资源社会保障部门对应当移送公安机关的涉嫌拒不支付劳动报酬犯罪案件不移送或者逾期不移送的，应当督促移送。人力资源社会保障部门接到人民检察院提出移送涉嫌犯罪案件的书面意见后，应当及时移送案件。人民检察院发现相关部门拒不移送案件和拒不立案行为中存在职务犯罪线索的，应当认真审查，依法处理。

三、切实完善劳动保障监察行政执法与刑事司法衔接机制

（一）人力资源社会保障部门在依法查处涉嫌拒不支付劳动报酬犯罪案件过程中，对案情复杂、性质难以认定的案件可就犯罪标准、证据固定等问题向公安机关或人民检察院咨询；对跨区域犯罪、涉及人员众多、社会影响较大的案件，人力资源社会保障部门通报公安机关的，公安机关应依法及时处置。

（二）对于涉嫌拒不支付劳动报酬犯罪案件，公安机关、人民检察院、人民法院在侦查、审查起诉和审判期间提请人力资源社会保障部门协助的，人力资源社会保障部门应当予以配合。

（三）在办理拒不支付劳动报酬犯罪案件过程中，各级人民法院、人民检察院、人力资源社会保障部门、公安机关要加强联动配合，建立拒不支付劳动报酬犯罪案件移送的联席会议制度，定期互相通报案件办理情况，及时了解案件信息，研究解决查处拒不支付劳动报酬犯罪案件衔接工作中存在的问题，进一步完善监察行政执法与刑事司法衔接工作机制，切实发挥《刑法》打击拒不支付劳动报酬犯罪行为的有效作用。

3. 最高人民检察院、公安部《关于公安机关管辖的刑事案件立案追诉标准的规定（一）的补充规定》 公通字〔2017〕12 号

七、在《立案追诉标准（一）》第三十四条后增加一条，作为第三十四条之一：【拒不支付劳动报酬案（《刑法》第二百七十六条之一）】以转移财产、逃匿等方法逃避支付劳动者的劳动报酬或者有能力支付而不支付劳动者的劳动报酬，经政府有关部门责令支付仍不支付，涉嫌下列情形之一的，应当立案追诉：

（一）拒不支付一名劳动者三个月以上的劳动报酬且数额在五千元至二万元以上的；

（二）拒不支付十名以上劳动者的劳动报酬且数额累计在三万元至十万元以上的。

不支付劳动者的劳动报酬，尚未造成严重后果，在刑事立案前支付劳动者的劳动报酬，并依法承担相应赔偿责任的，可以不予立案追诉。

（附参考）1. 浙江省高级人民法院《关于确定拒不支付劳动报酬罪"数额较大"标准的通知》 浙高法〔2013〕93 号

根据最高人民法院《关于审理拒不支付劳动报酬刑事案件适用法律若干问题的解释》的授权，结合我省经济社会发展实际情况，经本院审判委员会讨论，现将我省执行最高人民法院《关于审理拒不支付劳动报酬刑事案件适用法律若干问题的解释》第三条第一款"数额较大"的具体标准确定如下：

一、拒不支付一名劳动者三个月以上的劳动报酬且数额在一万元以上的；

二、拒不支付十名以上劳动者的劳动报酬且数额累计在八万元以上的。

2. 浙江省高级人民法院、浙江省人民检察院、浙江省人力资源和社会保障厅、浙江省公安厅《关于加强拒不支付劳动报酬案件查处衔接工作的意见》 浙人社发〔2013〕140 号

第四条 人力资源社会保障部门责令行为人支付劳动者劳动报酬时，应当依法以限期整改指令书、行政处理决定书等书面文书形式作出。

行为人逃匿，无法将责令支付文书送交其本人、同住成年家属或者所在单位负责收件的人的，可以通过在行为人的住所地、生产经营场所等地张贴责令支付文书等方式责令支

付，并采取拍照、录像等方式记录。

第五条 行为人逃匿的，人力资源社会保障部门向用人单位下达限期整改指令书，整改期限应为下达之日起 3 日内。

第六条 建筑施工企业将工程转包、分包给不具备用工主体资格的自然人，该自然人招用劳动者，不支付劳动报酬的，人力资源社会保障部门应将责令支付文书送达给具备用工主体资格的发包方，并将责令支付文书的内容告知该自然人。

不具备用工主体资格的自然人已收到发包方支付的劳动者的劳动报酬，仍不向劳动者支付的，人力资源社会保障部门应在责令支付文书中责令发包方监督该自然人向劳动者支付。

第七条 行为人拒绝提供或者逾期未提供已支付劳动者劳动报酬的证据的，人力资源社会保障部门可按照劳动者提供的材料认定事实，并责令用人单位限期支付工资。

第八条 人力资源社会保障部门在查处拖欠劳动报酬案件的过程中发现涉嫌拒不支付劳动报酬犯罪的，应当及时办理案件移送手续。经本部门负责人批准同意后，应当在批准后 24 小时内，制作《涉嫌犯罪案件移送书》，连同涉嫌拒不支付劳动报酬犯罪案件调查报告、涉案的有关书证、物证及其他有关涉嫌犯罪的材料，一并移交同级公安机关，并抄送同级人民检察院备案。

第九条 有下列情形的，人力资源社会保障部门应当及时通报公安机关。公安机关接到通报后，应当介入调查。

（一）涉案人员众多的；（二）涉嫌跨区域犯罪的；（三）社会影响较大的；（四）行为人故意销毁账目、名册等相关材料，转移财产、逃匿、暴力抗拒执法的。

第十条 人力资源社会保障部门对案情疑难、复杂，性质难以认定的案件，可以与公安机关、人民检察院协商，公安机关、人民检察院应当在 7 日内回复意见。

第十一条 公安机关对人力资源社会保障部门移送的涉嫌拒不支付劳动报酬犯罪案件，应当予以受理，按照《关于加强对拒不支付劳动报酬案件查处工作的通知》（人社部发〔2012〕3 号）等文件要求，认真审核人力资源社会保障部门移交的证据材料，并在涉嫌犯罪案件移送书回执上签字。对于不属于本部门管辖的，应在受理后 24 小时内转送有管辖权的部门，并书面告知移送案件的人力资源社会保障部门。

第十二条 公安机关应当自接受人力资源社会保障部门移送的涉嫌犯罪案件之日起 3 日内，依法对所移送的案件进行审查，作出立案或者不立案的决定，并应在作出决定之日起 3 日内书面告知移送案件的人力资源社会保障部门。决定不立案的，应当同时退回案卷材料，并书面说明不立案的理由。

第十三条 人力资源社会保障部门对于公安机关不予立案的决定有异议的，可以自接到通知后 3 日内向作出不予立案的公安机关提出复议，也可以建议检察机关进行立案监督。

第十四条 公安机关对涉嫌拒不支付劳动报酬犯罪案件立案后，应当及时侦办，查明犯罪事实，保障劳动者的合法权益。

第十五条 人民检察院应当依法及时履行对拒不支付劳动报酬涉嫌犯罪案件的立案监督、审查批捕、审查起诉等职责。对工作中发现的职务犯罪线索应当认真审查，依法处理。

第十六条 人民法院应当依法及时受理、审理各类劳动报酬纠纷及拒不支付劳动报酬案件。对审理的劳动报酬纠纷案件发现涉嫌刑事犯罪的，应当裁定驳回起诉，将有关材料移送公安机关或检察机关处理。

第十七条 人力资源社会保障部门在移送案件时未作出行政处罚或处理决定的，应在公安机关、人民检察院、人民法院办结案件后，再决定是否给予行政处罚或处理决定。

第十八条 公安机关、人民检察院、人民法院在案件审查过程中，应当告知劳动者有提起刑事附带民事诉讼的权利。

第十九条 对在办理涉嫌拒不支付劳动报酬犯罪案件中有渎职行为的工作人员，依法追究行政纪律责任；构成犯罪的，依法追究刑事责任。

第二十条 各级人力资源社会保障部门、公安机关、人民检察院、人民法院应建立拒不支付劳动报酬案件移送的联系机制，定期组织召开联席会议、健全信息通报制度，共同研究解决衔接工作中存在的问题。

第二十一条 本意见自下发之日起施行。法律法规、司法解释、行政规章等有新规定的，按新规定执行。

3. 浙江省高级人民法院刑二庭《关于审理建筑领域职务犯罪和经济犯罪案件若干问题的解答》2015 年 12 月 29 日（具体见第二百七十一条）

五、如何理解和把握建筑领域项目经理拒不支付劳动报酬行为的定性？

答：《刑法修正案（八）》增设了拒不支付劳动报酬罪，对项目经理拖欠、拒不支付民工工资等行为具有较大的威慑作用。但在司法实践中，对于项目经理拒不支付劳动报酬案件，还存在主体身份难确定、入罪标准不明确等问题。对此，一般宜按以下几个原则加以把握：

（1）根据《最高人民法院关于审理拒不支付劳动报酬刑事案件适用法律若干问题的解释》第二条、第七条的规定，拒不支付劳动报酬罪的犯罪主体为一般主体，既包括用工单位，也包括用工个人。

（2）当建筑施工企业为用人单位时，应由建筑施工企业对外承担支付劳动报酬的法律责任，项目经理以逃匿、去向不明等方式转移资产拒不支付劳动报酬的行为，可按职务侵占等犯罪处理，一般不宜以拒不支付劳动报酬罪定性处罚。

（3）当项目经理作为用工主体时，其以逃避支付劳动者的劳动报酬为目的转移财产、逃匿、去向不明的，宜以拒不支付劳动报酬罪追究刑事责任。

4. 浙江省高级人民法院、浙江省人民检察院、浙江省公安厅《关于办理建筑施工企业从业人员犯罪案件若干法律适用问题的会议纪要》浙高法〔2017〕228 号（见第二百七十一条）

五、关于建筑领域项目经理、承包人拒不支付劳动报酬行为的定性问题

《刑法修正案（八）》增设了拒不支付劳动报酬罪。对于项目经理、承包人拒不支付劳动报酬案件，在主体身份的确定、入罪标准等方面可按以下几个原则加以把握：

（1）根据《最高人民法院关于审理拒不支付劳动报酬刑事案件适用法律若干问题的解释》第二条、第七条的规定，拒不支付劳动报酬罪的犯罪主体为一般主体，既包括用工单位，也包括用工个人。在劳动人员由项目经理、承包人雇佣的情况下，项目经理、承包人可以成为该罪的犯罪主体。

（2）当建筑施工企业为用工主体时，应由建筑施工企业对外承担支付劳动报酬的法律责任，项目经理、承包人以逃匿、去向不明等方式转移资产拒不支付劳动报酬的行为，可按职务侵占等犯罪处理，一般不宜以拒不支付劳动报酬罪定性处罚。

（3）当项目经理、承包人作为用工主体时，其以逃避支付劳动者的劳动报酬为目的转移财产、逃匿的，或在经有关部门与施工企业催告后仍拒不支付劳动报酬的，宜以拒不支付劳动报酬罪追究刑事责任。

第六章　妨害社会管理秩序罪

本章刑法罪名共一百四十六个，分别为：妨害公务罪（第 277 条），袭警罪（第 277 条第 5 款），煽动暴力抗拒法律实施罪（第 278 条），招摇撞骗罪（第 279 条），伪造、变造、买卖国家机关公文、证件、印章罪（第 280 条第 1 款），盗窃、抢夺、毁灭国家机关公文、证件、印章罪（第 280 条第 1 款），伪造公司、企业、事业单位、人民团体印章罪（第 280 条第 2 款），伪造、变造、买卖身份证件罪（第 280 条第 3 款），使用虚假身份证件、盗用身份证件罪（第 280 条之一），冒名顶替罪（第 280 条之二），非法生产、买卖警用装备罪（第 281 条），非法获取国家秘密罪（第 282 条第 1 款），非法持有国家绝密、机密文件、资料、物品罪（第 282 条第 2 款），非法生产、销售专用间谍器材、窃听、窃照专用器材罪（第 283 条），非法使用窃听、窃照专用器材罪（第 284 条），组织考试作弊罪（第 284 条之一第 1 款、第 2 款），非法出售、提供试题、答案罪（第 284 条之一第 3 款），代替考试罪（第 284 条之一第 4 款），非法侵入计算机信息系统罪（第 285 条第 1 款），非法获取计算机信息系统数据、非法控制计算机信息系统罪（第 285 条第 2 款），提供侵入、非法控制计算机信息系统程序、工具罪（第 285 条第 3 款），破坏计算机信息系统罪（第 286 条），拒不履行信息网络安全管理义务罪（第 286 条之一），非法利用信息网络罪（第 287 条之一），帮助信息网络犯罪活动罪（第 287 条之二），扰乱无线电通讯管理秩序罪（第 288 条），聚众扰乱社会秩序罪（第 290 条第 1 款），聚众冲击国家机关罪（第 290 条第 2 款），扰乱国家机关工作秩序罪（第 290 条第 3 款），组织、资助非法聚集罪（第 290 条第 4 款），聚众扰乱公共场所秩序、交通秩序罪（第 291 条），投放虚假危险物质罪（第 291 条之一第 1 款），编造、故意传播虚假恐怖信息罪（第 291 条之一第 1 款），编造、故意传播虚假信息罪（第 291 条之一第 2 款），高空抛物罪（第 291 条之二），聚众斗殴罪（第 292 条第 1 款），寻衅滋事罪（第 293 条），催收非法债务罪（第 293 条之一），组织、领导、参加黑社会性质组织罪（第 294 条第 1 款），入境发展黑社会组织罪（第 294 条第 2 款），包庇、纵容黑社会性质组织罪（第 294 条第 3 款），传授犯罪方法罪（第 295 条），非法集会、游行、示威罪（第 296 条），非法携带武器、管制刀具、爆炸物参加集会、游行、示威罪（第 297 条），破坏集会、游行、示威罪（第 298 条），侮辱国旗、国徽、国歌罪（第 299 条），侵害英雄烈士名誉、荣誉罪（第 299 条之一），组织、利用会道门、邪教组织、利用迷信破坏法律实施罪（第 300 条第 1 款），组织、利用会道门、邪教组织、利用迷信致人重伤、死亡罪（第 300 条第 2 款），聚众淫乱罪（第 301 条第 1 款），引诱未成年人聚众淫乱罪（第 301 条第 2 款），盗窃、侮辱、故意毁坏尸体、尸骨、骨灰罪（第 302 条），赌博罪（第 303 条第 1 款），开设赌场罪（第 303 条第 2 款），组织参与国（境）外赌博罪（第 303 条第 3 款），故意延误投递邮件罪（第 304 条），伪证罪（第 305 条），辩护人、诉讼代理人毁灭证据、伪造证据、妨害作证罪（第 306 条），妨害作证罪（第 307 条第 1 款），帮助毁灭、伪造证据罪（第 307 条第 2 款），虚假诉讼罪（第

307 条之一），打击报复证人罪（第 308 条），泄露不应公开的案件信息罪（第 308 条之一第 1 款），披露、报道不应公开的案件信息罪（第 308 条之一第 3 款），扰乱法庭秩序罪（第 309 条），窝藏、包庇罪（第 310 条），拒绝提供间谍犯罪、恐怖主义犯罪、极端主义犯罪证据罪（第 311 条），掩饰、隐瞒犯罪所得、犯罪所得收益罪（第 312 条），拒不执行判决、裁定罪（第 313 条），非法处置查封、扣押、冻结的财产罪（第 314 条），破坏监管秩序罪（第 315 条），脱逃罪（第 316 条第 1 款），劫夺被押解人员罪（第 316 条第 2 款），组织越狱罪（第 317 条第 1 款），暴动越狱罪（第 317 条第 2 款），聚众持械劫狱罪（第 317 条第 2 款），组织他人偷越国（边）境罪（第 318 条），骗取出境证件罪（第 319 条），提供伪造、变造的出入境证件罪（第 320 条），出售出入境证件罪（第 320 条），运送他人偷越国（边）境罪（第 321 条），越国（边）境罪（第 322 条），破坏界碑、界桩罪（第 323 条），破坏永久性测量标志罪（第 323 条），故意损毁文物罪（第 324 条第 1 款），故意损毁名胜古迹罪（第 324 条第 2 款），过失损毁文物罪（第 324 条第 3 款），非法向外国人出售、赠送珍贵文物罪（第 325 条），倒卖文物罪（第 326 条），非法出售、私赠文物藏品罪（第 327 条），盗掘古文化遗址、古墓葬罪（第 328 条第 1 款），盗掘古人类化石、古脊椎动物化石罪（第 328 条第 2 款），抢夺、窃取国有档案罪（第 329 条第 1 款），擅自出卖、转让国有档案罪（第 329 条第 2 款），妨害传染病防治罪（第 330 条），传染病菌种、毒种扩散罪（第 331 条），妨害国境卫生检疫罪（第 332 条），非法组织卖血罪（第 333 条第 1 款），强迫卖血罪（第 333 条第 1 款），非法采集、供应血液、制作、供应血液制品罪（第 334 条第 1 款），采集、供应血液、制作、供应血液制品事故罪（第 334 条第 2 款），非法采集人类遗传资源、走私人类遗传资源材料罪（第 334 条之一），医疗事故罪（第 335 条），非法行医罪（第 336 条第 1 款），非法进行节育手术罪（第 336 条第 2 款），非法植入基因编辑、克隆胚胎罪（第 336 条之一），妨害动植物防疫、检疫罪（第 337 条第 1 款），污染环境罪（第 338 条），非法处置进口的固体废物罪（第 339 条第 1 款），擅自进口固体废物罪（第 339 条第 2 款），非法捕捞水产品罪（第 340 条），危害珍贵、濒危野生动物罪（第 341 条第 1 款），非法狩猎罪（第 341 条第 2 款），非法猎捕、收购、运输、出售陆生野生动物罪（第 341 条第 3 款），非法占用农用地罪（第 342 条），破坏自然保护地罪（第 342 条之一），非法采矿罪（第 343 条第 1 款），破坏性采矿罪（第 343 条第 2 款），危害国家重点保护植物罪（第 344 条），非法引进、释放、丢弃外来入侵物种罪（第 344 条之一），盗伐林木罪（第 345 条第 1 款），滥伐林木罪（第 345 条第 2 款），非法收购、运输盗伐、滥伐的林木罪（第 345 条第 3 款），走私、贩卖、运输、制造毒品罪（第 347 条），非法持有毒品罪（第 348 条），包庇毒品犯罪分子罪（第 349 条第 1 款、第 2 款），窝藏、转移、隐瞒毒品、毒赃罪（第 349 条第 1 款），非法生产、买卖、运输制毒物品、走私制毒物品罪（第 350 条），非法种植毒品原植物罪（第 351 条），非法买卖、运输、携带、持有毒品原植物种子、幼苗罪（第 352 条），引诱、教唆、欺骗他人吸毒罪（第 353 条第 1 款），强迫他人吸毒罪（第 353 条第 2 款），容留他人吸毒罪（第 354 条），非法提供麻醉药品、精神药品罪（第 355 条第 1 款），妨害兴奋剂管理罪（第 355 条之一），组织卖淫罪（第 358 条第 1 款），强迫卖淫罪（第 358 条第 1 款），协助组织卖淫罪（第 358 条第 4 款），引诱、容留、介绍卖淫罪（第 359 条第 1 款），引诱幼女卖淫罪（第 359 条第 2 款），传播性病罪（第 360 条），制作、复制、出版、贩卖、传播淫秽物品牟利罪（363 条第 1 款），为他人提供书号出版淫秽书刊罪（363 条第 2 款），传播淫秽物品罪（第 364 条第 1 款），组织播放淫秽音像制品罪（第 364 条第 2 款），组织淫秽表演罪（第 365 条）。

第一节 扰乱公共秩序罪

第二百七十七条【妨害公务罪】 以暴力、威胁方法阻碍国家机关工作人员依法执行职务的，处三年以下有期徒刑、拘役、管制或者罚金。

以暴力、威胁方法阻碍全国人民代表大会和地方各级人民代表大会代表依法执行代表职务的，依照前款的规定处罚。

在自然灾害和突发事件中，以暴力、威胁方法阻碍红十字会工作人员依法履行职责的，依照第一款的规定处罚。

故意阻碍国家安全机关、公安机关依法执行国家安全工作任务，未使用暴力、威胁方法，造成严重后果的，依照第一款的规定处罚。

【袭警罪】 暴力袭击正在依法执行职务的人民警察的，处三年以下有期徒刑、拘役或者管制；使用枪支、管制刀具，或者以驾驶机动车撞击等手段，严重危及其人身安全的，处三年以上七年以下有期徒刑。【2021 年 3 月 1 日刑法修正案（十一）】

【1997 年刑法】 以暴力、威胁方法阻碍国家机关工作人员依法执行职务的，处三年以下有期徒刑、拘役、管制或者罚金。

以暴力、威胁方法阻碍全国人民代表大会和地方各级人民代表大会代表依法执行代表职务的，依照前款的规定处罚。

在自然灾害和突发事件中，以暴力、威胁方法阻碍红十字会工作人员依法履行职责的，依照第一款的规定处罚。

故意阻碍国家安全机关、公安机关依法执行国家安全工作任务，未使用暴力、威胁方法，造成严重后果的，依照第一款的规定处罚。

【2015 年 11 月 1 日刑法修正案（九）】 以暴力、威胁方法阻碍国家机关工作人员依法执行职务的，处三年以下有期徒刑、拘役、管制或者罚金。

以暴力、威胁方法阻碍全国人民代表大会和地方各级人民代表大会代表依法执行代表职务的，依照前款的规定处罚。

在自然灾害和突发事件中，以暴力、威胁方法阻碍红十字会工作人员依法履行职责的，依照第一款的规定处罚。

故意阻碍国家安全机关、公安机关依法执行国家安全工作任务，未使用暴力、威胁方法，造成严重后果的，依照第一款的规定处罚。

暴力袭击正在依法执行职务的人民警察的，依照第一款的规定从重处罚。

（相关解释）**1. 最高人民检察院《关于以暴力威胁方法阻碍事业编制人员依法执行行**

政执法职务是否可对侵害人以妨害公务罪论处的批复》 高检发释字〔2000〕2 号

对于以暴力、威胁方法阻碍国有事业单位人员依照法律、行政法规的规定执行行政执法职务的，或者以暴力、威胁方法阻碍国家机关中受委托从事行政执法活动的事业编制人员执行行政执法职务的，可以对侵害人以妨害公务罪追究刑事责任。

2. 最高人民检察院《关于办理非法经营食盐刑事案件具体应用法律若干问题的解释》 高检发释字〔2002〕6 号

以暴力、威胁方法阻碍行政执法人员依法行使盐业管理职务的，依照《刑法》第二百七十七条的规定，以妨害公务罪追究刑事责任；其非法经营行为已构成犯罪的，依照数罪并罚的规定追究刑事责任。

3. 最高人民法院、最高人民检察院《关于办理妨害预防、控制突发传染病疫情等灾害的刑事案件具体应用法律若干问题的解释》 法释〔2003〕8 号

以暴力、威胁方法阻碍国家机关工作人员、红十字会工作人员依法履行为防治突发传染病疫情等灾害而采取的防疫、检疫、强制隔离、隔离治疗等预防、控制措施的，依照《刑法》第二百七十七条第一款、第三款的规定，以妨害公务罪定罪处罚。

4. 最高人民法院、最高人民检察院、公安部、国家烟草专卖局《关于办理假冒伪劣烟草制品等刑事案件适用法律问题座谈会纪要》 高检会〔2003〕4 号（见第一百四十条）

以暴力、威胁方法阻碍烟草专卖执法人员依法执行职务的，依照《刑法》第二百七十七条的规定，以妨害公务罪定罪处罚。

5. 最高人民法院、最高人民检察院《关于办理非法生产、销售烟草专卖品等刑事案件具体应用法律若干问题的解释》 法释〔2010〕7 号

以暴力、威胁方法阻碍烟草专卖执法人员依法执行职务，构成犯罪的，以妨害公务罪追究刑事责任。

6. 最高人民法院、最高人民检察院《关于办理组织和利用邪教组织犯罪案件具体应用法律若干问题的解释（二）》 法释〔2001〕19 号

邪教组织人员以暴力、威胁方法阻碍国家机关工作人员依法执行职务的，依照《刑法》第二百七十七条第一款的规定，以妨害公务罪定罪处罚。其行为同时触犯《刑法》其他规定的，依照处罚较重的规定定罪处罚。

7. 最高人民法院《关于审理破坏草原资源刑事案件应用法律若干问题的解释》 法释〔2012〕15 号

以暴力、威胁方法阻碍草原监督检查人员依法执行职务，构成犯罪的，依照《刑法》第二百七十七条的规定，以妨害公务罪追究刑事责任。

煽动群众暴力抗拒草原法律、行政法规实施，构成犯罪的，依照《刑法》第二百七十八条的规定，以煽动暴力抗拒法律实施罪追究刑事责任。

8. 最高人民法院、最高人民检察院、公安部《关于办理组织领导传销活动刑事案件适用法律若干问题的意见》 公通字〔2013〕37 号

六、关于罪名的适用问题

犯组织、领导传销活动罪，并实施故意伤害、非法拘禁、敲诈勒索、妨害公务、聚众扰乱社会秩序、聚众冲击国家机关、聚众扰乱公共场所秩序、交通秩序等行为，构成犯罪的，依照数罪并罚的规定处罚。

9. 最高人民法院、最高人民检察院、公安部《关于办理醉酒驾驶机动车刑事案件适用法律若干问题的意见》 法发〔2013〕15 号

醉酒驾驶机动车，以暴力、威胁方法阻碍公安机关依法检查，又构成妨害公务罪等其他犯罪的，依照数罪并罚的规定处罚。

10.最高人民法院、最高人民检察院、公安部《关于依法惩治袭警违法犯罪行为的指导意见》2020年1月10日

（注：最高人民法院、最高人民检察院、公安部、司法部《关于适用〈中华人民共和国刑法修正案（十一）〉有关问题的通知》法发〔2021〕16号规定：《刑法修正案（十一）》生效后，与《刑法修正案（十一）》不一致的内容，不再适用；与《刑法修正案（十一）》不相冲突的内容，在新的司法解释颁行前，继续有效）（具体见第一百一十五条）

人民警察代表国家行使执法权，肩负着打击违法犯罪、维护社会稳定、维持司法秩序、执行生效裁判等重要职责。在依法履职过程中，人民警察遭受违法犯罪分子暴力侵害、打击报复的事件时有发生，一些犯罪分子气焰嚣张、手段残忍，甚至出现预谋性、聚众性袭警案件，不仅危害民警人身安全，更严重损害国家法律权威、破坏国家正常管理秩序。为切实维护国家法律尊严，维护民警执法权威，保障民警人身安全，依法惩治袭警违法犯罪行为，根据有关法律法规，经最高人民法院、最高人民检察院、公安部共同研究决定，制定本意见。

一、对正在依法执行职务的民警实施下列行为的，属于《刑法》第二百七十七条第五款规定的"暴力袭击正在依法执行职务的人民警察"，应当以妨害公务罪定罪从重处罚：

1.实施撕咬、踢打、抱摔、投掷等，对民警人身进行攻击的；

2.实施打砸、毁坏、抢夺民警正在使用的警用车辆、警械等警用装备，对民警人身进行攻击的；

对正在依法执行职务的民警虽未实施暴力袭击，但以实施暴力相威胁，符合《刑法》第二百七十七条第一款规定的，以妨害公务罪定罪处罚。

醉酒的人实施袭警犯罪行为，应当负刑事责任。

教唆、煽动他人实施袭警犯罪行为或者为他人实施袭警犯罪行为提供工具、帮助的，以共同犯罪论处。

对袭警情节轻微或者辱骂民警，尚不构成犯罪，但构成违反治安管理行为的，应当依法从重给予治安管理处罚。

二、实施暴力袭警行为，具有下列情形之一的，在第一条规定的基础上酌情从重处罚：

1.使用凶器或者危险物品袭警、驾驶机动车袭警的；

2.造成民警轻微伤或者警用装备严重毁损的；

3.妨害民警依法执行职务，造成他人伤亡、公私财产损失或者造成犯罪嫌疑人脱逃、毁灭证据等严重后果的；

4.造成多人围观、交通堵塞等恶劣社会影响的；

5.纠集多人袭警或者袭击民警二人以上的；

6.曾因袭警受过处罚，再次袭警的；

7.实施其他严重袭警行为的。

实施上述行为，构成犯罪的，一般不得适用缓刑。

三、驾车冲撞、碾轧、拖拽、剐蹭民警，或者挤别、碰撞正在执行职务的警用车辆，危害公共安全或者民警生命、健康安全，符合《刑法》第一百一十四条、第一百一十五条、第二百三十二条、第二百三十四条规定的，应当以以危险方法危害公共安全罪、故意杀人罪或者故意伤害罪定罪，酌情从重处罚。

暴力袭警，致使民警重伤、死亡，符合《刑法》第二百三十四条、第二百三十二条规定的，应当以故意伤害罪、故意杀人罪定罪，酌情从重处罚。

四、抢劫、抢夺民警枪支，符合《刑法》第一百二十七条第二款规定的，应当以抢劫枪支罪、抢夺枪支罪定罪。

五、民警在非工作时间，依照《中华人民共和国人民警察法》等法律履行职责的，应当视为执行职务。

六、在民警非执行职务期间，因其职务行为对其实施暴力袭击、拦截、恐吓等行为，符合《刑法》第二百三十四条、第二百三十二条、第二百九十三条等规定的，应当以故意伤害罪、故意杀人罪、寻衅滋事罪等定罪，并根据袭警的具体情节酌情从重处罚。

各级人民法院、人民检察院和公安机关要加强协作配合，对袭警违法犯罪行为快速处理、准确定性、依法严惩。一要依法及时开展调查处置、批捕、起诉、审判工作。民警对于袭警违法犯罪行为应当依法予以制止，并根据现场条件，妥善保护案发现场，控制犯罪嫌疑人。负责侦查办理袭警案件的民警应当全面收集、提取证据，特别是注意收集民警现场执法记录仪和周边监控等视听资料、在场人员证人证言等证据，查清案件事实。对造成民警或者他人受伤、财产损失的，依法进行鉴定。在处置过程中，民警依法依规使用武器、警械或者采取其他必要措施制止袭警行为，受法律保护。人民检察院对于公安机关提请批准逮捕、移送审查起诉的袭警案件，应当从严掌握无逮捕必要性、犯罪情节轻微等不捕不诉情形，慎重作出不批捕、不起诉决定，对于符合逮捕、起诉条件的，应当依法尽快予以批捕、起诉。对于袭警行为构成犯罪的，人民法院应当依法及时审判，严格依法追究犯罪分子刑事责任。二要依法适用从重处罚。暴力袭警是《刑法》第二百七十七条规定的从重处罚情形。人民法院、人民检察院和公安机关在办理此类案件时，要准确认识袭警行为对于国家法律秩序的严重危害，不能将袭警行为等同于一般的故意伤害行为，不能仅以造成民警身体伤害作为构成犯罪的标准，要综合考虑袭警行为的手段、方式以及对执行职务的影响程度等因素，准确认定犯罪性质，从严追究刑事责任。对袭警违法犯罪行为，依法不适用刑事和解和治安调解。对于构成犯罪，但具有初犯、偶犯、给予民事赔偿并取得被害人谅解等情节的，在酌情从宽时，应当从严把握从宽幅度。对犯罪性质和危害后果特别严重、犯罪手段特别残忍、社会影响特别恶劣的犯罪分子，虽具有上述酌定从宽情节但不足以从轻处罚的，依法不予从宽处罚。三要加强规范执法和法制宣传教育。人民警察要严格按照法律规定的程序和标准正确履职，特别是要规范现场执法，以法为据、以理服人，妥善化解矛盾，谨慎使用强制措施和武器警械。人民法院、人民检察院、公安机关在依法办案的同时，要加大法制宣传教育力度，对于社会影响大、舆论关注度高的重大案件，视情通过新闻媒体、微信、微博等多种形式，向社会通报案件进展情况，澄清事实真相，并结合案情释法说理，说明袭警行为的危害性。要适时公开曝光一批典型案例，向社会揭露袭警行为的违法性和严重危害性，教育人民群众遵纪守法，在全社会树立"敬畏法律、尊重执法者"的良好法治环境。

各地各相关部门在执行中遇有问题，请及时上报各自上级机关。

11. 最高人民法院、最高人民检察院、公安部、司法部《关于依法惩治妨害新型冠状病毒感染肺炎疫情防控违法犯罪的意见》法发〔2020〕7号（2020年2月6日）（具体见第一百一十五条）

以暴力、威胁方法阻碍国家机关工作人员（含在依照法律、法规规定行使国家有关疫情防控行政管理职权的组织中从事公务的人员，在受国家机关委托代表国家机关行使疫情防控职权的组织中从事公务的人员，虽未列入国家机关人员编制但在国家机关中从事疫情防控公务的人员）依法履行为防控疫情而采取的防疫、检疫、强制隔离、隔离治疗等措施的，依照《刑法》第二百七十七条第一款、第三款的规定，以妨害公务罪定罪处罚。暴力袭击正在依法执行职务的人民警察的，以妨害公务罪定罪，从重处罚。

（附参考）1. 浙江省高级人民法院、浙江省人民检察院、浙江省公安厅《关于办理违反烟草专卖管理刑事案件适用法律若干问题的意见》浙检会（研）〔2005〕8 号（见第一百四十条）

以暴力、威胁方法阻碍烟草专卖执法人员依法执行职务的，依照《刑法》第二百七十七条的规定，以妨碍公务罪定罪处罚。不构成犯罪的，由公安机关依法予以治安处罚。

2. 浙江省高级人民法院、浙江省人民检察院、浙江省公安厅《办理袭警犯罪案件的指导意见》（2022 年 2 月 25 日）

为依法惩治袭警犯罪活动，规范袭警犯罪案件办理，切实维护民警执法权威，保障民警人身财产安全，根据《中华人民共和国刑法》《中华人民共和国刑事诉讼法》《最高人民法院、最高人民检察院、公安部关于依法惩治袭警违法犯罪行为的指导意见》等法律、司法解释和其他有关规定，结合全省实际，制定本指导意见。

第一章　总体要求

第一条　办理袭警犯罪案件，应当根据行为人的动机、行为方式、行为场所以及造成的后果等因素，全面考量其社会危害性，准确判断行为性质，对于符合法定犯罪构成要件的，公安机关要及时立案、侦查、移送审查起诉，依法从严从快惩处，努力实现法律效果和社会效果的有机统一。

第二条　办理袭警犯罪案件，公安机关要严格依法办案，确保案件定性准确，事实清楚，程序公正。对于疑难复杂案件，公安机关可以邀请人民检察院提前介入，必要时可以提请公、检、法联合会商、协调。

第三条　对袭警违法犯罪行为，依法不适用刑事和解和治安调解。

第二章　袭警犯罪的认定

第四条　《刑法》第二百七十七条第五款规定的"依法执行职务的人民警察"，是指列入国家机关人员编制行使《人民警察法》规定职权的国家机关工作人员，包括公安机关、国家安全机关、监狱的人民警察和人民法院、人民检察院的司法警察。

人民警察在非工作时间，遇有其职责范围内的紧急情况而履行职责的，应当视为正在依法执行职务。

第五条　对正在依法执行职务的民警实施下列行为之一的，属于《刑法》第二百七十七条第五款规定的"暴力袭击"，应当以袭警罪追究刑事责任：

（一）撕咬、拳击、肘击、踢踹、掌掴、掐颈、抱摔、拖拽、冲撞等能够危及人身安全的肢体动作的；

（二）攻击民警头部、脸部、裆部等要害部位的；

（三）对民警投掷石块、手机等能够危及人身安全的物品的；

（四）实施打砸、毁坏、抢夺民警正在使用的警用车辆、警械等警用装备，并危及民警人身安全的；

（五）其他明显、主动的攻击行为。

第六条　实施暴力袭警行为，具有下列情形之一的，属于《刑法》第二百七十七条规定的"严重危及其人身安全的"：

（一）使用枪支、管制刀具等凶器或者危险物品袭警的；

（二）驾驶机动车冲撞、碾轧、拖拽、剐蹭民警的；

（三）实施其他严重袭警行为的。

第七条 对正在依法执行职务的民警实施下列行为之一，未危及民警人身安全的，不属于《刑法》第二百七十七条第五款规定的"暴力袭击"，一般不应以袭警罪追究刑事责任，构成其他犯罪的，以其他犯罪论处，构成违反治安管理行为的，应当给予治安管理处罚。

（一）拉扯、推搡、抓挠、拍打、搂抱、贴靠等针对民警身体非要害部位的；

（二）污损、辱骂等侮辱行为；

（三）围困、阻拦、哄闹等聚众造势的；

（四）在强制传唤、拘留、逮捕等过程中，行为人为摆脱控制、逃避抓捕实施的甩手、蹬腿等消极抵抗行为，未对民警人身进行攻击的；

（五）在对醉酒人员采取保护性措施过程中，醉酒人员实施的不针对特定对象的摆臂、挥手等行为，未对民警人身进行攻击的；

（六）其他对正在依法执行职务的民警实施消极抵抗行为，未危及民警人身安全的。

第八条 有下列行为之一，符合《刑法》第二百七十七条第一款规定的，以妨害公务罪追究刑事责任。

（一）对正在依法执行职务的民警虽未实施暴力袭击，但以实施暴力相威胁；

（二）以暴力、威胁方法阻碍协助人民警察依法执行职务的警务辅助人员；

（三）实施打砸、毁坏民警正在使用的警用车辆、警械、执法记录仪、警务通、对讲机等警用装备，造成较大数额财产损失的；

（四）采用其他方法阻碍人民警察执行职务的。

第九条 暴力袭击正在依法执行职务的人民警察，有下列情形之一，情节显著轻微危害不大的，不认为是犯罪；构成违反治安管理行为的，应当给予治安管理处罚。

（一）在办案区、调解室等公安机关办公场所以及私人住宅、酒店房间、警用车辆等空间内，袭警情节轻微，未造成恶劣影响的；

（二）在调处婚姻家庭、邻里纠纷等民间纠纷过程中，纠纷当事人不服从民警指令，与民警发生轻微肢体冲突的；

（三）具有其他情节显著轻微危害不大情形的。

第十条 暴力袭击未执行执法公务行为人民警察的，不以袭警罪追究刑事责任；构成其他犯罪的，依法追究刑事责任。

第三章 有关办案程序

第十一条 公安机关办理袭警违法犯罪案件，应当及时固定现场证据，除一般案件所需证据材料外，公安机关应当注重收集、提取下列证据材料，查清案件事实。

（一）受侵害民警的身份证明材料；

（二）民警依法履职的相关证明材料；

（三）民警现场执法记录仪或周边监控等视听资料，确保视听资料具备完整性；

（四）犯罪嫌疑人供述和辩解；

（五）对造成民警或者他人受伤、财产损失的，应当依法进行鉴定；

（六）其他与案件事实有关的材料。

第十二条 对造成民警或者他人受伤、财产损失的，行为人应当承担民事赔偿责任。

民警遭受物质损失的，可以在刑事诉讼过程中提起附带民事诉讼。

国家财产遭受损失的，公安机关应当建议人民检察院在提起公诉的时候提起附带民事诉讼。

第四章+　附则

第十三条　本意见所称危险物品，是指爆炸性、易燃性、放射性、毒害性、腐蚀性物品。

第十四条　本意见自下发之日起施行。本意见与法律或司法解释有抵触的，以法律或司法解释为准。

第二百七十八条【煽动暴力抗拒法律实施罪】　煽动群众暴力抗拒国家法律、行政法规实施的，处三年以下有期徒刑、拘役、管制或者剥夺政治权利；造成严重后果的，处三年以上七年以下有期徒刑。

（相关解释）**1.最高人民法院、最高人民检察院、公安部、国家烟草专卖局《关于办理假冒伪劣烟草制品等刑事案件适用法律问题座谈会纪要》**商检会〔2003〕4号（见第一百四十条）

煽动群众暴力抗拒烟草专卖法律实施的，依照《刑法》第二百七十八条的规定，以煽动暴力抗拒法律实施罪定罪处罚。

2.最高人民法院、最高人民检察院《关于办理非法生产、销售烟草专卖品等刑事案件具体应用法律若干问题的解释》法释〔2010〕7号

煽动群众暴力抗拒烟草专卖法律实施，构成犯罪的，以煽动暴力抗拒法律实施罪追究刑事责任。

3.最高人民法院、最高人民检察院《关于办理利用信息网络实施诽谤等刑事案件适用法律若干问题的解释》法释〔2013〕21号

第九条　利用信息网络实施诽谤、寻衅滋事、敲诈勒索、非法经营犯罪，同时又构成《刑法》第二百二十一条规定的损害商业信誉、商品声誉罪，第二百七十八条规定的煽动暴力抗拒法律实施罪，第二百九十一条之一规定的编造、故意传播虚假恐怖信息罪等犯罪的，依照处罚较重的规定定罪处罚。

第十条　本解释所称信息网络，包括以计算机、电视机、固定电话机、移动电话机等电子设备为终端的计算机互联网、广播电视网、固定通信网、移动通信网等信息网络，以及向公众开放的局域网络。

第二百七十九条【招摇撞骗罪】　冒充国家机关工作人员招摇撞骗的，处三年以下有期徒刑、拘役、管制或者剥夺政治权利；情节严重的，处三年以上十年以下有期徒刑。

冒充人民警察招摇撞骗的，依照前款的规定从重处罚。

（相关解释）**最高人民法院、最高人民检察院、公安部《关于依法惩治招摇撞骗等违法犯罪行为的指导意见》**公通字〔2021〕21号（2021年12月16日）

近年来，一些不法分子冒充国家机关工作人员、军人，以及冒充党和国家领导人或者其他领导干部的亲友、身边工作人员，实施招摇撞骗等违法犯罪，严重损害国家机关、军队的权威和形象，扰乱公共秩序，侵犯公民合法权益，造成恶劣社会影响。为了进一步加大惩治此类违法犯罪力度，根据有关法律规定，制定本意见。

一、冒充国家机关工作人员、军人，骗取财物、荣誉、地位、待遇、感情等，符合《刑法》第二百七十九条、第三百七十二条规定的，分别以招摇撞骗罪、冒充军人招摇撞骗罪定罪处罚；严重损害国家机关、军队形象和威信，或者造成其他严重后果的，应当认定为《刑法》第二百七十九条、第三百七十二条规定的"情节严重"。

二、冒充党和国家领导人或者其他领导干部的亲属、身边工作人员，骗取公私财物，符合《刑法》第二百六十六条规定的，以诈骗罪定罪处罚；诈骗数额接近"数额巨大""数额特别巨大"的标准，并且严重损害国家机关、军队形象和威信或者诈骗手段恶劣、造成其他严重后果的，应当分别认定为《刑法》第二百六十六条规定的"其他严重情节""其他特别严重情节"。

三、伪造党和国家领导人或者其他领导干部的题词、书法、绘画或者合影照片、音频、视频等，骗取公私财物，符合《刑法》第二百六十六条规定的，以诈骗罪定罪处罚。

四、冒充国家机关工作人员或者军人招摇撞骗，同时构成非法吸收公众存款罪、集资诈骗罪、合同诈骗罪、组织、领导传销活动罪、诈骗罪的，依照处罚较重的规定定罪处罚。

五、对下列情形之一的，应当分别认定为《刑法》第二百七十九条、第三百七十二条规定的"冒充国家机关工作人员""冒充军人"：

1.冒充国家机关中真实存在或者虚构的工作人员、军人的；

2.冒充虚构的国家机关中的工作人员、军人，易让他人信以为真的；

3.身为国家机关工作人员、军人冒充其他国家机关工作人员、军人的；

4.以骗取非法利益为目的，制造假象，诱使他人误以为系国家机关工作人员、军人的。

六、实施招摇撞骗，尚不构成犯罪，但构成违反治安管理行为的，依法给予治安管理处罚。

七、查办相关案件过程中，发现有关国家机关工作人员、军人存在失职渎职、行贿受贿等情况的，应当依法移送有关部门处理。

（附参考）**浙江省高级人民法院《关于部分罪名定罪量刑情节及数额标准的意见》**浙高法〔2012〕325号

74.《刑法》第二百七十九条 【招摇撞骗罪】

具有下列情形之一的，属于"情节严重"，处三年以上十年以下有期徒刑：

（1）招摇撞骗5人次以上的；

（2）导致被害人或者其近亲属自杀、自残造成死亡、严重残疾或者精神失常的；

（3）造成特别恶劣社会影响的；

（4）情节严重的其他情形。

第二百八十条【伪造、变造、买卖国家机关公文、证件、印章罪，盗窃、抢夺、毁灭国家机关公文、证件、印章罪】 伪造、变造、买卖或者盗窃、抢夺、毁灭国家机关的公文、证件、印章的，处三年以下有期徒刑、拘役、管制或者剥夺政治权利，并处罚金；情节严重的，处三年以上十年以下有期徒刑，并处罚金。

【伪造公司、企业、事业单位、人民团体印章罪】 伪造公司、企业、事业单位、人民团体的印章的，处三年以下有期徒刑、拘役、管制或者剥夺政治权利，并处罚金。

【伪造、变造、买卖身份证件罪】 伪造、变造、买卖居民身份证、护照、社会保障卡、驾驶证等依法可以用于证明身份的证件的，处三年以下有期徒刑、拘役、管制或者剥

夺政治权利，并处罚金；情节严重的，处三年以上七年以下有期徒刑，并处罚金。【2015年11月1日刑法修正案（九）】

【1997年刑法】伪造、变造、买卖或者盗窃、抢夺、毁灭国家机关的公文、证件、印章的，处三年以下有期徒刑、拘役、管制或者剥夺政治权利；情节严重的，处三年以上十年以下有期徒刑。

伪造公司、企业、事业单位、人民团体的印章的，处三年以下有期徒刑、拘役、管制或者剥夺政治权利。

伪造、变造居民身份证的，处三年以下有期徒刑、拘役、管制或者剥夺政治权利；情节严重的，处三年以上七年以下有期徒刑。

（相关解释）**1. 最高人民法院、最高人民检察院《关于办理伪造、贩卖伪造的高等院校学历、学位证明刑事案件如何适用法律问题的解释》**法释〔2001〕22号

对于伪造高等院校印章制作学历、学位证明的行为，应当依照《刑法》第二百八十条第二款的规定，以伪造事业单位印章罪定罪处罚。

明知是伪造高等院校印章制作的学历、学位证明而贩卖的，以伪造事业单位印章罪的共犯论处。

2. 最高人民检察院《关于买卖伪造的国家机关证件行为是否构成犯罪问题的答复》〔1999〕高检研发第5号

对于买卖伪造的国家机关证件的行为，依法应当追究刑事责任的，可适用《刑法》第二百八十条第一款的规定以买卖国家机关证件罪追究刑事责任。

3. 最高人民检察院法律政策研究室《关于通过伪造证据骗取法院民事裁判占有他人财物的行为如何适用法律问题的答复》〔2002〕高检研发第18号

以非法占有为目的，通过伪造证据骗取法院民事裁判占有他人财物的行为所侵害的主要是人民法院正常的审判活动，可以由人民法院依照民事诉讼法的有关规定作出处理，不宜以诈骗罪追究行为人的刑事责任。如果行为人伪造证据时，实施了伪造公司、企业、事业单位、人民团体印章的行为，构成犯罪的，应当依照《刑法》第二百八十条第二款的规定，以伪造公司、企业、事业单位、人民团体印章罪追究刑事责任；如果行为人有指使他人作伪证行为，构成犯罪的应当依照《刑法》第三百零七条第一款的规定，以妨害作证罪追究刑事责任。

4. 《全国人大常委会关于惩治骗购外汇、逃汇和非法买卖外汇犯罪的决定》1998年（见第一百九十条）

买卖伪造、变造的海关签发的报关单、进口证明、外汇管理部门核准件等凭证和单据或者国家机关的其他公文、证件、印章的，依照《刑法》第二百八十条的规定定罪处罚。

5. 最高人民法院《关于审理骗购外汇、非法买卖外汇刑事案件具体应用法律若干问题的解释》法释〔1998〕20号

伪造、变造、买卖海关签发的报关单、进口证明、外汇管理机关的核准件等凭证或者购买伪造、变造的上述凭证的，按照《刑法》第二百八十条第一款的规定定罪处罚。

6. 最高人民法院研究室《关于对行为人通过伪造国家机关公文、证件担任国家工作人员职务并利用职务上便利侵占本单位的财物、收受贿赂、挪用本单位资金等行为如何适用法律问题的答复》法研〔2004〕38号

行为人通过伪造国家机关公文、证件担任国家工作人员职务后，又利用职务上的便利实施侵占本单位财物、收受贿赂、挪用本单位资金等行为，构成犯罪的，应当分别以伪造

国家机关公文、证件罪和相应的贪污罪、受贿罪、挪用公款罪等追究刑事责任，实行数罪并罚。

7. 最高人民法院《关于审理破坏森林资源刑事案件具体应用法律若干问题的解释》法释〔2000〕36号

对于伪造、变造、买卖林木采伐许可证、木材运输证件，森林、林木、林地权属证书，占用或者征用林地审核同意书、育林基金等缴费收据以及其他国家机关批准的林业证件构成犯罪的，依照《刑法》第二百八十条第一款的规定，以伪造、变造、买卖国家机关公文、证件罪定罪处罚。

对于买卖允许进出口证明书等经营许可证明，同时触犯《刑法》第二百二十五条、第二百八十条规定之罪的，依照处罚较重的规定定罪处罚。

8. 最高人民法院《关于审理破坏野生动物资源刑事案件具体应用法律若干问题的解释》法释〔2000〕37号（已废止）

9. 最高人民法院、最高人民检察院《关于办理妨害信用卡管理刑事案件具体应用法律若干问题的解释》法释〔2009〕19号（具体见第一百九十六条）

为信用卡申请人制作、提供虚假的财产状况、收入、职务等资信证明材料，涉及伪造、变造、买卖国家机关公文、证件、印章，或者涉及伪造公司、企业、事业单位、人民团体印章，应当追究刑事责任的，依照《刑法》第二百八十条的规定，分别以伪造、变造、买卖国家机关公文、证件、印章罪和伪造公司、企业、事业单位、人民团体印章罪定罪处罚。

10. 最高人民法院、最高人民检察院、海关总署《关于办理走私刑事案件适用法律若干问题的意见》法〔2002〕139号（见第一百五十一条）

加工贸易登记手册、特定减免税批文等涉税单证是海关根据国家法律法规以及有关政策性规定，给予特定企业用于保税货物经营管理和减免税优惠待遇的凭证。利用购买的加工贸易登记手册、特定减免税批文等涉税单证进口货物，实质是将一般贸易货物伪报为加工贸易保税货物或者特定减免税货物进口，以达到偷逃应缴税款的目的，应当适用《刑法》第一百五十三条以走私普通货物、物品罪定罪处罚。如果行为人与走私分子通谋出售上述涉税单证，或者在出卖批文后又以提供印章、向海关伪报保税货物、特定减免税货物等方式帮助买方办理进口通关手续的，对卖方依照《刑法》第一百五十六条以走私罪共犯定罪处罚。买卖上述涉税单证情节严重尚未进口货物的，依照《刑法》第二百八十条的规定定罪处罚。

11. 公安部《关于对伪造学生证及贩卖、使用伪造学生证的行为如何处理问题的批复》公刑〔2002〕1046号

铁道部公安局：

你局《关于对伪造、贩卖、使用假学生证的行为如何认定处罚的请示》（公法〔2002〕4号）收悉。现批复如下：

一、对伪造高等院校印章制作学生证的行为，应当依照《中华人民共和国刑法》第280条第2款的规定，以伪造事业单位印章罪立案侦查。

二、对明知是伪造高等院校印章制作的学生证而贩卖的，应当以伪造事业单位印章罪的共犯立案侦查；对贩卖伪造的学生证，尚不够刑事处罚的，应当就其明知是伪造的学生证而购买的行为，依照《中华人民共和国治安管理处罚条例》第24条第（一）项的规定，以明知是赃物而购买处罚。

三、对使用伪造的学生证购买半价火车票，数额较大的，应当依照《中华人民共和国

刑法》第 266 条的规定，以诈骗罪立案侦查；尚不够刑事处罚的，应当依照《中华人民共和国治安管理处罚条例》第 23 条第（一）项的规定以诈骗定性处罚。

12. 公安部《关于盗窃空白因私护照有关问题的批复》 公境出〔2000〕881 号

辽宁省公安厅出入境管理处：

你处《关于准确认定盗窃空白护照性质及罪名的请示》（辽公境外〔2000〕178 号）收悉。经研究，批复如下：

一、李博晗、万明亮等人所盗取的空白护照属于出入境证件。护照不同于一般的身份证件，它是公民国际旅行的身份证件和国籍证明。在我国，公民因私护照的设计、研制、印刷统一由公安部出入境管理局负责。护照上设计了多项防伪措施，每本护照（包括空白护照）都有一个统一编号，空白护照是签发护照的重要构成因素，对空白护照的发放、使用有严格的管理程序。空白护照丢失，与已签发的护照一样，也由公安部出入境管理局宣布作废，空白护照是作为出入境证件加以管理的。因此，空白护照既是国家机关的证件，也是出入境证件。

二、李博晗、万明亮等人所盗护照不同于一般商品，在认定其盗窃情节时，不能简单依照护照本身的研制、印刷费用计算盗窃数额，而应依照所盗护照的本数计算。一次盗窃 2000 本护照，在建国以来是第一次，所造成的影响极其恶劣。应当认定为"情节严重"，不是一般的盗窃，而应按照《刑法》第二百八十条规定处理。

三、李博晗、万明亮等人将盗窃的护照出售，其出售护照的行为也妨害国（边）境管理秩序，触犯《刑法》第三百二十条，涉嫌构成出售出入境证件罪。

上述意见请商当地人民检察院。

13. 最高人民法院、最高人民检察院《关于办理虚假诉讼刑事案件适用法律若干问题的解释》 法释〔2018〕17 号（见第三百零七条之一）

第六条　诉讼代理人、证人、鉴定人等诉讼参与人与他人通谋，代理提起虚假民事诉讼、故意作虚假证言或者出具虚假鉴定意见，共同实施《刑法》第三百零七条之一前三款行为的，依照共同犯罪的规定定罪处罚；同时构成妨害作证罪，帮助毁灭、伪造证据罪等犯罪的，依照处罚较重的规定定罪从重处罚。

第七条　采取伪造证据等手段篡改案件事实，骗取人民法院裁判文书，构成犯罪的，依照《刑法》第二百八十条、第三百零七条等规定追究刑事责任。

14. 最高人民法院、最高人民检察院《关于办理与盗窃、抢劫、诈骗、抢夺机动车相关刑事案件具体应用法律若干问题的解释》 法释〔2007〕11 号（见第三百一十二条）

第二条　伪造、变造、买卖机动车行驶证、登记证书，累计三本以上的，依照《刑法》第二百八十条第一款的规定，以伪造、变造、买卖国家机关证件罪定罪，处三年以下有期徒刑、拘役、管制或者剥夺政治权利。

伪造、变造、买卖机动车行驶证、登记证书，累计达到第一款规定数量标准五倍以上的，属于《刑法》第二百八十条第一款规定中的"情节严重"，处三年以上十年以下有期徒刑。

15. 最高人民法院、最高人民检察院、公安部《关于办理电信网络诈骗等刑事案件适用法律若干问题的意见（二）》 法发〔2021〕22 号（2021年6月17日）（具体见《刑法》第二百六十六条）

六、在网上注册办理手机卡、信用卡、银行账户、非银行支付账户时，为通过网上认证，使用他人身份证件信息并替换他人身份证件相片，属于伪造身份证件行为，符合《刑法》第二百八十条第三款规定的，以伪造身份证件罪追究刑事责任。

使用伪造、变造的身份证件或者盗用他人身份证件办理手机卡、信用卡、银行账户、非银行支付账户，符合《刑法》第二百八十条之一第一款规定的，以使用虚假身份证件、盗用身份证件罪追究刑事责任。

实施上述两款行为，同时构成其他犯罪的，依照处罚较重的规定定罪处罚。法律和司法解释另有规定的除外。

（附参考）**1. 浙江省高级人民法院、浙江省人民检察院《关于办理虚假诉讼刑事案件具体适用法律的指导意见》**浙高法〔2010〕207号（见第三百零七条）

在虚构事实、伪造证据过程中，伪造、变造、买卖或者盗窃、抢夺、毁灭国家机关公文、证件、印章的，或者伪造公司、企业、事业单位、人民团体印章的，或者伪造、变造居民身份证的，分别按照《刑法》第二百八十条伪造、变造、买卖国家机关公文、证件、印章罪，盗窃、抢夺、毁灭国家机关公文、证件、印章罪，伪造公司、企业、事业单位、人民团体印章罪，伪造、变造居民身份证罪处理。

2. 浙江省高级人民法院刑二庭《关于审理建筑领域职务犯罪和经济犯罪案件若干问题的解答》2015年12月29日（见第二百七十一条）

四、如何理解和把握建筑领域伪造印章犯罪的定性处罚？

答：伪造印章犯罪是建筑领域较为常见的犯罪，通常不单独出现，而是作为伪造证据、虚假诉讼等行为的一种手段。根据《刑法》第二百八十条规定，伪造公司、企业、事业单位、人民团体印章罪的印章，不仅包括公司公章，还包括公司项目部章、合同专用章、技术专用章、财务专用章等印章。项目经理伪造上述有关印章的，可认定为伪造公司印章。对项目经理实施违规利用（伪造、偷盖、修改粘贴方式）建筑施工企业印章、虚假诉讼以及损害建筑施工企业利益的其他行为，构成其他犯罪的，宜根据从一重罪处断等原则依法处理。

3. 浙江省高级人民法院、浙江省人民检察院、浙江省公安厅《关于办理建筑施工企业从业人员犯罪案件若干法律适用问题的会议纪要》浙高法〔2017〕228号（见第二百七十一条）

四、关于建筑领域伪造印章犯罪的定性处罚问题

伪造印章犯罪是建筑领域较为常见的犯罪，通常不单独出现，而是作为伪造证据、虚假诉讼等行为的一种手段。根据《刑法》第二百八十条规定，伪造公司、企业、事业单位、人民团体印章罪的印章，不仅包括公司公章，还包括公司项目部章、合同专用章、技术专用章、财务专用章等印章。

项目经理、承包人伪造一枚上述有关印章且直接获利6万元以上或造成30万元以上经济损失的，或伪造三枚以上印章的，可以伪造公司印章罪追究刑事责任。

对项目经理、承包人实施违规利用（伪造、偷盖、修改粘贴方式）建筑施工企业印章、虚假诉讼以及损害建筑施工企业利益的其他行为，构成其他犯罪的，宜根据从一重罪处断等原则依法处理。

第二百八十条之一【使用虚假身份证件、盗用身份证件罪】 在依照国家规定应当提供身份证明的活动中，使用伪造、变造的或者盗用他人的居民身份证、护照、社会保障

卡、驾驶证等依法可以用于证明身份的证件，情节严重的，处拘役或者管制，并处或者单处罚金。

有前款行为，同时构成其他犯罪的，依照处罚较重的规定定罪处罚。【2015年11月1日刑法修正案（九）】

（相关解释）**最高人民法院、最高人民检察院、公安部《关于办理电信网络诈骗等刑事案件适用法律若干问题的意见（二）》法发〔2021〕22号（2021年6月17日）（具体见《刑法》第二百六十六条）**

六、在网上注册办理手机卡、信用卡、银行账户、非银行支付账户时，为通过网上认证，使用他人身份证件信息并替换他人身份证件相片，属于伪造身份证件行为，符合《刑法》第二百八十条第三款规定的，以伪造身份证件罪追究刑事责任。

使用伪造、变造的身份证件或者盗用他人身份证件办理手机卡、信用卡、银行账户、非银行支付账户，符合《刑法》第二百八十条之一第一款规定的，以使用虚假身份证件、盗用身份证件罪追究刑事责任。

实施上述两款行为，同时构成其他犯罪的，依照处罚较重的规定定罪处罚。法律和司法解释另有规定的除外。

第二百八十条之二【冒名顶替罪】　盗用、冒用他人身份，顶替他人取得的高等学历教育入学资格、公务员录用资格、就业安置待遇的，处三年以下有期徒刑、拘役或者管制，并处罚金。

组织、指使他人实施前款行为的，依照前款的规定从重处罚。

国家工作人员有前两款行为，又构成其他犯罪的，依照数罪并罚的规定处罚。【2021年3月1日刑法修正案（十一）】

第二百八十一条【非法生产、买卖警用装备罪】　非法生产、买卖人民警察制式服装、车辆号牌等专用标志、警械，情节严重的，处三年以下有期徒刑、拘役或者管制，并处或者单处罚金。

单位犯前款罪的，对单位判处罚金，并对其直接负责的主管人员和其他直接责任人员，依照前款的规定处罚。

（相关解释）**最高人民检察院、公安部《关于公安机关管辖的刑事案件立案追诉标准的规定（一）》公通字〔2008〕36号**

第三十五条【非法生产、买卖警用装备案（《刑法》第二百八十一条）】非法生产、买卖人民警察制式服装、车辆号牌等专用标志、警械，涉嫌下列情形之一的，应予立案追诉：

（一）成套制式服装三十套以上，或者非成套制式服装一百件以上的；

（二）手铐、脚镣、警用抓捕网、警用催泪喷射器、警灯、警报器单种或者合计十件以上的；

（三）警棍五十根以上的；

（四）警衔、警号、胸章、臂章、帽徽等警用标志单种或者合计一百件以上的；

（五）警用号牌、省级以上公安机关专段民用车辆号牌一副以上，或者其他公安机关专段民用车辆号牌三副以上的；

（六）非法经营数额五千元以上，或者非法获利一千元以上的；

（七）被他人利用进行违法犯罪活动的；

（八）其他情节严重的情形。

（附参考）**浙江省高级人民法院《关于部分罪名定罪量刑情节及数额标准的意见》**浙高法〔2012〕325号

75.《刑法》第二百八十一条【非法生产、买卖警用装备罪】

具有下列情形之一的，属于"情节严重"，处三年以下有期徒刑、拘役或者管制，并处或者单处罚金：

（1）非法生产、买卖成套制式服装三十套以上，或者非成套制式服装一百件以上的；

（2）非法生产、买卖手铐、脚镣、警用抓捕网、警用催泪喷射器、警灯、警报器单种或者合计十件以上的；

（3）非法生产、买卖警棍五十根以上的；

（4）非法生产、买卖警衔、警号、胸章、臂章、帽徽等警用标志单种或者合计一百件以上的；

（5）非法生产、买卖警用号牌、省级以上公安机关专段民用车辆号牌一副以上，或者其他公安机关专段民用车辆号牌三副以上的；

（6）非法经营数额在五千元以上，或者非法获利一千元以上的；

（7）被他人利用进行违法犯罪活动的；

（8）情节严重的其他情形。

第二百八十二条【非法获取国家秘密罪】 以窃取、刺探、收买方法，非法获取国家秘密的，处三年以下有期徒刑、拘役、管制或者剥夺政治权利；情节严重的，处三年以上七年以下有期徒刑。

【非法持有国家绝密、机密文件、资料、物品罪】 非法持有属于国家绝密、机密的文件、资料或者其他物品，拒不说明来源与用途的，处三年以下有期徒刑、拘役或者管制。

（相关解释）**最高人民法院、最高人民检察院《关于办理组织和利用邪教组织犯罪案件具体应用法律若干问题的解释（二）》**法释〔2001〕19号

邪教组织人员为境外窃取、刺探、收买、非法提供国家秘密、情报的，以窃取、刺探、收买方法非法获取国家秘密的，非法持有国家绝密、机密文件、资料、物品拒不说明来源与用途的，或者泄露国家秘密情节严重的，分别依照《刑法》第一百一十一条为境外窃取、刺探、收买、非法提供国家秘密、情报罪，第二百八十二条第一款非法获取国家秘密罪，第二百八十二条第二款非法持有国家绝密、机密文件、资料、物品罪，第三百九十八条故意泄露国家秘密罪、过失泄露国家秘密罪的规定定罪处罚。

第二百八十三条【非法生产、销售专用间谍器材、窃听、窃照专用器材罪】 非法生产、销售专用间谍器材或者窃听、窃照专用器材的，处三年以下有期徒刑、拘役或者管制，并处或者单处罚金；情节严重的，处三年以上七年以下有期徒刑，并处罚金。

单位犯前款罪的，对单位判处罚金，并对其直接负责的主管人员和其他直接责任人员，依照前款的规定处罚。【2015年11月1日刑法修正案（九）】

【1997年刑法】非法生产、销售窃听、窃照等专用间谍器材的，处三年以下有期徒刑、拘役或者管制。

（相关解释）**最高人民法院、最高人民检察院、公安部、国家安全部《关于依法办理非法生产销售使用"伪基站"设备案件的意见》**公通字〔2014〕13号

近年来，各地非法生产、销售、使用"伪基站"设备违法犯罪活动日益猖獗，有的借以非法获取公民个人信息，有的非法经营广告业务，或者发送虚假广告，甚至实施诈骗等犯罪活动。"伪基站"设备是未取得电信设备进网许可和无线电发射设备型号核准的非法无线电通信设备，具有搜取手机用户信息，强行向不特定用户手机发送短信息等功能，使用过程中会非法占用公众移动通信频率，局部阻断公众移动通信网络信号。非法生产、销售、使用"伪基站"设备，不仅破坏正常电信秩序，影响电信运营商正常经营活动，危害公共安全，扰乱市场秩序，而且严重影响用户手机使用，损害公民财产权益，侵犯公民隐私，社会危害性严重。为依法办理非法生产、销售、使用"伪基站"设备案件，保障国家正常电信秩序，维护市场经济秩序，保护公民合法权益，根据有关法律规定，制定本意见。

一、准确认定行为性质

（一）非法生产、销售"伪基站"设备，具有以下情形之一的，依照《刑法》第二百二十五条的规定，以非法经营罪追究刑事责任：

1.个人非法生产、销售"伪基站"设备三套以上，或者非法经营数额五万元以上，或者违法所得数额二万元以上的；

2.单位非法生产、销售"伪基站"设备十套以上，或者非法经营数额十五万元以上，或者违法所得数额五万元以上的；

3.虽未达到上述数额标准，但两年内曾因非法生产、销售"伪基站"设备受过两次以上行政处罚，又非法生产、销售"伪基站"设备的。

实施前款规定的行为，数量、数额达到前款规定的数量、数额五倍以上的，应当认定为《刑法》第二百二十五条规定的"情节特别严重"。

非法生产、销售"伪基站"设备，经鉴定为专用间谍器材的，依照《刑法》第二百八十三条的规定，以非法生产、销售间谍专用器材罪追究刑事责任；同时构成非法经营罪的，以非法经营罪追究刑事责任。

第二百八十四条【非法使用窃听、窃照专用器材罪】 非法使用窃听、窃照专用器材，造成严重后果的，处二年以下有期徒刑、拘役或者管制。

第二百八十四条之一【组织考试作弊罪】 在法律规定的国家考试中，组织作弊的，处三年以下有期徒刑或者拘役，并处或者单处罚金；情节严重的，处三年以上七年以下有期徒刑，并处罚金。

为他人实施前款犯罪提供作弊器材或者其他帮助的，依照前款的规定处罚。

【非法出售、提供试题、答案罪】 为实施考试作弊行为，向他人非法出售或者提供第一款规定的考试的试题、答案的，依照第一款的规定处罚。

【代替考试罪】 代替他人或者让他人代替自己参加第一款规定的考试的，处拘役或者管制，并处或者单处罚金。【2015年11月1日刑法修正案（九）】

（相关解释）1.**最高人民法院、最高人民检察院《关于办理组织考试作弊等刑事案件适用法律若干问题的解释》**法释〔2019〕13号（2019年9月2日）

为依法惩治组织考试作弊，非法出售、提供试题、答案，代替考试等犯罪，维护考试公平与秩序，根据《中华人民共和国刑法》《中华人民共和国刑事诉讼法》的规定，现就办理此类刑事案件适用法律的若干问题解释如下：

第一条 《刑法》第二百八十四条之一规定的"法律规定的国家考试"，仅限于全国人民代表大会及其常务委员会制定的法律所规定的考试。

根据有关法律规定，下列考试属于"法律规定的国家考试"：

（一）普通高等学校招生考试、研究生招生考试、高等教育自学考试、成人高等学校招生考试等国家教育考试；

（二）中央和地方公务员录用考试；

（三）国家统一法律职业资格考试、国家教师资格考试、注册会计师全国统一考试、会计专业技术资格考试、资产评估师资格考试、医师资格考试、执业药师职业资格考试、注册建筑师考试、建造师执业资格考试等专业技术资格考试；

（四）其他依照法律由中央或者地方主管部门以及行业组织的国家考试。

前款规定的考试涉及的特殊类型招生、特殊技能测试、面试等考试，属于"法律规定的国家考试"。

第二条 在法律规定的国家考试中，组织作弊，具有下列情形之一的，应当认定为《刑法》第二百八十四条之一第一款规定的"情节严重"：

（一）在普通高等学校招生考试、研究生招生考试、公务员录用考试中组织考试作弊的；

（二）导致考试推迟、取消或者启用备用试题的；

（三）考试工作人员组织考试作弊的；

（四）组织考生跨省、自治区、直辖市作弊的；

（五）多次组织考试作弊的；

（六）组织三十人次以上作弊的；

（七）提供作弊器材五十件以上的；

（八）违法所得三十万元以上的；

（九）其他情节严重的情形。

第三条 具有避开或者突破考场防范作弊的安全管理措施，获取、记录、传递、接收、存储考试试题、答案等功能的程序、工具，以及专门设计用于作弊的程序、工具，应当认定为《刑法》第二百八十四条之一第二款规定的"作弊器材"。

对于是否属于《刑法》第二百八十四条之一第二款规定的"作弊器材"难以确定的，依据省级以上公安机关或者考试主管部门出具的报告，结合其他证据作出认定；涉及专用间谍器材、窃听、窃照专用器材、"伪基站"等器材的，依照相关规定作出认定。

第四条 组织考试作弊，在考试开始之前被查获，但已经非法获取考试试题、答案或者具有其他严重扰乱考试秩序情形的，应当认定为组织考试作弊罪既遂。

第五条 为实施考试作弊行为，非法出售或者提供法律规定的国家考试的试题、答案，具有下列情形之一的，应当认定为《刑法》第二百八十四条之一第三款规定的"情节严重"：

（一）非法出售或者提供普通高等学校招生考试、研究生招生考试、公务员录用考试的试题、答案的；

（二）导致考试推迟、取消或者启用备用试题的；

（三）考试工作人员非法出售或者提供试题、答案的；

（四）多次非法出售或者提供试题、答案的；

（五）向三十人次以上非法出售或者提供试题、答案的；

（六）违法所得三十万元以上的；

（七）其他情节严重的情形。

第六条　为实施考试作弊行为，向他人非法出售或者提供法律规定的国家考试的试题、答案，试题不完整或者答案与标准答案不完全一致的，不影响非法出售、提供试题、答案罪的认定。

第七条　代替他人或者让他人代替自己参加法律规定的国家考试的，应当依照《刑法》第二百八十四条之一第四款的规定，以代替考试罪定罪处罚。

对于行为人犯罪情节较轻，确有悔罪表现，综合考虑行为人替考情况以及考试类型等因素，认为符合缓刑适用条件的，可以宣告缓刑；犯罪情节轻微的，可以不起诉或者免予刑事处罚；情节显著轻微危害不大的，不以犯罪论处。

第八条　单位实施组织考试作弊，非法出售、提供试题、答案等行为的，依照本解释规定的相应定罪量刑标准，追究组织者、策划者、实施者的刑事责任。

第九条　以窃取、刺探、收买方法非法获取法律规定的国家考试的试题、答案，又组织考试作弊或者非法出售、提供试题、答案，分别符合《刑法》第二百八十二条和《刑法》第二百八十四条之一规定的，以非法获取国家秘密罪和组织考试作弊罪或者非法出售、提供试题、答案罪数罪并罚。

第十条　在法律规定的国家考试以外的其他考试中，组织作弊，为他人组织作弊提供作弊器材或者其他帮助，或者非法出售、提供试题、答案，符合非法获取国家秘密罪，非法生产、销售窃听、窃照专用器材罪，非法使用窃听、窃照专用器材罪，非法利用信息网络罪，扰乱无线电通讯管理秩序罪等犯罪构成要件的，依法追究刑事责任。

第十一条　设立用于实施考试作弊的网站、通讯群组或者发布有关考试作弊的信息，情节严重的，应当依照《刑法》第二百八十七条之一的规定，以非法利用信息网络罪定罪处罚；同时构成组织考试作弊罪，非法出售、提供试题、答案罪，非法获取国家秘密罪等其他犯罪的，依照处罚较重的规定定罪处罚。

第十二条　对于实施本解释规定的犯罪被判处刑罚的，可以根据犯罪情况和预防再犯罪的需要，依法宣告职业禁止；被判处管制、宣告缓刑的，可以根据犯罪情况，依法宣告禁止令。

第十三条　对于实施本解释规定的行为构成犯罪的，应当综合考虑犯罪的危害程度、违法所得数额以及被告人的前科情况、认罪悔罪态度等，依法判处罚金。

第十四条　本解释自2019年9月4日起施行。

2. 最高人民法院《关于审理走私、非法经营、非法使用兴奋剂刑事案件适用法律若干问题的解释》 法释〔2019〕16号（见第一百五十一条）

第四条　在普通高等学校招生、公务员录用等法律规定的国家考试涉及的体育、体能测试等体育运动中，组织考生非法使用兴奋剂的，应当依照《刑法》第二百八十四条之一的规定，以组织考试作弊罪定罪处罚。

明知他人实施前款犯罪而为其提供兴奋剂的，依照前款的规定定罪处罚。

第二百八十五条【非法侵入计算机信息系统罪】　违反国家规定，侵入国家事务、国防建设、尖端科学技术领域的计算机信息系统的，处三年以下有期徒刑或者拘役。

【非法获取计算机信息系统数据、非法控制计算机信息系统罪】　违反国家规定，侵入前款规定以外的计算机信息系统或者采用其他技术手段，获取该计算机信息系统中存储、处理或者传输的数据，或者对该计算机信息系统实施非法控制，情节严重的，处三年以下有期徒刑或者拘役，并处或者单处罚金；情节特别严重的，处三年以上七年以下有期徒刑，并处罚金。

【提供侵入、非法控制计算机信息系统程序、工具罪】 提供专门用于侵入、非法控制计算机信息系统的程序、工具，或者明知他人实施侵入、非法控制计算机信息系统的违法犯罪行为而为其提供程序、工具，情节严重的，依照前款的规定处罚。

单位犯前三款罪的，对单位判处罚金，并对其直接负责的主管人员和其他直接责任人员，依照各该款的规定处罚。【2015 年 11 月 1 日刑法修正案（九）】

【1997 年刑法】违反国家规定，侵入国家事务、国防建设、尖端科学技术领域的计算机信息系统的，处三年以下有期徒刑或者拘役。

【2009 年 2 月 28 日刑法修正案（七）】违反国家规定，侵入国家事务、国防建设、尖端科学技术领域的计算机信息系统的，处三年以下有期徒刑或者拘役。

违反国家规定，侵入前款规定以外的计算机信息系统或者采用其他技术手段，获取该计算机信息系统中存储、处理或者传输的数据，或者对该计算机信息系统实施非法控制，情节严重的，处三年以下有期徒刑或者拘役，并处或者单处罚金；情节特别严重的，处三年以上七年以下有期徒刑，并处罚金。

提供专门用于侵入、非法控制计算机信息系统的程序、工具，或者明知他人实施侵入、非法控制计算机信息系统的违法犯罪行为而为其提供程序、工具，情节严重的，依照前款的规定处罚。

（相关解释）最高人民法院、最高人民检察院《关于办理危害计算机信息系统安全刑事案件应用法律若干问题的解释》法释〔2011〕19 号

第一条 非法获取计算机信息系统数据或者非法控制计算机信息系统，具有下列情形之一的，应当认定为《刑法》第二百八十五条第二款规定的"情节严重"：

（一）获取支付结算、证券交易、期货交易等网络金融服务的身份认证信息十组以上的；

（二）获取第（一）项以外的身份认证信息五百组以上的；

（三）非法控制计算机信息系统二十台以上的；

（四）违法所得五千元以上或者造成经济损失一万元以上的；

（五）其他情节严重的情形。

实施前款规定行为，具有下列情形之一的，应当认定为《刑法》第二百八十五条第二款规定的"情节特别严重"：

（一）数量或者数额达到前款第（一）项至第（四）项规定标准五倍以上的；

（二）其他情节特别严重的情形。

明知是他人非法控制的计算机信息系统，而对该计算机信息系统的控制权加以利用的，依照前两款的规定定罪处罚。

第二条 具有下列情形之一的程序、工具，应当认定为《刑法》第二百八十五条第三款规定的"专门用于侵入、非法控制计算机信息系统的程序、工具"：

（一）具有避开或者突破计算机信息系统安全保护措施，未经授权或者超越授权获取计算机信息系统数据的功能的；

（二）具有避开或者突破计算机信息系统安全保护措施，未经授权或者超越授权对计算机信息系统实施控制的功能的；

（三）其他专门设计用于侵入、非法控制计算机信息系统、非法获取计算机信息系统

数据的程序、工具。

第三条 提供侵入、非法控制计算机信息系统的程序、工具，具有下列情形之一的，应当认定为《刑法》第二百八十五条第三款规定的"情节严重"：

（一）提供能够用于非法获取支付结算、证券交易、期货交易等网络金融服务身份认证信息的专门性程序、工具五人次以上的；

（二）提供第（一）项以外的专门用于侵入、非法控制计算机信息系统的程序、工具二十人次以上的；

（三）明知他人实施非法获取支付结算、证券交易、期货交易等网络金融服务身份认证信息的违法犯罪行为而为其提供程序、工具五人次以上的；

（四）明知他人实施第（三）项以外的侵入、非法控制计算机信息系统的违法犯罪行为而为其提供程序、工具二十人次以上的；

（五）违法所得五千元以上或者造成经济损失一万元以上的；

（六）其他情节严重的情形。

实施前款规定行为，具有下列情形之一的，应当认定为提供侵入、非法控制计算机信息系统的程序、工具"情节特别严重"：

（一）数量或者数额达到前款第（一）项至第（五）项规定标准五倍以上的；

（二）其他情节特别严重的情形。

第七条 明知是非法获取计算机信息系统数据犯罪所获取的数据、非法控制计算机信息系统犯罪所获取的计算机信息系统控制权，而予以转移、收购、代为销售或者以其他方法掩饰、隐瞒，违法所得五千元以上的，应当依照《刑法》第三百一十二条第一款的规定，以掩饰、隐瞒犯罪所得罪定罪处罚。

实施前款规定行为，违法所得五万元以上的，应当认定为《刑法》第三百一十二条第一款规定的"情节严重"。

单位实施第一款规定行为的，定罪量刑标准依照第一款、第二款的规定执行。

第八条 以单位名义或者单位形式实施危害计算机信息系统安全犯罪，达到本解释规定的定罪量刑标准的，应当依照《刑法》第二百八十五条、第二百八十六条的规定追究直接负责的主管人员和其他直接责任人员的刑事责任。

第九条 明知他人实施《刑法》第二百八十五条、第二百八十六条规定的行为，具有下列情形之一的，应当认定为共同犯罪，依照《刑法》第二百八十五条、第二百八十六条的规定处罚：

（一）为其提供用于破坏计算机信息系统功能、数据或者应用程序的程序、工具，违法所得五千元以上或者提供十人次以上的；

（二）为其提供互联网接入、服务器托管、网络存储空间、通讯传输通道、费用结算、交易服务、广告服务、技术培训、技术支持等帮助，违法所得五千元以上的；

（三）通过委托推广软件、投放广告等方式向其提供资金五千元以上的。

实施前款规定行为，数量或者数额达到前款规定标准五倍以上的，应当认定为《刑法》第二百八十五条、第二百八十六条规定的"情节特别严重"或者"后果特别严重"。

第十条 对于是否属于《刑法》第二百八十五条、第二百八十六条规定的"国家事务、国防建设、尖端科学技术领域的计算机信息系统""专门用于侵入、非法控制计算机信息系统的程序、工具""计算机病毒等破坏性程序"难以确定的，应当委托省级以上负责计算机信息系统安全保护管理工作的部门检验。司法机关根据检验结论，并结合案件具体情况认定。

第十一条 本解释所称"计算机信息系统"和"计算机系统"，是指具备自动处理数据功能的系统，包括计算机、网络设备、通信设备、自动化控制设备等。

本解释所称"身份认证信息"，是指用于确认用户在计算机信息系统上操作权限的数据，包括账号、口令、密码、数字证书等。

本解释所称"经济损失"，包括危害计算机信息系统犯罪行为给用户直接造成的经济损失，以及用户为恢复数据、功能而支出的必要费用。

第二百八十六条【破坏计算机信息系统罪】 违反国家规定，对计算机信息系统功能进行删除、修改、增加、干扰，造成计算机信息系统不能正常运行，后果严重的，处五年以下有期徒刑或者拘役；后果特别严重的，处五年以上有期徒刑。

违反国家规定，对计算机信息系统中存储、处理或者传输的数据和应用程序进行删除、修改、增加的操作，后果严重的，依照前款的规定处罚。

故意制作、传播计算机病毒等破坏性程序，影响计算机系统正常运行，后果严重的，依照第一款的规定处罚。

单位犯前三款罪的，对单位判处罚金，并对其直接负责的主管人员和其他直接责任人员，依照第一款的规定处罚。【2015 年 11 月 1 日刑法修正案（九）】

【1997 年刑法】违反国家规定，对计算机信息系统功能进行删除、修改、增加、干扰，造成计算机信息系统不能正常运行，后果严重的，处五年以下有期徒刑或者拘役；后果特别严重的，处五年以上有期徒刑。

违反国家规定，对计算机信息系统中存储、处理或者传输的数据和应用程序进行删除、修改、增加的操作，后果严重的，依照前款的规定处罚。

故意制作、传播计算机病毒等破坏性程序，影响计算机系统正常运行，后果严重的，依照第一款的规定处罚。

（相关解释）**1. 最高人民法院、最高人民检察院《关于办理危害计算机信息系统安全刑事案件应用法律若干问题的解释》**法释〔2011〕19 号（见第二百八十五条）

第四条 破坏计算机信息系统功能、数据或者应用程序，具有下列情形之一的，应当认定为《刑法》第二百八十六条第一款和第二款规定的"后果严重"：

（一）造成十台以上计算机信息系统的主要软件或者硬件不能正常运行的；

（二）对二十台以上计算机信息系统中存储、处理或者传输的数据进行删除、修改、增加操作的；

（三）违法所得五千元以上或者造成经济损失一万元以上的；

（四）造成为一百台以上计算机信息系统提供域名解析、身份认证、计费等基础服务或者为一万以上用户提供服务的计算机信息系统不能正常运行累计一小时以上的；

（五）造成其他严重后果的。

实施前款规定行为，具有下列情形之一的，应当认定为破坏计算机信息系统"后果特别严重"：

（一）数量或者数额达到前款第（一）项至第（三）项规定标准五倍以上的；

（二）造成为五百台以上计算机信息系统提供域名解析、身份认证、计费等基础服务或者为五万以上用户提供服务的计算机信息系统不能正常运行累计一小时以上的；

（三）破坏国家机关或者金融、电信、交通、教育、医疗、能源等领域提供公共服务的计算机信息系统的功能、数据或者应用程序，致使生产、生活受到严重影响或者造成恶劣社会影响的；

（四）造成其他特别严重后果的。

第五条　具有下列情形之一的程序，应当认定为《刑法》第二百八十六条第三款规定的"计算机病毒等破坏性程序"：

（一）能够通过网络、存储介质、文件等媒介，将自身的部分、全部或者变种进行复制、传播，并破坏计算机系统功能、数据或者应用程序的；

（二）能够在预先设定条件下自动触发，并破坏计算机系统功能、数据或者应用程序的；

（三）其他专门设计用于破坏计算机系统功能、数据或者应用程序的程序。

第六条　故意制作、传播计算机病毒等破坏性程序，影响计算机系统正常运行，具有下列情形之一的，应当认定为《刑法》第二百八十六条第三款规定的"后果严重"：

（一）制作、提供、传输第五条第（一）项规定的程序，导致该程序通过网络、存储介质、文件等媒介传播的；

（二）造成二十台以上计算机系统被植入第五条第（二）（三）项规定的程序的；

（三）提供计算机病毒等破坏性程序十人次以上的；

（四）违法所得五千元以上或者造成经济损失一万元以上的；

（五）造成其他严重后果的。

实施前款规定行为，具有下列情形之一的，应当认定为破坏计算机信息系统"后果特别严重"：

（一）制作、提供、传输第五条第（一）项规定的程序，导致该程序通过网络、存储介质、文件等媒介传播，致使生产、生活受到严重影响或者造成恶劣社会影响的；

（二）数量或者数额达到前款第（二）项至第（四）项规定标准五倍以上的

（三）造成其他特别严重后果的。

2.公安部《关于对破坏未联网的微型计算机信息系统是否适用〈刑法〉第二百八十六条的请示的批复》公复字〔1998〕7号

吉林省公安厅：

你厅《关于"破坏未联网计算机财务系统程序和数据的行为是否适用〈刑法〉第二百八十六条故意破坏计算机信息系统数据应有程序罪"的请示》收悉，现批复如下：

《刑法》第二百八十六条中的"违反国家规定"是指包括《中华人民共和国计算机信息系统安全保护条例》（以下简称《条例》）在内的有关行政法规、部门规章的规定。《条例》第五条第二款规定的"未联网的微型计算机的安全保护办法，另行规定"，主要是考虑到未联入网络的单台微型计算机系统所处环境和使用情况比较复杂，且基本无安全功能，需针对这些特点另外制定相应的安全管理措施。然而，未联网的计算机信息系统也属计算机信息系统，《条例》第二、三、七条的安全保护原则、规定，对未联网的微型计算机系统完全适用。因此破坏未联网的微型计算机信息系统适用《刑法》第二百八十六条。

第二百八十六条之一【拒不履行信息网络安全管理义务罪】 网络服务提供者不履行法律、行政法规规定的信息网络安全管理义务，经监管部门责令采取改正措施而拒不改正，有下列情形之一的，处三年以下有期徒刑、拘役或者管制，并处或者单处罚金：

（一）致使违法信息大量传播的；

（二）致使用户信息泄露，造成严重后果的；

（三）致使刑事案件证据灭失，情节严重的；

（四）有其他严重情节的。

单位犯前款罪的，对单位判处罚金，并对其直接负责的主管人员和其他直接责任人员，依照前款的规定处罚。

有前两款行为，同时构成其他犯罪的，依照处罚较重的规定定罪处罚。【2015年11月1日刑法修正案（九）】

（相关解释）**1.最高人民法院、最高人民检察院、公安部《关于办理电信网络诈骗等刑事案件适用法律若干问题的意见》**法发〔2016〕32号（见第二百六十六条）

（六）网络服务提供者不履行法律、行政法规规定的信息网络安全管理义务，经监管部门责令采取改正措施而拒不改正，致使诈骗信息大量传播，或者用户信息泄露造成严重后果的，依照《刑法》第二百八十六条之一的规定，以拒不履行信息网络安全管理义务罪追究刑事责任。同时构成诈骗罪的，依照处罚较重的规定定罪处罚。

2.最高人民法院、最高人民检察院《关于办理侵犯公民个人信息刑事案件适用法律若干问题的解释》法释〔2017〕10号（见第二百五十三条之一）

第九条 网络服务提供者拒不履行法律、行政法规规定的信息网络安全管理义务，经监管部门责令采取改正措施而拒不改正，致使用户的公民个人信息泄露，造成严重后果的，应当依照《刑法》第二百八十六条之一的规定，以拒不履行信息网络安全管理义务罪定罪处罚。

3.最高人民法院、最高人民检察院《关于办理非法利用信息网络、帮助信息网络犯罪活动等刑事案件适用法律若干问题的解释》法释〔2019〕15号（2019年10月21日）

为依法惩治拒不履行信息网络安全管理义务、非法利用信息网络、帮助信息网络犯罪活动等犯罪，维护正常网络秩序，根据《中华人民共和国刑法》《中华人民共和国刑事诉讼法》的规定，现就办理此类刑事案件适用法律的若干问题解释如下：

第一条 提供下列服务的单位和个人，应当认定为《刑法》第二百八十六条之一第一款规定的"网络服务提供者"：

（一）网络接入、域名注册解析等信息网络接入、计算、存储、传输服务；

（二）信息发布、搜索引擎、即时通讯、网络支付、网络预约、网络购物、网络游戏、网络直播、网站建设、安全防护、广告推广、应用商店等信息网络应用服务；

（三）利用信息网络提供的电子政务、通信、能源、交通、水利、金融、教育、医疗等公共服务。

第二条 《刑法》第二百八十六条之一第一款规定的"监管部门责令采取改正措施"，是指网信、电信、公安等依照法律、行政法规的规定承担信息网络安全监管职责的部门，以责令整改通知书或者其他文书形式，责令网络服务提供者采取改正措施。

认定"经监管部门责令采取改正措施而拒不改正"，应当综合考虑监管部门责令改正是否具有法律、行政法规依据，改正措施及期限要求是否明确、合理，网络服务提供者是否具有按照要求采取改正措施的能力等因素进行判断。

第三条 拒不履行信息网络安全管理义务，具有下列情形之一的，应当认定为《刑法》第二百八十六条之一第一款第一项规定的"致使违法信息大量传播"：

（一）致使传播违法视频文件二百个以上的；

（二）致使传播违法视频文件以外的其他违法信息二千个以上的；

（三）致使传播违法信息，数量虽未达到第一项、第二项规定标准，但是按相应比例折算合计达到有关数量标准的；

（四）致使向二千个以上用户账号传播违法信息的；

（五）致使利用群组成员账号数累计三千以上的通讯群组或者关注人员账号数累计三万以上的社交网络传播违法信息的；

（六）致使违法信息实际被点击数达到五万以上的；

（七）其他致使违法信息大量传播的情形。

第四条　拒不履行信息网络安全管理义务，致使用户信息泄露，具有下列情形之一的，应当认定为《刑法》第二百八十六条之一第一款第二项规定的"造成严重后果"：

（一）致使泄露行踪轨迹信息、通信内容、征信信息、财产信息五百条以上的；

（二）致使泄露住宿信息、通信记录、健康生理信息、交易信息等其他可能影响人身、财产安全的用户信息五千条以上的；

（三）致使泄露第一项、第二项规定以外的用户信息五万条以上的；

（四）数量虽未达到第一项至第三项规定标准，但是按相应比例折算合计达到有关数量标准的；

（五）造成他人死亡、重伤、精神失常或者被绑架等严重后果的；

（六）造成重大经济损失的；

（七）严重扰乱社会秩序的；

（八）造成其他严重后果的。

第五条　拒不履行信息网络安全管理义务，致使影响定罪量刑的刑事案件证据灭失，具有下列情形之一的，应当认定为《刑法》第二百八十六条之一第一款第三项规定的"情节严重"：

（一）造成危害国家安全犯罪、恐怖活动犯罪、黑社会性质组织犯罪、贪污贿赂犯罪案件的证据灭失的；

（二）造成可能判处五年有期徒刑以上刑罚犯罪案件的证据灭失的；

（三）多次造成刑事案件证据灭失的；

（四）致使刑事诉讼程序受到严重影响的；

（五）其他情节严重的情形。

第六条　拒不履行信息网络安全管理义务，具有下列情形之一的，应当认定为《刑法》第二百八十六条之一第一款第四项规定的"有其他严重情节"：

（一）对绝大多数用户日志未留存或者未落实真实身份信息认证义务的；

（二）二年内经多次责令改正拒不改正的；

（三）致使信息网络服务被主要用于违法犯罪的；

（四）致使信息网络服务、网络设施被用于实施网络攻击，严重影响生产、生活的；

（五）致使信息网络服务被用于实施危害国家安全犯罪、恐怖活动犯罪、黑社会性质组织犯罪、贪污贿赂犯罪或者其他重大犯罪的；

（六）致使国家机关或者通信、能源、交通、水利、金融、教育、医疗等领域提供公共服务的信息网络受到破坏，严重影响生产、生活的；

（七）其他严重违反信息网络安全管理义务的情形。

第七条　《刑法》第二百八十七条之一规定的"违法犯罪"，包括犯罪行为和属于《刑法》分则规定的行为类型但尚未构成犯罪的违法行为。

第八条 以实施违法犯罪活动为目的而设立或者设立后主要用于实施违法犯罪活动的网站、通讯群组，应当认定为《刑法》第二百八十七条之一第一款第一项规定的"用于实施诈骗、传授犯罪方法、制作或者销售违禁物品、管制物品等违法犯罪活动的网站、通讯群组"。

第九条 利用信息网络提供信息的链接、截屏、二维码、访问账号密码及其他指引访问服务的，应当认定为《刑法》第二百八十七条之一第一款第二项、第三项规定的"发布信息"。

第十条 非法利用信息网络，具有下列情形之一的，应当认定为《刑法》第二百八十七条之一第一款规定的"情节严重"：

（一）假冒国家机关、金融机构名义，设立用于实施违法犯罪活动的网站的；

（二）设立用于实施违法犯罪活动的网站，数量达到三个以上或者注册账号数累计达到二千以上的；

（三）设立用于实施违法犯罪活动的通讯群组，数量达到五个以上或者群组成员账号数累计达到一千以上的；

（四）发布有关违法犯罪的信息或者为实施违法犯罪活动发布信息，具有下列情形之一的：

1.在网站上发布有关信息一百条以上的；

2.向二千个以上用户账号发送有关信息的；

3.向群组成员数累计达到三千以上的通讯群组发送有关信息的；

4.利用关注人员账号数累计达到三万以上的社交网络传播有关信息的；

（五）违法所得一万元以上的；

（六）二年内曾因非法利用信息网络、帮助信息网络犯罪活动、危害计算机信息系统安全受过行政处罚，又非法利用信息网络的；

（七）其他情节严重的情形。

第十一条 为他人实施犯罪提供技术支持或者帮助，具有下列情形之一的，可以认定行为人明知他人利用信息网络实施犯罪，但是有相反证据的除外：

（一）经监管部门告知后仍然实施有关行为的；

（二）接到举报后不履行法定管理职责的；

（三）交易价格或者方式明显异常的；

（四）提供专门用于违法犯罪的程序、工具或者其他技术支持、帮助的；

（五）频繁采用隐蔽上网、加密通信、销毁数据等措施或者使用虚假身份，逃避监管或者规避调查的；

（六）为他人逃避监管或者规避调查提供技术支持、帮助的；

（七）其他足以认定行为人明知的情形。

第十二条 明知他人利用信息网络实施犯罪，为其犯罪提供帮助，具有下列情形之一的，应当认定为《刑法》第二百八十七条之二第一款规定的"情节严重"：

（一）为三个以上对象提供帮助的；

（二）支付结算金额二十万元以上的；

（三）以投放广告等方式提供资金五万元以上的；

（四）违法所得一万元以上的；

（五）二年内曾因非法利用信息网络、帮助信息网络犯罪活动、危害计算机信息系统安全受过行政处罚，又帮助信息网络犯罪活动的；

（六）被帮助对象实施的犯罪造成严重后果的；

（七）其他情节严重的情形。

实施前款规定的行为，确因客观条件限制无法查证被帮助对象是否达到犯罪的程度，但相关数额总计达到前款第二项至第四项规定标准五倍以上，或者造成特别严重后果的，应当以帮助信息网络犯罪活动罪追究行为人的刑事责任。

第十三条　被帮助对象实施的犯罪行为可以确认，但尚未到案、尚未依法裁判或者因未达到刑事责任年龄等原因依法未予追究刑事责任的，不影响帮助信息网络犯罪活动罪的认定。

第十四条　单位实施本解释规定的犯罪的，依照本解释规定的相应自然人犯罪的定罪量刑标准，对直接负责的主管人员和其他直接责任人员定罪处罚，并对单位判处罚金。

第十五条　综合考虑社会危害程度、认罪悔罪态度等情节，认为犯罪情节轻微的，可以不起诉或者免予刑事处罚；情节显著轻微危害不大的，不以犯罪论处。

第十六条　多次拒不履行信息网络安全管理义务、非法利用信息网络、帮助信息网络犯罪活动构成犯罪，依法应当追诉的，或者二年内多次实施前述行为未经处理的，数量或者数额累计计算。

第十七条　对于实施本解释规定的犯罪被判处刑罚的，可以根据犯罪情况和预防再犯罪的需要，依法宣告职业禁止；被判处管制、宣告缓刑的，可以根据犯罪情况，依法宣告禁止令。

第十八条　对于实施本解释规定的犯罪的，应当综合考虑犯罪的危害程度、违法所得数额以及被告人的前科情况、认罪悔罪态度等，依法判处罚金。

第十九条　本解释自 2019 年 11 月 1 日起施行。

4. 最高人民法院、最高人民检察院、公安部、司法部《关于依法惩治妨害新型冠状病毒感染肺炎疫情防控违法犯罪的意见》法发〔2020〕7 号（2020 年 2 月 6 日）（具体见第一百一十五条）

（六）依法严惩造谣传谣犯罪。编造虚假的疫情信息，在信息网络或者其他媒体上传播，或者明知是虚假疫情信息，故意在信息网络或者其他媒体上传播，严重扰乱社会秩序的，依照《刑法》第二百九十一条之一第二款的规定，以编造、故意传播虚假信息罪定罪处罚。

编造虚假信息，或者明知是编造的虚假信息，在信息网络上散布，或者组织、指使人员在信息网络上散布，起哄闹事，造成公共秩序严重混乱的，依照《刑法》第二百九十三条第一款第四项的规定，以寻衅滋事罪定罪处罚。

利用新型冠状病毒感染肺炎疫情，制造、传播谣言，煽动分裂国家、破坏国家统一，或者煽动颠覆国家政权、推翻社会主义制度的，依照《刑法》第一百零三条第二款、第一百零五条第二款的规定，以煽动分裂国家罪或者煽动颠覆国家政权罪定罪处罚。

网络服务提供者不履行法律、行政法规规定的信息网络安全管理义务，经监管部门责令采取改正措施而拒不改正，致使虚假疫情信息或者其他违法信息大量传播的，依照《刑法》第二百八十六条之一的规定，以拒不履行信息网络安全管理义务罪定罪处罚。

对虚假疫情信息案件，要依法、精准、恰当处置。对恶意编造虚假疫情信息，制造社会恐慌，挑动社会情绪，扰乱公共秩序，特别是恶意攻击党和政府，借机煽动颠覆国家政权、推翻社会主义制度的，要依法严惩。对于因轻信而传播虚假信息，危害不大的，不以犯罪论处。

第二百八十七条　利用计算机实施金融诈骗、盗窃、贪污、挪用公款、窃取国家秘密或者其他犯罪的，依照本法有关规定定罪处罚。

第二百八十七条之一【非法利用信息网络罪】　利用信息网络实施下列行为之一，情节严重的，处三年以下有期徒刑或者拘役，并处或者单处罚金：

（一）设立用于实施诈骗、传授犯罪方法、制作或者销售违禁物品、管制物品等违法犯罪活动的网站、通讯群组的；

（二）发布有关制作或者销售毒品、枪支、淫秽物品等违禁物品、管制物品或者其他违法犯罪信息的；

（三）为实施诈骗等违法犯罪活动发布信息的。

单位犯前款罪的，对单位判处罚金，并对其直接负责的主管人员和其他直接责任人员，依照第一款的规定处罚。

有前两款行为，同时构成其他犯罪的，依照处罚较重的规定定罪处罚。【2015年11月1日刑法修正案（九）】

（相关解释）**1. 最高人民法院《关于审理毒品犯罪案件适用法律若干问题的解释》**法释〔2016〕8号（具体见第三百四十七条）

第十四条　利用信息网络，设立用于实施传授制造毒品、非法生产制毒物品的方法，贩卖毒品，非法买卖制毒物品或者组织他人吸食、注射毒品等违法犯罪活动的网站、通讯群组，或者发布实施前述违法犯罪活动的信息，情节严重的，应当依照《刑法》第二百八十七条之一的规定，以非法利用信息网络罪定罪处罚。

实施《刑法》第二百八十七条之一、第二百八十七条之二规定的行为，同时构成贩卖毒品罪、非法买卖制毒物品罪、传授犯罪方法罪等犯罪的，依照处罚较重的规定定罪处罚。

2. 最高人民法院、最高人民检察院、公安部《关于办理电信网络诈骗等刑事案件适用法律若干问题的意见》法发〔2016〕32号（见第二百六十六条）

（七）实施《刑法》第二百八十七条之一、第二百八十七条之二规定之行为，构成非法利用信息网络罪、帮助信息网络犯罪活动罪，同时构成诈骗罪的，依照处罚较重的规定定罪处罚。

3. 最高人民法院、最高人民检察院《关于办理侵犯公民个人信息刑事案件适用法律若干问题的解释》法释〔2017〕10号（见第二百五十三条之一）

第八条　设立用于实施非法获取、出售或者提供公民个人信息违法犯罪活动的网站、通讯群组，情节严重的，应当依照《刑法》第二百八十七条之一的规定，以非法利用信息网络罪定罪处罚；同时构成侵犯公民个人信息罪的，依照侵犯公民个人信息罪定罪处罚。

4. 最高人民法院、最高人民检察院《关于办理组织、强迫、引诱、容留、介绍卖淫刑事案件适用法律若干问题的解释》法释〔2017〕13号（见第三百五十八条）

第八条第二款　利用信息网络发布招嫖违法信息，情节严重的，依照《刑法》第二百八十七条之一的规定，以非法利用信息网络罪定罪处罚。同时构成介绍卖淫罪的，依照处罚较重的规定定罪处罚。

5. 最高人民法院、最高人民检察院《关于办理非法利用信息网络、帮助信息网络犯罪活动等刑事案件适用法律若干问题的解释》法释〔2019〕15号（具体见第二百八十六

条之一）

第七条 《刑法》第二百八十七条之一规定的"违法犯罪"，包括犯罪行为和属于《刑法》分则规定的行为类型但尚未构成犯罪的违法行为。

第八条 以实施违法犯罪活动为目的而设立或者设立后主要用于实施违法犯罪活动的网站、通讯群组，应当认定为《刑法》第二百八十七条之一第一款第一项规定的"用于实施诈骗、传授犯罪方法、制作或者销售违禁物品、管制物品等违法犯罪活动的网站、通讯群组"。

第九条 利用信息网络提供信息的链接、截屏、二维码、访问账号密码及其他指引访问服务的，应当认定为《刑法》第二百八十七条之一第一款第二项、第三项规定的"发布信息"。

第十条 非法利用信息网络，具有下列情形之一的，应当认定为《刑法》第二百八十七条之一第一款规定的"情节严重"：

（一）假冒国家机关、金融机构名义，设立用于实施违法犯罪活动的网站的；

（二）设立用于实施违法犯罪活动的网站，数量达到三个以上或者注册账号数累计达到二千以上的；

（三）设立用于实施违法犯罪活动的通讯群组，数量达到五个以上或者群组成员账号数累计达到一千以上的；

（四）发布有关违法犯罪的信息或者为实施违法犯罪活动发布信息，具有下列情形之一的：

1.在网站上发布有关信息一百条以上的；

2.向二千个以上用户账号发送有关信息的；

3.向群组成员数累计达到三千以上的通讯群组发送有关信息的；

4.利用关注人员账号数累计达到三万以上的社交网络传播有关信息的；

（五）违法所得一万元以上的；

（六）二年内曾因非法利用信息网络、帮助信息网络犯罪活动、危害计算机信息系统安全受过行政处罚，又非法利用信息网络的；

（七）其他情节严重的情形。

第十四条 单位实施本解释规定的犯罪的，依照本解释规定的相应自然人犯罪的定罪量刑标准，对直接负责的主管人员和其他直接责任人员定罪处罚，并对单位判处罚金。

第十五条 综合考虑社会危害程度、认罪悔罪态度等情节，认为犯罪情节轻微的，可以不起诉或者免予刑事处罚；情节显著轻微危害不大的，不以犯罪论处。

第十六条 多次拒不履行信息网络安全管理义务、非法利用信息网络、帮助信息网络犯罪活动构成犯罪，依法应当追诉的，或者二年内多次实施前述行为未经处理的，数量或者数额累计计算。

第十七条 对于实施本解释规定的犯罪被判处刑罚的，可以根据犯罪情况和预防再犯罪的需要，依法宣告职业禁止；被判处管制、宣告缓刑的，可以根据犯罪情况，依法宣告禁止令。

第十八条 对于实施本解释规定的犯罪的，应当综合考虑犯罪的危害程度、违法所得数额以及被告人的前科情况、认罪悔罪态度等，依法判处罚金。

第十九条 本解释自 2019 年 11 月 1 日起施行。

（附参考）**浙江省高级人民法院、浙江省人民检察院、浙江省公安厅《关于办理电信**

网络诈骗犯罪案件若干问题的解答》浙高法〔2020〕44号 2020年4月24日（具体见第二百六十六条）

三、与关联犯罪的区分

8.问：我国刑法修正案（九）增加了非法利用信息网络罪，如果犯罪分子在互联网上发布诈骗信息，应当认定为非法利用信息网络罪还是诈骗罪（未遂）？

答：行为人如果在信息网络上发布信息系为犯罪活动创造条件，情节严重的，应以非法利用信息网络罪认定。如果该行为同时符合破坏公用电信设施罪或扰乱无线电通讯管理秩序罪构成要件的，择一重罪定罪处罚。行为人如果在信息网络上发布诈骗信息，且达5000条以上，未骗取财物的，可认定为诈骗罪未遂；发布的信息在5000条以下，情节严重的，可认定为非法利用信息网络罪。

第二百八十七条之二【帮助信息网络犯罪活动罪】 明知他人利用信息网络实施犯罪，为其犯罪提供互联网接入、服务器托管、网络存储、通讯传输等技术支持，或者提供广告推广、支付结算等帮助，情节严重的，处三年以下有期徒刑或者拘役，并处或者单处罚金。

单位犯前款罪的，对单位判处罚金，并对其直接负责的主管人员和其他直接责任人员，依照第一款的规定处罚。

有前两款行为，同时构成其他犯罪的，依照处罚较重的规定定罪处罚。【2015年11月1日刑法修正案（九）】

（相关解释）**1.最高人民法院《关于审理毒品犯罪案件适用法律若干问题的解释》**法释〔2016〕8号（具体见第三百四十七条）

第十四条 利用信息网络，设立用于实施传授制造毒品、非法生产制毒物品的方法，贩卖毒品，非法买卖制毒物品或者组织他人吸食、注射毒品等违法犯罪活动的网站、通讯群组，或者发布实施前述违法犯罪活动的信息，情节严重的，应当依照《刑法》第二百八十七条之一的规定，以非法利用信息网络罪定罪处罚。

实施《刑法》第二百八十七条之一、第二百八十七条之二规定的行为，同时构成贩卖毒品罪、非法买卖制毒物品罪、传授犯罪方法罪等犯罪的，依照处罚较重的规定定罪处罚。

2.最高人民法院、最高人民检察院、公安部《关于办理电信网络诈骗等刑事案件适用法律若干问题的意见》法发〔2016〕32号（见第二百六十六条）

（七）实施《刑法》第二百八十七条之一、第二百八十七条之二规定之行为，构成非法利用信息网络罪、帮助信息网络犯罪活动罪，同时构成诈骗罪的，依照处罚较重的规定定罪处罚。

3.最高人民法院、最高人民检察院《关于办理非法利用信息网络、帮助信息网络犯罪活动等刑事案件适用法律若干问题的解释》法释〔2019〕15号（具体见第二百八十六条之一）

第十一条 为他人实施犯罪提供技术支持或者帮助，具有下列情形之一的，可以认定行为人明知他人利用信息网络实施犯罪，但是有相反证据的除外：

（一）经监管部门告知后仍然实施有关行为的；

（二）接到举报后不履行法定管理职责的；

（三）交易价格或者方式明显异常的；

（四）提供专门用于违法犯罪的程序、工具或者其他技术支持、帮助的；

（五）频繁采用隐蔽上网、加密通信、销毁数据等措施或者使用虚假身份，逃避监管或者规避调查的；

（六）为他人逃避监管或者规避调查提供技术支持、帮助的；

（七）其他足以认定行为人明知的情形。

第十二条　明知他人利用信息网络实施犯罪，为其犯罪提供帮助，具有下列情形之一的，应当认定为《刑法》第二百八十七条之二第一款规定的"情节严重"：

（一）为三个以上对象提供帮助的；

（二）支付结算金额二十万元以上的；

（三）以投放广告等方式提供资金五万元以上的；

（四）违法所得一万元以上的；

（五）二年内曾因非法利用信息网络、帮助信息网络犯罪活动、危害计算机信息系统安全受过行政处罚，又帮助信息网络犯罪活动的；

（六）被帮助对象实施的犯罪造成严重后果的；

（七）其他情节严重的情形。

实施前款规定的行为，确因客观条件限制无法查证被帮助对象是否达到犯罪的程度，但相关数额总计达到前款第二项至第四项规定标准五倍以上，或者造成特别严重后果的，应当以帮助信息网络犯罪活动罪追究行为人的刑事责任。

第十三条　被帮助对象实施的犯罪行为可以确认，但尚未到案、尚未依法裁判或者因未达到刑事责任年龄等原因依法未予追究刑事责任的，不影响帮助信息网络犯罪活动罪的认定。

第十四条　单位实施本解释规定的犯罪的，依照本解释规定的相应自然人犯罪的定罪量刑标准，对直接负责的主管人员和其他直接责任人员定罪处罚，并对单位判处罚金。

第十五条　综合考虑社会危害程度、认罪悔罪态度等情节，认为犯罪情节轻微的，可以不起诉或者免予刑事处罚；情节显著轻微危害不大的，不以犯罪论处。

第十六条　多次拒不履行信息网络安全管理义务、非法利用信息网络、帮助信息网络犯罪活动构成犯罪，依法应当追诉的，或者二年内多次实施前述行为未经处理的，数量或者数额累计计算。

第十七条　对于实施本解释规定的犯罪被判处刑罚的，可以根据犯罪情况和预防再犯罪的需要，依法宣告职业禁止；被判处管制、宣告缓刑的，可以根据犯罪情况，依法宣告禁止令。

第十八条　对于实施本解释规定的犯罪的，应当综合考虑犯罪的危害程度、违法所得数额以及被告人的前科情况、认罪悔罪态度等，依法判处罚金。

第十九条　本解释自 2019 年 11 月 1 日起施行。

4. 最高人民法院、最高人民检察院、公安部《关于办理电信网络诈骗等刑事案件适用法律若干问题的意见（二）》法发〔2021〕22 号（2021 年 6 月 17 日）（具体见《刑法》第二百六十六条）

七、为他人利用信息网络实施犯罪而实施下列行为，可以认定为《刑法》第二百八十七条之二规定的"帮助"行为：

（一）收购、出售、出租信用卡、银行账户、非银行支付账户、具有支付结算功能的互联网账号密码、网络支付接口、网上银行数字证书的；

（二）收购、出售、出租他人手机卡、流量卡、物联网卡的。

八、认定《刑法》第二百八十七条之二规定的行为人明知他人利用信息网络实施犯罪，应当根据行为人收购、出售、出租前述第七条规定的信用卡、银行账户、非银行支付账户、具有支付结算功能的互联网账号密码、网络支付接口、网上银行数字证书，或者他人手机卡、流量卡、物联网卡等的次数、张数、个数，并结合行为人的认知能力、既往经历、交易对象、与实施信息网络犯罪的行为人的关系、提供技术支持或者帮助的时间和方式、获利情况以及行为人的供述等主客观因素，予以综合认定。

收购、出售、出租单位银行结算账户、非银行支付机构单位支付账户，或者电信、银行、网络支付等行业从业人员利用履行职责或提供服务便利，非法开办并出售、出租他人手机卡、信用卡、银行账户、非银行支付账户等的，可以认定为《最高人民法院、最高人民检察院关于办理非法利用信息网络、帮助信息网络犯罪活动等刑事案件适用法律若干问题的解释》第十一条第（七）项规定的"其他足以认定行为人明知的情形"。但有相反证据的除外。

九、明知他人利用信息网络实施犯罪，为其犯罪提供下列帮助之一的，可以认定为《最高人民法院、最高人民检察院关于办理非法利用信息网络、帮助信息网络犯罪活动等刑事案件适用法律若干问题的解释》第十二条第一款第（七）项规定的"其他情节严重的情形"：

（一）收购、出售、出租信用卡、银行账户、非银行支付账户、具有支付结算功能的互联网账号密码、网络支付接口、网上银行数字证书5张（个）以上的；

（二）收购、出售、出租他人手机卡、流量卡、物联网卡20张以上的。

十、电商平台预付卡、虚拟货币、手机充值卡、游戏点卡、游戏装备等经销商，在公安机关调查案件过程中，被明确告知其交易对象涉嫌电信网络诈骗犯罪，仍与其继续交易，符合《刑法》第二百八十七条之二规定的，以帮助信息网络犯罪活动罪追究刑事责任。同时构成其他犯罪的，依照处罚较重的规定定罪处罚。

5. 最高人民法院刑事审判第三庭、最高人民检察院第四检察厅、公安部刑事侦查局《关于"断卡"行动中有关法律适用问题的会议纪要》（2022年3月22日）

在国务院打击治理电信网络新型违法犯罪工作部际联席会议办公室的统一部署下，各级人民法院、人民检察院和公安机关认真落实习近平总书记重要指示批示精神，加强协作配合，积极履职作为，"断卡"行动深入推进，打击整治成效日益明显，有力遏制了电信网络诈骗犯罪持续高发的势头。2021年6月，最高人民法院、最高人民检察院、公安部联合发布《关于办理电信网络诈骗等刑事案件适用法律若干问题的意见（二）》（以下简称"《意见(二)》"），进一步解决了实践中的部分难点重点问题，为打击治理专项工作提供了有力法律保障。当前，涉"两卡"（即手机卡、信用卡）犯罪形势依旧复杂严峻，犯罪类型多样且不断发展，需要进一步统一认识，明确依据，更好实现打击治理的目的。为此，2021年11月26日和2022年1月7日，最高人民法院刑事审判第三庭、最高人民检察院第四检察厅和公安部刑事侦查局先后召开联席会议，就当前"断卡"行动中各地反映的突出法律适用问题进行研究，就相关问题形成共识。现将会议纪要下发，供各地在办案中参考。

一、关于帮助信息网络犯罪活动罪中"明知他人利用信息网络实施犯罪"的理解适用。认定行为人是否"明知"他人利用信息网络实施犯罪，应当坚持主客观相一致原则，即要结合行为人的认知能力、既往经历、交易对象、与信息网络犯罪行为人的关系、提供技术支持或者帮助的时间和方式、获利情况、出租、出售"两卡"的次数、张数、个数，以及行为人的供述等主客观因素，同时注重听取行为人的辩解并根据其辩解合理与否，予以综合认定。司法办案中既要防止片面倚重行为人的供述认定明知；也要避免简单客观归罪，仅以行为人有出售"两卡"行为就直接认定明知。特别是对于交易双方存在亲友关系等信赖基础，一方确系偶尔向另一方出租、出售"两卡"的，要根据在案事实证据，审慎认定"明知"。在办案过程中，可着重审查行为人是否具有以下特征及表现，综合全案证据，对其构成"明知"与否作出判断：(1)跨省或多人结伙批量办理、收购、贩卖"两卡"的；(2)出租、出售"两卡"后，收到公安机关、银行业金融机构、非银行支付机构、电信服务提供者等相关单位部门的口头或书面通知，告知其所出租、出售的"两卡"涉嫌诈骗、洗钱等违法犯罪，行为人未采取补救措施，反而继续出租、出售的；(3)出租、出售的"两卡"因涉嫌诈骗、洗钱等违法犯罪被冻结，又帮助解冻，或者注销旧卡、办理新卡，继续出租、出售的；(4)出租、出售的具有支付结算功能的网络账号因涉嫌诈骗、洗钱等违法犯罪被查封，又帮助解封，继续提供给他人使用的；(5)频繁使用隐蔽上网、加密通信、销毁数据等措施或者使用虚假身份，逃避监管或者规避调查的；(6)事先串通设计应对调查的话术口径的；(7)曾因非法交易"两卡"受过处罚或者信用惩戒、训诫谈话，又收购、出售、出租"两卡"的等。

二、关于《最高人民法院、最高人民检察院关于办理非法利用信息网络、帮助信息网络犯罪活动等刑事案件适用法律若干问题的解释》（以下简称"《解释》"）第十二条第一款第（一）项的理解适用。该项所规定的"为三个以上对象提供帮助"，应理解为分别为三个以上行为人或团伙组织提供帮助，且被帮助的行为人或团伙组织实施的行为均达到犯罪程度。为同一对象提供三次以上帮助的，不宜理解为"为三个以上对象提供帮助"。

三、关于《解释》第十二条第一款第（四）项的理解适用。该项所规定"违法所得一万元"中的"违法所得"，应理解为行为人为他人实施信息网络犯罪提供帮助，由此所获得的所有违法款项或非法收入。行为人收卡等"成本"费用无须专门扣除。

四、关于《关于深入推进"断卡"行动有关问题的会议纪要》(以下简称"《2020年会议纪要》")中列举的符合《解释》第十二条规定的"情节严重"情形的理解适用。《2020年会议纪要》第五条规定，出租、出售的信用卡被用于实施电信网络诈骗，达到犯罪程度，该信用卡内流水金额超过三十万元的，按照符合《解释》第十二条规定的"情节严重"处理。在适用时应把握单向流入涉案信用卡中的资金超过三十万元，且其中至少三千元经查证系涉诈骗资金。行为人能够说明资金合法来源和性质的，应当予以扣除。以上述情形认定行为"情节严重"的，要注重审查行为人的主观明知程度、出租、出售信用卡的张数、次数、非法获利的数额以及造成的其他严重后果，综合考虑与《解释》第十二条第一款其他项适用的相当性。

行为人出租、出售的信用卡被用于接收电信网络诈骗资金，但行为人未实施代为转账、套现、取现等行为，或者未实施为配合他人转账、套现、取现而提供刷脸等验证服务的，不宜认定为《解释》第十二条第一款第（二）项规定的"支付结算"行为。

五、关于正确区分帮助信息网络犯罪活动罪、掩饰、隐瞒犯罪所得、犯罪所得收益罪与诈骗罪的界限。在办理涉"两卡"犯罪案件中，存在准确界定前述三个罪名之间界限的问题。应当根据行为人的主观明知内容和实施的具体犯罪行为，确定其行为性质。以信用卡为例：(1)明知他人实施电信网络诈骗犯罪，参加诈骗团伙或者与诈骗团伙之间形成较为稳定的配合关系，长期为他人提供信用卡或者转账取现的，可以诈骗罪论处。(2)行为人向他人出租、出售信用卡后，在明知是犯罪所得及其收益的情况下，又代为转账、套现、取现等，或者为配合他人转账、套现、取现而提供刷脸等验证服务的，可以掩饰、隐瞒犯罪所得、犯罪所得收益罪论处。(3)明知他人利用信息网络实施犯罪，仅向他人出租、出售信用卡，未实施其他行为，达到情节严重标准的，可以帮助信息网络犯罪活动罪论处。在司法实践中，应当具体案情具体分析，结合主客观证据，重视行为人的辩解理由，确保准确定性。

六、关于《意见（二）》第三条的理解适用。为严厉打击跨境电信网络诈骗团伙犯罪，该条规定，有证据证实行为人参加境外诈骗犯罪集团或犯罪团伙，在境外针对境内居民实施电信网络诈骗犯罪行为，诈骗数额难以查证，但一年内出境赴境外诈骗犯罪窝点累计时间30日以上或多次出境赴境外诈骗犯罪窝点的，以诈骗罪依法追究刑事责任。在司法适用时，要注意把握以下三个要求：(1)有证据证明行为人参加了境外电信网络诈骗犯罪集团或犯罪团伙，且在境外针对境内居民实施了具体的诈骗犯罪行为；(2)行为人一年内出境赴境外诈骗犯罪窝点累计30日以上，应当从行为人实际加入境外诈骗犯罪窝点的日期开始计算时间；(3)诈骗数额难以查证，是指基于客观困难，确实无法查清行为人实施诈骗的具体数额。在办案中，应当首先全力查证具体诈骗数额；在诈骗数额难以查清的情况下，根据《最高人民法院、最高人民检察院关于办理诈骗刑事案件具体应用法律若干问题的解释》和《最高人民法院、最高人民检察院、公安部关于办理电信网络诈骗等刑事案件适用法律若干问题的意见》的规定，还应当查证发送诈骗信息条数和拨打诈骗电话次数，如二者均无法查明，才适用该条规定。

七、关于收购、出售、出租信用卡的行为，可否以窃取、收买、非法提供信用卡信息罪追究刑事责任的问题。《刑法修正案(五)》设立了窃取、收买、非法提供信用卡信息罪，主要考虑是：利用信用卡信息资料复制磁条卡的问题在当时比较突出，严重危害持卡人的财产安全和国家金融安全，故设立本罪，相关司法解释将本罪入罪门槛规定为1张（套）信用卡。其中的"信用卡信息资料"，是指用于伪造信用卡的电子数据等基础信息，如有关发卡行代码、持卡人账户、密码等内容的加密电子数据。在"断卡"行动破获的此类案件中，行为人非法交易信用卡的主要目的在于直接使用信用卡，而非利用其中的信息资料伪造信用卡。故当前办理"断卡"行动中的此类案件，一般不以窃取、收买、非法提供信用卡信息罪追究刑事责任。

八、关于收购、出售、出租信用卡"四件套"行为的处理。行为人收购、出售、出租信用卡"四件套"（一般包括信用卡，身份信息，U盾，网银)，数量较大的，可能同时构成帮助信息网络犯罪活动罪、妨害信用卡管理罪等。"断卡"行动中破获的此类案件，行为人收购、出售、出租的信用卡"四件套"，主要流向电信网络诈骗犯罪团伙或人员手中，用于非法接收、转移诈骗资金，一般以帮助信息网络犯罪活动罪论处。对于涉案信用卡"四件套"数量巨大，同时符合妨害信用卡管理罪构成要件的，择一重罪论处。

九、关于重大电信网络诈骗及其关联犯罪案件的管辖。对于涉案人数超过80人，以及在境外实施的电信网络诈骗及其关联犯罪案件，公安部根据工作需要指定异地管辖的，指定管辖前应当商最高人民检察院和最高人民法院。

各级人民法院、人民检察院、公安机关要充分认识到当前持续深入推进"断卡"行动的重要意义，始终坚持依法从严惩处和全面惩处的方针，坚决严惩跨境电信网络诈骗犯罪集团和人员、贩卖"两卡"团伙头目和骨干、职业"卡商"、行业"内鬼"等。同时，还应当注重宽以济严，对于初犯、偶犯、未成年人、在校学生，特别是其中被胁迫或蒙骗出售本人名下"两卡"，违法所得、涉案数额较少且认罪认罚的，以教育、挽救为主，落实"少捕慎诉慎押"的刑事司法政策，可以依法从宽处理，确保社会效果良好。

第二百八十八条【扰乱无线电通讯管理秩序罪】　违反国家规定，擅自设置、使用无线电台（站），或者擅自使用无线电频率，干扰无线电通讯秩序，情节严重的，处三年以下有期徒刑、拘役或者管制，并处或者单处罚金；情节特别严重的，处三年以上七年以下有期徒刑，并处罚金。

单位犯前款罪的，对单位判处罚金，并对其直接负责的主管人员和其他直接责任人员，依照前款的规定处罚。【2015年11月1日刑法修正案（九）】

【1997年刑法】违反国家规定，擅自设置、使用无线电台（站），或者擅自占用频率，经责令停止使用后拒不停止使用，干扰无线电通讯正常进行，造成严重后果的，处三年以下有期徒刑、拘役或者管制，并处或者单处罚金。

单位犯前款罪的，对单位判处罚金，并对其直接负责的主管人员和其他直接责任人员，依照前款的规定处罚。

（相关解释）1.最高人民法院《关于审理扰乱电信市场管理秩序案件具体应用法律若干问题的解释》法释〔2000〕12号

违反国家规定，擅自设置、使用无线电台（站），或者擅自占用频率，非法经营国际电信业务或者涉港澳台电信业务进行营利活动，同时构成非法经营罪和《刑法》第二百八十八条规定的扰乱无线电通讯管理秩序罪的，依照处罚较重的规定定罪处罚。

2.最高人民法院、最高人民检察院、公安部《关于办理电信网络诈骗等刑事案件适用法律若干问题的意见》法发〔2016〕32号（见第二百六十六条）

（一）在实施电信网络诈骗活动中，非法使用"伪基站""黑广播"，干扰无线电通讯秩序，符合《刑法》第二百八十八条规定的，以扰乱无线电通讯管理秩序罪追究刑事责任。同时构成诈骗罪的，依照处罚较重的规定定罪处罚。

3.最高人民法院、最高人民检察院《关于办理扰乱无线电通讯管理秩序等刑事案件适用法律若干问题的解释》法释〔2017〕11号

为依法惩治扰乱无线电通讯管理秩序犯罪，根据《中华人民共和国刑法》《中华人民共和国刑事诉讼法》的有关规定，现就办理此类刑事案件适用法律的若干问题解释如下：

第一条　具有下列情形之一的，应当认定为《刑法》第二百八十八条第一款规定的"擅自设置、使用无线电台（站），或者擅自使用无线电频率，干扰无线电通讯秩序"：

（一）未经批准设置无线电广播电台（以下简称"黑广播"），非法使用广播电视专用频段的频率的；

（二）未经批准设置通信基站（以下简称"伪基站"），强行向不特定用户发送信息，非法使用公众移动通信频率的；

（三）未经批准使用卫星无线电频率的；

（四）非法设置、使用无线电干扰器的；

（五）其他擅自设置、使用无线电台（站），或者擅自使用无线电频率，干扰无线电通讯秩序的情形。

第二条　违反国家规定，擅自设置、使用无线电台（站），或者擅自使用无线电频率，干扰无线电通讯秩序，具有下列情形之一的，应当认定为《刑法》第二百八十八条第一款规定的"情节严重"：

（一）影响航天器、航空器、铁路机车、船舶专用无线电导航、遇险救助和安全通信等涉及公共安全的无线电频率正常使用的；

（二）自然灾害、事故灾难、公共卫生事件、社会安全事件等突发事件期间，在事件发生地使用"黑广播""伪基站"的；

（三）举办国家或者省级重大活动期间，在活动场所及周边使用"黑广播""伪基站"的；

（四）同时使用三个以上"黑广播""伪基站"的；

（五）"黑广播"的实测发射功率五百瓦以上，或者覆盖范围十公里以上的；

（六）使用"伪基站"发送诈骗、赌博、招嫖、木马病毒、钓鱼网站链接等违法犯罪信息，数量在五千条以上，或者销毁发送数量等记录的；

（七）雇佣、指使未成年人、残疾人等特定人员使用"伪基站"的；

（八）违法所得三万元以上的；

（九）曾因扰乱无线电通讯管理秩序受过刑事处罚，或者二年内曾因扰乱无线电通讯管理秩序受过行政处罚，又实施《刑法》第二百八十八条规定的行为的；

（十）其他情节严重的情形。

第三条 违反国家规定，擅自设置、使用无线电台（站），或者擅自使用无线电频率，干扰无线电通讯秩序，具有下列情形之一的，应当认定为《刑法》第二百八十八条第一款规定的"情节特别严重"：

（一）影响航天器、航空器、铁路机车、船舶专用无线电导航、遇险救助和安全通信等涉及公共安全的无线电频率正常使用，危及公共安全的；

（二）造成公共秩序混乱等严重后果的；

（三）自然灾害、事故灾难、公共卫生事件和社会安全事件等突发事件期间，在事件发生地使用"黑广播""伪基站"，造成严重影响的；

（四）对国家或者省级重大活动造成严重影响的；

（五）同时使用十个以上"黑广播""伪基站"的；

（六）"黑广播"的实测发射功率三千瓦以上，或者覆盖范围二十公里以上的；

（七）违法所得十五万元以上的；

（八）其他情节特别严重的情形。

第四条 非法生产、销售"黑广播""伪基站"、无线电干扰器等无线电设备，具有下列情形之一的，应当认定为《刑法》第二百二十五条规定的"情节严重"：

（一）非法生产、销售无线电设备三套以上的；

（二）非法经营数额五万元以上的；

（三）其他情节严重的情形。

实施前款规定的行为，数量或者数额达到前款第一项、第二项规定标准五倍以上，或者具有其他情节特别严重的情形的，应当认定为《刑法》第二百二十五条规定的"情节特别严重"。

在非法生产、销售无线电设备窝点查扣的零件，以组装完成的套数以及能够组装的套数认定；无法组装为成套设备的，每三套广播信号调制器（激励器）认定为一套"黑广播"设备，每三块主板认定为一套"伪基站"设备。

第五条 单位犯本解释规定之罪的，对单位判处罚金，并对直接负责的主管人员和其他直接责任人员，依照本解释规定的自然人犯罪的定罪量刑标准定罪处罚。

第六条 擅自设置、使用无线电台（站），或者擅自使用无线电频率，同时构成其他犯罪的，按照处罚较重的规定定罪处罚。

明知他人实施诈骗等犯罪，使用"黑广播""伪基站"等无线电设备为其发送信息或者提供其他帮助，同时构成其他犯罪的，按照处罚较重的规定定罪处罚。

第七条　负有无线电监督管理职责的国家机关工作人员滥用职权或者玩忽职守，致使公共财产、国家和人民利益遭受重大损失的，应当依照《刑法》第三百九十七条的规定，以滥用职权罪或者玩忽职守罪追究刑事责任。

有查禁扰乱无线电管理秩序犯罪活动职责的国家机关工作人员，向犯罪分子通风报信、提供便利，帮助犯罪分子逃避处罚的，应当依照《刑法》第四百一十七条的规定，以帮助犯罪分子逃避处罚罪追究刑事责任；事先通谋的，以共同犯罪论处。

第八条　为合法经营活动，使用"黑广播""伪基站"或者实施其他扰乱无线电通讯管理秩序的行为，构成扰乱无线电通讯管理秩序罪，但不属于"情节特别严重"，行为人系初犯，并确有悔罪表现的，可以认定为情节轻微，不起诉或者免予刑事处罚；确有必要判处刑罚的，应当从宽处罚。

第九条　对案件所涉的有关专门性问题难以确定的，依据司法鉴定机构出具的鉴定意见，或者下列机构出具的报告，结合其他证据作出认定：

（一）省级以上无线电管理机构、省级无线电管理机构依法设立的派出机构、地市级以上广播电视主管部门就是否系"伪基站""黑广播"出具的报告；

（二）省级以上广播电视主管部门及其指定的检测机构就"黑广播"功率、覆盖范围出具的报告；

（三）省级以上航空、铁路、船舶等主管部门就是否干扰导航、通信等出具的报告。

对移动终端用户受影响的情况，可以依据相关通信运营商出具的证明，结合被告人供述、终端用户证言等证据作出认定。

第十条　本解释自 2017 年 7 月 1 日起施行。

（附参考）**浙江省高级人民法院、浙江省人民检察院、浙江省公安厅《关于办理电信网络诈骗犯罪案件若干问题的解答》**浙高法〔2020〕44号2020年4月24日（具体见第二百六十六条）

三、与关联犯罪的区分

6.问：电信网络诈骗犯罪分子经常利用"伪基站"群发短信，该行为构成诈骗罪、破坏公用电信设施罪还是扰乱无线电通讯管理秩序罪？

答：如果行为人通过"伪基站"群发的短信内容不属于诱骗他人处分财产的，一般不以诈骗罪定性。如果该行为，按照相关司法解释，造成"二千以上不满一万用户通信中断一小时以上"，或者"一万以上用户通信中断不满一小时的"，属于通讯线路"截断"，应认定为破坏公用电信设施罪；如果仅造成短暂的手机通讯停滞中断，应认定为扰乱无线电通讯管理秩序罪。

如果行为人通过"伪基站"群发的短信内容虚假，属于诱骗他人处分财产的，构成诈骗罪。如果行为人的行为构成诈骗罪，同时符合破坏公用电信设施罪或扰乱无线电通讯管理秩序罪构成要件的，择一重罪定罪处罚。

第二百八十九条　聚众"打砸抢"，致人伤残、死亡的，依照本法第二百三十四条【故意伤害罪】、第二百三十二条【故意杀人罪】的规定定罪处罚。毁坏或者抢走公私财物的，除判令退赔外，对首要分子，依照本法第二百六十三条【抢劫罪】的规定定罪处罚。

（相关解释）**最高人民法院、最高人民检察院《关于办理妨害预防、控制突发传染病**

疫情等灾害的刑事案件具体应用法律若干问题的解释》法释〔2003〕8号

在预防、控制突发传染病疫情等灾害期间，聚众"打砸抢"，致人伤残、死亡的，依照《刑法》第二百八十九条、第二百三十四条、第二百三十二条的规定，以故意伤害罪或者故意杀人罪定罪，依法从重处罚。对毁坏或者抢走公私财物的首要分子，依照《刑法》第二百八十九条、第二百六十三条的规定，以抢劫罪定罪，依法从重处罚。

第二百九十条【聚众扰乱社会秩序罪】 聚众扰乱社会秩序，情节严重，致使工作、生产、营业和教学、科研、医疗无法进行，造成严重损失的，对首要分子，处三年以上七年以下有期徒刑；对其他积极参加的，处三年以下有期徒刑、拘役、管制或者剥夺政治权利。

【聚众冲击国家机关罪】 聚众冲击国家机关，致使国家机关工作无法进行，造成严重损失的，对首要分子，处五年以上十年以下有期徒刑；对其他积极参加的，处五年以下有期徒刑、拘役、管制或者剥夺政治权利。

【扰乱国家机关工作秩序罪】 多次扰乱国家机关工作秩序，经行政处罚后仍不改正，造成严重后果的，处三年以下有期徒刑、拘役或者管制。

【组织、资助非法聚集罪】 多次组织、资助他人非法聚集，扰乱社会秩序，情节严重的，依照前款的规定处罚。【2015年11月1日刑法修正案（九）】

【1997年刑法】聚众扰乱社会秩序，情节严重，致使工作、生产、营业和教学、科研无法进行，造成严重损失的，对首要分子，处三年以上七年以下有期徒刑；对其他积极参加的，处三年以下有期徒刑、拘役、管制或者剥夺政治权利。

聚众冲击国家机关，致使国家机关工作无法进行，造成严重损失的，对首要分子，处五年以上十年以下有期徒刑；对其他积极参加的，处五年以下有期徒刑、拘役、管制或者剥夺政治权利。

（相关解释）**1.最高人民法院、最高人民检察院、公安部《关于办理组织领导传销活动刑事案件适用法律若干问题的意见》**公通字〔2013〕37号

六、关于罪名的适用问题

犯组织、领导传销活动罪，并实施故意伤害、非法拘禁、敲诈勒索、妨害公务、聚众扰乱社会秩序、聚众冲击国家机关、聚众扰乱公共场所秩序、交通秩序等行为，构成犯罪的，依照数罪并罚的规定处罚。

2.公安部《关于公安机关处置信访活动中违法犯罪行为适用法律的指导意见》公通字〔2013〕25号

一、对扰乱信访工作秩序违法犯罪行为的处理

1.违反《信访条例》第十六条、第十八条规定，越级走访，或者多人就同一信访事项到信访接待场所走访，拒不按照《信访条例》第十八条第二款的规定推选代表，经有关国家机关工作人员劝阻、批评和教育无效的，依据《信访条例》第四十七条第二款规定，公安机关予以警告、训诫或者制止；符合《治安管理处罚法》第二十三条第一款第一项、第二款规定的，以扰乱单位秩序、聚众扰乱单位秩序依法予以治安管理处罚。

2.违反《信访条例》第十四条、第十五条、第三十四条和第三十五条规定，拒不通过法定途径提出投诉请求，不依照法定程序请求信访事项复查、复核，或者信访诉求已经依法解决，仍然以同一事实和理由提出投诉请求，在信访接待场所多次缠访，经有关国家机关工作人员劝阻、批评和教育无效的，依据《信访条例》第四十七条第二款规定，公安机

关予以警告、训诫或者制止；符合《治安管理处罚法》第二十三条第一款第一项规定的，以扰乱单位秩序依法予以治安管理处罚。

3.在信访接待场所滞留、滋事，或者将年老、年幼、体弱、患有严重疾病、肢体残疾等生活不能自理的人弃留在信访接待场所，经有关国家机关工作人员劝阻、批评和教育无效的，依据《信访条例》第四十七条第二款规定，公安机关予以警告、训诫或者制止；符合《治安管理处罚法》第二十三条第一款第一项规定的，以扰乱单位秩序依法予以治安管理处罚。

4.在信访接待场所摆放花圈、骨灰盒、遗像、祭品，焚烧冥币，或者停放尸体，不听有关国家机关工作人员劝阻、批评和教育，扰乱信访工作秩序，符合《治安管理处罚法》第二十三条第一款第一项、第六十五条第二项规定的，以扰乱单位秩序、违法停放尸体依法予以治安管理处罚。

5.煽动、串联、胁迫、诱使他人采取过激方式表达诉求，扰乱信访工作秩序，符合《治安管理处罚法》第二十三条第一款第一项、第二款规定的，以扰乱单位秩序、聚众扰乱单位秩序依法予以治安管理处罚。

6.聚众扰乱信访工作秩序，情节严重，符合《刑法》第二百九十条第一款规定的，对首要分子和其他积极参加者以聚众扰乱社会秩序罪追究刑事责任。

二、对危害公共安全违法犯罪行为的处理

1.为制造社会影响、发泄不满情绪、实现个人诉求，驾驶机动车在公共场所任意冲闯，危害公共安全，符合《刑法》第一百一十四条、第一百一十五条第一款规定的，以危险方法危害公共安全罪追究刑事责任。

2.以递交信访材料、反映问题等为由，非法拦截、强登、扒乘机动车或者其他交通工具，或者乘坐交通工具时抛撒信访材料，影响交通工具正常行驶，符合《治安管理处罚法》第二十三条第一款第四项规定的，以妨碍交通工具正常行驶依法予以治安管理处罚。

3.在信访接待场所、其他国家机关或者公共场所、公共交通工具上非法携带枪支、弹药、弓弩、匕首等管制器具，或者爆炸性、毒害性、放射性、腐蚀性等危险物质的，应当及时制止，收缴枪支、弹药、管制器具、危险物质；符合《治安管理处罚法》第三十二条、第三十条规定的，以非法携带枪支、弹药、管制器具、非法携带危险物质依法予以治安管理处罚；情节严重，符合《刑法》第一百三十条规定的，以非法携带枪支、弹药、管制刀具、危险物品危及公共安全罪追究刑事责任。

4.采取放火、爆炸或者以其他危险方法自伤、自残、自杀，危害公共安全，符合《刑法》第一百一十四条和第一百一十五条第一款规定的，以放火罪、爆炸罪、以危险方法危害公共安全罪追究刑事责任。

三、对侵犯人身权利、财产权利违法犯罪行为的处理

1.殴打他人或者故意伤害他人身体，符合《治安管理处罚法》第四十三条规定的，以殴打他人、故意伤害依法予以治安管理处罚；符合《刑法》第二百三十四条规定的，以故意伤害罪追究刑事责任。明知患有艾滋病或者其他严重传染疾病，故意以撕咬、抓挠等方式伤害他人，符合《刑法》第二百三十四条规定的，以故意伤害罪追究刑事责任。

2.采取口头、书面等方式公然侮辱、诽谤他人，符合《治安管理处罚法》第四十二条第二项规定的，以侮辱、诽谤依法予以治安管理处罚；侮辱、诽谤情节严重，被害人要求公安机关立案侦查的，应当严格执行《公安部关于严格依法办理侮辱诽谤案件的通知》的规定，除严重危害社会秩序和国家利益的由公安机关立案侦查外，应当将有关案件材料移

送人民法院，同时告知被害人自行向人民法院起诉。

3.写恐吓信或者以其他方法威胁他人人身安全，或者多次发送侮辱、恐吓或者其他信息，干扰他人正常生活，符合《治安管理处罚法》第四十二条第一项、第五项规定的，以威胁人身安全、发送信息干扰正常生活依法予以治安管理处罚。

4.偷窥、偷拍、窃听、散布他人隐私，符合《治安管理处罚法》第四十二条第六项规定的，以侵犯隐私依法予以治安管理处罚；情节严重，符合《刑法》第二百五十三条之一第二款规定的，以非法获取公民个人信息罪追究刑事责任。

5.捏造、歪曲事实诬告陷害他人，企图使他人受到刑事追究或者受到治安管理处罚，符合《治安管理处罚法》第四十二条第三项规定的，以诬告陷害依法予以治安管理处罚；符合《刑法》第二百四十三条规定的，以诬告陷害罪追究刑事责任。

6.在信访接待场所或者其他公共场所故意裸露身体，情节恶劣，符合《治安管理处罚法》第四十四条规定的，以在公共场所故意裸露身体予以治安管理处罚。

7.故意损毁公私财物，符合《治安管理处罚法》第四十九条规定的，以故意损毁财物依法予以治安管理处罚；符合《刑法》第二百七十五条规定的，以故意毁坏财物罪追究刑事责任。

8.以制造社会影响、采取极端闹访行为、持续缠访闹访等威胁、要挟手段，敲诈勒索，符合《治安管理处罚法》第四十九条规定的，以敲诈勒索依法予以治安管理处罚；符合《刑法》第二百七十四条规定的，以敲诈勒索罪追究刑事责任。

9.以帮助信访为名骗取他人公私财物，符合《治安管理处罚法》第四十九条规定的，以诈骗依法予以治安管理处罚；符合《刑法》第二百六十六条规定的，以诈骗罪追究刑事责任。

四、对妨害社会管理秩序违法犯罪行为的处理

1.在国家机关办公场所周围实施静坐，张贴、散发材料，呼喊口号，打横幅，穿着状衣、出示状纸，扬言自伤、自残、自杀等行为或者非法聚集，经有关国家机关工作人员劝阻、批评和教育无效的，依据《信访条例》第四十七条第二款规定，公安机关予以警告、训诫或者制止，收缴相关材料和横幅、状纸、状衣等物品；符合《治安管理处罚法》第二十三条第一款第一项、第二款规定的，以扰乱单位秩序、聚众扰乱单位秩序依法予以治安管理处罚；符合《刑法》第二百九十条第一款规定的，对非法聚集的首要分子和其他积极参加者以聚众扰乱社会秩序罪追究刑事责任；聚集多人围堵、冲击国家机关，扰乱国家机关正常秩序，符合《刑法》第二百九十条第二款规定的，对首要分子和其他积极参加者以聚众冲击国家机关罪追究刑事责任。

2.在车站、码头、商场、公园、广场等公共场所张贴、散发材料，呼喊口号，打横幅，穿着状衣、出示状纸，或者非法聚集，以及在举办文化、体育等大型群众性活动或者国内、国际重大会议期间，在场馆周围、活动区域或者场内实施前述行为，经劝阻、批评和教育无效的，依据《信访条例》第四十七条第二款规定，公安机关予以警告、训诫或者制止，收缴相关材料和横幅、状纸、状衣等物品；符合《治安管理处罚法》第二十三条第一款第二项、第二款或者第二十四条第一款第一项、第三项、第五项规定的，以扰乱公共场所秩序、聚众扰乱公共场所秩序或者强行进入大型活动场所内、在大型活动场所内展示侮辱性物品、向大型活动场所内投掷杂物依法予以治安管理处罚；聚众扰乱公共场所秩序，抗拒、阻碍国家治安管理工作人员依法执行职务，情节严重，符合《刑法》第二百九十一条规定的，对首要分子以聚众扰乱公共场所秩序罪追究刑事责任。

3.在信访接待场所、其他国家机关门前或者交通通道上堵塞、阻断交通或者非法聚集，影响交通工具正常行驶，符合《治安管理处罚法》第二十三条第一款第四项、第二款规定的，以妨碍交通工具正常行驶、聚众妨碍交通工具正常行驶依法予以治安管理处罚；符合《刑法》第二百九十一条规定的，对首要分子以聚众扰乱交通秩序罪追究刑事责任。

4.在外国使领馆区、国际组织驻华机构所在地实施静坐、张贴、散发材料，呼喊口号，打横幅，穿着状衣、出示状纸等行为或者非法聚集的，应当立即制止，根据《人民警察法》第八条规定，迅速带离现场，并收缴相关材料和横幅、状纸、状衣等物品；符合《治安管理处罚法》第二十三条第一款第一项、第二款规定的，以扰乱公共场所秩序、聚众扰乱公共场所秩序依法予以治安管理处罚；符合《刑法》第二百九十条第一款规定的，对首要分子和其他积极参加者以聚众扰乱社会秩序罪追究刑事责任。

5.煽动、策划非法集会、游行、示威，不听劝阻，符合《治安管理处罚法》第五十五条规定的，以煽动、策划非法集会、游行、示威依法予以治安管理处罚；举行集会、游行、示威活动未经主管机关许可，未按照主管机关许可的目的、方式、标语、口号、起止时间、地点、路线进行，或者在进行中出现危害公共安全、破坏社会秩序情形的，根据《集会游行示威法》第二十七条规定予以制止、命令解散；不听制止，拒不解散的，依法强行驱散、强行带离现场或者立即予以拘留；符合《集会游行示威法》第二十八条规定的，对其负责人和直接责任人员依法予以警告或者拘留；拒不服从解散命令，符合《刑法》第二百九十六条规定的，对负责人和直接责任人员，以非法集会、游行、示威罪追究刑事责任。集会游行示威过程中实施其他违法犯罪行为的，依法追究法律责任。

6.实施跳河、跳楼、跳桥，攀爬建筑物、铁塔、烟囱、树木，或者其他自伤、自残、自杀行为，制造社会影响的，应当积极组织解救；符合《治安管理处罚法》第二十三条第一款第一项、第二项规定的，以扰乱单位秩序、扰乱公共场所秩序依法予以治安管理处罚；符合《刑法》第二百九十条第一款规定的，对首要分子和其他积极参加者以聚众扰乱社会秩序罪追究刑事责任；符合《刑法》第二百九十一条规定的，对首要分子以聚众扰乱公共场所秩序罪追究刑事责任。

7.乘坐公共交通工具拒不按照规定购票，或者采取其他方式无理取闹，符合《治安管理处罚法》第二十三条第一款第三项规定的，以扰乱公共交通工具上的秩序依法予以治安管理处罚。

8.散布谣言，谎报险情、疫情、警情，投放虚假的爆炸性、毒害性、放射性、腐蚀性物质或者传染病病原体等危险物质，扬言实施放火、爆炸、投放危险物质，制造社会影响、扰乱公共秩序，符合《治安管理处罚法》第二十五条规定的，以虚构事实扰乱公共秩序、投放虚假危险物质扰乱公共秩序、扬言实施放火、爆炸、投放危险物质扰乱公共秩序依法予以治安管理处罚；符合《刑法》第二百九十一条之一规定的，以投放虚假危险物质罪、编造、故意传播虚假恐怖信息罪追究刑事责任。

9.阻碍国家机关工作人员依法执行职务，强行冲闯公安机关设置的警戒带、警戒区，或者阻碍执行紧急任务的消防车、救护车、工程抢险车、警车等车辆通行，符合《治安管理处罚法》第五十条第一款第二项、第三项、第四项规定的，以阻碍执行职务、阻碍特种车辆通行、冲闯警戒带、警戒区依法予以治安管理处罚；阻碍人民警察依法执行职务的，从重处罚；使用暴力、威胁方法阻碍国家机关工作人员依法执行职务，符合《刑法》第二百七十七条规定的，以妨害公务罪追究刑事责任。

10.任意损毁、占用信访接待场所、国家机关或者他人财物，符合《治安管理处罚法》

第二十六条第三项规定的，以寻衅滋事依法予以治安管理处罚；符合《刑法》第二百九十三条规定的，以寻衅滋事罪追究刑事责任。

11.煽动群众暴力抗拒国家法律、行政法规实施，符合《刑法》第二百七十八条规定的，以煽动暴力抗拒法律实施罪追究刑事责任。

五、对利用计算机信息网络实施违法犯罪行为的处理

通过网站、论坛、博客、微博、微信等制作、复制、传播有关信访事项的虚假消息，煽动、组织、策划非法聚集、游行、示威活动，编造险情、疫情、警情，扬言实施爆炸、放火、投放危险物质或者自伤、自残、自杀等，符合《计算机信息网络国际联网安全保护管理办法》第二十条规定的，依法予以警告、罚款或者其他处罚；符合《治安管理处罚法》、《刑法》有关规定的，依法追究法律责任。在收集、固定证据后，要依法及时删除网上有害信息。

对在信访活动中或者以信访为名，实施本指导意见所列以外其他违法犯罪行为的，依照有关法律、法规的规定予以处置。教唆、胁迫、诱骗他人实施相关违法犯罪行为的，按照其教唆、胁迫、诱骗的行为处罚。

各地公安机关在处置上述信访活动中违法犯罪行为时，要把握好以下三点要求：

（一）坚持法制，讲究政策，保护合法，制止非法。畅通信访渠道，维护信访人的合法权益，不得限制合法信访活动，不得以组织学习、培训等方式非法剥夺、限制信访人的人身自由。对于初次实施违法行为、情节轻微的，以批评教育为主，依法予以警告、训诫或者制止；对于经警告、训诫、制止后，继续或者再次实施违法行为，严重危害社会治安秩序、威胁公共安全的，根据《人民警察法》第八条规定，可以强行带离现场、依法予以拘留或者采取法律规定的其他措施，防止造成更大危害；构成违反治安管理行为的，依法予以治安管理处罚；构成犯罪的，依法追究刑事责任。对组织聚众闹事、实施极端闹访等行为的，要依法从严惩处，切实增强依法处置的威慑力和效果。

（二）强化证据意识，依照法定程序及时收集、固定相关证据。针对不同类型违法犯罪活动特点，全面收集违法犯罪嫌疑人的询问（讯问）笔录、现场目击证人证言、参与处置的有关国家机关工作人员的证言、现场笔录、民警出具的到案经过、记载违法行为的视听资料、扣押、收缴的管制刀具、危险物品及其他物品、鉴定材料等证据。对违法行为警告、训诫或者制止的，要同时收集、固定违法证据；对多次实施违法行为的，要注重每次违法行为证据的收集、固定和积累。要规范训诫书的制作和使用，训诫书应当载明违法行为事实，并加盖公安机关印章。

（三）明确管辖责任，加强协作配合。在处置信访活动中违法犯罪行为时，要严格执行《公安机关办理行政案件程序规定》和《公安机关办理刑事案件程序规定》的规定，由违法犯罪行为地公安机关管辖。由居住地公安机关管辖更为适宜的，可以由居住地公安机关管辖；行为地公安机关将案件移交居住地公安机关管辖的，应当与居住地公安机关协商，并配合开展调查取证等工作。各级公安机关要积极配合有关部门、单位，认真区分信访人的合理诉求和不合法表达方式，因情施策、各负其责、互相配合、依法处置，坚持慎用警力、慎用强制措施、慎用武器警械，避免激化矛盾、形成对立，力争把问题化解在初始阶段和萌芽状态。

3.最高人民法院、最高人民检察院、公安部《关于依法处理信访活动中违法犯罪行为的指导意见》公通字〔2019〕7号

为进一步维护社会治安秩序，引导信访人员合法维权，切实把信访维权纳入法治化轨道，

增强全民依法、逐级、有序信访的理念，依法保障信访人的合法权益，依照《中华人民共和国刑法》《中华人民共和国刑事诉讼法》《中华人民共和国治安管理处罚法》《最高人民法院、最高人民检察院关于办理寻衅滋事刑事案件适用法律若干问题的解释》（法释〔2013〕18 号）、《最高人民法院、最高人民检察院关于办理利用信息网络实施诽谤等刑事案件适用法律若干问题的解释》（法释〔2013〕21 号）等法律法规和司法解释，制定本指导意见。

一、依法打击违法犯罪行为，明确法律底线

（一）扰乱公共秩序。在信访活动中或者以信访为名，实施下列行为的，依照《刑法》有关规定定罪处罚：

1.在各级党委、人大、政协、行政、监察、审判、检察、军事机关，厂矿、商场等企业单位，学校、医院、报社、电视台、科研院所等事业单位，工会、妇联等社会团体单位，机场、车站、码头等重要交通场站，或者在上述场所周边的其他公共场所，聚众实施统一着装、佩戴统一标识、静坐滞留、张贴散发材料、喊口号、打横幅、穿状衣等行为，或者实施跳楼、服毒等自杀、自伤行为以及扬言实施自杀、自伤行为，情节严重，致使工作、生产、营业和教学、科研、医疗活动无法进行，造成严重损失的，依照《刑法》第二百九十条第一款的规定，对首要分子和其他积极参加者，以聚众扰乱社会秩序罪定罪处罚；

2.在各级党委、人大、政协、行政、监察、审判、检察、军事机关，聚众实施强行冲闯、围堵大门通道，围攻、辱骂工作人员，强占办公场所，投掷石块杂物等冲击国家机关行为，致使国家机关工作无法进行，造成严重损失的，依照《刑法》第二百九十条第二款的规定，对首要分子和其他积极参加者，以聚众冲击国家机关罪定罪处罚；

3.聚众扰乱车站、码头、民用航空站、商场、公园、影剧院、展览会、运动场及周边公共场所或者其他公共场所秩序，聚众堵塞交通或者破坏交通秩序，抗拒、阻碍国家治安管理工作人员依法执行职务，情节严重的，依照《刑法》第二百九十一条的规定，对首要分子，以聚众扰乱公共场所秩序、交通秩序罪定罪处罚；

4.个人多次扰乱国家机关的工作秩序，经行政处罚后仍不改正，造成严重后果的，依照《刑法》第二百九十条第三款的规定，以扰乱国家机关工作秩序罪定罪处罚；

（二）组织、资助非法聚集。多次组织、资助他人到各级党委、人大、政协、行政、监察、审判、检察、军事机关，厂矿、商场等企业单位，学校、医院、报社、电视台、科研院所等事业单位，工会、妇联等社会团体单位，机场、车站、码头等重要交通场站，或者到上述场所周边的其他公共场所，非法聚集，扰乱社会秩序，情节严重的，依照《刑法》第二百九十条第四款的规定，以组织、资助非法聚集罪定罪处罚。

（三）寻衅滋事。在信访活动中或者以信访为名，为制造影响或者发泄不满，实施下列行为之一的，依照《刑法》第二百九十三条的规定，以寻衅滋事罪定罪处罚；

1.在各级党委、人大、政协、行政、监察、审判、检察、军事机关，厂矿、商场等企业单位，学校、医院、报社、电视台、科研院所等事业单位，工会、妇联等社会团体单位，机场、车站、码头等重要交通场站，或者在上述场所周边的其他公共场所，实施自杀、自伤、打横幅、撒传单、拦车辆、统一着装、佩戴统一标识等行为，起哄闹事，造成公共场所秩序严重混乱的；

2.追逐、拦截、辱骂、恐吓、随意殴打他人，情节恶劣的，或者强拿硬要、任意损毁、占用公私财物，情节严重的；

3.编造虚假信息，或者明知是编造的虚假信息，在信息网络上散布，或者组织、指使人员在信息网络上散布，起哄闹事，造成公共秩序严重混乱。

实施寻衅滋事行为，同时符合寻衅滋事罪、故意杀人罪、故意伤害罪、故意毁坏财物罪、敲诈勒索罪、抢夺罪、抢劫罪等犯罪的构成要件的，依照处罚较重的犯罪定罪处罚。

（四）阻碍执行职务。在信访活动中或者以信访为名，以暴力、威胁方法阻碍国家机关工作人员依法执行职务的，依照《刑法》第二百七十七条的规定，以妨害公务罪定罪处罚；暴力袭击正在依法执行职务的人民警察的，依法从重处罚。

（五）非法携带枪支、弹药、管制刀具、危险物品。非法携带枪支、弹药、管制刀具或者爆炸性、易燃性、放射性、毒害性、腐蚀性物品进入公共场所或者公共交通工具，危及公共安全，情节严重的，依照《刑法》第一百三十条的规定，以非法携带枪支、弹药、管制刀具、危险物品危及公共安全罪定罪处罚。

（六）信息网络有关行为。设立网站、通讯群组，用于在信访活动中或者以信访为名实施违法犯罪活动，情节严重的，依照《刑法》第二百八十七条之一的规定，以非法利用信息网络罪定罪处罚；明知他人利用信息网络在信访活动中或者以信访为名实施犯罪行为，为其提供技术支持或者其他帮助，情节严重的，依照《刑法》第二百八十七条之二的规定，以帮助信息网络犯罪活动罪定罪处罚；网络服务提供者不履行法律、行政法规规定的信息网络安全管理义务，经监管部门责令采取改正措施而拒不改正，情节严重的，依照《刑法》第二百八十六条之一的规定，以拒不履行信息网络安全管理义务罪定罪处罚。

（七）共同违法犯罪。在信访活动中或者以信访为名，煽动教唆、组织、策划、指挥他人实施违法犯罪行为的，应当按照其在共同违法犯罪中所起的作用以及违法犯罪情节予以处罚。

（八）在特定场所实施犯罪行为。对在天安门广场、中南海地区、党和国家领导人住地、国家重大活动举办场馆、中央国家机关所在地、中央军委大楼、中央主要新闻单位办公场所、外国驻华使领馆、国宾下榻处等非信访场所实施本条第一项至第五项规定的行为，在认定"造成严重损失""情节严重""造成严重后果""造成公共场所秩序严重混乱""情节恶劣"等入罪情节时，要将上述场所作为重要考虑因素；构成相关犯罪的，从重处罚。

（九）治安管理处罚或者其他行政处罚。实施本条第一项至第六项规定的行为，不构成犯罪、依法不起诉或者免予刑事处罚的，依法予以治安管理处罚或者其他行政处罚；在本条第八项所列场所实施违反治安管理行为的，从重处罚，依法可以行政拘留的，依法予以行政拘留。

二、坚持宽严相济，教育帮助绝大多数

办理此类案件，应当坚持宽严相济，惩治与教育相结合，依法打击极少数，教育帮助绝大多数。对煽动、教唆、组织、策划指挥实施和积极参与非法聚集，与其他利益诉求群体串联"抱团"实施相关违法犯罪行为，实施殴打国家机关工作人员、打砸公私财物等暴力犯罪行为，利用信息网络制造、传播、主动向境外提供相关虚假信息、企图以外压内，多次到本指导意见第一条第八项所列场所表达诉求，以及专门利用国家重大活动和全国"两会""七一""十一"等重要时间节点进京在非信访场所表达诉求、滋事扰序，向地方政府施压的人员，要作为打击重点。

对有正当信访事由且初次实施违法行为、情节轻微，或者被引诱、胁迫参与，经劝阻、训诫或者制止，立即停止实施的，可以依法不予处罚。

对一般参与、情节较轻，行为人认识到违法犯罪行为危害性，确有悔过表现，明确表示依法信访，或者具有自首、立功表现的，可以依法从轻、减轻或者免予处罚。

对自愿如实供述自己的罪行，承认指控的犯罪事实，愿意接受处罚的，可以依法从宽处理。

对实施违法犯罪行为而依法不予行政处罚、不负刑事责任的精神病人，应当及时通报居住地公安机关，责令其家属或者监护人严加看管和送医治疗，必要时依法强制医疗。

三、强化协作配合，严格依法规范执法办案

公安机关、人民检察院、人民法院既要加强内部协作，也要加强相互之间以及与相关部门的沟通配合，通过多种方式引导群众依法维权。

（一）明确职责。对越级走访，多人就同一信访事项到信访接待场所走访但拒不按照规定推选集体访代表，拒不通过法定途径提出投诉请求，不依照法定程序申请信访事项复查、复核，或者信访诉求已经依法解决，仍然以同一事实和理由提出投诉请求，在信访接待场所多次缠访，在信访接待场所滞留、滋事，或者将年老、年幼、体弱、患有严重疾病、肢体残疾等生活不能自理的人弃留在信访接待场所等情形，由相关国家机关工作人员进行劝阻、批评或者教育。经劝阻、批评和教育无效的，对堵门、堵路、拦车、长时间滞留、采取过激行为的，公安机关应当依法予以警告、训诫或者制止，依法采取处置措施；构成违反治安管理行为或者犯罪的，依法追究法律责任。

（二）明确案件管辖。此类案件，由违法犯罪地公安机关管辖，由居住地公安机关管辖更为适宜的，可以由居住地公安机关管辖。违法犯罪地在北京市，且在本指导意见第一条第八项所列场所的，由北京市公安机关管辖；违法犯罪地在北京市其他地区，由居住地公安机关管辖更为适宜的，可以由居住地公安机关管辖。对管辖权发生争议的，报请共同的上级公安机关指定管辖。移送、指定居住地公安机关管辖的案件，需要提请批准逮捕、移送审查起诉、提起公诉的，由该公安机关所在地的人民检察院、人民法院受理。

（三）做好证据移交。对需要将案件移送居住地公安机关的，违法犯罪地公安机关应当及时移交执法视音频资料，扣押、收缴的物证书证，违法犯罪嫌疑人供述，查获嫌疑人的登记记录和依法开具的训诫书等合法有效证据。执法视音频资料应当能够全面不间断展示违法犯罪实施情况，现场扣押、收缴相关传单、标语、横幅等物品时应当标明物品来源，登记记录中应当对查获嫌疑人的时间、地点等内容进行翔实、准确记载。不移交证明现场违法犯罪事实的主要证据的，居住地公安机关可以不接受移送的案件，同时报告上一级公安机关。

四、加强宣传教育，引导信访人合法维权

在办理此类案件过程中，公安机关、人民检察院、人民法院要加大法制宣传教育力度；引导群众依法理性表达诉求。对违法犯罪嫌疑人、被告人，要同步开展法制宣传、告知信访权利义务结合案情充分释法说理，讲明实施违法犯罪行为对自己、家庭、他人、社会的危害性，促使其认识到错误和危害。同时，对非法聚集、暴力袭警等性质恶劣，企图通过违法犯罪行为实现不合理诉求的组织者、策划者要适时依法揭批、公开曝光。要通过依法打击和法制宣传，明确规矩、划清底线，彻底打消一些人"大闹大解决、小闹小解决、不闹不解决"的心理，引导群众依法理性维护合法权益，自觉运用法律手段解决矛盾纠纷，在全社会树立"维权不能违法""法律红线不可逾越、法律底线不可触碰"的法治观念，增强全民依法信访的理念，营造"解决问题用法、化解矛盾靠法"的良好法治环境。

（附参考）**浙江省高级人民法院、浙江省人民检察院、浙江省公安厅《关于依法处理妨碍政法干警履行法定职责违法行为的指导意见》**2015 年 3 月 2 日

二、准确适用法律，及时查处妨碍、报复政法干警依法履行职务的违法犯罪行为

全省各级法院、检察、公安机关对下列妨碍、报复政法干警依法履行职务的行为，要准确认定行为性质，坚决依法予以查处：

（一）组织多人以喊冤、上访等为由，到政法机关门前、院内起哄闹事，致使政法机关工作不能正常进行的，对首要分子和其他积极参加者，以聚众扰乱社会秩序定性处理。

（二）组织多人以喊冤、上访等为由，强行冲击、围攻政法机关的，对首要分子和其他积极参加者，以聚众冲击国家机关定性处理。

（三）哄闹、冲击法庭，或者殴打司法工作人员，严重扰乱法庭秩序的，以扰乱法庭秩序定性处理。

（四）故意伤害、杀害政法干警及家属的，以故意杀人、故意伤害定性处理。

（五）以暴力、威胁方法阻碍政法干警依法执行职务的，或者故意阻碍国家安全部门、公安机关干警依法执行国家安全任务，未使用暴力、威胁方法，造成严重后果的，以妨害公务定性，予以从重处罚。

具有下列情形之一的，认定为以暴力、威胁方法阻碍政法干警依法执行职务：

1.聚众哄闹、冲击政法干警依法执行职务现场的；

2.采取扣押、殴打、撕咬等暴力方式，危及政法干警人身安全的；

3.采取拉扯、推搡等方式造成政法干警轻微伤的；

4.使用刀具、棍棒等工具相威胁的；

5.以伤害、杀害政法干警相威胁的；

6.以自杀、自残或毁坏政法干警名誉等言语相威胁，造成群众围观或交通阻塞的；

7.故意毁坏直接用于执法的装备、设备、配备的；

8.为逃避政法干警依法执行职务，采取驾驶车辆拖、撞、碰擦政法干警，未造成严重后果的；

9.以其他暴力、威胁方法阻碍政法干警依法执行职务的。

（六）使用暴力或张贴、散发文字、图像等方法，公然败坏政法干警名誉的，以侮辱行为定性处理。情节严重的，以侮辱行为严重危害社会秩序和国家利益定性处理。

（七）捏造政法干警犯罪的事实，向有关国家机关告发，意图使政法干警受刑事追究或者治安管理处罚的，以诬告陷害定性处理。

（八）对政法干警进行诽谤，有下列情形之一的，以诽谤行为定性处理：

1.捏造损害政法干警名誉的事实进行散布；

2.捏造损害政法干警名誉的事实，在信息网络上散布，或者组织、指使人员在信息网络上散布；

3.将信息网络上涉及政法干警的原始信息内容篡改为损害名誉的事实，在信息网络上散布，或者组织、指使人员在信息网络上散布；

4.明知是捏造的损害政法干警名誉的事实，在信息网络上散布。

实施上述行为，情节严重的，以诽谤行为严重危害社会秩序和国家利益定性处理。

（九）为发泄不满情绪，对政法干警及家属实施辱骂、恐吓、殴打、拦截、追逐等行为，经有关部门处理处罚后仍实施前列行为，或多次实施前列行为，破坏社会秩序的；或者利用信息网络辱骂、恐吓政法干警及家属，情节恶劣，破坏社会秩序的，以寻衅滋事定性处理。

对依法不够追究刑事责任的，构成违反治安管理行为的，依法予以治安管理处罚。

本《意见》所称的"政法干警"是指法院、检察院、公安机关、国家安全机关、司法行政机关依法履行法定职责的国家机关工作人员。

第二百九十一条【聚众扰乱公共场所秩序、交通秩序罪】 聚众扰乱车站、码头、民用航空站、商场、公园、影剧院、展览会、运动场或者其他公共场所秩序，聚众堵塞交通或者破坏交通秩序，抗拒、阻碍国家治安管理工作人员依法执行职务，情节严重的，对首要分子，处五年以下有期徒刑、拘役或者管制。

（相关解释）**最高人民法院、最高人民检察院、公安部《关于办理组织领导传销活动刑事案件适用法律若干问题的意见》**公通字〔2013〕37号

六、关于罪名的适用问题

犯组织、领导传销活动罪，并实施故意伤害、非法拘禁、敲诈勒索、妨害公务、聚众扰乱社会秩序、聚众冲击国家机关、聚众扰乱公共场所秩序、交通秩序等行为，构成犯罪的，依照数罪并罚的规定处罚。

（附参考）**浙江省高级人民法院、浙江省人民检察院、浙江省公安厅《关于办理偷逃高速公路车辆通行费、盗窃高速公路交通设施等刑事案件具体适用法律若干问题的意见》**浙公通字〔2010〕78号（具体参照第二百六十六条）

三、聚众堵塞高速公路或者聚集车辆强行冲卡，破坏交通秩序，抗拒、阻碍国家治安管理工作人员依法执行职务，情节严重的，对首要分子，依照《刑法》第二百九十一条的规定，以聚众扰乱交通秩序罪定罪处罚。

第二百九十一条之一【投放虚假危险物质罪，编造、故意传播虚假恐怖信息罪】 投放虚假的爆炸性、毒害性、放射性、传染病病原体等物质，或者编造爆炸威胁、生化威胁、放射威胁等恐怖信息，或者明知是编造的恐怖信息而故意传播，严重扰乱社会秩序的，处五年以下有期徒刑、拘役或者管制；造成严重后果的，处五年以上有期徒刑。

【编造、故意传播虚假信息罪】 编造虚假的险情、疫情、灾情、警情，在信息网络或者其他媒体上传播，或者明知是上述虚假信息，故意在信息网络或者其他媒体上传播，严重扰乱社会秩序的，处三年以下有期徒刑、拘役或者管制；造成严重后果的，处三年以上七年以下有期徒刑。**【2015年11月1日刑法修正案（九）】**

【2001年12月29日刑法修正案（三）】 投放虚假的爆炸性、毒害性、放射性、传染病病原体等物质，或者编造爆炸威胁、生化威胁、放射威胁等恐怖信息，或者明知是编造的恐怖信息而故意传播，严重扰乱社会秩序的，处五年以下有期徒刑、拘役或者管制；造成严重后果的，处五年以上有期徒刑。

（相关解释）**1.最高人民法院、最高人民检察院《关于办理妨害预防、控制突发传染病疫情等灾害的刑事案件具体应用法律若干问题的解释》**法释〔2003〕8号

编造与突发传染病疫情等灾害有关的恐怖信息，或者明知是编造的此类恐怖信息而故意传播，严重扰乱社会秩序的，依照《刑法》第二百九十一条之一的规定，以编造、故意传播虚假恐怖信息罪定罪处罚。

2.最高人民法院、最高人民检察院《关于办理利用信息网络实施诽谤等刑事案件适用法律若干问题的解释》法释〔2013〕21号

第九条　利用信息网络实施诽谤、寻衅滋事、敲诈勒索、非法经营犯罪，同时又构成《刑法》第二百二十一条规定的损害商业信誉、商品声誉罪，第二百七十八条规定的煽动暴力抗拒法律实施罪，第二百九十一条之一规定的编造、故意传播虚假恐怖信息罪等犯罪的，依照处罚较重的规定定罪处罚。

第十条　本解释所称信息网络，包括以计算机、电视机、固定电话机、移动电话机等

电子设备为终端的计算机互联网、广播电视网、固定通信网、移动通信网等信息网络，以及向公众开放的局域网络。

3. 最高人民法院《关于审理编造、故意传播虚假恐怖信息刑事案件适用法律若干问题的解释》法释〔2013〕24号

为依法惩治编造、故意传播虚假恐怖信息犯罪活动，维护社会秩序，维护人民群众生命、财产安全，根据《刑法》有关规定，现对审理此类案件具体适用法律的若干问题解释如下：

第一条 编造恐怖信息，传播或者放任传播，严重扰乱社会秩序的，依照《刑法》第二百九十一条之一的规定，应认定为编造虚假恐怖信息罪。

明知是他人编造的恐怖信息而故意传播，严重扰乱社会秩序的，依照《刑法》第二百九十一条之一的规定，应认定为故意传播虚假恐怖信息罪。

第二条 编造、故意传播虚假恐怖信息，具有下列情形之一的，应当认定为《刑法》第二百九十一条之一的"严重扰乱社会秩序"：

（一）致使机场、车站、码头、商场、影剧院、运动场馆等人员密集场所秩序混乱，或者采取紧急疏散措施的；

（二）影响航空器、列车、船舶等大型客运交通工具正常运行的；

（三）致使国家机关、学校、医院、厂矿企业等单位的工作、生产、经营、教学、科研等活动中断的；

（四）造成行政村或者社区居民生活秩序严重混乱的；

（五）致使公安、武警、消防、卫生检疫等职能部门采取紧急应对措施的；

（六）其他严重扰乱社会秩序的。

第三条 编造、故意传播虚假恐怖信息，严重扰乱社会秩序，具有下列情形之一的，应当依照《刑法》第二百九十一条之一的规定，在五年以下有期徒刑范围内酌情从重处罚：

（一）致使航班备降或返航；或者致使列车、船舶等大型客运交通工具中断运行的；

（二）多次编造、故意传播虚假恐怖信息的；

（三）造成直接经济损失二十万元以上的；

（四）造成乡镇、街道区域范围居民生活秩序严重混乱的；

（五）具有其他酌情从重处罚情节的。

第四条 编造、故意传播虚假恐怖信息，严重扰乱社会秩序，具有下列情形之一的，应当认定为《刑法》第二百九十一条之一的"造成严重后果"，处五年以上有期徒刑：

（一）造成三人以上轻伤或者一人以上重伤的；

（二）造成直接经济损失五十万元以上的；

（三）造成县级以上区域范围居民生活秩序严重混乱的；

（四）妨碍国家重大活动进行的；

（五）造成其他严重后果的。

第五条 编造、故意传播虚假恐怖信息，严重扰乱社会秩序，同时又构成其他犯罪的，择一重罪处罚。

第六条 本解释所称的"虚假恐怖信息"，是指以发生爆炸威胁、生化威胁、放射威胁、劫持航空器威胁、重大灾情、重大疫情等严重威胁公共安全的事件为内容，可能引起社会恐慌或者公共安全危机的不真实信息。

4.最高人民法院、最高人民检察院、公安部《关于办理暴力恐怖和宗教极端刑事案件适用法律若干问题的意见》公通字〔2014〕34号（具体参照第一百二十条）

二、准确认定案件性质

（五）编造以发生爆炸威胁、生化威胁、放射威胁、劫持航空器威胁、重大灾情、重大疫情等严重威胁公共安全的事件为内容的虚假恐怖信息，或者明知是虚假恐怖信息而故意传播、散布，严重扰乱社会秩序的，以编造、故意传播虚假恐怖信息罪定罪处罚。

编造虚假信息，或者明知是编造的虚假信息，在信息网络上散布，或者组织、指使他人在信息网络上散布，造成公共秩序严重混乱，同时构成寻衅滋事罪和编造、故意传播虚假恐怖信息罪的，依照处罚较重的规定定罪处罚。

5.最高人民法院、最高人民检察院、公安部、司法部《关于依法惩治妨害新型冠状病毒感染肺炎疫情防控违法犯罪的意见》法发〔2020〕7号（2020年2月6日）（具体见第一百一十五条）

（六）依法严惩造谣传谣犯罪。编造虚假的疫情信息，在信息网络或者其他媒体上传播，或者明知是虚假疫情信息，故意在信息网络或者其他媒体上传播，严重扰乱社会秩序的，依照《刑法》第二百九十一条之一第二款的规定，以编造、故意传播虚假信息罪定罪处罚。

编造虚假信息，或者明知是编造的虚假信息，在信息网络上散布，或者组织、指使人员在信息网络上散布，起哄闹事，造成公共秩序严重混乱的，依照《刑法》第二百九十三条第一款第四项的规定，以寻衅滋事罪定罪处罚。

利用新型冠状病毒感染肺炎疫情，制造、传播谣言，煽动分裂国家、破坏国家统一，或者煽动颠覆国家政权、推翻社会主义制度的，依照《刑法》第一百零三条第二款、第一百零五条第二款的规定，以煽动分裂国家罪或者煽动颠覆国家政权罪定罪处罚。

网络服务提供者不履行法律、行政法规规定的信息网络安全管理义务，经监管部门责令采取改正措施而拒不改正，致使虚假疫情信息或者其他违法信息大量传播的，依照《刑法》第二百八十六条之一的规定，以拒不履行信息网络安全管理义务罪定罪处罚。

对虚假疫情信息案件，要依法、精准、恰当处置。对恶意编造虚假疫情信息，制造社会恐慌，挑动社会情绪，扰乱公共秩序，特别是恶意攻击党和政府，借机煽动颠覆国家政权、推翻社会主义制度的，要依法严惩。对于因轻信而传播虚假信息，危害不大的，不以犯罪论处。

第二百九十一条之二【高空抛物罪】 从建筑物或者其他高空抛掷物品，情节严重的，处一年以下有期徒刑、拘役或者管制，并处或者单处罚金。

有前款行为，同时构成其他犯罪的，依照处罚较重的规定定罪处罚。【2021年3月1日刑法修正案（十一）】

第二百九十二条【聚众斗殴罪】 聚众斗殴的，对首要分子和其他积极参加的，处三年以下有期徒刑、拘役或者管制；有下列情形之一的，对首要分子和其他积极参加的，处三年以上十年以下有期徒刑：

（一）多次聚众斗殴的；

（二）聚众斗殴人数多，规模大，社会影响恶劣的；

（三）在公共场所或者交通要道聚众斗殴，造成社会秩序严重混乱的；

（四）持械聚众斗殴的。

聚众斗殴，致人重伤、死亡的，依照本法第二百三十四条【故意伤害罪】、第二百三十二条【故意杀人罪】的规定定罪处罚。

（相关解释）1.最高人民检察院、公安部《关于公安机关管辖的刑事案件立案追诉标准的规定（一）》公通字〔2008〕36号

第三十六条 【聚众斗殴案（《刑法》第二百九十二条第一款）】组织、策划、指挥或者积极参加聚众斗殴的，应予立案追诉。

2.最高人民法院研究室《关于对参加聚众斗殴受重伤或者死亡的人及其家属提出的民事赔偿请求能否予以支持问题的答复》法研〔2004〕179号

根据《刑法》第二百九十二条第一款的规定，聚众斗殴的参加者，无论是否首要分子，均明知自己的行为有可能产生伤害他人以及自己被他人的行为伤害的后果，其仍然参加聚众斗殴的，应当自行承担相应的刑事和民事责任。根据《刑法》第二百九十二条第二款的规定，对于参加聚众斗殴，造成他人重伤或者死亡的，行为性质发生变化，应认定为故意伤害罪或者故意杀人罪。聚众斗殴中受重伤或者死亡的人，既是故意伤害罪或者故意杀人罪的受害人，又是聚众斗殴犯罪的行为人。对于参加聚众斗殴受重伤或者死亡的人或其家属提出的民事赔偿请求，依法应予支持，并适用混合过错责任原则。

3.最高人民法院《全国法院维护农村稳定刑事审判工作座谈会纪要》 法〔1999〕217号

（五）关于村民群体械斗案件

处理此类案件要十分注意政策界限。案件经审理并提出处理意见后，要征求当地党委和有关部门的意见。既要严格依法办事，又要做好耐心细致的解释工作，把处理案件与根治械斗发生的原因结合起来，防止发生意外和出现新的矛盾冲突。要查清事实，分清责任，正确适用刑罚。处理的重点应是械斗的组织者、策划者和实施犯罪的骨干分子。一般来说，械斗的组织者和策划者，应对组织、策划的犯罪承担全部责任；直接实施犯罪行为的，应对其实施的犯罪行为负责。要注意缩小打击面，扩大教育面。对积极参与犯罪的从犯，应当依法从轻或者减轻处罚。其中符合缓刑条件的，应当适用缓刑；对被煽动、欺骗、裹挟而参与械斗，情节较轻，经教育确有悔改表现的，可不按犯罪处理。

要注意做好被害人的工作。对因参与械斗而受伤的被害人，也应指出其行为的违法性质；对因受害造成生产、生活上困难的，要协助有关部门解决好，努力依法做好善后工作，消除对立情绪，根除伺机再度报复的潜在隐患。

（附参考）1.浙江省高级人民法院刑事审判庭《关于执行刑法若干问题的具体意见（一）》浙高法刑〔1999〕1号

45.聚众斗殴，一般是指出于争霸一方、报复他人、寻求刺激等流氓动机而纠集多人互相进行殴斗的行为。认定聚众斗殴罪，应注意与因民事纠纷、邻里纠纷而互相斗殴的行为相区别。

46.聚众斗殴，致人重伤、死亡的，对以下三种人应按《刑法》第二百九十二条第二款的规定，依照《刑法》第二百三十四条、第二百三十二条的规定以故意伤害罪、故意杀人罪定罪处罚：（一）首要分子；（二）在聚众斗殴中直接致人重伤、死亡的行为人；（三）聚众斗殴中直接致人重伤、死亡的行为人无法查清，但能够区分出的致人重伤、死亡的共同行为人。

2.浙江省高级人民法院刑事审判庭《关于执行刑法若干问题的具体意见（二）》浙高法刑〔2000〕2号

20.聚众斗殴致人重伤或者死亡的，对聚众斗殴的首要分子以及其他积极参加者，均依照《刑法》第二百九十二条第二款的规定以故意伤害罪或者故意杀人罪定罪处罚。

3.浙江省人民检察院、浙江省高级人民法院、浙江省公安厅《关于办理聚众斗殴案件适用法律若干问题的意见》 浙检会（研）字〔2001〕18号

一、聚众斗殴是指一方或双方纠集三人以上进行斗殴的行为。对三人以上一方以聚众斗殴罪处罚；对未到三人一方不以聚众斗殴罪处罚，构成其他罪的以其他罪定罪处罚。

二、聚众斗殴致人重伤、死亡的，对直接加害人和首要分子以故意伤害罪或故意杀人罪定罪处罚，对其他积极参加者以聚众斗殴罪从重处罚。

聚众斗殴中既造成他人重伤又造成他人轻伤后果的，或者既造成他人重伤又造成他人死亡后果的，应采用重行为吸收轻行为的原则，认定为故意伤害罪或故意杀人罪。

三、聚众斗殴致人重伤、死亡，不能查清直接加害人但能区分致人重伤、死亡的共同行为人的，对首要分子和致人重伤、死亡的共同行为人以故意伤害罪或故意杀人罪定罪处罚，对其他积极参加者以聚众斗殴罪从重处罚。具体量刑时，对致人重伤、死亡的共同行为人应根据各自的行为在致人重伤、死亡中作用的大小分别裁量刑罚。

聚众斗殴致人重伤、死亡，既不能查清直接加害人，又不能区分致人重伤、死亡的共同行为人的，对首要分子以故意伤害罪或故意杀人罪处罚，对其他积极参加者以聚众斗殴罪从重处罚。

四、因民事纠纷引起的斗殴，一般不以聚众斗殴罪处罚。如果民事纠纷当事人雇请打手或者纠集无关人员进行斗殴，符合聚众斗殴罪要件的，应以聚众斗殴罪论处。

4.浙江省高级人民法院《关于审理聚众斗殴犯罪案件相关问题的纪要》 2013年10月18日

一、聚众斗殴罪是1997年《刑法》修正案从流氓罪分拆而来，聚众斗殴犯罪不仅严重扰乱社会公共秩序，而且严重侵害公民的财产权利和人身权利。由于本罪"聚众"的特点，参与人员多，危害性大，打击的重点是涉黑涉恶、护黄护赌护毒引发的双方或者多方群殴行为。对于因建房、土地权属、用水等民间纠纷引发的双方多人斗殴，中学生或者未成年人之间因为普通矛盾引发的群架，一般不按聚众斗殴对待，但是雇用打手或纠集闲散人员斗殴的，应以聚众斗殴论处。

二、《刑法》第二百九十二条的聚众斗殴，一般是指双方各纠集三人以上进行斗殴的行为。双方均只有二人以下的，不按聚众斗殴处理。一方在三人以上，一方只有二人以下的，对三人以上一方可按聚众斗殴处理，对二人以下一方可不以聚众斗殴论处，构成其他罪的以其他罪处理。一方虽只有二人以下，但明确与对方约定斗殴的，应按聚众斗殴处理。

因找错斗殴地点、对象而造成无关人员被殴打的，对实施殴打一方应以聚众斗殴论处。

三、聚众斗殴一般参与人数众多，有时达到十数人甚至数十人，必须严格按照宽严相济的刑事政策，既要防止打击不力打击不到位，又要防止扩大打击面。《刑法》第二百九十二条规定构成本罪的是首要分子和积极参加者。对一些虽属积极参加者，但情节较轻，又系初犯、偶犯，认罪态度较好的，可从宽处理，符合缓刑、管制、免刑条件的，可以判处缓刑、管制或者免于刑事处罚。

为主纠集人员，或者在斗殴时负责组织、指挥的，应认定为聚众斗殴的首要分子。

纠集多人斗殴的，提供斗殴凶器的，接送多人赶赴、离开斗殴现场的，在斗殴时行为积极的，一般应认定为聚众斗殴的积极参加者。

四、在斗殴时部分人员持械、部分人员未持械的，对持械者、持械者的纠集者及所在

方首要分子均应认定为"持械聚众斗殴"。

五、聚众斗殴致人重伤或者死亡的，对加害方的首要分子和直接加害人定故意伤害罪或者故意杀人罪，对其他积极参加者以聚众斗殴罪从重处罚。

六、聚众斗殴致人重伤或者死亡，不能明确直接加害人，但能明确加害方的，对加害方的首要分子定故意伤害罪或者故意杀人罪，对另一方的首要分子和其他积极参加者以聚众斗殴罪从重处罚。

七、聚众斗殴致人重伤或者死亡，既不能明确直接加害人，也不能明确加害方的，对双方的首要分子定故意伤害罪或者故意杀人罪，对其他积极参加者以聚众斗殴罪从重处罚。

八、聚众斗殴同时致人重伤、死亡的，或者同时致双方多人重伤、死亡的，分别按照第五、六、七条的原则处理，对同一被告人同时存在按故意伤害罪、故意杀人罪处理情形的，只定故意杀人一罪。

九、致人重伤、死亡的直接加害人是指直接致人重伤、死亡的行为人，或者直接致人重伤、死亡的共同行为人。

十、因聚众斗殴造成人员重伤、死亡的，重伤人员本人或者重伤、死亡人员的法定代理人、近亲属可提起附带民事诉讼。

第二百九十三条【寻衅滋事罪】 有下列寻衅滋事行为之一，破坏社会秩序的，处五年以下有期徒刑、拘役或者管制：

（一）随意殴打他人，情节恶劣的；

（二）追逐、拦截、辱骂、恐吓他人，情节恶劣的；

（三）强拿硬要或者任意损毁、占用公私财物，情节严重的；

（四）在公共场所起哄闹事，造成公共场所秩序严重混乱的。

纠集他人多次实施前款行为，严重破坏社会秩序的，处五年以上十年以下有期徒刑，可以并处罚金。【2011年5月1日刑法修正案（八）】

【1997年刑法】有下列寻衅滋事行为之一，破坏社会秩序的，处五年以下有期徒刑、拘役或者管制：

（一）随意殴打他人，情节恶劣的；

（二）追逐、拦截、辱骂他人，情节恶劣的；

（三）强拿硬要或者任意损毁、占用公私财物，情节严重的；

（四）在公共场所起哄闹事，造成公共场所秩序严重混乱的。

（相关解释）1.**最高人民法院、最高人民检察院《关于办理寻衅滋事刑事案件适用法律若干问题的解释》**法释〔2013〕18号

第一条 行为人为寻求刺激、发泄情绪、逞强耍横等，无事生非，实施《刑法》第二百九十三条规定的行为的，应当认定为"寻衅滋事"。

行为人因日常生活中的偶发矛盾纠纷，借故生非，实施《刑法》第二百九十三条规定的行为的，应当认定为"寻衅滋事"，但矛盾系由被害人故意引发或者被害人对矛盾激化负有主要责任的除外。

行为人因婚恋、家庭、邻里、债务等纠纷，实施殴打、辱骂、恐吓他人或者损毁、占用他人财物等行为的，一般不认定为"寻衅滋事"，但经有关部门批评制止或者处理处罚后，继续实施前列行为，破坏社会秩序的除外。

第二条 随意殴打他人，破坏社会秩序，具有下列情形之一的，应当认定为《刑法》

第二百九十三条第一款第一项规定的"情节恶劣":

（一）致一人以上轻伤或者二人以上轻微伤的；

（二）引起他人精神失常、自杀等严重后果的；

（三）多次随意殴打他人的；

（四）持凶器随意殴打他人的；

（五）随意殴打精神病人、残疾人、流浪乞讨人员、老年人、孕妇、未成年人，造成恶劣社会影响的；

（六）在公共场所随意殴打他人，造成公共场所秩序严重混乱的；

（七）其他情节恶劣的情形。

第三条　追逐、拦截、辱骂、恐吓他人，破坏社会秩序，具有下列情形之一的，应当认定为《刑法》第二百九十三条第一款第二项规定的"情节恶劣"：

（一）多次追逐、拦截、辱骂、恐吓他人，造成恶劣社会影响的；

（二）持凶器追逐、拦截、辱骂、恐吓他人的；

（三）追逐、拦截、辱骂、恐吓精神病人、残疾人、流浪乞讨人员、老年人、孕妇、未成年人，造成恶劣社会影响的；

（四）引起他人精神失常、自杀等严重后果的；

（五）严重影响他人的工作、生活、生产、经营的；

（六）其他情节恶劣的情形。

第四条　强拿硬要或者任意损毁、占用公私财物，破坏社会秩序，具有下列情形之一的，应当认定为《刑法》第二百九十三条第一款第三项规定的"情节严重"：

（一）强拿硬要公私财物价值一千元以上，或者任意损毁、占用公私财物价值二千元以上的；

（二）多次强拿硬要或者任意损毁、占用公私财物，造成恶劣社会影响的；

（三）强拿硬要或者任意损毁、占用精神病人、残疾人、流浪乞讨人员、老年人、孕妇、未成年人的财物，造成恶劣社会影响的；

（四）引起他人精神失常、自杀等严重后果的；

（五）严重影响他人的工作、生活、生产、经营的；

（六）其他情节严重的情形。

第五条　在车站、码头、机场、医院、商场、公园、影剧院、展览会、运动场或者其他公共场所起哄闹事，应当根据公共场所的性质、公共活动的重要程度、公共场所的人数、起哄闹事的时间、公共场所受影响的范围与程度等因素，综合判断是否"造成公共场所秩序严重混乱"。

第六条　纠集他人三次以上实施寻衅滋事犯罪，未经处理的，应当依照《刑法》第二百九十三条第二款的规定处罚。

第七条　实施寻衅滋事行为，同时符合寻衅滋事罪和故意杀人罪、故意伤害罪、故意毁坏财物罪、敲诈勒索罪、抢夺罪、抢劫罪等罪的构成要件的，依照处罚较重的犯罪定罪处罚。

第八条　行为人认罪、悔罪，积极赔偿被害人损失或者取得被害人谅解的，可以从轻处罚；犯罪情节轻微的，可以不起诉或者免予刑事处罚。

2.最高人民检察院、公安部《关于公安机关管辖的刑事案件立案追诉标准的规定（一）的补充规定》公通字〔2017〕12号

八、将《立案追诉标准（一）》第三十七条修改为：【寻衅滋事案（《刑法》第二百九十三条）】随意殴打他人，破坏社会秩序，涉嫌下列情形之一的，应予立案追诉：

（一）致一人以上轻伤或者二人以上轻微伤的；

（二）引起他人精神失常、自杀等严重后果的；

（三）多次随意殴打他人的；

（四）持凶器随意殴打他人的；

（五）随意殴打精神病人、残疾人、流浪乞讨人员、老年人、孕妇、未成年人，造成恶劣社会影响的；

（六）在公共场所随意殴打他人，造成公共场所秩序严重混乱的；

（七）其他情节恶劣的情形。

追逐、拦截、辱骂、恐吓他人，破坏社会秩序，涉嫌下列情形之一的，应予立案追诉：

（一）多次追逐、拦截、辱骂、恐吓他人，造成恶劣社会影响的；

（二）持凶器追逐、拦截、辱骂、恐吓他人的；

（三）追逐、拦截、辱骂、恐吓精神病人、残疾人、流浪乞讨人员、老年人、孕妇、未成年人，造成恶劣社会影响的；

（四）引起他人精神失常、自杀等严重后果的；

（五）严重影响他人的工作、生活、生产、经营的；

（六）其他情节恶劣的情形。

强拿硬要或者任意损毁、占用公私财物，破坏社会秩序，涉嫌下列情形之一的，应予立案追诉：

（一）强拿硬要公私财物价值一千元以上，或者任意损毁、占用公私财物价值二千元以上的；

（二）多次强拿硬要或者任意损毁、占用公私财物，造成恶劣社会影响的；

（三）强拿硬要或者任意损毁、占用精神病人、残疾人、流浪乞讨人员、老年人、孕妇、未成年人的财物，造成恶劣社会影响的；

（四）引起他人精神失常、自杀等严重后果的；

（五）严重影响他人的工作、生活、生产、经营的；

（六）其他情节严重的情形。

在车站、码头、机场、医院、商场、公园、影剧院、展览会、运动场或者其他公共场所起哄闹事，应当根据公共场所的性质、公共活动的重要程度、公共场所的人数、起哄闹事的时间、公共场所受影响的范围与程度等因素，综合判断是否造成公共场所秩序严重混乱。

3.最高人民法院、最高人民检察院《关于办理妨害预防、控制突发传染病疫情等灾害的刑事案件具体应用法律若干问题的解释》法释〔2003〕8号

在预防、控制突发传染病疫情等灾害期间，强拿硬要或者任意损毁、占用公私财物情节严重，或者在公共场所起哄闹事，造成公共场所秩序严重混乱的，依照《刑法》第二百九十三条的规定，以寻衅滋事罪定罪，依法从重处罚。

4.最高人民法院《关于审理抢劫、抢夺刑事案件适用法律若干问题的意见》法发〔2005〕8号

4.抢劫罪与寻衅滋事罪的界限

寻衅滋事罪是严重扰乱社会秩序的犯罪，行为人实施寻衅滋事的行为时，客观上也可

能表现为强拿硬要公私财物的特征。这种强拿硬要的行为与抢劫罪的区别在于：前者行为人主观上还具有逞强好胜和通过强拿硬要来填补其精神空虚等目的，后者行为人一般只具有非法占有他人财物的目的；前者行为人客观上一般不以严重侵犯他人人身权利的方法强拿硬要财物，而后者行为人则以暴力、胁迫等方式作为劫取他人财物的手段。司法实践中，对于未成年人使用或威胁使用轻微暴力强抢少量财物的行为，一般不宜以抢劫罪定罪处罚。其行为符合寻衅滋事罪特征的，可以寻衅滋事罪定罪处罚。

5. 卫生部、公安部《关于维护医疗机构秩序的通告》卫通〔2012〕7号

五、患者在医疗机构死亡后，必须按规定将遗体立即移放太平间，并及时处理。未经医疗机构允许，严禁将遗体停放在太平间以外的医疗机构其他场所。

七、有下列违反治安管理行为之一的，由公安机关依据《中华人民共和国治安管理处罚法》予以处罚；构成犯罪的，依法追究刑事责任：（1）在医疗机构焚烧纸钱、摆设灵堂、摆放花圈、违规停尸、聚众滋事的；（2）在医疗机构内寻衅滋事的；（3）非法携带易燃、易爆危险物品和管制器具进入医疗机构的；（4）侮辱、威胁、恐吓、故意伤害医务人员或者非法限制医务人员人身自由的；（5）在医疗机构内故意损毁或者盗窃、抢夺公私财物的；（6）倒卖医疗机构挂号凭证的；（7）其他扰乱医疗机构正常秩序的行为。

6. 最高人民法院、最高人民检察院《关于办理利用信息网络实施诽谤等刑事案件适用法律若干问题的解释》法释〔2013〕21号

第五条　利用信息网络辱骂、恐吓他人，情节恶劣，破坏社会秩序的，依照《刑法》第二百九十三条第一款第（二）项的规定，以寻衅滋事罪定罪处罚。

编造虚假信息，或者明知是编造的虚假信息，在信息网络上散布，或者组织、指使人员在信息网络上散布，起哄闹事，造成公共秩序严重混乱的，依照《刑法》第二百九十三条第一款第（四）项的规定，以寻衅滋事罪定罪处罚。

第八条　明知他人利用信息网络实施诽谤、寻衅滋事、敲诈勒索、非法经营等犯罪，为其提供资金、场所、技术支持等帮助的，以共同犯罪论处。

第九条　利用信息网络实施诽谤、寻衅滋事、敲诈勒索、非法经营犯罪，同时又构成《刑法》第二百二十一条规定的损害商业信誉、商品声誉罪，第二百七十八条规定的煽动暴力抗拒法律实施罪，第二百九十一条之一规定的编造、故意传播虚假恐怖信息罪等犯罪的，依照处罚较重的规定定罪处罚。

第十条　本解释所称信息网络，包括以计算机、电视机、固定电话机、移动电话机等电子设备为终端的计算机互联网、广播电视网、固定通信网、移动通信网等信息网络，以及向公众开放的局域网络。

7. 最高人民法院、最高人民检察院、公安部《关于办理暴力恐怖和宗教极端刑事案件适用法律若干问题的意见》公通字〔2014〕34号（具体参照第一百二十条）

二、准确认定案件性质

（八）以"异教徒""宗教叛徒"等为由，随意殴打、追逐、拦截、辱骂他人，扰乱社会秩序，情节恶劣的，以寻衅滋事罪定罪处罚。

实施前款行为，同时又构成故意伤害罪、妨害公务罪等其他犯罪的，依照处罚较重的规定定罪处罚。

8. 最高人民法院、最高人民检察院、公安部、司法部、国家卫生和计划生育委员会《关于依法惩处涉医违法犯罪维护正常医疗秩序的意见》法发〔2014〕5号

二、严格依法惩处涉医违法犯罪

对涉医违法犯罪行为，要依法严肃追究、坚决打击。公安机关要加大对暴力杀医、伤医、扰乱医疗秩序等违法犯罪活动的查处力度，接到报警后应当及时出警、快速处置，需要追究刑事责任的，及时立案侦查，全面、客观地收集、调取证据，确保侦查质量。人民检察院应当及时依法批捕、起诉，对于重大涉医犯罪案件要加强法律监督，必要时可以对收集证据、适用法律提出意见。人民法院应当加快审理进度，在全面查明案件事实的基础上依法准确定罪量刑，对于犯罪手段残忍、主观恶性深、人身危险性大的被告人或者社会影响恶劣的涉医犯罪行为，要依法从严惩处。

（一）在医疗机构内殴打医务人员或者故意伤害医务人员身体、故意损毁公私财物，尚未造成严重后果的，分别依照治安管理处罚法第四十三条、第四十九条的规定处罚；故意杀害医务人员，或者故意伤害医务人员造成轻伤以上严重后果，或者随意殴打医务人员情节恶劣、任意损毁公私财物情节严重，构成故意杀人罪、故意伤害罪、故意毁坏财物罪、寻衅滋事罪的，依照《刑法》的有关规定定罪处罚。

（二）在医疗机构私设灵堂、摆放花圈、焚烧纸钱、悬挂横幅、堵塞大门或者以其他方式扰乱医疗秩序，尚未造成严重损失，经劝说、警告无效的，要依法驱散，对拒不服从的人员要依法带离现场，依照治安管理处罚法第二十三条的规定处罚；聚众实施的，对首要分子和其他积极参加者依法予以治安处罚；造成严重损失或者扰乱其他公共秩序情节严重，构成寻衅滋事罪、聚众扰乱社会秩序罪、聚众扰乱公共场所秩序、交通秩序罪的，依照《刑法》的有关规定定罪处罚。

在医疗机构的病房、抢救室、重症监护室等场所及医疗机构的公共开放区域违规停放尸体，影响医疗秩序，经劝说、警告无效的，依照治安管理处罚法第六十五条的规定处罚；严重扰乱医疗秩序或者其他公共秩序，构成犯罪的，依照前款的规定定罪处罚。

（三）以不准离开工作场所等方式非法限制医务人员人身自由的，依照治安管理处罚法第四十条的规定处罚；构成非法拘禁罪的，依照《刑法》的有关规定定罪处罚。

（四）公然侮辱、恐吓医务人员的，依照治安管理处罚法第四十二条的规定处罚；采取暴力或者其他方法公然侮辱、恐吓医务人员情节严重（恶劣），构成侮辱罪、寻衅滋事罪的，依照《刑法》的有关规定定罪处罚。

（五）非法携带枪支、弹药、管制器具或者爆炸性、放射性、毒害性、腐蚀性物品进入医疗机构的，依照治安管理处罚法第三十条、第三十二条的规定处罚；危及公共安全情节严重，构成非法携带枪支、弹药、管制刀具、危险物品危及公共安全罪的，依照《刑法》的有关规定定罪处罚。

（六）对于故意扩大事态，教唆他人实施针对医疗机构或者医务人员的违法犯罪行为，或者以受他人委托处理医疗纠纷为名实施敲诈勒索、寻衅滋事等行为的，依照治安管理处罚法和《刑法》的有关规定从严惩处。

9.最高人民法院、最高人民检察院、公安部、司法部《关于办理黑恶势力犯罪案件若干问题的指导意见》法发〔2018〕1号（见第二百九十四条）

（注：最高人民法院、最高人民检察院、公安部、司法部《关于适用〈中华人民共和国刑法修正案（十一）〉有关问题的通知》法发〔2021〕16号规定：《刑法修正案（十一）》生效后，与《刑法修正案（十一）》不一致的内容，不再适用；与《刑法修正案（十一）》不相冲突的内容，在新的司法解释颁行前，继续有效）（具体见第一百一十五条）

四、依法惩处利用"软暴力"实施的犯罪

17.黑恶势力为谋取不法利益或形成非法影响，有组织地采用滋扰、纠缠、哄闹、聚众造势等手段侵犯人身权利、财产权利，破坏经济秩序、社会秩序，构成犯罪的，应当分别依照《刑法》相关规定处理：

（1）有组织地采用滋扰、纠缠、哄闹、聚众造势等手段扰乱正常的工作、生活秩序，使他人产生心理恐惧或者形成心理强制，分别属于《刑法》第 293 条第一款第（二）项规定的"恐吓"、《刑法》第 226 规定的"威胁"，同时符合其他犯罪构成条件的，应分别以寻衅滋事罪、强迫交易罪定罪处罚。

《关于办理寻衅滋事刑事案件适用法律若干问题的解释》第 2 条至第 4 条中的"多次"一般应当理解为 2 年内实施寻衅滋事行为 3 次以上。2 年内多次实施不同种类寻衅滋事行为的，应当追究刑事责任。

（2）以非法占有为目的强行索取公私财物，有组织地采用滋扰、纠缠、哄闹、聚众造势等手段扰乱正常的工作、生活秩序，同时符合《刑法》第 274 条规定的其他犯罪构成条件的，应当以敲诈勒索罪定罪处罚。同时由多人实施或者以统一着装、显露纹身、特殊标识以及其他明示或者暗示方式，足以使对方感知相关行为的有组织性的，应当认定为《关于办理敲诈勒索刑事案件适用法律若干问题的解释》第 2 条第（五）项规定的"以黑恶势力名义敲诈勒索"。

采用上述手段，同时又构成其他犯罪的，应当依法按照处罚较重的规定定罪处罚。

雇佣、指使他人有组织地采用上述手段强迫交易、敲诈勒索，构成强迫交易罪、敲诈勒索罪的，对雇佣者、指使者，一般应当以共同犯罪中的主犯论处。为强索不受法律保护的债务或者因其他非法目的，雇佣、指使他人有组织地采用上述手段寻衅滋事，构成寻衅滋事罪的，对雇佣者、指使者，一般应当以共同犯罪中的主犯论处；为追讨合法债务或者因婚恋、家庭、邻里纠纷等民间矛盾而雇佣、指使，没有造成严重后果的，一般不作为犯罪处理，但经有关部门批评制止或者处理处罚后仍继续实施的除外。

10.最高人民法院、最高人民检察院、公安部、司法部《关于办理实施"软暴力"的刑事案件若干问题的意见》（2019 年 4 月 9 日）（见第二百九十四条）

五、采用"软暴力"手段，使他人产生心理恐惧或者形成心理强制，分别属于《刑法》第二百二十六条规定的"威胁"、《刑法》第二百九十三条第一款第（二）项规定的"恐吓"，同时符合其他犯罪构成要件的，应当分别以强迫交易罪、寻衅滋事罪定罪处罚。

《关于办理寻衅滋事刑事案件适用法律若干问题的解释》第二条至第四条中的"多次"一般应当理解为二年内实施寻衅滋事行为三次以上。三次以上寻衅滋事行为既包括同一类别的行为，也包括不同类别的行为；既包括未受行政处罚的行为，也包括已受行政处罚的行为。

11.最高人民法院、最高人民检察院、公安部、司法部《关于办理利用信息网络实施黑恶势力犯罪刑事案件若干问题的意见》（2019 年 7 月 23 日）（见第二百九十四条）

7.利用信息网络辱骂、恐吓他人，情节恶劣，破坏社会秩序的，依照《刑法》第二百九十三条第一款第二项的规定，以寻衅滋事罪定罪处罚。

编造虚假信息，或者明知是编造的虚假信息，在信息网络上散布，或者组织、指使人员在信息网络上散布，起哄闹事，造成公共秩序严重混乱的，依照《刑法》第二百九十三条第一款第四项的规定，以寻衅滋事罪定罪处罚。

8.侦办利用信息网络实施的强迫交易、敲诈勒索等非法敛财类案件，确因被害人人数众多等客观条件的限制，无法逐一收集被害人陈述的，可以结合已收集的被害人陈述，以及经查证属实的银行账户交易记录、第三方支付结算账户交易记录、通话记录、电子数据等证据，综合认定被害人人数以及涉案资金数额等。

12.最高人民法院、最高人民检察院、公安部、司法部《关于依法惩治妨害新型冠状病毒感染肺炎疫情防控违法犯罪的意见》法发〔2020〕7号（2020年2月6日）（具体见第一百一十五条）

（二）依法严惩暴力伤医犯罪。在疫情防控期间，故意伤害医务人员造成轻伤以上的严重后果，或者对医务人员实施撕扯防护装备、吐口水等行为，致使医务人员感染新型冠状病毒的，依照《刑法》第二百三十四条的规定，以故意伤害罪定罪处罚。

随意殴打医务人员，情节恶劣的，依照《刑法》第二百九十三条的规定，以寻衅滋事罪定罪处罚。

采取暴力或者其他方法公然侮辱、恐吓医务人员，符合《刑法》第二百四十六条、第二百九十三条规定的，以侮辱罪或者寻衅滋事罪定罪处罚。

以不准离开工作场所等方式非法限制医务人员人身自由，符合《刑法》第二百三十八条规定的，以非法拘禁罪定罪处罚。

（六）依法严惩造谣传谣犯罪。编造虚假的疫情信息，在信息网络或者其他媒体上传播，或者明知是虚假疫情信息，故意在信息网络或者其他媒体上传播，严重扰乱社会秩序的，依照《刑法》第二百九十一条之一第二款的规定，以编造、故意传播虚假信息罪定罪处罚。

编造虚假信息，或者明知是编造的虚假信息，在信息网络上散布，或者组织、指使人员在信息网络上散布，起哄闹事，造成公共秩序严重混乱的，依照《刑法》第二百九十三条第一款第四项的规定，以寻衅滋事罪定罪处罚。

（附参考）1.浙江省高级人民法院刑事审判庭《关于执行刑法若干问题的具体意见（一）》浙高法刑〔1999〕1号

47.寻衅滋事，随意殴打他人，如果殴打致人重伤的，应以故意伤害罪定罪处罚；如果殴打仅致人轻伤的，仍应以寻衅滋事罪定罪处罚。

48.寻衅滋事，任意损毁公私财物，如果损毁公私财物数额巨大的，应以故意毁坏财物罪定罪处罚。

49.认定寻衅滋事罪，应注意把握法定的"情节"要求。行为人虽具有《刑法》第二百九十三条所列四项行为中的两项或两项以上行为，但每一项行为均未达到该项规定的"情节"要求的，仍不能以本罪认定。

2.浙江省高级人民法院、浙江省人民检察院、浙江省公安厅《关于办理寻衅滋事案件适用法律若干问题的意见》浙检会（研）字〔2001〕13号

一、有下列情形之一，破坏社会秩序的，属于《刑法》第二百九十三条中的"情节恶劣"或"情节严重"，应以寻衅滋事罪论处：

1.在两年内实施三次以上寻衅滋事行为的；

2.随意殴打他人造成一人以上轻伤或三人以上轻微伤的；

3.追逐、拦截、辱骂他人，致使他人无法正常生活、工作，或者造成他人精神失常、自杀等严重后果的；

4.强拿硬要公私财物价值人民币一千元以上、任意损毁公私财物二千元以上或者任意占用公私财物一万元以上的。

因实施《刑法》第二百九十三条中的四项行为之一而构成其他更重罪行的，以重罪论处。

二、非法插手民间纠纷，殴打他人的，以随意殴打他人论；强行收取各种形式的保护费，或者非法插手民间纠纷，以强迫手段索赔、讨债，从中牟利的，以强拿硬要论。

3. 浙江省高级人民法院《关于印发〈全省法院刑事审判疑难问题研讨会纪要〉的通知》 浙高法〔2012〕47 号

十二、关于寻衅滋事罪的认定

《刑法》第二百九十三条第一款规定："有下列寻衅滋事行为之一，破坏社会秩序的，处五年以下有期徒刑、拘役或者管制：（一）随意殴打他人，情节恶劣的；（二）追逐、拦截、辱骂、恐吓他人，情节恶劣的；（三）强拿硬要或者任意损毁、占用公私财物，情节严重的；（四）在公共场所起哄闹事，造成公共场所秩序严重混乱的。"

该条第二款规定："纠集他人多次实施前款行为，严重破坏社会秩序的，处五年以上十年以下有期徒刑，可以并处罚金。"

上述第二款所规定的"纠集他人多次实施前款行为"，包括多次纠集他人实施寻衅滋事行为和纠集他人实施多次寻衅滋事行为。

对行为人基于寻衅滋事的犯意，在同一时空下实施了多种符合《刑法》第二百九十三条第一款所列的寻衅滋事行为的，以及在同一地点连续对多人实施寻衅滋事行为的，宜认定为一次。

寻衅滋事致人重伤的案件中，如果行为人事先经预谋或事中形成了伤害他人身体的共同故意，不论谁的行为直接致人重伤，对所有参与者均宜以故意伤害罪定性处罚。

在部分人员先行离开现场、部分人员致人重伤的案件中，如果确有证据证明致人重伤超出共同犯罪故意范围的，对先行离开现场的人员按寻衅滋事罪定性处罚，对直接致人重伤的行为人和组织者按故意伤害罪定性处罚。

4. 浙江省高级人民法院、浙江省人民检察院、浙江省公安厅《关于修改部分罪名数额或情节认定标准的通知》 浙高法〔2012〕273 号

二、强拿硬要或者任意损毁、占用公私财物价值人民币二千元以上的，属于《刑法》第二百九十三条第一款第（三）项规定的"情节严重"。

5. 浙江省高级人民法院《关于部分罪名定罪量刑情节及数额标准的意见》 浙高法〔2012〕325 号

76.《刑法》第二百九十三条【寻衅滋事罪】

具有下列情形之一的，属于"情节恶劣"或者"情节严重"，处五年以下有期徒刑、拘役或者管制：

（1）两年内实施三次以上寻衅滋事行为的；

（2）随意殴打他人，造成人员轻伤，或者轻微伤三人以上的；

（3）追逐、拦截、辱骂、恐吓他人，致使他人无法正常生活、工作，或者造成他人自杀、精神失常等严重后果的；

（4）强拿硬要或者任意损毁、占用公私财物价值二千元以上的；

（5）情节恶劣或者情节严重的其他情形。

6. 浙江省高级人民法院、浙江省人民检察院、浙江省公安厅《关于依法处理妨碍政法干警履行法定职责违法行为的指导意见》 2015 年 3 月 2 日（见第二百九十条）

（九）为发泄不满情绪，对政法干警及家属实施辱骂、恐吓、殴打、拦截、追逐等行为，经有关部门处理处罚后仍实施前列行为，或多次实施前列行为，破坏社会秩序的；或者利用信息网络辱骂、恐吓政法干警及家属，情节恶劣，破坏社会秩序的，以寻衅滋事定性处理。

第二百九十三条之一【催收非法债务罪】 有下列情形之一，催收高利放贷等产生的非法债务，情节严重的，处三年以下有期徒刑、拘役或者管制，并处或者单处罚金：

（一）使用暴力、胁迫方法的；

（二）限制他人人身自由或者侵入他人住宅的；

（三）恐吓、跟踪、骚扰他人的。【2021年3月1日刑法修正案（十一）】

第二百九十四条【组织、领导、参加黑社会性质组织罪】 组织、领导黑社会性质的组织的，处七年以上有期徒刑，并处没收财产；积极参加的，处三年以上七年以下有期徒刑，可以并处罚金或者没收财产；其他参加的，处三年以下有期徒刑、拘役、管制或者剥夺政治权利，可以并处罚金。

【入境发展黑社会组织罪】 境外的黑社会组织的人员到中华人民共和国境内发展组织成员的，处三年以上十年以下有期徒刑。

【包庇、纵容黑社会性质组织罪】 国家机关工作人员包庇黑社会性质的组织，或者纵容黑社会性质的组织进行违法犯罪活动的，处五年以下有期徒刑；情节严重的，处五年以上有期徒刑。

犯前三款罪又有其他犯罪行为的，依照数罪并罚的规定处罚。

黑社会性质的组织应当同时具备以下特征：

（一）形成较稳定的犯罪组织，人数较多，有明确的组织者、领导者，骨干成员基本固定；

（二）有组织地通过违法犯罪活动或者其他手段获取经济利益，具有一定的经济实力，以支持该组织的活动；

（三）以暴力、威胁或者其他手段，有组织地多次进行违法犯罪活动，为非作恶，欺压、残害群众；

（四）通过实施违法犯罪活动，或者利用国家工作人员的包庇或者纵容，称霸一方，在一定区域或者行业内，形成非法控制或者重大影响，严重破坏经济、社会生活秩序。【2011年5月1日刑法修正案（八）】

【1997年刑法】 组织、领导和积极参加以暴力、威胁或者其他手段，有组织地进行违法犯罪活动，称霸一方，为非作恶，欺压、残害群众，严重破坏经济、社会生活秩序的黑社会性质的组织的，处三年以上十年以下有期徒刑；其他参加的，处三年以下有期徒刑、拘役、管制或者剥夺政治权利。

境外的黑社会组织的人员到中华人民共和国境内发展组织成员的，处三年以上十年以下有期徒刑。

犯前两款罪又有其他犯罪行为的，依照数罪并罚的规定处罚。

国家机关工作人员包庇黑社会性质的组织，或者纵容黑社会性质的组织进行违法犯罪活动的，处三年以下有期徒刑、拘役或者剥夺政治权利；情节严重的，处三年以上十年以下有期徒刑。

（相关解释）1.《全国人民代表大会常务委员会关于〈中华人民共和国刑法〉第二百九十四条第一款的解释》2002年4月28日

《刑法》第二百九十四条第一款规定的"黑社会性质的组织"应当同时具备以下特征：

（一）形成较稳定的犯罪组织，人数较多，有明确的组织者、领导者，骨干成员基本固定；

（二）有组织地通过违法犯罪活动或者其他手段获取经济利益，具有一定的经济实力，以支持该组织的活动；

（三）以暴力、威胁或者其他手段，有组织地多次进行违法犯罪活动，为非作恶，欺压、残害群众；

（四）通过实施违法犯罪活动，或者利用国家工作人员的包庇或者纵容，称霸一方，在一定区域或者行业内，形成非法控制或者重大影响，严重破坏经济、社会生活秩序。

2. 最高人民法院《关于审理黑社会性质组织犯罪的案件具体应用法律若干问题的解释》法释〔2002〕42 号

第一条　《刑法》第二百九十四条规定的"黑社会性质的组织"，一般应具备以下特征：

（一）组织结构比较紧密，人数较多，有比较明确的组织者、领导者，骨干成员基本固定，有较为严格的组织纪律；

（二）通过违法犯罪活动或者其他手段获取经济利益，具有一定的经济实力；

（三）通过贿赂、威胁等手段，引诱、逼迫国家工作人员参加黑社会性质组织活动，或者为其提供非法保护；

（四）在一定区域或者行业范围内，以暴力、威胁、滋扰等手段，大肆进行敲诈勒索、欺行霸市、聚众斗殴、寻衅滋事、故意伤害等违法犯罪活动，严重破坏经济、社会生活秩序。

第二条　《刑法》第二百九十四条第二款规定的"发展组织成员"，是指将境内、外人员吸收为该黑社会组织成员的行为。对黑社会组织成员进行内部调整等行为，可视为"发展组织成员"。

港、澳、台黑社会组织到内地发展组织成员的，适用《刑法》第二百九十四条第二款的规定定罪处罚。

第三条　组织、领导、参加黑社会性质的组织又有其他犯罪行为的，根据《刑法》第二百九十四条第三款的规定，依照数罪并罚的规定处罚；对于黑社会性质组织的组织者、领导者，应当按照其所组织、领导的黑社会性质组织所犯的全部罪行处罚；对于黑社会性质组织的参加者，应当按照其所参与的犯罪处罚。

对于参加黑社会性质的组织，没有实施其他违法犯罪活动的，或者受蒙蔽、胁迫参加黑社会性质的组织，情节轻微的，可以不作为犯罪处理。

第四条　国家机关工作人员组织、领导、参加黑社会性质组织的，从重处罚。

第五条　《刑法》第二百九十四条第四款规定的"包庇"，是指国家机关工作人员为使黑社会性质组织及其成员逃避查禁，而通风报信，隐匿、毁灭、伪造证据，阻止他人作证、检举揭发，指使他人作伪证，帮助逃匿，或者阻挠其他国家机关工作人员依法查禁等行为。

《刑法》第二百九十四条第四款规定的"纵容"，是指国家机关工作人员不依法履行职责，放纵黑社会性质组织进行违法犯罪活动的行为。

第六条　国家机关工作人员包庇、纵容黑社会性质的组织，有下列情形之一的，属于《刑法》第二百九十四条第四款规定的"情节严重"：

（一）包庇、纵容黑社会性质组织跨境实施违法犯罪活动的；

（二）包庇、纵容境外黑社会组织在境内实施违法犯罪活动的；

（三）多次实施包庇、纵容行为的；

（四）致使某一区域或者行业的经济、社会生活秩序遭受黑社会性质组织特别严重破坏的；

（五）致使黑社会性质组织的组织者、领导者逃匿，或者致使对黑社会性质组织的查禁工作严重受阻的；

（六）具有其他严重情节的。

第七条　对黑社会性质组织和组织、领导、参加黑社会性质组织的犯罪分子聚敛的财物及其收益，以及用于犯罪的工具等，应当依法追缴、没收。

3.最高人民法院、最高人民检察院、公安部《办理黑社会性质组织犯罪案件座谈会纪要》法〔2009〕382号

为正确理解和适用刑法、立法解释、司法解释关于黑社会性质组织犯罪的规定，依法及时、准确、有力地惩治黑社会性质组织犯罪，最高人民法院、最高人民检察院、公安部于2009年7月15日在北京召开了办理黑社会性质组织犯罪案件座谈会。会议总结了各级人民法院、人民检察院和公安机关办理黑社会性质组织犯罪案件所取得的经验，分析了当前依法严惩黑社会性质组织犯罪面临的严峻形势，研究了办理黑社会性质组织犯罪案件遇到的适用法律问题，就人民法院、人民检察院和公安机关正确使用法律，严厉打击黑社会性质组织犯罪形成了具体意见。会议纪要如下：

一、与会同志一致认为，自2006年初全国开展打黑除恶专项斗争以来，各级人民法院、人民检察院和公安机关依法履行各自职责，密切配合，惩治了一批黑社会性质组织犯罪分子，遏制了黑社会性质组织犯罪高发的势头，为维护社会稳定，构建社会主义和谐社会做出了重要贡献。但是，在我国，黑社会性质组织犯罪仍处于活跃期，犯罪的破坏性不断加大，犯罪分子逃避法律制裁的行为方式不断变换，向政治领域的渗透日益明显，对人民群众的生命、财产安全，对经济、社会生活秩序和基层政权建设都构成了严重威胁。因此，严厉打击黑社会性质组织犯罪，遏制并最大限度地减少黑社会性质组织犯罪案件的发生，是当前乃至今后相当长一个时期政法机关的重要任务。为此，各级人民法院、人民检察院和公安机关必须坚持做好以下几方面工作：

首先，要切实提高对打击黑社会性质组织犯罪重要性的认识。依法严惩黑社会性质组织犯罪，不仅是保障民生、维护稳定的迫切需要，而且事关政权安危，容不得丝毫懈怠。各级人民法院、人民检察院和公安机关要充分认识这项工作的重要性、紧迫性、复杂性、艰巨性和长期性，在思想上始终与党中央的决策保持高度一致，坚决克服麻痹、松懈情绪，把依法打击黑社会性质组织犯罪，实现社会治安的持续稳定作为一项重要任务常抓不懈。

其次，要严格坚持法定标准，切实贯彻落实宽严相济的刑事政策。各级人民法院、人民检察院和公安机关要严格依照《刑法》、刑事诉讼法及有关法律解释的规定办理案件，确保认定的事实清楚，据以定案的证据确实、充分，黑社会性质组织的认定准确无误。既要防止将已构成黑社会性质组织犯罪的案件"降格"处理，也不能因为强调严厉打击而将不构成此类犯罪的共同犯罪案件"拔高"认定。要严格贯彻落实宽严相济的刑事政策，对黑社会性质组织的组织者、领导者及其他骨干成员要依法从严惩处；对犯罪情节较轻的其他参加人员以及初犯、偶犯、未成年犯，要依法从轻、减轻处罚，以分化、瓦解犯罪分子，减少社会对抗、促进社会和谐，取得法律效果和社会效果的统一。

第三，要充分发挥各自的职能作用，密切配合，相互支持，有效形成打击合力。各级人民法院、人民检察院和公安机关要积极总结和交流工作经验，不断统一执法思想，共同加强长效机制建设。为了及时、有效地打击黑社会性质组织犯罪，公安机关在办案中要紧紧围绕法律规定的黑社会性质组织的"四个特征"，严格按照刑事诉讼法及有关规定全面收集、固定证据，严禁刑讯逼供、滥用强制措施和超期羁押，对重要犯罪嫌疑人的审讯以及重要取证活动要全程录音、录像。人民检察院不仅要把好批捕、起诉关，还要加强对看守所监管活动的检查监督，防止串供、翻供、订立攻守同盟、搞假立功等情况的发生。人民法院要严格审查事实、证据，不断强化程序意识，全面提高审判工作质量和效率。

第四，要严惩"保护伞"，采取多种措施深入推进打黑除恶工作。黑社会性质组织之所以能在一些地方坐大成势，与个别国家工作人员的包庇、纵容有着直接关系。各级人民法院、人民检察院和公安机关要把查处"保护伞"与办理涉黑案件有机地结合起来，与反腐败工作紧密地结合起来，与纪检、监察部门做好衔接配合，加大打击力度，确保实现"除恶务尽"的目标。打击黑社会性质组织犯罪是一项复杂的系统工程，各级人民法院、人民检察院和公安机关在办理好案件的同时，还要通过积极参与社会治安综合治理、加强法制宣传、广泛发动群众等多种手段，从源头上有效防控此类犯罪。

二、会议认为，自1997年刑法增设黑社会性质组织犯罪的规定以来，全国人大常委会、最高人民法院分别做出了《关于〈中华人民共和国刑法〉第二百九十四条第一款的解释》（以下简称《立法解释》）、《关于审理黑社会性质组织犯罪的案件具体应用法律若干问题的解释》（以下简称《司法解释》），对于指导司法实践发挥了重要作用。但由于黑社会性质组织犯罪的构成要件和所涉及的法律关系较为复杂，在办案过程中对法律规定的理解还不尽相同。为了进一步统一司法标准，会议就实践中争议较大的问题进行了深入研讨，并取得了一致意见：

（一）关于黑社会性质组织的认定

黑社会性质组织必须同时具备《立法解释》中规定的"组织特征""经济特征""行为特征"和"危害性特征"。由于实践中许多黑社会性质组织并非这"四个特征"都很明显，因此，在具体认定时，应根据立法本意，认真审查、分析黑社会性质组织"四个特征"相互间的内在联系，准确评价涉案犯罪组织所造成的社会危害，确保不枉不纵。

1.关于组织特征。黑社会性质组织不仅有明确的组织者、领导者，骨干成员基本固定，而且组织结构较为稳定，并有比较明确的层级和职责分工。

当前，一些黑社会性质组织为了增强隐蔽性，往往采取各种手段制造"人员频繁更替、组织结构松散"的假象。因此，在办案时，要特别注意审查组织者、领导者，以及对组织运行、活动起着突出作用的积极参加者等骨干成员是否基本固定、联系是否紧密，不要被其组织形式的表象所左右。

关于组织者、领导者、积极参加者和其他参加者的认定。组织者、领导者，是指黑社会性质组织的发起者、创建者，或者在组织中实际处于领导地位，对整个组织及其运行、活动起着决策、指挥、协调、管理作用的犯罪分子，既包括通过一定形式产生的有明确职务、称谓的组织者、领导者，也包括在黑社会性质组织中被公认的事实上的组织者、领导者；积极参加者，是指接受黑社会性质组织的领导和管理，多次积极参与黑社会性质组织的违法犯罪活动，或者积极参与较严重的黑社会性质组织的犯罪活动且作用突出，以及其他在组织中起重要作用的犯罪分子，如具体主管黑社会性质组织的财务、人员管理等事项的犯罪分子；其他参加者，是指除上述组织成员之外，其他接受黑社会性质组织的领导和管理的犯罪分子。根据《司法解释》第三条第二款的规定，对于参加黑社会性质的组织，没有实施其他违法犯罪活动的，或者受蒙蔽、胁迫参加黑社会性质的组织，情节轻微的，可以不作为犯罪处理。

关于黑社会性质组织成员的主观明知问题。在认定黑社会性质组织的成员时，并不要求其主观上认为自己参加的是黑社会性质组织，只要其知道或者应当知道该组织具有一定规模，且是以实施违法犯罪为主要活动的，即可认定。

对于黑社会性质组织存在时间、成员人数及组织纪律等问题的把握。黑社会性质组织一般在短时间内难以形成，而且成员人数较多，但鉴于普通犯罪集团、"恶势力"团伙向黑社会性质组织发展是一个渐进的过程，没有明显的性质转变的节点，故对黑社会性质组织存在时间、成员人数问题不宜做出"一刀切"的规定。对于那些已存在一定时间，且成员人数较多的犯罪组织，在定性时要根据其是否已具备一定的经济实力，是否已在一定区域或行业内形成非法控制或重大影响等情况综合分析判断。此外在通常情况下，黑社会性质组织为了维护自身的安全和稳定，一般会有一些约定俗成的纪律、规约，有些甚至还有明确的规定。因此，具有一定的组织纪律、活动规约，也是认定黑社会性质组织特征时的重要参考依据。

2.关于经济特征。一定的经济实力是黑社会性质组织坐大成势，称霸一方的基础。由于不同地区的经济发展水平、不同行业的利润空间均存在很大差异，加之黑社会性质组织存在、发展的时间也各有不同，因此，在办案时不能一般性地要求黑社会性质组织所具有的经济实力必须达到特定规模或特定数额。此外，黑社会性质组织的敛财方式也具有多样性。实践中，黑社会性质组织不仅会通过实施赌博、敲诈、贩毒等违法犯罪活动攫取经济利益，而且还往往会通过开办公司、企业等方式"以商养黑""以黑护商"。因此，无论其财产是通过非法手段聚敛，还是通过合法的方式获取，只要将其中部分或全部用于违法犯罪活动或者维系犯罪组织的生存、发展即可。

"用于违法犯罪活动或者维系犯罪组织的生存、发展"，一般是指购买作案工具、提供作案经费，为受伤、死亡的组织成员提供医疗费、丧葬费，为组织成员及其家属提供工资、奖励、福利、生活费用，为组织寻求非法保护以及其他与实施有组织的违法犯罪活动有关的费用支出等。

3.关于行为特征。暴力性、胁迫性和有组织性是黑社会性质组织行为方式的主要特征，但有时也会采取一些"其他手段"。

根据司法实践经验，《立法解释》中规定的"其他手段"主要包括：以暴力、威胁为基础，在利用组织势力和影响已对他人形成心理强制或威慑的情况下，进行所谓的"谈判""协商""调解"；滋扰、哄闹、聚众等其他干扰、破坏正常经济、社会生活秩序的非暴力手段。

"黑社会性质组织实施的违法犯罪活动"主要包括以下情形：由组织者、领导者直接组织、策划、指挥参与实施的违法犯罪活动；由组织成员以组织名义实施，并得到组织者、领导者认可或者默许的违法犯罪活动；多名组织成员为逞强争霸、插手纠纷、报复他人、替人行凶、非法敛财而共同实施，并得到组织者、领导者认可或者默许的违法犯罪活动；组织成员为组织争夺势力范围、排除竞争对手、确立强势地位、谋取经济利益、维护非法权威或者按照组织的纪律、惯例、共同遵守的约定而实施的违法犯罪活动；由黑社会性质组织实施的其他违法犯罪活动。

会议认为，在办案时还应准确理解《立法解释》中关于"多次进行违法犯罪活动"的规定。黑社会性质组织实施犯罪活动过程中，往往伴随着大量的违法活动，对此均应作为黑社会性质组织的违法犯罪事实予以认定。但如果仅实施了违法活动，而没有实施犯罪活动的，则不能认定为黑社会性质组织。此外，"多次进行违法犯罪活动"只是认定黑社会性质组织的必要条件之一，最终能否认定为黑社会性质组织，还要结合危害性特征来加以判断。即使有些案件中的违法犯罪活动已符合"多次"的标准，但根据其性质和严重程度，尚不足以形成非法控制或者重大影响的，也不能认定为黑社会性质组织。

4.关于危害性特征。称霸一方，在一定区域或者行业内，形成非法控制或者重大影响，从而严重破坏经济、社会生活秩序，是黑社会性质组织的本质特征，也是黑社会性质组织区别于一般犯罪集团的关键所在。

对于"一定区域"的理解和把握。区域的大小具有相对性，且黑社会性质组织非法控制和影响的对象并不是区域本身，而是在一定区域中生活的人，以及该区域内的经济、社会生活秩序。因此，不能简单地要求"一定区域"必须达到某一特定的空间范围，而应当根据具体案情，并结合黑社会性质组织对经济、社会生活秩序的危害程度加以综合分析判断。

对于"一定行业"的理解和把握。黑社会性质组织所控制和影响的行业，既包括合法行业，也包括黄、赌、毒等非法行业。这些行业一般涉及生产、流通、交换、消费等一个或多个市场环节。

通过实施违法犯罪活动，或者利用国家工作人员的包庇、纵容，称霸一方，并具有以下情形之一的，可认定为"在一定区域或者行业内，形成非法控制或者重大影响，严重破坏经济、社会生活秩序"：对在一定区域内生活或者在一定行业内从事生产、经营的群众形成心理强制、威慑，致使合法利益受损的群众不敢举报、控告的；对一定行业的生产、经营形成垄断，或者对涉及一定行业的准入、经营、竞争等经济活动形成重要影响的；插手民间纠纷、经济纠纷，在相关区域或者行业内造成严重影响的；干扰、破坏他人正常生产、经营、生活，并在相关区域或者行业内造成严重影响的；干扰、破坏公司、企业、事业单位及社会团体的正常生产、经营、工作秩序，在相关区域、行业内造成严重影响，或者致使其不能正常生产、经营、工作的；多次干扰、破坏国家机关、行业管理部门以及村委会、居委会等基层群众自治组织的工作秩序，或者致使上述单位、组织的职能不能正常行使的；利用组织的势力、影响，使组织成员获取政治地位，或者在党政机关、基层群众自治组织中担任一定职务的；其他形成非法控制或者重大影响，严重破坏经济、社会生活秩序的情形。

（二）关于办理黑社会性质组织犯罪案件的其他问题

1.关于包庇、纵容黑社会性质组织罪主观要件的认定。本罪主观方面要求必须是出于故意，过失不能构成本罪。会议认为，只要行为人知道或者应当知道是从事违法犯罪活动的组织，仍对该组织及其成员予以包庇，或者纵容其实施违法犯罪活动，即可认定本罪。至于行为人是否明知该组织系黑社会性质组织，不影响本罪的成立。

2.关于黑社会性质组织成员的刑事责任。对黑社会性质组织的组织者、领导者，应根据法律规定和本纪要中关于"黑社会性质组织实施的违法犯罪活动"的规定，按照该组织所犯的全部罪行承担刑事责任。组织者、领导者对于具体犯罪所承担的刑事责任，应当根据其在该起犯罪中的具体地位、作用来确定。对黑社会性质组织中的积极参加者和其他参加者，应按照其所参与的犯罪，根据其在具体犯罪中的地位和作用，依照罪责刑相适应的原则，确定应承担的刑事责任。

3.关于涉黑犯罪财物及其收益的认定和处置。在办案时，要依法运用查封、扣押、冻结、追缴、没收等手段，彻底摧毁黑社会性质组织的经济基础，防止其死灰复燃。对于涉黑犯罪财物及其收益以及犯罪工具，均应按照《刑法》第六十四条和《司法解释》第七条的规定予以追缴、没收。黑社会性质组织及其成员通过犯罪活动聚敛的财物及其收益，是指在黑社会性质组织的形成、发展过程中，该组织及组织成员通过违法犯罪活动或其他不正当手段聚敛的全部财物、财产性权益及其孳息、收益。在办案工作中，应认真审查涉案财产的来源、性质，对被告人及其他单位、个人的合法财产应依法予以保护。

4.关于认定黑社会性质组织犯罪的证据要求。办理涉黑案件同样应当坚持案件"事实清楚，证据确实、充分"的法定证明标准。但应当注意的是，"事实清楚"是指能够对定罪量刑产生影响的事实必须清楚，而不是指整个案件的所有事实和情节都要一一查证属实；"证据确实、充分"是指能够据以定罪量刑的证据确实、充分，而不是指案件中所涉全部问题的证据都要达到确实、充分的程度。对此，一定要准确理解和把握，不要纠缠那些不影响定罪量刑的枝节问题。比如，在可以认定某犯罪组织已将所获经济利益部分用于组织活动的情况下，即使此部分款项的具体数额难以全部查实，也不影响定案。

5.关于黑社会性质组织成员的立功问题。积极参加者、其他参加者配合司法机关查办案件，有提供线索、帮助收集证据或者其他协助行为，并对侦破黑社会性质组织犯罪案件起到一定作用的，即使依法不能认定立功，一般也应酌情对其从轻处罚。组织者、领导者检举揭发与该黑社会性质组织及其违法犯罪活动有关联的其他犯罪线索，即使依法构成立功或者重大立功，在量刑时也应从严掌握。

6.关于对"恶势力"团伙的认定和处理。"恶势力"是黑社会性质组织的雏形，有的最终发展成为了黑社会性质组织。因此，及时严惩"恶势力"团伙犯罪，是遏制黑社会性质组织滋生，防止违法犯罪活动造成更大社会危害的有效途径。

会议认为，"恶势力"是指经常纠集在一起，以暴力、威胁或其他手段，在一定区域或者行业内多次实施违法犯罪活动，为非作恶，扰乱经济、社会生活秩序，造成较为恶劣的社会影响，但尚未形成黑社会性质组织的犯罪团伙。"恶势力"一般为三人以上，纠集者、骨干成员相对固定，违法犯罪活动一般表现为敲诈勒索、强迫交易、欺行霸市、聚众斗殴、寻衅滋事、非法拘禁、故意伤害、抢劫、抢夺或者黄、赌、毒等。各级人民法院、人民检察院和公安机关在办案时应根据本纪要的精神，结合组织化程度的高低、经济实力的强弱、有无追求和实现对社会的非法控制等特征，对黑社会性质组织与"恶势力"团伙加以正确区分。同时，还要本着实事求是的态度，正确理解和把握"打早打小"方针。在准确查明"恶势力"团伙具体违法犯罪事实的基础上，构成什么罪，就按什么罪处理，并充分运用刑法总则关于共同犯罪的规定，依法惩处。对符合犯罪集团特征的，要按照犯罪集团处理，以切实加大对"恶势力"团伙依法惩处的力度。

7.关于视听资料的收集、使用。公安机关在侦查时要特别重视对涉黑犯罪视听资料的收集。对于那些能够证明涉案犯罪组织具备黑社会性质组织的"四个特征"及其实施的具体违法犯罪活动的录音、录像资料，要及时提取、固定、移送。通过特殊侦查措施获取的视听资料，在移送审查起诉时，公安机关对证据的来源、提取经过应予说明。

8.庭审时应注意的有关问题。为确保庭审效果，人民法院在开庭审理涉黑案件之前，应认真做好庭审预案。法庭调查时，除必须传唤共同被告人同时到庭质证外，对各被告人应当分别讯问，以防止被告人当庭串供或者不敢如实供述、作证。对于诉讼参与人、旁听人员破坏法庭秩序、干扰法庭审理的，法庭应按照刑事诉讼法及有关司法解释的规定及时作出处理。构成犯罪的，应当依法追究刑事责任。

4.最高人民法院刑三庭《在审理故意杀人、伤害及黑社会性质组织犯罪案件中切实贯彻宽严相济刑事政策》 2010年4月14日

三、黑社会性质组织犯罪案件审判中宽严相济的把握

1.准确认定黑社会性质组织。黑社会性质组织犯罪由于其严重的社会危害性，在打击处理上不能等其坐大后进行，要坚持"严打"的方针，坚持"打早打小"的策略。但黑社

会性质组织的认定，必须严格依照《刑法》和《全国人民代表大会常务委员会关于〈中华人民共和国刑法〉第二百九十四条第一款的解释》的规定，从组织特征、经济特征、行为特征和非法控制特征四个方面进行分析。认定黑社会性质组织犯罪四个特征必须同时具备。当然，实践中许多黑社会性质组织并不是四个特征都很明显，在具体认定时，应根据立法本意，认真审查、分析黑社会性质组织四个特征相互间的内在联系，准确评价涉案犯罪组织所造成的社会危害。既要防止将已具备黑社会性质组织四个特征的案件"降格"处理，也不能因为强调严厉打击将不具备四个特征的犯罪团伙"拔高"认定为黑社会性质组织。在黑社会性质组织犯罪的审判中贯彻宽严相济刑事政策，要始终坚持严格依法办案，坚持法定标准，这是《意见》的基本要求。

2.区别对待黑社会性质组织的不同成员。《意见》第三十条明确了黑社会性质组织中不同成员的处理原则：分别情况，区别对待。对于组织者、领导者应依法从严惩处，其承担责任的犯罪不限于自己组织、策划、指挥和实施的犯罪，而应对组织所犯的全部罪行承担责任。实践中，一些黑社会性质组织的组织者、领导者，只是以其直接实施的犯罪起诉、审判，实际上是轻纵了他们的罪行。要在区分组织犯罪和组织成员犯罪的基础上，合理划定组织者、领导者的责任范围，做到不枉不纵。同时，还要注意责任范围和责任程度的区别，不能简单认为组织者、领导者就是具体犯罪中责任最重的主犯。对于组织成员实施的黑社会性质组织犯罪，组织者、领导者只是事后知晓，甚至根本不知晓，其就只应负有一般的责任，直接实施的成员无疑应负最重的责任。

对于积极参加者，应根据其在具体犯罪中的地位、作用，确定其应承担的刑事责任。确属黑社会性质组织骨干成员的，应依法从严处罚。对犯罪情节较轻的其他参加人员以及初犯、偶犯、未成年犯，则要依法从轻、减轻处罚。对于参加黑社会性质的组织，没有实施其他违法犯罪活动的，或者受蒙蔽、胁迫参加黑社会性质的组织，情节轻微的，则可以不作为犯罪处理。

此外，在处理黑社会性质组织成员间的检举、揭发问题上，既要考虑线索本身的价值，也要考虑检举、揭发者在黑社会性质组织犯罪中的地位、作用，防止出现全案量刑失衡的现象。组织者、领导者检举揭发与该黑社会性质组织及其违法犯罪活动有关联的其他犯罪线索，即使依法构成立功或者重大立功，在考虑是否从轻量刑时也应从严予以掌握。积极参加者、其他参加者配合司法机关查办案件，有提供线索、帮助收集证据或者其他协助行为，并对侦破黑社会性质组织犯罪案件起到一定作用的，即使依法不能认定立功，一般也应酌情对其从轻处罚。

5.最高人民法院《全国部分法院审理黑社会性质组织犯罪案件工作座谈会纪要》法〔2015〕291号

为深入贯彻党的十八大和十八届三中、四中全会以及习近平总书记系列重要讲话精神，认真落实全国继续推进打黑除恶专项斗争电视电话会议和《中央政法委员会关于继续推进打黑除恶专项斗争的意见》的总体部署，进一步加强黑社会性质组织犯罪案件的审判工作，最高人民法院于2015年9月17日在广西壮族自治区北海市组织召开了全国部分法院审理黑社会性质组织犯罪案件工作座谈会。全国20个省、自治区、直辖市高级人民法院和部分中级人民法院、基层人民法院的主管副院长、刑事审判庭负责同志参加了此次会议。

会议传达、学习了中央关于不断深化打黑除恶专项斗争的有关文件、领导讲话和周强院长对会议所作的重要批示，最高人民法院副院长南英同志作了重要讲话。会议就如何加强打黑除恶审判工作进行了经验交流，并对当前审判工作中存在的新情况、新问题进行了全面、系统地归纳整理，对如何进一步明确和统一司法标准进行了深入研讨。会议认为，2009 年印发的《最高人民法院、最高人民检察院、公安部办理黑社会性质组织犯罪案件座谈会纪要》（以下简称：2009 年《座谈会纪要》）对于指导审判实践发挥了重要作用。由于黑社会性质组织犯罪始终处于不断发展变化之中，且刑法、刑事诉讼法的相关规定均有修改，因此，对于一些实践中反映较为突出，但 2009 年《座谈会纪要》未作规定或者有关规定尚需进一步细化和完善的问题，确有必要及时加以研究解决。经过与会代表的认真研究，会议就人民法院审理黑社会性质组织犯罪案件时遇到的部分政策把握及具体应用法律问题形成了共识。同时，与会代表也一致认为，本次会议所取得的成果是对 2009 年《座谈会纪要》的继承与发展，原有内容审判时仍应遵照执行；内容有所补充的，审判时应结合执行。纪要如下：

一、准确把握形势、任务，坚定不移地在法治轨道上深入推进打黑除恶专项斗争

（一）毫不动摇地贯彻依法严惩方针

会议认为，受国内国际多种因素影响，我国黑社会性质组织犯罪活跃、多发的基本态势在短期内不会改变。此类犯罪组织化程度较高，又与各种社会治安问题相互交织，破坏力成倍增加，严重威胁人民群众的生命、财产安全。而且，黑社会性质组织还具有极强的向经济领域、政治领域渗透的能力，严重侵蚀维系社会和谐稳定的根基。各级人民法院必须切实增强政治意识、大局意识、忧患意识和责任意识，进一步提高思想认识，充分发挥审判职能作用，继续深入推进打黑除恶专项斗争，在严格把握黑社会性质组织认定标准的基础上始终保持对于此类犯罪的严惩高压态势。对于黑社会性质组织犯罪分子要依法加大资格刑、财产刑的适用力度，有效运用刑法中关于禁止令的规定，严格把握减刑、假释适用条件，全方位、全过程地体现从严惩处的精神。

（二）认真贯彻落实宽严相济刑事政策

审理黑社会性质组织犯罪案件应当认真贯彻落实宽严相济刑事政策。要依照法律规定，根据具体的犯罪事实、情节以及人身危险性、主观恶性、认罪悔罪态度等因素充分体现刑罚的个别化。同时要防止片面强调从宽或者从严，切实做到区别对待，宽严有据，罚当其罪。对于黑社会性质组织的组织者、领导者、骨干成员及其"保护伞"，要依法从严惩处。根据所犯具体罪行的严重程度，依法应当判处重刑的要坚决判处重刑。确属罪行极其严重，依法应当判处死刑的，也必须坚决判处。对于不属于骨干成员的积极参加者以及一般参加者，确有自首、立功等法定情节的，要依法从轻、减轻或免除处罚；具有初犯、偶犯等酌定情节的，要依法酌情从宽处理。对于一般参加者，虽然参与实施了少量的违法犯罪活动，但系未成年人或是只起次要、辅助作用的，应当依法从宽处理。符合缓刑条件的，可以适用缓刑。

（三）正确把握"打早打小"与"打准打实"的关系

"打早打小"，是指各级政法机关必须依照法律规定对有可能发展成为黑社会性质组织的犯罪集团、"恶势力"团伙及早打击，绝不能允许其坐大成势，而不应被理解为对尚处于低级形态的犯罪组织可以不加区分地一律按照黑社会性质组织处理。"打准打实"，就是要求审判时应当本着实事求是的态度，在准确查明事实的基础上，构成什么罪，就按什么罪判处刑罚。对于不符合黑社会性质组织认定标准的，应当根据案件事实依照《刑法》中的相关条款处理，从而把法律规定落到实处。由于黑社会性质组织的形成、发展一般都会经历一个从小到大、由"恶"到"黑"的渐进过程，因此，"打早打小"不仅是政法机关依法惩治黑恶势力犯罪的一贯方针，而且是将黑社会性质组织及时消灭于雏形或萌芽状

态，防止其社会危害进一步扩大的有效手段。而"打准打实"既是刑事审判维护公平正义的必然要求，也是确保打黑除恶工作实现预期目标的基本前提。只有打得准，才能有效摧毁黑社会性质组织；只有打得实，才能最大限度地体现惩治力度。"打早打小"和"打准打实"是分别从惩治策略、审判原则的角度对打黑除恶工作提出的要求，各级人民法院对于二者关系的理解不能简单化、片面化，要严格坚持依法办案原则，准确认定黑社会性质组织，既不能"降格"，也不能"拔高"，切实防止以"打早打小"替代"打准打实"。

（四）依法加大惩处"保护伞"的力度

个别国家机关工作人员的包庇、纵容，不仅会对黑社会性质组织的滋生、蔓延起到推波助澜的作用，而且会使此类犯罪的社会危害进一步加大。各级人民法院应当充分认识"保护伞"的严重危害，将依法惩处"保护伞"作为深化打黑除恶工作的重点环节和深入开展反腐败斗争的重要内容，正确运用刑法的有关规定，有效加大对于"保护伞"的惩处力度。同时，各级人民法院还应当全面发挥职能作用，对于审判工作中发现的涉及"保护伞"的线索，应当及时转往有关部门查处，确保实现"除恶务尽"的目标。

（五）严格依照法律履行审判职能

《中华人民共和国刑法修正案（八）》的颁布实施以及刑事诉讼法的再次修正，不仅进一步完善了惩处黑恶势力犯罪的相关法律规定，同时也对办理黑社会性质组织犯罪案件提出了更为严格的要求。面对新的形势和任务，各级人民法院应当以审判为中心，进一步增强程序意识和权利保障意识，严格按照法定程序独立行使审判职权，并要坚持罪刑法定、疑罪从无、证据裁判原则，依法排除非法证据，通过充分发挥庭审功能和有效运用证据审查判断规则，切实把好事实、证据与法律适用关，以令人信服的裁判说理来实现审判工作法律效果与社会效果的有机统一。同时，还应当继续加强、完善与公安、检察等机关的配合协作，保证各项长效工作机制运行更为顺畅。

二、关于黑社会性质组织的认定

（一）认定组织特征的问题

黑社会性质组织存续时间的起点，可以根据涉案犯罪组织举行成立仪式或者进行类似活动的时间来认定。没有前述活动的，可以根据足以反映其初步形成核心利益或强势地位的重大事件发生时间进行审查判断。没有明显标志性事件的，也可以根据涉案犯罪组织为维护、扩大组织势力、实力、影响、经济基础或按照组织惯例、纪律、活动规约而首次实施有组织的犯罪活动的时间进行审查判断。存在、发展时间明显过短、犯罪活动尚不突出的，一般不应认定为黑社会性质组织。

黑社会性质组织应当具有一定规模，人数较多，组织成员一般在 10 人以上。其中，既包括已有充分证据证明但尚未归案的组织成员，也包括虽有参加黑社会性质组织的行为但因尚未达到刑事责任年龄或因其他法定情形而未被起诉，或者根据具体情节不作为犯罪处理的组织成员。

黑社会性质组织应有明确的组织者、领导者，骨干成员基本固定，并有比较明确的层级和职责分工，一般有三种类型的组织成员，即：组织者、领导者与积极参加者、一般参加者（也即"其他参加者"）。骨干成员，是指直接听命于组织者、领导者，并多次指挥或积极参与实施有组织的违法犯罪活动或者其他长时间在犯罪组织中起重要作用的犯罪分子，属于积极参加者的一部分。

对于黑社会性质组织的组织纪律、活动规约，应当结合制定、形成相关纪律、规约的目的与意图来进行审查判断。凡是为了增强实施违法犯罪活动的组织性、隐蔽性而制定或者自发形成，并用以明确组织内部人员管理、职责分工、行为规范、利益分配、行动准则等事项的成文或不成文的规定、约定，均可认定为黑社会性质组织的组织纪律、活动规约。

对于参加黑社会性质组织，没有实施其他违法犯罪活动，或者受蒙蔽、威胁参加黑社会性质组织，情节轻微的，可以不作为犯罪处理。对于参加黑社会性质组织后仅参与少量情节轻微的违法活动的，也可以不作为犯罪处理。

以下人员不属于黑社会性质组织的成员：1.主观上没有加入社会性质组织的意愿，受雇到黑社会性质组织开办的公司、企业、社团工作，未参与或者仅参与少量黑社会性质组织的违法犯罪活动的人员；2.因临时被纠集、雇佣或受蒙蔽为黑社会性质组织实施违法犯罪活动或者提供帮助、支持、服务的人员；3.为维护或扩大自身利益而临时雇佣、收买、利用黑社会性质组织实施违法犯罪活动的人员。上述人员构成其他犯罪的，按照具体犯罪处理。

对于被起诉的组织成员主要为未成年人的案件，定性时应当结合"四个特征"审慎把握。

（二）认定经济特征的问题

"一定的经济实力"，是指黑社会性质组织在形成、发展过程中获取的，足以支持该组织运行、发展以及实施违法犯罪活动的经济利益。包括：1.有组织地通过违法犯罪活动或其他不正当手段聚敛的资产；2.有组织地通过合法的生产、经营活动获取的资产；3.组织成员以及其他单位、个人资助黑社会性质组织的资产。通过上述方式获取的经济利益，即使是由部分组织成员个人掌控，也应计入黑社会性质组织的"经济实力"。

各高级人民法院可以根据本地区的实际情况，对黑社会性质组织所应具有的"经济实力"在 20 万—50 万元幅度内，自行划定一般掌握的最低数额标准。

是否将所获经济利益全部或部分用于违法犯罪活动或者维系犯罪组织的生存、发展，是认定经济特征的重要依据。无论获利后的分配与使用形式如何变化，只要在客观上能够起到豢养组织成员、维护组织稳定、壮大组织势力的作用即可认定。

（三）认定行为特征的问题

涉案犯罪组织仅触犯少量具体罪名的，是否应认定为黑社会性质组织要结合组织特征、经济特征和非法控制特征（危害性特征）综合判断，严格把握。

黑社会性质组织实施的违法犯罪活动包括非暴力性的违法犯罪活动，但暴力或以暴力相威胁始终是黑社会性质组织实施违法犯罪活动的基本手段，并随时可能付诸实施。因此，在黑社会性质组织所实施的违法犯罪活动中，一般应有一部分能够较明显地体现出暴力或以暴力相威胁的基本特征。否则，定性时应当特别慎重。

属于 2009 年《座谈会纪要》规定的五种情形之一的，一般应当认定为黑社会性质组织实施的违法犯罪活动，但确与维护和扩大组织势力、实力、影响、经济基础无任何关联，亦不是按照组织惯例、纪律、活动规约而实施，则应作为组织成员个人的违法犯罪活动处理。

组织者、领导者明知组织成员曾多次实施起因、性质类似的违法犯罪活动，但并未明确予以禁止的，如果该类行为对扩大组织影响起到一定作用，可以视为是按照组织惯例实施的违法犯罪活动。

（四）认定非法控制特征（危害性特征）的问题

黑社会性质组织所控制和影响的"一定区域"，应当具备一定空间范围，并承载一定的社会功能。既包括一定数量的自然人共同居住、生活的区域，如乡镇、街道、较大的村庄等，也包括承载一定生产、经营或社会公共服务功能的区域，如矿山、工地、市场、车站、码头等。对此，应当结合一定地域范围内的人口数量、流量、经济规模等因素综合评判。如果涉案犯罪组织的控制和影响仅存在于一座酒店、一处娱乐会所等空间范围有限的场所或者人口数量、流量、经济规模较小的其他区域，则一般不能视为是对"一定区域"的控制和影响。

黑社会性质组织所控制和影响的"一定行业"，是指在一定区域内存在的同类生产、经营活动。黑社会性质组织通过多次有组织地实施违法犯罪活动，对黄、赌、毒等非法行业形成非法控制或重大影响的，同样符合非法控制特征（危害性特征）的要求。

2009年《座谈会纪要》明确了可以认定为"在一定区域或者行业内，形成非法控制或者重大影响，严重破坏经济、社会生活秩序"的八种情形，适用时应当注意以下问题：第1种情形中的"致使合法利益受损的群众不敢举报、控告的"，是指致使多名合法利益遭受犯罪或者严重违法活动侵害的群众不敢通过正当途径维护权益；第2种情形中的"形成垄断"，是指可以操控、左右、决定与一定行业相关的准入、退出、经营、竞争等经济活动。"形成重要影响"，是指对与一定行业相关的准入、退出、经营、竞争等经济活动具有较大的干预和影响能力，或者具有在该行业内占有较大市场份额、通过违法犯罪活动或以其他不正当手段在该行业内敛财数额巨大（最低数额标准由各高院根据本地情况在20万—50万元的幅度内自行划定），给该行业内从事生产、经营活动的其他单位、组织、个人造成直接经济损失100万元以上等情节之一；第3、4、5种情形中的"造成严重影响"，是指具有致人重伤或致多人轻伤、通过违法犯罪活动或以其他不正当手段敛财数额巨大（数额标准同上）、造成直接经济损失100万元以上、多次引发群体性事件或引发大规模群体性事件等情节之一；第6种情形中的"多次干扰、破坏国家机关、行业管理部门以及村委会、居委会等基层群众自治组织的工作秩序"，包括以拉拢、收买、威胁等手段多次得到国家机关工作人员包庇或纵容，或者多次对前述单位、组织中正常履行职务的工作人员进行打击、报复的情形；第7种情形中的"获取政治地位"，是指当选各级人大代表、政协委员。"担任一定职务"，是指在各级党政机关及其职能部门、基层群众自治组织中担任具有组织、领导、监督、管理职权的职务。

根据实践经验，在黑社会性质组织犯罪案件中，2009年《座谈会纪要》规定的八种情形一般不会单独存在，往往是两种以上的情形同时并存、相互交织，从而严重破坏经济、社会生活秩序。审判时，应当充分认识这一特点，准确认定该特征。

"四个特征"中其他构成要素均已具备，仅在成员人数、经济实力规模方面未达到本纪要提出的一般性要求，但已较为接近，且在非法控制特征（危害性特征）方面同时具有2009年《座谈会纪要》相关规定中的多种情形，其中至少有一种情形已明显超出认定标准的，也可以认定为黑社会性质组织。

三、关于刑事责任和刑罚适用

（一）已退出或者新接任的组织者、领导者的刑事责任问题

对于在黑社会性质组织形成、发展过程中已经退出的组织者、领导者，或者在加入黑社会性质组织之后逐步发展成为组织者、领导者的犯罪分子，应对其本人参与及其实际担任组织者、领导者期间该组织所犯的全部罪行承担刑事责任。

（二）量刑情节的运用问题

黑社会性质组织的成员虽不具有自首情节，但到案后能够如实供述自己罪行，并具有以下情形之一的，一般应当适用《刑法》第六十七条第三款的规定予以从轻处罚：1.如实交代大部分尚未被掌握的同种犯罪事实；2.如实交代尚未被掌握的较重的同种犯罪事实；3.如实交代犯罪事实，并对收集定案证据、查明案件事实有重要作用的。

积极参加者、一般参加者配合司法机关查办案件，有提供线索、帮助收集证据或者其他协助行为，并在侦破黑社会性质组织犯罪案件、认定黑社会性质组织及其主要成员、追缴黑社会性质组织违法所得、查处"保护伞"等方面起到较大作用的，即使依法不能认定立功，一般也应酌情对其从轻处罚。

组织者、领导者、骨干成员以及"保护伞"协助抓获同案中其他重要的组织成员，或者骨干成员能够检举揭发其他犯罪案件中罪行同样严重的犯罪分子，原则上依法应予从轻或者减轻处罚。组织者、领导者检举揭发与该社会性质组织及其违法犯罪活动有关联的其他犯罪线索，如果在是否认定立功的问题上存在事实、证据或法律适用方面的争议，应当严格把握。依法应认定为立功或者重大立功的，在决定是否从宽处罚、如何从宽处罚时，应当根据罪责刑相一致原则从严掌握。可能导致全案量刑明显失衡的，不予从宽处罚。

审理黑社会性质组织犯罪案件，应当通过判处和执行民事赔偿以及积极开展司法救助来最大限度地弥补被害人及其亲属的损失。被害人及其亲属确有特殊困难，需要接受被认定为黑社会性质组织成员的被告人赔偿并因此表示谅解的，量刑时应当特别慎重。不仅应当查明谅解是否确属真实意思表示以及赔偿款项与黑社会性质组织违法所得有无关联，而且在决定是否从宽处罚、如何从宽处罚时，也应当从严掌握。可能导致全案量刑明显失衡的，不予从宽处罚。

（三）附加剥夺政治权利的适用问题

对于黑社会性质组织的组织者、领导者，可以适用《刑法》第五十六条第一款的规定附加剥夺政治权利。对于因犯参加黑社会性质组织罪被判处5年以上有期徒刑的积极参加者，也可以适用该规定附加剥夺政治权利。

（四）财产刑的适用问题

对于黑社会性质组织的组织者、领导者，依法应当并处没收财产。黑社会性质组织敛财数额特别巨大，但因犯罪分子转移、隐匿、毁灭证据或者拒不交代涉案财产来源、性质，导致违法所得以及其他应当追缴的财产难以准确查清和追缴的，对于组织者、领导者以及为该组织转移、隐匿资产的积极参加者可以并处没收个人全部财产。

对于确属骨干成员的积极参加者一般应当并处罚金或者没收财产。对于其他积极参加者和一般参加者，应当根据所参与实施违法犯罪活动的次数、性质、地位、作用、违法所得数额以及造成损失的数额等情节，依法决定财产刑的适用。

四、关于审判程序和证据审查

（一）分案审理问题

为便宜诉讼，提高审判效率，防止因法庭审理过于拖延而损害当事人的合法权益，对于被告人人数众多，合并审理难以保证庭审质量和庭审效率的黑社会性质组织犯罪案件，可分案进行审理。分案应当遵循有利于案件顺利审判、有利于查明案件事实、有利于公正定罪量刑的基本原则，确保有效质证、事实统一、准确定罪、均衡量刑。对于被作为组织者、领导者、积极参加者起诉的被告人，以及黑社会性质组织重大犯罪的共同作案人，分案审理影响庭审调查的，一般不宜分案审理。

（二）证明标准和证据运用问题

办理黑社会性质组织犯罪案件应当坚持"事实清楚，证据确实、充分"的法定证明标准。黑社会性质组织犯罪案件侦查取证难度大，"四个特征"往往难以通过实物证据来加以证明。审判时，应当严格依照刑事诉讼法及有关司法解释的规定对相关证据进行审查与认定。在确保被告人供述、证人证言、被害人陈述等言词证据取证合法、内容真实，且综合全案证据，已排除合理怀疑的情况下，同样可以认定案件事实。

（三）法庭举证、质证问题

审理黑社会性质组织犯罪案件时，合议庭应当按照刑事诉讼法及有关司法解释的规定有效引导控辩双方举证、质证。不得因为案件事实复杂、证据繁多，而不当限制控辩双方就证据问题进行交叉询问、相互辩论的权利。庭审时，应当根据案件事实繁简、被告人认罪态度等采取适当的举证、质证方式，突出重点；对黑社会性质组织的"四个特征"应单独举证、质证。为减少重复举证、质证，提高审判效率，庭审中可以先就认定具体违法犯罪事实的证据进行举证、质证。对认定黑社会性质组织行为特征的证据进行举证、质证时，之前已经宣读、出示过的证据，可以在归纳、概括之后简要征询控辩双方意见。对于认定组织特征、经济特征、非法控制特征（危害性特征）的证据，举证、质证时一般不宜采取前述方式。

（四）对出庭证人、鉴定人、被害人的保护问题

人民法院受理黑社会性质组织犯罪案件后，应当及时了解在侦查、审查起诉阶段有无对证人、鉴定人、被害人采取保护措施的情况，确保相关保护措施在审判阶段能够紧密衔接。开庭审理时，证人、鉴定人、被害人因出庭作证，本人或其近亲属的人身安全面临危险的，应当采取不暴露外貌、真实声音等出庭作证措施。必要时，可以进行物理隔离，以音频、视频传送的方式作证，并对声音、图像进行技术处理。有必要禁止特定人员接触证人、鉴定人、被害人及其近亲属的，以及需要对证人、鉴定人、被害人及其近亲属的人身和住宅采取专门性保护措施的，应当及时与检察机关、公安机关协调，确保保护措施及时执行到位。依法决定不公开证人、鉴定人、被害人真实姓名、住址和工作单位等个人信息的，应当在开庭前核实其身份。证人、鉴定人签署的如实作证保证书应当列入审判副卷，不得对外公开。

五、关于黑社会性质组织犯罪案件审判工作相关问题

（一）涉案财产的处置问题

审理黑社会性质组织犯罪案件时，对于依法查封、冻结、扣押的涉案财产，应当全面审查证明财产来源、性质、用途、权属及价值大小的有关证据，调查财产的权属情况以及是否属于违法所得或者依法应当追缴的其他财物。属于下列情形的，依法应当予以追缴、没收：1.黑社会性质组织形成、发展过程中，该组织及其组织成员通过违法犯罪活动或其他不正当手段聚敛的财产及其孳息、收益，以及合法获取的财产中实际用于支持该组织存在、发展和实施违法犯罪活动的部分；2.其他单位、个人为支持黑社会性质组织存在、发展以及实施违法犯罪活动而资助或提供的财产；3.组织成员通过个人实施的违法犯罪活动所聚敛的财产及其孳息、收益，以及供个人犯罪所用的本人财物；4.黑社会性质组织及其组织成员个人非法持有的违禁品；5.依法应当追缴的其他涉案财物。

（二）发挥庭审功能问题

黑社会性质组织犯罪案件开庭前，应当按照重大案件的审判要求做好从物质保障到人员配备等各方面的庭审准备，并制定详细的庭审预案和庭审提纲。同时，还要充分发挥庭前会议了解情况、听取意见的应有作用，提前了解控辩双方的主要意见，及时解决可能影响庭审顺利进行的程序性问题。对于庭前会议中出示的证据材料，控辩双方无异议的，庭审举证、质证时可以简化。庭审过程中，合议庭应当针对争议焦点和关键的事实、证据问题，有效引导控辩双方进行法庭调查与法庭辩论。庭审时，还应当全程录音录像，相关音视频资料应当存卷备查。

6.最高人民法院、最高人民检察院、公安部、司法部《关于办理黑恶势力犯罪案件若干问题的指导意见》法发〔2018〕1号

（注：最高人民法院、最高人民检察院、公安部、司法部《关于适用〈中华人民共和国刑法修正案(十一)〉有关问题的通知》法发〔2021〕16号规定：《刑法修正案(十一)》生效后，与《刑法修正案(十一)》不一致的内容，不再适用；与《刑法修正案(十一)》不相冲突的内容，在新的司法解释颁行前，继续有效）（具体见第一百一十五条）

为贯彻落实《中共中央、国务院关于开展扫黑除恶专项斗争的通知》精神，统一执法思想，提高执法效能，依法、准确、有力惩处黑恶势力犯罪，严厉打击"村霸"、宗族恶势力、"保护伞"以及"软暴力"等犯罪，根据《刑法》《刑事诉讼法》及有关司法解释等规定，针对实践中遇到的新情况、新问题，现就办理黑恶势力犯罪案件若干问题制定如下指导意见：

一、总体要求

1.各级人民法院、人民检察院、公安机关和司法行政机关应充分发挥职能作用，密切配合，相互支持，相互制约，形成打击合力，加强预防惩治黑恶势力犯罪长效机制建设。正确运用法律规定加大对黑恶势力违法犯罪以及"保护伞"惩处力度，在侦查、起诉、审判、执行各阶段体现依法从严惩处精神，严格掌握取保候审，严格掌握不起诉，严格掌握缓刑、减刑、假释，严格掌握保外就医适用条件，充分运用《刑法》总则关于共同犯罪和犯罪集团的规定加大惩处力度，充分利用资格刑、财产刑降低再犯可能性。对黑恶势力犯罪，注意串并研判、深挖彻查，防止就案办案，依法加快办理。坚持依法办案、坚持法定标准、坚持以审判为中心，加强法律监督，强化程序意识和证据意识，正确把握"打早打小"与"打准打实"的关系，贯彻落实宽严相济刑事政策，切实做到宽严有据，罚当其罪，实现政治效果、法律效果和社会效果的统一。

2.各级人民法院、人民检察院、公安机关和司法行政机关应聚焦黑恶势力犯罪突出的重点地区、重点行业和重点领域，重点打击威胁政治安全特别是政权安全、制度安全以及向政治领域渗透的黑恶势力；把持基层政权、操纵破坏基层换届选举、垄断农村资源、侵吞集体资产的黑恶势力；利用家族、宗族势力横行乡里、称霸一方、欺压残害百姓的"村霸"等黑恶势力；在征地、租地、拆迁、工程项目建设等过程中煽动闹事的黑恶势力；在建筑工程、交通运输、矿产资源、渔业捕捞等行业、领域，强揽工程、恶意竞标、非法占地、滥开滥采的黑恶势力；在商贸集市、批发市场、车站码头、旅游景区等场所欺行霸市、强买强卖、收保护费的市霸、行霸等黑恶势力；操纵、经营"黄赌毒"等违法犯罪活动的黑恶势力；非法高利放贷、暴力讨债的黑恶势力；插手民间纠纷，充当"地下执法队"的黑恶势力；组织或雇佣网络"水军"在网上威胁、恐吓、侮辱、诽谤、滋扰的黑恶势力；境外黑社会入境发展渗透以及跨国跨境的黑恶势力。同时，坚决深挖黑恶势力"保护伞"。

二、依法认定和惩处黑社会性质组织犯罪

3.黑社会性质组织应同时具备《刑法》第294条第五款中规定的"组织特征""经济特征""行为特征"和"危害性特征"。由于实践中许多黑社会性质组织并非这"四个特征"都很明显，在具体认定时，应根据立法本意，认真审查、分析黑社会性质组织"四个特征"相互间的内在联系，准确评价涉案犯罪组织所造成的社会危害，做到不枉不纵。

4.发起、创建黑社会性质组织，或者对黑社会性质组织进行合并、分立、重组的行为，应当认定为"组织黑社会性质组织"；实际对整个组织的发展、运行、活动进行决策、指挥、协调、管理的行为，应当认定为"领导黑社会性质组织"。黑社会性质组织的组织者、

领导者，既包括通过一定形式产生的有明确职务、称谓的组织者、领导者，也包括在黑社会性质组织中被公认的事实上的组织者、领导者。

5.知道或者应当知道是以实施违法犯罪为基本活动内容的组织，仍加入并接受其领导和管理的行为，应当认定为"参加黑社会性质组织"。没有加入黑社会性质组织的意愿，受雇到黑社会性质组织开办的公司、企业、社团工作，未参与黑社会性质组织违法犯罪活动的，不应认定为"参加黑社会性质组织"。

参加黑社会性质组织并具有以下情形之一的，一般应当认定为"积极参加黑社会性质组织"：多次积极参与黑社会性质组织的违法犯罪活动，或者积极参与较严重的黑社会性质组织的犯罪活动且作用突出，以及其他在组织中起重要作用的情形，如具体主管黑社会性质组织的财务、人员管理等事项。

6.组织形成后，在一定时期内持续存在，应当认定为"形成较稳定的犯罪组织"。

黑社会性质组织一般在短时间内难以形成，而且成员人数较多，但鉴于"恶势力"团伙和犯罪集团向黑社会性质组织发展是一个渐进的过程，没有明显的性质转变的节点，故对黑社会性质组织存在时间、成员人数问题不宜作出"一刀切"的规定。

黑社会性质组织未举行成立仪式或者进行类似活动的，成立时间可以按照足以反映其初步形成非法影响的标志性事件的发生时间认定。没有标志性事件的，可以按照本意见中黑社会性质组织违法犯罪活动认定范围的规定，将组织者、领导者与其他组织成员首次共同实施该组织犯罪活动的时间认定为该组织的形成时间。该组织者、领导者因未到案或因死亡等法定情形未被起诉的，不影响认定。

黑社会性质组织成员既包括已有充分证据证明但尚未到案的组织成员，也包括虽有参加黑社会性质组织但因尚未达到刑事责任年龄或因其他法定情形而未被起诉，或者根据具体情节不作为犯罪处理的组织成员。

7.在组织的形成、发展过程中通过以下方式获取经济利益的，应当认定为"有组织地通过违法犯罪活动或者其他手段获取经济利益"：

（1）有组织地通过违法犯罪活动或其他不正当手段聚敛；

（2）有组织地以投资、控股、参股、合伙等方式通过合法的生产、经营活动获取；

（3）由组织成员提供或通过其他单位、组织、个人资助取得。

8.通过上述方式获得一定数量的经济利益，应当认定为"具有一定的经济实力"，同时也包括调动一定规模的经济资源用以支持该组织活动的能力。通过上述方式获取的经济利益，即使是由部分组织成员个人掌控，也应计入黑社会性质组织的"经济实力"。组织成员主动将个人或者家庭资产中的一部分用以支持该组织活动，其个人或者家庭资产可全部计入"一定的经济实力"，但数额明显较小或仅提供动产、不动产使用权的除外。

由于不同地区的经济发展水平、不同行业的利润空间均存在很大差异，加之黑社会性质组织存在、发展的时间也各有不同，在办案时不能一般性地要求黑社会性质组织所具有的经济实力必须达到特定规模或特定数额。

9.黑社会性质组织实施的违法犯罪活动包括非暴力性的违法犯罪活动，但暴力或以暴力相威胁始终是黑社会性质组织实施违法犯罪活动的基本手段，并随时可能付诸实施。暴力、威胁色彩虽不明显，但实际是以组织的势力、影响和犯罪能力为依托，以暴力、威胁的现实可能性为基础，足以使他人产生恐惧、恐慌进而形成心理强制或者足以影响、限制人身自由、危及人身财产安全或者影响正常生产、工作、生活的手段，属于《刑法》第294条第五款第（三）项中的"其他手段"，包括但不限于所谓的"谈判""协商""调解"以及滋扰、纠缠、哄闹、聚众造势等手段。

10.为确立、维护、扩大组织的势力、影响、利益或者按照纪律规约、组织惯例多次实施违法犯罪活动，侵犯不特定多人的人身权利、民主权利、财产权利，破坏经济秩序、社会秩序，应当认定为"有组织地多次进行违法犯罪活动，为非作恶，欺压、残害群众"。

符合以下情形之一的，应当认定为是黑社会性质组织实施的违法犯罪活动：

（1）为该组织争夺势力范围、打击竞争对手、形成强势地位、谋取经济利益、树立非法权威、扩大非法影响、寻求非法保护、增强犯罪能力等实施的；

（2）按照该组织的纪律规约、组织惯例实施的；

（3）组织者、领导者直接组织、策划、指挥、参与实施的；

（4）由组织成员以组织名义实施，并得到组织者、领导者认可或者默许的；

（5）多名组织成员为逞强争霸、插手纠纷、报复他人、替人行凶、非法敛财而共同实施，并得到组织者、领导者认可或者默许的；

（6）其他应当认定为黑社会性质组织实施的。

11.鉴于黑社会性质组织非法控制和影响的"一定区域"的大小具有相对性，不能简单地要求"一定区域"必须达到某一特定的空间范围，而应当根据具体案情，并结合黑社会性质组织对经济、社会生活秩序的危害程度加以综合分析判断。

通过实施违法犯罪活动，或者利用国家工作人员的包庇或者不依法履行职责，放纵黑社会性质组织进行违法犯罪活动的行为，称霸一方，并具有以下情形之一的，可认定为"在一定区域或者行业内，形成非法控制或者重大影响，严重破坏经济、社会生活秩序"：

（1）致使在一定区域内生活或者在一定行业内从事生产、经营的多名群众，合法权利遭受犯罪或严重违法活动侵害后，不敢通过正当途径举报、控告的；

（2）对一定行业的生产、经营形成垄断，或者对涉及一定行业的准入、经营、竞争等经济活动形成重要影响的；

（3）插手民间纠纷、经济纠纷，在相关区域或者行业内造成严重影响的；

（4）干扰、破坏他人正常生产、经营、生活，并在相关区域或者行业内造成严重影响的；

（5）干扰、破坏公司、企业、事业单位以及社会团体的正常生产、经营、工作秩序，在相关区域、行业内造成严重影响，或者致使其不能正常生产、经营、工作的；

（6）多次干扰、破坏党和国家机关、行业管理部门以及村委会、居委会等基层群众自治组织的工作秩序，或者致使上述单位、组织的职能不能正常行使的；

（7）利用组织的势力、影响，帮助组织成员或他人获取政治地位，或者在党政机关、基层群众自治组织中担任一定职务的；

（8）其他形成非法控制或者重大影响，严重破坏经济、社会生活秩序的情形。

12.对于组织者、领导者和因犯参加黑社会性质组织罪被判处5年以上有期徒刑的积极参加者，可以根据《刑法》第56条第一款的规定适用附加剥夺政治权利。对于符合《刑法》第37条之一规定的组织成员，应当依法禁止其从事相关职业。符合《刑法》第66条规定的组织成员，应当认定为累犯，依法从重处罚。

对于因有组织的暴力性犯罪被判处死刑缓期执行的黑社会性质组织犯罪分子，可以根据《刑法》第50条第二款的规定同时决定对其限制减刑。对于因有组织的暴力性犯罪被判处10年以上有期徒刑、无期徒刑的黑社会性质组织犯罪分子，应当根据《刑法》第81条第二款规定，不得假释。

13.对于组织者、领导者一般应当并处没收个人全部财产。对于确属骨干成员或者为该组织转移、隐匿资产的积极参加者，可以并处没收个人全部财产。对于其他组织成员，应当根据所参与实施违法犯罪活动的次数、性质、地位、作用、违法所得数额以及造成损失的数额等情节，依法决定财产刑的适用。

三、依法惩处恶势力犯罪

14.具有下列情形的组织，应当认定为"恶势力"：经常纠集在一起，以暴力、威胁或者其他手段，在一定区域或者行业内多次实施违法犯罪活动，为非作恶，欺压百姓，扰乱经济、社会生活秩序，造成较为恶劣的社会影响，但尚未形成黑社会性质组织的违法犯罪组织。恶势力一般为3人以上，纠集者相对固定，违法犯罪活动主要为强迫交易、故意伤害、非法拘禁、敲诈勒索、故意毁坏财物、聚众斗殴、寻衅滋事等，同时还可能伴随实施开设赌场、组织卖淫、强迫卖淫、贩卖毒品、运输毒品、制造毒品、抢劫、抢夺、聚众扰乱社会秩序、聚众扰乱公共场所秩序、交通秩序以及聚众"打砸抢"等。

在相关法律文书中的犯罪事实认定部分，可使用"恶势力"等表述加以描述。

15.恶势力犯罪集团是符合犯罪集团法定条件的恶势力犯罪组织，其特征表现为：有3名以上的组织成员，有明显的首要分子，重要成员较为固定，组织成员经常纠集在一起，共同故意实施3次以上恶势力惯常实施的犯罪活动或者其他犯罪活动。

16.公安机关、人民检察院、人民法院在办理恶势力犯罪案件时，应当依照上述规定，区别于普通刑事案件，充分运用《刑法》总则关于共同犯罪和犯罪集团的规定，依法从严惩处。

四、依法惩处利用"软暴力"实施的犯罪

17.黑恶势力为谋取不法利益或形成非法影响，有组织地采用滋扰、纠缠、哄闹、聚众造势等手段侵犯人身权利、财产权利，破坏经济秩序、社会秩序，构成犯罪的，应当分别依照《刑法》相关规定处理：

（1）有组织地采用滋扰、纠缠、哄闹、聚众造势等手段扰乱正常的工作、生活秩序，使他人产生心理恐惧或者形成心理强制，分别属于《刑法》第293条第一款第（二）项规定的"恐吓"、《刑法》第226条规定的"威胁"，同时符合其他犯罪构成条件的，应分别以寻衅滋事罪、强迫交易罪定罪处罚。

《关于办理寻衅滋事刑事案件适用法律若干问题的解释》第2条至第4条中的"多次"一般应当理解为2年内实施寻衅滋事行为3次以上。2年内多次实施不同种类寻衅滋事行为的，应当追究刑事责任。

（2）以非法占有为目的强行索取公私财物，有组织地采用滋扰、纠缠、哄闹、聚众造势等手段扰乱正常的工作、生活秩序，同时符合《刑法》第274条规定的其他犯罪构成条件的，应当以敲诈勒索罪定罪处罚。同时由多人实施或者以统一着装、显露纹身、特殊标识以及其他明示或者暗示方式，足以使对方感知相关行为的有组织性的，应当认定为《关于办理敲诈勒索刑事案件适用法律若干问题的解释》第2条第（五）项规定的"以黑恶势力名义敲诈勒索"。

采用上述手段，同时又构成其他犯罪的，应当依法按照处罚较重的规定定罪处罚。

雇佣、指使他人有组织地采用上述手段强迫交易、敲诈勒索，构成强迫交易罪、敲诈勒索罪的，对雇佣者、指使者，一般应当以共同犯罪中的主犯论处。为强索不受法律保护的债务或者因其他非法目的，雇佣、指使他人有组织地采用上述手段寻衅滋事，构成寻衅滋事罪的，对雇佣者、指使者，一般应当以共同犯罪中的主犯论处；为追讨合法债务或者因婚恋、家庭、邻里纠纷等民间矛盾而雇佣、指使，没有造成严重后果的，一般不作为犯罪处理，但经有关部门批评制止或者处理处罚后仍继续实施的除外。

18.黑恶势力有组织地多次短时间非法拘禁他人的，应当认定为《刑法》第238条规定的"以其他方法非法剥夺他人人身自由"。非法拘禁他人3次以上、每次持续时间在4小时以上，或者非法拘禁他人累计时间在12小时以上的，应以非法拘禁罪定罪处罚。

五、依法打击非法放贷讨债的犯罪活动

19.在民间借贷活动中，如有擅自设立金融机构、非法吸收公众存款、骗取贷款、套取金融机构资金发放高利贷以及为强索债务而实施故意杀人、故意伤害、非法拘禁、故意毁坏财物等行为的，应当按照具体犯罪侦查、起诉、审判。依法符合数罪并罚条件的，应当并罚。

20.对于以非法占有为目的，假借民间借贷之名，通过"虚增债务""签订虚假借款协议""制造资金走账流水""肆意认定违约""转单平账""虚假诉讼"等手段非法占有他人财产，或者使用暴力、威胁手段强立债权、强行索债的，应当根据案件具体事实，以诈骗、强迫交易、敲诈勒索、抢劫、虚假诉讼等罪名侦查、起诉、审判。对于非法占有的被害人实际所得借款以外的虚高"债务"和以"保证金""中介费""服务费"等各种名目扣除或收取的额外费用，均应计入违法所得。对于名义上为被害人所得、但在案证据能够证明实际上却为犯罪嫌疑人、被告人实施后续犯罪所使用的"借款"，应予以没收。

21.对采用讨债公司、"地下执法队"等各种形式有组织地进行上述活动，符合黑社会性质组织、犯罪集团认定标准的，应当按照组织、领导、参加黑社会性质组织罪或者犯罪集团侦查、起诉、审判。

六、依法严惩"保护伞"

22.《刑法》第294条第三款中规定的"包庇"行为，不要求相关国家机关工作人员利用职务便利。利用职务便利包庇黑社会性质组织的，酌情从重处罚。包庇、纵容黑社会性质组织，事先有通谋的，以具体犯罪的共犯论处。

23.公安机关、人民检察院、人民法院对办理黑恶势力犯罪案件中发现的涉嫌包庇、纵容黑社会性质组织犯罪、收受贿赂、渎职侵权等违法违纪线索，应当及时移送有关主管部门和其他相关部门，坚决依法严惩充当黑恶势力"保护伞"的职务犯罪。

24.依法严惩农村"两委"等人员在涉农惠农补贴申领与发放、农村基础设施建设、征地拆迁补偿、救灾扶贫优抚、生态环境保护等过程中，利用职权恃强凌弱、吃拿卡要、侵吞挪用国家专项资金的犯罪，以及放纵、包庇"村霸"和宗族恶势力，致使其坐大成患，或者收受贿赂、徇私舞弊，为"村霸"和宗族恶势力充当"保护伞"的犯罪。

25.公安机关在侦办黑恶势力犯罪案件中，应当注意及时深挖其背后的腐败问题，对于涉嫌特别重大贿赂犯罪案件的犯罪嫌疑人，及时会同有关机关，执行《刑事诉讼法》第37条的相关规定，辩护律师在侦查期间会见在押犯罪嫌疑人的，应当经相关侦查机关许可。

七、依法处置涉案财产

26.公安机关、人民检察院、人民法院根据黑社会性质组织犯罪案件的诉讼需要，应当依法查询、查封、扣押、冻结全部涉案财产。公安机关侦查期间，要会同工商、税务、国土、住建、审计、人民银行等部门全面调查涉黑组织及其成员的财产状况。

对于不宜查封、扣押、冻结的经营性资产，可以申请当地政府指定有关部门或者委托有关机构代管或者托管。

对黑社会性质组织及其成员聚敛的财产及其孳息、收益的数额，办案单位可以委托专门机构评估；确实无法准确计算的，可以根据有关法律规定及查明的事实、证据合理估算。

27.对于依法查封、冻结、扣押的黑社会性质组织涉案财产，应当全面收集、审查证明其来源、性质、用途、权属及价值大小的有关证据。符合下列情形之一的，应当依法追缴、没收：

（1）组织及其成员通过违法犯罪活动或其他不正当手段聚敛的财产及其孳息、收益；

（2）组织成员通过个人实施违法犯罪活动聚敛的财产及其孳息、收益；

（3）其他单位、组织、个人为支持该组织活动资助或主动提供的财产；

（4）通过合法的生产、经营活动获取的财产或者组织成员个人、家庭合法资产中，实际用于支持该组织活动的部分；

（5）组织成员非法持有的违禁品以及供犯罪所用的本人财物；

（6）其他单位、组织、个人利用黑社会性质组织及其成员的违法犯罪活动获取的财产及其孳息、收益；

（7）其他应当追缴、没收的财产。

28.违法所得已用于清偿债务或者转让给他人，其有下列情形之一的，应当依法追缴：

（1）对方明知是通过违法犯罪活动或者其他不正当手段聚敛的财产及其孳息、收益的；

（2）对方无偿或者以明显低于市场价格取得的；

（3）对方是因非法债务或者违法犯罪活动而取得的；

（4）通过其他方式恶意取得的。

29.依法应当追缴、没收的财产无法找到、被他人善意取得、价值灭失或者与其他合法财产混合且不可分割的，可以追缴、没收其他等值财产。

30.黑社会性质组织犯罪嫌疑人、被告人逃匿，在通缉1年后不能到案，或者犯罪嫌疑人、被告人死亡的，应当依照法定程序没收其违法所得。

31.对于依法查封、扣押、冻结的涉案财产，有证据证明确属被害人合法财产，或者确与黑社会性质组织及其违法犯罪活动无关的，应当予以返还。

八、其他

32.司法行政机关应当加强对律师办理黑社会性质组织犯罪案件辩护代理工作的指导监督，指导律师事务所建立健全律师办理黑社会性质组织犯罪案件的请示报告、集体研究和检查督导制度。办案机关应当依法保障律师各项诉讼权利，为律师履行辩护代理职责提供便利，防止因妨碍辩护律师依法履行职责，对案件办理带来影响。

对黑恶势力犯罪案件开庭审理时，人民法院应当通知对辩护律师所属事务所具有监督管理权限的司法行政机关派员旁听。

对于律师违反会见规定的；以串联组团、联署签名、发表公开信，组织网上聚集、声援等方式或者借个案研讨之名，制造舆论压力，攻击、诋毁司法机关和司法制度，干扰诉讼活动正常进行的；煽动、教唆和组织当事人或者其他人员到司法机关或其他国家机关静坐、举牌、打横幅、喊口号等，扰乱公共秩序、危害公共安全的；违反规定披露、散布不公开审理案件的信息、材料，或者本人、其他律师在办案过程中获悉的有关案件重要信息、证据材料的，司法行政机关应当依照有关规定予以处罚，构成犯罪的，依法追究刑事责任。对于律师辩护、代理活动中的违法违规行为，相关办案机关要注意收集固定证据，提出司法建议。

33.监狱应当从严管理组织、领导、参加黑社会性质组织的罪犯，严格罪犯会见、减刑、假释、暂予监外执行等执法活动。对于判处10年以上有期徒刑、无期徒刑，判处死刑缓期2年执行减为有期徒刑、无期徒刑的黑社会性质组织的组织者、领导者，实行跨省、自治区、直辖市异地关押。积极开展黑恶势力犯罪线索排查，教育引导服刑人员检举揭发。社区矫正机构对拟适用社区矫正的黑恶势力犯罪案件的犯罪嫌疑人、被告人，应当认真开展调查评估，为准确适用非监禁刑提供参考。社区矫正机构对组织、领导、参加黑社会性质组织的社区服刑人员要严格监管教育。公安机关、人民检察院、人民法院、司法行政机关要加强协调联动，完善应急处置工作机制，妥善处理社区服刑人员脱管漏管和重新违法犯罪等情形。

34.办理黑恶势力犯罪案件，要依法建立完善重大疑难案件会商、案件通报等工作机制，进一步加强政法机关之间的配合，形成打击合力；对群众关注度高、社会影响力大的黑恶势力犯罪案件，依法采取挂牌督办、上提一级、异地管辖、指定管辖以及现场联合督导等措施，确保案件质量。根据办理黑恶势力犯罪案件的实际情况，及时汇总问题，归纳经验，适时出台有关证据标准，切实保障有力打击。

35.公安机关、人民检察院、人民法院办理黑社会性质组织犯罪案件，应当按照《刑事诉讼法》《关于办理黑社会性质组织犯罪案件若干问题的规定》《公安机关办理刑事案件证人保护工作规定》的有关规定，对证人、报案人、控告人、举报人、鉴定人、被害人采取保护措施。

犯罪嫌疑人、被告人，积极配合侦查、起诉、审判工作，在查明黑社会性质组织的组织结构和组织者、领导者的地位作用，组织实施的重大犯罪事实，追缴、没收赃款赃物，打击"保护伞"等方面提供重要线索和证据，经查证属实的，可以根据案件具体情况，依法从轻、减轻或者免除处罚，并对其参照证人保护的有关规定采取保护措施。前述规定，对于确属组织者、领导者的犯罪嫌疑人、被告人应当严格掌握。

对于确有重大立功或者对于认定重大犯罪事实或追缴、没收涉黑财产具有重要作用的组织成员，确有必要通过分案审理予以保护的，公安机关可以与人民检察院、人民法院在充分沟通的基础上作出另案处理的决定。

对于办理黑社会性质组织犯罪案件的政法干警及其近亲属，需要采取保护措施的，可以参照《刑事诉讼法》等关于证人保护的有关规定，采取禁止特定的人员接触、对人身和住宅予以专门性保护等必要的措施，以确保办理案件的司法工作人员及其近亲属的人身安全。

36.本意见颁布实施后，最高人民法院、最高人民检察院、公安部、司法部联合发布或者单独制定的其他相关规范性文件，内容如与本意见中有关规定不一致的，应当按照本意见执行。

7.最高人民法院、最高人民检察院、公安部、司法部《关于办理黑社会性质组织犯罪案件若干问题的规定》公通字〔2012〕45号（2012年9月11日）

一、管辖

第一条 公安机关侦查黑社会性质组织犯罪案件时，对黑社会性质组织及其成员在多个地方实施的犯罪，以及其他与黑社会性质组织犯罪有关的犯罪，可以依照法律和有关规定一并立案侦查。对案件管辖有争议的，由共同的上级公安机关指定管辖。

并案侦查的黑社会性质组织犯罪案件，由侦查该案的公安机关所在地同级人民检察院一并审查批准逮捕、受理移送审查起诉，由符合审判级别管辖要求的人民法院审判。

第二条 公安机关、人民检察院、人民法院根据案件情况和需要，可以依法对黑社会性质组织犯罪案件提级管辖或者指定管辖。

提级管辖或者指定管辖的黑社会性质组织犯罪案件，由侦查该案的公安机关所在地同级人民检察院审查批准逮捕、受理移送审查起诉，由同级或者符合审判级别管辖要求的人民法院审判。

第三条　人民检察院对于公安机关提请批准逮捕、移送审查起诉的黑社会性质组织犯罪案件，人民法院对于已进入审判程序的黑社会性质组织犯罪案件，被告人及其辩护人提出管辖异议，或者办案单位发现没有管辖权的，受案人民检察院、人民法院经审查，可以依法报请与有管辖权的人民检察院、人民法院共同的上级人民检察院、人民法院指定管辖，不再自行移交。对于在审查批准逮捕阶段，上级检察机关已经指定管辖的案件，审查起诉工作由同一人民检察院受理。

第四条　公安机关侦查黑社会性质组织犯罪案件过程中，发现人民检察院管辖的贪污贿赂、渎职侵权犯罪案件线索的，应当及时移送人民检察院。人民检察院对于公安机关移送的案件线索应当及时依法进行调查或者立案侦查。人民检察院与公安机关应当相互及时通报案件进展情况。

二、立案

第五条　公安机关对涉嫌黑社会性质组织犯罪的线索，应当及时进行审查。审查过程中，可以采取询问、查询、勘验、检查、鉴定、辨认、调取证据材料等必要的调查活动，但不得采取强制措施，不得查封、扣押、冻结财产。

立案前的审查阶段获取的证据材料经查证属实的，可以作为证据使用。

公安机关因侦查黑社会性质组织犯罪的需要，根据国家有关规定，经过严格的批准手续，对一些重大犯罪线索立案后可以采取技术侦查等秘密侦查措施。

第六条　公安机关经过审查，认为有黑社会性质组织犯罪事实需要追究刑事责任，且属于自己管辖的，经县级以上公安机关负责人批准，予以立案，同时报上级公安机关备案。

三、强制措施和羁押

第七条　对于组织、领导、积极参加黑社会性质组织的犯罪嫌疑人、被告人，不得取保候审；但是患有严重疾病、生活不能自理，怀孕或者是正在哺乳自己婴儿的妇女，采取取保候审不致发生社会危险性的除外。

第八条　对于黑社会性质组织犯罪案件的犯罪嫌疑人、被告人，看守所应当严格管理，防止发生串供、通风报信等行为。

对于黑社会性质组织犯罪案件的犯罪嫌疑人、被告人，可以异地羁押。

对于同一黑社会性质组织犯罪案件的犯罪嫌疑人、被告人，应当分别羁押，在看守所的室外活动应当分开进行。

对于组织、领导黑社会性质组织的犯罪嫌疑人、被告人，有条件的地方应当单独羁押。

四、证人保护

第九条　公安机关、人民检察院和人民法院应当采取必要措施，保障证人及其近亲属的安全。证人的人身和财产受到侵害时，可以视情给予一定的经济补偿。

第十条　在侦查、起诉、审判过程中，对于因作证行为可能导致本人或者近亲属的人身、财产安全受到严重危害的证人，分别经地市级以上公安机关主要负责人、人民检察院检察长、人民法院院长批准，应当对其身份采取保密措施。

第十一条　对于秘密证人，侦查人员、检察人员和审判人员在制作笔录或者文书时，应当以代号代替其真实姓名，不得记录证人住址、单位、身份证号及其他足以识别其身份的信息。证人签名以按指纹代替。

侦查人员、检察人员和审判人员记载秘密证人真实姓名和身份信息的笔录或者文书，以及证人代号与真实姓名对照表，应当单独立卷，交办案单位档案部门封存。

第十二条 法庭审理时不得公开秘密证人的真实姓名和身份信息。用于公开质证的秘密证人的声音、影像，应当进行变声、变像等技术处理。

秘密证人出庭作证，人民法院可以采取限制询问、遮蔽容貌、改变声音或者使用音频、视频传送装置等保护性措施。

经辩护律师申请，法庭可以要求公安机关、人民检察院对使用秘密证人的理由、审批程序出具说明。

第十三条 对报案人、控告人、举报人、鉴定人、被害人的保护，参照本规定第九条至第十二条的规定执行。

五、特殊情况的处理

第十四条 参加黑社会性质组织的犯罪嫌疑人、被告人，自动投案，如实供述自己的罪行，或者在被采取强制措施期间如实供述司法机关还未掌握的本人其他罪行的，应当认定为自首。

参加黑社会性质组织的犯罪嫌疑人、被告人，积极配合侦查、起诉、审判工作，检举、揭发黑社会性质组织其他成员与自己共同犯罪以外的其他罪行，经查证属实的，应当认定为有立功表现。在查明黑社会性质组织的组织结构和组织者、领导者的地位作用，追缴、没收赃款赃物，打击"保护伞"方面提供重要线索，经查证属实的，可以酌情从宽处理。

第十五条 对于有本规定第十四条所列情形之一的，公安机关应当根据犯罪嫌疑人的认罪态度以及在侦查工作中的表现，经县级以上公安机关主要负责人批准，提出从宽处理的建议并说明理由。

人民检察院应当根据已经查明的事实、证据和有关法律规定，在充分考虑全案情况和公安机关建议的基础上依法作出起诉或者不起诉决定，或者起诉后向人民法院提出依法从轻、减轻或者免除刑事处罚的建议。

人民法院应当根据已经查明的事实、证据和有关法律规定，在充分考虑全案情况、公安机关和人民检察院建议和被告人、辩护人辩护意见的基础上，依法作出判决。

对参加黑社会性质组织的犯罪嫌疑人、被告人不起诉或者免予刑事处罚的，应当予以训诫或者责令具结悔过并保证不再从事违法犯罪活动。

第十六条 对于有本规定第十四条第二款情形的犯罪嫌疑人、被告人，可以参照第九条至第十二条的规定，采取必要的保密和保护措施。

六、涉案财产的控制和处理

第十七条 根据黑社会性质组织犯罪案件的诉讼需要，公安机关、人民检察院、人民法院可以依法查询、查封、扣押、冻结与案件有关的下列财产：

（一）黑社会性质组织的财产；

（二）犯罪嫌疑人、被告人个人所有的财产；

（三）犯罪嫌疑人、被告人实际控制的财产；

（四）犯罪嫌疑人、被告人出资购买的财产；

（五）犯罪嫌疑人、被告人转移至他人的财产；

（六）其他与黑社会性质组织及其违法犯罪活动有关的财产。

对于本条第一款的财产，有证据证明与黑社会性质组织及其违法犯罪活动无关的，应当依法立即解除查封、扣押、冻结措施。

第十八条　查封、扣押、冻结财产的，应当一并扣押证明财产所有权或者相关权益的法律文件和文书。

在侦查、起诉、审判过程中，查询、查封、扣押、冻结财产需要其他部门配合或者执行的，应当分别经县级以上公安机关负责人、人民检察院检察长、人民法院院长批准，通知有关部门配合或者执行。

查封、扣押、冻结已登记的不动产、特定动产及其他财产，应当通知有关登记机关，在查封、扣押、冻结期间禁止被查封、扣押、冻结的财产流转，不得办理被查封、扣押、冻结财产权属变更、抵押等手续；必要时可以提取有关产权证照。

第十九条　对于不宜查封、扣押、冻结的经营性财产，公安机关、人民检察院、人民法院可以申请当地政府指定有关部门或者委托有关机构代管。

第二十条　对于黑社会性质组织形成、发展过程中，组织及其成员通过违法犯罪活动或者其他不正当手段聚敛的财产及其孳息、收益，以及用于违法犯罪的工具和其他财物，应当依法追缴、没收。

对于其他个人或者单位利用黑社会性质组织及其成员的违法犯罪活动获得的财产及其孳息、收益，应当依法追缴、没收。

对于明知是黑社会性质组织而予以资助、支持的，依法没收资助、支持的财产。

对于被害人的合法财产及其孳息，应当依法及时返还或者责令退赔。

第二十一条　依法应当追缴、没收的财产无法找到、被他人善意取得、价值灭失或者与其他合法财产混合且不可分割的，可以追缴、没收其他等值财产。

对黑社会性质组织及其成员聚敛的财产及其孳息、收益的数额，办案单位可以委托专门机构评估；确实无法准确计算的，可以根据有关法律规定及查明的事实、证据合理估算。

七、律师辩护代理

第二十二条　公安机关、人民检察院、人民法院应当依法保障律师在办理黑社会性质组织犯罪案件辩护代理工作中的执业权利，保证律师依法履行职责。

公安机关、人民检察院、人民法院应当加强与司法行政机关的沟通和协作，及时协调解决律师辩护代理工作中的问题；发现律师有违法违规行为的，应当及时通报司法行政机关，由司法行政机关依法处理。

第二十三条　律师接受委托参加黑社会性质组织犯罪案件辩护代理工作的，应当严格依法履行职责，依法行使执业权利，恪守律师职业道德和执业纪律。

第二十四条　司法行政机关应当建立对律师办理黑社会性质组织犯罪案件辩护代理工作的指导、监督机制，加强对敏感、重大的黑社会性质组织犯罪案件律师辩护代理工作的业务指导；指导律师事务所建立健全律师办理黑社会性质组织犯罪案件辩护代理工作的登记、报告、保密、集体讨论、档案管理等制度；及时查处律师从事黑社会性质组织犯罪案件辩护代理活动中的违法违规行为。

八、刑罚执行

第二十五条　对于组织、领导、参加黑社会性质组织的罪犯，执行机关应当采取严格的监管措施。

第二十六条　对于判处十年以上有期徒刑、无期徒刑，以及判处死刑缓期二年执行减为有期徒刑、无期徒刑的黑社会性质组织的组织者、领导者，应当跨省、自治区、直辖市异地执行刑罚。

对于被判处十年以下有期徒刑的黑社会性质组织的组织者、领导者，以及黑社会性质组织的积极参加者，可以跨省、自治区、直辖市或者在本省、自治区、直辖市内异地执行刑罚。

第二十七条 对组织、领导和积极参加黑社会性质组织的罪犯减刑的，执行机关应当依法提出减刑建议，报经省、自治区、直辖市监狱管理机关审核后，提请人民法院裁定。监狱管理机关审核时应当向同级人民检察院、公安机关通报情况。

对被判处不满十年有期徒刑的组织、领导和积极参加黑社会性质组织的罪犯假释的，依照前款规定处理。

对因犯组织、领导黑社会性质组织罪被判处十年以上有期徒刑、无期徒刑的罪犯，不得假释。

第二十八条 对于组织、领导和积极参加黑社会性质组织的罪犯，有下列情形之一，确实需要暂予监外执行的，应当依照法律规定的条件和程序严格审批：

（一）确有严重疾病而监狱不具备医治条件，必须保外就医，且适用保外就医不致危害社会的；

（二）怀孕或者正在哺乳自己婴儿的妇女；

（三）因年老、残疾完全丧失生活自理能力，适用暂予监外执行不致危害社会的。暂予监外执行的审批机关在作出审批决定前，应当向同级人民检察院、公安机关通报情况。

第二十九条 办理境外黑社会组织成员入境发展组织成员犯罪案件，参照本规定执行。

第三十条 本规定自印发之日起施行。

8.最高人民法院、最高人民检察院、公安部、司法部《关于办理恶势力刑事案件若干问题的意见》（2019年4月9日）

一、办理恶势力刑事案件的总体要求

1.人民法院、人民检察院、公安机关和司法行政机关要深刻认识恶势力违法犯罪的严重社会危害，毫不动摇地坚持依法严惩方针，在侦查、起诉、审判、执行各阶段，运用多种法律手段全面体现依法从严惩处精神，有力震慑恶势力违法犯罪分子，有效打击和预防恶势力违法犯罪。

2.人民法院、人民检察院、公安机关和司法行政机关要严格坚持依法办案，确保在案件事实清楚，证据确实、充分的基础上，准确认定恶势力和恶势力犯罪集团，坚决防止人为拔高或者降低认定标准。要坚持贯彻落实宽严相济刑事政策，根据犯罪嫌疑人、被告人的主观恶性，人身危险性，在恶势力、恶势力犯罪集团中的地位、作用以及在具体犯罪中的罪责，切实做到宽严有据，罚当其罪，实现政治效果、法律效果和社会效果的统一。

3.人民法院、人民检察院、公安机关和司法行政机关要充分发挥各自职能，分工负责，互相配合，互相制约，坚持以审判为中心的刑事诉讼制度改革要求，严格执行"三项规程"，不断强化程序意识和证据意识，有效加强法律监督，确保严格执法、公正司法，充分保障当事人、诉讼参与人的各项诉讼权利。

二、恶势力、恶势力犯罪集团的认定标准

4.恶势力，是指经常纠集在一起，以暴力、威胁或者其他手段，在一定区域或者行业内多次实施违法犯罪活动，为非作恶，欺压百姓，扰乱经济、社会生活秩序，造成较为恶劣的社会影响，但尚未形成黑社会性质组织的违法犯罪组织。

5.单纯为牟取不法经济利益而实施的"黄、赌、毒、盗、抢、骗"等违法犯罪活动，不具有为非作恶、欺压百姓特征的，或者因本人及近亲属的婚恋纠纷、家庭纠纷、邻里纠纷、劳动纠纷、合法债务纠纷而引发以及其他确属事出有因的违法犯罪活动，不应作为恶势力案件处理。

6.恶势力一般为 3 人以上，纠集者相对固定。纠集者，是指在恶势力实施的违法犯罪活动中起组织、策划、指挥作用的违法犯罪分子。成员较为固定且符合恶势力其他认定条件，但多次实施违法犯罪活动是由不同的成员组织、策划、指挥，也可以认定为恶势力，有前述行为的成员均可以认定为纠集者。

恶势力的其他成员，是指知道或应当知道与他人经常纠集在一起是为了共同实施违法犯罪，仍按照纠集者的组织、策划、指挥参与违法犯罪活动的违法犯罪分子，包括已有充分证据证明但尚未归案的人员，以及因法定情形不予追究法律责任，或者因参与实施恶势力违法犯罪活动已受到行政或刑事处罚的人员。仅因临时雇佣或被雇佣、利用或被利用以及受蒙蔽参与少量恶势力违法犯罪活动的，一般不应认定为恶势力成员。

7."经常纠集在一起，以暴力、威胁或者其他手段，在一定区域或者行业内多次实施违法犯罪活动"，是指犯罪嫌疑人、被告人于 2 年之内，以暴力、威胁或者其他手段，在一定区域或者行业内多次实施违法犯罪活动，且包括纠集者在内，至少应有 2 名相同的成员多次参与实施违法犯罪活动。对于"纠集在一起"时间明显较短，实施违法犯罪活动刚刚达到"多次"标准，且尚不足以造成较为恶劣影响的，一般不应认定为恶势力。

8.恶势力实施的违法犯罪活动，主要为强迫交易、故意伤害、非法拘禁、敲诈勒索、故意毁坏财物、聚众斗殴、寻衅滋事，但也包括具有为非作恶、欺压百姓特征，主要以暴力、威胁为手段的其他违法犯罪活动。

恶势力还可能伴随实施开设赌场、组织卖淫、强迫卖淫、贩卖毒品、运输毒品、制造毒品、抢劫、抢夺、聚众扰乱社会秩序、聚众扰乱公共场所秩序、交通秩序以及聚众"打砸抢"等违法犯罪活动，但仅有前述伴随实施的违法犯罪活动，且不能认定具有为非作恶、欺压百姓特征的，一般不应认定为恶势力。

9.办理恶势力刑事案件，"多次实施违法犯罪活动"至少应包括 1 次犯罪活动。对于反复实施强迫交易、非法拘禁、敲诈勒索、寻衅滋事等单一性质的违法行为，单次情节、数额尚不构成犯罪，但按照《刑法》或者有关司法解释、规范性文件的规定累加后应作为犯罪处理的，在认定是否属于"多次实施违法犯罪活动"时，可将已用于累加的违法行为计为 1 次犯罪活动，其他违法行为单独计算违法活动的次数。

已被处理或者已作为民间纠纷调处，后经查证确属恶势力违法犯罪活动的，均可以作为认定恶势力的事实依据，但不符合法定情形的，不得重新追究法律责任。

10.认定"扰乱经济、社会生活秩序，造成较为恶劣的社会影响"，应当结合侵害对象及其数量、违法犯罪次数、手段、规模、人身损害后果、经济损失数额、违法所得数额、引起社会秩序混乱的程度以及对人民群众安全感的影响程度等因素综合把握。

11.恶势力犯罪集团，是指符合恶势力全部认定条件，同时又符合犯罪集团法定条件的犯罪组织。

恶势力犯罪集团的首要分子，是指在恶势力犯罪集团中起组织、策划、指挥作用的犯罪分子。恶势力犯罪集团的其他成员，是指知道或者应当知道是为共同实施犯罪而组成的较为固定的犯罪组织，仍接受首要分子领导、管理、指挥，并参与该组织犯罪活动的犯罪分子。

恶势力犯罪集团应当有组织地实施多次犯罪活动，同时还可能伴随实施违法活动。恶势力犯罪集团所实施的违法犯罪活动，参照《指导意见》第十条第二款的规定认定。

12.全部成员或者首要分子、纠集者以及其他重要成员均为未成年人、老年人、残疾人的，认定恶势力、恶势力犯罪集团时应当特别慎重。

三、正确运用宽严相济刑事政策的有关要求

13.对于恶势力的纠集者、恶势力犯罪集团的首要分子、重要成员以及恶势力、恶势力犯罪集团共同犯罪中罪责严重的主犯，要正确运用法律规定加大惩处力度，对依法应当判处重刑或死刑的，坚决判处重刑或死刑。同时要严格掌握取保候审，严格掌握不起诉，严格掌握缓刑、减刑、假释，严格掌握保外就医适用条件，充分利用资格刑、财产刑等法律手段全方位从严惩处。对于符合《刑法》第三十七条之一规定的，可以依法禁止其从事相关职业。

对于恶势力、恶势力犯罪集团的其他成员，在共同犯罪中罪责相对较小，人身危险性、主观恶性相对不大的，具有自首、立功、坦白、初犯等法定或酌定从宽处罚情节，可以依法从轻、减轻或免除处罚。认罪认罚或者仅参与实施少量的犯罪活动且只起次要、辅助作用，符合缓刑条件的，可以适用缓刑。

14.恶势力犯罪集团的首要分子检举揭发与该犯罪集团及其违法犯罪活动有关联的其他犯罪线索，如果在认定立功的问题上存在事实、证据或法律适用方面的争议，应当严格把握。依法应认定为立功或者重大立功的，在决定是否从宽处罚、如何从宽处罚时，应当根据罪责刑相一致原则从严掌握。可能导致全案量刑明显失衡的，不予从宽处罚。

恶势力犯罪集团的其他成员如果能够配合司法机关查办案件，有提供线索、帮助收集证据或者其他协助行为，并在侦破恶势力犯罪集团案件、查处"保护伞"等方面起到较大作用的，即使依法不能认定立功，一般也应酌情对其从轻处罚。

15.犯罪嫌疑人、被告人同时具有法定、酌定从严和法定、酌定从宽处罚情节的，量刑时要根据所犯具体罪行的严重程度，结合被告人在恶势力、恶势力犯罪集团中的地位、作用，主观恶性，人身危险性等因素整体把握。对于恶势力的纠集者、恶势力犯罪集团的首要分子、重要成员，量刑时要体现总体从严。对于在共同犯罪中罪责相对较小，人身危险性、主观恶性相对不大，且能够真诚认罪悔罪的其他成员，量刑时要体现总体从宽。

16.恶势力刑事案件的犯罪嫌疑人、被告人自愿如实供述自己的罪行，承认指控的犯罪事实，愿意接受处罚的，可以依法从宽处理，并适用认罪认罚从宽制度。对于犯罪性质恶劣、犯罪手段残忍、社会危害严重的犯罪嫌疑人、被告人，虽然认罪认罚，但不足以从轻处罚的，不适用该制度。

四、办理恶势力刑事案件的其他问题

17.人民法院、人民检察院、公安机关经审查认为案件符合恶势力认定标准的，应当在起诉意见书、起诉书、判决书、裁定书等法律文书中的案件事实部分明确表述，列明恶势力的纠集者、其他成员、违法犯罪事实以及据以认定的证据；符合恶势力犯罪集团认定标准的，应当在上述法律文书中明确定性，列明首要分子、其他成员、违法犯罪事实以及据以认定的证据，并引用刑法总则关于犯罪集团的相关规定。被告人及其辩护人对恶势力定性提出辩解和辩护意见，人民法院可以在裁判文书中予以评析回应。

恶势力刑事案件的起诉意见书、起诉书、判决书、裁定书等法律文书，可以在案件事实部分先概述恶势力、恶势力犯罪集团的概括事实，再分述具体的恶势力违法犯罪事实。

18.对于公安机关未在起诉意见书中明确认定，人民检察院在审查起诉期间发现构成恶势力或者恶势力犯罪集团，且相关违法犯罪事实已经查清，证据确实、充分，依法应追究刑事责任的，应当作出起诉决定，根据查明的事实向人民法院提起公诉，并在起诉书中明确认定为恶势力或者恶势力犯罪集团。人民检察院认为恶势力相关违法犯罪事实不清、证据不足，或者存在遗漏恶势力违法犯罪事实、遗漏同案犯罪嫌疑人等情形需要补充侦查的，应当提出具体的书面意见，连同案卷材料一并退回公安机关补充侦查；人民检察院也可以自行侦查，必要时可以要求公安机关提供协助。

对于人民检察院未在起诉书中明确认定，人民法院在审判期间发现构成恶势力或恶势力犯罪集团的，可以建议人民检察院补充或者变更起诉；人民检察院不同意或者在七日内未回复意见的，人民法院不应主动认定，可仅就起诉指控的犯罪事实依照相关规定作出判决、裁定。

审理被告人或者被告人的法定代理人、辩护人、近亲属上诉的案件时，一审判决认定黑社会性质组织有误的，二审法院应当纠正，符合恶势力、恶势力犯罪集团认定标准，应当作出相应认定；一审判决认定恶势力或恶势力犯罪集团有误的，应当纠正，但不得升格认定；一审判决未认定恶势力或恶势力犯罪集团的，不得增加认定。

19.公安机关、人民检察院、人民法院应当分别以起诉意见书、起诉书、裁判文书所明确的恶势力、恶势力犯罪集团，作为相关数据的统计依据。

20.本意见自 2019 年 4 月 9 日起施行。

9.最高人民法院、最高人民检察院、公安部、司法部《关于办理黑恶势力刑事案件中财产处置若干问题的意见》（2019 年 4 月 9 日）

一、总体工作要求

1.公安机关、人民检察院、人民法院在办理黑恶势力犯罪案件时，在查明黑恶势力组织违法犯罪事实并对黑恶势力成员依法定罪量刑的同时，要全面调查黑恶势力组织及其成员的财产状况，依法对涉案财产采取查询、查封、扣押、冻结等措施，并根据查明的情况，依法作出处理。

前款所称处理既包括对涉案财产中犯罪分子违法所得、违禁品、供犯罪所用的本人财物以及其他等值财产等依法追缴、没收，也包括对被害人的合法财产等依法返还。

2.对涉案财产采取措施，应当严格依照法定条件和程序进行。严禁在立案之前查封、扣押、冻结财物。凡查封、扣押、冻结的财物，都应当及时进行审查，防止因程序违法、工作瑕疵等影响案件审理以及涉案财产处置。

3.对涉案财产采取措施，应当为犯罪嫌疑人、被告人及其所扶养的亲属保留必需的生活费用和物品。

根据案件具体情况，在保证诉讼活动正常进行的同时，可以允许有关人员继续合理使用有关涉案财产，并采取必要的保值保管措施，以减少案件办理对正常办公和合法生产经营的影响。

4.要彻底摧毁黑社会性质组织的经济基础，防止其死灰复燃。对于组织者、领导者一般应当并处没收个人全部财产。对于确属骨干成员或者为该组织转移、隐匿资产的积极参加者，可以并处没收个人全部财产。对于其他组织成员，应当根据所参与实施违法犯罪活动的次数、性质、地位、作用、违法所得数额以及造成损失的数额等情节，依法决定财产刑的适用。

5.要深挖细查并依法打击黑恶势力组织进行的洗钱以及掩饰、隐瞒犯罪所得、犯罪所得收益等转变涉案财产性质的关联犯罪。

二、依法采取措施全面收集证据

6.公安机关侦查期间，要根据《公安机关办理刑事案件适用查封、冻结措施相关规定》（公通字〔2013〕30 号）等有关规定，会同有关部门全面调查黑恶势力及其成员的财产状况，并可以根据诉讼需要，先行依法对下列财产采取查询、查封、扣押、冻结等措施：

（1）黑恶势力组织的财产；

（2）犯罪嫌疑人个人所有的财产；

（3）犯罪嫌疑人实际控制的财产；

（4）犯罪嫌疑人出资购买的财产；

（5）犯罪嫌疑人转移至他人名下的财产；

（6）犯罪嫌疑人涉嫌洗钱以及掩饰、隐瞒犯罪所得、犯罪所得收益等犯罪涉及的财产；

（7）其他与黑恶势力组织及其违法犯罪活动有关的财产。

7.查封、扣押、冻结已登记的不动产、特定动产及其他财产，应当通知有关登记机关，在查封、扣押、冻结期间禁止被查封、扣押、冻结的财产流转，不得办理被查封、扣押、冻结财产权属变更、抵押等手续。必要时可以提取有关产权证照。

8.公安机关对于采取措施的涉案财产，应当全面收集证明其来源、性质、用途、权属及价值的有关证据，审查判断是否应当依法追缴、没收。

证明涉案财产来源、性质、用途、权属及价值的有关证据一般包括：

（1）犯罪嫌疑人、被告人关于财产来源、性质、用途、权属、价值的供述；

（2）被害人、证人关于财产来源、性质、用途、权属、价值的陈述、证言；

（3）财产购买凭证、银行往来凭据、资金注入凭据、权属证明等书证；

（4）财产价格鉴定、评估意见；

（5）可以证明财产来源、性质、用途、权属、价值的其他证据。

9.公安机关对应当依法追缴、没收的财产中黑恶势力组织及其成员聚敛的财产及其孳息、收益的数额，可以委托专门机构评估；确实无法准确计算的，可以根据有关法律规定及查明的事实、证据合理估算。

人民检察院、人民法院对于公安机关委托评估、估算的数额有不同意见的，可以重新委托评估、估算。

10.人民检察院、人民法院根据案件诉讼的需要，可以依法采取上述相关措施。

三、准确处置涉案财产

11.公安机关、人民检察院应当加强对在案财产审查甄别。在移送审查起诉、提起公诉时，一般应当对采取措施的涉案财产提出处理意见建议，并将采取措施的涉案财产及其清单随案移送。

人民检察院经审查，除对随案移送的涉案财产提出处理意见外，还需要对继续追缴的尚未被足额查封、扣押的其他违法所得提出处理意见建议。

涉案财产不宜随案移送的，应当按照相关法律、司法解释的规定，提供相应的清单、照片、录像、封存手续、存放地点说明、鉴定、评估意见、变价处理凭证等材料。

12.对于不宜查封、扣押、冻结的经营性财产，公安机关、人民检察院、人民法院可以申请当地政府指定有关部门或者委托有关机构代管或者托管。

对易损毁、灭失、变质等不宜长期保存的物品，易贬值的汽车、船艇等物品，或者市场价格波动大的债券、股票、基金等财产，有效期即将届满的汇票、本票、支票等，经权利人同意或者申请，并经县级以上公安机关、人民检察院或者人民法院主要负责人批准，可以依法出售、变现或者先行变卖、拍卖，所得价款由扣押、冻结机关保管，并及时告知当事人或者其近亲属。

13.人民检察院在法庭审理时应当对证明黑恶势力犯罪涉案财产情况进行举证质证，对于既能证明具体个罪又能证明经济特征的涉案财产情况相关证据在具体个罪中出示后，在经济特征中可以简要说明，不再重复出示。

14.人民法院作出的判决，除应当对随案移送的涉案财产作出处理外，还应当在判决书中写明需要继续追缴尚未被足额查封、扣押的其他违法所得；对随案移送财产进行处理时，应当列明相关财产的具体名称、数量、金额、处置情况等。涉案财产或者有关当事人人数较多，不宜在判决书正文中详细列明的，可以概括叙述并另附清单。

15.涉案财产符合下列情形之一的，应当依法追缴、没收：

（1）黑恶势力组织及其成员通过违法犯罪活动或者其他不正当手段聚敛的财产及其孳息、收益；

（2）黑恶势力组织成员通过个人实施违法犯罪活动聚敛的财产及其孳息、收益；

（3）其他单位、组织、个人为支持该黑恶势力组织活动资助或者主动提供的财产；

（4）黑恶势力组织及其成员通过合法的生产、经营活动获取的财产或者组织成员个人、家庭合法财产中，实际用于支持该组织活动的部分；

（5）黑恶势力组织成员非法持有的违禁品以及供犯罪所用的本人财物；

（6）其他单位、组织、个人利用黑恶势力组织及其成员违法犯罪活动获取的财产及其孳息、收益；

（7）其他应当追缴、没收的财产。

16.应当追缴、没收的财产已用于清偿债务或者转让、或者设置其他权利负担，具有下列情形之一的，应当依法追缴：

（1）第三人明知是违法犯罪所得而接受的；

（2）第三人无偿或者以明显低于市场的价格取得涉案财物的；

（3）第三人通过非法债务清偿或者违法犯罪活动取得涉案财物的；

（4）第三人通过其他方式恶意取得涉案财物的。

17.涉案财产符合下列情形之一的，应当依法返还：

（1）有证据证明确属被害人合法财产；

（2）有证据证明确与黑恶势力及其违法犯罪活动无关。

18.有关违法犯罪事实查证属实后，对于有证据证明权属明确且无争议的被害人、善意第三人或者其他人员合法财产及其孳息，凡返还不损害其他利害关系人的利益，不影响案件正常办理的，应当在登记、拍照或者录像后，依法及时返还。

四、依法追缴、没收其他等值财产

19.有证据证明依法应当追缴、没收的涉案财产无法找到、被他人善意取得、价值灭失或者与其他合法财产混合且不可分割的，可以追缴、没收其他等值财产。

对于证明前款各种情形的证据，公安机关或者人民检察院应当及时调取。

20.本意见第 19 条所称"财产无法找到"，是指有证据证明存在依法应当追缴、没收的财产，但无法查证财产去向、下落的。被告人有不同意见的，应当出示相关证据。

21.追缴、没收的其他等值财产的数额，应当与无法直接追缴、没收的具体财产的数额相对应。

五、其他

22.本意见所称孳息，包括天然孳息和法定孳息。

本意见所称收益，包括但不限于以下情形：

（1）聚敛、获取的财产直接产生的收益，如使用聚敛、获取的财产购买彩票中奖所得收益等；

（2）聚敛、获取的财产用于违法犯罪活动产生的收益，如使用聚敛、获取的财产赌博赢利所得收益、非法放贷所得收益、购买并贩卖毒品所得收益等；

（3）聚敛、获取的财产投资、置业形成的财产及其收益；

（4）聚敛、获取的财产和其他合法财产共同投资或者置业形成的财产中，与聚敛、获取的财产对应的份额及其收益；

（5）应当认定为收益的其他情形。

23.本意见未规定的黑恶势力刑事案件财产处置工作其他事宜，根据相关法律法规、司法解释等规定办理。

24.本意见自 2019 年 4 月 9 日起施行。

10.最高人民法院、最高人民检察院、公安部、司法部《关于办理实施"软暴力"的刑事案件若干问题的意见》（2019 年 4 月 9 日）

一、"软暴力"是指行为人为谋取不法利益或形成非法影响，对他人或者在有关场所进行滋扰、纠缠、哄闹、聚众造势等，足以使他人产生恐惧、恐慌进而形成心理强制，或者足以影响、限制人身自由、危及人身财产安全，影响正常生活、工作、生产、经营的违法犯罪手段。

二、"软暴力"违法犯罪手段通常的表现形式有：

（一）侵犯人身权利、民主权利、财产权利的手段，包括但不限于跟踪贴靠、扬言传播疾病、揭发隐私、恶意举报、诬告陷害、破坏、霸占财物等；

（二）扰乱正常生活、工作、生产、经营秩序的手段，包括但不限于非法侵入他人住宅、破坏生活设施、设置生活障碍、贴报喷字、拉挂横幅、燃放鞭炮、播放哀乐、摆放花圈、泼洒污物、断水断电、堵门阻工，以及通过驱赶从业人员、派驻人员据守等方式直接或间接地控制厂房、办公区、经营场所等；

（三）扰乱社会秩序的手段，包括但不限于摆场架势示威、聚众哄闹滋扰、拦路闹事等；

（四）其他符合本意见第一条规定的"软暴力"手段。

通过信息网络或者通讯工具实施，符合本意见第一条规定的违法犯罪手段，应当认定为"软暴力"。

三、行为人实施"软暴力"，具有下列情形之一，可以认定为足以使他人产生恐惧、恐慌进而形成心理强制或者足以影响、限制人身自由、危及人身财产安全或者影响正常生活、工作、生产、经营：

（一）黑恶势力实施的；

（二）以黑恶势力名义实施的；

（三）曾因组织、领导、参加黑社会性质组织、恶势力犯罪集团、恶势力以及因强迫交易、非法拘禁、敲诈勒索、聚众斗殴、寻衅滋事等犯罪受过刑事处罚后又实施的；

（四）携带凶器实施的；

（五）有组织地实施的或者足以使他人认为暴力、威胁具有现实可能性的；

（六）其他足以使他人产生恐惧、恐慌进而形成心理强制或者足以影响、限制人身自由、危及人身财产安全或者影响正常生活、工作、生产、经营的情形。

由多人实施的，编造或明示暴力违法犯罪经历进行恐吓的，或者以自报组织、头目名号、统一着装、显露纹身、特殊标识以及其他明示、暗示方式，足以使他人感知相关行为的有组织性的，应当认定为"以黑恶势力名义实施"。

由多人实施的，只要有部分行为人符合本条第一款第（一）项至第（四）项所列情形的，该项即成立。

虽然具体实施"软暴力"的行为人不符合本条第一款第（一）项、第（三）项所列情形，但雇佣者、指使者或者纠集者符合的，该项成立。

四、"软暴力"手段属于《刑法》第二百九十四条第五款第（三）项"黑社会性质组织行为特征"以及《指导意见》第14条"恶势力"概念中的"其他手段"。

五、采用"软暴力"手段，使他人产生心理恐惧或者形成心理强制，分别属于《刑法》第二百二十六条规定的"威胁"、《刑法》第二百九十三条第一款第（二）项规定的"恐吓"，同时符合其他犯罪构成要件的，应当分别以强迫交易罪、寻衅滋事罪定罪处罚。

《关于办理寻衅滋事刑事案件适用法律若干问题的解释》第二条至第四条中的"多次"一般应当理解为二年内实施寻衅滋事行为三次以上。三次以上寻衅滋事行为既包括同一类别的行为，也包括不同类别的行为；既包括未受行政处罚的行为，也包括已受行政处罚的行为。

六、有组织地多次短时间非法拘禁他人的，应当认定为《刑法》第二百三十八条规定的"以其他方法非法剥夺他人人身自由"。非法拘禁他人三次以上、每次持续时间在四小时以上，或者非法拘禁他人累计时间在十二小时以上的，应当以非法拘禁罪定罪处罚。

七、以"软暴力"手段非法进入或者滞留他人住宅的，应当认定为《刑法》第二百四十五条规定的"非法侵入他人住宅"，同时符合其他犯罪构成要件的，应当以非法侵入住宅罪定罪处罚。

八、以非法占有为目的，采用"软暴力"手段强行索取公私财物，同时符合《刑法》第二百七十四条规定的其他犯罪构成要件的，应当以敲诈勒索罪定罪处罚。

《关于办理敲诈勒索刑事案件适用法律若干问题的解释》第三条中"二年内敲诈勒索三次以上"，包括已受行政处罚的行为。

九、采用"软暴力"手段，同时构成两种以上犯罪的，依法按照处罚较重的犯罪定罪处罚，法律另有规定的除外。

十、根据本意见第五条、第八条规定，对已受行政处罚的行为追究刑事责任的，行为人先前所受的行政拘留处罚应当折抵刑期，罚款应当抵扣罚金。

十一、雇佣、指使他人采用"软暴力"手段强迫交易、敲诈勒索，构成强迫交易罪、敲诈勒索罪的，对雇佣者、指使者，一般应当以共同犯罪中的主犯论处。

为强索不受法律保护的债务或者因其他非法目的，雇佣、指使他人采用"软暴力"手段非法剥夺他人人身自由构成非法拘禁罪，或者非法侵入他人住宅、寻衅滋事，构成非法侵入住宅罪、寻衅滋事罪的，对雇佣者、指使者，一般应当以共同犯罪中的主犯论处；因本人及近亲属合法债务、婚恋、家庭、邻里纠纷等民间矛盾而雇佣、指使，没有造成严重后果的，一般不作为犯罪处理，但经有关部门批评制止或者处理处罚后仍继续实施的除外。

十二、本意见自2019年4月9日起施行。

11. 国家监察委员会、最高人民法院、最高人民检察院、公安部、司法部《关于在扫黑除恶专项斗争中分工负责、互相配合、互相制约严惩公职人员涉黑涉恶违法犯罪问题的通知》（2019年10月20日）

二、严格查办公职人员涉黑涉恶违法犯罪案件

4.各级监察机关、人民法院、人民检察院、公安机关应聚焦黑恶势力违法犯罪案件及坐大成势的过程，严格查办公职人员涉黑涉恶违法犯罪案件。重点查办以下案件：公职人员直接组织、领导、参与黑恶势力违法犯罪活动的案件；公职人员包庇、纵容、支持黑恶势力犯罪及其他严重刑事犯罪的案件；公职人员收受贿赂、滥用职权，帮助黑恶势力人员获取公职或政治荣誉，侵占国家和集体资金、资源、资产，破坏公平竞争秩序，或为黑恶势力提供政策、项目、资金、金融信贷等支持帮助的案件；负有查禁监管职责的国家机关工作人员滥用职权、玩忽职守帮助犯罪分子逃避处罚的案件；司法工作人员徇私枉法、民事枉法裁判、执

行判决裁定失职或滥用职权、私放在押人员以及徇私舞弊减刑、假释、暂予监外执行的案件；在扫黑除恶专项斗争中发生的公职人员滥用职权，徇私舞弊，包庇、阻碍查处黑恶势力犯罪的案件，以及泄露国家秘密、商业秘密、工作秘密，为犯罪分子通风报信的案件；公职人员利用职权打击报复办案人员的案件。

公职人员的范围，根据《中华人民共和国监察法》第十五条的规定认定。

5.以上情形，由有关机关依规依纪依法调查处置，涉嫌犯罪的，依法追究刑事责任。

三、准确适用法律

6.国家机关工作人员包庇黑社会性质的组织，或者纵容黑社会性质的组织进行违法犯罪活动的，以包庇、纵容黑社会性质组织罪定罪处罚。

国家机关工作人员既组织、领导、参加黑社会性质组织，又对该组织进行包庇、纵容的，应当以组织、领导、参加黑社会性质组织罪从重处罚。

国家机关工作人员包庇、纵容黑社会性质组织，该包庇、纵容行为同时还构成包庇罪、伪证罪、妨害作证罪、徇私枉法罪、滥用职权罪、帮助犯罪分子逃避处罚罪、徇私舞弊不移交刑事案件罪，以及徇私舞弊减刑、假释、暂予监外执行罪等其他犯罪的，应当择一重罪处罚。

7.非国家机关工作人员与国家机关工作人员共同包庇、纵容黑社会性质组织，且不属于该组织成员的，以包庇、纵容黑社会性质组织罪的共犯论处。非国家机关工作人员的行为同时还构成其他犯罪的，应当择一重罪处罚。

8.公职人员利用职权或职务便利实施包庇、纵容黑恶势力、伪证、妨害作证，帮助毁灭、伪造证据，以及窝藏、包庇等犯罪行为的，应酌情从重处罚。事先有通谋而实施支持帮助、包庇纵容等保护行为的，以具体犯罪的共犯论处。

12.最高人民法院、最高人民检察院、公安部、司法部《关于办理利用信息网络实施黑恶势力犯罪刑事案件若干问题的意见》（2019年7月23日）

二、依法严惩利用信息网络实施的黑恶势力犯罪

4.对通过发布、删除负面或虚假信息，发送侮辱性信息、图片，以及利用信息、电话骚扰等方式，威胁、要挟、恐吓、滋扰他人，实施黑恶势力违法犯罪的，应当准确认定，依法严惩。

5.利用信息网络威胁他人，强迫交易，情节严重的，依照《刑法》第二百二十六条的规定，以强迫交易罪定罪处罚。

6.利用信息网络威胁、要挟他人，索取公私财物，数额较大，或者多次实施上述行为的，依照《刑法》第二百七十四条的规定，以敲诈勒索罪定罪处罚。

7.利用信息网络辱骂、恐吓他人，情节恶劣，破坏社会秩序的，依照《刑法》第二百九十三条第一款第二项的规定，以寻衅滋事罪定罪处罚。

编造虚假信息，或者明知是编造的虚假信息，在信息网络上散布，或者组织、指使人员在信息网络上散布，起哄闹事，造成公共秩序严重混乱的，依照《刑法》第二百九十三条第一款第四项的规定，以寻衅滋事罪定罪处罚。

8.侦办利用信息网络实施的强迫交易、敲诈勒索等非法敛财类案件，确因被害人人数众多等客观条件的限制，无法逐一收集被害人陈述的，可以结合已收集的被害人陈述，以及经查证属实的银行账户交易记录、第三方支付结算账户交易记录、通话记录、电子数据等证据，综合认定被害人人数以及涉案资金数额等。

三、准确认定利用信息网络实施犯罪的黑恶势力

9.利用信息网络实施违法犯罪活动，符合《刑法》《指导意见》以及最高人民法院、最高人民检察院、公安部、司法部《关于办理恶势力刑事案件若干问题的意见》等规定的恶势力、恶势力犯罪集团、黑社会性质组织特征和认定标准的，应当依法认定为恶势力、恶势力犯罪集团、黑社会性质组织。

认定利用信息网络实施违法犯罪活动的黑社会性质组织时，应当依照《刑法》第二百九十四条第五款规定的"四个特征"进行综合审查判断，分析"四个特征"相互间的内在联系，根据在网络空间和现实社会中实施违法犯罪活动对公民人身、财产、民主权利和经济、社会生活秩序所造成的危害，准确评价，依法予以认定。

10.认定利用信息网络实施违法犯罪的黑恶势力组织特征，要从违法犯罪的起因、目的，以及组织、策划、指挥、参与人员是否相对固定，组织形成后是否持续进行犯罪活动、是否有明确的职责分工、行为规范、利益分配机制等方面综合判断。利用信息网络实施违法犯罪的黑恶势力组织成员之间一般通过即时通讯工具、通讯群组、电子邮件、网盘等信息网络方式联络，对部分组织成员通过信息网络方式联络实施黑恶势力违法犯罪活动，即使相互未见面、彼此不熟识，不影响对组织特征的认定。

11.利用信息网络有组织地通过实施违法犯罪活动或者其他手段获取一定数量的经济利益，用于违法犯罪活动或者支持该组织生存、发展的，应当认定为符合《刑法》第二百九十四条第五款第二项规定的黑社会性质组织经济特征。

12.通过线上线下相结合的方式，有组织地多次利用信息网络实施违法犯罪活动，侵犯不特定多人的人身权利、民主权利、财产权利，破坏经济秩序、社会秩序的，应当认定为符合《刑法》第二百九十四条第五款第三项规定的黑社会性质组织行为特征。单纯通过线上方式实施的违法犯罪活动，且不具有为非作恶、欺压残害群众特征的，一般不应作为黑社会性质组织行为特征的认定依据。

13.对利用信息网络实施黑恶势力犯罪非法控制和影响的"一定区域或者行业"，应当结合危害行为发生地或者危害行业的相对集中程度，以及犯罪嫌疑人、被告人在网络空间和现实社会中的控制和影响程度综合判断。虽然危害行为发生地、危害的行业比较分散，但涉案犯罪组织利用信息网络多次实施强迫交易、寻衅滋事、敲诈勒索等违法犯罪活动，在网络空间和现实社会造成重大影响，严重破坏经济、社会生活秩序的，应当认定为"在一定区域或者行业内，形成非法控制或者重大影响"。

四、利用信息网络实施黑恶势力犯罪案件管辖

14.利用信息网络实施的黑恶势力犯罪案件管辖依照《关于办理黑社会性质组织犯罪案件若干问题的规定》和《关于办理网络犯罪案件适用刑事诉讼程序若干问题的意见》的有关规定确定，坚持以犯罪地管辖为主、被告人居住地管辖为辅的原则。

15.公安机关可以依法对利用信息网络实施的黑恶势力犯罪相关案件并案侦查或者指定下级公安机关管辖，并案侦查或者由上级公安机关指定管辖的公安机关应当全面调查收集能够证明黑恶势力犯罪事实的证据，各涉案地公安机关应当积极配合。并案侦查或者由上级公安机关指定管辖的案件，需要提请批准逮捕、移送审查起诉、提起公诉的，由立案侦查的公安机关所在地的人民检察院、人民法院受理。

16.人民检察院对于公安机关提请批准逮捕、移送审查起诉的利用信息网络实施的黑恶势力犯罪案件，人民法院对于已进入审判程序的利用信息网络实施的黑恶势力犯罪案件，被告人及其辩护人提出的管辖异议成立，或者办案单位发现没有管辖权的，受案人民检察院、人民法院经审查，可以依法报请与有管辖权的人民检察院、人民法院共同的上级人民检察院、

人民法院指定管辖，不再自行移交。对于在审查批准逮捕阶段，上级检察机关已经指定管辖的案件，审查起诉工作由同一人民检察院受理。人民检察院、人民法院认为应当分案起诉、审理的，可以依法分案处理。

17.公安机关指定下级公安机关办理利用信息网络实施的黑恶势力犯罪案件的，应当同时抄送同级人民检察院、人民法院。人民检察院认为需要依法指定审判管辖的，应当协商同级人民法院办理指定管辖有关事宜。

18.本意见自 2019 年 10 月 21 日起施行。

13.最高人民法院、最高人民检察院、公安部、司法部《关于跨省异地执行刑罚的黑恶势力罪犯坦白检举构成自首立功若干问题的意见》（2019 年 10 月 21 日）

为认真贯彻落实中央开展扫黑除恶专项斗争的部署要求，根据《刑法》《刑事诉讼法》和有关司法解释、规范性文件的规定，现对办理跨省异地执行刑罚的黑恶势力罪犯坦白交代本人犯罪和检举揭发他人犯罪案件提出如下意见：

一、总体工作要求

1.人民法院、人民检察院、公安机关、监狱要充分认识黑恶势力犯罪的严重社会危害，在办理案件中加强沟通协调，促使黑恶势力罪犯坦白交代本人犯罪和检举揭发他人犯罪，进一步巩固和扩大扫黑除恶专项斗争成果。

2.人民法院、人民检察院、公安机关、监狱在办理跨省异地执行刑罚的黑恶势力罪犯坦白、检举构成自首、立功案件中，应当贯彻宽严相济刑事政策，充分发挥职能作用，坚持依法办案，快办快结，保持密切配合，形成合力，实现政治效果、法律效果和社会效果的统一。

二、排查和移送案件线索

3.监狱应当依法从严管理跨省异地执行刑罚的黑恶势力罪犯，积极开展黑恶势力犯罪线索排查，加大政策宣讲力度，教育引导罪犯坦白交代司法机关还未掌握的本人其他犯罪行为，鼓励罪犯检举揭发他人犯罪行为。

4.跨省异地执行刑罚的黑恶势力罪犯检举揭发他人犯罪行为、提供重要线索，或者协助司法机关抓捕其他犯罪嫌疑人的，各部门在办案中应当采取必要措施，保护罪犯及其近亲属人身和财产安全。

5.跨省异地执行刑罚的黑恶势力罪犯坦白、检举的，监狱应当就基本犯罪事实、涉案人员和作案时间、地点等情况对罪犯进行询问，形成书面材料后报省级监狱管理机关。省级监狱管理机关根据案件性质移送原办案侦查机关所在地省级公安机关、人民检察院或者其他省级主管部门。

6.原办案侦查机关所在地省级公安机关、人民检察院收到监狱管理机关移送的案件线索材料后，应当进行初步审查。经审查认为属于公安机关或者人民检察院管辖的，应当按照有关管辖的规定处理。经审查认为不属于公安机关或者人民检察院管辖的，应当及时退回移送的省级监狱管理机关，并书面说明理由。

三、办理案件程序

7.办案侦查机关收到罪犯坦白、检举案件线索或者材料后，应当及时进行核实。依法不予立案的，应当说明理由，并将不予立案通知书送达罪犯服刑监狱。依法决定立案的，应当在立案后十日内，将立案情况书面告知罪犯服刑监狱。依法决定撤销案件的，应当将案件撤销情况书面告知罪犯服刑监狱。

8.人民检察院审查起诉跨省异地执行刑罚的黑恶势力罪犯坦白、检举案件，依法决定不起诉的，应当在作出不起诉决定后十日内将有关情况书面告知罪犯服刑监狱。

9.人民法院审理跨省异地执行刑罚的黑恶势力罪犯坦白案件，可以依法适用简易程序、速裁程序。有条件的地区，可以通过远程视频方式开庭审理。判决生效后十日内，人民法院应当向办案侦查机关和罪犯服刑监狱发出裁判文书。

10.跨省异地执行刑罚的黑恶势力罪犯在服刑期间，检举揭发他人犯罪、提供重要线索，或者协助司法机关抓捕其他犯罪嫌疑人的，办案侦查机关应当在人民法院判决生效后十日内根据人民法院判决对罪犯是否构成立功或重大立功提出书面意见，与案件相关材料一并送交监狱。

11.跨省异地执行刑罚的黑恶势力罪犯在原审判决生效前，检举揭发他人犯罪活动、提供重要线索，或者协助司法机关抓捕其他犯罪嫌疑人的，在原审判决生效后才被查证属实的，参照本意见第 10 条情形办理。

12.跨省异地执行刑罚的黑恶势力罪犯检举揭发他人犯罪，构成立功或者重大立功的，监狱依法向人民法院提请减刑。对于检举他人犯罪行为基本属实，但未构成立功或者重大立功的，监狱可以根据有关规定给予日常考核奖励或者物质奖励。

13.公安机关、人民检察院、人民法院认为需要提审跨省异地执行刑罚的黑恶势力罪犯的，提审人员应当持工作证等有效证件和县级以上公安机关、人民检察院、人民法院出具的介绍信等证明材料到罪犯服刑监狱进行提审。

14.公安机关、人民检察院、人民法院认为需要将异地执行刑罚的黑恶势力罪犯跨省解回侦查、起诉、审判的，办案地省级公安机关、人民检察院、人民法院应当先将解回公函及相关材料送监狱所在地省级公安机关、人民检察院、人民法院审核。经审核确认无误的，监狱所在地省级公安机关、人民检察院、人民法院应当出具确认公函，与解回公函及材料一并转送监狱所在地省级监狱管理机关审批。监狱所在地省级监狱管理机关应当在收到上述材料后三日内作出是否批准的书面决定。批准将罪犯解回侦查、起诉、审判的，办案地公安机关、人民检察院、人民法院应当派员到监狱办理罪犯离监手续。案件办理结束后，除将罪犯依法执行死刑外，应当将罪犯押解回原服刑监狱继续服刑。

15.本意见所称"办案侦查机关"，是指依法对案件行使侦查权的公安机关、人民检察院。

14. 最高人民法院、最高人民检察院、公安部、司法部《关于依法严惩利用未成年人实施黑恶势力犯罪的意见》 2020 年 4 月 23 日

一、突出打击重点，依法严惩利用未成年人实施黑恶势力犯罪的行为

（一）黑社会性质组织、恶势力犯罪集团、恶势力，实施下列行为之一的，应当认定为"利用未成年人实施黑恶势力犯罪"：

1.胁迫、教唆未成年人参加黑社会性质组织、恶势力犯罪集团、恶势力，或者实施黑恶势力违法犯罪活动的；

2.拉拢、引诱、欺骗未成年人参加黑社会性质组织、恶势力犯罪集团、恶势力，或者实施黑恶势力违法犯罪活动的；

3.招募、吸收、介绍未成年人参加黑社会性质组织、恶势力犯罪集团、恶势力，或者实施黑恶势力违法犯罪活动的；

4.雇佣未成年人实施黑恶势力违法犯罪活动的；

5.其他利用未成年人实施黑恶势力犯罪的情形。

黑社会性质组织、恶势力犯罪集团、恶势力，根据《刑法》和《最高人民法院、最高人民检察院、公安部、司法部关于办理黑恶势力犯罪案件若干问题的指导意见》《最高人民法

院、最高人民检察院、公安部、司法部关于办理恶势力刑事案件若干问题的意见》等法律、司法解释性质文件的规定认定。

（二）利用未成年人实施黑恶势力犯罪，具有下列情形之一的，应当从重处罚：

1.组织、指挥未成年人实施故意杀人、故意伤害致人重伤或者死亡、强奸、绑架、抢劫等严重暴力犯罪的；

2.向未成年人传授实施黑恶势力犯罪的方法、技能、经验的；

3.利用未达到刑事责任年龄的未成年人实施黑恶势力犯罪的；

4.为逃避法律追究，让未成年人自首、做虚假供述顶罪的；

5.利用留守儿童、在校学生实施犯罪的；

6.利用多人或者多次利用未成年人实施犯罪的；

7.针对未成年人实施违法犯罪的；

8.对未成年人负有监护、教育、照料等特殊职责的人员利用未成年人实施黑恶势力违法犯罪活动的；

9.其他利用未成年人违法犯罪应当从重处罚的情形。

（三）黑社会性质组织、恶势力犯罪集团利用未成年人实施犯罪的，对犯罪集团首要分子，按照集团所犯的全部罪行，从重处罚。对犯罪集团的骨干成员，按照其组织、指挥的犯罪，从重处罚。

恶势力利用未成年人实施犯罪的，对起组织、策划、指挥作用的纠集者，恶势力共同犯罪中罪责严重的主犯，从重处罚。

黑社会性质组织、恶势力犯罪集团、恶势力成员直接利用未成年人实施黑恶势力犯罪的，从重处罚。

（四）有胁迫、教唆、引诱等利用未成年人参加黑社会性质组织、恶势力犯罪集团、恶势力，或者实施黑恶势力犯罪的行为，虽然未成年人并没有加入黑社会性质组织、恶势力犯罪集团、恶势力，或者没有实际参与实施黑恶势力违法犯罪活动，对黑社会性质组织、恶势力犯罪集团、恶势力的首要分子、骨干成员、纠集者、主犯和直接利用的成员，即便有自首、立功、坦白等从轻减轻情节的，一般也不予从轻或者减轻处罚。

（五）被黑社会性质组织、恶势力犯罪集团、恶势力利用，偶尔参与黑恶势力犯罪活动的未成年人，按其所实施的具体犯罪行为定性，一般不认定为黑恶势力犯罪组织成员。

15.《中华人民共和国反有组织犯罪法》（2021年12月24日）

第一章 总则

第一条 为了预防和惩治有组织犯罪，加强和规范反有组织犯罪工作，维护国家安全、社会秩序、经济秩序，保护公民和组织的合法权益，根据宪法，制定本法。

第二条 本法所称有组织犯罪，是指《中华人民共和国刑法》第二百九十四条规定的组织、领导、参加黑社会性质组织犯罪，以及黑社会性质组织、恶势力组织实施的犯罪。

本法所称恶势力组织，是指经常纠集在一起，以暴力、威胁或者其他手段，在一定区域或者行业领域内多次实施违法犯罪活动，为非作恶，欺压群众，扰乱社会秩序、经济秩序，造成较为恶劣的社会影响，但尚未形成黑社会性质组织的犯罪组织。

境外的黑社会组织到中华人民共和国境内发展组织成员、实施犯罪，以及在境外对中华人民共和国国家或者公民犯罪的，适用本法。

第三条 反有组织犯罪工作应当坚持总体国家安全观，综合运用法律、经济、科技、文化、教育等手段，建立健全反有组织犯罪工作机制和有组织犯罪预防治理体系。

第四条 反有组织犯罪工作应当坚持专门工作与群众路线相结合，坚持专项治理与系统治理相结合，坚持与反腐败相结合，坚持与加强基层组织建设相结合，惩防并举、标本兼治。

第五条 反有组织犯罪工作应当依法进行，尊重和保障人权，维护公民和组织的合法权益。

第六条 监察机关、人民法院、人民检察院、公安机关、司法行政机关以及其他有关国家机关，应当根据分工，互相配合，互相制约，依法做好反有组织犯罪工作。

有关部门应当动员、依靠村民委员会、居民委员会、企业事业单位、社会组织，共同开展反有组织犯罪工作。

第七条 任何单位和个人都有协助、配合有关部门开展反有组织犯罪工作的义务。

国家依法对协助、配合反有组织犯罪工作的单位和个人给予保护。

第八条 国家鼓励单位和个人举报有组织犯罪。

对举报有组织犯罪或者在反有组织犯罪工作中作出突出贡献的单位和个人，按照国家有关规定给予表彰、奖励。

第二章 预防和治理

第九条 各级人民政府和有关部门应当依法组织开展有组织犯罪预防和治理工作，将有组织犯罪预防和治理工作纳入考评体系。

村民委员会、居民委员会应当协助人民政府以及有关部门开展有组织犯罪预防和治理工作。

第十条 承担有组织犯罪预防和治理职责的部门应当开展反有组织犯罪宣传教育，增强公民的反有组织犯罪意识和能力。

监察机关、人民法院、人民检察院、公安机关、司法行政机关应当通过普法宣传、以案释法等方式，开展反有组织犯罪宣传教育。

新闻、广播、电视、文化、互联网信息服务等单位，应当有针对性地面向社会开展反有组织犯罪宣传教育。

第十一条 教育行政部门、学校应当会同有关部门建立防范有组织犯罪侵害校园工作机制，加强反有组织犯罪宣传教育，增强学生防范有组织犯罪的意识，教育引导学生自觉抵制有组织犯罪，防范有组织犯罪的侵害。

学校发现有组织犯罪侵害学生人身、财产安全，妨害校园及周边秩序的，有组织犯罪组织在学生中发展成员的，或者学生参加有组织犯罪活动的，应当及时制止，采取防范措施，并向公安机关和教育行政部门报告。

第十二条 民政部门应当会同监察机关、公安机关等有关部门，对村民委员会、居民委员会成员候选人资格进行审查，发现因实施有组织犯罪受过刑事处罚的，应当依照有关规定及时作出处理；发现有组织犯罪线索的，应当及时向公安机关报告。

第十三条 市场监管、金融监管、自然资源、交通运输等行业主管部门应当会同公安机关，建立健全行业有组织犯罪预防和治理长效机制，对相关行业领域内有组织犯罪情况进行监测分析，对有组织犯罪易发的行业领域加强监督管理。

第十四条 监察机关、人民法院、人民检察院、公安机关在办理案件中发现行业主管部门有组织犯罪预防和治理工作存在问题的，可以书面向相关行业主管部门提出意见建议。相关行业主管部门应当及时处理并书面反馈。

第十五条 公安机关可以会同有关部门根据本地有组织犯罪情况，确定预防和治理的重点区域、行业领域或者场所。

重点区域、行业领域或者场所的管理单位应当采取有效措施，加强管理，并及时将工作情况向公安机关反馈。

第十六条　电信业务经营者、互联网服务提供者应当依法履行网络信息安全管理义务，采取安全技术防范措施，防止含有宣扬、诱导有组织犯罪内容的信息传播；发现含有宣扬、诱导有组织犯罪内容的信息的，应当立即停止传输，采取消除等处置措施，保存相关记录，并向公安机关或者有关部门报告，依法为公安机关侦查有组织犯罪提供技术支持和协助。

网信、电信、公安等主管部门对含有宣扬、诱导有组织犯罪内容的信息，应当按照职责分工，及时责令有关单位停止传输、采取消除等处置措施，或者下架相关应用、关闭相关网站、关停相关服务。有关单位应当立即执行，并保存相关记录，协助调查。对互联网上来源于境外的上述信息，电信主管部门应当采取技术措施，及时阻断传播。

第十七条　国务院反洗钱行政主管部门、国务院其他有关部门、机构应当督促金融机构和特定非金融机构履行反洗钱义务。发现与有组织犯罪有关的可疑交易活动的，有关主管部门可以依法进行调查，经调查不能排除洗钱嫌疑的，应当及时向公安机关报案。

第十八条　监狱、看守所、社区矫正机构对有组织犯罪的罪犯，应当采取有针对性的监管、教育、矫正措施。

有组织犯罪的罪犯刑满释放后，司法行政机关应当会同有关部门落实安置帮教等必要措施，促进其顺利融入社会。

第十九条　对因组织、领导黑社会性质组织被判处刑罚的人员，设区的市级以上公安机关可以决定其自刑罚执行完毕之日起，按照国家有关规定向公安机关报告个人财产及日常活动。报告期限不超过五年。

第二十条　曾被判处刑罚的黑社会性质组织的组织者、领导者或者恶势力组织的首要分子开办企业或者在企业中担任高级管理人员的，相关行业主管部门应当依法审查，对其经营活动加强监督管理。

第二十一条　移民管理、海关、海警等部门应当会同公安机关严密防范境外的黑社会组织入境渗透、发展、实施违法犯罪活动。

出入境证件签发机关、移民管理机构对境外的黑社会组织的人员，有权决定不准其入境、不予签发入境证件或者宣布其入境证件作废。

移民管理、海关、海警等部门发现境外的黑社会组织的人员入境的，应当及时通知公安机关。发现相关人员涉嫌违反我国法律或者发现涉嫌有组织犯罪物品的，应当依法扣留并及时处理。

第三章　案件办理

第二十二条　办理有组织犯罪案件，应当以事实为根据，以法律为准绳，坚持宽严相济。

对有组织犯罪的组织者、领导者和骨干成员，应当严格掌握取保候审、不起诉、缓刑、减刑、假释和暂予监外执行的适用条件，充分适用剥夺政治权利、没收财产、罚金等刑罚。

有组织犯罪的犯罪嫌疑人、被告人自愿如实供述自己的罪行，承认指控的犯罪事实，愿意接受处罚的，可以依法从宽处理。

第二十三条　利用网络实施的犯罪，符合本法第二条规定的，应当认定为有组织犯罪。

为谋取非法利益或者形成非法影响，有组织地进行滋扰、纠缠、哄闹、聚众造势等，对他人形成心理强制，足以限制人身自由、危及人身财产安全，影响正常社会秩序、经济秩序的，可以认定为有组织犯罪的犯罪手段。

第二十四条　公安机关应当依法运用现代信息技术，建立有组织犯罪线索收集和研判机制，分级分类进行处置。

公安机关接到对有组织犯罪的报案、控告、举报后，应当及时开展统计、分析、研判工作，组织核查或者移送有关主管机关依法处理。

第二十五条　有关国家机关在履行职责时发现有组织犯罪线索，或者接到对有组织犯罪的举报的，应当及时移送公安机关等主管机关依法处理。

第二十六条　公安机关核查有组织犯罪线索，可以按照国家有关规定采取调查措施。公安机关向有关单位和个人收集、调取相关信息和材料的，有关单位和个人应当如实提供。

第二十七条　公安机关核查有组织犯罪线索，经县级以上公安机关负责人批准，可以查询嫌疑人员的存款、汇款、债券、股票、基金份额等财产信息。

公安机关核查黑社会性质组织犯罪线索，发现涉案财产有灭失、转移的紧急风险的，经设区的市级以上公安机关负责人批准，可以对有关涉案财产采取紧急止付或者临时冻结、临时扣押的紧急措施，期限不得超过四十八小时。期限届满或者适用紧急措施的情形消失的，应当立即解除紧急措施。

第二十八条　公安机关核查有组织犯罪线索，发现犯罪事实或者犯罪嫌疑人的，应当依照《中华人民共和国刑事诉讼法》的规定立案侦查。

第二十九条　公安机关办理有组织犯罪案件，可以依照《中华人民共和国出境入境管理法》的规定，决定对犯罪嫌疑人采取限制出境措施，通知移民管理机构执行。

第三十条　对有组织犯罪案件的犯罪嫌疑人、被告人，根据办理案件和维护监管秩序的需要，可以采取异地羁押、分别羁押或者单独羁押等措施。采取异地羁押措施的，应当依法通知犯罪嫌疑人、被告人的家属和辩护人。

第三十一条　公安机关在立案后，根据侦查犯罪的需要，依照《中华人民共和国刑事诉讼法》的规定，可以采取技术侦查措施、实施控制下交付或者由有关人员隐匿身份进行侦查。

第三十二条　犯罪嫌疑人、被告人检举、揭发重大犯罪的其他共同犯罪人或者提供侦破重大案件的重要线索或者证据，同案处理可能导致其本人或者近亲属有人身危险的，可以分案处理。

第三十三条　犯罪嫌疑人、被告人积极配合有组织犯罪案件的侦查、起诉、审判等工作，有下列情形之一的，可以依法从宽处罚，但对有组织犯罪的组织者、领导者应当严格适用：

（一）为查明犯罪组织的组织结构及其组织者、领导者、首要分子的地位、作用提供重要线索或者证据的；

（二）为查明犯罪组织实施的重大犯罪提供重要线索或者证据的；

（三）为查处国家工作人员涉有组织犯罪提供重要线索或者证据的；

（四）协助追缴、没收尚未掌握的赃款赃物的；

（五）其他为查办有组织犯罪案件提供重要线索或者证据的情形。

对参加有组织犯罪组织的犯罪嫌疑人、被告人不起诉或者免予刑事处罚的，可以根据案件的不同情况，依法予以训诫、责令具结悔过、赔礼道歉、赔偿损失，或者由主管部门予以行政处罚或者处分。

第三十四条　对黑社会性质组织的组织者、领导者，应当依法并处没收财产。对其他组织成员，根据其在犯罪组织中的地位、作用以及所参与违法犯罪活动的次数、性质、违法所得数额、造成的损失等，可以依法并处罚金或者没收财产。

第三十五条　对有组织犯罪的罪犯，执行机关应当依法从严管理。

黑社会性质组织的组织者、领导者或者恶势力组织的首要分子被判处十年以上有期徒刑、无期徒刑、死刑缓期二年执行的，应当跨省、自治区、直辖市异地执行刑罚。

第三十六条　对被判处十年以上有期徒刑、无期徒刑、死刑缓期二年执行的黑社会性质组织的组织者、领导者或者恶势力组织的首要分子减刑的，执行机关应当依法提出减刑建议，报经省、自治区、直辖市监狱管理机关复核后，提请人民法院裁定。

对黑社会性质组织的组织者、领导者或者恶势力组织的首要分子假释的，适用前款规定的程序。

第三十七条　人民法院审理黑社会性质组织犯罪罪犯的减刑、假释案件，应当通知人民检察院、执行机关参加审理，并通知被报请减刑、假释的罪犯参加，听取其意见。

第三十八条　执行机关提出减刑、假释建议以及人民法院审理减刑、假释案件，应当充分考虑罪犯履行生效裁判中财产性判项、配合处置涉案财产等情况。

第四章　涉案财产认定和处置

第三十九条　办理有组织犯罪案件中发现的可用以证明犯罪嫌疑人、被告人有罪或者无罪的各种财物、文件，应当依法查封、扣押。

公安机关、人民检察院、人民法院可以依照《中华人民共和国刑事诉讼法》的规定查询、冻结犯罪嫌疑人、被告人的存款、汇款、债券、股票、基金份额等财产。有关单位和个人应当配合。

第四十条　公安机关、人民检察院、人民法院根据办理有组织犯罪案件的需要，可以全面调查涉嫌有组织犯罪的组织及其成员的财产状况。

第四十一条　查封、扣押、冻结、处置涉案财物，应当严格依照法定条件和程序进行，依法保护公民和组织的合法财产权益，严格区分违法所得与合法财产、本人财产与其家属的财产，减少对企业正常经营活动的不利影响。不得查封、扣押、冻结与案件无关的财物。经查明确实与案件无关的财物，应当在三日以内解除查封、扣押、冻结，予以退还。对被害人的合法财产，应当及时返还。

查封、扣押、冻结涉案财物，应当为犯罪嫌疑人、被告人及其扶养的家属保留必需的生活费用和物品。

第四十二条　公安机关可以向反洗钱行政主管部门查询与有组织犯罪相关的信息数据，提请协查与有组织犯罪相关的可疑交易活动，反洗钱行政主管部门应当予以配合并及时回复。

第四十三条　对下列财产，经县级以上公安机关、人民检察院或者人民法院主要负责人批准，可以依法先行出售、变现或者变卖、拍卖，所得价款由扣押、冻结机关保管，并及时告知犯罪嫌疑人、被告人或者其近亲属：

（一）易损毁、灭失、变质等不宜长期保存的物品；

（二）有效期即将届满的汇票、本票、支票等；

（三）债券、股票、基金份额等财产，经权利人申请，出售不损害国家利益、被害人利益，不影响诉讼正常进行的。

第四十四条　公安机关、人民检察院应当对涉案财产审查甄别。在移送审查起诉、提起公诉时，应当对涉案财产提出处理意见。

在审理有组织犯罪案件过程中，应当对与涉案财产的性质、权属有关的事实、证据进行法庭调查、辩论。人民法院应当依法作出判决，对涉案财产作出处理。

第四十五条　有组织犯罪组织及其成员违法所得的一切财物及其孳息、收益，违禁品和供犯罪所用的本人财物，应当依法予以追缴、没收或者责令退赔。

依法应当追缴、没收的涉案财产无法找到、灭失或者与其他合法财产混合且不可分割的，可以追缴、没收其他等值财产或者混合财产中的等值部分。

被告人实施黑社会性质组织犯罪的定罪量刑事实已经查清，有证据证明其在犯罪期间获得的财产高度可能属于黑社会性质组织犯罪的违法所得及其孳息、收益，被告人不能说明财产合法来源的，应当依法予以追缴、没收。

第四十六条　涉案财产符合下列情形之一的，应当依法予以追缴、没收：

（一）为支持或者资助有组织犯罪活动而提供给有组织犯罪组织及其成员的财产；

（二）有组织犯罪组织成员的家庭财产中实际用于支持有组织犯罪活动的部分；

（三）利用有组织犯罪组织及其成员的违法犯罪活动获得的财产及其孳息、收益。

第四十七条　黑社会性质组织犯罪案件的犯罪嫌疑人、被告人逃匿，在通缉一年后不能到案，或者犯罪嫌疑人、被告人死亡，依照《中华人民共和国刑法》规定应当追缴其违法所得及其他涉案财产的，依照《中华人民共和国刑事诉讼法》有关犯罪嫌疑人、被告人逃匿、死亡案件违法所得的没收程序的规定办理。

第四十八条　监察机关、公安机关、人民检察院发现与有组织犯罪相关的洗钱以及掩饰、隐瞒犯罪所得、犯罪所得收益等犯罪的，应当依法查处。

第四十九条　利害关系人对查封、扣押、冻结、处置涉案财物提出异议的，公安机关、人民检察院、人民法院应当及时予以核实，听取其意见，依法作出处理。

公安机关、人民检察院、人民法院对涉案财物作出处理后，利害关系人对处理不服的，可以提出申诉或者控告。

第五章　国家工作人员涉有组织犯罪的处理

第五十条　国家工作人员有下列行为的，应当全面调查，依法作出处理：

（一）组织、领导、参加有组织犯罪活动的；

（二）为有组织犯罪组织及其犯罪活动提供帮助的；

（三）包庇有组织犯罪组织、纵容有组织犯罪活动的；

（四）在查办有组织犯罪案件工作中失职渎职的；

（五）利用职权或者职务上的影响干预反有组织犯罪工作的；

（六）其他涉有组织犯罪的违法犯罪行为。

国家工作人员组织、领导、参加有组织犯罪的，应当依法从重处罚。

第五十一条　监察机关、人民法院、人民检察院、公安机关、司法行政机关应当加强协作配合，建立线索办理沟通机制，发现国家工作人员涉嫌本法第五十条规定的违法犯罪的线索，应当依法处理或者及时移送主管机关处理。

任何单位和个人发现国家工作人员与有组织犯罪有关的违法犯罪行为，有权向监察机关、人民检察院、公安机关等部门报案、控告、举报。有关部门接到报案、控告、举报后，应当及时处理。

第五十二条　依法查办有组织犯罪案件或者依照职责支持、协助查办有组织犯罪案件的国家工作人员，不得有下列行为：

（一）接到报案、控告、举报不受理，发现犯罪信息、线索隐瞒不报、不如实报告，或者未经批准、授权擅自处置、不移送犯罪线索、涉案材料；

（二）向违法犯罪人员通风报信，阻碍案件查处；

（三）违背事实和法律处理案件；

（四）违反规定查封、扣押、冻结、处置涉案财物；

（五）其他滥用职权、玩忽职守、徇私舞弊的行为。

第五十三条　有关机关接到对从事反有组织犯罪工作的执法、司法工作人员的举报后，应当依法处理，防止犯罪嫌疑人、被告人等利用举报干扰办案、打击报复。

对利用举报等方式歪曲捏造事实，诬告陷害从事反有组织犯罪工作的执法、司法工作人员的，应当依法追究责任；造成不良影响的，应当按照规定及时澄清事实，恢复名誉，消除不良影响。

第六章　国际合作

第五十四条　中华人民共和国根据缔结或者参加的国际条约，或者按照平等互惠原则，与其他国家、地区、国际组织开展反有组织犯罪合作。

第五十五条　国务院有关部门根据国务院授权，代表中国政府与外国政府和有关国际组织开展反有组织犯罪情报信息交流和执法合作。

国务院公安部门应当加强跨境反有组织犯罪警务合作，推动与有关国家和地区建立警务合作机制。经国务院公安部门批准，边境地区公安机关可以与相邻国家或者地区执法机构建立跨境有组织犯罪情报信息交流和警务合作机制。

第五十六条　涉及有组织犯罪的刑事司法协助、引渡，依照有关法律的规定办理。

第五十七条　通过反有组织犯罪国际合作取得的材料可以在行政处罚、刑事诉讼中作为证据使用，但依据条约规定或者我方承诺不作为证据使用的除外。

第七章　保障措施

第五十八条　国家为反有组织犯罪工作提供必要的组织保障、制度保障和物质保障。

第五十九条　公安机关和有关部门应当依照职责，建立健全反有组织犯罪专业力量，加强人才队伍建设和专业训练，提升反有组织犯罪工作能力。

第六十条　国务院和县级以上地方各级人民政府应当按照事权划分，将反有组织犯罪工作经费列入本级财政预算。

第六十一条　因举报、控告和制止有组织犯罪活动，在有组织犯罪案件中作证，本人或者其近亲属的人身安全面临危险的，公安机关、人民检察院、人民法院应当按照有关规定，采取下列一项或者多项保护措施：

（一）不公开真实姓名、住址和工作单位等个人信息；

（二）采取不暴露外貌、真实声音等出庭作证措施；

（三）禁止特定的人接触被保护人员；

（四）对人身和住宅采取专门性保护措施；

（五）变更被保护人员的身份，重新安排住所和工作单位；

（六）其他必要的保护措施。

第六十二条　采取本法第六十一条第三项、第四项规定的保护措施，由公安机关执行。根据本法第六十一条第五项规定，变更被保护人员身份的，由国务院公安部门批准和组织实施。

公安机关、人民检察院、人民法院依法采取保护措施，有关单位和个人应当配合。

第六十三条　实施有组织犯罪的人员配合侦查、起诉、审判等工作，对侦破案件或者查明案件事实起到重要作用的，可以参照证人保护的规定执行。

第六十四条　对办理有组织犯罪案件的执法、司法工作人员及其近亲属，可以采取人身保护、禁止特定的人接触等保护措施。

第六十五条　对因履行反有组织犯罪工作职责或者协助、配合有关部门开展反有组织犯罪工作导致伤残或者死亡的人员，按照国家有关规定给予相应的待遇。

第八章　法律责任

第六十六条　组织、领导、参加黑社会性质组织，国家机关工作人员包庇、纵容黑社会性质组织，以及黑社会性质组织、恶势力组织实施犯罪的，依法追究刑事责任。

境外的黑社会组织的人员到中华人民共和国境内发展组织成员、实施犯罪，以及在境外对中华人民共和国国家或者公民犯罪的，依法追究刑事责任。

第六十七条　发展未成年人参加黑社会性质组织、境外的黑社会组织，教唆、诱骗未成年人实施有组织犯罪，或者实施有组织犯罪侵害未成年人合法权益的，依法从重追究刑事责任。

第六十八条　对有组织犯罪的罪犯，人民法院可以依照《中华人民共和国刑法》有关从业禁止的规定，禁止其从事相关职业，并通报相关行业主管部门。

第六十九条　有下列情形之一，尚不构成犯罪的，由公安机关处五日以上十日以下拘留，可以并处一万元以下罚款；情节较重的，处十日以上十五日以下拘留，并处一万元以上三万元以下罚款；有违法所得的，除依法应当返还被害人的以外，应当予以没收：

（一）参加境外的黑社会组织的；

（二）积极参加恶势力组织的；

（三）教唆、诱骗他人参加有组织犯罪组织，或者阻止他人退出有组织犯罪组织的；

（四）为有组织犯罪活动提供资金、场所等支持、协助、便利的；

（五）阻止他人检举揭发有组织犯罪、提供有组织犯罪证据，或者明知他人有有组织犯罪行为，在司法机关向其调查有关情况、收集有关证据时拒绝提供的。

教唆、诱骗未成年人参加有组织犯罪组织或者阻止未成年人退出有组织犯罪组织，尚不构成犯罪的，依照前款规定从重处罚。

第七十条　违反本法第十九条规定，不按照公安机关的决定如实报告个人财产及日常活动的，由公安机关给予警告，并责令改正；拒不改正的，处五日以上十日以下拘留，并处三万元以下罚款。

第七十一条　金融机构等相关单位未依照本法第二十七条规定协助公安机关采取紧急止付、临时冻结措施的，由公安机关责令改正；拒不改正的，由公安机关处五万元以上二十万元以下罚款，并对直接负责的主管人员和其他直接责任人员处五万元以下罚款；情节严重的，公安机关可以建议有关主管部门对直接负责的主管人员和其他直接责任人员依法给予处分。

第七十二条　电信业务经营者、互联网服务提供者有下列情形之一的，由有关主管部门责令改正；拒不改正或者情节严重的，由有关主管部门依照《中华人民共和国网络安全法》的有关规定给予处罚：

（一）拒不为侦查有组织犯罪提供技术支持和协助的；

（二）不按照主管部门的要求对含有宣扬、诱导有组织犯罪内容的信息停止传输、采取消除等处置措施、保存相关记录的。

第七十三条　有关国家机关、行业主管部门拒不履行或者拖延履行反有组织犯罪法定职责，或者拒不配合反有组织犯罪调查取证，或者在其他工作中滥用反有组织犯罪工作有关措施的，由其上级机关责令改正；情节严重的，对负有责任的领导人员和直接责任人员，依法给予处分；构成犯罪的，依法追究刑事责任。

第七十四条　有关部门和单位、个人应当对在反有组织犯罪工作过程中知悉的国家秘密、商业秘密和个人隐私予以保密。违反规定泄露国家秘密、商业秘密和个人隐私的，依法追究法律责任。

第七十五条　国家工作人员有本法第五十条、第五十二条规定的行为，构成犯罪的，依法追究刑事责任；尚不构成犯罪的，依法给予处分。

第七十六条　有关单位和个人对依照本法作出的行政处罚和行政强制措施决定不服的，可以依法申请行政复议或者提起行政诉讼。

第九章　附则

第七十七条　本法自2022年5月1日起施行。

第二百九十五条【传授犯罪方法罪】　传授犯罪方法的，处五年以下有期徒刑、拘役或者管制；情节严重的，处五年以上十年以下有期徒刑；情节特别严重的，处十年以上有期徒刑或者无期徒刑。【2011年5月1日刑法修正案（八）】

【1997年刑法】传授犯罪方法的，处五年以下有期徒刑、拘役或者管制；情节严重的，处五年以上有期徒刑；情节特别严重的，处无期徒刑或者死刑。

（相关解释）**最高人民法院、最高人民检察院、公安部《关于办理暴力恐怖和宗教极端刑事案件适用法律若干问题的意见》**公通字〔2014〕34号（具体参照第一百二十条）

二、准确认定案件性质

（九）传授暴力恐怖或者其他犯罪技能、经验，依法不能认定为组织、领导、参加恐怖组织罪的，以传授犯罪方法罪定罪处罚。

为实现所教唆的犯罪，教唆者又传授犯罪方法的，择一重罪定罪处罚。

第二百九十六条【非法集会、游行、示威罪】　举行集会、游行、示威，未依照法律规定申请或者申请未获许可，或者未按照主管机关许可的起止时间、地点、路线进行，又拒不服从解散命令，严重破坏社会秩序的，对集会、游行、示威的负责人和直接责任人员，处五年以下有期徒刑、拘役、管制或者剥夺政治权利。

（相关解释）**最高人民检察院、公安部《关于公安机关管辖的刑事案件立案追诉标准的规定（一）》**公通字〔2008〕36号

第三十八条　【非法集会、游行、示威案（《刑法》第二百九十六条）】举行集会、游行、示威，未依照法律规定申请或者申请未获许可，或者未按照主管机关许可的起止时间、地点、路线进行，又拒不服从解散命令，严重破坏社会秩序的，应予立案追诉。

第二百九十七条【非法携带武器、管制刀具、爆炸物参加集会、游行、示威罪】　违反法律规定，携带武器、管制刀具或者爆炸物参加集会、游行、示威的，处三年以下有期徒刑、拘役、管制或者剥夺政治权利。

（相关解释）**最高人民检察院、公安部《关于公安机关管辖的刑事案件立案追诉标准的规定（一）》**公通字〔2008〕36号

第三十九条　【非法携带武器、管制刀具、爆炸物参加集会、游行、示威案（《刑法》第二百九十七条）】违反法律规定，携带武器、管制刀具或者爆炸物参加集会、游行、示威的，应予立案追诉。

第二百九十八条【破坏集会、游行、示威罪】　扰乱、冲击或者以其他方法破坏依法

举行的集会、游行、示威，造成公共秩序混乱的处五年以下有期徒刑、拘役、管制或者剥夺政治权利。

（相关解释）**最高人民检察院、公安部《关于公安机关管辖的刑事案件立案追诉标准的规定（一）》公通字〔2008〕36号**

第四十条　【破坏集会、游行、示威案（《刑法》第二百九十八条）】扰乱、冲击或者以其他方法破坏依法举行的集会、游行、示威，造成公共秩序严重混乱的，应予立案追诉。

第二百九十九条【侮辱国旗、国徽、国歌罪】　在公众场合故意以焚烧、毁损、涂划、玷污、践踏等方式侮辱中华人民共和国国旗、国徽的，处三年以下有期徒刑、拘役、管制或者剥夺政治权利。

在公共场合，故意篡改中华人民共和国国歌歌词、曲谱，以歪曲、贬损方式奏唱国歌，或者以其他方式侮辱国歌，情节严重的，依照前款的规定处罚。【2017年11月4日刑法修正案（十）】

【1997年刑法】在公众场合故意以焚烧、毁损、涂划、玷污、践踏等方式侮辱中华人民共和国国旗、国徽的，处三年以下有期徒刑、拘役、管制或者剥夺政治权利。

第二百九十九条之一【侵害英雄烈士名誉、荣誉罪】　侮辱、诽谤或者以其他方式侵害英雄烈士的名誉、荣誉，损害社会公共利益，情节严重的，处三年以下有期徒刑、拘役、管制或者剥夺政治权利。【2021年3月1日刑法修正案（十一）】

（相关解释）**最高人民法院、最高人民检察院、公安部《关于依法惩治侵害英雄烈士名誉、荣誉违法犯罪的意见》公通字〔2022〕5号（2022年1月11日）**

为依法惩治侵害英雄烈士名誉、荣誉违法犯罪活动，维护社会公共利益，传承和弘扬英雄烈士精神、爱国主义精神，培育和践行社会主义核心价值观，根据《中华人民共和国刑法》《中华人民共和国刑事诉讼法》《中华人民共和国英雄烈士保护法》等法律和相关司法解释的规定，制定本意见。

一、关于英雄烈士的概念和范围

根据《英雄烈士保护法》第二条的规定，《刑法》第二百九十九条之一规定的"英雄烈士"，主要是指近代以来，为了争取民族独立和人民解放，实现国家富强和人民幸福，促进世界和平和人类进步而毕生奋斗、英勇献身的英雄烈士。

司法适用中，对英雄烈士的认定，应当重点注意把握以下几点：

（一）英雄烈士的时代范围主要为"近代以来"，重点是中国共产党、人民军队和中华人民共和国历史上的英雄烈士。英雄烈士既包括个人，也包括群体；既包括有名英雄烈士，也包括无名英雄烈士。

（二）对经依法评定为烈士的，应当认定为《刑法》第二百九十九条之一规定的"英雄烈士"；已牺牲、去世，尚未评定为烈士，但其事迹和精神为我国社会普遍公认的英雄模范人物或者群体，可以认定为"英雄烈士"。

（三）英雄烈士是指已经牺牲、去世的英雄烈士。对侮辱、诽谤或者以其他方式侵害健在的英雄模范人物或者群体名誉、荣誉，构成犯罪的，适用《刑法》有关侮辱、诽谤罪等规定追究刑事责任，符合适用公诉程序条件的，由公安机关依法立案侦查，人民检察院依法提起公诉。但是，被侵害英雄烈士群体中既有已经牺牲的烈士，也有健在的英雄模范人物的，可以统一适用侵害英雄烈士名誉、荣誉罪。

二、关于侵害英雄烈士名誉、荣誉罪入罪标准

根据《刑法》第二百九十九条之一的规定，侮辱、诽谤或者以其他方式侵害英雄烈士的名誉、荣誉，损害社会公共利益，情节严重的，构成侵害英雄烈士名誉、荣誉罪。

司法实践中，对侵害英雄烈士名誉、荣誉的行为是否达到"情节严重"，应当结合行为方式，涉及英雄烈士的人数、相关信息的数量、传播方式、传播范围、传播持续时间，相关信息实际被点击、浏览、转发次数，引发的社会影响、危害后果以及行为人前科情况等综合判断。根据案件具体情况，必要时，可以参照适用《最高人民法院、最高人民检察院关于办理利用信息网络实施诽谤等刑事案件适用法律若干问题的解释》（法释〔2013〕21号）的规定。

侵害英雄烈士名誉、荣誉，达到入罪标准，但行为人认罪悔罪，综合考虑案件具体情节，认为犯罪情节轻微的，可以不起诉或者免予刑事处罚；情节显著轻微危害不大的，不以犯罪论处；构成违反治安管理行为的，由公安机关依法给予治安管理处罚。

三、关于办案工作要求

（一）坚决依法惩治。英雄烈士的事迹和精神是中华民族共同的历史记忆和宝贵的精神财富，英雄不容亵渎、先烈不容诋毁、历史不容歪曲。各级公安机关、人民检察院、人民法院要切实增强责任感和使命感，依法惩治侵害英雄烈士名誉、荣誉的违法犯罪活动，坚决维护中国特色社会主义制度，坚决维护社会公共利益。

（二）坚持宽严相济。对侵害英雄烈士名誉、荣誉的，要区分案件具体情况，落实宽严相济刑事政策，突出惩治重点，重在教育挽救，避免打击扩大化、简单化，确保实现政治效果、法律效果和社会效果的有机统一。对利用抹黑英雄烈士恶意攻击我国基本社会制度、损害社会公共利益，特别是与境外势力勾连实施恶意攻击，以及长期、多次实施侵害行为的，要依法予以严惩。对没有主观恶意，仅因模糊认识、好奇等原因而发帖、评论的，或者行为人系在校学生、未成年人的，要以教育转化为主，切实做到教育大多数、打击极少数。

（三）严格规范办案。公安机关要落实严格规范公正文明执法要求，依法全面、及时收集、固定证据，严格履行法定程序，依法保障嫌疑人合法权益。人民检察院对公安机关提请批准逮捕、移送审查起诉的案件，符合批捕、起诉条件的，依法予以批捕、起诉。对重大、疑难案件，公安机关可以商请人民检察院派员通过审查证据材料等方式，就案件定性、证据收集、法律适用等提出意见建议。人民法院要加强审判力量，制定庭审预案，依法审理。公安机关、人民检察院、人民法院要与退役军人事务部门和军队有关部门建立健全工作联系机制，妥善解决英雄烈士甄别、认定过程中的问题。

第三百条【组织、利用会道门、邪教组织、利用迷信破坏法律实施罪】 组织、利用会道门、邪教组织或者利用迷信破坏国家法律、行政法规实施的，处三年以上七年以下有期徒刑，并处罚金；情节特别严重的，处七年以上有期徒刑或者无期徒刑，并处罚金或者没收财产；情节较轻的，处三年以下有期徒刑、拘役、管制或者剥夺政治权利，并处或者单处罚金。

【组织、利用会道门、邪教组织、利用迷信致人重伤、死亡罪】 组织、利用会道门、邪教组织或者利用迷信蒙骗他人，致人重伤、死亡的，依照前款的规定处罚。

犯第一款罪又有奸淫妇女、诈骗财物等犯罪行为的，依照数罪并罚的规定处罚。【2015年11月1日刑法修正案（九）】

【1997年刑法】组织和利用会道门、邪教组织或者利用迷信破坏国家法律、行政法规实施的，处三年以上七年以下有期徒刑；情节特别严重的，处七年以上有期徒刑。

组织和利用会道门、邪教组织或者利用迷信蒙骗他人，致人死亡的，依照前款的规定处罚。

组织和利用会道门、邪教组织或者利用迷信奸淫妇女、诈骗财物的，分别依照本法第二百三十六条、第二百六十六条的规定定罪处罚。

（相关解释）**最高人民法院、最高人民检察院《关于办理组织、利用邪教组织破坏法律实施等刑事案件适用法律若干问题的解释》** 法释〔2017〕3号

为依法惩治组织、利用邪教组织破坏法律实施等犯罪活动，根据《中华人民共和国刑法》《中华人民共和国刑事诉讼法》有关规定，现就办理此类刑事案件适用法律的若干问题解释如下：

第一条 冒用宗教、气功或者以其他名义建立，神化、鼓吹首要分子，利用制造、散布迷信邪说等手段蛊惑、蒙骗他人，发展、控制成员，危害社会的非法组织，应当认定为《刑法》第三百条规定的"邪教组织"。

第二条 组织、利用邪教组织，破坏国家法律、行政法规实施，具有下列情形之一的，应当依照《刑法》第三百条第一款的规定，处三年以上七年以下有期徒刑，并处罚金：

（一）建立邪教组织，或者邪教组织被取缔后又恢复、另行建立邪教组织的；

（二）聚众包围、冲击、强占、哄闹国家机关、企业事业单位或者公共场所、宗教活动场所，扰乱社会秩序的；

（三）非法举行集会、游行、示威，扰乱社会秩序的；

（四）使用暴力、胁迫或者以其他方法强迫他人加入或者阻止他人退出邪教组织的；

（五）组织、煽动、蒙骗成员或者他人不履行法定义务的；

（六）使用"伪基站""黑广播"等无线电台（站）或者无线电频率宣扬邪教的；

（七)曾因从事邪教活动被追究刑事责任或者二年内受过行政处罚，又从事邪教活动的；

（八）发展邪教组织成员五十人以上的；

（九）敛取钱财或者造成经济损失一百万元以上的；

（十）以货币为载体宣扬邪教，数量在五百张（枚）以上的；

（十一）制作、传播邪教宣传品，达到下列数量标准之一的：

1.传单、喷图、图片、标语、报纸一千份（张）以上的；

2.书籍、刊物二百五十册以上的；

3.录音带、录像带等音像制品二百五十盒（张）以上的；

4.标识、标志物二百五十件以上的；

5.光盘、U盘、储存卡、移动硬盘等移动存储介质一百个以上的；

6.横幅、条幅五十条（个）以上的。

（十二）利用通讯信息网络宣扬邪教，具有下列情形之一的：

1.制作、传播宣扬邪教的电子图片、文章二百张（篇）以上，电子书籍、刊物、音视频五十册（个）以上，或者电子文档五百万字符以上、电子音视频二百五十分钟以上的；

2.编发信息、拨打电话一千条（次）以上的；

3.利用在线人数累计达到一千以上的聊天室，或者利用群组成员、关注人员等账号数累计一千以上的通讯群组、微信、微博等社交网络宣扬邪教的；

4.邪教信息实际被点击、浏览数达到五千次以上的。

（十三）其他情节严重的情形。

第三条 组织、利用邪教组织，破坏国家法律、行政法规实施，具有下列情形之一的，应当认定为《刑法》第三百条第一款规定的"情节特别严重"，处七年以上有期徒刑或者无期徒刑，并处罚金或者没收财产：

（一）实施本解释第二条第一项至第七项规定的行为，社会危害特别严重的；

（二）实施本解释第二条第八项至第十二项规定的行为，数量或者数额达到第二条规定相应标准五倍以上的；

（三）其他情节特别严重的情形。

第四条 组织、利用邪教组织，破坏国家法律、行政法规实施，具有下列情形之一的，应当认定为《刑法》第三百条第一款规定的"情节较轻"，处三年以下有期徒刑、拘役、管制或者剥夺政治权利，并处或者单处罚金：

（一）实施本解释第二条第一项至第七项规定的行为，社会危害较轻的；

（二）实施本解释第二条第八项至第十二项规定的行为，数量或者数额达到相应标准五分之一以上的；

（三）其他情节较轻的情形。

第五条 为了传播而持有、携带，或者传播过程中被当场查获，邪教宣传品数量达到本解释第二条至第四条规定的有关标准的，按照下列情形分别处理：

（一）邪教宣传品是行为人制作的，以犯罪既遂处理；

（二）邪教宣传品不是行为人制作，尚未传播的，以犯罪预备处理；

（三）邪教宣传品不是行为人制作，传播过程中被查获的，以犯罪未遂处理；

（四）邪教宣传品不是行为人制作，部分已经传播出去的，以犯罪既遂处理，对于没有传播的部分，可以在量刑时酌情考虑。

第六条 多次制作、传播邪教宣传品或者利用通讯信息网络宣扬邪教，未经处理的，数量或者数额累计计算。

制作、传播邪教宣传品，或者利用通讯信息网络宣扬邪教，涉及不同种类或者形式的，可以根据本解释规定的不同数量标准的相应比例折算后累计计算。

第七条 组织、利用邪教组织，制造、散布迷信邪说，蒙骗成员或者他人绝食、自虐等，或者蒙骗病人不接受正常治疗，致人重伤、死亡的，应当认定为《刑法》第三百条第二款规定的组织、利用邪教组织"蒙骗他人，致人重伤、死亡"。

组织、利用邪教组织蒙骗他人，致一人以上死亡或者三人以上重伤的，处三年以上七年以下有期徒刑，并处罚金。

组织、利用邪教组织蒙骗他人，具有下列情形之一的，处七年以上有期徒刑或者无期徒刑，并处罚金或者没收财产：

（一）造成三人以上死亡的；

（二）造成九人以上重伤的；

（三）其他情节特别严重的情形。

组织、利用邪教组织蒙骗他人，致人重伤的，处三年以下有期徒刑、拘役、管制或者剥夺政治权利，并处或者单处罚金。

第八条 实施本解释第二条至第五条规定的行为，具有下列情形之一的，从重处罚：

（一）与境外机构、组织、人员勾结，从事邪教活动的；

（二）跨省、自治区、直辖市建立邪教组织机构、发展成员或者组织邪教活动的；

（三）在重要公共场所、监管场所或者国家重大节日、重大活动期间聚集滋事，公开进行邪教活动的；

（四）邪教组织被取缔后，或者被认定为邪教组织后，仍然聚集滋事，公开进行邪教活动的；

（五）国家工作人员从事邪教活动的；

（六）向未成年人宣扬邪教的；

（七）在学校或者其他教育培训机构宣扬邪教的。

第九条 组织、利用邪教组织破坏国家法律、行政法规实施，符合本解释第四条规定情形，但行为人能够真诚悔罪，明确表示退出邪教组织、不再从事邪教活动的，可以不起诉或者免予刑事处罚。其中，行为人系受蒙蔽、胁迫参加邪教组织的，可以不作为犯罪处理。

组织、利用邪教组织破坏国家法律、行政法规实施，行为人在一审判决前能够真诚悔罪，明确表示退出邪教组织、不再从事邪教活动的，分别依照下列规定处理：

（一）符合本解释第二条规定情形的，可以认定为《刑法》第三百条第一款规定的"情节较轻"；

（二）符合本解释第三条规定情形的，可以不认定为《刑法》第三百条第一款规定的"情节特别严重"，处三年以上七年以下有期徒刑，并处罚金。

第十条 组织、利用邪教组织破坏国家法律、行政法规实施过程中，又有煽动分裂国家、煽动颠覆国家政权或者侮辱、诽谤他人等犯罪行为的，依照数罪并罚的规定定罪处罚。

第十一条 组织、利用邪教组织，制造、散布迷信邪说，组织、策划、煽动、胁迫、教唆、帮助其成员或者他人实施自杀、自伤的，依照《刑法》第二百三十二条、第二百三十四条的规定，以故意杀人罪或者故意伤害罪定罪处罚。

第十二条 邪教组织人员以自焚、自爆或者其他危险方法危害公共安全的，依照《刑法》第一百一十四条、第一百一十五条的规定，以放火罪、爆炸罪、以危险方法危害公共安全罪等定罪处罚。

第十三条 明知他人组织、利用邪教组织实施犯罪，而为其提供经费、场地、技术、工具、食宿、接送等便利条件或者帮助的，以共同犯罪论处。

第十四条 对于犯组织、利用邪教组织破坏法律实施罪、组织、利用邪教组织致人重伤、死亡罪，严重破坏社会秩序的犯罪分子，根据《刑法》第五十六条的规定，可以附加剥夺政治权利。

第十五条 对涉案物品是否属于邪教宣传品难以确定的，可以委托地市级以上公安机关出具认定意见。

第十六条 本解释自 2017 年 2 月 1 日起施行。最高人民法院、最高人民检察院《关于办理组织和利用邪教组织犯罪案件具体应用法律若干问题的解释》（法释〔1999〕18 号），最高人民法院、最高人民检察院《关于办理组织和利用邪教组织犯罪案件具体应用法律若干问题的解释（二）》（法释〔2001〕19 号），以及最高人民法院、最高人民检察院《关于办理组织和利用邪教组织犯罪案件具体应用法律若干问题的解答》（法发〔2002〕7 号）同时废止。

第三百零一条【聚众淫乱罪】 聚众进行淫乱活动的，对首要分子或者多次参加的，处五年以下有期徒刑、拘役或者管制。

【引诱未成年人聚众淫乱罪】 引诱未成年人参加聚众淫乱活动的，依照前款的规定从重处罚。

（相关解释）**最高人民检察院、公安部《关于公安机关管辖的刑事案件立案追诉标准的规定（一）》**公通字〔2008〕36号

第四十一条 【**聚众淫乱案（《刑法》第三百零一条第一款）**】组织、策划、指挥三人以上进行淫乱活动或者参加聚众淫乱活动三次以上的，应予立案追诉。

第四十二条 【**引诱未成年人聚众淫乱案（《刑法》第三百零一条第二款）**】引诱未成年人参加聚众淫乱活动的，应予立案追诉。

（附参考）**浙江省高级人民法院《关于部分罪名定罪量刑情节及数额标准的意见》**浙高法〔2012〕325号

77.《刑法》第三百零一条第一款【**聚众淫乱罪**】

具有下列情形之一的，处五年以下有期徒刑、拘役或者管制：

（1）组织、策划、指挥三人以上进行淫乱活动的；

（2）参加聚众淫乱活动三次以上的；

（3）构成犯罪的其他情形。

第三百零二条【盗窃、侮辱、故意毁坏尸体、尸骨、骨灰罪】 盗窃、侮辱、故意毁坏尸体、尸骨、骨灰的，处三年以下有期徒刑、拘役或者管制。【2015年11月1日刑法修正案（九）】

【**1997年刑法**】盗窃、侮辱尸体的，处三年以下有期徒刑、拘役或者管制。

第三百零三条【赌博罪】 以营利为目的，聚众赌博或者以赌博为业的，处三年以下有期徒刑、拘役或者管制，并处罚金。

【**开设赌场罪**】 开设赌场的，处五年以下有期徒刑、拘役或者管制，并处罚金；情节严重的，处五年以上十年以下有期徒刑，并处罚金。

【**组织参与国（境）外赌博罪**】 组织中华人民共和国公民参与国（境）外赌博，数额巨大或者有其他严重情节的，依照前款的规定处罚。【2021年3月1日刑法修正案（十一）】

【**1997年刑法**】以营利为目的，聚众赌博、开设赌场或者以赌博为业的，处三年以下有期徒刑、拘役或者管制，并处罚金。

【**2006年6月29日刑法修正案（六）**】以营利为目的，聚众赌博或者以赌博为业的，处三年以下有期徒刑、拘役或者管制，并处罚金。

开设赌场的，处三年以下有期徒刑、拘役或者管制，并处罚金；情节严重的，处三年以上十年以下有期徒刑，并处罚金。

（相关解释）1.**最高人民法院、最高人民检察院《关于办理赌博刑事案件具体应用法律若干问题的解释》**法释〔2005〕3号

（注：最高人民法院、最高人民检察院、公安部、司法部《关于适用〈中华人民共和国刑法修正案（十一）〉有关问题的通知》法发〔2021〕16号规定：《刑法修正案（十一）》生效后，与《刑法修正案（十一）》不一致的内容，不再适用；与《刑法修正案（十一）》不相冲突的内容，在新的司法解释颁行前，继续有效）（具体见第一百一十五条）

第一条 以营利为目的，有下列情形之一的，属于《刑法》第三百零三条规定的"聚众赌博"：

（一）组织三人以上赌博，抽头渔利数额累计达到五千元以上的；

（二）组织三人以上赌博，赌资数额累计达到五万元以上的；

（三）组织三人以上赌博，参赌人数累计达到二十人以上的；

（四）组织中华人民共和国公民十人以上赴境外赌博，从中收取回扣、介绍费的。

第二条 以营利为目的，在计算机网络上建立赌博网站，或者为赌博网站担任代理，接受投注的，属于《刑法》第三百零三条规定的"开设赌场"。

第三条 中华人民共和国公民在我国领域外周边地区聚众赌博、开设赌场，以吸引中华人民共和国公民为主要客源，构成赌博罪的，可以依照《刑法》规定追究刑事责任。

第四条 明知他人实施赌博犯罪活动，而为其提供资金、计算机网络、通讯、费用结算等直接帮助的，以赌博罪的共犯论处。

第五条 实施赌博犯罪，有下列情形之一的，依照《刑法》第三百零三条的规定从重处罚：

（一）具有国家工作人员身份的；

（二）组织国家工作人员赴境外赌博的；

（三）组织未成年人参与赌博，或者开设赌场吸引未成年人参与赌博的。

第六条 未经国家批准擅自发行、销售彩票，构成犯罪的，依照《刑法》第二百二十五条第（四）项的规定，以非法经营罪定罪处罚。

第七条 通过赌博或者为国家工作人员赌博提供资金的形式实施行贿、受贿行为，构成犯罪的，依照《刑法》关于贿赂犯罪的规定定罪处罚。

第八条 赌博犯罪中用作赌注的款物、换取筹码的款物和通过赌博赢取的款物属于赌资。通过计算机网络实施赌博犯罪的，赌资数额可以按照在计算机网络上投注或者赢取的点数乘以每一点实际代表的金额认定。

赌资应当依法予以追缴；赌博用具、赌博违法所得以及赌博犯罪分子所有的专门用于赌博的资金、交通工具、通讯工具等，应当依法予以没收。

第九条 不以营利为目的，进行带有少量财物输赢的娱乐活动，以及提供棋牌室等娱乐场所只收取正常的场所和服务费用的经营行为等，不以赌博论处。

2. 最高人民法院、最高人民检察院、公安部《关于办理网络赌博犯罪案件适用法律若干问题的意见》公通字〔2010〕40号

一、关于网上开设赌场犯罪的定罪量刑标准

利用互联网、移动通讯终端等传输赌博视频、数据，组织赌博活动，具有下列情形之一的，属于《刑法》第三百零三条第二款规定的"开设赌场"行为：

（一）建立赌博网站并接受投注的；

（二）建立赌博网站并提供给他人组织赌博的；

（三）为赌博网站担任代理并接受投注的；

（四）参与赌博网站利润分成的。

实施前款规定的行为，具有下列情形之一的，应当认定为《刑法》第三百零三条第二款规定的"情节严重"：

（一）抽头渔利数额累计达到三万元以上的；

（二）赌资数额累计达到三十万元以上的；

（三）参赌人数累计达到一百二十人以上的；

（四）建立赌博网站后通过提供给他人组织赌博，违法所得数额在三万元以上的；

（五）参与赌博网站利润分成，违法所得数额在三万元以上的；

（六）为赌博网站招募下级代理，由下级代理接受投注的；

（七）招揽未成年人参与网络赌博的；

（八）其他情节严重的情形。

二、关于网上开设赌场共同犯罪的认定和处罚

明知是赌博网站，而为其提供下列服务或者帮助的，属于开设赌场罪的共同犯罪，依照《刑法》第三百零三条第二款的规定处罚：

（一）为赌博网站提供互联网接入、服务器托管、网络存储空间、通讯传输通道、投放广告、发展会员、软件开发、技术支持等服务，收取服务费数额在二万元以上的；

（二）为赌博网站提供资金支付结算服务，收取服务费数额在一万元以上或者帮助收取赌资二十万元以上的；

（三）为十个以上赌博网站投放与网址、赔率等信息有关的广告或者为赌博网站投放广告累计一百条以上的。

实施前款规定的行为，数量或者数额达到前款规定标准五倍以上的，应当认定为《刑法》第三百零三条第二款规定的"情节严重"。

实施本条第一款规定的行为，具有下列情形之一的，应当认定行为人"明知"，但是有证据证明确实不知道的除外：

（一）收到行政主管机关书面等方式的告知后，仍然实施上述行为的；

（二）为赌博网站提供互联网接入、服务器托管、网络存储空间、通讯传输通道、投放广告、软件开发、技术支持、资金支付结算等服务，收取服务费明显异常的；

（三）在执法人员调查时，通过销毁、修改数据、账本等方式故意规避调查或者向犯罪嫌疑人通风报信的；

（四）其他有证据证明行为人明知的。

如果有开设赌场的犯罪嫌疑人尚未到案，但是不影响对已到案共同犯罪嫌疑人、被告人的犯罪事实认定的，可以依法对已到案者定罪处罚。

三、关于网络赌博犯罪的参赌人数、赌资数额和网站代理的认定

赌博网站的会员账号数可以认定为参赌人数，如果查实一个账号多人使用或者多个账号一人使用的，应当按照实际使用的人数计算参赌人数。

赌资数额可以按照在网络上投注或者赢取的点数乘以每一点实际代表的金额认定。

对于将资金直接或间接兑换为虚拟货币、游戏道具等虚拟物品，并用其作为筹码投注的，赌资数额按照购买该虚拟物品所需资金数额或者实际支付资金数额认定。

对于开设赌场犯罪中用于接收、流转赌资的银行账户内的资金，犯罪嫌疑人、被告人不能说明合法来源的，可以认定为赌资。向该银行账户转入、转出资金的银行账户数量可以认定为参赌人数。如果查实一个账户多人使用或多个账户一人使用的，应当按照实际使用的人数计算参赌人数。

有证据证明犯罪嫌疑人在赌博网站上的账号设置有下级账号的，应当认定其为赌博网站的代理。

四、关于网络赌博犯罪案件的管辖

网络赌博犯罪案件的地域管辖，应当坚持以犯罪地管辖为主、被告人居住地管辖为辅的原则。

"犯罪地"包括赌博网站服务器所在地、网络接入地，赌博网站建立者、管理者所在地，以及赌博网站代理人、参赌人实施网络赌博行为地等。

公安机关对侦办跨区域网络赌博犯罪案件的管辖权有争议的,应本着有利于查清犯罪事实、有利于诉讼的原则,认真协商解决。经协商无法达成一致的,报共同的上级公安机关指定管辖。对即将侦查终结的跨省(自治区、直辖市)重大网络赌博案件,必要时可由公安部商最高人民法院和最高人民检察院指定管辖。

为保证及时结案,避免超期羁押,人民检察院对于公安机关提请审查逮捕、移送审查起诉的案件,人民法院对于已进入审判程序的案件,犯罪嫌疑人、被告人及其辩护人提出管辖异议或者办案单位发现没有管辖权的,受案人民检察院、人民法院经审查可以依法报请上级人民检察院、人民法院指定管辖,不再自行移送有管辖权的人民检察院、人民法院。

五、关于电子证据的收集与保全

侦查机关对于能够证明赌博犯罪案件真实情况的网站页面、上网记录、电子邮件、电子合同、电子交易记录、电子账册等电子数据,应当作为刑事证据予以提取、复制、固定。

侦查人员应当对提取、复制、固定电子数据的过程制作相关文字说明,记录案由、对象、内容以及提取、复制、固定的时间、地点、方法,电子数据的规格、类别、文件格式等,并由提取、复制、固定电子数据的制作人、电子数据的持有人签名或者盖章,附所提取、复制、固定的电子数据一并随案移送。

对于电子数据存储在境外的计算机上的,或者侦查机关从赌博网站提取电子数据时犯罪嫌疑人未到案的,或者电子数据的持有人无法签字或者拒绝签字的,应当由能够证明提取、复制、固定过程的见证人签名或者盖章,记明有关情况。必要时,可对提取、复制、固定有关电子数据的过程拍照或者录像。

3. 最高人民检察院、公安部《关于公安机关管辖的刑事案件立案追诉标准的规定(一)》 公通字〔2008〕36号

第四十三条　【赌博案(《刑法》第三百零三条第一款)】以营利为目的,聚众赌博,涉嫌下列情形之一的,应予立案追诉:

(一)组织三人以上赌博,抽头渔利数额累计五千元以上的;

(二)组织三人以上赌博,赌资数额累计五万元以上;

(三)组织三人以上赌博,参赌人数累计二十人以上的;

(四)组织中华人民共和国公民十人以上赴境外赌博,从中收取回扣、介绍费的;

(五)其他聚众赌博应予追究刑事责任的情形。

以营利为目的,以赌博为业的,应予立案追诉。

赌博犯罪中用作赌注的款物、换取筹码的款物和通过赌博赢取的款物属于赌资。通过计算机网络实施赌博犯罪的,赌资数额可以按照在计算机网络上投注或者赢取的点数乘以每一点实际代表的金额认定。

第四十四条　【开设赌场案(《刑法》第三百零三条第二款)】开设赌场的,应予立案追诉。

在计算机网络上建立赌博网站,或者为赌博网站担任代理,接受投注的,属于本条规定的"开设赌场"。

4. 最高人民法院、最高人民检察院、公安部《关于办理利用赌博机开设赌场案件适用法律若干问题的意见》 公通字〔2014〕17号

为依法惩治利用具有赌博功能的电子游戏设施设备开设赌场的犯罪活动,根据《中华人民共和国刑法》、最高人民法院、最高人民检察院《关于办理赌博刑事案件具体应用法律若干问题的解释》等有关规定,结合司法实践,现就办理此类案件适用法律问题提出如

下意见：

一、关于利用赌博机组织赌博的性质认定

设置具有退币、退分、退钢珠等赌博功能的电子游戏设施设备，并以现金、有价证券等贵重款物作为奖品，或者以回购奖品方式给予他人现金、有价证券等贵重款物（以下简称设置赌博机）组织赌博活动的，应当认定为《刑法》第三百零三条第二款规定的"开设赌场"行为。

二、关于利用赌博机开设赌场的定罪处罚标准

设置赌博机组织赌博活动，具有下列情形之一的，应当按照《刑法》第三百零三条第二款规定的开设赌场罪定罪处罚：

（一）设置赌博机十台以上的；

（二）设置赌博机两台以上，容留未成年人赌博的；

（三）在中小学校附近设置赌博机两台以上的；

（四）违法所得累计达到五千元以上的；

（五）赌资数额累计达到五万元以上的；

（六）参赌人数累计达到二十人以上的；

（七）因设置赌博机被行政处罚后，两年内再设置赌博机五台以上的；

（八）因赌博、开设赌场犯罪被刑事处罚后，五年内再设置赌博机五台以上的；

（九）其他应当追究刑事责任的情形。

设置赌博机组织赌博活动，具有下列情形之一的，应当认定为《刑法》第三百零三条第二款规定的"情节严重"：

（一）数量或者数额达到第二条第一款第一项至第六项规定标准六倍以上的；

（二）因设置赌博机被行政处罚后，两年内再设置赌博机三十台以上的；

（三）因赌博、开设赌场犯罪被刑事处罚后，五年内再设置赌博机三十台以上的；

（四）其他情节严重的情形。

可同时供多人使用的赌博机，台数按照能够独立供一人进行赌博活动的操作基本单元的数量认定。

在两个以上地点设置赌博机，赌博机的数量、违法所得、赌资数额、参赌人数等均合并计算。

三、关于共犯的认定

明知他人利用赌博机开设赌场，具有下列情形之一的，以开设赌场罪的共犯论处：

（一）提供赌博机、资金、场地、技术支持、资金结算服务的；

（二）受雇参与赌场经营管理并分成的；

（三）为开设赌场者组织客源，收取回扣、手续费的；

（四）参与赌场管理并领取高额固定工资的；

（五）提供其他直接帮助的。

五、关于赌资的认定

本意见所称赌资包括：

（一）当场查获的用于赌博的款物；

（二）代币、有价证券、赌博积分等实际代表的金额；

（三）在赌博机上投注或赢取的点数实际代表的金额。

六、关于赌博机的认定

对于涉案的赌博机，公安机关应当采取拍照、摄像等方式及时固定证据，并予以认定。对于是否属于赌博机难以确定的，司法机关可以委托地市级以上公安机关出具检验报告。司法机关根据检验报告，并结合案件具体情况作出认定。必要时，人民法院可以依法通知检验人员出庭作出说明。

七、关于宽严相济刑事政策的把握

办理利用赌博机开设赌场的案件，应当贯彻宽严相济刑事政策，重点打击赌场的出资者、经营者。对受雇佣为赌场从事接送参赌人员、望风看场、发牌坐庄、兑换筹码等活动的人员，除参与赌场利润分成或者领取高额固定工资的以外，一般不追究刑事责任，可由公安机关依法给予治安管理处罚。对设置游戏机，单次换取少量奖品的娱乐活动，不以违法犯罪论处。

八、关于国家机关工作人员渎职犯罪的处理

负有查禁赌博活动职责的国家机关工作人员，徇私枉法，包庇、放纵开设赌场违法犯罪活动，或者为违法犯罪分子通风报信、提供便利、帮助犯罪分子逃避处罚，构成犯罪的，依法追究刑事责任。

国家机关工作人员参与利用赌博机开设赌场犯罪的，从重处罚。

5. 最高人民法院、最高人民检察院、公安部《办理跨境赌博犯罪案件若干问题的意见》（2020年10月16日）

为依法惩治跨境赌博等犯罪活动，维护我国经济安全、社会稳定，根据《中华人民共和国刑法》《中华人民共和国刑事诉讼法》和《最高人民法院、最高人民检察院关于办理赌博刑事案件具体应用法律若干问题的解释》等有关规定，结合司法实践，制定本意见。

一、总体要求

近年来，境外赌场和网络赌博集团对我国公民招赌吸赌问题日益突出，跨境赌博违法犯罪活动日益猖獗，严重妨碍社会管理秩序，引发多种犯罪，严重危害我国经济安全和社会稳定。与此同时，互联网领域黑灰产业助推传统赌博和跨境赌博犯罪向互联网迁移，跨境网络赌博违法犯罪活动呈高发态势，严重威胁人民群众人身财产安全和社会公共安全。人民法院、人民检察院、公安机关要针对跨境赌博犯罪特点，充分发挥职能作用，贯彻宽严相济刑事政策，准确认定赌博犯罪行为，严格依法办案，依法从严从快惩处，坚决有效遏制跨境赌博犯罪活动，努力实现政治效果、法律效果、社会效果的高度统一。

二、关于跨境赌博犯罪的认定

（一）以营利为目的，有下列情形之一的，属于《刑法》第三百零三条第二款规定的"开设赌场"：

1. 境外赌场经营人、实际控制人、投资人，组织、招揽中华人民共和国公民赴境外赌博的；

2. 境外赌场管理人员，组织、招揽中华人民共和国公民赴境外赌博的；

3. 受境外赌场指派、雇佣，组织、招揽中华人民共和国公民赴境外赌博，或者组织、招揽中华人民共和国公民赴境外赌博，从赌场获取费用、其他利益的；

4. 在境外赌场包租赌厅、赌台，组织、招揽中华人民共和国公民赴境外赌博的；

5. 其他在境外以提供赌博场所、提供赌资、设定赌博方式等，组织、招揽中华人民共和国公民赴境外赌博的。

在境外赌场通过开设账户、洗码等方式，为中华人民共和国公民赴境外赌博提供资金担保服务的，以"开设赌场"论处。

（二）以营利为目的，利用信息网络、通讯终端等传输赌博视频、数据，组织中华人民共和国公民跨境赌博活动，有下列情形之一的，属于《刑法》第三百零三条第二款规定的"开设赌场"：

1. 建立赌博网站、应用程序并接受投注的；

2. 建立赌博网站、应用程序并提供给他人组织赌博的；

3. 购买或者租用赌博网站、应用程序，组织他人赌博的；

4. 参与赌博网站、应用程序利润分成的；

5. 担任赌博网站、应用程序代理并接受投注的；

6. 其他利用信息网络、通讯终端等传输赌博视频、数据，组织跨境赌博活动的。

（三）组织、招揽中华人民共和国公民赴境外赌博，从参赌人员中获取费用或者其他利益的，属于《刑法》第三百零三条第一款规定的"聚众赌博"。

（四）跨境开设赌场犯罪定罪处罚的数量或者数额标准，参照适用《关于办理赌博刑事案件具体应用法律若干问题的解释》《关于办理利用赌博机开设赌场案件适用法律若干问题的意见》和《关于办理网络赌博犯罪案件适用法律若干问题的意见》的有关规定。

三、关于跨境赌博共同犯罪的认定

（一）三人以上为实施开设赌场犯罪而组成的较为固定的犯罪组织，应当依法认定为赌博犯罪集团。对组织、领导犯罪集团的首要分子，按照集团所犯的全部罪行处罚。对犯罪集团中组织、指挥、策划者和骨干分子，应当依法从严惩处。

（二）明知他人实施开设赌场犯罪，为其提供场地、技术支持、资金、资金结算等服务的，以开设赌场罪的共犯论处。

（三）明知是赌博网站、应用程序，有下列情形之一的，以开设赌场罪的共犯论处：

1. 为赌博网站、应用程序提供软件开发、技术支持、互联网接入、服务器托管、网络存储空间、通讯传输通道、广告投放、会员发展、资金支付结算等服务的；

2. 为赌博网站、应用程序担任代理并发展玩家、会员、下线的。

为同一赌博网站、应用程序担任代理，既无上下级关系，又无犯意联络的，不构成共同犯罪。

（四）对受雇佣为赌场从事接送参赌人员、望风看场、发牌坐庄、兑换筹码、发送宣传广告等活动的人员及赌博网站、应用程序中与组织赌博活动无直接关联的一般工作人员，除参与赌场、赌博网站、应用程序利润分成或者领取高额固定工资的外，可以不追究刑事责任，由公安机关依法给予治安管理处罚。

四、关于跨境赌博关联犯罪的认定

（一）使用专门工具、设备或者其他手段诱使他人参赌，人为控制赌局输赢，构成犯罪的，依照《刑法》关于诈骗犯罪的规定定罪处罚。

网上开设赌场，人为控制赌局输赢，或者无法实现提现，构成犯罪的，依照《刑法》关于诈骗犯罪的规定定罪处罚。部分参赌者赢利、提现不影响诈骗犯罪的认定。

（二）通过开设赌场或者为国家工作人员参与赌博提供资金的形式实施行贿、受贿行为，构成犯罪的，依照《刑法》关于贿赂犯罪的规定定罪处罚。同时构成赌博犯罪的，应当依法与贿赂犯罪数罪并罚。

（三）实施跨境赌博犯罪，同时构成组织他人偷越国（边）境、运送他人偷越国（边）境、偷越国（边）境罪等罪的，应当依法数罪并罚。

（四）实施赌博犯罪，为强行索要赌债，实施故意杀人、故意伤害、非法拘禁、故意毁坏财物、寻衅滋事等行为，构成犯罪的，应当依法数罪并罚。

（五）为赌博犯罪提供资金、信用卡、资金结算等服务，构成赌博犯罪共犯，同时构成非法经营罪、妨害信用卡管理罪、窃取、收买、非法提供信用卡信息罪、掩饰、隐瞒犯罪所得、犯罪收益罪等罪的，依照处罚较重的规定定罪处罚。

为网络赌博犯罪提供互联网接入、服务器托管、网络存储、通讯传输等技术支持，或者提供广告推广、支付结算等帮助，构成赌博犯罪共犯，同时构成非法利用信息网络罪、帮助信息网络犯罪活动罪等罪的，依照处罚较重的规定定罪处罚。

为实施赌博犯罪，非法获取公民个人信息，或者向实施赌博犯罪者出售、提供公民个人信息，构成赌博犯罪共犯，同时构成侵犯公民个人信息罪的，依照处罚较重的规定定罪处罚。

五、关于跨境赌博犯罪赌资数额的认定及处理

赌博犯罪中用作赌注的款物、换取筹码的款物和通过赌博赢取的款物属于赌资。

通过网络实施开设赌场犯罪的，赌资数额可以依照开设赌场行为人在其实际控制账户内的投注金额，结合其他证据认定；如无法统计，可以按照查证属实的参赌人员实际参赌的资金额认定。

对于将资金直接或者间接兑换为虚拟货币、游戏道具等虚拟物品，并用其作为筹码投注的，赌资数额按照购买该虚拟物品所需资金数额或者实际支付资金数额认定。

对于开设赌场犯罪中主要用于接收、流转赌资的银行账户内的资金，犯罪嫌疑人、被告人不能说明合法来源的，可以认定为赌资。

公安机关、人民检察院已查封、扣押、冻结的赌资、赌博用具等涉案财物及孳息，应当制作清单。人民法院对随案移送的涉案财物，依法予以处理。赌资应当依法予以追缴。赌博违法所得、赌博用具以及赌博犯罪分子所有的专门用于赌博的财物等，应当依法予以追缴、没收。

六、关于跨境赌博犯罪案件的管辖

（一）跨境赌博犯罪案件一般由犯罪地公安机关立案侦查，由犯罪嫌疑人居住地公安机关立案侦查更为适宜的，可以由犯罪嫌疑人居住地公安机关立案侦查。犯罪地包括犯罪行为发生地和犯罪结果发生地。

跨境网络赌博犯罪地包括用于实施赌博犯罪行为的网络服务使用的服务器所在地，网络服务提供者所在地，犯罪嫌疑人、参赌人员使用的网络信息系统所在地，犯罪嫌疑人为网络赌博犯罪提供帮助的犯罪地等。

（二）多个公安机关都有权立案侦查的跨境赌博犯罪案件，由最初受理的公安机关或者主要犯罪地公安机关立案侦查。有争议的，应当按照有利于查清犯罪事实、有利于诉讼的原则，协商解决。经协商无法达成一致的，由共同上级公安机关指定有关公安机关立案侦查。

在境外实施的跨境赌博犯罪案件，由公安部商最高人民检察院和最高人民法院指定管辖。

（三）具有下列情形之一的，有关公安机关可以在其职责范围内并案侦查：

1. 一人犯数罪的；
2. 共同犯罪的；
3. 共同犯罪的犯罪嫌疑人实施其他犯罪的；
4. 多个犯罪嫌疑人实施的犯罪存在直接关联，并案处理有利于查明案件事实的。

（四）部分犯罪嫌疑人在逃，但不影响对已到案共同犯罪嫌疑人、被告人的犯罪事实

认定的，可以依法先行追究已到案共同犯罪嫌疑人、被告人的刑事责任。

已确定管辖的跨境赌博共同犯罪案件，在逃的犯罪嫌疑人、被告人归案后，一般由原管辖的公安机关、人民检察院、人民法院管辖。

七、关于跨境赌博犯罪案件证据的收集和审查判断

（一）公安机关、人民检察院、人民法院在办理跨境赌博犯罪案件中应当注意对电子证据的收集、审查判断。公安机关应当遵守法定程序，遵循有关技术标准，全面、客观、及时收集、提取电子证据；人民检察院、人民法院应当围绕真实性、合法性、关联性审查判断电子证据。

公安机关、人民检察院、人民法院收集、提取、固定、移送、展示、审查、判断电子证据应当严格依照《最高人民法院、最高人民检察院、公安部关于办理刑事案件收集提取和审查判断电子数据若干问题的规定》《最高人民法院、最高人民检察院、公安部关于办理网络犯罪案件适用刑事诉讼程序若干问题的意见》的规定进行。

（二）公安机关采取技术侦查措施收集的证据材料，能够证明案件事实的，应当随案移送，并移送批准采取技术侦查措施的法律文书。

（三）依照国际条约、刑事司法协助、互助协议或者平等互助原则，请求证据材料所在地司法机关收集，或者通过国际警务合作机制、国际刑警组织启动合作取证程序收集的境外证据材料，公安机关应当对其来源、提取人、提取时间或者提供人、提供时间以及保管移交的过程等作出说明。

当事人及其辩护人、诉讼代理人提供的来自境外的证据材料，该证据材料应当经所在国公证机关证明，所在国中央外交主管机关或者其授权机关认证，并经我国驻该国使、领馆认证。未经证明、认证的，不能作为证据使用。

来自境外的证据材料，能够证明案件事实且符合刑事诉讼法及相关规定的，经查证属实，可以作为定案的根据。

八、关于跨境赌博犯罪案件宽严相济刑事政策的运用

人民法院、人民检察院、公安机关要深刻认识跨境赌博犯罪的严重社会危害性，正确贯彻宽严相济刑事政策，运用认罪认罚从宽制度，充分发挥刑罚的惩治和预防功能。对实施跨境赌博犯罪活动的被告人，应当在全面把握犯罪事实和量刑情节的基础上，依法从严惩处，并注重适用财产刑和追缴、没收等财产处置手段，最大限度剥夺被告人再犯的能力。

（一）实施跨境赌博犯罪，有下列情形之一的，酌情从重处罚：

1. 具有国家工作人员身份的；

2. 组织国家工作人员赴境外赌博的；

3. 组织、胁迫、引诱、教唆、容留未成年人参与赌博的；

4. 组织、招揽、雇佣未成年人参与实施跨境赌博犯罪的；

5. 采用限制人身自由等手段强迫他人赌博或者结算赌资，尚不构成其他犯罪的；

6. 因赌博活动致1人以上死亡、重伤或者3人以上轻伤，或者引发其他严重后果，尚不构成其他犯罪的；

7. 组织、招揽中华人民共和国公民赴境外多个国家、地区赌博的；

8. 因赌博、开设赌场曾被追究刑事责任或者二年内曾被行政处罚的。

（二）对于具有赌资数额大、共同犯罪的主犯、曾因赌博犯罪行为被追究刑事责任、悔罪表现不好等情形的犯罪嫌疑人、被告人，一般不适用不起诉、免予刑事处罚、缓刑。

（三）对实施赌博犯罪的被告人，应当加大财产刑的适用。对被告人并处罚金时，应

当根据其在赌博犯罪中的地位作用、赌资、违法所得数额等情节决定罚金数额。

（四）犯罪嫌疑人、被告人提供重要证据，对侦破、查明重大跨境赌博犯罪案件起关键作用，经查证属实的，可以根据案件具体情况，依法从宽处理。

（附参考）**1.浙江省高级人民法院、浙江省人民检察院、浙江省公安厅《关于办理"六合彩"赌博案件的若干意见》**浙公发〔2004〕7号

一、具有下列情形之一的，以赌博罪论处：

（一）以营利为目的，组织、召集、引诱他人进行"六合彩"赌博活动的庄家、赌头等首要分子，接受三人以上投注或接受三次（期）以上投注，且收受投注额累计在两万元以上的。

（二）以营利为目的，明知庄家、赌头利用"六合彩"进行赌博活动，而多次（三次或三期以上）提供赌博活动场所的。

（三）以营利为目的，积极参加"六合彩"赌博活动，并以赌博所得为其生活或者主要经济来源，且输赢额在五万元以上的。

二、有下列情形之一的，以赌博罪共犯论，比照主犯从轻、减轻或免除处罚：

（一）明知是庄家、赌头利用"六合彩"进行赌博活动，仍多次帮助收注登记、结算、交接赌款的。

（二）明知庄家、赌头利用"六合彩"进行赌博活动，而多次（三次或三期以上）提供赌博活动场所的。

三、对以非法占有他人财物为目的，以"六合彩"赌博活动为诱饵，收取投注款后携款逃跑的，依照《刑法》第二百六十六条之规定，以诈骗罪论处。但对收受他人投注后因被司法机关查处或因赔率问题无力支付而携款逃跑的，不以诈骗罪论，应仍以赌博罪论处。

四、对非法出版、印刷、复制、发行"六合彩"赌博活动的报刊、图书等出版物，情节严重的，依照《刑法》第二百二十五条及最高人民法院《关于审理非法出版物刑事案件具体应用法律若干问题的解释》（法释〔1998〕30号）等规定，以非法经营罪论处。

五、在办理"六合彩"赌博犯罪案件中，对涉案人员故意销毁证据，庄家、赌头、开票人员、参赌人员以绰号、别名、符号或者通过银行卡、电话、网络等方式异地收投注、匿名收投注等手段来逃避打击查处的，办案部门在侦查、起诉、审判此类案件过程中，在坚持"基本事实清楚，基本证据确凿"的原则下，不要过分纠缠枝节问题，对于那些没有涉案人员供述，但其他证据确凿充分，足以证明的，应予认定。

2.浙江省高级人民法院、浙江省人民检察院、浙江省公安厅《关于修改赌博罪数额标准等问题的通知》浙高法〔2002〕11号

一、以营利为目的，具有下列情形之一的，以赌博罪论处：

1.组织、招引多人进行赌博，一年内抽头获利五千元以上的；或者一年内抽头获利虽不到五千元，但已达到该数额百分之八十以上，且聚众赌博三场以上的。

2.为不特定人员提供赌博的场所及用具，供他人进行赌博，一年内获利五千元以上的。

3.嗜赌成性，以赌博所得为其生活或者主要经济来源，输赢额在五万元以上的。

4.聚众赌博者或开设赌场者给参赌者提供赌资五万元以上，或者获利五千元以上的。

二、以记账、筹码、实物抵押、出具票据、信用担保等方式进行赌博的，应将所标志或代表的财物数计入赌博数额。

3.浙江省高级人民法院《关于部分罪名定罪量刑情节及数额标准的意见》浙高法〔2012〕325号

78.《刑法》第三百零三条第一款【赌博罪】

以营利为目的，具有下列情形之一的，处三年以下有期徒刑、拘役或者管制，并处罚金：

（1）组织三人以上赌博，抽头渔利数额累计在五千元以上的；

（2）组织三人以上赌博，赌资数额累计在五万元以上的；

（3）组织三人以上赌博，参赌人数累计二十人以上的；

（4）组织三人以上赌博，抽头渔利数额累计在四千元以上，且聚众赌博三场以上的；

（5）聚众赌博者给参赌者提供赌资累计五万元以上，或者获利累计五千元以上的；

（6）组织中华人民共和国公民十人以上赴境外赌博，从中收取回扣、介绍费的；

（7）嗜赌成性，以赌博所得为其生活或者主要经济来源，输赢额在五万元以上的；

（8）组织、召集、引诱他人进行"六合彩"赌博活动的庄家、赌头等首要分子，接受三人以上投注或者接受三次（期）以上投注，且收受投注额累计在两万元以上的；

（9）积极参加"六合彩"赌博活动，并以赌博所得为其生活或者主要经济来源，且输赢额在五万元以上的；

（10）构成犯罪的其他情形。

79.《刑法》第三百零三条第二款【开设赌场罪】

开设赌场，具有下列情形之一的，处三年以下有期徒刑、拘役或者管制，并处罚金：

（1）抽头渔利数额累计在五千元以上不满五万元的；

（2）赌资数额累计在五万元以上不满五十万元的；

（3）参赌人数累计二十人以上不满一百人的；

（4）开设赌场者给参赌者提供赌资累计五万元以上不满一百万元，或者获利累计五千元以上不满十万元的；

（5）容留未成年人赌博的；

（6）构成犯罪的其他情形。

具有下列情形之一的，属于"情节严重"，处三年以上十年以下有期徒刑，并处罚金：

（1）抽头渔利数额累计在五万元以上的；

（2）赌资数额累计在五十万元以上的；

（3）参赌人数累计一百人以上的；

（4）开设赌场者给参赌者提供赌资累计一百万元以上，或者获利累计十万元以上的；

（5）招揽未成年人赌博的；

（6）情节严重的其他情形。

4. 宁波市中级人民法院、宁波市人民检察院、宁波市公安局《关于贯彻宽严相济刑事司法政策若干问题的意见》甬公通字〔2008〕134号

十、开设赌场是指雇佣工作人员，有明确分工，为不特定对象提供赌博场地和赌博工具，并从中抽头获利的行为。有以下情形之一的，属于情节严重，可以处三年以上十年以下有期徒刑，并处罚金：

（一）参赌人数累计在三十人以上或者赌博输赢额累计在五十万元以上或者抽头获利数额在三万元以上的；

（二）组织多人携带枪支弹药或者管制刀具进行武装护赌、暴力护赌的；

（三）吸引多名未成年人参与赌博的；

（四）为参赌人员提供高利贷或者指使他人为参赌人员提供高利贷用于赌博活动，次数较多或者数额在十万元以上的；

（五）所开设的赌场内发生特大刑事案件的。

受开设赌场的犯罪嫌疑人指使或者与开设赌场的犯罪嫌疑人合作，携带枪支弹药或者管制刀具进行武装护赌、暴力护赌的；多次在赌场内为参赌人员提供高利贷或者提供高利贷数额在十万元以上的，以开设赌场罪的共犯论处。

5. 宁波市中级人民法院、宁波市人民检察院、宁波市公安局《关于正确处理投案自首对象等问题的意见》甬公通字〔2011〕206号

二、关于开设赌场犯罪的处理

（一）符合宁波市中级人民法院、宁波市人民检察院、宁波市公安局《关于贯彻宽严相济刑事司法政策若干问题的意见》（甬公通字〔2008〕134号）第十条规定的"雇佣工作人员，有明确分工，为不特定对象提供赌博场地和赌博工具，并从中抽头获利"的开设赌场条件的，应以开设赌场罪依法追究刑事责任。

（二）设置赌博机供他人赌博，数量在十台以上或者获利在一万元以上的，应以开设赌场罪追究刑事责任。

（三）与开设赌场的行为人事先预谋或者形成默契，在赌场内放贷，获利在五千元以上的，应以开设赌场罪的共犯追究刑事责任。

6. 宁波市中级人民法院、宁波市人民检察院、宁波市公安局《联席会议纪要》（2017年10月5日）（见第二百三十四条）

六、关于利用赌博机开设赌场案件中"高额固定工资"的认定

在主犯构成开设赌场犯罪的情况下，受雇为利用赌博机开设赌场提供帮助的人员，在参与犯罪期间领取的月平均收入达到全市上年度职工月平均工资2倍以上的，认为是领取高额固定工资。

7. 浙江省高级人民法院、浙江省人民检察院、浙江省公安厅《关于办理盗窃、故意伤害、赌博刑事案件的若干意见》浙检发诉一字〔2018〕21号（见第二百三十四条）

四、关于办理赌博刑事案件

第十四条　对于初次聚众赌博，非法获利在5000元以上8000元以下，或者赌资数额在5万元以上8万元以下，无其他严重情节的，可以由检察机关作不起诉处理。

第十五条　亲戚、朋友、同事、邻里之间进行聚众赌博，如果系偶尔发起，且没有前科劣迹，获利1万元以下或者赌资数额在10万元以下的，可以由检察机关作不起诉处理。

第十六条　构成赌博犯罪，又具有以下情节之一的，应当从重处罚：

（一）在公共场所或学校周边开设赌场，社会影响恶劣的；

（二）两年内曾因聚众赌博或开设赌场受过三次以上治安处罚，又实施聚众赌博或开设赌场的；

（三）国家工作人员聚众赌博或开设赌场的；

（四）引诱、教唆、招揽、组织未成年人参与赌博的；

（五）组织、招引中华人民共和国公民赴境外赌博的；

（六）利用互联网、移动通讯终端等传输赌博视频、数据，组织赌博活动的；

（七）采用暴力护赌或者以暴力、威胁、滋扰、纠缠等手段逼讨赌债的。

8. 浙江省高级人民法院、浙江省人民检察院、浙江省公安厅《关于办理跨境赌博相关刑事案件若干问题的纪要（试行）》（2020年11月26日）

为依法惩治跨境赌博等相关犯罪活动，维护国家经济安全和社会稳定，根据《中华人民共和国刑法》《中华人民共和国刑事诉讼法》和《最高人民法院　最高人民检察院　公安

部关于办理跨境赌博犯罪案件若干问题意见》《最高人民法院 最高人民检察院 公安部关于办理网络赌博犯罪案件适用法律若干问题的意见》《最高人民法院、最高人民检察院关于办理赌博刑事案件具体应用法律若干问题的解释》等有关规定，结合我省司法实践，制定本纪要。

一、管辖

第一条 跨境赌博相关犯罪案件的管辖，以犯罪地管辖为主，行为人居住地管辖为辅。犯罪地包括犯罪行为发生地和犯罪结果发生地。

跨境赌博犯罪行为通过网络实施的，犯罪地包括用于实施赌博犯罪行为的网络服务使用的服务器所在地、网络服务提供者所在地，行为人、参赌人员使用的网络信息系统所在地，行为人为网络赌博犯罪提供帮助之所在地。

第二条 多个公安机关都有权立案侦查的跨境赌博犯罪案件，由最初受理的公安机关或者主要犯罪地公安机关立案侦查。有争议的，应按照有利于查清犯罪事实、有利于诉讼的原则协商解决。经协商无法达成一致的，由共同上级公安机关指定有关公安机关立案侦查。

第三条 对于共同犯罪的犯罪嫌疑人实施的其他犯罪以及多个犯罪嫌疑人实施的犯罪存在直接关联，并案处理有利于查明案件事实的，公安机关可以在其职责范围内并案侦查。

第四条 对于已经办结或正在办理的跨境赌博共同犯罪案件中其他需另案处理的或者后续查获的案件，不需要再次办理指定管辖手续，一般由原办案机关管辖。但办案机关应当说明另案、续办案件与原案件的关联关系。

第五条 在办理跨境赌博刑事案件中，与该案件直接关联的尚不构成犯罪的偷越国边境、参赌等违法行为，可由办理该跨境赌博刑事案件的公安机关一并办理。

二、跨境赌博犯罪的认定

第六条 境外赌场经营人、实际控制人、投资人、管理人员，或者在境外赌场包租赌厅、赌台或者其他在境外提供赌博场所、提供赌资、设定赌博方式等，组织、招揽中华人民共和国公民赴境外赌博的；或者受境外赌场指派、雇佣，组织、招揽中华人民共和国公民赴境外赌博，从赌场获取费用、其他利益的，属于"开设赌场"行为。在境外赌场通过开设账户、洗码等方式，为中华人民共和国公民赴境外赌博提供资金担保服务的，以"开设赌场"论处。

第七条 以营利为目的，建立、购买或租用赌博网站、应用程序并接受投注、提供给他人组织赌博、组织他人赌博，或者参与赌博网站、应用程序利润分成，担任赌博网站、应用程序代理并接受投注等，利用信息网络、通讯终端等传输赌博视频、数据，组织中华人民共和国公民跨境赌博活动的，属于"开设赌场"行为。

第八条 组织、招揽中华人民共和国公民赴境外赌博累计 10 人以上，非从境外赌场获利而是从参赌人员中获取费用或者其他利益的，属于"聚众赌博"，以赌博罪论处。

三、共犯的认定

第九条 对于跨境赌博犯罪共犯"明知"的认定，应当结合行为人的认知能力、具体行为及其参与程度，以及相关供述等主客观因素予以认定。行为人及其辩护人对"明知"的认定有异议的，应当举出相关的证据或者作出合理解释。如有证据表明行为人确属被蒙骗，或者行为人能够作出合理解释的，则不宜认定其"明知"。

第十条 明知他人实施开设赌场犯罪，为他人提供场地、技术支持、资金、资金结算等服务，或者为其组织、招揽赌客，以及有下列情形之一的，以开设赌场罪的共犯论处：

1.为境外赌场在境内招赌进行宣传、广告而提供技术支持和服务的；

2.为境内人员出入境赌博提供交通工具、签证（签注）、票务等便利服务的；

3.协助境外赌场在境内收取赌资、赌债的；

4.为境外赌场提供服务，收取高额费用或者工资的；

5.为他人在境外开设赌场而参与制作相关虚假协议的；

6.为境外赌场掩饰赌资而参与虚构资金来源、走向的；

7.在他人开设赌场过程中开发的软件、提供的技术支持明显超越正常事务的管理需要的；

8.其他为境外赌场提供直接帮助、支持、服务的情形。

第十一条　明知是赌博网站、应用程序，有下列情形之一的，以开设赌场罪的共犯论处：

1.为赌博网站、应用程序提供软件开发、技术支持、互联网接入、服务器托管、网络存储空间、通讯传输通道、广告投放、会员发展、资金支付结算等服务的；

2.为境外赌博网站、赌博软件在境内提供信息链接、二维码、访问账户密码及其他指引访问服务的；

3.为境外赌博网站、赌博软件在境内逃避监管或者逃避调查提供技术支持、帮助的；

4.为赌博网站、应用程序担任代理并发展玩家、会员、下线的；

5.其他为赌博网站、应用程序提供直接帮助、支持、服务的情形。

第十二条　在网络赌博中为赌博网站提供资金结算服务的第四方等平台，及为赌客充值、提现提供资金渠道的"跑分"平台相关人员可以开设赌场罪的共犯论处。

第十三条　设立多层级的微信群等群组接受投注，最终通过总群向赌博网站投注的，相关层级的人员均可认定为赌博网站的代理。

将个人账户供他人投注参赌，并从赌博网站获取返点或者直接从他人处收取费用或利益的，可以认定为赌博网站的代理。

第十四条　以入股形式投资境外赌场并参与分红的，不论是否参与赌场实际经营，均应认定为开设赌场的共犯。

四、赌博为业的认定

第十五条　以赌博为业的本质是反复参与赌博，以赌博为常业或者兼业。

对于有一定职业或者生活来源的人，如果其参与赌博的频率高、次数多、持续时间长、累计赌资大，嗜赌成性，以获取钱财为主要目的，或以赌博为主要生活方式的，也可以认定为以赌博为业。

五、跨境赌博关联犯罪的处理

第十六条　网络赌博案件中未参与赌场分红，未持有赌场股份，仅掌握普通会员账号，在较短时间内，接受三人以上投注，赌资5万元以上或抽头5000元以上的，属于"聚众赌博"，可认定为赌博罪。

第十七条　在境外赌场招揽中国赌客，开立赌博账户，给中国赌客出码、洗码，并为中国赌客提供资金担保，通过赌场洗码抽佣营利，后在赌场以外进行赌资结算的，可认定为开设赌场罪。

第十八条　以赌博为手段引诱他人参赌，利用专门工具、设备或者其他手段，人为控制参赌者输赢的，或者网上开设赌场，人为控制赌局输赢，或者无法实现提现，构成犯罪的，以诈骗罪论处。即使部分参赌者赢利，也不影响诈骗罪的认定。

第十九条　实施跨境赌博犯罪，同时构成组织他人偷越国（边）境、运送他人偷越国（边）境、偷越国（边）境等罪的，应数罪并罚。

偷越国（边）境三次以上的，应当追究刑事责任。出境、入境行为都违反国（边）境管理秩序的，均可认定为一次。已被行政处罚，未被刑事评价过的偷越国（边）境行为，可计入"三次以上"的计数之内。已被行政拘留的日期应当折抵刑期。

第二十条　为赌博犯罪提供资金、信用卡、资金支付结算等服务，构成赌博犯罪共犯，同时构成非法经营罪，妨害信用卡管理罪，窃取、收买、非法提供信用卡信息罪，掩饰、隐瞒犯罪所得、犯罪所得收益罪等罪的，依照处罚较重的规定定罪处罚。

第二十一条　为网络赌博犯罪提供互联网接入、服务器托管、网络存储、通讯传输等技术支持，或者提供广告推广、支付结算等帮助，构成赌博犯罪共犯，同时构成非法利用信息网络罪、帮助信息网络犯罪活动罪等罪的，依照处罚较重的规定定罪处罚。

第二十二条　明知自己经营的网络游戏被他人用于网络赌博的情形下，拒不整改，不履行《网络信息服务管理办法》规定履行停止服务等义务，也不向公安机关报告，为他人网络赌博提供便利的，以帮助信息网络犯罪活动罪论处。

六、赌资的认定

第二十三条　赌资包括用作赌注的财物、换取赌博筹码的财物和通过赌博赢取的财物。

第二十四条　除了作为犯罪事实的组成部分外，赌资的证明标准采用高度盖然性标准，即具有高度可能属于赌资的，可以认定为赌资。对于开设赌场犯罪中主要用于接收、流转赌资的银行账户内的资金，犯罪嫌疑人、被告人不能证明合法来源的，可以认定为赌资。

对于与案件中有关联的可能用于接收、流转赌注的相关账户，经公告后逾期不能说明账户内资金来源的，可以认定为赌资。

第二十五条　对于行为人设置多个账户接收、流转赌资且频繁更换账户的，只要相关账户接收、流转赌资一次，就可以认定该账户内资金为赌资，除非该账户实际控制人能说明账户内资金的合法来源。

第二十六条　赌资数额应根据银行交易流水、相关报表、电子数据、犯罪嫌疑人、被告人供述、证人证言等综合认定。

根据投注记录等也可以认定赌资数额。

第二十七条　对于行为人将相关赌资计算凭证、电子数据进行破坏，或者通过其控制的账户、他人账户进行转账，或者通过跨境结汇方式进行转账，或者采取境外支付外币、境内收取人民币等方式将赌资"漂白"的，可以行为人名下或者实际控制的所有银行账户内资金认定为涉案赌资，行为人能够证明合法来源的除外。

第二十八条　赌资应依法予以追缴。赌博违法所得、赌博用具以及赌博犯罪分子所有的专门用于赌博的财物等，应当依法予以追缴、没收。

七、相关证据的收集和审查

第二十九条　办理跨境赌博刑事案件，要注意收集电子数据和技术侦查措施获取的证据材料。对于境外收集的证据材料，公安机关应对其来源、提取人、提取时间、保管移交的过程等作出说明。来自境外的证据材料，符合相关法律规定，经查证属实的，可以作为定案的依据。

第三十条　对于公安机关通过技术侦查措施获得的证据材料，能够证明案件事实的，应当随案移送，并移送批准采取技术侦查措施的法律文书。

第三十一条　以技术手段获取的赌博网站后台数据、由第三方出具的POS机经纬度认定意见等证据材料，可以用以辅证、补强现有证据。

八、涉案财物处置措施

第三十二条　对于跨境赌博犯罪活动的涉案财物，应当予以"全链条"打击，均可适用查询、查封、扣押、冻结措施。

为赌博网站提供技术服务的公司、工作室等从赌博网站获取的所有收益，均应作为违法所得予以收缴、追缴、退赔。

九、财产刑的适用

第三十三条　对实施赌博犯罪的被告人，应当加大财产刑的适用力度，最大限度剥夺被告人再犯的能力。对被告人并处罚金时，应当根据其在赌博犯罪中的地位、作用、赌资、违法所得数额等情节决定罚金数额。

罚金数额最多不超过赌资数额或者违法所得的5倍。

十、宽严相济刑事政策的运用

第三十四条　在办理跨境赌博相关刑事案件中，要充分运用认罪认罚制度，犯罪嫌疑人、被告人在侦查、审查起诉、审判等不同阶段认罪认罚的，应当区别对待确定从宽的幅度。

第三十五条　在审查逮捕时，既要严格把握逮捕适用范围，也要确保侦查活动的顺利进行。对符合法定逮捕条件，且采取取保候审可能导致干扰证人作证、串供等不利后果的，应当予以逮捕。

第三十六条　对于国家工作人员实施跨境赌博犯罪或者组织国家工作人员赴境外赌博；组织、胁迫、引诱、教唆、容留未成年人参与赌博，组织、招揽、雇佣未成年人参与实施跨境赌博犯罪；因赌博活动引发严重后果或者曾因赌博、开设赌场被追究刑事责任或二年内曾被行政处罚；采用限制人身自由等手段强迫他人赌博、结算赌资或组织、招揽中华人民共和国公民赴境外多个国家、地区赌博，尚不构成其他犯罪的，酌情从重处罚。

第三十七条　对于赌资数额大、共同犯罪中的主犯、有赌博犯罪前科等情形的犯罪嫌疑人、被告人，一般不适用不起诉、免于刑事处罚、缓刑。

第三十八条　对于受雇佣为赌场从事接送参赌人员、望风看场、发牌坐庄、兑换筹码、发送广告等活动的人员及赌博网站、应用程序中与组织赌博活动无直接关联的一般工作人员，除参与赌场、赌博网站、应用程序利润分成或者领取高额固定工资的以外，可不追究刑事责任，由公安机关依法给予治安管理处罚。

第三十九条　不以营利为目的，进行带有少量财物输赢的娱乐活动，以及提供棋牌室等娱乐场所只收取正常的场所和服务费用的经营行为等，不以赌博论处。

第三百零四条【故意延误投递邮件罪】　邮政工作人员严重不负责任，故意延误投递邮件，致使公共财产、国家和人民利益遭受重大损失的，处二年以下有期徒刑或者拘役。

（相关解释）**最高人民检察院、公安部《关于公安机关管辖的刑事案件立案追诉标准的规定（一）》**公通字〔2008〕36号

第四十五条【故意延误投递邮件案（《刑法》第三百零四条）】邮政工作人员严重不负责任，故意延误投递邮件，涉嫌下列情形之一的，应予立案追诉：

（一）造成直接经济损失二万元以上的；

（二）延误高校录取通知书或者其他重要邮件投递，致使他人失去高校录取资格或者造成其他无法挽回的重大损失的；

（三）严重损害国家声誉或者造成其他恶劣社会影响的；

（四）其他致使公共财产、国家和人民利益遭受重大损失的情形。

第二节　妨害司法罪

第三百零五条【伪证罪】　在刑事诉讼中，证人、鉴定人、记录人、翻译人对与案件有重要关系的情节，故意作虚假证明、鉴定、记录、翻译，意图陷害他人或者隐匿罪证的，处三年以下有期徒刑或者拘役；情节严重的，处三年以上七年以下有期徒刑。

第三百零六条【辩护人、诉讼代理人毁灭证据、伪造证据、妨害作证罪】　在刑事诉讼中，辩护人、诉讼代理人毁灭、伪造证据，帮助当事人毁灭、伪造证据，威胁、引诱证人违背事实改变证言或者作伪证的，处三年以下有期徒刑或者拘役；情节严重的，处三年以上七年以下有期徒刑。

辩护人、诉讼代理人提供、出示、引用的证人证言或者其他证据失实，不是有意伪造的，不属于伪造证据。

第三百零七条【妨害作证罪】　以暴力、威胁、贿买等方法阻止证人作证或者指使他人作伪证的，处三年以下有期徒刑或者拘役；情节严重的，处三年以上七年以下有期徒刑。

【帮助毁灭、伪造证据罪】　帮助当事人毁灭、伪造证据，情节严重的，处三年以下有期徒刑或者拘役。

司法工作人员犯前两款罪的，从重处罚。

（相关解释）**1.最高人民检察院法律政策研究室《关于通过伪造证据骗取法院民事裁判占有他人财物的行为如何适用法律问题的答复》**〔2002〕高检研发第18号

以非法占有为目的，通过伪造证据骗取法院民事裁判占有他人财物的行为所侵害的主要是人民法院正常的审判活动，可以由人民法院依照民事诉讼法的有关规定作出处理，不宜以诈骗罪追究行为人的刑事责任。如果行为人伪造证据时，实施了伪造公司、企业、事业单位、人民团体印章的行为，构成犯罪的，应当依照《刑法》第二百八十条第二款的规定，以伪造公司、企业、事业单位、人民团体印章罪追究刑事责任；如果行为人有指使他人作伪证行为，构成犯罪的应当依照《刑法》第三百零七条第一款的规定，以妨害作证罪追究刑事责任。

2.最高人民法院、最高人民检察院《关于办理虚假诉讼刑事案件适用法律若干问题的解释》法释〔2018〕17号（见第三百零七条之一）

第六条　诉讼代理人、证人、鉴定人等诉讼参与人与他人通谋，代理提起虚假民事诉讼、故意作虚假证言或者出具虚假鉴定意见，共同实施《刑法》第三百零七条之一前三款行为的，依照共同犯罪的规定定罪处罚；同时构成妨害作证罪，帮助毁灭、伪造证据罪等犯罪的，依照处罚较重的规定定罪从重处罚。

第七条　采取伪造证据等手段篡改案件事实，骗取人民法院裁判文书，构成犯罪的，依照《刑法》第二百八十条、第三百零七条等规定追究刑事责任。

（附参考）**浙江省高级人民法院、浙江省人民检察院《关于办理虚假诉讼刑事案件具体适用法律的指导意见》**浙高法〔2010〕207号

一、虚假诉讼犯罪是指为了骗取人民法院裁判文书，恶意串通，虚构事实，伪造证据，向人民法院提起民事诉讼构成犯罪的行为。人民法院裁判文书包括判决书、调解书、裁定书、决定书。

二、为了提起虚假诉讼，或者在虚假诉讼过程中，指使他人提供虚假的物证、书证、陈述、证言、鉴定结论等伪证，或者受指使参与伪造证据，分别按照《刑法》第三百零七条妨害作证罪，帮助毁灭、伪造证据罪处理。

三、在虚构事实、伪造证据过程中，伪造、变造、买卖或者盗窃、抢夺、毁灭国家机关公文、证件、印章的，或者伪造公司、企业、事业单位、人民团体印章的，或者伪造、变造居民身份证的，分别按照《刑法》第二百八十条伪造、变造、买卖国家机关公文、证件、印章罪，盗窃、抢夺、毁灭国家机关公文、证件、印章罪，伪造公司、企业、事业单位、人民团体印章罪，伪造、变造居民身份证罪处理。

四、为逃避人民法院生效裁判文书的执行，进行虚假诉讼，套取、转移财产的，按照《刑法》第三百一十三条拒不执行判决、裁定罪处理。

五、为转移自有财产、多分共同财产，或者逃避共同债务，进行虚假诉讼的，按照本意见第二、三条的规定处理。

六、以非法占有为目的，进行虚假诉讼，骗取公私财物的，按照《刑法》第二百六十六条诈骗罪处理。

七、公司、企业或者其他单位的人员利用职务便利，进行虚假诉讼，侵吞本单位财产的，按照《刑法》第二百七十一条第一款职务侵占罪处理。

八、国家工作人员利用职务便利，进行虚假诉讼，侵吞公款的，或者国有公司、企业或者其他国有单位中从事公务的人员和国有公司、企业或者其他国有单位委派到非国有公司、企业以及其他单位从事公务的人员利用职务便利，进行虚假诉讼，侵吞本单位财产的，按照《刑法》第三百八十二条、第三百八十三条贪污罪处理。

九、行为人实施虚假诉讼犯罪活动，同时触犯两个或者两个以上罪名的，依法实行数罪并罚或者按处罚较重的罪名定罪处罚。

第三百零七条之一【虚假诉讼罪】　以捏造的事实提起民事诉讼，妨害司法秩序或者严重侵害他人合法权益的，处三年以下有期徒刑、拘役或者管制，并处或者单处罚金；情节严重的，处三年以上七年以下有期徒刑，并处罚金。

单位犯前款罪的，对单位判处罚金，并对其直接负责的主管人员和其他直接责任人员，依照前款的规定处罚。

有第一款行为，非法占有他人财产或者逃避合法债务，又构成其他犯罪的，依照处罚较重的规定定罪从重处罚。

司法工作人员利用职权，与他人共同实施前三款行为的，从重处罚；同时构成其他犯罪的，依照处罚较重的规定定罪从重处罚。【2015年11月1日刑法修正案（九）】

（相关解释）1. 最高人民法院、最高人民检察院《关于办理虚假诉讼刑事案件适用法律若干问题的解释》法释〔2018〕17号

为依法惩治虚假诉讼犯罪活动，维护司法秩序，保护公民、法人和其他组织合法权益，根据《中华人民共和国刑法》《中华人民共和国刑事诉讼法》《中华人民共和国民事诉讼法》等法律规定，现就办理此类刑事案件适用法律的若干问题解释如下：

第一条　采取伪造证据、虚假陈述等手段，实施下列行为之一，捏造民事法律关系，虚构民事纠纷，向人民法院提起民事诉讼的，应当认定为《刑法》第三百零七条之一第一款规定的"以捏造的事实提起民事诉讼"：

（一）与夫妻一方恶意串通，捏造夫妻共同债务的；

（二）与他人恶意串通，捏造债权债务关系和以物抵债协议的；

（三）与公司、企业的法定代表人、董事、监事、经理或者其他管理人员恶意串通，捏造公司、企业债务或者担保义务的；

（四）捏造知识产权侵权关系或者不正当竞争关系的；

（五）在破产案件审理过程中申报捏造的债权的；

（六）与被执行人恶意串通，捏造债权或者对查封、扣押、冻结财产的优先权、担保物权的；

（七）单方或者与他人恶意串通，捏造身份、合同、侵权、继承等民事法律关系的其他行为。

隐瞒债务已经全部清偿的事实，向人民法院提起民事诉讼，要求他人履行债务的，以"以捏造的事实提起民事诉讼"论。

向人民法院申请执行基于捏造的事实作出的仲裁裁决、公证债权文书，或者在民事执行过程中以捏造的事实对执行标的提出异议、申请参与执行财产分配的，属于《刑法》第三百零七条之一第一款规定的"以捏造的事实提起民事诉讼"。

第二条　以捏造的事实提起民事诉讼，有下列情形之一的，应当认定为《刑法》第三百零七条之一第一款规定的"妨害司法秩序或者严重侵害他人合法权益"：

（一）致使人民法院基于捏造的事实采取财产保全或者行为保全措施的；

（二）致使人民法院开庭审理，干扰正常司法活动的；

（三）致使人民法院基于捏造的事实作出裁判文书、制作财产分配方案，或者立案执行基于捏造的事实作出的仲裁裁决、公证债权文书的；

（四）多次以捏造的事实提起民事诉讼的；

（五）曾因以捏造的事实提起民事诉讼被采取民事诉讼强制措施或者受过刑事追究的；

（六）其他妨害司法秩序或者严重侵害他人合法权益的情形。

第三条　以捏造的事实提起民事诉讼，有下列情形之一的，应当认定为《刑法》第三百零七条之一第一款规定的"情节严重"：

（一）有本解释第二条第一项情形，造成他人经济损失一百万元以上的；

（二）有本解释第二条第二项至第四项情形之一，严重干扰正常司法活动或者严重损害司法公信力的；

（三）致使义务人自动履行生效裁判文书确定的财产给付义务或者人民法院强制执行财产权益，数额达到一百万元以上的；

（四）致使他人债权无法实现，数额达到一百万元以上的；

（五）非法占有他人财产，数额达到十万元以上的；

（六）致使他人因为不执行人民法院基于捏造的事实作出的判决、裁定，被采取刑事拘留、逮捕措施或者受到刑事追究的；

（七）其他情节严重的情形。

第四条　实施《刑法》第三百零七条之一第一款行为，非法占有他人财产或者逃避合法债务，又构成诈骗罪、职务侵占罪，拒不执行判决、裁定罪，贪污罪等犯罪的，依照处罚较重的规定定罪从重处罚。

第五条　司法工作人员利用职权，与他人共同实施《刑法》第三百零七条之一前三款行为的，从重处罚；同时构成滥用职权罪、民事枉法裁判罪，执行判决、裁定滥用职权罪等犯罪的，依照处罚较重的规定定罪从重处罚。

第六条 诉讼代理人、证人、鉴定人等诉讼参与人与他人通谋，代理提起虚假民事诉讼、故意作虚假证言或者出具虚假鉴定意见，共同实施《刑法》第三百零七条之一前三款行为的，依照共同犯罪的规定定罪处罚；同时构成妨害作证罪，帮助毁灭、伪造证据罪等犯罪的，依照处罚较重的规定定罪从重处罚。

第七条 采取伪造证据等手段篡改案件事实，骗取人民法院裁判文书，构成犯罪的，依照《刑法》第二百八十条、第三百零七条等规定追究刑事责任。

第八条 单位实施《刑法》第三百零七条之一第一款行为的，依照本解释规定的定罪量刑标准，对其直接负责的主管人员和其他直接责任人员定罪处罚，并对单位判处罚金。

第九条 实施《刑法》第三百零七条之一第一款行为，未达到情节严重的标准，行为人系初犯，在民事诉讼过程中自愿具结悔过，接受人民法院处理决定，积极退赃、退赔的，可以认定为犯罪情节轻微，不起诉或者免予刑事处罚；确有必要判处刑罚的，可以从宽处罚。

司法工作人员利用职权，与他人共同实施《刑法》第三百零七条之一第一款行为的，对司法工作人员不适用本条第一款规定。

第十条 虚假诉讼刑事案件由虚假民事诉讼案件的受理法院所在地或者执行法院所在地人民法院管辖。有《刑法》第三百零七条之一第四款情形的，上级人民法院可以指定下级人民法院将案件移送其他人民法院审判。

第十一条 本解释所称裁判文书，是指人民法院依照民事诉讼法、企业破产法等民事法律作出的判决、裁定、调解书、支付令等文书。

第十二条 本解释自 2018 年 10 月 1 日起施行。

2. 最高人民法院、最高人民检察院、公安部《关于依法办理"碰瓷"违法犯罪案件的指导意见》公通字〔2020〕12 号（2020 年 9 月 22 日）（具体见《刑法》第二百六十六条）

一、实施"碰瓷"，虚构事实、隐瞒真相，骗取赔偿，符合《刑法》第二百六十六条规定的，以诈骗罪定罪处罚；骗取保险金，符合《刑法》第一百九十八条规定的，以保险诈骗罪定罪处罚。

实施"碰瓷"，捏造人身、财产权益受到侵害的事实，虚构民事纠纷，提起民事诉讼，符合《刑法》第三百零七条之一规定的，以虚假诉讼罪定罪处罚；同时构成其他犯罪的，依照处罚较重的规定定罪从重处罚。

3. 最高人民法院、最高人民检察院、公安部、司法部《关于进一步加强虚假诉讼犯罪惩治工作的意见》法发〔2021〕10 号（2021 年 3 月 4 日）

第一章 总则

第一条 为了进一步加强虚假诉讼犯罪惩治工作，维护司法公正和司法权威，保护自然人、法人和非法人组织的合法权益，促进社会诚信建设，根据《中华人民共和国刑法》《中华人民共和国刑事诉讼法》《中华人民共和国民事诉讼法》和《最高人民法院、最高人民检察院关于办理虚假诉讼刑事案件适用法律若干问题的解释》等规定，结合工作实际，制定本意见。

第二条 本意见所称虚假诉讼犯罪，是指行为人单独或者与他人恶意串通，采取伪造证据、虚假陈述等手段，捏造民事案件基本事实，虚构民事纠纷，向人民法院提起民事诉讼，妨害司法秩序或者严重侵害他人合法权益，依照法律应当受刑罚处罚的行为。

第三条 人民法院、人民检察院、公安机关、司法行政机关应当按照法定职责分工负责、配合协作，加强沟通协调，在履行职责过程中发现可能存在虚假诉讼犯罪的，应当及时相互通报情况，共同防范和惩治虚假诉讼犯罪。

第二章 虚假诉讼犯罪的甄别和发现

第四条 实施《最高人民法院、最高人民检察院关于办理虚假诉讼刑事案件适用法律若干问题的解释》第一条第一款、第二款规定的捏造事实行为，并有下列情形之一的，应当认定为《刑法》第三百零七条之一第一款规定的"以捏造的事实提起民事诉讼"：

（一）提出民事起诉的；

（二）向人民法院申请宣告失踪、宣告死亡，申请认定公民无民事行为能力、限制民事行为能力，申请认定财产无主，申请确认调解协议，申请实现担保物权，申请支付令，申请公示催告的；

（三）在民事诉讼过程中增加独立的诉讼请求、提出反诉，有独立请求权的第三人提出与本案有关的诉讼请求的；

（四）在破产案件审理过程中申报债权的；

（五）案外人申请民事再审的；

（六）向人民法院申请执行仲裁裁决、公证债权文书的；

（七）案外人在民事执行过程中对执行标的提出异议，债权人在民事执行过程中申请参与执行财产分配的；

（八）以其他手段捏造民事案件基本事实，虚构民事纠纷，提起民事诉讼的。

第五条 对于下列虚假诉讼犯罪易发的民事案件类型，人民法院、人民检察院在履行职责过程中应当予以重点关注：

（一）民间借贷纠纷案件；

（二）涉及房屋限购、机动车配置指标调控的以物抵债案件；

（三）以离婚诉讼一方当事人为被告的财产纠纷案件；

（四）以已经资不抵债或者已经被作为被执行人的自然人、法人和非法人组织为被告的财产纠纷案件；

（五）以拆迁区划范围内的自然人为当事人的离婚、分家析产、继承、房屋买卖合同纠纷案件；

（六）公司分立、合并和企业破产纠纷案件；

（七）劳动争议案件；

（八）涉及驰名商标认定的案件；

（九）其他需要重点关注的民事案件。

第六条 民事诉讼当事人有下列情形之一的，人民法院、人民检察院在履行职责过程中应当依法严格审查，及时甄别和发现虚假诉讼犯罪：

（一）原告起诉依据的事实、理由不符合常理，存在伪造证据、虚假陈述可能的；

（二）原告诉请司法保护的诉讼标的额与其自身经济状况严重不符的；

（三）在可能影响案外人利益的案件中，当事人之间存在近亲属关系或者关联企业等共同利益关系的；

（四）当事人之间不存在实质性民事权益争议和实质性诉辩对抗的；

（五）一方当事人对于另一方当事人提出的对其不利的事实明确表示承认，且不符合常理的；

（六）认定案件事实的证据不足，但双方当事人主动迅速达成调解协议，请求人民法院制作调解书的；

（七）当事人自愿以价格明显不对等的财产抵付债务的；

（八）民事诉讼过程中存在其他异常情况的。

第七条　民事诉讼代理人、证人、鉴定人等诉讼参与人有下列情形之一的，人民法院、人民检察院在履行职责过程中应当依法严格审查，及时甄别和发现虚假诉讼犯罪：

（一）诉讼代理人违规接受对方当事人或者案外人给付的财物或者其他利益，与对方当事人或者案外人恶意串通，侵害委托人合法权益的；

（二）故意提供虚假证据，指使、引诱他人伪造、变造证据、提供虚假证据或者隐匿、毁灭证据的；

（三）采取其他不正当手段干扰民事诉讼活动正常进行的。

第三章　线索移送和案件查处

第八条　人民法院、人民检察院、公安机关发现虚假诉讼犯罪的线索来源包括：

（一）民事诉讼当事人、诉讼代理人和其他诉讼参与人、利害关系人、其他自然人、法人和非法人组织的报案、控告、举报和法律监督申请；

（二）被害人有证据证明对被告人通过实施虚假诉讼行为侵犯自己合法权益的行为应当依法追究刑事责任，且有证据证明曾经提出控告，而公安机关或者人民检察院不予追究被告人刑事责任，向人民法院提出的刑事自诉；

（三）人民法院、人民检察院、公安机关、司法行政机关履行职责过程中主动发现；

（四）有关国家机关移送的案件线索；

（五）其他线索来源。

第九条　虚假诉讼刑事案件由相关虚假民事诉讼案件的受理法院所在地或者执行法院所在地人民法院管辖。有《刑法》第三百零七条之一第四款情形的，上级人民法院可以指定下级人民法院将案件移送其他人民法院审判。

前款所称相关虚假民事诉讼案件的受理法院，包括该民事案件的一审、二审和再审法院。

虚假诉讼刑事案件的级别管辖，根据《刑事诉讼法》的规定确定。

第十条　人民法院、人民检察院向公安机关移送涉嫌虚假诉讼犯罪案件，应当附下列材料：

（一）案件移送函，载明移送案件的人民法院或者人民检察院名称、民事案件当事人名称和案由、所处民事诉讼阶段、民事案件办理人及联系电话等。案件移送函应当附移送材料清单和回执，经人民法院或者人民检察院负责人批准后，加盖人民法院或者人民检察院公章；

（二）移送线索的情况说明，载明案件来源、当事人信息、涉嫌虚假诉讼犯罪的事实、法律依据等，并附相关证据材料；

（三）与民事案件有关的诉讼材料，包括起诉书、答辩状、庭审笔录、调查笔录、谈话笔录等。

人民法院、人民检察院应当指定专门职能部门负责涉嫌虚假诉讼犯罪案件的移送。

人民法院将涉嫌虚假诉讼犯罪案件移送公安机关的，同时将有关情况通报同级人民检察院。

第十一条　人民法院、人民检察院认定民事诉讼当事人和其他诉讼参与人的行为涉嫌虚假诉讼犯罪，除民事诉讼当事人、其他诉讼参与人或者案外人的陈述、证言外，一般还应有物证、书证或者其他证人证言等证据相印证。

第十二条 人民法院、人民检察院将涉嫌虚假诉讼犯罪案件有关材料移送公安机关的，接受案件的公安机关应当出具接受案件的回执或者在案件移送函所附回执上签收。

公安机关收到有关材料后，分别作出以下处理：

（一）认为移送的案件材料不全的，应当在收到有关材料之日起三日内通知移送的人民法院或者人民检察院在三日内补正。不得以材料不全为由不接受移送案件；

（二）认为有犯罪事实，需要追究刑事责任的，应当在收到有关材料之日起三十日内决定是否立案，并通知移送的人民法院或者人民检察院；

（三）认为有犯罪事实，但是不属于自己管辖的，应当立即报经县级以上公安机关负责人批准，在二十四小时内移送有管辖权的机关处理，并告知移送的人民法院或者人民检察院。对于必须采取紧急措施的，应当先采取紧急措施，然后办理手续，移送主管机关；

（四）认为没有犯罪事实，或者犯罪情节显著轻微不需要追究刑事责任的，或者具有其他依法不追究刑事责任情形的，经县级以上公安机关负责人批准，不予立案，并应当说明理由，制作不予立案通知书在三日内送达移送的人民法院或者人民检察院，退回有关材料。

第十三条 人民检察院依法对公安机关的刑事立案实行监督。

人民法院对公安机关的不予立案决定有异议的，可以建议人民检察院进行立案监督。

第四章 程序衔接

第十四条 人民法院向公安机关移送涉嫌虚假诉讼犯罪案件，民事案件必须以相关刑事案件的审理结果为依据的，应当依照《民事诉讼法》第一百五十条第一款第五项的规定裁定中止诉讼。刑事案件的审理结果不影响民事诉讼程序正常进行的，民事案件应当继续审理。

第十五条 刑事案件裁判认定民事诉讼当事人的行为构成虚假诉讼犯罪，相关民事案件尚在审理或者执行过程中的，作出刑事裁判的人民法院应当及时函告审理或者执行该民事案件的人民法院。

人民法院对于与虚假诉讼刑事案件的裁判存在冲突的已经发生法律效力的民事判决、裁定、调解书，应当及时依法启动审判监督程序予以纠正。

第十六条 公安机关依法自行立案侦办虚假诉讼刑事案件的，应当在立案后三日内将立案决定书等法律文书和相关材料复印件抄送对相关民事案件正在审理、执行或者作出生效裁判文书的人民法院并说明立案理由，同时通报办理民事案件人民法院的同级人民检察院。对相关民事案件正在审理、执行或者作出生效裁判文书的人民法院应当依法审查，依照相关规定做出处理，并在收到材料之日起三十日内将处理意见书面通报公安机关。

公安机关在办理刑事案件过程中，发现犯罪嫌疑人还涉嫌实施虚假诉讼犯罪的，可以一并处理。需要逮捕犯罪嫌疑人的，由侦查该案件的公安机关提请同级人民检察院审查批准；需要提起公诉的，由侦查该案件的公安机关移送同级人民检察院审查决定。

第十七条 有管辖权的公安机关接受民事诉讼当事人、诉讼代理人和其他诉讼参与人、利害关系人、其他自然人、法人和非法人组织的报案、控告、举报或者在履行职责过程中发现存在虚假诉讼犯罪嫌疑的，可以开展调查核实工作。经县级以上公安机关负责人批准，公安机关可以依照有关规定拷贝电子卷或者查阅、复制、摘录人民法院的民事诉讼卷宗，人民法院予以配合。

公安机关在办理刑事案件过程中，发现犯罪嫌疑人还涉嫌实施虚假诉讼犯罪的，适用前款规定。

第十八条 人民检察院发现已经发生法律效力的判决、裁定、调解书系民事诉讼当事人通过虚假诉讼获得的，应当依照《民事诉讼法》第二百零八条第一款、第二款等法律和相关司法解释的规定，向人民法院提出再审检察建议或者抗诉。

第十九条 人民法院对人民检察院依照本意见第十八条的规定提出再审检察建议或者抗诉的民事案件，应当依照民事诉讼法等法律和相关司法解释的规定处理。按照审判监督程序决定再审、需要中止执行的，裁定中止原判决、裁定、调解书的执行。

第二十条 人民检察院办理民事诉讼监督案件过程中，发现存在虚假诉讼犯罪嫌疑的，可以向民事诉讼当事人或者案外人调查核实有关情况。有关单位和个人无正当理由拒不配合调查核实、妨害民事诉讼的，人民检察院可以建议有关人民法院依照《民事诉讼法》第一百一十一条第一款第五项等规定处理。

人民检察院针对存在虚假诉讼犯罪嫌疑的民事诉讼监督案件依照有关规定调阅人民法院的民事诉讼卷宗的，人民法院予以配合。通过拷贝电子卷、查阅、复制、摘录等方式能够满足办案需要的，可以不调阅诉讼卷宗。

人民检察院发现民事诉讼监督案件存在虚假诉讼犯罪嫌疑的，可以听取人民法院原承办人的意见。

第二十一条 对于存在虚假诉讼犯罪嫌疑的民事案件，人民法院可以依职权调查收集证据。

当事人自认的事实与人民法院、人民检察院依职权调查并经审理查明的事实不符的，人民法院不予确认。

第五章 责任追究

第二十二条 对于故意制造、参与虚假诉讼犯罪活动的民事诉讼当事人和其他诉讼参与人，人民法院应当加大罚款、拘留等对妨害民事诉讼的强制措施的适用力度。

民事诉讼当事人、其他诉讼参与人实施虚假诉讼，人民法院向公安机关移送案件有关材料前，可以依照《民事诉讼法》的规定先行予以罚款、拘留。

对虚假诉讼刑事案件被告人判处罚金、有期徒刑或者拘役的，人民法院已经依照民事诉讼法的规定给予的罚款、拘留，应当依法折抵相应罚金或者刑期。

第二十三条 人民检察院可以建议人民法院依照民事诉讼法的规定，对故意制造、参与虚假诉讼的民事诉讼当事人和其他诉讼参与人采取罚款、拘留等强制措施。

第二十四条 司法工作人员利用职权参与虚假诉讼的，应当依照法律法规从严处理；构成犯罪的，依法从严追究刑事责任。

第二十五条 司法行政机关、相关行业协会应当加强对律师、基层法律服务工作者、司法鉴定人、公证员、仲裁员的教育和管理，发现上述人员利用职务之便参与虚假诉讼的，应当依照规定进行行政处罚或者行业惩戒；构成犯罪的，依法移送司法机关处理。律师、基层法律服务工作者、司法鉴定人、公证员、仲裁员利用职务之便参与虚假诉讼的，依照有关规定从严追究法律责任。

人民法院、人民检察院、公安机关在办理案件过程中，发现律师、基层法律服务工作者、司法鉴定人、公证员、仲裁员利用职务之便参与虚假诉讼，尚未构成犯罪的，可以向司法行政机关、相关行业协会或者上述人员所在单位发出书面建议。司法行政机关、相关行业协会或者上述人员所在单位应当在收到书面建议之日起三个月内作出处理决定，并书面回复作出书面建议的人民法院、人民检察院或者公安机关。

第六章 协作机制

第二十六条 人民法院、人民检察院、公安机关、司法行政机关探索建立民事判决、裁定、调解书等裁判文书信息共享机制和信息互通数据平台，综合运用信息化手段发掘虚假诉讼违法犯罪线索，逐步实现虚假诉讼违法犯罪案件信息、数据共享。

第二十七条 人民法院、人民检察院、公安机关、司法行政机关落实"谁执法谁普法"的普法责任制要求，通过定期开展法治宣传、向社会公开发布虚假诉讼典型案例、开展警示教育等形式，增强全社会对虚假诉讼违法犯罪的防范意识，震慑虚假诉讼违法犯罪。

第七章 附则

第二十八条 各省、自治区、直辖市高级人民法院、人民检察院、公安机关、司法行政机关可以根据本地区实际情况，制定实施细则。

第二十九条 本意见自 2021 年 3 月 10 日起施行。

4. 最高人民法院《关于防范和制裁虚假诉讼的指导意见》 法发〔2016〕13 号（2016年 6 月 20 日）

当前，民事商事审判领域存在的虚假诉讼现象，不仅严重侵害案外人合法权益，破坏社会诚信，也扰乱了正常的诉讼秩序，损害司法权威和司法公信力，人民群众对此反映强烈。各级人民法院对此要高度重视，努力探索通过多种有效措施防范和制裁虚假诉讼行为。

1. 虚假诉讼一般包含以下要素：（1）以规避法律、法规或国家政策谋取非法利益为目的；（2）双方当事人存在恶意串通；（3）虚构事实；（4）借用合法的民事程序；（5）侵害国家利益、社会公共利益或者案外人的合法权益。

2. 实践中，要特别注意以下情形：（1）当事人为夫妻、朋友等亲近关系或者关联企业等共同利益关系；（2）原告诉请司法保护的标的额与其自身经济状况严重不符；（3）原告起诉所依据的事实和理由明显不符合常理；（4）当事人双方无实质性民事权益争议；（5）案件证据不足，但双方仍然主动迅速达成调解协议，并请求人民法院出具调解书。

3. 各级人民法院应当在立案窗口及法庭张贴警示宣传标识，同时在"人民法院民事诉讼风险提示书"中明确告知参与虚假诉讼应当承担的法律责任，引导当事人依法行使诉权，诚信诉讼。

4. 在民间借贷、离婚析产、以物抵债、劳动争议、公司分立（合并）、企业破产等虚假诉讼高发领域的案件审理中，要加大证据审查力度。对可能存在虚假诉讼的，要适当加大依职权调查取证力度。

5. 涉嫌虚假诉讼的，应当传唤当事人本人到庭，就有关案件事实接受询问。除法定事由外，应当要求证人出庭作证。要充分发挥民事诉讼法司法解释有关当事人和证人签署保证书规定的作用，探索当事人和证人宣誓制度。

6. 诉讼中，一方对另一方提出的于己不利的事实明确表示承认，且不符合常理的，要做进一步查明，慎重认定。查明的事实与自认的事实不符的，不予确认。

7. 要加强对调解协议的审查力度。对双方主动达成调解协议并申请人民法院出具调解书的，应当结合案件基础事实，注重审查调解协议是否损害国家利益、社会公共利益或者案外人的合法权益；对人民调解协议司法确认案件，要按照民事诉讼法司法解释要求，注重审查基础法律关系的真实性。

8. 在执行公证债权文书和仲裁裁决书、调解书等法律文书过程中，对可能存在双方恶意串通、虚构事实的，要加大实质审查力度，注重审查相关法律文书是否损害国家利益、社会公共利益或者案外人的合法权益。如果存在上述情形，应当裁定不予执行。必要时，可向仲裁机构或者公证机关发出司法建议。

9. 加大公开审判力度，增加案件审理的透明度。对与案件处理结果可能存在法律上利害关系的，可适当依职权通知其参加诉讼，避免其民事权益受到损害，防范虚假诉讼行为。

10. 在第三人撤销之诉、案外人执行异议之诉、案外人申请再审等案件审理中，发现已经生效的裁判涉及虚假诉讼的，要及时予以纠正，保护案外人诉权和实体权利；同时也要防范有关人员利用上述法律制度，制造虚假诉讼，损害原诉讼中合法权利人利益。

11. 经查明属于虚假诉讼，原告申请撤诉的，不予准许，并应当根据《民事诉讼法》第一百一十二条的规定，驳回其请求。

12. 对虚假诉讼参与人，要适度加大罚款、拘留等妨碍民事诉讼强制措施的法律适用力度；虚假诉讼侵害他人民事权益的，虚假诉讼参与人应当承担赔偿责任；虚假诉讼违法行为涉嫌虚假诉讼罪、诈骗罪、合同诈骗罪等刑事犯罪的，民事审判部门应当依法将相关线索和有关案件材料移送侦查机关。

13. 探索建立虚假诉讼失信人名单制度。将虚假诉讼参与人列入失信人名单，逐步开展与现有相关信息平台和社会信用体系接轨工作，加大制裁力度。

14. 人民法院工作人员参与虚假诉讼的，要依照法官法、法官职业道德基本准则和法官行为规范等规定，从严处理。

15. 诉讼代理人参与虚假诉讼的，要依法予以制裁，并应当向司法行政部门、律师协会或者行业协会发出司法建议。

16. 鉴定机构、鉴定人参与虚假诉讼的，可以根据情节轻重，给予鉴定机构、鉴定人训诫、责令退还鉴定费用、从法院委托鉴定专业机构备选名单中除名等制裁，并应当向司法行政部门或者行业协会发出司法建议。

17. 要积极主动与有关部门沟通协调，争取支持配合，探索建立多部门协调配合的综合治理机制。要通过向社会公开发布虚假诉讼典型案例等多种形式，震慑虚假诉讼违法行为。

18. 各级人民法院要及时组织干警学习了解中央和地方的各项经济社会政策，充分预判有可能在司法领域反映出来的虚假诉讼案件类型，也可以采取典型案例分析、审判业务交流、庭审观摩等多种形式，提高甄别虚假诉讼的司法能力。

5. 最高人民法院《关于深入开展虚假诉讼整治工作的意见》法〔2021〕281号（2021年11月4日）

为进一步加强虚假诉讼整治工作，维护司法秩序、实现司法公正、树立司法权威，保护当事人合法权益，营造公平竞争市场环境，促进社会诚信建设，根据《中华人民共和国民法典》《中华人民共和国刑法》《中华人民共和国民事诉讼法》等规定，结合工作实际，制定本意见。

一、提高思想认识，强化责任担当。整治虚假诉讼工作，是党的十八届四中全会部署的重大任务，是人民法院肩负的政治责任、法律责任和社会责任，对于建设诚信社会、保护群众权利、保障经济发展、维护司法权威、建设法治国家具有重要意义。各级人民法院要坚持以习近平新时代中国特色社会主义思想为指导，深入学习贯彻习近平法治思想，依法贯彻民事诉讼诚实信用原则，坚持制度的刚性，扎紧制度的笼子，压缩虚假诉讼存在的空间，铲除虚假诉讼滋生的土壤，积极引导人民群众依法诚信诉讼，让法安天下、德润人心，大力弘扬诚实守信的社会主义核心价值观。

二、精准甄别查处，依法保护诉权。单独或者与他人恶意串通，采取伪造证据、虚假陈述等手段，捏造民事案件基本事实，虚构民事纠纷，向人民法院提起民事诉讼，损害国家利益、社会公共利益或者他人合法权益，妨害司法秩序的，构成虚假诉讼。向人民法院申请执行基于捏造的事实作出的仲裁裁决、调解书及公证债权文书，在民事执行过程中以捏造的事实对执行标的提出异议、申请参与执行财产分配的，也属于虚假诉讼。诉讼代理人、证人、鉴定人、公证人等与他人串通，共同实施虚假诉讼的，属于虚假诉讼行为人。在整治虚假诉讼的同时，应当依法保护当事人诉权。既要防止以保护当事人诉权为由，放松对虚假诉讼的甄别、查处，又要防止以整治虚假诉讼为由，当立案不立案，损害当事人诉权。

三、把准特征表现，做好靶向整治。各级人民法院要积极总结司法实践经验，准确把握虚假诉讼的特征表现，做到精准施治、靶向整治。对存在下列情形的案件，要高度警惕、严格审查，有效防范虚假诉讼：原告起诉依据的事实、理由不符合常理；诉讼标的额与原告经济状况严重不符；当事人之间存在亲属关系、关联关系等利害关系，诉讼结果可能涉及案外人利益；当事人之间不存在实质性民事权益争议，在诉讼中没有实质性对抗辩论；当事人的自认不符合常理；当事人身陷沉重债务负担却以明显不合理的低价转让财产、以明显不合理的高价受让财产或者放弃财产权利；认定案件事实的证据不足，当事人却主动迅速达成调解协议，请求人民法院制作调解书；当事人亲历案件事实却不能完整准确陈述案件事实或者陈述前后矛盾等。

四、聚焦重点领域，加大整治力度。民间借贷纠纷，执行异议之诉，劳动争议，离婚析产纠纷，诉离婚案件一方当事人的财产纠纷，企业破产纠纷，公司分立（合并）纠纷，涉驰名商标的商标纠纷，涉拆迁的离婚、分家析产、继承、房屋买卖合同纠纷，涉房屋限购和机动车配置指标调控等宏观调控政策的买卖合同、以物抵债纠纷等各类纠纷，是虚假诉讼易发领域。对上述案件，各级人民法院应当重点关注、严格审查，加大整治虚假诉讼工作力度。

五、坚持分类施策，提高整治实效。人民法院认定为虚假诉讼的案件，原告申请撤诉的，不予准许，应当根据《民事诉讼法》第一百一十二条规定，驳回其诉讼请求。虚假诉讼行为情节恶劣、后果严重或者多次参与虚假诉讼、制造系列虚假诉讼案件的，要加大处罚力度。虚假诉讼侵害他人民事权益的，行为人应当承担赔偿责任。人民法院在办理案件过程中发现虚假诉讼涉嫌犯罪的，应当依法及时将相关材料移送刑事侦查机关；公职人员或者国有企事业单位人员制造、参与虚假诉讼的，应当通报所在单位或者监察机关；律师、基层法律服务工作者、鉴定人、公证人等制造、参与虚假诉讼的，可以向有关行政主管部门、行业协会发出司法建议，督促及时予以行政处罚或者行业惩戒。司法工作人员利用职权参与虚假诉讼的，应当依法从严惩处，构成犯罪的，应当依法从严追究刑事责任。

六、加强立案甄别，做好警示提醒。立案阶段，可以通过立案辅助系统、中国裁判文书网等信息系统检索案件当事人是否有关联案件，核查当事人身份信息。当事人存在多件未结案件、关联案件或者发现其他可能存在虚假诉讼情形的，应当对当事人信息进行重点核实。发现存在虚假诉讼嫌疑的，应当对行为人进行警示提醒，并在办案系统中进行标记，提示审判和执行部门重点关注案件可能存在虚假诉讼风险。

七、坚持多措并举，查明案件事实。审理涉嫌虚假诉讼的案件，在询问当事人之前或者证人作证之前，应当要求当事人、证人签署保证书。保证书应当载明据实陈述、如有虚假陈述愿意接受处罚等内容。负有举证责任的当事人拒绝到庭、拒绝接受询问或者拒绝签署保证书，待证事实又欠缺其他证据证明的，对其主张的事实不予认定。证人拒绝签署保证书的，不得作证，自行承担相关费用。涉嫌通过虚假诉讼损害国家利益、社会公共利益或者他人合法权益的案件，人民法院应当调查收集相关证据，查明案件基本事实。

八、慎查调解协议，确保真实合法。当事人对诉讼标的无实质性争议，主动达成调解协议并申请人民法院出具调解书的，应当审查协议内容是否符合案件基本事实、是否违反法律规定、是否涉及案外人利益、是否规避国家政策。调解协议涉及确权内容的，应当在查明权利归属的基础上决定是否出具调解书。不能仅以当事人可自愿处分民事权益为由，降低对调解协议所涉法律关系真实性、合法性的审查标准，尤其要注重审查调解协议是否损害国家利益、社会公共利益或者他人合法权益。当事人诉前达成调解协议，申请司法确认的，应当着重审查调解协议是否存在违反法律、行政法规强制性规定、违背公序良俗或者侵害国家利益、社会公共利益、他人合法权益等情形；诉前调解协议内容涉及物权、知识产权确权的，应当裁定不予受理，已经受理的，应当裁定驳回申请。

九、严格依法执行，严防虚假诉讼。在执行异议、复议、参与分配等程序中应当加大对虚假诉讼的查处力度。对可能发生虚假诉讼的情形应当重点审查。从诉讼主体、证据与案件事实的关联程度、各证据之间的联系等方面，全面审查案件事实及法律关系的真实性，综合判断是否存在以捏造事实对执行标的提出异议、申请参与分配或者其他导致人民法院错误执行的行为。对涉嫌虚假诉讼的案件，应当传唤当事人、证人到庭，就相关案件事实当庭询问。主动向当事人释明参与虚假诉讼的法律后果，引导当事人诚信诉讼。认定为虚假诉讼的案件，应当裁定不予受理或者驳回申请；已经受理的，应当裁定驳回其请求。

十、加强执行审查，严查虚假非诉法律文书。重点防范依据虚假仲裁裁决、仲裁调解书、公证债权文书等非诉法律文书申请执行行为。在非诉法律文书执行中，当事人存在通过恶意串通、捏造事实等方式取得生效法律文书申请执行嫌疑的，应当依法进行严格实质审查。加大依职权调取证据力度，结合当事人关系、案件事实、仲裁和公证过程等多方面情况审查判断相关法律文书是否存在虚假情形，是否损害国家利益、社会公共利益或者他人合法权益。存在上述情形的，应当依法裁定不予执行，必要时可以向仲裁机构或者公证机关发出司法建议。

十一、加强证据审查，查处虚假执行异议之诉。执行异议之诉是当前虚假诉讼增长较快的领域，要高度重视执行异议之诉中防范和惩治虚假诉讼的重要性、紧迫性。正确分配举证责任，无论是案外人执行异议之诉还是申请执行人执行异议之诉，均应当由案外人就其对执行标的享有足以排除强制执行的民事权益承担举证责任。严格审查全案证据的真实性、合法性、关联性，对涉嫌虚假诉讼的案件，可以通过传唤案外人到庭陈述、通知当事人提交原始证据、依职权调查核实等方式，严格审查案外人权益的真实性、合法性。

十二、厘清法律关系，防止恶意串通逃避执行。执行异议之诉涉及三方当事人之间多个法律关系，利益冲突主要发生在案外人与申请执行人之间，对于被执行人就涉案外人权益相关事实的自认，应当审慎认定。被执行人与案外人具有亲属关系、关联关系等利害关系，诉讼中相互支持，缺乏充分证据证明案外人享有足以排除强制执行的民事权益的，不应支持案外人主张。案外人依据执行标的被查封、扣押、冻结后作出的另案生效确权法律文书，提起执行异议之诉主张排除强制执行的，应当注意审查是否存在当事人恶意串通等事实。

十三、加强甄别查处，防范虚假民间借贷诉讼。民间借贷是虚假诉讼较为活跃的领域，要审慎审查民间借贷案件，依照《最高人民法院关于审理民间借贷案件适用法律若干问题的规定》的有关规定，准确甄别、严格防范、严厉惩治虚假民间借贷诉讼。对涉嫌虚假诉讼的民间借贷案件，当事人主张以现金方式支付大额借款的，应当对出借人现金来源、取款凭证、交付情况等细节事实进行审查，结合出借人经济能力、当地交易习惯、交易过程是否符合常理等事实对借贷关系作出认定。当事人主张通过转账方式支付大额借款的，应当对是否存在"闭环"转账、循环转账、明走账贷款暗现金还款等事实进行审查。负有举证责任的原告无正当理由拒不到庭，经审查现有证据无法确认借贷行为、借贷金额、支付方式等案件基本事实的，对原告主张的事实不予认定。

十四、严查借贷本息，依法整治违法民间借贷。对涉嫌虚假诉讼的民间借贷案件，应当重点审查借贷关系真实性、本金借贷数额和利息保护范围等问题。虚构民间借贷关系，逃避执行、逃废债务的，对原告主张不应支持。通过"断头息"、伪造证据等手段，虚增借贷本金的，应当依据出借人实际出借金额认定借款本金数额。以"罚息""违约金""服务费""中介费""保证金""延期费"等名义从事高利贷的，对于超过法定利率保护上限的利息，不予保护。

十五、严审合同效力，整治虚假房屋买卖诉讼。为逃废债务、逃避执行、获得非法拆迁利益、规避宏观调控政策等非法目的，虚构房屋买卖合同关系提起诉讼的，应当认定合同无效。买受人虚构购房资格参与司法拍卖房产活动且竞拍成功，当事人、利害关系人以违背公序良俗为由主张该拍卖行为无效的，应予支持。买受人虚构购房资格导致拍卖行为无效的，应当依法承担赔偿责任。

十六、坚持查假纠错，依法救济受害人的权利。对涉嫌虚假诉讼的案件，可以通知与案件裁判结果可能存在利害关系的人作为第三人参加诉讼。对查处的虚假诉讼案件，应当依法对虚假诉讼案件生效裁判进行纠错。对造成他人损失的虚假诉讼案件，受害人请求虚假诉讼行为人承担赔偿责任的，应予支持。虚假诉讼行为人赔偿责任大小可以根据其过错大小、情节轻重、受害人损失大小等因素作出认定。

十七、依法认定犯罪，从严追究虚假诉讼刑事责任。虚假诉讼行为符合《刑法》和司法解释规定的定罪标准的，要依法认定为虚假诉讼罪等罪名，从严追究行为人的刑事责任。实施虚假诉讼犯罪，非法占有他人财产或者逃避合法债务，又构成诈骗罪、职务侵占罪、拒不执行判决、裁定罪、贪污罪等犯罪的，依照处罚较重的罪名定罪并从重处罚。对于多人结伙实施的虚假诉讼共同犯罪中罪责最突出的主犯、有虚假诉讼违法犯罪前科再次实施虚假诉讼犯罪的被告人，要充分体现从严，控制缓刑、免予刑事处罚的适用范围。

十八、保持高压态势，严惩"套路贷"虚假诉讼犯罪。及时甄别、依法严厉打击"套路贷"中的虚假诉讼违法犯罪行为，符合黑恶势力认定标准的，应当依法认定。对于被告人实施"套路贷"违法所得的一切财物，应当予以追缴或者责令退赔，依法保护被害人的财产权利。保持对"套路贷"虚假诉讼违法犯罪的高压严打态势，将依法严厉打击"套路贷"虚假诉讼违法犯罪作为常态化开展扫黑除恶斗争的重要内容，切实维护司法秩序和人民群众合法权益，满足人民群众对公平正义的心理期待。

十九、做好程序衔接，保持刑民协同。经审理认为民事诉讼当事人的行为构成虚假诉讼犯罪的，作出生效刑事裁判的人民法院应当及时函告审理或者执行该民事案件的人民法院。生效刑事裁判认定构成虚假诉讼犯罪的，有关人民法院应当及时依法启动审判监督程序对相关民事判决、裁定、调解书予以纠正。当事人、案外人以生效刑事裁判认定构成虚假诉讼犯罪为由对生效民事判决、裁定、调解书申请再审的，应当依法及时进行审查。

二十、加强队伍建设，提升整治能力。各级人民法院要及时组织法院干警学习掌握中央和地方各项经济社会政策；将甄别和查处虚假诉讼纳入法官培训范围；通过典型案例分析、审判业务交流、庭审观摩等多种形式，提高法官甄别和查处虚假诉讼的司法能力；严格落实司法责任制，对参与虚假诉讼的法院工作人员依规依纪严肃处理，建设忠诚干净担当的人民法院队伍。法院工作人员利用职权与他人共同实施虚假诉讼行为，构成虚假诉讼罪的，依法从重处罚，同时构成其他犯罪的，依照处罚较重的规定定罪并从重处罚。法院工作人员不正确履行职责，玩忽职守，致使虚假诉讼案件进入诉讼程序，导致公共财产、国家和人民利益遭受重大损失，符合《刑法》规定的犯罪构成要件的，依照玩忽职守罪、执行判决、裁定失职罪等罪名定罪处罚。

二十一、强化配合协调，形成整治合力。各级人民法院要积极探索与人民检察院、公安机关、司法行政机关等职能部门建立完善虚假诉讼案件信息共享机制、虚假诉讼违法犯罪线索移送机制、虚假诉讼刑民交叉案件协调惩治机制、整治虚假诉讼联席会议机制等工作机制；与各政法单位既分工负责、又沟通配合，推动建立信息互联共享、程序有序衔接、整治协调配合、制度共商共建的虚假诉讼整治工作格局。

二十二、探索信用惩戒，助力诚信建设。各级人民法院要积极探索建立虚假诉讼"黑名单"制度。建立虚假诉讼失信人名单信息库，在"立、审、执"环节自动识别虚假诉讼人员信息，对办案人员进行自动提示、自动预警，提醒办案人员对相关案件进行重点审查。积极探索虚假诉讼人员名单向社会公开和信用惩戒机制，争取与征信机构的信息数据库对接，推动社会信用体系建设。通过信用惩戒增加虚假诉讼人员违法成本，积极在全社会营造不敢、不能、不愿虚假诉讼的法治环境，助力诚信社会建设，保障市场经济平稳、有序、高效发展。

二十三、开展普法宣传，弘扬诉讼诚信。各级人民法院要贯彻落实"谁执法谁普法"的普法责任制要求，充分发挥人民法院处于办案一线的优势，深入剖析虚假诉讼典型案例，及时向全社会公布，加大宣传力度，弘扬诚实信用民事诉讼原则，彰显人民法院严厉打击虚假诉讼的决心，增强全社会对虚假诉讼违法行为的防范意识，对虚假诉讼行为形成强大震慑。通过在诉讼服务大厅、诉讼服务网、12368热线、移动微法院等平台和"人民法院民事诉讼风险提示书"等途径，告知诚信诉讼义务，释明虚假诉讼法律责任，引导当事人依法诚信诉讼，让公正司法、全民守法、诚实守信的理念深深植根于人民群众心中。

二十四、本意见自2021年11月10日起施行。

6. 最高人民检察院、公安部《关于公安机关管辖的刑事案件立案追诉标准的规定（二）》（2022年4月6日）（附则见第一百二十条之一）

第七十八条 【虚假诉讼案（《刑法》第三百零七条之一）】单独或者与他人恶意串通，以捏造的事实提起民事诉讼，涉嫌下列情形之一的，应予立案追诉：

（一）致使人民法院基于捏造的事实采取财产保全或者行为保全措施的；

（二）致使人民法院开庭审理，干扰正常司法活动的；

（三）致使人民法院基于捏造的事实作出裁判文书、制作财产分配方案，或者立案执行基于捏造的事实作出的仲裁裁决、公证债权文书的；

（四）多次以捏造的事实提起民事诉讼的；

（五）因以捏造的事实提起民事诉讼被采取民事诉讼强制措施或者受过刑事追究的；

（六）其他妨害司法秩序或者严重侵害他人合法权益的情形。

（附参考）**1. 浙江省高级人民法院刑二庭《关于审理建筑领域职务犯罪和经济犯罪案件若干问题的解答》**2015年12月29日（见第二百七十一条）

六、如何理解和把握建筑领域项目经理虚假诉讼行为的定性处罚？

答：虚假诉讼是指民事诉讼各方当事人恶意串通，采取虚构法律关系、捏造案件事实方式提起民事诉讼，或者利用虚假仲裁裁决、公证文书申请执行，使法院作出错误裁判或执行，以获取非法利益的行为。《刑法修正案（九）》实施后，对于项目经理虚假诉讼行为，可按以下原则加以把握：

（1）对于项目经理与他人恶意串通进行虚假诉讼的行为一般以虚假诉讼罪定罪处罚。实践中，应注意审查虚假诉讼行为是个人行为还是单位行为。若项目经理以其个人名义，以捏造的事实提起民事诉讼，并将违法所得归个人所有的，项目经理构成个人犯罪。若项目经理以其所在单位的名义进行虚假诉讼，且违法所得归单位所有的，可构成单位犯罪。

（2）项目经理实施虚假诉讼，非法占有他人财产或者逃避合法债务，同时构成诈骗罪、职务侵占罪等其他犯罪的，依照处罚较重的规定定罪从重处罚。

2. 浙江省高级人民法院、浙江省人民检察院、浙江省公安厅《关于办理建筑施工企业从业人员犯罪案件若干法律适用问题的会议纪要》浙高法〔2017〕228 号（见第二百七十一条）

六、关于建筑领域项目经理、承包人虚假诉讼行为的定性处罚问题

《刑法修正案（九）》实施后，对于项目经理、承包人虚假诉讼行为，可按以下原则加以把握：

（1）对于项目经理、承包人与他人恶意串通进行虚假诉讼的行为一般以虚假诉讼罪定罪处罚。

（2）项目经理、承包人实施虚假诉讼，非法占有他人财产或者逃避合法债务，同时构成诈骗罪、职务侵占罪等其他犯罪的，依照处罚较重的规定定罪处罚。

七、关于建筑领域刑民交叉案件的处置问题

人民法院在民事诉讼中发现有虚假诉讼犯罪嫌疑的，将有关犯罪线索、证据材料一并移送公安机关，公安机关应予受案审查，并将立案或不予立案情况函告人民法院。公安机关发现立案侦查的涉嫌虚假诉讼案件已经在人民法院审理的，应将立案情况函告人民法院，人民法院经审查认为属于同一法律事实的，应当依法中止审理，并函告公安机关。检察机关应当强化建筑领域犯罪案件的执法监督，切实维护司法公正。

对于项目经理、承包人以垫付工程款名义对外借款的，在民事诉讼中应加强对借款资金交付、去向等影响借款是否真实发生的证据审查。在查办建筑领域刑事案件过程中，应当更加注重协调刑民交叉案件相关事实的认定。相关民事判决最终认定建筑企业承担民事责任，项目经理、承包人涉嫌构成挪用、职务侵占等犯罪行为的，应依法追究刑事责任。

3. 浙江省高级人民法院、浙江省人民检察院、浙江省公安厅、浙江省司法厅、国家税务总局浙江省税务局、浙江省地方金融监督管理局《关于依法严厉打击与民间借贷相关的刑事犯罪强化民间借贷协同治理的会议纪要》浙高法〔2018〕192 号（2018 年 11 月 16 日）

二、建立"职业放贷人名录"制度，从严规制职业放贷人的诉讼行为

针对当前职业放贷高发等实际情况，人民法院要根据同一原告或关联原告在一段时间内所涉的民间借贷案件数量、利率、合同格式化程度等特征，结合各地实际，建立"职业放贷人名录"，进行重点管理，并每季度向公安、检察机关等协同治理单位通报情况。职业放贷人名录中有公职人员的，应当抄送当地纪检监察部门和当事人所在单位。

纳入"职业放贷人名录"，一般应当符合以下条件：

1. 以连续三年收结案数为标准，同一或关联原告在同一基层法院民事诉讼中涉及 20 件以上民间借贷案件（含诉前调解，以下各项同），或者在同一中级法院及辖区各基层法院民事诉讼中涉及 30 件以上民间借贷案件的；

2.在同一年度内，同一或关联原告在同一基层法院民事诉讼中涉及10件以上民间借贷案件，或者在同一中级法院及辖区各基层法院民事诉讼中涉及15件以上民间借贷案件的；

3.在同一年度内，同一或关联原告在同一中级法院及辖区各基层法院涉及民间借贷案件5件以上且累计金额达100万元以上，或者涉及民间借贷案件3件以上且累计金额达1000万元以上的；

4.符合下列条件两项以上，案件数达到第1、2项规定一半以上的，也可认定为职业放贷人：

（1）借条为统一格式的；

（2）被告抗辩原告并非实际出借人或者原告要求将本金、利息支付给第三人的；

（3）借款本金诉称以现金方式交付又无其他证据佐证的；

（4）交付本金时预扣借款利息或者被告实际支付的利息明显高于约定的利息的；

（5）原告本人无正当理由拒不到庭应诉或到庭应诉时对案件事实进行虚假陈述的。

自职业放贷人名录公布之日起连续三个年度内，该名录上人员涉及民间借贷纠纷的案件量少于前款第1、2、4项认定职业放贷人标准案件量二分之一的，可以将其从职业放贷人名录上撤出。

涉职业放贷人案件审理过程中应加强对证据和事实的审查，对涉及职业放贷人名录人员为申请执行人的执行案件，人民法院对被执行人应慎用拘留、罚款、布控、追究拒不执行判决、裁定刑事责任等措施；对于本金与利息已经执行到位的，人民法院执行部门应当向税务部门通报，由税务部门依法征税。

对涉及职业放贷人的案件应当先行调解，并尽量促使双方当事人见面，查清债权债务真实情况，尽早发现违法犯罪事实，精准有效打击犯罪行为。对于出借人将债权转让给他人后，债权受让人提起诉讼的，要加强审查，防止通过债权转让规避监管。

三、加强对借贷事实和证据的审查力度，严格区分民间借贷与"套路贷"诈骗、非法集资等犯罪行为的界限

针对"套路贷"诈骗、非法集资等犯罪组织者借助民事诉讼程序实现非法目的等实际情况，全省各级公安机关、人民检察院、人民法院在处理涉民间借贷案件过程中，要切实提高警惕，结合款项来源、交易习惯、经济能力、财产变化情况、当事人关系以及当事人陈述等情况综合判断借贷的真实性，加大对借贷事实和证据的审查力度，加强对民间借贷与诈骗等犯罪行为的甄别，切实防止违法犯罪分子将非法行为合法化、利用民事裁判侵占被害人财产。

对利用非法吸收的公众存款、变相吸收的公众存款等资金发放贷款，并以故意杀人、故意伤害、非法拘禁、故意毁坏财物、寻衅滋事等非法手段强索债务的，应当按照行为涉嫌的具体犯罪侦查、起诉、审判，不构成犯罪的，依法由公安机关治安处罚。

人民法院在审理民事案件过程中发现存在"虚增债务""伪造证据""恶意制造违约""非法吸收公众存款"及"集资诈骗"等犯罪嫌疑的，应当裁定驳回起诉，并将涉嫌犯罪的线索、材料移送公安机关或检察机关。人民法院对已按普通民间借贷纠纷作出的生效裁判，应当依法及时通过审判监督程序予以纠正。

四、加大对虚假诉讼、高利转贷的惩治力度，有效遏制两类案件的高发多发势头

根据《刑法》和司法解释规定，虚假诉讼罪是指行为人以捏造的事实提起民事诉讼，妨害司法秩序或者严重侵害他人合法权益的行为。虚假诉讼行为的实施方式既可以表现为"单方欺诈型"，也可以表现为"恶意串通型"。对于实施虚假诉讼行为，非法占有他人

财物或者逃避合法债务，又构成其他犯罪的，依照处罚较重的规定定罪从重处罚。司法工作人员利用职权，与他人共同实施虚假诉讼行为的，从重处罚；同时构成其他犯罪的，依照处罚较重的规定定罪从重处罚。

对于以转贷牟利为目的，套取金融机构信贷资金再以高于银行贷款的利率转贷他人，且违法所得数额在 10 万元以上，或者虽未达到上述数额标准，但两年内因高利转贷受过行政处罚二次以上，又高利转贷的，应当依法以高利转贷罪追究刑事责任。全省各级公安机关、人民检察院、人民法院发现公司、企业涉嫌高利转贷的，应当及时通过向相关主管部门提出司法建议等方式，阻断其贷款通道，引导其回归实体经济。

人民法院在审理民间借贷案件过程中，要依法全面、客观地审核双方当事人提交的全部证据。发现有虚假诉讼、高利转贷犯罪嫌疑的，要按照防范和打击虚假诉讼的有关规定及时依职权或者移送有关部门调查取证，查清事实真相。依法从严查处冒充他人提起诉讼、篡改伪造证据、签署保证书后虚假陈述、指使证人作伪证等妨害民事诉讼的行为。经查证确属虚假诉讼、高利转贷的，驳回其诉讼请求，并依照民事诉讼法的有关规定，对妨害民事诉讼的行为依法予以罚款、拘留；涉嫌犯罪的，应当及时将案件材料移送公安机关处理。

人民检察院对当事人及其委托诉讼代理人、案外人等提交的有关虚假诉讼、高利转贷的举报或控告材料、线索，应及时进行审查，发现有违法犯罪嫌疑的，应当将案件材料移送公安机关处理。

有管辖权的公安机关对发现或者移送的涉嫌虚假诉讼、高利转贷案件，一般应当在三十日内作出立案或者不立案决定，并反馈移送部门。不予立案的，应当在作出不立案决定之日起七日内，以书面形式向移送部门说明不立案理由。

五、坚持宽严相济刑事政策，依法严厉打击与民间借贷相关的重点领域犯罪

全省各级公安机关、人民检察院、人民法院在办理与民间借贷相关的刑事犯罪案件时，要坚持宽严相济的刑事政策，依法制止、制裁和惩处各类与民间借贷相关犯罪行为，严厉打击非法放贷讨债违法犯罪活动，切实维护金融秩序和社会和谐稳定。要严格贯彻落实《中共中央、国务院关于开展扫黑除恶专项斗争的通知》和两高两部《关于办理黑恶势力犯罪案件若干问题的指导意见》要求，依法打击民间借贷案件中的黑恶势力及其"保护伞"。根据法律规定，结合实际，具有下列情形之一的，应当按照具体违法犯罪重点打击：

（1）利用非法吸收公众存款、变相吸收公众存款等取得的资金发放贷款的；

（2）以故意杀人、故意伤害、非法拘禁、故意毁坏财物、寻衅滋事等非法手段强索债务的；

（3）以欺骗手段取得金融机构信贷资金，再高利转贷他人的；

（4）面向在校学生非法发放贷款，发放无指定用途贷款，或以提供服务、销售商品为名，实际收取高额利息或费用变相发放贷款的；

（5）银行业金融机构从业人员作为主要成员或实际控制人，开展有组织的民间借贷的。

六、建立相互协作的办案机制，切实形成工作合力

各有关部门在防范和化解民间借贷各类风险中，要加强联动效应，探索建立人民法院、人民检察院、公安机关、司法行政机关、税务机关、地方金融监督管理部门等单位协同治理和规范民间借贷行为的工作机制。各协同单位要建立健全联席会议制度，定期就规范民间借贷行为情况进行沟通交流，加强预警和研判，完善防范对策。确有工作需要的，可以邀请纪检监察机关参与相关具体工作或案件的研究、磋商。

人民法院立案后，依法向公安机关移送案件时，应同时将移送函抄送人民检察院。公安机关对涉嫌犯罪的民间借贷案件应当立案而不予立案的，人民检察院应当依法通知公安机关立案，并将监督情况反馈移送部门。

民间借贷案件的基本事实必须以刑事案件审理结果为依据，而该刑事案件尚未审结的，人民法院应当裁定中止审理。公安机关在办理刑事案件过程中，发现相关联的民间借贷案件已经作出生效民事裁判或执行完毕的，要及时将刑事案件办理情况告知相关人民法院，人民法院应依法及时予以处理。

人民检察院经审查认为民间借贷案件存在涉嫌犯罪行为，可能导致原审裁判、调解或者执行错误的，应当依法提请上级人民检察院抗诉或者向同级人民法院提出检察建议。人民法院对人民检察院提出抗诉的民间借贷案件，应当依法及时进行审理；对人民检察院提出检察建议的案件，依照《民事诉讼法》司法解释第四百一十九条的规定办理。

全省各级公安机关、人民检察院、人民法院在办理涉嫌刑事犯罪的民间借贷案件中，发现律师、法律工作者、鉴定人员、公证人员等违规参与的，应当依法向司法行政机关提出处理建议；构成犯罪的，依法追究刑事责任。司法行政机关应当在收到建议之日起三个月内作出处理决定，并书面回复建议发送部门。司法行政机关应当加强对律师事务所、法律服务所、司法鉴定机构、公证机关及相关从业人员的教育和管理，发现上述单位或人员有参与"套路贷"、虚假诉讼等行为的，应当依照有关规定追究相应的法律责任。

七、建立信息共享平台，提升办案的信息化、智能化水平

公安机关、人民检察院、人民法院要依托政法一体化办案系统，探索建立全省民间借贷案件信息共享平台，实现网上信息共享。深度应用信息技术，通过案件数据比对碰撞等手段，加强民间借贷案件风险预测，有效防范风险。积极探索社会信用体系建设与司法工作的深度融合，推动建立健全与市场主体相关的司法大数据收集共享和使用机制，促进社会诚信建设，实现长效治理。

八、建立金融监管联动机制，促进民间借贷健康有序发展

全省各级公安机关、人民检察院、人民法院要深化与金融监管部门、金融机构等单位的对接，构建信息共享和金融风险会商机制。依据现有的金融管理法律规定，依法深入剖析民间金融行为实质，准确判断各类金融活动、金融业态的法律性质，准确划定金融创新和金融违法犯罪的边界。

办案机关应当及时将非法发放民间贷款活动的相关材料移送银行业监督管理机构。对金融监管部门工作人员、银行业金融机构从业人员参与非法金融活动的，应当予以纪律处分或行政处罚；构成犯罪的，依法从严追究刑事责任。

各协同单位要采取有效方式向广大人民群众宣传国家金融法律法规，及时向社会公布典型案例，提高风险防范意识，自觉抵制非法民间借贷活动。

本纪要自下发之日起执行。本纪要内容如与法律、司法解释及上级有关规定不一致的，以法律、司法解释及上级有关规定为准。如有新的规定，按照新的规定执行。

4. 浙江省高级人民法院《关于进一步完善防范和打击虚假诉讼工作机制的若干意见》

浙高法〔2018〕203号（2018年11月27日）

为了进一步贯彻落实《最高人民法院、最高人民检察院关于办理虚假诉讼刑事案件适用法律若干问题的解释》《最高人民法院关于防范和制裁虚假诉讼的指导意见》《浙江省高级人民法院、浙江省人民检察院、浙江省公安厅、浙江省司法厅关于防范和打击虚假诉讼的若干意见》等规定要求，构建防范和打击虚假诉讼长效机制，依法保障当事人合法权

益，维护司法权威，结合当前实际，制定本意见……

三、完善内部审查和移送衔接工作机制，形成打击虚假诉讼合力

7.承办法官或合议庭成员发现案件涉嫌虚假诉讼的，应当向庭长汇报，庭长应当及时组织人员研讨，认为涉嫌虚假诉讼的，应当提请专业法官会议讨论，必要时报主管院长后提请审判委员会讨论。

8.人民法院决定移送公安机关的虚假诉讼案件，承办法官应当在 3 日内将可以证明存在虚假诉讼的诉讼事实等线索材料移送公安机关。

9.对于移送公安机关的案件线索，承办法官应当加强与公安机关的联系，跟踪案件查办进展情况，配合提供案件侦查需要的材料。公安机关对涉嫌犯罪的虚假诉讼案件线索未在规定的 30 日内作出立案、不立案决定的或者应当立案而不予立案的，人民法院应当建议检察机关提出检察监督意见。

10.对于实施虚假诉讼但尚未构成犯罪的当事人，可以参照《最高人民法院关于公布失信被执行人名单信息的若干规定》，将其列入失信人员名单，积极做好与现有相关信息平台和社会信用体系的对接工作，依法对其进行信用惩戒，并严格按照《中华人民共和国民事诉讼法》的有关规定，对其处以罚款等惩戒措施。

11.全省各级法院应加强与公安、检察机关的联系协作，增进对虚假诉讼罪等适用标准的共识，严厉打击虚假诉讼犯罪行为。发现律师、法律工作者、鉴定人员、公证人员等违规参与诉讼的，应当依法向司法行政机关提出处理建议；构成犯罪的，依法追究刑事责任。

5.宁波市中级人民法院、宁波市人民检察院、宁波市公安局《关于加强打击虚假诉讼等犯罪的若干意见（试行）》甬中法〔2019〕32 号（2019 年 6 月 24 日）

为进一步强化对虚假诉讼犯罪行为的打击力度，保护公民、法人及其他组织的合法权益，维护司法公正和司法公信力，促进社会和谐稳定，根据相关法律、司法解释及规范性文件的规定，结合宁波工作实际，制定如下意见。

一、识别、认定

第一条 本意见所称虚假诉讼，是指民事诉讼当事人或者其他诉讼参与人为获取非法利益或者规避法定义务，采取伪造证据、虚假陈述等手段，捏造民事法律关系，虚构民事纠纷，向人民法院提起民事诉讼，或者利用基于捏造的事实作出的仲裁裁决、公证文书等申请执行，妨害司法秩序或者严重侵害他人合法权益的行为。

第二条 人民法院在审判、执行、办理申诉复查等案件（主要涉及借贷、离婚、劳动争议、共同财产分割、房地产买卖和权属纠纷等案件），人民检察院在办理民事行政检察监督案件时对存在下列情形的，应当重视虚假诉讼犯罪嫌疑识别：

（一）双方当事人诉辩意见无实质性对抗，且彼此（包括企业、其他组织的法定代表人、负责人）之间具有亲友等特殊关系，或存在投资、隶属等利益关系的；

（二）当事人调解意愿迫切、调解协议的达成异常容易，或当事人自愿将不动产等财产以明显不合理价格折抵债务的；

（三）案件当事人多次涉诉、涉执，或以同一类请求或关联请求多次提起仲裁、诉讼、执行救济等程序的；

（四）原告起诉的事实、理由不合常理，或诉讼请求与应得到的救济不相当的；

（五）当事人下落不明或经合法传唤无正当理由不到庭参加诉讼，当事人（包括委托代理人）对案件事实陈述不清、故意隐瞒主要证据或不配合司法机关调查的；

（六）当事人提供的证据存在伪造、变造可能的；

（七）案外人提出执行异议的；

（七）通过明显不合理的租赁协议虚构债权债务的；

（八）被告明确提出对方存在虚假诉讼可能并提供相关证据的；

（九）诉讼（或执行）活动中有其他异常行为。

第三条　虚假诉讼犯罪中，"以捏造的事实提起民事诉讼"包括但不限于以下行为：

（一）与夫妻一方恶意串通，捏造夫妻共同债务的；

（二）与他人恶意串通，捏造债权债务关系和以物抵债协议的；

（三）与公司、企业的法定代表人、董事、监事、经理或者其他管理人员恶意串通，捏造公司、企业债务或者担保义务的；

（四）捏造知识产权侵权关系或者不正当竞争关系的；

（五）在破产案件审理过程中申报捏造的债权的；

（六）与被执行人恶意串通，捏造债权或者对查封、扣押、冻结财产的优先权、担保物权的；

（七）捏造、伪造租赁协议虚构债权债务的；

（八）单方或者与他人恶意串通，捏造身份、合同、侵权、继承等民事法律关系的其他行为。

隐瞒债务已经全部清偿的事实，向人民法院提起民事诉讼要求他人履行债务的，以"以捏造的事实提起民事诉讼"论。

向人民法院申请执行基于捏造的事实作出的仲裁裁决、公证债权文书，或者在民事执行过程中以捏造的事实对执行标的提出异议、申请参与执行财产分配的，属于"以捏造的事实提起民事诉讼"。

第四条　以捏造的事实提起民事诉讼，有下列情形之一的，按照《刑法》第三百零七条之一第一款定罪处罚：

（一）致使人民法院基于捏造的事实采取财产保全或者行为保全措施的；

（二）致使人民法院开庭审理，干扰正常司法活动的；

（三）致使人民法院基于捏造的事实作出裁判文书、制作财产分配方案，或者立案执行基于捏造的事实作出的仲裁裁决、公证债权文书的；

（四）多次以捏造的事实提起民事诉讼的；

（五）曾因以捏造的事实提起民事诉讼被采取民事诉讼强制措施或者受过刑事追究的；

（六）以捏造的事实提起民事诉讼后，造成当事人及其他诉讼参与人经济损失达到十万元以上的；

（七）其他妨害司法秩序或者严重侵害他人合法权益的情形。

第五条　有以下情形之一的，属于最高人民法院、最高人民检察院《关于办理虚假诉讼刑事案件适用法律若干问题的解释》第三条第（二）项规定的"严重干扰正常司法活动或者严重损害司法公信力"：

（一）致使人民法院对同一案件多次开庭或者对多起案件开庭审理，严重干扰正常司法活动的；

（二）以捏造的事实提起民事诉讼达十件以上的。

第六条　有以下情形之一的，属于最高人民法院、最高人民检察院《关于办理虚假诉讼刑事案件适用法律若干问题的解释》第三条第（七）项规定的"其他情节严重的情形"：

（一）造成当事人或其特定关系人自杀、死亡、精神失常等严重侵害当事人人身权利或造成恶劣社会影响的；

（二）致使他人因为不执行人民法院基于捏造的事实作出的判决、裁定、调解书、支付令，被司法拘留的。

第七条 人民法院对虚假诉讼案件中涉及的犯罪行为，根据以下情形依照《刑法》相关规定分别定罪处罚：

（一）以暴力、威胁、贿买等方法阻止证人作证或者指使他人以虚假的陈述、证言作伪证，或者帮助当事人等毁灭、伪造证据等的，分别按照妨害作证罪，帮助毁灭、伪造证据罪处罚。

（二）为了提起虚假诉讼，或者在虚假诉讼过程中，指使他人提供虚假的物证、书证、鉴定结论等伪证，或者受指使参与伪造证据，分别按照妨害作证罪，帮助毁灭、伪造证据罪处罚。

（三）在虚构事实、伪造证据过程中，伪造、变造、买卖或者盗窃、抢夺、毁灭国家机关公文、证件、印章的，或者伪造公司、企业、事业单位、人民团体印章的，或者伪造、变造居民身份证的，分别按照伪造、变造、买卖国家机关公文、证件、印章罪，盗窃、抢夺、毁灭国家机关公文、证件、印章罪，伪造公司企业、事业单位、人民团体印章罪，伪造、变造居民身份证罪处罚。

（四）为逃避人民法院生效裁判文书的执行，进行虚假诉讼，套取、转移财产的，按照拒不执行判决、裁定罪处罚。

（五）以非法占有为目的，进行虚假诉讼，骗取公私财物的，按照诈骗罪处罚。

（六）非国有公司、企业或者其他单位的人员利用职务便利进行虚假诉讼，侵吞本单位财产的，按照职务侵占罪处罚。

（七）国家工作人员利用职务便利，进行虚假诉讼，侵吞公款的，或者国有公司、企业或者其他国有单位中从事公务的人员和国有公司、企业或者其他国有单位委派到非国有公司、企业以及其他单位从事公务的人员利用职务便利，进行虚假诉讼，侵吞本单位财产的，按照贪污罪处罚。

（八）承担资产评估、验资、验证、会计、审计、法律服务等职责的中介组织的人员，故意提供虚假证明文件，或者严重不负责任，出具的证明文件有重大失实，造成严重后果的，按照提供虚假证明文件罪或者出具证明文件重大失实罪处罚。国家机关工作人员有上述行为的，以滥用职权罪或玩忽职守罪处罚。

第八条 明知他人实施虚假诉讼犯罪，具有以下情形之一的，以相关犯罪的共犯论处：

（一）协助以虚假事实提起诉讼或者仲裁的；

（二）协助制造走账记录等虚假给付事实的；

（三）提供虚假出借凭证、公文、印章及相关虚假证据的；

（四）协助办理公证的；

（五）为虚假诉讼犯罪提供资产评估、验资、验证、会计、审计、法律服务等服务的；

（六）其他符合共同犯罪规定的情形。

第九条 诉讼代理人、证人、鉴定人等诉讼参与人与他人通谋、代理提起虚假民事诉讼、故意作假证言或者出具虚假鉴定意见，共同实施虚假诉讼犯罪的，依照共同犯罪的规定定罪处罚；同时构成妨害作证罪，帮助毁灭、伪造证据罪等犯罪的，依照处罚较重的规定从严惩处。

　　第十条　司法工作人员利用职权，与他人共同实施虚假诉讼犯罪的，从严惩处；同时构成滥用职权罪，民事枉法裁判罪，执行判决、裁定滥用职权罪等犯罪的，依照处罚较重的规定从严惩处。

　　第十一条　行为人实施或参与虚假诉讼，同时触犯两个或者两个以上罪名的，依照《刑法》及有关司法解释的规定数罪并罚或依照处罚较重的规定从严惩处。

　　二、移送、审查

　　第十二条　人民法院在审理案件过程中，认为存在实施或参与虚假诉讼犯罪嫌疑的，应当及时将案件线索及相关证据材料移送公安机关。

　　人民检察院在民事、行政诉讼监督工作中，发现存在虚假诉讼犯罪的，应当及时将案件线索及相关证据材料移送公安机关。

　　公安机关接受当事人举报、控告的，对相关线索要及时审查、办理。

　　第十三条　对存在虚假诉讼犯罪行为的案件，既要查本案中的虚假诉讼线索，又要追查虚假诉讼背后的组织、策划、指挥人员，还要倒查涉虚假诉讼犯罪相关人员涉及的其他案件。

　　第十四条　人民法院、人民检察院移送涉嫌虚假诉讼犯罪的证据材料一般包括：

　　（一）当事人身份信息的材料；

　　（二）具体线索来源的材料；

　　（三）相关涉案案件基本情况的材料；

　　（四）涉嫌以捏造事实提起民事诉讼的初步材料；

　　（五）妨害司法秩序或严重侵害他人合法权益的初步材料；

　　（六）其他相关材料。

　　第十五条　公安机关应确定专人负责虚假诉讼犯罪案件线索的接收、移送、办理等管理工作，建立台账资料。

　　公安机关收到（受理）人民法院、人民检察院移送的涉嫌虚假诉讼犯罪的材料（案件）后，应当在 30 日内作出立案或者不立案的决定，并书面通知移送机关。公安机关决定立案的，应当对犯罪嫌疑人批准采取强制措施，并在侦查期限内尽快侦查终结；决定不予立案的，应当书面说明不立案的理由，并于 3 日内送达移送机关。

　　第十六条　人民法院认为公安机关应当立案而不立案的，可以提请人民检察院立案监督；人民检察院应当在 7 日内进行审查，认为公安机关存在应当立案而不立案情况的，应当要求公安机关说明不立案理由。人民检察院认为公安机关不立案理由不能成立的，应当通知公安机关立案；公安机关在收到通知书后，应当在 15 日内立案，并将立案决定书送达人民检察院和人民法院。

　　第十七条　人民检察院对公安机关提请批准逮捕的虚假诉讼犯罪的犯罪嫌疑人，应当在法定期限内及时作出决定；对于公安机关侦查终结后移送审查起诉的，经审查认为符合起诉条件的，应当在法定期限内及时提起公诉。

　　三、审判

　　第十八条　人民法院、人民检察院、公安机关对于虚假诉讼犯罪的组织、策划、指挥者、首要分子、重要成员及其他主犯应当严格掌握取保候审、相对不起诉、适用非监禁刑、减刑、假释、暂于监外执行的适用条件，并充分运用资格刑、财产刑等法律手段全方位从严惩处。

　　第十九条　对于有下列情形之一的被告人，一般不适用非监禁刑：

（一）归案后，拒不退赔违法所得的；

（二）致使他人经济损失十万元以上的；

（三）以老年人、未成年人、在校学生、丧失劳动能力的人为犯罪对象的；

（四）存在寻衅滋事、敲诈勒索或者其他暴力讨债行为的；

（五）造成被害人或其特定关系人自杀、死亡、精神失常、为偿还虚假债务而实施犯罪活动的；

（六）其他严重侵害被害人人身、财产权利或造成恶劣社会影响的。

第二十条 对于虚假诉讼犯罪中的从犯，在共同犯罪中罪责相对较小、主观恶性相对不大的，具有自首、立功、坦白、认罪悔罪等法定或酌定从宽处罚情节，可以依法从轻、减轻或免除处罚。对于认罪认罚或者仅参与实施少量的犯罪活动且只起次要辅助作用的被告人，符合缓刑条件的，可以适用缓刑。

第二十一条 构成虚假诉讼犯罪，并处罚金刑的，罚金刑数额应结合犯罪情节、危害后果从严判处。

四、其他规定

第二十二条 人民法院、人民检察院、公安机关在办理虚假诉讼犯罪案件时，在查明违法犯罪事实并对犯罪嫌疑人、被告人依法定罪量刑的同时，要全面调查犯罪嫌疑人、被告人的财产状况，依法对涉案财产采取查询、查封、扣押、冻结等措施，对涉案财产中犯罪分子违法所得、违禁品、供犯罪所用的本人财物以及其他等值财产等依法追缴、没收，对被害人的合法财产等依法返还。

人民检察院、公安机关应当加强对在案财产审查甄别。在移送审查起诉、提起公诉时，一般应当对采取措施的涉案财产提出处理意见和建议，并将采取措施的涉案财产及其清单随案移送。

人民法院作出的判决，除应当对随案移送的涉案财产作出处理外，还应当在判决书中写明需要继续追缴尚未被足额查封、扣押的其他违法所得；对随案移送财产进行处理时，应当列明相关财产的具体名称、数量、金额、处置情况等。涉案财产或者有关当事人人数较多，不宜在判决书正文中详细列明的，可以概括叙述并另附清单。

第二十三条 建立虚假诉讼失信人名单制度。将构成虚假诉讼犯罪被告人列入失信人名单，开展与现有相关信息平台和社会信用体系接轨工作。

第二十四条 人民法院、人民检察院、公安机关在办理虚假诉讼犯罪案件中，认为符合黑恶势力认定标准的，应当按照黑社会性质组织、恶势力或者恶势力犯罪集团进行侦查、起诉、审判。

第二十五条 人民检察院对人民法院、公安机关侦查、审判虚假诉讼犯罪案件行使法律监督职责。

第二十六条 本意见下发后，本市公检法以前制定的相关文件内容与本意见不一致的，以本意见为准。

第二十七条 本意见自下发之日起施行，法律、司法解释或上级部门作出新规定的，执行新规定。

6. 浙江省高级人民法院、浙江省人民检察院、浙江省公安厅《关于办理虚假诉讼刑事案件有关问题的解答》浙高法〔2020〕3号（2020年1月8日）

我国《刑法》第三百零七条之一第一款规定，以捏造的事实提起民事诉讼，妨害司法秩序或者严重侵害他人合法权益的，成立虚假诉讼罪。最高人民法院、最高人民检察院《关于办理虚假诉讼刑事案件适用法律若干问题的解释》（下称《司法解释》）第一条规定了七种捏造事实情形和两种以捏造的事实论处的情形，第二条对何谓"妨害司法秩序"或者"严重侵害他人合法权益"列举了六种情形，第三条对"情节严重"也做了解释，但司法实践中仍存在一些疑问。现汇总各地提出的问题，解答如下：

1.对"部分篡改型"行为应如何处罚？

从司法解释规定看，对于隐瞒债务已经全部清偿的事实，向人民法院提起民事诉讼，要求他人履行债务的，属于"以捏造的事实提起民事诉讼"，即"无中生有"型行为以虚假诉讼罪追究刑事责任是明确的。但对于隐瞒债务已经部分清偿的事实，要求他人履行债务的，向人民法院提起民事诉讼，即"部分篡改型"行为是否属于"以捏造的事实提起民事诉讼"，进而追究行为人虚假诉讼的刑事责任，司法解释没有明确规定。从文义解释、体系解释的角度看，"部分篡改型"行为不构成虚假诉讼罪，当该行为符合其他犯罪构成要件时，可以其他犯罪定罪处罚。"部分篡改型"行为一般不构成诈骗。但在"套路贷"过程中，通过隐瞒部分债务已经偿还的事实，或者虚构部分事实、篡改证据部分内容，向人民法院提起诉讼，要求他人履行虚高债务的，因其行为特征从整体上表现为以非法占有为目的，可以以诈骗罪定罪处罚。

2.对于未达到情节严重标准的虚假诉讼行为人应如何处理？

对于情节一般的虚假诉讼行为，符合《中华人民共和国民事诉讼法》第一百一十二条、第一百一十三条规定的，应当根据情节轻重予以罚款、拘留。依照《司法解释》第九条规定，对于未达到情节严重标准，行为人系初犯，在民事诉讼过程中自愿具结悔过，接受人民法院处理决定，积极退赃、退赔的，可以认定为情节轻微，不起诉或者免于刑事处罚；确有必要处罚的，可以从宽处罚。

3.涉嫌犯罪的虚假诉讼行为，一般有哪几种情形，应如何定罪处罚？

虚假诉讼行为的情形比较复杂，在实施犯罪过程中可能触犯多个罪名中的一个罪名或同时触犯几个罪名。如果同时触犯两个或者两个以上罪名的，依法实行数罪并罚或者按处罚较重的罪名定罪处罚。具体如下：

典型的"双方串通""无中生有"型的虚假诉讼，以《刑法》第三百零七条之一的虚假诉讼罪论处。

为了提起虚假诉讼，或者在虚假诉讼过程中，指使他人提供虚假的物证、书证、陈述、证言、鉴定意见等伪证，或者受指使参与伪造证据，分别按照《刑法》第三百零七条妨害作证罪，帮助毁灭、伪造证据罪处罚。

在虚构事实、伪造证据过程中，伪造、变造、买卖或者盗窃、抢夺、毁灭国家机关公文、证件、印章的，或者伪造公司、企业、事业单位、人民团体印章的，或者伪造、变造依法可以用于证明身份的证件的，分别按照《刑法》第二百八十条伪造、变造、买卖国家机关公文、证件、印章罪，盗窃、抢夺、毁灭国家机关公文、证件、印章罪，伪造公司、企业、事业单位、人民团体印章罪，伪造、变造居民身份证件罪处罚。

为逃避人民法院生效裁判文书的执行，进行虚假诉讼，套取、转移财产，同时触犯拒不执行判决、裁定罪的，依照处罚较重的规定定罪从重处罚。

以非法占有为目的，进行虚假诉讼，骗取公私财物，同时触犯诈骗罪的，依照处罚较重的规定定罪从重处罚。

公司、企业或者其他单位的人员利用职务便利，进行虚假诉讼，侵吞本单位财产的，同时触犯职务侵占罪的，依照处罚较重的规定定罪从重处罚。

国家工作人员利用职务便利，进行虚假诉讼，侵吞公款的，或者国有公司、企业或者其他国有单位中从事公务的人员和国有公司、企业或者其他国有单位委派到非国有公司、企业以及其他单位从事公务的人员利用职务便利，进行虚假诉讼，侵吞本单位财产，同时触犯贪污罪的，依照处罚较重的规定定罪从重处罚。

司法工作人员利用职权，与他人共同实施虚假诉讼行为，同时触犯滥用职权罪、民事枉法裁判罪、执行判决、裁定滥用职权罪的，依照处罚较重的规定定罪从重处罚。

4.在办理虚假诉讼犯罪案件时有哪些需要注意的事项？

办理虚假诉讼犯罪案件，既要查虚假诉讼背后的组织、策划、指挥人员，又要追查涉虚假诉讼犯罪相关人员涉及的其他案件。

明知他人虚假诉讼而以充当原告、诉讼代理人，帮助他人实施前条行为构成犯罪的，具体罪名按照本解答确定。

律师明知系虚假诉讼，但没有参与组织、策划、指挥虚假诉讼等行为，仅接受委托作为诉讼代理人参与诉讼的，属于职业违规，不能以虚假诉讼罪共犯论处，其在诉讼过程中另有行为触犯刑律的，以其行为的具体性质论处。

人民法院应加强与公安机关、人民检察院的联系协作，增进对虚假诉讼罪等适用标准的共识，严厉打击虚假诉讼犯罪行为。发现法律工作者、鉴定人员、公证人员等违规参与诉讼的，应当依法向有关部门提出处理建议；构成犯罪的，依法追究刑事责任。

5.虚假诉讼犯罪案件在定罪量刑时，如何贯彻宽严相济刑事政策？

对于有下列情形之一的被告人，一般不适用非监禁刑：（一）归案后，拒不退赔违法所得的；（二）致使他人经济损失十万元以上的；（三）以老年人、未成年人、在校学生、丧失劳动能力的人为犯罪对象的；（四）存在寻衅滋事、敲诈勒索或者其他暴力讨债行为的；（五）造成被害人或其特定关系人自杀、死亡、精神失常、为偿还虚假债务而实施犯罪活动的；（六）其他严重侵害被害人人身、财产权利或造成恶劣社会影响的。

对于虚假诉讼犯罪中的从犯，在共同犯罪中罪责相对较小、主观恶性相对不大，具有自首、立功、坦白、认罪悔罪等法定或酌定从宽处罚情节，可以依法从轻、减轻或免除处罚。对于认罪认罚或者仅参与实施少量的犯罪活动且只起次要、辅助作用的被告人，符合缓刑条件的，可以适用缓刑。

构成虚假诉讼犯罪，并处罚金刑的，罚金刑数额应结合犯罪情节、危害后果从严判处。

6.在办理虚假诉讼犯罪案件过程中，应该如何处置涉案财产？

人民法院、人民检察院、公安机关在办理虚假诉讼犯罪案件时，要全面调查犯罪嫌疑人、被告人的财产状况，依法对涉案财产采取查询、查封、扣押、冻结等措施，对涉案财产中犯罪分子违法所得、违禁品、供犯罪所用的本人财物以及其他等值财产等依法追缴、没收，对被害人的合法财产等依法返还。人民检察院、公安机关应当加强对在案财产审查甄别。在移送审查起诉、提起公诉时，应当对采取措施的涉案财产提出处理意见和建议，并将采取措施的涉案财产及其清单随案移送。人民法院作出的判决，除应当对随案移送的涉案财产作出处理外，还应当在判决书中写明需要继续追缴尚未被足额查封、扣押的其他违法所得；对随案移送财产进行处理时，应当列明相关财产的具体名称、数量、金额、处置情况等。涉案财产或者有关当事人人数较多，不宜在判决书正文中详细列明的，可以概括叙述并另附清单。

7.对于虚假诉讼案件，公检法之间如何配合与制约？

人民法院认为公安机关应当立案而不立案的，可以提请人民检察院立案监督；人民检察院应当在 7 日内进行审查，认为公安机关存在应当立案而不立案情况的，应当要求公安机关说明不立案理由。人民检察院认为公安机关不立案理由不能成立的，应当通知公安机关立案；公安机关在收到通知书后，应当在 15 日内立案，并将立案决定书送达人民检察院和人民法院。

人民检察院对公安机关提请批准逮捕的虚假诉讼犯罪的犯罪嫌疑人，应当在法定期限内及时作出决定；对于公安机关侦查终结后移送审查起诉的，经审查认为符合起诉条件的，应当在法定期限内及时提起公诉。

人民法院、人民检察院、公安机关对于虚假诉讼犯罪的组织、策划、指挥者、首要分子、重要成员及其他主犯应当严格掌握取保候审、相对不起诉、适用非监禁刑的适用条件，并充分运用资格刑、财产刑等法律手段全方位从严惩处。

7. 宁波市中级人民法院、宁波市人民检察院、宁波市公安局、宁波市司法局《关于共同防范打击虚假诉讼的实施细则》甬中法〔2021〕51 号（2021 年 8 月 9 日）

第一条　根据最高人民法院、最高人民检察院、公安部、司法部《关于进一步加强虚假诉讼犯罪惩治工作的意见》（以下简称《意见》），进一步完善我市防范和打击虚假诉讼协作工作机制，特制订本实施细则。

第二条　根据《意见》有关规定，结合实践操作，遇有以下情形，涉嫌虚假诉讼犯罪的，人民法院、人民检察院可以将案件移送公安机关侦查：

（一）在当事人陈述外有初步证据证明的；

（二）主要证据系伪造的；

（三）当事人双方陈述明显不合常理，或者陈述与其他证据相矛盾，或者在不同案件、不同场合陈述不一致（以证据形式固定），不能作出合理解释的；

（四）当事人提起刑事自诉或提出控告，人民法院、人民检察院如查证有困难，需要商请公安机关协助调查的；

（五）根据司法大数据筛查并经初步甄别存在重大嫌疑的；

（六）经甄别后认为需要移送公安机关侦查的其他情形。

第三条　虽不涉嫌虚假诉讼犯罪，但大部分或主要案件事实可能虚假的，或者疑似虚假的情节严重的，人民法院如查证有困难，可以商请公安机关协助调查。公安机关决定协助调查的，案件可中止审理。

第四条　人民检察院对人民法院正在办理的涉嫌虚假诉讼犯罪的民商事和执行案件，可以提前介入进行监督，必要时可以对当事人进行心理测试，或委托公安机关进行心理测试。人民检察院提起心理测试的，案件可中止审理。

第五条　人民法院、人民检察院向公安机关移送涉嫌虚假诉讼犯罪案件，应按照《意见》第十条、第十一条的规定提供相关材料。

人民法院刑事审判部门、人民检察院民事检察部门和公安机关法制部门分别负责本单位涉嫌虚假诉讼犯罪案件的移送和接收。

人民法院将涉嫌虚假诉讼犯罪案件移送公安机关的，同时将有关情况通报同级人民检察院。

公安机关指定若干相对固定人员负责虚假诉讼线索侦查或调查工作。

第六条　公安机关认为移送的案件材料不全的，应当在收到有关材料之日起三日内通知移送的人民法院或者人民检察院在三日内补正。公安机关不得以材料不全为由不接受移送案件。

接受案件的公安机关应当出具接受案件的回执或者在案件移送函所附回执上签收，并将回执及时送交移送的人民法院或者人民检察院。

自签收次日起，公安机关应按《意见》第十二条第二项规定，三十日内决定是否立案，特殊情况经与移送的人民法院或者人民检察院会商同意可以延长至六十日，并将是否立案结论通知移送的人民法院或者人民检察院。

人民法院对公安机关的不予立案决定有异议的，可以建议人民检察院进行立案监督。

公安机关决定立案的，一般应在三个月内侦查完毕，案件特别疑难复杂的，经与移送的人民法院或者人民检察院会商同意可延长三个月，并将侦查结论告知移送的人民法院或人民检察院。

人民法院、人民检察院认为公安机关的侦查措施明显不到位的，或者侦查结论明显有瑕疵的，可退回公安机关补充侦查。

第七条　公安机关依法自行立案侦办虚假诉讼刑事案件的，或者接受人民检察院移送案件并决定立案的，应当在立案后三日内将立案决定书等法律文书和相关材料复印件抄送对相关民事案件正在审理、执行或者作出生效裁判文书的人民法院并说明立案理由，同时通报办理民事案件人民法院的同级人民检察院。

第八条　人民检察院发现已经发生法律效力的判决、裁定、调解书可能系民事诉讼当事人通过虚假诉讼获得的，可依法依规向人民法院提出再审检察建议或者抗诉，也可以依照有关规定向人民法院发函。

第九条　司法行政机关要积极督促律师和基层法律服务工作者落实防范虚假诉讼工作机制，在办理代理手续时发一份虚假诉讼风险告知书、做一份案件事实谈话笔录、核一次关键证据材料、签一份诚信诉讼守约，律师事务所在开具公函时出一份防范虚假诉讼初审函告。

第十条　人民法院、人民检察院、公安机关、司法行政机关发现律师、基层法律服务工作者、司法鉴定人、公证员、仲裁员涉嫌参与虚假诉讼的信息应相互及时通报。

查实本条第一款人员参与虚假诉讼的，人民法院、人民检察院、公安机关、司法行政机关、行业协会应相互支持配合依法予以处理。

第十一条　人民法院、人民检察院、公安机关、司法行政机关相互提供查阅卷宗便利，探索研发运用智能排查系统预警和发掘虚假诉讼违法犯罪线索，并探索在线移送涉嫌虚假诉讼犯罪案件渠道。

第十二条　人民法院、人民检察院、公安机关、司法行政机关建立防范打击虚假诉讼联席会议机制，共同会商协同治理措施。

第十三条　人民法院、人民检察院、公安机关、司法行政机关落实"谁执法谁普法"的普法责任制要求，共同开展多种形式和载体的警示教育宣传，持续营造防范和打击虚假诉讼的高压态势。

第十四条　本实施细则若与上级今后新的规定不一致的，以上级规定为准。

第十五条　本实施细则自印发之日起实施。

第三百零八条【打击报复证人罪】　对证人进行打击报复的，处三年以下有期徒刑或者拘役；情节严重的，处三年以上七年以下有期徒刑。

第三百零八条之一【泄露不应公开的案件信息罪】　司法工作人员、辩护人、诉讼代理人或者其他诉讼参与人，泄露依法不公开审理的案件中不应当公开的信息，造成信息公开传播或者其他严重后果的，处三年以下有期徒刑、拘役或者管制，并处或者单处罚金。

有前款行为，泄露国家秘密的，依照本法第三百九十八条的规定定罪处罚。

【披露、报道不应公开的案件信息罪】　公开披露、报道第一款规定的案件信息，情节严重的，依照第一款的规定处罚。

单位犯前款罪的，对单位判处罚金，并对其直接负责的主管人员和其他直接责任人员，依照第一款的规定处罚。【2015年11月1日刑法修正案（九）】

第三百零九条【扰乱法庭秩序罪】　有下列扰乱法庭秩序情形之一的，处三年以下有期徒刑、拘役、管制或者罚金：

（一）聚众哄闹、冲击法庭的；

（二）殴打司法工作人员或者诉讼参与人的；

（三）侮辱、诽谤、威胁司法工作人员或者诉讼参与人，不听法庭制止，严重扰乱法庭秩序的；

（四）有毁坏法庭设施，抢夺、损毁诉讼文书、证据等扰乱法庭秩序行为，情节严重的。【2015年11月1日刑法修正案（九）】

【1997年刑法】聚众哄闹、冲击法庭，或者殴打司法工作人员，严重扰乱法庭秩序的，处三年以下有期徒刑、拘役、管制或者罚金。

（附参考）**浙江省高级人民法院《关于部分罪名定罪量刑情节及数额标准的意见》**浙高法〔2012〕325号

80.《刑法》第三百零九条【扰乱法庭秩序罪】

具有下列情形之一的，属于"严重扰乱法庭秩序"，处三年以下有期徒刑、拘役、管制或者罚金：

（1）纠集多人，采用强行发言、提示回答、叫喊、喧哗、鼓掌等方法哄闹法庭，不服从劝阻的；

（2）以自杀、自残相威胁，纠集多人哄闹法庭，不服从劝阻的；

（3）纠集多人，在法庭审理过程中侮辱、诽谤、谩骂、威胁参与审判活动的有关人员的；

（4）无旁听证或者不得旁听人员拒不服从审判人员、值庭法警的劝阻，强行冲击法庭的；

（5）冲击审判活动区及合议庭合议室、公诉人室、辩护人室、羁押室、候审室等相关场所的；

（6）采取殴打、投掷物品等暴力手段袭击出席法庭或者准备出席法庭的审判、检察等司法工作人员的；

（7）严重扰乱法庭秩序的其他情形。

第三百一十条【窝藏、包庇罪】　明知是犯罪的人而为其提供隐藏处所、财物，帮助其逃匿或者作假证明包庇的，处三年以下有期徒刑、拘役或者管制；情节严重的，处三年以上十年以下有期徒刑。

犯前款罪，事前通谋的，以共同犯罪论处。

（相关解释）**最高人民法院、最高人民检察院《关于办理窝藏、包庇刑事案件适用法律若干问题的解释》** 法释〔2021〕16号（2021年8月9日）

为依法惩治窝藏、包庇犯罪，根据《中华人民共和国刑法》《中华人民共和国刑事诉讼法》的有关规定，结合司法工作实际，现就办理窝藏、包庇刑事案件适用法律的若干问题解释如下：

第一条 明知是犯罪的人，为帮助其逃匿，实施下列行为之一的，应当依照《刑法》第三百一十条第一款的规定，以窝藏罪定罪处罚：

（一）为犯罪的人提供房屋或者其他可以用于隐藏的处所的；

（二）为犯罪的人提供车辆、船只、航空器等交通工具，或者提供手机等通讯工具的；

（三）为犯罪的人提供金钱的；

（四）其他为犯罪的人提供隐藏处所、财物，帮助其逃匿的情形。

保证人在犯罪的人取保候审期间，协助其逃匿，或者明知犯罪的人的藏匿地点、联系方式，但拒绝向司法机关提供的，应当依照《刑法》第三百一十条第一款的规定，对保证人以窝藏罪定罪处罚。

虽然为犯罪的人提供隐藏处所、财物，但不是出于帮助犯罪的人逃匿的目的，不以窝藏罪定罪处罚；对未履行法定报告义务的行为人，依法移送有关主管机关给予行政处罚。

第二条 明知是犯罪的人，为帮助其逃避刑事追究，或者帮助其获得从宽处罚，实施下列行为之一的，应当依照《刑法》第三百一十条第一款的规定，以包庇罪定罪处罚：

（一）故意顶替犯罪的人欺骗司法机关的；

（二）故意向司法机关作虚假陈述或者提供虚假证明，以证明犯罪的人没有实施犯罪行为，或者犯罪的人所实施行为不构成犯罪的；

（三）故意向司法机关提供虚假证明，以证明犯罪的人具有法定从轻、减轻、免除处罚情节的；

（四）其他作假证明包庇的行为。

第三条 明知他人有间谍犯罪或者恐怖主义、极端主义犯罪行为，在司法机关向其调查有关情况、收集有关证据时，拒绝提供，情节严重的，依照《刑法》第三百一十一条的规定，以拒绝提供间谍犯罪、恐怖主义犯罪、极端主义犯罪证据罪定罪处罚；作假证明包庇的，依照《刑法》第三百一十条的规定，以包庇罪从重处罚。

第四条 窝藏、包庇犯罪的人，具有下列情形之一的，应当认定为《刑法》第三百一十条第一款规定的"情节严重"：

（一）被窝藏、包庇的人可能被判处无期徒刑以上刑罚的；

（二）被窝藏、包庇的人犯危害国家安全犯罪、恐怖主义或者极端主义犯罪，或者系黑社会性质组织犯罪的组织者、领导者，且可能被判处十年有期徒刑以上刑罚的；

（三）被窝藏、包庇的人系犯罪集团的首要分子，且可能被判处十年有期徒刑以上刑罚的；

（四）被窝藏、包庇的人在被窝藏、包庇期间再次实施故意犯罪，且新罪可能被判处五年有期徒刑以上刑罚的；

（五）多次窝藏、包庇犯罪的人，或者窝藏、包庇多名犯罪的人的；

（六）其他情节严重的情形。

前款所称"可能被判处"刑罚，是指根据被窝藏、包庇的人所犯罪行，在不考虑自首、立功、认罪认罚等从宽处罚情节时应当依法判处的刑罚。

第五条　认定《刑法》第三百一十条第一款规定的"明知"，应当根据案件的客观事实，结合行为人的认知能力、接触被窝藏、包庇的犯罪人的情况，以及行为人和犯罪人的供述等主、客观因素进行认定。

行为人将犯罪的人所犯之罪误认为其他犯罪的，不影响《刑法》第三百一十条第一款规定的"明知"的认定。

行为人虽然实施了提供隐藏处所、财物等行为，但现有证据不能证明行为人知道犯罪的人实施了犯罪行为的，不能认定为《刑法》第三百一十条第一款规定的"明知"。

第六条　认定窝藏、包庇罪，以被窝藏、包庇的人的行为构成犯罪为前提。

被窝藏、包庇的人实施的犯罪事实清楚，证据确实、充分，但尚未到案、尚未依法裁判或者因不具有刑事责任能力依法未予追究刑事责任的，不影响窝藏、包庇罪的认定。但是，被窝藏、包庇的人归案后被宣告无罪的，应当依照法定程序宣告窝藏、包庇行为人无罪。

第七条　为帮助同一个犯罪的人逃避刑事处罚，实施窝藏、包庇行为，又实施洗钱行为，或者掩饰、隐瞒犯罪所得及其收益行为，或者帮助毁灭证据行为，或者伪证行为的，依照处罚较重的犯罪定罪，并从重处罚，不实行数罪并罚。

第八条　共同犯罪人之间互相实施的窝藏、包庇行为，不以窝藏、包庇罪定罪处罚，但对共同犯罪以外的犯罪人实施窝藏、包庇行为的，以所犯共同犯罪和窝藏、包庇罪并罚。

第九条　本解释自 2021 年 8 月 11 日起施行。

（附参考）浙江省高级人民法院《关于部分罪名定罪量刑情节及数额标准的意见》浙高法〔2012〕325 号

81.《刑法》第三百一十条【窝藏、包庇罪】

具有下列情形之一的，属于"情节严重"，处三年以上十年以下有期徒刑：

（1）窝藏、包庇严重危害国家安全、重大恐怖活动犯罪分子的；

（2）被窝藏、包庇的犯罪分子可能被判处无期徒刑、死刑，且窝藏、包庇行为严重干扰侦查活动的；

（3）多次窝藏、包庇犯罪分子或者窝藏、包庇犯罪分子多人，且被窝藏、包庇的犯罪分子可能被判处十年有期徒刑以上刑罚的；

（4）情节严重的其他情形。

犯罪分子的近亲属实施上述第（2）（3）（4）项窝藏、包庇行为，如果对侦查活动没有造成特别严重干扰的，可以不认定为"情节严重"。

第三百一十一条【拒绝提供间谍犯罪、恐怖主义犯罪、极端主义犯罪证据罪】　明知他人有间谍犯罪或者恐怖主义、极端主义犯罪行为，在司法机关向其调查有关情况、收集有关证据时，拒绝提供，情节严重的，处三年以下有期徒刑、拘役或者管制。【2015 年11 月 1 日刑法修正案（九）】

【1997 年刑法】明知他人有间谍犯罪行为，在国家安全机关向其调查有关情况、收集有关证据时，拒绝提供，情节严重的，处三年以下有期徒刑、拘役或者管制。

第三百一十二条【掩饰、隐瞒犯罪所得、犯罪所得收益罪】　明知是犯罪所得及其产生的收益而予以窝藏、转移、收购、代为销售或者以其他方法掩饰、隐瞒的，处三年以下有期徒刑、拘役或者管制，并处或者单处罚金；情节严重的，处三年以上七年以下有期徒刑，并处罚金。

单位犯前款罪的，对单位判处罚金，并对其直接负责的主管人员和其他直接责任人员，依照前款的规定处罚。【2009年2月28日刑法修正案（七）】

【1997年刑法】明知是犯罪所得的赃物而予以窝藏、转移、收购或者代为销售的，处三年以下有期徒刑、拘役或者管制，并处或者单处罚金。

【2006年6月29日刑法修正案（六）】明知是犯罪所得及其产生的收益而予以窝藏、转移、收购、代为销售或者以其他方法掩饰、隐瞒的，处三年以下有期徒刑、拘役或者管制，并处或者单处罚金；情节严重的，处三年以上七年以下有期徒刑，并处罚金。

（相关解释）1.最高人民法院、最高人民检察院《关于办理与盗窃、抢劫、诈骗、抢夺机动车相关刑事案件具体应用法律若干问题的解释》法释〔2007〕11号

第一条 明知是盗窃、抢劫、诈骗、抢夺的机动车，实施下列行为之一的，依照《刑法》第三百一十二条的规定，以掩饰、隐瞒犯罪所得、犯罪所得收益罪定罪，处三年以下有期徒刑、拘役或者管制，并处或者单处罚金：

（一）买卖、介绍买卖、典当、拍卖、抵押或者用其抵债的；

（二）拆解、拼装或者组装的；

（三）修改发动机号、车辆识别代号的；

（四）更改车身颜色或者车辆外形的；

（五）提供或者出售机动车来历凭证、整车合格证、号牌以及有关机动车的其他证明和凭证的；

（六）提供或者出售伪造、变造的机动车来历凭证、整车合格证、号牌以及有关机动车的其他证明和凭证的。

实施第一款规定的行为涉及盗窃、抢劫、诈骗、抢夺的机动车五辆以上或者价值总额达到五十万元以上的，属于《刑法》第三百一十二条规定的"情节严重"，处三年以上七年以下有期徒刑，并处罚金。

第二条 伪造、变造、买卖机动车行驶证、登记证书，累计三本以上的，依照《刑法》第二百八十条第一款的规定，以伪造、变造、买卖国家机关证件罪定罪，处三年以下有期徒刑、拘役、管制或者剥夺政治权利。

伪造、变造、买卖机动车行驶证、登记证书，累计达到第一款规定数量标准五倍以上的，属于《刑法》第二百八十条第一款规定中的"情节严重"，处三年以上十年以下有期徒刑。

第三条 国家机关工作人员滥用职权，有下列情形之一，致使盗窃、抢劫、诈骗、抢夺的机动车被办理登记手续，数量达到三辆以上或者价值总额达到三十万元以上的，依照《刑法》第三百九十七条第一款的规定，以滥用职权罪定罪，处三年以下有期徒刑或者拘役：

（一）明知是登记手续不全或者不符合规定的机动车而办理登记手续的；

（二）指使他人为明知是登记手续不全或者不符合规定的机动车办理登记手续的；

（三）违规或者指使他人违规更改、调换车辆档案的；

（四）其他滥用职权的行为。

国家机关工作人员疏于审查或者审查不严，致使盗窃、抢劫、诈骗、抢夺的机动车被办理登记手续，数量达到五辆以上或者价值总额达到五十万元以上的，依照《刑法》第三百九十七条第一款的规定，以玩忽职守罪定罪，处三年以下有期徒刑或者拘役。

国家机关工作人员实施前两款规定的行为，致使盗窃、抢劫、诈骗、抢夺的机动车被

办理登记手续，分别达到前两款规定数量、数额标准五倍以上的，或者明知是盗窃、抢劫、诈骗、抢夺的机动车而办理登记手续的，属于《刑法》第三百九十七条第一款规定的"情节特别严重"，处三年以上七年以下有期徒刑。

国家机关工作人员徇私舞弊，实施上述行为，构成犯罪的，依照《刑法》第三百九十七条第二款的规定定罪处罚。

第四条　实施本解释第一条、第二条、第三条第一款或者第三款规定的行为，事前与盗窃、抢劫、诈骗、抢夺机动车的犯罪分子通谋的，以盗窃罪、抢劫罪、诈骗罪、抢夺罪的共犯论处。

第五条　对跨地区实施的涉及同一机动车的盗窃、抢劫、诈骗、抢夺以及掩饰、隐瞒犯罪所得、犯罪所得收益行为，有关公安机关可以依照法律和有关规定一并立案侦查，需要提请批准逮捕、移送审查起诉、提起公诉的，由该公安机关所在地的同级人民检察院、人民法院受理。

第六条　行为人实施本解释第一条、第三条第三款规定的行为，涉及的机动车有下列情形之一的，应当认定行为人主观上属于上述条款所称"明知"：

（一）没有合法有效的来历凭证；

（二）发动机号、车辆识别代号有明显更改痕迹，没有合法证明的。

2. 最高人民法院、最高人民检察院《关于办理危害计算机信息系统安全刑事案件应用法律若干问题的解释》法释〔2011〕19号

明知是非法获取计算机信息系统数据犯罪所获取的数据、非法控制计算机信息系统犯罪所获取的计算机信息系统控制权，而予以转移、收购、代为销售或者以其他方法掩饰、隐瞒，违法所得五千元以上的，应当依照《刑法》第三百一十二条第一款的规定，以掩饰、隐瞒犯罪所得罪定罪处罚。

实施前款规定行为，违法所得五万元以上的，应当认定为《刑法》第三百一十二条第一款规定的"情节严重"。

单位实施第一款规定行为的，定罪量刑标准依照第一款、第二款的规定执行。

3. 最高人民法院、最高人民检察院《关于办理盗窃油气、破坏油气设备等刑事案件具体应用法律若干问题的解释》法释〔2007〕3号

明知是盗窃犯罪所得的油气或者油气设备，而予以窝藏、转移、收购、加工、代为销售或者以其他方法掩饰、隐瞒的，依照《刑法》第三百一十二条的规定定罪处罚。

实施前款规定的犯罪行为，事前通谋的，以盗窃犯罪的共犯定罪处罚。

4. 最高人民法院《关于审理洗钱等刑事案件具体应用法律若干问题的解释》法释〔2009〕15号

第一条　《刑法》第一百九十一条、第三百一十二条规定的"明知"，应当结合被告人的认知能力，接触他人犯罪所得及其收益的情况，犯罪所得及其收益的种类、数额，犯罪所得及其收益的转换、转移方式以及被告人的供述等主、客观因素进行认定。

具有下列情形之一的，可以认定被告人明知系犯罪所得及其收益，但有证据证明确实不知道的除外：

（一）知道他人从事犯罪活动，协助转换或者转移财物的；

（二）没有正当理由，通过非法途径协助转换或者转移财物的；

（三）没有正当理由，以明显低于市场的价格收购财物的；

（四）没有正当理由，协助转换或者转移财物，收取明显高于市场的"手续费"的；

（五）没有正当理由，协助他人将巨额现金散存于多个银行账户或者在不同银行账户之间频繁划转的；

（六）协助近亲属或者其他关系密切的人转换或者转移与其职业或者财产状况明显不符的财物的；

（七）其他可以认定行为人明知的情形。

第三条　明知是犯罪所得及其产生的收益而予以掩饰、隐瞒，构成《刑法》第三百一十二条规定的犯罪，同时又构成《刑法》第一百九十一条或者第三百四十九条规定的犯罪的，依照处罚较重的规定定罪处罚。

第四条　《刑法》第一百九十一条、第三百一十二条、第三百四十九条规定的犯罪，应当以上游犯罪事实成立为认定前提。上游犯罪尚未依法裁判，但查证属实的，不影响《刑法》第一百九十一条、第三百一十二条、第三百四十九条规定的犯罪的审判。

上游犯罪事实可以确认，因行为人死亡等原因依法不予追究刑事责任的，不影响《刑法》第一百九十一条、第三百一十二条、第三百四十九条规定的犯罪的认定。

上游犯罪事实可以确认，依法以其他罪名定罪处罚的，不影响《刑法》第一百九十一条、第三百一十二条、第三百四十九条规定的犯罪的认定。

本条所称"上游犯罪"，是指产生《刑法》第一百九十一条、第三百一十二条、第三百四十九条规定的犯罪所得及其收益的各种犯罪行为。

5. 最高人民法院、最高人民检察院、公安部、国家烟草专卖局《关于办理假冒伪劣烟草制品等刑事案件适用法律问题座谈会纪要》商检会〔2003〕4 号

明知是非法制售的烟草制品而予以窝藏、转移的，依照《刑法》第三百一十二条的规定，以窝藏、转移赃物罪定罪处罚。

6.《全国人民代表大会常务委员会关于〈中华人民共和国刑法〉第三百四十一条、第三百一十二条的解释》2014 年 4 月 24 日

全国人民代表大会常务委员会根据司法实践中遇到的情况，讨论了《刑法》第三百四十一条第一款规定的非法收购国家重点保护的珍贵、濒危野生动物及其制品的含义和收购《刑法》第三百四十一条第二款规定的非法狩猎的野生动物如何适用《刑法》有关规定的问题，解释如下：

知道或者应当知道是国家重点保护的珍贵、濒危野生动物及其制品，为食用或者其他目的而非法购买的，属于《刑法》第三百四十一条第一款规定的非法收购国家重点保护的珍贵、濒危野生动物及其制品的行为。

知道或者应当知道是《刑法》第三百四十一条第二款规定的非法狩猎的野生动物而购买的，属于《刑法》第三百一十二条第一款规定的明知是犯罪所得而收购的行为。

7. 最高人民法院《关于审理掩饰、隐瞒犯罪所得、犯罪所得收益刑事案件适用法律若干问题的解释》法释〔2015〕11 号（2015 年 5 月 11 日最高人民法院审判委员会第 1651 次会议通过，根据 2021 年 4 月 7 日最高人民法院审判委员会第 1835 次会议《关于修改〈关于审理掩饰、隐瞒犯罪所得、犯罪所得收益刑事案件适用法律若干问题的解释〉的决定》修正，该修正自 2021 年 4 月 15 日起施行，法释〔2021〕8 号）

为依法惩治掩饰、隐瞒犯罪所得、犯罪所得收益犯罪活动，根据《刑法》有关规定，结合人民法院刑事审判工作实际，现就审理此类案件具体适用法律的若干问题解释如下：

第一条　明知是犯罪所得及其产生的收益而予以窝藏、转移、收购、代为销售或者以其他方法掩饰、隐瞒，具有下列情形之一的，应当依照《刑法》第三百一十二条第一款的规定，以掩饰、隐瞒犯罪所得、犯罪所得收益罪定罪处罚：

（一）一年内曾因掩饰、隐瞒犯罪所得及其产生的收益行为受过行政处罚，又实施掩饰、隐瞒犯罪所得及其产生的收益行为的；

（二）掩饰、隐瞒的犯罪所得系电力设备、交通设施、广播电视设施、公用电信设施、军事设施或者救灾、抢险、防汛、优抚、扶贫、移民、救济款物的；

（三）掩饰、隐瞒行为致使上游犯罪无法及时查处，并造成公私财物损失无法挽回的；

（四）实施其他掩饰、隐瞒犯罪所得及其产生的收益行为，妨害司法机关对上游犯罪进行追究的。

人民法院审理掩饰、隐瞒犯罪所得、犯罪所得收益刑事案件，应综合考虑上游犯罪的性质、掩饰、隐瞒犯罪所得及其收益的情节、后果及社会危害程度等，依法定罪处罚。

司法解释对掩饰、隐瞒涉及计算机信息系统数据、计算机信息系统控制权的犯罪所得及其产生的收益行为构成犯罪已有规定的，审理此类案件依照该规定。

依照全国人民代表大会常务委员会《关于〈中华人民共和国刑法〉第三百四十一条、第三百一十二条的解释》，明知是非法狩猎的野生动物而收购，数量达到五十只以上的，以掩饰、隐瞒犯罪所得罪定罪处罚。

第二条　掩饰、隐瞒犯罪所得及其产生的收益行为符合本解释第一条的规定，认罪、悔罪并退赃、退赔，且具有下列情形之一的，可以认定为犯罪情节轻微，免予刑事处罚：

（一）具有法定从宽处罚情节的；

（二）为近亲属掩饰、隐瞒犯罪所得及其产生的收益，且系初犯、偶犯的；

（三）有其他情节轻微情形的。

第三条　掩饰、隐瞒犯罪所得及其产生的收益，具有下列情形之一的，应当认定为《刑法》第三百一十二条第一款规定的"情节严重"：

（一）掩饰、隐瞒犯罪所得及其产生的收益价值总额达到十万元以上的；

（二）掩饰、隐瞒犯罪所得及其产生的收益十次以上，或者三次以上且价值总额达到五万元以上的；

（三）掩饰、隐瞒的犯罪所得系电力设备、交通设施、广播电视设施、公用电信设施、军事设施或者救灾、抢险、防汛、优抚、扶贫、移民、救济款物，价值总额达到五万元以上的；

（四）掩饰、隐瞒行为致使上游犯罪无法及时查处，并造成公私财物重大损失无法挽回或其他严重后果的；

（五）实施其他掩饰、隐瞒犯罪所得及其产生的收益行为，严重妨害司法机关对上游犯罪予以追究的。

司法解释对掩饰、隐瞒涉及机动车、计算机信息系统数据、计算机信息系统控制权的犯罪所得及其产生的收益行为认定"情节严重"已有规定的，审理此类案件依照该规定。

第四条　掩饰、隐瞒犯罪所得及其产生的收益的数额，应当以实施掩饰、隐瞒行为时为准。收购或者代为销售财物的价格高于其实际价值的，以收购或者代为销售的价格计算。

多次实施掩饰、隐瞒犯罪所得及其产生的收益行为，未经行政处罚，依法应当追诉的，犯罪所得、犯罪所得收益的数额应当累计计算。

第五条 事前与盗窃、抢劫、诈骗、抢夺等犯罪分子通谋，掩饰、隐瞒犯罪所得及其产生的收益的，以盗窃、抢劫、诈骗、抢夺等犯罪的共犯论处。

第六条 对犯罪所得及其产生的收益实施盗窃、抢劫、诈骗、抢夺等行为，构成犯罪的，分别以盗窃罪、抢劫罪、诈骗罪、抢夺罪等定罪处罚。

第七条 明知是犯罪所得及其产生的收益而予以掩饰、隐瞒，构成《刑法》第三百一十二条规定的犯罪，同时构成其他犯罪的，依照处罚较重的规定定罪处罚。

第八条 认定掩饰、隐瞒犯罪所得、犯罪所得收益罪，以上游犯罪事实成立为前提。上游犯罪尚未依法裁判，但查证属实的，不影响掩饰、隐瞒犯罪所得、犯罪所得收益罪的认定。

上游犯罪事实经查证属实，但因行为人未达到刑事责任年龄等原因依法不予追究刑事责任的，不影响掩饰、隐瞒犯罪所得、犯罪所得收益罪的认定。

第九条 盗用单位名义实施掩饰、隐瞒犯罪所得及其产生的收益行为，违法所得由行为人私分的，依照《刑法》和司法解释有关自然人犯罪的规定定罪处罚。

第十条 通过犯罪直接得到的赃款、赃物，应当认定为《刑法》第三百一十二条规定的"犯罪所得"。上游犯罪的行为人对犯罪所得进行处理后得到的孳息、租金等，应当认定为《刑法》第三百一十二条规定的"犯罪所得产生的收益"。

明知是犯罪所得及其产生的收益而采取窝藏、转移、收购、代为销售以外的方法，如居间介绍买卖，收受，持有，使用，加工，提供资金账户，协助将财物转换为现金、金融票据、有价证券，协助将资金转移、汇往境外等，应当认定为《刑法》第三百一十二条规定的"其他方法"。

第十条 掩饰、隐瞒犯罪所得、犯罪所得收益罪是选择性罪名，审理此类案件，应当根据具体犯罪行为及其指向的对象，确定适用的罪名。

8.最高人民法院、最高人民检察院《关于办理妨害文物管理等刑事案件适用法律若干问题的解释》法释〔2015〕23号（具体见《刑法》第三百二十四条）

第九条 明知是盗窃文物、盗掘古文化遗址、古墓葬等犯罪所获取的三级以上文物，而予以窝藏、转移、收购、加工、代为销售或者以其他方法掩饰、隐瞒的，依照《刑法》第三百一十二条的规定，以掩饰、隐瞒犯罪所得罪追究刑事责任。

实施前款规定的行为，事先通谋的，以共同犯罪论处。

第十六条 实施本解释第一条、第二条、第六条至第九条规定的行为，虽已达到应当追究刑事责任的标准，但行为人系初犯，积极退回或者协助追回文物，未造成文物损毁，并确有悔罪表现的，可以认定为犯罪情节轻微，不起诉或者免予刑事处罚。

9.最高人民法院、最高人民检察院、公安部《关于办理电信网络诈骗等刑事案件适用法律若干问题的意见》法发〔2016〕32号（见第二百六十六条）

（五）明知是电信网络诈骗犯罪所得及其产生的收益，以下列方式之一予以转账、套现、取现的，依照《刑法》第三百一十二条第一款的规定，以掩饰、隐瞒犯罪所得、犯罪所得收益罪追究刑事责任。但有证据证明确实不知道的除外：

1.通过使用销售点终端机具（POS机）刷卡套现等非法途径，协助转换或者转移财物的；

2.帮助他人将巨额现金散存于多个银行账户，或在不同银行账户之间频繁划转的；

3.多次使用或者使用多个非本人身份证明开设的信用卡、资金支付结算账户或者多次采用遮蔽摄像头、伪装等异常手段，帮助他人转账、套现、取现的；

4.为他人提供非本人身份证明开设的信用卡、资金支付结算账户后，又帮助他人转账、套现、取现的；

5.以明显异于市场的价格，通过手机充值、交易游戏点卡等方式套现的。

实施上述行为，事前通谋的，以共同犯罪论处。

实施上述行为，电信网络诈骗犯罪嫌疑人尚未到案或案件尚未依法裁判，但现有证据足以证明该犯罪行为确实存在的，不影响掩饰、隐瞒犯罪所得、犯罪所得收益罪的认定。

实施上述行为，同时构成其他犯罪的，依照处罚较重的规定定罪处罚。法律和司法解释另有规定的除外。

10.最高人民法院、最高人民检察院、公安部《关于办理盗窃油气、破坏油气设备等刑事案件适用法律若干问题的意见》法发〔2018〕18号（见第一百一十九条）

五、关于窝藏、转移、收购、加工、代为销售被盗油气行为的处理

明知是犯罪所得的油气而予以窝藏、转移、收购、加工、代为销售或者以其他方式掩饰、隐瞒，符合《刑法》第三百一十二条规定的，以掩饰、隐瞒犯罪所得罪追究刑事责任。

"明知"的认定，应当结合行为人的认知能力、所得报酬、运输工具、运输路线、收购价格、收购形式、加工方式、销售地点、仓储条件等因素综合考虑。

实施第一款规定的犯罪行为，事前通谋的，以盗窃罪、破坏易燃易爆设备罪等有关犯罪的共同犯罪论处。

11.最高人民法院、最高人民检察院、公安部、司法部《关于依法惩治妨害新型冠状病毒感染肺炎疫情防控违法犯罪的意见》法发〔2020〕7号（2020年2月6日）（具体见第一百一十五条）

（九）依法严惩破坏野生动物资源犯罪。

知道或者应当知道是非法狩猎的野生动物而购买，符合《刑法》第三百一十二条规定的，以掩饰、隐瞒犯罪所得罪定罪处罚。

12.最高人民法院、最高人民检察院、公安部《关于办理涉窨井盖相关刑事案件的指导意见》2020年3月16日（具体见第一百一十九条）

七、知道或者应当知道是盗窃所得的窨井盖及其产生的收益而予以窝藏、转移、收购、代为销售或者以其他方法掩饰、隐瞒的，依照《刑法》第三百一十二条和《最高人民法院关于审理掩饰、隐瞒犯罪所得、犯罪所得收益刑事案件适用法律若干问题的解释》的规定，以掩饰、隐瞒犯罪所得、犯罪所得收益罪定罪处罚。

13.最高人民法院、最高人民检察院、公安部《关于办理电信网络诈骗等刑事案件适用法律若干问题的意见（二）》法发〔2021〕22号（2021年6月17日）（具体见《刑法》第二百六十六条）

十一、明知是电信网络诈骗犯罪所得及其产生的收益，以下列方式之一予以转账、套现、取现，符合《刑法》第三百一十二条第一款规定的，以掩饰、隐瞒犯罪所得、犯罪所得收益罪追究刑事责任。但有证据证明确实不知道的除外。

（一）多次使用或者使用多个非本人身份证明开设的收款码、网络支付接口等，帮助他人转账、套现、取现的；

（二）以明显异于市场的价格，通过电商平台预付卡、虚拟货币、手机充值卡、游戏点卡、游戏装备等转换财物、套现的；

（三）协助转换或者转移财物，收取明显高于市场的"手续费"的。

实施上述行为，事前通谋的，以共同犯罪论处；同时构成其他犯罪的，依照处罚较重

的规定定罪处罚。法律和司法解释另有规定的除外。

十二、为他人实施电信网络诈骗犯罪提供技术支持、广告推广、支付结算等帮助，或者窝藏、转移、收购、代为销售及以其他方法掩饰、隐瞒电信网络诈骗犯罪所得及其产生的收益，诈骗犯罪行为可以确认，但实施诈骗的行为人尚未到案，可以依法先行追究已到案的上述犯罪嫌疑人、被告人的刑事责任。

14. 最高人民法院刑事审判第三庭、最高人民检察院第四检察厅、公安部刑事侦查局《关于"断卡"行动中有关法律适用问题的会议纪要》（2022 年 3 月 22 日）（具体见第二百八十七条之二）

五、关于正确区分帮助信息网络犯罪活动罪、掩饰、隐瞒犯罪所得、犯罪所得收益罪与诈骗罪的界限。在办理涉"两卡"犯罪案件中，存在准确界定前述三个罪名之间界限的问题。应当根据行为人的主观明知内容和实施的具体犯罪行为，确定其行为性质。以信用卡为例：(1)明知他人实施电信网络诈骗犯罪，参加诈骗团伙或者与诈骗团伙之间形成较为稳定的配合关系，长期为他人提供信用卡或者转账取现的，可以诈骗罪论处。(2)行为人向他人出租、出售信用卡后，在明知是犯罪所得及其收益的情况下，又代为转账、套现、取现等，或者为配合他人转账、套现、取现而提供刷脸等验证服务的，可以掩饰、隐瞒犯罪所得、犯罪所得收益罪论处。(3)明知他人利用信息网络实施犯罪，仅向他人出租、出售信用卡，未实施其他行为，达到情节严重标准的，可以帮助信息网络犯罪活动罪论处。在司法实践中，应当具体案情具体分析，结合主客观证据，重视行为人的辩解理由，确保准确定性。

15. 最高人民法院、最高人民检察院《关于办理危害药品安全刑事案件适用法律若干问题的解释》 高检发释字〔2022〕1 号（2022 年 3 月 3 日）（具体见第一百四十一条）

第十三条 明知系利用医保骗保购买的药品而非法收购、销售，金额五万元以上的，应当依照《刑法》第三百一十二条的规定，以掩饰、隐瞒犯罪所得罪定罪处罚；指使、教唆、授意他人利用医保骗保购买药品，进而非法收购、销售，符合《刑法》第二百六十六条规定的，以诈骗罪定罪处罚。

对于利用医保骗保购买药品的行为人是否追究刑事责任，应当综合骗取医保基金的数额、手段、认罪悔罪态度等案件具体情节，依法妥当决定。利用医保骗保购买药品的行为人是否被追究刑事责任，不影响对非法收购、销售有关药品的行为人定罪处罚。

对于第一款规定的主观明知，应当根据药品标志、收购渠道、价格、规模及药品追溯信息等综合认定。

（附参考）**浙江省高级人民法院《关于部分罪名定罪量刑情节及数额标准的意见》** 浙高法〔2012〕325 号

82.《刑法》第三百一十二条 【掩饰、隐瞒犯罪所得、犯罪所得收益罪】

具有下列情形之一的，处三年以下有期徒刑、拘役或者管制，并处或者单处罚金：

（1）涉案赃物价值四千元以上不满十万元的；

（2）两年内因掩饰、隐瞒犯罪所得、犯罪所得收益受过行政处罚二次以上，又实施该行为的；

（3）掩饰、隐瞒犯罪所得、犯罪所得收益三次以上的；

（4）明知是盗窃、抢劫、诈骗、抢夺的机动车，且实施下列行为之一的：①买卖、介绍买卖、典当、拍卖、抵押、用于抵债；②拆解、拼装、组装；③修改发动机号、车辆识别代号；④更改车身颜色或者车辆外形；⑤提供或者出售机动车来历凭证、整车合格证、号牌以及有关机动车的其他证明和凭证；⑥提供或者出售伪造、变造的机动车来历凭证、整车合格证、号牌以及有关机动车的其他证明和凭证；

（5）构成犯罪的其他情形。

具有下列情形之一的，属于"情节严重"，处三年以上七年以下有期徒刑，并处罚金：

（1）涉案赃物价值十万元以上的；

（2）实施第一款第（4）项规定的行为所涉及的盗窃、抢劫、诈骗、抢夺的机动车5辆以上或者价值总额在五十万元以上的；

（3）情节严重的其他情形。

第三百一十三条【拒不执行判决、裁定罪】　对人民法院的判决、裁定有能力执行而拒不执行，情节严重的，处三年以下有期徒刑、拘役或者罚金；情节特别严重的，处三年以上七年以下有期徒刑，并处罚金。

单位犯前款罪的，对单位判处罚金，并对其直接负责的主管人员和其他直接责任人员，依照前款的规定处罚。【2015年11月1日刑法修正案（九）】

【1997年刑法】对人民法院的判决、裁定有能力执行而拒不执行，情节严重的，处三年以下有期徒刑、拘役或者罚金。

（相关解释）**1.最高人民法院、最高人民检察院、公安部《关于依法严肃查处拒不执行判决、裁定和暴力抗拒法院执行犯罪行为有关问题的通知》**法发〔2007〕29号

一、对下列拒不执行判决、裁定的行为，依照《刑法》第三百一十三条的规定，以拒不执行判决、裁定罪论处。

（一）被执行人隐藏、转移、故意毁损财产或者无偿转让财产、以明显不合理的低价转让财产，致使判决、裁定无法执行的；

（二）担保人或者被执行人隐藏、转移、故意毁损或者转让已向人民法院提供担保的财产，致使判决、裁定无法执行的；

（三）协助执行义务人接到人民法院协助执行通知书后，拒不协助执行，致使判决、裁定无法执行的；

（四）被执行人、担保人、协助执行义务人与国家机关工作人员通谋，利用国家机关工作人员的职权妨害执行，致使判决、裁定无法执行的；

（五）其他有能力执行而拒不执行，情节严重的情形。

二、对下列暴力抗拒执行的行为，依照《刑法》第二百七十七条的规定，以妨害公务罪论处：

（一）聚众哄闹、冲击执行现场，围困、扣押、殴打执行人员，致使执行工作无法进行的；

（二）毁损、抢夺执行案件材料、执行公务车辆和其他执行器械、执行人员服装以及执行公务证件，造成严重后果的；

（三）其他以暴力、威胁方法妨害或者抗拒执行，致使执行工作无法进行的。

三、负有执行人民法院判决、裁定义务的单位直接负责的主管人员和其他直接责任人员，为了本单位的利益实施本《通知》第一条、第二条所列行为之一的，对该主管人员和其他直接责任人员，依照《刑法》第三百一十三条和第二百七十七条的规定，分别以拒不执行判决、裁定罪和妨害公务罪论处。

四、国家机关工作人员有本《通知》第一条第四项行为的，以拒不执行判决、裁定罪

的共犯追究刑事责任。

国家机关工作人员收受贿赂或者滥用职权，有本《通知》第一条第四项行为的，同时又构成《刑法》第三百八十五条、第三百九十七条规定罪的，依照处罚较重的规定定罪处罚。

五、拒不执行判决、裁定案件由犯罪行为发生地的公安机关、人民检察院、人民法院管辖。如果由犯罪嫌疑人、被告人居住地的人民法院管辖更为适宜的，可以由犯罪嫌疑人、被告人居住地的公安机关、人民检察院、人民法院管辖。

六、以暴力、威胁方法妨害或者抗拒执行的，公安机关接到报警后，应当立即出警，依法处置。

七、人民法院在执行判决、裁定过程中，对拒不执行判决、裁定情节严重的人，可以先行司法拘留；拒不执行判决、裁定的行为人涉嫌犯罪的，应当将案件依法移送有管辖权的公安机关立案侦查。

八、人民法院、人民检察院和公安机关在办理拒不执行判决、裁定和妨害公务案件过程中，应当密切配合、加强协作。对于人民法院移送的涉嫌拒不执行判决、裁定罪和妨害公务罪的案件，公安机关应当及时立案侦查，检察机关应当及时提起公诉，人民法院应当及时审判。

在办理拒不执行判决、裁定和妨害公务案件过程中，应当根据案件的具体情况，正确区分罪与非罪的界限，认真贯彻"宽严相济"的刑事政策。

九、人民法院认为公安机关应当立案侦查而不立案侦查的，可提请人民检察院予以监督。人民检察院认为需要立案侦查的，应当要求公安机关说明不立案的理由。人民检察院认为公安机关不立案理由不能成立的，应当通知公安机关立案，公安机关接到通知后应当立案。

十、公安机关侦查终结后移送人民检察院审查起诉的拒不执行判决、裁定和妨害公务案件，人民检察院决定不起诉，公安机关认为不起诉决定有错误的，可以要求复议；如果意见不被接受，可以向上一级人民检察院提请复核。

十一、公安司法人员在办理拒不执行判决、裁定和妨害公务案件中，消极履行法定职责，造成严重后果的，应当依法依纪追究直接责任人责任直至追究刑事责任。

十二、本通知自印发之日起执行，执行中遇到的情况和问题，请分别报告最高人民法院、最高人民检察院、公安部。

2.《全国人民代表大会常务委员会关于〈中华人民共和国刑法〉第三百一十三条的解释》 2002 年 8 月 29 日

《刑法》第三百一十三条规定的"人民法院的判决、裁定"，是指人民法院依法作出的具有执行内容并已发生法律效力的判决、裁定。人民法院为依法执行支付令、生效的调解书、仲裁裁决、公证债权文书等所作的裁定属于该条规定的裁定。

下列情形属于《刑法》第三百一十三条规定的"有能力执行而拒不执行，情节严重"的情形：

（一）被执行人隐藏、转移、故意毁损财产或者无偿转让财产、以明显不合理的低价转让财产，致使判决、裁定无法执行的；

（二）担保人或者被执行人隐藏、转移、故意毁损或者转让已向人民法院提供担保的财产，致使判决、裁定无法执行的；

（三）协助执行义务人接到人民法院协助执行通知书后，拒不协助执行，致使判决、裁定无法执行的；

　　（四）被执行人、担保人、协助执行义务人与国家机关工作人员通谋，利用国家机关工作人员的职权妨害执行，致使判决、裁定无法执行的；

　　（五）其他有能力执行而拒不执行，情节严重的情形。

　　国家机关工作人员有上述第四项行为的，以拒不执行判决、裁定罪的共犯追究刑事责任。国家机关工作人员收受贿赂或者滥用职权，有上述第四项行为的，同时又构成《刑法》第三百八十五条、第三百九十七条规定之罪的，依照处罚较重的规定定罪处罚。

3. 最高人民法院《关于审理拒不执行判决、裁定刑事案件适用法律若干问题的解释》

法释〔2015〕16 号（2015 年 7 月 6 日最高人民法院审判委员会第 1657 次会议通过，根据 2020 年 12 月 23 日最高人民法院审判委员会第 1823 次会议通过的《最高人民法院关于修改〈最高人民法院关于人民法院扣押铁路运输货物若干问题的规定〉等十八件执行类司法解释的决定》修正）

　　第一条　被执行人、协助执行义务人、担保人等负有执行义务的人对人民法院的判决、裁定有能力执行而拒不执行，情节严重的，应当依照《刑法》第三百一十三条的规定，以拒不执行判决、裁定罪处罚。

　　第二条　负有执行义务的人有能力执行而实施下列行为之一的，应当认定为全国人民代表大会常务委员会关于《刑法》第三百一十三条的解释中规定的"其他有能力执行而拒不执行，情节严重的情形"：

　　（一）具有拒绝报告或者虚假报告财产情况、违反人民法院限制高消费及有关消费令等拒不执行行为，经采取罚款或者拘留等强制措施后仍拒不执行的；

　　（二）伪造、毁灭有关被执行人履行能力的重要证据，以暴力、威胁、贿买方法阻止他人作证或者指使、贿买、胁迫他人作伪证，妨碍人民法院查明被执行人财产情况，致使判决、裁定无法执行的；

　　（三）拒不交付法律文书指定交付的财物、票证或者拒不迁出房屋、退出土地，致使判决、裁定无法执行的；

　　（四）与他人串通，通过虚假诉讼、虚假仲裁、虚假和解等方式妨害执行，致使判决、裁定无法执行的；

　　（五）以暴力、威胁方法阻碍执行人员进入执行现场或者聚众哄闹、冲击执行现场，致使执行工作无法进行的；

　　（六）对执行人员进行侮辱、围攻、扣押、殴打，致使执行工作无法进行的；

　　（七）毁损、抢夺执行案件材料、执行公务车辆和其他执行器械、执行人员服装以及执行公务证件，致使执行工作无法进行的；

　　（八）拒不执行法院判决、裁定，致使债权人遭受重大损失的。

　　第三条　申请执行人有证据证明同时具有下列情形，人民法院认为符合刑事诉讼法第二百一十条第三项规定的，以自诉案件立案审理：

　　（一）负有执行义务的人拒不执行判决、裁定，侵犯了申请执行人的人身、财产权利，应当依法追究刑事责任的；

　　（二）申请执行人曾经提出控告，而公安机关或者人民检察院对负有执行义务的人不予追究刑事责任的。

　　第四条　本解释第三条规定的自诉案件，依照刑事诉讼法第二百一十二条的规定，自诉人在宣告判决前，可以同被告人自行和解或者撤回自诉。

　　第五条　拒不执行判决、裁定刑事案件，一般由执行法院所在地人民法院管辖。

第六条 拒不执行判决、裁定的被告人在一审宣告判决前，履行全部或部分执行义务的，可以酌情从宽处罚。

第七条 拒不执行支付赡养费、扶养费、抚育费、抚恤金、医疗费用、劳动报酬等判决、裁定的，可以酌情从重处罚。

第八条 本解释自发布之日起施行。此前发布的司法解释和规范性文件与本解释不一致的，以本解释为准。

4. 最高人民法院《关于拒不执行判决、裁定罪自诉案件受理工作有关问题的通知》法〔2018〕147 号

近期，部分高级人民法院向我院请示，申请执行人以负有执行义务的人涉嫌拒不执行判决、裁定罪向公安机关提出控告，公安机关不接受控告材料或者接受控告材料后不予书面答复的；人民法院向公安机关移送拒不执行判决、裁定罪线索，公安机关不予书面答复或者明确答复不予立案，或者人民检察院决定不起诉的，如何处理？鉴于部分高级人民法院所请示问题具有普遍性，经研究，根据相关法律和司法解释，特通知如下：

一、申请执行人向公安机关控告负有执行义务的人涉嫌拒不执行判决、裁定罪，公安机关不予接受控告材料或者在接受控告材料后 60 日内不予书面答复，申请执行人有证据证明该拒不执行判决、裁定行为侵犯了其人身、财产权利，应当依法追究刑事责任的，人民法院可以以自诉案件立案审理。

二、人民法院向公安机关移送拒不执行判决、裁定罪线索，公安机关决定不予立案或者在接受案件线索后 60 日内不予书面答复，或者人民检察院决定不起诉的，人民法院可以向申请执行人释明；申请执行人有证据证明负有执行义务的人拒不执行判决、裁定侵犯了其人身、财产权利，应当依法追究刑事责任的，人民法院可以以自诉案件立案审理。

三、公安机关接受申请执行人的控告材料或者人民法院移送的拒不执行判决、裁定罪线索，经过 60 日之后又决定立案的，对于申请执行人的自诉，人民法院未受理的，裁定不予受理；已经受理的，可以向自诉人释明让其撤回起诉或者裁定终止审理。此后再出现公安机关或者人民检察院不予追究情形的，申请执行人可以依法重新提起自诉。

5. 最高人民法院、最高人民检察院《关于办理虚假诉讼刑事案件适用法律若干问题的解释》法释〔2018〕17 号（见第三百零七条之一）

第四条 实施《刑法》第三百零七条之一第一款行为，非法占有他人财产或者逃避合法债务，又构成诈骗罪、职务侵占罪，拒不执行判决、裁定罪，贪污罪等犯罪的，依照处罚较重的规定定罪从重处罚。

（附参考）1. 浙江省高级人民法院、浙江省人民检察院、浙江省公安厅《关于办理拒不执行判决、裁定刑事案件若干问题的意见》2004 年 6 月 30 日

第二条 下列情形属于全国人大常委会解释第二款第五项规定的"其他有能力执行而拒不执行，情节严重的情形"：（1）被执行人故意转让判决、裁定指定交付的特定物，致使判决、裁定无法执行的；（2）被执行人挥霍财产，致使判决、裁定无法执行的；（3）被执行人有能力履行判决、裁定指定的行为而不履行，造成严重后果的。

第三条 全国人大常委会解释和本意见中规定的"致使判决、裁定无法执行"，一般是指无法执行的标的额达五万元以上或者虽不到五万元但造成其他严重后果的情形。

第四条 负有执行人民法院判决、裁定义务的单位直接负责的主管人员和其他直接责任人员，为了本单位的利益实施拒不执行判决、裁定的行为，情节严重的，对该主管人员和其他直接责任人员，依照《刑法》第三百一十三条定罪处罚。

2. 浙江省高级人民法院、浙江省人民检察院《关于办理虚假诉讼刑事案件具体适用法律的指导意见》 浙高法〔2010〕207号

四、为逃避人民法院生效裁判文书的执行，进行虚假诉讼，套取、转移财产的，按照《刑法》第三百一十三条拒不执行判决、裁定罪处理。

3. 浙江省高级人民法院《关于部分罪名定罪量刑情节及数额标准的意见》 浙高法〔2012〕325号

83.《刑法》第三百一十三条【拒不执行判决、裁定罪】

具有下列情形之一，致使无法执行的标的额在五万元以上，或者虽然不满五万元但造成其他严重后果的，属于"情节严重"，处三年以下有期徒刑、拘役或者罚金：

（1）被执行人隐藏、转移、故意毁损财产或者无偿转让财产、以明显不合理的低价转让财产，致使判决、裁定无法执行的；

（2）担保人或者被执行人隐藏、转移、故意毁损或者转让已向人民法院提供担保的财产，致使判决、裁定无法执行的；

（3）协助执行义务人接到人民法院协助执行通知书后，拒不协助执行，致使判决、裁定无法执行的；

（4）被执行人、担保人、协助执行义务人与国家机关工作人员通谋，利用国家机关工作人员的职权妨害执行，致使判决、裁定无法执行的；

（5）被执行人故意转让判决、裁定指定交付的特定物，致使判决、裁定无法执行的；

（6）被执行人挥霍财产，致使判决、裁定无法执行的；

（7）被执行人有能力履行判决、裁定指定的行为而不履行，造成严重后果的；

（8）情节严重的其他情形。

4. 浙江省高级人民法院《关于拒不执行判决、裁定刑事案件适用自诉程序的意见》（2016年10月31日）

为惩治拒不履行生效法律文书确定义务的违法犯罪行为，正确理解与适用最高人民法院《关于审理拒不执行判决、裁定刑事案件适用法律若干问题的解释》中关于刑事自诉程序的规定，根据《中华人民共和国刑法》《中华人民共和国刑事诉讼法》及相关司法解释的规定，制定本意见。

第一条　申请执行人有证据证明同时具有下列情形，人民法院认为符合刑事诉讼法第二百零四条第三项规定的，以自诉案件立案审理：

（一）负有执行义务的人拒不执行判决、裁定，侵犯了申请执行人的人身、财产权利，应当依法追究刑事责任的；

（二）申请执行人曾经提出控告，而公安机关或者人民检察院对负有执行义务的人不予追究刑事责任的。

第二条　申请执行人曾经提出控告，而公安机关或者人民检察院对负有执行义务的人不予追究刑事责任的情形是：

（一）申请执行人以被执行人涉嫌构成拒不执行判决、裁定罪向公安机关、检察机关报案，公安机关或者人民检察院出具《不予立案通知书》或《不起诉决定书》的；

（二）有证据证明公安机关、检察机关不予接收申请执行人报案材料或者超过十五日不予答复的。

第三条　人民法院以涉嫌构成拒不执行判决、裁定罪向公安机关移送的案件，公安机关作出不予立案的决定并予以退回或公安机关超过十五日不予答复，或公安机关侦查结束

移送检察机关，检察机关作出不起诉决定的，人民法院可以向申请执行人释明，告知其可以向执行法院提起自诉。

第四条 执行法院立案部门对申请执行人提交的材料进行审查后，对于符合立案条件的拒不执行判决、裁定自诉案件，应当及时予以立案。对于申请执行人提起刑事自诉时，经调查确认被告人下落不明的，立案部门应当说服自诉人撤回起诉，自诉人拒不撤回的，裁定不予受理。

对于公安机关或者人民检察院已经正式立案，但尚未作出处理结论的拒不执行判决、裁定案件，申请执行人提起自诉的，人民法院不予受理。

第五条 执行部门在执行过程中应注意收集、固定被执行人拒不执行判决、裁定的证据。

第六条 申请执行人向人民法院提起自诉的，除应符合最高人民法院《关于适用〈中华人民共和国刑事诉讼法〉的解释》第二百六十一条、第二百六十二条的规定外，还应提供下列证据：

（一）已生效的执行依据，包括判决书、裁定书、调解书、支付令、仲裁裁决书、公证债权文书；

（二）执行机构提供的犯罪嫌疑人负有执行义务，有能力执行而拒不执行的相应法律文书等证据材料。

第七条 刑事审判部门经审查，认为被告人犯罪事实清楚，证据确实充分的，应视情决定采取拘传、逮捕等强制措施。对于立案后被告人下落不明有逮捕必要的，应及时决定逮捕，并交由公安机关执行。对于缺乏证据，自诉人提不出补充证据的，应当说服其撤回起诉或者裁定驳回。

第八条 审理拒不执行判决、裁定刑事自诉案件，不适用调解。但自诉人可以在一审宣告判决前同被告人自行和解或者撤回自诉。

第九条 申请执行人对被执行人提起刑事自诉的，不中断原执行案件的执行。在自诉案件审理过程中，形成的和解协议、执行担保、履行完毕等执行材料由审理自诉案件的部门及时移送执行部门。

第十条 本意见自下发之日起施行。

5. 浙江省高级人民法院、浙江省人民检察院、浙江省公安厅《关于依法惩处拒执犯罪若干问题的会议纪要》浙高法〔2018〕112号（2018年7月2日）

依法惩治拒不执行判决、裁定犯罪行为，确保人民法院判决、裁定依法执行，提高司法公信，增强司法权威，根据《中华人民共和国刑法》《中华人民共和国刑事诉讼法》《关于〈中华人民共和国刑法〉第三百一十三条的解释》《最高人民法院关于审理拒不执行判决、裁定刑事案件适用法律若干问题的解释》等有关规定，结合我省实际，经会议讨论，现就办理拒执犯罪中有关问题纪要如下：

一、判决、裁定的范围

拒不执行判决、裁定罪中的"判决、裁定"，是指人民法院依法作出的具有执行内容并已发生法律效力的判决、裁定。拒执罪中的裁定，除全国人大常委会解释中列举的外，还包括人民法院准予强制执行行政处罚决定、行政处理决定等作出的裁定。

拒不执行判决、裁定的对象本质上应当包含人民法院生效调解书、人民调解确认决定书，但由于立法解释规定人民法院为生效的调解书等所作的裁定属于《刑法》第三百一十三条规定的裁定，因此，执行部门在执行立案后要及时对生效调解书、人民调解确认决定书作出裁定。

人民法院对认可并执行仲裁调解协议所作的裁定属于拒不执行裁定罪中裁定的范围。

二、控告与自诉案件受理

对申请执行人向公安机关控告负有执行义务的人涉嫌拒不执行判决、裁定罪的线索，公安机关对于犯罪事实清楚的，应当立案侦查；涉嫌犯罪线索需要查证的，立案审查期限不超过 7 日；重大疑难复杂案件，经县级以上公安机关负责人批准，立案审查期限可以延长至 30 日。超过 30 日公安机关没有答复或者公安机关不予接受控告材料的，申请执行人有证据证明该拒不执行判决、裁定行为侵犯了其人身、财产权利，应当依法追究刑事责任的，申请执行人可以向人民法院提起自诉，人民法院可以以自诉案件立案审理。

人民法院向公安机关移送拒不执行判决、裁定犯罪线索，公安机关决定不予立案或者在接受线索后 30 日内不予书面答复的，或者人民检察院决定不起诉的，人民法院可以向申请执行人释明，告知其可以提起自诉；申请执行人有证据证明负有执行义务的人拒不执行判决、裁定侵犯了其人身、财产权利，应当依法追究刑事责任，申请执行人向人民法院提起自诉的，人民法院可以以自诉案件立案审理。

公安机关接受申请执行人的控告材料或者人民法院移送的拒不执行判决、裁定犯罪线索，经过 30 日之后又决定立案的，对于申请执行人的自诉，人民法院未受理的，裁定不予受理；已经受理的，可以向自诉人释明让其撤回自诉或者裁定终止审理。此后再出现公安机关或者人民检察院不予追究情形的，申请执行人可以依法重新提起自诉。

三、自诉案件的和解、驳回

自诉人在宣告判决前，可以与被告人自行和解。被告人在判决宣告前履行全部或者部分执行义务的，可以酌情从宽处罚。

公安机关立案侦查的拒执犯罪案件，可以参照前款规定执行。

人民法院审理拒不执行判决、裁定自诉案件，认为被告人的犯罪事实清楚，证据确实、充分的，应视情决定采取拘传、逮捕等强制措施。对于立案后被告人下落不明有逮捕必要的，应及时决定逮捕，并交由公安机关执行。对于缺乏证据，自诉人提不出补充证据的，应当说服其撤回自诉或者裁定驳回。

四、人民法院移送犯罪线索程序

人民法院向公安机关移送拒不执行判决、裁定及相关联的妨害公务、非法处置查封、扣押、冻结的财产、抢夺、毁坏财物等犯罪线索的，经报院长审签后移送。

五、移送犯罪线索材料范围

人民法院在办理执行案件时，应当注意相关证据材料的收集、固定、保存。对被执行人、协助执行义务人、担保人等的行为涉嫌犯罪，人民法院向公安机关移送犯罪线索时，应当移送下列材料：

1.人民法院已经掌握的证明犯罪嫌疑人身份情况的相关材料。如户籍证明、身份证、护照、出入境证件、社会信用证代码、工商登记材料等。

犯罪嫌疑人已经被人民法院司法拘留的，应当向公安机关移送相关材料，并同时办理相关人员移交手续。

犯罪嫌疑人下落不明的，人民法院应当向公安机关提供犯罪嫌疑人下落的相关线索。

2.人民法院已经掌握的证明犯罪嫌疑人负有执行义务或者协助执行义务的基本材料。如生效裁判文书，诉前财产保全裁定书，先予执行裁定书，追加、变更被执行人裁定书，执行通知书，及人民法院为执行支付令、仲裁裁决、公正债权文书、行政处理决定、行政处罚决定而出具的裁定等。

3.人民法院已经掌握的证明犯罪嫌疑人拥有或者曾经拥有履行判决、裁定确定的全部或者部分义务能力的货币或者其他财产的证据。如人民法院为调查被执行人、担保人财产情况出具的搜查令及相关笔录；人民法院查封、扣押、冻结被执行人、担保人财产而出具的裁定书、协助执行通知书、查封公告、查封、扣押、冻结物品清单；查询存款、股权的通知书及回执；被执行人、担保人不动产、车辆登记情况记录；被执行人向人民法院提交的财产情况报告及相关被执行人具有执行能力的调查笔录、证人证言、文件、查询记录等以及协助执行义务人持有、控制判决、裁定指定交付的财产、财产权证或者其他物品的证据材料等。

4.人民法院已经掌握的证明犯罪嫌疑人有拒不履行或者妨害执行行为的相关材料。如证实被执行人、担保人隐藏、转移、故意损毁财产或者无偿转让、明显低价转让财产的调查笔录、证人证言、银行存款记录、交易记录、财产过户登记记录等；证实协助执行义务人拒不协助的相关证据；证实被执行人、担保人、协助执行义务人暴力殴打、威胁执行人员、抢夺执行人员物品等妨害执行活动顺利进行的证据；罚款决定书、拘留决定书、拘传票及妨害执行被采取民事强制措施的证明材料等。

5.人民法院已经掌握的证明犯罪嫌疑人拒不履行或者妨害执行相关情节或者造成后果的相关材料。如人民法院出具的中止、终结执行裁定书；证实执行不能的相关证人证言、证明材料。包括证实财产已经被隐藏、转移、故意损毁、转让的照片、录像、合同、过户证明及执行人员被殴打致伤等证据。

对人民法院移送的材料不符合刑事诉讼法规定的证据形式的，应当进行转化，包括讯问犯罪嫌疑人、重新调查、核实相关证据等。

六、公安机关审查立案和检察机关移送起诉程序

对人民法院移送的涉嫌拒不执行判决、裁定相关犯罪线索，公安机关应当在接到移送材料后及时进行审查，在规定期限内作出决定，并将结果书面通知移送线索的人民法院。人民检察院在收到公安机关移送的材料后，应当在30日内作出起诉或者不予起诉决定，并将结果书面抄告移送案件的公安机关和相关人民法院。

在侦查过程中，需要人民法院执行部门配合的，人民法院执行部门应当予以配合。

拒不执行判决、裁定刑事案件的办理参照适用省公检法司《关于轻微刑事案件快速办理机制的若干规定》，符合条件的，启动快速办理机制；被执行人在案的，侦查期限、审查起诉期限、第一审审理期限各不超过10日。

七、"有能力执行"的时间起算

《刑法》第三百一十三条规定的"有能力执行"的时间起算是从判决、裁定生效时开始，即判决、裁定生效后，执行案件立案前，行为人实施隐藏、转移财产、毁损财物等行为的，可以构成拒不执行判决、裁定罪。

在判决生效前，行为人为了逃避执行而实施隐藏、转移财产，判决生效后继续隐匿财产的，可视为行为处于持续状态，构成拒不执行判决、裁定罪。

对拒不执行判决、裁定罪的追究不以执行通知书送达为前提。

八、"有能力执行"的判断标准

《刑法》第三百一十三条规定的"有能力执行"是指负有执行人民法院判决、裁定确定义务的人拥有清偿判决、裁定确定债务的全部或者部分财产，或者能够以自己的行为在判决、裁定确定的期限内履行判决、裁定确定的全部或者部分义务。

九、"致使判决、裁定无法执行"的判断标准

立法解释中"致使判决、裁定无法执行"是指行为人拒不执行判决、裁定，造成人民法院执行机构通过执行程序无法实现判决、裁定确定的内容，既包括判决、裁定全部无法执行，也包括部分无法执行；既包括判决、裁定最终无法执行，也包括暂时无法执行。

十、"致使执行工作无法进行"的判断标准

司法解释中"致使执行工作无法进行"是指行为人通过实施妨害执行工作的种种行为，造成人民法院执行机构正在开展的执行工作被迫停顿下来，既包括短时间无法开展正常执行工作，也包括较长时间内无法开展正常执行工作。

十一、"以明显不合理的低价转让财产"的判断标准

立法解释中"以明显不合理的低价转让财产"是指被执行人转让财产价格没有达到交易时交易地的指导价格或者市场交易价70%的情形。

十二、情节特别严重的判断标准

《刑法》第三百一十三条规定的情节特别严重情形是指：

1.负有执行义务的人有能力执行而拒不执行，致使法院判决、裁定无法执行数额达500万元以上的；

2.负有执行义务的人拒不执行法院判决、裁定，致使债权人遭受特别重大损失，或者造成其他极其严重后果的；

3.负有执行义务的人有能力执行而拒不执行支付赡养费、抚养费、抚育费、抚恤金、医疗费用、劳动报酬、人身损害赔偿等判决、裁定，造成申请执行人一方死亡，或者造成恶劣社会影响的。

十三、以罚款或拘留为构罪前置条件条款的理解

对2015年《司法解释》第二条第（一）款"被执行人具有拒绝报告或者虚假报告财产情况、违反人民法院限制高消费及有关消费令等拒不执行行为，经采取罚款或者拘留等强制措施后仍拒不执行的"，其中"罚款或者拘留等强制措施"应当理解为被执行人知道或者应当知道人民法院已作出罚款或者拘留等强制措施，不以对被执行人实际执行罚款或拘留等强制措施为必要；"仍拒不执行"应当理解为具有拒绝报告或者虚假报告财产情况、违反人民法院限制高消费及有关消费令等前述拒不执行行为之一，或者具有其他拒不执行行为。

司法解释中规定的其他情形，不以采取罚款、拘留等强制措施为构罪的前置条件。

十四、罚款、拘留等执行文书的送达标准

审判程序中，被执行人在送达地址确认书中确认的送达地址，适用于执行程序。执行程序中已按审判程序确认的送达地址直接送达或邮寄送达财产报告令、限制消费令、拘留决定书、罚款决定书等执行文书，其中，直接送达的，文书留在该地址之日为送达之日；邮寄送达的，签收之日为送达之日；被执行人拒绝签收或者因被执行人离开该地址而未能签收的，文书被退回之日可视为送达之日。审判程序中未在送达地址确认书中确认送达地址的，执行程序中按照最高人民法院《关于进一步加强民事送达工作的若干意见》第八条、第九条的规定进行送达。已按上述规定送达执行文书，被执行人仍拒不履行的，可以作为认定构成拒不执行判决、裁定罪的依据。

十五、拒不交付被查封车辆行为的定性

对被执行人车辆被人民法院查封，经人民法院通知执行仍拒不移交该车辆给人民法院，致使判决、裁定无法执行，应认定被执行人构成拒不执行判决、裁定罪，并同时触犯非法处置查封的财产罪，从一重处罚。被执行人提出车辆非其所有或已经抵债给第三人，但未经案外人异议程序、诉讼程序审查确定的，仍应当认定为被执行人名下车辆。涉案车辆未实际扣押的，不影响拒不执行判决、裁定罪立案。

十六、被执行人将财产用于履行其他债务的行为性质

被执行人擅自将财产用于履行尚未被生效法律文书确定的其他债务，致使生效判决、裁定无法履行的，应认定被执行人构成拒不执行判决、裁定罪。被执行人款项支出系正常生产经营或合理生活支出，且已向人民法院报备的除外。

十七、被执行人以有其他财产可供执行为由拒不配合执行的行为性质

当被执行人有数个可供执行的财产，人民法院在处置其中一项财产时，被执行人以还有其他可供执行的财产为由拒不配合人民法院对该项财产的处置或者隐藏、转移该项财产，致使判决、裁定无法执行的，可认定被执行人的行为构成拒不执行判决、裁定罪。

被查封、扣押、冻结的财产价值大于被执行人债务金额的，被执行人处置其他财产的行为不构成拒不执行判决、裁定罪。

十八、妨害执行公务但尚未造成执行工作无法进行的行为定性

对于以暴力、威胁方法阻碍执行人员进入执行现场或者聚众哄闹、冲击执行现场，对执行人员进行侮辱、围攻、扣押、殴打，或者毁损、抢夺执行案件材料、执行公务车辆和其他执行器械、执行人员服装以及执行公务证件等，尚未达到 2015 年《司法解释》第二条第（五）（六）（七）项规定的"致使执行工作无法进行的情形"，尚不构成拒不执行判决、裁定罪，但符合妨害公务罪、抢夺罪、故意毁坏财物罪等犯罪构成要件的，应以符合各该构成要件的罪名定罪处罚。

十九、依法查处黑恶势力等干扰

发现黑恶势力等干扰人民法院执行工作，涉嫌犯罪的，移送公安机关侦查，从严惩处。

对为拒执犯罪行为人充当"保护伞"的国家机关工作人员，移送纪检监察机关依法依纪查处。

二十、同一行为触犯数罪名的处理

被执行人同一行为同时触犯拒不执行判决、裁定罪、妨害公务罪、非法处置查封、扣押、冻结的财产罪、抢夺罪等多个罪名的，择一重罪处罚。

二十一、贯彻宽严相济刑事政策

办理拒不执行判决、裁定相关案件时，应当考虑拒不执行行为人的主观心态、拒执行为具体表现、情节、造成的后果，综合判断，注意办案法律效果、社会效果和政治效果的统一。

在办理拒不执行判决、裁定案件过程中，应当贯彻宽严相济刑事政策。对于经人民法院移送后立案侦查的案件，犯罪嫌疑人自动履行或者协助执行判决、裁定，确有悔改表现且未造成其他严重后果的，经与人民法院沟通后，公安机关可以作出撤销案件的决定；在审查起诉过程中，犯罪嫌疑人自动履行或者协助执行判决、裁定，确有悔改表现且未造成后果的，经与人民法院沟通后，人民检察院可以作出不起诉的决定，或者向人民法院建议对被告人从轻处罚；在人民法院作出一审判决前，被告人自动履行或者协助执行判决、裁定，确有悔改表现的，可以酌情从轻处罚。

本纪要自下发之日起执行。本省以前制订的相关文件，内容与本纪要不一致的，以本纪要为准。本纪要下发后，法律或司法解释作出新规定的，按新规定执行。

6.宁波市中级人民法院、宁波市人民检察院、宁波市公安局《关于依法办理拒不执行判决、裁定等抗拒法院执行刑事案件的若干意见》（2018年5月31日）

为依法打击拒不执行判决、裁定等抗拒法院执行的犯罪行为，保障权利人的合法权益，维护司法权威，打造社会诚信，根据《中华人民共和国刑法》、《中华人民共和国刑事诉讼法》、全国人大常委会《关于刑法第三百一十三条的解释》、最高人民法院《关于审理拒不执行判决、裁定刑事案件适用法律若干问题的解释》及上级单位有关文件规定，结合宁波工作实际，制定本意见。

第一条　人民法院、人民检察院和公安机关在办理拒不执行判决、裁定等抗拒法院执行犯罪案件过程中，应当加强沟通配合，密切协作，依法惩治。

第二条　拒不执行判决、裁定罪中的"判决、裁定"，是指：

（一）人民法院依法作出的具有执行内容并已发生法律效力的判决、裁定；

（二）人民法院为依法执行支付令、生效的调解书、仲裁裁决、公证债权文书等所作的裁定；

（三）人民法院准予强制执行行政处罚决定、行政处理决定的裁定；

（四）人民法院认可台湾地区有关法院民事判决、裁定和台湾地区仲裁机构裁决效力的裁定；

（五）人民法院承认外国法院作出的判决、裁定和国外仲裁机构作出的仲裁裁决的效力并予以执行的裁定。

第三条　有下列情形之一的，应认定为《刑法》三百一十三条规定的"有能力执行而拒不执行，情节严重的"情形：

（一）被执行人隐藏、转移、故意毁损或挥霍财产、无偿转让财产、以明显不合理的低价转让财产，致使判决、裁定无法执行的；

（二）担保人或者被执行人隐藏、转移、故意毁损或者转让已向人民法院提供担保的财产，致使判决、裁定无法执行的；

（三）协助执行义务人接到人民法院协助执行通知书后，拒不协助执行，致使判决、裁定无法执行的；

（四）负有执行义务的人与国家机关工作人员通谋，利用国家机关工作人员的职权妨害执行，致使判决、裁定无法执行的；

（五）负有执行义务的人具有拒绝报告或者虚假报告财产情况，违反人民法院限制高消费及有关消费令等拒不执行行为，经人民法院采取罚款或者拘留等强制措施后仍拒不执行的；

（六）被执行人、担保人得到房屋或厂房拆迁费、土地补偿款或者其他来源的财物后，将上述财物随意处分或隐匿、转移至他人名下，致使判决、裁定无法执行的；

（七）负有执行义务的人伪造、毁灭有关被执行人履行能力的重要证据，以暴力、威胁、贿买方法阻止他人作证或者指使、贿买、胁迫他人作伪证，妨碍人民法院查明被执行人财产情况，致使判决、裁定无法执行的；

（八）负有执行义务的人拒不交付法律文书指定交付的财物、票证或者人民法院依法张贴腾退公告、送达腾退通知后，负有执行义务的人知道或应当知道公告和通知，仍拒不迁出房屋、退出土地，致使判决、裁定无法执行的；

（九）负有执行义务的人与他人串通，通过虚假诉讼、虚假仲裁、虚假和解等方式妨碍执行，致使判决、裁定无法执行的；

（十）负有执行义务的人以暴力、威胁方法阻碍执行人员进入执行现场或者聚众哄闹、冲击执行现场，致使执行工作无法进行的；

（十一）负有执行义务的人对执行人员进行侮辱、围攻、扣押、殴打，致使执行工作无法进行的；

（十二）负有执行义务的人毁损、抢夺执行案件材料、执行公务车辆和其他执行器械、执行人员服装以及执行公务证件，致使执行工作无法进行的；

（十三）负有执行义务的人拒不执行法院判决、裁定，致使债权人遭受重大损失的，或者造成其他严重后果的。

第四条　被执行人转让财产价格达不到交易时交易地的指导价或者市场交易价70%的，应认定为本意见第三条第（一）项规定中"以明显不合理的低价转让财产"。

第五条　本意见第三条规定中的"致使判决、裁定无法执行的"一般是指负有执行义务的人有能力执行而拒不执行，情节严重，致使人民法院无法实现判决、裁定确定的内容，既包括判决、裁定全部无法执行，也包括部分无法执行；既包括判决、裁定最终无法执行，也包括暂时无法执行。

第六条　有下列情形之一的，可以认定为《刑法》三百一十三条规定的"情节特别严重的"情形：

（一）负有执行义务的人有能力执行而拒不执行，致使法院判决、裁定无法执行数额达400万元以上且占执行标额比例达50%以上；

（二）负有执行义务的人拒不执行法院判决、裁定，致使债权人遭受特别重大损失，或者造成其他极其严重后果的；

（三）负有执行义务的人有能力执行而拒不执行支付赡养费、抚养费、抚育费、抚恤金、医疗费用、劳动报酬等判决、裁定，造成申请执行人一方死亡，或造成恶劣的社会影响的。

第七条　拒不执行判决、裁定刑事案件由执行判决、裁定法院所在地的县级公安机关、人民检察院、人民法院管辖。其他涉嫌抗拒法院执行的刑事案件由犯罪地管辖，犯罪嫌疑人、被告人的居住地管辖更为适宜的，可由犯罪嫌疑人、被告人居住地的县级公安机关、人民检察院、人民法院管辖。如果由执行法院所在地的基层公安机关、人民检察院、人民法院管辖更适宜的，执行法院所在地的县级公安机关、人民检察院、人民法院可提请建议有权指定管辖的上级公安机关、人民检察院、人民法院指定管辖。

第八条　人民法院在执行判决、裁定过程中，发现被执行人、担保人、协助执行义务人等拒不执行判决、裁定的行为可能涉嫌犯罪的，可以先行司法拘留，在司法拘留期限届满前7日将案件及收集的相关证据材料移送公安机关立案审查。

公安机关法制部门统一接收人民法院移送的涉嫌拒不执行判决、裁定刑事案件及相关证据材料。法制部门审核后，认为符合受案条件的，应当受理并及时转交、督促刑事侦查部门依法办理；不符合本意见第九条规定需要补充证据或不属于本单位管辖的，应当退回移送单位。

第九条　人民法院移送已经掌握的涉嫌拒不执行判决、裁定犯罪的证据材料一般包括：

（一）主体身份信息的材料；

（二）负有执行义务或者协助执行义务的材料；

（三）有履行能力的材料；

（四）拒不履行判决、裁定或者妨害执行的材料；

（五）其他相关材料。

上述材料中的书证应当提交原本，如原本确实无法提交的，可以提交副本或者复印件，收集的复印件应注明原件所在地、提供人、收集人，并加盖原件所在单位和收集人员的单位印章。

第十条　人民法院、人民检察院、公安机关在办理拒不执行判决、裁定刑事案件时，应当注重相关证据的收集、甄别、固定和保存。

第十一条　收集证明犯罪嫌疑人主体信息的证据材料，包括但不限于以下材料：

（一）犯罪嫌疑人为自然人的，应当收集证明犯罪嫌疑人身份信息的户籍资料；

（二）犯罪嫌疑人为单位的，应当收集该单位的工商登记资料、组织机构代码及其他登记资料，以及该单位法定代表人、实际控制人、主管人员或直接责任人员的身份信息、职务及职责范围等材料。

第十二条　收集证明犯罪嫌疑人负有执行义务或协助执行义务的证据材料，包括但不限于以下材料：

（一）人民法院作出的由被执行人、担保人承担履行义务的生效裁判文书（包括一、二审或再审判决书、裁定书，诉前保全裁定书，诉讼保全裁定书，先予执行裁定书，追加、变更被执行人裁定书等）及人民法院为了执行生效裁判文书而作出的执行通知书等法律文书；

（二）犯罪嫌疑人为协助执行义务人的，应当收集作为协助执行依据的相关生效裁判文书、人民法院作出的协助执行通知书及证明协助执行人应当承担协助执行义务的其他证据材料；

（三）对于执行支付令、生效的调解书、仲裁裁决、公证债权文书的案件，应当收集支付令、生效的调解书、仲裁裁决、公证债权文书以及人民法院为执行支付令、生效的调解书、仲裁裁决、公证债权文书而作出的裁定书（包括为执行而作出的采取强制执行措施的裁定）等；

第十三条　收集证明犯罪嫌疑人有履行能力的证据材料，包括：

（一）证明负有执行义务的人拥有清偿判决、裁定确定债权的全部或者一部分财产的有关证据材料；或者能够以自己的行为或者委托他人在判决、裁定确定期间完成判决、裁定确定应履行的行为义务的证据材料。包括：

1.执行法院为调查被执行人、担保人财产情况而出具的搜查令及相关笔录；

2.执行法院查封、扣押、冻结被执行人、担保人财产而出具的裁定书、协助执行通知书及查封公告，查封、扣押、冻结物品清单等；

3.执行法院查询被执行人、担保人存款、股权等的通知书及回执；

4.执行法院查询被执行人、担保人名下不动产、车辆的登记情况记录；

5.根据《中华人民共和国民事诉讼法》第二百四十一条的规定，被执行人向执行法院提交的财产情况报告；

6.执行法院对被执行人、担保人采取限制高消费、信用惩戒措施的相关法律文书；

7.公安机关依法侦查获取的被执行人、担保人有履行能力的相关文件、证言等；

8.其他能够证明被执行人、担保人具有履行能力的证人证言、文件、查询记录等。

（二）证明属于协助执行义务人的工作职责、业务范围或者协助执行义务人持有、控制判决、裁定指定交付的财产、财产权证或者其他物品的证据材料。包括：相关工商登记材料、相关机构出具的证明文件，财产被查封、扣押冻结或委托保管的相关文书，其他相关笔录、登记文件、查询记录等。

第十四条 收集证明犯罪嫌疑人拒不履行判决、裁定或妨害执行的证据材料，包括：

（一）证明被执行人隐藏、转移、故意损毁财产或者无偿转让财产、以明显不合理的低价转让财产的证据材料，担保人、被执行人隐藏、转移、故意损毁或者转让已向执行法院提供担保的财产的证据材料，包括相关的笔录、证人证言、银行存款查询记录、担保函、转让合同、交易记录、财产过户登记等；

（二）证明协助执行义务人接到执行法院协助执行通知书后，拒不协助执行的证据，包括相关协助执行通知书、送达回证、调查笔录、证人证言及证明协助执行义务人拒不协助执行的其他证据材料；

（三）证明负有执行义务的人与国家机关工作人员通谋，利用国家机关工作人员的职权妨害执行的证据材料，包括证明国家机关工作人员职权范围的证据材料；证明负有执行义务的人与国家机关工作人员通谋的证据材料；证明国家机关工作人员利用职务便利妨害执行的证据材料；

（四）证明因妨害执行或因拒绝报告、虚假报告财产状况、违反执行法院限制高消费及有关消费令等已被执行法院采取民事强制措施的证据材料，包括执行法院出具的罚款决定书、拘留决定书、拘传票及其他证明犯罪嫌疑人因妨害执行被采取民事强制措施的证明材料等；

（五）证明以暴力、威胁、聚众等方式阻碍执行或者对执行人员进行侮辱、围攻、扣押、殴打或者毁损、抢夺执行案件材料、执行公务车辆和其他执行器械、执行人员服装以及执行公务证件的证据材料，包括现场照片、录音录像、证人证言、鉴定报告等；

（六）证明拒不交付法律文书指定交付的财物、票证或者拒不迁出房屋、退出土地的证据材料，包括证明负有执行义务的人占有财物、票证的证据，在房屋、土地上工作、生活、活动的证据材料等；

（七）证明与他人串通，通过虚假诉讼、虚假仲裁、虚假和解等方式妨害执行的证据材料，包括虚假诉讼、仲裁、和解的判决书、裁定书、仲裁裁决书、和解协议，庭审笔录，相关证人的证言，履行虚假判决、裁定、仲裁裁决、和解协议的证明材料等；

（八）证明伪造、毁灭有关被执行人履行能力的证据的证据材料或者以暴力、威胁、贿买方法阻止他人作证或者指使、贿买、胁迫他人作伪证，妨碍执行法院查明被执行人财产情况的证据材料，包括调查笔录、证人证言、交易记录、鉴定报告等；

（九）证明拒不执行法院判决、裁定，致使债权人遭受重大损失或造成其他严重后果的证据材料，包括相关的笔录、法律文书等；

（十）其他证明负有执行义务的人拒不履行判决、裁定或妨害执行的证据材料。

第十五条 公安机关收到（受理）人民法院移送的材料（案件）后，应当在7日内作出立案或者不立案的决定，并书面通知人民法院，重大疑难复杂案件，经县级以上公安机关负责人批准，立案审查期限可以延长至30日。公安机关决定立案的，应当对犯罪嫌疑人采取强制措施，并在侦查期限内尽快侦查终结；决定不予立案的，应当书面说明不立案的理由制作不予立案通知书，3日内送达移送案件的人民法院。

第十六条　人民法院认为公安机关应当立案而不立案的，可以在收到不予立案通知书后向人民检察院建议立案监督；人民检察院应当在 7 日内进行审查，认为公安机关存在应当立案而不立案情况的，应当要求公安机关说明不立案理由。人民检察院认为公安机关不立案理由不能成立的，应当通知公安机关立案；公安机关在收到通知书后，应当在 15 日内立案，并将立案决定书送达人民检察院和人民法院。

第十七条　人民检察院在民事、行政诉讼监督工作中，发现执行义务人涉嫌拒不执行判决、裁定犯罪的，应当及时将案件线索和相关证据材料移送公安机关，并依法进行立案监督。

第十八条　公安机关立案后，应当依照刑事诉讼法的有关规定，开展侦查工作。对人民法院移送的材料中不符合刑事诉讼法规定的证据形式的，应当进行转化，包括讯问犯罪嫌疑人，重新调查、核实相关证据等。需要人民法院配合调查取证的，人民法院应当积极配合。

第十九条　人民检察院对公安机关提请批准逮捕的拒不执行判决、裁定等抗拒法院执行有关犯罪的犯罪嫌疑人，应当在法定期限内及时作出决定；对于公安机关侦查终结后移送审查起诉的拒不执行判决、裁定等抗拒法院执行刑事案件，经审查认为符合起诉条件的，应当在法定期限内及时提起公诉。

第二十条　申请执行人向公安机关提出控告，要求追究负有执行义务的人拒不执行判决、裁定犯罪的刑事责任，公安机关应及时函告相关法院。相关法院经审查认为有执行义务的人涉嫌拒不执行判决、裁定犯罪的，应将相关材料移送公安机关。一般情况下，相关法院应在 7 日内予以复函，情况复杂的，至迟不超过 15 日。公安机关 30 日立案审查期限届满后，相关法院未复函和移交证据材料，且现有证据又无法证实存在犯罪事实、需要追究刑事责任的，应当作出不予立案决定。

第二十一条　申请执行人对公安机关或者人民检察院作出的不予立案通知书或不起诉决定书不服，或者公安机关、人民检察院不予接收申请执行人书面控告材料，或者超过 30 日没有答复的，可以向执行法院所在地的基层人民法院提起刑事自诉。

第二十二条　申请执行人提起刑事自诉的，除应符合《最高人民法院关于适用〈中华人民共和国刑事诉讼法〉的解释》第二百六十一条、第二百六十二条的规定外，还应提供以下材料：

（一）自诉人身份的证明材料。自诉人的法定代理人、近亲属告诉或代为告诉，应当提供与自诉人关系的证明材料和自诉人不能亲自告诉的证明材料；

（二）已生效的执行依据；

（三）执行法院提供的犯罪嫌疑人负有执行义务，有能力执行而拒不执行，情节严重的证据材料；

（四）公安机关不予立案、撤销案件，人民检察院不予起诉的证据材料，或者公安机关、人民检察院收到控告资料超过 30 日未予答复的证明材料。

第二十三条　人民法院立案部门对申请执行人提交的材料进行审查后，认为符合立案条件的，应当及时予以立案。对于申请执行人提起刑事自诉时，立案部门经调查确认被告人下落不明的，应当说服自诉人撤回起诉，自诉人拒不撤回的，裁定不予受理。

对于公安机关已立案或者人民检察院正在审查起诉，但尚未作出处理结论的拒不执行判决、裁定犯罪案件，申请执行人提起自诉的，人民法院不予受理。

第二十四条 申请执行人提起刑事自诉的，执行人员应当将相关执行材料提供给申请执行人，并附执行情况说明或执行报告。执行案件仍由执行人员继续执行。在自诉案件审理过程中，形成的和解协议、执行担保、履行完毕等执行材料由审理刑事自诉案件的承办部门及时移送执行法院。

第二十五条 人民法院刑事审判部门经审查，认为被告人犯罪事实清楚，证据确实充分的，应视情决定采取拘传、逮捕等强制措施。对于立案后被告人下落不明有逮捕必要的，应及时决定逮捕，并交由公安机关执行。对于缺乏证据，自诉人提不出补充证据的，应当说服自诉人撤回起诉，或者裁定驳回起诉。

第二十六条 人民法院审理拒不执行判决、裁定刑事自诉案件，不适用调解。自诉人在一审宣告判决前可以同被告人自行和解，或撤回自诉。

第二十七条 在立案审查、侦查过程中或者审查起诉过程中，犯罪嫌疑人自动履行或者协助执行判决裁定，确有悔改表现且未造成其他严重后果的，公安机关可以不予立案、撤销案件或采取非羁押措施，移送审查起诉时对犯罪嫌疑人提出从宽处罚建议；人民检察院可以作出不起诉的决定，或者向人民法院提出从宽处罚的建议。

第二十八条 人民法院作出一审判决前，被告人自动履行或者协助执行判决、裁定，确有悔改表现且未造成其他严重后果的，可以酌情从宽处罚。

第二十九条 对拒不执行支付赡养费、抚养费、抚育费、抚恤金、医疗费、劳动报酬等判决、裁定的被告人，人民法院在量刑时可以酌情从重处罚。

第三十条 以暴力、威胁等方法妨害或者抗拒执行的，公安机关接到报警后，应当立即出警，依法处置。

负有执行义务的人以外的其他人以暴力、威胁方式妨害或阻碍人民法院执行人员依法执行判决、裁定，构成犯罪的，以妨害公务罪定罪处罚，包括：

（一）聚众围攻、冲击、哄闹执行现场，围困、扣押、殴打执行人员，致使执行工作无法进行的；

（二）毁损、抢夺执行案件材料、执行公务车辆和其他执行器械、执行人员服装及执行公务证件，造成严重后果的；

（三）其他以暴力、威胁方式妨害或阻碍执行，致使执行工作无法进行的。

上述人员与负有执行义务的人共谋实施上述行为，以拒不执行判决、裁定罪共犯处理。

第三十一条 隐藏、转移、变卖、故意毁损已被司法机关查封、扣押、冻结的财产，造成财产损失2000元以上，或虽不足2000元，但严重影响财产处置的，以非法处置查封、扣押、冻结的财产罪定罪处罚，同时符合其他犯罪行为的构成要件的，按处罚较重的犯罪定罪处罚。

第三十二条 负有执行义务的人或案外人非法强行侵入已执行完毕，或拍卖后并已交付给买受人的住宅，构成犯罪的，以非法侵入住宅罪定罪处罚；非法侵入、占用已执行完毕或已交付的其他非住宅公私财产，构成犯罪的，以寻衅滋事罪定罪处罚

第三十三条 负有执行义务的人威胁、报复陷害、侮辱诽谤、暴力伤害执行人员、办案人员及其近亲属或者以其他方法妨害执行人员及其近亲属人身权利和正常生活，构成犯罪的，从严惩处。

第三十四条 本意见所称负有执行义务的人，包括：被执行人、担保人、协助执行义务人。

第三十五条　本意见下发后，本市公检法以前制定的相关文件内容与本意见不一致的，以本意见为准。

第三十六条　本意见下发后，法律、司法解释或上级部门作出新规定的，执行新规定。

第三十七条　本意见自下发之日起施行。

第三百一十四条【非法处置查封、扣押、冻结的财产罪】　隐藏、转移、变卖、故意毁损已被司法机关查封、扣押、冻结的财产，情节严重的，处三年以下有期徒刑、拘役或者罚金。

（附参考）**浙江省高级人民法院刑事审判第一庭、第二庭《关于执行刑法若干问题的具体意见（三）》**浙高法刑〔2000〕3号

10.对人民法院裁定诉讼保全的财产进行非法处置，情节严重的，按《刑法》第三百一十四条非法处置查封、扣押、冻结的财产罪定罪处罚。

第三百一十五条【破坏监管秩序罪】　依法被关押的罪犯，有下列破坏监管秩序行为之一，情节严重的，处三年以下有期徒刑：

（一）殴打监管人员的；

（二）组织其他被监管人破坏监管秩序的；

（三）聚众闹事，扰乱正常监管秩序的；

（四）殴打、体罚或者指使他人殴打、体罚其他被监管人的。

（附参考）**浙江省高级人民法院刑事审判庭《关于执行刑法若干问题的具体意见》**浙高法刑〔1999〕1号

51.《刑法》第三百一十五条规定的"依法被关押的罪犯"，是指依照法定程序，经人民法院判决有罪并判处剥夺人身自由的刑罚，送到监狱或者其他执行场所执行刑罚的罪犯。

第三百一十六条【脱逃罪】　依法被关押的罪犯、被告人、犯罪嫌疑人脱逃的，处五年以下有期徒刑或者拘役。

【劫夺被押解人员罪】　劫夺押解途中的罪犯、被告人、犯罪嫌疑人的，处三年以上七年以下有期徒刑；情节严重的，处七年以上有期徒刑。

第三百一十七条【组织越狱罪】　组织越狱的首要分子和积极参加的，处五年以上有期徒刑；其他参加的，处五年以下有期徒刑或者拘役。

【暴动越狱罪，聚众持械劫狱罪】　暴动越狱或者聚众持械劫狱的首要分子和积极参加的，处十年以上有期徒刑或者无期徒刑；情节特别严重的，处死刑；其他参加的，处三年以上十年以下有期徒刑。

第三节　妨害国（边）境管理罪

第三百一十八条【组织他人偷越国（边）境罪】　组织他人偷越国（边）境的，处二年以上七年以下有期徒刑，并处罚金；有下列情形之一的，处七年以上有期徒刑或者无期徒刑，并处罚金或者没收财产：

（一）组织他人偷越国（边）境集团的首要分子；

（二）多次组织他人偷越国（边）境或者组织他人偷越国（边）境人数众多的；

（三）造成被组织人重伤、死亡的；

（四）剥夺或者限制被组织人人身自由的；

（五）以暴力、威胁方法抗拒检查的；

（六）违法所得数额巨大的；

（七）有其他特别严重情节的。

犯前款罪，对被组织人有杀害、伤害、强奸、拐卖等犯罪行为，或者对检查人员有杀害、伤害等犯罪行为的，依照数罪并罚的规定处罚。

（相关解释）1. **最高人民法院《关于审理组织、运送他人偷越国（边）境等刑事案件适用若干问题的解释》** 法释〔2002〕3号（被法释〔2012〕17号替代）

2. **公安部《关于妨害国（边）境管理犯罪案件立案标准及有关问题的通知》** 公通字〔2000〕30号

一、立案标准

（一）组织他人偷越国（边）境案

1. 组织他人偷越国（边）境的，应当立案侦查。

2. 组织他人偷越国（边）境，具有下列情形之一的，应当立为重大案件：

（1）一次组织二十～四十九人偷越国（边）境的；

（2）组织他人偷越国（边）境三～四次的；

（3）造成被组织人重伤一～二人的；

（4）剥夺或者限制被组织人人身自由的；

（5）以暴力、威胁方法抗拒检查的；

（6）违法所得人民币五～二十万元的；

（7）有其他严重情节的。

3. 组织他人偷越国（边）境，具有下列情形之一的，应当立为特别重大案件：

（1）一次组织五十人以上偷越国（边）境的；

（2）组织他人偷越国（边）境五次以上的；

（3）造成被组织人重伤三人以上或者死亡一人以上的；

（4）违法所得二十万元以上的；

（5）有其他特别严重情节的。

3. **最高人民法院、最高人民检察院《关于办理妨害国（边）境管理刑事案件应用法律若干问题的解释》** 法释〔2012〕17号

第一条 领导、策划、指挥他人偷越国（边）境或者在首要分子指挥下，实施拉拢、引诱、介绍他人偷越国（边）境等行为的，应当认定为《刑法》第三百一十八条规定的"组织他人偷越国（边）境"。

组织他人偷越国（边）境人数在十人以上的，应当认定为《刑法》第三百一十八条第一款第（二）项规定的"人数众多"；违法所得数额在二十万元以上的，应当认定为《刑法》第三百一十八条第一款第（六）项规定的"违法所得数额巨大"。

以组织他人偷越国（边）境为目的，招募、拉拢、引诱、介绍、培训偷越国（边）境人员，策划、安排偷越国（边）境行为，在他人偷越国（边）境之前或者偷越国（边）境过程中被查获的，应当以组织他人偷越国（边）境罪（未遂）论处；具有《刑法》第三百

一十八条第一款规定的情形之一的，应当在相应的法定刑幅度基础上，结合未遂犯的处罚原则量刑。

第六条　具有下列情形之一的，应当认定为《刑法》第六章第三节规定的"偷越国（边）境"行为：

（一）没有出入境证件出入国（边）境或者逃避接受边防检查的；

（二）使用伪造、变造、无效的出入境证件出入国（边）境的；

（三）使用他人出入境证件出入国（边）境的；

（四）使用以虚假的出入境事由、隐瞒真实身份、冒用他人身份证件等方式骗取的出入境证件出入国（边）境的；

（五）采用其他方式非法出入国（边）境的。

第七条　以单位名义或者单位形式组织他人偷越国（边）境、为他人提供伪造、变造的出入境证件或者运送他人偷越国（边）境的，应当依照《刑法》第三百一十八条、第三百二十条、第三百二十一条的规定追究直接负责的主管人员和其他直接责任人员的刑事责任。

第八条　实施组织他人偷越国（边）境犯罪，同时构成骗取出境证件罪、提供伪造、变造的出入境证件罪、出售出入境证件罪、运送他人偷越国（边）境罪的，依照处罚较重的规定定罪处罚。

第九条　对跨地区实施的不同妨害国（边）境管理犯罪，符合并案处理要求，有关地方公安机关依照法律和相关规定一并立案侦查，需要提请批准逮捕、移送审查起诉、提起公诉的，由该公安机关所在地的同级人民检察院、人民法院依法受理。

第十条　本解释发布实施后，最高人民法院《关于审理组织、运送他人偷越国（边）境等刑事案件适用法律若干问题的解释》（法释〔2002〕3号）不再适用。

4.最高人民法院、最高人民检察院、公安部、国家移民管理局《关于依法惩治妨害国（边）境管理违法犯罪的意见》法发〔2022〕18号（2022年6月29日）

为依法惩治妨害国（边）境管理违法犯罪活动，切实维护国（边）境管理秩序，根据《中华人民共和国刑法》《中华人民共和国刑事诉讼法》《中华人民共和国出境入境管理法》《最高人民法院、最高人民检察院关于办理妨害国（边）境管理刑事案件应用法律若干问题的解释》（法释〔2012〕17号，以下简称《解释》）等有关规定，结合执法、司法实践，制定本意见。

一、总体要求

1.近年来，妨害国（边）境管理违法犯罪活动呈多发高发态势，与跨境赌博、电信网络诈骗以及边境地区毒品、走私、暴恐等违法犯罪活动交织滋长，严重扰乱国（边）境管理秩序，威胁公共安全和人民群众人身财产安全。人民法院、人民检察院、公安机关和移民管理机构要进一步提高政治站位，深刻认识妨害国（边）境管理违法犯罪的严重社会危害，充分发挥各自职能作用，依法准确认定妨害国（边）境管理犯罪行为，完善执法、侦查、起诉、审判的程序衔接，加大对组织者、运送者、犯罪集团骨干成员以及屡罚屡犯者的惩治力度，最大限度削弱犯罪分子再犯能力，切实维护国（边）境管理秩序，确保社会安全稳定，保障人民群众切身利益，努力实现案件办理法律效果与社会效果的有机统一。

二、关于妨害国（边）境管理犯罪的认定

2.具有下列情形之一的，应当认定为《刑法》第三百一十八条规定的"组织他人偷越国（边）境"行为：

（1）组织他人通过虚构事实、隐瞒真相等方式掩盖非法出入境目的，骗取出入境边防检查机关核准出入境的；

（2）组织依法限定在我国边境地区停留、活动的人员，违反国（边）境管理法规，非法进入我国非边境地区的。

对于前述行为，在决定是否追究刑事责任以及如何裁量刑罚时，应当综合考虑组织者前科情况、行为手段、组织人数和次数、违法所得数额及被组织人员偷越国（边）境的目的等情节，依法妥当处理。

3.事前与组织、运送他人偷越国（边）境的犯罪分子通谋，在偷越国（边）境人员出境前或者入境后，提供接驳、容留、藏匿等帮助的，以组织他人偷越国（边）境罪或者运送他人偷越国（边）境罪的共同犯罪论处。

4.明知是偷越国（边）境人员，分段运送其前往国（边）境的，应当认定为《刑法》第三百二十一条规定的"运送他人偷越国（边）境"，以运送他人偷越国（边）境罪定罪处罚。但是，在决定是否追究刑事责任以及如何裁量刑罚时，应当充分考虑行为人在运送他人偷越国（边）境过程中所起作用等情节，依法妥当处理。

5.《解释》第一条第二款、第四条规定的"人数"，以实际组织、运送的人数计算；未到案人员经查证属实的，应当计算在内。

6.明知他人实施骗取出境证件犯罪，提供虚假证明、邀请函件以及面签培训等帮助的，以骗取出境证件罪的共同犯罪论处；符合《刑法》第三百一十八条规定的，以组织他人偷越国（边）境罪定罪处罚。

7.事前与组织他人偷越国（边）境的犯罪分子通谋，为其提供虚假证明、邀请函件以及面签培训等帮助，骗取入境签证等入境证件，为组织他人偷越国（边）境使用的，以组织他人偷越国（边）境罪的共同犯罪论处。

8.对于偷越国（边）境的次数，按照非法出境、入境的次数分别计算。但是，对于非法越境后及时返回，或者非法出境后又入境投案自首的，一般应当计算为一次。

9.偷越国（边）境人员相互配合，共同偷越国（边）境的，属于《解释》第五条第二项规定的"结伙"。偷越国（边）境人员在组织者、运送者安排下偶然同行的，不属于"结伙"。

在认定偷越国（边）境"结伙"的人数时，不满十六周岁的人不计算在内。

10.偷越国（边）境，具有下列情形之一的，属于《解释》第五条第六项规定的"其他情节严重的情形"：

（1）犯罪后为逃避刑事追究偷越国（边）境的；

（2）破坏边境物理隔离设施后，偷越国（边）境的；

（3）以实施电信网络诈骗、开设赌场等犯罪为目的，偷越国（边）境的；

（4）曾因妨害国（边）境管理犯罪被判处刑罚，刑罚执行完毕后二年内又偷越国（边）境的。

实施偷越国（边）境犯罪，又实施妨害公务、袭警、妨害传染病防治等行为，并符合有关犯罪构成的，应当数罪并罚。

11.徒步带领他人通过隐蔽路线逃避边防检查偷越国（边）境的，属于运送他人偷越国（边）境。领导、策划、指挥他人偷越国（边）境，并实施徒步带领行为的，以组织他人偷越国（边）境罪论处。

徒步带领偷越国（边）境的人数较少，行为人系初犯，确有悔罪表现，综合考虑行为动机、一贯表现、违法所得、实际作用等情节，认为对国（边）境管理秩序妨害程度明显较轻的，可以认定为犯罪情节轻微，依法不起诉或者免予刑事处罚；情节显著轻微危害不大的，不作为犯罪处理。

12.对于《刑法》第三百二十一条第一款规定的"多次实施运送行为"，累计运送人数一般应当接近十人。

三、关于妨害国（边）境管理刑事案件的管辖

13.妨害国（边）境管理刑事案件由犯罪地的公安机关立案侦查。如果由犯罪嫌疑人居住地的公安机关立案侦查更为适宜的，可以由犯罪嫌疑人居住地的公安机关立案侦查。

妨害国（边）境管理犯罪的犯罪地包括妨害国（边）境管理犯罪行为的预备地、过境地、查获地等与犯罪活动有关的地点。

14.对于有多个犯罪地的妨害国（边）境管理刑事案件，由最初受理的公安机关或者主要犯罪地的公安机关立案侦查。有争议的，按照有利于查清犯罪事实、有利于诉讼的原则，由共同上级公安机关指定有关公安机关立案侦查。

15.具有下列情形之一的，有关公安机关可以在其职责范围内并案侦查：

（1）一人犯数罪的；

（2）共同犯罪的；

（3）共同犯罪的犯罪嫌疑人、被告人还实施其他犯罪的；

（4）多个犯罪嫌疑人、被告人实施的犯罪存在关联，并案处理有利于查明案件事实的。

四、关于证据的收集与审查

16.对于妨害国（边）境管理案件所涉主观明知的认定，应当结合行为实施的过程、方式、被查获时的情形和环境，行为人的认知能力、既往经历、与同案人的关系、非法获利等，审查相关辩解是否明显违背常理，综合分析判断。

在组织他人偷越国（边）境、运送他人偷越国（边）境等案件中，具有下列情形之一的，可以认定行为人主观明知，但行为人作出合理解释或者有相反证据证明的除外：

（1）使用遮蔽、伪装、改装等隐蔽方式接送、容留偷越国（边）境人员的；

（2）与其他妨害国（边）境管理行为人使用同一通讯群组、暗语等进行联络的；

（3）采取绕关避卡等方式躲避边境检查，或者出境前、入境后途经边境地区的时间、路线等明显违反常理的；

（4）接受执法检查时故意提供虚假的身份、事由、地点、联系方式等信息的；

（5）支付、收取或者约定的报酬明显不合理的；

（6）遇到执法检查时企图逃跑，阻碍、抗拒执法检查，或者毁灭证据的；

（7）其他足以认定行为人明知的情形。

17.对于不通晓我国通用语言文字的嫌疑人、被告人、证人及其他相关人员，人民法院、人民检察院、公安机关、移民管理机构应当依法为其提供翻译。

翻译人员在案件办理规定时限内无法到场的，办案机关可以通过视频连线方式进行翻译，并对翻译过程进行全程不间断录音录像，不得选择性录制，不得剪接、删改。

翻译人员应当在翻译文件上签名。

18.根据国际条约规定或者通过刑事司法协助和警务合作等渠道收集的境外证据材料，能够证明案件事实且符合刑事诉讼法规定的，可以作为证据使用，但提供人或者我国与有关国家签订的双边条约对材料的使用范围有明确限制的除外。

办案机关应当移送境外执法机构对所收集证据的来源、提取人、提取时间或者提供人、提供时间以及保管移交的过程等相关说明材料；确因客观条件限制，境外执法机构未提供

相关说明材料的，办案机关应当说明原因，并对所收集证据的有关事项作出书面说明。

19.采取技术侦查措施收集的材料，作为证据使用的，应当随案移送，并附采取技术侦查措施的法律文书、证据清单和有关情况说明。

20.办理案件中发现的可用以证明犯罪嫌疑人、被告人有罪或者无罪的各种财物，应当严格依照法定条件和程序进行查封、扣押、冻结。不得查封、扣押、冻结与案件无关的财物。凡查封、扣押、冻结的财物，都要及时进行审查。经查明确实与案件无关的，应当在三日以内予以解除、退还，并通知有关当事人。

查封、扣押、冻结涉案财物及其孳息，应当制作清单，妥善保管，随案移送。待人民法院作出生效判决后，依法作出处理。

公安机关、人民检察院应当对涉案财物审查甄别。在移送审查起诉、提起公诉时，应当对涉案财物提出处理意见。人民法院对随案移送的涉案财物，应当依法作出判决。

五、关于宽严相济刑事政策的把握

21.办理妨害国（边）境管理刑事案件，应当综合考虑行为人的犯罪动机、行为方式、目的以及造成的危害后果等因素，全面把握犯罪事实和量刑情节，依法惩治。做好行政执法与刑事司法的衔接，对涉嫌妨害国（边）境管理犯罪的案件，要及时移送立案侦查，不得以行政处罚代替刑事追究。

对于实施相关行为被不起诉或者免予刑事处罚的行为人，依法应当给予行政处罚、政务处分或者其他处分的，依法移送有关主管机关处理。

22.突出妨害国（边）境管理刑事案件的打击重点，从严惩处组织他人偷越国（边）境犯罪，坚持全链条、全环节、全流程对妨害国（边）境管理的产业链进行刑事惩治。对于为组织他人偷越国（边）境实施骗取出入境证件，提供伪造、变造的出入境证件，出售出入境证件，或者运送偷越国（边）境等行为，形成利益链条的，要坚决依法惩治，深挖犯罪源头，斩断利益链条，不断挤压此类犯罪滋生蔓延空间。

对于运送他人偷越国（边）境犯罪，要综合考虑运送人数、违法所得、前科情况等依法定罪处罚，重点惩治以此为业、屡罚屡犯、获利巨大和其他具有重大社会危害的情形。

对于偷越国（边）境犯罪，要综合考虑偷越动机、行为手段、前科情况等依法定罪处罚，重点惩治越境实施犯罪、屡罚屡犯和其他具有重大社会危害的情形。

23.对于妨害国（边）境管理犯罪团伙、犯罪集团，应当重点惩治首要分子、主犯和积极参加者。对受雇佣或者被利用从事信息登记、材料递交等辅助性工作人员，未直接实施妨害国（边）境管理行为的，一般不追究刑事责任，可以由公安机关、移民管理机构依法作出行政处罚或者其他处理。

24.对于妨害国（边）境管理犯罪所涉及的在偷越国（边）境之后的相关行为，要区分情况作出处理。对于组织、运送他人偷越国（边）境，进而在他人偷越国（边）境之后组织实施犯罪的，要作为惩治重点，符合数罪并罚规定的，应当数罪并罚。

对于为非法用工而组织、运送他人偷越国（边）境，或者明知是偷越国（边）境的犯罪分子而招募用工的，在决定是否追究刑事责任以及如何裁量刑罚时，应当综合考虑越境人数、违法所得、前科情况、造成影响或者后果等情节，恰当评估社会危害性，依法妥当处理。其中，单位实施上述行为，对组织者、策划者、实施者依法追究刑事责任的，定罪量刑应作综合考量，适当体现区别，确保罪责刑相适应。

25.对以牟利为目的实施妨害国（边）境管理犯罪，要注重适用财产刑和追缴犯罪所得、没收作案工具等处置手段，加大财产刑的执行力度，最大限度剥夺其重新犯罪的能力和条件。

26.犯罪嫌疑人、被告人提供重要证据或者重大线索，对侦破、查明重大妨害国（边）境管理刑事案件起关键作用，经查证属实的，可以依法从宽处理。

（附参考）**1.浙江省公安厅、浙江省高级人民法院、浙江省人民检察院《关于办理伤害等案件中有关法律适用问题的若干意见》**浙公发〔2001〕20号

四、关于妨害国（边）境管理罪情节的认定

1.在组织他人偷越国（边）境犯罪中，明知是为组织偷渡而介绍，且介绍他人偷渡三人次以上的，对介绍人按照共同组织他人偷越国（边）境罪追究刑事责任。

2.一次组织二十人以上偷越国（边）境、组织他人偷越国（边）境三次以上或者违法所得五万元以上属于《刑法》第三百一十八条规定的处七年以上有期徒刑或者无期徒刑的情节。

2.浙江省高级人民法院《关于印发〈全省法院刑事审判疑难问题研讨会纪要〉的通知》浙高法〔2012〕47号

六、关于组织他人偷越国（边）境罪的认定

判断行为人是否构成组织他人偷越国（边）境罪的关键在于考察其是否实施了组织行为。偷越是否成功、偷越的次数以及偷越者是否到达最终目的地等因素，不影响组织行为的成立。

对组织他人偷越国（边）境行为次数的判定，应当从行为人的主观故意内容及客观行为特征等角度综合加以考量。如果行为人主观上具有组织他人偷越国（边）境的故意，客观上所实施的组织行为在时间、地点上具有前后连贯等特点，宜认定为一次犯罪。

行为人已经着手实施组织他人偷越国（边）境犯罪行为，因意志以外原因未得逞的，宜认定为一次犯罪。

3.浙江省高级人民法院、浙江省人民检察院、浙江省公安厅《关于修改部分罪名数额或情节认定标准的通知》浙高法〔2012〕273号

三、组织他人偷越国（边）境，违法所得人民币十万元以上的，属于《刑法》第三百一十八条第一款第（六）项规定的"违法所得数额巨大"。

4.浙江省高级人民法院《关于部分罪名定罪量刑情节及数额标准的意见》浙高法〔2012〕325号

84.《刑法》第三百一十八条　【组织他人偷越国（边）境罪】

具有下列情形之一的，处七年以上有期徒刑或者无期徒刑，并处罚金或者没收财产：

（1）一次组织二十人以上偷越国（边）境的；

（2）违法所得十万元以上的；

（3）特别严重情节的其他情形。

第三百一十九条【骗取出境证件罪】　以劳务输出、经贸往来或者其他名义，弄虚作假，骗取护照、签证等出境证件，为组织他人偷越国（边）境使用的，处三年以下有期徒刑，并处罚金；情节严重的，处三年以上十年以下有期徒刑，并处罚金。

单位犯前款罪的，对单位判处罚金，并对其直接负责的主管人员和其他直接责任人员，依照前款的规定处罚。

（相关解释）**1.最高人民法院《关于审理组织、运送他人偷越国（边）境等刑事案件适用若干问题的解释》**法释〔2002〕3号（被法释〔2012〕17号替代）

2. 公安部《关于妨害国(边)境管理犯罪案件立案标准及有关问题的通知》公通字〔2000〕30 号

（二）骗取出境证件案

1. 以劳务输出、经贸往来或者其他名义弄虚作假，骗取护照、通行证、旅行证、海员证、签证（注）等出境证件（以下简称出境证件），为他人偷越国（边）境使用的，应当立案侦查。

2. 骗取出境证件，具有下列情形之一的，应当立为重大案件：

（1）骗取出境证件五~十九本（份、个）的；

（2）为违法犯罪分子骗取出境证件的；

（3）违法所得十~二十万元的；

（4）有其他严重情节的。

3. 骗取出境证件，具有下列情形之一的，应当立为特别重大案件：

（1）骗取出境证件二十本（份、个）以上的；

（2）违法所得二十万元以上的；

（3）有其他特别严重情节的。

3. 最高人民法院、最高人民检察院《关于办理妨害国（边）境管理刑事案件应用法律若干问题的解释》法释〔2012〕17 号

为组织他人偷越国（边）境，编造出境事由、身份信息或者相关的境外关系证明的，应当认定为《刑法》第三百一十九条第一款规定的"弄虚作假"。

《刑法》第三百一十九条第一款规定的"出境证件"，包括护照或者代替护照使用的国际旅行证件，中华人民共和国海员证，中华人民共和国出入境通行证，中华人民共和国旅行证，中国公民往来香港、澳门、台湾地区证件，边境地区出入境通行证，签证、签注，出国（境）证明、名单，以及其他出境时需要查验的资料。

具有下列情形之一的，应当认定为《刑法》第三百一十九条第一款规定的"情节严重"：

（一）骗取出境证件五份以上的；

（二）非法收取费用三十万元以上的；

（三）明知是国家规定的不准出境的人员而为其骗取出境证件的；

（四）其他情节严重的情形。

第三百二十条【提供伪造、变造的出入境证件罪，出售出入境证件罪】 为他人提供伪造、变造的护照、签证等出入境证件，或者出售护照、签证等出入境证件的，处五年以下有期徒刑，并处罚金；情节严重的，处五年以上有期徒刑，并处罚金。

（相关解释）1. 最高人民法院《关于审理组织、运送他人偷越国（边）境等刑事案件适用若干问题的解释》法释〔2002〕3 号（被法释〔2012〕17 号替代）

2. 公安部《关于妨害国（边）境管理犯罪案件立案标准及有关问题的通知》公通字〔2000〕30 号

（三）提供伪造、变造的出入境证件案

1. 为他人提供伪造、变造的护照、通行证、旅行证、海员证、签证（注）等出入境证件（以下简称出入境证件）的，应当立案侦查。

2. 为他人提供伪造、变造的出入境证件，具有下列情节之一的，应当立为重大案件：

（1）为他人提供伪造、变造的出入境证件五~十九本（份、个）的；

（2）为违法犯罪分子提供伪造、变造的出入境证件的；

（3）违法所得十～二十万元的；

（4）有其他严重情节的。

3. 为他人提供伪造、变造的出入境证件，具有下列情形之一的，应当立为特别重大案件：

（1）为他人提供伪造、变造的出入境证件二十本（份、个）以上的；

（2）违法所得二十万元以上的；

（3）有其他特别严重情节的。

（四）出售出入境证件案

1. 出售出入境证件的，应当立案侦查。

2. 出售出入境证件，具有下列情形之一的，应当立为重大案件：

（1）出售出入境证件五～十九本（份、个）的；

（2）给违法犯罪分子出售出入境证件的；

（3）违法所得十～二十万元的；

（4）有其他严重情节的。

3. 出售出入境证件，具有下列情形之一的，应当立为特别重大案件：

（1）出售出入境证件二十本（份、个）以上的；

（2）违法所得二十万元以上的；

（3）有其他特别严重情节的。

3. 最高人民法院、最高人民检察院《关于办理妨害国（边）境管理刑事案件应用法律若干问题的解释》法释〔2012〕17号

第三条　《刑法》第三百二十条规定的"出入境证件"，包括本解释第二条第二款所列的证件以及其他入境时需要查验的资料。

具有下列情形之一的，应当认定为《刑法》第三百二十条规定的"情节严重"：

（一）为他人提供伪造、变造的出入境证件或者出售出入境证件五份以上的；

（二）非法收取费用三十万元以上的；

（三）明知是国家规定的不准出入境的人员而为其提供伪造、变造的出入境证件或者向其出售出入境证件的；

（四）其他情节严重的情形。

4. 公安部《关于盗窃空白因私护照有关问题的批复》公境出〔2000〕881号

辽宁省公安厅出入境管理处：

你处《关于准确认定盗窃空白护照性质及罪名的请示》（辽公境外〔2000〕178号）收悉。经研究，批复如下：

一、李博昕、万明亮等人所盗取的空白护照属于出入境证件。护照不同于一般的身份证件，它是公民国际旅行的身份证件和国籍证明。在我国，公民因私护照的设计、研制、印刷统一由公安部出入境管理局负责。护照上设计了多项防伪措施，每本护照（包括空白护照）都有一个统一编号，空白护照是签发护照的重要构成因素，对空白护照的发放、使用有严格的管理程序。空白护照丢失，与已签发的护照一样，也由公安部出入境管理局宣布作废，空白护照是作为出入境证件加以管理的。因此，空白护照既是国家机关的证件，也是出入境证件。

二、李博昕、万明亮等人所盗护照不同于一般商品，在认定其盗窃情节时，不能简单依照护照本身的研制、印刷费用计算盗窃数额，而应依照所盗护照的本数计算。一次盗窃

2000 本护照，在建国以来是第一次，所造成的影响极其恶劣。应当认定为"情节严重"，不是一般的盗窃，而应按照《刑法》第二百八十条规定处理。

三、李博晗、万明亮等人将盗窃的护照出售，其出售护照的行为也妨害国（边）境管理秩序，触犯《刑法》第三百二十条，涉嫌构成出售出入境证件罪。

上述意见请商当地人民检察院。

第三百二十一条【运送他人偷越国（边）境罪】 运送他人偷越国（边）境的，处五年以下有期徒刑、拘役或者管制，并处罚金；有下列情形之一的，处五年以上十年以下有期徒刑，并处罚金：

（一）多次实施运送行为或者运送人数众多的；

（二）所使用的船只、车辆等交通工具不具备必要的安全条件，足以造成严重后果的；

（三）违法所得数额巨大的；

（四）有其他特别严重情节的。

在运送他人偷越国（边）境中造成被运送人重伤、死亡，或者以暴力、威胁方法抗拒检查的，处七年以上有期徒刑，并处罚金。

犯前两款罪，对被运送人有杀害、伤害、强奸、拐卖等犯罪行为，或者对检查人员有杀害、伤害等犯罪行为的，依照数罪并罚的规定处罚。

（相关解释）1. 最高人民法院《关于审理组织、运送他人偷越国（边）境等刑事案件适用若干问题的解释》法释〔2002〕3号（被法释〔2012〕17号替代）

2. 公安部《关于妨害国（边）境管理犯罪案件立案标准及有关问题的通知》公通字〔2000〕30号

（五）运送他人偷越国（边）境案

1. 运送他人偷越国（边）境的，应当立案侦查。

2. 运送他人偷越国（边）境，具有下列情形之一的，应当立为重大案件：

（1）一次运送二十～四十九人偷越国（边）境的；

（2）运送他人偷越国（边）境三～四次的；

（3）使用简陋、破旧、报废、通气状况很差的船只或者车辆等不具备必要安全条件的交通工具运送他人偷越国（边）境，足以造成严重后果的；

（4）违法所得五～二十万元的；

（5）造成被运送人重伤一～二人的；

（6）以暴力、威胁方法抗拒检查的；

（7）有其他严重情节的。

3. 运送他人偷越国（边）境，具有下列情形之一的，应当立为特别重大案件：

（1）一次运送五十人以上偷越国（边）境的；

（2）运送他人偷越国（边）境五次以上的；

（3）造成被运送人重伤三人以上或者死亡一人以上的；

（4）违法所得二十万元以上的；

（5）有其他特别严重情节的。

3. 最高人民法院、最高人民检察院《关于办理妨害国（边）境管理刑事案件应用法律若干问题的解释》法释〔2012〕17号

运送他人偷越国（边）境人数在十人以上的，应当认定为《刑法》第三百二十一条第

一款第（一）项规定的"人数众多"；违法所得数额在二十万元以上的，应当认定为《刑法》第三百二十一条第一款第（三）项规定的"违法所得数额巨大"。

4.最高人民法院、最高人民检察院、公安部、国家移民管理局《关于依法惩治妨害国（边）境管理违法犯罪的意见》法发〔2022〕18号（2022年6月29日）（具体见第三百一十八条）

12.对于《刑法》第三百二十一条第一款规定的"多次实施运送行为"，累计运送人数一般应当接近十人。

（附参考）**1.浙江省公安厅、浙江省高级人民法院、浙江省人民检察院《关于办理伤害等案件中有关法律适用问题的若干意见》**浙公发〔2001〕20号

一次运送二十人人以上偷越国（边）境、运送他人偷越国（边）境三次以上或者违法所得五万元以上属于《刑法》第三百二十一条规定的处五年以上十年以下有期徒刑的情节。

2.浙江省高级人民法院、浙江省人民检察院、浙江省公安厅《关于修改部分罪名数额或情节认定标准的通知》浙高法〔2012〕273号

四、运送他人偷越国（边）境，违法所得人民币十万元以上的，属于《刑法》第三百二十一条第一款第（三）项规定的"违法所得数额巨大"。

3.浙江省高级人民法院《关于部分罪名定罪量刑情节及数额标准的意见》浙高法〔2012〕325号

85.《刑法》第三百二十一条　【运送他人偷越国（边）境罪】

具有下列情形之一的，处五年以上十年以下有期徒刑，并处罚金：

（1）一次运送二十人以上偷越国（边）境的；

（2）违法所得十万元以上的；

（3）特别严重情节的其他情形。

第三百二十二条【偷越国（边）境罪】　违反国（边）境管理法规，偷越国（边）境，情节严重的，处一年以下有期徒刑、拘役或者管制，并处罚金；为参加恐怖活动组织、接受恐怖活动培训或者实施恐怖活动，偷越国（边）境的，处一年以上三年以下有期徒刑，并处罚金。【2015年11月1日刑法修正案（九）】

【1997年刑法】违反国（边）境管理法规，偷越国（边）境，情节严重的，处一年以下有期徒刑、拘役或者管制，并处罚金。

（相关解释）**1.最高人民法院《关于审理组织、运送他人偷越国（边）境等刑事案件适用若干问题的解释》**法释〔2002〕3号（被法释〔2012〕17号替代）

2.公安部《关于妨害国（边）境管理犯罪案件立案标准及有关问题的通知》公通字〔2000〕30号

（六）偷越国（边）境案

1.偷越国（边）境，具有下列情形之一的，应当立案侦查：

（1）偷越国（边）境三次以上，屡教不改的；

（2）实施违法行为后偷越国（边）境的；

（3）在偷越国（边）境时对执法人员施以暴力、威胁手段的；

（4）造成重大涉外事件和恶劣影响的；

（5）有其他严重情节的。

2.偷越国（边）境，具有下列情形之一的，应当立为重大案件：

（1）为逃避刑罚偷越国（边）境的；

（2）以走私、贩毒等犯罪为目的偷越国（边）境的；

（3）有其他特别严重情节的。

3.最高人民法院、最高人民检察院《关于办理妨害国（边）境管理刑事案件应用法律若干问题的解释》 法释〔2012〕17号

第五条　偷越国（边）境，具有下列情形之一的，应当认定为《刑法》第三百二十二条规定的"情节严重"：

（一）在境外实施损害国家利益行为的；

（二）偷越国（边）境三次以上或者三人以上结伙偷越国（边）境的；

（三）拉拢、引诱他人一起偷越国（边）境的；

（四）勾结境外组织、人员偷越国（边）境的；

（五）因偷越国（边）境被行政处罚后一年内又偷越国（边）境的；

（六）其他情节严重的情形。

4.最高人民法院《关于审理发生在我国管辖海域相关案件若干问题的规定（二）》 法释〔2016〕17号

第三条　违反我国国（边）境管理法规，非法进入我国领海，具有下列情形之一的，应当认定为《刑法》第三百二十二条规定的"情节严重"：

（一）经驱赶拒不离开的；

（二）被驱离后又非法进入我国领海的；

（三）因非法进入我国领海被行政处罚或者被刑事处罚后，一年内又非法进入我国领海的；

（四）非法进入我国领海从事捕捞水产品等活动，尚不构成非法捕捞水产品等犯罪的；

（五）其他情节严重的情形。

（附参考）**浙江省公安厅、浙江省高级人民法院、浙江省人民检察院《关于办理伤害等案件中有关法律适用问题的若干意见》** 浙公发〔2001〕20号

偷越国（边）境，具有下列情节之一的，属于《刑法》第三百二十二条规定的情节严重：（1）偷越国（边）境三次以上、屡教不改的；（2）实施犯罪行为后偷越国（边）境的；（3）在偷越国（边）境时对执法人员施以暴力、威胁手段的；（4）造成重大涉外事件和恶劣影响的；（5）有其他严重情节的。

第三百二十三条【破坏界碑、界桩罪，破坏永久性测量标志罪】　故意破坏国家边境的界碑、界桩或者永久性测量标志的，处三年以下有期徒刑或者拘役。

（相关解释）**公安部《关于妨害国（边）境管理犯罪案件立案标准及有关问题的通知》** 公通字〔2000〕30号

（七）破坏界碑、界桩案

1.采取盗取、毁坏、拆除、掩埋、移动等手段破坏国家边境的界碑、界桩的，应当立案侦查。

2.破坏三个以上界碑、界桩的，或者造成严重后果的，应当立为重大案件。

（八）破坏永久性测量标志案

1.采取盗取、拆毁、损坏、改变、移动、掩埋等手段破坏永久性测量标志，使其失去原有作用的，应当立案侦查。

2.破坏三个以上永久性测量标志的,或者造成永久性测量标志严重损毁等严重后果的,应当立为重大案件。

在组织、运送他人偷越国(边)境中,对被组织人、被运送人有杀害、伤害、强奸、拐卖等犯罪行为,或者对检查人员有杀害、伤害等犯罪行为的,应当分别依照杀人、伤害、强奸、拐卖等案件一并立案侦查。

违法所得外币的,应当按当时汇率折合人民币,单独或者合计计算违法所得数额。

以上规定中的"以上",均包括本数在内。

第四节　妨害文物管理罪

第三百二十四条【故意损毁文物罪】　故意损毁国家保护的珍贵文物或者被确定为全国重点文物保护单位、省级文物保护单位的文物的,处三年以下有期徒刑或者拘役,并处或者单处罚金;情节严重的,处三年以上十年以下有期徒刑,并处罚金。

【故意损毁名胜古迹罪】　故意损毁国家保护的名胜古迹,情节严重的,处五年以下有期徒刑或者拘役,并处或者单处罚金。

【过失损毁文物罪】　过失损毁国家保护的珍贵文物或者被确定为全国重点文物保护单位、省级文物保护单位的文物,造成严重后果的,处三年以下有期徒刑或者拘役。

(相关解释)**1.最高人民检察院、公安部《关于公安机关管辖的刑事案件立案追诉标准的规定(一)》**公通字〔2008〕36号

第四十六条　【故意损毁文物案(《刑法》第三百二十四条第一款)】故意损毁国家保护的珍贵文物或者被确定为全国重点文物保护单位、省级文物保护单位的文物的,应予立案追诉。

第四十七条　【故意损毁名胜古迹案(《刑法》第三百二十四条第二款)】故意损毁国家保护的名胜古迹,涉嫌下列情形之一的,应予立案追诉:

(一)造成国家保护的名胜古迹严重损毁的;

(二)损毁国家保护的名胜古迹三次以上或者三处以上,尚未造成严重损毁后果的;

(三)损毁手段特别恶劣的;

(四)其他情节严重的情形。

第四十八条　【过失损毁文物案(《刑法》第三百二十四条第三款)】过失损毁国家保护的珍贵文物或者被确定为全国重点文物保护单位、省级文物保护单位的文物,涉嫌下列情形之一的,应予立案追诉:

(一)造成珍贵文物严重损毁的;

(二)造成被确定为全国重点文物保护单位、省级文物保护单位的文物严重损毁的;

(三)造成珍贵文物损毁三件以上的;

(四)其他造成严重后果的情形。

2.最高人民法院、最高人民检察院《关于办理妨害文物管理等刑事案件适用法律若干问题的解释》法释〔2015〕23号

第一条　《刑法》第一百五十一条规定的"国家禁止出口的文物",依照《中华人民共和国文物保护法》规定的"国家禁止出境的文物"的范围认定。

走私国家禁止出口的二级文物的,应当依照《刑法》第一百五十一条第二款的规定,以走私文物罪处五年以上十年以下有期徒刑,并处罚金;走私国家禁止出口的一级文物的,

应当认定为《刑法》第一百五十一条第二款规定的"情节特别严重"；走私国家禁止出口的三级文物的，应当认定为《刑法》第一百五十一条第二款规定的"情节较轻"。

走私国家禁止出口的文物，无法确定文物等级，或者按照文物等级定罪量刑明显过轻或者过重的，可以按照走私的文物价值定罪量刑。走私的文物价值在二十万元以上不满一百万元的，应当依照《刑法》第一百五十一条第二款的规定，以走私文物罪处五年以上十年以下有期徒刑，并处罚金；文物价值在一百万元以上的，应当认定为《刑法》第一百五十一条第二款规定的"情节特别严重"；文物价值在五万元以上不满二十万元的，应当认定为《刑法》第一百五十一条第二款规定的"情节较轻"。

第二条 盗窃一般文物、三级文物、二级以上文物的，应当分别认定为《刑法》第二百六十四条规定的"数额较大""数额巨大""数额特别巨大"。

盗窃文物，无法确定文物等级，或者按照文物等级定罪量刑明显过轻或者过重的，按照盗窃的文物价值定罪量刑。

第三条 全国重点文物保护单位、省级文物保护单位的本体，应当认定为《刑法》第三百二十四条第一款规定的"被确定为全国重点文物保护单位、省级文物保护单位的文物"。

故意损毁国家保护的珍贵文物或者被确定为全国重点文物保护单位、省级文物保护单位的文物，具有下列情形之一的，应当认定为《刑法》第三百二十四条第一款规定的"情节严重"：

（一）造成五件以上三级文物损毁的；

（二）造成二级以上文物损毁的；

（三）致使全国重点文物保护单位、省级文物保护单位的本体严重损毁或者灭失的；

（四）多次损毁或者损毁多处全国重点文物保护单位、省级文物保护单位的本体的；

（五）其他情节严重的情形。

实施前款规定的行为，拒不执行国家行政主管部门作出的停止侵害文物的行政决定或者命令的，酌情从重处罚。

第四条 风景名胜区的核心景区以及未被确定为全国重点文物保护单位、省级文物保护单位的古文化遗址、古墓葬、古建筑、石窟寺、石刻、壁画、近代现代重要史迹和代表性建筑等不可移动文物的本体，应当认定为《刑法》第三百二十四条第二款规定的"国家保护的名胜古迹"。

故意损毁国家保护的名胜古迹，具有下列情形之一的，应当认定为《刑法》第三百二十四条第二款规定的"情节严重"：

（一）致使名胜古迹严重损毁或者灭失的；

（二）多次损毁或者损毁多处名胜古迹的；

（三）其他情节严重的情形。

实施前款规定的行为，拒不执行国家行政主管部门作出的停止侵害文物的行政决定或者命令的，酌情从重处罚。

故意损毁风景名胜区内被确定为全国重点文物保护单位、省级文物保护单位的文物的，依照《刑法》第三百二十四条第一款和本解释第三条的规定定罪量刑。

第五条 过失损毁国家保护的珍贵文物或者被确定为全国重点文物保护单位、省级文物保护单位的文物，具有本解释第三条第二款第一项至第三项规定情形之一的，应当认定为《刑法》第三百二十四条第三款规定的"造成严重后果"。

第六条 出售或者为出售而收购、运输、储存《中华人民共和国文物保护法》规定的

"国家禁止买卖的文物"的，应当认定为《刑法》第三百二十六条规定的"倒卖国家禁止经营的文物"。

倒卖国家禁止经营的文物，具有下列情形之一的，应当认定为《刑法》第三百二十六条规定的"情节严重"：

（一）倒卖三级文物的；

（二）交易数额在五万元以上的；

（三）其他情节严重的情形。

实施前款规定的行为，具有下列情形之一的，应当认定为《刑法》第三百二十六条规定的"情节特别严重"：

（一）倒卖二级以上文物的；

（二）倒卖三级文物五件以上的；

（三）交易数额在二十五万元以上的；

（四）其他情节特别严重的情形。

第七条 国有博物馆、图书馆以及其他国有单位，违反文物保护法规，将收藏或者管理的国家保护的文物藏品出售或者私自送给非国有单位或者个人的，依照《刑法》第三百二十七条的规定，以非法出售、私赠文物藏品罪追究刑事责任。

第八条 《刑法》第三百二十八条第一款规定的"古文化遗址、古墓葬"包括水下古文化遗址、古墓葬。"古文化遗址、古墓葬"不以公布为不可移动文物的古文化遗址、古墓葬为限。

实施盗掘行为，已损害古文化遗址、古墓葬的历史、艺术、科学价值的，应当认定为盗掘古文化遗址、古墓葬罪既遂。

采用破坏性手段盗窃古文化遗址、古墓葬以外的古建筑、石窟寺、石刻、壁画、近代现代重要史迹和代表性建筑等其他不可移动文物的，依照《刑法》第二百六十四条的规定，以盗窃罪追究刑事责任。

第九条 明知是盗窃文物、盗掘古文化遗址、古墓葬等犯罪所获取的三级以上文物，而予以窝藏、转移、收购、加工、代为销售或者以其他方法掩饰、隐瞒的，依照《刑法》第三百一十二条的规定，以掩饰、隐瞒犯罪所得罪追究刑事责任。

实施前款规定的行为，事先通谋的，以共同犯罪论处。

第十条 国家机关工作人员严重不负责任，造成珍贵文物损毁或者流失，具有下列情形之一的，应当认定为《刑法》第四百一十九条规定的"后果严重"：

（一）导致二级以上文物或者五件以上三级文物损毁或者流失的；

（二）导致全国重点文物保护单位、省级文物保护单位的本体严重损毁或者灭失的；

（三）其他后果严重的情形。

第十一条 单位实施走私文物、倒卖文物等行为，构成犯罪的，依照本解释规定的相应自然人犯罪的定罪量刑标准，对直接负责的主管人员和其他直接责任人员定罪处罚，并对单位判处罚金。

公司、企业、事业单位、机关、团体等单位实施盗窃文物，故意损毁文物、名胜古迹，过失损毁文物，盗掘古文化遗址、古墓葬等行为的，依照本解释规定的相应定罪量刑标准，追究组织者、策划者、实施者的刑事责任。

第十二条 针对不可移动文物整体实施走私、盗窃、倒卖等行为的，根据所属不可移动文物的等级，依照本解释第一条、第二条、第六条的规定定罪量刑：

（一）尚未被确定为文物保护单位的不可移动文物，适用一般文物的定罪量刑标准；

（二）市、县级文物保护单位，适用三级文物的定罪量刑标准；

（三）全国重点文物保护单位、省级文物保护单位，适用二级以上文物的定罪量刑标准。

针对不可移动文物中的建筑构件、壁画、雕塑、石刻等实施走私、盗窃、倒卖等行为的，根据建筑构件、壁画、雕塑、石刻等文物本身的等级或者价值，依照本解释第一条、第二条、第六条的规定定罪量刑。建筑构件、壁画、雕塑、石刻等所属不可移动文物的等级，应当作为量刑情节予以考虑。

第十三条 案件涉及不同等级的文物的，按照高级别文物的量刑幅度量刑；有多件同级文物的，五件同级文物视为一件高一级文物，但是价值明显不相当的除外。

第十四条 依照文物价值定罪量刑的，根据涉案文物的有效价格证明认定文物价值；无有效价格证明，或者根据价格证明认定明显不合理的，根据销赃数额认定，或者结合本解释第十五条规定的鉴定意见、报告认定。

第十五条 在行为人实施有关行为前，文物行政部门已对涉案文物及其等级作出认定的，可以直接对有关案件事实作出认定。

对案件涉及的有关文物鉴定、价值认定等专门性问题难以确定的，由司法鉴定机构出具鉴定意见，或者由国务院文物行政部门指定的机构出具报告。其中，对于文物价值，也可以由有关价格认证机构作出价格认证并出具报告。

第十六条 实施本解释第一条、第二条、第六条至第九条规定的行为，虽已达到应当追究刑事责任的标准，但行为人系初犯，积极退回或者协助追回文物，未造成文物损毁，并确有悔罪表现的，可以认定为犯罪情节轻微，不起诉或者免予刑事处罚。

实施本解释第三条至第五条规定的行为，虽已达到应当追究刑事责任的标准，但行为人系初犯，积极赔偿损失，并确有悔罪表现的，可以认定为犯罪情节轻微，不起诉或者免予刑事处罚。

第十七条 走私、盗窃、损毁、倒卖、盗掘或者非法转让具有科学价值的古脊椎动物化石、古人类化石的，依照《刑法》和本解释的有关规定定罪量刑。

第十八条 本解释自 2016 年 1 月 1 日起施行。本解释公布施行后，《最高人民法院、最高人民检察院关于办理盗窃、盗掘、非法经营和走私文物的案件具体应用法律的若干问题的解释》（法（研）发〔1987〕32 号）同时废止；之前发布的司法解释与本解释不一致的，以本解释为准。

3. 最高人民法院、最高人民检察院、公安部、国家文物局《关于办理妨害文物管理等刑事案件若干问题的意见》公通字〔2022〕18 号（2022 年 8 月 16 日）

为依法惩治文物犯罪，加强对文物的保护，根据《中华人民共和国刑法》《中华人民共和国刑事诉讼法》《中华人民共和国文物保护法》和《最高人民法院、最高人民检察院关于办理妨害文物管理等刑事案件适用法律若干问题的解释》（法释〔2015〕23 号，以下简称《文物犯罪解释》）等有关规定，结合司法实践，制定本意见。

一、总体要求

文物承载灿烂文明，传承历史文化，维系民族精神，是国家和民族历史发展的见证，是弘扬中华优秀传统文化的珍贵财富，是培育社会主义核心价值观、凝聚共筑中国梦磅礴力量的深厚滋养。保护文物功在当代、利在千秋。当前，我国文物安全形势依然严峻，文物犯罪时有发生，犯罪团伙专业化、智能化趋势明显，犯罪活动向网络发展蔓延，犯罪产业链日趋成熟，地下市场非法交易猖獗，具有严重的社会危害性。各级人民法院、人民检察院、公安机关、文物行政部门要坚持以习近平新时代中国特色社会主义思想为指导，坚决贯彻落实习近平总书记关于文物工作系列重要论述精神，从传承中华文明、对国家对民族对子孙后代负责的战略高度，提高对文物保护工作重要性的认识，增强责任感使命感紧迫感，勇于担当作为、忠诚履职尽责，依法惩治和有效防范文物犯罪，切实保护国家文化遗产安全。

二、依法惩处文物犯罪

（一）准确认定盗掘行为

1.针对古建筑、石窟寺等不可移动文物中包含的古文化遗址、古墓葬部分实施盗掘，符合《刑法》第三百二十八条规定的，以盗掘古文化遗址、古墓葬罪追究刑事责任。

盗掘对象是否属于古文化遗址、古墓葬，应当按照《文物犯罪解释》第八条、第十五条的规定作出认定。

2.以盗掘为目的，在古文化遗址、古墓葬表层进行钻探、爆破、挖掘等作业，因意志以外的原因，尚未损害古文化遗址、古墓葬的历史、艺术、科学价值的，属于盗掘古文化遗址、古墓葬未遂，应当区分情况分别处理：

（1）以被确定为全国重点文物保护单位、省级文物保护单位的古文化遗址、古墓葬为盗掘目标的，应当追究刑事责任；

（2）以被确定为市、县级文物保护单位的古文化遗址、古墓葬为盗掘目标的，对盗掘团伙的纠集者、积极参加者，应当追究刑事责任；

（3）以其他古文化遗址、古墓葬为盗掘目标的，对情节严重者，依法追究刑事责任。

实施前款规定的行为，同时构成《刑法》第三百二十四条第一款、第二款规定的故意损毁文物罪、故意损毁名胜古迹罪的，依照处罚较重的规定定罪处罚。

3.《刑法》第三百二十八条第一款第三项规定的"多次盗掘"是指盗掘三次以上。对于行为人基于同一或者概括犯意，在同一古文化遗址、古墓葬本体周边一定范围内实施连续盗掘，已损害古文化遗址、古墓葬的历史、艺术、科学价值的，一般应认定为一次盗掘。

（二）准确认定盗窃行为

采用破坏性手段盗窃古建筑、石窟寺、石刻、壁画、近现代重要史迹和代表性建筑等不可移动文物未遂，具有下列情形之一的，应当依法追究刑事责任：

1.针对全国重点文物保护单位、省级文物保护单位中的建筑构件、壁画、雕塑、石刻等实施盗窃，损害文物本体历史、艺术、科学价值，情节严重的；

2.以被确定为市、县级以上文物保护单位整体为盗窃目标的；

3.造成市、县级以上文物保护单位的不可移动文物本体损毁的；

4.针对不可移动文物中的建筑构件、壁画、雕塑、石刻等实施盗窃，所涉部分具有等同于三级以上文物历史、艺术、科学价值的；

5.其他情节严重的情形。

实施前款规定的行为，同时构成《刑法》第三百二十四条第一款、第二款规定的故意损毁文物罪、故意损毁名胜古迹罪的，依照处罚较重的规定定罪处罚。

（三）准确认定掩饰、隐瞒与倒卖行为

1.明知是盗窃文物、盗掘古文化遗址、古墓葬等犯罪所获取的文物，而予以窝藏、转移、收购、加工、代为销售或者以其他方法掩饰、隐瞒的，符合《文物犯罪解释》第九条规定的，以《刑法》第三百一十二条规定的掩饰、隐瞒犯罪所得罪追究刑事责任。

对是否"明知"，应当结合行为人的认知能力、既往经历、行为次数和手段，与实施盗掘、盗窃、倒卖文物等犯罪行为人的关系，获利情况，是否故意规避调查，涉案文物外观形态、价格等主、客观因素进行综合审查判断。具有下列情形之一，行为人不能做出合理解释的，可以认定其"明知"，但有相反证据的除外：

（1）采用黑话、暗语等方式进行联络交易的；

（2）通过伪装、隐匿文物等方式逃避检查，或者以暴力等方式抗拒检查的；

（3）曾因实施盗掘、盗窃、走私、倒卖文物等犯罪被追究刑事责任，或者二年内受过行政处罚的；

（4）有其他证据足以证明行为人应当知道的情形。

2.出售或者为出售而收购、运输、储存《中华人民共和国文物保护法》第五十一条规定的"国家禁止买卖的文物"，可以结合行为人的从业经历、认知能力、违法犯罪记录、供述情况，交易的价格、次数、件数、场所，文物的来源、外观形态等综合审查判断，认定其行为系《刑法》第三百二十六条规定的"以牟利为目的"，但文物来源符合《中华人民共和国文物保护法》第五十条规定的除外。

三、涉案文物的认定和鉴定评估

对案件涉及的文物等级、类别、价值等专门性问题，如是否属于古文化遗址、古墓葬、古建筑、石窟寺、石刻、壁画、近代现代重要史迹和代表性建筑等不可移动文物，是否具有历史、艺术、科学价值，是否属于各级文物保护单位，是否属于珍贵文物，以及有关行为对文物造成的损毁程度和对文物价值造成的影响等，案发前文物行政部门已作认定的，可以直接对有关案件事实作出认定；案发前未作认定的，可以结合国务院文物行政部门指定的机构出具的《涉案文物鉴定评估报告》作出认定，必要时，办案机关可以依法提请文物行政部门对有关问题作出说明。《涉案文物鉴定评估报告》应当依照《涉案文物鉴定评估管理办法》（文物博发〔2018〕4号）规定的程序和格式文本出具。

四、文物犯罪案件管辖

文物犯罪案件一般由犯罪地的公安机关管辖，包括文物犯罪的预谋地、工具准备地、勘探地、盗掘地、盗窃地、途经地、交易地、倒卖信息发布地、出口（境）地、涉案不可移动文物的所在地、涉案文物的实际取得地、藏匿地、转移地、加工地、储存地、销售地等。多个公安机关都有权立案侦查的文物犯罪案件，由主要犯罪地公安机关立案侦查。

具有下列情形之一的，有关公安机关可以在其职责范围内并案处理：

（1）一人犯数罪的；

（2）共同犯罪的；

（3）共同犯罪的犯罪嫌疑人还实施其他犯罪的；

（4）三人以上时分时合，交叉结伙作案的；

（5）多个犯罪嫌疑人实施的盗掘、盗窃、倒卖、掩饰、隐瞒、走私等犯罪存在直接关联，或者形成多层级犯罪链条，并案处理有利于查明案件事实的。

五、宽严相济刑事政策的应用

（一）要着眼出资、勘探、盗掘、盗窃、倒卖、收赃、走私等整个文物犯罪网络开展打击，深挖幕后金主，斩断文物犯罪链条，对虽未具体参与实施有关犯罪实行行为，但作为幕后纠集、组织、指挥、筹划、出资、教唆者，在共同犯罪中起主要作用的，可以依法认定为主犯。

（二）对曾因文物违法犯罪而受过行政处罚或者被追究刑事责任、多次实施文物违法犯罪行为，以及国家工作人员实施本意见规定相关犯罪行为的，可以酌情从重处罚。

（三）正确运用自首、立功、认罪认罚从宽等制度，充分发挥刑罚的惩治和预防功能。对积极退回或协助追回文物，协助抓捕重大文物犯罪嫌疑人，以及提供重要线索，对侦破、查明其他重大文物犯罪案件起关键作用的，依法从宽处理。

（四）人民法院、人民检察院、公安机关应当加强与文物行政等部门的沟通协调，强化行刑衔接，对不构成犯罪的案件，依据有关规定及时移交。公安机关依法扣押的国家禁止经营的文物，经审查与案件无关的，应当交由文物行政等有关部门依法予以处理。文物行政等部门在查办案件中，发现涉嫌构成犯罪的案件，依据有关规定及时向公安机关移送。

（附参考）**浙江省高级人民法院《关于部分罪名定罪量刑情节及数额标准的意见》**浙高法〔2012〕325号

86.《刑法》第三百二十四条第一款 **【故意损毁文物罪】**

具有下列情形之一的，属于"情节严重"，处三年以上十年以下有期徒刑，并处罚金：

（1）故意损毁国家一级文物一件以上的；

（2）故意损毁国家二级文物二件以上的；

（3）故意损毁国家三级文物三件以上的；

（4）情节严重的其他情形。

87.《刑法》第三百二十四条第二款 **【故意损毁名胜古迹罪】**

具有下列情形之一的，属于"情节严重"，处五年以下有期徒刑或者拘役，并处或者单处罚金：

（1）造成国家保护的名胜古迹严重损毁的；

（2）虽未造成前项后果，但损毁国家保护的名胜古迹三次以上或者三处以上的；

（3）损毁手段特别恶劣的；

（4）情节严重的其他情形。

88.《刑法》第三百二十四条第三款**【过失损毁文物罪】**

具有下列情形之一的，属于"严重后果"，处三年以下有期徒刑或者拘役：

（1）造成珍贵文物严重损毁的；

（2）造成被确定为全国重点文物保护单位、省级文物保护单位的文物严重损毁的；

（3）造成珍贵文物损毁三件以上的；

（4）严重后果的其他情形。

第三百二十五条【非法向外国人出售、赠送珍贵文物罪】 违反文物保护法规，将收藏的国家禁止出口的珍贵文物私自出售或者私自赠送给外国人的，处五年以下有期徒刑或者拘役，可以并处罚金。

单位犯前款罪的，对单位判处罚金，并对其直接负责的主管人员和其他直接责任人员，依照前款的规定处罚。

第三百二十六条【倒卖文物罪】 以牟利为目的，倒卖国家禁止经营的文物，情节严重的，处五年以下有期徒刑或者拘役，并处罚金；情节特别严重的，处五年以上十年以下有期徒刑，并处罚金。

单位犯前款罪的，对单位判处罚金，并对其直接负责的主管人员和其他直接责任人员，依照前款的规定处罚。

（相关解释）**最高人民法院、最高人民检察院《关于办理妨碍文物管理等刑事案件适**

用法律若干问题的解释》法释〔2015〕23号（具体见《刑法》第三百二十四条）

（附参考）**浙江省高级人民法院《关于部分罪名定罪量刑情节及数额标准的意见》**浙高法〔2012〕325号

89.《刑法》第三百二十六条 **【倒卖文物罪】**

具有下列情形之一的，属于"情节严重"，处五年以下有期徒刑或者拘役，并处罚金：

（1）倒卖文物三件以上不满十件的；

（2）造成文物流失无法追回的；

（3）倒卖国家三级文物的；

（4）违法所得五万元以上不满十五万元的；

（5）情节严重的其他情形。

具有下列情形之一的，属于"情节特别严重"，处五年以上十年以下有期徒刑，并处罚金：

（1）倒卖文物十件以上的；

（2）倒卖国家一、二级文物的；

（3）违法所得十五万元以上的；

（4）情节特别严重的其他情形。

第三百二十七条【非法出售、私赠文物藏品罪】 违反文物保护法规，国有博物馆、图书馆等单位将国家保护的文物藏品出售或者私自送给非国有单位或者个人的，对单位判处罚金，并对其直接负责的主管人员和其他直接责任人员，处三年以下有期徒刑或者拘役。

（相关解释）**最高人民法院、最高人民检察院《关于办理妨碍文物管理等刑事案件适用法律若干问题的解释》**法释〔2015〕23号（具体见《刑法》第三百二十四条）

第三百二十八条【盗掘古文化遗址、古墓葬罪】 盗掘具有历史、艺术、科学价值的古文化遗址、古墓葬的，处三年以上十年以下有期徒刑，并处罚金；情节较轻的，处三年以下有期徒刑、拘役或者管制，并处罚金；有下列情形之一的，处十年以上有期徒刑或者无期徒刑，并处罚金或者没收财产：

（一）盗掘确定为全国重点文物保护单位和省级文物保护单位的古文化遗址、古墓葬的；

（二）盗掘古文化遗址、古墓葬集团的首要分子；

（三）多次盗掘古文化遗址、古墓葬的；

（四）盗掘古文化遗址、古墓葬，并盗窃珍贵文物或者造成珍贵文物严重破坏的。

【盗掘古人类化石、古脊椎动物化石罪】 盗掘国家保护的具有科学价值的古人类化石和古脊椎动物化石的，依照前款的规定处罚。**【2011年5月1日刑法修正案（八）】**

【1997年刑法】盗掘具有历史、艺术、科学价值的古文化遗址、古墓葬的，处三年以上十年以下有期徒刑，并处罚金；情节较轻的，处三年以下有期徒刑、拘役或者管制，并处罚金；有下列情形之一的，处十年以上有期徒刑、无期徒刑或者死刑，并处罚金或者没收财产：

（一）盗掘确定为全国重点文物保护单位和省级文物保护单位的古文化遗址、古墓葬的；

（二）盗掘古文化遗址、古墓葬集团的首要分子；

（三）多次盗掘古文化遗址、古墓葬的；

（四）盗掘古文化遗址、古墓葬，并盗窃珍贵文物或者造成珍贵文物严重破坏的。

盗掘国家保护的具有科学价值的古人类化石和古脊椎动物化石的，依照前款的规定处罚。

（相关解释）1.《全国人民代表大会常务委员会关于〈中华人民共和国刑法〉有关文物的规定适用于具有科学价值的古脊椎动物化石、古人类化石的解释》2005 年 12 月 29 日

《刑法》有关文物的规定，适用于具有科学价值的古脊椎动物化石、古人类化石。

2.最高人民法院、最高人民检察院《关于办理妨碍文物管理等刑事案件适用法律若干问题的解释》法释〔2015〕23 号（具体见《刑法》第三百二十四条）

3.最高人民法院、最高人民检察院、公安部、国家文物局《关于办理妨害文物管理等刑事案件若干问题的意见》公通字〔2022〕18 号（2022 年 8 月 16 日）（具体见第三百二十四条）

二、依法惩处文物犯罪

（一）准确认定盗掘行为

1.针对古建筑、石窟寺等不可移动文物中包含的古文化遗址、古墓葬部分实施盗掘，符合《刑法》第三百二十八条规定的，以盗掘古文化遗址、古墓葬罪追究刑事责任。

盗掘对象是否属于古文化遗址、古墓葬，应当按照《文物犯罪解释》第八条、第十五条的规定作出认定。

2.以盗掘为目的，在古文化遗址、古墓葬表层进行钻探、爆破、挖掘等作业，因意志以外的原因，尚未损害古文化遗址、古墓葬的历史、艺术、科学价值的，属于盗掘古文化遗址、古墓葬未遂，应当区分情况分别处理：

（1）以被确定为全国重点文物保护单位、省级文物保护单位的古文化遗址、古墓葬为盗掘目标的，应当追究刑事责任；

（2）以被确定为市、县级文物保护单位的古文化遗址、古墓葬为盗掘目标的，对盗掘团伙的纠集者、积极参加者，应当追究刑事责任；

（3）以其他古文化遗址、古墓葬为盗掘目标的，对情节严重者，依法追究刑事责任。

实施前款规定的行为，同时构成《刑法》第三百二十四条第一款、第二款规定的故意损毁文物罪、故意损毁名胜古迹罪的，依照处罚较重的规定定罪处罚。

3.《刑法》第三百二十八条第一款第三项规定的"多次盗掘"是指盗掘三次以上。对于行为人基于同一或者概括犯意，在同一古文化遗址、古墓葬本体周边一定范围内实施连续盗掘，已损害古文化遗址、古墓葬的历史、艺术、科学价值的，一般应认定为一次盗掘。

（二）准确认定盗窃行为

采用破坏性手段盗窃古建筑、石窟寺、石刻、壁画、近现代重要史迹和代表性建筑等不可移动文物未遂，具有下列情形之一的，应当依法追究刑事责任：

1.针对全国重点文物保护单位、省级文物保护单位中的建筑构件、壁画、雕塑、石刻等实施盗窃，损害文物本体历史、艺术、科学价值，情节严重的；

2.以被确定为市、县级以上文物保护单位整体为盗窃目标的；

3.造成市、县级以上文物保护单位的不可移动文物本体损毁的；

4.针对不可移动文物中的建筑构件、壁画、雕塑、石刻等实施盗窃，所涉部分具有等同于三级以上文物历史、艺术、科学价值的；

5.其他情节严重的情形。

实施前款规定的行为，同时构成《刑法》第三百二十四条第一款、第二款规定的故意

损毁文物罪、故意损毁名胜古迹罪的，依照处罚较重的规定定罪处罚。

（附参考）**浙江省高级人民法院《关于部分罪名定罪量刑情节及数额标准的意见》**浙高法〔2012〕325号

90.《刑法》第三百二十八条【盗掘古文化遗址、古墓葬罪】

"情节较轻"一般是指，所盗掘的系具有一般科学、艺术、文化、考古价值的古文化遗址、古墓葬，没有造成该古文化遗址、古墓葬损毁，且没有挖得文物或者仅挖得一般文物并在被追诉前全部上交。

第三百二十九条【抢夺、窃取国有档案罪】 抢夺、窃取国家所有的档案的，处五年以下有期徒刑或者拘役。

【擅自出卖、转让国有档案罪】 违反档案法的规定，擅自出卖、转让国家所有的档案，情节严重的，处三年以下有期徒刑或者拘役。

有前两款行为，同时又构成本法规定的其他犯罪的，依照处罚较重的规定定罪处罚。

第五节 危害公共卫生罪

第三百三十条【妨害传染病防治罪】 违反传染病防治法的规定，有下列情形之一，引起甲类传染病以及依法确定采取甲类传染病预防、控制措施的传染病传播或者有传播严重危险的，处三年以下有期徒刑或者拘役；后果特别严重的，处三年以上七年以下有期徒刑：

（一）供水单位供应的饮用水不符合国家规定的卫生标准的；

（二）拒绝按照疾病预防控制机构提出的卫生要求，对传染病病原体污染的污水、污物、场所和物品进行消毒处理的；

（三）准许或者纵容传染病病人、病原携带者和疑似传染病病人从事国务院卫生行政部门规定禁止从事的易使该传染病扩散的工作的；

（四）出售、运输疫区中被传染病病原体污染或者可能被传染病病原体污染的物品，未进行消毒处理的；

（五）拒绝执行县级以上人民政府、疾病预防控制机构依照传染病防治法提出的预防、控制措施的。

单位犯前款罪的，对单位判处罚金，并对其直接负责的主管人员和其他直接责任人员，依照前款的规定处罚。

甲类传染病的范围，依照《中华人民共和国传染病防治法》和国务院有关规定确定。

【2021年3月1日刑法修正案（十一）】

【1997年刑法】违反传染病防治法的规定，有下列情形之一，引起甲类传染病传播或者有传播严重危险的，处三年以下有期徒刑或者拘役；后果特别严重的，处三年以上七年以下有期徒刑：

（一）供水单位供应的饮用水不符合国家规定的卫生标准的；

（二）拒绝按照卫生防疫机构提出的卫生要求，对传染病病原体污染的污水、污物、粪便进行消毒处理的；

（三）准许或者纵容传染病病人、病原携带者和疑似传染病病人从事国务院卫生行政部门规定禁止从事的易使该传染病扩散的工作的；

（四）拒绝执行卫生防疫机构依照传染病防治法提出的预防、控制措施的。

单位犯前款罪的,对单位判处罚金,并对其直接负责的主管人员和其他直接责任人员,依照前款的规定处罚。

甲类传染病的范围,依照《中华人民共和国传染病防治法》和国务院有关规定确定。

(相关解释)**1. 最高人民检察院、公安部《关于公安机关管辖的刑事案件立案追诉标准的规定(一)》**公通字〔2008〕36号

第四十九条 **【妨害传染病防治案(《刑法》第三百三十条)】**违反传染病防治法的规定,引起甲类或者按照甲类管理的传染病传播或者有传播严重危险,涉嫌下列情形之一的,应予立案追诉:

(一)供水单位供应的饮用水不符合国家规定的卫生标准的;

(二)拒绝按照疾病预防控制机构提出的卫生要求,对传染病病原体污染的污水、污物、粪便进行消毒处理的;

(三)准许或者纵容传染病病人、病原携带者和疑似传染病病人从事国务院卫生行政部门规定禁止从事的易使该传染病扩散的工作的;

(四)拒绝执行疾病预防控制机构依照传染病防治法提出的预防、控制措施的。

本条和本规定第五十条规定的"甲类传染病",是指鼠疫、霍乱;"按甲类管理的传染病",是指乙类传染病中传染性非典型肺炎、炭疽中的肺炭疽、人感染高致病性禽流感以及国务院卫生行政部门根据需要报经国务院批准公布实施的其他需要按甲类管理的乙类传染病和突发原因不明的传染病。

2. 最高人民法院、最高人民检察院、公安部、司法部《关于依法惩治妨害新型冠状病毒感染肺炎疫情防控违法犯罪的意见》法发〔2020〕7号(2020年2月6日)(具体见第一百一十五条)

二、准确适用法律,依法严惩妨害疫情防控的各类违法犯罪

(一)依法严惩抗拒疫情防控措施犯罪。故意传播新型冠状病毒感染肺炎病原体,具有下列情形之一,危害公共安全的,依照《刑法》第一百一十四条、第一百一十五条第一款的规定,以以危险方法危害公共安全罪定罪处罚:

1. 已经确诊的新型冠状病毒感染肺炎病人、病原携带者,拒绝隔离治疗或者隔离期未满擅自脱离隔离治疗,并进入公共场所或者公共交通工具的;

2. 新型冠状病毒感染肺炎疑似病人拒绝隔离治疗或者隔离期未满擅自脱离隔离治疗,并进入公共场所或者公共交通工具,造成新型冠状病毒传播的。

其他拒绝执行卫生防疫机构依照传染病防治法提出的防控措施,引起新型冠状病毒传播或者有传播严重危险的,依照《刑法》第三百三十条的规定,以妨害传染病防治罪定罪处罚。

第三百三十一条【传染病菌种、毒种扩散罪】 从事实验、保藏、携带、运输传染病菌种、毒种的人员,违反国务院卫生行政的有关规定,造成传染病菌种、毒种扩散,后果严重的,处三年以下有期徒刑或者拘役;后果特别严重的,处三年以上七年以下有期徒刑。

(相关解释)**1. 最高人民检察院、公安部《关于公安机关管辖的刑事案件立案追诉标准的规定(一)》**公通字〔2008〕36号

第五十条**【传染病菌种、毒种扩散案(《刑法》第三百三十一条)】**从事实验、保藏、携带、运输传染病菌种、毒种的人员,违反国务院卫生行政部门的有关规定,造成传染病菌种、毒种扩散,涉嫌下列情形之一的,应予立案追诉:

（一）导致甲类和按甲类管理的传染病传播的；

（二）导致乙类、丙类传染病流行、暴发的；

（三）造成人员重伤或者死亡的；

（四）严重影响正常的生产、生活秩序的；

（五）其他造成严重后果的情形。

2. 最高人民法院、最高人民检察院、公安部、司法部《关于依法惩治妨害新型冠状病毒感染肺炎疫情防控违法犯罪的意见》法发〔2020〕7号（2020年2月6日）（具体见第一百一十五条）

（七）依法严惩疫情防控失职渎职、贪污挪用犯罪。在疫情防控工作中，负有组织、协调、指挥、灾害调查、控制、医疗救治、信息传递、交通运输、物资保障等职责的国家机关工作人员，滥用职权或者玩忽职守，致使公共财产、国家和人民利益遭受重大损失的，依照《刑法》第三百九十七条的规定，以滥用职权罪或者玩忽职守罪定罪处罚。

卫生行政部门的工作人员严重不负责任，不履行或者不认真履行防治监管职责，导致新型冠状病毒感染肺炎传播或者流行，情节严重的，依照《刑法》第四百零九条的规定，以传染病防治失职罪定罪处罚。

从事实验、保藏、携带、运输传染病菌种、毒种的人员，违反国务院卫生行政部门的有关规定，造成新型冠状病毒毒种扩散，后果严重的，依照《刑法》第三百三十一条的规定，以传染病毒种扩散罪定罪处罚。

国家工作人员，受委托管理国有财产的人员，公司、企业或者其他单位的人员，利用职务便利，侵吞、截留或者以其他手段非法占有用于防控新型冠状病毒感染肺炎的款物，或者挪用上述款物归个人使用，符合《刑法》第三百八十二条、第三百八十三条、第二百七十一条、第三百八十四条、第二百七十二条规定的，以贪污罪、职务侵占罪、挪用公款罪、挪用资金罪定罪处罚。挪用用于防控新型冠状病毒感染肺炎的救灾、优抚、救济等款物，符合《刑法》第二百七十三条规定的，对直接责任人员，以挪用特定款物罪定罪处罚。

第三百三十二条【妨害国境卫生检疫罪】 违反国境卫生检疫规定，引起检疫传染病传播或者有传播严重危险的，处三年以下有期徒刑或者拘役，并处或者单处罚金。

单位犯前款罪的，对单位判处罚金，并对其直接负责的主管人员和其他直接责任人员，依照前款的规定处罚。

（相关解释）**1. 最高人民检察院、公安部《关于公安机关管辖的刑事案件立案追诉标准的规定（一）》公通字〔2008〕36号**

第五十一条 【妨害国境卫生检疫案（《刑法》第三百三十二条）】违反国境卫生检疫规定，引起检疫传染病传播或者有传播严重危险的，应予立案追诉。

本条规定的"检疫传染病"，是指鼠疫、霍乱、黄热病以及国务院确定和公布的其他传染病。

2. 最高人民法院、最高人民检察院、公安部、司法部、海关总署《关于进一步加强国境卫生检疫工作 依法惩治妨害国境卫生检疫违法犯罪的意见》（2020年3月13日）

二、依法惩治妨害国境卫生检疫的违法犯罪行为

（二）依法惩治妨害国境卫生检疫犯罪。根据《刑法》第三百三十二条规定，违反国境卫生检疫规定，实施下列行为之一的，属于妨害国境卫生检疫行为：

1.检疫传染病染疫人或者染疫嫌疑人拒绝执行海关依照国境卫生检疫法等法律法规提

出的健康申报、体温监测、医学巡查、流行病学调查、医学排查、采样等卫生检疫措施，或者隔离、留验、就地诊验、转诊等卫生处理措施的；

2.检疫传染病染疫人或者染疫嫌疑人采取不如实填报健康申明卡等方式隐瞒疫情，或者伪造、涂改检疫单、证等方式伪造情节的；

3.知道或者应当知道实施审批管理的微生物、人体组织、生物制品、血液及其制品等特殊物品可能造成检疫传染病传播，未经审批仍逃避检疫，携运、寄递出入境的；

4.出入境交通工具上发现有检疫传染病染疫人或者染疫嫌疑人，交通工具负责人拒绝接受卫生检疫或者拒不接受卫生处理的；

5.来自检疫传染病流行国家、地区的出入境交通工具上出现非意外伤害死亡且死因不明的人员，交通工具负责人故意隐瞒情况的；

6.其他拒绝执行海关依照国境卫生检疫法等法律法规提出的检疫措施的。

实施上述行为，引起鼠疫、霍乱、黄热病以及新冠肺炎等国务院确定和公布的其他检疫传染病传播或者有传播严重危险的，依照《刑法》第三百三十二条的规定，以妨害国境卫生检疫罪定罪处罚。

对于单位实施妨害国境卫生检疫行为，引起鼠疫、霍乱、黄热病以及新冠肺炎等国务院确定和公布的其他检疫传染病传播或者有传播严重危险的，应当对单位判处罚金，并对其直接负责的主管人员和其他直接责任人员定罪处罚。

第三百三十三条【非法组织卖血罪，强迫卖血罪】　非法组织他人出卖血液的，处五年以下有期徒刑，并处罚金；以暴力、威胁方法强迫他人出卖血液的，处五年以上十年以下有期徒刑，并处罚金。

有前款行为，对他人造成伤害的，依照本法第二百三十四条【故意伤害罪】的规定定罪处罚。

（相关解释）**最高人民检察院、公安部《关于公安机关管辖的刑事案件立案追诉标准的规定（一）》**公通字〔2008〕36号

第五十二条　【非法组织卖血案（《刑法》第三百三十三条第一款）】非法组织他人出卖血液，涉嫌下列情形之一的，应予立案追诉：

（一）组织卖血三人次以上的；

（二）组织卖血非法获利二千元以上的；

（三）组织未成年人卖血的；

（四）被组织卖血的人的血液含有艾滋病病毒、乙型肝炎病毒、丙型肝炎病毒、梅毒螺旋体等病原微生物的；

（五）其他非法组织卖血应予追究刑事责任的情形。

第五十三条　【强迫卖血案（《刑法》第三百三十三条第一款）】以暴力、威胁方法强迫他人出卖血液的，应予立案追诉。

（附参考）**浙江省高级人民法院《关于部分罪名定罪量刑情节及数额标准的意见》**浙高法〔2012〕325号

91.《刑法》第三百三十三条第一款　【非法组织卖血罪】

具有下列情形之一的，处五年以下有期徒刑，并处罚金：

（1）组织卖血三人次以上的；

（2）非法获利二千元以上的；

（3）组织未成年人卖血的；

（4）被组织卖血的人的血液含有艾滋病病毒、乙型肝炎病毒、丙型肝炎病毒、梅毒螺旋体等病原微生物的；

（5）构成犯罪的其他情形。

第三百三十四条【非法采集、供应血液、制作、供应血液制品罪】 非法采集、供应血液或者制作、供应血液制品，不符合国家规定的标准，足以危害人体健康的，处五年以下有期徒刑或者拘役，并处罚金；对人体健康造成严重危害的，处五年以上十年以下有期徒刑，并处罚金；造成特别严重后果的，处十年以上有期徒刑或者无期徒刑，并处罚金或者没收财产。

【采集、供应血液、制作、供应血液制品事故罪】 经国家主管部门批准采集、供应血液或者制作、供应血液制品的部门，不依照规定进行检测或者违背其他操作规定，造成危害他人身体健康后果的，对单位判处罚金，并对其直接负责的主管人员和其他直接责任人员，处五年以下有期徒刑或者拘役。

（相关解释）**1. 最高人民法院、最高人民检察院《关于办理非法采供血液等刑事案件具体应用法律若干问题的解释》** 法释〔2008〕12 号

第一条 对未经国家主管部门批准或者超过批准的业务范围，采集、供应血液或者制作、供应血液制品的，应认定为《刑法》第三百三十四条第一款规定的"非法采集、供应血液或者制作、供应血液制品"。

第二条 对非法采集、供应血液或者制作、供应血液制品，具有下列情形之一的，应认定为《刑法》第三百三十四条第一款规定的"不符合国家规定的标准，足以危害人体健康"，处五年以下有期徒刑或者拘役，并处罚金：

（一）采集、供应的血液含有艾滋病病毒、乙型肝炎病毒、丙型肝炎病毒、梅毒螺旋体等病原微生物的；

（二）制作、供应的血液制品含有艾滋病病毒、乙型肝炎病毒、丙型肝炎病毒、梅毒螺旋体等病原微生物，或者将含有上述病原微生物的血液用于制作血液制品的；

（三）使用不符合国家规定的药品、诊断试剂、卫生器材，或者重复使用一次性采血器材采集血液，造成传染病传播危险的；

（四）违反规定对献血者、供血浆者超量、频繁采集血液、血浆，足以危害人体健康的；

（五）其他不符合国家有关采集、供应血液或者制作、供应血液制品的规定标准，足以危害人体健康的。

第三条 对非法采集、供应血液或者制作、供应血液制品，具有下列情形之一的，应认定为《刑法》第三百三十四条第一款规定的"对人体健康造成严重危害"，处五年以上十年以下有期徒刑，并处罚金：

（一）造成献血者、供血浆者、受血者感染乙型肝炎病毒、丙型肝炎病毒、梅毒螺旋体或者其他经血液传播的病原微生物的；

（二）造成献血者、供血浆者、受血者重度贫血、造血功能障碍或者其他器官组织损伤导致功能障碍等身体严重危害的；

（三）对人体健康造成其他严重危害的。

第四条 对非法采集、供应血液或者制作、供应血液制品，具有下列情形之一的，应认定为《刑法》第三百三十四条第一款规定的"造成特别严重后果"，处十年以上有期徒

刑或者无期徒刑，并处罚金或者没收财产：

（一）因血液传播疾病导致人员死亡或者感染艾滋病病毒的；

（二）造成五人以上感染乙型肝炎病毒、丙型肝炎病毒、梅毒螺旋体或者其他经血液传播的病原微生物的；

（三）造成五人以上重度贫血、造血功能障碍或者其他器官组织损伤导致功能障碍等身体严重危害的；

（四）造成其他特别严重后果的。

第五条　对经国家主管部门批准采集、供应血液或者制作、供应血液制品的部门，具有下列情形之一的，应认定为《刑法》第三百三十四条第二款规定的"不依照规定进行检测或者违背其他操作规定"：

（一）血站未用两个企业生产的试剂对艾滋病病毒抗体、乙型肝炎病毒表面抗原、丙型肝炎病毒抗体、梅毒抗体进行两次检测的；

（二）单采血浆站不依照规定对艾滋病病毒抗体、乙型肝炎病毒表面抗原、丙型肝炎病毒抗体、梅毒抗体进行检测的；

（三）血液制品生产企业在投料生产前未用主管部门批准和检定合格的试剂进行复检的；

（四）血站、单采血浆站和血液制品生产企业使用的诊断试剂没有生产单位名称、生产批准文号或者经检定不合格的；

（五）采供血机构在采集检验标本、采集血液和成分血分离时，使用没有生产单位名称、生产批准文号或者超过有效期的一次性注射器等采血器材的；

（六）不依照国家规定的标准和要求包装、储存、运输血液、原料血浆的；

（七）对国家规定检测项目结果呈阳性的血液未及时按照规定予以清除的；

（八）不具备相应资格的医务人员进行采血、检验操作的；

（九）对献血者、供血浆者超量、频繁采集血液、血浆的；

（十）采供血机构采集血液、血浆前，未对献血者或供血浆者进行身份识别，采集冒名顶替者、健康检查不合格者血液、血浆的；

（十一）血站擅自采集原料血浆，单采血浆站擅自采集临床用血或者向医疗机构供应原料血浆的；

（十二）重复使用一次性采血器材的；

（十三）其他不依照规定进行检测或者违背操作规定的。

第六条　对经国家主管部门批准采集、供应血液或者制作、供应血液制品的部门，不依照规定进行检测或者违背其他操作规定，具有下列情形之一的，应认定为《刑法》第三百三十四条第二款规定的"造成危害他人身体健康后果"，对单位判处罚金，并对其直接负责的主管人员和其他直接责任人员，处五年以下有期徒刑或者拘役：

（一）造成献血者、供血浆者、受血者感染艾滋病病毒、乙型肝炎病毒、丙型肝炎病毒、梅毒螺旋体或者其他经血液传播的病原微生物的；

（二）造成献血者、供血浆者、受血者重度贫血、造血功能障碍或者其他器官组织损伤导致功能障碍等身体严重危害的；

（三）造成其他危害他人身体健康后果的。

第七条　经国家主管部门批准的采供血机构和血液制品生产经营单位，应认定为《刑法》第三百三十四条第二款规定的"经国家主管部门批准采集、供应血液或者制作、供应血液制品的部门"。

第八条　本解释所称"血液"，是指全血、成分血和特殊血液成分。

本解释所称"血液制品"，是指各种人血浆蛋白制品。

本解释所称"采供血机构"，包括血液中心、中心血站、中心血库、脐带血造血干细胞库和国家卫生行政主管部门根据医学发展需要批准、设置的其他类型血库、单采血浆站。

2. 最高人民检察院、公安部《关于公安机关管辖的刑事案件立案追诉标准的规定（一）》

公通字〔2008〕36号

第五十四条　【非法采集、供应血液、制作、供应血液制品案（《刑法》第三百三十四条第一款）】非法采集、供应血液或者制作、供应血液制品，涉嫌下列情形之一的，应予立案追诉：

（一）采集、供应的血液含有艾滋病病毒、乙型肝炎病毒、丙型肝炎病毒、梅毒螺旋体等病原微生物的；

（二）制作、供应的血液制品含有艾滋病病毒、乙型肝炎病毒、丙型肝炎病毒、梅毒螺旋体等病原微生物，或者将含有上述病原微生物的血液用于制作血液制品的；

（三）使用不符合国家规定的药品、诊断试剂、卫生器材，或者重复使用一次性采血器材采集血液，造成传染病传播危险的；

（四）违反规定对献血者、供血浆者超量、频繁采集血液、血浆，足以危害人体健康的；

（五）其他不符合国家有关采集、供应血液或者制作、供应血液制品的规定，足以危害人体健康或者对人体健康造成严重危害的情形。

未经国家主管部门批准或者超过批准的业务范围，采集、供应血液或者制作、供应血液制品的，属于本条规定的"非法采集、供应血液、制作、供应血液制品"。

本条和本规定第五十二条、第五十三条、第五十五条规定的"血液"，是指全血、成分血和特殊血液成分。

本条和本规定第五十五条规定的"血液制品"，是指各种人血浆蛋白制品。

第五十五条　【采集、供应血液制作、供应血液、制品事故案（《刑法》第三百三十四条第二款）】经国家主管部门批准采集、供应血液或者制作、供应血液制品的部门，不依照规定进行检测或者违背其他操作规定，涉嫌下列情形之一的，应予立案追诉：

（一）造成献血者、供血浆者、受血者感染艾滋病病毒、乙型肝炎病毒、丙型肝炎病毒、梅毒螺旋体或者其他经血液传播的病原微生物的；

（二）造成献血者、供血浆者、受血者重度贫血、造血功能障碍或者其他器官组织损伤导致功能障碍等身体严重危害的；

（三）其他造成危害他人身体健康后果的情形。

经国家主管部门批准的采供血机构和血液制品生产经营单位，属于本条规定的"经国家主管部门批准采集、供应血液或者制作、供应血液制品的部门"。采供血机构包括血液中心、中心血站、脐带血造血干细胞库和国家卫生行政主管部门根据医学发展需要批准、设置的其他类型血库、单采血浆站。

具有下列情形之一的，属于本条规定的"不依照规定进行检测或者违背其他操作规定"：

（一）血站未用两个企业生产的试剂对艾滋病病毒抗体、乙型肝炎病毒表面抗原、丙型肝炎病毒抗体、梅毒抗体进行两次检测的；

（二）单采血浆站不依照规定对艾滋病病毒抗体、乙型肝炎病毒表面抗原、丙型肝炎病毒抗体、梅毒抗体进行检测的；

（三）血液制品生产企业在投料生产前未用主管部门批准和检定合格的试剂进行复检的；

（四）血站、单采血浆站和血液制品生产企业使用的诊断试剂没有生产单位名称、生产批准文号或者经检定不合格的；

（五）采供血机构在采集检验样本、采集血液和成分血分离时，使用没有生产单位名称、生产批准文号或者超过有效期的一次性注射器等采血器材的；

（六）不依照国家规定的标准和要求包装、储存、运输血液、原料血浆的；

（七）对国家规定检测项目结果呈阳性的血液未及时按照规定予以清除的；

（八）不具备相应资格的医务人员进行采血、检验操作的；

（九）对献血者、供血浆者超量、频繁采集血液、血浆的；

（十）采供血机构采集血液、血浆前，未对献血者或者供血浆者进行身份识别，采集冒名顶替者、健康检查不合格者血液、血浆的；

（十一）血站擅自采集原料血浆，单采血浆站擅自采集临床用血或者向医疗机构供应原料血浆的；

（十二）重复使用一次性采血器材的；

（十三）其他不依照规定进行检测或者违背操作规定的。

3. 最高人民法院、最高人民检察院《关于办理危害药品安全刑事案件适用法律若干问题的解释》法释〔2014〕14 号（已废止）

第三百三十四条之一【非法采集人类遗传资源、走私人类遗传资源材料罪】　违反国家有关规定，非法采集我国人类遗传资源或者非法运送、邮寄、携带我国人类遗传资源材料出境，危害公众健康或者社会公共利益，情节严重的，处三年以下有期徒刑、拘役或者管制，并处或者单处罚金；情节特别严重的，处三年以上七年以下有期徒刑，并处罚金。**【2021 年 3 月 1 日刑法修正案（十一）】**

第三百三十五条【医疗事故罪】　医务人员由于严重不负责任，造成就诊人死亡或者严重损害就诊人身体健康的，处三年以下有期徒刑或者拘役。

（相关解释）**最高人民检察院、公安部《关于公安机关管辖的刑事案件立案追诉标准的规定（一）》**公通字〔2008〕36 号

第五十六条　【医疗事故案（《刑法》第三百三十五条）】医务人员由于严重不负责任，造成就诊人死亡或者严重损害就诊人身体健康的，应予立案追诉。

具有下列情形之一的，属于本条规定的"严重不负责任"：

（一）擅离职守的；

（二）无正当理由拒绝对危急就诊人实行必要的医疗救治的；

（三）未经批准擅自开展试验性医疗的；

（四）严重违反查对、复核制度的；

（五）使用未经批准使用的药品、消毒药剂、医疗器械的；

（六）严重违反国家法律法规及有明确规定的诊疗技术规范、常规的；

（七）其他严重不负责任的情形。

本条规定的"严重损害就诊人身体健康"，是指造成就诊人严重残疾、重伤、感染艾滋病、病毒性肝炎等难以治愈的疾病或者其他严重损害就诊人身体健康的后果。

　　第三百三十六条【非法行医罪】 未取得医生执业资格的人非法行医，情节严重的，处三年以下有期徒刑、拘役或者管制，并处或者单处罚金；严重损害就诊人身体健康的，处三年以上十年以下有期徒刑，并处罚金；造成就诊人死亡的，处十年以上有期徒刑，并处罚金。

　　【非法进行节育手术罪】 未取得医生执业资格的人擅自为他人进行节育复通手术、假节育手术、终止妊娠手术或者摘取宫内节育器，情节严重的，处三年以下有期徒刑、拘役或者管制，并处或者单处罚金；严重损害就诊人身体健康的，处三年以上十年以下有期徒刑，并处罚金；造成就诊人死亡的，处十年以上有期徒刑，并处罚金。

　　（相关解释）**1. 最高人民法院《关于审理非法行医刑事案件具体应用法律若干问题的解释》**法释〔2008〕5号

　　第一条 具有下列情形之一的，应认定为《刑法》第三百三十六条第一款规定的"未取得医生执业资格的人非法行医"：

　　（一）未取得或者以非法手段取得医师资格从事医疗活动的；

　　（二）个人未取得《医疗机构执业许可证》开办医疗机构的；

　　（三）被依法吊销医师执业证书期间从事医疗活动的；

　　（四）未取得乡村医生执业证书，从事乡村医疗活动的；

　　（五）家庭接生员实施家庭接生以外的医疗行为的。

　　第二条 具有下列情形之一的，应认定为《刑法》第三百三十六条第一款规定的"情节严重"：

　　（一）造成就诊人轻度残疾、器官组织损伤导致一般功能障碍的；

　　（二）造成甲类传染病传播、流行或者有传播、流行危险的；

　　（三）使用假药、劣药或不符合国家规定标准的卫生材料、医疗器械，足以严重危害人体健康的；

　　（四）非法行医被卫生行政部门行政处罚两次以后，再次非法行医的；

　　（五）其他情节严重的情形。

　　第三条 具有下列情形之一的，应认定为《刑法》第三百三十六条第一款规定的"严重损害就诊人身体健康"：

　　（一）造成就诊人中度以上残疾、器官组织损伤导致严重功能障碍的；

　　（二）造成三名以上就诊人轻度残疾、器官组织损伤导致一般功能障碍的。

　　第四条 实施非法行医犯罪，同时构成生产、销售假药罪，生产、销售劣药罪，诈骗罪等其他犯罪的，依照《刑法》处罚较重的规定定罪处罚。

　　第五条 本解释所称"轻度残疾、器官组织损伤导致一般功能障碍""中度以上残疾、器官组织损伤导致严重功能障碍"，参照卫生部《医疗事故分级标准（试行）》认定。

　　2. 最高人民法院《关于修改〈关于审理非法行医刑事案件具体应用法律若干问题的解释〉的决定》法释〔2016〕27号

　　为了依法惩处非法行医犯罪，保障公民身体健康和生命安全，根据《刑法》有关规定，结合审判实践情况，现决定对《最高人民法院关于审理非法行医刑事案件具体应用法律若干问题的解释》（法释〔2008〕5号，以下简称《解释》）作如下修改：

　　一、删除《解释》第一条第二项。

　　二、在《解释》第三条后增加一条，作为修改后《解释》第四条："非法行医行为系造成就诊人死亡的直接、主要原因的，应认定为《刑法》第三百三十六条第一款规定的'造成就诊人死亡'。"

"非法行医行为并非造成就诊人死亡的直接、主要原因的，可不认定为《刑法》第三百三十六条第一款规定的'造成就诊人死亡'。但是，根据案件情况，可以认定为《刑法》第三百三十六条第一款规定的'情节严重'。"

三、在《解释》第五条中增加一款，作为第一款："本解释所称'医疗活动''医疗行为'，参照《医疗机构管理条例实施细则》中的'诊疗活动''医疗美容'认定。"

根据本决定，对《解释》作相应修改并调整条文顺序后，重新公布。

3. 最高人民检察院、公安部《关于公安机关管辖的刑事案件立案追诉标准的规定(一)》
公通字〔2008〕36号

第五十七条【非法行医案（《刑法》第三百三十六条第一款）】未取得医生执业资格的人非法行医，涉嫌下列情形之一的，应予立案追诉：

（一）造成就诊人轻度残疾、器官组织损伤导致一般功能障碍，或者中度以上残疾、器官组织损伤导致严重功能障碍，或者死亡的；

（二）造成甲类传染病传播、流行或者有传播、流行危险的；

（三）使用假药、劣药或不符合国家规定标准的卫生材料、医疗器械，足以严重危害人体健康的；

（四）非法行医被卫生行政部门行政处罚两次以后，再次非法行医的；

（五）其他情节严重的情形。

具有下列情形之一的，属于本条规定的"未取得医生执业资格的人非法行医"：

（一）未取得或者以非法手段取得医师资格从事医疗活动的；

（二）个人未取得《医疗机构执业许可证》开办医疗机构的；

（三）被依法吊销医师执业证书期间从事医疗活动的；

（四）未取得乡村医生执业证书，从事乡村医疗活动的；

（五）家庭接生员实施家庭接生以外的医疗活动的。

本条规定的"轻度残疾、器官组织损伤导致一般功能障碍""中度以上残疾、器官组织损伤导致严重功能障碍"，参照卫生部《医疗事故分级标准（试行）》认定。

第五十八条【非法进行节育手术案（《刑法》第三百三十六条第二款）】未取得医生执业资格的人擅自为他人进行节育复通手术、假节育手术、终止妊娠手术或者摘取宫内节育器，涉嫌下列情形之一的，应予立案追诉：

（一）造成就诊人轻伤、重伤、死亡或者感染艾滋病、病毒性肝炎等难以治愈的疾病的；

（二）非法进行节育复通手术、假节育手术、终止妊娠手术或者摘取宫内节育器五人次以上的；

（三）致使他人超计划生育的；

（四）非法进行选择性别的终止妊娠手术的；

（五）非法获利累计五千元以上的；

（六）其他情节严重的情形。

4. 最高人民法院、最高人民检察院《关于办理妨害预防、控制突发传染病疫情等灾害的刑事案件具体应用法律若干问题的解释》 法释〔2003〕8号

未取得医师执业资格非法行医，具有造成突发传染病病人、病原携带者、疑似突发传染病病人贻误诊治或者造成交叉感染等严重情节的，依照《刑法》第三百三十六条第一款

的规定，以非法行医罪定罪，依法从重处罚。

5.最高人民法院、最高人民检察院《关于办理危害药品安全刑事案件适用法律若干问题的解释》法释〔2014〕14号（已废止）

6.最高人民检察院法律政策研究室《关于非法行医被刑事处罚后再次非法行医适用法律问题的答复意见》高检研〔2014〕2号（2014年2月13日）

湖北省人民检察院法律政策研究室：

你室《关于非法行医被科刑后再次非法行医构罪问题的请示》（鄂检研〔2013〕20号）收悉，经研究，答复如下：

行为人因非法行医被刑事处罚以后，又非法行医的，属于《最高人民法院关于审理非法行医刑事案件具体应用法律若干问题的解释》第二条第（五）项、《最高人民检察院公安部关于公安机关管辖的刑事案件立案追诉标准的规定（一）》第五十七条第一款第（五）项规定的"其他情节严重"的情形，应予追究刑事责任。请示所涉及案件，建议根据具体情况依法处理。

（附参考）1.浙江省高级人民法院刑事审判第一庭、第二庭《关于执行刑法若干问题具体意见（三）》浙法刑〔2000〕3号

《刑法》第三百三十六条非法行医罪，"情节严重"一般是指屡教不改，长期从事非法行医，使多人身体受到损害或者非法行医骗取钱财四千元以上等情形。

2.浙江省高级人民法院、浙江省人民检察院、浙江省公安厅《关于非医学需要鉴定胎儿性别行为适用法律的若干意见》浙检会（研）〔2004〕15号

未取得医生执业资格的人从事非医学需要胎儿性别鉴定，情节严重的，以非法行医罪论处。

具有下列情形之一的，应当认定为"情节严重"：（1）非医学需要鉴定胎儿性别导致胎儿引产的；（2）因非医学需要鉴定胎儿性别受过行政处罚又从事该活动的；（3）具有其他严重情节的。

3.浙江省高级人民法院《关于部分罪名定罪量刑情节及数额标准的意见》浙高法〔2012〕325号

92.《刑法》第三百三十六条第一款【非法行医罪】

具有下列情形之一的，属于"情节严重"，处三年以下有期徒刑、拘役或者管制，并处或者单处罚金：

（1）造成就诊人轻度残疾、器官组织损伤导致一般功能障碍的；

（2）造成甲类传染病传播、流行或者有传播、流行危险的；

（3）使用假药、劣药或者不符合国家规定标准的卫生材料、医疗器械，足以严重危害人体健康的；

（4）非法行医被卫生行政部门行政处罚两次以后，再次非法行医的；

（5）非医学需要鉴定胎儿性别三人次以上，并导致引产的；（已废止）

（6）因非医学需要鉴定胎儿性别受过行政处罚，又实施该行为的；（已废止）

（7）情节严重的其他情形。

具有下列情形之一的，属于"严重损害就诊人身体健康"，处三年以上十年以下有期徒刑，并处罚金：

（1）造成就诊人中度以上残疾、器官组织损伤导致严重功能障碍的；

（2）造成三名以上就诊人轻度残疾、器官组织损伤导致一般功能障碍的；

（3）造成就诊人感染艾滋病、病毒性肝炎等难以治愈的疾病的；

（4）严重损害就诊人身体健康的其他情形。

93.《刑法》第三百三十六条第二款【非法进行节育手术罪】

具有下列情形之一的，属于"情节严重"，处三年以下有期徒刑、拘役或者管制，并处或者单处罚金：

（1）造成就诊人轻伤的；

（2）非法进行节育复通手术、假节育手术、终止妊娠手术或者摘取宫内节育器五人次以上的；

（3）致使他人超计划生育的；

（4）非法进行选择性别的终止妊娠手术的；

（5）非法获利五千元以上的；

（6）情节严重的其他情形。

具有下列情形之一的，属于"严重损害就诊人身体健康"，处三年以上十年以下有期徒刑，并处罚金：

（1）造成就诊人中度以上残疾、器官组织损伤导致严重功能障碍的；

（2）造成三名以上就诊人轻度残疾、器官组织损伤导致一般功能障碍的；

（3）造成就诊人感染艾滋病、病毒性肝炎等难以治愈的疾病的；

（4）严重损害就诊人身体健康的其他情形。

4. 浙江省高级人民法院《关于停止执行〈浙江省高级人民法院关于部分罪名定罪量刑情节及数额标准〉第九十二条第一款第（5）（6）项规定的通知》（2018年6月7日）

根据最高人民法院精神，浙江省高级人民法院关于部分罪名定罪量刑情节及数额标准的意见（浙高法〔2012〕325号）第九十二条第一款第（5）、（6）项，即有关非医学需要鉴定胎儿性别行为以非法行医罪定罪处罚的规定，现停止执行。

第三百三十六条之一【非法植入基因编辑、克隆胚胎罪】 将基因编辑、克隆的人类胚胎植入人体或者动物体内，或者将基因编辑、克隆的动物胚胎植入人体内，情节严重的，处三年以下有期徒刑或者拘役，并处罚金；情节特别严重的，处三年以上七年 以下有期徒刑，并处罚金。【2021年3月1日刑法修正案（十一）】

第三百三十七条【妨害动植物防疫、检疫罪】 违反有关动植物防疫、检疫的国家规定，引起重大动植物疫情的，或者有引起重大动植物疫情危险，情节严重的，处三年以下有期徒刑或者拘役，并处或者单处罚金。

单位犯前款罪的，对单位判处罚金，并对其直接负责的主管人员和其他直接责任人员，依照前款的规定处罚。【2009年2月28日刑法修正案（七）】

【1997年刑法】违反进出境动植物检疫法的规定，逃避动植物检疫，引起重大动植物疫情的，处三年以下有期徒刑或者拘役，并处或者单处罚金。

单位犯前款罪的，对单位判处罚金，并对其直接负责的主管人员和其他直接责任人员，依照前款的规定处罚。

（相关解释）最高人民检察院、公安部《关于公安机关管辖的刑事案件立案追诉标准的规定（一）的补充规定》公通字〔2017〕12号

九、将《立案追诉标准（一）》第五十九条修改为：【妨害动植物防疫、检疫案（《刑

法》第三百三十七条）】违反有关动植物防疫、检疫的国家规定，引起重大动植物疫情的，应予立案追诉。

违反有关动植物防疫、检疫的国家规定，有引起重大动植物疫情危险，涉嫌下列情形之一的，应予立案追诉：

（一）非法处置疫区内易感动物或者其产品，货值金额五万元以上的；

（二）非法处置因动植物防疫、检疫需要被依法处理的动植物或者其产品，货值金额二万元以上的；

（三）非法调运、生产、经营感染重大植物检疫性有害生物的林木种子、苗木等繁殖材料或者森林植物产品的；

（四）输入《中华人民共和国进出境动植物检疫法》规定的禁止进境物逃避检疫，或者对特许进境的禁止进境物未有效控制与处置，导致其逃逸、扩散的；

（五）进境动植物及其产品检出有引起重大动植物疫情危险的动物疫病或者植物有害生物后，非法处置导致进境动植物及其产品流失的；

（六）一年内携带或者寄递《中华人民共和国禁止携带、邮寄进境的动植物及其产品名录》所列物品进境逃避检疫两次以上，或者窃取、抢夺、损毁、抛洒动植物检疫机关截留的《中华人民共和国禁止携带、邮寄进境的动植物及其产品名录》所列物品的；

（七）其他情节严重的情形。

本条规定的"重大动植物疫情"，按照国家行政主管部门的有关规定认定。

（附参考）**浙江省高级人民法院《关于部分罪名定罪量刑情节及数额标准的意见》**浙高法〔2012〕325号

94.《刑法》第三百三十七条 **【妨害动植物防疫、检疫罪】**

具有下列情形之一的，属于"情节严重"，处三年以下有期徒刑或者拘役，并处或者单处罚金：

（1）造成国家规定的《进境动物一、二类传染病、寄生虫病名录》中所列的动物疫病传入或者对农、牧、渔业生产以及人体健康、公共安全造成严重危害的其他动物疫病在国内暴发流行的；

（2）造成国家规定的《进境植物检疫性有害生物名录》中所列的有害生物传入或者对农、林业生产、生态环境以及人体健康有严重危害的其他有害生物在国内传播扩散的；

（3）情节严重的其他情形。

第六节　破坏环境资源保护罪

第三百三十八条【污染环境罪】 违反国家规定，排放、倾倒或者处置有放射性的废物、含传染病病原体的废物、有毒物质或者其他有害物质，严重污染环境的，处三年以下有期徒刑或者拘役，并处或者单处罚金；情节严重的，处三年以上七年以下有期徒刑，并处罚金；有下列情形之一的，处七年以上有期徒刑，并处罚金：

（一）在饮用水水源保护区、自然保护地核心保护区等依法确定的重点保护区域排放、倾倒、处置有放射性的废物、含传染病病原体的废物、有毒物质，情节特别严重的；

（二）向国家确定的重要江河、湖泊水域排放、倾倒、处置有放射性的废物、含传染病病原体的废物、有毒物质，情节特别严重的；

（三）致使大量永久基本农田基本功能丧失或者遭受永久性破坏的；

（四）致使多人重伤、严重疾病，或者致人严重残疾、死亡的。

有前款行为，同时构成其他犯罪的，依照处罚较重的规定定罪处罚。【2021 年 3 月 1 日刑法修正案（十一）】

【1997 年刑法】违反国家规定，向土地、水体、大气排放、倾倒或者处置有放射性的废物、含传染病病原体的废物、有毒物质或者其他危险废物，造成重大环境污染事故，致使公私财产遭受重大损失或者人身伤亡的严重后果的，处三年以下有期徒刑或者拘役，并处或者单处罚金；后果特别严重的，处三年以上七年以下有期徒刑，并处罚金。

【2011 年 5 月 1 日刑法修正案（八）】违反国家规定，排放、倾倒或者处置有放射性的废物、含传染病病原体的废物、有毒物质或者其他有害物质，严重污染环境的，处三年以下有期徒刑或者拘役，并处或者单处罚金；后果特别严重的，处三年以上七年以下有期徒刑，并处罚金。

（相关解释）1. **最高人民检察院、公安部《关于公安机关管辖的刑事案件立案追诉标准的规定（一）的补充规定》**公通字〔2017〕12 号

十、将《立案追诉标准（一）》第六十条修改为：【污染环境案（《刑法》第三百三十八条）】违反国家规定，排放、倾倒或者处置有放射性的废物、含传染病病原体的废物、有毒物质或者其他有害物质，涉嫌下列情形之一的，应予立案追诉：

（一）在饮用水水源一级保护区、自然保护区核心区排放、倾倒、处置有放射性的废物、含传染病病原体的废物、有毒物质的；

（二）非法排放、倾倒、处置危险废物三吨以上的；

（三）排放、倾倒、处置含铅、汞、镉、铬、砷、铊、锑的污染物，超过国家或者地方污染物排放标准三倍以上的；

（四）排放、倾倒、处置含镍、铜、锌、银、钒、锰、钴的污染物，超过国家或者地方污染物排放标准十倍以上的；

（五）通过暗管、渗井、渗坑、裂隙、溶洞、灌注等逃避监管的方式排放、倾倒、处置有放射性的废物、含传染病病原体的废物、有毒物质的；

（六）二年内曾因违反国家规定，排放、倾倒、处置有放射性的废物、含传染病病原体的废物、有毒物质受过两次以上行政处罚，又实施前列行为的；

（七）重点排污单位篡改、伪造自动监测数据或者干扰自动监测设施，排放化学需氧量、氨氮、二氧化硫、氮氧化物等污染物的；

（八）违法减少防治污染设施运行支出一百万元以上的；

（九）违法所得或者致使公私财产损失三十万元以上的；

（十）造成生态环境严重损害的；

（十一）致使乡镇以上集中式饮用水水源取水中断十二小时以上的；

（十二）致使基本农田、防护林地、特种用途林地五亩以上，其他农用地十亩以上，其他土地二十亩以上基本功能丧失或者遭受永久性破坏的；

（十三）致使森林或者其他林木死亡五十立方米以上，或者幼树死亡二千五百株以上的；

（十四）致使疏散、转移群众五千人以上的；

（十五）致使三十人以上中毒的；

（十六）致使三人以上轻伤、轻度残疾或者器官组织损伤导致一般功能障碍的；

（十七）致使一人以上重伤、中度残疾或者器官组织损伤导致严重功能障碍的；

（十八）其他严重污染环境的情形。

本条规定的"有毒物质"，包括列入国家危险废物名录或者根据国家规定的危险废物鉴别标准和鉴别方法认定的具有危险特性的废物，《关于持久性有机污染物的斯德哥尔摩公约》附件所列物质，含重金属的污染物，以及其他具有毒性可能污染环境的物质。

本条规定的"非法处置危险废物"，包括无危险废物经营许可证，以营利为目的，从危险废物中提取物质作为原材料或者燃料，并具有超标排放污染物、非法倾倒污染物或者其他违法造成环境污染情形的行为。

本条规定的"重点排污单位"，是指设区的市级以上人民政府环境保护主管部门依法确定的应当安装、使用污染物排放自动监测设备的重点监控企业及其他单位。

本条规定的"公私财产损失"，包括直接造成财产损毁、减少的实际价值，为防止污染扩大、消除污染而采取必要合理措施所产生的费用，以及处置突发环境事件的应急监测费用。

本条规定的"生态环境损害"，包括生态环境修复费用，生态环境修复期间服务功能的损失和生态环境功能永久性损害造成的损失，以及其他必要合理费用。

本条规定的"无危险废物经营许可证"，是指未取得危险废物经营许可证，或者超出危险废物经营许可证的经营范围。

2. 最高人民法院、最高人民检察院《关于办理妨害预防、控制突发传染病疫情等灾害的刑事案件具体应用法律若干问题的解释》法释〔2003〕8号

违反传染病防治法等国家有关规定，向土地、水体、大气排放、倾倒或者处置含传染病病原体的废物、有毒物质或者其他危险废物，造成突发传染病传播等重大环境污染事故，致使公私财产遭受重大损失或者人身伤亡的严重后果的，依照《刑法》第三百三十八条的规定，以重大环境污染事故罪定罪处罚。

3. 最高人民法院、最高人民检察院《关于办理环境污染刑事案件适用法律若干问题的解释》法释〔2016〕29号

为依法惩治有关环境污染犯罪，根据《中华人民共和国刑法》《中华人民共和国刑事诉讼法》的有关规定，现就办理此类刑事案件适用法律的若干问题解释如下：

第一条 实施《刑法》第三百三十八条规定的行为，具有下列情形之一的，应当认定为"严重污染环境"：

（一）在饮用水水源一级保护区、自然保护区核心区排放、倾倒、处置有放射性的废物、含传染病病原体的废物、有毒物质的；

（二）非法排放、倾倒、处置危险废物三吨以上的；

（三）排放、倾倒、处置含铅、汞、镉、铬、砷、铊、锑的污染物，超过国家或者地方污染物排放标准三倍以上的；

（四）排放、倾倒、处置含镍、铜、锌、银、钒、锰、钴的污染物，超过国家或者地方污染物排放标准十倍以上的；

（五）通过暗管、渗井、渗坑、裂隙、溶洞、灌注等逃避监管的方式排放、倾倒、处置有放射性的废物、含传染病病原体的废物、有毒物质的；

（六）二年内曾因违反国家规定，排放、倾倒、处置有放射性的废物、含传染病病原体的废物、有毒物质受过两次以上行政处罚，又实施前列行为的；

（七）重点排污单位篡改、伪造自动监测数据或者干扰自动监测设施，排放化学需氧量、氨氮、二氧化硫、氮氧化物等污染物的；

（八）违法减少防治污染设施运行支出一百万元以上的；

（九）违法所得或者致使公私财产损失三十万元以上的；

（十）造成生态环境严重损害的；

（十一）致使乡镇以上集中式饮用水水源取水中断十二小时以上的；

（十二）致使基本农田、防护林地、特种用途林地五亩以上，其他农用地十亩以上，其他土地二十亩以上基本功能丧失或者遭受永久性破坏的；

（十三）致使森林或者其他林木死亡五十立方米以上，或者幼树死亡二千五百株以上的；

（十四）致使疏散、转移群众五千人以上的；

（十五）致使三十人以上中毒的；

（十六）致使三人以上轻伤、轻度残疾或者器官组织损伤导致一般功能障碍的；

（十七）致使一人以上重伤、中度残疾或者器官组织损伤导致严重功能障碍的；

（十八）其他严重污染环境的情形。

第二条　实施《刑法》第三百三十九条、第四百零八条规定的行为，致使公私财产损失三十万元以上，或者具有本解释第一条第十项至第十七项规定情形之一的，应当认定为"致使公私财产遭受重大损失或者严重危害人体健康"或者"致使公私财产遭受重大损失或者造成人身伤亡的严重后果"。

第三条　实施《刑法》第三百三十八条、第三百三十九条规定的行为，具有下列情形之一的，应当认定为"后果特别严重"：

（一）致使县级以上城区集中式饮用水水源取水中断十二小时以上的；

（二）非法排放、倾倒、处置危险废物一百吨以上的；

（三）致使基本农田、防护林地、特种用途林地十五亩以上，其他农用地三十亩以上，其他土地六十亩以上基本功能丧失或者遭受永久性破坏的；

（四）致使森林或者其他林木死亡一百五十立方米以上，或者幼树死亡七千五百株以上的；

（五）致使公私财产损失一百万元以上的；

（六）造成生态环境特别严重损害的；

（七）致使疏散、转移群众一万五千人以上的；

（八）致使一百人以上中毒的；

（九）致使十人以上轻伤、轻度残疾或者器官组织损伤导致一般功能障碍的；

（十）致使三人以上重伤、中度残疾或者器官组织损伤导致严重功能障碍的；

（十一）致使一人以上重伤、中度残疾或者器官组织损伤导致严重功能障碍，并致使五人以上轻伤、轻度残疾或者器官组织损伤导致一般功能障碍的；

（十二）致使一人以上死亡或者重度残疾的；

（十三）其他后果特别严重的情形。

第四条　实施《刑法》第三百三十八条、第三百三十九条规定的犯罪行为，具有下列情形之一的，应当从重处罚：

（一）阻挠环境监督检查或者突发环境事件调查，尚不构成妨害公务等犯罪的；

（二）在医院、学校、居民区等人口集中地区及其附近，违反国家规定排放、倾倒、处置有放射性的废物、含传染病病原体的废物、有毒物质或者其他有害物质的；

（三）在重污染天气预警期间、突发环境事件处置期间或者被责令限期整改期间，违反国家规定排放、倾倒、处置有放射性的废物、含传染病病原体的废物、有毒物质或者其他有害物质的；

（四）具有危险废物经营许可证的企业违反国家规定排放、倾倒、处置有放射性的废物、含传染病病原体的废物、有毒物质或者其他有害物质的。

第五条 实施《刑法》第三百三十八条、第三百三十九条规定的行为，刚达到应当追究刑事责任的标准，但行为人及时采取措施，防止损失扩大、消除污染，全部赔偿损失，积极修复生态环境，且系初犯，确有悔罪表现的，可以认定为情节轻微，不起诉或者免予刑事处罚；确有必要判处刑罚的，应当从宽处罚。

第六条 无危险废物经营许可证从事收集、贮存、利用、处置危险废物经营活动，严重污染环境的，按照污染环境罪定罪处罚；同时构成非法经营罪的，依照处罚较重的规定定罪处罚。

实施前款规定的行为，不具有超标排放污染物、非法倾倒污染物或者其他违法造成环境污染的情形的，可以认定为非法经营情节显著轻微危害不大，不认为是犯罪；构成生产、销售伪劣产品等其他犯罪的，以其他犯罪论处。

第七条 明知他人无危险废物经营许可证，向其提供或者委托其收集、贮存、利用、处置危险废物，严重污染环境的，以共同犯罪论处。

第八条 违反国家规定，排放、倾倒、处置含有毒害性、放射性、传染病病原体等物质的污染物，同时构成污染环境罪、非法处置进口的固体废物罪、投放危险物质罪等犯罪的，依照处罚较重的规定定罪处罚。

第九条 环境影响评价机构或其人员，故意提供虚假环境影响评价文件，情节严重的，或者严重不负责任，出具的环境影响评价文件存在重大失实，造成严重后果的，应当依照《刑法》第二百二十九条、第二百三十一条的规定，以提供虚假证明文件罪或者出具证明文件重大失实罪定罪处罚。

第十条 违反国家规定，针对环境质量监测系统实施下列行为，或者强令、指使、授意他人实施下列行为的，应当依照《刑法》第二百八十六条的规定，以破坏计算机信息系统罪论处：

（一）修改参数或者监测数据的；

（二）干扰采样，致使监测数据严重失真的；

（三）其他破坏环境质量监测系统的行为。

重点排污单位篡改、伪造自动监测数据或者干扰自动监测设施，排放化学需氧量、氨氮、二氧化硫、氮氧化物等污染物，同时构成污染环境罪和破坏计算机信息系统罪的，依照处罚较重的规定定罪处罚。

从事环境监测设施维护、运营的人员实施或者参与实施篡改、伪造自动监测数据、干扰自动监测设施、破坏环境质量监测系统等行为的，应当从重处罚。

第十一条 单位实施本解释规定的犯罪的，依照本解释规定的定罪量刑标准，对直接负责的主管人员和其他直接责任人员定罪处罚，并对单位判处罚金。

第十二条 环境保护主管部门及其所属监测机构在行政执法过程中收集的监测数据，在刑事诉讼中可以作为证据使用。

公安机关单独或者会同环境保护主管部门，提取污染物样品进行检测获取的数据，在刑事诉讼中可以作为证据使用。

第十三条 对国家危险废物名录所列的废物，可以依据涉案物质的来源、产生过程、被告人供述、证人证言以及经批准或者备案的环境影响评价文件等证据，结合环境保护主管部门、公安机关等出具的书面意见作出认定。

对于危险废物的数量，可以综合被告人供述、涉案企业的生产工艺、物耗、能耗情况，以及经批准或者备案的环境影响评价文件等证据作出认定。

第十四条　对案件所涉的环境污染专门性问题难以确定的，依据司法鉴定机构出具的鉴定意见，或者国务院环境保护主管部门、公安部门指定的机构出具的报告，结合其他证据作出认定。

第十五条　下列物质应当认定为《刑法》第三百三十八条规定的"有毒物质"：

（一）危险废物，是指列入国家危险废物名录，或者根据国家规定的危险废物鉴别标准和鉴别方法认定的，具有危险特性的废物；

（二）《关于持久性有机污染物的斯德哥尔摩公约》附件所列物质；

（三）含重金属的污染物；

（四）其他具有毒性，可能污染环境的物质。

第十六条　无危险废物经营许可证，以营利为目的，从危险废物中提取物质作为原材料或者燃料，并具有超标排放污染物、非法倾倒污染物或者其他违法造成环境污染的情形的行为，应当认定为"非法处置危险废物"。

第十七条　本解释所称"二年内"，以第一次违法行为受到行政处罚的生效之日与又实施相应行为之日的时间间隔计算确定。

本解释所称"重点排污单位"，是指设区的市级以上人民政府环境保护主管部门依法确定的应当安装、使用污染物排放自动监测设备的重点监控企业及其他单位。

本解释所称"违法所得"，是指实施《刑法》第三百三十八条、第三百三十九条规定的行为所得和可得的全部违法收入。

本解释所称"公私财产损失"，包括实施《刑法》第三百三十八条、第三百三十九条规定的行为直接造成财产损毁、减少的实际价值，为防止污染扩大、消除污染而采取必要合理措施所产生的费用，以及处置突发环境事件的应急监测费用。

本解释所称"生态环境损害"，包括生态环境修复费用，生态环境修复期间服务功能的损失和生态环境功能永久性损害造成的损失，以及其他必要合理费用。

本解释所称"无危险废物经营许可证"，是指未取得危险废物经营许可证，或者超出危险废物经营许可证的经营范围。

第十八条　本解释自 2017 年 1 月 1 日起施行。本解释施行后，《最高人民法院、最高人民检察院关于办理环境污染刑事案件适用法律若干问题的解释》（法释〔2013〕15 号）同时废止；之前发布的司法解释与本解释不一致的，以本解释为准。

4.最高人民法院、最高人民检察院、公安部、司法部、生态环境部《关于办理环境污染刑事案件有关问题座谈会纪要》（2019 年 2 月 20 日）

会议要求，各部门要正确理解和准确适用《刑法》和《最高人民法院、最高人民检察院关于办理环境污染刑事案件适用法律若干问题的解释》（法释〔2016〕29 号，以下称《环境解释》）的规定，坚持最严格的环保司法制度、最严密的环保法治理念，统一执法司法尺度，加大对环境污染犯罪的惩治力度。

1.关于单位犯罪的认定

会议针对一些地方存在追究自然人犯罪多，追究单位犯罪少，单位犯罪认定难的情况和问题进行了讨论。会议认为，办理环境污染犯罪案件，认定单位犯罪时，应当依法合理把握追究刑事责任的范围，贯彻宽严相济刑事政策，重点打击出资者、经营者和主要获利者，既要防止不当缩小追究刑事责任的人员范围，又要防止打击面过大。

为了单位利益，实施环境污染行为，并具有下列情形之一的，应当认定为单位犯罪：（1）经单位决策机构按照决策程序决定的；（2）经单位实际控制人、主要负责人或者授权的分管负责人决定、同意的；（3）单位实际控制人、主要负责人或者授权的分管负责人得知单位成员个人实施环境污染犯罪行为，并未加以制止或者及时采取措施，而是予以追认、纵容或者默许的；（4）使用单位营业执照、合同书、公章、印鉴等对外开展活动，并调用单位车辆、船舶、生产设备、原辅材料等实施环境污染犯罪行为的。

单位犯罪中的"直接负责的主管人员"，一般是指对单位犯罪起决定、批准、组织、策划、指挥、授意、纵容等作用的主管人员，包括单位实际控制人、主要负责人或者授权的分管负责人、高级管理人员等；"其他直接责任人员"，一般是指在直接负责的主管人员的指挥、授意下积极参与实施单位犯罪或者对具体实施单位犯罪起较大作用的人员。

对于应当认定为单位犯罪的环境污染犯罪案件，公安机关未作为单位犯罪移送审查起诉的，人民检察院应当退回公安机关补充侦查。对于应当认定为单位犯罪的环境污染犯罪案件，人民检察院只作为自然人犯罪起诉的，人民法院应当建议人民检察院对犯罪单位补充起诉。

2.关于犯罪未遂的认定

会议针对当前办理环境污染犯罪案件中，能否认定污染环境罪（未遂）的问题进行了讨论。会议认为，当前环境执法工作形势比较严峻，一些行为人拒不配合执法检查、接受检查时弄虚作假、故意逃避法律追究的情形时有发生，因此对于行为人已经着手实施非法排放、倾倒、处置有毒有害污染物的行为，由于有关部门查处或者其他意志以外的原因未得逞的情形，可以污染环境罪（未遂）追究刑事责任。

3.关于主观过错的认定

会议针对当前办理环境污染犯罪案件中，如何准确认定犯罪嫌疑人、被告人主观过错的问题进行了讨论。会议认为，判断犯罪嫌疑人、被告人是否具有环境污染犯罪的故意，应当依据犯罪嫌疑人、被告人的任职情况、职业经历、专业背景、培训经历、本人因同类行为受到行政处罚或者刑事追究情况以及污染物种类、污染方式、资金流向等证据，结合其供述，进行综合分析判断。

实践中，具有下列情形之一，犯罪嫌疑人、被告人不能作出合理解释的，可以认定其故意实施环境污染犯罪，但有证据证明确系不知情的除外：（1）企业没有依法通过环境影响评价，或者未依法取得排污许可证，排放污染物，或者已经通过环境影响评价并且防治污染设施验收合格后，擅自更改工艺流程、原辅材料，导致产生新的污染物质的；（2）不使用验收合格的防治污染设施或者不按规范要求使用的；（3）防治污染设施发生故障，发现后不及时排除，继续生产放任污染物排放的；（4）生态环境部门责令限制生产、停产整治或者予以行政处罚后，继续生产放任污染物排放的；（5）将危险废物委托第三方处置，没有尽到查验经营许可的义务，或者委托处置费用明显低于市场价格或者处置成本的；（6）通过暗管、渗井、渗坑、裂隙、溶洞、灌注等逃避监管的方式排放污染物的；（7）通过篡改、伪造监测数据的方式排放污染物的；（8）其他足以认定的情形。

4.关于生态环境损害标准的认定

会议针对如何适用《环境解释》第一条、第三条规定的"造成生态环境严重损害的""造成生态环境特别严重损害的"定罪量刑标准进行了讨论。会议指出，生态环境损害赔偿制度是生态文明制度体系的重要组成部分。党中央、国务院高度重视生态环境损害赔偿工作，党的十八届三中全会明确提出对造成生态环境损害的责任者严格实行赔偿制度。2015 年，中央办公厅、国务院办公厅印发《生态环境损害赔偿制度改革试点方案》（中办发〔2015〕57 号），在吉林等 7 个省市部署开展改革试点，取得明显成效。2017 年，中央办公厅、国务院办公厅印发《生态环境损害赔偿制度改革方案》（中办发〔2017〕68 号），在全国范围内试行生态环境损害赔偿制度。

会议指出，《环境解释》将造成生态环境损害规定为污染环境罪的定罪量刑标准之一，是为了与生态环境损害赔偿制度实现衔接配套，考虑到该制度尚在试行过程中，《环境解释》作了较原则的规定。司法实践中，一些省市结合本地区工作实际制定了具体标准。会议认为，在生态环境损害赔偿制度试行阶段，全国各省（自治区、直辖市）可以结合本地实际情况，因地制宜，因时制宜，根据案件具体情况准确认定"造成生态环境严重损害"和"造成生态环境特别严重损害"。

5.关于非法经营罪的适用

会议针对如何把握非法经营罪与污染环境罪的关系以及如何具体适用非法经营罪的问题进行了讨论。会议强调，要高度重视非法经营危险废物案件的办理，坚持全链条、全环节、全流程对非法排放、倾倒、处置、经营危险废物的产业链进行刑事打击，查清犯罪网络，深挖犯罪源头，斩断利益链条，不断挤压和铲除此类犯罪滋生蔓延的空间。

会议认为，准确理解和适用《环境解释》第六条的规定应当注意把握两个原则：一要坚持实质判断原则，对行为人非法经营危险废物行为的社会危害性作实质性判断。比如，一些单位或者个人虽未依法取得危险废物经营许可证，但其收集、贮存、利用、处置危险废物经营活动，没有超标排放污染物、非法倾倒污染物或者其他违法造成环境污染情形的，则不宜以非法经营罪论处。二要坚持综合判断原则，对行为人非法经营危险废物行为根据其在犯罪链条中的地位、作用综合判断其社会危害性。比如，有证据证明单位或者个人的无证经营危险废物行为属于危险废物非法经营产业链的一部分，并且已经形成了分工负责、利益均沾、相对固定的犯罪链条，如果行为人或者与其联系紧密的上游或者下游环节具有排放、倾倒、处置危险废物违法造成环境污染的情形，且交易价格明显异常的，对行为人可以根据案件具体情况在污染环境罪和非法经营罪中，择一重罪处断。

6.关于投放危险物质罪的适用

会议强调，目前我国一些地方环境违法犯罪活动高发多发，刑事处罚威慑力不强的问题仍然突出，现阶段在办理环境污染犯罪案件时必须坚决贯彻落实中央领导同志关于重典治理污染的指示精神，把《刑法》和《环境解释》的规定用足用好，形成对环境污染违法犯罪的强大震慑。

会议认为，司法实践中对环境污染行为适用投放危险物质罪追究刑事责任时，应当重点审查判断行为人的主观恶性、污染行为恶劣程度、污染物的毒害性危险性、污染持续时间、污染结果是否可逆、是否对公共安全造成现实、具体、明确的危险或者危害等各方面因素。对于行为人明知其排放、倾倒、处置的污染物含有毒害性、放射性、传染病病原体等危险物质，仍实施环境污染行为放任其危害公共安全，造成重大人员伤亡、重大公私财产损失等严重后果，以污染环境罪论处明显不足以罚当其罪的，可以按投放危险物质罪定罪量刑。实践中，此类情形主要是向饮用水水源保护区，饮用水供水单位取水口和出水口，南水北调水库、干渠、涵洞等配套工程，重要渔业水体以及自然保护区核心区等特殊保护区域，排放、倾倒、处置毒害性极强的污染物，危害公共安全并造成严重后果的情形。

7.关于涉大气污染环境犯罪的处理

会议针对涉大气污染环境犯罪的打击处理问题进行了讨论。会议强调，打赢蓝天保卫战是打好污染防治攻坚战的重中之重。各级人民法院、人民检察院、公安机关、生态环境部门要认真分析研究全国人大常委会大气污染防治法执法检查发现的问题和提出的建议，不断加大对涉大气污染环境犯罪的打击力度，毫不动摇地以法律武器治理污染，用法治力量保卫蓝天，推动解决人民群众关注的突出大气环境问题。

会议认为，司法实践中打击涉大气污染环境犯罪，要抓住关键问题，紧盯薄弱环节，突出打击重点。对重污染天气预警期间，违反国家规定，超标排放二氧化硫、氮氧化物，受过行政处罚后又实施上述行为或者具有其他严重情节的，可以适用《环境解释》第一条第十八项规定的"其他严重污染环境的情形"追究刑事责任。

8.关于非法排放、倾倒、处置行为的认定

会议针对如何准确认定环境污染犯罪中非法排放、倾倒、处置行为进行了讨论。会议认为，司法实践中认定非法排放、倾倒、处置行为时，应当根据《固体废物污染环境防治法》和《环境解释》的有关规定精神，从其行为方式是否违反国家规定或者行业操作规范、污染物是否与外环境接触、是否造成环境污染的危险或者危害等方面进行综合分析判断。对名为运输、贮存、利用，实为排放、倾倒、处置的行为应当认定为非法排放、倾倒、处置行为，可以依法追究刑事责任。比如，未采取相应防范措施将没有利用价值的危险废物长期贮存、搁置，放任危险废物或者其有毒有害成分大量扬散、流失、泄漏、挥发，污染环境的。

9.关于有害物质的认定

会议针对如何准确认定《刑法》第三百三十八条规定的"其他有害物质"的问题进行了讨论。会议认为，办理非法排放、倾倒、处置其他有害物质的案件，应当坚持主客观相一致原则，从行为人的主观恶性、污染行为恶劣程度、有害物质危险性毒害性等方面进行综合分析判断，准确认定其行为的社会危害性。实践中，常见的有害物质主要有：工业危险废物以外的其他工业固体废物；未经处理的生活垃圾；有害大气污染物、受控消耗臭氧层物质和有害水污染物；在利用和处置过程中必然产生有毒有害物质的其他物质；国务院生态环境保护主管部门会同国务院卫生主管部门公布的有毒有害污染物名录中的有关物质等。

10.关于从重处罚情形的认定

会议强调，要坚决贯彻党中央推动长江经济带发展的重大决策，为长江经济带共抓大保护、不搞大开发提供有力的司法保障。实践中，对于发生在长江经济带十一省（直辖市）的下列环境污染犯罪行为，可以从重处罚：（1）跨省（直辖市）排放、倾倒、处置有放射性的废物、含传染病病原体的废物、有毒物质或者其他有害物质的；（2）向国家确定的重要江河、湖泊或者其他跨省（直辖市）江河、湖泊排放、倾倒、处置有放射性的废物、含传染病病原体的废物、有毒物质或者其他有害物质的。

11.关于严格适用不起诉、缓刑、免予刑事处罚

会议针对当前办理环境污染犯罪案件中如何严格适用不起诉、缓刑、免予刑事处罚的问题进行了讨论。会议强调，环境污染犯罪案件的刑罚适用直接关系加强生态环境保护打好污染防治攻坚战的实际效果。各级人民法院、人民检察院要深刻认识环境污染犯罪的严重社会危害性，正确贯彻宽严相济刑事政策，充分发挥刑罚的惩治和预防功能。要在全面把握犯罪事实和量刑情节的基础上严格依照《刑法》和《刑事诉讼法》规定的条件适用不

起诉、缓刑、免予刑事处罚，既要考虑从宽情节，又要考虑从严情节；既要做到刑罚与犯罪相当，又要做到刑罚执行方式与犯罪相当，切实避免不起诉、缓刑、免予刑事处罚不当适用造成的消极影响。

会议认为，具有下列情形之一的，一般不适用不起诉、缓刑或者免予刑事处罚：（1）不如实供述罪行的；（2）属于共同犯罪中情节严重的主犯的；（3）犯有数个环境污染犯罪依法实行并罚或者以一罪处理的；（4）曾因环境污染违法犯罪行为受过行政处罚或者刑事处罚的；（5）其他不宜适用不起诉、缓刑、免予刑事处罚的情形。

会议要求，人民法院审理环境污染犯罪案件拟适用缓刑或者免予刑事处罚的，应当分析案发前后的社会影响和反映，注意听取控辩双方提出的意见。对于情节恶劣、社会反映强烈的环境污染犯罪，不得适用缓刑、免予刑事处罚。人民法院对判处缓刑的被告人，一般应当同时宣告禁止令，禁止其在缓刑考验期内从事与排污或者处置危险废物有关的经营活动。生态环境部门根据禁止令，对上述人员担任实际控制人、主要负责人或者高级管理人员的单位，依法不得发放排污许可证或者危险废物经营许可证。

12.关于管辖的问题

会议针对环境污染犯罪案件的管辖问题进行了讨论。会议认为，实践中一些环境污染犯罪案件属于典型的跨区域刑事案件，容易存在管辖不明或者有争议的情况，各级人民法院、人民检察院、公安机关要加强沟通协调，共同研究解决。

会议提出，跨区域环境污染犯罪案件由犯罪地的公安机关管辖。如果由犯罪嫌疑人居住地的公安机关管辖更为适宜的，可以由犯罪嫌疑人居住地的公安机关管辖。犯罪地包括环境污染行为发生地和结果发生地。"环境污染行为发生地"包括环境污染行为的实施地以及预备地、开始地、途经地、结束地以及排放、倾倒污染物的车船停靠地、始发地、途经地、到达地等地点；环境污染行为有连续、持续或者继续状态的，相关地方都属于环境污染行为发生地。"环境污染结果发生地"包括污染物排放地、倾倒地、堆放地、污染发生地等。

多个公安机关都有权立案侦查的，由最初受理的或者主要犯罪地的公安机关立案侦查，管辖有争议的，按照有利于查清犯罪事实、有利于诉讼的原则，由共同的上级公安机关协调确定的公安机关立案侦查，需要提请批准逮捕、移送审查起诉、提起公诉的，由该公安机关所在地的人民检察院、人民法院受理。

13.关于危险废物的认定

会议针对危险废物如何认定以及是否需要鉴定的问题进行了讨论。会议认为，根据《环境解释》的规定精神，对于列入《国家危险废物名录》的，如果来源和相应特征明确，司法人员根据自身专业技术知识和工作经验认定难度不大的，司法机关可以依据名录直接认定。对于来源和相应特征不明的，由生态环境部门、公安机关等出具书面意见，司法机关可以依据涉案物质的来源、产生过程、被告人供述、证人证言以及经批准或者备案的环境影响评价文件等证据，结合上述书面意见作出是否属于危险废物的认定。对于需要生态环境部门、公安机关等出具书面认定意见的，区分下列情况分别处理：（1）对已确认固体废物产生单位，且产废单位环评文件中明确为危险废物的，根据产废单位建设项目环评文件和审批、验收意见、案件笔录等材料，可对照《国家危险废物名录》等出具认定意见。（2）对已确认固体废物产生单位，但产废单位环评文件中未明确为危险废物的，应进一步分析废物产生工艺，对照判断其是否列入《国家危险废物名录》。列入名录的可以直接出具认定意见；未列入名录的，应根据原辅材料、产生工艺等进一步分析其是否具有危险特性，不可能具有危险特性的，不属于危险废物；可能具有危险特性的，抽取典型样品进行检测，并根据典型样品检测指标浓度，对照《危险废物鉴别标准》（GB5085.1-7）出具认定意见。（3）对固体废物产生单位无法确定的，应抽取典型样品进行检测，根据典型样品检测指标浓度，对照《危险废物鉴别标准》（GB5085.1-7）出具认定意见。对确需进一步委托有相关资质的检测鉴定机构进行检测鉴定的，生态环境部门或者公安机关按照有关规定开展检测鉴定工作。

14.关于鉴定的问题

会议指出，针对当前办理环境污染犯罪案件中存在的司法鉴定有关问题，司法部将会同生态环境部，加快准入一批诉讼急需、社会关注的环境损害司法鉴定机构，加快对环境损害司法鉴定相关技术规范和标准的制定、修改和认定工作，规范鉴定程序，指导各地司法行政机关会同价格主管部门制定出台环境损害司法鉴定收费标准，加强与办案机关的沟通衔接，更好地满足办案机关需求。

会议要求，司法部应当根据《关于严格准入严格监管提高司法鉴定质量和公信力的意见》（司发〔2017〕11号）的要求，会同生态环境部加强对环境损害司法鉴定机构的事中事后监管，加强司法鉴定社会信用体系建设，建立黑名单制度，完善退出机制，及时向社会公开违法违规的环境损害司法鉴定机构和鉴定人行政处罚、行业惩戒等监管信息，对弄虚作假造成环境损害鉴定评估结论严重失实或者违规收取高额费用、情节严重的，依法撤销登记。鼓励有关单位或者个人向司法部、生态环境部举报环境损害司法鉴定机构的违法违规行为。

会议认为，根据《环境解释》的规定精神，对涉及案件定罪量刑的核心或者关键专门性问题难以确定的，由司法鉴定机构出具鉴定意见。实践中，这类核心或者关键专门性问题主要是案件具体适用的定罪量刑标准涉及的专门性问题，比如公私财产损失数额、超过排放标准倍数、污染物性质判断等。对案件的其他非核心或者关键专门性问题，或者可鉴定也可不鉴定的专门性问题，一般不委托鉴定。比如，适用《环境解释》第一条第二项"非法排放、倾倒、处置危险废物三吨以上"的规定对当事人追究刑事责任的，除可能适用公私财产损失第二档定罪量刑标准的以外，则不应再对公私财产损失数额或者超过排放标准倍数进行鉴定。涉及案件定罪量刑的核心或者关键专门性问题难以鉴定或者鉴定费用明显过高的，司法机关可以结合案件其他证据，并参考生态环境部门意见、专家意见等作出认定。

15.关于监测数据的证据资格问题

会议针对实践中地方生态环境部门及其所属监测机构委托第三方监测机构出具报告的证据资格问题进行了讨论。会议认为，地方生态环境部门及其所属监测机构委托第三方监测机构出具的监测报告，地方生态环境部门及其所属监测机构在行政执法过程中予以采用的，其实质属于《环境解释》第十二条规定的"环境保护主管部门及其所属监测机构在行政执法过程中收集的监测数据"，在刑事诉讼中可以作为证据使用。

（附参考）1.浙江省人民检察院《关于办理环境污染刑事案件若干问题的会议纪要》
浙检发侦监字〔2014〕7号

2014年3月28日，省高级法院、省检察院、省公安厅、省环保厅就贯彻落实《关于建立打击环境违法犯罪协作机制的意见》（浙环发〔2014〕10号）召开联席会议。各职能部门认为，应充分认识打击环境污染刑事犯罪的紧迫性和必要性，要加大执法力度，将办理环境污染刑事案件作为服务保障省委"五水共治"中心任务的重要举措来落实，坚持依法从严打击方针，同时在办案中进一步加强沟通联系，统一执法尺度，切实形成打击合力。会上对最高人民法院、最高人民检察院《关于办理环境污染刑事案件适用法律若干问题的解释》（以下简称《解释》）颁布实施以来办理环境污染刑事案件适用法律、司法解释的相关问题进行了研究并达成共识。现纪要如下：

一、关于管辖

对于多人实施的有关联的环境污染刑事犯罪案件，并案处理有利于查明案件事实的，按照最高人民法院、最高人民检察院、公安部、国家安全部、司法部、全国人大常委会法制工作委员会《关于实施刑事诉讼法若干问题的规定》，人民法院、人民检察院、公安机关可以在其职责范围内并案处理。

二、关于打击重点

办理环境污染刑事案件，对违反国家规定排放、倾倒、处置有毒有害物质严重污染环境的企业、个体经营户等，要将主要获利者作为重点打击对象；对于在生产经营中起到监督、管理作用的工作人员和直接排放、倾倒、处置污染物的工作人员，可以按照"直接负责的主管人员和其他直接责任人员"定罪处罚；对于其他操作人员或普通执行人员等，要分清责任，除情节恶劣外，一般不予定罪处罚。

对符合逮捕条件的重点打击人员，一般应允以批准逮捕，对已被批准逮捕的人员，一般不予改变强制措施、不判处缓刑。

三、关于几个问题的认定

1.主观故意的认定。明知包括知道或者应当知道。污染防治设施以及其他生产设备发生故障，发现后放任污染物排放的，以"明知"论处。

具有下列情形之一，并且犯罪嫌疑人、被告人不能作出合理解释的，可以认定其"应当知道"，但有证据证明确系不知情的除外：（1）根据其生产工艺、生产流程必然会产生污染物，但没有处理、净化设备，或者虽然有这些设备但没有开启的；（2）污染防治设施以及其他生产设备发生故障，在故障发生后的合理时限内未处置的；（3）上下家涉嫌共同犯罪的，知道下家无资质处理、无经营许可证或超出经营许可证范围，且支付的处理费用明显低于市场价的。

2.对企业产生物质属性变更的认定。对企业未按照环境影响评价报告中的生产工艺组织生产，或者擅自改变生产过程中的原辅材料，其产生的物品属性不能按照原环境影响评价报告进行直接认定，应当重新进行鉴别。

3."污染物排放标准三倍以上"的认定。是指超过污染物排放标准的三倍，即污染物排放标准×3以上的浓度，如标准为0.5的，超过1.5即为超标。

4."私设暗管"的认定。未经职能部门审批安装、规避监管的排放管道均属《解释》第一条第四项中"暗管"；利用隐蔽时段或隐蔽地点非法排放，属于广义上的以"私设暗管"形式排放。

5."公私财产损失"的认定。"公私财产损失"包括污染环境行为直接造成财产毁损、减少的实际价值，以及为防止污染扩大、消除污染而采取必要合理措施所产生的费用，不包括环境修复费用和鉴定、评估费用。对有可能适用《解释》第一条、第三条"致使公私财产损失三十万元（或者一百万元）以上的"条款的环境污染刑事案件，必须提供"环境污染损害（鉴定）评估报告"。

6. "重金属"的认定。《解释》第十条中的重金属范围，除了条文中明确列举的铅、汞、镉、铬之外，其他的重金属可参照国务院《重金属污染综合防治"十二五"规划》和《浙江省重金属污染综合防治规划（2010～2015）》来把握。

四、关于规范环保取证

由省环保厅在征求省公、检、法三家意见的基础上，尽快制定检材的取证主体、取证地点、取证程序、送检报告的出具以及向公安机关移送案件等具体操作规范。环保部门出具的检验报告或监测报告，应列明毒物、废物、污染物的具体种属，并就检材中是否含有"有毒物质""危险废物"或者"一般污染物"等作出结论性论断。但对列入《国家危险废物名录》《医疗废物分类目录》的废物，可由环保部门依目录直接认定，并出具书面意见。

五、关于溯及力

对于2011年5月1日以后，2013年6月18日《解释》生效前的污染环境行为，除情节十分严重、性质非常恶劣的案件外，只有行为同时符合2006年7月最高人民法院《关于审理环境污染刑事案件具体应用法律若干问题的解释》的，才宜根据《解释》作刑事追究。如果行为一直延续到《解释》生效后，可直接适用《解释》规定。

2.浙江省高级人民法院、浙江省人民检察院、浙江省公安厅、浙江省环境保护厅《关于办理环境污染刑事案件若干问题的会议纪要（二）》2015年1月12日

2014年12月2日，省高级法院、省检察院、省公安厅、省环保厅在绍兴市柯桥区召开2014年第4次环保、公检法联席会议。会上，各职能部门充分肯定了我省2014年环境污染刑事犯罪打击工作，认为全省各级公检法机关和环保部门在加强沟通协调，形成打击合力的基础上，将打击环境污染刑事犯罪作为服务保障省委"五水共治"中心任务的重要举措来抓，无论在机制、制度建设方面还是在具体案件打击方面都走在全国前列，取得了突出成绩。同时，各职能部门总结交流了2014年在环境行政执法、刑事司法方面所做的工作及2015年工作计划，并对当前我省各级环保部门及公检法等机关办理环境污染犯罪案件的特点和存在问题进行了研究并达成共识。现纪要如下：

一、明确私设暗管类案件的调查要点

环保部门在调查过程中发现"私设暗管或者利用渗井、渗坑、裂隙、溶洞等排放、倾倒、处置有放射性的废物、含传染病病原体的废物、有毒物质的"等涉嫌环境污染犯罪的，应严格按照《浙江省涉嫌环境污染违法案件调查取证工作规程》执行，做好现场排污量核实、污染情况描述等前期调查取证工作。

二、应急处置费用应计入"公私财产损失"范畴

应急处置费用属于"为防止污染扩大、消除污染而采取必要合理措施所产生的费用"范畴，应当计入"公私财产损失"。

三、关于涉及废气排放的环境违法行为的查处

对非法熔炼、非法拆解、露天焚烧工业垃圾等环境违法行为所产生的污染物，造成的环境危害，可由环境保护部门组织相关鉴定机构、技术部门出具此类违法行为排放的污染物类型、数量或造成环境危害程度的核算标准；环境保护部门现场调查时，根据现场发现的焚烧、熔炼固体残留物或者拆解物品的种类、数量，参照相关核算标准，给出排放的污染物的类型、数量或造成环境危害程度的鉴定意见，如有必要，可由公安机关组织有关专家进行侦查实验，环保部门应当予以配合。

3.浙江省高级人民法院、浙江省人民检察院、浙江省公安厅、浙江省环境保护厅《关于办理环境污染刑事案件若干问题的会议纪要（三）》浙环发〔2018〕15号

2018 年 1 月 11 日，省高级人民法院、省人民检察院、省公安厅、省环保厅召开联席会议。会议要求，全省各级人民法院、人民检察院、公安机关和环保部门要深入贯彻党的十九大精神，合力构建"强化排污者责任、实施严惩重罚"制度体系，强化行政执法与司法联动，完善环境资源司法保护机制，积极推进中央环保督察问题整改，坚决打好污染防治攻坚战，为美丽浙江建设提供坚强保障。会议对贯彻执行《最高人民法院 最高人民检察院关于办理环境污染刑事案件适用法律若干问题的解释》（法释〔2016〕29 号）（以下简称《解释》）及环境保护部、公安部、最高人民检察院《关于印发〈环境保护行政执法与刑事司法衔接工作办法〉的通知》（环环监〔2017〕17 号）（以下简称《衔接办法》）和办理环境违法犯罪案件有关问题进行了研究并达成共识。现纪要如下：

一、关于案件移送和法律监督

各级环保部门要严格落实《衔接办法》的要求，在向同级公安机关移送涉嫌环境犯罪案件时，要将案件移送书抄送同级人民检察院。

各级公安机关和环保部门要进一步规范适用行政拘留环境违法案件的办理，细化行政拘留案件移送程序，加大适用行政拘留环境违法案件办理力度。人民检察院对适用行政拘留环境违法案件的移送和办理，依法实施法律监督。

坚持依法从严打击方针，完善严惩重罚制度，严格控制环境污染犯罪中缓刑、免予刑事处罚的适用，保持全省各地缓刑适用标准的统一和平衡。对符合逮捕条件的重点打击对象一般应予以批准逮捕，对已批准逮捕的人员，依法严格控制改变强制措施，慎用缓刑。

二、关于几个具体问题的认定

（一）关于"主观故意"的认定

主观故意中明知的认定包括知道或者应当知道。相关责任人员无法作出合理解释或无其他证据证明其确实不知情的，可以认定其"应当知道"。

（二）关于"暗管"及"逃避监管的方式"的认定

"暗管"是指通过隐蔽的方式达到规避监管目的而设置的排污管道，可以依据公安部等 5 部门《关于印发〈行政主管部门移送适用行政拘留环境违法案件暂行办法〉的通知》（公治〔2014〕853 号）第五条规定进行认定。在雨污管道分离后利用雨水管道或者从厕所排污管道等生活设施管道排放、倾倒、处置有放射性的废物、含传染病病原体的废物、有毒物质的，属于《解释》第一条第五项中"逃避监管的方式"。

（三）关于"外环境"的认定

对于"外环境"的理解，依据《衔接办法》第三十七条第二项的规定执行。具有下列情形之一的，视同为外环境：

1.设有集中处理第一类污染物处理设施的，其处理设施废水排放口；

2.除《污水综合排放标准》（GB8978-1996）外，其他污染物排放标准中要求在车间或生产设施废水排放口采样的污染物，参照第一类污染物排入"外环境"有关情形认定；

3.除上述情况外，违反国家规定，向雨水管网、生活污水管网和工业污水管网排放、倾倒、处置有放射性的废物、含传染病病原体的废物、有毒物质或其他有害物质，进入纳管网处即视同为排入"外环境"，具有《解释》规定相关情形的，应当认定为"严重污染环境"。

现场调查人员应当对违法行为的排他性进行调查，采样环节要严格按照规范操作，应当对排污单位实际排污点（倾倒点或处置点）和工艺产污环节（或存储点）同步取样。

（四）关于篡改、伪造自动监测数据或者干扰自动监测设施行为的理解与适用排污单位存在监测数据弄虚作假行为的，环保部门、公安机关依法予以处罚；

涉嫌单位犯罪的，移交司法机关依法追究直接负责的主管人员和其他直接责任人员的刑事责任，并对单位判处罚金。对于具体操作人员个人篡改、伪造自动监测数据或者干扰自动监测设施的行为，单位负责的主管人员在合理期限内未发现或发现后未予纠正，且无法作出合理解释，无其他证据证明其确实不知情的，可以认定其应当知道，适用《解释》第一条第七项。

篡改、伪造自动监测数据或者干扰自动监测设施的具体表现行为，可以依据环境保护部《关于印发〈环境监测数据弄虚作假行为判定及处理办法〉的通知》（环发〔2015〕175号）的规定进行判定。

（五）关于涉及危险废物有关行为的理解与适用

1.已经着手实施非法排放、倾倒、处置危险废物总量超过三吨，因有关部门查处、他人发现等情况而停止实施时，实际排放、倾倒、处置的危险废物尚未达到三吨的，可以认定为犯罪未遂。

2.危险废物与水等物质混合，或者沾染危险废物的包装物，无法鉴别或鉴别成本巨大的，可以按照混合后的重量计算，但应当考虑非危险废物的含量，酌情量罚。

（六）公私财产损失的理解与适用

1.《解释》第十七条第四款"公私财产损失"中"为防止污染扩大、消除污染而采取必要合理措施所产生的费用"包含污染物的清理、运输、处置等已经实际发生的费用，以及有处置能力但由于时间等原因尚未处置，预期必然产生的污染物处置合理费用。

2.对实施污染环境违法行为，污染物排入水体、大气等介质后，已无法在现场开展应急处置或者现场清理的，可以由专业机构对"为防止污染扩大、消除污染而采取必要合理措施所产生的费用"进行评估计算。结合直接造成的财产损失、减少的实际价值等费用总体评估财产损失，并出具环境损害评估文件。

（七）关于涉及查封期间擅自损毁封条、变更查封状态，启用已查封的设施、设备行为的查处

排污者擅自损毁封条、变更查封状态，启用已查封的设施、设备的，可以阻碍国家机关工作人员依法执行职务论，按照《治安管理处罚法》第五十条规定予以处罚。

三、进一步完善环境行政执法与司法协调联动工作机制

（一）全面推进协调联动机构建设。各级人民法院、人民检察院、公安机关、环保部门要全面加强环境行政执法与司法联动，加快推进市、县两级设立检察机关驻环保部门联络机构、法院与环保部门协调联动机构，进一步完善公安机关驻环保部门联络机构运行机制。

（二）建立健全信息共享机制。各级人民法院、人民检察院、公安机关、环保部门要高度重视信息交流共享，建立案件咨询制度，定期互通案件信息，建设行政执法与刑事司法衔接信息共享平台。健全日常工作联络员制度，定期或不定期召开联席会议，加强对重大、复杂和社会影响大的环境犯罪案件的沟通协商和专案会商。强化宣传报道，建立健全环境犯罪案件宣传发布机制，适时发布重大典型案件。

（三）持续强化工作联动交流。省级层面每年至少开展1次联合培训，市、县两级根据工作需要组织开展。各有关单位可采取联合调研、联合办案等方式，进一步提升环境执法与司法协调联动水平。要以办理社会关注度高、影响大或造成重大环境污染事故的案件

为突破口，就生态环境严重损害的认定及构罪标准形成共识，推进我省生态环境损害赔偿制度改革。

第三百三十九条【非法处置进口的固体废物罪】　违反国家规定，将境外的固体废物进境倾倒、堆放、处置的，处五年以下有期徒刑或者拘役，并处罚金；造成重大环境污染事故，致使公私财产遭受重大损失或者严重危害人体健康的，处五年以上十年以下有期徒刑，并处罚金；后果特别严重的，处十年以上有期徒刑，并处罚金。

【擅自进口固体废物罪】　未经国务院有关主管部门许可，擅自进口固体废物用作原料，造成重大环境污染事故，致使公私财产遭受重大损失或者严重危害人体健康的，处五年以下有期徒刑或者拘役，并处罚金；后果特别严重的，处五年以上十年以下有期徒刑，并处罚金。

以原料利用为名，进口不能用作原料的固体废物、液态废物和气态废物的，依照本法第一百五十二条第二款、第三款的规定定罪处罚。【2002年12月28日刑法修正案（四）】

【1997年刑法】违反国家规定，将境外的固体废物进境倾倒、堆放、处置的，处五年以下有期徒刑或者拘役，并处罚金；造成重大环境污染事故，致使公私财产遭受重大损失或者严重危害人体健康的，处五年以上十年以下有期徒刑，并处罚金；后果特别严重的，处十年以上有期徒刑，并处罚金。

未经国务院有关主管部门许可，擅自进口固体废物用作原料，造成重大环境污染事故，致使公私财产遭受重大损失或者严重危害人体健康的，处五年以下有期徒刑或者拘役，并处罚金；后果特别严重的，处五年以上十年以下有期徒刑，并处罚金。

以原料利用为名，进口不能用作原料的固体废物的，依照本法第一百五十五条的规定定罪处罚。

（相关解释）**1.最高人民检察院、公安部《关于公安机关管辖的刑事案件立案追诉标准的规定（一）》**公通字〔2008〕36号

第六十一条　**【非法处置进口的固体废物案（《刑法》第三百三十九条第一款）】**违反国家规定，将境外的固体废物进境倾倒、堆放、处置的，应予立案追诉。

第六十二条　**【擅自进口固体废物案（《刑法》第三百三十九条第二款）】**未经国务院有关主管部门许可，擅自进口固体废物用作原料，造成重大环境污染事故，涉嫌下列情形之一的，应予立案追诉：

（一）致使公私财产损失三十万元以上的；

（二）致使基本农田、防护林地、特种用途林地五亩以上，其他农用地十亩以上，其他土地二十亩以上基本功能丧失或者遭受永久性破坏的；

（三）致使森林或者其他林木死亡五十立方米以上，或者幼树死亡二千五百株以上的；

（四）致使一人以上死亡、三人以上重伤、十人以上轻伤，或者一人以上重伤并且五人以上轻伤的；

（五）致使传染病发生、流行或者人员中毒达到《国家突发公共卫生事件应急预案》中突发公共卫生事件分级Ⅲ级以上情形，严重危害人体健康的；

（六）其他致使公私财产遭受重大损失或者严重危害人体健康的情形。

2.最高人民法院、最高人民检察院《关于办理环境污染刑事案件适用法律若干问题的解释》法释〔2016〕29号（见第三百三十八条）

第三百四十条【非法捕捞水产品罪】 违反保护水产资源法规，在禁渔区、禁渔期或者使用禁用的工具、方法捕捞水产品，情节严重的，处三年以下有期徒刑、拘役、管制或者罚金。

（相关解释）**1. 最高人民检察院、公安部《关于公安机关管辖的刑事案件立案追诉标准的规定（一）》公通字〔2008〕36 号**

第六十三条 **【非法捕捞水产品案（《刑法》第三百四十条）】** 违反保护水产资源法规，在禁渔区、禁渔期或者使用禁用的工具、方法捕捞水产品，涉嫌下列情形之一的，应予立案追诉：

（一）在内陆水域非法捕捞水产品五百公斤以上或者价值五千元以上的，或者在海洋水域非法捕捞水产品二千公斤以上或者价值二万元以上的；

（二）非法捕捞有重要经济价值的水生动物苗种、怀卵亲体或者在水产种质资源保护区内捕捞水产品，在内陆水域五十公斤以上或者价值五百元以上，或者在海洋水域二百公斤以上或者价值二千元以上的；

（三）在禁渔区内使用禁用的工具或者禁用的方法捕捞的；

（四）在禁渔期内使用禁用的工具或者禁用的方法捕捞的；

（五）在公海使用禁用渔具从事捕捞作业，造成严重影响的；

（六）其他情节严重的情形。

2. 最高人民法院《关于审理发生在我国管辖海域相关案件若干问题的规定（二）》法释〔2016〕17 号（见第三百四十一条）

第四条 违反保护水产资源法规，在海洋水域，在禁渔区、禁渔期或者使用禁用的工具、方法捕捞水产品，具有下列情形之一的，应当认定为《刑法》第三百四十条规定的"情节严重"：

（一）非法捕捞水产品一万公斤以上或者价值十万元以上的；

（二）非法捕捞有重要经济价值的水生动物苗种、怀卵亲体二千公斤以上或者价值二万元以上的；

（三）在水产种质资源保护区内捕捞水产品二千公斤以上或者价值二万元以上的；

（四）在禁渔区内使用禁用的工具或者方法捕捞的；

（五）在禁渔期内使用禁用的工具或者方法捕捞的；

（六）在公海使用禁用渔具从事捕捞作业，造成严重影响的；

（七）其他情节严重的情形。

3. 最高人民法院、最高人民检察院、公安部、司法部《关于依法惩治非法野生动物交易犯罪的指导意见》公通字〔2020〕19 号（2020 年 12 月 18 日）（具体见第三百四十一条）

一、依法严厉打击非法猎捕、杀害野生动物的犯罪行为，从源头上防控非法野生动物交易。

非法猎捕、杀害国家重点保护的珍贵、濒危野生动物，符合《刑法》第三百四十一条第一款规定的，以非法猎捕、杀害珍贵、濒危野生动物罪定罪处罚。

违反狩猎法规，在禁猎区、禁猎期或者使用禁用的工具、方法进行狩猎，破坏野生动物资源，情节严重，符合《刑法》第三百四十一条第二款规定的，以非法狩猎罪定罪处罚。

违反保护水产资源法规，在禁渔区、禁渔期或者使用禁用的工具、方法捕捞水产品，情节严重，符合《刑法》第三百四十条规定的，以非法捕捞水产品罪定罪处罚。

4. 最高人民法院、最高人民检察院、公安部、农业农村部《依法惩治长江流域非法捕

捞等违法犯罪的意见》 公通字〔2020〕17号（2020年12月17日）

二、准确适用法律，依法严惩非法捕捞等危害水生生物资源的各类违法犯罪

（一）依法严惩非法捕捞犯罪。违反保护水产资源法规，在长江流域重点水域非法捕捞水产品，具有下列情形之一的，依照《刑法》第三百四十条的规定，以非法捕捞水产品罪定罪处罚：

1. 非法捕捞水产品五百公斤以上或者一万元以上的；

2. 非法捕捞具有重要经济价值的水生动物苗种、怀卵亲体或者在水产种质资源保护区内捕捞水产品五十公斤以上或者一千元以上的；

3. 在禁捕区域使用电鱼、毒鱼、炸鱼等严重破坏渔业资源的禁用方法捕捞的；

4. 在禁捕区域使用农业农村部规定的禁用工具捕捞的；

5. 其他情节严重的情形。

（二）依法严惩危害珍贵、濒危水生野生动物资源犯罪。在长江流域重点水域非法猎捕、杀害中华鲟、长江鲟、长江江豚或者其他国家重点保护的珍贵、濒危水生野生动物，价值二万元以上不满二十万元的，应当依照《刑法》第三百四十一条的规定，以非法猎捕、杀害珍贵、濒危野生动物罪，处五年以下有期徒刑或者拘役，并处罚金；价值二十万元以上不满二百万元的，应当认定为"情节严重"，处五年以上十年以下有期徒刑，并处罚金；价值二百万元以上的，应当认定为"情节特别严重"，处十年以上有期徒刑，并处罚金或者没收财产。

（三）依法严惩非法渔获物交易犯罪。明知是在长江流域重点水域非法捕捞犯罪所得的水产品而收购、贩卖，价值一万元以上的，应当依照《刑法》第三百一十二条的规定，以掩饰、隐瞒犯罪所得罪定罪处罚。

非法收购、运输、出售在长江流域重点水域非法猎捕、杀害的中华鲟、长江鲟、长江江豚或者其他国家重点保护的珍贵、濒危水生野生动物及其制品，价值二万元以上不满二十万元的，应当依照《刑法》第三百四十一条的规定，以非法收购、运输、出售珍贵、濒危野生动物、珍贵、濒危野生动物制品罪，处五年以下有期徒刑或者拘役，并处罚金；价值二十万元以上不满二百万元的，应当认定为"情节严重"，处五年以上十年以下有期徒刑，并处罚金；价值二百万元以上的，应当认定为"情节特别严重"，处十年以上有期徒刑，并处罚金或者没收财产。

（四）依法严惩危害水生生物资源的单位犯罪。水产品交易公司、餐饮公司等单位实施本意见规定的行为，构成单位犯罪的，依照本意见规定的定罪量刑标准，对直接负责的主管人员和其他直接责任人员定罪处罚，并对单位判处罚金。

（五）依法严惩危害水生生物资源的渎职犯罪。对长江流域重点水域水生生物资源保护负有监督管理、行政执法职责的国家机关工作人员，滥用职权或者玩忽职守，致使公共财产、国家和人民利益遭受重大损失的，应当依照《刑法》第三百九十七条的规定，以滥用职权罪或者玩忽职守罪定罪处罚。

负有查禁破坏水生生物资源犯罪活动职责的国家机关工作人员，向犯罪分子通风报信、提供便利，帮助犯罪分子逃避处罚的，应当依照《刑法》第四百一十七条的规定，以帮助犯罪分子逃避处罚罪定罪处罚。

（六）依法严惩危害水生生物资源的违法行为。实施上述行为，不构成犯罪的，由农业农村（渔政）部门等依据《渔业法》等法律法规予以行政处罚；构成违反治安管理行为的，由公安机关依法给予治安管理处罚。

（七）贯彻落实宽严相济刑事政策。多次实施本意见规定的行为构成犯罪，依法应当追诉的，或者二年内二次以上实施本意见规定的行为未经处理的，数量数额累计计算。

实施本意见规定的犯罪，具有下列情形之一的，从重处罚：（1）暴力抗拒、阻碍国家机关工作人员依法履行职务，尚未构成妨害公务罪的；（2）二年内曾因实施本意见规定的行为受过处罚的；（3）对长江生物资源或水域生态造成严重损害的；（4）具有造成重大社会影响等恶劣情节的。具有上述情形的，一般不适用不起诉、缓刑、免予刑事处罚。

非法捕捞水产品，根据渔获物的数量、价值和捕捞方法、工具等情节，认为对水生生物资源危害明显较轻的，可以认定为犯罪情节轻微，依法不起诉或者免予刑事处罚，但是曾因破坏水产资源受过处罚的除外。

非法猎捕、收购、运输、出售珍贵、濒危水生野生动物，尚未造成动物死亡，综合考虑行为手段、主观罪过、犯罪动机、获利数额、涉案水生生物的濒危程度、数量价值以及行为人的认罪悔罪态度、修复生态环境情况等情节，认为适用本意见规定的定罪量刑标准明显过重的，可以结合具体案件的实际情况依法作出妥当处理，确保罪责刑相适应。

5. 最高人民检察院《检察机关办理长江流域非法捕捞案件有关法律政策问题的解答》高检办发〔2021〕1号（2021年2月24日）

为贯彻落实习近平总书记关于"共抓大保护、不搞大开发"重要指示精神，服务保障党中央、国务院关于长江"十年禁渔"重大决策部署，确保各级检察机关正确理解和准确适用《刑法》《长江保护法》《渔业法》，以及《最高人民法院、最高人民检察院、公安部、农业农村部依法惩治长江流域非法捕捞等违法犯罪的意见》（以下简称《意见》）等规定，现就办理长江流域非法捕捞案件有关法律政策问题，作如下解答。

一、办理长江流域非法捕捞案件，如何准确把握"长江流域重点水域"禁捕范围？

答：根据《意见》规定，办理涉长江流域重点水域的非法捕捞等危害水生生物资源的各类违法犯罪案件应当适用《意见》。司法实践中，检察机关要依照《农业农村部关于长江流域重点水域禁捕范围和时间的通告》（农业农村部通告〔2019〕4号）和《农业农村部关于设立长江口禁捕管理区的通告》（农业农村部通告〔2020〕3号），准确把握"长江流域重点水域"禁捕范围。禁捕范围包括五类区域：

（一）长江流域水生生物保护区。包括《农业部关于公布率先全面禁捕长江流域水生生物保护区名录的通告》（农业部通告〔2017〕6号）公布的长江上游珍稀特有鱼类国家级自然保护区等332个自然保护区和水产种质资源保护区，以及今后长江流域范围内新建立的以水生生物为主要保护对象的自然保护区和水产种质资源保护区。

（二）长江干流和重要支流。包括青海省曲麻莱县以下至长江河口（东经122°、北纬31°36′30″、北纬30°54′之间的区域）的长江干流江段，岷江、沱江、赤水河、嘉陵江、乌江、汉江等重要通江河流在甘肃省、陕西省、云南省、贵州省、四川省、重庆市、湖北省境内的干流江段，大渡河在青海省和四川省境内的干流河段，以及各省确定的其他重要支流。

（三）长江口禁捕管理区。长江口禁捕管理区范围为东经122°、北纬31°36′30″、北纬30°54′形成的框型区线，向西以水陆交界线为界。

（四）大型通江湖泊。相关省级渔业行政主管部门划定的鄱阳湖、洞庭湖等大型通江湖泊除水生生物自然保护区和水产种质资源保护区以外的禁捕天然水域。

（五）其他重点水域。相关省级渔业行政主管部门划定的与长江干流、重要支流、大型通江湖泊连通的其他禁捕天然水域。

对于涉案的禁捕区域，检察机关可以根据《意见》规定，结合案件具体情况，商请农业农村（渔政）部门出具认定意见。

二、办理长江流域非法捕捞案件，如何准确把握非法捕捞水产品罪的入罪标准？

答：根据《刑法》第三百四十条的规定，非法捕捞水产品罪是指违反保护水产资源法规，在禁渔区、禁渔期或者使用禁用的工具、方法捕捞水产品，情节严重的行为。《意见》明确了在长江流域重点水域非法捕捞水产品，构成非法捕捞水产品罪的入罪标准：1.非法捕捞水产品五百公斤以上或者价值一万元以上的；2.非法捕捞具有重要经济价值的水生动物苗种、怀卵亲体或者在水产种质资源保护区内捕捞水产品五十公斤以上或者价值一千元以上的；3.在禁捕区域使用电鱼、毒鱼、炸鱼等严重破坏渔业资源的禁用方法捕捞的；4.在禁捕区域使用农业农村部规定的禁用工具捕捞的；5.其他情节严重的情形。

司法实践中，检察机关要依照《刑法》和《意见》相关规定，根据案件具体情况，从行为人犯罪动机、主观故意、所使用的方法、工具、涉案水生生物的珍贵、濒危程度、案发后修复生态环境情况等方面，综合判断其行为的社会危害性。既要用足用好法律规定，总体体现依法从严惩治的政策导向，又要准确把握司法办案尺度，切实避免"一刀切"简单司法、机械办案。

要注意防止"唯数量论"与"唯结果论"的做法。对于刚达到《意见》规定的数量或价值标准，行为人积极配合调查并接受且具有本解答规定的从宽处罚情形之一的，可以不追究刑事责任；需要给予行政处罚的，移送有关主管部门进行行政处罚。

三、办理长江流域非法捕捞案件，如何准确认定"电鱼、毒鱼、炸鱼等严重破坏渔业资源的禁用方法"和"农业农村部规定的禁用工具"？

答：根据《意见》规定，"在禁捕区域使用电鱼、毒鱼、炸鱼等严重破坏渔业资源的禁用方法捕捞"和"在禁捕区域使用农业农村部规定的禁用工具捕捞"，是构成非法捕捞水产品罪的两项入罪追诉标准。

在认定"禁用方法"时，要注意审查具体方法对渔业资源的严重危害程度。对于在禁捕区域使用电鱼、毒鱼、炸鱼方法的，一般应当以非法捕捞水产品罪追究刑事责任。对于确属情节轻微、对渔业资源危害不大，依法不需要判处刑罚或者可以免除刑罚的，可以依法作出不起诉决定。对于电鱼、毒鱼、炸鱼以外的其他严重破坏渔业资源的禁用方法，注意从两个方面来把握：一是具有破坏渔业资源正常生长繁殖的现实危害或危险性；二是与电鱼、毒鱼、炸鱼方法的社会危害程度大致相当。对于虽使用禁用方法但尚未严重破坏渔业资源的行为，检察机关在依法作出不起诉决定的同时，应当依照《长江保护法》《渔业法》等相关规定，移送有关主管部门给予行政处罚。

在认定"禁用工具"时，应当适用农业农村部出台的标准。办案中可参照《农业部关于长江干流禁止使用单船拖网等十四种渔具的通告（试行）》（农业部通告〔2017〕2号）的规定，将单船拖网、双船拖网、多船拖网、多桩有翼单囊张网、双锚框架张网、拦河撑架敷网、岸敷箕状敷网、岸敷撑架敷网、拦截插网陷阱、拦截箔筌陷阱、导陷插网陷阱、导陷箔筌陷阱、拖曳齿耙耙刺、定置延绳滚钩耙刺等十四种渔具，认定为"农业农村部规定的禁用工具"。农业农村部没有相应标准的，对相关工具不应认定为非法捕捞水产品罪中的"禁用工具"；前述认定不影响对相应行为的行政处罚。

四、办理长江流域非法捕捞案件，如何准确认定行为人的主观故意？

答：在认定行为人是否具有非法捕捞水产品犯罪的主观故意时，应当依据其生活背景、职业经历、捕捞方法、捕捞工具、渔获物去向、获利资金流向，以及本人有无因同类行为受到行政处罚或者刑事追究情况等方面的证据，进行综合分析判断。

在办理非法捕捞水产品的案件中，认定主观故意原则上不要求行为人对有关禁渔区、禁渔期或者禁用的工具、方法等法律规定具有明确的认知，只要其认识到行为可能违法、被禁止即可。对于行为人作出合理解释，或者有证据证明其确系对禁捕区域、禁捕时间、禁用方法或者禁用工具不知情的，依法可不作为犯罪处理，但应当做好宣传教育工作，移送有关主管部门予以行政处罚。

五、办理长江流域非法捕捞案件，如何贯彻宽严相济刑事政策？

答：检察机关办理非法捕捞水产品案件，应当贯彻宽严相济刑事政策，准确判断行为人的责任轻重和刑事追究的必要性，综合运用刑事、行政、经济手段惩治违法犯罪，做到惩处少数、教育挽救大多数，实现罪责刑相适应。对于不同性质案件的处理，要体现区别对待的原则：一方面，要从严惩处有组织的、经常性的或者形成产业链的危害水生生物资源犯罪；另一方面，对个人偶尔实施的不具有生产性、经营性的非法捕捞行为要慎用刑罚，危害严重构成犯罪的，在处罚时应与前一类犯罪案件有所区别。

除《意见》规定的从重处罚情形外，对具有下列情形之一的，一般可以认定为非法捕捞水产品罪的从严处罚情形，并依法提出从严的量刑建议：1.在繁殖期非法捕捞的；2.纠集多条船只或者使用大型设施设备非法捕捞的；3.以非法捕捞为业的；4.与黑恶势力犯罪相交织的；5.其他严重破坏渔业资源或者生态环境的情形。

对具有下列情形之一的，一般可以认定为非法捕捞水产品罪的从宽处罚情形，并依法提出从宽的量刑建议：1.不以生产、经营为目的，使用小型网具、钓具等对渔业资源和生态环境危害较轻的工具、方法非法捕捞的；2.自愿认罪认罚的；3.具有积极承诺及履行生态环境修复义务等悔罪表现的；4.其他对渔业资源、生态环境损害较轻的情形。如果行为人主观恶性不大，并综合捕捞方法、工具、渔获物的数量、价值等情节，认为对水生生物资源危害明显较轻的，可以认定为犯罪情节轻微，依法作出不起诉决定。

六、办理长江流域非法捕捞案件，如何准确把握非法捕捞水产品罪与其他关联犯罪的界限？

答：《意见》要求全力摧毁危害长江流域水生生物资源的"捕、运、销"地下产业链，并明确了关联犯罪的定罪量刑标准。司法实践中，检察机关要注意从以下几个方面把握非法捕捞水产品罪与关联犯罪的界限，推动形成"水上不捕、市场不卖、餐厅不做、群众不吃"的良好氛围。

一是注意把握非法捕捞水产品罪与掩饰、隐瞒犯罪所得、犯罪所得收益罪的界限。两罪是上下游犯罪的关系，后罪的成立要求上游行为达到犯罪的程度。基于处罚平衡的考虑，为避免罪刑倒挂现象，对于明知是在长江流域重点水域非法捕捞犯罪所得的水产品而予以窝藏、转移、收购、代为销售或者以其他方法掩饰、隐瞒，价值一万元以上的，一般应依照《刑法》第三百一十二条的规定以掩饰、隐瞒犯罪所得、犯罪所得收益罪，提出处三年以下有期徒刑、拘役或者管制，并处或者单处罚金的量刑建议。

二是注意把握非法捕捞水产品罪与非法猎捕、杀害珍贵、濒危野生动物罪的界限。前罪的保护对象是"水产品"，包括一般的水生动物与珍贵、濒危的水生动物，后罪的保护对象是"国家重点保护的珍贵、濒危野生动物"。行为人基于同一主观故意，实施同一非法捕捞行为，但捕捞对象同时涉及一般水生动物与珍贵、濒危水生动物的，应区分以下情况处理：第一种情况，同一行为同时构成两罪，应当从一重罪论处，对涉案一般水生生物的数量或价值作为量刑情节考虑，以非法猎捕、杀害珍贵、濒危野生动物罪定性并酌情从重处理；第二种情况，同一行为不能分别构成两罪，但涉案水生生物的数量或价值按相应比例折算后合计达到非法捕捞水产品罪入罪标准的，应以非法捕捞水产品罪定性处理；第三种情况，同一行为构成非法捕捞水产品罪，但尚不构成非法猎捕、杀害珍贵、濒危野生动物罪的，对涉案珍贵、濒危水生动物的数量或价值按相应比例折算后，一并以非法捕捞水产品罪定性处理；第四种情况，同一行为构成非法猎捕、杀害珍贵、濒危野生动物罪，但尚不构成非法捕捞水产品罪的，对涉案一般水生生物的数量或价值作为量刑情节考虑，以非法猎捕、杀害珍贵、濒危野生动物罪定性并酌情从重处理。

三是注意把握非法捕捞水产品罪与非法收购、运输、出售珍贵、濒危野生动物、珍贵、濒危野生动物制品罪的界限。根据《刑法》和《意见》的规定，非法收购、运输、出售在长江流域重点水域非法猎捕、杀害的中华鲟、长江鲟、长江江豚或者其他国家重点保护的珍贵、濒危水生野生动物及其制品，达到相应价值标准的，以非法收购、运输、出售珍贵、濒危野生动物、珍贵、濒危野生动物制品罪定罪处罚。同时，根据全国人大常委会《关于〈中华人民共和国刑法〉第三百四十一条、第三百一十二条的解释》，知道或者应当知道是国家重点保护的珍贵、濒危野生动物及其制品，为食用或者其他目的而非法购买，符合《刑法》第三百四十一条第一款规定的，以非法收购珍贵、濒危野生动物、珍贵、濒危野生动物制品罪定罪处罚。

四是注意认定非法捕捞水产品犯罪的其他关联犯罪。制造、销售禁用渔具，情节严重，符合《刑法》第一百四十条或者第一百四十六条规定的，以生产、销售伪劣产品罪或者生产、销售不符合安全标准的产品罪定罪处罚。明知是长江流域非法捕捞渔获物而利用信息网络设立用于收购、出售的网站、通讯群组，或者发布相关犯罪信息，情节严重，符合《刑法》第二百八十七条之一规定的，以非法利用信息网络罪定罪处罚。

五是注意认定非法捕捞水产品犯罪的共同犯罪。事前通谋，按照分工分别实施非法捕捞、运输、销售等行为的，以共同犯罪论处。明知他人从事非法捕捞，仍为其提供工具、运输、加工、销售等帮助的，以共同犯罪论处。

七、办理长江流域非法捕捞案件，检察机关如何落实在办案中监督、在监督中办案的要求？

答：各级检察机关要深刻认识到法律监督与诉讼办案职能一体两面的特性，重点做好以下工作：

一是加强"行刑衔接"。要健全与行政执法机关、公安机关执法司法信息共享、案情通报、案件移送制度，推动实现行政执法与刑事司法的无缝对接、双向衔接。发现农业农村（渔政）、市场监管等行政执法机关对应当移送的涉嫌非法捕捞犯罪案件不移送的，应当提出意见，建议其移送。相关行政执法机关仍不移送的，应当将有关情况书面告知公安机关，并监督公安机关及时立案侦查。对于行政执法机关移送的案件，检察机关依法作出不起诉决定的，应当将决定不起诉案件处理结果及时书面告知相应行政执法机关。对被不起诉人需要给予行政处罚的，应当提出检察意见，移送有关行政机关处理。要加强跟踪监督，督促行政执法机关及时将处理结果通知检察机关。

二是加强立案监督。要注重监督实效，切实防止和纠正有案不立和违法立案的情况。对应当立案而不立案，或者明显不构成犯罪的案件公安机关立案的，应当要求公安机关书面说明不立案或者立案的理由。认为公安机关不立案或者立案的理由不成立的，经检察长或者检察委员会决定，应当通知公安机关立案或者撤销案件。

三是加强引导取证和侦查监督。经公安机关商请或者检察机关认为确有必要时，可以派员介入重大、疑难、复杂案件的侦查活动。结合非法捕捞及有关关联犯罪的特点，引导侦查机关收集、完善和固定证据。特别是在"捕、运、销"形成链条的共同犯罪案件中，注意引导侦查机关全面收集各环节实施犯罪的证据，查明犯罪团伙各成员的地位、作用，准确判断共同犯罪故意。对公安机关侦查活动中的违法行为，及时提出纠正意见。

四是加强审判监督。强化审判监督意识，进一步明确认罪认罚从宽的具体标准，统一司法尺度，减少量刑分歧。重点加强对涉长江流域重点水域非法捕捞案件诉判不一、量刑畸轻畸重、判处缓免刑不当的监督。对符合法定抗诉情形的，要依法进行抗诉。

五是加强执行监督。完善执行监督机制，确保刑罚（包括财产刑）以及刑事附带民事公益诉讼裁判执行到位。加强对司法工作人员履职的监督，对于司法办案中存在滥用职权、玩忽职守、徇私枉法等行为，构成犯罪的，依法立案侦查。

八、办理长江流域非法捕捞案件，检察机关如何贯彻恢复性司法理念？

答：检察机关要顺应公共利益代表的时代需求，不断增强系统思维，在办案中贯彻恢复性司法理念。实践中，重点做好以下工作：

一是坚持"专业化法律监督+恢复性司法实践+社会化综合治理"的生态检察模式。总结推广长江流域生态保护和环境治理的检察经验，统筹兼顾长江流域不同环境要素的修复，积极探索适用增殖放流、劳务代偿、替代履行等生态修复方式，将生态环境修复义务承诺及履行情况作为量刑情节，对积极主动修复生态环境的被告人依法从宽处罚，实现惩治犯罪和修复生态相统一，促进长江水生生物资源恢复。对于渔获物符合放生条件的，改进取证方式，及时委托专业救护，防止渔获物因办案被"保护性伤害"。

二是充分发挥"河（湖）长+检察长"制度作用。总结推广"河（湖）长+检察长"机制建设的经验做法，推动将禁捕退捕工作纳入地方政府绩效考核和河长制、湖长制等目标任务考核体系。建立定期通报和约谈制度，防止工作推进不力、责任落实不到位。建立健全涉渔案件、事件应急处置快速反应体系，提高协同协作质量效率。统一上下游、左右岸执法司法标准和尺度。

三是积极消除违法信息的负面影响。针对办案中发现电商平台、短视频、直播平台等放任用户发布涉渔禁限售商品或者服务，教唆、引诱非法捕捞行为，传授制作、使用禁用工具的方法或者涉渔虚假广告等违法信息的，应当建议主管部门责令相关责任主体，在删除、屏蔽、下架违法信息或者商品的基础上，通过发布声明、公开道歉、现身说法、公益广告等方式消除影响，修复受损的正常网络秩序。

九、检察机关如何通过民事公益诉讼，服务保障长江流域禁捕工作？

答：《意见》提出，对于实施危害水生生物资源的行为，致使社会公共利益受到侵害的，检察机关可以依法提起民事公益诉讼。实践中，重点做好以下工作：

一是优先提起刑事附带民事公益诉讼。在依法追究刑事责任的同时，一并诉请人民法院责令被告承担修复生态环境、赔偿损失、停止侵害、排除妨碍、消除危险、赔礼道歉等民事责任。

二是必要时单独提起民事公益诉讼。单独提起民事公益诉讼更有利于及时有效实现"捕、运、销"全链条整治和生态功能修复的，或者已承担刑事责任仍需承担生态环境损害赔偿责任，检察机关履行诉前公告程序过程中，相关刑事案件已依法审理的，可以另行提起民事公益诉讼。

三是加强民事公益诉讼与生态环境损害赔偿诉讼的衔接。检察机关应当坚持民事公益诉讼后位性、补充性的定位，履职中发现因非法捕捞造成长江流域生态受损情况，可以与损害赔偿权利人进行沟通，告知其依法及时提起生态环境损害赔偿诉讼。检察机关可以对生态环境损害赔偿磋商和诉讼提供法律支持。赔偿权利人在合理期限内不提起诉讼的，检察机关可以依法提起民事公益诉讼。

检察机关可以根据《关于推进生态环境损害赔偿制度改革若干具体问题的意见》的规定，商请有关行政机关提供证据材料和技术方面的支持。在对同一损害生态环境行为同时提起生态环境损害赔偿诉讼和民事公益诉讼的情况下，应当加强与生态环境损害赔偿诉讼原告的协调，推动案件依法妥善处理。

十、检察机关如何运用检察建议服务保障长江流域禁捕工作，推动长江流域治理？

答：检察建议在服务保障长江流域禁捕工作，推动长江流域生态保护方面具有积极作用。实践中，重点做好以下工作：

一是发现负有禁捕、退捕转产、渔民安置等职责的行政主管部门不依法及时履行职责，导致非法捕捞屡禁不止，或者在禁捕工作中矫枉过正损害渔民和有关单位、组织的合法权益，或者未依据相关规定开展退捕转产工作，致使渔民得不到妥善安置，转产转业未予落实的，可以向有关行政主管部门提出社会治理检察建议。

二是发现运输企业、水产品交易市场、餐饮企业等有关单位和组织，因工作程序存在疏漏、监督管理不严格、检查验收制度不健全、执行不到位等问题，导致发生运输、买卖非法捕捞的水产品等违法犯罪行为，或者存在违法犯罪隐患的，可以向有关单位和组织提出社会治理检察建议。

三是发现在禁捕退捕工作中渔民因退捕安置、转产转业产生矛盾纠纷，可能导致发生群体性事件或者恶性案件，需要督促有关部门完善风险预警防范措施，加强调解疏导工作的，可以向有关部门提出社会治理检察建议。

四是发现对生态保护负有监督管理职责的部门违法行使职权或者不作为，致使长江流域生态环境或者水生生物资源遭受严重破坏，损害国家利益和社会公共利益，符合法律规定的公益诉讼条件的，应当向有关部门提出公益诉讼诉前检察建议。

6.最高人民法院、最高人民检察院《关于办理破坏野生动物资源刑事案件适用法律若干问题的解释》法释〔2022〕12号（2022年4月6日）（具体见第一百五十一条）

第三条　在内陆水域，违反保护水产资源法规，在禁渔区、禁渔期或者使用禁用的工具、方法捕捞水产品，具有下列情形之一的，应当认定为《刑法》第三百四十条规定的"情节严重"，以非法捕捞水产品罪定罪处罚：

（一）非法捕捞水产品五百公斤以上或者价值一万元以上的；

（二）非法捕捞有重要经济价值的水生动物苗种、怀卵亲体或者在水产种质资源保护区内捕捞水产品五十公斤以上或者价值一千元以上的；

（三）在禁渔区使用电鱼、毒鱼、炸鱼等严重破坏渔业资源的禁用方法或者禁用工具捕捞的；

（四）在禁渔期使用电鱼、毒鱼、炸鱼等严重破坏渔业资源的禁用方法或者禁用工具捕捞的；

（五）其他情节严重的情形。

实施前款规定的行为，具有下列情形之一的，从重处罚：

（一）暴力抗拒、阻碍国家机关工作人员依法履行职务，尚未构成妨害公务罪、袭警罪的；

（二）二年内曾因破坏野生动物资源受过行政处罚的；

（三）对水生生物资源或者水域生态造成严重损害的；

（四）纠集多条船只非法捕捞的；

（五）以非法捕捞为业的。

实施第一款规定的行为，根据渔获物的数量、价值和捕捞方法、工具等，认为对水生生物资源危害明显较轻的，综合考虑行为人自愿接受行政处罚、积极修复生态环境等情节，可以认定为犯罪情节轻微，不起诉或者免予刑事处罚；情节显著轻微危害不大的，不作为犯罪处理。

（附参考）**1. 浙江省高级人民法院《关于部分罪名定罪量刑情节及数额标准的意见》** 浙高法〔2012〕325 号

95.《刑法》第三百四十条【非法捕捞水产品罪】

具有下列情形之一的，属于"情节严重"，处三年以下有期徒刑、拘役、管制或者罚金：

（1）在内陆水域非法捕捞水产品五百公斤以上或者价值五千元以上的，或者在海洋水域非法捕捞水产品二千公斤以上或者价值二万元以上的；

（2）非法捕捞有重要经济价值的水生动物苗种、怀卵亲体或者在水产种质资源保护区内捕捞水产品，在内陆水域五十公斤以上或者价值五百元以上，或者在海洋水域二百公斤以上或者价值二千元以上的；

（3）在禁渔区内使用禁用的工具或者禁用的方法捕捞的；

（4）在禁渔期内使用禁用的工具或者禁用的方法捕捞的；

（5）在公海使用禁用渔具从事捕捞作业，造成严重影响的；

（6）情节严重的其他情形。

2. 宁波市中级人民法院、宁波市人民检察院、宁波市公安局《联席会议纪要》（见第二百三十四条）

七、关于非法捕捞水产品犯罪

（一）非法捕捞水产品案件中，除了船东、船长、大副、轮机长、驾驶员等主犯或积极参与人员以外，其他一般参与的普通船员可以不予追究刑事责任，但是有下列情形之一的除外：

1.有证据证明两年内多次参与非法捕捞的；

2.曾经因非法捕捞被刑事处罚或两年内被行政处罚，又从事非法捕捞活动的；

3.在有关部门查处时有阻碍执法、毁灭罪证等行为，尚未构成其他犯罪的；

4.在涉案船舶或公司参与分红的；

5.非法捕捞造成人员伤亡的；

6.在公海使用禁用渔具从事捕捞作业，造成严重影响的。

（二）明知行为人从事的是非法捕捞活动，仍向违禁作业渔船供油、供水或代冻、收购、销售违禁渔获物的，可以非法捕捞水产品罪的共犯或者以掩饰、隐瞒犯罪所得、犯罪所得收益罪定罪处罚。

第三百四十一条【危害珍贵、濒危野生动物罪】 非法猎捕、杀害国家重点保护的珍贵、濒危野生动物的，或者非法收购、运输、出售国家重点保护的珍贵、濒危野生动物及其制品的，处五年以下有期徒刑或者拘役，并处罚金；情节严重的，处五年以上十年以下有期徒刑，并处罚金；情节特别严重的，处十年以上有期徒刑，并处罚金或者没收财产。

【非法狩猎罪】 违反狩猎法规，在禁猎区、禁猎期或者使用禁用的工具、方法进行狩猎，破坏野生动物资源，情节严重的，处三年以下有期徒刑、拘役、管制或者罚金。

【非法猎捕、收购、运输、出售陆生野生动物罪】违反野生动物保护管理法规，以食用为目的非法猎捕、收购、运输、出售第一款规定以外的在野外环境自然生长繁殖的陆生野生动物，情节严重的，依照前款的规定处罚。**【2021 年 3 月 1 日刑法修正案（十一）】**

【1997 年刑法】非法猎捕、杀害国家重点保护的珍贵、濒危野生动物的，或者非法收购、运输、出售国家重点保护的珍贵、濒危野生动物及其制品的，处五年以下有期徒刑或者拘役，并处罚金；情节严重的，处五年以上十年以下有期徒刑，并处罚金；情节特别严重的，处十年以上有期徒刑，并处罚金或者没收财产。

违反狩猎法规，在禁猎区、禁猎期或者使用禁用的工具、方法进行狩猎，破坏野生动物资源，情节严重的，处三年以下有期徒刑、拘役、管制或者罚金。

（相关解释）**1. 最高人民法院《关于审理破坏野生动物资源刑事案件具体应用法律若干问题的解释》**法释〔2000〕37 号　（已废止）

2. 国家林业局、公安部《关于森林和陆生野生动物刑事案件管辖及立案标准》林安字〔2001〕156 号

（八）非法猎捕、杀害国家重点保护珍贵、濒危陆生野生动物案

凡非法猎捕、杀害国家重点保护的珍贵、濒危陆生野生动物的应当立案，重大案件、特别重大案件的立案标准详见附表。

（九）非法收购、运输、出售珍贵、濒危陆生野生动物、珍贵、濒危陆生野生动物制品案。

非法收购、运输、出售国家重点保护的珍贵、濒危陆生野生动物的应当立案，重大案件、特别重大案件的立案标准见附表。

非法收购、运输、出售国家重点保护的珍贵、濒危陆生野生动物制品的，应当立案；制品价值在十万元以上或者非法获利五万元以上的，为重大案件；制品价值在二十万元以上或非法获利十万元以上的，为特别重大案件。

3. 最高人民检察院、公安部《关于公安机关管辖的刑事案件立案追诉标准的规定（一）》公通字〔2008〕36 号

第六十四条　**【非法猎捕、杀害珍贵、濒危野生动物案（《刑法》第三百四十一条第一款）】**非法猎捕、杀害国家重点保护的珍贵、濒危野生动物的，应予立案追诉。

本条和本规定第六十五条规定的"珍贵、濒危野生动物"，包括列入《国家重点保护野生动物名录》的国家一、二级保护野生动物，列入《濒危野生动植物种国际贸易公约》附录Ⅰ、附录Ⅱ的野生动物以及驯养繁殖的上述物种。

第六十五条　**【非法收购、运输、出售珍贵、濒危野生动物、珍贵、濒危野生动物制品案（《刑法》第三百四十一条第一款）】**非法收购、运输、出售国家重点保护的珍贵、濒危野生动物及其制品的，应予立案追诉。

本条规定的"收购"，包括以营利、自用等为目的的购买行为；"运输"，包括采用携带、邮寄、利用他人、使用交通工具等方法进行运送的行为；"出售"，包括出卖和以营利为目的的加工利用行为。

第六十六条　**【非法狩猎案（《刑法》第三百四十一条第二款）】**违反狩猎法规，在禁猎区、禁猎期或者使用禁用的工具、方法进行狩猎，破坏野生动物资源，涉嫌下列情形之一的，应予立案追诉：

（一）非法狩猎野生动物二十只以上的；

（二）在禁猎区内使用禁用的工具或者禁用的方法狩猎的；

（三）在禁猎期内使用禁用的工具或者禁用的方法狩猎的；

（四）其他情节严重的情形。

4.《全国人民代表大会常务委员会关于〈中华人民共和国刑法〉第三百四十一条、第三百一十二条的解释》 2014 年 4 月 24 日

全国人民代表大会常务委员会根据司法实践中遇到的情况，讨论了《刑法》第三百四十一条第一款规定的非法收购国家重点保护的珍贵、濒危野生动物及其制品的含义和收购《刑法》第三百四十一条第二款规定的非法狩猎的野生动物如何适用《刑法》有关规定的问题，解释如下：

知道或者应当知道是国家重点保护的珍贵、濒危野生动物及其制品，为食用或者其他目的而非法购买的，属于《刑法》第三百四十一条第一款规定的非法收购国家重点保护的珍贵、濒危野生动物及其制品的行为。

知道或者应当知道是《刑法》第三百四十一条第二款规定的非法狩猎的野生动物而购买的，属于《刑法》第三百一十二条第一款规定的明知是犯罪所得而收购的行为。

5. 最高人民法院《关于审理发生在我国管辖海域相关案件若干问题的规定（二）》 法释〔2016〕17 号

第五条 非法采捕珊瑚、砗磲或者其他珍贵、濒危水生野生动物，具有下列情形之一的，应当认定为《刑法》第三百四十一条第一款规定的"情节严重"：

（一）价值在五十万元以上的；

（二）非法获利二十万元以上的；

（三）造成海域生态环境严重破坏的；

（四）造成严重国际影响的；

（五）其他情节严重的情形。

实施前款规定的行为，具有下列情形之一的，应当认定为《刑法》第三百四十一条第一款规定的"情节特别严重"：

（一）价值或者非法获利达到本条第一款规定标准五倍以上的；

（二）价值或者非法获利达到本条第一款规定的标准，造成海域生态环境严重破坏的；

（三）造成海域生态环境特别严重破坏的；

（四）造成特别严重国际影响的；

（五）其他情节特别严重的情形。

第六条 非法收购、运输、出售珊瑚、砗磲或者其他珍贵、濒危水生野生动物及其制品，具有下列情形之一的，应当认定为《刑法》第三百四十一条第一款规定的"情节严重"：

（一）价值在五十万元以上的；

（二）非法获利在二十万元以上的；

（三）具有其他严重情节的。

非法收购、运输、出售珊瑚、砗磲或者其他珍贵、濒危水生野生动物及其制品，具有下列情形之一的，应当认定为《刑法》第三百四十一条第一款规定的"情节特别严重"：

（一）价值在二百五十万元以上的；

（二）非法获利在一百万元以上的；

（三）具有其他特别严重情节的。

第七条 对案件涉及的珍贵、濒危水生野生动物的种属难以确定的，由司法鉴定机构

出具鉴定意见，或者由国务院渔业行政主管部门指定的机构出具报告。

珍贵、濒危水生野生动物或者其制品的价值，依照国务院渔业行政主管部门的规定核定。核定价值低于实际交易价格的，以实际交易价格认定。

本解释所称珊瑚、砗磲，是指列入《国家重点保护野生动物名录》中国家一、二级保护的，以及列入《濒危野生动植物种国际贸易公约》附录Ⅰ、附录Ⅱ中的珊瑚、砗磲的所有种，包括活体和死体。

第八条　实施破坏海洋资源犯罪行为，同时构成非法捕捞罪、非法猎捕、杀害珍贵、濒危野生动物罪、组织他人偷越国（边）境罪、偷越国（边）境罪等犯罪的，依照处罚较重的规定定罪处罚。

有破坏海洋资源犯罪行为，又实施走私、妨害公务等犯罪的，依照数罪并罚的规定处理。

6. 最高人民法院研究室《关于收购、运输、出售部分人工驯养繁殖技术成熟的野生动物适用法律问题的复函》（法研〔2016〕23号，2016年3月2日）

国家林业局森林公安局：

贵局《关于商请对非法收购、运输、出售部分人工驯养繁殖的珍贵濒危野生动物适用法律问题予以答复的函》（林公刑便字〔2015〕49号）收悉。经研究并征求我院相关业务庭意见，我室认为：

我院《关于被告人郑喜和非法收购珍贵、濒危野生动物、珍贵、濒危野生动物制品罪请示一案的批复》（〔2011〕刑他字第86号，以下简称《批复》）是根据贵局《关于发布商业性经营利用驯养繁殖技术成熟的梅花鹿等54种陆生野生动物名单的通知》（林护发〔2003〕121号，以下简称《通知》）的精神作出的。虽然《通知》于2012年被废止，但从实践看，《批复》的内容仍符合当前野生动物保护与资源利用实际，即：由于驯养繁殖技术的成熟，对有的珍贵、濒危野生动物的驯养繁殖、商业利用在某些地区已成规模，有关野生动物的数量极大增加，收购、运输、出售这些人工驯养繁殖的野生动物实际已无社会危害性。

来函建议对我院2000年《关于审理破坏野生动物资源刑事案件具体应用法律若干问题的解释》进行修改，提高收购、运输、出售有关人工驯养繁殖的野生动物的定罪量刑标准。此一思路虽能将一些行为出罪，但不能完全解决问题。如将运输人工驯养繁殖梅花鹿行为的入罪标准规定为20只以上后，还会有相当数量的案件符合定罪乃至判处重刑的条件。按此思路修订解释、对相关案件作出判决后，恐仍难保障案件处理的法律与社会效果。

鉴此，我室认为，彻底解决当前困境的办法，或者是尽快启动国家重点保护野生动物名录的修订工作，将一些实际已不再处于濒危状态的动物从名录中及时调整出去，同时将有的已处于濒危状态的动物增列进来；或者是在修订后司法解释中明确，对某些经人工驯养繁殖、数量已大大增多的野生动物，附表所列的定罪量刑数量标准，仅适用于真正意义上的野生动物，而不包括驯养繁殖的。

以上意见供参考。

7. 最高人民法院、最高人民检察院、公安部、司法部《关于依法惩治妨害新型冠状病毒感染肺炎疫情防控违法犯罪的意见》 法发〔2020〕7号（2020年2月6日）（具体见第一百一十五条）

（九）依法严惩破坏野生动物资源犯罪。非法猎捕、杀害国家重点保护的珍贵、濒危野生动物的，或者非法收购、运输、出售国家重点保护的珍贵、濒危野生动物及其制品的，依照《刑法》第三百四十一条第一款的规定，以非法猎捕、杀害珍贵、濒危野生动物罪或者非法收购、运输、出售珍贵、濒危野生动物、珍贵、濒危野生动物制品罪定罪处罚。

违反狩猎法规，在禁猎区、禁猎期或者使用禁用的工具、方法进行狩猎，破坏野生动物资源，情节严重的，依照《刑法》第三百四十一条第二款的规定，以非法狩猎罪定罪处罚。

违反国家规定，非法经营非国家重点保护野生动物及其制品（包括开办交易场所、进行网络销售、加工食品出售等），扰乱市场秩序，情节严重的，依照《刑法》第二百二十五条第四项的规定，以非法经营罪定罪处罚。

知道或者应当知道是国家重点保护的珍贵、濒危野生动物及其制品，为食用或者其他目的而非法购买，符合《刑法》第三百四十一条第一款规定的，以非法收购珍贵、濒危野生动物、珍贵、濒危野生动物制品罪定罪处罚。

知道或者应当知道是非法狩猎的野生动物而购买，符合《刑法》第三百一十二条规定的，以掩饰、隐瞒犯罪所得罪定罪处罚。

8.最高人民法院、最高人民检察院、公安部、司法部《关于依法惩治非法野生动物交易犯罪的指导意见》 公通字〔2020〕19号（2020年12月18日）

为依法惩治非法野生动物交易犯罪，革除滥食野生动物的陋习，有效防范重大公共卫生风险，切实保障人民群众生命健康安全，根据有关法律、司法解释的规定，结合侦查、起诉、审判实践，制定本意见。

一、依法严厉打击非法猎捕、杀害野生动物的犯罪行为，从源头上防控非法野生动物交易。

非法猎捕、杀害国家重点保护的珍贵、濒危野生动物，符合《刑法》第三百四十一条第一款规定的，以非法猎捕、杀害珍贵、濒危野生动物罪定罪处罚。

违反狩猎法规，在禁猎区、禁猎期或者使用禁用的工具、方法进行狩猎，破坏野生动物资源，情节严重，符合《刑法》第三百四十一条第二款规定的，以非法狩猎罪定罪处罚。

违反保护水产资源法规，在禁渔区、禁渔期或者使用禁用的工具、方法捕捞水产品，情节严重，符合《刑法》第三百四十条规定的，以非法捕捞水产品罪定罪处罚。

二、依法严厉打击非法收购、运输、出售、进出口野生动物及其制品的犯罪行为，切断非法野生动物交易的利益链条。

非法收购、运输、出售国家重点保护的珍贵、濒危野生动物及其制品，符合《刑法》第三百四十一条第一款规定的，以非法收购、运输、出售珍贵、濒危野生动物、珍贵、濒危野生动物制品罪定罪处罚。

走私国家禁止进出口的珍贵动物及其制品，符合《刑法》第一百五十一条第二款规定的，以走私珍贵动物、珍贵动物制品罪定罪处罚。

三、依法严厉打击以食用或者其他目的非法购买野生动物的犯罪行为，坚决革除滥食野生动物的陋习。

知道或者应当知道是国家重点保护的珍贵、濒危野生动物及其制品，为食用或者其他目的而非法购买，符合《刑法》第三百四十一条第一款规定的，以非法收购珍贵、濒危野生动物、珍贵、濒危野生动物制品罪定罪处罚。

四、二次以上实施本意见第一条至第三条规定的行为构成犯罪，依法应当追诉的，或者二年内二次以上实施本意见第一条至第三条规定的行为未经处理的，数量、数额累计计算。

五、明知他人实施非法野生动物交易行为，有下列情形之一的，以共同犯罪论处：

（一）提供贷款、资金、账号、车辆、设备、技术、许可证件的；

（二）提供生产、经营场所或者运输、仓储、保管、快递、邮寄、网络信息交互等便利条件或者其他服务的；

（三）提供广告宣传等帮助行为的。

六、对涉案野生动物及其制品价值，可以根据国务院野生动物保护主管部门制定的价值评估标准和方法核算。对野生动物制品，根据实际情况予以核算，但核算总额不能超过该种野生动物的整体价值。具有特殊利用价值或者导致动物死亡的主要部分，核算方法不明确的，其价值标准最高可以按照该种动物整体价值标准的80%予以折算，其他部分价值标准最高可以按整体价值标准的20%予以折算，但是按照上述方法核算的价值明显不当的，应当根据实际情况妥当予以核算。核算价值低于实际交易价格的，以实际交易价格认定。

根据前款规定难以确定涉案野生动物及其制品价值的，依据下列机构出具的报告，结合其他证据作出认定：

（一）价格认证机构出具的报告；

（二）国务院野生动物保护主管部门、国家濒危物种进出口管理机构、海关总署等指定的机构出具的报告；

（三）地、市级以上人民政府野生动物保护主管部门、国家濒危物种进出口管理机构的派出机构、直属海关等出具的报告。

七、对野生动物及其制品种属类别，非法捕捞、狩猎的工具、方法，以及对野生动物资源的损害程度、食用涉案野生动物对人体健康的危害程度等专门性问题，可以由野生动物保护主管部门、侦查机关或者有专门知识的人依据现场勘验、检查笔录等出具认定意见。难以确定的，依据司法鉴定机构出具的鉴定意见，或者本意见第六条第二款所列机构出具的报告，结合其他证据作出认定。

八、办理非法野生动物交易案件中，行政执法部门依法收集的物证、书证、视听资料、电子数据等证据材料，在刑事诉讼中可以作为证据使用。

对不易保管的涉案野生动物及其制品，在做好拍摄、提取检材或者制作足以反映原物形态特征或者内容的照片、录像等取证工作后，可以移交野生动物保护主管部门及其指定的机构依法处置。对存在或者可能存在疫病的野生动物及其制品，应立即通知野生动物保护主管部门依法处置。

九、实施本意见规定的行为，在认定是否构成犯罪以及裁量刑罚时，应当考虑涉案动物是否系人工繁育、物种的濒危程度、野外存活状况、人工繁育情况、是否列入国务院野生动物保护主管部门制定的人工繁育国家重点保护野生动物名录，以及行为手段、对野生动物资源的损害程度、食用涉案野生动物对人体健康的危害程度等情节，综合评估社会危害性，确保罪责刑相适应。相关定罪量刑标准明显不适宜的，可以根据案件的事实、情节和社会危害程度，依法作出妥当处理。

十、本意见自下发之日起施行。

9. 国家林业和草原局《关于妥善解决人工繁育鹦鹉有关问题的函》林护发〔2021〕29号（2021年4月2日）

河南省林业局：

按照《野生动物保护法》和《陆生野生动物保护实施条例》有关规定，现就你局提出的人工繁育鹦鹉有关问题函复如下：

一、切实做好审发管理证件服务

按照《野生动物保护法》《陆生野生动物保护实施条例》《林业部关于核准部分濒危

野生动物为国家重点保护野生动物的通知》（林护通字〔1993〕48号）规定，除桃脸牡丹鹦鹉、虎皮鹦鹉、鸡尾鹦鹉外，从境外引进的《濒危野生动植物种国际贸易公约》（CITES）附录所列鹦鹉种类均按国家重点保护野生动物管理，其人工繁育活动依法应取得人工繁育许可证。请审批机关根据实际情况，切实加强对养殖户的法律政策宣讲，提高服务意识，主动上门审核，对符合条件要求的养殖户，简化手续，尽快核发管理证件；对未达到条件要求的养殖户，指导其限期改进提高，达标后核发管理证件。对拒绝改进或者在限期内改进仍达不到条件要求的养殖户，依法清理。对不按国家重点保护野生动物管理的鹦鹉，其人工繁育管理按你省有关地方性法规执行。

二、对人工养殖鹦鹉开展专用标识管理试点

对我国没有野外自然分布、人工繁育的费氏牡丹鹦鹉、紫腹吸蜜鹦鹉、绿颊锥尾鹦鹉、和尚鹦鹉开展专用标识管理试点。在养殖户自愿前提下，可对确属人工繁育的、来源合法的上述鹦鹉，加载专用标识，凭标识销售、运输。对不按国家重点保护野生动物管理的鹦鹉是否进行标识管理试点，由你省自行确定。依法加载专用标识的鹦鹉作为宠物的，按利用行为加强监督管理。有关专用标识的技术服务，请与我局野生植物研究与发展中心联系，以做好对接与服务，确保标识试点工作顺利实施。

三、严格规范管理和监督检查

对合法人工繁育来源、依法允许出售的鹦鹉，停止执行禁止交易措施，但其销售活动须在所在地政府确定的场所进行，且符合防疫检疫各项要求。请主动会同公安、市场监管、畜牧兽医等部门加强对鹦鹉出售、运输等活动的监督检查，结合"清风"专项执法行动，严厉打击野外偷捕、走私、非法交易鹦鹉等野生动物的违法犯罪行为，落实防疫检疫各项措施，严防非法来源、染疫鹦鹉假借"人工繁育"之名混入合法销售渠道。

特此复函。

10. 最高人民法院、最高人民检察院《关于办理破坏野生动物资源刑事案件适用法律若干问题的解释》法释〔2022〕12号（2022年4月6日）（具体见第一百五十一条）

第四条 《刑法》第三百四十一条第一款规定的"国家重点保护的珍贵、濒危野生动物"包括：

（一）列入《国家重点保护野生动物名录》的野生动物；

（二）经国务院野生动物保护主管部门核准按照国家重点保护的野生动物管理的野生动物。

第五条 《刑法》第三百四十一条第一款规定的"收购"包括以营利、自用等为目的的购买行为；"运输"包括采用携带、邮寄、利用他人、使用交通工具等方法进行运送的行为；"出售"包括出卖和以营利为目的的加工利用行为。

《刑法》第三百四十一条第三款规定的"收购""运输""出售"，是指以食用为目的，实施前款规定的相应行为。

第六条 非法猎捕、杀害国家重点保护的珍贵、濒危野生动物，或者非法收购、运输、出售国家重点保护的珍贵、濒危野生动物及其制品，价值二万元以上不满二十万元的，应当依照《刑法》第三百四十一条第一款的规定，以危害珍贵、濒危野生动物罪处五年以下有期徒刑或者拘役，并处罚金；价值二十万元以上不满二百万元的，应当认定为"情节严重"，处五年以上十年以下有期徒刑，并处罚金；价值二百万元以上的，应当认定为"情节特别严重"，处十年以上有期徒刑，并处罚金或者没收财产。

实施前款规定的行为，具有下列情形之一的，从重处罚：

（一）属于犯罪集团的首要分子的；

（二）为逃避监管，使用特种交通工具实施的；

（三）严重影响野生动物科研工作的；

（四）二年内曾因破坏野生动物资源受过行政处罚的。

实施第一款规定的行为，不具有第二款规定的情形，且未造成动物死亡或者动物、动物制品无法追回，行为人全部退赃退赔，确有悔罪表现的，按照下列规定处理：

（一）珍贵、濒危野生动物及其制品价值二百万元以上的，可以认定为"情节严重"，处五年以上十年以下有期徒刑，并处罚金；

（二）珍贵、濒危野生动物及其制品价值二十万元以上不满二百万元的，可以处五年以下有期徒刑或者拘役，并处罚金；

（三）珍贵、濒危野生动物及其制品价值二万元以上不满二十万元的，可以认定为犯罪情节轻微，不起诉或者免予刑事处罚；情节显著轻微危害不大的，不作为犯罪处理。

第七条 违反狩猎法规，在禁猎区、禁猎期或者使用禁用的工具、方法进行狩猎，破坏野生动物资源，具有下列情形之一的，应当认定为《刑法》第三百四十一条第二款规定的"情节严重"，以非法狩猎罪定罪处罚：

（一）非法猎捕野生动物价值一万元以上的；

（二）在禁猎区使用禁用的工具或者方法狩猎的；

（三）在禁猎期使用禁用的工具或者方法狩猎的；

（四）其他情节严重的情形。

实施前款规定的行为，具有下列情形之一的，从重处罚：

（一）暴力抗拒、阻碍国家机关工作人员依法履行职务，尚未构成妨害公务罪、袭警罪的；

（二）对野生动物资源或者栖息地生态造成严重损害的；

（三）二年内曾因破坏野生动物资源受过行政处罚的。

实施第一款规定的行为，根据猎获物的数量、价值和狩猎方法、工具等，认为对野生动物资源危害明显较轻的，综合考虑猎捕的动机、目的、行为人自愿接受行政处罚、积极修复生态环境等情节，可以认定为犯罪情节轻微，不起诉或者免予刑事处罚；情节显著轻微危害不大的，不作为犯罪处理。

第八条 违反野生动物保护管理法规，以食用为目的，非法猎捕、收购、运输、出售《刑法》第三百四十一条第一款规定以外的在野外环境自然生长繁殖的陆生野生动物，具有下列情形之一的，应当认定为《刑法》第三百四十一条第三款规定的"情节严重"，以非法猎捕、收购、运输、出售陆生野生动物罪定罪处罚：

（一）非法猎捕、收购、运输、出售有重要生态、科学、社会价值的陆生野生动物或者地方重点保护陆生野生动物价值一万元以上的；

（二）非法猎捕、收购、运输、出售第一项规定以外的其他陆生野生动物价值五万元以上的；

（三）其他情节严重的情形。

实施前款规定的行为，同时构成非法狩猎罪的，应当依照《刑法》第三百四十一条第三款的规定，以非法猎捕陆生野生动物罪定罪处罚。

第九条 明知是非法捕捞犯罪所得的水产品、非法狩猎犯罪所得的猎获物而收购、贩卖或者以其他方法掩饰、隐瞒，符合《刑法》第三百一十二条规定的，以掩饰、隐瞒犯罪所得罪定罪处罚。

第十条 负有野生动物保护和进出口监督管理职责的国家机关工作人员，滥用职权或者玩忽职守，致使公共财产、国家和人民利益遭受重大损失的，应当依照《刑法》第三百九十七条的规定，以滥用职权罪或者玩忽职守罪追究刑事责任。

负有查禁破坏野生动物资源犯罪活动职责的国家机关工作人员，向犯罪分子通风报信、提供便利，帮助犯罪分子逃避处罚的，应当依照《刑法》第四百一十七条的规定，以帮助犯罪分子逃避处罚罪追究刑事责任。

第十一条 对于"以食用为目的"，应当综合涉案动物及其制品的特征，被查获的地点、加工、包装情况，以及可以证明来源、用途的标识、证明等证据作出认定。

实施本解释规定的相关行为，具有下列情形之一的，可以认定为"以食用为目的"：

（一）将相关野生动物及其制品在餐饮单位、饮食摊点、超市等场所作为食品销售或者运往上述场所的；

（二）通过包装、说明书、广告等介绍相关野生动物及其制品的食用价值或者方法的；

（三）其他足以认定以食用为目的的情形。

第十二条 二次以上实施本解释规定的行为构成犯罪，依法应当追诉的，或者二年内实施本解释规定的行为未经处理的，数量、数额累计计算。

第十三条 实施本解释规定的相关行为，在认定是否构成犯罪以及裁量刑罚时，应当考虑涉案动物是否系人工繁育、物种的濒危程度、野外存活状况、人工繁育情况、是否列入人工繁育国家重点保护野生动物名录，行为手段、对野生动物资源的损害程度，以及对野生动物及其制品的认知程度等情节，综合评估社会危害性，准确认定是否构成犯罪，妥当裁量刑罚，确保罪责刑相适应；根据本解释的规定定罪量刑明显过重的，可以根据案件的事实、情节和社会危害程度，依法作出妥当处理。

涉案动物系人工繁育，具有下列情形之一的，对所涉案件一般不作为犯罪处理；需要追究刑事责任的，应当依法从宽处理：

（一）列入人工繁育国家重点保护野生动物名录的；

（二）人工繁育技术成熟、已成规模，作为宠物买卖、运输的。

第十四条 对于实施本解释规定的相关行为被不起诉或者免予刑事处罚的行为人，依法应当给予行政处罚、政务处分或者其他处分的，依法移送有关主管机关处理。

第十五条 对于涉案动物及其制品的价值，应当根据下列方法确定：

（一）对于国家禁止进出口的珍贵动物及其制品、国家重点保护的珍贵、濒危野生动物及其制品的价值，根据国务院野生动物保护主管部门制定的评估标准和方法核算；

（二）对于有重要生态、科学、社会价值的陆生野生动物、地方重点保护野生动物、其他野生动物及其制品的价值，根据销赃数额认定；无销赃数额、销赃数额难以查证或者根据销赃数额认定明显偏低的，根据市场价格核算，必要时，也可以参照相关评估标准和方法核算。

第十六条 根据本解释第十五条规定难以确定涉案动物及其制品价值的，依据司法鉴定机构出具的鉴定意见，或者下列机构出具的报告，结合其他证据作出认定：

（一）价格认证机构出具的报告；

（二）国务院野生动物保护主管部门、国家濒危物种进出口管理机构或者海关总署等指定的机构出具的报告；

（三）地、市级以上人民政府野生动物保护主管部门、国家濒危物种进出口管理机构的派出机构或者直属海关等出具的报告。

第十七条　对于涉案动物的种属类别、是否系人工繁育，非法捕捞、狩猎的工具、方法，以及对野生动物资源的损害程度等专门性问题，可以由野生动物保护主管部门、侦查机关依据现场勘验、检查笔录等出具认定意见；难以确定的，依据司法鉴定机构出具的鉴定意见、本解释第十六条所列机构出具的报告，被告人及其辩护人提供的证据材料，结合其他证据材料综合审查，依法作出认定。

第十八条　餐饮公司、渔业公司等单位实施破坏野生动物资源犯罪的，依照本解释规定的相应自然人犯罪的定罪量刑标准，对直接负责的主管人员和其他直接责任人员定罪处罚，并对单位判处罚金。

第十九条　在海洋水域，非法捕捞水产品，非法采捕珊瑚、砗磲或者其他珍贵、濒危水生野生动物，或者非法收购、运输、出售珊瑚、砗磲或者其他珍贵、濒危水生野生动物及其制品的，定罪量刑标准适用《最高人民法院关于审理发生在我国管辖海域相关案件若干问题的规定（二）》(法释〔2016〕17号)的相关规定。

第二十条　本解释自2022年4月9日起施行。本解释公布施行后，《最高人民法院关于审理破坏野生动物资源刑事案件具体应用法律若干问题的解释》（法释〔2000〕37号）同时废止；之前发布的司法解释与本解释不一致的，以本解释为准。

第三百四十二条【非法占用农用地罪】 违反土地管理法规，非法占用耕地、林地等农用地，改变被占用土地用途，数量较大，造成耕地、林地等农用地大量毁坏的，处五年以下有期徒刑或者拘役，并处或者单处罚金。【2001年8月31日刑法修正案（二）】

【1997年刑法】违反土地管理法规，非法占用耕地改作他用，数量较大，造成耕地大量毁坏的，处五年以下有期徒刑或者拘役，并处或者单处罚金。

（相关解释）**1. 最高人民法院《关于审理破坏土地资源刑事案件具体应用法律若干问题的解释》** 法释〔2000〕14号

第三条　违反土地管理法规，非法占用耕地改作他用，数量较大，造成耕地大量毁坏的，依照《刑法》第三百四十二条的规定，以非法占用耕地罪定罪处罚：

（一）非法占用耕地"数量较大"，是指非法占用基本农田五亩以上或者非法占用基本农田以外的耕地十亩以上。

（二）非法占用耕地"造成耕地大量毁坏"，是指行为人非法占用耕地建窑、建坟、建房、挖沙、采石、采矿、取土、堆放固体废弃物或者进行其他非农业建设，造成基本农田五亩以上或者基本农田以外的耕地十亩以上种植条件严重毁坏或者严重污染。

第八条　单位犯非法转让、倒卖土地使用权罪、非法占有耕地罪的定罪量刑标准，依照本解释第一条、第二条、第三条的规定执行。

第九条　多次实施本解释规定的行为依法应当追诉的，或者一年内多次实施本解释规定的行为未经处理的，按照累计的数量、数额处罚。

2. 最高人民法院《关于审理破坏林地资源刑事案件具体应用法律若干问题的解释》 法释〔2005〕15号

第一条　违反土地管理法规，非法占用林地，改变被占用林地用途，在非法占用的林地上实施建窑、建坟、建房、挖沙、采石、采矿、取土、种植农作物、堆放或排泄废弃物等行为或者进行其他非林业生产、建设，造成林地的原有植被或林业种植条件严重毁坏或者严重污染，并具有下列情形之一的，属于《刑法》第三百四十二条规定的犯罪行为，应当以非法占用农用地罪判处五年以下有期徒刑或者拘役，并处或者单处罚金：

（一）非法占用并毁坏防护林地、特种用途林地数量分别或者合计达到五亩以上；

（二）非法占用并毁坏其他林地数量达到十亩以上；

（三）非法占用并毁坏本条第（一）项、第（二）项规定的林地，数量分别达到相应规定的数量标准的百分之五十以上；

（四）非法占用并毁坏本条第（一）项、第（二）项规定的林地，其中一项数量达到相应规定的数量标准的百分之五十以上，且两项数量合计达到该项规定的数量标准。

3. 最高人民检察院、公安部《关于公安机关管辖的刑事案件立案追诉标准的规定（一）》 公通字〔2008〕36号

第六十七条 【非法占用农用地案（《刑法》第三百四十二条）】违反土地管理法规，非法占用耕地、林地等农用地，改变被占用土地用途，造成耕地、林地等农用地大量毁坏，涉嫌下列情形之一的，应予立案追诉：

（一）非法占用基本农田五亩以上或者基本农田以外的耕地十亩以上的；

（二）非法占用防护林地或者特种用途林地数量单种或者合计五亩以上的；

（三）非法占用其他林地十亩以上的；

（四）非法占用本款第（二）项、第（三）项规定的林地，其中一项数量达到相应规定的数量标准的百分之五十以上，且两项数量合计达到该项规定的数量标准的；

（五）非法占用其他农用地数量较大的情形。

违反土地管理法规，非法占用耕地建窑、建坟、建房、挖沙、采石、采矿、取土、堆放固体废弃物或者进行其他非农业建设，造成耕地种植条件严重毁坏或者严重污染，被毁坏耕地数量达到以上规定的，属于本条规定的"造成耕地大量毁坏"。

违反土地管理法规，非法占用林地，改变被占用林地用途，在非法占用的林地上实施建窑、建坟、建房、挖沙、采石、采矿、取土、种植农作物、堆放或者排泄废弃物等行为或者进行其他非林业生产、建设，造成林地的原有植被或者林业种植条件严重毁坏或者严重污染，被毁坏林地数量达到以上规定的，属于本条规定的"造成林地大量毁坏"。

4.《全国人大常委会关于〈中华人民共和国刑法〉第二百二十八条、第三百四十二条、第四百一十条的解释》 2001年8月31日（根据2009年8月27日全国人大常委会第十次会议《关于修改部分法律的决定》修正）（见第二百二十八条）

5. 最高人民法院《关于审理破坏草原资源刑事案件应用法律若干问题的解释》 法释〔2012〕15号

第一条 违反草原法等土地管理法规，非法占用草原，改变被占用草原用途，数量较大，造成草原大量毁坏的，依照《刑法》第三百四十二条的规定，以非法占用农用地罪定罪处罚。

第二条 非法占用草原，改变被占用草原用途，数量在二十亩以上的，或者曾因非法占用草原受过行政处罚，在三年内又非法占用草原，改变被占用草原用途，数量在十亩以上的，应当认定为《刑法》第三百四十二条规定的"数量较大"。

非法占用草原，改变被占用草原用途，数量较大，具有下列情形之一的，应当认定为《刑法》第三百四十二条规定的"造成耕地、林地等农用地大量毁坏"：

（一）开垦草原种植粮食作物、经济作物、林木的；

（二）在草原上建窑、建房、修路、挖砂、采石、采矿、取土、剥取草皮的；

（三）在草原上堆放或者排放废弃物，造成草原的原有植被严重毁坏或者严重污染的；

（四）违反草原保护、建设、利用规划种植牧草和饲料作物，造成草原沙化或者水土严重流失的；

（五）其他造成草原严重毁坏的情形。

第五条　单位实施《刑法》第三百四十二条规定的行为，对单位判处罚金，并对其直接负责的主管人员和其他直接责任人员，依照本解释规定的定罪量刑标准定罪处罚。

第六条　多次实施破坏草原资源的违法犯罪行为，未经处理，应当依法追究刑事责任的，按照累计的数量、数额定罪处罚。

第七条　本解释所称"草原"，是指天然草原和人工草地，天然草原包括草地、草山和草坡，人工草地包括改良草地和退耕还草地，不包括城镇草地。

（附参考）1. 浙江省高级人民法院、浙江省人民检察院、浙江省公安厅《关于办理森林资源刑事案件若干问题的通知》浙高法〔2002〕9号

违反林地管理法律法规，非法占用、毁坏林地十亩以上的，依照《刑法》第三百四十二条规定，处五年以下有期徒刑或者拘役，并处或者单处罚金。既毁坏林木又毁坏林地的，依照《刑法》第二百七十五条或第三百四十二条从一重处罚。

2. 浙江省高级人民法院《关于部分罪名定罪量刑情节及数额标准的意见》浙高法〔2012〕325号

96.《刑法》第三百四十二条【非法占用农用地罪】

具有下列情形之一的，属于"数量较大"，处五年以下有期徒刑或者拘役，并处或者单处罚金：

（1）非法占用基本农田五亩以上，或者基本农田以外的耕地十亩以上的；

（2）非法占用防护林地或者特种用途林地数量单种或者合计五亩以上的；

（3）非法占用其他林地十亩以上的；

（4）非法占用上述第（2）（3）项规定的林地，其中一项数量达到相应规定的数量标准的一半以上，且两项数量合计达到该项规定的数量标准的；

（5）数量较大的其他情形。

第三百四十二条之一【破坏自然保护地罪】　违反自然保护地管理法规，在国家公园、国家级自然保护区进行开垦、开发活动或者修建建筑物，造成严重后果或者有其他恶劣情节的，处五年以下有期徒刑或者拘役，并处或者单处罚金。

有前款行为，同时构成其他犯罪的，依照处罚较重的规定定罪处罚。【2021年3月1日刑法修正案（十一）】

第三百四十三条【非法采矿罪】　违反矿产资源法的规定，未取得采矿许可证擅自采矿，擅自进入国家规划矿区、对国民经济具有重要价值的矿区和他人矿区范围采矿，或者擅自开采国家规定实行保护性开采的特定矿种，情节严重的，处三年以下有期徒刑、拘役或者管制，并处或者单处罚金；情节特别严重的，处三年以上七年以下有期徒刑，并处罚金。

【破坏性采矿罪】　违反矿产资源法的规定，采取破坏性的开采方法开采矿产资源，造成矿产资源严重破坏的，处五年以下有期徒刑或者拘役，并处罚金。【2011年5月1日刑法修正案（八）】

【1997年刑法】违反矿产资源法的规定，未取得采矿许可证擅自采矿的，擅自进入国

家规划矿区、对国民经济具有重要价值的矿区和他人矿区范围采矿的，擅自开采国家规定实行保护性开采的特定矿种，经责令停止开采后拒不停止开采，造成矿产资源破坏的，处三年以下有期徒刑、拘役或者管制，并处或者单处罚金；造成矿产资源严重破坏的，处三年以上七年以下有期徒刑，并处罚金。

违反矿产资源法的规定，采取破坏性的开采方法开采矿产资源，造成矿产资源严重破坏的，处五年以下有期徒刑或者拘役，并处罚金。

（相关解释）**1. 最高人民法院、最高人民检察院《关于办理非法采矿、破坏性采矿刑事案件适用法律若干问题的解释》**法释〔2016〕25号

为依法惩处非法采矿、破坏性采矿犯罪活动，根据《中华人民共和国刑法》《中华人民共和国刑事诉讼法》的有关规定，现就办理此类刑事案件适用法律的若干问题解释如下：

第一条 违反《中华人民共和国矿产资源法》《中华人民共和国水法》等法律、行政法规有关矿产资源开发、利用、保护和管理的规定的，应当认定为《刑法》第三百四十三条规定的"违反矿产资源法的规定"。

第二条 具有下列情形之一的，应当认定为《刑法》第三百四十三条第一款规定的"未取得采矿许可证"：

（一）无许可证的；

（二）许可证被注销、吊销、撤销的；

（三）超越许可证规定的矿区范围或者开采范围的；

（四）超出许可证规定的矿种的（共生、伴生矿种除外）；

（五）其他未取得许可证的情形。

第三条 实施非法采矿行为，具有下列情形之一的，应当认定为《刑法》第三百四十三条第一款规定的"情节严重"：

（一）开采的矿产品价值或者造成矿产资源破坏的价值在十万元至三十万元以上的；

（二）在国家规划矿区、对国民经济具有重要价值的矿区采矿，开采国家规定实行保护性开采的特定矿种，或者在禁采区、禁采期内采矿，开采的矿产品价值或者造成矿产资源破坏的价值在五万元至十五万元以上的；

（三）二年内曾因非法采矿受过两次以上行政处罚，又实施非法采矿行为的；

（四）造成生态环境严重损害的；

（五）其他情节严重的情形。

实施非法采矿行为，具有下列情形之一的，应当认定为《刑法》第三百四十三条第一款规定的"情节特别严重"：

（一）数额达到前款第一项、第二项规定标准五倍以上的；

（二）造成生态环境特别严重损害的；

（三）其他情节特别严重的情形。

第四条 在河道管理范围内采砂，具有下列情形之一，符合《刑法》第三百四十三条第一款和本解释第二条、第三条规定的，以非法采矿罪定罪处罚：

（一）依据相关规定应当办理河道采砂许可证，未取得河道采砂许可证的；

（二）依据相关规定应当办理河道采砂许可证和采矿许可证，既未取得河道采砂许可证，又未取得采矿许可证的。

实施前款规定行为，虽不具有本解释第三条第一款规定的情形，但严重影响河势稳定，危害防洪安全的，应当认定为《刑法》第三百四十三条第一款规定的"情节严重"。

第五条　未取得海砂开采海域使用权证，且未取得采矿许可证，采挖海砂，符合《刑法》第三百四十三条第一款和本解释第二条、第三条规定的，以非法采矿罪定罪处罚。

实施前款规定行为，虽不具有本解释第三条第一款规定的情形，但造成海岸线严重破坏的，应当认定为《刑法》第三百四十三条第一款规定的"情节严重"。

第六条　造成矿产资源破坏的价值在五十万元至一百万元以上，或者造成国家规划矿区、对国民经济具有重要价值的矿区和国家规定实行保护性开采的特定矿种资源破坏的价值在二十五万元至五十万元以上的，应当认定为《刑法》第三百四十三条第二款规定的"造成矿产资源严重破坏"。

第七条　明知是犯罪所得的矿产品及其产生的收益，而予以窝藏、转移、收购、代为销售或者以其他方法掩饰、隐瞒的，依照《刑法》第三百一十二条的规定，以掩饰、隐瞒犯罪所得、犯罪所得收益罪定罪处罚。

实施前款规定的犯罪行为，事前通谋的，以共同犯罪论处。

第八条　多次非法采矿、破坏性采矿构成犯罪，依法应当追诉的，或者二年内多次非法采矿、破坏性采矿未经处理的，价值数额累计计算。

第九条　单位犯《刑法》第三百四十三条规定之罪的，依照本解释规定的相应自然人犯罪的定罪量刑标准，对直接负责的主管人员和其他直接责任人员定罪处罚，并对单位判处罚金。

第十条　实施非法采矿犯罪，不属于"情节特别严重"，或者实施破坏性采矿犯罪，行为人系初犯，全部退赃退赔，积极修复环境，并确有悔改表现的，可以认定为犯罪情节轻微，不起诉或者免予刑事处罚。

第十一条　对受雇佣为非法采矿、破坏性采矿犯罪提供劳务的人员，除参与利润分成或者领取高额固定工资的以外，一般不以犯罪论处，但曾因非法采矿、破坏性采矿受过处罚的除外。

第十二条　对非法采矿、破坏性采矿犯罪的违法所得及其收益，应当依法追缴或者责令退赔。

对用于非法采矿、破坏性采矿犯罪的专门工具和供犯罪所用的本人财物，应当依法没收。

第十三条　非法开采的矿产品价值，根据销赃数额认定；无销赃数额，销赃数额难以查证，或者根据销赃数额认定明显不合理的，根据矿产品价格和数量认定。

矿产品价值难以确定的，依据下列机构出具的报告，结合其他证据作出认定：

（一）价格认证机构出具的报告；

（二）省级以上人民政府国土资源、水行政、海洋等主管部门出具的报告；

（三）国务院水行政主管部门在国家确定的重要江河、湖泊设立的流域管理机构出具的报告。

第十四条　对案件所涉的有关专门性问题难以确定的，依据下列机构出具的鉴定意见或者报告，结合其他证据作出认定：

（一）司法鉴定机构就生态环境损害出具的鉴定意见；

（二）省级以上人民政府国土资源主管部门就造成矿产资源破坏的价值、是否属于破坏性开采方法出具的报告；

（三）省级以上人民政府水行政主管部门或者国务院水行政主管部门在国家确定的重要江河、湖泊设立的流域管理机构就是否危害防洪安全出具的报告；

（四）省级以上人民政府海洋主管部门就是否造成海岸线严重破坏出具的报告。

第十五条 各省、自治区、直辖市高级人民法院、人民检察院，可以根据本地区实际情况，在本解释第三条、第六条规定的数额幅度内，确定本地区执行的具体数额标准，报最高人民法院、最高人民检察院备案。

第十六条 本解释自 2016 年 12 月 1 日起施行。本解释施行后，《最高人民法院关于审理非法采矿、破坏性采矿刑事案件具体应用法律若干问题的解释》（法释〔2003〕9 号）同时废止。

2.最高人民检察院、公安部《关于公安机关管辖的刑事案件立案追诉标准的规定（一）的补充规定》公通字〔2017〕12 号

十一、将《立案追诉标准（一）》第六十八条修改为：【非法采矿案（《刑法》第三百四十三条第一款）】违反矿产资源法的规定，未取得采矿许可证擅自采矿，或者擅自进入国家规划矿区、对国民经济具有重要价值的矿区和他人矿区范围采矿，或者擅自开采国家规定实行保护性开采的特定矿种，涉嫌下列情形之一的，应予立案追诉：

（一）开采的矿产品价值或者造成矿产资源破坏的价值在十万元至三十万元以上的；

（二）在国家规划矿区、对国民经济具有重要价值的矿区采矿，开采国家规定实行保护性开采的特定矿种，或者在禁采区、禁采期内采矿，开采的矿产品价值或者造成矿产资源破坏的价值在五万元至十五万元以上的；

（三）二年内曾因非法采矿受过两次以上行政处罚，又实施非法采矿行为的；

（四）造成生态环境严重损害的；

（五）其他情节严重的情形。

在河道管理范围内采砂，依据相关规定应当办理河道采砂许可证而未取得河道采砂许可证，或者应当办理河道采砂许可证和采矿许可证，既未取得河道采砂许可证又未取得采矿许可证，具有本条第一款规定的情形之一，或者严重影响河势稳定危害防洪安全的，应予立案追诉。

采挖海砂，未取得海砂开采海域使用权证且未取得采矿许可证，具有本条第一款规定的情形之一，或者造成海岸线严重破坏的，应予立案追诉。

具有下列情形之一的，属于本条规定的"未取得采矿许可证"：

（一）无许可证的；

（二）许可证被注销、吊销、撤销的；

（三）超越许可证规定的矿区范围或者开采范围的；

（四）超出许可证规定的矿种的（共生、伴生矿种除外）；

（五）其他未取得许可证的情形。

多次非法采矿构成犯罪，依法应当追诉的，或者二年内多次非法采矿未经处理的，价值数额累计计算。

非法开采的矿产品价值，根据销赃数额认定；无销赃数额，销赃数额难以查证，或者根据销赃数额认定明显不合理的，根据矿产品价格和数量认定。

矿产品价值难以确定的，依据价格认证机构，省级以上人民政府国土资源、水行政、海洋等主管部门，或者国务院水行政主管部门在国家确定的重要江河、湖泊设立的流域管理机构出具的报告，结合其他证据作出认定。

3.最高人民法院、最高人民检察院《关于办理盗窃油气、破坏油气设备等刑事案件具体应用法律若干问题的解释》法释〔2007〕3 号

第六条 违反矿产资源法的规定，非法开采或者破坏性开采石油、天然气资源的，依照《刑法》第三百四十三条以及最高人民法院《关于审理非法采矿、破坏性采矿刑事案件具体应用法律若干问题的解释》的规定追究刑事责任。

（附参考）**浙江省高级人民法院、浙江省人民检察院《关于确定非法采矿罪、破坏性采矿罪数额标准的通知》**（2017年2月20日）

依据《最高人民法院、最高人民检察院关于办理非法采矿、破坏性采矿刑事案件适用法律若干问题的解释》（法释〔2016〕25号）的授权，根据我省实际情况，现将我省执行法释〔2016〕25号第三条第一款第（一）项、第（二）项的标准分别确定为20万元、10万元；执行第六条的标准分别确定为70万元、35万元。

《浙江省高级人民法院关于部分罪名定罪量刑情节及数额标准的意见》（浙高法〔2012〕325号）第97、98条的规定不再适用。

本通知自下发之日起执行。执行中如遇有问题，请分别报告省高级人民法院、省人民检察院。

第三百四十四条【危害国家重点保护植物罪】 违反国家规定，非法采伐、毁坏珍贵树木或者国家重点保护的其他植物的，或者非法收购、运输、加工、出售珍贵树木或者国家重点保护的其他植物及其制品的，处三年以下有期徒刑、拘役或者管制，并处罚金；情节严重的，处三年以上七年以下有期徒刑，并处罚金。**【2002年12月28日刑法修正案（四）】**

【1997年刑法】违反森林法的规定，非法采伐、毁坏珍贵树木的，处三年以下有期徒刑、拘役或者管制，并处罚金；情节严重的，处三年以上七年以下有期徒刑，并处罚金。

（相关解释）**1.最高人民法院《关于审理破坏森林资源刑事案件具体应用法律若干问题的解释》**法释〔2000〕36号

第一条 《刑法》第三百四十四条规定的"珍贵树木"，包括由省级以上林业主管部门或者其他部门确定的具有重大历史纪念意义、科学研究价值或者年代久远的古树名木，国家禁止、限制出口的珍贵树木以及列入国家重点保护野生植物名录的树木。

第二条 具有下列情形之一的，属于非法采伐、毁坏珍贵树木行为"情节严重"：

（一）非法采伐珍贵树木二株以上或者毁坏珍贵树木致使珍贵树木死亡三株以上的；

（二）非法采伐珍贵树木二立方米以上的；

（三）为首组织、策划、指挥非法采伐或者毁坏珍贵树木的；

（四）其他情节严重的情形。

第八条 盗伐、滥伐珍贵树木，同时触犯《刑法》第三百四十四条、第三百四十五条规定的，依照处罚较重的规定定罪处罚。

第十六条 单位犯《刑法》第三百四十四条、第三百四十五条规定之罪，定罪量刑标准按照本解释的规定执行。

第十七条 本解释规定的林木数量以立木蓄积计算，计算方法为：原木材积除以该树种的出材率。

本解释所称"幼树"，是指胸径五厘米以下的树木。

滥伐林木的数量，应在伐区调查设计允许的误差额以上计算。

2.国家林业局、公安部《关于森林和陆生野生动物刑事案件管辖及立案标准》林安字〔2001〕156号

采伐珍贵树木二株、二立方米以上或者毁坏珍贵树木致死三株以上的，为重大案件；采伐珍贵树木十株、十立方米以上或者毁坏珍贵树木致死十五株以上的，为特别重大案件。

3. 最高人民检察院、公安部《关于公安机关管辖的刑事案件立案追诉标准的规定（一）》
公通字〔2008〕36号

第七十条　【非法采伐、毁坏国家重点保护植物案（《刑法》第三百四十四条）】违反国家规定，非法采伐、毁坏珍贵树木或者国家重点保护的其他植物的，应予立案追诉。

本条和本规定第七十一条规定的"珍贵树木或者国家重点保护的其他植物"，包括由省级以上林业主管部门或者其他部门确定的具有重大历史纪念意义、科学研究价值或者年代久远的古树名木，国家禁止、限制出口的珍贵树木以及列入《国家重点保护野生植物名录》的树木或者其他植物。

第七十一条　【非法收购、运输、加工、出售国家重点保护植物、国家重点保护植物制品案（《刑法》第三百四十四条）】违反国家规定，非法收购、运输、加工、出售珍贵树木或者国家重点保护的其他植物及其制品的，应予立案追诉。

4. 最高人民法院、最高人民检察院《关于适用〈中华人民共和国刑法〉第三百四十四条有关问题的批复》法释〔2020〕2号（2020年3月19日）

一、古树名木以及列入《国家重点保护野生植物名录》的野生植物，属于《刑法》第三百四十四条规定的"珍贵树木或者国家重点保护的其他植物"。

二、根据《中华人民共和国野生植物保护条例》的规定，野生植物限于原生地天然生长的植物。人工培育的植物，除古树名木外，不属于《刑法》第三百四十四条规定的"珍贵树木或者国家重点保护的其他植物"。非法采伐、毁坏或者非法收购、运输人工培育的植物（古树名木除外），构成盗伐林木罪、滥伐林木罪、非法收购、运输盗伐、滥伐的林木罪等犯罪的，依照相关规定追究刑事责任。

三、对于非法移栽珍贵树木或者国家重点保护的其他植物，依法应当追究刑事责任的，依照《刑法》第三百四十四条的规定，以非法采伐国家重点保护植物罪定罪处罚。

鉴于移栽在社会危害程度上与砍伐存在一定差异，对非法移栽珍贵树木或者国家重点保护的其他植物的行为，在认定是否构成犯罪以及裁量刑罚时，应当考虑植物的珍贵程度、移栽目的、移栽手段、移栽数量、对生态环境的损害程度等情节，综合评估社会危害性，确保罪责刑相适应。

四、本批复自2020年3月21日起施行，之前发布的司法解释与本批复不一致的，以本批复为准。

（附参考）浙江省高级人民法院《关于部分罪名定罪量刑情节及数额标准的意见》浙高法〔2012〕325号

99.《刑法》第三百四十四条【非法采伐、毁坏国家重点保护植物罪】
具有下列情形之一的，属于"情节严重"，处三年以上七年以下有期徒刑，并处罚金：
（1）非法采伐珍贵树木二株以上，或者毁坏珍贵树木致使珍贵树木死亡三株以上的；
（2）非法采伐珍贵树木二立方米以上的；
（3）为首组织、策划、指挥非法采伐或者毁坏国家重点保护植物的；
（4）情节严重的其他情形。

100.《刑法》第三百四十四条【非法收购、运输、加工、出售国家重点保护植物、国家重点保护植物制品罪】
具有下列情形之一的，属于"情节严重"，处三年以上七年以下有期徒刑，并处罚金：
（1）非法收购、运输、加工、出售珍贵树木十株以上的；
（2）非法收购、运输、加工、出售珍贵树木、珍贵树木制品五立方米以上的；

（3）为首组织、策划、指挥非法收购、运输、加工、出售国家重点保护植物、国家重点保护植物制品的；

（4）情节严重的其他情形。

第三百四十四条之一【非法引进、释放、丢弃外来入侵物种罪】　违反国家规定，非法引进、释放或者丢弃外来入侵物种，情节严重的，处三年以下有期徒刑或者拘役，并处或者单处罚金。【2021年3月1日刑法修正案（十一）】

第三百四十五条【盗伐林木罪】　盗伐森林或者其他林木，数量较大的，处三年以下有期徒刑、拘役或者管制，并处或者单处罚金；数量巨大的，处三年以上七年以下有期徒刑，并处罚金；数量特别巨大的，处七年以上有期徒刑，并处罚金。

【滥伐林木罪】　违反森林法的规定，滥伐森林或者其他林木，数量较大的，处三年以下有期徒刑、拘役或者管制，并处或者单处罚金；数量巨大的，处三年以上七年以下有期徒刑，并处罚金。

【非法收购、运输盗伐、滥伐的林木罪】　非法收购、运输明知是盗伐、滥伐的林木，情节严重的，处三年以下有期徒刑、拘役或者管制，并处或者单处罚金；情节特别严重的，处三年以上七年以下有期徒刑，并处罚金。

盗伐、滥伐国家级自然保护区内的森林或者其他林木的，从重处罚。【2002年12月28日刑法修正案（四）】

【1997年刑法】盗伐森林或者其他林木，数量较大的，处三年以下有期徒刑、拘役或者管制，并处或者单处罚金；数量巨大的，处三年以上七年以下有期徒刑，并处罚金；数量特别巨大的，处七年以上有期徒刑，并处罚金。

违反森林法的规定，滥伐森林或者其他林木，数量较大的，处三年以下有期徒刑、拘役或者管制，并处或者单处罚金；数量巨大的，处三年以上七年以下有期徒刑，并处罚金。

以牟利为目的，在林区非法收购明知是盗伐、滥伐的林木，情节严重的，处三年以下有期徒刑、拘役或者管制，并处或者单处罚金；情节特别严重的，处三年以上七年以下有期徒刑，并处罚金。

盗伐、滥伐国家级自然保护区内的森林或者其他林木的，从重处罚。

（相关解释）1.最高人民法院《关于审理破坏森林资源刑事案件具体应用法律若干问题的解释》 法释〔2000〕36号

第三条　以非法占有为目的，具有下列情形之一，数量较大的，依照《刑法》第三百四十五条第一款的规定，以盗伐林木罪定罪处罚：

（一）擅自砍伐国家、集体、他人所有或者他人承包经营管理的森林或者其他林木的；

（二）擅自砍伐本单位或者本人承包经营管理的森林或者其他林木的；

（三）在林木采伐许可证规定的地点以外采伐国家、集体、他人所有或者他人承包经营管理的森林或者其他林木的。

第四条　盗伐林木"数量较大"，以二至五立方米或者幼树一百至二百株为起点；盗伐林木"数量巨大"，以二十至五十立方米或者幼树一千至二千株为起点；盗伐林木"数量特别巨大"，以一百至二百立方米或者幼树五千至一万株为起点。

第五条　违反森林法的规定，具有下列情形之一，数量较大的，依照《刑法》第三百四十五条第二款的规定，以滥伐林木罪定罪处罚：

（一）未经林业行政主管部门及法律规定的其他主管部门批准并核发林木采伐许可证，或者虽持有林木采伐许可证，但违反林木采伐许可证规定的时间、数量、树种或者方式，任意采伐本单位所有或者本人所有的森林或者其他林木的；

（二）超过林木采伐许可证规定的数量采伐他人所有的森林或者其他林木的。

林木权属争议一方在林木权属确权之前，擅自砍伐森林或者其他林木，数量较大的，以滥伐林木罪论处。

第六条 滥伐林木"数量较大"，以十至二十立方米或者幼树五百至一千株为起点；滥伐林木"数量巨大"，以五十至一百立方米或者幼树二千五百至五千株为起点。

第七条 对于一年内多次盗伐、滥伐少量林木未经处罚的，累计其盗伐、滥伐林木的数量，构成犯罪的，依法追究刑事责任。

第八条 盗伐、滥伐珍贵树木，同时触犯《刑法》第三百四十四条、第三百四十五条规定的，依照处罚较重的规定定罪处罚。

第十条 《刑法》第三百四十五条规定的"非法收购明知是盗伐、滥伐的林木"中的"明知"，是指知道或者应当知道。具有下列情形之一的，可以视为应当知道，但是有证据证明确属被蒙骗的除外：

（一）在非法的木材交易场所或者销售单位收购木材的；

（二）收购以明显低于市场价格出售的木材的；

（三）收购违反规定出售的木材的。

第十一条 具有下列情形之一的，属于在林区非法收购盗伐、滥伐的林木"情节严重"：

（一）非法收购盗伐、滥伐的林木二十立方米以上或者幼树一千株以上的；

（二）非法收购盗伐、滥伐的珍贵树木二立方米以上或者五株以上的；

（三）其他情节严重的情形。

具有下列情形之一的，属于在林区非法收购盗伐、滥伐的林木"情节特别严重"：

（一）非法收购盗伐、滥伐的林木一百立方米以上或者幼树五千株以上的；

（二）非法收购盗伐、滥伐的珍贵树木五立方米以上或者十株以上的；

（三）其他情节特别严重的情形。

第十六条 单位犯《刑法》第三百四十四条、第三百四十五条规定之罪，定罪量刑标准按照本解释的规定执行。

第十七条 本解释规定的林木数量以立木蓄积计算，计算方法为：原木材积除以该树种的出材率。

本解释所称"幼树"，是指胸径五厘米以下的树木。

滥伐林木的数量，应在伐区调查设计允许的误差额以上计算。

2.国家林业局、公安部《关于森林和陆生野生动物刑事案件管辖及立案标准》林安字〔2001〕156号

（一）盗伐林木案

盗伐森林或者其他林木，立案起点为二立方米至五立方米或者幼树一百至二百株；盗伐林木二十立方米至五十立方米或者幼树一千株至二千株，为重大案件立案起点；盗伐林木一百立方米至二百立方米或者幼树五千株至一万株，为特别重大案件立案起点。

（二）滥伐林木案

滥伐森林或者其他林木，立案起点为十立方米至二十立方米或者幼树五百至一千株；滥伐林木五十立方米以上或者幼树二千五百株以上，为重大案件；滥伐林木一百立方米以上或者幼树五千株以上，为特别重大案件。

（三）非法收购盗伐、滥伐的林木案

以牟利为目的，在林区非法收购明知是盗伐、滥伐的林木在二十立方米或者幼树一千株以上的，以及非法收购盗伐、滥伐的珍贵树木二立方米以上或者五株以上的应当立案；非法收购林木一百立方米或者幼树五千株以上的，以及非法收购盗伐、滥伐的珍贵树木五立方米以上或者十株以上的为重大案件；非法收购林木二百立方米或者幼树一千株以上的，以及非法收购盗伐、滥伐的珍贵树木十立方米以上或者二十株以上的为特别重大案件。

（四）非法采伐、毁坏珍贵树木案

非法采伐、毁坏珍贵树木的应当立案；采伐珍贵树木二株、二立方米以上或者毁坏珍贵树木致死三株以上的，为重大案件；采伐珍贵树木十株、十立方米以上或者毁坏珍贵树木致死十五株以上的，为特别重大案件。

3. 最高人民检察院、公安部《关于公安机关管辖的刑事案件立案追诉标准的规定（一）》

公通字〔2008〕36号

第七十二条　【盗伐林木案（《刑法》第三百四十五条第一款）】盗伐森林或者其他林木，涉嫌下列情形之一的，应予立案追诉：

（一）盗伐二至五立方米以上的；

（二）盗伐幼树一百至二百株以上的。

以非法占有为目的，具有下列情形之一的，属于本条规定的"盗伐森林或者其他林木"：

（一）擅自砍伐国家、集体、他人所有或者他人承包经营管理的森林或者其他林木的；

（二）擅自砍伐本单位或者本人承包经营管理的森林或者其他林木的；

（三）在林木采伐许可证规定的地点以外采伐国家、集体、他人所有或者他人承包经营管理的森林或者其他林木的。

本条和本规定第七十三条、第七十四条规定的林木数量以立木蓄积计算，计算方法为：原木材积除以该树种的出材率；"幼树"，是指胸径五厘米以下的树木。

第七十三条　【滥伐林木案（《刑法》第三百四十五条第二款）】违反森林法的规定，滥伐森林或者其他林木，涉嫌下列情形之一的，应予立案追诉：

（一）滥伐十至二十立方米以上的；

（二）滥伐幼树五百至一千株以上的。

违反森林法的规定，具有下列情形之一的，属于本条规定的"滥伐森林或者其他林木"：

（一）未经林业行政主管部门及法律规定的其他主管部门批准并核发林木采伐许可证，或者虽持有林木采伐许可证，但违反林木采伐许可证规定的时间、数量、树种或者方式，任意采伐本单位所有或者本人所有的森林或者其他林木的；

（二）超过林木采伐许可证规定的数量采伐他人所有的森林或者其他林木的。

违反森林法的规定，在林木采伐许可证规定的地点以外，采伐本单位或者本人所有的森林或者其他林木的，除农村居民采伐自留地和房前屋后个人所有的零星林木以外，属于本条第二款第（一）项"未经林业行政主管部门及法律规定的其他主管部门批准并核发林木采伐许可证"规定的情形。

林木权属争议一方在林木权属确权之前，擅自砍伐森林或者其他林木的，属于本条规定的"滥伐森林或者其他林木"。

滥伐林木的数量，应在伐区调查设计允许的误差额以上计算。

第七十四条　【非法收购、运输盗伐、滥伐的林木案（《刑法》第三百四十五条第三款）】非法收购、运输明知是盗伐、滥伐的林木，涉嫌下列情形之一的，应予立案追诉：

（一）非法收购、运输盗伐、滥伐的林木二十立方米以上或者幼树一千株以上的；

（二）其他情节严重的情形。

本条规定的"非法收购"的"明知"，是指知道或者应当知道。具有下列情形之一的，可以视为应当知道，但是有证据证明确属被蒙骗的除外：

（一）在非法的木材交易场所或者销售单位收购木材的；

（二）收购以明显低于市场价格出售的木材的；

（三）收购违反规定出售的木材的。

4. 最高人民法院《关于在林木采伐许可证规定的地点以外采伐本单位或者本人所有的森林或者其他林木的行为如何适用法律问题的批复》 法释〔2004〕3号

违反森林法的规定，在林木采伐许可证规定的地点以外，采伐本单位或者本人所有的森林或者其他林木的，除农村居民采伐自留地和房前屋后个人所有的零星林木以外，属于最高人民法院《关于审理破坏森林资源刑事案件具体应用法律若干问题的解释》第五条第一款第（一）项"未经林业行政主管部门及法律规定的其他主管部门批准并核发林木采伐许可证"规定的情形，数量较大的，应当依照《刑法》第三百四十五条第二款的规定，以滥伐林木罪定罪处罚。

（附参考）1. 浙江省高级人民法院、浙江省人民检察院、浙江省公安厅《关于办理森林资源刑事案件若干问题的通知》 浙高法〔2002〕9号

第一条 盗伐林木罪"数量较大"的起点，为二立方米或幼树一百株；"数量巨大"的起点，为二十立方米或幼树一千株；"数量特别巨大"的起点，为一百立方米或幼树五千株。

第二条 滥伐林木罪"数量较大"的起点，为二十立方米或幼树一千株；"数量巨大"的起点，为五十立方米或幼树二千五百株。

第七条 盗伐竹林或者其他竹子，"数量较大"的起点，为二百株以上或经济损失二千元以上；"数量巨大"的起点，为二千株以上或经济损失二万元以上；"数量特别巨大"的起点，为一万株以上或经济损失十万元以上。

滥伐竹林或者其他竹子，"数量较大"的起点，为二千株以上或经济损失二万元以上；"数量巨大"的起点，为五千株以上或经济损失五万元以上。

2. 浙江省高级人民法院《关于部分罪名定罪量刑情节及数额标准的意见》 浙高法〔2012〕325号

101.《刑法》第三百四十五条第一款【盗伐林木罪】

具有下列情形之一的，属于"数量较大"，处三年以下有期徒刑、拘役或者管制，并处或者单处罚金：

（1）盗伐林木二立方米以上不满二十立方米的；

（2）盗伐幼树一百株以上不满一千株的；

（3）盗伐竹林或者其他竹子二百株以上不满两千株或者造成经济损失二千元以上不满二万元的；

（4）数量较大的其他情形。

具有下列情形之一的，属于"数量巨大"，处三年以上七年以下有期徒刑，并处罚金：

（1）盗伐林木二十立方米以上不满一百立方米的；

（2）盗伐幼树一千株以上不满五千株的；

（3）盗伐竹林或者其他竹子二千株以上不满一万株或者造成经济损失二万元以上不满十万元的；

（4）数量巨大的其他情形。

具有下列情形之一的，属于"数量特别巨大"，处七年以上有期徒刑，并处罚金：

（1）盗伐林木一百立方米以上的；

（2）盗伐幼树五千株以上的；

（3）盗伐竹林或者其他竹子一万株以上或者造成经济损失十万元以上的；

（4）数量特别巨大的其他情形。

102.《刑法》第三百四十五条第二款【滥伐林木罪】

具有下列情形之一的，属于"数量较大"，处三年以下有期徒刑、拘役或者管制，并处或者单处罚金：

（1）滥伐林木二十立方米以上不满五十立方米的；

（2）滥伐幼树一千株以上不满二千五百株的；

（3）滥伐竹林或者其他竹子二千株以上不满五千株或者造成经济损失二万元以上不满五万元的；

（4）数量较大的其他情形。

具有下列情形之一的，属于"数量巨大"，处三年以上七年以下有期徒刑，并处罚金：

（1）滥伐林木五十立方米以上的；

（2）滥伐幼树二千五百株以上的；

（3）滥伐竹林或者其他竹子五千株以上或者造成经济损失五万元以上的；

（4）数量巨大的其他情形。

第三百四十六条　单位犯本节第三百三十八条至第三百四十五条规定之罪的，对单位判处罚金，并对其直接负责的主管人员和其他直接责任人员，依照本节各该条的规定处罚。

第七节　走私、贩卖、运输、制造毒品罪

第三百四十七条【走私、贩卖、运输、制造毒品罪】　走私、贩卖、运输、制造毒品，无论数量多少，都应当追究刑事责任，予以刑事处罚。

走私、贩卖、运输、制造毒品，有下列情形之一的，处十五年有期徒刑、无期徒刑或者死刑，并处没收财产：

（一）走私、贩卖、运输、制造鸦片一千克以上、海洛因或者甲基苯丙胺五十克以上或者其他毒品数量大的；

（二）走私、贩卖、运输、制造毒品集团的首要分子；

（三）武装掩护走私、贩卖、运输、制造毒品的；

（四）以暴力抗拒检查、拘留、逮捕，情节严重的；

（五）参与有组织的国际贩毒活动的。

走私、贩卖、运输、制造鸦片二百克以上不满一千克、海洛因或者甲基苯丙胺十克以上不满五十克或者其他毒品数量较大的，处七年以上有期徒刑，并处罚金。

走私、贩卖、运输、制造鸦片不满二百克、海洛因或者甲基苯丙胺不满十克或者其他

少量毒品的，处三年以下有期徒刑、拘役或者管制，并处罚金；情节严重的，处三年以上七年以下有期徒刑，并处罚金。

单位犯第二款、第三款、第四款罪的，对单位判处罚金，并对其直接负责的主管人员和其他直接责任人员，依照各该款的规定处罚。

利用、教唆未成年人走私、贩卖、运输、制造毒品，或者向未成年人出售毒品的，从重处罚。

对多次走私、贩卖、运输、制造毒品，未经处理的，毒品数量累计计算。

（相关解释）1. **最高人民检察院、公安部《关于公安机关管辖的刑事案件立案追诉标准的规定（三）》公通字〔2012〕26 号**

第一条【走私、贩卖、运输、制造毒品案（《刑法》第三百四十七条）】走私、贩卖、运输、制造毒品，无论数量多少，都应予立案追诉。

本条规定的"走私"是指明知是毒品而非法将其运输、携带、寄递进出国（边）境的行为。直接向走私人非法收购走私进口的毒品，或者在内海、领海、界河、界湖运输、收购、贩卖毒品的，以走私毒品罪立案追诉。

本条规定的"贩卖"是指明知是毒品而非法销售或者以贩卖为目的而非法收买的行为。

有证据证明行为人以牟利为目的，为他人代购仅用于吸食、注射的毒品，对代购者以贩卖毒品罪立案追诉。不以牟利为目的，为他人代购仅用于吸食、注射的毒品，毒品数量达到本规定第二条规定的数量标准的，对托购者和代购者以非法持有毒品罪立案追诉。明知他人实施毒品犯罪而为其居间介绍、代购代卖的，无论是否牟利，都应以相关毒品犯罪的共犯立案追诉。

本条规定的"运输"是指明知是毒品而采用携带、寄递、托运、利用他人或者使用交通工具等方法非法运送毒品的行为。

本条规定的"制造"是指非法利用毒品原植物直接提炼或者用化学方法加工、配制毒品，或者以改变毒品成分和效用为目的，用混合等物理方法加工、配制毒品的行为。为了便于隐蔽运输、销售、使用、欺骗购买者，或者为了增重，对毒品掺杂使假，添加或者去除其他非毒品物质，不属于制造毒品的行为。

为了制造毒品而采用生产、加工、提炼等方法非法制造易制毒化学品的，以制造毒品罪（预备）立案追诉。购进制造毒品的设备和原材料，开始着手制造毒品，尚未制造出毒品或者半成品的，以制造毒品罪（未遂）立案追诉。明知他人制造毒品而为其生产、加工、提炼、提供醋酸酐、乙醚、三氯甲烷等制毒物品的，以制造毒品罪的共犯立案追诉。

走私、贩卖、运输毒品主观故意中的"明知"，是指行为人知道或者应当知道所实施的是走私、贩卖、运输毒品行为。具有下列情形之一，结合行为人的供述和其他证据综合审查判断，可以认定其"应当知道"，但有证据证明确属被蒙骗的除外：

（一）执法人员在口岸、机场、车站、港口、邮局和其他检查站点检查时，要求行为人申报携带、运输、寄递的物品和其他疑似毒品物，并告知其法律责任，而行为人未如实申报，在其携带、运输、寄递的物品中查获毒品的；

（二）以伪报、藏匿、伪装等蒙蔽手段逃避海关、边防等检查，在其携带、运输、寄递的物品中查获毒品的；

（三）执法人员检查时，有逃跑、丢弃携带物品或者逃避、抗拒检查等行为，在其携带、藏匿或者丢弃的物品中查获毒品的；

（四）体内或者贴身隐秘处藏匿毒品的；

（五）为获取不同寻常的高额或者不等值的报酬为他人携带、运输、寄递、收取物品，从中查获毒品的；

（六）采用高度隐蔽的方式携带、运输物品，从中查获毒品的；

（七）采用高度隐蔽的方式交接物品，明显违背合法物品惯常交接方式，从中查获毒品的；

（八）行程路线故意绕开检查站点，在其携带、运输的物品中查获毒品的；

（九）以虚假身份、地址或者其他虚假方式办理托运、寄递手续，在托运、寄递的物品中查获毒品的；

（十）有其他证据足以证明行为人应当知道的。

制造毒品主观故意中的"明知"，是指行为人知道或者应当知道所实施的是制造毒品行为。有下列情形之一，结合行为人的供述和其他证据综合审查判断，可以认定其"应当知道"，但有证据证明确属被蒙骗的除外：

（一）购置了专门用于制造毒品的设备、工具、制毒物品或者配制方案的；

（二）为获取不同寻常的高额或者不等值的报酬为他人制造物品，经检验是毒品的；

（三）在偏远、隐蔽场所制造，或者采取对制造设备进行伪装等方式制造物品，经检验是毒品的；

（四）制造人员在执法人员检查时，有逃跑、抗拒检查等行为，在现场查获制造出的物品，经检验是毒品的；

（五）有其他证据足以证明行为人应当知道的。

走私、贩卖、运输、制造毒品罪是选择性罪名，对同一宗毒品实施了两种以上犯罪行为，并有相应确凿证据的，应当按照所实施的犯罪行为的性质并列适用罪名，毒品数量不重复计算。对同一宗毒品可能实施了两种以上犯罪行为，但相应证据只能认定其中一种或者几种行为，认定其他行为的证据不够确实充分的，只按照依法能够认定的行为的性质适用罪名。对不同宗毒品分别实施了不同种犯罪行为的，应对不同行为并列适用罪名，累计计算毒品数量。

第十三条　本规定中的毒品是指鸦片、海洛因、甲基苯丙胺（冰毒）、吗啡、大麻、可卡因以及国家规定管制的其他能够使人形成瘾癖的麻醉药品和精神药品。具体品种以国家食品药品监督管理局、公安部、卫生部发布的《麻醉药品品种目录》《精神药品品种目录》为依据。

本规定中的"制毒物品"是指《刑法》第三百五十条第一款规定的醋酸酐、乙醚、三氯甲烷或者其他用于制造毒品的原料或者配剂，具体品种范围按照国家关于易制毒化学品管理的规定确定。

第十四条　本规定中未明确立案追诉标准的毒品，有条件折算为海洛因的，参照有关麻醉药品和精神药品折算标准进行折算。

第十五条　本规定中的立案追诉标准，除法律、司法解释另有规定的以外，适用于相关的单位犯罪。

第十六条　本规定中的"以上"，包括本数。

2. 最高人民法院、最高人民检察院、公安部《办理毒品犯罪案件适用法律若干问题的意见》 公通字〔2007〕84 号

一、关于毒品犯罪案件的管辖问题

根据刑事诉讼法的规定，毒品犯罪案件的地域管辖，应当坚持以犯罪地管辖为主、被

告人居住地管辖为辅的原则。

"犯罪地"包括犯罪预谋地，毒资筹集地，交易进行地，毒品生产地，毒资、毒赃和毒品的藏匿地、转移地，走私或者贩运毒品的目的地以及犯罪嫌疑人被抓获地等。

"被告人居住地"包括被告人常住地、户籍地及其临时居住地。

对怀孕、哺乳期妇女走私、贩卖、运输毒品案件，查获地公安机关认为移交其居住地管辖更有利于采取强制措施和查清犯罪事实的，可以报请共同的上级公安机关批准，移送犯罪嫌疑人居住地公安机关办理，查获地公安机关应继续配合。

公安机关对侦办跨区域毒品犯罪案件的管辖权有争议的，应本着有利于查清犯罪事实，有利于诉讼，有利于保障案件侦查安全的原则，认真协商解决。经协商无法达成一致的，报共同的上级公安机关指定管辖。对即将侦查终结的跨省（自治区、直辖市）重大毒品案件，必要时可由公安部商最高人民法院和最高人民检察院指定管辖。

为保证及时结案，避免超期羁押，人民检察院对于公安机关移送审查起诉的案件，人民法院对于已进入审判程序的案件，被告人及其辩护人提出管辖异议或者办案单位发现没有管辖权的，受案人民检察院、人民法院经审查可以依法报请上级人民检察院、人民法院指定管辖，不再自行移送有管辖权的人民检察院、人民法院。

二、关于毒品犯罪嫌疑人、被告人主观明知的认定问题

走私、贩卖、运输、非法持有毒品主观故意中的"明知"，是指行为人知道或者应当知道所实施的行为是走私、贩卖、运输、非法持有毒品行为。具有下列情形之一，并且犯罪嫌疑人、被告人不能做出合理解释的，可以认定其"应当知道"，但有证据证明确属被蒙骗的除外：

（一）执法人员在口岸、机场、车站、港口和其他检查站检查时，要求行为人申报为他人携带的物品和其他疑似毒品物，并告知其法律责任，而行为人未如实申报，在其所携带的物品内查获毒品的；

（二）以伪报、藏匿、伪装等蒙蔽手段逃避海关、边防等检查，在其携带、运输、邮寄的物品中查获毒品的；

（三）执法人员检查时，有逃跑、丢弃携带物品或逃避、抗拒检查等行为，在其携带或丢弃的物品中查获毒品的；

（四）体内藏匿毒品的；

（五）为获取不同寻常的高额或不等值的报酬而携带、运输毒品的；

（六）采用高度隐蔽的方式携带、运输毒品的；

（七）采用高度隐蔽的方式交接毒品，明显违背合法物品惯常交接方式的；

（八）其他有证据足以证明行为人应当知道的。

三、关于办理氯胺酮等毒品案件定罪量刑标准问题

（一）走私、贩卖、运输、制造、非法持有下列毒品，应当认定为《刑法》第三百四十七条第二款第（一）项、第三百四十八条规定的"其他毒品数量大"：

1.二亚甲基双氧安非他明（MDMA）等苯丙胺类毒品（甲基苯丙胺除外）100克以上；

2.氯胺酮、美沙酮一千克以上；

3.三唑仑、安眠酮五十千克以上；

4.氯氮卓、艾司唑仑、地西泮、溴西泮五百千克以上；

5.上述毒品以外的其他毒品数量大的。

（二）走私、贩卖、运输、制造、非法持有下列毒品，应当认定为《刑法》第三百四

十七条第三款、第三百四十八条规定的"其他毒品数量较大":

1.二亚甲基双氧安非他明(MDMA)等苯丙胺类毒品(甲基苯丙胺除外)二十克以上不一百克的;

2.氯胺酮、美沙酮二百克以上不满一千克的;

3.三唑仑、安眠酮十千克以上不满五十千克的;

4.氯氮卓、艾司唑仑、地西泮、溴西泮一百千克以上不满五百千克的;

5.上述毒品以外的其他毒品数量较大的。

(三)走私、贩卖、运输、制造下列毒品,应当认定为《刑法》第三百四十七条第四款规定的"其他少量毒品":

1.二亚甲基双氧安非他明(MDMA)等苯丙胺类毒品(甲基苯丙胺除外)不满二十克的;

2.氯胺酮、美沙酮不满二百克的;

3.三唑仑、安眠酮不满十千克的;

4.氯氮卓、艾司唑仑、地西泮、溴西泮不满一百千克的;

5.上述毒品以外的其他少量毒品的。

(四)上述毒品品种包括其盐和制剂。毒品鉴定结论中毒品品名的认定应当以国家食品药品监督管理局、公安部、卫生部最新发布的《麻醉药品品种目录》《精神药品品种目录》为依据。

四、关于死刑案件的毒品含量鉴定问题

可能判处死刑的毒品犯罪案件,毒品鉴定结论中应有含量鉴定的结论。

3.最高人民法院《全国部分法院审理毒品犯罪案件工作座谈会纪要》法〔2008〕324号

一、毒品案件的罪名确定和数量认定问题

《刑法》第三百四十七条规定的走私、贩卖、运输、制造毒品罪是选择性罪名,对同一宗毒品实施了两种以上犯罪行为并有相应确凿证据的,应当按照所实施的犯罪行为的性质并列确定罪名,毒品数量不重复计算,不实行数罪并罚。对同一宗毒品可能实施了两种以上犯罪行为,但相应证据只能认定其中一种或者几种行为,认定其他行为的证据不够确实充分的,则只按照依法能够认定的行为的性质定罪。如涉嫌为贩卖而运输毒品,认定贩卖的证据不够确实充分的,则只定运输毒品罪。对不同宗毒品分别实施了不同种犯罪行为的,应对不同行为并列确定罪名,累计毒品数量,不实行数罪并罚。对被告人一人走私、贩卖、运输、制造两种以上毒品的,不实行数罪并罚,量刑时可综合考虑毒品的种类、数量及危害,依法处理。

罪名不以行为实施的先后、毒品数量或者危害大小排列,一律以《刑法》条文规定的顺序表述。如对同一宗毒品制造后又走私的,以走私、制造毒品罪定罪。下级法院在判决中确定罪名不准确的,上级法院可以减少选择性罪名中的部分罪名或者改动罪名顺序,在不加重原判刑罚的情况下,也可以改变罪名,但不得增加罪名。

对于吸毒者实施的毒品犯罪,在认定犯罪事实和确定罪名时要慎重。吸毒者在购买、运输、存储毒品过程中被查获的,如没有证据证明其是为了实施贩卖等其他毒品犯罪行为,毒品数量未超过《刑法》第三百四十八条规定的最低数量标准的,一般不定罪处罚;查获毒品数量达到较大以上的,应以其实际实施的毒品犯罪行为定罪处罚。

对于以贩养吸的被告人,其被查获的毒品数量应认定为其犯罪的数量,但量刑时应考虑被告人吸食毒品的情节,酌情处理;被告人购买了一定数量的毒品后,部分已被其吸食的,应当按能够证明的贩卖数量及查获的毒品数量认定其贩毒的数量,已被吸食部分不计入在内。

有证据证明行为人不以牟利为目的，为他人代购仅用于吸食的毒品，毒品数量超过《刑法》第三百四十八条规定的最低数量标准的，对托购者、代购者应以非法持有毒品罪定罪。代购者从中牟利，变相加价贩卖毒品的，对代购者应以贩卖毒品罪定罪。明知他人实施毒品犯罪而为其居间介绍、代购代卖的，无论是否牟利，都应以相关毒品犯罪的共犯论处。

盗窃、抢夺、抢劫毒品的，应当分别以盗窃罪、抢夺罪或者抢劫罪定罪，但不计犯罪数额，根据情节轻重予以定罪量刑。盗窃、抢夺、抢劫毒品后又实施其他毒品犯罪的，对盗窃罪、抢夺罪、抢劫罪和所犯的具体毒品犯罪分别定罪，依法数罪并罚。走私毒品，又走私其他物品构成犯罪的，以走私毒品罪和其所犯的其他走私罪分别定罪，依法数罪并罚。

二、毒品犯罪的死刑适用问题

审理毒品犯罪案件，应当切实贯彻宽严相济的刑事政策，突出毒品犯罪的打击重点。必须依法严惩毒枭、职业毒犯、再犯、累犯、惯犯、主犯等主观恶性深、人身危险性大、危害严重的毒品犯罪分子，以及具有将毒品走私入境、多次、大量或者向多人贩卖，诱使多人吸毒，武装掩护、暴力抗拒检查、拘留或者逮捕，或者参与有组织的国际贩毒活动等情节的毒品犯罪分子。对其中罪行极其严重依法应当判处死刑的，必须坚决依法判处死刑。

毒品数量是毒品犯罪案件量刑的重要情节，但不是唯一情节。对被告人量刑时，特别是在考虑是否适用死刑时，应当综合考虑毒品数量、犯罪情节、危害后果、被告人的主观恶性、人身危险性以及当地禁毒形势等各种因素，做到区别对待。近期，审理毒品犯罪案件掌握的死刑数量标准，应当结合本地毒品犯罪的实际情况和依法惩治、预防毒品犯罪的需要，并参照最高人民法院复核的毒品死刑案件的典型案例，恰当把握。量刑既不能只片面考虑毒品数量，不考虑犯罪的其他情节，也不能只片面考虑其他情节，而忽视毒品数量。

对虽然已达到实际掌握的判处死刑的毒品数量标准，但是具有法定、酌定从宽处罚情节的被告人，可以不判处死刑；反之，对毒品数量接近实际掌握的判处死刑的数量标准，但具有从重处罚情节的被告人，也可以判处死刑。毒品数量达到实际掌握的死刑数量标准，既有从重处罚情节，又有从宽处罚情节的，应当综合考虑各方面因素决定刑罚，判处死刑立即执行应当慎重。

具有下列情形之一的，可以判处被告人死刑：（1）具有毒品犯罪集团首要分子、武装掩护毒品犯罪、暴力抗拒检查、拘留或者逮捕、参与有组织的国际贩毒活动等严重情节的；（2）毒品数量达到实际掌握的死刑数量标准，并具有毒品再犯、累犯，利用、教唆未成年人走私、贩卖、运输、制造毒品，或者向未成年人出售毒品等法定从重处罚情节的；（3）毒品数量达到实际掌握的死刑数量标准，并具有多次走私、贩卖、运输、制造毒品，向多人贩毒，在毒品犯罪中诱使、容留多人吸毒，在戒毒监管场所贩毒，国家工作人员利用职务便利实施毒品犯罪，或者职业犯、惯犯、主犯等情节的；（4）毒品数量达到实际掌握的死刑数量标准，并具有其他从重处罚情节的；（5）毒品数量超过实际掌握的死刑数量标准，且没有法定、酌定从轻处罚情节的。

毒品数量达到实际掌握的死刑数量标准，具有下列情形之一的，可以不判处被告人死刑立即执行：（1）具有自首、立功等法定从宽处罚情节的；（2）已查获的毒品数量未达到实际掌握的死刑数量标准，到案后坦白尚未被司法机关掌握的其他毒品犯罪，累计数量超过实际掌握的死刑数量标准的；（3）经鉴定毒品含量极低，掺假之后的数量才达到实际掌握的死刑数量标准的，或者有证据表明可能大量掺假但因故不能鉴定的；（4）因特情引诱毒品数量才达到实际掌握的死刑数量标准的；（5）以贩养吸的被告人，被查获的毒品数量刚达到实际掌握的死刑数量标准的；（6）毒品数量刚达到实际掌握的死刑数量标准，确属初次犯罪即被查获，未造成严重危害后果的；（7）共同犯罪毒品数量刚达到实际掌握的死刑数量标准，但各共同犯罪人作用相当，或者责任大小难以区分的；（8）家庭成员共同实施毒品犯罪，其中起主要作用的被告人已被判处死刑立即执行，其他被告人罪行相对较轻的；（9）其他不是必须判处死刑立即执行的。

有些毒品犯罪案件，往往由于毒品、毒资等证据已不存在，导致审查证据和认定事实困难。在处理这类案件时，只有被告人的口供与同案其他被告人供述吻合，并且完全排除诱供、逼供、串供等情形，被告人的口供与同案被告人的供述才可以作为定案的证据。仅有被告人口供与同案被告人供述作为定案证据的，对被告人判处死刑立即执行要特别慎重。

三、运输毒品罪的刑罚适用问题

对于运输毒品犯罪，要注意重点打击指使、雇佣他人运输毒品的犯罪分子和接应、接货的毒品所有者、买家或者卖家。对于运输毒品犯罪集团首要分子，组织、指使、雇用他人运输毒品的主犯或者毒枭、职业毒犯、毒品再犯，以及具有武装掩护、暴力抗拒检查、拘留或者逮捕、参与有组织的国际毒品犯罪、以运输毒品为业、多次运输毒品或者其他严重情节的，应当按照《刑法》、有关司法解释和司法实践实际掌握的数量标准，从严惩处，依法应判处死刑的必须坚决判处死刑。

毒品犯罪中，单纯的运输毒品行为具有从属性、辅助性特点，且情况复杂多样。部分涉案人员系受指使、雇佣的贫民、边民或者无业人员，只是为了赚取少量运费而为他人运输毒品，他们不是毒品的所有者、买家或者卖家，与幕后的组织、指使、雇佣者相比，在整个毒品犯罪环节中处于从属、辅助和被支配地位，所起作用和主观恶性相对较小，社会危害性也相对较小。因此，对于运输毒品犯罪中的这部分人员，在量刑标准的把握上，应当与走私、贩卖、制造毒品和前述具有严重情节的运输毒品犯罪分子有所区别，不应单纯以涉案毒品数量的大小决定刑罚适用的轻重。

对有证据证明被告人确属受人指使、雇佣参与运输毒品犯罪，又系初犯、偶犯的，可以从轻处罚，即使毒品数量超过实际掌握的死刑数量标准，也可以不判处死刑立即执行。

毒品数量超过实际掌握的死刑数量标准，不能证明被告人系受人指使、雇佣参与运输毒品犯罪的，可以依法判处重刑直至死刑。

涉嫌为贩卖而自行运输毒品，由于认定贩卖毒品的证据不足，因而认定为运输毒品罪的，不同于单纯的受指使为他人运输毒品行为，其量刑标准应当与单纯的运输毒品行为有所区别。

四、制造毒品的认定与处罚问题

鉴于毒品犯罪分子制造毒品的手段复杂多样、不断翻新，采用物理方法加工、配制毒品的情况大量出现，有必要进一步准确界定制造毒品的行为、方法。制造毒品不仅包括非法用毒品原植物直接提炼和用化学方法加工、配制毒品的行为，也包括以改变毒品成分和效用为目的，用混合等物理方法加工、配制毒品的行为，如将甲基苯丙胺或者其他苯丙胺类毒品与其他毒品混合成麻古或者摇头丸。为便于隐蔽运输、销售、使用、欺骗购买者，或者为了增重，对毒品掺杂使假，添加或者去除其他非毒品物质，不属于制造毒品的行为。

已经制成毒品，达到实际掌握的死刑数量标准的，可以判处死刑；数量特别巨大的，应当判处死刑。已经制造出粗制毒品或者半成品的，以制造毒品罪的既遂论处。购进制造毒品的设备和原材料，开始着手制造毒品，但尚未制造出粗制毒品或者半成品的，以制造毒品罪的未遂论处。

五、毒品含量鉴定和混合型、新类型毒品案件处理问题

鉴于大量掺假毒品和成分复杂的新类型毒品不断出现，为做到罪刑相当、罚当其罪，保证毒品案件的审判质量，并考虑目前毒品鉴定的条件和现状，对可能判处被告人死刑的毒品犯罪案件，应当根据最高人民法院、最高人民检察院、公安部 2007 年 12 月颁布的《办理毒品犯罪案件适用法律若干问题的意见》，作出毒品含量鉴定；对涉案毒品可能大量掺假或者系成分复杂的新类型毒品的，亦应当作出毒品含量鉴定。

对于含有二种以上毒品成分的毒品混合物，应进一步作成分鉴定，确定所含的不同毒品成分及比例。对于毒品中含有海洛因、甲基苯丙胺的，应以海洛因、甲基苯丙胺分别确定其毒品种类；不含海洛因、甲基苯丙胺的，应以其中毒性较大的毒品成分确定其毒品种类；如果毒性相当或者难以确定毒性大小的，以其中比例较大的毒品成分确定其毒品种类，并在量刑时综合考虑其他毒品成分、含量和全案所涉毒品数量。对于《刑法》、司法解释等已规定了量刑数量标准的毒品，按照《刑法》、司法解释等规定适用刑罚；对于《刑法》、司法解释等没有规定量刑数量标准的毒品，有条件折算为海洛因的，参照国家食品药品监督管理局制定的《非法药物折算表》，折算成海洛因的数量后适用刑罚。

对于国家管制的精神药品和麻醉药品，《刑法》、司法解释等尚未明确规定量刑数量标准，也不具备折算条件的，应由有关专业部门确定涉案毒品毒效的大小、有毒成分的多少、吸毒者对该毒品的依赖程度，综合考虑其致瘾癖性、戒断性、社会危害性等依法量刑。因条件限制不能确定的，可以参考涉案毒品非法交易的价格因素等，决定对被告人适用的刑罚，但一般不宜判处死刑立即执行。

六、特情介入案件的处理问题

运用特情侦破毒品案件，是依法打击毒品犯罪的有效手段。对特情介入侦破的毒品案件，要区别不同情形予以分别处理。

对已持有毒品待售或者有证据证明已准备实施大宗毒品犯罪者，采取特情贴靠、接洽而破获的案件，不存在犯罪引诱，应当依法处理。

行为人本没有实施毒品犯罪的主观意图，而是在特情诱惑和促成下形成犯意，进而实施毒品犯罪的，属于"犯意引诱"。对因"犯意引诱"实施毒品犯罪的被告人，根据罪刑相适应原则，应当依法从轻处罚，无论涉案毒品数量多大，都不应判处死刑立即执行。行为人在特情既为其安排上线，又提供下线的双重引诱，即"双套引诱"下实施毒品犯罪的，处刑时可予以更大幅度的从宽处罚或者依法免予刑事处罚。

行为人本来只有实施数量较小的毒品犯罪的故意，在特情引诱下实施了数量较大甚至达到实际掌握的死刑数量标准的毒品犯罪的，属于"数量引诱"。对因"数量引诱"实施毒品犯罪的被告人，应当依法从轻处罚，即使毒品数量超过实际掌握的死刑数量标准，一般也不判处死刑立即执行。

对不能排除"犯意引诱"和"数量引诱"的案件，在考虑是否对被告人判处死刑立即执行时，要留有余地。

对被告人受特情间接引诱实施毒品犯罪的，参照上述原则依法处理。

七、毒品案件的立功问题

共同犯罪中同案犯的基本情况，包括同案犯姓名、住址、体貌特征、联络方式等信息，属于被告人应当供述的范围。公安机关根据被告人供述抓获同案犯的，不应认定其有立功表现。被告人在公安机关抓获同案犯过程中确实起到协助作用的，例如，经被告人现场指认、辨认抓获了同案犯；被告人带领公安人员抓获了同案犯；被告人提供了不为有关机关掌握或者有关机关按照正常工作程序无法掌握的同案犯藏匿的线索，有关机关据此抓获了同案犯；被告人交代了与同案犯的联系方式，又按要求与对方联络，积极协助公安机关抓获了同案犯等，属于协助司法机关抓获同案犯，应认定为立功。

关于立功从宽处罚的把握，应以功是否足以抵罪为标准。在毒品共同犯罪案件中，毒枭、毒品犯罪集团首要分子、共同犯罪的主犯、职业毒犯、毒品惯犯等，由于掌握同案犯、从犯、马仔的犯罪情况和个人信息，被抓获后往往能协助抓捕同案犯，获得立功或者重大立功。对其是否从宽处罚以及从宽幅度的大小，应当主要看功是否足以抵罪，即应结合被告人罪行的严重程度、立功大小综合考虑。要充分注意毒品共同犯罪人以及上、下家之间的量刑平衡。对于毒枭等严重毒品犯罪分子立功的，从轻或者减轻处罚应当从严掌握。如果其罪行极其严重，只有一般立功表现，功不足以抵罪的，可不予从轻处罚；如果其检举、揭发的是其他犯罪案件中罪行同样严重的犯罪分子，或者协助抓获的是同案中的其他首要分子、主犯，功足以抵罪的，原则上可以从轻或者减轻处罚；如果协助抓获的只是同案中的从犯或者马仔，功不足以抵罪，或者从轻处罚后全案处刑明显失衡的，不予从轻处罚。相反，对于从犯、马仔立功，特别是协助抓获毒枭、首要分子、主犯的，应当从轻处罚，直至依法减轻或者免除处罚。

被告人亲属为了使被告人得到从轻处罚，检举、揭发他人犯罪或者协助司法机关抓捕其他犯罪人的，不能视为被告人立功。同监犯将本人或者他人尚未被司法机关掌握的犯罪事实告知被告人，由被告人检举揭发的，如经查证属实，虽可认定被告人立功，但是否从宽处罚、从宽幅度大小，应与通常的立功有所区别。通过非法手段或者非法途径获取他人犯罪信息，如从国家工作人员处贿买他人犯罪信息，通过律师、看守人员等非法途径获取他人犯罪信息，由被告人检举揭发的，不能认定为立功，也不能作为酌情从轻处罚情节。

八、毒品再犯问题

根据《刑法》第三百五十六条规定，只要因走私、贩卖、运输、制造、非法持有毒品罪被判过刑，不论是在刑罚执行完毕后，还是在缓刑、假释或者暂予监外执行期间，又犯《刑法》分则第六章第七节规定的犯罪的，都是毒品再犯，应当从重处罚。

因走私、贩卖、运输、制造、非法持有毒品罪被判刑的犯罪分子，在缓刑、假释或者暂予监外执行期间又犯《刑法》分则第六章第七节规定的犯罪的，应当在对其所犯新的毒品犯罪适用《刑法》第三百五十六条从重处罚的规定确定刑罚后，再依法数罪并罚。

对同时构成累犯和毒品再犯的被告人，应当同时引用《刑法》关于累犯和毒品再犯的条款从重处罚。

九、毒品案件的共同犯罪问题

毒品犯罪中，部分共同犯罪人未到案，如现有证据能够认定已到案被告人为共同犯罪，或者能够认定为主犯或者从犯的，应当依法认定。没有实施毒品犯罪的共同故意，仅在客观上为相互关联的毒品犯罪上下家，不构成共同犯罪，但为了诉讼便利可并案审理。审理毒品共同犯罪案件应当注意以下几个方面的问题：

一是要正确区分主犯和从犯。区分主犯和从犯，应当以各共同犯罪人在毒品共同犯罪中的地位和作用为根据。要从犯意提起、具体行为分工、出资和实际分得毒赃多少以及共犯之间相互关系等方面，比较各个共同犯罪人在共同犯罪中的地位和作用。在毒品共同犯罪中，为主出资者、毒品所有者或者起意、策划、纠集、组织、雇用、指使他人参与犯罪以及其他起主要作用的是主犯；起次要或者辅助作用的是从犯。受雇用、受指使实施毒品犯罪的，应根据其在犯罪中实际发挥的作用具体认定为主犯或者从犯。对于确有证据证明在共同犯罪中起次要或者辅助作用的，不能因为其他共同犯罪人未到案而不认定为从犯，甚至将其认定为主犯或者按主犯处罚。只要认定为从犯，无论主犯是否到案，均应依照《刑法》关于从犯的规定从轻、减轻或者免除处罚。

二是要正确认定共同犯罪案件中主犯和从犯的毒品犯罪数量。对于毒品犯罪集团的首要分子，应按集团毒品犯罪的总数量处罚；对一般共同犯罪的主犯，应按其所参与的或者组织、指挥的毒品犯罪数量处罚；对于从犯，应当按照其所参与的毒品犯罪的数量处罚。

三是要根据行为人在共同犯罪中的作用和罪责大小确定刑罚。不同案件不能简单类比，一个案件的从犯参与犯罪的毒品数量可能比另一案件的主犯参与犯罪的毒品数量大，但对这一案件从犯的处罚不是必然重于另一案件的主犯。共同犯罪中能分清主从犯的，不能因为涉案的毒品数量特别巨大，就不分主从犯而一律将被告人认定为主犯或者实际上都按主犯处罚，一律判处重刑甚至死刑。对于共同犯罪中有多个主犯或者共同犯罪人的，处罚上也应做到区别对待。应当全面考察各主犯或者共同犯罪人在共同犯罪中实际发挥作用的差别，主观恶性和人身危险性方面的差异，对罪责或者人身危险性更大的主犯或者共同犯罪人依法判处更重的刑罚。

十、主观明知的认定问题

毒品犯罪中，判断被告人对涉案毒品是否明知，不能仅凭被告人供述，而应当依据被告人实施毒品犯罪行为的过程、方式、毒品被查获时的情形等证据，结合被告人的年龄、阅历、智力等情况，进行综合分析判断。

具有下列情形之一，被告人不能做出合理解释的，可以认定其"明知"是毒品，但有证据证明确属被蒙骗的除外：（1）执法人员在口岸、机场、车站、港口和其他检查站点检查时，要求行为人申报为他人携带的物品和其他疑似毒品物，并告知其法律责任，而行为人未如实申报，在其携带的物品中查获毒品的；（2）以伪报、藏匿、伪装等蒙蔽手段，逃避海关、边防等检查，在其携带、运输、邮寄的物品中查获毒品的；（3）执法人员检查时，有逃跑、丢弃携带物品或者逃避、抗拒检查等行为，在其携带或者丢弃的物品中查获毒品的；（4）体内或者贴身隐秘处藏匿毒品的；（5）为获取不同寻常的高额、不等值报酬为他人携带、运输物品，从中查获毒品的；（6）采用高度隐蔽的方式携带、运输物品，从中查获毒品的；（7）采用高度隐蔽的方式交接物品，明显违背合法物品惯常交接方式，从中查获毒品的；（8）行程路线故意绕开检查站点，在其携带、运输的物品中查获毒品的；（9）以虚假身份或者地址办理托运手续，在其托运的物品中查获毒品的；（10）有其他证据足以认定行为人应当知道的。

十一、毒品案件的管辖问题

毒品犯罪的地域管辖，应当依照刑事诉讼法的有关规定，实行以犯罪地管辖为主、被告人居住地管辖为辅的原则。考虑到毒品犯罪的特殊性和毒品犯罪侦查体制，"犯罪地"不仅可以包括犯罪预谋地、毒资筹集地、交易进行地、运输途经地以及毒品生产地，也包括毒资、毒赃和毒品藏匿地、转移地、走私或者贩运毒品目的地等。"被告人居住地"，不仅包括被告人常住地和户籍所在地，也包括其临时居住地。

对于已进入审判程序的案件，被告人及其辩护人提出管辖异议，经审查异议成立的，或者受案法院发现没有管辖权，而案件由本院管辖更适宜的，受案法院应当报请与有管辖权的法院共同的上级法院依法指定本院管辖。

十二、特定人员参与毒品犯罪问题

近年来，一些毒品犯罪分子为了逃避打击，雇用孕妇、哺乳期妇女、急性传染病人、残疾人或者未成年人等特定人员进行毒品犯罪活动，成为影响我国禁毒工作成效的突出问题。对利用、教唆特定人员进行毒品犯罪活动的组织、策划、指挥和教唆者，要依法严厉打击，该判处重刑直至死刑的，坚决依法判处重刑直至死刑。对于被利用、被诱骗参与毒品犯罪的特定人员，可以从宽处理。

要积极与检察机关、公安机关沟通协调，妥善解决涉及特定人员的案件管辖、强制措施、刑罚执行等问题。对因特殊情况依法不予羁押的，可以依法采取取保候审、监视居住等强制措施，并根据被告人具体情况和案情变化及时变更强制措施；对于被判处有期徒刑或者拘役的罪犯，符合刑事诉讼法第二百一十四条规定情形的，可以暂予监外执行。

十三、毒品案件财产刑的适用和执行问题

《刑法》对毒品犯罪规定了并处罚金或者没收财产刑，司法实践中应当依法充分适用。不仅要依法追缴被告人的违法所得及其收益，还要严格依法判处被告人罚金刑或者没收财产刑，不能因为被告人没有财产，或者其财产难以查清、难以分割或者难以执行，就不依法判处财产刑。

要采取有力措施，加大财产刑执行力度。要加强与公安机关、检察机关的协作，对毒品犯罪分子来源不明的巨额财产，依法及时采取查封、扣押、冻结等措施，防止犯罪分子及其亲属转移、隐匿、变卖或者洗钱，逃避依法追缴。要加强不同地区法院之间的相互协作配合。毒品犯罪分子的财产在异地的，第一审人民法院可以委托财产所在地人民法院代为执行。要落实和运用有关国际禁毒公约规定，充分利用国际刑警组织等渠道，最大限度地做好境外追赃工作。

4. 最高人民法院、最高人民检察院、公安部《关于办理走私、非法买卖麻黄碱类复方制剂等刑事案件适用法律若干问题的意见的通知》 法发〔2012〕12 号

一、关于走私、非法买卖麻黄碱类复方制剂等行为的定性

以加工、提炼制毒物品制造毒品为目的，购买麻黄碱类复方制剂，或者运输、携带、寄递麻黄碱类复方制剂进出境的，依照《刑法》第三百四十七条的规定，以制造毒品罪定罪处罚。

以加工、提炼制毒物品为目的，购买麻黄碱类复方制剂，或者运输、携带、寄递麻黄碱类复方制剂进出境的，依照《刑法》第三百五十条第一款、第三款的规定，分别以非法买卖制毒物品罪、走私制毒物品罪定罪处罚。

实施第一款、第二款规定的行为，同时构成其他犯罪的，依照处罚较重的规定定罪处罚。

二、关于利用麻黄碱类复方制剂加工、提炼制毒物品行为的定性

以制造毒品为目的，利用麻黄碱类复方制剂加工、提炼制毒物品的，依照《刑法》第三百四十七条的规定，以制造毒品罪定罪处罚。

三、关于共同犯罪的认定

明知他人利用麻黄碱类制毒物品制造毒品，向其提供麻黄碱类复方制剂，为其利用麻黄碱类复方制剂加工、提炼制毒物品，或者为其获取、利用麻黄碱类复方制剂提供其他帮

助的，以制造毒品罪的共犯论处。

四、关于犯罪预备、未遂的认定

实施本意见规定的行为，符合犯罪预备或者未遂情形的，依照法律规定处罚。

五、关于犯罪嫌疑人、被告人主观目的与明知的认定

对于本意见规定的犯罪嫌疑人、被告人的主观目的与明知，应当根据物证、书证、证人证言以及犯罪嫌疑人、被告人供述和辩解等在案证据，结合犯罪嫌疑人、被告人的行为表现，重点考虑以下因素综合予以认定：

1.购买、销售麻黄碱类复方制剂的价格是否明显高于市场交易价格；

2.是否采用虚假信息、隐蔽手段运输、寄递、存储麻黄碱类复方制剂；

3.是否采用伪报、伪装、藏匿或者绕行进出境等手段逃避海关、边防等检查；

4.提供相关帮助行为获得的报酬是否合理；

5.此前是否实施过同类违法犯罪行为；

6.其他相关因素。

六、关于制毒物品数量的认定

实施本意见规定的行为，以制造毒品罪定罪处罚的，应当将涉案麻黄碱类复方制剂所含的麻黄碱类物质可以制成的毒品数量作为量刑情节考虑。

多次实施本意见规定的行为未经处理的，涉案制毒物品的数量累计计算。

七、关于定罪量刑的数量标准

实施本意见规定的行为，以制造毒品罪定罪处罚的，无论涉案麻黄碱类复方制剂所含的麻黄碱类物质数量多少，都应当追究刑事责任。

八、关于麻黄碱类复方制剂的范围

本意见所称麻黄碱类复方制剂是指含有《易制毒化学品管理条例》（国务院令第 445号）品种目录所列的麻黄碱（麻黄素）、伪麻黄碱（伪麻黄素）、消旋麻黄碱（消旋麻黄素）、去甲麻黄碱（去甲麻黄素）、甲基麻黄碱（甲基麻黄素）及其盐类，或者麻黄浸膏、麻黄浸膏粉等麻黄碱类物质的药品复方制剂。

5.最高人民法院、最高人民检察院、公安部、农业部、食品药品监管总局《关于进一步加强麻黄草管理严厉打击非法买卖麻黄草等违法犯罪活动的通知》公通字〔2013〕16号

三、依法查处非法采挖、买卖麻黄草等犯罪行为

各地人民法院、人民检察院、公安机关要依法查处非法采挖、买卖麻黄草等犯罪行为，区别情形予以处罚：

（一）以制造毒品为目的，采挖、收购麻黄草的，依照《刑法》第三百四十七条的规定，以制造毒品罪定罪处罚。

（三）明知他人制造毒品或者走私、非法买卖制毒物品，向其提供麻黄草或者提供运输、储存麻黄草等帮助的，分别以制造毒品罪、走私制毒物品罪、非法买卖制毒物品罪的共犯论处。

（五）实施以上行为，以制造毒品罪、走私制毒物品罪、非法买卖制毒物品罪定罪处罚的，涉案制毒物品的数量按照三百千克麻黄草折合一千克麻黄碱计算；以制造毒品罪定罪处罚的，无论涉案麻黄草数量多少，均应追究刑事责任。

6.最高人民法院、最高人民检察院、公安部《关于规范毒品名称表述若干问题的意见》法〔2014〕224号

为进一步规范毒品犯罪案件办理工作，现对毒品犯罪案件起诉意见书、起诉书、刑事

判决书、刑事裁定书中的毒品名称表述问题提出如下规范意见。

一、规范毒品名称表述的基本原则

（一）毒品名称表述应当以毒品的化学名称为依据，并与《刑法》、司法解释及相关规范性文件中的毒品名称保持一致。《刑法》、司法解释等没有规定的，可以参照《麻醉药品品种目录》《精神药品品种目录》中的毒品名称进行表述。

（二）对于含有二种以上毒品成分的混合型毒品，应当根据其主要毒品成分和具体形态认定毒品种类、确定名称。混合型毒品中含有海洛因、甲基苯丙胺的，一般应当以海洛因、甲基苯丙胺确定其毒品种类；不含海洛因、甲基苯丙胺，或者海洛因、甲基苯丙胺的含量极低的，可以根据其中定罪量刑数量标准较低且所占比例较大的毒品成分确定其毒品种类。混合型毒品成分复杂的，可以用括号注明其中所含的一至二种其他毒品成分。

（三）为体现与犯罪嫌疑人、被告人供述的对应性，对于犯罪嫌疑人、被告人供述的毒品常见俗称，可以在文书中第一次表述该类毒品时用括号注明。

二、几类毒品的名称表述

（一）含甲基苯丙胺成分的毒品

1.对于含甲基苯丙胺成分的晶体状毒品，应当统一表述为甲基苯丙胺（冰毒），在下文中再次出现时可以直接表述为甲基苯丙胺。

2.对于以甲基苯丙胺为主要毒品成分的片剂状毒品，应当统一表述为甲基苯丙胺片剂。如果犯罪嫌疑人、被告人供述为"麻古""麻果"或者其他俗称的，可以在文书中第一次表述该类毒品时用括号注明，如表述为甲基苯丙胺片剂（俗称"麻古"）等。

3.对于含甲基苯丙胺成分的液体、固液混合物、粉末等，应当根据其毒品成分和具体形态进行表述，如表述为含甲基苯丙胺成分的液体、含甲基苯丙胺成分的粉末等。

（二）含氯胺酮成分的毒品

1.对于含氯胺酮成分的粉末状毒品，应当统一表述为氯胺酮。如果犯罪嫌疑人、被告人供述为"K粉"等俗称的，可以在文书中第一次表述该类毒品时用括号注明，如表述为氯胺酮（俗称"K粉"）等。

2.对于以氯胺酮为主要毒品成分的片剂状毒品，应当统一表述为氯胺酮片剂。

3.对于含氯胺酮成分的液体、固液混合物等，应当根据其毒品成分和具体形态进行表述，如表述为含氯胺酮成分的液体、含氯胺酮成分的固液混合物等。

（三）含MDMA等成分的毒品

对于以MDMA、MDA、MDEA等致幻性苯丙胺类兴奋剂为主要毒品成分的丸状、片剂状毒品，应当根据其主要毒品成分的中文化学名称和具体形态进行表述，并在文书中第一次表述该类毒品时用括号注明下文中使用的英文缩写简称，如表述为3,4-亚甲二氧基甲基苯丙胺片剂（以下简称MDMA片剂）、3,4-亚甲二氧基苯丙胺片剂（以下简称MDA片剂）、3,4-亚甲二氧基乙基苯丙胺片剂（以下简称MDEA片剂）等。如果犯罪嫌疑人、被告人供述为"摇头丸"等俗称的，可以在文书中第一次表述该类毒品时用括号注明，如表述为3,4-亚甲二氧基甲基苯丙胺片剂（以下简称MDMA片剂，俗称"摇头丸"）等。

（四）"神仙水"类毒品

对于俗称"神仙水"的液体状毒品，应当根据其主要毒品成分和具体形态进行表述。毒品成分复杂的，可以用括号注明其中所含的一至二种其他毒品成分，如表述为含氯胺酮（咖啡因、地西泮等）成分的液体等。如果犯罪嫌疑人、被告人供述为"神仙水"等俗称的，可以在文书中第一次表述该类毒品时用括号注明，如表述为含氯胺酮（咖啡因、地西泮等）成分的液体（俗称"神仙水"）等。

（五）大麻类毒品

对于含四氢大麻酚、大麻二酚、大麻酚等天然大麻素类成分的毒品，应当根据其外形特征分别表述为大麻叶、大麻脂、大麻油或者大麻烟等。

7. 最高人民法院关于印发《全国法院毒品犯罪审判工作座谈会纪要》的通知 法〔2015〕129号

为深入学习习近平总书记等中央领导同志关于禁毒工作的重要指示批示精神，贯彻落实《中共中央国务院关于加强禁毒工作的意见》和全国禁毒工作会议精神，进一步统一思想认识，提高毒品犯罪审判工作水平，推动人民法院禁毒工作取得更大成效，最高人民法院于2014年12月11日至12日在湖北省武汉市召开了全国法院毒品犯罪审判工作座谈会。出席会议的有各省、自治区、直辖市高级人民法院、解放军军事法院和新疆维吾尔自治区高级人民法院生产建设兵团分院主管刑事审判工作的副院长、刑事审判庭庭长及部分中级人民法院主管刑事审判工作的副院长。最高人民法院副院长李少平出席会议并讲话。

会议传达学习了中央对禁毒工作的一系列重大决策部署，总结了近年来人民法院禁毒工作取得的成绩和存在的问题，分析了当前我国毒品犯罪的总体形势和主要特点，明确了继续依法从严惩处毒品犯罪的审判指导思想，研究了毒品犯罪审判中遇到的若干法律适用问题，并对当前和今后一个时期人民法院的禁毒工作作出具体安排部署。现纪要如下：

一、关于进一步加强人民法院禁毒工作的总体要求

禁毒工作关系国家安危、民族兴衰和人民福祉，厉行禁毒是党和政府的一贯立场和坚决主张。近年来，在党中央的高度重视和坚强领导下，各地区、各有关部门按照国家禁毒委员会的统一部署，深入开展禁毒人民战争，全面落实综合治理措施，有效遏制了毒品问题快速发展蔓延的势头，禁毒工作取得了阶段性成效。2014年6月，中央政治局常委会议、国务院常务会议分别听取禁毒工作专题汇报，习近平总书记、李克强总理分别对禁毒工作作出重要指示批示。中共中央、国务院首次印发了《关于加强禁毒工作的意见》，并下发了贯彻落实分工方案。国家禁毒委员会制定了《禁毒工作责任制》，并召开全国禁毒工作会议对全面加强禁毒工作作出部署。

依法审理毒品犯罪案件，积极参与禁毒工作是人民法院肩负的一项重要职责任务。长期以来，全国各级人民法院认真贯彻落实中央和国家禁毒委员会的决策部署，扎实履行刑事审判职责，坚持依法从严惩处毒品犯罪，大力加强禁毒法制建设，积极参与禁毒综合治理，各项工作均取得显著成效，为全面、深入推进禁毒工作提供了有力司法保障。同时，应当清醒地看到，受国际毒潮持续泛滥和国内多种因素影响，当前和今后一个时期，我国仍将处于毒品问题加速蔓延期、毒品犯罪高发多发期、毒品治理集中攻坚期，禁毒斗争形势严峻复杂，禁毒工作任务十分艰巨。加强禁毒工作，治理毒品问题，对深入推进平安中国、法治中国建设，维护国家长治久安，保障人民群众幸福安康，实现"两个一百年"奋斗目标和中华民族伟大复兴的中国梦，具有重要意义。各级人民法院要从维护重要战略机遇期国家安全和社会稳定的政治高度，充分认识毒品问题的严峻性、长期性和禁毒工作的艰巨性、复杂性，切实增强做好禁毒工作的责任感、使命感和紧迫感。要认真学习领会、坚决贯彻落实党中央对禁毒工作的一系列重大决策部署和全国禁毒工作会议精神，切实采取有力措施，进一步加强人民法院禁毒工作。

一是毫不动摇地坚持依法从严惩处毒品犯罪。充分发挥审判职能作用，依法运用刑罚惩治毒品犯罪，是治理毒品问题的重要手段，也是人民法院参与禁毒斗争的主要方式。面

对严峻的毒品犯罪形势，各级人民法院要继续坚持依法从严惩处毒品犯罪的指导思想。要继续依法严惩走私、制造毒品和大宗贩卖毒品等源头性犯罪，严厉打击毒枭、职业毒犯、累犯、毒品再犯等主观恶性深、人身危险性大的毒品犯罪分子，该判处重刑和死刑的坚决依法判处。要加大对制毒物品犯罪、多次零包贩卖毒品、引诱、教唆、欺骗、强迫他人吸毒及非法持有毒品等犯罪的惩处力度，严惩向农村地区贩卖毒品及国家工作人员实施的毒品犯罪。要更加注重从经济上制裁毒品犯罪，依法追缴犯罪分子违法所得，充分适用罚金刑、没收财产刑并加大执行力度，依法从严惩处涉毒洗钱犯罪和为毒品犯罪提供资金的犯罪。要严厉打击因吸毒诱发的杀人、伤害、抢劫、以危险方法危害公共安全等次生犯罪。要规范和限制毒品犯罪的缓刑适用，从严把握毒品罪犯减刑条件，严格限制严重毒品罪犯假释，确保刑罚执行效果。同时，为全面发挥刑罚功能，也要贯彻好宽严相济刑事政策，突出打击重点，体现区别对待。对于罪行较轻，或者具有从犯、自首、立功、初犯等法定、酌定从宽处罚情节的毒品犯罪分子，根据罪刑相适应原则，依法给予从宽处罚，以分化瓦解毒品犯罪分子，预防和减少毒品犯罪。要牢牢把握案件质量这条生命线，既要考虑到毒品犯罪隐蔽性强、侦查取证难度大的现实情况，也要严格贯彻证据裁判原则，引导取证、举证工作围绕审判工作的要求展开，切实发挥每一级审判程序的职能作用，确保案件办理质量。对于拟判处被告人死刑的毒品犯罪案件，在证据质量上要始终坚持最高的标准和最严的要求。

二是深入推进毒品犯罪审判规范化建设。各级人民法院要结合审判工作实际，积极开展调查研究，不断总结经验，及时发现并解决审判中遇到的突出法律适用问题。各高、中级人民法院要加大审判指导力度，在做好毒品犯罪审判工作的同时，通过编发典型案例、召开工作座谈会等形式，不断提高辖区法院毒品犯罪审判工作水平。最高人民法院对于复核毒品犯罪死刑案件中发现的问题，要继续通过随案附函、集中通报、发布典型案例等形式，加强审判指导；对于毒品犯罪法律适用方面存在的突出问题，要适时制定司法解释或规范性文件，统一法律适用；对于需要与公安、检察机关共同解决的问题，要加强沟通、协调，必要时联合制发规范性文件；对于立法方面的问题，要继续提出相关立法建议，推动禁毒法律的修改完善。

三是不断完善毒品犯罪审判工作机制。各级人民法院要严格落实禁毒工作责任，按照《禁毒工作责任制》的要求和同级禁毒委员会的部署认真开展工作，将禁毒工作列入本单位整体工作规划，制定年度工作方案，抓好贯彻落实。要进一步加强专业审判机构建设，各高级人民法院要确定专门承担毒品犯罪审判指导任务的审判庭，毒品犯罪相对集中地区的高、中级人民法院可以根据当地实际和工作需要，探索确立专门承担毒品犯罪审判工作的合议庭或者审判庭。要建立健全业务学习、培训机制，通过举办业务培训班、组织交流研讨会等多种形式，不断提高毒品犯罪审判队伍专业化水平。要推动与相关职能部门建立禁毒长效合作机制，在中央层面和毒品犯罪集中地区建立公检法三机关打击毒品犯罪联席会议制度，探索建立重大毒品犯罪案件信息通报、反馈机制，提升打击毒品犯罪的合力。

四是加大参与禁毒综合治理工作力度。要充分利用有利时机集中开展禁毒宣传，最高人民法院和毒品犯罪高发地区的高级人民法院要将"6·26"国际禁毒日新闻发布会制度化，并利用网络、平面等媒体配合报道，向社会公众介绍人民法院毒品犯罪审判及禁毒综合治理工作情况，公布毒品犯罪典型案例。要加强日常禁毒法制宣传，充分利用审判资源优势，通过庭审直播，公开宣判，举办禁毒法制讲座，建立禁毒对象帮教制度，与社区、学校、团体建立禁毒协作机制等多种形式，广泛、深入地开展禁毒宣传教育活动。要突出宣传重点，紧紧围绕青少年群体和合成毒品滥用问题，有针对性地组织开展宣传教育工作，增强人民群众自觉抵制毒品的意识和能力。要延伸审判职能，针对毒品犯罪审判中发现的治安隐患和社会管理漏洞，及时向有关职能部门提出加强源头治理、强化日常管控的意见和建议，推动构建更为严密的禁毒防控体系。

二、关于毒品犯罪法律适用的若干具体问题

会议认为，2008年印发的《全国部分法院审理毒品犯罪案件工作座谈会纪要》（以下简称《大连会议纪要》）较好地解决了办理毒品犯罪案件面临的一些突出法律适用问题，其中大部分规定在当前的审判实践中仍有指导意义，应当继续参照执行。同时，随着毒品犯罪形势的发展变化，近年来出现了一些新情况、新问题，需要加以研究解决。与会代表对审判实践中反映较为突出，但《大连会议纪要》没有作出规定，或者规定不尽完善的毒品犯罪法律适用问题进行了认真研究讨论，就下列问题取得了共识。

（一）罪名认定问题

贩毒人员被抓获后，对于从其住所、车辆等处查获的毒品，一般均应认定为其贩卖的毒品。确有证据证明查获的毒品并非贩毒人员用于贩卖，其行为另构成非法持有毒品罪、窝藏毒品罪等其他犯罪的，依法定罪处罚。

吸毒者在购买、存储毒品过程中被查获，没有证据证明其是为了实施贩卖毒品等其他犯罪，毒品数量达到《刑法》第三百四十八条规定的最低数量标准的，以非法持有毒品罪定罪处罚。吸毒者在运输毒品过程中被查获，没有证据证明其是为了实施贩卖毒品等其他犯罪，毒品数量达到较大以上的，以运输毒品罪定罪处罚。

行为人为吸毒者代购毒品，在运输过程中被查获，没有证据证明托购者、代购者是为了实施贩卖毒品等其他犯罪，毒品数量达到较大以上的，对托购者、代购者以运输毒品罪的共犯论处。行为人为他人代购仅用于吸食的毒品，在交通、食宿等必要开销之外收取"介绍费""劳务费"，或者以贩卖为目的收取部分毒品作为酬劳的，应视为从中牟利，属于变相加价贩卖毒品，以贩卖毒品罪定罪处罚。

购毒者接收贩毒者通过物流寄递方式交付的毒品，没有证据证明其是为了实施贩卖毒品等其他犯罪，毒品数量达到《刑法》第三百四十八条规定的最低数量标准的，一般以非法持有毒品罪定罪处罚。代收者明知是物流寄递的毒品而代购毒者接收，没有证据证明其与购毒者有实施贩卖、运输毒品等犯罪的共同故意，毒品数量达到《刑法》第三百四十八条规定的最低数量标准的，对代收者以非法持有毒品罪定罪处罚。

行为人利用信息网络贩卖毒品、在境内非法买卖用于制造毒品的原料或者配剂、传授制造毒品等犯罪的方法，构成贩卖毒品罪、非法买卖制毒物品罪、传授犯罪方法罪等犯罪的，依法定罪处罚。行为人开设网站、利用网络聊天室等组织他人共同吸毒，构成引诱、教唆、欺骗他人吸毒罪等犯罪的，依法定罪处罚。

（二）共同犯罪认定问题

办理贩卖毒品案件，应当准确认定居间介绍买卖毒品行为，并与居中倒卖毒品行为相区别。居间介绍者在毒品交易中处于中间人地位，发挥介绍联络作用，通常与交易一方构成共同犯罪，但不以牟利为要件；居中倒卖者属于毒品交易主体，与前后环节的交易对象是上下家关系，直接参与毒品交易并从中获利。居间介绍者受贩毒者委托，为其介绍联络购毒者的，与贩毒者构成贩卖毒品罪的共同犯罪；明知购毒者以贩卖为目的购买毒品，受委托为其介绍联络贩毒者的，与购毒者构成贩卖毒品罪的共同犯罪；受以吸食为目的的购毒者委托，为其介绍联络贩毒者，毒品数量达到《刑法》第三百四十八条规定的最低数量标准的，一般与购毒者构成非法持有毒品罪的共同犯罪；同时与贩毒者、购毒者共谋，联络促成双方交易的，通常认定与贩毒者构成贩卖毒品罪的共同犯罪。居间介绍者实施为毒品交易主体提供交易信息、介绍交易对象等帮助行为，对促成交易起次要、辅助作用的，应当认定为从犯；对于以居间介绍者的身份介入毒品交易，但在交易中超出居间介绍者的地位，对交易的发起和达成起重要作用的被告人，可以认定为主犯。

两人以上同行运输毒品的，应当从是否明知他人带有毒品，有无共同运输毒品的意思联络，有无实施配合、掩护他人运输毒品的行为等方面综合审查认定是否构成共同犯罪。受雇于同一雇主同行运输毒品，但受雇者之间没有共同犯罪故意，或者虽然明知他人受雇运输毒品，但各自的运输行为相对独立，既没有实施配合、掩护他人运输毒品的行为，又分别按照各自运输的毒品数量领取报酬的，不应认定为共同犯罪。受雇于同一雇主分段运输同一宗毒品，但受雇者之间没有犯罪共谋的，也不应认定为共同犯罪。雇用他人运输毒品的雇主，及其他对受雇者起到一定组织、指挥作用的人员，与各受雇者分别构成运输毒品罪的共同犯罪，对运输的全部毒品数量承担刑事责任。

（三）毒品数量认定问题

走私、贩卖、运输、制造、非法持有两种以上毒品的，可以将不同种类的毒品分别折算为海洛因的数量，以折算后累加的毒品总量作为量刑的根据。对于《刑法》、司法解释或者其他规范性文件明确规定了定罪量刑数量标准的毒品，应当按照该毒品与海洛因定罪量刑数量标准的比例进行折算后累加。对于《刑法》、司法解释及其他规范性文件没有规定定罪量刑数量标准，但《非法药物折算表》规定了与海洛因的折算比例的毒品，可以按照《非法药物折算表》折算为海洛因后进行累加。对于既未规定定罪量刑数量标准，又不具备折算条件的毒品，综合考虑其致瘾癖性、社会危害性、数量、纯度等因素依法量刑。在裁判文书中，应当客观表述涉案毒品的种类和数量，并综合认定为数量大、数量较大或者少量毒品等，不明确表述将不同种类毒品进行折算后累加的毒品总量。

对于未查获实物的甲基苯丙胺片剂（俗称"麻古"等）、MDMA 片剂（俗称"摇头丸"）等混合型毒品，可以根据在案证据证明的毒品粒数，参考本案或者本地区查获的同类毒品的平均重量计算出毒品数量。在裁判文书中，应当客观表述根据在案证据认定的毒品粒数。

对于有吸毒情节的贩毒人员，一般应当按照其购买的毒品数量认定其贩卖毒品的数量，量刑时酌情考虑其吸食毒品的情节；购买的毒品数量无法查明的，按照能够证明的贩卖数量及查获的毒品数量认定其贩毒数量；确有证据证明其购买的部分毒品并非用于贩卖的，不应计入其贩毒数量。

办理毒品犯罪案件，无论毒品纯度高低，一般均应将查证属实的毒品数量认定为毒品犯罪的数量，并据此确定适用的法定刑幅度，但司法解释另有规定或者为了隐蔽运输而临时改变毒品常规形态的除外。涉案毒品纯度明显低于同类毒品的正常纯度的，量刑时可以酌情考虑。

制造毒品案件中，毒品成品、半成品的数量应当全部认定为制造毒品的数量，对于无法再加工出成品、半成品的废液、废料则不应计入制造毒品的数量。对于废液、废料的认定，可以根据其毒品成分的含量、外观形态，结合被告人对制毒过程的供述等证据进行分析判断，必要时可以听取鉴定机构的意见。

（四）死刑适用问题

当前，我国毒品犯罪形势严峻，审判工作中应当继续坚持依法从严惩处毒品犯罪的指导思想，充分发挥死刑对于预防和惩治毒品犯罪的重要作用。要继续按照《大连会议纪要》的要求，突出打击重点，对罪行极其严重、依法应当判处死刑的被告人，坚决依法判处。同时，应当全面、准确贯彻宽严相济刑事政策，体现区别对待，做到罚当其罪，量刑时综合考虑毒品数量、犯罪性质、情节、危害后果、被告人的主观恶性、人身危险性及当地的禁毒形势等因素，严格审慎地决定死刑适用，确保死刑只适用于极少数罪行极其严重的犯罪分子。

1. 运输毒品犯罪的死刑适用

对于运输毒品犯罪，应当继续按照《大连会议纪要》的有关精神，重点打击运输毒品犯罪集团首要分子，组织、指使、雇用他人运输毒品的主犯或者毒枭、职业毒犯、毒品再犯，以及具有武装掩护运输毒品、以运输毒品为业、多次运输毒品等严重情节的被告人，对其中依法应当判处死刑的，坚决依法判处。

对于受人指使、雇用参与运输毒品的被告人，应当综合考虑毒品数量、犯罪次数、犯罪的主动性和独立性、在共同犯罪中的地位作用、获利程度和方式及其主观恶性、人身危险性等因素，予以区别对待，慎重适用死刑。对于有证据证明确属受人指使、雇用运输毒品，又系初犯、偶犯的被告人，即使毒品数量超过实际掌握的死刑数量标准，也可以不判处死刑；尤其对于其中被动参与犯罪，从属性、辅助性较强，获利程度较低的被告人，一般不应当判处死刑。对于不能排除受人指使、雇用初次运输毒品的被告人，毒品数量超过实际掌握的死刑数量标准，但尚不属数量巨大的，一般也可以不判处死刑。

一案中有多人受雇运输毒品的，在决定死刑适用时，除各被告人运输毒品的数量外，还应结合其具体犯罪情节、参与犯罪程度、与雇用者关系的紧密性及其主观恶性、人身危险性等因素综合考虑，同时判处二人以上死刑要特别慎重。

2. 毒品共同犯罪、上下家犯罪的死刑适用

毒品共同犯罪案件的死刑适用应当与该案的毒品数量、社会危害及被告人的犯罪情节、主观恶性、人身危险性相适应。涉案毒品数量刚超过实际掌握的死刑数量标准，依法应当适用死刑的，要尽量区分主犯间的罪责大小，一般只对其中罪责最大的一名主犯判处死刑；各共同犯罪人地位作用相当，或者罪责大小难以区分的，可以不判处被告人死刑；二名主犯的罪责均很突出，且均具有法定从重处罚情节的，也要尽可能比较其主观恶性、人身危险性方面的差异，判处二人死刑要特别慎重。涉案毒品数量达到巨大以上，二名以上主犯的罪责均很突出，或者罪责稍次的主犯具有法定、重大酌定从重处罚情节，判处二人以上死刑符合罪刑相适应原则，并有利于全案量刑平衡的，可以依法判处。

对于部分共同犯罪人未到案的案件，在案被告人与未到案共同犯罪人均属罪行极其严重，即使共同犯罪人到案也不影响对在案被告人适用死刑的，可以依法判处在案被告人死刑；在案被告人的罪行不足以判处死刑，或者共同犯罪人归案后全案只宜判处其一人死刑的，不能因为共同犯罪人未到案而对在案被告人适用死刑；在案被告人与未到案共同犯罪人的罪责大小难以准确认定，进而影响准确适用死刑的，不应对在案被告人判处死刑。

对于贩卖毒品案件中的上下家，要结合其贩毒数量、次数及对象范围，犯罪的主动性，对促成交易所发挥的作用，犯罪行为的危害后果等因素，综合考虑其主观恶性和人身危险性，慎重、稳妥地决定死刑适用。对于买卖同宗毒品的上下家，涉案毒品数量刚超过实际掌握的死刑数量标准的，一般不能同时判处死刑；上家主动联络销售毒品，积极促成毒品交易的，通常可以判处上家死刑；下家积极筹资，主动向上家约购毒品，对促成毒品交易起更大作用的，可以考虑判处下家死刑。涉案毒品数量达到巨大以上的，也要综合上述因

素决定死刑适用，同时判处上下家死刑符合罪刑相适应原则，并有利于全案量刑平衡的，可以依法判处。

一案中有多名共同犯罪人、上下家针对同宗毒品实施犯罪的，可以综合运用上述毒品共同犯罪、上下家犯罪的死刑适用原则予以处理。

办理毒品犯罪案件，应当尽量将共同犯罪案件或者密切关联的上下游案件进行并案审理；因客观原因造成分案处理的，办案时应当及时了解关联案件的审理进展和处理结果，注重量刑平衡。

3.新类型、混合型毒品犯罪的死刑适用

甲基苯丙胺片剂（俗称"麻古"等）是以甲基苯丙胺为主要毒品成分的混合型毒品，其甲基苯丙胺含量相对较低，危害性亦有所不同。为体现罚当其罪，甲基苯丙胺片剂的死刑数量标准一般可以按照甲基苯丙胺（冰毒）的2倍左右掌握，具体可以根据当地的毒品犯罪形势和涉案毒品含量等因素确定。

涉案毒品为氯胺酮（俗称"K粉"）的，结合毒品数量、犯罪性质、情节及危害后果等因素，对符合死刑适用条件的被告人可以依法判处死刑。综合考虑氯胺酮的致瘾癖性、滥用范围和危害性等因素，其死刑数量标准一般可以按照海洛因的10倍掌握。

涉案毒品为其他滥用范围和危害性相对较小的新类型、混合型毒品的，一般不宜判处被告人死刑。但对于司法解释、规范性文件明确规定了定罪量刑数量标准，且涉案毒品数量特别巨大，社会危害大，不判处死刑难以体现罚当其罪的，必要时可以判处被告人死刑。

（五）缓刑、财产刑适用及减刑、假释问题

对于毒品犯罪应当从严掌握缓刑适用条件。对于毒品再犯，一般不得适用缓刑。对于不能排除多次贩毒嫌疑的零包贩毒被告人，因认定构成贩卖毒品等犯罪的证据不足而认定为非法持有毒品罪的被告人，实施引诱、教唆、欺骗、强迫他人吸毒犯罪及制毒物品犯罪的被告人，应当严格限制缓刑适用。

办理毒品犯罪案件，应当依法追缴犯罪分子的违法所得，充分发挥财产刑的作用，切实加大对犯罪分子的经济制裁力度。对查封、扣押、冻结的涉案财物及其孳息，经查确属违法所得或者依法应当追缴的其他涉案财物的，如购毒款、供犯罪所用的本人财物、毒品犯罪所得的财物及其收益等，应当判决没收，但法律另有规定的除外。判处罚金刑时，应当结合毒品犯罪的性质、情节、危害后果及被告人的获利情况、经济状况等因素合理确定罚金数额。对于决定并处没收财产的毒品犯罪，判处被告人有期徒刑的，应当按照上述确定罚金数额的原则确定没收个人部分财产的数额；判处无期徒刑的，可以并处没收个人全部财产；判处死缓或者死刑的，应当并处没收个人全部财产。

对于具有毒枭、职业毒犯、累犯、毒品再犯等情节的毒品罪犯，应当从严掌握减刑条件，适当延长减刑起始时间、间隔时间，严格控制减刑幅度，延长实际执行刑期。对于《刑法》未禁止假释的前述毒品罪犯，应当严格掌握假释条件。

（六）累犯、毒品再犯问题

累犯、毒品再犯是法定从重罚情节，即使本次毒品犯罪情节较轻，也要体现从严惩处的精神。尤其对于曾因实施严重暴力犯罪被判刑的累犯、刑满释放后短期内又实施毒品犯罪的再犯，以及在缓刑、假释、暂予监外执行期间又实施毒品犯罪的再犯，应当严格体现从重处罚。

对于因同一毒品犯罪前科同时构成累犯和毒品再犯的被告人，在裁判文书中应当同时引用《刑法》关于累犯和毒品再犯的条款，但在量刑时不得重复予以从重处罚。对于因不同犯罪前科同时构成累犯和毒品再犯的被告人，量刑时的从重处罚幅度一般应大于前述情形。

（七）非法贩卖麻醉药品、精神药品行为的定性问题

行为人向走私、贩卖毒品的犯罪分子或者吸食、注射毒品的人员贩卖国家规定管制的能够使人形成瘾癖的麻醉药品或者精神药品的，以贩卖毒品罪定罪处罚。

行为人出于医疗目的，违反有关药品管理的国家规定，非法贩卖上述麻醉药品或者精神药品，扰乱市场秩序，情节严重的，以非法经营罪定罪处罚。

8. 最高人民法院研究室《关于被告人对不同种毒品实施同一犯罪行为是否按比例折算成一种毒品予以累加后量刑的答复》法研〔2009〕146 号

四川省高级人民法院：

你院川高法〔2009〕390 号《关于被告人对不同种毒品实施同一犯罪行为是否按比例折算成一种毒品予以累加后量刑的请示》收悉。经研究，答复如下：

根据《全国部分法院审理毒品犯罪案件工作座谈会纪要》的规定，对被告人一人走私、贩卖、运输、制造两种以上毒品的，不实行数罪并罚，量刑时可综合考虑毒品的种类、数量及危害，依法处理。故同意你院处理意见。

9. 最高人民法院研究室《关于贩卖、运输经过取汁的罂粟壳废渣是否构成贩卖、运输毒品罪的答复理解与适用》法研〔2010〕168 号

四川省高级人民法院：

你院川高法〔2010〕438 号《关于被告人贩卖、运输经过取汁的罂粟壳废渣是否构成贩卖、运输毒品罪的请示》收悉。经研究，答复如下：

最高人民法院研究室认为，根据你院提供的情况，对本案被告人不宜以贩卖、运输毒品罪论处。主要考虑：（1）被告人贩卖、运输的是经过取汁的罂粟壳废渣，吗啡含量只有 0.01%，含量极低，从技术和成本看，基本不可能用于提取吗啡；（2）国家对经过取汁的罂粟壳并无明文规定予以管制，实践中有关药厂也未按照管制药品对其进行相应处理；（3）无证据证明被告人购买、加工经过取汁的罂粟壳废渣是为了将其当作毒品出售，具有贩卖、运输毒品的故意。如果查明行为人有将罂粟壳废渣作为制售毒品原料予以利用的故意，可建议由公安机关予以治安处罚。

10. 最高人民法院《关于审理毒品犯罪案件适用法律若干问题的解释》法释〔2016〕8 号

为依法惩治毒品犯罪，根据《中华人民共和国刑法》的有关规定，现就审理此类刑事案件适用法律的若干问题解释如下：

第一条　走私、贩卖、运输、制造、非法持有下列毒品，应当认定为《刑法》第三百四十七条第二款第一项、第三百四十八条规定的"其他毒品数量大"：

（一）可卡因五十克以上；

（二）3,4-亚甲二氧基甲基苯丙胺（MDMA）等苯丙胺类毒品（甲基苯丙胺除外）、吗啡一百克以上；

（三）芬太尼一百二十五克以上；

（四）甲卡西酮二百克以上；

（五）二氢埃托啡十毫克以上；

（六）哌替啶（度冷丁）二百五十克以上；

（七）氯胺酮五百克以上；

（八）美沙酮一千克以上；

（九）曲马多、γ-羟丁酸二千克以上；

（十）大麻油五千克、大麻脂十千克、大麻叶及大麻烟一百五十千克以上；

（十一）可待因、丁丙诺啡五千克以上；

（十二）三唑仑、安眠酮五十千克以上；

（十三）阿普唑仑、恰特草一百千克以上；

（十四）咖啡因、罂粟壳二百千克以上；

（十五）巴比妥、苯巴比妥、安钠咖、尼美西泮二百五十千克以上；

（十六）氯氮卓、艾司唑仑、地西泮、溴西泮五百千克以上；

（十七）上述毒品以外的其他毒品数量大的。

国家定点生产企业按照标准规格生产的麻醉药品或者精神药品被用于毒品犯罪的，根据药品中毒品成分的含量认定涉案毒品数量。

第二条　走私、贩卖、运输、制造、非法持有下列毒品，应当认定为《刑法》第三百四十七条第三款、第三百四十八条规定的"其他毒品数量较大"：

（一）可卡因十克以上不满五十克；

（二）3，4-亚甲二氧基甲基苯丙胺（MDMA）等苯丙胺类毒品（甲基苯丙胺除外）、吗啡二十克以上不满一百克；

（三）芬太尼二十五克以上不满一百二十五克；

（四）甲卡西酮四十克以上不满二百克；

（五）二氢埃托啡二毫克以上不满十毫克；

（六）哌替啶（度冷丁）五十克以上不满二百五十克；

（七）氯胺酮一百克以上不满五百克；

（八）美沙酮二百克以上不满一千克；

（九）曲马多、γ-羟丁酸四百克以上不满二千克；

（十）大麻油一千克以上不满五千克、大麻脂二千克以上不满十千克、大麻叶及大麻烟三十千克以上不满一百五十千克；

（十一）可待因、丁丙诺啡一千克以上不满五千克；

（十二）三唑仑、安眠酮十千克以上不满五十千克；

（十三）阿普唑仑、恰特草二十千克以上不满一百千克；

（十四）咖啡因、罂粟壳四十千克以上不满二百千克；

（十五）巴比妥、苯巴比妥、安钠咖、尼美西泮五十千克以上不满二百五十千克；

（十六）氯氮卓、艾司唑仑、地西泮、溴西泮一百千克以上不满五百千克；

（十七）上述毒品以外的其他毒品数量较大的。

第三条　在实施走私、贩卖、运输、制造毒品犯罪的过程中，携带枪支、弹药或者爆炸物用于掩护的，应当认定为《刑法》第三百四十七条第二款第三项规定的"武装掩护走私、贩卖、运输、制造毒品"。枪支、弹药、爆炸物种类的认定，依照相关司法解释的规定执行。

在实施走私、贩卖、运输、制造毒品犯罪的过程中，以暴力抗拒检查、拘留、逮捕，造成执法人员死亡、重伤、多人轻伤或者具有其他严重情节的，应当认定为《刑法》第三百四十七条第二款第四项规定的"以暴力抗拒检查、拘留、逮捕，情节严重"。

第四条　走私、贩卖、运输、制造毒品，具有下列情形之一的，应当认定为《刑法》第三百四十七条第四款规定的"情节严重"：

（一）向多人贩卖毒品或者多次走私、贩卖、运输、制造毒品的；

（二）在戒毒场所、监管场所贩卖毒品的；

（三）向在校学生贩卖毒品的；

（四）组织、利用残疾人、严重疾病患者、怀孕或者正在哺乳自己婴儿的妇女走私、贩卖、运输、制造毒品的；

（五）国家工作人员走私、贩卖、运输、制造毒品的；

（六）其他情节严重的情形。

第五条　非法持有毒品达到《刑法》第三百四十八条或者本解释第二条规定的"数量较大"标准，且具有下列情形之一的，应当认定为《刑法》第三百四十八条规定的"情节严重"：

（一）在戒毒场所、监管场所非法持有毒品的；

（二）利用、教唆未成年人非法持有毒品的；

（三）国家工作人员非法持有毒品的；

（四）其他情节严重的情形。

第六条　包庇走私、贩卖、运输、制造毒品的犯罪分子，具有下列情形之一的，应当认定为《刑法》第三百四十九条第一款规定的"情节严重"：

（一）被包庇的犯罪分子依法应当判处十五年有期徒刑以上刑罚的；

（二）包庇多名或者多次包庇走私、贩卖、运输、制造毒品的犯罪分子的；

（三）严重妨害司法机关对被包庇的犯罪分子实施的毒品犯罪进行追究的；

（四）其他情节严重的情形。

为走私、贩卖、运输、制造毒品的犯罪分子窝藏、转移、隐瞒毒品或者毒品犯罪所得的财物，具有下列情形之一的，应当认定为《刑法》第三百四十九条第一款规定的"情节严重"：

（一）为犯罪分子窝藏、转移、隐瞒毒品达到《刑法》第三百四十七条第二款第一项或者本解释第一条第一款规定的"数量大"标准的；

（二）为犯罪分子窝藏、转移、隐瞒毒品犯罪所得的财物价值达到五万元以上的；

（三）为多人或者多次为他人窝藏、转移、隐瞒毒品或者毒品犯罪所得的财物的；

（四）严重妨害司法机关对该犯罪分子实施的毒品犯罪进行追究的；

（五）其他情节严重的情形。

包庇走私、贩卖、运输、制造毒品的近亲属，或者为其窝藏、转移、隐瞒毒品或者毒品犯罪所得的财物，不具有本条前两款规定的"情节严重"情形，归案后认罪、悔罪、积极退赃，且系初犯、偶犯，犯罪情节轻微不需要判处刑罚的，可以免予刑事处罚。

第七条　违反国家规定，非法生产、买卖、运输制毒物品、走私制毒物品，达到下列数量标准的，应当认定为《刑法》第三百五十条第一款规定的"情节较重"：

（一）麻黄碱（麻黄素）、伪麻黄碱（伪麻黄素）、消旋麻黄碱（消旋麻黄素）一千克以上不满五千克；

（二）1-苯基-2-丙酮、1-苯基-2-溴-1-丙酮、3，4-亚甲基二氧苯基-2-丙酮、羟亚胺二千克以上不满十千克；

（三）3-氧-2-苯基丁腈、邻氯苯基环戊酮、去甲麻黄碱（去甲麻黄素）、甲基麻黄碱（甲基麻黄素）四千克以上不满二十千克；

（四）醋酸酐十千克以上不满五十千克；

（五）麻黄浸膏、麻黄浸膏粉、胡椒醛、黄樟素、黄樟油、异黄樟素、麦角酸、麦角胺、麦角新碱、苯乙酸二十千克以上不满一百千克；

（六）N-乙酰邻氨基苯酸、邻氨基苯甲酸、三氯甲烷、乙醚、哌啶五十千克以上不满二百五十千克；

（七）甲苯、丙酮、甲基乙基酮、高锰酸钾、硫酸、盐酸一百千克以上不满五百千克；

（八）其他制毒物品数量相当的。

违反国家规定，非法生产、买卖、运输制毒物品、走私制毒物品，达到前款规定的数量标准最低值的百分之五十，且具有下列情形之一的，应当认定为《刑法》第三百五十条第一款规定的"情节较重"：

（一）曾因非法生产、买卖、运输制毒物品、走私制毒物品受过刑事处罚的；

（二）二年内曾因非法生产、买卖、运输制毒物品、走私制毒物品受过行政处罚的；

（三）一次组织五人以上或者多次非法生产、买卖、运输制毒物品、走私制毒物品，或者在多个地点非法生产制毒物品的；

（四）利用、教唆未成年人非法生产、买卖、运输制毒物品、走私制毒物品的；

（五）国家工作人员非法生产、买卖、运输制毒物品、走私制毒物品的；

（六）严重影响群众正常生产、生活秩序的；

（七）其他情节较重的情形。

易制毒化学品生产、经营、购买、运输单位或者个人未办理许可证明或者备案证明，生产、销售、购买、运输易制毒化学品，确实用于合法生产、生活需要的，不以制毒物品犯罪论处。

第八条　违反国家规定，非法生产、买卖、运输制毒物品、走私制毒物品，具有下列情形之一的，应当认定为《刑法》第三百五十条第一款规定的"情节严重"：

（一）制毒物品数量在本解释第七条第一款规定的最高数量标准以上，不满最高数量标准五倍的；

（二）达到本解释第七条第一款规定的数量标准，且具有本解释第七条第二款第三项至第六项规定的情形之一的；

（三）其他情节严重的情形。

违反国家规定，非法生产、买卖、运输制毒物品、走私制毒物品，具有下列情形之一的，应当认定为《刑法》第三百五十条第一款规定的"情节特别严重"：

（一）制毒物品数量在本解释第七条第一款规定的最高数量标准五倍以上的；

（二）达到前款第一项规定的数量标准，且具有本解释第七条第二款第三项至第六项规定的情形之一的；

（三）其他情节特别严重的情形。

第九条　非法种植毒品原植物，具有下列情形之一的，应当认定为《刑法》第三百五十一条第一款第一项规定的"数量较大"：

（一）非法种植大麻五千株以上不满三万株的；

（二）非法种植罂粟二百平方米以上不满一千二百平方米、大麻二千平方米以上不满一万二千平方米，尚未出苗的；

（三）非法种植其他毒品原植物数量较大的。

非法种植毒品原植物，达到前款规定的最高数量标准的，应当认定为《刑法》第三百五十一条第二款规定的"数量大"。

第十条　非法买卖、运输、携带、持有未经灭活的毒品原植物种子或者幼苗，具有下列情形之一的，应当认定为《刑法》第三百五十二条规定的"数量较大"：

（一）罂粟种子五十克以上、罂粟幼苗五千株以上的；

（二）大麻种子五十千克以上、大麻幼苗五万株以上的；

（三）其他毒品原植物种子或者幼苗数量较大的。

第十一条　引诱、教唆、欺骗他人吸食、注射毒品，具有下列情形之一的，应当认定为《刑法》第三百五十三条第一款规定的"情节严重"：

（一）引诱、教唆、欺骗多人或者多次引诱、教唆、欺骗他人吸食、注射毒品的；

（二）对他人身体健康造成严重危害的；

（三）导致他人实施故意杀人、故意伤害、交通肇事等犯罪行为的；

（四）国家工作人员引诱、教唆、欺骗他人吸食、注射毒品的；

（五）其他情节严重的情形。

第十二条　容留他人吸食、注射毒品，具有下列情形之一的，应当依照《刑法》第三百五十四条的规定，以容留他人吸毒罪定罪处罚：

（一）一次容留多人吸食、注射毒品的；

（二）二年内多次容留他人吸食、注射毒品的；

（三）二年内曾因容留他人吸食、注射毒品受过行政处罚的；

（四）容留未成年人吸食、注射毒品的；

（五）以牟利为目的容留他人吸食、注射毒品的；

（六）容留他人吸食、注射毒品造成严重后果的；

（七）其他应当追究刑事责任的情形。

向他人贩卖毒品后又容留其吸食、注射毒品，或者容留他人吸食、注射毒品并向其贩卖毒品，符合前款规定的容留他人吸毒罪的定罪条件的，以贩卖毒品罪和容留他人吸毒罪数罪并罚。

容留近亲属吸食、注射毒品，情节显著轻微危害不大的，不作为犯罪处理；需要追究刑事责任的，可以酌情从宽处罚。

第十三条　依法从事生产、运输、管理、使用国家管制的麻醉药品、精神药品的人员，违反国家规定，向吸食、注射毒品的人提供国家规定管制的能够使人形成瘾癖的麻醉药品、精神药品，具有下列情形之一的，应当依照《刑法》第三百五十五条第一款的规定，以非法提供麻醉药品、精神药品罪定罪处罚：

（一）非法提供麻醉药品、精神药品达到《刑法》第三百四十七条第三款或者本解释第二条规定的"数量较大"标准最低值的百分之五十，不满"数量较大"标准的；

（二）二年内曾因非法提供麻醉药品、精神药品受过行政处罚的；

（三）向多人或者多次非法提供麻醉药品、精神药品的；

（四）向吸食、注射毒品的未成年人非法提供麻醉药品、精神药品的；

（五）非法提供麻醉药品、精神药品造成严重后果的；

（六）其他应当追究刑事责任的情形。

具有下列情形之一的，应当认定为《刑法》第三百五十五条第一款规定的"情节严重"：

（一）非法提供麻醉药品、精神药品达到《刑法》第三百四十七条第三款或者本解释第二条规定的"数量较大"标准的；

（二）非法提供麻醉药品、精神药品达到前款第一项规定的数量标准，且具有前款第三项至第五项规定的情形之一的；

（三）其他情节严重的情形。

第十四条　利用信息网络，设立用于实施传授制造毒品、非法生产制毒物品的方法、贩卖毒品，非法买卖制毒物品或者组织他人吸食、注射毒品等违法犯罪活动的网站、通讯群组，或者发布实施前述违法犯罪活动的信息，情节严重的，应当依照《刑法》第二百八十七条之一的规定，以非法利用信息网络罪定罪处罚。

实施《刑法》第二百八十七条之一、第二百八十七条之二规定的行为，同时构成贩卖毒品罪、非法买卖制毒物品罪、传授犯罪方法罪等犯罪的，依照处罚较重的规定定罪处罚。

第十五条　本解释自 2016 年 4 月 11 日起施行。《最高人民法院关于审理毒品案件定罪量刑标准有关问题的解释》（法释〔2000〕13 号）同时废止；之前发布的司法解释和规范性文件与本解释不一致的，以本解释为准。

（附参考）1.浙江省人民检察院《毒品类犯罪案件疑难问题专题研讨会会议纪要》2006 年

一、毒品的范围

毒品除《刑法》第三百五十七条第一款规定的鸦片、海洛因、甲基苯丙胺（冰毒）、吗啡、大麻、可卡因及最高人民法院《关于审理毒品案件定罪量刑标准有关问题的解释》中列举的苯丙胺类毒品（甲基苯丙胺除外）、大麻油、大麻脂、大麻叶及大麻烟、度冷丁（杜冷丁）、盐酸二氢埃托啡、咖啡因、罂粟壳外，对于"其他毒品"的认定，应以国家食品药品监督管理局、中华人民共和国公安部、中华人民共和国卫生部《关于公布麻醉药品和精神药品品种目录的通知》中列明的麻醉药品和精神药品为准。

二、毒品犯罪中"明知"的认定

（一）毒品犯罪中"明知"的判断

毒品犯罪中的"明知"，既可能是知道一个明确的事实，也可能是知道一种盖然性很高的可能性，包括"知道"和"应当知道"。行为人主观上是否具有"明知"，在通常情况下，应当以普通人的认识水平为标准来进行判断，在特殊情况下，如行为人具有贩卖毒品的经历，行为人为国家管制的麻醉药品和精神药品的管理人员等，应当以普通人的认知能力结合行为人自身实际水平为标准来进行判断。

（二）毒品犯罪中"明知"的推定

毒品犯罪中"明知"的推定应当遵循一定的规则。

1.推定"明知"必须建立在一定基础事实上

毒品犯罪案件中，犯罪嫌疑人、被告人具有下列情形之一，可以初步推定其主观上具有毒品犯罪的"明知"：（1）故意选择没有海关或边防检查站的边境路段绕行出入境，或者虽经过海关或边检站但以假报、隐匿等蒙骗手段逃避海关或边防检查的；（2）采用假冒伪装等方法逃避邮政检查的；（3）采用将毒品溶于食品或混入其他物品中等伪装方法逃避检查的；（4）将毒品分成小包装，藏于肛门或阴道中，或者将毒品装入胶囊然后吞食，或者捆绑在腰间、大腿内侧等隐藏方法运输毒品的；（5）受委托或雇佣携带毒品，获利明显超过正常情况的；（6）交易的物品含有毒品成分的；（7）购置了制造毒品的设备、工具、制毒原料，以及配制方案的；（8）将制造毒品的设备进行伪装，隐藏在不易发现的地方的；（9）在犯罪嫌疑人、被告人控制的范围内，发现制造出来的毒品前体物质的；（10）犯罪嫌疑人、被告人身上、所有物、住宅、院落里藏有毒品的；（11）毒品包装物留下的指纹与犯罪嫌疑人、被告人的指纹鉴定一致的；（12）具有合法生产管制麻醉药品和精神药品资格的单位或个人，以牟利为目的，违反国家法律关于管制麻醉药品和精神药品不得擅自经营的规定，在未查明购买方身份的情况下向他人提供管制麻醉药品和精神药品的。

2.容许犯罪嫌疑人、被告人对推定的"明知"进行解释或者举证反驳

在特定条件下，被告人应当承担举证责任，这些特定条件包括：（1）对犯罪的某些构成要件，控方无法用直接证据予以证明，只能通过间接证据证明的；（2）对犯罪的某些构成要件而言，被告方具有证据上信息优势，则由被告人或其辩护人证明这些要件；（3）对某些程序性事实和犯罪构成要件之外的事实，由被告人承担部分证明责任。毒品犯罪中"明知"的推定就属于第一种特殊情况，因为没有直接的证明行为人明知的证据，司法人员能根据一定基础事实，对行为人主观上是否具有"明知"作出合理推定，但是合理推定毕竟还只是一种高度的可能性，不是必然结果，因此应容许犯罪嫌疑人、被告人进行合理解释或提出反证进行反驳。

3.推定"明知"的适用范围必须严格限制

（1）如不具有一定的基础事实，绝对不允许适用推定明知。

（2）据以适用推定明知的基础事实必须是客观、真实、明确的。

（3）当基于一定的基础事实可以推定行为人主观上具有明知，但得出的有罪结论并非唯一或者不确定时，应当适用相对较轻的罪名。

三、走私、贩卖、运输、制造毒品罪的客观表现

（一）走私毒品罪

走私毒品的行为主要有以下几种表现形式：1.从境外直接购买毒品非法偷运入境；2.与境外贩毒分子勾结，将毒品偷运入境；3.将非法入境的毒品或境内购买的毒品偷运出境；4.与走私毒品犯罪分子勾结，在内地直接向走私毒品犯罪分子购买毒品；5.与走私毒品犯罪分子通谋，为其提供毒资、实物或为其提供购买、运输、保管、藏匿方便；6.依法从事生产、运输、管理、使用国家管制的麻醉药品和精神药品的单位和人员，违反国家规定，向明知是走私毒品的犯罪分子提供国家管制的麻醉药品和精神药品。

（二）贩卖毒品罪

贩卖毒品的行为主要表现为：1.自制毒品后销售的；2.以牟利为目的，买入毒品后又出卖的；3.将家中祖存下来的鸦片等毒品卖出牟利的；4.以毒品换取其他货物的；5.以毒品抵债或偿付劳务的；6.明知他人为出售而购买毒品，或者帮助他人出售毒品的；7.赊卖毒品，待其有钱后再付款或以物抵债的；8.以贩卖为目的而非法收购毒品的；9.容留他人吸毒并出售毒品的；10.出资入股买卖或托人代为买卖毒品的；11.依法从事生产、运输、管理、使用国家管制的麻醉药品、精神药品的人员或单位，违反国家规定，向贩卖毒品的犯罪分子提供国家规定管制的能够使人形成瘾癖的麻醉药品、精神药品的；12.依法从事生产、运输、管理、适用国家管制的麻醉药品、精神药品的人员或单位，违反国家规定，以牟利为目的，向吸食、注射毒品的人提供国家规定管制的能够使人形成瘾癖的麻醉药品、精神药品的。

（三）运输毒品罪

运输毒品的主要表现形式为：1.自身携带；2.以运货等为名，利用交通工具运输毒品；3.利用、教唆他人携带毒品；4.伪装后交由交通运输部门承运或邮政部门邮寄；5.武装运送毒品；6.与公安、部队中的人员勾结运送毒品或冒充公安人员、军人等运送毒品。

（四）制造毒品罪

制造毒品的主要表现形式为：1.用罂粟果实中的汁液提炼、制造鸦片、海洛因、吗啡

等鸦片类毒品；2.用古柯树叶为原料提炼可卡因类毒品；3.用大麻植物为原料提炼、配制大麻脂、大麻油等大麻类毒品；4.用化学合成等方法制造冰毒、氯胺酮、美沙酮等麻醉药品和精神药品。

四、走私、贩卖、运输、制造毒品罪的诉讼证据要求

（一）犯罪主体

本罪为一般主体，即自然人和单位。

1.证明自然人犯罪主体的公诉证据参考标准：

（1）个人身份证据：

A.本国自然人：身份证、户籍资料或护照、回乡证等。

B.外国自然人：护照、指定的专门机关出具的外文翻译件。

以上证据证明自然人的姓名（曾用名）、性别、出生年月日、居民身份证号码、民族、籍贯、出生地、职业、住所地等情况。

（2）前科劣迹证据：

A.刑事判决书、裁定书；

B.释放证明书、假释证明书；

C.不起诉决定书；

D.劳动教养决定书、解除劳动教养决定书；

E.其他劣迹的证明材料。

（3）可能影响自然人刑事责任的几种情况：

A.未成年人。本罪中的自然人主体刑事责任年龄，贩卖毒品为十四周岁，其为十六周岁。对于未成年人，应当收集证明未成年人年龄的相应证据。对处于边缘刑事责任年龄的，重点收集以下证据：

（A）证人证言。主要是能够证明犯罪嫌疑人、被告人出生时间（如接生人、邻居、亲友等）、年龄的证言；

（B）医院的出生证明及医疗档案等；

（C）个人履历表或入学、入伍、招工、招干等登记表中有关年龄的证明；

（D）犯罪嫌疑人、被告人供述；

（E）骨龄鉴定等。

通过上述证据的收集与固定，证明犯罪嫌疑人，被告人行为时系年满十四周岁或十六周岁、具有相应刑事责任能力的自然人，符合具体犯罪的主体要件。

B.对可能患有精神病的，应当收集能反映其精神状态的相关证人证言，必要时亦需对其家族遗传病史予以一定的调查，并进行相应的精神病鉴定。

C.其他可能是无刑事责任能力或者限制刑事责任能力的也应当收集相关证据，必要时应该进行司法鉴定。

2.证明单位犯罪主体的公诉证据参考标准：

（1）证明单位性质的证据：

A.证明国家机关、事业单位、团体性质的相应法律文件，机关、人民团体法人代码；

B.企业法人营业执照、法人工商注册登记证明、法人设立证明、税务登记证、享受税收减免优惠政策的有关证明等；

C.单位内部组成的有关合同、章程及协议书等；

D.银行账号证明、注册资料、年检情况、审计或清理证明等；

E.主管单位证明；

F.证明是其他单位的相关材料。

（2）证明单位直接负责的主管人员和其他直接责任人员（如实际经营者、财务主管、会计人员等）的职务身份的证据：

（A）任职证明；

（B）工作证、专业技术等级证书；

（C）其他相关证明职务身份的材料。

证明直接负责的主管人员和其他直接责任人员的个人身份的证据，参照前文规定。

（二）犯罪客体

本罪侵害的客体是国家对特定物品的管理秩序。通过有关客观方面等证据证明：

1.行为人的行为违反了《刑法》关于打击毒品犯罪的相关法律规定；

2.行为人从事犯罪活动对管理秩序进行了破坏及其不法状态、危害程度等。

（三）犯罪客观方面

1.犯罪嫌疑人、被告人及同案犯的供述和辩解，证实：

（1）实施走私、贩卖、运输、制造毒品罪的时间、地点、参与人；

（2）具体、详细的犯罪经过，是否有作案工具；

（3）毒品的数量；

（4）共同犯罪的，犯罪过程中的分工、配合情况；

（5）走私、贩卖、运输、制造何种类毒品，是否明知是假毒品而以毒品进行贩卖等等；

（6）犯罪嫌疑人、被告人本人是否具有吸食毒品的情节；

（7）其他与案件有关的事实。

2.证人证言

（1）相关证人证言，证实与犯罪嫌疑人、被告人的关系，案发时间、地点、原因，在案发现场所看见、听到或所知悉的一切与案件事实相关的情况；

（2）抓获人证言，证实如何获知犯罪和与犯罪嫌疑人、被告人的情况，以及抓获犯罪嫌疑人、被告人的时间、地点、过程等；

（3）购买毒品人的证言，证实贩卖毒品的有关情况；

（4）上述证人的辨认笔录，以确认犯罪嫌疑人、被告人。

3.现场勘察笔录（包括现场照片），证实制造毒品等现场的情况；

4.扣押物品清单（包括照片），证实查获的毒品、制造毒品的作案工具等；

5.毒物检验报告，证实毒品的种类及数量；犯罪嫌疑人是否吸食毒品的检验报告；相关的笔迹鉴定书，证实上述手续系犯罪嫌疑人所为；

6.航空信封、托运单、国际特快邮件详情单等物证，飞机、轮船、火车等交通工具的票证，证实走私、运输毒品的方式。通过上述证据，证明行为人进行走私、贩卖、运输、制造毒品的时间、地点、方式、方法、数量、参与人及各人在共同犯罪中的地位和作用等。

（四）犯罪主观方面

1.犯罪嫌疑人、被告人及其同案犯的供述和辩解，证实走私、贩卖、运输、制造毒品的故意是如何产生的、策划犯罪的过程，犯罪的动机、目的以及行为当时的主观心态等；在共同犯罪中，共同走私、贩卖、运输、制造毒品犯罪的犯意是如何形成的，以及具体的商议过程及具体分工；

2.知情人证言，证实犯罪嫌疑人、被告人主观上的明知程度；

3.其他客观方面证据，反映犯罪嫌疑人、被告人明知是毒品而予以走私、贩卖、运输、制造的主观心态。通过上述证据的综合运用，证明行为人明知是毒品，而故意走私、贩卖、运输，制造的行为。

五、毒品犯罪中适用死刑案件的抗诉

毒品数量达到判处死刑标准，但具有下列情形之一的，不宜判处死刑，如果确属罪行重大，可以判处死缓。

1.受特情引诱实施毒品犯罪的；

2.原有毒品犯罪数量未达到判处死刑标准，经特情引诱后毒品犯罪数量达到判处死刑标准的；

3.不能排除是否受特情引诱实施毒品犯罪的；

4.缴获的毒品不够判处死刑标准，但加上其坦白的数量达到判处死刑标准的；

5.掺假后达到判处死刑标准，但经鉴定后毒品含量未达到判处死刑标准的；

6.法律、司法解释未明确列举的新型毒品的犯罪；

7.仅靠同案犯口供定案的；

8.行为人对不同宗毒品分别实施了不同种犯罪行为，其每种犯罪行为所涉及的毒品数量均未达到判处死刑标准，但按《纪要》累计计算毒品数量后达到判处死刑标准的。

如法院有违背此量刑标准的，可以考虑抗诉。

六、毒品犯罪中的诱惑侦查问题

对于侦查机关为侦破案件、抓获犯罪嫌疑人而故意运用特请引诱行为人实施贩卖毒品行为的，对行为人的行为应区别对待：

1.行为人有贩毒故意或正在找买主，运用特情手段将其抓获的，应认定贩卖毒品罪；

2.行为人持有毒品，但无任何证据证明其从事其他毒品犯罪，只是由于特情主动约定贩毒而产生贩毒故意的，以非法持有毒品罪定罪；

3.行为人没有涉毒行为，纯属特情引诱引发犯罪，是人为制造的虚假犯罪行为，不宜认定为犯罪；

4.行为人曾有贩毒行为未被追究，现因特情引诱而产生贩卖毒品故意并实施贩卖毒品行为的，重点处理原犯罪行为，现行为作为量刑情节；

5.行为人曾有贩毒行为，当特情向其购买毒品时，行为人手中持有毒品，贩毒故意不是因引诱而产生，对该行为以贩卖毒品罪认定。

七、毒品犯罪中语言文字的表述

在文书制作及庭审言语表述中，对"鸦片、海洛因、甲基苯丙胺"应以具体的数量表述，而对其他毒品则应表述为"数量大""数量较大""少量毒品"以与《刑法》规定相衔接，显示执法的严谨性。

八、毒品犯罪中既遂、未遂的认定

1.走私毒品罪。对走私入境的，以毒品进入我国边境为既遂，对走私出境的，以毒品运出我国边境为既遂。

2.贩卖毒品罪。对于"贩卖方"以毒品卖出为既遂，对走私出境的，以毒品运出我国边境为既遂。"为卖而买方"在其买入毒品后，其社会危害性就远远大于贩卖毒品罪中单纯的帮助犯，因此，对于具有贩卖故意的，只要买入毒品即应认定为既遂。

3.运输毒品罪。以起运为既遂，目的地是否达到不影响既遂的成立。

4.制造毒品罪。以实际制造出毒品为既遂。

九、毒品犯罪中其他精神药品和麻醉药品即新型毒品定罪量刑的一般原则

1.走私、贩卖、运输、制造新型毒品，无论数量多少，都应当追究刑事责任。

2.对新型毒品，首先就鉴定其毒效、有毒成分的大小和多少、吸毒者对该毒品的依赖程度，从而将新型毒品与法律、司法解释已明确规定了定罪量刑标准，最终确定新型毒品的定罪量刑标准。

3.因条件限制不能作上述鉴定的，应将新型毒品与法律、司法解释已明确规定了定罪量刑标准的毒品进行非法交易的价格上的比较，从而确定新型毒品的定罪量刑标准。

十、部分新型毒品定罪量刑标准的具体指导意见

（一）走私、贩卖、运输、制造、非法持有下列毒品，应当认定为《刑法》第三百四十七条第二款第（一）项、第三百四十八条以及最高人民法院《关于审理毒品案件定罪量刑标准有关问题的解释》第一条第（九）项规定的"其他毒品数量大"的情形；

1.美沙酮一百克以上；

2.氯胺酮五百克以上；

3.安眠酮八千克以上。

（二）走私、贩卖、运输、制造、非法持有下列毒品，应当认定为《刑法》第三百四十七条第三款、第三百四十八条以及最高人民法院《关于审理毒品案件定罪量刑标准有关问题的解释》第二条第（九）项规定的"其他毒品数量较大"的情形；

1.美沙酮二十克以上不满一百克；

2.氯胺酮一百克以上不满五百克；

3.安眠酮一千六百克以上不满八千克；

（三）走私、贩卖、运输、制造下列毒品的，应当认定为《刑法》第三百四十七条第四款规定的"其他少量毒品"的情形；

1.美沙酮不满二十克；

2.氯胺酮不满一百克；

3.安眠酮不满一千六百克。

（四）走私、贩卖、运输、制造美沙酮十四克以上不满二十克、氯胺酮七十克以上不满一百克、安眠酮一千一百二十克以上不满一千六百克的，可以认定为《刑法》第三百四十七条第四款规定的"情节严重"。

2.浙江省高级人民法院、浙江省人民检察院、浙江省公安厅《重大毒品犯罪案件证据收集审查判断工作指引》浙检发诉三字〔2015〕1号

为进一步规范重大毒品犯罪案件证据收集、审查判断工作，确保毒品犯罪案件办案质量，根据相关法律规定，结合毒品犯罪案件的办理情况，制定本指引。

一、一般规定

第一条　本指引所称重大毒品犯罪案件是指可能判处十五年以上有期徒刑、无期徒刑、死刑的走私、贩卖、运输毒品案件。

第二条　证明毒品犯罪主体身份情况的证据主要是户籍所在地公安机关出具的户籍证明材料，户籍证明应当附犯罪嫌疑人免冠照片以及同户家庭成员情况。未附照片的，应当收集犯罪嫌疑人亲属或者其他知情人员辨认犯罪嫌疑人或者其照片的笔录。

第三条　证明犯罪嫌疑人构成累犯、毒品再犯的证据材料应当包括前罪的生效裁判文书、释放证明等材料。

如果前科犯罪涉及剥夺政治权利，而释放证明中未注明剥夺政治权利是否变动的，必

要时侦查机关应当调取犯罪嫌疑人的刑罚执行材料,以证明是否存在减免剥夺政治权利的情形。

第四条　认定犯罪嫌疑人(被告人)是否系吸毒人员,应有相应证据证明,如行政处罚决定书、尿检结果、证人证言、看守所出具的证明收押后毒瘾发作的情况说明、戒毒所的证明材料等。

第五条　判定毒品犯罪主观故意的主要依据是犯罪嫌疑人(被告人)的供述与辩解、证人证言、书证、电子证据和其他有助于判断主观故意的证据。

毒品犯罪中共同犯罪的认定,应当注意收集证明共同故意的证据。

第六条　犯罪嫌疑人(被告人)贩卖目的的认定,应当根据犯罪嫌疑人(被告人)实施毒品犯罪的过程、方式、毒品被查获时的情形等,结合犯罪嫌疑人(被告人)前科、吸毒史等进行综合分析判断。购买毒品被查获后,以下情形可以认定为有贩卖目的:

(一)犯罪嫌疑人(被告人)供认主观上系以贩卖为目的,经审查供述客观真实的;

(二)犯罪嫌疑人(被告人)供认主观上系以贩卖为目的,且得到其他证据印证,后翻供否认,但不能合理说明翻供原因或者其辩解与全案证据相矛盾的;

(三)犯罪嫌疑人(被告人)否认主观上系以贩卖为目的,但多名证人、同案犯指证曾向其购买毒品的,指证的事实有其他证据印证、且能排除合谋陷害的。

第七条　毒品犯罪主观故意中的"明知"是指行为人知道或者应当知道其所贩卖、运输的物品系毒品。具有下列事实,并且犯罪嫌疑人(被告人)不能做出合理解释的,可以认定其"明知":

(一)执法人员在出入境口岸、机场、车站、港口和其他检查站检查时,要求行为人申报为他人携带的物品,并告知其法律责任,而行为人未如实申报,在其所携带的物品内查获毒品的;

(二)以伪报、藏匿、伪装等蒙蔽手段逃避海关、边防等检查,在其携带、运输、邮寄的物品中查获毒品的;

(三)执法人员检查时,有逃跑、弃车逃离、丢弃携带物品或者逃避、抗拒检查等行为,在其丢弃的车辆、携带或丢弃的物品中查获毒品的;

(四)体内藏匿物品,被检查发现系毒品的;

(五)为获取不同寻常的高额或者不等值的报酬而携带、运输物品,从中查获毒品的;

(六)采用高度隐蔽的方式携带运输物品,从中查获毒品的;

(七)采用高度隐蔽的方式交接物品,明显违背合法物品惯常交接方式,从中查获毒品的;

(八)行程路线故意绕开检查站点,在其携带、运输的物品中查获毒品的;

(九)以虚假身份或者地址办理托运手续,在其托运的物品中查获毒品的;

(十)在实际控制的车辆、住所查获毒品的;

(十一)专程驾车前往毒品源头地区,返程时在车上查获毒品的;

(十二)有其他证据足以认定行为人应当明知的。

上述基础事实,必须有确实、充分的证据予以证明,并且达到排除合理怀疑的程度。

犯罪嫌疑人(被告人)及其辩护人对上述事实有异议的,应当举出相反的证据或者做出合理解释。如有证据表明犯罪嫌疑人(被告人)确属被蒙骗,或者犯罪嫌疑人(被告人)能够做出合理解释的,则不宜认定其"明知"。

第八条　证明毒品犯罪客观方面的主要证据有:

（一）物证及照片，包括毒品、毒品的半成品、制毒物品、毒资、盛装毒品的容器或包装物、电子秤等贩毒工具等实物及其照片；

（二）书证，主要有：

1.证明毒资往来的书证，如银行支付凭证、账户交易明细等；

2.证明毒品运输的书证，如托运单、货单、仓单、邮寄单等；

3.证明涉毒人员行踪的书证，如交通运输凭证（车票、船票、机票）、汽车 GPS 行车记录、交通卡口记录、住宿登记记录等；

4.证明涉毒人员相互联络的书证，如手机通话记录、短信、微信、QQ 聊天记录等以及通话基站信息、用于联络的书信等；

（三）报案记录、投案记录、举报记录、控告记录、破案报告、吸毒记录等能说明案件及相关情况的书面材料；

（四）毒品、毒资、作案工具及其他涉案物品的扣押清单；

（五）相关证人证言，包括海关、边防检查人员、侦查人员的证言以及鉴定人员对鉴定所作的说明；

（六）辨认笔录、指认笔录及其照片，包括有关知情人员对犯罪嫌疑人的辨认和犯罪嫌疑人对毒品、毒资等犯罪对象的指认情况；

（七）犯罪嫌疑人（被告人）的供述和辩解；

（八）毒品鉴定和检验报告，包括毒品鉴定、指纹鉴定、是否吸食毒品的检验报告等；

（九）现场勘验、检查笔录及照片、录像、现场制图，包括对现场的勘验及对人身、物品的检查；

（十）毒品数量的称量笔录；

（十一）视听资料，包括录音、录像光盘等；

（十二）电子数据，包括电子邮件、网络聊天记录等；

（十三）其他能证明毒品犯罪客观方面的证据。

第九条　侦查机关应当出具由侦查人员署名并加盖侦查机关印章的破案经过说明。

破案经过说明应当写明案件来源情况，是否系秘密力量提供线索或者使用技术侦察手段，确定犯罪嫌疑人，犯罪嫌疑人到案时间、地点、经过，同案犯罪嫌疑人到案的顺序等内容。

侦查机关出具的破案经过说明过于简单，检察机关、审判机关可以要求侦查机关出具详细的破案经过说明。

对于通过秘密侦查、技术侦察手段侦破的案件，审判机关、检察机关认为有必要就秘密侦查、技术侦察情况作出说明的，侦查机关应当单独提供说明。有关秘密侦查、技术侦察材料，侦查机关应当归入保密卷。审判机关、检察机关可以派员查阅相关保密卷。

第十条　证明犯罪嫌疑人（被告人）自首、坦白、立功的证据材料，应当加盖接受单位的印章，并由接受人员签名。

证明自首的证据材料，应当包括犯罪嫌疑人（被告人）投案经过、有罪供述以及能够证明其投案情况的其他材料。

证明立功的证据材料，应当包括犯罪嫌疑人（被告人）检举揭发材料及证明其来源的材料、司法机关的调查核实材料、被检举揭发人的全部供述等。被检举揭发案件已立案、侦破，被检举揭发人被采取强制措施、公诉或者审判的，应当有相关法律文书。

第十一条　办案人员不应当轻信犯罪嫌疑人（被告人）供述等言词证据，应当强化对物证、书证等证据的收集、挖掘与运用。

第十二条　严禁采用刑讯逼供、暴力以及其他非法方法收集证据。检察机关、审判机关要切实履行审查把关职责，对取证合法性存疑的及时提出补查补正要求。经审理，确认或者不能排除存在法律规定的非法取证情形的，对有关证据应当予以排除。

二、毒品犯罪案件各类证据的收集、审查判断

（一）犯罪嫌疑人（被告人）供述和辩解

第十三条　犯罪嫌疑人被刑事拘留后，应当立即送看守所羁押，至迟不得超过 24 小时；不得以监视居住为由，变相羁押犯罪嫌疑人。

第十四条　犯罪嫌疑人被送交看守所羁押后，侦查人员应当在看守所讯问室内对其进行讯问。

非出于指认现场、追缴赃物等实际需要，不得将犯罪嫌疑人提押出所。出于指认现场、追缴赃物需要提押出所的，在完毕后应当及时还押。

连续讯问犯罪嫌疑人不得超过 12 小时，同时应当保证犯罪嫌疑人的饮食和必要的休息时间。

对吸食毒品后被抓获的犯罪嫌疑人，应当在其认知、记忆、表达能力、生理和精神状态正常时进行讯问。

第十五条　讯问应当制作讯问笔录，笔录应完整地反映整个讯问过程，特别是犯罪嫌疑人从不供述到供述的经过。

讯问犯罪嫌疑人，不能因为犯罪嫌疑人否认作案而不制作笔录。

首次讯问犯罪嫌疑人，应当完整地讯问并记录犯罪嫌疑人的姓名、年龄、民族、籍贯、职业、住址、身份证号码等自然状况，以及前科情况、家庭成员、犯罪时的住址、工作单位，从事何种工作等情况。

讯问笔录应当完整记录犯罪嫌疑人供述的犯罪时间、地点、上下家联系经过、用于联系的通讯工具号码、乘坐的交通工具、住宿地点、毒品数量、毒品特征等。

对于共同贩卖毒品的案件，应当讯问并记录犯罪嫌疑人与其他同案犯的联系情况、各自在共同犯罪中所处的地位和作用情况以及毒品交易时间、地点和价格等。

讯问笔录均应当附卷，并与提讯证的记载一致；不一致的，侦查机关应当书面说明原因并附卷。

第十六条　侦查机关讯问犯罪嫌疑人应当全程同步录音录像；犯罪嫌疑人指认犯罪现场等活动，有条件的应当全程同步录音录像。

犯罪嫌疑人的供述笔录缺乏同步录音录像或者与同步录音录像在内容上有重大矛盾，不能做出合理解释的，不得作为定案根据。

案件移送审查起诉时，同步录音录像资料应当随案移送。

第十七条　检察机关、审判机关应当突出对犯罪嫌疑人（被告人）供述合法性的审查。重点审查讯问的地点、时间是否符合法律规定，是否存在连续讯问、疲劳讯问以及刑讯逼供等违法、违规现象。

犯罪嫌疑人（被告人）提供侦查机关刑讯逼供等非法取证线索的，检察机关应当予以调查核实。

第十八条　检察机关、审判机关应当重视对犯罪嫌疑人（被告人）供述客观性的审查、判断。重点审查犯罪嫌疑人（被告人）供述是否与同案犯或者贩卖毒品的上下家之间的供述相印证，是否与相关客观性证据如银行交易记录、交通通行记录、住宿记录、通信记录等相印证。

犯罪嫌疑人（被告人）翻供或供述不稳定的，要结合其他证据仔细判别翻供理由是否合理，甄别供述真伪。

第十九条　对主要依据言词证据认定犯罪事实的，可以遵循以下原则：

1.犯罪嫌疑人（被告人）的供述与同案其他犯罪嫌疑人（被告人）供述吻合，并且完全排除诱供、逼供、串供等情形的，犯罪嫌疑人（被告人）的供述与同案犯罪嫌疑人（被告人）的供述可以作为定案的根据；

2.毒品买卖双方，一方交代购买或者出售毒品，另一方始终否认的，一般不能认定犯罪事实。但一方交代的毒品交易的数量、种类、时间、地点等具体情节能够得到其他证据印证，并且完全排除诱供、逼供、串供等情形的，可以认定犯罪事实；

3.毒品买卖双方一方交代多次贩卖毒品事实，另一方只交代其中部分事实的，一般认定双方交代一致的犯罪事实；

4.毒品买卖双方一方交代贩卖毒品事实，另一方在多次确认后又否认，但不能合理说明翻供原因或者其辩解与全案证据矛盾的，应当按照多次确认的供述认定犯罪事实。

（二）物证、书证

第二十条　侦查机关查扣毒品、毒资、贩毒工具等物证，应当制作扣押物品清单，详细记录物证的特征、来源、查获过程及见证人等情况，必要时以照片、录像固定。

第二十一条　扣押涉案物证的侦查人员不得少于二人，并持有相关法律文书及侦查人员工作证件。对于扣押的物证应当会同在场见证人和被扣押物证的持有人进行查点确认，当场开列扣押物品清单，写明物品的名称、编号、规格、数量、质量、特征及来源，由侦查人员、见证人和持有人签名或者盖章后，分别交给持有人、侦查机关保存，并附卷备查。

第二十二条　查扣的毒品应当在持有人在场的情况下，当面称量。查获毒品有多包的，应当采用统一的计量单位逐一称量。毒品的重量应当记录在扣押清单上，由持有人签字确认，并附称量照片。

第二十三条　对查封、扣押的毒品应当妥善保管，避免受污染，在人民法院终审判决前（死刑案件为最高法院复核终结前）不得销毁。

案件移送审查起诉时，应当随案移送足以反映原毒品外形和特征的照片或录像，并附上制作说明、清单及原物存放地点。

有证据证明毒品可能大量掺假，由于保管不善导致不能鉴定的，应当作出有利于被告人的处理。

第二十四条　应当重视书证在定罪体系中的证明作用，特别注重运用通信记录、银行交易记录、交通通行记录、交通卡口照片、住宿记录等书证证明犯罪。

第二十五条　侦查机关调取通信记录、银行交易记录、住宿记录、交通通行记录等书证，应当调取原件或者足以反映其特征的复印件，并加盖提供单位印章。

第二十六条　侦查机关提取的犯罪嫌疑人手机通话记录、短信、微信、QQ聊天记录等有关清单，应当有使用者姓名等身份信息，并加盖提供单位印章。

第二十七条　检察机关、审判机关应当重视审查在案毒品的真实性。重点审查毒品照片是否附卷，照片中的毒品是否和犯罪嫌疑人（被告人）描述的毒品种类、形状、数量相同，防止与其他案件的毒品混杂。

对于不是从犯罪嫌疑人（被告人）身上当场查获的毒品，应当结合其他证据如毒品包装上是否有犯罪嫌疑人（被告人）的指纹、生物检材等，以确定毒品的真实来源。

第二十八条　检察机关、审判机关在办理毒品案件过程中发现物证、书证的收集不符合法定程序，可能严重影响司法公正的，应由侦查人员进行补正或者作出合理解释。不能补正或者作出合理解释的，对该证据应当予以排除。

（三）勘验、检查、辨认、提取笔录

第二十九条　现场提取的物证、书证必须附有现场勘验、检查笔录及扣押清单、照片；犯罪嫌疑人人身、住处或其供述、指认的场所发现的物证、书证应当附有搜查笔录及扣押清单、照片。从第三人处提取的物证、书证必须附有提取笔录及扣押清单、照片。

对于未附有勘验、检查、搜查笔录、调取笔录及扣押清单、照片的物证、书证，以及勘验、检查、搜查笔录与扣押清单、照片记录不一致的物证、书证，应当通过见证人出庭作证或播放侦查机关进行现场勘验、检查、搜查、扣押、调取等侦查活动的同步录像等方式进行补正，不能补正或作出合理解释的，不得作为定案的根据。

第三十条　勘验、检查、搜查、提取、扣押时没有见证人在场或者在场的见证人属于法律规定不得担任刑事诉讼活动见证人情形的，侦查机关不能提供同步录像说明其取证过程的合法性，也不能对此作出合理解释的，相关物证、书证不得作为定案的根据。

第三十一条　在住所、酒店房间等封闭式空间当场查获毒品的，侦查机关应当对查获现场进行勘验，并制作勘验笔录。

现场勘验笔录应当详细记载现场方位、环境、现场毒品的摆放位置、毒品的颜色规格等具体特征。

第三十二条　现场提取的毒品应当逐一编号、登记，并及时移送物证技术部门进行检验、鉴定。

检察机关、审判机关应当注重审查提取毒品的主体是否适格，是否有合适的见证人，提取毒品的程序是否规范，是否有犯罪嫌疑人（被告人）在提取笔录上签字等。

第三十三条　犯罪嫌疑人（被告人）采取人货分离方式实施毒品犯罪的，应当注意收集、提取毒品包装物或相关物品上的指纹、生物检材，与犯罪嫌疑人（被告人）进行比对鉴定。

第三十四条　侦查机关可以对犯罪嫌疑人以及可能隐藏毒品的人的身体、物品、处所和其他有关地方进行搜查，搜查应当依法进行，全面、细致、及时收集、扣押可疑的作案工具、毒品疑似物，并制作《搜查笔录》，由侦查人员、被搜查人员或其家属、邻居或者其他见证人签名或者盖章。

第三十五条　侦查机关认为必要时，可以让犯罪嫌疑人、证人对涉案毒品、作案工具、毒品交易现场等进行辨认，也可以让同案犯罪嫌疑人、毒品上下家进行辨认。

辨认应当依法进行。组织辨认前，侦查人员应当向辨认人详细询问辨认对象的具体特征。辨认时，应当将辨认对象混杂在其他对象中，侦查人员不得诱导辨认人，也不得给辨认人任何暗示。

辨认犯罪嫌疑人时，被辨认的人数不得少于七人，对犯罪嫌疑人照片进行辨认的，照片不得少于十张。辨认物品时，同类物品不得少于五件，照片不得少于五张。

第三十六条　对查扣的犯罪嫌疑人的手机，侦查机关应当收集、提取手机的型号、电子串号、电子数据（短信、图片、微信、QQ聊天记录等）等信息，必要时应当由犯罪嫌疑人对查扣的手机进行辨认。

提取犯罪嫌疑人通讯信息时，应当将通话清单上的主被叫联系人、漫游区域、通话时间、短信等内容与公安信息系统中记录的犯罪嫌疑人活动轨迹等信息结合，对犯罪嫌疑人及关联人作活动轨迹分析，并形成报告附卷随案移送。

（四）鉴定意见

第三十七条　毒品的鉴定应当指派、聘请具有鉴定资格的人进行鉴定。毒品鉴定时，应由二名以上的鉴定人员进行，所有参与鉴定的人员均应当在鉴定意见上签名。

第三十八条　侦查机关应当为鉴定人进行鉴定提供必要的条件，及时向鉴定人送交有关检材和对比样本等原始材料，介绍与鉴定有关的情况，并且明确提出鉴定要求，不得暗示或者强迫鉴定人作出某种鉴定意见。

第三十九条　查获多件包装的毒品疑似物，作毒品成分、含量鉴定时，应当符合以下要求：

1.多件包装的毒品疑似物少于十件的，应当逐件抽样鉴定，每包取样0.2～1克；

2.同一批次的多件包装毒品疑似物为10～100件的，按照公安部授权使用的抽样鉴定方法，随机对其中十件内的样品每包取样0.2～1克鉴定；不同批次或者包装内毒品经目测明显不同的，应当逐件抽样鉴定，每包取样0.2～1克；

3.同一批次的多件包装毒品疑似物多于一百件的，按照公安部授权使用的抽样鉴定方法，随机选取的样品数为总样品数开平方所得的整数，每包取样0.2～1克鉴定；不同批次或者包装内毒品经目测明显不同的，应当逐件取样0.2～1克鉴定。

第四十条　鉴定意见应当符合以下要求：

1.鉴定机构和鉴定人应当具有毒品鉴定资质，并将资质复印件加盖公章后附卷；

2.鉴定的毒品和扣押的毒品在包装、形态、特征、性状等的描述上应当一致，描述存在明显差异导致毒品来源存疑的，鉴定机构或者办案机关应当作出合理解释；

3.毒品成分应当按照其化学名称规范表述；

4.应当符合法律、法规、司法解释等相关规定。

第四十一条　对可能判处死刑的毒品犯罪案件，应当作出含量鉴定；对涉案毒品可能大量掺假，或者毒品纯度可能极低，或者系成分复杂的混合毒品的，也应当作出含量鉴定；对于含有二种以上毒品成分的混合型毒品，应当进一步作成分鉴定，确定所含的主要成分及比例。

第四十二条　检察机关、审判机关审查鉴定意见时，应当注重审查委托鉴定的时间、出具鉴定意见的时间、鉴定机构与鉴定人的资格、鉴定材料是否为送检材料、鉴定对象与鉴定意见是否关联、鉴定方法与鉴定程序是否科学、客观、规范。

5.视听资料和电子数据

第四十三条　侦查机关应当依法及时调取录音、录像及其他技术设备保存的有关毒品案件的信息资料，并制作说明，载明制作人或者持有人，制作或提取的时间、地点，是否为原件，原件的所在地，复制的份数等。与案件有关的录音内容，应当用文字记录附卷。

第四十四条　侦查机关应当调取视听资料原件，取得原件确有困难或者有其他客观原因不能或者不便调取的，可调取复制件。调取复制件的，应当附有不能调取原件的原因、制作过程和原件存放地点的说明，并由制作人和视听资料原件持有人签名或盖章。

第四十五条　检察机关、审判机关审查视听资料及电子数据时，应当结合案件其他证据，审查其真实性和关联性。对电子数据应重点审查以下内容：

1.形成时间、地点、对象、制作人、制作过程以及设备情况；

2.收集程序是否合法；

3.内容是否真实，有无剪辑、增加、删改等情况。

三、关于技术侦察与秘密力量使用

第四十六条　侦查机关应当在案件立案并经依法审批后方能采取技术侦察措施，采取技术侦察措施收集的材料作为证据使用时，批准采取技术侦察措施的法律文书应当附卷。

第四十七条　侦查机关经负责人批准采用秘密侦查、技术侦察措施所收集的物证、书证及其他证据材料，要转化为其他合法形式的证据并经查证属实，才能作为定案的依据。无法转化的，侦查机关应当就秘密侦查、技术侦察获得的原始证据材料等情况独立成卷，供检察机关、审判机关在需要时查阅。

第四十八条　侦查机关使用秘密力量侦破案件，在确保安全、有效控制的前提下，可以指挥秘密力量进行毒品假买活动。但是，秘密力量不得使用促使他人产生犯罪意图的方法引诱他人进行毒品犯罪。

第四十九条　有秘密力量参与的毒品案件，必要时经审判机关或者检察机关和侦查机关负责人联合审批，办理案件的审判人员、检察人员可以核实秘密力量建档材料，但不得摘抄、翻录，并予以保密，侦查机关应当予以配合。

四、附则

第五十条　本规定自下发之日起执行。法律、法规、司法解释另有规定的，按法律、法规、司法解释的规定执行。

3. 宁波市中级人民法院、宁波市人民检察院《关于印发〈宁波法院刑事审判疑难问题研讨会会议纪要〉的通知》甬中法〔2013〕2号

六、关于贩卖毒品案件中没有当场查获毒品的，应否计入毒品犯罪数量

在走私、贩卖、运输、制造毒品犯罪中，没有当场查获毒品的，仅有犯罪嫌疑人、被告人供述且又翻供的，不应仅凭犯罪嫌疑人、被告人的有罪供述定案。只有当犯罪嫌疑人、被告人的有罪供述与同案其他犯罪嫌疑人、被告人供述、毒品交易相对方的证言或者交易现场证人的证言等相互印证，并排除诱供、逼供、串供等情形的，才能定案。同时，还应当根据"就低不就高"原则认定毒品数量。

对于鸦片、海洛因、甲基苯丙胺（冰毒）、麻古、麻黄素、摇头丸、氯胺酮（K粉）等以"包""只""颗"为交易单位的常见毒品，未当场查获的，可认定相关毒品数量的前提下，结合查获的同类毒品重量，根据"就低不就高"原则折算涉案毒品的重量；未查获同类毒品的，结合审判实践，根据"就低不就高"原则折算涉案毒品重量。

4. 浙江省高级人民法院、浙江省人民检察院、浙江省公安厅《关于办理毒品案件中代购毒品有关问题的会议纪要》浙高法〔2018〕40号

一、行为人向吸毒者收取毒资并给付毒品的，应当认定为贩卖毒品的行为。确属为吸毒者代购毒品且未从中牟利构成其他犯罪的，也应依法定罪处罚。

前款所称的代购毒品，一般是指吸毒者与毒品卖家联系后委托代购者前去购买仅用于吸食的毒品，或者虽未联系但委托代购者到其指定的毒品卖家处购买仅用于吸食的毒品，且代购者未从中牟利的行为。

二、行为人提出系代购毒品未从中牟利的，应当提供具体线索或者材料。侦查机关应当对相关线索或者材料进行调查核实。

三、代购者向托购者收取必要的交通、食宿等开销，不属于从中牟利。但代购者应当如实供述毒品来源、价格、食宿地点、交通路线、交通方式及具体开支等，提供相关材料，以供核查。

根据前款查证属实的交通、食宿等证据，证明代购者运输了毒品且毒品数量达到较大以上的，对代购者、托购者以运输毒品罪的共犯论处。

代购者在交通、食宿等必要开销之外收取"介绍费""劳务费"以及其他费用的，或者从中截留、获取部分毒品的，应视为从中牟利，以贩卖毒品罪论处。

四、行为人为吸毒者代购并运输毒品的事实清楚，证据确实、充分，但没有证据证明托购者、代购者是为了实施贩卖毒品等其他犯罪，毒品数量达到较大以上的，对托购者、代购者以运输毒品罪的共犯论处。

本纪要自下发之日起执行。如有新的规定，按照新的规定执行。

5. 浙江省人民检察院《关于办理毒品犯罪案件规范毒品提取、扣押、称量、取样和送检程序的意见》浙检发诉三字〔2018〕1号

为进一步规范毒品犯罪案件办理程序，提高毒品犯罪案件质量，落实"两高一部"《关于办理毒品犯罪案件毒品提取、扣押、称量、取样和送检程序若干问题的规定》，结合我省实际，制定本意见。

一、办理毒品案件，提取、扣押、称量、取样和送检毒品，应认真贯彻执行《办理毒品犯罪案件毒品提取、扣押、称量、取样和送检程序若干问题的规定》。公安机关应当遵循依法、客观、准确、公正、科学和安全的原则，确保毒品实物证据的收集、固定和保管等工作严格依法进行。人民检察院、人民法院应当对毒品的提取、扣押、称量、取样、送检程序以及相关证据的合法性进行严格审查，发现瑕疵的，应当及时要求公安机关进行补正或作出合理解释。

二、侦查人员在现场或者办案场所对毒品提取、扣押、封装、称量、取样的，应当在犯罪嫌疑人在场并在见证人见证下进行。无法确定犯罪嫌疑人、犯罪嫌疑人在逃、犯罪嫌疑人在异地被抓获但无法及时到场或因其他原因不能到场的，由见证人在场见证，在相应笔录中注明或者出具情况说明附卷。

三、侦查人员对毒品提取、扣押、封装、称量、取样应进行全程同步录音录像。录像应当清晰显示毒品的外观及包装特征、原始位置、变动情况、衡器示数、贩毒工具以及犯罪嫌疑人对称量结果的指认等情况。没有录像条件的，可以拍照代替。

四、现场勘验、检查、搜查笔录应当详细记载现场环境、毒品的外观及包装特征、原始位置、数量等信息，并对毒品进行分组、编号，拍照或录像固定。

不能及时进行分组、编号的，事后根据现场勘验、检查、搜查时笔录以及照片和录像资料，在犯罪嫌疑人在场并有见证人的情况下进行分组、编号。

五、查获毒品原则上在现场封装。现场不具备规范封装袋、封装条的，应尽量使用适当的替代品封装，并由犯罪嫌疑人、见证人在封装处签名，防止毒品被污染、调换。确因情况紧急、现场环境复杂等客观原因，无法在现场进行封装的，可电话请示所在公安机关侦查部门负责人批准，及时将毒品带至公安机关或其他适当场所进行封装，事后出具情况说明附卷。

封装和拆封均应制作记录，或以同步录音录像、拍照固定。

六、现场可以对查获毒品及包装物一并称量，事后至公安机关或者其他适当场所，进行净重称量。

不具备现场称量条件的，应作出情况说明附卷。

七、毒品取样应当制作笔录。委托鉴定机构取样的，可以在鉴定意见中记录。公安机关未制作取样笔录的，以同步录音录像或照片固定。受委托取样的鉴定机构未制作取样笔录的，应当提供取样说明。

八、禁止将不同包装内的毒品混合后鉴定或分别取样后混合鉴定。未按要求鉴定但具备鉴定条件的，应当重新鉴定。

应当进行鉴定的毒品包数未达到规定要求数量的，应当补充鉴定。

九、毒品提取、扣押、称量、取样和送检五个环节应当相互衔接、详细记录，确保流转环节毒品的同一性。

十、本意见从下发之日起执行。如遇有新的规定，按照新规定执行。

6. 浙江省高级人民法院、浙江省人民检察院、浙江省公安厅、浙江省司法厅《关于刑事诉讼中技术侦查证据材料使用若干问题的指导意见》浙高法〔2018〕45号

为进一步规范刑事诉讼中技术侦查证据材料的使用、移送、审查等工作，按照刑事诉讼法及司法解释的相关规定，制定本指导意见。

一、本指导意见所指的技术侦查证据材料，是指公安机关在立案后，对于危害国家安全犯罪、恐怖活动犯罪、黑社会性质的组织犯罪、重大毒品犯罪、重大恶势力集团犯罪以及其他严重危害社会的犯罪案件，根据侦查犯罪的需要，经过法定的批准手续，采取技术侦查措施收集，并在刑事诉讼中作为证据使用的材料。

二、关于使用技术侦查证据材料的基本原则

对技术侦查证据材料应依法审慎使用，坚持重罪使用、最后使用和安全保密的原则。公安机关、人民检察院、人民法院应建立健全沟通协商机制，确保技术侦查证据材料规范使用。

（一）重罪使用原则。技术侦查证据材料的使用应限于可能判处七年以上有期徒刑、无期徒刑、死刑的重大案件。

（二）最后使用原则。一般情况下，对技术侦查措施收集的材料，关系到认定罪与非罪、是否判处无期徒刑、死刑等定罪量刑的关键问题，且其他证据不足以充分印证的，才作为证据使用。

（三）安全保密原则。诉讼流转中要加强对技术侦查证据材料的安全管理。对于可能危及有关人员的人身安全，或者可能产生其他严重后果的，应当采取不暴露有关人员身份、技术方法等保护措施，防止泄露技术侦查工作秘密。对于作为认定案件事实证据的技术侦查证据，人民法院应当在裁判文书中予以表述，对其中可能危及特定人员人身安全、涉及国家秘密或者暴露侦查秘密、严重损害商业秘密、个人隐私的内容，应予隐去。通过互联网公布裁判文书时，应当删除涉及技术侦查措施的信息。

三、关于技术侦查证据材料的制作、移送和调取

（一）对于作为定案证据使用的技术侦查证据材料，侦查机关应按照省公安厅制作保密卷的要求，将批准实施技术侦查措施的法律文书和技术侦查证据单独装卷，标注密级。批准实施技术侦查措施的法律文书应当反映批准实施技术侦查的措施种类、适用对象和执行期限。侦查机关在移送审查起诉、公诉机关在提起公诉时应将单独装卷的保密卷连同其他案卷材料一并随案移送。

（二）对于监听录音作为技术侦查证据材料使用的，侦查机关应当选取能够证明犯罪过程重要环节、核心事实、关键内容的监听录音，转换成书面材料，并标记重要内容的起止时间，由经办人签名并加盖印章，与同步录音光盘一并移送。

（三）人民检察院发现应当移送的搜术侦查证据材料没有移送的，可以向公安机关调取。人民法院发现应当移送的技术侦查证据材料没有移送的，可以书面通知人民检察院调取。

（四）侦查过程中收集的电信业务经营者、互联网服务提供者和邮政、快递等物流运

营单位的系统留存数据，包括用户注册信息、身份认证信息、通信记录信息、登陆日志，以及公共区域的录音录像等，不作为技术侦查证据材料使用。

（五）审查、核实技术侦查证据材料过程中，需要对相关技术侦查资料等进行鉴定的，人民法院、人民检察院和公安机关应当进行会商，确有必要的，按照有关法律规定，指派或者委托有资质的机构进行。

四、关于技术侦查证据材料的当庭质证和庭外核实

（一）人民法院开庭审理案件，因审查技术侦查证据材料涉及国家秘密或者个人隐私的，应当不公开审理。涉及商业秘密，当事人申请不公开审理的，可以不公开审理。

（二）技术侦查证据材料，经当庭出示、辨认、质证等法庭调查程序查证属实的，可以作为定案的根据。对于采取不暴露有关人员身份、技术方法等保护措施，仍不足以保护特定人员人身安全，或者不足以防止泄露国家秘密、侦查秘密、商业秘密、个人隐私，以及可能产生其他严重后果的，人民法院应当在庭外对技术侦查证据材料进行核实。

（三）公安机关移送审查起诉、检察机关提起公诉中，可以结合具体情况向人民法院提出庭外核实的意见建议。人民法院应当在充分听取意见建议的基础上，决定当庭质证或是庭外核实。除听取公安机关、检察机关意见建议外，人民法院还可以通过召开庭前会议的方式，就当庭质证或是庭外核实，听取控辩双方的意见。人民法院应当在开庭三日前作出是否当庭质证或是庭外核实的决定，并在开庭时说明理由。

（四）对技术侦查证据材料当庭质证的，除司法机关工作人员、当事人和辩护律师外，其他诉讼参与人需要参加的，应当签署保密承诺书，明确泄露技术侦查证据内容的法律责任。对技术侦查证据材料庭外核实的，除司法机关工作人员外，其他人员不得参加。经人民法院许可并通知，辩护律师、被告人可以参加庭外核实。辩护律师参加的，须签署保密承诺书。

（五）庭外核实技术侦查证据材料后，控辩双方可以另行向人民法院提交书面质证意见。

五、对技术侦查措施收集的材料，仅是出于彼此补强、相互印证等需要的，根据最后使用原则，一般不作为证据使用。确有必要的，人民检察院、人民法院可以派员通过庭下查阅的方式以进一步了解案件事实和背景，公安机关应当予以配合。

六、本指导意见自下发之日起执行。执行中遇有新的规定，按照新规定执行。

第三百四十八条【非法持有毒品罪】 非法持有鸦片一千克以上、海洛因或者甲基苯丙胺五十克以上或者其他毒品数量大的，处七年以上有期徒刑或者无期徒刑，并处罚金；非法持有鸦片二百克以上不满一千克、海洛因或者甲基苯丙胺十克以上不满五十克或者其他毒品数量较大的，处三年以下有期徒刑、拘役或者管制，并处罚金；情节严重的，处三年以上七年以下有期徒刑，并处罚金。

（相关解释同第三百四十七条）**1.最高人民检察院、公安部《关于公安机关管辖的刑事案件立案追诉标准的规定（三）》**公通字〔2012〕26号（其他条款见第三百四十七条）

第二条【非法持有毒品案（《刑法》第三百四十八条）】明知是毒品而非法持有，涉嫌下列情形之一的，应予立案追诉：

（一）鸦片二百克以上，海洛因、可卡因或者甲基苯丙胺十克以上；

（二）二亚甲基双氧安非他明（MDMA）等苯丙胺类毒品（甲基苯丙胺除外）、吗啡二十克以上；

（三）度冷丁（杜冷丁）五十克以上（针剂 100mg/支规格的五百支以上，50mg/支规格的一千支以上；片剂 25mg/片规格的二千片以上，50mg/片规格的一千片以上）；

（四）盐酸二氢埃托啡二毫克以上（针剂或者片剂 20mg/支、片规格的一百支、片以上）；

（五）氯胺酮、美沙酮二百克以上；

（六）三唑仑、安眠酮十千克以上；

（七）咖啡因五十千克以上；

（八）氯氮卓、艾司唑仑、地西泮、溴西泮一百千克以上；

（九）大麻油一千克以上，大麻脂二千克以上，大麻叶及大麻烟三十千克以上；

（十）罂粟壳五十千克以上；

（十一）上述毒品以外的其他毒品数量较大的。

非法持有两种以上毒品，每种毒品均没有达到本条第一款规定的数量标准，但按前款规定的立案追诉数量比例折算成海洛因后累计相加达到十克以上的，应予立案追诉。

本条规定的"非法持有"，是指违反国家法律和国家主管部门的规定，占有、携带、藏有或者以其他方式持有毒品。

非法持有毒品主观故意中的"明知"，依照本规定第一条第八款的有关规定予以认定。

2. 最高人民法院《关于审理毒品犯罪案件适用法律若干问题的解释》法释〔2016〕8 号（具体见第三百四十七条）

第一条　走私、贩卖、运输、制造、非法持有下列毒品，应当认定为《刑法》第三百四十七条第二款第一项、第三百四十八条规定的"其他毒品数量大"：

（一）可卡因五十克以上；

（二）3，4-亚甲二氧基甲基苯丙胺（MDMA）等苯丙胺类毒品（甲基苯丙胺除外）、吗啡一百克以上；

（三）芬太尼一百二十五克以上；

（四）甲卡西酮二百克以上；

（五）二氢埃托啡十毫克以上；

（六）哌替啶（度冷丁）二百五十克以上；

（七）氯胺酮五百克以上；

（八）美沙酮一千克以上；

（九）曲马多、γ-羟丁酸二千克以上；

（十）大麻油五千克、大麻脂十千克、大麻叶及大麻烟一百五十千克以上；

（十一）可待因、丁丙诺啡五千克以上；

（十二）三唑仑、安眠酮五十千克以上；

（十三）阿普唑仑、恰特草一百千克以上；

（十四）咖啡因、罂粟壳二百千克以上；

（十五）巴比妥、苯巴比妥、安钠咖、尼美西泮二百五十千克以上；

（十六）氯氮卓、艾司唑仑、地西泮、溴西泮五百千克以上；

（十七）上述毒品以外的其他毒品数量大的。

国家定点生产企业按照标准规格生产的麻醉药品或者精神药品被用于毒品犯罪的，根据药品中毒品成分的含量认定涉案毒品数量。

第二条　走私、贩卖、运输、制造、非法持有下列毒品，应当认定为《刑法》第三百四十七条第三款、第三百四十八条规定的"其他毒品数量较大"：

（一）可卡因十克以上不满五十克；

（二）3，4-亚甲二氧基甲基苯丙胺（MDMA）等苯丙胺类毒品（甲基苯丙胺除外）、吗啡二十克以上不满一百克；

（三）芬太尼二十五克以上不满一百二十五克；

（四）甲卡西酮四十克以上不满二百克；

（五）二氢埃托啡二毫克以上不满十毫克；

（六）哌替啶（度冷丁）五十克以上不满二百五十克；

（七）氯胺酮一百克以上不满五百克；

（八）美沙酮二百克以上不满一千克；

（九）曲马多、γ-羟丁酸四百克以上不满二千克；

（十）大麻油一千克以上不满五千克、大麻脂二千克以上不满十千克、大麻叶及大麻烟三十千克以上不满一百五十千克；

（十一）可待因、丁丙诺啡一千克以上不满五千克；

（十二）三唑仑、安眠酮十千克以上不满五十千克；

（十三）阿普唑仑、恰特草二十千克以上不满一百千克；

（十四）咖啡因、罂粟壳四十千克以上不满二百千克；

（十五）巴比妥、苯巴比妥、安钠咖、尼美西泮五十千克以上不满二百五十千克；

（十六）氯氮卓、艾司唑仑、地西泮、溴西泮一百千克以上不满五百千克；

（十七）上述毒品以外的其他毒品数量较大的。

第五条　非法持有毒品达到《刑法》第三百四十八条或者本解释第二条规定的"数量较大"标准，且具有下列情形之一的，应当认定为《刑法》第三百四十八条规定的"情节严重"：

（一）在戒毒场所、监管场所非法持有毒品的；

（二）利用、教唆未成年人非法持有毒品的；

（三）国家工作人员非法持有毒品的；

（四）其他情节严重的情形。

（附参考）宁波市中级人民法院、宁波市人民检察院《关于印发〈宁波法院刑事审判疑难问题研讨会会议纪要〉的通知》甬中法〔2013〕2号

五、关于非法持有毒品罪中"情节严重"的认定

具有下列情形之一的，可以认定为《刑法》第三百四十八条规定的"情节严重"：（一）非法持有海洛因或甲基苯丙胺三十五克以上不满五十克或者其他数量相当毒品的；（二）国家工作人员非法持有毒品的；（三）其他情节严重的行为。

非法持有毒品情节严重的，一般判处三年以上五年以下有期徒刑；具有下列情形之一的，判处五年以上七年以下有期徒刑：（一）非法持有海洛因或甲基苯丙胺四十二点五克以上不满五十克的；（二）有法定从重情节的；（三）有两个以上酌定从重情节的。

第三百四十九条【包庇毒品犯罪分子罪，窝藏、转移、隐瞒毒品、毒赃罪】　包庇走私、贩卖、运输、制造毒品的犯罪分子的，为犯罪分子窝藏、转移、隐瞒毒品或者犯罪所得的财物的，处三年以下有期徒刑、拘役或者管制；情节严重的，处三年以上十年以下有期徒刑。

【包庇毒品犯罪分子罪】　缉毒人员或者其他国家机关工作人员掩护、包庇走私、贩

卖、运输、制造毒品的犯罪分子的，依照前款的规定从重处罚。

犯前两款罪，事先通谋的，以走私、贩卖、运输、制造毒品罪的共犯论处。

（相关解释）**1.最高人民检察院、公安部《关于公安机关管辖的刑事案件立案追诉标准的规定（三）》**公通字〔2012〕26号（其他条款见第三百四十七条）

第三条　【包庇毒品犯罪分子案（《刑法》第三百四十九条）】包庇走私、贩卖、运输、制造毒品的犯罪分子，涉嫌下列情形之一的，应予立案追诉：

（一）作虚假证明，帮助掩盖罪行的；

（二）帮助隐藏、转移或者毁灭证据的；

（三）帮助取得虚假身份或者身份证件的；

（四）以其他方式包庇犯罪分子的。

实施前款规定的行为，事先通谋的，以走私、贩卖、运输、制造毒品罪的共犯立案追诉。

第四条　【窝藏、转移、隐瞒毒品、毒赃案（《刑法》第三百四十九条）】为走私、贩卖、运输、制造毒品的犯罪分子窝藏、转移、隐瞒毒品或者犯罪所得的财物的，应予立案追诉。

实施前款规定的行为，事先通谋的，以走私、贩卖、运输、制造毒品罪的共犯立案追诉。

2.最高人民法院《关于审理洗钱等刑事案件具体应用法律若干问题的解释》法释〔2009〕15号

第三条　明知是犯罪所得及其产生的收益而予以掩饰、隐瞒，构成《刑法》第三百一十二条规定的犯罪，同时又构成《刑法》第一百九十一条或者第三百四十九条规定的犯罪的，依照处罚较重的规定定罪处罚。

第四条　《刑法》第一百九十一条、第三百一十二条、第三百四十九条规定的犯罪，应当以上游犯罪事实成立为认定前提。上游犯罪尚未依法裁判，但查证属实的，不影响《刑法》第一百九十一条、第三百一十二条、第三百四十九条规定的犯罪的审判。

上游犯罪事实可以确认，因行为人死亡等原因依法不予追究刑事责任的，不影响《刑法》第一百九十一条、第三百一十二条、第三百四十九条规定的犯罪的认定。

上游犯罪事实可以确认，依法以其他罪名定罪处罚的，不影响《刑法》第一百九十一条、第三百一十二条、第三百四十九条规定的犯罪的认定。

本条所称"上游犯罪"，是指产生《刑法》第一百九十一条、第三百一十二条、第三百四十九条规定的犯罪所得及其收益的各种犯罪行为。

3.最高人民法院《关于审理毒品犯罪案件适用法律若干问题的解释》法释〔2016〕8号（具体见第三百四十七条）

第六条　包庇走私、贩卖、运输、制造毒品的犯罪分子，具有下列情形之一的，应当认定为《刑法》第三百四十九条第一款规定的"情节严重"：

（一）被包庇的犯罪分子依法应当判处十五年有期徒刑以上刑罚的；

（二）包庇多名或者多次包庇走私、贩卖、运输、制造毒品的犯罪分子的；

（三）严重妨害司法机关对被包庇的犯罪分子实施的毒品犯罪进行追究的；

（四）其他情节严重的情形。

为走私、贩卖、运输、制造毒品的犯罪分子窝藏、转移、隐瞒毒品或者毒品犯罪所得的财物，具有下列情形之一的，应当认定为《刑法》第三百四十九条第一款规定的"情节严重"：

（一）为犯罪分子窝藏、转移、隐瞒毒品达到《刑法》第三百四十七条第二款第一项或者本解释第一条第一款规定的"数量大"标准的；

（二）为犯罪分子窝藏、转移、隐瞒毒品犯罪所得的财物价值达到五万元以上的；

（三）为多人或者多次为他人窝藏、转移、隐瞒毒品或者毒品犯罪所得的财物的；

（四）严重妨害司法机关对该犯罪分子实施的毒品犯罪进行追究的；

（五）其他情节严重的情形。

包庇走私、贩卖、运输、制造毒品的近亲属，或者为其窝藏、转移、隐瞒毒品或者毒品犯罪所得的财物，不具有本条前两款规定的"情节严重"情形，归案后认罪、悔罪、积极退赃，且系初犯、偶犯，犯罪情节轻微不需要判处刑罚的，可以免予刑事处罚。

第三百五十条【非法生产、买卖、运输制毒物品、走私制毒物品罪】 违反国家规定，非法生产、买卖、运输醋酸酐、乙醚、三氯甲烷或者其他用于制造毒品的原料、配剂，或者携带上述物品进出境，情节较重的，处三年以下有期徒刑、拘役或者管制，并处罚金；情节严重的，处三年以上七年以下有期徒刑，并处罚金；情节特别严重的，处七年以上有期徒刑，并处罚金或者没收财产。

明知他人制造毒品而为其生产、买卖、运输前款规定的物品的，以制造毒品罪的共犯论处。

单位犯前两款罪的，对单位判处罚金，并对其直接负责的主管人员和其他直接责任人员，依照前两款的规定处罚。【2015年11月1日刑法修正案（九）】

【1997年刑法】违反国家规定，非法运输、携带醋酸酐、乙醚、三氯甲烷或者其他用于制造毒品的原料或者配剂进出境的，或者违反国家规定，在境内非法买卖上述物品的，处三年以下有期徒刑、拘役或者管制，并处罚金；数量大的，处三年以上十年以下有期徒刑，并处罚金。

明知他人制造毒品而为其提供前款规定的物品的，以制造毒品罪的共犯论处。

单位犯前两款罪的，对单位判处罚金，并对其直接负责的主管人员和其他直接责任人员，依照前两款的规定处罚。

（相关解释）1.**最高人民检察院、公安部《关于公安机关管辖的刑事案件立案追诉标准的规定（三）》公通字〔2012〕26号**（其他条款见第三百四十七条）

第五条 **【走私制毒物品案（《刑法》第三百五十条）】**违反国家规定，非法运输、携带制毒物品进出国（边）境，涉嫌下列情形之一的，应予立案追诉：

（一）1-苯基-2-丙酮五千克以上；

（二）麻黄碱、伪麻黄碱及其盐类和单方制剂五千克以上，麻黄浸膏、麻黄浸膏粉一百千克以上；

（三）3，4-亚甲基二氧苯基-2-丙酮、去甲麻黄素（去甲麻黄碱）、甲基麻黄素（甲基麻黄碱）、羟亚胺及其盐类十千克以上；

（四）胡椒醛、黄樟素、黄樟油、异黄樟素、麦角酸、麦角胺、麦角新碱、苯乙酸二十千克以上；

（五）N-乙酰邻氨基苯酸、邻氨基苯甲酸、哌啶一百五十千克以上；

（六）醋酸酐、三氯甲烷二百千克以上；

（七）乙醚、甲苯、丙酮、甲基乙基酮、高锰酸钾、硫酸、盐酸四百千克以上；

（八）其他用于制造毒品的原料或者配剂相当数量的。

非法运输、携带两种以上制毒物品进出国（边）境，每种制毒物品均没有达到本条第一款规定的数量标准，但按前款规定的立案追诉数量比例折算成一种制毒物品后累计相加达到上述数量标准的，应予立案追诉。

为了走私制毒物品而采用生产、加工、提炼等方法非法制造易制毒化学品的，以走私制毒物品罪（预备）立案追诉。

实施走私制毒物品行为，有下列情形之一，且查获了易制毒化学品，结合行为人的供述和其他证据综合审查判断，可以认定其"明知"是制毒物品而走私或者非法买卖，但有证据证明确属被蒙骗的除外：

（一）改变产品形状、包装或者使用虚假标签、商标等产品标志的；

（二）以藏匿、夹带、伪装或者其他隐蔽方式运输、携带易制毒化学品逃避检查的；

（三）抗拒检查或者在检查时丢弃货物逃跑的；

（四）以伪报、藏匿、伪装等蒙蔽手段逃避海关、边防等检查的；

（五）选择不设海关或者边防检查站的路段绕行出入境的；

（六）以虚假身份、地址或者其他虚假方式办理托运、寄递手续的；

（七）以其他方法隐瞒真相，逃避对易制毒化学品依法监管的。

明知他人实施走私制毒物品犯罪，而为其运输、储存、代理进出口或者以其他方式提供便利的，以走私制毒物品罪的共犯立案追诉。

第六条【非法买卖制毒物品案（《刑法》第三百五十条）】违反国家规定，在境内非法买卖制毒物品，数量达到本规定第五条第一款规定情形之一的，应予立案追诉。

非法买卖两种以上制毒物品，每种制毒物品均没有达到本条第一款规定的数量标准，但按前款规定的立案追诉数量比例折算成一种制毒物品后累计相加达到上述数量标准的，应予立案追诉。

违反国家规定，实施下列行为之一的，认定为本条规定的非法买卖制毒物品行为：

（一）未经许可或者备案，擅自购买、销售易制毒化学品的；

（二）超出许可证明或者备案证明的品种、数量范围购买、销售易制毒化学品的；

（三）使用他人的或者伪造、变造、失效的许可证明或者备案证明购买、销售易制毒化学品的；

（四）经营单位违反规定，向无购买许可证明、备案证明的单位、个人销售易制毒化学品的，或者明知购买者使用他人的或者伪造、变造、失效的许可证明或者备案证明，向其销售易制毒化学品的；

（五）以其他方式非法买卖易制毒化学品的。易制毒化学品生产、经营、使用单位或者个人未办理许可证明或者备案证明，购买、销售易制毒化学品，如果有证据证明确实用于合法生产、生活需要，依法能够办理只是未及时办理许可证明或者备案证明，且未造成严重社会危害的，可不以非法买卖制毒物品罪立案追诉。

为了非法买卖制毒物品而采用生产、加工、提炼等方法非法制造易制毒化学品的，以非法买卖制毒物品罪（预备）立案追诉。

非法买卖制毒物品主观故意中的"明知"，依照本规定第五条第四款的有关规定予以认定。

明知他人实施非法买卖制毒物品犯罪，而为其运输、储存、代理进出口或者以其他方式提供便利的，以非法买卖制毒物品罪的共犯立案追诉。

2.最高人民法院、最高人民检察院、公安部《关于办理制毒物品犯罪案件适用法律若干问题的意见》 公通字〔2009〕33号

（一）违反国家规定，非法运输、携带制毒物品进出境或者在境内非法买卖制毒物品达到下列数量标准的，依照《刑法》第三百五十条第一款的规定三年以下有期徒刑、拘役或者管制，并处罚金：（1）1-苯基-2-丙酮五千克以上不满五十千克；（2）3，4-亚甲基二氧苯基-2-丙酮、去甲麻黄素（去甲麻黄碱）、甲基麻黄素（甲基麻黄碱）、羟亚胺及其盐类十千克以上不满一百千克；（3）胡椒醛、黄樟素、黄樟油、异黄樟素、麦角酸、麦角胺、麦角新碱、苯乙酸二十千克以上不满二百千克；（4）N-乙酰邻氨基苯酸、邻氨基苯甲酸、哌啶一百五十千克以上不满一千五百千克；（5）甲苯、丙酮、甲基乙基酮、高锰酸钾、硫酸、盐酸四百千克以上不满四千千克；（6）其他用于制造毒品的原料或者配剂相当数量的。

（二）违反国家规定，非法买卖或者走私制毒物品，达到或者超过前款所列最高数量标准的，认定为《刑法》第三百五十条第一款规定的"数量大"，处三年以上十年以下有期徒刑，并处罚金。

3. 最高人民法院、最高人民检察院、公安部《关于办理走私、非法买卖麻黄碱类复方制剂等刑事案件适用法律若干问题的意见的通知》法发〔2012〕12号

一、关于走私、非法买卖麻黄碱类复方制剂等行为的定性

以加工、提炼制毒物品制造毒品为目的，购买麻黄碱类复方制剂，或者运输、携带、寄递麻黄碱类复方制剂进出境的，依照《刑法》第三百四十七条的规定，以制造毒品罪定罪处罚。

以加工、提炼制毒物品为目的，购买麻黄碱类复方制剂，或者运输、携带、寄递麻黄碱类复方制剂进出境的，依照《刑法》第三百五十条第一款、第三款的规定，分别以非法买卖制毒物品罪、走私制毒物品罪定罪处罚。

将麻黄碱类复方制剂拆除包装、改变形态后进行走私或者非法买卖，或者明知是已拆除包装、改变形态的麻黄碱类复方制剂而进行走私或者非法买卖的，依照《刑法》第三百五十条第一款、第三款的规定，分别以走私制毒物品罪、非法买卖制毒物品罪定罪处罚。

非法买卖麻黄碱类复方制剂或者运输、携带、寄递麻黄碱类复方制剂进出境，没有证据证明系用于制造毒品或者走私、非法买卖制毒物品，或者未达到走私制毒物品罪、非法买卖制毒物品罪的定罪数量标准，构成非法经营罪、走私普通货物、物品罪等其他犯罪的，依法定罪处罚。

实施第一款、第二款规定的行为，同时构成其他犯罪的，依照处罚较重的规定定罪处罚。

二、关于利用麻黄碱类复方制剂加工、提炼制毒物品行为的定性

以走私或者非法买卖为目的，利用麻黄碱类复方制剂加工、提炼制毒物品的，依照《刑法》第三百五十条第一款、第三款的规定，分别以走私制毒物品罪、非法买卖制毒物品罪定罪处罚。

三、关于共同犯罪的认定

明知他人走私或者非法买卖麻黄碱类制毒物品，向其提供麻黄碱类复方制剂，为其利用麻黄碱类复方制剂加工、提炼制毒物品，或者为其获取、利用麻黄碱类复方制剂提供其他帮助的，分别以走私制毒物品罪、非法买卖制毒物品罪的共犯论处。

四、关于犯罪预备、未遂的认定

实施本意见规定的行为，符合犯罪预备或者未遂情形的，依照法律规定处罚。

五、关于犯罪嫌疑人、被告人主观目的与明知的认定

对于本意见规定的犯罪嫌疑人、被告人的主观目的与明知，应当根据物证、书证、证

人证言以及犯罪嫌疑人、被告人供述和辩解等在案证据，结合犯罪嫌疑人、被告人的行为表现，重点考虑以下因素综合予以认定：

1.购买、销售麻黄碱类复方制剂的价格是否明显高于市场交易价格；

2.是否采用虚假信息、隐蔽手段运输、寄递、存储麻黄碱类复方制剂；

3.是否采用伪报、伪装、藏匿或者绕行进出境等手段逃避海关、边防等检查；

4.提供相关帮助行为获得的报酬是否合理；

5.此前是否实施过同类违法犯罪行为；

6.其他相关因素。

六、关于制毒物品数量的认定

实施本意见规定的行为，以走私制毒物品罪、非法买卖制毒物品罪定罪处罚的，应当以涉案麻黄碱类复方制剂中麻黄碱类物质的含量作为涉案制毒物品的数量。

多次实施本意见规定的行为未经处理的，涉案制毒物品的数量累计计算。

七、关于定罪量刑的数量标准

实施本意见规定的行为，以走私制毒物品罪、非法买卖制毒物品罪定罪处罚的，涉案麻黄碱类复方制剂所含的麻黄碱类物质应当达到以下数量标准：麻黄碱、伪麻黄碱、消旋麻黄碱及其盐类五千克以上不满五十千克；去甲麻黄碱、甲基麻黄碱及其盐类十千克以上不满一百千克；麻黄浸膏、麻黄浸膏粉一百千克以上不满一千千克。达到上述数量标准上限的，认定为《刑法》第三百五十条第一款规定的"数量大"。

八、关于麻黄碱类复方制剂的范围

本意见所称麻黄碱类复方制剂是指含有《易制毒化学品管理条例》（国务院令第445号）品种目录所列的麻黄碱（麻黄素）、伪麻黄碱（伪麻黄素）、消旋麻黄碱（消旋麻黄素）、去甲麻黄碱（去甲麻黄素）、甲基麻黄碱（甲基麻黄素）及其盐类，或者麻黄浸膏、麻黄浸膏粉等麻黄碱类物质的药品复方制剂。

4.最高人民法院、最高人民检察院、公安部、农业部、食品药品监管总局《关于进一步加强麻黄草管理严厉打击非法买卖麻黄草等违法犯罪活动的通知》公通字〔2013〕16号

三、依法查处非法采挖、买卖麻黄草等犯罪行为

各地人民法院、人民检察院、公安机关要依法查处非法采挖、买卖麻黄草等犯罪行为，区别情形予以处罚：

（二）以提取麻黄碱类制毒物品后进行走私或者非法贩卖为目的，采挖、收购麻黄草，涉案麻黄草所含的麻黄碱类制毒物品达到相应定罪数量标准的，依照《刑法》第三百五十条第一款、第三款的规定，分别以走私制毒物品罪、非法买卖制毒物品罪定罪处罚。

（三）明知他人制造毒品或者走私、非法买卖制毒物品，向其提供麻黄草或者提供运输、储存麻黄草等帮助的，分别以制造毒品罪、走私制毒物品罪、非法买卖制毒物品罪的共犯论处。

（五）实施以上行为，以制造毒品罪、走私制毒物品罪、非法买卖制毒物品罪定罪处罚的，涉案制毒物品的数量按照三百千克麻黄草折合一千克麻黄碱计算；以制造毒品罪定罪处罚的，无论涉案麻黄草数量多少，均应追究刑事责任。

5.最高人民法院、最高人民检察院、公安部《关于办理邻氯苯基环戊酮等三种制毒物品犯罪案件定罪量刑数量标准的通知》公通字〔2014〕32号

近年来，随着制造合成毒品犯罪的迅速增长，制毒物品流入非法渠道形势严峻。利用邻氯苯基环戊酮合成羟亚胺进而制造氯胺酮，利用1-苯基-2-溴-1-丙酮（又名溴代苯

丙酮、2-溴代苯丙酮、α-溴代苯丙酮等）合成麻黄素和利用 3-氧-2-苯基丁腈（又名 α-氰基苯丙酮、α-苯乙酰基乙腈、2-苯乙酰基乙腈等）合成 1-苯基-2-丙酮进而制造甲基苯丙胺（冰毒）等犯罪尤为突出。2012 年 9 月和 2014 年 5 月国务院先后将邻氯苯基环戊酮、1-苯基-2-溴-1-丙酮和 3-氧-2-苯基丁腈增列为第一类易制毒化学品管制。为遏制上述物品流入非法渠道被用于制造毒品，根据《刑法》和最高人民法院《关于审理毒品案件定罪量刑标准有关问题的解释》，最高人民法院、最高人民检察院、公安部《关于办理制毒物品犯罪案件适用法律若干问题的意见》等相关规定，现就办理上述三种制毒物品犯罪案件的定罪量刑数量标准通知如下：

一、违反国家规定，非法运输、携带邻氯苯基环戊酮、1-苯基-2-溴-1-丙酮或者 3-氧-2-苯基丁腈进出境，或者在境内非法买卖上述物品，达到下列数量标准的，依照《刑法》第三百五十条第一款的规定，处三年以下有期徒刑、拘役或者管制，并处罚金：

（一）邻氯苯基环戊酮二十千克以上不满二百千克；

（二）1-苯基-2-溴-1-丙酮、3-氧-2-苯基丁腈十五千克以上不满一百五十千克。

二、违反国家规定，实施上述行为，达到或者超过第一条所列最高数量标准的，应当认定为《刑法》第三百五十条第一款规定的"数量大"，处三年以上十年以下有期徒刑，并处罚金。

6. 最高人民法院《关于审理毒品犯罪案件适用法律若干问题的解释》 法释〔2016〕8 号（具体见第三百四十七条）

第七条 违反国家规定，非法生产、买卖、运输制毒物品、走私制毒物品，达到下列数量标准的，应当认定为《刑法》第三百五十条第一款规定的"情节较重"：

（一）麻黄碱（麻黄素）、伪麻黄碱（伪麻黄素）、消旋麻黄碱（消旋麻黄素）一千克以上不满五千克；

（二）1-苯基-2-丙酮、1-苯基-2-溴-1-丙酮、3,4-亚甲基二氧苯基-2-丙酮、羟亚胺二千克以上不满十千克；

（三）3-氧-2-苯基丁腈、邻氯苯基环戊酮、去甲麻黄碱（去甲麻黄素）、甲基麻黄碱（甲基麻黄素）四千克以上不满二十千克；

（四）醋酸酐十千克以上不满五十千克；

（五）麻黄浸膏、麻黄浸膏粉、胡椒醛、黄樟素、黄樟油、异黄樟素、麦角酸、麦角胺、麦角新碱、苯乙酸二十千克以上不满一百千克；

（六）N-乙酰邻氨基苯酸、邻氨基苯甲酸、三氯甲烷、乙醚、哌啶五十千克以上不满二百五十千克；

（七）甲苯、丙酮、甲基乙基酮、高锰酸钾、硫酸、盐酸一百千克以上不满五百千克；

（八）其他制毒物品数量相当的。

违反国家规定，非法生产、买卖、运输制毒物品、走私制毒物品，达到前款规定的数量标准最低值的百分之五十，且具有下列情形之一的，应当认定为《刑法》第三百五十条第一款规定的"情节较重"：

（一）曾因非法生产、买卖、运输制毒物品、走私制毒物品受过刑事处罚的；

（二）二年内曾因非法生产、买卖、运输制毒物品、走私制毒物品受过行政处罚的；

（三）一次组织五人以上或者多次非法生产、买卖、运输制毒物品、走私制毒物品，或者在多个地点非法生产制毒物品的；

（四）利用、教唆未成年人非法生产、买卖、运输制毒物品、走私制毒物品的；

（五）国家工作人员非法生产、买卖、运输制毒物品、走私制毒物品的；

（六）严重影响群众正常生产、生活秩序的；

（七）其他情节较重的情形。

易制毒化学品生产、经营、购买、运输单位或者个人未办理许可证明或者备案证明，生产、销售、购买、运输易制毒化学品，确实用于合法生产、生活需要的，不以制毒物品犯罪论处。

第八条　违反国家规定，非法生产、买卖、运输制毒物品、走私制毒物品，具有下列情形之一的，应当认定为《刑法》第三百五十条第一款规定的"情节严重"：

（一）制毒物品数量在本解释第七条第一款规定的最高数量标准以上，不满最高数量标准五倍的；

（二）达到本解释第七条第一款规定的数量标准，且具有本解释第七条第二款第三项至第六项规定的情形之一的；

（三）其他情节严重的情形。

违反国家规定，非法生产、买卖、运输制毒物品、走私制毒物品，具有下列情形之一的，应当认定为《刑法》第三百五十条第一款规定的"情节特别严重"：

（一）制毒物品数量在本解释第七条第一款规定的最高数量标准五倍以上的；

（二）达到前款第一项规定的数量标准，且具有本解释第七条第二款第三项至第六项规定的情形之一的；

（三）其他情节特别严重的情形。

第十四条　利用信息网络，设立用于实施传授制造毒品、非法生产制毒物品的方法，贩卖毒品，非法买卖制毒物品或者组织他人吸食、注射毒品等违法犯罪活动的网站、通讯群组，或者发布实施前述违法犯罪活动的信息，情节严重的，应当依照《刑法》第二百八十七条之一的规定，以非法利用信息网络罪定罪处罚。

实施《刑法》第二百八十七条之一、第二百八十七条之二规定的行为，同时构成贩卖毒品罪、非法买卖制毒物品罪、传授犯罪方法罪等犯罪的，依照处罚较重的规定定罪处罚。

第三百五十一条【非法种植毒品原植物罪】　非法种植罂粟、大麻等毒品原植物的，一律强制铲除。有下列情形之一的，处五年以下有期徒刑、拘役或者管制，并处罚金：

（一）种植罂粟五百株以上不满三千株或者其他毒品原植物数量较大的；

（二）经公安机关处理后又种植的；

（三）抗拒铲除的。

非法种植罂粟三千株以上或者其他毒品原植物数量大的，处五年以上有期徒刑，并处罚金或者没收财产。

非法种植罂粟或者其他毒品原植物，在收获前自动铲除的，可以免除处罚。

（相关解释）1.最高人民检察院、公安部《关于公安机关管辖的刑事案件立案追诉标准的规定（三）》公通字〔2012〕26号（其他条款见第三百四十七条）

第七条　【非法种植毒品原植物案（《刑法》第三百五十一条）】非法种植罂粟、大麻等毒品原植物，涉嫌下列情形之一的，应予立案追诉：

（一）非法种植罂粟五百株以上的；

（二）非法种植大麻五千株以上的；

（三）非法种植其他毒品原植物数量较大的；

（四）非法种植罂粟二百平方米以上、大麻二千平方米以上或者其他毒品原植物面积较大，尚未出苗的；

（五）经公安机关处理后又种植的；

（六）抗拒铲除的。

本条所规定的"种植"，是指播种、育苗、移栽、插苗、施肥、灌溉、割取津液或者收取种子等行为。非法种植毒品原植物的株数一般应以实际查获的数量为准。因种植面积较大，难以逐株清点数目的，可以抽样测算每平方米平均株数后按实际种植面积测算出种植总株数。

非法种植罂粟或者其他毒品原植物，在收获前自动铲除的，可以不予立案追诉。

2. 最高人民法院《关于审理毒品犯罪案件适用法律若干问题的解释》法释〔2016〕8号（具体见第三百四十七条）

第九条 非法种植毒品原植物，具有下列情形之一的，应当认定为《刑法》第三百五十一条第一款第一项规定的"数量较大"：

（一）非法种植大麻五千株以上不满三万株的；

（二）非法种植罂粟二百平方米以上不满一千二百平方米、大麻二千平方米以上不满一万二千平方米，尚未出苗的；

（三）非法种植其他毒品原植物数量较大的。

非法种植毒品原植物，达到前款规定的最高数量标准的，应当认定为《刑法》第三百五十一条第二款规定的"数量大"。

第三百五十二条【非法买卖、运输、携带、持有毒品原植物种子、幼苗罪】 非法买卖、运输、携带、持有未经灭活的罂粟等毒品原植物种子或者幼苗，数量较大的，处三年以下有期徒刑、拘役或者管制，并处或者单处罚金。

（相关解释）**1. 最高人民检察院、公安部《关于公安机关管辖的刑事案件立案追诉标准的规定（三）》**公通字〔2012〕26号（其他条款见第三百四十七条）

第八条 【非法买卖、运输、携带、持有毒品原植物种子、幼苗案（《刑法》第三百五十二条）】非法买卖、运输、携带、持有未经灭活的罂粟等毒品原植物种子或者幼苗，涉嫌下列情形之一的，应予立案追诉：

（一）罂粟种子五十克以上、罂粟幼苗五千株以上；

（二）大麻种子五十千克以上、大麻幼苗五万株以上；

（三）其他毒品原植物种子、幼苗数量较大的。

2. 最高人民法院《关于审理毒品犯罪案件适用法律若干问题的解释》法释〔2016〕8号（具体见第三百四十七条）

第十条 非法买卖、运输、携带、持有未经灭活的毒品原植物种子或者幼苗，具有下列情形之一的，应当认定为《刑法》第三百五十二条规定的"数量较大"：

（一）罂粟种子五十克以上、罂粟幼苗五千株以上的；

（二）大麻种子五十千克以上、大麻幼苗五万株以上的；

（三）其他毒品原植物种子或者幼苗数量较大的。

第三百五十三条【引诱、教唆、欺骗他人吸毒罪】 引诱、教唆、欺骗他人吸食、注射毒品的，处三年以下有期徒刑、拘役或者管制，并处罚金；情节严重的，处三年以上七年以下有期徒刑，并处罚金。

【强迫他人吸毒罪】 强迫他人吸食、注射毒品的，处三年以上十年以下有期徒刑，并处罚金。

引诱、教唆、欺骗或者强迫未成年人吸食、注射毒品的，从重处罚。

（相关解释）**1. 最高人民检察院、公安部《关于公安机关管辖的刑事案件立案追诉标准的规定（三）》**公通字〔2012〕26 号（其他条款见第三百四十七条）

第九条 【引诱、教唆、欺骗他人吸毒案（《刑法》第三百五十三条）】引诱、教唆、欺骗他人吸食、注射毒品的，应予立案追诉。

第十条 【强迫他人吸毒案（《刑法》第三百五十三条）】违背他人意志，以暴力、胁迫或者其他强制手段，迫使他人吸食、注射毒品的，应予立案追诉。

2. 最高人民法院《关于审理毒品犯罪案件适用法律若干问题的解释》法释〔2016〕8号（具体见第三百四十七条）

第十一条 引诱、教唆、欺骗他人吸食、注射毒品，具有下列情形之一的，应当认定为《刑法》第三百五十三条第一款规定的"情节严重"：

（一）引诱、教唆、欺骗多人或者多次引诱、教唆、欺骗他人吸食、注射毒品的；

（二）对他人身体健康造成严重危害的；

（三）导致他人实施故意杀人、故意伤害、交通肇事等犯罪行为的；

（四）国家工作人员引诱、教唆、欺骗他人吸食、注射毒品的；

（五）其他情节严重的情形。

（附参考）**1. 浙江省高级人民法院、浙江省人民检察院、浙江省公安厅《关于办理容留他人吸毒罪有关法律适用问题的会议纪要》**浙检（会）研〔2010〕14 号

五、容留他人吸食、注射毒品，并有引诱、教唆、欺骗行为的，按照《刑法》第三百五十三条引诱、教唆、欺骗他人吸毒罪定罪处罚。

2. 浙江省高级人民法院《关于部分罪名定罪量刑情节及数额标准的意见》浙高法〔2012〕325 号

103.《刑法》第三百五十三条第一款【引诱、教唆、欺骗他人吸毒罪】

具有下列情形之一的，属于"情节严重"，处三年以上七年以下有期徒刑，并处罚金：

（1）引诱、教唆、欺骗三人以上吸食、注射毒品的；

（2）引诱、教唆、欺骗他人吸食、注射毒品五次以上的；

（3）引诱、教唆、欺骗他人吸食、注射毒品数量较大的；

（4）引诱、教唆、欺骗两名以上未成年人吸食、注射毒品的；

（5）引诱、教唆、欺骗他人吸食、注射毒品直接导致吸毒者因吸食、注射毒品造成重伤、死亡或者其他严重后果的；

（6）情节严重的其他情形。

第三百五十四条【容留他人吸毒罪】 容留他人吸食、注射毒品的，处三年以下有期徒刑、拘役或者管制，并处罚金。

（相关解释）**1. 最高人民检察院、公安部《关于公安机关管辖的刑事案件立案追诉标准的规定（三）》**公通字〔2012〕26 号（其他条款见第三百四十七条）

第十一条 【容留他人吸毒案（《刑法》第三百五十四条）】提供场所，容留他人吸食、注射毒品，涉嫌下列情形之一的，应予立案追诉：

（一）容留他人吸食、注射毒品两次以上的；

（二）一次容留三人以上吸食、注射毒品的；

（三）因容留他人吸食、注射毒品被行政处罚，又容留他人吸食、注射毒品的；

（四）容留未成年人吸食、注射毒品的；

（五）以牟利为目的容留他人吸食、注射毒品的；

（六）容留他人吸食、注射毒品造成严重后果或者其他情节严重的。

2.最高人民法院《关于审理毒品犯罪案件适用法律若干问题的解释》法释〔2016〕8号

第十二条　容留他人吸食、注射毒品，具有下列情形之一的，应当依照《刑法》第三百五十四条的规定，以容留他人吸毒罪定罪处罚：

（一）一次容留多人吸食、注射毒品的；

（二）二年内多次容留他人吸食、注射毒品的；

（三）二年内曾因容留他人吸食、注射毒品受过行政处罚的；

（四）容留未成年人吸食、注射毒品的；

（五）以牟利为目的容留他人吸食、注射毒品的；

（六）容留他人吸食、注射毒品造成严重后果的；

（七）其他应当追究刑事责任的情形。

向他人贩卖毒品后又容留其吸食、注射毒品，或者容留他人吸食、注射毒品并向其贩卖毒品，符合前款规定的容留他人吸毒罪的定罪条件的，以贩卖毒品罪和容留他人吸毒罪数罪并罚。

容留近亲属吸食、注射毒品，情节显著轻微危害不大的，不作为犯罪处理；需要追究刑事责任的，可以酌情从宽处罚。

（附参考）**浙江省高级人民法院、浙江省人民检察院、浙江省公安厅《关于办理容留他人吸毒罪有关法律适用问题的会议纪要》**浙检（会）研〔2010〕14号

一、容留他人吸毒罪是指故意为他人吸食、注射毒品提供场所的行为。

场所，包括容留者所有、管理、租用、借用或以其他方式控制的房屋、旅馆、娱乐场所、经营场所或交通工具等。

二、容留他人吸食、注射毒品，无论本人是否参与吸食、注射毒品，具有下列情形之一的，按照《刑法》第三百五十四条容留他人吸毒罪定罪处罚：

1.一年内容留他人吸食、注射毒品三次以上的；

2.一次容留三人以上吸食、注射毒品的；

3.容留他人吸食、注射毒品被行政处罚两次以上，又容留他人吸食、注射毒品的；

4.容留未成年人吸食、注射毒品的；

5.容留他人吸食、注射毒品直接导致吸毒者因吸食、注射毒品发生重伤、死亡等严重后果的；

6.其他容留他人吸食、注射毒品情节严重的。

三、容留近亲属吸食、注射毒品，一般不以犯容留他人吸食、注射毒品罪论处。

四、容留他人吸食、注射毒品并向被容留的吸毒人员出售毒品的，或出售毒品后又容留购毒人员吸食、注射毒品的，按照《刑法》第三百四十七条贩卖毒品罪定罪处罚。

五、容留他人吸食、注射毒品，并有引诱、教唆、欺骗行为的，按照《刑法》第三百五十三条引诱、教唆、欺骗他人吸毒罪定罪处罚。

第三百五十五条【非法提供麻醉药品、精神药品罪】 依法从事生产、运输、管理、使用国家管制的麻醉药品、精神药品的人员，违反国家规定，向吸食、注射毒品的人提供国家规定管制的能够使人形成瘾癖的麻醉药品、精神药品的，处三年以下有期徒刑或者拘役，并处罚金；情节严重的，处三年以上七年以下有期徒刑，并处罚金。向走私、贩卖毒品的犯罪分子或者以牟利为目的，向吸食、注射毒品的人提供国家规定管制的能够使人形成瘾癖的麻醉药品、精神药品的，依照本法第三百四十七条【走私、贩卖、运输、制造毒品罪】的规定定罪处罚。

单位犯前款罪的，对单位判处罚金，并对其直接负责的主管人员和其他直接责任人员，依照前款的规定处罚。

（相关解释）1. 最高人民检察院、公安部《关于公安机关管辖的刑事案件立案追诉标准的规定（三）》2012 年（其他条款见第三百四十七条）

第十二条 【非法提供麻醉药品、精神药品案（《刑法》第三百五十五条）】依法从事生产、运输、管理、使用国家管制的麻醉药品、精神药品的个人或者单位，违反国家规定，向吸食、注射毒品的人员提供国家规定管制的能够使人形成瘾癖的麻醉药品、精神药品，涉嫌下列情形之一的，应予立案追诉：

（一）非法提供鸦片二十克以上、吗啡二克以上、度冷丁（杜冷丁）五克以上（针剂100mg/支规格的五十支以上，50mg/支规格的一百支以上；片剂25mg/片规格的二百片以上，50mg/片规格的一百片以上）、盐酸二氢埃托啡零点二毫克以上（针剂或者片剂 20m g g/支、片规格的十支、片以上）、氯胺酮、美沙酮二十克以上、三唑仑、安眠酮一千克以上、咖啡因五千克以上、氯氮卓、艾司唑仑、地西泮、溴西泮十千克以上，以及其他麻醉药品和精神药品数量较大的；

（二）虽未达到上述数量标准，但非法提供麻醉药品、精神药品两次以上，数量累计达到前项规定的数量标准百分之八十以上的；

（三）因非法提供麻醉药品、精神药品被行政处罚，又非法提供麻醉药品、精神药品的；

（四）向吸食、注射毒品的未成年人提供麻醉药品、精神药品的；

（五）造成严重后果或者其他情节严重的。依法从事生产、运输、管理、使用国家管制的麻醉药品、精神药品的人员或者单位，违反国家规定，向走私、贩卖毒品的犯罪分子提供国家规定管制的能够使人形成瘾癖的麻醉药品、精神药品的，或者以牟利为目的，向吸食、注射毒品的人提供国家规定管制的能够使人形成瘾癖的麻醉药品、精神药品的，以走私、贩卖毒品罪立案追诉。

2. 最高人民检察院《关于安定注射液是否属于〈刑法〉第三百五十五条规定的精神药品问题的答复》〔2002〕高检研发第 23 号

福建省人民检察院研究室：

你院《关于安定注射液是否属于〈刑法〉第三百五十五条规定的精神药品的请示》（闽检〔2001〕6 号）收悉。经研究并征求有关部门意见，答复如下：

根据《精神药品管理办法》等国家有关规定，"能够使人形成瘾癖"的精神药品，是指使用后能使人的中枢神经系统兴奋或者抑制连续使用能使人产生依赖性的药品。安定注射液属于《刑法》第三百五十五条第一款规定的"国家规定管制的能够使人形成瘾癖的"精神药品。鉴于安定注射液属于《精神药品管理办法》规定的第二类精神药品，医疗实践中使用较多，在处理此类案件时，应当慎重掌握罪与非罪的界限。对于明知他人是吸毒人员而多次向其出售安定注射液，或者贩卖安定注射液数量较大的，可以依法追究行为人的刑事责任。

3. 最高人民法院《关于审理毒品犯罪案件适用法律若干问题的解释》 法释〔2016〕8 号

第十三条　依法从事生产、运输、管理、使用国家管制的麻醉药品、精神药品的人员，违反国家规定，向吸食、注射毒品的人提供国家规定管制的能够使人形成瘾癖的麻醉药品、精神药品，具有下列情形之一的，应当依照《刑法》第三百五十五条第一款的规定，以非法提供麻醉药品、精神药品罪定罪处罚：

（一）非法提供麻醉药品、精神药品达到《刑法》第三百四十七条第三款或者本解释第二条规定的"数量较大"标准最低值的百分之五十，不满"数量较大"标准的；

（二）二年内曾因非法提供麻醉药品、精神药品受过行政处罚的；

（三）向多人或者多次非法提供麻醉药品、精神药品的；

（四）向吸食、注射毒品的未成年人非法提供麻醉药品、精神药品的；

（五）非法提供麻醉药品、精神药品造成严重后果的；

（六）其他应当追究刑事责任的情形。

具有下列情形之一的，应当认定为《刑法》第三百五十五条第一款规定的"情节严重"：

（一）非法提供麻醉药品、精神药品达到《刑法》第三百四十七条第三款或者本解释第二条规定的"数量较大"标准的；

（二）非法提供麻醉药品、精神药品达到前款第一项规定的数量标准，且具有前款第三项至第五项规定的情形之一的；

（三）其他情节严重的情形。

第三百五十五条之一　**【妨害兴奋剂管理罪】** 引诱、教唆、欺骗运动员使用兴奋剂参加国内、国际重大体育竞赛，或者明知运动员参加上述竞赛而向其提供兴奋剂，情节严重的，处三年以下有期徒刑或者拘役，并处罚金。

组织、强迫运动员使用兴奋剂参加国内、国际重大体育竞赛的，依照前款的规定从重处罚。【2021 年 3 月 1 日刑法修正案（十一）】

第三百五十六条　因走私、贩卖、运输、制造、非法持有毒品罪被判过刑，又犯本节规定之罪的，从重处罚。

第三百五十七条　本法所称的毒品，是指鸦片、海洛因、甲基苯丙胺（冰毒）、吗啡、大麻、可卡因以及国家规定管制的其他能够使人形成瘾癖的麻醉药品和精神药品。

毒品的数量以查证属实的走私、贩卖、运输、制造、非法持有毒品的数量计算，不以纯度折算。

（相关解释）**最高人民检察院《关于〈非药用类麻醉药品和精神药品管制品种增补目录〉能否作为认定毒品依据的批复》**（2019 年 4 月 29 日）

根据《中华人民共和国刑法》第三百五十七条和《中华人民共和国禁毒法》第二条的规定，毒品是指鸦片、海洛因、甲基苯丙胺（冰毒）、吗啡、大麻、可卡因以及国家规定管制的其他能够使人形成瘾癖的麻醉药品和精神药品。

2015 年 10 月 1 日起施行的公安部、国家食品药品监督管理总局、国家卫生和计划生育委员会、国家禁毒委员会办公室《非药用类麻醉药品和精神药品列管办法》及其附表《非药用类麻醉药品和精神药品管制品种增补目录》，是根据国务院《麻醉药品和精神药品管理条例》第三条第二款授权制定的，《非药用类麻醉药品和精神药品管制品种增补目录》可以作为认定毒品的依据。

第八节　组织、强迫、引诱、容留、介绍卖淫罪

第三百五十八条【组织卖淫罪，强迫卖淫罪】 组织、强迫他人卖淫的，处五年以上十年以下有期徒刑，并处罚金；情节严重的，处十年以上有期徒刑或者无期徒刑，并处罚金或者没收财产。

组织、强迫未成年人卖淫的，依照前款的规定从重处罚。

犯前两款罪，并有杀害、伤害、强奸、绑架等犯罪行为的，依照数罪并罚的规定处罚。

【协助组织卖淫罪】 为组织卖淫的人招募、运送人员或者有其他协助组织他人卖淫行为的，处五年以下有期徒刑，并处罚金；情节严重的，处五年以上十年以下有期徒刑，并处罚金。【2015年11月1日刑法修正案（九）】

【1997年刑法】组织他人卖淫或者强迫他人卖淫的，处五年以上十年以下有期徒刑，并处罚金；有下列情形之一的，处十年以上有期徒刑或者无期徒刑，并处罚金或者没收财产：

（一）组织他人卖淫，情节严重的；

（二）强迫不满十四周岁的幼女卖淫的；

（三）强迫多人卖淫或者多次强迫他人卖淫的；

（四）强奸后迫使卖淫的；

（五）造成被强迫卖淫的人重伤、死亡或者其他严重后果的。

有前款所列情形之一，情节特别严重的，处无期徒刑或者死刑，并处没收财产。

协助组织他人卖淫的，处五年以下有期徒刑，并处罚金；情节严重的，处五年以上十年以下有期徒刑，并处罚金。

【2011年5月1日刑法修正案（八）】组织他人卖淫或者强迫他人卖淫的，处五年以上十年以下有期徒刑，并处罚金；有下列情形之一的，处十年以上有期徒刑或者无期徒刑，并处罚金或者没收财产：

（一）组织他人卖淫，情节严重的；

（二）强迫不满十四周岁的幼女卖淫的；

（三）强迫多人卖淫或者多次强迫他人卖淫的；

（四）强奸后迫使卖淫的；

（五）造成被强迫卖淫的人重伤、死亡或者其他严重后果的。

有前款所列情形之一，情节特别严重的，处无期徒刑或者死刑，并处没收财产。

为组织卖淫的人招募、运送人员或者有其他协助组织他人卖淫行为的，处五年以下有期徒刑，并处罚金；情节严重的，处五年以上十年以下有期徒刑，并处罚金。

（相关解释）1.**最高人民检察院、公安部《关于公安机关管辖的刑事案件立案追诉标准的规定（一）》公通字〔2008〕36号**

第七十五条 **【组织卖淫案（《刑法》第三百五十八条第一款）】**以招募、雇佣、强迫、引诱、容留等手段，组织他人卖淫的，应予立案追诉。

第七十六条 **【强迫卖淫案（《刑法》第三百五十八条第一款）】**以暴力、胁迫等手段强迫他人卖淫的，应予立案追诉。

2. 最高人民检察院、公安部《关于公安机关管辖的刑事案件立案追诉标准的规定（一）的补充规定》公通字〔2017〕12号

十二、将《立案追诉标准（一）》第七十七条修改为：【协助组织卖淫案（《刑法》第三百五十八条第四款）】在组织卖淫的犯罪活动中，帮助招募、运送、培训人员三人以上，或者充当保镖、打手、管账人等，起帮助作用的，应予立案追诉。

3. 最高人民法院、最高人民检察院、公安部、司法部《关于依法惩治性侵害未成年人犯罪的意见的通知》法发〔2013〕12号（全文见第二百三十六条）（已废止）

4. 最高人民法院、最高人民检察院、公安部、司法部《关于办理性侵害未成年人刑事案件的意见》（2023年5月24日）（见第二百三十六条）

5. 最高人民法院、最高人民检察院《关于办理组织、强迫、引诱、容留、介绍卖淫刑事案件适用法律若干问题的解释》法释〔2017〕13号

为依法惩治组织、强迫、引诱、容留、介绍卖淫犯罪活动，根据《刑法》有关规定，结合司法工作实际，现就办理这类刑事案件具体应用法律的若干问题解释如下：

第一条 以招募、雇佣、纠集等手段，管理或者控制他人卖淫，卖淫人员在三人以上的，应当认定为《刑法》第三百五十八条规定的"组织他人卖淫"。

组织卖淫者是否设置固定的卖淫场所、组织卖淫者人数多少、规模大小，不影响组织卖淫行为的认定。

第二条 组织他人卖淫，具有下列情形之一的，应当认定为《刑法》第三百五十八条第一款规定的"情节严重"：

（一）卖淫人员累计达十人以上的；

（二）卖淫人员中未成年人、孕妇、智障人员、患有严重性病的人累计达五人以上的；

（三）组织境外人员在境内卖淫或者组织境内人员出境卖淫的；

（四）非法获利人民币一百万元以上的；

（五）造成被组织卖淫的人自残、自杀或者其他严重后果的；

（六）其他情节严重的情形。

第三条 在组织卖淫犯罪活动中，对被组织卖淫的人有引诱、容留、介绍卖淫行为的，依照处罚较重的规定定罪处罚。但是，对被组织卖淫的人以外的其他人有引诱、容留、介绍卖淫行为的，应当分别定罪，实行数罪并罚。

第四条 明知他人实施组织卖淫犯罪活动而为其招募、运送人员或者充当保镖、打手、管账人等的，依照《刑法》第三百五十八条第四款的规定，以协助组织卖淫罪定罪处罚，不以组织卖淫罪的从犯论处。

在具有营业执照的会所、洗浴中心等经营场所担任保洁员、收银员、保安员等，从事一般服务性、劳务性工作，仅领取正常薪酬，且无前款所列协助组织卖淫行为的，不认定为协助组织卖淫罪。

第五条 协助组织他人卖淫，具有下列情形之一的，应当认定为《刑法》第三百五十八条第四款规定的"情节严重"：

（一）招募、运送卖淫人员累计达十人以上的；

（二）招募、运送的卖淫人员中未成年人、孕妇、智障人员、患有严重性病的人累计达五人以上的；

（三）协助组织境外人员在境内卖淫或者协助组织境内人员出境卖淫的；

（四）非法获利人民币五十万元以上的；

（五）造成被招募、运送或者被组织卖淫的人自残、自杀或者其他严重后果的；

（六）其他情节严重的情形。

第六条　强迫他人卖淫，具有下列情形之一的，应当认定为《刑法》第三百五十八条第一款规定的"情节严重"：

（一）卖淫人员累计达五人以上的；

（二）卖淫人员中未成年人、孕妇、智障人员、患有严重性病的人累计达三人以上的；

（三）强迫不满十四周岁的幼女卖淫的；

（四）造成被强迫卖淫的人自残、自杀或者其他严重后果的；

（五）其他情节严重的情形。

行为人既有组织卖淫犯罪行为，又有强迫卖淫犯罪行为，且具有下列情形之一的，以组织、强迫卖淫"情节严重"论处：

（一）组织卖淫、强迫卖淫行为中具有本解释第二条、本条前款规定的"情节严重"情形之一的；

（二）卖淫人员累计达到本解释第二条第一、二项规定的组织卖淫"情节严重"人数标准的；

（三）非法获利数额相加达到本解释第二条第四项规定的组织卖淫"情节严重"数额标准的。

第七条　根据《刑法》第三百五十八条第三款的规定，犯组织、强迫卖淫罪，并有杀害、伤害、强奸、绑架等犯罪行为的，依照数罪并罚的规定处罚。协助组织卖淫行为人参与实施上述行为的，以共同犯罪论处。

根据《刑法》第三百五十八条第二款的规定，组织、强迫未成年人卖淫的，应当从重处罚。

第八条　引诱、容留、介绍他人卖淫，具有下列情形之一的，应当依照《刑法》第三百五十九条第一款的规定定罪处罚：

（一）引诱他人卖淫的；

（二）容留、介绍二人以上卖淫的；

（三）容留、介绍未成年人、孕妇、智障人员、患有严重性病的人卖淫的；

（四）一年内曾因引诱、容留、介绍卖淫行为被行政处罚，又实施容留、介绍卖淫行为的；

（五）非法获利人民币一万元以上的。

利用信息网络发布招嫖违法信息，情节严重的，依照《刑法》第二百八十七条之一的规定，以非法利用信息网络罪定罪处罚。同时构成介绍卖淫罪的，依照处罚较重的规定定罪处罚。

引诱、容留、介绍他人卖淫是否以营利为目的，不影响犯罪的成立。

引诱不满十四周岁的幼女卖淫的，依照《刑法》第三百五十九条第二款的规定，以引诱幼女卖淫罪定罪处罚。

被引诱卖淫的人员中既有不满十四周岁的幼女，又有其他人员的，分别以引诱幼女卖淫罪和引诱卖淫罪定罪，实行并罚。

第九条　引诱、容留、介绍他人卖淫，具有下列情形之一的，应当认定为《刑法》第三百五十九条第一款规定的"情节严重"：

（一）引诱五人以上或者引诱、容留、介绍十人以上卖淫的；

（二）引诱三人以上的未成年人、孕妇、智障人员、患有严重性病的人卖淫，或者引诱、容留、介绍五人以上该类人员卖淫的；

（三）非法获利人民币五万元以上的；

（四）其他情节严重的情形。

第十条 组织、强迫、引诱、容留、介绍他人卖淫的次数，作为酌定情节在量刑时考虑。

第十一条 具有下列情形之一的，应当认定为《刑法》第三百六十条规定的"明知"：

（一）有证据证明曾到医院或者其他医疗机构就医或者检查，被诊断为患有严重性病的；

（二）根据本人的知识和经验，能够知道自己患有严重性病的；

（三）通过其他方法能够证明行为人是"明知"的。

传播性病行为是否实际造成他人患上严重性病的后果，不影响本罪的成立。

《刑法》第三百六十条规定所称的"严重性病"，包括梅毒、淋病等。其他性病是否认定为"严重性病"，应当根据《中华人民共和国传染病防治法》《性病防治管理办法》的规定，在国家卫生与计划生育委员会规定实行性病监测的性病范围内，依照其危害、特点与梅毒、淋病相当的原则，从严掌握。

第十二条 明知自己患有艾滋病或者感染艾滋病病毒而卖淫、嫖娼的，依照《刑法》第三百六十条的规定，以传播性病罪定罪，从重处罚。

具有下列情形之一，致使他人感染艾滋病病毒的，认定为《刑法》第九十五条第三项"其他对于人身健康有重大伤害"所指的"重伤"，依照《刑法》第二百三十四条第二款的规定，以故意伤害罪定罪处罚：

（一）明知自己感染艾滋病病毒而卖淫、嫖娼的；

（二）明知自己感染艾滋病病毒，故意不采取防范措施而与他人发生性关系的。

第十三条 犯组织、强迫、引诱、容留、介绍卖淫罪的，应当依法判处犯罪所得二倍以上的罚金。共同犯罪的，对各共同犯罪人合计判处的罚金应当在犯罪所得的二倍以上。

对犯组织、强迫卖淫罪被判处无期徒刑的，应当并处没收财产。

第十四条 根据《刑法》第三百六十二条、第三百一十条的规定，旅馆业、饮食服务业、文化娱乐业、出租汽车业等单位的人员，在公安机关查处卖淫、嫖娼活动时，为违法犯罪分子通风报信，情节严重的，以包庇罪定罪处罚。事前与犯罪分子通谋的，以共同犯罪论处。

具有下列情形之一的，应当认定为《刑法》第三百六十二条规定的"情节严重"：

（一）向组织、强迫卖淫犯罪集团通风报信的；

（二）二年内通风报信三次以上的；

（三）一年内因通风报信被行政处罚，又实施通风报信行为的；

（四）致使犯罪集团的首要分子或者其他共同犯罪的主犯未能及时归案的；

（五）造成卖淫嫖娼人员逃跑，致使公安机关查处犯罪行为因取证困难而撤销刑事案件的；

（六）非法获利人民币一万元以上的；

（七）其他情节严重的情形。

第十五条 本解释自 2017 年 7 月 25 日起施行。

（附参考）1. 浙江省高级人民法院刑事审判第一庭、第二庭《关于执行刑法若干问题

的具体意见（三）》浙高法刑〔2000〕3号

11.《刑法》分则第六章第八节组织、强迫、引诱、容留、介绍卖淫罪规定的"卖淫"，不包括性交以外的手淫、口淫等其他行为。

12.组织、引诱、容留、介绍嫖娼行为人，与组织、引诱、容留、介绍卖淫行为人通谋或互相配合的，可以按组织、引诱、容留、介绍卖淫罪的共同犯罪定罪处罚。

2.浙江省高级人民法院《关于印发〈全省法院刑事审判疑难问题研讨会纪要〉的通知》浙高法〔2012〕47号

十一、关于卖淫类犯罪的处理

行为人明知他人从事组织卖淫犯罪活动而共同出资，即使没有参与实施卖淫组织管理等具体行为，也应认定为组织卖淫犯罪的共犯。对出资比例较小且没有参与卖淫组织决策、日常管理的，可认定为从犯。

对以相应的管理制度或者管理手段对卖淫女实施控制的行为人，以及在卖淫组织中起管理作用的"领班""经理"等受雇人员，应以组织卖淫罪定性处罚。对仅起辅助作用的工作人员，如收银员、服务员等，确有追究刑事责任必要的，应以协助组织卖淫罪定性处罚。

3.浙江省高级人民法院、浙江省人民检察院《关于办理组织卖淫及相关刑事案件适用法律问题的纪要》浙高法〔2014〕152号

为进一步规范对组织卖淫及相关刑事案件的法律适用，准确定罪量刑，根据《刑法》，结合司法实践，经过调研，现纪要如下：

一、组织卖淫罪，是指以招募、雇佣、引诱、容留、强迫等手段，控制多人从事卖淫的行为。控制多人从事卖淫是本罪的本质特征，是本罪与引诱、容留、介绍卖淫罪、引诱幼女卖淫罪的主要区别。"控制"包括对卖淫人员的控制和对卖淫活动的控制。限制卖淫人员人身自由，限制或者禁止卖淫人员与外界进行联系，扣押证件、扣留行李、财物等卖淫人员物品，使得卖淫人员不得不持续卖淫的，属于对卖淫人员的控制。对卖淫活动进行指挥、安排、调度、指派、卖淫人员对何时卖淫、向何人卖淫、如何收费等卖淫事项无自主决定权的，属于对卖淫活动的控制。

旅馆业、饮食服务业、文化娱乐业、出租汽车业等单位的人员，利用本单位的条件，控制多人从事卖淫活动的，构成组织卖淫罪。单位主要负责人构成本罪的，从重处罚。

二、强迫卖淫罪，是指以暴力、胁迫或者其他手段，迫使他人卖淫的行为。

强迫幼女与自己发生性行为，即使支付性交易对价的，也应认定为强奸罪。强奸幼女后迫使卖淫的，应认定为强迫卖淫罪并从重处罚。

组织卖淫罪着重点在控制多人卖淫，强迫卖淫罪没有"多人"的要求，只要以暴力、胁迫等手段，迫使他人卖淫，即可构成。控制二人以下卖淫，既有招募、雇佣、引诱、容留行为，又有强迫行为的，只定强迫卖淫一罪；只有招募、雇佣、引诱、容留行为的，定引诱、容留卖淫罪。控制三人以上卖淫，既有招募、雇佣、引诱、容留行为，又有强迫行为的，只定组织卖淫一罪。

三、协助组织卖淫罪，是指明知他人组织卖淫，而协助招募、运送人员，或者充当保镖、打手、管账人等协助组织卖淫的行为。被协助的行为不构成组织卖淫罪，只构成强迫卖淫罪的，对协助行为人以强迫卖淫罪论处。

四、组织卖淫罪、强迫卖淫罪、协助组织卖淫罪，如果可以明显区分共同犯罪中的主从犯的，可以按照各行为人在共同犯罪中地位和作用的大小，予以区分主从犯。

五、在我国《刑法》分则中，引诱、容留、介绍卖淫，既可以是独立的犯罪行为，也可以是组织卖淫罪的具体手段，在审判实践中要注意区分此罪与彼罪。无论有无营利目的，只实施了引诱、容留、介绍卖淫行为，对卖淫人员、卖淫活动没有实施组织控制的，不构成组织卖淫罪，而应依其具体实施的行为构成选择性罪名即引诱、容留、介绍卖淫罪。

旅馆业、饮食服务业、文化娱乐业、出租汽车业等单位的人员，利用本单位的条件，允许或者放任他人在自己经营的场所内卖淫的，构成容留卖淫罪。明知他人系卖淫活动而在自己经营的场所内放置名片、标签、传单等进行广告宣传的，可以构成介绍卖淫罪。

网站、移动通讯终端等的建立者、管理人员，明知他人系卖淫活动而在自己管理、经营的平台上发布广告宣传的，可以构成介绍卖淫罪。

4. 宁波市中级人民法院、宁波市人民检察院《关于印发〈宁波法院刑事审判疑难问题研讨会会议纪要〉的通知》甬中法〔2013〕2号

七、对同一对象强迫卖淫后又实施容留卖淫行为的定性

针对不同对象，行为人既有强迫卖淫，又有容留卖淫行为的，应当实行数罪并罚；但行为人出于概括的犯罪故意，对同一对象既实施强迫卖淫行为，又实施容留卖淫等行为的，一般定强迫卖淫一罪，而不数罪并罚。

5. 宁波市中级人民法院《关于印发〈涉卖淫类刑事案件审判实务解答〉的通知》甬中法（刑二）〔2013〕157号

1如何区别组织卖淫罪与容留卖淫罪

组织卖淫是以招募、雇佣、强迫、引诱、容留等手段控制多人从事卖淫的行为。虽然卖淫者在卖淫场所卖淫是自由自愿的，可能不存在招募、雇用行为的情形，但如果卖淫场所对卖淫行为采取统一定价、统一收费，再按照事先约定好的比例将报酬分发给卖淫者，卖淫行为处于被管理、控制的状态，管理控制者并非仅仅为卖淫者提供卖淫场所，管理控制者提供的容留行为应当构成组织卖淫罪而非容留卖淫罪。

2组织卖淫罪与协助组织卖淫罪能否区分主从犯

对该两罪均可依据共同犯罪中主从犯判断标准区分主从犯，组织卖淫罪与协助组织卖淫罪中均存在可区分主从犯的情况。应根据各被告人具体的犯罪情形加以区别对待，注重量刑平衡与区分，实现罪刑相适应。

3如何确定《刑法》第三百五十八条中罚金、没收财产与主刑的对应关系

《刑法》第三百五十八条规定"处十年以上有期徒刑或者无期徒刑，并处罚金或者没收财产"。为统一适用，可按照以下标准掌握：判处无期徒刑的，可以并处没收财产，也可以并处罚金；判处有期徒刑的，只能并处罚金。

4如何认定强迫卖淫的既遂与多次强迫他人卖淫

强迫卖淫罪属于行为犯，只要行为人完成了强迫卖淫罪法条所要求的旨在迫使他人违背意愿接受从事卖淫活动的强迫行为，就应当认定为犯罪既遂。

无论行为人强迫他人卖淫成功与否，只要对一人强迫次数达到三次以上或者强迫一人卖淫三次以上的，均应认定为多次强迫他人卖淫。

5组织卖淫罪以及引诱、容留、介绍卖淫罪中证人应否写全名

根据最高院的相关规定，为了维护裁判文书的真实性和严肃性，在裁判文书中，应当写明证人的真实姓名。

在文书上网时应当只写姓、不写全名。

6性侵犯未成年人案件中嫖宿幼女罪与强奸罪如何把握

对于性侵犯未成年人的案件，要慎重并限制适用该罪名，多适用强奸罪，对既符合强奸罪也符合嫖宿幼女罪的，从一重处。

7.《刑法》分则第六章第八节中"卖淫"的认定

《刑法》分则第六章第八节组织、强迫、引诱、容留、介绍卖淫罪规定的"卖淫"，不包括性交以外的手淫、口淫等其他行为。

8被告人强迫卖淫人员卖淫，后在该卖淫人员自愿卖淫的情况下容留该卖淫人员卖淫，是按照强迫卖淫、容留卖淫两罪处理还是按照一罪处理

从罪刑相适应角度考虑，后续的容留行为可视为强迫卖淫的延续，根据案件具体情况，择一重罪处理，并在量刑时适当考虑另一情形。

9对于组织卖淫"情节严重""情节特别严重"如何把握

对于起诉到基层法院审理的组织卖淫案件，如无省高院规定的如组织未成年人、孕妇或者明知患有艾滋病、严重性病的人卖淫等情形的，组织卖淫次数虽然超过300次，可按照"情节严重"处理。

第三百五十九条【引诱、容留、介绍卖淫罪】 引诱、容留、介绍他人卖淫的，处五年以下有期徒刑、拘役或者管制，并处罚金；情节严重的，处五年以上有期徒刑，并处罚金。

【引诱幼女卖淫罪】 引诱不满十四周岁的幼女卖淫的，处五年以上有期徒刑，并处罚金。

（相关解释）1.最高人民检察院、公安部《关于公安机关管辖的刑事案件立案追诉标准的规定（一）》公通字〔2008〕36号

第七十八条 【引诱、容留、介绍卖淫案（《刑法》第三百五十九条第一款）】引诱、容留、介绍他人卖淫，涉嫌下列情形之一的，应予立案追诉：

（一）引诱、容留、介绍二人次以上卖淫的；

（二）引诱、容留、介绍已满十四周岁未满十八周岁的未成年人卖淫的；

（三）被引诱、容留、介绍卖淫的人患有艾滋病或者患有梅毒、淋病等严重性病。

（四）其他引诱、容留、介绍卖淫应予追究刑事责任的情形。

第七十九条 【引诱幼女卖淫案（《刑法》第三百五十九条第二款）】引诱不满十四周岁的幼女卖淫的，应予立案追诉。

2.最高人民法院、最高人民检察院、公安部、司法部《关于依法惩治性侵害未成年人犯罪的意见的通知》法发〔2013〕12号（全文见第二百三十六条）（已废止）

3.最高人民法院、最高人民检察院、公安部、司法部《关于办理性侵害未成年人刑事案件的意见》（2023年5月24日）（见第二百三十六条）

4.最高人民法院、最高人民检察院《关于办理组织、强迫、引诱、容留、介绍卖淫刑事案件适用法律若干问题的解释》法释〔2017〕13号（见第三百五十八条）

（附参考）1.浙江省高级人民法院刑事审判第一庭、第二庭《关于执行刑法若干问题的具体意见（三）》浙高法刑〔2000〕3号 （见第三百五十八条）

2.浙江省高级人民法院、浙江省人民检察院《关于办理组织卖淫及相关刑事案件适用法律问题的纪要》浙高法〔2014〕152号

五、在我国《刑法》分则中，引诱、容留、介绍卖淫，既可以是独立的犯罪行为，也可以是组织卖淫罪的具体手段，在审判实践中要注意区分此罪与彼罪。无论有无营利目的，

只实施了引诱、容留、介绍卖淫行为，对卖淫人员、卖淫活动没有实施组织控制的，不构成组织卖淫罪，而应依其具体实施的行为构成选择性罪名即引诱、容留、介绍卖淫罪。

旅馆业、饮食服务业、文化娱乐业、出租汽车业等单位的人员，利用本单位的条件，允许或者放任他人在自己经营的场所内卖淫的，构成容留卖淫罪。明知他人系卖淫活动而在自己经营的场所内放置名片、标签、传单等进行广告宣传的，可以构成介绍卖淫罪。

网站、移动通讯终端等的建立者、管理人员，明知他人系卖淫活动而在自己管理、经营的平台上发布广告宣传的，可以构成介绍卖淫罪。

3. 宁波市中级人民法院、宁波市人民检察院《关于印发〈宁波法院刑事审判疑难问题研讨会会议纪要〉的通知》甬中法〔2013〕2号（见第三百五十八条）

4. 宁波市中级人民法院《关于印发〈涉卖淫类刑事案件审判实务解答〉的通知》甬中法（刑二）〔2013〕157号（见第三百五十八条）

第三百六十条【传播性病罪】 明知自己患有梅毒、淋病等严重性病卖淫、嫖娼的，处五年以下有期徒刑、拘役或者管制，并处罚金。【2015年11月1日刑法修正案（九）】

【1997年刑法】明知自己患有梅毒、淋病等严重性病卖淫、嫖娼的，处五年以下有期徒刑、拘役或者管制，并处罚金。

嫖宿不满十四周岁的幼女的，处五年以上有期徒刑，并处罚金。

（相关解释）**1.最高人民检察院、公安部《关于公安机关管辖的刑事案件立案追诉标准的规定（一）》**公通字〔2008〕36号

第八十条 **【传播性病案（《刑法》第三百六十条第一款）】**明知自己患有梅毒、淋病等严重性病卖淫、嫖娼的，应予立案追诉。

具有下列情形之一的，可以认定为本条规定的"明知"：

（一）有证据证明曾到医疗机构就医，被诊断为患有严重性病的；

（二）根据本人的知识和经验，能够知道自己患有严重性病的；

（三）通过其他方法能够证明是"明知"的。

2.最高人民法院、最高人民检察院、公安部、司法部《关于依法惩治性侵害未成年人犯罪的意见的通知》法发〔2013〕12号（见第二百三十六条）（已废止）

3.最高人民法院、最高人民检察院《关于办理组织、强迫、引诱、容留、介绍卖淫刑事案件适用法律若干问题的解释》法释〔2017〕13号（见第三百五十八条）

第十二条 明知自己患有艾滋病或者感染艾滋病病毒而卖淫、嫖娼的，依照《刑法》第三百六十条的规定，以传播性病罪定罪，从重处罚。

具有下列情形之一，致使他人感染艾滋病病毒的，认定为《刑法》第九十五条第三项"其他对于人身健康有重大伤害"所指的"重伤"，依照《刑法》第二百三十四条第二款的规定，以故意伤害罪定罪处罚：

（一）明知自己感染艾滋病病毒而卖淫、嫖娼的；

（二）明知自己感染艾滋病病毒，故意不采取防范措施而与他人发生性关系的。

第三百六十一条 旅馆业、饮食服务业、文化娱乐业、出租汽车业等单位的人员，利用本单位的条件，组织、强迫、引诱、容留、介绍他人卖淫的，依照本法第三百五十八条**【组织卖淫罪，强迫卖淫罪】**、第三百五十九条**【引诱、容留、介绍卖淫罪】【引诱幼女卖淫罪】**的规定定罪处罚。

前款所列单位的主要负责人，犯前款罪的，从重处罚。

第三百六十二条　旅馆业、饮食服务业、文化娱乐业、出租汽车业等单位的人员，在公安机关查处卖淫、嫖娼活动时，为违法犯罪分子通风报信，情节严重的，依照本法第三百一十条【窝藏、包庇罪】的规定定罪处罚。

（相关解释）**最高人民法院、最高人民检察院《关于办理组织、强迫、引诱、容留、介绍卖淫刑事案件适用法律若干问题的解释》**法释〔2017〕13号（见第三百五十八条）

第十四条　根据《刑法》第三百六十二条、第三百一十条的规定，旅馆业、饮食服务业、文化娱乐业、出租汽车业等单位的人员，在公安机关查处卖淫、嫖娼活动时，为违法犯罪分子通风报信，情节严重的，以包庇罪定罪处罚。事前与犯罪分子通谋的，以共同犯罪论处。

具有下列情形之一的，应当认定为《刑法》第三百六十二条规定的"情节严重"：

（一）向组织、强迫卖淫犯罪集团通风报信的；

（二）二年内通风报信三次以上的；

（三）一年内因通风报信被行政处罚，又实施通风报信行为的；

（四）致使犯罪集团的首要分子或者其他共同犯罪的主犯未能及时归案的；

（五）造成卖淫嫖娼人员逃跑，致使公安机关查处犯罪行为因取证困难而撤销刑事案件的；

（六）非法获利人民币一万元以上的；

（七）其他情节严重的情形。

第九节　制作、贩卖、传播淫秽物品罪

第三百六十三条【制作、复制、出版、贩卖、传播淫秽物品牟利罪】　以牟利为目的，制作、复制、出版、贩卖、传播淫秽物品的，处三年以下有期徒刑、拘役或者管制，并处罚金；情节严重的，处三年以上十年以下有期徒刑，并处罚金；情节特别严重的，处十年以上有期徒刑或者无期徒刑，并处罚金或者没收财产。

【为他人提供书号出版淫秽书刊罪】　为他人提供书号，出版淫秽书刊的，处三年以下有期徒刑、拘役或者管制，并处或者单处罚金；明知他人用于出版淫秽书刊而提供书号的，依照前款的规定处罚。

（相关解释）**1.最高人民法院《关于审理非法出版物刑事案件具体应用法律若干问题的解释》**法释〔1998〕30号

以牟利为目的，实施《刑法》第三百六十三条第一款规定的行为，具有下列情形之一的，以制作、复制、出版、贩卖、传播淫秽物品牟利罪定罪处罚：

（一）制作、复制、出版淫秽影碟、软件、录像带五十至一百张（盒）以上，淫秽音碟、录音带一百至二百张（盒）以上，淫秽扑克、书刊、画册一百至二百副（册）以上，淫秽照片、画片五百至一千张以上的；

（二）贩卖淫秽影碟、软件、录像带一百至二百张（盒）以上，淫秽音碟、录音带二百至四百张（盒）以上，淫秽扑克、书刊、画册二百至四百副（册）以上，淫秽照片、画片一千至二千张以上的；

（三）向他人传播淫秽物品达二百至五百人次以上，或者组织播放淫秽影、像达十至

二十场次以上的；

（四）制作、复制、出版、贩卖、传播淫秽物品，获利五千至一万元以上的。

以牟利为目的，实施《刑法》第三百六十三条第一款规定的行为，具有下列情形之一的，应当认定为制作、复制、出版、贩卖、传播淫秽物品牟利罪"情节严重"：

（一）制作、复制、出版淫秽影碟、软件、录像带二百五十至五百张（盒）以上，淫秽音碟、录音带五百至一千张（盒）以上，淫秽扑克、书刊、画册五百至一千副（册）以上，淫秽照片、画片二千五百至五千张以上的；

（二）贩卖淫秽影碟、软件、录像带五百至一千张（盒）以上，淫秽音碟、录音带一千至二千张（盒）以上，淫秽扑克、书刊、画册一千至二千副（册）以上，淫秽照片、画片五千至一万张以上的；

（三）向他人传播淫秽物品达一千至二千人次以上，或者组织播放淫秽影、像达五十至一百场次以上的；

（四）制作、复制、出版、贩卖、传播淫秽物品，获利三万至五万元以上的。

以牟利为目的，实施《刑法》第三百六十三条第一款规定的行为，其数量（数额）达到前款规定的数量（数额）五倍以上的，应当认定为制作、复制、出版、贩卖、传播淫秽物品牟利罪"情节特别严重"。

第九条 为他人提供书号、刊号，出版淫秽书刊的，依照《刑法》第三百六十三条第二款的规定，以为他人提供书号出版淫秽书刊罪定罪处罚。

为他人提供版号，出版淫秽音像制品的，依照前款规定定罪处罚。明知他人用于出版淫秽书刊而提供书号、刊号的，依照《刑法》第三百六十三条第一款的规定，以出版淫秽物品牟利罪定罪处罚。

2.最高人民法院、最高人民检察院《关于办理利用互联网、移动通讯终端、声讯台制作、复制、出版、贩卖、传播淫秽电子信息刑事案件应用法律若干问题的解释》法释〔2004〕11号

第一条 以牟利为目的，利用互联网、移动通讯终端制作、复制、出版、贩卖、传播淫秽电子信息，具有下列情形之一的，依照《刑法》第三百六十三条第一款的规定，以制作、复制、出版、贩卖、传播淫秽物品牟利罪定罪处罚。

（一）制作、复制、出版、贩卖、传播淫秽电影、表演、动画等视频文件二十个以上的；

（二）制作、复制、出版、贩卖、传播淫秽音频文件一百个以上的；

（三）制作、复制、出版、贩卖、传播淫秽电子刊物、图片、文章、短信息等二百件以上的；

（四）制作、复制、出版、贩卖、传播的淫秽电子信息，实际被点击数达到一万次以上的；

（五）以会员制方式出版、贩卖、传播淫秽电子信息，注册会员达二百人以上的；

（六）利用淫秽电子信息收取广告费、会员注册费或者其他费用，违法所得一万元以上的；

（七）数量或者数额虽未达到第（一）项至第（六）项规定标准，但分别达到其中两项以上标准一半以上的；

（八）造成严重后果的。

利用聊天室、论坛、即时通信软件、电子邮件等方式，实施第一款规定行为的，依照《刑法》第三百六十三条第一款的规定，以制作、复制、出版、贩卖、传播淫秽物品牟利

罪定罪处罚。

第二条 实施第一条规定的行为，数量或者数额达到第一条第一款第（一）项至第（六）项规定标准五倍以上的，应当认定为《刑法》第三百六十三条第一款规定的"情节严重"；达到规定标准二十五倍以上的，应当认定为"情节特别严重"。

第三条 不以牟利为目的，利用互联网或者转移通讯终端传播淫秽电子信息，具有下列情形之一的，依照《刑法》第三百六十四条第一款的规定，以传播淫秽物品罪定罪处罚：

（一）数量达到第一条第一款第（一）项至第（五）项规定标准二倍以上的；

（二）数量分别达到第一条第一款第（一）项至第（五）项两项以上标准的；

（三）造成严重后果的。

利用聊天室、论坛、即时通信软件、电子邮件等方式，实施第一款规定行为的，依照《刑法》第三百六十四条第一款的规定，以传播淫秽物品罪定罪处罚。

第四条 明知是淫秽电子信息而在自己所有、管理或者使用的网站或者网页上提供直接链接的，其数量标准根据所链接的淫秽电子信息的种类计算。

第五条 以牟利为目的，通过声讯台传播淫秽语音信息，具有下列情形之一的，依照《刑法》第三百六十三条第一款的规定，对直接负责的主管人员和其他直接责任人员以传播淫秽物品牟利罪定罪处罚：

（一）向一百人次以上传播的；

（二）违法所得一万元以上的；

（三）造成严重后果的。

实施前款规定行为，数量或者数额达到前款第（一）项至第（二）项规定标准五倍以上的，应当认定为《刑法》第三百六十三条第一款规定的"情节严重"；达到规定标准二十五倍以上的，应当认定为"情节特别严重"。

第六条 实施本解释前五条规定的犯罪，具有下列情形之一的，依照《刑法》第三百六十三条第一款、第三百六十四条第一款的规定从重处罚：

（一）制作、复制、出版、贩卖、传播具体描绘不满十八周岁未成年人性行为的淫秽电子信息的；

（二）明知是具体描绘不满十八周岁的未成年人性行为的淫秽电子信息而在自己所有、管理或者使用的网站或者网页上提供直接链接的；

（三）向不满十八周岁的未成年人贩卖、传播淫秽电子信息和语音信息的；

（四）通过使用破坏性程序、恶意代码修改用户计算机设置等方法，强制用户访问、下载淫秽电子信息的。

第七条 明知他人实施制作、复制、出版、贩卖、传播淫秽电子信息犯罪，为其提供互联网接入、服务器托管、网络存储空间、通讯传输通道、费用结算等帮助的，对直接负责的主管人员和其他直接责任人员，以共同犯罪论处。

第八条 利用互联网、移动通讯终端、声讯台贩卖、传播淫秽书刊、影片、录像带、录音带等以实物为载体的淫秽物品的，依照最高人民法院《关于审理非法出版物刑事案件具体应用法律若干问题的解释》的有关规定定罪处罚。

3.最高人民法院、最高人民检察院《关于办理利用互联网、移动通讯终端、声讯台制作、复制、出版、贩卖、传播淫秽电子信息刑事案件应用法律若干问题的解释（二）》法释〔2010〕3号

第一条 以牟利为目的，利用互联网、移动通讯终端制作、复制、出版、贩卖、传播淫秽电子信息的，依照最高人民法院、最高人民检察院《关于办理利用互联网、移动通讯终端、声讯台制作、复制、出版、贩卖、传播淫秽电子信息刑事案件具体应用法律若干问题的解释》第一条、第二条的规定定罪处罚。

以牟利为目的，利用互联网、移动通讯终端制作、复制、出版、贩卖、传播内容含有不满十四周岁未成年人的淫秽电子信息，具有下列情形之一的，依照《刑法》第三百六十三条第一款的规定，以制作、复制、出版、贩卖、传播淫秽物品牟利罪定罪处罚：

（一）制作、复制、出版、贩卖、传播淫秽电影、表演、动画等视频文件十个以上的；

（二）制作、复制、出版、贩卖、传播淫秽音频文件五十个以上的；

（三）制作、复制、出版、贩卖、传播淫秽电子刊物、图片、文章等一百件以上的；

（四）制作、复制、出版、贩卖、传播的淫秽电子信息，实际被点击数达到五千次以上的；

（五）以会员制方式出版、贩卖、传播淫秽电子信息，注册会员达一百人以上的；

（六）利用淫秽电子信息收取广告费、会员注册费或者其他费用，违法所得五千元以上的；

（七）数量或者数额虽未达到第（一）项至第（六）项规定标准，但分别达到其中两项以上标准一半以上的；

（八）造成严重后果的。

实施第二款规定的行为，数量或者数额达到第二款第（一）项至第（七）项规定标准五倍以上的，应当认定为《刑法》第三百六十三条第一款规定的"情节严重"；达到规定标准二十五倍以上的，应当认定为"情节特别严重"。

第二条 利用互联网、移动通讯终端传播淫秽电子信息的，依照最高人民法院、最高人民检察院《关于办理利用互联网、移动通讯终端、声讯台制作、复制、出版、贩卖、传播淫秽电子信息刑事案件具体应用法律若干问题的解释》第三条的规定定罪处罚。

利用互联网、移动通讯终端传播内容含有不满十四周岁未成年人的淫秽电子信息，具有下列情形之一的，依照《刑法》第三百六十四条第一款的规定，以传播淫秽物品罪定罪处罚：

（一）数量达到第一条第二款第（一）项至第（五）项规定标准二倍以上的；

（二）数量分别达到第一条第二款第（一）项至第（五）项两项以上标准的；

（三）造成严重后果的。

第三条 利用互联网建立主要用于传播淫秽电子信息的群组，成员达三十人以上或者造成严重后果的，对建立者、管理者和主要传播者，依照《刑法》第三百六十四条第一款的规定，以传播淫秽物品罪定罪处罚。

第四条 以牟利为目的，网站建立者、直接负责的管理者明知他人制作、复制、出版、贩卖、传播的是淫秽电子信息，允许或者放任他人在自己所有、管理的网站或者网页上发布，具有下列情形之一的，依照《刑法》第三百六十三条第一款的规定，以传播淫秽物品牟利罪定罪处罚：

（一）数量或者数额达到第一条第二款第（一）项至第（六）项规定标准五倍以上的；

（二）数量或者数额分别达到第一条第二款第（一）项至第（六）项两项以上标准二倍以上的；

（三）造成严重后果的。

实施前款规定的行为，数量或者数额达到第一条第二款第（一）项至第（七）项规定标准二十五倍以上的，应当认定为《刑法》第三百六十三条第一款规定的"情节严重"；达到规定标准一百倍以上的，应当认定为"情节特别严重"。

第五条　网站建立者、直接负责的管理者明知他人制作、复制、出版、贩卖、传播的是淫秽电子信息，允许或者放任他人在自己所有、管理的网站或者网页上发布，具有下列情形之一的，依照《刑法》第三百六十四条第一款的规定，以传播淫秽物品罪定罪处罚：

（一）数量达到第一条第二款第（一）项至第（五）项规定标准十倍以上的；

（二）数量分别达到第一条第二款第（一）项至第（五）项两项以上标准五倍以上的；

（三）造成严重后果的。

第六条　电信业务经营者、互联网信息服务提供者明知是淫秽网站，为其提供互联网接入、服务器托管、网络存储空间、通讯传输通道、代收费等服务，并收取服务费，具有下列情形之一的，对直接负责的主管人员和其他直接责任人员，依照《刑法》第三百六十三条第一款的规定，以传播淫秽物品牟利罪定罪处罚：

（一）为五个以上淫秽网站提供上述服务的；

（二）为淫秽网站提供互联网接入、服务器托管、网络存储空间、通讯传输通道等服务，收取服务费数额在二万元以上的；

（三）为淫秽网站提供代收费服务，收取服务费数额在五万元以上的；

（四）造成严重后果的。

实施前款规定的行为，数量或者数额达到前款第（一）项至第（三）项规定标准五倍以上的，应当认定为《刑法》第三百六十三条第一款规定的"情节严重"；达到规定标准二十五倍以上的，应当认定为"情节特别严重"。

第七条　明知是淫秽网站，以牟利为目的，通过投放广告等方式向其直接或者间接提供资金，或者提供费用结算服务，具有下列情形之一的，对直接负责的主管人员和其他直接责任人员，依照《刑法》第三百六十三条第一款的规定，以制作、复制、出版、贩卖、传播淫秽物品牟利罪的共同犯罪处罚：

（一）向十个以上淫秽网站投放广告或者以其他方式提供资金的；

（二）向淫秽网站投放广告二十条以上的；

（三）向十个以上淫秽网站提供费用结算服务的；

（四）以投放广告或者其他方式向淫秽网站提供资金数额在五万元以上的；

（五）为淫秽网站提供费用结算服务，收取服务费数额在二万元以上的；

（六）造成严重后果的。

实施前款规定的行为，数量或者数额达到前款第（一）项至第（五）项规定标准五倍以上的，应当认定为《刑法》第三百六十三条第一款规定的"情节严重"；达到规定标准二十五倍以上的，应当认定为"情节特别严重"。

第八条　实施第四条至第七条规定的行为，具有下列情形之一的，应当认定行为人"明知"，但是有证据证明确实不知道的除外：

（一）行政主管机关书面告知后仍然实施上述行为的；

（二）接到举报后不履行法定管理职责的；

（三）为淫秽网站提供互联网接入、服务器托管、网络存储空间、通讯传输通道、代收费、费用结算等服务，收取服务费明显高于市场价格的；

（四）向淫秽网站投放广告，广告点击率明显异常的；

（五）其他能够认定行为人明知的情形。

第九条 一年内多次实施制作、复制、出版、贩卖、传播淫秽电子信息行为未经处理，数量或者数额累计计算构成犯罪的，应当依法定罪处罚。

第十条 单位实施制作、复制、出版、贩卖、传播淫秽电子信息犯罪的，依照《中华人民共和国刑法》、最高人民法院、最高人民检察院《关于办理利用互联网、移动通讯终端、声讯台制作、复制、出版、贩卖、传播淫秽电子信息刑事案件具体应用法律若干问题的解释》和本解释规定的相应个人犯罪的定罪量刑标准，对直接负责的主管人员和其他直接责任人员定罪处罚，并对单位判处罚金。

第十一条 对于以牟利为目的，实施制作、复制、出版、贩卖、传播淫秽电子信息犯罪的，人民法院应当综合考虑犯罪的违法所得、社会危害性等情节，依法判处罚金或者没收财产。罚金数额一般在违法所得的一倍以上五倍以下。

第十二条 最高人民法院、最高人民检察院《关于办理利用互联网、移动通讯终端、声讯台制作、复制、出版、贩卖、传播淫秽电子信息刑事案件具体应用法律若干问题的解释》和本解释所称网站，是指可以通过互联网域名、IP地址等方式访问的内容提供站点。

以制作、复制、出版、贩卖、传播淫秽电子信息为目的建立或者建立后主要从事制作、复制、出版、贩卖、传播淫秽电子信息活动的网站，为淫秽网站。

第十三条 以前发布的司法解释与本解释不一致的，以本解释为准。

4.最高人民检察院、公安部《关于公安机关管辖的刑事案件立案追诉标准的规定（一）》
公通字〔2008〕36号

第八十二条 【制作、复制、贩卖、传播淫秽物品案（《刑法》第三百六十三条第一款、第二款）】以牟利为目的，制作、复制、出版、贩卖、传播淫秽物品，涉嫌下列情形之一的，应予立案追诉：

（一）制作、复制、出版淫秽影碟、软件、录像带五十至一百张（盒）以上，淫秽音碟、录音带一百至二百张（盒）以上，淫秽扑克、书刊、画册一百至二百副（册）以上，淫秽照片、画片五百至一千张以上的；

（二）贩卖淫秽影碟、软件、录像带一百至二百张（盒）以上，淫秽音碟、录音带二百至四百张（盒）以上，淫秽扑克、书刊、画册二百至四百副（册）以上，淫秽照片、画片一千至二千张以上的；

（三）向他人传播淫秽物品达二百至五百人次以上，或者组织播放淫秽影、像达十至二十场次以上的；

（四）制作、复制、出版、贩卖、传播淫秽物品，获利五千至一万元以上的。

以牟利为目的，利用互联网、移动通讯终端制作、复制、出版、贩卖、传播淫秽电子信息，涉嫌下列情形之一的，应予立案追诉：

（一）制作、复制、出版、贩卖、传播淫秽电影、表演、动画等视频文件二十个以上的；

（二）制作、复制、出版、贩卖、传播淫秽音频文件一百个以上的；

（三）制作、复制、出版、贩卖、传播淫秽电子刊物、图片、文章、短信息等二百件以上的；

（四）制作、复制、出版、贩卖、传播的淫秽电子信息，实际被点击数达到一万次以上的；

（五）以会员制方式出版、贩卖、传播淫秽电子信息，注册会员达二百人以上的；

（六）利用淫秽电子信息收取广告费、会员注册费或者其他费用，违法所得一万元以上的；

（七）数量或者数额虽未达到本款第（一）项至第（六）项规定标准，但分别达到其中两项以上标准的百分之五十以上的；

（八）造成严重后果的。

利用聊天室、论坛、即时通信软件、电子邮件等方式，实施本条第二款规定行为的，应予立案追诉。

以牟利为目的，通过声讯台传播淫秽语音信息，涉嫌下列情形之一的，应予立案追诉：

（一）向一百人次以上传播的；

（二）违法所得一万元以上的；

（三）造成严重后果的。

明知他人用于出版淫秽书刊而提供书号、刊号的，应予立案追诉。

第八十三条　【为他人提供书号出版淫秽书刊案（《刑法》第三百六十三条第二款）】为他人提供书号、刊号出版淫秽书刊，或者为他人提供版号出版淫秽音像制品的，应予立案追诉。

5. 最高人民法院、最高人民检察院《关于利用网络云盘制作、复制、贩卖、传播淫秽电子信息牟利行为定罪量刑问题的批复》法释〔2017〕19号

近来，部分高级人民法院、省级人民检察院就如何对利用网络云盘制作、复制、贩卖、传播淫秽电子信息牟利行为定罪量刑的问题提出请示。经研究，批复如下：

一、对于以牟利为目的，利用网络云盘制作、复制、贩卖、传播淫秽电子信息的行为，是否应当追究刑事责任，适用《刑法》和《最高人民法院、最高人民检察院关于办理利用互联网、移动通讯终端、声讯台制作、复制、出版、贩卖、传播淫秽电子信息刑事案件具体应用法律若干问题的解释》（法释〔2004〕11号）、《最高人民法院、最高人民检察院关于办理利用互联网、移动通讯终端、声讯台制作、复制、出版、贩卖、传播淫秽电子信息刑事案件具体应用法律若干问题的解释（二）》（法释〔2010〕3号）的有关规定。

二、对于以牟利为目的，利用网络云盘制作、复制、贩卖、传播淫秽电子信息的行为，在追究刑事责任时，鉴于网络云盘的特点，不应单纯考虑制作、复制、贩卖、传播淫秽电子信息的数量，还应充分考虑传播范围、违法所得、行为人一贯表现以及淫秽电子信息、传播对象是否涉及未成年人等情节，综合评估社会危害性，恰当裁量刑罚，确保罪责刑相适应。

6. 最高人民检察院法律政策研究室《〈关于利用移动存储介质复制、贩卖淫秽视频电子信息牟利如何适用法律问题的请示〉的答复意见》（2015年4月7日）

北京市人民检察院：

你院《关于利用移动存储介质复制、贩卖淫秽视频电子信息牟利如何适用法律问题的请示》（京检字〔2014〕167号）收悉。经研究，答复如下：

以牟利为目的，利用手机存储卡、U盘等移动存储介质复制、贩卖淫秽电子信息的，依照《刑法》第三百六十三条第一款的规定定罪处罚。有关定罪量刑标准可以参考《最高人民法院关于审理非法出版物刑事案件具体应用法律若干问题的解释》第八条规定，同时综合考虑移动存储介质数量、传播人数、获利金额等情节。对于移动存储介质中淫秽视频电子信息的数量计算以电子视频文件的个数为单位，一个淫秽文件视为一张影碟、一个软件、一盘录像带；具体定罪量刑标准，可以参考制作、复制、贩卖淫秽影碟、软件、录像带的相关规定。

（附参考）1. **浙江省高级人民法院《关于审理非法出版物刑事案件有关数额、数量标**

准的通知》浙高法〔1999〕45号

一、关于制作、复制、出版、贩卖、传播淫秽物品牟利罪数额、数量标准

（一）以牟利为目的，实施《刑法》第三百六十三条第一款规定的行为，具有下列情形之一的，以制作、复制、出版、贩卖、传播淫秽物品牟利罪定罪处罚：

1.制作、复制、出版淫秽影碟、软件、录像带五十张（盒）以上，淫秽音碟、录音带一百张（盒）以上，淫秽扑克、书刊、画册一百副（册）以上，淫秽照片、画片五百张以上的；

2.贩卖淫秽影碟、软件、录像带一百张（盒）以上，淫秽音碟、录音带二百张（盒）以上，淫秽扑克、书刊、画册二百副（册）以上，淫秽照片、画片一千张以上的；

3.向他人传播淫秽物品达二百人次以上，或者组织播放淫秽影、像十场次以上的；

4.制作、复制、出版、贩卖、传播淫秽物品，获利五千元以上的。

（二）以牟利为目的，实施《刑法》第三百六十三条第一款规定的行为，具有下列情形之一的，应当认定为制作、复制、出版、贩卖、传播淫秽物品牟利罪"情节严重"：

1.制作、复制、出版淫秽影碟、软件、录像带二百五十张（盒）以上，淫秽音碟、录音带五百张（盒）以上，淫秽扑克、书刊、画册五百副（册）以上，淫秽照片、画片二千五百张以上的；

2.贩卖淫秽影碟、软件、录像带五百张（盒）以上，淫秽音碟、录音带一千张（盒）以上，淫秽扑克、书刊、画册一千副（册）以上，淫秽照片、画片五千张以上的；

3.向他人传播淫秽物品达一千人次以上，或者组织播放淫秽影、像达五十场次以上的；

4.制作、复制、出版、贩卖、传播淫秽物品，获利三万元以上的。

（三）以牟利为目的，实施《刑法》第三百六十三条第一款规定的行为，其数量、数额达到上述（二）规定数量、数额五倍以上的，应当认定为制作、复制、出版、贩卖、传播淫秽物品牟利罪"情节特别严重"。

2.浙江省高级人民法院《关于印发〈全省法院刑事审判疑难问题研讨会纪要〉的通知》 浙高法〔2012〕47号

七、关于制作、复制、出版、传播淫秽物品牟利罪和传播淫秽物品罪中淫秽视频、音频文件"个"数和淫秽电子刊物、图片、文章、短信等"件"数的认定

根据司法解释和省公、检、法《关于办理利用计算机信息网络制作复制贩卖传播淫秽物品等刑事案件具体应用法律若干问题的意见》等规定，在计算机信息网络上，通过一次点击打开后连续播放或显示的淫秽影片、软件、书刊、录音，不论时间长短、字数多少，均计为一份；淫秽图片一张为一份。据此，淫秽视频、音频文件"个"数的认定及淫秽电子刊物、图片、文章、短信等"件"数的认定，宜根据自然观察下，按视频、音频文件的个数及电子刊物、图片、文章、短信等件数来计数、认定，对视频、音频文件中的内容是否由多个视频、音频文件拼接而成以及电子刊物、图片、文章、短信的内容是否由多件电子刊物、图片、文章、短信拼接而成等可不予审查。

第三百六十四条【传播淫秽物品罪】 传播淫秽的书刊、影片、音像、图片或者其他淫秽物品，情节严重的，处二年以下有期徒刑、拘役或者管制。

【组织播放淫秽音像制品罪】 组织播放淫秽的电影、录像等音像制品的，处三年以下有期徒刑、拘役或者管制，并处罚金；情节严重的，处三年以上十年以下有期徒刑，并处罚金。

制作、复制淫秽的电影、录像等音像制品组织播放的，依照第二款的规定从重处罚。

向不满十八周岁的未成年人传播淫秽物品的，从重处罚。

（相关解释）**1. 最高人民法院《关于审理非法出版物刑事案件具体应用法律若干问题的解释》** 法释〔1998〕30 号

向他人传播淫秽的书刊、影片、音像、图片等出版物达三百至六百人次以上或者造成恶劣社会影响的，属于"情节严重"，依照《刑法》第三百六十四条第一款的规定，以传播淫秽物品罪定罪处罚。组织播放淫秽的电影、录像等音像制品达十五至三十场次以上或者造成恶劣社会影响的，依照《刑法》第三百六十四条第二款的规定，以组织播放淫秽音像制品罪定罪处罚。

2. 最高人民法院、最高人民检察院《关于办理利用互联网、移动通讯终端、声讯台制作、复制、出版、贩卖、传播淫秽电子信息刑事案件应用法律若干问题的解释》 法释〔2004〕11 号（具体见第三百六十三条解释）

3. 最高人民法院、最高人民检察院《关于办理利用互联网、移动通讯终端、声讯台制作、复制、出版、贩卖、传播淫秽电子信息刑事案件应用法律若干问题的解释（二）》 法释〔2010〕3 号（具体见第三百六十三条解释）

4. 最高人民检察院、公安部《关于公安机关管辖的刑事案件立案追诉标准的规定(一)》 公通字〔2008〕36 号

第八十四条　【传播淫秽物品案（《刑法》第三百六十四条第一款）】传播淫秽的书刊、影片、音像、图片或者其他淫秽物品，涉嫌下列情形之一的，应予立案追诉：

（一）向他人传播三百至六百人次以上的；

（二）造成恶劣社会影响的。

不以牟利为目的，利用互联网、移动通讯终端传播淫秽电子信息，涉嫌下列情形之一的，应予立案追诉：

（一）数量达到本规定第八十二条第二款第（一）项至第（五）项规定标准二倍以上的；

（二）数量分别达到本规定第八十二条第二款第（一）项至第（五）项两项以上标准的；

（三）造成严重后果的。

利用聊天室、论坛、即时通信软件、电子邮件等方式，实施本条第二款规定行为的，应予立案追诉。

第八十四条　【传播淫秽物品案（《刑法》第三百六十四条第二款）】组织播放淫秽的电影、录像等音像制品，涉嫌下列情形之一的，应予立案追诉：

（一）组织播放十五至三十场次以上的；

（二）造成恶劣社会影响的。

（附参考）**1. 浙江省高级人民法院《关于印发〈全省法院刑事审判疑难问题研讨会纪要〉的通知》** 浙高法〔2012〕47 号（见第三百六十三条）

2. 浙江省高级人民法院《关于部分罪名定罪量刑情节及数额标准的意见》 浙高法〔2012〕325 号

107.《刑法》第三百六十四条第一款【传播淫秽物品罪】

向他人传播淫秽书刊、影片、音像、图片等出版物三百人次以上，或者造成恶劣社会影响的，属于"情节严重"，处二年以下有期徒刑、拘役或者管制。

108.《刑法》第三百六十四条第二款　【组织播放淫秽音像制品罪】

具有下列情形之一的，处三年以下有期徒刑、拘役或者管制，并处罚金：

（1）组织播放十五场次以上不满五十场次的；

（2）因组织播放淫秽音像制品受过行政处罚三次以上，又组织播放的；

（3）向未成年人播放的；

（4）造成恶劣社会影响的；

（5）构成犯罪的其他情形。

具有下列情形之一的，属于"情节严重"，处三年以上十年以下有期徒刑，并处罚金：

（1）组织播放五十场次以上的；

（2）累计向十名以上未成年人播放的；

（3）情节严重的其他情形。

第三百六十五条【组织淫秽表演罪】 组织进行淫秽表演的，处三年以下有期徒刑、拘役或者管制，并处罚金；情节严重的，处三年以上十年以下有期徒刑，并处罚金。

（相关解释）**1.最高人民检察院、公安部《关于公安机关管辖的刑事案件立案追诉标准的规定（一）》**公通字〔2008〕36号

第六十八条【组织淫秽表演案（《刑法》第三百六十五条）】以策划、招募、强迫、雇用、引诱、提供场地、提供资金等手段，组织进行淫秽表演，涉嫌下列情形之一的，应予立案追诉：

（一）组织表演者进行裸体表演的；

（二）组织表演者利用性器官进行诲淫性表演的；

（三）组织表演者半裸体或者变相裸体表演并通过语言、动作具体描绘性行为的；

（四）其他组织进行淫秽表演应予追究刑事责任的情形。

2.最高人民法院、最高人民检察院《关于办理强奸、猥亵未成年人刑事案件适用法律若干问题的解释》法释〔2023〕3号（2023年5月24日）（见第二百三十六条）

第九条 胁迫、诱骗未成年人通过网络视频聊天或者发送视频、照片等方式，暴露身体隐私部位或者实施淫秽行为，符合《刑法》第二百三十七条规定的，以强制猥亵罪或者猥亵儿童罪定罪处罚。

胁迫、诱骗未成年人通过网络直播方式实施前款行为，同时符合《刑法》第二百三十七条、第三百六十五条的规定，构成强制猥亵罪、猥亵儿童罪、组织淫秽表演罪的，依照处罚较重的规定定罪处罚。

第三百六十六条 单位犯本节第三百六十三条、第三百六十四条、第三百六十五条规定之罪的，对单位判处罚金，并对其直接负责的主管人员和其他直接责任人员，依照各该条的规定处罚。

第三百六十七条 本法所称淫秽物品，是指具体描绘性行为或者露骨宣扬色情的诲淫性的书刊、影片、录像带、录音带、图片及其他淫秽物品。

有关人体生理、医学知识的科学著作不是淫秽物品。

包含有色情内容的有艺术价值的文学、艺术作品不视为淫秽物品。

（相关解释）**最高人民法院、最高人民检察院《关于办理利用互联网、移动通讯终端、声讯台制作、复制、出版、贩卖、传播淫秽电子信息刑事案件应用法律若干问题的解释》**法释〔2004〕11号

第九条　《刑法》第三百六十七条第一款规定的"其他淫秽物品"，包括具体描绘性行为或者露骨宣扬色情的诲淫性的视频文件、音频文件、电子刊物、图片、文章、短信息等互联网、移动通讯终端电子信息和声讯台语音信息。

有关人体生理、医学知识的电子信息和声讯台语音信息不是淫秽物品。包含色情内容的有艺术价值的电子文学、艺术作品不视为淫秽物品。

第七章　危害国防利益罪

本章刑法罪名共二十三个，分别为：阻碍军人执行职务罪（第 368 条第 1 款），阻碍军事行动罪（第 368 条第 2 款），破坏武器装备、军事设施、军事通信罪（第 369 条第 1 款），过失损坏武器装备、军事设施、军事通信罪（第 369 条第 2 款），故意提供不合格武器装备、军事设施罪（第 370 条第 1 款），过失提供不合格武器装备、军事设施罪（第 370 条第 2 款），聚众冲击军事禁区罪（第 371 条第 1 款），聚众扰乱军事管理区秩序罪（第 371 条第 2 款），冒充军人招摇撞骗罪（第 372 条），煽动军人逃离部队罪（373 条），雇用逃离部队军人罪（373 条），接送不合格兵员罪（第 374 条），伪造、变造、买卖武装部队公文、证件、印章罪（第 375 条第 1 款），盗窃、抢夺武装部队公文、证件、印章罪（第 375 条第 1 款），非法生产、买卖武装部队制式服装罪（第 375 条第 2 款），伪造、盗窃、买卖、非法提供、非法使用武装部队专用标志罪（第 375 条第 3 款），战时拒绝、逃避征召、军事训练罪（第 376 条第 1 款），战时拒绝、逃避服役罪（第 376 条第 2 款），战时故意提供虚假敌情罪（第 377 条），战时造谣扰乱军心罪（第 378 条），战时窝藏逃离部队军人罪（第 379 条），战时拒绝、故意延误军事订货罪（第 380 条），战时拒绝军事征收、征用罪（第 381 条）。

第三百六十八条【阻碍军人执行职务罪】　以暴力、威胁方法阻碍军人依法执行职务的，处三年以下有期徒刑、拘役、管制或者罚金。

【阻碍军事行动罪】　故意阻碍武装部队军事行动，造成严重后果的，处五年以下有期徒刑或者拘役。

第三百六十九条【破坏武器装备、军事设施、军事通信罪】　破坏武器装备、军事设施、军事通信的，处三年以下有期徒刑、拘役或者管制；破坏重要武器装备、军事设施、军事通信的，处三年以上十年以下有期徒刑；情节特别严重的，处十年以上有期徒刑、无期徒刑或者死刑。

【过失损坏武器装备、军事设施、军事通信罪】　过失犯前款罪，造成严重后果的，处三年以下有期徒刑或者拘役；造成特别严重后果的，处三年以上七年以下有期徒刑。

战时犯前两款罪的，从重处罚。【2005 年 2 月 28 日刑法修正案（五）】

【1997 年刑法】破坏武器装备、军事设施、军事通信的，处三年以下有期徒刑、拘役或者管制；破坏重要武器装备、军事设施、军事通信的，处三年以上十年以下有期徒刑；情节特别严重的，处十年以上有期徒刑、无期徒刑或者死刑。战时从重处罚。

（相关解释）最高人民法院《关于审理危害军事通信刑事案件具体应用法律若干问题

的解释》法释〔2007〕13号

第二条 实施破坏军事通信行为，具有下列情形之一的，属于《刑法》第三百六十九条第一款规定的"情节特别严重"，以破坏军事通信罪定罪，处十年以上有期徒刑、无期徒刑或者死刑：（1）造成重要军事通信中断或者严重障碍，严重影响部队完成作战任务或者致使部队在作战中遭受损失的；（2）造成部队执行抢险救灾、军事演习或者处置突发性事件等任务的通信中断或者严重障碍，并因此贻误部队行动，致使死亡三人以上、重伤十人以上或者财产损失一百万元以上的；（3）破坏重要军事通信三次以上的；（4）其他情节特别严重的情形。

第三条 过失损坏军事通信，造成重要军事通信中断或者严重障碍的，属于第二款规定的"造成严重后果"，以过失损坏军事通信罪定罪，处三年以下有期徒刑或者拘役。

第四条 过失损坏军事通信，具有下列情形之一的，属于第二款规定的"造成特别严重后果"：（1）造成重要军事通信中断或者严重障碍，严重影响部队完成作战任务或者致使部队在作战中遭受损失的；（2）造成部队执行抢险救灾、军事演习或者处置突发性事件等任务的通信中断或者严重障碍，并因此贻误部队行动，致使死亡三人以上、重伤十人以上或者财产损失一百万元以上的；（3）其他后果特别严重的情形。

第三百七十条【故意提供不合格武器装备、军事设施罪】 明知是不合格的武器装备、军事设施而提供给武装部队的，处五年以下有期徒刑或者拘役；情节严重的，处五年以上十年以下有期徒刑；情节特别严重的，处十年以上有期徒刑、无期徒刑或者死刑。

【过失提供不合格武器装备、军事设施罪】 过失犯前款罪，造成严重后果的，处三年以下有期徒刑或者拘役；造成特别严重后果的，处三年以上七年以下有期徒刑。

单位犯第一款罪的，对单位判处罚金，并对其直接负责的主管人员和其他直接责任人员，依照第一款的规定处罚。

（相关解释）**最高人民检察院、公安部《关于公安机关管辖的刑事案件立案追诉标准的规定（一）》**公通字〔2008〕36号

第八十七条 【故意提供不合格武器装备、军事设施案（《刑法》第三百七十条第一款）】明知是不合格的武器装备、军事设施而提供给武装部队，涉嫌下列情形之一的，应予立案追诉：

（一）造成人员轻伤以上的；

（二）造成直接经济损失十万元以上的；

（三）提供不合格的枪支三支以上、子弹一百发以上、雷管五百枚以上、炸药五千克以上或者其他重要武器装备、军事设施的；

（四）影响作战、演习、抢险救灾等重大任务完成的；

（五）发生在战时的；

（六）其他故意提供不合格武器装备、军事设施应予追究刑事责任的情形。

第八十七条 【过失提供不合格武器装备、军事设施案（《刑法》第三百七十条第二款）】过失提供不合格武器装备、军事设施给武装部队，涉嫌下列情形之一的，应予立案追诉：

（一）造成死亡一人或者重伤三人以上的；

（二）造成直接经济损失三十万元以上的；

（三）严重影响作战、演习、抢险救灾等重大任务完成的；

（四）其他造成严重后果的情形。

第三百七十一条【聚众冲击军事禁区罪】　聚众冲击军事禁区，严重扰乱军事禁区秩序的，对首要分子，处五年以上十年以下有期徒刑；对其他积极参加的，处五年以下有期徒刑、拘役、管制或者剥夺政治权利。

【聚众扰乱军事管理区秩序罪】　聚众扰乱军事管理区秩序，情节严重，致使军事管理区工作无法进行，造成严重损失的，对首要分子，处三年以上七年以下有期徒刑；对其他积极参加的，处三年以下有期徒刑、拘役、管制或者剥夺政治权利。

（相关解释）**最高人民检察院、公安部《关于公安机关管辖的刑事案件立案追诉标准的规定（一）》公通字〔2008〕36号**

第八十九条　【聚众冲击军事禁区案（《刑法》第三百七十一条第一款）】组织、策划、指挥聚众冲击军事禁区或者积极参加聚众冲击军事禁区，严重扰乱军事禁区秩序，涉嫌下列情形之一的，应予立案追诉：

（一）冲击三次以上或者一次冲击持续时间较长的；

（二）持械或者采取暴力手段冲击的；

（三）冲击重要军事禁区的；

（四）发生在战时的；

（五）其他严重扰乱军事禁区秩序应予追究刑事责任的情形。

第九十条　【聚众扰乱军事管理区秩序案（《刑法》第三百七十一条第二款）】组织、策划、指挥聚众扰乱军事管理区秩序或者积极参加聚众扰乱军事管理区秩序，致使军事管理区工作无法进行，造成严重损失，涉嫌下列情形之一的，应予立案追诉：

（一）造成人员轻伤以上的；

（二）扰乱三次以上或者一次扰乱持续时间较长的；

（三）造成直接经济损失五万元以上的；

（四）持械或者采取暴力手段的；

（五）扰乱重要军事管理区秩序的；

（六）发生在战时的；

（七）其他聚众扰乱军事管理区秩序应予追究刑事责任的情形。

第三百七十二条【冒充军人招摇撞骗罪】　冒充军人招摇撞骗的，处三年以下有期徒刑、拘役、管制或者剥夺政治权利；情节严重的，处三年以上十年以下有期徒刑。

（相关解释）**最高人民法院、最高人民检察院、公安部《关于依法惩治招摇撞骗等违法犯罪行为的指导意见》公通字〔2021〕21号（2021年12月16日）（具体见第二百七十九条）**

一、冒充国家机关工作人员、军人，骗取财物、荣誉、地位、待遇、感情等，符合《刑法》第二百七十九条、第三百七十二条规定的，分别以招摇撞骗罪、冒充军人招摇撞骗罪定罪处罚；严重损害国家机关、军队形象和威信，或者造成其他严重后果的，应当认定为《刑法》第二百七十九条、第三百七十二条规定的"情节严重"。

四、冒充国家机关工作人员或者军人招摇撞骗，同时构成非法吸收公众存款罪、集资诈骗罪、合同诈骗罪、组织、领导传销活动罪、诈骗罪的，依照处罚较重的规定定罪处罚。

五、对下列情形之一的，应当分别认定为《刑法》第二百七十九条、第三百七十二条规定的"冒充国家机关工作人员""冒充军人"：

1.冒充国家机关中真实存在或者虚构的工作人员、军人的；

2.冒充虚构的国家机关中的工作人员、军人，易让他人信以为真的；

3.身为国家机关工作人员、军人冒充其他国家机关工作人员、军人的；

4.以骗取非法利益为目的，制造假象，诱使他人误以为系国家机关工作人员、军人的。

六、实施招摇撞骗，尚不构成犯罪，但构成违反治安管理行为的，依法给予治安管理处罚。

七、查办相关案件过程中，发现有关国家机关工作人员、军人存在失职渎职、行贿受贿等情况的，应当依法移送有关部门处理。

第三百七十三条【煽动军人逃离部队罪，雇用逃离部队军人罪】 煽动军人逃离部队或者明知是逃离部队的军人而雇用，情节严重的，处三年以下有期徒刑、拘役或者管制。

（相关解释）**最高人民检察院、公安部《关于公安机关管辖的刑事案件立案追诉标准的规定（一）》公通字〔2008〕36号**

第九十一条 【煽动军人逃离部队案（《刑法》第三百七十三条）】煽动军人逃离部队，涉嫌下列情形之一的，应予立案追诉：

（一）煽动三人以上逃离部队的；

（二）煽动指挥人员、值班执勤人员或者其他负有重要职责人员逃离部队的；

（三）影响重要军事任务完成的；

（四）发生在战时的；

（五）其他情节严重的情形。

第九十二条 【雇用逃离部队军人案（《刑法》第三百七十三条）】明知是逃离部队的军人而雇用，涉嫌下列情形之一的，应予立案追诉：

（一）雇用一人六个月以上的；

（二）雇用三人以上的；

（三）明知是逃离部队的指挥人员、值班执勤人员或者其他负有重要职责人员而雇用的；

（四）阻碍部队将被雇用军人带回的；

（五）其他情节严重的情形。

第三百七十四条【接送不合格兵员罪】 在征兵工作中徇私舞弊，接送不合格兵员，情节严重的，处三年以下有期徒刑或者拘役；造成特别严重后果的，处三年以上七年以下有期徒刑。

（相关解释）**最高人民检察院、公安部《关于公安机关管辖的刑事案件立案追诉标准的规定（一）》公通字〔2008〕36号**

第九十三条 【接送不合格兵员案（《刑法》第三百七十四条）】在征兵工作中徇私舞弊，接送不合格兵员，涉嫌下列情形之一的，应予立案追诉：

（一）接送不合格特种条件兵员一名以上或者普通兵员三名以上的；

（二）发生在战时的；

（三）造成严重后果的；

（四）其他情节严重的情形。

第三百七十五条【伪造、变造、买卖武装部队公文、证件、印章罪，盗窃、抢夺武装

部队公文、证件、印章罪】　伪造、变造、买卖或者盗窃、抢夺武装部队公文、证件、印章的，处三年以下有期徒刑、拘役、管制或者剥夺政治权利；情节严重的，处三年以上十年以下有期徒刑。

【非法生产、买卖武装部队制式服装罪】　非法生产、买卖武装部队制式服装，情节严重的，处三年以下有期徒刑、拘役或者管制，并处或者单处罚金。

【伪造、盗窃、买卖、非法提供、非法使用武装部队专用标志罪】　伪造、盗窃、买卖或者非法提供、使用武装部队车辆号牌等专用标志，情节严重的，处三年以下有期徒刑、拘役或者管制，并处或者单处罚金；情节特别严重的，处三年以上七年以下有期徒刑，并处罚金。

单位犯第二款、第三款罪的，对单位判处罚金，并对其直接负责的主管人员和其他直接责任人员，依照各该款的规定处罚。【2009年2月28日刑法修正案（七）】

【1997年刑法】伪造、变造、买卖或者盗窃、抢夺武装部队公文、证件、印章的，处三年以下有期徒刑、拘役、管制或者剥夺政治权利；情节严重的，处三年以上十年以下有期徒刑。

非法生产、买卖武装部队制式服装、车辆号牌等专用标志，情节严重的，处三年以下有期徒刑、拘役或者管制，并处或者单处罚金。

单位犯第二款罪的，对单位判处罚金，并对其直接负责的主管人员和其他直接责任人员，依照该款的规定处罚。

（相关解释）**1. 最高人民法院、最高人民检察院《关于办理妨害武装部队制式服装、车辆号牌管理秩序等刑事案件具体应用法律若干问题的解释》**法释〔2011〕16号

第一条　伪造、变造、买卖或者盗窃、抢夺武装部队公文、证件、印章，具有下列情形之一的，应当依照《刑法》第三百七十五条第一款的规定，以伪造、变造、买卖武装部队公文、证件、印章罪或者盗窃、抢夺武装部队公文、证件、印章罪定罪处罚：

（一）伪造、变造、买卖或者盗窃、抢夺武装部队公文一件以上的；

（二）伪造、变造、买卖或者盗窃、抢夺武装部队军官证、士兵证、车辆行驶证、车辆驾驶证或者其他证件二本以上的；

（三）伪造、变造、买卖或者盗窃、抢夺武装部队机关印章、车辆牌证印章或者其他印章一枚以上的。

实施前款规定的行为，数量达到第（一）至（三）项规定标准五倍以上或者造成严重后果的，应当认定为《刑法》第三百七十五条第一款规定的"情节严重"。

第二条　非法生产、买卖武装部队现行装备的制式服装，具有下列情形之一的，应当认定为《刑法》第三百七十五条第二款规定的"情节严重"，以非法生产、买卖武装部队制式服装罪定罪处罚：

（一）非法生产、买卖成套制式服装三十套以上，或者非成套制式服装一百件以上的；

（二）非法生产、买卖帽徽、领花、臂章等标志服饰合计一百件（副）以上的；

（三）非法经营数额二万元以上的；

（四）违法所得数额五千元以上的；

（五）具有其他严重情节的。

第三条　伪造、盗窃、买卖或者非法提供、使用武装部队车辆号牌等专用标志，具有下列情形之一的，应当认定为《刑法》第三百七十五条第三款规定的"情节严重"，以伪造、盗窃、买卖、非法提供、非法使用武装部队专用标志罪定罪处罚：

（一）伪造、盗窃、买卖或者非法提供、使用武装部队军以上领导机关车辆号牌一副以上或者其他车辆号牌三副以上的；

（二）非法提供、使用军以上领导机关车辆号牌之外的其他车辆号牌累计六个月以上的；

（三）伪造、盗窃、买卖或者非法提供、使用军徽、军旗、军种符号或者其他军用标志合计一百件（副）以上的；

（四）造成严重后果或者恶劣影响的。

实施前款规定的行为，具有下列情形之一的，应当认定为《刑法》第三百七十五条第三款规定的"情节特别严重"：

（一）数量达到前款第（一）（三）项规定标准五倍以上的；

（二）非法提供、使用军以上领导机关车辆号牌累计六个月以上或者其他车辆号牌累计一年以上的；

（三）造成特别严重后果或者特别恶劣影响的。

第四条　买卖、盗窃、抢夺伪造、变造的武装部队公文、证件、印章的，买卖仿制的现行装备的武装部队制式服装情节严重的，盗窃、买卖、提供、使用伪造、变造的武装部队车辆号牌等专用标志情节严重的，应当追究刑事责任。定罪量刑标准适用本解释第一至第三条的规定。

第五条　明知他人实施《刑法》第三百七十五条规定的犯罪行为，而为其生产、提供专用材料或者提供资金、账号、技术、生产经营场所等帮助的，以共犯论处。

第六条　实施《刑法》第三百七十五条规定的犯罪行为，同时又构成逃税、诈骗、冒充军人招摇撞骗等犯罪的，依照处罚较重的规定定罪处罚。

第七条　单位实施《刑法》第三百七十五条第二款、第三款规定的犯罪行为，对单位判处罚金，并对其直接负责的主管人员和其他直接责任人员，分别依照本解释的有关规定处罚。

2. 最高人民检察院、公安部《关于公安机关管辖的刑事案件立案追诉标准的规定（一）的补充规定》 公通字〔2017〕12号

十四、将《立案追诉标准（一）》第九十四条修改为：【非法生产、买卖武装部队制式服装案（《刑法》第三百七十五条第二款）】非法生产、买卖武装部队制式服装，涉嫌下列情形之一的，应予立案追诉：

（一）非法生产、买卖成套制式服装三十套以上，或者非成套制式服装一百件以上的；

（二）非法生产、买卖帽徽、领花、臂章等标志服饰合计一百件（副）以上的；

（三）非法经营数额二万元以上的；

（四）违法所得数额五千元以上的；

（五）其他情节严重的情形。

买卖仿制的现行装备的武装部队制式服装，情节严重的，应予立案追诉。

十五、在《立案追诉标准（一）》第九十四条后增加一条，作为第九十四条之一：【伪造、盗窃、买卖、非法提供、非法使用武装部队专用标志案（《刑法》第三百七十五条第三款）】伪造、盗窃、买卖或者非法提供、使用武装部队车辆号牌等专用标志，涉嫌下列情形之一的，应予立案追诉：

（一）伪造、盗窃、买卖或者非法提供、使用武装部队军以上领导机关车辆号牌一副以上或者其他车辆号牌三副以上的；

（二）非法提供、使用军以上领导机关车辆号牌之外的其他车辆号牌累计六个月以上

的；

（三）伪造、盗窃、买卖或者非法提供、使用军徽、军旗、军种符号或者其他军用标志合计一百件（副）以上的；

（四）造成严重后果或者恶劣影响的。

盗窃、买卖、提供、使用伪造、变造的武装部队车辆号牌等专用标志，情节严重的，应予立案追诉。

（附参考）**浙江省高级人民法院、浙江省人民检察院、浙江省公安厅《关于办理偷逃高速公路车辆通行费、盗窃高速公路交通设施等刑事案件具体适用法律若干问题的意见》**浙公通字〔2010〕78号（具体参照第二百六十六条）

为依法惩处偷逃高速公路车辆通行费、盗窃高速公路交通设施等违法犯罪活动，根据《刑法》和有关司法解释的规定，结合我省实际，制定如下意见。

一、有下列情形之一，偷逃高速公路车辆通行费，数额较大的，依照《刑法》第二百六十六条的规定，以诈骗罪定罪处罚：

（一）使用伪造、盗窃、买卖或者他人非法提供的武装部队车辆号牌；

（二）采用调换车辆通行卡等方法减少实际通行计费里程；

（三）使用伪造、变造的车辆通行卡支付；

（四）使用伪造、变造、盗窃的其他车辆交费优惠证明；

（五）假冒绿色通道免费车辆；

（六）采用影响计重的方式，隐瞒车辆实际载重；

（七）采用其他手段偷逃高速公路车辆通行费。

同时具有上述所列两项以上行为的，诈骗数额应当累计计算。

使用伪造、盗窃、买卖或者他人非法提供的武装部队车辆号牌，偷逃高速公路车辆通行费，同时构成伪造、盗窃、买卖、非法使用武装部队专用标志犯罪和诈骗犯罪的，依照《刑法》处罚较重的规定定罪处罚。

第三百七十六条【战时拒绝、逃避征召、军事训练罪】　预备役人员战时拒绝、逃避征召或者军事训练，情节严重的，处三年以下有期徒刑或者拘役。

【战时拒绝、逃避服役罪】　公民战时拒绝、逃避服役，情节严重的，处二年以下有期徒刑或者拘役。

（相关解释）**最高人民检察院、公安部《关于公安机关管辖的刑事案件立案追诉标准的规定（一）》**公通字〔2008〕36号

第九十五条　**【战时拒绝逃避征召、军事训练案（《刑法》第三百七十六条第一款）】**预备役人员战时拒绝、逃避征召或者军事训练，涉嫌下列情形之一的，应予立案追诉：

（一）无正当理由经教育仍拒绝、逃避征召或者军事训练的；

（二）以暴力、威胁、欺骗等手段，或者采取自伤、自残等方式拒绝、逃避征召或者军事训练的；

（三）联络、煽动他人共同拒绝、逃避征召或者军事训练的；

（四）其他情节严重的情形。

第九十六条　**【战时拒绝、逃避服役案（《刑法》第三百七十六条第二款）】**公民战时拒绝、逃避服役，涉嫌下列情形之一的，应予立案追诉：

（一）无正当理由经教育仍拒绝、逃避服役的；

（二）以暴力、威胁、欺骗等手段，或者采取自伤、自残等方式拒绝、逃避服役的；

（三）联络、煽动他人共同拒绝、逃避服役的；

（四）其他情节严重的情形。

第三百七十七条【战时故意提供虚假敌情罪】 战时故意向武装部队提供虚假敌情，造成严重后果的，处三年以上十年以下有期徒刑；造成特别严重后果的，处十年以上有期徒刑或者无期徒刑。

第三百七十八条【战时造谣扰乱军心罪】 战时造谣惑众，扰乱军心的，处三年以下有期徒刑、拘役或者管制；情节严重的，处三年以上十年以下有期徒刑。

第三百七十九条【战时窝藏逃离部队军人罪】 战时明知是逃离部队的军人而为其提供隐蔽处所、财物，情节严重的，处三年以下有期徒刑或者拘役。

（相关解释）最高人民检察院、公安部《关于公安机关管辖的刑事案件立案追诉标准的规定（一）》公通字〔2008〕36号

第九十七条 【战时窝藏逃离部队军人案（《刑法》第三百七十九条）】战时明知是逃离部队的军人而为其提供隐蔽处所、财物，涉嫌下列情形之一的，应予立案追诉：

（一）窝藏三人次以上的；

（二）明知是指挥人员、值班执勤人员或者其他负有重要职责人员而窝藏的；

（三）有关部门查找时拒不交出的；

（四）其他情节严重的情形。

第三百八十条【战时拒绝、故意延误军事订货罪】 战时拒绝或者故意延误军事订货，情节严重的，对单位判处罚金，并对其直接负责的主管人员和其他直接责任人员，处五年以下有期徒刑或者拘役；造成严重后果的，处五年以上有期徒刑。

（相关解释）最高人民检察院、公安部《关于公安机关管辖的刑事案件立案追诉标准的规定（一）》公通字〔2008〕36号

第九十八条 【战时拒绝、故意延误军事订货案（《刑法》第三百八十条）】战时拒绝或者故意延误军事订货，涉嫌下列情形之一的，应予立案追诉：

（一）拒绝或者故意延误军事订货三次以上的；

（二）联络、煽动他人共同拒绝或者故意延误军事订货的；

（三）拒绝或者故意延误重要军事订货，影响重要军事任务完成的；

（四）其他情节严重的情形。

第三百八十一条【战时拒绝军事征收、征用罪】 战时拒绝军事征收、征用，情节严重的，处三年以下有期徒刑或者拘役。

（相关解释）1.最高人民检察院、公安部《关于公安机关管辖的刑事案件立案追诉标准的规定（一）的补充规定》公通字〔2017〕12号

十六、将《立案追诉标准（一）》第九十九条修改为：【战时拒绝军事征收、征用案（《刑法》第三百八十一条）】战时拒绝军事征收、征用，涉嫌下列情形之一的，应予立案追诉：

（一）无正当理由拒绝军事征收、征用三次以上的；

（二）采取暴力、威胁、欺骗等手段拒绝军事征收、征用的；

（三）联络、煽动他人共同拒绝军事征收、征用的；

（四）拒绝重要军事征收、征用，影响重要军事任务完成的；

（五）其他情节严重的情形。

2. 全国人大常委会《关于修改部分法律的决定》2009年修正

（一）将下列法律和法律解释中的"征用"修改为"征收、征用"

12.《中华人民共和国刑法》第三百八十一条、第四百一十条

第八章　贪污贿赂罪

本章刑法罪名共十四个，分别为：贪污罪（第 382 条），挪用公款罪（第 384 条），受贿罪（第 385 条），单位受贿罪（第 387 条），利用影响力受贿罪（第 388 条之一），行贿罪（第 389 条），对有影响力的人行贿罪（第 390 条之一），对单位行贿罪（第 391 条），介绍贿赂罪（第 392 条），单位行贿罪（第 393 条），巨额财产来源不明罪（第 395 条第 1 款），隐瞒境外存款罪（第 395 条第 2 款），私分国有资产罪（第 396 条第 1 款），私分罚没财物罪（第 396 条第 2 款）。

第三百八十二条【贪污罪】　国家工作人员利用职务上的便利，侵吞、窃取、骗取或者以其他手段非法占有公共财物的，是贪污罪。

受国家机关、国有公司、企业、事业单位、人民团体委托管理、经营国有财产的人员，利用职务上的便利，侵吞、窃取、骗取或者以其他手段非法占有国有财物的，以贪污论。

与前两款所列人员勾结，伙同贪污的，以共犯论处。

第三百八十三条　对犯贪污罪的，根据情节轻重，分别依照下列规定处罚：

（一）贪污数额较大或者有其他较重情节的，处三年以下有期徒刑或者拘役，并处罚金。

（二）贪污数额巨大或者有其他严重情节的，处三年以上十年以下有期徒刑，并处罚金或者没收财产。

（三）贪污数额特别巨大或者有其他特别严重情节的，处十年以上有期徒刑或者无期徒刑，并处罚金或者没收财产；数额特别巨大，并使国家和人民利益遭受特别重大损失的，处无期徒刑或者死刑，并处没收财产。

对多次贪污未经处理的，按照累计贪污数额处罚。

犯第一款罪，在提起公诉前如实供述自己罪行、真诚悔罪、积极退赃，避免、减少损害结果的发生，有第一项规定情形的，可以从轻、减轻或者免除处罚；有第二项、第三项规定情形的，可以从轻处罚。

犯第一款罪，有第三项规定情形被判处死刑缓期执行的，人民法院根据犯罪情节等情况可以同时决定在其死刑缓期执行二年期满依法减为无期徒刑后，终身监禁，不得减刑、假释。【2015年11月1日刑法修正案（九）】

【1997年刑法】对犯贪污罪的，根据情节轻重，分别依照下列规定处罚：

（一）个人贪污数额在十万元以上的，处十年以上有期徒刑或者无期徒刑，可以并处没收财产；情节特别严重的，处死刑，并处没收财产。

（二）个人贪污数额在五万元以上不满十万元的，处五年以上有期徒刑，可以并处没收财产；情节特别严重的，处无期徒刑，并处没收财产。

（三）个人贪污数额在五千元以上不满五万元的，处一年以上七年以下有期徒刑；情节严重的，处七年以上十年以下有期徒刑。个人贪污数额在五千元以上不满一万元，犯罪后有悔改表现、积极退赃的，可以减轻处罚或者免予刑事处罚，由其所在单位或者上级主管机关给予行政处分。

（四）个人贪污数额不满五千元，情节较重的，处二年以下有期徒刑或者拘役；情节较轻的，由其所在单位或者上级主管机关酌情给予行政处分。

对多次贪污未经处理的，按照累计贪污数额处罚。

（相关解释）**1.最高人民法院、最高人民检察院《关于办理贪污贿赂刑事案件适用法律若干问题的解释》**法释〔2016〕9号

为依法惩治贪污贿赂犯罪活动，根据《刑法》有关规定，现就办理贪污贿赂刑事案件适用法律的若干问题解释如下：

第一条 贪污或者受贿数额在三万元以上不满二十万元的，应当认定为《刑法》第三百八十三条第一款规定的"数额较大"，依法判处三年以下有期徒刑或者拘役，并处罚金。

贪污数额在一万元以上不满三万元，具有下列情形之一的，应当认定为《刑法》第三百八十三条第一款规定的"其他较重情节"，依法判处三年以下有期徒刑或者拘役，并处罚金：

（一）贪污救灾、抢险、防汛、优抚、扶贫、移民、救济、防疫、社会捐助等特定款物的；

（二）曾因贪污、受贿、挪用公款受过党纪、行政处分的；

（三）曾因故意犯罪受过刑事追究的；

（四）赃款赃物用于非法活动的；

（五）拒不交待赃款赃物去向或者拒不配合追缴工作，致使无法追缴的；

（六）造成恶劣影响或者其他严重后果的。

受贿数额在一万元以上不满三万元，具有前款第二项至第六项规定的情形之一，或者具有下列情形之一的，应当认定为《刑法》第三百八十三条第一款规定的"其他较重情节"，依法判处三年以下有期徒刑或者拘役，并处罚金：

（一）多次索贿的；

（二）为他人谋取不正当利益，致使公共财产、国家和人民利益遭受损失的；

（三）为他人谋取职务提拔、调整的。

第二条 贪污或者受贿数额在二十万元以上不满三百万元的，应当认定为《刑法》第三百八十三条第一款规定的"数额巨大"，依法判处三年以上十年以下有期徒刑，并处罚金或者没收财产。

贪污数额在十万元以上不满二十万元，具有本解释第一条第二款规定的情形之一的，应当认定为《刑法》第三百八十三条第一款规定的"其他严重情节"，依法判处三年以上十年以下有期徒刑，并处罚金或者没收财产。

受贿数额在十万元以上不满二十万元，具有本解释第一条第三款规定的情形之一的，应当认定为《刑法》第三百八十三条第一款规定的"其他严重情节"，依法判处三年以上十年以下有期徒刑，并处罚金或者没收财产。

第三条　贪污或者受贿数额在三百万元以上的，应当认定为《刑法》第三百八十三条第一款规定的"数额特别巨大"，依法判处十年以上有期徒刑、无期徒刑或者死刑，并处罚金或者没收财产。

贪污数额在一百五十万元以上不满三百万元，具有本解释第一条第二款规定的情形之一的，应当认定为《刑法》第三百八十三条第一款规定的"其他特别严重情节"，依法判处十年以上有期徒刑、无期徒刑或者死刑，并处罚金或者没收财产。

受贿数额在一百五十万元以上不满三百万元，具有本解释第一条第三款规定的情形之一的，应当认定为《刑法》第三百八十三条第一款规定的"其他特别严重情节"，依法判处十年以上有期徒刑、无期徒刑或者死刑，并处罚金或者没收财产。

第四条　贪污、受贿数额特别巨大，犯罪情节特别严重、社会影响特别恶劣、给国家和人民利益造成特别重大损失的，可以判处死刑。

符合前款规定的情形，但具有自首，立功，如实供述自己罪行、真诚悔罪、积极退赃，或者避免、减少损害结果的发生等情节，不是必须立即执行的，可以判处死刑缓期二年执行。

符合第一款规定情形的，根据犯罪情节等情况可以判处死刑缓期二年执行，同时裁判决定在其死刑缓期执行二年期满依法减为无期徒刑后，终身监禁，不得减刑、假释。

第五条　挪用公款归个人使用，进行非法活动，数额在三万元以上的，应当依照《刑法》第三百八十四条的规定以挪用公款罪追究刑事责任；数额在三百万元以上的，应当认定为《刑法》第三百八十四条第一款规定的"数额巨大"。具有下列情形之一的，应当认定为《刑法》第三百八十四条第一款规定的"情节严重"：

（一）挪用公款数额在一百万元以上的；

（二）挪用救灾、抢险、防汛、优抚、扶贫、移民、救济特定款物，数额在五十万元以上不满一百万元的；

（三）挪用公款不退还，数额在五十万元以上不满一百万元的；

（四）其他严重的情节。

第六条　挪用公款归个人使用，进行营利活动或者超过三个月未还，数额在五万元以上的，应当认定为《刑法》第三百八十四条第一款规定的"数额较大"；数额在五百万元以上的，应当认定为《刑法》第三百八十四条第一款规定的"数额巨大"。具有下列情形之一的，应当认定为《刑法》第三百八十四条第一款规定的"情节严重"：

（一）挪用公款数额在二百万元以上的；

（二）挪用救灾、抢险、防汛、优抚、扶贫、移民、救济特定款物，数额在一百万元以上不满二百万元的；

（三）挪用公款不退还，数额在一百万元以上不满二百万元的；

（四）其他严重的情节。

第七条　为谋取不正当利益，向国家工作人员行贿，数额在三万元以上的，应当依照《刑法》第三百九十条的规定以行贿罪追究刑事责任。

行贿数额在一万元以上不满三万元，具有下列情形之一的，应当依照《刑法》第三百九十条的规定以行贿罪追究刑事责任：

（一）向三人以上行贿的；

（二）将违法所得用于行贿的；

（三）通过行贿谋取职务提拔、调整的；

（四）向负有食品、药品、安全生产、环境保护等监督管理职责的国家工作人员行贿，实施非法活动的；

（五）向司法工作人员行贿，影响司法公正的；

（六）造成经济损失数额在五十万元以上不满一百万元的。

第八条　犯行贿罪，具有下列情形之一的，应当认定为《刑法》第三百九十条第一款规定的"情节严重"：

（一）行贿数额在一百万元以上不满五百万元的；

（二）行贿数额在五十万元以上不满一百万元，并具有本解释第七条第二款第一项至第五项规定的情形之一的；

（三）其他严重的情节。

为谋取不正当利益，向国家工作人员行贿，造成经济损失数额在一百万元以上不满五百万元的，应当认定为《刑法》第三百九十条第一款规定的"使国家利益遭受重大损失"。

第九条　犯行贿罪，具有下列情形之一的，应当认定为《刑法》第三百九十条第一款规定的"情节特别严重"：

（一）行贿数额在五百万元以上的；

（二）行贿数额在二百五十万元以上不满五百万元，并具有本解释第七条第二款第一项至第五项规定的情形之一的；

（三）其他特别严重的情节。

为谋取不正当利益，向国家工作人员行贿，造成经济损失数额在五百万元以上的，应当认定为《刑法》第三百九十条第一款规定的"使国家利益遭受特别重大损失"。

第十条　《刑法》第三百八十八条之一规定的利用影响力受贿罪的定罪量刑适用标准，参照本解释关于受贿罪的规定执行。

《刑法》第三百九十条之一规定的对有影响力的人行贿罪的定罪量刑适用标准，参照本解释关于行贿罪的规定执行。

单位对有影响力的人行贿数额在二十万元以上的，应当依照《刑法》第三百九十条之一的规定以对有影响力的人行贿罪追究刑事责任。

第十一条　《刑法》第一百六十三条规定的非国家工作人员受贿罪、第二百七十一条规定的职务侵占罪中的"数额较大""数额巨大"的数额起点，按照本解释关于受贿罪、贪污罪相对应的数额标准规定的二倍、五倍执行。

《刑法》第二百七十二条规定的挪用资金罪中的"数额较大""数额巨大"以及"进行非法活动"情形的数额起点，按照本解释关于挪用公款罪"数额较大""情节严重"以及"进行非法活动"的数额标准规定的二倍执行。

《刑法》第一百六十四条第一款规定的对非国家工作人员行贿罪中的"数额较大""数

额巨大"的数额起点，按照本解释第七条、第八条第一款关于行贿罪的数额标准规定的二倍执行。

第十二条　贿赂犯罪中的"财物"，包括货币、物品和财产性利益。财产性利益包括可以折算为货币的物质利益如房屋装修、债务免除等，以及需要支付货币的其他利益如会员服务、旅游等。后者的犯罪数额，以实际支付或者应当支付的数额计算。

第十三条　具有下列情形之一的，应当认定为"为他人谋取利益"，构成犯罪的，应当依照《刑法》关于受贿犯罪的规定定罪处罚：

（一）实际或者承诺为他人谋取利益的；

（二）明知他人有具体请托事项的；

（三）履职时未被请托，但事后基于该履职事由收受他人财物的。

国家工作人员索取、收受具有上下级关系的下属或者具有行政管理关系的被管理人员的财物价值三万元以上，可能影响职权行使的，视为承诺为他人谋取利益。

第十四条　根据行贿犯罪的事实、情节，可能被判处三年有期徒刑以下刑罚的，可以认定为《刑法》第三百九十条第二款规定的"犯罪较轻"。

根据犯罪的事实、情节，已经或者可能被判处十年有期徒刑以上刑罚的，或者案件在本省、自治区、直辖市或者全国范围内有较大影响的，可以认定为《刑法》第三百九十条第二款规定的"重大案件"。

具有下列情形之一的，可以认定为《刑法》第三百九十条第二款规定的"对侦破重大案件起关键作用"：

（一）主动交待办案机关未掌握的重大案件线索的；

（二）主动交待的犯罪线索不属于重大案件的线索，但该线索对于重大案件侦破有重要作用的；

（三）主动交待行贿事实，对于重大案件的证据收集有重要作用的；

（四）主动交待行贿事实，对于重大案件的追逃、追赃有重要作用的。

第十五条　对多次受贿未经处理的，累计计算受贿数额。

国家工作人员利用职务上的便利为请托人谋取利益前后多次收受请托人财物，受请托之前收受的财物数额在一万元以上的，应当一并计入受贿数额。

第十六条　国家工作人员出于贪污、受贿的故意，非法占有公共财物、收受他人财物之后，将赃款赃物用于单位公务支出或者社会捐赠的，不影响贪污罪、受贿罪的认定，但量刑时可以酌情考虑。

特定关系人索取、收受他人财物，国家工作人员知道后未退还或者上交的，应当认定国家工作人员具有受贿故意。

第十七条　国家工作人员利用职务上的便利，收受他人财物，为他人谋取利益，同时构成受贿罪和《刑法》分则第三章第三节、第九章规定的渎职犯罪的，除《刑法》另有规定外，以受贿罪和渎职犯罪数罪并罚。

第十八条　贪污贿赂犯罪分子违法所得的一切财物，应当依照《刑法》第六十四条的规定予以追缴或者责令退赔，对被害人的合法财产应当及时返还。对尚未追缴到案或者尚未足额退赔的违法所得，应当继续追缴或者责令退赔。

第十九条　对贪污罪、受贿罪判处三年以下有期徒刑或者拘役的，应当并处十万元以上五十万元以下的罚金；判处三年以上十年以下有期徒刑的，应当并处二十万元以上犯罪数额二倍以下的罚金或者没收财产；判处十年以上有期徒刑或者无期徒刑的，应当并处五十万元以上犯罪数额二倍以下的罚金或者没收财产。

对《刑法》规定并处罚金的其他贪污贿赂犯罪，应当在十万元以上犯罪数额二倍以下判处罚金。

第二十条　本解释自2016年4月18日起施行。最高人民法院、最高人民检察院此前发布的司法解释与本解释不一致的，以本解释为准。

2. 最高人民法院《全国法院审理经济犯罪案件工作座谈会纪要》法〔2003〕167号

一、关于贪污贿赂犯罪和渎职犯罪的主体

（一）国家机关工作人员的认定

《刑法》中所称的国家机关工作人员，是指在国家机关中从事公务的人员，包括在各级国家权力机关、行政机关、司法机关和军事机关中从事公务的人员。

根据有关立法解释的规定，在依照法律、法规规定行使国家行政管理职权的组织中从事公务的人员，或者在受国家机关委托代表国家行使职权的组织中从事公务的人员，或者虽未列入国家机关人员编制但在国家机关中从事公务的人员，视为国家机关工作人员。在乡（镇）以上中国共产党机关、人民政协机关中从事公务的人员，司法实践中也应当视为国家机关工作人员。

（二）国家机关、国有公司、企业、事业单位委派到非国有公司、企业、事业单位、社会团体从事公务的人员的认定

所谓委派，即委任、派遣，其形式多种多样，如任命、指派、提名、批准等。不论被委派的人身份如何，只要是接受国家机关、国有公司、企业、事业单位委派，代表国家机关、国有公司、企业、事业单位在非国有公司、企业、事业单位、社会团体中从事组织、领导、监督、管理等工作，都可以认定为国家机关、国有公司、企业、事业单位委派到非国有公司、企业、事业单位、社会团体从事公务的人员。如国家机关、国有公司、企业、事业单位委派在国有控股或者参股的股份有限公司从事组织、领导、监督、管理等工作的人员，应当以国家工作人员论。国有公司、企业改制为股份有限公司后，原国有公司、企业的工作人员和股份有限公司新任命的人员中，除代表国有投资主体行使监督、管理职权的人外，不以国家工作人员论。

（三）"其他依照法律从事公务的人员"的认定

《刑法》第九十三条第二款规定的"其他依照法律从事公务的人员"应当具有两个特征：一是在特定条件下行使国家管理职能；二是依照法律规定从事公务。具体包括：（1）依法履行职责的各级人民代表大会代表；（2）依法履行审判职责的人民陪审员；（3）协助乡镇人民政府、街道办事处从事行政管理工作的村民委员会、居民委员会等农村和城市基层组织人员；（4）其他由法律授权从事公务的人员。

（四）关于"从事公务"的理解

从事公务，是指代表国家机关、国有公司、企业、事业单位、人民团体等履行组织、领导、监督、管理等职责。公务主要表现为与职权相联系的公共事务以及监督、管理国有财产的职务活动。如国家机关工作人员依法履行职责，国有公司的董事、经理、监事、会计、出纳人员等管理、监督国有财产等活动，属于从事公务。那些不具备职权内容的劳务活动、技术服务工作，如售货员、售票员等所从事的工作，一般不认为是公务。

二、关于贪污罪

（一）贪污罪既遂与未遂的认定

贪污罪是一种以非法占有为目的的财产性职务犯罪，与盗窃、诈骗、抢夺等侵犯财产罪一样，应当以行为人是否实际控制财物作为区分贪污罪既遂与未遂的标准。对于行为人利用职务上的便利，实施了虚假平账等贪污行为，但公共财物尚未实际转移，或者尚未被行为人控制就被查获的，应当认定为贪污未遂。行为人控制公共财物后，是否将财物据为己有，不影响贪污既遂的认定。

（二）"受委托管理、经营国有财产"的认定

《刑法》第三百八十二条第二款规定的"受委托管理、经营国有财产"，是指因承包、租赁、临时聘用等管理、经营国有财产。

（三）国家工作人员与非国家工作人员勾结共同非法占有单位财物行为的认定

对于国家工作人员与他人勾结，共同非法占有单位财物的行为，应当按照最高人民法院《关于审理贪污、职务侵占案件如何认定共同犯罪几个问题的解释》的规定定罪处罚。对于在公司、企业或者其他单位中，非国家工作人员与国家工作人员勾结，分别利用各自的职务便利，共同将本单位财物非法占有的，应当尽量区分主从犯，按照主犯的犯罪性质定罪。司法实践中，如果根据案件的实际情况，各共同犯罪人在共同犯罪中的地位、作用相当，难以区分主从犯的，可以贪污罪定罪处罚。

（四）共同贪污犯罪中"个人贪污数额"的认定

《刑法》第三百八十三条第一款规定的"个人贪污数额"，在共同贪污犯罪案件中应理解为个人所参与或者组织、指挥共同贪污的数额，不能只按个人实际分得的赃款数额来认定。对共同贪污犯罪中的从犯，应当按照其所参与的共同贪污的数额确定量刑幅度，并依照《刑法》第二十七条第二款的规定，从轻、减轻处罚或者免除处罚。

3. 最高人民法院《关于审理贪污、职务侵占案件如何认定共同犯罪几个问题的解释》

法释〔2000〕15号

第一条　行为人与国家工作人员勾结，利用国家工作人员的职务便利，共同侵吞、窃取、骗取或者以其他手段非法占有公共财物的，以贪污罪共犯论处。

第二条　行为人与公司、企业或者其他单位的人员勾结，利用公司、企业或者其他单位人员的职务便利，共同将该单位财物非法占为己有，数额较大的，以职务侵占罪共犯论处。

第三条　公司、企业或者其他单位中，不具有国家工作人员身份的人与国家工作人员勾结，分别利用各自的职务便利，共同将本单位财物非法占为己有的，按照主犯的犯罪性质定罪。

4. 《全国人大常委会关于〈中华人民共和国刑法〉第九十三条第二款的解释》 2000年4月29日

村民委员会等村基层组织人员协助人民政府从事下列行政管理工作，属于《刑法》第九十三条第二款规定的"其他依照法律从事公务的人员"：

（一）救灾、抢险、防汛、优抚、扶贫、移民、救济款物的管理；

（二）社会捐助公益事业款物的管理；

（三）国有土地的经营和管理；

（四）土地征收、征用补偿费用的管理；

（五）代征、代缴税款；

（六）有关计划生育、户籍、征兵工作；

（七）协助人民政府从事的其他行政管理工作。

村民委员会等村基层组织人员从事前款规定的公务，利用职务上的便利，非法占有公共财物、挪用公款、索取他人财物或者非法收受他人财物，构成犯罪的，适用《刑法》第三百八十二条和第三百八十三条贪污罪、第三百八十四条挪用公款罪、第三百八十五条和第三百八十六条受贿罪的规定。

5. 最高人民法院、最高人民检察院《关于办理职务犯罪案件认定自首、立功等量刑情节若干问题的意见》法发〔2009〕13号（见附录二部分）

6. 最高人民法院、最高人民检察院《关于办理妨害预防、控制突发传染病疫情等灾害的刑事案件具体应用法律若干问题的解释》法释〔2003〕8号

贪污、侵占用于预防、控制突发传染病疫情等灾害的款物或者挪用归个人使用，构成犯罪的，分别依照《刑法》第三百八十二条、第三百八十三条、第二百七十一条、第三百八十四条、第二百七十二条的规定，以贪污罪、职务侵占罪、挪用公款罪、挪用资金罪定罪，依法从重处罚。

7. 最高人民法院研究室《关于对行为人通过伪造国家机关公文、证件担任国家工作人员职务并利用职务上便利侵占本单位的财物、收受贿赂、挪用本单位资金等行为如何适用法律问题的答复》法研〔2004〕38号

行为人通过伪造国家机关公文、证件担任国家工作人员职务后，又利用职务上的便利实施侵占本单位财务、收受贿赂、挪用本单位资金等行为，构成犯罪的，应当分别以伪造国家机关公文，证件罪和相应的贪污罪、受贿罪、挪用公款罪等追究刑事责任，实行数罪并罚。

8. 最高人民法院、最高人民检察院《关于办理国家出资企业中职务犯罪案件具体应用法律若干问题的意见》法发〔2010〕49号

国家工作人员或者受国家机关、国有公司、企业、事业单位、人民团体委托管理、经营国有财产的人员利用职务上的便利，在国家出资企业改制过程中故意通过低估资产、隐瞒债权、虚设债务、虚构产权交易等方式隐匿公司、企业财产，转为本人持有股份的改制后公司、企业所有，应当依法追究刑事责任，依照《刑法》第三百八十二条、第三百八十三条的规定，以贪污罪定罪处罚。贪污数额一般应当以所隐匿财产全额计算；改制后公司、企业仍有国有股份的，按股份比例扣除归于国有的部分。

所隐匿财产在改制过程中已为行为人实际控制，或者国家出资企业改制已经完成的，以犯罪既遂处理。

第一款规定以外的人员实施该款行为的，依照《刑法》第二百七十一条的规定，以职务侵占罪定罪处罚；第一款规定以外的人员与第一款规定的人员共同实施该款行为的，以贪污罪的共犯论处。

在企业改制过程中未采取低估资产、隐瞒债权、虚设债务、虚构产权交易等方式故意隐匿公司、企业财产的，一般不应当认定为贪污；造成国有资产重大损失，依法构成《刑法》第一百六十八条或者第一百六十九条规定的犯罪的，依照该规定定罪处罚。

改制后的公司、企业中只有改制前公司、企业的管理人员或者少数职工持股，改制前公司、企业的多数职工未持股的，依照本意见第一条的规定，以贪污罪定罪处罚。

国家出资企业中的国家工作人员在公司、企业改制或者国有资产处置过程中徇私舞弊，将国有资产低价折股或者低价出售给特定关系人持有股份或者本人实际控制的公司、企业，致使国家利益遭受重大损失的，依照《刑法》第三百八十二条、第三百八十三条的

规定，以贪污罪定罪处罚。贪污数额以国有资产的损失数额计算。

国家工作人员在国家出资企业改制前利用职务上的便利实施犯罪，在其不再具有国家工作人员身份后又实施同种行为，依法构成不同犯罪的，应当分别定罪，实行数罪并罚。

国家工作人员利用职务上的便利，在国家出资企业改制过程中隐匿公司、企业财产，在其不再具有国家工作人员身份后将所隐匿财产据为己有的，依照《刑法》第三百八十二条、第三百八十三条的规定，以贪污罪定罪处罚。

经国家机关、国有公司、企业、事业单位提名、推荐、任命、批准等，在国有控股、参股公司及其分支机构中从事公务的人员，应当认定为国家工作人员。具体的任命机构和程序，不影响国家工作人员的认定。

经国家出资企业中负有管理、监督国有资产职责的组织批准或者研究决定，代表其在国有控股、参股公司及其分支机构中从事组织、领导、监督、经营、管理工作的人员，应当认定为国家工作人员。

国家出资企业中的国家工作人员，在国家出资企业中持有个人股份或者同时接受非国有股东委托的，不影响其国家工作人员身份的认定。

本意见所称"国家出资企业"，包括国家出资的国有独资公司、国有独资企业，以及国有资本控股公司、国有资本参股公司。

是否属于国家出资企业不清楚的，应遵循"谁投资、谁拥有产权"的原则进行界定。企业注册登记中的资金来源与实际出资不符的，应根据实际出资情况确定企业的性质。企业实际出资情况不清楚的，可以综合工商注册、分配形式、经营管理等因素确定企业的性质。

9. 最高人民法院、最高人民检察院《关于办理职务犯罪案件严格适用缓刑、免予刑事处罚若干问题的意见》法发〔2012〕17号

为进一步规范贪污贿赂、渎职等职务犯罪案件缓刑、免予刑事处罚的适用，确保办理职务犯罪案件的法律效果和社会效果，根据《刑法》有关规定并结合司法工作实际，就职务犯罪案件缓刑、免予刑事处罚的具体适用问题，提出以下意见：

一、严格掌握职务犯罪案件缓刑、免予刑事处罚的适用。职务犯罪案件的刑罚适用直接关系反腐败工作的实际效果。人民法院、人民检察院要深刻认识职务犯罪的严重社会危害性，正确贯彻宽严相济刑事政策，充分发挥刑罚的惩治和预防功能。要在全面把握犯罪事实和量刑情节的基础上严格依照《刑法》规定的条件适用缓刑、免予刑事处罚，既要考虑从宽情节，又要考虑从严情节；既要做到刑罚与犯罪相当，又要做到刑罚执行方式与犯罪相当，切实避免缓刑、免予刑事处罚不当适用造成的消极影响。

二、具有下列情形之一的职务犯罪分子，一般不适用缓刑或者免予刑事处罚：

（一）不如实供述罪行的；

（二）不予退缴赃款赃物或者将赃款赃物用于非法活动的；

（三）属于共同犯罪中情节严重的主犯的；

（四）犯有数个职务犯罪依法实行并罚或者以一罪处理的；

（五）曾因职务违纪违法行为受过行政处分的；

（六）犯罪涉及的财物属于救灾、抢险、防汛、优抚、扶贫、移民、救济、防疫等特定款物的；

（七）受贿犯罪中具有索贿情节的；

（八）渎职犯罪中徇私舞弊情节或者滥用职权情节恶劣的；

（九）其他不应适用缓刑、免予刑事处罚的情形。

三、不具有本意见第二条规定的情形，全部退缴赃款赃物，依法判处三年有期徒刑以下刑罚，符合《刑法》规定的缓刑适用条件的贪污、受贿犯罪分子，可以适用缓刑；符合《刑法》第三百八十三条第一款第（三）项的规定，依法不需要判处刑罚的，可以免予刑事处罚。

不具有本意见第二条所列情形，挪用公款进行营利活动或者超过三个月未还构成犯罪，一审宣判前已将公款归还，依法判处三年有期徒刑以下刑罚，符合《刑法》规定的缓刑适用条件的，可以适用缓刑；在案发前已归还，情节轻微，不需要判处刑罚的，可以免予刑事处罚。

四、人民法院审理职务犯罪案件时应当注意听取检察机关、被告人、辩护人提出的量刑意见，分析影响性案件案发前后的社会反映，必要时可以征求案件查办等机关的意见。对于情节恶劣、社会反映强烈的职务犯罪案件，不得适用缓刑、免予刑事处罚。

五、对于具有本意见第二条规定的情形之一，但根据全案事实和量刑情节，检察机关认为确有必要适用缓刑或者免予刑事处罚并据此提出量刑建议的，应经检察委员会讨论决定；审理法院认为确有必要适用缓刑或者免予刑事处罚的，应经审判委员会讨论决定。

10. 最高人民法院、最高人民检察院《关于办理危害生产安全刑事案件适用法律若干问题的解释》法释〔2015〕22 号（具体见《刑法》第一百三十四条）

第十四条 国家工作人员违反规定投资入股生产经营，构成本解释规定的有关犯罪的，或者国家工作人员的贪污、受贿犯罪行为与安全事故发生存在关联性的，从重处罚；同时构成贪污、受贿犯罪和危害生产安全犯罪的，依照数罪并罚的规定处罚。

11. 最高人民法院《关于被告人林少钦受贿请示一案的答复》〔2016〕最高法刑他 5934 号

福建省高级人民法院：你院闽高法〔2016〕250 号《关于立案追诉后因法律司法解释修改导致追诉时效发生变化的案件法律适用问题的请示》收悉。经研究，答复如下：

追诉时效是依照法律规定对犯罪分子追究刑事责任的期限，在追诉时效期限内，司法机关应当依法追究犯罪分子刑事责任。对于法院正在审理的贪污贿赂案件，应当依据司法机关立案侦查时的法律规定认定追诉时效。依据立案侦查时的法律规定未过时效，且已经进入诉讼程序的案件，在新的法律规定生效后应当继续审理。

12. 最高人民检察院《关于贪污养老、医疗等社会保险基金能否适用〈最高人民法院最高人民检察院关于办理贪污贿赂刑事案件适用法律若干问题的解释〉第一条第二款第一项规定的批复》2017 年 7 月 26 日

近来，一些地方人民检察院就贪污养老、医疗等社会保险基金能否适用《最高人民法院、最高人民检察院关于办理贪污贿赂刑事案件适用法律若干问题的解释》第一条第二款第一项规定请示我院。经研究，批复如下：

养老、医疗、工伤、失业、生育等社会保险基金可以认定为《最高人民法院、最高人民检察院关于办理贪污贿赂刑事案件适用法律若干问题的解释》第一条第二款第一项规定的"特定款物"。

根据《刑法》和有关司法解释规定，贪污罪和挪用公款罪中的"特定款物"的范围有所不同，实践中应注意区分，依法适用。

13. 最高人民法院、最高人民检察院《关于办理虚假诉讼刑事案件适用法律若干问题的解释》法释〔2018〕17 号（见第三百零七条之一）

第四条 实施《刑法》第三百零七条之一第一款行为，非法占有他人财产或者逃避合

法债务，又构成诈骗罪、职务侵占罪，拒不执行判决、裁定罪，贪污罪等犯罪的，依照处罚较重的规定定罪从重处罚。

14. 最高人民法院、最高人民检察院、公安部、司法部《关于依法惩治妨害新型冠状病毒感染肺炎疫情防控违法犯罪的意见》 法发〔2020〕7 号（2020 年 2 月 6 日）（具体见第一百一十五条）

（七）依法严惩疫情防控失职渎职、贪污挪用犯罪。

国家工作人员，受委托管理国有财产的人员，公司、企业或者其他单位的人员，利用职务便利，侵吞、截留或者以其他手段非法占有用于防控新型冠状病毒感染肺炎的款物，或者挪用上述款物归个人使用，符合《刑法》第三百八十二条、第三百八十三条、第二百七十一条、第三百八十四条、第二百七十二条规定的，以贪污罪、职务侵占罪、挪用公款罪、挪用资金罪定罪处罚。挪用用于防控新型冠状病毒感染肺炎的救灾、优抚、救济等款物，符合《刑法》第二百七十三条规定的，对直接责任人员，以挪用特定款物罪定罪处罚。

（附参考）1. 浙江省高级人民法院刑事审判庭《关于执行刑法若干问题的具体意见》 浙高法刑〔1999〕1 号

52. 非国家工作人员与国家工作人员共同利用国家工作人员的职务便利，侵吞、窃取、骗取或者以其他手段非法占有公共财物的，以贪污罪定罪处罚。

53. 非国有公司、企业以及其他非国有单位中受国有公司、企业或者其他国有单位委派从事公务的人员与该单位中的其他人员分别利用各自的职务便利，共同将本单位财物占为己有或者共同挪用本单位资金的，对于受国有公司、企业或者其他国有单位委派从事公务的人员，以贪污罪或者挪用公款罪定罪处罚；对于其他人员，以职务侵占罪或者挪用资金罪定罪处罚。

54. 行为人同时具有国家机关工作人员和国有公司、企业、事业单位工作人员的身份，在履行职务过程中犯罪的，如果该职务犯罪主要是利用了或基于国家机关工作人员的身份实施的，依照《刑法》有关国家机关工作人员犯罪的规定定罪处罚；如果该职务犯罪主要是利用了或基于国有公司、企业、事业单位工作人员的身份实施的，依照《刑法》中有关国有公司、企业、事业单位工作人员犯罪的规定定罪处罚。

2. 浙江省高级人民法院刑事审判庭《关于执行刑法若干问题的具体意见（二）》 浙高法刑〔2000〕2 号

21. 《全国人大常委会关于惩治贪污罪贿赂罪的补充规定》第二条第二款规定部分共同贪污按个人所得数额处罚，而《刑法》没有规定这一原则，因此对于 1997 年 10 月 1 日以后实施的共同贪污犯罪，不再适用该原则处罚，应当依照《刑法》总则有关共同犯罪的处罚原则处罚；对于 1997 年 9 月 30 日以前的共同贪污犯罪，仍应依照《补充规定》有关共同贪污的处罚原则处罚。

3. 浙江省高级人民法院刑事审判第一庭、第二庭《关于执行刑法若干问题的具体意见（三）》 浙高法刑〔2000〕3 号

7. 国有公司、企业、事业单位工作人员，利用职务便利擅自以私盖公章等形式为他人提供贷款担保，造成单位因承担担保责任而使国家利益遭受重大损失的，依照《刑法》修正案修正后的《刑法》第一百六十八条定罪处罚；如果行为人是以此为手段以达到非法侵吞财物之目的的，依照主体情况以贪污罪或者职务侵占罪定罪处罚。

8. 银行工作人员或者特约商户工作人员利用职务之便，盗划顾客的信用卡窃取资金的，依照行为人的主体身份，以贪污罪或者职务侵占罪定罪处罚。

4. 浙江省高级人民法院刑二庭《关于印发〈全省法院经济犯罪疑难问题研讨会纪要〉的通知》浙高法刑二〔2005〕1号

二十五、国有单位人员不是利用被直接委派的职务便利实施侵吞资金行为的定性

《刑法》第九十三条第二款中的"委派"人员，是指由国家机关、国有公司、企业、事业单位（即国有单位）委任或派遣，作为国有单位的派出者，并代表该国有单位在非国有单位中从事公务的人员。接受委派的人负有保全非国有单位中的国有资产的职责。委派的形式可多种多样，如任命、指派、提名、批准等。公司法规定，股东委派到股份制公司中代表自己行使管理权的人员只限于所到公司的董事、监事，经理等人员一般由董事会选举或聘任产生。如受委派人员利用经理等的职务便利侵吞资金等，在这样的情况下，不能简单地得出其不是国家工作人员的结论。因为受委派和受聘任之间具有紧密的因果关系。更为重要的是，行为人利用经理的职务所为的经营行为既代表非国有单位，同时又代表国有投资主体对国有资产行使监督、管理职责，二者不能割裂开来。因此，受委派人员利用经理的职务便利侵吞公司资金时，可认为其具有国家工作人员身份，其行为可构成贪污罪。

二十六、贪污罪与私分国有资产罪的区分

私分国有资产罪与贪污罪有许多相同之处，在司法实践中容易混淆，常常引起争议。但二者仍有重大区别：

（1）主观意志的外在形态表现不同。贪污罪主观意志的外在形态表现为自然人的个体犯罪意志，具有将公共财产非法据为己有的目的。而私分国有资产罪主观意志的外在形态表现为一种群体犯罪意志。

（2）行为方式不同。共同贪污国有资产通常表现为非法占有国有资产的人利用职务上的便利，共同实施，一般是秘密进行的，而且想方设法将有关账目抹平，以掩盖非法占有国有资产的事实。而私分国有资产行为则表现为在单位意志的支配下，集体共同私分，而大多数分得财产的人对是否私分没有决定权，而且在单位内部往往是公开的，有的有详细财务记录。

5. 浙江省高级人民法院、浙江省人民检察院、浙江省公安厅《关于村民委员会等村基层组织人员利用职权实施犯罪适用法律若干问题的解答》浙检会（研）〔2005〕7号

一、问：如何界定村基层组织人员的活动属于协助人民政府从事行政管理工作？

答：认定村基层组织人员协助人民政府从事行政管理工作，应当注意把握以下要点：第一，协助的事项必须是政府事务，而不是村集体事务；第二，协助的事项必须具有行政管理性质，属于政府行政管理职责范围；第三，政府就该事项对村基层组织有委托或授权。

二、问：村基层组织人员对政府统一组织的对口帮扶单位捐助款物的管理是否属于协助人民政府从事"社会捐助公益事业款物的管理"？

答：属于协助人民政府从事"社会捐助公益事业款物的管理"。

三、问：村基层组织人员侵吞、挪用土地征用补偿费用的行为，如何定性？

答：村基层组织人员采取虚报土地数、人口数等手段侵吞土地征用补偿费用的行为，应认定为贪污罪。

土地征用补偿费用发放到村，村集体尚未提留前，村基层组织人员对土地征用补偿费用的侵吞、挪用行为，应认定为贪污罪或挪用公款罪。

土地征用补偿费用发放到村，村集体按规定提留后，村基层组织人员侵吞、挪用应当发放给农户的资金，以贪污罪或挪用公款罪认定；侵吞、挪用村集体提留的资金，以职务侵占罪或挪用资金罪认定。

四、问：当土地征用补偿费用与村集体资金混在同一账户时，村基层组织人员利用职务上的便利进行侵吞、挪用的，如何定性？

答：有证据证实行为人主观意图明确指向土地补偿费用的，侵吞、挪用的资金在土地征用补偿费用数额内的，以贪污、挪用公款罪认定；超过的部分认定为职务侵占罪、挪用资金罪。

没有证据能够证实行为人主观意图指向土地补偿费用的，以职务侵占或挪用资金罪认定；超过村集体资金、属于土地征用补偿费用的部分，以贪污罪或挪用公款罪认定。

贪污、挪用土地征用补偿费用的数额与侵占、挪用集体资金的数额均未达到构罪标准，但总额达到职务侵占罪、挪用资金罪构罪标准的，以职务侵占罪、挪用资金罪认定。

五、问：村经济合作社干部在管理村集体经济事务过程中收受他人贿赂的行为如何定性？

答：按照《浙江省村经济合作社组织条例》的规定，村经济合作社是以行政村为单位设置的农村集体经济经营管理组织。不论村经济合作社是否取得工商登记，只要在管理村集体经济事务过程中，村经济合作社干部利用职务上的便利，索取或非法收受他人财物，为他人谋取利益，数额较大的，应以公司企业人员受贿罪依法追究刑事责任。

六、问：村委会等村基层组织能否构成单位犯罪主体？

答：村委会等村基层组织以单位名义实施的为本单位谋取非法利益的行为，法律规定为单位犯罪的，以单位犯罪追究刑事责任。

6. 浙江省高级人民法院、浙江省人民检察院《关于办理虚假诉讼刑事案件具体适用法律的指导意见》浙高法〔2010〕207号（见第三百零七条）

7. 浙江省高级人民法院、浙江省人民检察院、浙江省公安厅《关于办理偷逃高速公路车辆通行费、盗窃高速公路交通设施等刑事案件具体适用法律若干问题的意见》浙公通字〔2010〕78号（具体参照第二百六十六条）

二、行为人与高速公路营运管理工作人员合谋，利用高速公路营运管理工作人员的职务便利，共同偷逃高速公路车辆通行费，数额较大的，依照《刑法》第二百七十一条的规定，以职务侵占罪共犯论处；高速公路营运管理工作人员系国家工作人员的，依照《刑法》第三百八十二条的规定，以贪污罪共犯论处。

第三百八十四条【挪用公款罪】　国家工作人员利用职务上的便利，挪用公款归个人使用，进行非法活动的，或者挪用公款数额较大、进行营利活动的，或者挪用公款数额较大、超过三个月未还的，是挪用公款罪，处五年以下有期徒刑或者拘役；情节严重的，处五年以上有期徒刑。挪用公款数额巨大不退还的，处十年以上有期徒刑或者无期徒刑。

挪用用于救灾、抢险、防汛、优抚、扶贫、移民、救济款物归个人使用的，从重处罚。

（相关解释）**1. 最高人民法院、最高人民检察院《关于办理贪污贿赂刑事案件适用法律若干问题的解释》**法释〔2016〕9号（具体见第三百八十三条）

第五条　挪用公款归个人使用，进行非法活动，数额在三万元以上的，应当依照《刑法》第三百八十四条的规定以挪用公款罪追究刑事责任；数额在三百万元以上的，应当认定为《刑法》第三百八十四条第一款规定的"数额巨大"。具有下列情形之一的，应当认定为《刑法》第三百八十四条第一款规定的"情节严重"：

（一）挪用公款数额在一百万元以上的；

（二）挪用救灾、抢险、防汛、优抚、扶贫、移民、救济特定款物，数额在五十万元以上不满一百万元的；

（三）挪用公款不退还，数额在五十万元以上不满一百万元的；

（四）其他严重的情节。

第六条　挪用公款归个人使用，进行营利活动或者超过三个月未还，数额在五万元以上的，应当认定为《刑法》第三百八十四条第一款规定的"数额较大"；数额在五百万元以上的，应当认定为《刑法》第三百八十四条第一款规定的"数额巨大"。具有下列情形之一的，应当认定为《刑法》第三百八十四条第一款规定的"情节严重"：

（一）挪用公款数额在二百万元以上的；

（二）挪用救灾、抢险、防汛、优抚、扶贫、移民、救济特定款物，数额在一百万元以上不满二百万元的；

（三）挪用公款不退还，数额在一百万元以上不满二百万元的；

（四）其他严重的情节。

2. 最高人民法院《关于审理挪用公款案件具体应用法律若干问题的解释》法释〔1998〕9号

第一条　《刑法》第三百八十四条规定的"挪用公款归个人使用"，包括挪用者本人使用或者给他人使用。

挪用公款给私有公司、私有企业使用的，属于挪用公款归个人使用。

第二条　对挪用公款罪，应区分三种不同情况予以认定：

（一）挪用公款归个人使用，数额较大、超过三个月未还的，构成挪用公款罪。

挪用正在生息或者需要支付利息的公款归个人使用，数额较大，超过三个月但在案发前全部归还本金的，可以从轻处罚或者免除处罚。给国家、集体造成的利息损失应予追缴。挪用公款数额巨大，超过三个月，案发前全部归还的，可以酌情从轻处罚。

（二）挪用公款数额较大，归个人进行营利活动的，构成挪用公款罪，不受挪用时间和是否归还的限制。在案发前部分或者全部归还本息的，可以从轻处罚；情节轻微的，可以免除处罚。

挪用公款存入银行、用于集资、购买股票、国债等，属于挪用公款进行营利活动。所获取的利息、收益等违法所得，应当追缴，但不计入挪用公款的数额。

（三）挪用公款归个人使用，进行赌博、走私等非法活动的，构成挪用公款罪，不受"数额较大"和挪用时间的限制。

挪用公款给他人使用，不知道使用人用公款进行营利活动或者用于非法活动，数额较大、超过三个月未还的，构成挪用公款罪；明知使用人用于营利活动或者非法活动的，应当认定为挪用人挪用公款进行营利活动或者非法活动。

第四条　多次挪用公款不还，挪用公款数额累计计算；多次挪用公款，并以后次挪用的公款归还前次挪用的公款，挪用公款数额以案发时未还的实际数额认定。

第五条　"挪用公款数额巨大不退还的"，是指挪用公款数额巨大，因客观原因在一审宣判前不能退还的。

第六条　携带挪用的公款潜逃的，依照《刑法》第三百八十二条、第三百八十三条的规定定罪处罚。

第七条　因挪用公款索取、收受贿赂构成犯罪的，依照数罪并罚的规定处罚。

挪用公款进行非法活动构成其他犯罪的，依照数罪并罚的规定处罚。

第八条　挪用公款给他人使用，使用人与挪用人共谋，指使或者参与策划取得挪用款的，以挪用公款罪的共犯定罪处罚。

3.《全国人大常委会关于〈中华人民共和国刑法〉第三百八十四条第一款的解释》 2002 年 4 月 28 日

全国人民代表大会常务委员会讨论了《刑法》第三百八十四条第一款规定的国家工作人员利用职务上的便利，挪用公款"归个人使用"的含义问题，解释如下：

有下列情形之一的，属于挪用公款"归个人使用"：

（一）将公款供本人、亲友或者其他自然人使用的；

（二）以个人名义将公款供其他单位使用的；

（三）个人决定以单位名义将公款供其他单位使用，谋取个人利益的。

4.《全国人大常委会关于〈中华人民共和国刑法〉第九十三条第二款的解释》 2000 年 4 月 29 日（见第三百八十三条）

5. 最高人民法院《关于挪用公款犯罪如何计算追诉期限问题的批复》 法释〔2003〕16 号

根据《刑法》第八十九条、第三百八十四条的规定，挪用公款归个人使用，进行非法活动的，或者挪用公款数额较大、进行营利活动的，犯罪的追诉期限从挪用行为实施完毕之日起计算；挪用公款数额较大、超过三个月未还的，犯罪的追诉期限从挪用公款罪成立之日起计算。挪用公款行为有连续状态的，犯罪的追诉期限应当从最后一次挪用行为实施完毕之日或者犯罪成立之日起计算。

6. 最高人民法院《全国法院审理经济犯罪案件工作座谈会纪要》 法〔2003〕167 号

四、关于挪用公款罪

（一）单位决定将公款给个人使用行为的认定

经单位领导集体研究决定将公款给个人使用，或者单位负责人为了单位的利益，决定将公款给个人使用的，不以挪用公款罪定罪处罚。上述行为致使单位遭受重大损失，构成其他犯罪的，依照《刑法》的有关规定对责任人员定罪处罚。

（二）挪用公款供其他单位使用行为的认定

根据《全国人大常委会关于〈中华人民共和国刑法〉第三百八十四条第一款的解释》的规定，"以个人名义将公款供其他单位使用的""个人决定以单位名义将公款供其他单位使用，谋取个人利益的"，属于挪用公款"归个人使用"。在司法实践中，对于将公款供其他单位使用的，认定是否属于"以个人名义"，不能只看形式，要从实质上把握。对于行为人逃避财务监管，或者与使用人约定以个人名义进行，或者借款、还款都以个人名义进行，将公款给其他单位使用的，应认定为"以个人名义"。"个人决定"既包括行为人在职权范围内决定，也包括超越职权范围决定。"谋取个人利益"，既包括行为人与使用人事先约定谋取个人利益实际尚未获取的情况，也包括虽未事先约定但实际已获取了个人利益的情况。其中的"个人利益"，既包括不正当利益，也包括正当利益；既包括财产性利益，也包括非财产性利益，但这种非财产性利益应当是具体的实际利益，如升学、就业等。

（三）国有单位领导向其主管的具有法人资格的下级单位借公款归个人使用的认定

国有单位领导利用职务上的便利指令具有法人资格的下级单位将公款供个人使用的，属于挪用公款行为，构成犯罪的，应以挪用公款罪定罪处罚。

（四）挪用有价证券、金融凭证用于质押行为性质的认定

挪用金融凭证、有价证券用于质押，使公款处于风险之中，与挪用公款为他人提供担保没有实质的区别，符合《刑法》关于挪用公款罪规定的，以挪用公款罪定罪处罚，挪用

公款数额以实际或者可能承担的风险数额认定。

（五）挪用公款归还个人欠款行为性质的认定

挪用公款归还个人欠款的，应当根据产生欠款的原因，分别认定属于挪用公款的何种情形。归还个人进行非法活动或者进行营利活动产生的欠款，应当认定为挪用公款进行非法活动或者进行营利活动。

（六）挪用公款用于注册公司、企业行为性质的认定

申报注册资本是为进行生产经营活动作准备，属于成立公司、企业进行营利活动的组成部分。因此，挪用公款归个人用于公司、企业注册资本验资证明的，应当认定为挪用公款进行营利活动。

（七）挪用公款后尚未投入实际使用的行为性质的认定

挪用公款后尚未投入实际使用的，只要同时具备"数额较大"和"超过三个月未还"的构成要件，应当认定为挪用公款罪，但可以酌情从轻处罚。

（八）挪用公款转化为贪污的认定

挪用公款罪与贪污罪的主要区别在于行为人主观上是否具有非法占有公款的目的。挪用公款是否转化为贪污，应当按照主客观相一致的原则，具体判断和认定行为人主观上是否具有非法占有公款的目的。在司法实践中，具有以下情形之一的，可以认定行为人具有非法占有公款的目的：

1.根据最高人民法院《关于审理挪用公款案件具体应用法律若干问题的解释》第六条的规定，行为人"携带挪用的公款潜逃的"，对其携带挪用的公款部分，以贪污罪定罪处罚。

2.行为人挪用公款后采取虚假发票平账、销毁有关账目等手段，使所挪用的公款已难以在单位财务账目上反映出来，且没有归还行为的，应当以贪污罪定罪处罚。

3.行为人截取单位收入不入账，非法占有，使所占有的公款难以在单位财务账目上反映出来，且没有归还行为的，应当以贪污罪定罪处罚。

4.有证据证明行为人有能力归还所挪用的公款而拒不归还，并隐瞒挪用的公款去向的，应当以贪污罪定罪处罚。

7. 最高人民检察院《关于国家工作人员挪用非特定公物能否定罪的请示的批复》高检发研字〔2000〕1号

你院鲁检发研字〔1999〕第3号《关于国家工作人员挪用非特定公物能否定罪的请示》收悉。经研究认为，《刑法》第三百八十四条规定的挪用公款罪中未包括挪用非特定公物归个人使用的行为，对该行为不以挪用公款罪论处。如构成其他犯罪的，依照《刑法》的相关规定定罪处罚。

8. 最高人民检察院《关于挪用失业保险基金和下岗职工基本生活保障资金的行为适用法律问题的批复》高检发释字〔2003〕1号

挪用失业保险基金和下岗职工基本生活保障资金属于挪用救济款物。挪用失业保险基金和下岗职工基本生活保障资金，情节严重，致使国家和人民群众利益遭受重大损害的，对直接责任人员，应当依照《刑法》第二百七十三条的规定，以挪用特定款物罪追究刑事责任；国家工作人员利用职务上的便利，挪用失业保险基金和下岗职工基本生活保障资金归个人使用，构成犯罪的，应当依照《刑法》第三百八十四条的规定，以挪用公款罪追究刑事责任。

9. 最高人民法院、最高人民检察院《关于办理妨害预防、控制突发传染病疫情等灾害的刑事案件具体应用法律若干问题的解释》法释〔2003〕8号

　　贪污、侵占用于预防、控制突发传染病疫情等灾害的款物或者挪用归个人使用，构成犯罪的，分别依照《刑法》第三百八十二条、第三百八十三条、第二百七十一条、第三百八十四条、第二百七十二条的规定，以贪污罪、侵占罪、挪用公款罪、挪用资金罪定罪，依法从重处罚。

　　10.最高人民法院、最高人民检察院《关于办理国家出资企业中职务犯罪案件具体应用法律若干问题的意见》法发〔2010〕49号

　　国家出资企业的工作人员在公司、企业改制过程中为购买公司、企业股份，利用职务上的便利，将公司、企业的资金或者金融凭证、有价证券等用于个人贷款担保的，依照《刑法》第二百七十二条或者第三百八十四条的规定，以挪用资金罪或者挪用公款罪定罪处罚。

　　行为人在改制前的国家出资企业持有股份的，不影响挪用数额的认定，但量刑时应当酌情考虑。

　　经有关主管部门批准或者按照有关政策规定，国家出资企业的工作人员为购买改制公司、企业股份实施前款行为的，可以视具体情况不作为犯罪处理。

　　（附参考）**1.浙江省高级人民法院刑事审判庭《关于执行刑法若干问题的具体意见（一）》浙高法刑〔1999〕1号**

　　33.《刑法》第一百八十七条，银行或者其他金融机构的工作人员"采取吸收客户资金不入账的方式，将资金用于非法拆借、发放贷款"，是指行为人与客户约定后，将客户资金不记入银行账户，用于非法拆借、发放贷款。如果行为人没有与客户约定，利用职务便利将客户的资金用于非法拆借、发放贷款的，应按照《刑法》第二百七十二条挪用资金罪或者《刑法》第三百八十四条挪用公款罪定罪处罚。

　　2.浙江省高级人民法院刑事审判庭《关于执行刑法若干问题的具体意见（二）》浙高法刑〔2000〕2号

　　22.《刑法》第三百八十四条挪用公款罪的几个问题：

　　（1）根据最高人民法院《关于审理挪用公款案件具体应用法律若干问题的解释》第一条第二款的规定，挪用公款给国有、集体单位使用的，一般不属于挪用公款归个人使用。如果挪用人从中获取收益的，可视为挪用人个人挪用公款进行营利活动；如果挪用人因此收受贿赂的，以受贿论处。

　　（2）挪用公款给承包经营的国有、集体公司、企业使用的，依照本条第（一）款的原则处理。

　　（3）明知是名为集体实为私有公司、企业而挪用公款给其用于经营活动的，不管行为人是否从中获取收益，都属于挪用公款归个人进行营利活动。

　　（4）挪用公款数额巨大，因客观原因在一审宣判以前没有全部退还的，如果没有退还部分的数额达到"数额巨大"标准的，依照"挪用公款数额巨大不退还"的量刑幅度处罚；如果没有退还部分的数额未到"数额巨大"标准的，不能依照"挪用公款数额巨大不退还"的量刑幅度处罚。

　　第三百八十五条【受贿罪】　国家工作人员利用职务上的便利，索取他人财物的，或者非法收受他人财物，为他人谋取利益的，是受贿罪。

　　国家工作人员在经济往来中，违反国家规定，收受各种名义的回扣、手续费，归个人所有的，以受贿论处。

第三百八十六条 对犯受贿罪的，根据受贿所得数额及情节，依照本法第三百八十三条【贪污罪】的规定处罚。索贿的从重处罚。

（相关解释）**1. 最高人民法院、最高人民检察院《关于办理贪污贿赂刑事案件适用法律若干问题的解释》** 法释〔2016〕9号（具体见第三百八十三条）

第一条　贪污或者受贿数额在三万元以上不满二十万元的，应当认定为《刑法》第三百八十三条第一款规定的"数额较大"，依法判处三年以下有期徒刑或者拘役，并处罚金。

贪污数额在一万元以上不满三万元，具有下列情形之一的，应当认定为《刑法》第三百八十三条第一款规定的"其他较重情节"，依法判处三年以下有期徒刑或者拘役，并处罚金：

（一）贪污救灾、抢险、防汛、优抚、扶贫、移民、救济、防疫、社会捐助等特定款物的；

（二）曾因贪污、受贿、挪用公款受过党纪、行政处分的；

（三）曾因故意犯罪受过刑事追究的；

（四）赃款赃物用于非法活动的；

（五）拒不交待赃款赃物去向或者拒不配合追缴工作，致使无法追缴的；

（六）造成恶劣影响或者其他严重后果的。

受贿数额在一万元以上不满三万元，具有前款第二项至第六项规定的情形之一，或者具有下列情形之一的，应当认定为《刑法》第三百八十三条第一款规定的"其他较重情节"，依法判处三年以下有期徒刑或者拘役，并处罚金：

（一）多次索贿的；

（二）为他人谋取不正当利益，致使公共财产、国家和人民利益遭受损失的；

（三）为他人谋取职务提拔、调整的。

第二条　贪污或者受贿数额在二十万元以上不满三百万元的，应当认定为《刑法》第三百八十三条第一款规定的"数额巨大"，依法判处三年以上十年以下有期徒刑，并处罚金或者没收财产。

贪污数额在十万元以上不满二十万元，具有本解释第一条第二款规定的情形之一的，应当认定为《刑法》第三百八十三条第一款规定的"其他严重情节"，依法判处三年以上十年以下有期徒刑，并处罚金或者没收财产。

受贿数额在十万元以上不满二十万元，具有本解释第一条第三款规定的情形之一的，应当认定为《刑法》第三百八十三条第一款规定的"其他严重情节"，依法判处三年以上十年以下有期徒刑，并处罚金或者没收财产。

第三条　贪污或者受贿数额在三百万元以上的，应当认定为《刑法》第三百八十三条第一款规定的"数额特别巨大"，依法判处十年以上有期徒刑、无期徒刑或者死刑，并处罚金或者没收财产。

贪污数额在一百五十万元以上不满三百万元，具有本解释第一条第二款规定的情形之一的，应当认定为《刑法》第三百八十三条第一款规定的"其他特别严重情节"，依法判处十年以上有期徒刑、无期徒刑或者死刑，并处罚金或者没收财产。

受贿数额在一百五十万元以上不满三百万元，具有本解释第一条第三款规定的情形之一的，应当认定为《刑法》第三百八十三条第一款规定的"其他特别严重情节"，依法判处十年以上有期徒刑、无期徒刑或者死刑，并处罚金或者没收财产。

第四条　贪污、受贿数额特别巨大，犯罪情节特别严重、社会影响特别恶劣、给国家和人民利益造成特别重大损失的，可以判处死刑。

符合前款规定的情形，但具有自首，立功，如实供述自己罪行、真诚悔罪、积极退赃，或者避免、减少损害结果的发生等情节，不是必须立即执行的，可以判处死刑缓期二年执行。

符合第一款规定情形的，根据犯罪情节等情况可以判处死刑缓期二年执行，同时裁判决定在其死刑缓期执行二年期满依法减为无期徒刑后，终身监禁，不得减刑、假释。

第十二条　贿赂犯罪中的"财物"，包括货币、物品和财产性利益。财产性利益包括可以折算为货币的物质利益如房屋装修、债务免除等，以及需要支付货币的其他利益如会员服务、旅游等。后者的犯罪数额，以实际支付或者应当支付的数额计算。

第十三条　具有下列情形之一的，应当认定为"为他人谋取利益"，构成犯罪的，应当依照《刑法》关于受贿犯罪的规定定罪处罚：

（一）实际或者承诺为他人谋取利益的；

（二）明知他人有具体请托事项的；

（三）履职时未被请托，但事后基于该履职事由收受他人财物的。

国家工作人员索取、收受具有上下级关系的下属或者具有行政管理关系的被管理人员的财物价值三万元以上，可能影响职权行使的，视为承诺为他人谋取利益。

第十五条　对多次受贿未经处理的，累计计算受贿数额。

国家工作人员利用职务上的便利为请托人谋取利益前后多次收受请托人财物，受请托之前收受的财物数额在一万元以上的，应当一并计入受贿数额。

第十六条　国家工作人员出于贪污、受贿的故意，非法占有公共财物、收受他人财物之后，将赃款赃物用于单位公务支出或者社会捐赠的，不影响贪污罪、受贿罪的认定，但量刑时可以酌情考虑。

特定关系人索取、收受他人财物，国家工作人员知道后未退还或者上交的，应当认定国家工作人员具有受贿故意。

第十七条　国家工作人员利用职务上的便利，收受他人财物，为他人谋取利益，同时构成受贿罪和《刑法》分则第三章第三节、第九章规定的渎职犯罪的，除《刑法》另有规定外，以受贿罪和渎职犯罪数罪并罚。

第十八条　贪污贿赂犯罪分子违法所得的一切财物，应当依照《刑法》第六十四条的规定予以追缴或者责令退赔，对被害人的合法财产应当及时返还。对尚未追缴到案或者尚未足额退赔的违法所得，应当继续追缴或者责令退赔。

第十九条　对贪污罪、受贿罪判处三年以下有期徒刑或者拘役的，应当并处十万元以上五十万元以下的罚金；判处三年以上十年以下有期徒刑的，应当并处二十万元以上犯罪数额二倍以下的罚金或者没收财产；判处十年以上有期徒刑或者无期徒刑的，应当并处五十万元以上犯罪数额二倍以下的罚金或者没收财产。

对《刑法》规定并处罚金的其他贪污贿赂犯罪，应当在十万元以上犯罪数额二倍以下判处罚金。

第二十条　本解释自 2016 年 4 月 18 日起施行。最高人民法院、最高人民检察院此前发布的司法解释与本解释不一致的，以本解释为准。

2. 最高人民法院、最高人民检察院《关于办理受贿刑事案件适用法律若干问题的意见》
法发〔2007〕22号

一、关于以交易形式收受贿赂问题

国家工作人员利用职务上的便利为请托人谋取利益，以下列交易形式收受请托人财物的，以受贿论处：

（1）以明显低于市场的价格向请托人购买房屋、汽车等物品的；

（2）以明显高于市场的价格向请托人出售房屋、汽车等物品的；

（3）以其他交易形式非法收受请托人财物的。

受贿数额按照交易时当地市场价格与实际支付价格的差额计算。

前款所列市场价格包括商品经营者事先设定的不针对特定人的最低优惠价格。根据商品经营者事先设定的各种优惠交易条件，以优惠价格购买商品的，不属于受贿。

二、关于收受干股问题

干股是指未出资而获得的股份。国家工作人员利用职务上的便利为请托人谋取利益，收受请托人提供的干股的，以受贿论处。进行了股权转让登记，或者相关证据证明股份发生了实际转让的，受贿数额按转让行为时股份价值计算，所分红利按受贿孳息处理。股份未实际转让，以股份分红名义获取利益的，实际获利数额应当认定为受贿数额。

三、关于以开办公司等合作投资名义收受贿赂问题

国家工作人员利用职务上的便利为请托人谋取利益，由请托人出资，"合作"开办公司或者进行其他"合作"投资的，以受贿论处。受贿数额为请托人给国家工作人员的出资额。

国家工作人员利用职务上的便利为请托人谋取利益，以合作开办公司或者其他合作投资的名义获取"利润"，没有实际出资和参与管理、经营的，以受贿论处。

四、关于以委托请托人投资证券、期货或者其他委托理财的名义收受贿赂问题

国家工作人员利用职务上的便利为请托人谋取利益，以委托请托人投资证券、期货或者其他委托理财的名义，未实际出资而获取"收益"，或者虽然实际出资，但获取"收益"明显高于出资应得收益的，以受贿论处。受贿数额，前一情形，以"收益"额计算；后一情形，以"收益"额与出资应得收益额的差额计算。

五、关于以赌博形式收受贿赂的认定问题

根据最高人民法院、最高人民检察院《关于办理赌博刑事案件具体应用法律若干问题的解释》第七条规定，国家工作人员利用职务上的便利为请托人谋取利益，通过赌博方式收受请托人财物的，构成受贿。

实践中应注意区分贿赂与赌博活动、娱乐活动的界限。具体认定时，主要应当结合以下因素进行判断：（1）赌博的背景、场合、时间、次数；（2）赌资来源；（3）其他赌博参与者有无事先通谋；（4）输赢钱物的具体情况和金额大小。

六、关于特定关系人"挂名"领取薪酬问题

国家工作人员利用职务上的便利为请托人谋取利益，要求或者接受请托人以给特定关系人安排工作为名，使特定关系人不实际工作却获取所谓薪酬的，以受贿论处。

七、关于由特定关系人收受贿赂问题

国家工作人员利用职务上的便利为请托人谋取利益，授意请托人以本意见所列形式，将有关财物给予特定关系人的，以受贿论处。

特定关系人与国家工作人员通谋，共同实施前款行为的，对特定关系人以受贿罪的共

犯论处。特定关系人以外的其他人与国家工作人员通谋，由国家工作人员利用职务上的便利为请托人谋取利益，收受请托人财物后双方共同占有的，以受贿罪的共犯论处。

八、关于收受贿赂物品未办理权属变更问题

国家工作人员利用职务上的便利为请托人谋取利益，收受请托人房屋、汽车等物品，未变更权属登记或者借用他人名义办理权属变更登记的，不影响受贿的认定。

认定以房屋、汽车等物品为对象的受贿，应注意与借用的区分。具体认定时，除双方交代或者书面协议之外，主要应当结合以下因素进行判断：（1）有无借用的合理事由；（2）是否实际使用；（3）借用时间的长短；（4）有无归还的条件；（5）有无归还的意思表示及行为。

九、关于收受财物后退还或者上交问题

国家工作人员收受请托人财物后及时退还或者上交的，不是受贿。

国家工作人员受贿后，因自身或者与其受贿有关联的人、事被查处，为掩饰犯罪而退还或者上交的，不影响认定受贿罪。

十、关于在职时为请托人谋利，离职后收受财物问题

国家工作人员利用职务上的便利为请托人谋取利益之前或者之后，约定在其离职后收受请托人财物，并在离职后收受的，以受贿论处。

国家工作人员利用职务上的便利为请托人谋取利益，离职前后连续收受请托人财物的，离职前后收受部分均应计入受贿数额。

十一、关于"特定关系人"的范围

本意见所称"特定关系人"，是指与国家工作人员有近亲属、情妇（夫）以及其他共同利益关系的人。

十二、关于正确贯彻宽严相济刑事政策的问题

依照本意见办理受贿刑事案件，要根据《刑法》关于受贿罪的有关规定和受贿罪权钱交易的本质特征，准确区分罪与非罪、此罪与彼罪的界限，惩处少数，教育多数。在从严惩处受贿犯罪的同时，对于具有自首、立功等情节的，依法从轻、减轻或者免除处罚。

3.《全国人大常委会关于〈中华人民共和国刑法〉第九十三条第二款的解释》 2000 年4月29日（见第三百八十三条）

4. 最高人民法院、最高人民检察院《关于办理商业贿赂刑事案件适用法律若干问题的意见》 法发〔2008〕33号（见第一百六十三条）

5. 最高人民法院《全国法院审理经济犯罪案件工作座谈会纪要》 法发〔2003〕167号

三、关于受贿罪

（一）关于"利用职务上的便利"的认定

《刑法》第三百八十五条第一款规定的"利用职务上的便利"，既包括利用本人职务上主管、负责、承办某项公共事务的职权，也包括利用职务上有隶属、制约关系的其他国家工作人员的职权。担任单位领导职务的国家工作人员通过不属自己主管的下级部门的国家工作人员的职务为他人谋取利益的，应当认定为"利用职务上的便利"为他人谋取利益。

（二）"为他人谋取利益"的认定

为他人谋取利益包括承诺、实施和实现三个阶段的行为。只要具有其中一个阶段的行为，如国家工作人员收受他人财物时，根据他人提出的具体请托事项，承诺为他人谋取利益的，就具备了为他人谋取利益的要件。明知他人有具体请托事项而收受其财物的，视为

承诺为他人谋取利益。

（三）"利用职权或地位形成的便利条件"的认定

《刑法》第三百八十八条规定的"利用本人职权或者地位形成的便利条件"，是指行为人与被其利用的国家工作人员之间在职务上虽然没有隶属、制约关系，但是行为人利用了本人职权或者地位产生的影响和一定的工作联系，如单位内不同部门的国家工作人员之间、上下级单位没有职务上隶属、制约关系的国家工作人员之间、有工作联系的不同单位的国家工作人员之间等。

（四）离职国家工作人员收受财物行为的处理

参照最高人民法院《关于国家工作人员利用职务上的便利为他人谋取利益离退休后收受财物行为如何处理问题的批复》规定的精神，国家工作人员利用职务上的便利为请托人谋取利益，并与请托人事先约定，在其离职后收受请托人财物，构成犯罪的，以受贿罪定罪处罚。

（五）共同受贿犯罪的认定

根据《刑法》关于共同犯罪的规定，非国家工作人员与国家工作人员勾结，伙同受贿的，应当以受贿罪的共犯追究刑事责任。非国家工作人员是否构成受贿罪共犯，取决于双方有无共同受贿的故意和行为。国家工作人员的近亲属向国家工作人员代为转达请托事项，收受请托人财物并告知该国家工作人员，或者国家工作人员明知其近亲属收受了他人财物，仍按照近亲属的要求利用职权为他人谋取利益的，对该国家工作人员应认定为受贿罪，其近亲属以受贿罪共犯论处。近亲属以外的其他人与国家工作人员通谋，由国家工作人员利用职务上的便利为请托人谋取利益，收受请托人财物后双方共同占有的，构成受贿罪共犯。国家工作人员利用职务上的便利为他人谋取利益，并指定他人将财物送给其他人，构成犯罪的，应以受贿罪定罪处罚。

（六）以借款为名索取或者非法收受财物行为的认定

国家工作人员利用职务上的便利，以借为名向他人索取财物，或者非法收受财物为他人谋取利益的，应当认定为受贿。具体认定时，不能仅仅看是否有书面借款手续，应当根据以下因素综合判定：（1）有无正当、合理的借款事由；（2）款项的去向；（3）双方平时关系如何、有无经济往来；（4）出借方是否要求国家工作人员利用职务上的便利为其谋取利益；（5）借款后是否有归还的意思表示及行为；（6）是否有归还的能力；（7）未归还的原因；等等。

（七）涉及股票受贿案件的认定

在办理涉及股票的受贿案件时，应当注意：（1）国家工作人员利用职务上的便利，索取或非法收受股票，没有支付股本金，为他人谋取利益，构成受贿罪的，其受贿数额按照收受股票时的实际价格计算。（2）行为人支付股本金而购买较有可能升值的股票，由于不是无偿收受请托人财物，不以受贿罪论处。（3）股票已上市且已升值，行为人仅支付股本金，其"购买"股票时的实际价格与股本金的差价部分应认定为受贿。

6.最高人民法院《关于国家工作人员利用职务上的便利为他人谋取利益离退休后收受财物行为如何处理问题的批复》法释〔2000〕21号

国家工作人员利用职务上的便利为请托人谋取利益，并与请托人事先约定，在其离退休后收受请托人财物，构成犯罪的，以受贿罪定罪处罚。

7.最高人民检察院《关于集体性质的乡镇卫生院院长利用职务之便收受他人财物的行为如何适用法律问题的答复》〔2003〕高检研发第9号

经过乡镇政府或者主管行政机关任命的乡镇卫生院院长，在依法从事本区域卫生工作的管理与业务技术指导，承担医疗预防保健服务工作等公务活动时，属于《刑法》第九十三条第二款规定的其他依照法律从事公务的人员。对其利用职务上的便利，索取他人财物的，或者非法收受他人财物，为他人谋取利益的，应当依照《刑法》第三百八十五条、第三百八十六条的规定，以受贿罪追究刑事责任。

8. 最高人民检察院《关于佛教协会工作人员能否构成受贿罪或公司、企业人员受贿罪主体问题的答复》〔2003〕高检研发第 2 号

佛教协会属于社会团体，其工作人员除符合《刑法》第九十三条第二款的规定属于受委托从事公务的人员外，既不属于国家工作人员，也不属于公司、企业人员。根据《刑法》的规定，对非受委托从事公务的佛教协会的工作人员利用职务之便收受他人财物，为他人谋取利益的行为，不能按受贿罪或者公司、企业人员受贿罪追究刑事责任。

9. 最高人民检察院《关于国家机关、国有公司、企业委派到非国有公司、企业从事公务但尚未依照规定程序获取该单位职务的人员是否适用刑法第九十三条第二款问题的答复》〔2004〕高检研发第 17 号

对于国家机关、国有公司、企业委派到非国有公司、企业从事公务但尚未依照规定程序获取该单位职务的人员，涉嫌职务犯罪的，可以依照《刑法》第九十三条第二款关于"国家机关、国有公司、企业委派到非国有公司、企业、事业单位、社会团体从事公务的人员"，"以国家工作人员论"的规定追究刑事责任。

10. 最高人民法院、最高人民检察院《关于办理国家出资企业中职务犯罪案件具体应用法律若干问题的意见》法发〔2010〕49 号

四、关于国家工作人员在企业改制过程中的渎职行为的处理

国家出资企业中的国家工作人员在公司、企业改制或者国有资产处置过程中严重不负责任或者滥用职权，致使国家利益遭受重大损失的，依照《刑法》第一百六十八条的规定，以国有公司、企业人员失职罪或者国有公司、企业人员滥用职权罪定罪处罚。

国家出资企业中的国家工作人员在公司、企业改制或者国有资产处置过程中徇私舞弊，将国有资产低价折股或者低价出售给其本人未持有股份的公司、企业或者其他个人，致使国家利益遭受重大损失的，依照《刑法》第一百六十九条的规定，以徇私舞弊低价折股、出售国有资产罪定罪处罚。

国家出资企业中的国家工作人员因实施第一款、第二款行为收受贿赂，同时又构成《刑法》第三百八十五条规定之罪的，依照处罚较重的规定定罪处罚。

五、关于改制前后主体身份发生变化的犯罪的处理国家工作人员在国家出资企业改制过程中利用职务上的便利为请托人谋取利益，事先约定在其不再具有国家工作人员身份后收受请托人财物，或者在身份变化前后连续收受请托人财物的，依照《刑法》第三百八十五条、第三百八十六条的规定，以受贿罪定罪处罚。

11. 《全国人民代表大会常务委员会关于〈中华人民共和国刑法〉第三百一十三条的解释》2002 年 8 月 29 日

下列情形属于《刑法》第三百一十三条规定的"有能力执行而拒不执行，情节严重"的情形：

（四）被执行人、担保人、协助执行义务人与国家机关工作人员通谋，利用国家机关工作人员的职权妨害执行，致使判决、裁定无法执行的；

国家机关工作人员有上述第四项行为的，以拒不执行判决、裁定罪的共犯追究刑事责

任。国家机关工作人员收受贿赂或者滥用职权，有上述第四项行为的，同时又构成《刑法》第三百八十五条、第三百九十七条规定之罪的，依照处罚较重的规定定罪处罚。

12. 最高人民法院、最高人民检察院《关于办理危害生产安全刑事案件适用法律若干问题的解释》法释〔2015〕22号（见第一百三十四条）

国家工作人员违反规定投资入股生产经营，构成本解释规定的有关犯罪的，或者国家工作人员的贪污、受贿犯罪行为与安全事故发生存在关联性的，从重处罚；同时构成贪污、受贿犯罪和危害生产安全犯罪的，依照数罪并罚的规定处罚。

（附参考）1. 浙江省高级人民法院刑二庭《关于印发〈全省法院经济犯罪疑难问题研讨会纪要〉的通知》浙高法刑二〔2005〕1号

二十七、受贿罪既未遂的认定

受贿罪是一种以非法占有为目的的财产型职务犯罪，可以是否实际收受或控制贿赂款物作为判别受贿罪既未遂的标准。行为人利用职务上的便利为他人谋取利益，但贿赂款物尚未实际转移或尚未被受贿人控制即被查获的，应认定为受贿未遂。受贿人控制贿物后，是否将款物据为己有，不影响受贿既遂的认定。

2. 浙江省高级人民法院、浙江省人民检察院《关于贪污、受贿刑事案件适用缓刑的意见》浙高法〔2010〕187号（见第三百八十三条）

第三百八十七条【单位受贿罪】 国家机关、国有公司、企业、事业单位、人民团体，索取、非法收受他人财物，为他人谋取利益，情节严重的，对单位判处罚金，并对其直接负责的主管人员和其他直接责任人员，处五年以下有期徒刑或者拘役。

前款所列单位，在经济往来中，在账外暗中收受各种名义的回扣、手续费的，以受贿论，依照前款的规定处罚。

（相关解释）1. 最高人民检察院《关于人民检察院直接受理立案侦查案件立案标准的规定（试行）》高检发释字〔1999〕2号

涉嫌下列情形之一的，应予立案：1.单位受贿数额在十万元以上的；2.单位受贿数额不满十万元，但具有下列情形之一的：（1）故意刁难、要挟有关单位、个人，造成恶劣影响的；（2）强行索取财物的；致使国家或者社会利益遭受重大损失的。

2. 最高人民检察院《关于国有单位的内设机构能否构成单位受贿罪主体问题的答复》〔2006〕高检研发8号

国有单位的内设机构利用其行使职权的便利，索取、非法收受他人财物并归该内设机构所有或者支配，为他人谋取利益，情节严重的，依照《刑法》第三百八十七条的规定以单位受贿罪追究刑事责任。

上述内设机构在经济往来中，在账外暗中收受各种名义的回扣、手续费的，以受贿论。

第三百八十八条 国家工作人员利用本人职权或者地位形成的便利条件，通过其他国家工作人员职务上的行为，为请托人谋取不正当利益，索取请托人财物或者收受请托人财物的，以受贿论处。

第三百八十八条之一【利用影响力受贿罪】 国家工作人员的近亲属或者其他与该国家工作人员关系密切的人，通过该国家工作人员职务上的行为，或者利用该国家工作人员职权或者地位形成的便利条件，通过其他国家工作人员职务上的行为，为请托人谋取不正当利益，索取请托人财物或者收受请托人财物，数额较大或者有其他较重情节的，处三年以下有期徒刑或者拘役，并处罚金；数额巨大或者有其他严重情节的，处三年以上七年以下有期徒刑，并处罚金；数额特别巨大或者有其他特别严重情节的，处七年以上有期徒刑，并处罚金或者没收财产。

离职的国家工作人员或者其近亲属以及其他与其关系密切的人，利用该离职的国家工作人员原职权或者地位形成的便利条件实施前款行为的，依照前款的规定定罪处罚。【2009年2月28日刑法修正案（七）】

（相关解释）**1. 最高人民法院、最高人民检察院《关于办理贪污贿赂刑事案件适用法律若干问题的解释》**法释〔2016〕9号（具体见第三百八十三条）

第十条　《刑法》第三百八十八条之一规定的利用影响力受贿罪的定罪量刑适用标准，参照本解释关于受贿罪的规定执行。

《刑法》第三百九十条之一规定的对有影响力的人行贿罪的定罪量刑适用标准，参照本解释关于行贿罪的规定执行。

单位对有影响力的人行贿数额在二十万元以上的，应当依照《刑法》第三百九十条之一的规定以对有影响力的人行贿罪追究刑事责任。

2. 最高人民法院《关于国家工作人员利用职务上的便利为他人谋取利益离退休后收受财物行为如何处理问题的批复》法释〔2000〕21号（见第三百八十五条）

3. 最高人民法院《全国法院审理经济犯罪案件工作座谈会纪要》法发〔2003〕167号（见第三百八十五条）

4. 最高人民法院、最高人民检察院《关于办理受贿刑事案件适用法律若干问题的意见》法发〔2007〕22号（见第三百八十五条）

5. 最高人民法院、最高人民检察院《关于办理商业贿赂刑事案件适用法律若干问题的意见》法发〔2008〕33号（见第一百六十三条）

第三百八十九条【行贿罪】　为谋取不正当利益，给予国家工作人员以财物的，是行贿罪。

在经济往来中，违反国家规定，给予国家工作人员以财物，数额较大的，或者违反国家规定，给予国家工作人员以各种名义的回扣、手续费的，以行贿论处。

因被勒索给予国家工作人员以财物，没有获得不正当利益的，不是行贿。

第三百九十条　对犯行贿罪的，处五年以下有期徒刑或者拘役，并处罚金；因行贿谋取不正当利益，情节严重的，或者使国家利益遭受重大损失的，处五年以上十年以下有期徒刑，并处罚金；情节特别严重的，或者使国家利益遭受特别重大损失的，处十年以上有期徒刑或者无期徒刑，并处罚金或者没收财产。

行贿人在被追诉前主动交代行贿行为的，可以从轻或者减轻处罚。其中，犯罪较轻的，对侦破重大案件起关键作用的，或者有重大立功表现的，可以减轻或者免除处罚。【2015年11月1日刑法修正案（九）】

【1997年刑法】对犯行贿罪的，处五年以下有期徒刑或者拘役；因行贿谋取不正当利益，情节严重的，或者使国家利益遭受重大损失的，处五年以上十年以下有期徒刑；情节特别严重的，处十年以上有期徒刑或者无期徒刑，可以并处没收财产。

行贿人在被追诉前主动交待行贿行为的，可以减轻处罚或者免除处罚。

（相关解释）**1. 最高人民法院、最高人民检察院《关于办理贪污贿赂刑事案件适用法律若干问题的解释》**法释〔2016〕9号（具体见第三百八十三条）

第七条　为谋取不正当利益，向国家工作人员行贿，数额在三万元以上的，应当依照《刑法》第三百九十条的规定以行贿罪追究刑事责任。

行贿数额在一万元以上不满三万元，具有下列情形之一的，应当依照《刑法》第三百九十条的规定以行贿罪追究刑事责任：

（一）向三人以上行贿的；

（二）将违法所得用于行贿的；

（三）通过行贿谋取职务提拔、调整的；

（四）向负有食品、药品、安全生产、环境保护等监督管理职责的国家工作人员行贿，实施非法活动的；

（五）向司法工作人员行贿，影响司法公正的；

（六）造成经济损失数额在五十万元以上不满一百万元的。

第八条　犯行贿罪，具有下列情形之一的，应当认定为《刑法》第三百九十条第一款规定的"情节严重"：

（一）行贿数额在一百万元以上不满五百万元的；

（二）行贿数额在五十万元以上不满一百万元，并具有本解释第七条第二款第一项至第五项规定的情形之一的；

（三）其他严重的情节。

为谋取不正当利益，向国家工作人员行贿，造成经济损失数额在一百万元以上不满五百万元的，应当认定为《刑法》第三百九十条第一款规定的"使国家利益遭受重大损失"。

第九条　犯行贿罪，具有下列情形之一的，应当认定为《刑法》第三百九十条第一款规定的"情节特别严重"：

（一）行贿数额在五百万元以上的；

（二）行贿数额在二百五十万元以上不满五百万元，并具有本解释第七条第二款第一项至第五项规定的情形之一的；

（三）其他特别严重的情节。

为谋取不正当利益，向国家工作人员行贿，造成经济损失数额在五百万元以上的，应当认定为《刑法》第三百九十条第一款规定的"使国家利益遭受特别重大损失"。

第十二条　贿赂犯罪中的"财物"，包括货币、物品和财产性利益。财产性利益包括可以折算为货币的物质利益如房屋装修、债务免除等，以及需要支付货币的其他利益如会员服务、旅游等。后者的犯罪数额，以实际支付或者应当支付的数额计算。

第十四条　根据行贿犯罪的事实、情节，可能被判处三年有期徒刑以下刑罚的，可以认定为《刑法》第三百九十条第二款规定的"犯罪较轻"。

根据犯罪的事实、情节，已经或者可能被判处十年有期徒刑以上刑罚的，或者案件在本省、自治区、直辖市或者全国范围内有较大影响的，可以认定为《刑法》第三百九十条第二款规定的"重大案件"。

具有下列情形之一的，可以认定为《刑法》第三百九十条第二款规定的"对侦破重大案件起关键作用"：

（一）主动交待办案机关未掌握的重大案件线索的；

（二）主动交待的犯罪线索不属于重大案件的线索，但该线索对于重大案件侦破有重要作用的；

（三）主动交待行贿事实，对于重大案件的证据收集有重要作用的；

（四）主动交待行贿事实，对于重大案件的追逃、追赃有重要作用的。

第十五条　对多次受贿未经处理的，累计计算受贿数额。

国家工作人员利用职务上的便利为请托人谋取利益前后多次收受请托人财物，受请托之前收受的财物数额在一万元以上的，应当一并计入受贿数额。

第二十条　本解释自 2016 年 4 月 18 日起施行。最高人民法院、最高人民检察院此前发布的司法解释与本解释不一致的，以本解释为准。

2. 最高人民法院、最高人民检察院《关于在办理受贿犯罪大要案的同时要严肃查处严重行贿犯罪分子的通知》 高检会〔1999〕1 号

一、要充分认识严肃惩处行贿犯罪，对于全面落实党中央反腐败工作部署，把反腐败斗争引向深入，从源头上遏制和预防受贿犯罪的重要意义。各级人民法院、人民检察院要把严肃惩处行贿犯罪作为反腐败斗争中的一项重要和紧迫的工作，在继续严肃惩处受贿犯罪分子的同时，对严重行贿犯罪分子，必须依法严肃惩处，坚决打击。

二、对于为谋取不正当利益而行贿，构成行贿罪、向单位行贿罪、单位行贿罪的，必须依法追究刑事责任。"谋取不正当利益"是指谋取违反法律、法规、国家政策和国务院各部门规章规定的利益，以及要求国家工作人员或者有关单位提供违反法律、法规、国家政策和国务院各部门规章规定的帮助或者方便条件。

对于向国家工作人员介绍贿赂，构成犯罪的案件，也要依法查处。

三、当前要特别注意依法严肃惩处下列严重行贿犯罪行为：

1. 行贿数额巨大、多次行贿或者向多人行贿的；

2. 向党政干部和司法工作人员行贿的；

3. 为进行走私、偷税、骗税、骗汇、逃汇、非法买卖外汇等违法犯罪活动，向海关、工商、税务、外汇管理等行政执法机关工作人员行贿的；

4. 为非法办理金融、证券业务，向银行等金融机构、证券管理机构工作人员行贿，致使国家利益遭受重大损失的；

5. 为非法获取工程、项目的开发、承包、经营权，向有关主管部门及其主管领导行贿，致使公共财产、国家和人民利益遭受重大损失的；

6. 为制售假冒伪劣产品，向有关国家机关、国有单位及国家工作人员行贿，造成严重后果的；

7. 其他情节严重的行贿犯罪行为。

四、在查处严重行贿、介绍贿赂犯罪案件中，既要坚持从严惩处的方针，又要注意体现政策。行贿人、介绍贿赂人具有《刑法》第三百九十条第二款、第三百九十二条第二款规定的在被追诉前主动交代行贿、介绍贿赂犯罪情节的，依法分别可以减轻或者免除处罚；行贿人、介绍贿赂人在被追诉后如实交代行贿、介绍贿赂行为的，也可以酌情从轻处罚。

五、在依法严肃查处严重行贿、介绍贿赂犯罪案件中，要讲究斗争策略，注意工作方法。要把查处受贿犯罪大案要案同查处严重行贿、介绍贿赂犯罪案件有机地结合起来，通

过打击行贿、介绍贿赂犯罪，促进受贿犯罪大案要案的查处工作，推动查办贪污贿赂案件工作的全面、深入开展。

3. 最高人民法院、最高人民检察院《关于办理商业贿赂刑事案件适用法律若干问题的意见》法发〔2008〕33 号（见第一百六十三条）

在行贿犯罪中，"谋取不正当利益"，是指行贿人谋取违反法律、法规、规章或者政策规定的利益，或者要求对方违反法律、法规、规章、政策、行业规范的规定提供帮助或者方便条件。

在招标投标、政府采购等商业活动中，违背公平原则，给予相关人员财物以谋取竞争优势的，属于"谋取不正当利益"。

4. 最高人民法院、最高人民检察院《关于办理行贿刑事案件具体应用法律若干问题的解释》法释〔2012〕22 号

第五条 多次行贿未经处理的，按照累计行贿数额处罚。

第六条 行贿人谋取不正当利益的行为构成犯罪的，应当与行贿犯罪实行数罪并罚。

第七条 因行贿人在被追诉前主动交代行贿行为而破获相关受贿案件的，对行贿人不适用《刑法》第六十八条关于立功的规定，依照《刑法》第三百九十条第二款的规定，可以减轻或者免除处罚。

单位行贿的，在被追诉前，单位集体决定或者单位负责人决定主动交代单位行贿行为的，依照《刑法》第三百九十条第二款的规定，对单位及相关责任人员可以减轻处罚或者免除处罚；受委托直接办理单位行贿事项的直接责任人员在被追诉前主动交代自己知道的单位行贿行为的，对该直接责任人员可以依照《刑法》第三百九十条第二款的规定减轻处罚或者免除处罚。

第八条 行贿人被追诉后如实供述自己罪行的，依照《刑法》第六十七条第三款的规定，可以从轻处罚；因其如实供述自己罪行，避免特别严重后果发生的，可以减轻处罚。

第九条 行贿人揭发受贿人与其行贿无关的其他犯罪行为，查证属实的，依照《刑法》第六十八条关于立功的规定，可以从轻、减轻或者免除处罚。

第十条 实施行贿犯罪，具有下列情形之一的，一般不适用缓刑和免予刑事处罚：

（一）向三人以上行贿的；

（二）因行贿受过行政处罚或者刑事处罚的；

（三）为实施违法犯罪活动而行贿的；

（四）造成严重危害后果的；

（五）其他不适用缓刑和免予刑事处罚的情形。

具有《刑法》第三百九十条第二款规定的情形的，不受前款规定的限制。

第十一条 行贿犯罪取得的不正当财产性利益应当依照《刑法》第六十四条的规定予以追缴、责令退赔或者返还被害人。

因行贿犯罪取得财产性利益以外的经营资格、资质或者职务晋升等其他不正当利益，建议有关部门依照相关规定予以处理。

第十二条 行贿犯罪中的"谋取不正当利益"，是指行贿人谋取的利益违反法律、法规、规章、政策规定，或者要求国家工作人员违反法律、法规、规章、政策、行业规范的规定，为自己提供帮助或者方便条件。

违背公平、公正原则，在经济、组织人事管理等活动中，谋取竞争优势的，应当认定为"谋取不正当利益"。

第十三条　《刑法》第三百九十条第二款规定的"被追诉前"，是指检察机关对行贿人的行贿行为刑事立案前。

5.最高人民法院、最高人民检察院《关于办理危害生产安全刑事案件适用法律若干问题的解释》法释〔2015〕22号（见第一百三十四条）

实施《刑法》第一百三十二条、第一百三十四条至第一百三十九条之一规定的犯罪行为，具有下列情形之一的，从重处罚：

（一）未依法取得安全许可证件或者安全许可证件过期、被暂扣、吊销、注销后从事生产经营活动的；

（二）关闭、破坏必要的安全监控和报警设备的；

（三）已经发现事故隐患，经有关部门或者个人提出后，仍不采取措施的；

（四）一年内曾因危害生产安全违法犯罪活动受过行政处罚或者刑事处罚的；

（五）采取弄虚作假、行贿等手段，故意逃避、阻挠负有安全监督管理职责的部门实施监督检查的；

（六）安全事故发生后转移财产意图逃避承担责任的；

（七）其他从重处罚的情形。

实施前款第五项规定的行为，同时构成《刑法》第三百八十九条规定的犯罪的，依照数罪并罚的规定处罚。

（附参考）**浙江省高级人民法院、浙江省人民检察院、浙江省公安厅《关于办理建筑施工企业从业人员犯罪案件若干法律适用问题的会议纪要》**浙高法〔2017〕228号（见第二百七十一条）

八、关于项目经理、承包人个人行贿和单位行贿的认定问题

项目经理、承包人为承揽业务，未经建筑施工企业负责人或集体研究决定，个人实施行贿、串通投标等犯罪行为，违法所得亦归个人所有一般不宜认定为单位犯罪。

第三百九十条之一【对有影响力的人行贿罪】　为谋取不正当利益，向国家工作人员的近亲属或者其他与该国家工作人员关系密切的人，或者向离职的国家工作人员或者其近亲属以及其他与其关系密切的人行贿的，处三年以下有期徒刑或者拘役，并处罚金；情节严重的，或者使国家利益遭受重大损失的，处三年以上七年以下有期徒刑，并处罚金；情节特别严重的，或者使国家利益遭受特别重大损失的，处七年以上十年以下有期徒刑，并处罚金。

单位犯前款罪的，对单位判处罚金，并对其直接负责的主管人员和其他直接责任人员，处三年以下有期徒刑或者拘役，并处罚金。【2015年11月1日刑法修正案（九）】

（相关解释）**最高人民法院、最高人民检察院《关于办理贪污贿赂刑事案件适用法律若干问题的解释》**法释〔2016〕9号（具体见第三百八十三条）

第十条　《刑法》第三百八十八条之一规定的利用影响力受贿罪的定罪量刑适用标准，参照本解释关于受贿罪的规定执行。

《刑法》第三百九十条之一规定的对有影响力的人行贿罪的定罪量刑适用标准，参照本解释关于行贿罪的规定执行。

单位对有影响力的人行贿数额在二十万元以上的，应当依照《刑法》第三百九十条之一的规定以对有影响力的人行贿罪追究刑事责任。

第三百九十一条【对单位行贿罪】 为谋取不正当利益，给予国家机关、国有公司、企业、事业单位、人民团体以财物的，或者在经济往来中，违反国家规定，给予各种名义的回扣、手续费的，处三年以下有期徒刑或者拘役，并处罚金。

单位犯前款罪的，对单位判处罚金，并对其直接负责的主管人员和其他直接责任人员，依照前款的规定处罚。【2015年11月1日刑法修正案（九）】

【1997年刑法】为谋取不正当利益，给予国家机关、国有公司、企业、事业单位、人民团体以财物的，或者在经济往来中，违反国家规定，给予各种名义的回扣、手续费的，处三年以下有期徒刑或者拘役。

单位犯前款罪的，对单位判处罚金，并对其直接负责的主管人员和其他直接责任人员，依照前款的规定处罚。

（相关解释）**最高人民检察院《关于人民检察院直接受理立案侦查案件立案标准的规定（试行）》高检发释字〔1999〕2号**

涉嫌下列情形之一的，应予立案：1.个人行贿数额在十万元以上、单位行贿数额在二十万元以上的；2.个人行贿数额不满十万元、单位行贿数额在十万元以上不满二十万元，但具有下列情形之一的：（1）为谋取非法利益而行贿的；（2）向三个以上单位行贿的；（3）向党政机关、司法机关、行政执法机关行贿的；（4）致使国家或者社会利益遭受重大损失的。

第三百九十二条【介绍贿赂罪】 向国家工作人员介绍贿赂，情节严重的，处三年以下有期徒刑或者拘役，并处罚金。

介绍贿赂人在被追诉前主动交待介绍贿赂行为的，可以减轻处罚或者免除处罚。【2015年11月1日刑法修正案（九）】

【1997年刑法】向国家工作人员介绍贿赂，情节严重的，处三年以下有期徒刑或者拘役。

介绍贿赂人在被追诉前主动交待介绍贿赂行为的，可以减轻处罚或者免除处罚。

（相关解释）**最高人民检察院《关于人民检察院直接受理立案侦查案件立案标准的规定（试行）》高检发释字〔1999〕2号**

涉嫌下列情形之一的，应予立案：1.介绍个人向国家工作人员行贿，数额在二万元以上的；介绍单位向国家工作人员行贿，数额在二十万元以上的；2.介绍贿赂数额不满上述标准，但具有下列情形之一的：（1）为使行贿人获取非法利益而介绍贿赂的；（2）三次以上或者三人以上介绍贿赂的；（3）向党政领导、司法工作人员、行政执法人员介绍贿赂的；（4）致使国家或者社会利益遭受大损失的。

第三百九十三条【单位行贿罪】 单位为谋取不正当利益而行贿，或者违反国家规定，给予国家工作人员以回扣、手续费，情节严重的，对单位判处罚金，并对其直接负责的主管人员和其他直接责任人员，处五年以下有期徒刑或者拘役，并处罚金。因行贿取得的违法所得归个人所有的，依照本法第三百八十九条、第三百九十条的规定定罪处罚。【2015年11月1日刑法修正案（九）】

【1997年刑法】单位为谋取不正当利益而行贿，或者违反国家规定，给予国家工作人员以回扣、手续费，情节严重的，对单位判处罚金，并对其直接负责的主管人员和其他直接责任人员，处五年以下有期徒刑或者拘役。因行贿取得的违法所得归个人所有的，依照

本法第三百八十九条、第三百九十条的规定定罪处罚。

（相关解释）**最高人民检察院《关于人民检察院直接受理立案侦查案件立案标准的规定（试行）》高检发释字〔1999〕2号**

涉嫌下列情形之一的，应予立案：1.单位行贿数额在二十万元以上的；2.单位为谋取不正当利益而行贿，数额在十万元以上不满二十万元，但具有下列情形之一的：（1）为谋取非法利益而行贿的；（2）向三人以上行贿的；（3）向党政领导、司法工作人员、行政执法人员行贿的；（4）致使国家或者社会利益遭受重大损失的。

（附参考）**浙江省高级人民法院、浙江省人民检察院、浙江省公安厅《关于办理建筑施工企业从业人员犯罪案件若干法律适用问题的会议纪要》浙高法〔2017〕228号（见第二百七十一条）**

八、关于项目经理、承包人个人行贿和单位行贿的认定问题

项目经理、承包人为承揽业务，未经建筑施工企业负责人或集体研究决定，个人实施行贿、串通投标等犯罪行为，违法所得亦归个人所有一般不宜认定为单位犯罪。

第三百九十四条 国家工作人员在国内公务活动或者对外交往中接受礼物，依照国家规定应当交公而不交公，数额较大的，依照本法第三百八十二条、第三百八十三条的规定定罪处罚。

第三百九十五条【巨额财产来源不明罪】 国家工作人员的财产、支出明显超过合法收入，差额巨大的，可以责令该国家工作人员说明来源，不能说明来源的，差额部分以非法所得论，处五年以下有期徒刑或者拘役；差额特别巨大的，处五年以上十年以下有期徒刑。财产的差额部分予以追缴。

【隐瞒境外存款罪】 国家工作人员在境外的存款，应当依照国家规定申报。数额较大、隐瞒不报的，处二年以下有期徒刑或者拘役；情节较轻的，由其所在单位或者上级主管机关酌情给予行政处分。**【2009年2月28日刑法修正案（七）】**

【1997年刑法】国家工作人员的财产或者支出明显超过合法收入，差额巨大的，可以责令说明来源。本人不能说明其来源是合法的，差额部分以非法所得论，处五年以下有期徒刑或者拘役，财产的差额部分予以追缴。

国家工作人员在境外的存款，应当依照国家规定申报。数额较大、隐瞒不报的，处二年以下有期徒刑或者拘役；情节较轻的，由其所在单位或者上级主管机关酌情给予行政处分。

（相关解释）**1.最高人民检察院《关于人民检察院直接受理立案侦查案件立案标准的规定（试行）》高检发释字〔1999〕2号**

涉嫌巨额财产来源不明，数额在三十万元以上的，应予立案。

涉嫌隐瞒境外存款，折合人民币数额在三十万元以上的，应予立案。

2.最高人民法院《全国法院审理经济犯罪案件工作座谈会纪要》法发〔2003〕167号

五、关于巨额财产来源不明罪

（一）行为人不能说明巨额财产来源合法的认定

《刑法》第三百九十五条第一款规定的"不能说明"，包括以下情况：（1）行为人拒不说明财产来源；（2）行为人无法说明财产的具体来源；（3）行为人所说的财产来源经司法机关查证并不属实；（4）行为人所说的财产来源因线索不具体等原因，司法机关无法查

实，但能排除存在来源合法的可能性和合理性的。

（二）"非法所得"的数额计算

《刑法》第三百九十五条规定的"非法所得"，一般是指行为人的全部财产与能够认定的所有支出的总和减去能够证实的有真实来源的所得。在具体计算时，应注意以下问题：（1）应把国家工作人员个人财产和与其共同生活的家庭成员的财产、支出等一并计算，而且一并减去他们所有的合法收入以及确属与其共同生活的家庭成员个人的非法收入；（2）行为人所有的财产包括房产、家具、生活用品、学习用品及股票、债券、存款等动产和不动产；行为人的支出包括合法支出和不合法的支出，包括日常生活、工作、学习费用、罚款及向他人行贿的财物等；行为人的合法收入包括工资、奖金、稿酬、继承等法律和政策允许的各种收入；（3）为了便于计算犯罪数额，对于行为人的财产和合法收入，一般可以从行为人有比较确定的收入和财产时开始计算。

第三百九十六条【私分国有资产罪】 国家机关、国有公司、企业、事业单位、人民团体，违反国家规定，以单位名义将国有资产集体私分给个人，数额较大的，对其直接负责的主管人员和其他直接责任人员，处三年以下有期徒刑或者拘役，并处或者单处罚金；数额巨大的，处三年以上七年以下有期徒刑，并处罚金。

【私分罚没财物罪】 司法机关、行政执法机关违反国家规定，将应当上缴国家的罚没财物，以单位名义集体私分给个人的，依照前款的规定处罚。

（相关解释）1.**最高人民检察院《关于人民检察院直接受理立案侦查案件立案标准的规定（试行）》**高检发释字〔1999〕2号

涉嫌私分国有资产，累计数额在十万元以上的，应予立案。

涉嫌私分罚没财物，累计数额在十万元以上的，应予立案。

2.**最高人民法院、最高人民检察院《关于办理国家出资企业中职务犯罪案件具体应用法律若干问题的意见》**法发〔2010〕49号

国有公司、企业违反国家规定，在改制过程中隐匿公司、企业财产，转为职工集体持股的改制后公司、企业所有的，对其直接负责的主管人员和其他直接责任人员，依照《刑法》第三百九十六条第一款的规定，以私分国有资产罪定罪处罚。

（附参考）1.**浙江省高级人民法院刑事审判庭《关于执行刑法若干问题具体意见（一）》**浙法刑〔1999〕1号

私分国有资产罪、私分罚没财物罪，以十万元为"数额较大"的起点，以五十万元为"数额巨大"的起点。

2.**浙江省高级人民法院刑二庭《关于印发〈全省法院经济犯罪疑难问题研讨会纪要〉的通知》**浙高法刑二〔2005〕1号

二十六、贪污罪与私分国有资产罪的区分

私分国有资产罪与贪污罪有许多相同之处，在司法实践中容易混淆，常常引起争议。但二者仍有重大区别：

（1）主观意志的外在形态表现不同。贪污罪主观意志的外在形态表现为自然人的个体犯罪意志，具有将公共财物非法据为己有的目的。而私分国有资产罪主观意志的外在形态表现为一种群体犯罪意志。

（2）行为方式不同。共同贪污国有资产通常表现为非法占有国有资产的人利用职务上的便利，共同实施，一般是秘密进行的，而且想方设法将有关账目抹平，以掩盖非法占

有国有资产的事实。而私分国有资产行为则表现为在单位意志的支配下，集体共同私分，而大多数分得财物的人对是否私分没有决定权，而且在单位内部往往是公开的，有的有详细财务记录。

第九章　渎职罪

　　本章刑法罪名共三十七个，分别为：滥用职权罪（第 397 条第 1 款），玩忽职守罪（第 397 条第 1 款），故意泄露国家秘密罪（第 398 条第 1 款），过失泄露国家秘密罪（第 398 条第 1 款），徇私枉法罪（第 399 条第 1 款），民事、行政枉法裁判罪（第 399 条第 2 款），执行判决、裁定失职罪（第 399 条第 3 款），执行判决、裁定滥用职权罪（第 399 条第 3 款），枉法仲裁罪（第 399 条之一），私放在押人员罪（第 400 条第 1 款），失职致使在押人员脱逃罪（第 400 条第 2 款），徇私舞弊减刑、假释、暂予监外执行罪（第 401 条），徇私舞弊不移交刑事案件罪（第 402 条），滥用管理公司、证券职权罪（第 403 条），徇私舞弊不征、少征税款罪（第 404 条），徇私舞弊发售发票、抵扣税款、出口退税罪（第 405 条第 1 款），违法提供出口退税凭证罪（第 405 条第 2 款），国家机关工作人员签订、履行合同失职被骗罪（第 406 条），违法发放林木采伐许可证罪（第 407 条），环境监管失职罪（第 408 条），食品、药品监管渎职罪（第 408 条之一），传染病防治失职罪（第 409 条），非法批准征收、征用、占用土地罪（第 410 条），非法低价出让国有土地使用权罪（第 410 条），放纵走私罪（第 411 条），商检徇私舞弊罪（第 412 条第 1 款），商检失职罪（第 412 条第 2 款），动植物检疫徇私舞弊罪（第 413 条第 1 款），动植物检疫失职罪（第 413 条第 2 款），放纵制售伪劣商品犯罪行为罪（第 414 条），办理偷越国（边）境人员出入境证件罪（第 415 条），放行偷越国（边）境人员罪（第 415 条），不解救被拐卖、绑架妇女、儿童罪（第 416 条第 1 款），阻碍解救被拐卖、绑架妇女、儿童罪（第 416 条第 2 款），帮助犯罪分子逃避处罚罪（第 417 条），招收公务员、学生徇私舞弊罪（第 418 条），失职造成珍贵文物损毁、流失罪（第 419 条）。

本章相关解释
1.最高人民法院、最高人民检察院《关于办理渎职刑事案件适用法律若干问题的解释（一）》法释〔2012〕18 号
　　第一条　国家机关工作人员滥用职权或者玩忽职守，具有下列情形之一的，应当认定为《刑法》第三百九十七条规定的"致使公共财产、国家和人民利益遭受重大损失"：
　　（一）造成死亡一人以上，或者重伤三人以上，或者轻伤九人以上，或者重伤二人、轻伤三人以上，或者重伤一人、轻伤六人以上的；
　　（二）造成经济损失三十万元以上的；
　　（三）造成恶劣社会影响的；
　　（四）其他致使公共财产、国家和人民利益遭受重大损失的情形。
　　具有下列情形之一的，应当认定为《刑法》第三百九十七条规定的"情节特别严重"：

（一）造成伤亡达到前款第（一）项规定人数三倍以上的；

（二）造成经济损失一百五十万元以上的；

（三）造成前款规定的损失后果，不报、迟报、谎报或者授意、指使、强令他人不报、迟报、谎报事故情况，致使损失后果持续、扩大或者抢救工作延误的；

（四）造成特别恶劣社会影响的；

（五）其他特别严重的情节。

第二条　国家机关工作人员实施滥用职权或者玩忽职守犯罪行为，触犯《刑法》分则第九章第三百九十八条至第四百一十九条规定的，依照该规定定罪处罚。

国家机关工作人员滥用职权或者玩忽职守，因不具备徇私舞弊等情形，不符合《刑法》分则第九章第三百九十八条至第四百一十九条的规定，但依法构成第三百九十七条规定的犯罪的，以滥用职权罪或者玩忽职守罪定罪处罚。

第三条　国家机关工作人员实施渎职犯罪并收受贿赂，同时构成受贿罪的，除《刑法》另有规定外，以渎职犯罪和受贿罪数罪并罚。

第四条　国家机关工作人员实施渎职行为，放纵他人犯罪或者帮助他人逃避刑事处罚，构成犯罪的，依照渎职罪的规定定罪处罚。

国家机关工作人员与他人共谋，利用其职务行为帮助他人实施其他犯罪行为，同时构成渎职犯罪和共谋实施的其他犯罪共犯的，依照处罚较重的规定定罪处罚。

国家机关工作人员与他人共谋，既利用其职务行为帮助他人实施其他犯罪，又以非职务行为与他人共同实施该其他犯罪行为，同时构成渎职犯罪和其他犯罪的共犯的，依照数罪并罚的规定定罪处罚。

第五条　国家机关负责人员违法决定，或者指使、授意、强令其他国家机关工作人员违法履行职务或者不履行职务，构成《刑法》分则第九章规定的渎职犯罪的，应当依法追究刑事责任。

以"集体研究"形式实施的渎职犯罪，应当依照《刑法》分则第九章的规定追究国家机关负有责任的人员的刑事责任。对于具体执行人员，应当在综合认定其行为性质、是否提出反对意见、危害结果大小等情节的基础上决定是否追究刑事责任和应当判处的刑罚。

第六条　以危害结果为条件的渎职犯罪的追诉期限，从危害结果发生之日起计算；有数个危害结果的，从最后一个危害结果发生之日起计算。

第七条　依法或者受委托行使国家行政管理职权的公司、企业、事业单位的工作人员，在行使行政管理职权时滥用职权或者玩忽职守，构成犯罪的，应当依照《全国人民代表大会常务委员会关于〈中华人民共和国刑法〉第九章渎职罪主体适用问题的解释》的规定，适用渎职罪的规定追究刑事责任。

第八条　本解释规定的"经济损失"，是指渎职犯罪或者与渎职犯罪相关联的犯罪立案时已经实际造成的财产损失，包括为挽回渎职犯罪所造成损失而支付的各种开支、费用等。立案后至提起公诉前持续发生的经济损失，应一并计入渎职犯罪造成的经济损失。

债务人经法定程序被宣告破产，债务人潜逃、去向不明，或者因行为人的责任超过诉讼时效等，致使债权已经无法实现的，无法实现的债权部分应当认定为渎职犯罪的经济损失。

渎职犯罪或者与渎职犯罪相关联的犯罪立案后，犯罪分子及其亲友自行挽回的经济损失，司法机关或者犯罪分子所在单位及其上级主管部门挽回的经济损失，或者因客观原因减少的经济损失，不予扣减，但可以作为酌定从轻处罚的情节。

第九条　负有监督管理职责的国家机关工作人员滥用职权或者玩忽职守，致使不符合安全标准的食品、有毒有害食品、假药、劣药等流入社会，对人民群众生命、健康造成严重危害后果的，依照渎职罪的规定从严惩处。

第十条　最高人民法院、最高人民检察院此前发布的司法解释与本解释不一致的，以本解释为准。

2. 最高人民法院《全国法院审理经济犯罪案件工作座谈会纪要》 法〔2003〕167号

一、关于贪污贿赂犯罪和渎职犯罪的主体

（一）国家机关工作人员的认定

《刑法》中所称的国家机关工作人员，是指在国家机关中从事公务的人员，包括在各级国家权力机关、行政机关、司法机关和军事机关中从事公务的人员。

根据有关立法解释的规定，在依照法律、法规规定行使国家行政管理职权的组织中从事公务的人员，或者在受国家机关委托代表国家行使职权的组织中从事公务的人员，或者虽未列入国家机关人员编制但在国家机关中从事公务的人员，视为国家机关工作人员。在乡（镇）以上中国共产党机关、人民政协机关中从事公务的人员，司法实践中也应当视为国家机关工作人员。

（二）国家机关、国有公司、企业、事业单位委派到非国有公司、企业、事业单位、社会团体从事公务的人员的认定

所谓委派，即委任、派遣，其形式多种多样，如任命、指派、提名、批准等。不论被委派的人身份如何，只要是接受国家机关、国有公司、企业、事业单位委派，代表国家机关、国有公司、企业、事业单位在非国有公司、企业、事业单位、社会团体中从事组织、领导、监督、管理等工作，都可以认定为国家机关、国有公司、企业、事业单位委派到非国有公司、企业、事业单位、社会团体从事公务的人员。如国家机关、国有公司、企业、事业单位委派在国有控股或者参股的股份有限公司从事组织、领导、监督、管理等工作的人员，应当以国家工作人员论。国有公司、企业改制为股份有限公司后，原国有公司、企业的工作人员和股份有限公司新任命的人员中，除代表国有投资主体行使监督、管理职权的人外，不以国家工作人员论。

（三）"其他依照法律从事公务的人员"的认定

《刑法》第九十三条第二款规定的"其他依照法律从事公务的人员"应当具有两个特征：一是在特定条件下行使国家管理职能；二是依照法律规定从事公务。具体包括：（1）依法履行职责的各级人民代表大会代表；（2）依法履行审判职责的人民陪审员；（3）协助乡镇人民政府、街道办事处从事行政管理工作的村民委员会、居民委员会等农村和城市基层组织人员；（4）其他由法律授权从事公务的人员。

（四）关于"从事公务"的理解

从事公务，是指代表国家机关、国有公司、企业、事业单位、人民团体等履行组织、领导、监督、管理等职责。公务主要表现为与职权相联系的公共事务以及监督、管理国有财产的职务活动。如国家机关工作人员依法履行职责，国有公司的董事、经理、监事、会计、出纳人员等管理、监督国有财产等活动，属于从事公务。那些不具备职权内容的劳务活动、技术服务工作，如售货员、售票员等所从事的工作，一般不认为是公务。

六、关于渎职罪

（一）渎职犯罪行为造成的公共财产重大损失的认定

根据《刑法》规定，玩忽职守、滥用职权等渎职犯罪是以致使公共财产、国家和人民利益遭受重大损失为构成要件的。其中，公共财产的重大损失，通常是指渎职行为已经造

成的重大经济损失。在司法实践中，有以下情形之一的，虽然公共财产作为债权存在，但已无法实现债权的，可以认定为行为人的渎职行为造成了经济损失：（1）债务人已经法定程序被宣告破产；（2）债务人潜逃，去向不明；（3）因行为人责任，致使超过诉讼时效；（4）有证据证明债权无法实现的其他情况。

（二）玩忽职守罪的追诉时效

玩忽职守行为造成的重大损失当时没有发生，而是玩忽职守行为之后一定时间发生的，应从危害结果发生之日起计算玩忽职守罪的追诉期限。

（三）国有公司、企业人员渎职犯罪的法律适用

对于1999年12月24日《中华人民共和国刑法修正案》实施以前发生的国有公司、企业人员渎职行为（不包括徇私舞弊行为），尚未处理或者正在处理的，不能按照《刑法》修正案追究刑事责任。

（四）关于"徇私"的理解

徇私舞弊型渎职犯罪的"徇私"应理解为徇个人私情、私利。国家机关工作人员为了本单位的利益，实施滥用职权、玩忽职守行为，构成犯罪的，依照《刑法》第三百九十七条第一款的规定定罪处罚。

3. 最高人民法院、最高人民检察院《关于办理危害食品安全刑事案件适用法律若干问题的解释》 法释〔2013〕12号（已废止）

4. 最高人民法院、最高人民检察院《关于办理危害食品安全刑事案件适用法律若干问题的解释》 法释〔2021〕24号（2021年12月30日）（具体见第一百四十三条）

第二十条 负有食品安全监督管理职责的国家机关工作人员，滥用职权或者玩忽职守，构成食品监管渎职罪，同时构成徇私舞弊不移交刑事案件罪、商检徇私舞弊罪、动植物检疫徇私舞弊罪、放纵制售伪劣商品犯罪行为罪等其他渎职犯罪的，依照处罚较重的规定定罪处罚。

负有食品安全监督管理职责的国家机关工作人员滥用职权或者玩忽职守，不构成食品监管渎职罪，但构成前款规定的其他渎职犯罪的，依照该其他犯罪定罪处罚。

负有食品安全监督管理职责的国家机关工作人员与他人共谋，利用其职务行为帮助他人实施危害食品安全犯罪行为，同时构成渎职犯罪和危害食品安全犯罪共犯的，依照处罚较重的规定定罪从重处罚。

5. 最高人民法院、最高人民检察院、公安部、司法部《关于依法惩治妨害新型冠状病毒感染肺炎疫情防控违法犯罪的意见》 法发〔2020〕7号（2020年2月6日）（具体见第一百一十五条）

（七）依法严惩疫情防控失职渎职、贪污挪用犯罪。在疫情防控工作中，负有组织、协调、指挥、灾害调查、控制、医疗救治、信息传递、交通运输、物资保障等职责的国家机关工作人员，滥用职权或者玩忽职守，致使公共财产、国家和人民利益遭受重大损失的，依照《刑法》第三百九十七条的规定，以滥用职权罪或者玩忽职守罪定罪处罚。

卫生行政部门的工作人员严重不负责任，不履行或者不认真履行防治监管职责，导致新型冠状病毒感染肺炎传播或者流行，情节严重的，依照《刑法》第四百零九条的规定，以传染病防治失职罪定罪处罚。

从事实验、保藏、携带、运输传染病菌种、毒种的人员，违反国务院卫生行政部门的有关规定，造成新型冠状病毒毒种扩散，后果严重的，依照《刑法》第三百三十一条的规定，以传染病毒种扩散罪定罪处罚。

国家工作人员，受委托管理国有财产的人员，公司、企业或者其他单位的人员，利用职务便利，侵吞、截留或者以其他手段非法占有用于防控新型冠状病毒感染肺炎的款物，或者挪用上述款物归个人使用，符合《刑法》第三百八十二条、第三百八十三条、第二百七十一条、第三百八十四条、第二百七十二条规定的，以贪污罪、职务侵占罪、挪用公款罪、挪用资金罪定罪处罚。挪用用于防控新型冠状病毒感染肺炎的救灾、优抚、救济等款物，符合《刑法》第二百七十三条规定的，对直接责任人员，以挪用特定款物罪定罪处罚。

6. 最高人民法院、最高人民检察院《关于办理危害药品安全刑事案件适用法律若干问题的解释》高检发释字〔2022〕1号（2022年3月3日）（具体见第一百四十一条）

第十四条 负有药品安全监督管理职责的国家机关工作人员，滥用职权或者玩忽职守，构成药品监管渎职罪，同时构成商检徇私舞弊罪、商检失职罪等其他渎职犯罪的，依照处罚较重的规定定罪处罚。

负有药品安全监督管理职责的国家机关工作人员滥用职权或者玩忽职守，不构成药品监管渎职罪，但构成前款规定的其他渎职犯罪的，依照该其他犯罪定罪处罚。

负有药品安全监督管理职责的国家机关工作人员与他人共谋，利用其职务便利帮助他人实施危害药品安全犯罪行为，同时构成渎职犯罪和危害药品安全犯罪共犯的，依照处罚较重的规定定罪从重处罚。

第三百九十七条【滥用职权罪，玩忽职守罪】 国家机关工作人员滥用职权或者玩忽职守，致使公共财产、国家和人民利益遭受重大损失的，处三年以下有期徒刑或者拘役；情节特别严重的，处三年以上七年以下有期徒刑。本法另有规定的，依照规定。

国家机关工作人员徇私舞弊，犯前款罪的，处五年以下有期徒刑或者拘役；情节特别严重的，处五年以上十年以下有期徒刑。本法另有规定的，依照规定。

（相关解释）**1. 最高人民检察院《关于渎职侵权犯罪案件立案标准的规定》**高检发释字〔2006〕2号

滥用职权案，涉嫌下列情形之一的，应予立案：（1）造成死亡一人以上，或者重伤二人以上，或者重伤一人、轻伤三人以上，或者轻伤五人以上的；（2）导致十人以上严重中毒的；（3）造成个人财产直接经济损失十万元以上，或者直接经济损失不满十万元，但间接经济损失五十万元以上的；（4）造成公共财产或者法人、其他组织财产直接经济损失二十万元以上，或者直接经济损失不满二十万元，但间接经济损失一百万元以上的；（5）虽未达到（3）（4）两项数额标准，但（3）（4）两项合计直接经济损失二十万元以上，或者合计直接经济损失不满二十万元，但合计间接经济损失一百万元以上的；（6）造成公司、企业等单位停业、停产六个月以上，或者破产的；（7）弄虚作假，不报、缓报、谎报或者授意、指使、强令他人不报、缓报、谎报情况，导致重特大事故危害结果继续、扩大，或者致使抢救、调查、处理工作延误的；（8）严重损害国家声誉，或者造成恶劣社会影响的；（9）其他致使公共财产、国家和人民利益遭受重大损失的情形。

玩忽职守案，涉嫌下列情形之一的，应予立案：（1）造成死亡一人以上，或者重伤三人以上，或者重伤二人、轻伤四人以上，或者重伤一人、轻伤七人以上，或者轻伤十人以上的；（2）导致二十人以上严重中毒的；（3）造成个人财产直接经济损失十五万元以上，或者直接经济损失不满十五万元，但间接经济损失七十五万元以上的；（4）造成公共财产或者法人、其他组织财产直接经济损失三十万元以上，或者直接经济损失不满三十万元，但间接经济损失一百五十万元以上的；（5）虽未达到（3）（4）两项数额标准，但（3）（4）两项合计直接经济损失三十万元以上，或者合计直接经济损失不满三十万元，但合计间接经济损失一百五十万元以上的；（6）造成公司、企业等单位停业、停产一年以上，或者破产的；（7）海关、外汇管理部门的工作人员严重不负责任，造成一百万美元以上外汇被骗购或者逃汇一千万美元以上的；（8）严重损害国家声誉，或者造成恶劣社会影响的；（9）其他致使公共财产、国家和人民利益遭受重大损失的情形。

2.《全国人大常委会关于惩治骗购外汇、逃汇、和非法买卖外汇犯罪的决定》1998年12月29日

海关、外汇管理部门的工作人员严重不负责任，造成大量外汇被骗购或者逃汇，致使国家利益遭受重大损失的，依照《刑法》第三百九十七条的规定定罪处罚。

3.《全国人大常委会关于〈中华人民共和国刑法〉第九章渎职罪主体适用问题的解释》2002年12月28日

在依照法律、法规规定行使国家行政管理职权的组织中从事公务的人员，或者在受国家机关委托代表国家机关行使职权的组织中从事公务的人员，或者虽未列入国家机关人员编制但在国家机关中从事公务的人员，在代表国家机关行使职权时，有渎职行为，构成犯罪的，依照《刑法》关于渎职罪的规定追究刑事责任。

4.最高人民检察院《关于对海事局工作人员如何适用法律问题的答复》〔2003〕高检研发第1号

根据国办发〔1999〕90号、中编办函〔2000〕184号等文件的规定，海事局负责行使国家水上安全监督和防止船舶污染及海上设施检验、航海保障的管理职权，是国家执法监督机构。海事局及其分支机构工作人员在从事上述公务活动中，滥用职权或者玩忽职守，致使公共财产、国家和人民利益遭受重大损失的，应当依照《刑法》第三百九十七条的规定，以滥用职权罪或者玩忽职守罪追究刑事责任。

5.最高人民检察院《关于买卖尚未加盖印章的空白〈边境证〉行为如何适用法律问题的答复》〔2002〕高检研发第19号

对买卖尚未加盖发证机关的行政印章或者通行专用章印鉴的空白《中华人民共和国边境管理区通行证》的行为，不宜以买卖国家机关证件罪追究刑事责任。国家机关工作人员实施上述行为，构成犯罪的，可以按滥用职权等相关犯罪依法追究刑事责任。

6.最高人民检察院《关于企业事业单位的公安机构在机构改革过程中其工作人员能否构成渎职侵权犯罪主体问题的批复》高检发释字〔2002〕3号

企业事业单位的公安机构在机构改革过程中虽尚未列入公安机关建制，其工作人员在行使侦查职责时，实施渎职侵权行为的，可以成为渎职侵权犯罪的主体。

7.最高人民检察院《关于属工人编制的乡（镇）工商所所长能否依照《刑法》第397条的规定追究刑事责任问题的批复》高检发研字〔2000〕23号

根据《刑法》第九十三条第二款的规定，经人事部门任命，但为工人编制的乡（镇）工商所所长，依法履行工商行政管理职责时，属其他依照法律从事公务的人员，应以国家机关工作人员论。如果玩忽职守，致使公共财产、国家和人民利益遭受重大损失，可适用《刑法》第三百九十七条的规定，以玩忽职守罪追究刑事责任。

8.最高人民检察院《关于镇财政所所长是否适用国家机关工作人员的批复》高检发研字〔2000〕9号

对于属行政执法事业单位的镇财政所中按国家机关在编干部管理的工作人员，在履行政府行政公务活动中，滥用职权或玩忽职守构成犯罪的，应以国家机关工作人员论。

9. 最高人民检察院《关于合同制民警能否成为玩忽职守罪主体问题的批复》 高检发研字〔2000〕20号

根据《刑法》第九十三条第二款的规定，合同制民警在依法执行公务期间，属其他依照法律从事公务的人员，应以国家机关工作人员论。对合同制民警在依法执行公务活动中的玩忽职守行为，符合《刑法》第三百九十七条规定的玩忽职守罪构成条件的，依法以玩忽职守罪追究刑事责任。

10. 最高人民法院《关于对滥用职权致使公共财产、国家和人民利益遭受重大损失如何认定问题的答复》 法研〔2004〕136号

人民法院在审判过程中，对于行为人滥用职权，致使公共财产、国家和人民利益遭受的损失计算至侦查机关立案之时。立案以后，判决宣告以前追回的损失，作为量刑情节予以考虑。

11. 最高人民法院、最高人民检察院《关于办理妨害预防、控制突发传染病疫情等灾害的刑事案件具体应用法律若干问题的解释》 法释〔2003〕8号

在预防、控制突发传染病疫情等灾害的工作中，负有组织、协调、指挥、灾害调查、控制、医疗救治、信息传递、交通运输、物资保障等职责的国家机关工作人员，滥用职权或者玩忽职守，致使公共财产、国家和人民利益遭受重大损失的，依照《刑法》第三百九十七条的规定，以滥用职权罪或者玩忽职守罪定罪处罚。

12. 最高人民法院、最高人民检察院《关于办理盗窃油气、破坏油气设备等刑事案件具体应用法律若干问题的解释》 法释〔2007〕3号（见第一百一十八条）

第七条　国家机关工作人员滥用职权或者玩忽职守，实施下列行为之一，致使公共财产、国家和人民利益遭受重大损失的，依照《刑法》第三百九十七条的规定，以滥用职权罪或者玩忽职守罪定罪处罚：

（一）超越职权范围，批准发放石油、天然气勘查、开采、加工、经营等许可证的；

（二）违反国家规定，给不符合法定条件的单位、个人发放石油、天然气勘查、开采、加工、经营等许可证的；

（三）违反《石油天然气管道保护条例》等国家规定，在油气设备安全保护范围内批准建设项目的；

（四）对发现或者经举报查实的未经依法批准、许可擅自从事石油、天然气勘查、开采、加工、经营等违法活动不予查封、取缔的。

13. 最高人民法院、最高人民检察院《关于办理与盗窃、抢劫、诈骗、抢夺机动车相关刑事案件具体应用法律若干问题的解释》 法释〔2007〕11号（见第三百一十二条）

第三条　国家机关工作人员滥用职权，有下列情形之一，致使盗窃、抢劫、诈骗、抢夺的机动车被办理登记手续，数量达到三辆以上或者价值总额达到三十万元以上的，依照《刑法》第三百九十七条第一款的规定，以滥用职权罪定罪，处三年以下有期徒刑或者拘役：

（一）明知是登记手续不全或者不符合规定的机动车而办理登记手续的；

（二）指使他人为明知是登记手续不全或者不符合规定的机动车办理登记手续的；

（三）违规或者指使他人违规更改、调换车辆档案的；

（四）其他滥用职权的行为。

国家机关工作人员疏于审查或者审查不严，致使盗窃、抢劫、诈骗、抢夺的机动车被办理登记手续，数量达到五辆以上或者价值总额达到五十万元以上的，依照《刑法》第三百九十七条第一款的规定，以玩忽职守罪定罪，处三年以下有期徒刑或者拘役。

国家机关工作人员实施前两款规定的行为，致使盗窃、抢劫、诈骗、抢夺的机动车被办理登记手续，分别达到前两款规定数量、数额标准五倍以上的，或者明知是盗窃、抢劫、诈骗、抢夺的机动车而办理登记手续的，属于《刑法》第三百九十七条第一款规定的"情节特别严重"，处三年以上七年以下有期徒刑。

国家机关工作人员徇私舞弊，实施上述行为，构成犯罪的，依照《刑法》第三百九十七条第二款的规定定罪处罚。

14. 最高人民法院、最高人民检察院《关于办理非法制造、买卖、运输、储存毒鼠强等禁用剧毒化学品刑事案件具体应用法律若干问题的解释》 法释〔2003〕14号（见第一百二十五条）

对非法制造、买卖、运输、储存毒鼠强等禁用剧毒化学品行为负有查处职责的国家机关工作人员，滥用职权或者玩忽职守，致使公共财产、国家和人民利益遭受重大损失的，依照《刑法》第三百九十七条的规定，以滥用职权罪或者玩忽职守罪追究刑事责任。

15. 《全国人民代表大会常务委员会关于〈中华人民共和国刑法〉第三百一十三条的解释》 2002年8月29日

下列情形属于《刑法》第三百一十三条规定的"有能力执行而拒不执行，情节严重"的情形：

（四）被执行人、担保人、协助执行义务人与国家机关工作人员通谋，利用国家机关工作人员的职权妨害执行，致使判决、裁定无法执行的；

国家机关工作人员有上述第四项行为的，以拒不执行判决、裁定罪的共犯追究刑事责任。国家机关工作人员收受贿赂或者滥用职权，有上述第四项行为的，同时又构成《刑法》第三百八十五条、第三百九十七条规定之罪的，依照处罚较重的规定定罪处罚。

16. 最高人民法院、最高人民检察院《关于办理渎职刑事案件适用法律若干问题的解释（一）》 法释〔2012〕18号

第一条　国家机关工作人员滥用职权或者玩忽职守，具有下列情形之一的，应当认定为《刑法》第三百九十七条规定的"致使公共财产、国家和人民利益遭受重大损失"：

（一）造成死亡一人以上，或者重伤三人以上，或者轻伤九人以上，或者重伤二人、轻伤三人以上，或者重伤一人、轻伤六人以上的；

（二）造成经济损失三十万元以上的；

（三）造成恶劣社会影响的；

（四）其他致使公共财产、国家和人民利益遭受重大损失的情形。

具有下列情形之一的，应当认定为《刑法》第三百九十七条规定的"情节特别严重"：

（一）造成伤亡达到前款第（一）项规定人数三倍以上的；

（二）造成经济损失一百五十万元以上的；

（三）造成前款规定的损失后果，不报、迟报、谎报或者授意、指使、强令他人不报、迟报、谎报事故情况，致使损失后果持续、扩大或者抢救工作延误的；

（四）造成特别恶劣社会影响的；

（五）其他特别严重的情节。

17. 最高人民法院《关于个人违法建房出售行为如何适用法律问题的答复》 法〔2010〕395号

贵州省高级人民法院：

你院《关于个人违法建房出售行为如何适用法律的请示》（〔2010〕黔高法研请字第 2

号）收悉。经研究，并征求相关部门意见，答复如下：

一、你院请示的在农村宅基地、责任田上违法建房出售如何处理的问题，涉及面广，法律、政策性强。据了解，有关部门正在研究制定政策意见和处理办法，在相关文件出台前，不宜以犯罪追究有关人员的刑事责任。

二、从来函反映的情况看，此类案件在你省部分地区发案较多。案件处理更应当十分慎重。要积极争取在党委统一领导下，有效协调有关方面，切实做好案件处理的善后工作，确保法律效果与社会效果的有机统一。

三、办理案件中，发现负有监管职责的国家机关工作人员有渎职、受贿等涉嫌违法犯罪的，要依法移交相关部门处理；发现有关部门在履行监管职责方面存在问题的，要结合案件处理，提出司法建议，促进完善社会管理。

18. 最高人民法院、最高人民检察院《关于办理危害生产安全刑事案件适用法律若干问题的解释》 法释〔2015〕22号（具体见《刑法》第一百三十四条）

国家机关工作人员在履行安全监督管理职责时滥用职权、玩忽职守，致使公共财产、国家和人民利益遭受重大损失的，或者徇私舞弊，对发现的刑事案件依法应当移交司法机关追究刑事责任而不移交，情节严重的，分别依照《刑法》第三百九十七条、第四百零二条的规定，以滥用职权罪、玩忽职守罪或者徇私舞弊不移交刑事案件罪定罪处罚。

公司、企业、事业单位的工作人员在依法或者受委托行使安全监督管理职责时滥用职权或者玩忽职守，构成犯罪的，应当依照《全国人民代表大会常务委员会关于〈中华人民共和国刑法〉第九章渎职罪主体适用问题的解释》的规定，适用渎职罪的规定追究刑事责任。

19. 最高人民法院、最高人民检察院《关于办理扰乱无线电通讯管理秩序等刑事案件适用法律若干问题的解释》 法释〔2017〕11号（见第二百八十八条）

第七条 负有无线电监督管理职责的国家机关工作人员滥用职权或者玩忽职守，致使公共财产、国家和人民利益遭受重大损失的，应当依照《刑法》第三百九十七条的规定，以滥用职权罪或者玩忽职守罪追究刑事责任。

有查禁扰乱无线电管理秩序犯罪活动职责的国家机关工作人员，向犯罪分子通风报信、提供便利，帮助犯罪分子逃避处罚的，应当依照《刑法》第四百一十七条的规定，以帮助犯罪分子逃避处罚罪追究刑事责任；事先通谋的，以共同犯罪论处。

20. 最高人民法院、最高人民检察院《关于办理虚假诉讼刑事案件适用法律若干问题的解释》 法释〔2018〕17号（见第三百零七条之一）

第五条 司法工作人员利用职权，与他人共同实施《刑法》第三百零七条之一前三款行为的，从重处罚；同时构成滥用职权罪，民事枉法裁判罪，执行判决、裁定滥用职权罪等犯罪的，依照处罚较重的规定定罪从重处罚。

21. 最高人民法院、最高人民检察院《关于办理药品、医疗器械注册申请材料造假刑事案件适用法律若干问题的解释》 法释〔2017〕15号（见第二百二十九条）（已废止）

22. 最高人民法院《关于审理走私、非法经营、非法使用兴奋剂刑事案件适用法律若干问题的解释》 法释〔2019〕16号（见第一百五十一条）

第六条 国家机关工作人员在行使反兴奋剂管理职权时滥用职权或者玩忽职守，造成严重兴奋剂违规事件，严重损害国家声誉或者造成恶劣社会影响，符合《刑法》第三百九十七条规定的，以滥用职权罪、玩忽职守罪定罪处罚。

依法或者受委托行使反兴奋剂管理职权的单位的工作人员，在行使反兴奋剂管理职权时滥用职权或者玩忽职守的，依照前款规定定罪处罚。

23. 最高人民法院、最高人民检察院、公安部《关于办理涉窨井盖相关刑事案件的指导意见》 2020年3月16日（具体见第一百一十九条）

八、在窨井盖采购、施工、验收、使用、检查过程中负有决定、管理、监督等职责的国家机关工作人员玩忽职守或者滥用职权，致使公共财产、国家和人民利益遭受重大损失的，依照《刑法》第三百九十七条的规定，分别以玩忽职守罪、滥用职权罪定罪处罚。

九、在依照法律、法规规定行使窨井盖行政管理职权的公司、企业、事业单位中从事公务的人员以及在受国家机关委托代表国家机关行使窨井盖行政管理职权的组织中从事公务的人员，玩忽职守或者滥用职权，致使公共财产、国家和人民利益遭受重大损失的，依照《刑法》第三百九十七条和《全国人民代表大会常务委员会关于〈中华人民共和国刑法〉第九章渎职罪主体适用问题的解释》的规定，分别以玩忽职守罪、滥用职权罪定罪处罚。

十一、国家机关工作人员利用职务上的便利，收受他人财物，为他人谋取与窨井盖相关利益，同时构成受贿罪和刑法分则第九章规定的渎职犯罪的，除刑法另有规定外，以受贿罪和渎职犯罪数罪并罚。

第三百九十八条【故意泄露国家秘密罪，过失泄露国家秘密罪】 国家机关工作人员违反保守国家秘密法的规定，故意或者过失泄露国家秘密，情节严重的，处三年以下有期徒刑或者拘役；情节特别严重的，处三年以上七年以下有期徒刑。

非国家机关工作人员犯前款罪的，依照前款的规定酌情处罚。

（相关解释）**1. 最高人民检察院《关于渎职侵权犯罪案件立案标准的规定》** 高检发释字〔2006〕2号

故意泄露国家秘密案，涉嫌下列情形之一的，应予立案：（1）泄露绝密级国家秘密一项（件）以上的；（2）泄露机密级国家秘密二项（件）以上的；（3）泄露秘密级国家秘密三项（件）以上的；（4）向非境外机构、组织、人员泄露国家秘密，造成或者可能造成危害社会稳定、经济发展、国防安全或者其他严重危害后果的；（5）通过口头、书面或者网络等方式向公众散布、传播国家秘密的；（6）利用职权指使或者强迫他人违反国家保守秘密法的规定泄露国家秘密的；（7）以牟取私利为目的泄露国家秘密的；（8）其他情节严重的情形。

过失泄露国家秘密案，涉嫌下列情形之一的，应予立案：（1）泄露绝密级国家秘密一项（件）以上的；（2）泄露机密级国家秘密三项（件）以上的；（3）泄露秘密级国家秘密四项（件）以上的；（4）违反保密规定，将涉及国家秘密的计算机或者计算机信息系统与互联网相连接，泄露国家秘密的；（5）泄露国家秘密或者遗失国家秘密载体，隐瞒不报、不如实提供有关情况或者不采取补救措施的；（6）其他情节严重的情形。

2. 最高人民法院《关于审理为境外窃取、刺探、收买、非法提供国家秘密、情报案件具体应用法律若干问题的解释》 法释〔2004〕4号

通过互联网将国家秘密或者情报非法发送给境外的机构、组织、个人的，依照《刑法》第一百一十一条的规定定罪处罚；将国家秘密通过互联网予以发布，情节严重的，依照《刑法》第三百九十八条的规定定罪处罚。

3. 最高人民法院、最高人民检察院《关于办理组织和利用邪教组织犯罪案件具体应用

法律若干问题的解释（二）》法释〔2001〕19号

邪教组织人员为境外窃取、刺探、收买、非法提供国家秘密、情报的，以窃取、刺探、收买方法非法获取国家秘密的，非法持有国家绝密、机密文件、资料、物品拒不说明来源与用途的，或者泄露国家秘密情节严重的，分别依照《刑法》第一百一十一条为境外窃取、刺探、收买、非法提供国家秘密、情报罪，第二百八十二条第一款非法获取国家秘密罪，第二百八十二条第二款非法持有国家绝密、机密文件、资料、物品罪，第三百九十八条故意泄露国家秘密罪、过失泄露国家秘密罪的规定定罪处罚。

　　第三百九十九条【徇私枉法罪】　司法工作人员徇私枉法、徇情枉法，对明知是无罪的人而使他受追诉、对明知是有罪的人而故意包庇不使他受追诉，或者在刑事审判活动中故意违背事实和法律作枉法裁判的，处五年以下有期徒刑或者拘役；情节严重的，处五年以上十年以下有期徒刑；情节特别严重的，处十年以上有期徒刑。

　　【民事、行政枉法裁判罪】　在民事、行政审判活动中故意违背事实和法律作枉法裁判，情节严重的，处五年以下有期徒刑或者拘役；情节特别严重的，处五年以上十年以下有期徒刑。

　　【执行判决、裁定失职罪，执行判决、裁定滥用职权罪】　在执行判决、裁定活动中，严重不负责任或者滥用职权，不依法采取诉讼保全措施、不履行法定执行职责，或者违法采取诉讼保全措施、强制执行措施，致使当事人或者其他人的利益遭受重大损失的，处五年以下有期徒刑或者拘役；致使当事人或者其他人的利益遭受特别重大损失的，处五年以上十年以下有期徒刑。

　　司法工作人员收受贿赂，有前三款行为的，同时又构成本法第三百八十五条**【受贿罪】**规定之罪的，依照处罚较重的规定定罪处罚。【2002年12月28日刑法修正案（四）】

　　【1997年刑法】司法工作人员徇私枉法、徇情枉法，对明知是无罪的人而使他受追诉、对明知是有罪的人而故意包庇不使他受追诉，或者在刑事审判活动中故意违背事实和法律作枉法裁判的，处五年以下有期徒刑或者拘役；情节严重的，处五年以上十年以下有期徒刑；情节特别严重的，处十年以上有期徒刑。

　　在民事、行政审判活动中故意违背事实和法律作枉法裁判，情节严重的，处五年以下有期徒刑或者拘役；情节特别严重的，处五年以上十年以下有期徒刑。

　　司法工作人员贪赃枉法，有前两款行为的，同时又构成本法第三百八十五条规定之罪的，依照处罚较重的规定定罪处罚。

　　（相关解释）**1.最高人民检察院《关于渎职侵权犯罪案件立案标准的规定》**高检发释字〔2006〕2号

　　徇私枉法案，涉嫌下列情形之一的，应予立案：（1）对明知是没有犯罪事实或者其他依法不应当追究刑事责任的人，采取伪造、隐匿、毁灭证据或者其他隐瞒事实、违反法律的手段，以追究刑事责任为目的立案、侦查、起诉、审判的；（2）对明知是有犯罪事实需要追究刑事责任的人，采取伪造、隐匿、毁灭证据或者其他隐瞒事实、违反法律的手段，故意包庇使其不受立案、侦查、起诉、审判的；（3）采取伪造、隐匿、毁灭证据或者其他隐瞒事实、违反法律的手段，故意使罪重的人受较轻的追诉，或者使罪轻的人受较重的追诉的；（4）在立案后，采取伪造、隐匿、毁灭证据或者其他隐瞒事实、违反法律的手段，应当采取强制措施而不采取强制措施，或者虽然采取强制措施，但中断侦查或者超过法定期限不采取任何措施，实际放任不管，以及违法撤销、变更强制措施，致使犯罪嫌疑人、被告人实际脱离司法机关侦控的；（5）在刑事审判活动中故意违背事实和法律，作出枉法判决、裁定，即有罪判无罪、无罪判有罪，或者重罪轻判、轻罪重判的；（6）其他徇私枉法应予追究刑事责任的情形。

民事、行政枉法裁判案，涉嫌下列情形之一的，应予立案：（1）枉法裁判，致使当事人或者其近亲属自杀、自残造成重伤、死亡，或者精神失常的；（2）枉法裁判，造成个人财产直接经济损失十万元以上，或者直接经济损失不满十万元，但间接经济损失五十万元以上的；（3）枉法裁判，造成法人或者其他组织财产直接经济损失二十万元以上，或者直接经济损失不满二十万元，但间接经济损失一百万元以上的；（4）伪造、变造有关材料、证据，制造假案枉法裁判的；（5）串通当事人制造伪证，毁灭证据或者篡改庭审笔录而枉法裁判的；（6）徇私情、私利，明知是伪造、变造的证据予以采信，或者故意对应当采信的证据不予采信，或者故意违反法定程序，或者故意错误适用法律而枉法裁判的；（7）其他情节严重的情形。

执行判决、裁定失职案，涉嫌下列情形之一的，应予立案：（1）致使当事人或者其近亲属自杀、自残造成重伤、死亡，或者精神失常的；（2）造成个人财产直接经济损失十五万元以上，或者直接经济损失不满十五万元，但间接经济损失七十五万元以上的；（3）造成法人或者其他组织财产直接经济损失三十万元以上，或者直接经济损失不满三十万元，但间接经济损失一百五十万元以上的；（4）造成公司、企业等单位停业、停产一年以上，或者破产的；（5）其他致使当事人或者其他人的利益遭受重大损失的情形。

执行判决、裁定滥用职权案，涉嫌下列情形之一的，应予立案：（1）致使当事人或者其近亲属自杀、自残造成重伤、死亡，或者精神失常的；（2）造成个人财产直接经济损失十万元以上，或者直接经济损失不满十万元，但间接经济损失五十万元以上的；（3）造成法人或者其他组织财产直接经济损失二十万元以上，或者直接经济损失不满二十万元，但间接经济损失一百万元以上的；（4）造成公司、企业等单位停业、停产六个月以上，或者破产的；（5）其他致使当事人或者其他人的利益遭受重大损失的情形。

2.最高人民法院、最高人民检察院《关于办理虚假诉讼刑事案件适用法律若干问题的解释》法释〔2018〕17号（见第三百零七条之一）

第五条 司法工作人员利用职权，与他人共同实施《刑法》第三百零七条之一前三款行为的，从重处罚；同时构成滥用职权罪，民事枉法裁判罪，执行判决、裁定滥用职权罪等犯罪的，依照处罚较重的规定定罪从重处罚。

第三百九十九条之一【枉法仲裁罪】 依法承担仲裁职责的人员，在仲裁活动中故意违背事实和法律作枉法裁决，情节严重的，处三年以下有期徒刑或者拘役；情节特别严重的，处三年以上七年以下有期徒刑。【2006年6月29日刑法修正案（六）】

第四百条【私放在押人员罪】 司法工作人员私放在押的犯罪嫌疑人、被告人或者罪犯的，处五年以下有期徒刑或者拘役；情节严重的，处五年以上十年以下有期徒刑；情节特别严重的，处十年以上有期徒刑。

【失职致使在押人员脱逃罪】 司法工作人员由于严重不负责任，致使在押的犯罪嫌疑人、被告人或者罪犯脱逃，造成严重后果的，处三年以下有期徒刑或者拘役；造成特别严重后果的，处三年以上十年以下有期徒刑。

（相关解释）**1.最高人民检察院《关于渎职侵权犯罪案件立案标准的规定》**高检发释

字〔2006〕2号

私放在押人员案，涉嫌下列情形之一的，应予立案：（1）私自将在押的犯罪嫌疑人、被告人、罪犯放走，或者授意、指使、强迫他人将在押的犯罪嫌疑人、被告人、罪犯放走的；（2）伪造、变造有关法律文书、证明材料，以使在押的犯罪嫌疑人、被告人、罪犯逃跑或者被释放的；（3）为私放在押的犯罪嫌疑人、被告人、罪犯，故意向其通风报信、提供条件，致使该在押的犯罪嫌疑人、被告人、罪犯脱逃的；（4）其他私放在押的犯罪嫌疑人、被告人、罪犯应予追究刑事责任的情形。

失职致使在押人员脱逃案，涉嫌下列情形之一的，应予立案：（1）致使依法可能判处或者已经判处十年以上有期徒刑、无期徒刑、死刑的犯罪嫌疑人、被告人、罪犯脱逃的；（2）致使犯罪嫌疑人、被告人、罪犯脱逃三人次以上的；（3）犯罪嫌疑人、被告人、罪犯脱逃以后，打击报复报案人、控告人、举报人、被害人、证人和司法工作人员等，或者继续犯罪的；（4）其他致使在押的犯罪嫌疑人、被告人、罪犯脱逃，造成严重后果的情形。

2. 最高人民法院《关于未被公安机关正式录用的人员狱医能否成为失职致使在押人员脱逃罪主体问题的批复》法释〔2000〕28号

对于未被公安机关正式录用，受委托履行监管职责的人员，由于严重不负责任，致使在押人员脱逃，造成严重后果的，应当依照《刑法》第四百条第二款的规定定罪处罚。

不负监管职责的狱医，不构成失职致使在押人员脱逃罪的主体。但是受委派承担了监管职责的狱医，由于严重不负责任，致使在押人员脱逃，造成严重后果的，应当依照《刑法》第四百条第二款的规定定罪处罚。

3. 最高人民检察院《关于工人等非监管机关在编监管人员私放在押人员行为和失职致使在押人员脱逃行为适用法律问题的解释》高检发释字〔2001〕2号

工人等非监管机关在编监管人员在被监管机关聘用受委托履行监管职责的过程中私放在押人员的，应当依照《刑法》第四百条第一款的规定，以私放在押人员罪追究刑事责任；由于严重不负责任，致使在押人员脱逃，造成严重后果的，应当依照《刑法》第四百条第二款的规定，以失职致使在押人员脱逃罪追究刑事责任。

第四百零一条【徇私舞弊减刑、假释、暂予监外执行罪】　司法工作人员徇私舞弊，对不符合减刑、假释、暂予监外执行条件的罪犯，予以减刑、假释或者暂予监外执行的，处三年以下有期徒刑或者拘役；情节严重的，处三年以上七年以下有期徒刑。

（相关解释）**最高人民检察院《关于渎职侵权犯罪案件立案标准的规定》**高检发释字〔2006〕2号

徇私舞弊减刑、假释、暂予监外执行案，涉嫌下列情形之一的，应予立案：（1）刑罚执行机关的工作人员对不符合减刑、假释、暂予监外执行条件的罪犯，捏造事实，伪造材料，违法报请减刑、假释、暂予监外执行的；（2）审判人员对不符合减刑、假释、暂予监外执行条件的罪犯，徇私舞弊，违法裁定、假释或者违法决定暂予监外执行的；（3）监狱管理机关、公安机关的工作人员对不符合暂予监外执行条件的罪犯，徇私舞弊，违法批准暂予监外执行的；（4）不具有报请、裁定或决定减刑、假释、暂予监外执行权的司法工作人员利用职务上的便利，伪造有关材料，导致不符合减刑、假释，暂予监外执行条件的罪犯被减刑、假释、暂予监外执行的；（5）其他徇私舞弊违法减刑、假释、暂予监外执行应予追究刑事责任的情形。

第四百零二条【徇私舞弊不移交刑事案件罪】 行政执法人员徇私舞弊，对依法应当移交司法机关追究刑事责任的不移交，情节严重的，处三年以下有期徒刑或者拘役；造成严重后果的，处三年以上七年以下有期徒刑。

（相关解释）**1. 最高人民检察院《关于渎职侵权犯罪案件立案标准的规定》高检发释字〔2006〕2号**

徇私舞弊不移交刑事案件案，涉嫌下列情形之一的，应予立案：（1）对依法可能判处三年以上有期徒刑、无期徒刑、死刑的犯罪案件不移交的；（2）不移交刑事案件涉及三人次以上的；（3）司法机关发现并提出意见后，无正当理由仍然不予移交的；（4）以罚代刑，放纵犯罪嫌疑人，致使犯罪嫌疑人继续进行违法犯罪活动的；（5）行政执法部门主管领导阻止移交的；（6）隐瞒、毁灭证据，伪造材料，改变刑事案件性质的；（7）直接负责的主管人员和其他直接责任人员为牟取本单位私利而不移交刑事案件，情节严重的；（8）其他情节严重的情形。

2. 最高人民法院、最高人民检察院《关于办理危害生产安全刑事案件适用法律若干问题的解释》法释〔2015〕22号（具体见《刑法》第一百三十四条）

国家机关工作人员在履行安全监督管理职责时滥用职权、玩忽职守，致使公共财产、国家和人民利益遭受重大损失的，或者徇私舞弊，对发现的刑事案件依法应当移交司法机关追究刑事责任而不移交，情节严重的，分别依照《刑法》第三百九十七条、第四百零二条的规定，以滥用职权罪、玩忽职守罪或者徇私舞弊不移交刑事案件罪定罪处罚。

公司、企业、事业单位的工作人员在依法或者受委托行使安全监督管理职责时滥用职权或者玩忽职守，构成犯罪的，应当依照《全国人民代表大会常务委员会关于〈中华人民共和国刑法〉第九章渎职罪主体适用问题的解释》的规定，适用渎职罪的规定追究刑事责任。

第四百零三条【滥用管理公司、证券职权罪】 国家有关主管部门的国家机关工作人员，徇私舞弊，滥用职权，对不符合法律规定条件的公司设立、登记申请或者股票、债券发行、上市申请，予以批准或者登记，致使公共财产、国家和人民利益遭受重大损失的，处五年以下有期徒刑或者拘役。

上级部门强令登记机关及其工作人员实施前款行为的，对其直接负责的主管人员，依照前款的规定处罚。

（相关解释）**最高人民检察院《关于渎职侵权犯罪案件立案标准的规定》高检发释字〔2006〕2号**

滥用管理公司、证券职权案，涉嫌下列情形之一的，应予立案：（1）造成直接经济损失五十万元以上的；（2）工商管理部门的工作人员对不符合法律规定条件的公司设立、登记申请，违法予以批准、登记，严重扰乱市场秩序的；（3）金融证券管理机构工作人员对不符合法律规定条件的股票、债券发行、上市申请，违法予以批准，严重损害公众利益，或者严重扰乱金融秩序的；（4）工商管理部门、金融证券管理机构的工作人员对不符合法律规定条件的公司设立、登记申请或者股票、债券发行、上市申请违法予以批准或者登记，致使犯罪行为得逞的；（5）上级部门、当地政府直接负责的主管人员强令登记机关及其工作人员，对不符合法律规定条件的公司设立、登记申请或者股票、债券发行、上市申请予以批准或者登记，致使公共财产、国家或者人民利益遭受重大损失的；（6）其他致使公共财产、国家和人民利益遭受重大损失的情形。

第四百零四条【徇私舞弊不征、少征税款罪】　税务机关的工作人员徇私舞弊，不征或者少征应征税款，致使国家税收遭受重大损失的，处五年以下有期徒刑或者拘役；造成特别重大损失的，处五年以上有期徒刑。

（相关解释）**最高人民检察院《关于渎职侵权犯罪案件立案标准的规定》高检发释字**〔2006〕2号

徇私舞弊不征、少征税款案，涉嫌下列情形之一的，应予立案：（1）徇私舞弊不征、少征应征税款，致使国家税收损失累计达十万元以上的；（2）上级主管部门工作人员指使税务机关工作人员徇私舞弊不征、少征应征税款，致使国家税收损失累计达十万元以上的；（3）徇私舞弊不征、少征应征税款不满十万元，但具有索取或者收受贿赂或者其他恶劣情节的；（4）其他致使国家税收遭受重大损失的情形。

第四百零五条【徇私舞弊发售发票、抵扣税款、出口退税罪】　税务机关的工作人员违反法律、行政法规的规定，在办理发售发票、抵扣税款、出口退税工作中，徇私舞弊，致使国家利益遭受重大损失的，处五年以下有期徒刑或者拘役；致使国家利益遭受特别重大损失的，处五年以上有期徒刑。

【违法提供出口退税凭证罪】　其他国家机关工作人员违反国家规定，在提供出口货物报关单、出口收汇核销单等出口退税凭证的工作中，徇私舞弊，致使国家利益遭受重大损失的，依照前款的规定处罚。

（相关解释）**最高人民检察院《关于渎职侵权犯罪案件立案标准的规定》高检发释字**〔2006〕2号

徇私舞弊发售发票、抵扣税款、出口退税案，涉嫌下列情形之一的，应予立案：（1）徇私舞弊，致使国家税收损失累计达十万元以上的；（2）徇私舞弊，致使国家税收损失累计不满十万元，但发售增值税专用发票二十五份以上或者其他发票五十份以上或者增值税专用发票与其他发票合计五十份以上，或者具有索取、收受贿赂或者其他恶劣情节的；（3）其他致使国家利益遭受重大损失的情形。

违法提供出口退税凭证案，涉嫌下列情形之一的，应予立案：（1）徇私舞弊，致使国家税收损失累计达十万元以上的；（2）徇私舞弊，致使国家税收损失累计不满十万元，但具有索取、收受贿赂或者其他恶劣情节的；（3）其他致使国家利益遭受重大损失的情形。

第四百零六条【国家机关工作人员签订、履行合同失职被骗罪】　国家机关工作人员在签订、履行合同过程中，因严重不负责任被诈骗，致使国家利益遭受重大损失的，处三年以下有期徒刑或者拘役；致使国家利益遭受特别重大损失的，处三年以上七年以下有期徒刑。

（相关解释）**1.最高人民检察院《关于渎职侵权犯罪案件立案标准的规定》高检发释字**〔2006〕2号

国家机关工作人员签订、履行合同失职被骗案，涉嫌下列情形之一的，应予立案：（1）造成直接经济损失三十万元以上，或者直接经济损失不满三十万元，但间接经济损失一百五十万元以上的；（2）其他致使国家利益遭受重大损失的情形。

2.最高人民法院刑二庭审判长会议纪要《关于签订、履行合同失职被骗犯罪是否以对方当事人的行为构成诈骗犯罪为要件的意见》（见第一百六十七条）

第四百零七条【违法发放林木采伐许可证罪】 林业主管部门的工作人员违反森林法的规定，超过批准的年采伐限额发放林木采伐许可证或者违反规定滥发林木采伐许可证，情节严重，致使森林遭受严重破坏的，处三年以下有期徒刑或者拘役。

（相关解释）**1.最高人民检察院《关于渎职侵权犯罪案件立案标准的规定》**高检发释字〔2006〕2号

违法发放林木采伐许可证案，涉嫌下列情形之一的，应予立案：（1）发放林木采伐许可证允许采伐数量累计超过批准的年采伐限额，导致林木被超限额采伐十立方米以上的；（2）滥发林木采伐许可证，导致林木被滥伐二十立方米以上，或者导致幼树被滥伐一千株以上的；（3）滥发林木采伐许可证，导致防护林、特种用途林被滥伐五立方米以上，或者幼树被滥伐二百株以上的；（4）滥发林木采伐许可证，导致珍贵树木或者国家重点保护的其他树木被滥伐的；（5）滥发林木采伐许可证，导致国家禁止采伐的林木被采伐的；（6）其他情节严重，致使森林遭受严重破坏的情形。

2.最高人民法院《关于审理破坏森林资源刑事案件具体应用法律若干问题的解释》法释〔2000〕36号

第十二条 林业主管部门的工作人员违反森林法的规定，超过批准的年采伐限额发放林木采伐许可证或者违反规定滥发林木采伐许可证，具有下列情形之一的，属于《刑法》第四百零七条规定的"情节严重，致使森林遭受严重破坏"，以违法发放林木采伐许可证罪定罪处罚：

（一）发放林木采伐许可证允许采伐数量累计超过批准的年采伐限额，导致林木被采伐数量在十立方米以上的；

（二）滥发林木采伐许可证，导致林木被滥伐二十立方米以上的；

（三）滥发林木采伐许可证，导致珍贵树木被滥伐的；

（四）批准采伐国家禁止采伐的林木，情节恶劣的；

（五）其他情节严重的情形。

3.最高人民检察院《关于对林业主管部门工作人员在发放林木采伐许可证之外滥用职权玩忽职守致使森林遭受严重破坏的行为适用法律问题的批复》高检发释字〔2007〕1号

林业主管部门工作人员违法发放林木采伐许可证，致使森林遭受严重破坏的，依照《刑法》第四百零七条的规定，以违法发放林木采伐许可证罪追究刑事责任；以其他方式滥用职权或者玩忽职守，致使森林遭受严重破坏的，依照《刑法》第三百九十七条的规定，以滥用职权罪或者玩忽职守罪追究刑事责任，立案标准依照最高人民检察院《关于渎职侵权犯罪案件立案标准的规定》第一部分渎职犯罪案件第十八条第三款的规定执行。

第四百零八条【环境监管失职罪】 负有环境保护监督管理职责的国家机关工作人员严重不负责任，导致发生重大环境污染事故，致使公私财产遭受重大损失或者造成人身伤亡的严重后果的，处三年以下有期徒刑或者拘役。

（相关解释）**1.最高人民检察院《关于渎职侵权犯罪案件立案标准的规定》**高检发释字〔2006〕2号

环境监管失职案，涉嫌下列情形之一的，应予立案：（1）造成死亡一人以上，或者重伤三人以上，或者重伤二人、轻伤四人以上，或者重伤一人、轻伤七人以上，或者轻伤十人以上的；（2）导致三十人以上严重中毒的；（3）造成个人财产直接经济损失十五万元以上，或者直接经济损失不满十五万元，但间接经济损失七十五万元以上的；（4）造成公共财产、法人或者其他组织财产直接经济损失三十万元以上，或者直接经济损失不满三十万元，但间接经济损失一百五十万元以上的；（5）虽未达到（3）（4）两项数额标准，但（3）（4）两项合计直接经济损失三十万元以上，或者合计直接经济损失不满三十万元，但合计间接经济损失一百五十万元以上的；（6）造成基本农田或者防护林地、特种用途林地十亩以上，或者基本农田以外的耕地五十亩以上，或者其他土地七十亩以上被严重毁坏的；（7）造成生活饮用水地表水源和地下水源严重污染的；（8）其他致使公私财产遭受重大损失或者造成人身伤亡严重后果的情形。

2. 最高人民法院、最高人民检察院《关于办理环境污染刑事案件适用法律若干问题的解释》法释〔2016〕29号（见第三百三十八条）

第二条　实施《刑法》第三百三十九条、第四百零八条规定的行为，致使公私财产损失三十万元以上，或者具有本解释第一条第十项至第十七项规定情形之一的，应当认定为"致使公私财产遭受重大损失或者严重危害人体健康"或者"致使公私财产遭受重大损失或者造成人身伤亡的严重后果"。

第四百零八条之一【食品、药品监管渎职罪】　负有食品药品安全监督管理职责的国家机关工作人员，滥用职权或者玩忽职守，有下列情形之一，造成严重后果或者有其他严重情节的，处五年以下有期徒刑或者拘役；造成特别严重后果或者有其他特别严重情节的，处五年以上十年以下有期徒刑：

（一）瞒报、谎报食品安全事故、药品安全事件的；

（二）对发现的严重食品药品安全违法行为未按规定查处的；

（三）在药品和特殊食品审批审评过程中，对不符合条件的申请准予许可的；

（四）依法应当移交司法机关追究刑事责任不移交的；

（五）有其他滥用职权或者玩忽职守行为的。

徇私舞弊犯前款罪的，从重处罚。【2021年3月1日刑法修正案（十一）】

【2011年5月1日刑法修正案（八）】负有食品安全监督管理职责的国家机关工作人员，滥用职权或者玩忽职守，导致发生重大食品安全事故或者造成其他严重后果的，处五年以下有期徒刑或者拘役；造成特别严重后果的，处五年以上十年以下有期徒刑。

徇私舞弊犯前款罪的，从重处罚。

第四百零九条【传染病防治失职罪】　从事传染病防治的政府卫生行政部门的工作人员严重不负责任，导致传染病传播或者流行，情节严重的，处三年以下有期徒刑或者拘役。

（相关解释）**1. 最高人民检察院《关于渎职侵权犯罪案件立案标准的规定》**高检发释字〔2006〕2号

传染病防治失职案，涉嫌下列情形之一的，应予立案：（1）导致甲类传染病传播的；（2）导致乙类、丙类传染病流行的；（3）因传染病传播或者流行，造成人员重伤或者死亡的；（4）因传染病传播或者流行，严重影响正常的生产、生活秩序的；（5）在国家对突发传染病疫情等灾害采取预防、控制措施后，对发生突发传染病疫情等灾害的地区或者突发传染病病人、病原携带者、疑似突发传染病病人，未按照预防、控制突发传染病疫情等灾害工作规范的要求做好防疫、检疫、隔离、防护、救治等工作，或者采取的预防、控制措施不当，造成传染范围扩大或者疫情、灾情加重的；（6）在国家对突发传染病疫情等灾害采取预防、控制措施后，隐瞒、缓报、谎报或者授意、指使、强令他人隐瞒、缓报、谎报疫情、灾情，造成传染范围扩大或者疫情、灾情加重的；（7）在国家对突发传染病疫情等灾害采取预防、控制措施后，拒不执行突发传染病疫情等灾害应急处理指挥机构的决定、命令，造成传染范围扩大或者疫情、灾情加重的；（8）其他情节严重的情形。

2. 最高人民法院、最高人民检察院《关于办理妨害预防、控制突发传染病疫情等灾害的刑事案件具体应用法律若干问题的解释》法释〔2003〕8号

在预防、控制突发传染病疫情等灾害期间，从事传染病防治的政府卫生行政部门的工作人员，或者在受政府卫生行政部门委托代表政府卫生行政部门行使职权的组织中从事公务的人员，或者虽未列入政府卫生行政部门人员编制但在政府卫生行政部门从事公务的人员，在代表政府卫生行政部门行使职权时，严重不负责任，导致传染病传播或者流行，情节严重的，依照《刑法》第四百零九条的规定，以传染病防治失职罪定罪处罚。

在国家对突发传染病疫情等灾害采取预防、控制措施后，具有下列情形之一的，属于《刑法》第四百零九条规定的"情节严重"：

（一）对发生突发传染病疫情等灾害的地区或者突发传染病病人、病原携带者、疑似突发传染病病人，未按照预防、控制突发传染病疫情等灾害工作规范的要求做好防疫、检疫、隔离、防护、救治等工作，或者采取的预防、控制措施不当，造成传染范围扩大或者疫情、灾情加重的；

（二）隐瞒、缓报、谎报或者授意、指使、强令他人隐瞒、缓报、谎报疫情、灾情，造成传染范围扩大或者疫情、灾情加重的；

（三）拒不执行突发传染病疫情等灾害应急处理指挥机构的决定、命令，造成传染范围扩大或者疫情、灾情加重的；

（四）具有其他严重情节的。

3. 最高人民法院、最高人民检察院、公安部、司法部《关于依法惩治妨害新型冠状病毒感染肺炎疫情防控违法犯罪的意见》法发〔2020〕7号（2020年2月6日）（具体见第一百一十五条）

（七）依法严惩疫情防控失职渎职、贪污挪用犯罪。在疫情防控工作中，负有组织、协调、指挥、灾害调查、控制、医疗救治、信息传递、交通运输、物资保障等职责的国家机关工作人员，滥用职权或者玩忽职守，致使公共财产、国家和人民利益遭受重大损失的，依照《刑法》第三百九十七条的规定，以滥用职权罪或者玩忽职守罪定罪处罚。

卫生行政部门的工作人员严重不负责任，不履行或者不认真履行防治监管职责，导致新型冠状病毒感染肺炎传播或者流行，情节严重的，依照《刑法》第四百零九条的规定，以传染病防治失职罪定罪处罚。

从事实验、保藏、携带、运输传染病菌种、毒种的人员，违反国务院卫生行政部门的有关规定，造成新型冠状病毒毒种扩散，后果严重的，依照《刑法》第三百三十一条的规定，以传染病菌种扩散罪定罪处罚。

国家工作人员，受委托管理国有财产的人员，公司、企业或者其他单位的人员，利用职务便利，侵吞、截留或者以其他手段非法占有用于防控新型冠状病毒感染肺炎的款物，或者挪用上述款物归个人使用，符合《刑法》第三百八十二条、第三百八十三条、第二百七十一条、第三百八十四条、第二百七十二条规定的，以贪污罪、职务侵占罪、挪用公款罪、挪用资金罪定罪处罚。挪用用于防控新型冠状病毒感染肺炎的救灾、优抚、救济等款物，符合《刑法》第二百七十三条规定的，对直接责任人员，以挪用特定款物罪定罪处罚。

第四百一十条【非法批准征收、征用、占用土地罪，非法低价出让国有土地使用权罪】
国家机关工作人员徇私舞弊，违反土地管理法规，滥用职权，非法批准征收、征用、占用土地，或者非法低价出让国有土地使用权，情节严重的，处三年以下有期徒刑或者拘役；致使国家或者集体利益遭受特别重大损失的，处三年以上七年以下有期徒刑。

（相关解释）**1. 最高人民法院《关于审理破坏土地资源刑事案件具体应用法律若干问题的解释》**法释〔2000〕14号

第四条　国家机关工作人员徇私舞弊，违反土地管理法规，滥用职权，非法批准征用、占用土地，具有下列情形之一的，属于非法批准征用、占用土地"情节严重"，依照《刑法》第四百一十条的规定，以非法批准征用、占用土地罪定罪处罚：

（一）非法批准征用、占用基本农田十亩以上的；

（二）非法批准征用、占用基本农田以外的耕地三十亩以上的；

（三）非法批准征用、占用其他土地五十亩以上的；

（四）虽未达到上述数量标准，但非法批准征用、占用土地造成直接经济损失三十万元以上；造成耕地大量毁坏等恶劣情节的。

第五条　实施第四条规定的行为，具有下列情形之一的，属于非法批准征用、占用土地"致使国家或者集体利益遭受特别重大损失"：

（一）非法批准征用、占用基本农田二十亩以上的；

（二）非法批准征用、占用基本农田以外的耕地六十亩以上的；

（三）非法批准征用、占用其他土地一百亩以上的；

（四）非法批准征用、占用土地，造成基本农田五亩以上，其他耕地十亩以上严重毁坏的；

（五）非法批准征用、占用土地造成直接经济损失五十万元以上等恶劣情节的。

第六条　国家机关工作人员徇私舞弊，违反土地管理法规，非法低价出让国有土地使用权，具有下列情形之一的，属于"情节严重"，依照《刑法》第四百一十条的规定，以非法低价出让国有土地使用权罪定罪处罚：

（一）出让国有土地使用权面积在三十亩以上，并且出让价额低于国家规定的最低价额标准的百分之六十的；

（二）造成国有土地资产流失价额在三十万元以上的。

第七条　实施第六条规定的行为，具有下列情形之一的，属于非法低价出让国有土地使用权，"致使国家和集体利益遭受特别重大损失"：

（一）非法低价出让国有土地使用权面积在六十亩以上，并且出让价额低于国家规定的最低价额标准的百分之四十的；

（二）造成国有土地资产流失价额在五十万元以上的。

2. 最高人民法院《关于审理破坏林地资源刑事案件具体应用法律若干问题的解释》法释〔2005〕15号

第二条　国家机关人员徇私舞弊，违反土地管理法规，滥用职权，非法批准征用、占用林地，具有下列情形之一的，属于《刑法》第四百一十条规定的"情节严重"，应当以非法批准征用、占用土地罪判处三年以下有期徒刑或者拘役：（1）非法批准征用、占用防护林地、特种用途林地数量分别或者合计达到十亩以上的；（2）非法批准征用、占用其他林地数量达到二十亩以上的；（3）非法批准征用、占用林地造成直接经济损失数额达到三十万元以上，或者造成本条第（1）项规定的林地数量分别或者合计达到五亩以上或者本条第（2）项规定的林地数量达到十亩以上毁坏。

第三条　实施本解释第二条规定的行为，具有下列情形之一的，属于《刑法》第四百一十条规定的"致使国家或者集体利益遭受特别重大损失"，应当以非法批准征用、占用土地罪判处三年以上七年以下有期徒刑：（1）非法批准征用、占用防护林地、特种用途林地数量分别或者合计达到二十亩以上；（2）非法批准征用、占用其他林地数量达到四十亩以上；（3）非法批准征用、占用林地造成直接经济损失数额达到六十万元以上，或者造成本条第（1）项规定的林地数量分别或者合计达到十亩以上或者本条第（2）项规定的林地数量达到二十亩以上毁坏。

第四条　国家机关工作人员徇私舞弊，违反土地管理法规，非法低价出让国有林地使用权，具有下列情形之一的，属于《刑法》第四百一十条规定的"情节严重"，应当以非法低价出让国有土地使用罪判处三年以下有期徒刑：（1）林地数量合计达到三十亩以上，并且出让价额低于国家规定的最低价额标准的百分之六十；（2）造成国有资产流失价额达到三十万元以上。

第五条　实施本解释第四条规定的行为，造成国有资产流失价额达到六十万元以上的，属于《刑法》第四百一十条规定的"致使国家和集体利益遭受特别重大损失"应当以非法低价出让国有土地使用权罪判处三年以下有期徒刑或者拘役：造成国有资产流失价额达到六十万元以上的。

3. 最高人民检察院《关于渎职侵权犯罪案件立案标准的规定》 高检发释字〔2006〕2号

（二十一）非法批准征用、占用土地案（第四百一十条）

非法批准征用、占用土地罪是指国家机关工作人员徇私舞弊，违反土地管理法、森林法、草原法等法律以及有关行政法规中关于土地管理的规定，滥用职权，非法批准征用、占用耕地、林地等农用地以及其他土地，情节严重的行为。

涉嫌下列情形之一的，应予立案：

1.非法批准征用、占用基本农田10亩以上的；

2.非法批准征用、占用基本农田以外的耕地30亩以上的；

3.非法批准征用、占用其他土地50亩以上的；

4.虽未达到上述数量标准，但造成有关单位、个人直接经济损失30万元以上，或者造成耕地大量毁坏或者植被遭到严重破坏的；

5.非法批准征用、占用土地，影响群众生产、生活，引起纠纷，造成恶劣影响或者其他严重后果的；

6.非法批准征用、占用防护林地、特种用途林地分别或者合计10亩以上的；

7.非法批准征用、占用其他林地20亩以上的；

8.非法批准征用、占用林地造成直接经济损失30万元以上，或者造成防护林地、特种用途林地分别或者合计5亩以上或者其他林地10亩以上毁坏的；

9.其他情节严重的情形。

（二十二）非法低价出让国有土地使用权案（第四百一十条）

非法低价出让国有土地使用权罪是指国家机关工作人员徇私舞弊，违反土地管理法、森林法、草原法等法律以及有关行政法规中关于土地管理的规定，滥用职权，非法低价出让国有土地使用权，情节严重的行为。

涉嫌下列情形之一的，应予立案：

1.非法低价出让国有土地30亩以上，并且出让价低于国家规定的最低价额标准的百分之六十的；

2.造成国有土地资产流失价额30万元以上的；

3.非法低价出让国有土地使用权，影响群众生产、生活，引起纠纷，造成恶劣影响或者其他严重后果的；

4.非法低价出让林地合计30亩以上，并且出让价额低于国家规定的最低价额标准的百分之六十的；

5.造成国有资产流失30万元以上的；

6.其他情节严重的情形。

4.《全国人大常委会关于〈中华人民共和国刑法〉第二百二十八条、第三百四十二条、第四百一十条的解释》2001年8月31日　（见第二百二十八条）

《刑法》第二百二十八条、第三百四十二条、第四百一十条规定的"违反土地管理法规"，是指违反土地管理法、森林法、草原法等法律以及有关行政法规中关于土地管理的规定。

《刑法》第四百一十条规定的"非法批准征用、占用土地"，是指非法批准征用、占用耕地、林地等农用地以及其他土地。

5.《全国人大常委会关于修改部分法律的决定》2009年8月27日

（一）将下列法律和法律解释中的"征用"修改为"征收、征用"

12.《中华人民共和国刑法》第三百八十一条、第四百一十条

6.最高人民法院《关于审理破坏草原资源刑事案件应用法律若干问题的解释》法释〔2012〕15号

国家机关工作人员徇私舞弊，违反草原法等土地管理法规，具有下列情形之一的，应当认定为《刑法》第四百一十条规定的"情节严重"：

（一）非法批准征收、征用、占用草原四十亩以上的；

（二）非法批准征收、征用、占用草原，造成二十亩以上草原被毁坏的；

（三）非法批准征收、征用、占用草原，造成直接经济损失三十万元以上，或者具有其他恶劣情节的。

具有下列情形之一，应当认定为《刑法》第四百一十条规定的"致使国家或者集体利益遭受特别重大损失"：

（一）非法批准征收、征用、占用草原八十亩以上的；

（二）非法批准征收、征用、占用草原，造成四十亩以上草原被毁坏的；

（三）非法批准征收、征用、占用草原，造成直接经济损失六十万元以上，或者具有其他特别恶劣情节的。

7.最高人民检察院法律政策研究室《对贵州省人民检察院法律政策研究室〈关于对刑法第410条"违反土地管理法规"如何理解问题的请示〉的答复》高检研〔2017〕9号（2017年3月14日）

贵州省人民检察院法律政策研究室：

你室《关于对刑法第410条"违反土地管理法规"如何理解问题的请示》以及相关案件材料收悉。经研究，答复如下：

1.根据全国人大常委会有关立法解释，《刑法》第四百一十条规定的"违反土地管理法规"是指违反土地管理法、森林法、草原法等法律以及有关行政法规中关于土地管理的规定。农业部《草原征占用审核审批管理办法》是有关行政主管部门为执行草原法所作出的细化规定，属部门规章，不属于《刑法》第四百一十条规定的"土地管理法规"。

2. 请示所附案件涉嫌受贿和渎职犯罪。对于有关渎职行为，可以根据本案事实和证据情况，参照《土地管理法》第七十八条、《草原法》第六十三条，结合《刑法》第四百一十条的规定认定处理；构成犯罪的，以非法批准征收、征用、占用土地罪追究刑事责任。

第四百一十一条【放纵走私罪】 海关工作人员徇私舞弊，放纵走私，情节严重的，处五年以下有期徒刑或者拘役；情节特别严重的，处五年以上有期徒刑。

（相关解释）**1. 最高人民检察院《关于渎职侵权犯罪案件立案标准的规定》**高检发释字〔2006〕2号

放纵走私案，涉嫌下列情形之一的，应予立案：（1）放纵走私犯罪的；（2）因放纵走私致使国家应收税额损失累计达十万元以上的；（3）放纵走私行为三起次以上的；（4）放纵走私行为，具有索取或者收受贿赂情节的；（5）其他情节严重的情形。

2. 最高人民法院、最高人民检察院、海关总署《关于办理走私刑事案件适用法律若干问题的意见》法〔2002〕139号（见第一百五十一条）

依照《刑法》第四百一十一条的规定，负有特定监管义务的海关工作人员徇私舞弊，利用职权，放任、纵容走私犯罪行为，情节严重的，构成放纵走私罪。放纵走私行为，一般是消极的不作为。如果海关工作人员与走私分子通谋，在放纵走私过程中以积极的行为配合走私分子逃避海关监管或者在放纵走私之后分得赃款的，应以共同走私犯罪追究刑事责任。

海关工作人员收受贿赂又放纵走私的，应以受贿罪和放纵走私罪数罪并罚。

第四百一十二条【商检徇私舞弊罪】 国家商检部门、商检机构的工作人员徇私舞弊，伪造检验结果的，处五年以下有期徒刑或者拘役；造成严重后果的，处五年以上十年以下有期徒刑。

【商检失职罪】 前款所列人员严重不负责任，对应当检验的物品不检验，或者延误检验出证、错误出证，致使国家利益遭受重大损失的，处三年以下有期徒刑或者拘役。

（相关解释）**最高人民检察院《关于渎职侵权犯罪案件立案标准的规定》**高检发释字〔2006〕2号

商检徇私舞弊案，涉嫌下列情形之一的，应予立案：（1）采取伪造、变造的手段对报检的商品的单证、印章、标志、封识、质量认证标志等作虚假的证明或者出具不真实的证明结论的；（2）将送检的合格商品检验为不合格，或者将不合格商品检验为合格的；（3）对明知是不合格的商品，不检验而出具合格检验结果的；（4）其他伪造检验结果应予追究刑事责任的情形。

商检失职案，涉嫌下列情形之一的，应予立案：（1）致使不合格的食品、药品、医疗器械等商品出入境，严重危害生命健康的；（2）造成个人财产直接经济损失十五万元以上，或者直接经济损失不满十五万元，但间接经济损失七十五万元以上的；（3）造成公共财产、法人或者其他组织财产直接经济损失三十万元以上，或者直接经济损失不满三十万元，但间接经济损失一百五十万元以上的；（4）未经检验，出具合格检验结果，致使国家禁止进口的固体废物、液态废物和气态废物等进入境内的；（5）不检验或者延误检验出证、错误出证，引起国际经济贸易纠纷，严重影响国家对外经贸关系，或者严重损害国家声誉的；（6）其他致使国家利益遭受重大损失的情形。

第四百一十三条【动植物检疫徇私舞弊罪】 动植物检疫机关的检疫人员徇私舞弊，

伪造检疫结果的，处五年以下有期徒刑或者拘役；造成严重后果的，处五年以上十年以下有期徒刑。

【动植物检疫失职罪】　前款所列人员严重不负责任，对应当检疫的检疫物不检疫，或者延误检疫出证、错误出证，致使国家利益遭受重大损失的，处三年以下有期徒刑或者拘役。

（相关解释）**最高人民检察院《关于渎职侵权犯罪案件立案标准的规定》**高检发释字〔2006〕2号

动植物检疫徇私舞弊案，涉嫌下列情形之一的，应予立案：（1）采取伪造、变造的手段对检疫的单证、印章、标志、封识等作虚假的证明或者出具不真实的结论的；（2）将送检的合格动植物检疫为不合格，或者将不合格动植物检疫为合格的；（3）对明知是不合格的动植物，不检疫而出具合格检疫结果的；（4）其他伪造检疫结果应予追究刑事责任的情形。

动植物检疫失职案，涉嫌下列情形之一的，应予立案：（1）导致疫情发生，造成人员重伤或者死亡的；（2）导致重大疫情发生、传播或者流行的；（3）造成个人财产直接经济损失十五万元以上，或者直接经济损失不满十五万元，但间接经济损失七十五万元以上的；（4）造成公共财产或者法人、其他组织财产直接经济损失三十万元以上，或者直接经济损失不满三十万元，但间接经济损失一百五十万元以上的；（5）不检疫或者延误检疫出证、错误出证，引起国际经济贸易纠纷，严重影响国家对外经贸关系，或者严重损害国家声誉的；（6）其他致使国家利益遭受重大损失的情形。

第四百一十四条【放纵制售伪劣商品犯罪行为罪】　对生产、销售伪劣商品犯罪行为负有追究责任的国家机关工作人员，徇私舞弊，不履行法律规定的追究职责，情节严重的，处五年以下有期徒刑或者拘役。

（相关解释）**1.最高人民检察院《关于渎职侵权犯罪案件立案标准的规定》**高检发释字〔2006〕2号

放纵制售伪劣商品犯罪行为案，涉嫌下列情形之一的，应予立案：（1）放纵生产、销售假药或者有毒、有害食品犯罪行为的；（2）放纵生产、销售伪劣农药、兽药、化肥、种子犯罪行为的；（3）放纵依法可能判处3年有期徒刑以上刑罚的生产、销售伪劣商品犯罪行为的；（4）对生产、销售伪劣商品犯罪行为不履行追究职责，致使生产、销售伪劣商品犯罪行为得以继续的；（5）三次以上不履行追究职责，或者对三个以上有生产、销售伪劣商品犯罪行为的单位或者个人不履行追究职责的；（6）其他情节严重的情形。

2.最高人民法院、最高人民检察院《关于办理生产、销售伪劣商品刑事案件具体应用法律若干问题的解释》法释〔2001〕10号（见第一百四十条）

国家机关工作人员徇私舞弊，对生产、销售伪劣商品犯罪不履行法律规定的查处职责，具有下列情形之一的，属于《刑法》第四百一十四条规定的"情节严重"：（1）放纵生产、销售假药或者有毒、有害食品犯罪行为的；（2）放纵依法可能判处二年有期徒刑以上刑罚的生产、销售伪劣商品犯罪行为的；（3）对三个以上有生产、销售伪劣商品犯罪行为的单位或者个人不履行追究职责的；（4）致使国家和人民利益遭受重大损失或者造成恶劣影响的。

第四百一十五条【办理偷越国（边）境人员出入境证件罪，放行偷越国（边）境人员罪】　负责办理护照、签证以及其他出入境证件的国家机关工作人员，对明知是企图偷越国（边）境的人员，予以办理出入境证件的，或者边防、海关等国家机关工作人员，对明知是偷越国（边）境的人员，予以放行的，处三年以下有期徒刑或者拘役；情节严重的，处三年以上七年以下有期徒刑。

（相关解释）**最高人民检察院《关于渎职侵权犯罪案件立案标准的规定》**高检发释字〔2006〕2号

（二十九）办理偷越国（边）境人员出入境证件案（第四百一十五条）

办理偷越国（边）境人员出入境证件罪是指负责办理护照、签证以及其他出入境证件的国家机关工作人员，对明知是企图偷越国（边）境的人员，予以办理出入境证件的行为。

负责办理护照、签证以及其他出入境证件的国家机关工作人员涉嫌在办理护照、签证以及其他出入境证件的过程中，对明知是企图偷越国（边）境的人员而予以办理出入境证件的，应予立案。

（三十）放行偷越国（边）境人员案（第四百一十五条）

放行偷越国（边）境人员罪是指边防、海关等国家机关工作人员，对明知是偷越国（边）境的人员予以放行的行为。

边防、海关等国家机关工作人员涉嫌在履行职务过程中，对明知是偷越国（边）境的人员而予以放行的，应予立案。

第四百一十六条【不解救被拐卖、绑架妇女、儿童罪】 对被拐卖、绑架的妇女、儿童负有解救职责的国家机关工作人员，接到被拐卖、绑架的妇女、儿童及其家属的解救要求或者接到其他人的举报，而对被拐卖、绑架的妇女、儿童不进行解救，造成严重后果的，处五年以下有期徒刑或者拘役。

【阻碍解救被拐卖、绑架妇女、儿童罪】 负有解救职责的国家机关工作人员利用职务阻碍解救的，处二年以上七年以下有期徒刑；情节较轻的，处二年以下有期徒刑或者拘役。

（相关解释）**最高人民检察院《关于渎职侵权犯罪案件立案标准的规定》**高检发释字〔2006〕2号

不解救被拐卖、绑架妇女、儿童案，涉嫌下列情形之一的，应予立案：（1）导致被拐卖、绑架的妇女、儿童或者其家属重伤、死亡或者精神失常的；（2）导致被拐卖、绑架的妇女、儿童被转移、隐匿、转卖，不能及时进行解救的；（3）对被拐卖、绑架的妇女、儿童不进行解救三人次以上的；（4）对被拐卖、绑架的妇女、儿童不进行解救，造成恶劣社会影响的；（5）其他造成严重后果的情形。

阻碍解救被拐卖、绑架妇女、儿童案，涉嫌下列情形之一的，应予立案：（1）利用职权，禁止、阻止或者妨碍有关部门、人员解救被拐卖、绑架的妇女、儿童的；（2）利用职务上的便利，向拐卖、绑架者或者收买者通风报信，妨碍解救工作正常进行的；（3）其他利用职务阻碍解救被拐卖、绑架的妇女、儿童应予追究刑事责任的情形。

第四百一十七条【帮助犯罪分子逃避处罚罪】 有查禁犯罪活动职责的国家机关工作人员，向犯罪分子通风报信、提供便利，帮助犯罪分子逃避处罚的，处三年以下有期徒刑或者拘役；情节严重的，处三年以上十年以下有期徒刑。

（相关解释）1.**最高人民检察院《关于渎职侵权犯罪案件立案标准的规定》**高检发释字〔2006〕2号

帮助犯罪分子逃避处罚案，涉嫌下列情形之一的，应予立案：（1）向犯罪分子泄漏有关部门查禁犯罪活动的部署、人员、措施、时间、地点等情况的；（2）向犯罪分子提供钱物、交通工具、通讯设备、隐藏处所等便利条件的；（3）向犯罪分子泄漏案情的；（4）帮助、示意犯罪分子隐匿、毁灭、伪造证据，或者串供、翻供的；（5）其他帮助犯罪分子逃避处罚应予追究刑事责任的情形。

2. 最高人民法院、最高人民检察院《关于办理扰乱无线电通讯管理秩序等刑事案件适用法律若干问题的解释》法释〔2017〕11号（见第二百八十八条）

第七条 负有无线电监督管理职责的国家机关工作人员滥用职权或者玩忽职守，致使公共财产、国家和人民利益遭受重大损失的，应当依照《刑法》第三百九十七条的规定，以滥用职权罪或者玩忽职守罪追究刑事责任。

有查禁扰乱无线电管理秩序犯罪活动职责的国家机关工作人员，向犯罪分子通风报信、提供便利，帮助犯罪分子逃避处罚的，应当依照《刑法》第四百一十七条的规定，以帮助犯罪分子逃避处罚罪追究刑事责任；事先通谋的，以共同犯罪论处。

第四百一十八条【招收公务员、学生徇私舞弊罪】 国家机关工作人员在招收公务员、学生工作中徇私舞弊，情节严重的，处三年以下有期徒刑或者拘役。

（相关解释）**1. 最高人民检察院《关于渎职侵权犯罪案件立案标准的规定》**高检发释字〔2006〕2号

招收公务员、学生徇私舞弊案，涉嫌下列情形之一的，应予立案：（1）徇私舞弊，利用职务便利，伪造、变造人事、户口档案、考试成绩或者其他影响招收工作的有关资料，或者明知是伪造、变造的上述材料而予以认可的；（2）徇私舞弊，利用职务便利，帮助五名以上考生作弊的；（3）徇私舞弊招收不合格的公务员、学生三人次以上的；（4）因徇私舞弊招收不合格的公务员、学生，导致被排挤的合格人员或者其近亲属自杀、自残造成重伤、死亡，或者精神失常的；（5）因徇私舞弊招收公务员、学生，导致该项招收工作重新进行的；（6）其他情节严重的情形。

2. 最高人民法院刑二庭审判长会议纪要《关于教师能否成为招收学生徇私舞弊罪主体的问题》

关于教师能否成为招收学生徇私舞弊罪主体的问题，刑二庭审判长会议进行了讨论，纪要如下：

《刑法》第四百一十八条所规定的招收学生徇私舞弊的主体是国家机关工作人员，学校的教师属于文教事业单位人员，不属于国家机关工作人员，因此不能成为招收学生徇私舞弊的构成主体；教师接受委托或者聘请临时担任考试监考员等与招收学生相关职务的，并不具有国家机关工作人员身份，同样不能成为招收学生徇私舞弊罪的犯罪主体。

第四百一十九条【失职造成珍贵文物损毁、流失罪】 国家机关工作人员严重不负责任，造成珍贵文物损毁或者流失，后果严重的，处三年以下有期徒刑或者拘役。

（相关解释）**1. 最高人民检察院《关于渎职侵权犯罪案件立案标准的规定》**高检发释字〔2006〕2号

失职造成珍贵文物损毁、流失案，涉嫌下列情形之一的，应予立案：（1）导致国家一、二、三级珍贵文物损毁或者流失的；（2）导致全国重点文物保护单位或者省、自治区、直辖市级文物保护单位损毁的；（3）其他后果严重的情形。

**2. 最高人民法院、最高人民检察院《关于办理妨害文物管理等刑事案件适用法律若干

问题的解释》法释〔2015〕23 号（具体见《刑法》第三百二十四条）

国家机关工作人员严重不负责任，造成珍贵文物损毁或者流失，具有下列情形之一的，应当认定为《刑法》第四百一十九条规定的"后果严重"：

（一）导致二级以上文物或者五件以上三级文物损毁或者流失的；

（二）导致全国重点文物保护单位、省级文物保护单位的本体严重损毁或者灭失的；

（三）其他后果严重的情形。

第十章　军人违反职责罪

本章刑法罪名共三十一个，分别为：战时违抗命令罪（第 421 条），隐瞒、谎报军情罪（第 422 条），拒传、假传军令罪（第 422 条），投降罪（第 423 条），战时临阵脱逃罪（第 424 条），擅离、玩忽军事职守罪（第 425 条），阻碍执行军事职务罪（第 426 条），指使部属违反职责罪（第 427 条），违令作战消极罪（第 428 条），拒不救援友邻部队罪（第 429 条），军人叛逃罪（第 430 条），非法获取军事秘密罪（第 431 条第 1 款），为境外窃取、刺探、收买、非法提供军事秘密罪（第 431 条第 2 款），故意泄露军事秘密罪（第 432 条第 1 款），过失泄露军事秘密罪（第 432 条第 1 款），战时造谣惑众罪（第 433 条），战时自伤罪（第 434 条），逃离部队罪（第 435 条），武器装备肇事罪（第 436 条），擅自改变武器装备编配用途罪（第 437 条），盗窃、抢夺武器装备、军用物资罪（第 438 条），非法出卖、转让武器装备罪（第 439 条），遗弃武器装备罪（第 440 条），遗失武器装备罪（第 441 条），擅自出卖、转让军队房地产罪（第 442 条），虐待部属罪（第 443 条），遗弃伤病军人罪（第 444 条），战时拒不救治伤病军人罪（第 445 条），战时残害居民、掠夺居民财物罪（第 446 条），私放俘虏罪（第 447 条），虐待俘虏罪（第 448 条）。

本章相关解释

1. 最高人民检察院、解放军总政治部《军人违反职责罪案件立案标准的规定》政检〔2013〕1 号（略）

2. 最高人民法院、最高人民检察院《关于对军人非战时逃离部队的行为能否定罪处罚问题的批复》法释〔2000〕39 号

军人违反兵役法规，在非战时逃离部队，情节严重的，应当依照《刑法》第四百三十五条第一款的规定定罪处罚。

第四百二十条 军人违反职责，危害国家军事利益，依照法律应当受刑罚处罚的行为，是军人违反职责罪。

第四百二十一条【战时违抗命令罪】 战时违抗命令，对作战造成危害的，处三年以上十年以下有期徒刑；致使战斗、战役遭受重大损失的，处十年以上有期徒刑、无期徒刑或者死刑。

第四百二十二条【隐瞒、谎报军情罪，拒传、假传军令罪】　故意隐瞒、谎报军情或者拒传、假传军令，对作战造成危害的，处三年以上十年以下有期徒刑；致使战斗、战役遭受重大损失的，处十年以上有期徒刑、无期徒刑或者死刑。

第四百二十三条【投降罪】　在战场上贪生怕死，自动放下武器投降敌人的，处三年以上十年以下有期徒刑；情节严重的，处十年以上有期徒刑或者无期徒刑。

投降后为敌人效劳的，处十年以上有期徒刑、无期徒刑或者死刑。

第四百二十四条【战时临阵脱逃罪】　战时临阵脱逃的，处三年以下有期徒刑；情节严重的，处三年以上十年以下有期徒刑；致使战斗、战役遭受重大损失的，处十年以上有期徒刑、无期徒刑或者死刑。

第四百二十五条【擅离、玩忽军事职守罪】　指挥人员和值班、值勤人员擅离职守或者玩忽职守，造成严重后果的，处三年以下有期徒刑或者拘役；造成特别严重后果的，处三年以上七年以下有期徒刑。

战时犯前款罪的，处五年以上有期徒刑。

第四百二十六条【阻碍执行军事职务罪】　以暴力、威胁方法，阻碍指挥人员或者值班、值勤人员执行职务的，处五年以下有期徒刑或者拘役；情节严重的，处五年以上十年以下有期徒刑；情节特别严重的，处十年以上有期徒刑或者无期徒刑。战时从重处罚。【2015年11月1日刑法修正案（九）】

【1997年刑法】以暴力、威胁方法，阻碍指挥人员或者值班、值勤人员执行职务的，处五年以下有期徒刑或者拘役；情节严重的，处五年以上有期徒刑；致人重伤、死亡的，或者有其他特别严重情节的，处无期徒刑或者死刑。战时从重处罚。

第四百二十七条【指使部属违反职责罪】　滥用职权，指使部属进行违反职责的活动，造成严重后果的，处五年以下有期徒刑或者拘役；情节特别严重的，处五年以上十年以下有期徒刑。

第四百二十八条【违令作战消极罪】　指挥人员违抗命令，临阵畏缩，作战消极，造成严重后果的，处五年以下有期徒刑；致使战斗、战役遭受重大损失或者有其他特别严重情节的，处五年以上有期徒刑。

第四百二十九条【拒不救援友邻部队罪】　在战场上明知友邻部队处境危急请求救援，能救援而不救援，致使友邻部队遭受重大损失的，对指挥人员，处五年以下有期徒刑。

第四百三十条【军人叛逃罪】　在履行公务期间，擅离岗位，叛逃境外或者在境外叛逃，危害国家军事利益的，处五年以下有期徒刑或者拘役；情节严重的，处五年以上有期徒刑。

驾驶航空器、舰船叛逃的，或者有其他特别严重情节的，处十年以上有期徒刑、无期徒刑或者死刑。

第四百三十一条【非法获取军事秘密罪】 以窃取、刺探、收买方法，非法获取军事秘密的，处五年以下有期徒刑；情节严重的，处五年以上十年以下有期徒刑；情节特别严重的，处十年以上有期徒刑。

【为境外窃取、刺探、收买、非法提供军事秘密罪】 为境外的机构、组织、人员窃取、刺探、收买、非法提供军事秘密的，处五年以上十年以下有期徒刑；情节严重的，处十年以上有期徒刑、无期徒刑或者死刑。【2021年3月1日刑法修正案（十一）】

【1997年刑法】以窃取、刺探、收买方法，非法获取军事秘密的，处五年以下有期徒刑；情节严重的，处五年以上十年以下有期徒刑；情节特别严重的，处十年以上有期徒刑。

为境外的机构、组织、人员窃取、刺探、收买、非法提供军事秘密的，处十年以上有期徒刑、无期徒刑或者死刑。

第四百三十二条【故意泄露军事秘密罪，过失泄露军事秘密罪】 违反保守国家秘密法规，故意或者过失泄露军事秘密，情节严重的，处五年以下有期徒刑或者拘役；情节特别严重的，处五年以上十年以下有期徒刑。

战时犯前款罪的，处五年以上十年以下有期徒刑；情节特别严重的，处十年以上有期徒刑或者无期徒刑。

第四百三十三条【战时造谣惑众罪】 战时造谣惑众，动摇军心的，处三年以下有期徒刑；情节严重的，处三年以上十年以下有期徒刑；情节特别严重的，处十年以上有期徒刑或者无期徒刑。【2015年11月1日刑法修正案（九）】

【1997年刑法】战时造谣惑众，动摇军心的，处三年以下有期徒刑；情节严重的，处三年以上十年以下有期徒刑。

勾结敌人造谣惑众，动摇军心的，处十年以上有期徒刑或者无期徒刑；情节特别严重的，可以判处死刑。

第四百三十四条【战时自伤罪】 战时自伤身体，逃避军事义务的，处三年以下有期徒刑；情节严重的，处三年以上七年以下有期徒刑。

第四百三十五条【逃离部队罪】 违反兵役法规，逃离部队，情节严重的，处三年以下有期徒刑或者拘役。

战时犯前款罪的，处三年以上七年以下有期徒刑。

第四百三十六条【武器装备肇事罪】 违反武器装备使用规定，情节严重，因而发生责任事故，致人重伤、死亡或者造成其他严重后果的，处三年以下有期徒刑或者拘役；后果特别严重的，处三年以上七年以下有期徒刑。

第四百三十七条【擅自改变武器装备编配用途罪】 违反武器装备管理规定，擅自改变武器装备的编配用途，造成严重后果的，处三年以下有期徒刑或者拘役；造成特别严重后果的，处三年以上七年以下有期徒刑。

第四百三十八条【盗窃、抢夺武器装备、军用物资罪】　盗窃、抢夺武器装备或者军用物资的，处五年以下有期徒刑或者拘役；情节严重的，处五年以上十年以下有期徒刑；情节特别严重的，处十年以上有期徒刑、无期徒刑或者死刑。

盗窃、抢夺枪支、弹药、爆炸物的，依照本法第一百二十七条【盗窃、抢夺枪支、弹药、爆炸物罪】的规定处罚。

第四百三十九条【非法出卖、转让武器装备罪】　非法出卖、转让军队武器装备的，处三年以上十年以下有期徒刑；出卖、转让大量武器装备或者有其他特别严重情节的，处十年以上有期徒刑、无期徒刑或者死刑。

第四百四十条【遗弃武器装备罪】　违抗命令，遗弃武器装备的，处五年以下有期徒刑或者拘役；遗弃重要或者大量武器装备的，或者有其他严重情节的，处五年以上有期徒刑。

第四百四十一条【遗失武器装备罪】　遗失武器装备，不及时报告或者有其他严重情节的，处三年以下有期徒刑或者拘役。

第四百四十二条【擅自出卖、转让军队房地产罪】　违反规定，擅自出卖、转让军队房地产，情节严重的，对直接责任人员，处三年以下有期徒刑或者拘役；情节特别严重的，处三年以上十年以下有期徒刑。

第四百四十三条【虐待部属罪】　滥用职权，虐待部属，情节恶劣，致人重伤或者造成其他严重后果的，处五年以下有期徒刑或者拘役；致人死亡的，处五年以上有期徒刑。

第四百四十四条【遗弃伤病军人罪】　在战场上故意遗弃伤病军人，情节恶劣的，对直接责任人员，处五年以下有期徒刑。

第四百四十五条【战时拒不救治伤病军人罪】　战时在救护治疗职位上，有条件救治而拒不救治危重伤病军人的，处五年以下有期徒刑或者拘役；造成伤病军人重残、死亡或者有其他严重情节的，处五年以上十年以下有期徒刑。

第四百四十六条【战时残害居民、掠夺居民财物罪】　战时在军事行动地区，残害无辜居民或者掠夺无辜居民财物的，处五年以下有期徒刑；情节严重的，处五年以上十年以下有期徒刑；情节特别严重的，处十年以上有期徒刑、无期徒刑或者死刑。

第四百四十七条【私放俘虏罪】　私放俘虏的，处五年以下有期徒刑；私放重要俘虏、私放俘虏多人或者有其他严重情节的，处五年以上有期徒刑。

第四百四十八条【虐待俘虏罪】　虐待俘虏，情节恶劣的，处三年以下有期徒刑。

第四百四十九条 在战时，对被判处三年以下有期徒刑没有现实危险宣告缓刑的犯罪军人，允许其戴罪立功，确有立功表现时，可以撤销原判刑罚，不以犯罪论处。

第四百五十条 本章适用于中国人民解放军的现役军官、文职干部、士兵及具有军籍的学员和中国人民武装警察部队的现役警官、文职干部、士兵及具有军籍的学员以及文职人员、执行军事任务的预备役人员和其他人员。【2021年3月1日刑法修正案（十一）】
　　【1997年刑法】本章适用于中国人民解放军的现役军官、文职干部、士兵及具有军籍的学员和中国人民武装警察部队的现役警官、文职干部、士兵及具有军籍的学员以及执行军事任务的预备役人员和其他人员。

第四百五十一条 本章所称战时，是指国家宣布进入战争状态、部队受领作战任务或者遭敌突然袭击时。
　　部队执行戒严任务或者处置突发性暴力事件时，以战时论。

附　则

第四百五十二条 本法自1997年10月1日起施行。
　　列于本法附件一的全国人民代表大会常务委员会制定的条例、补充规定和决定，已纳入本法或者已不适用，自本法施行之日起，予以废止。
　　列于本法附件二的全国人民代表大会常务委员会制定的补充规定和决定予以保留。其中，有关行政处罚和行政措施的规定继续有效；有关刑事责任的规定已纳入本法，自本法施行之日起，适用本法规定。

附　录　一

刑法总则

第一章　刑法的任务、基本原则和适用范围

第一条 为了惩罚犯罪，保护人民，根据宪法，结合我国同犯罪作斗争的具体经验及实际情况，制定本法。

第二条 中华人民共和国刑法的任务，是用刑罚同一切犯罪行为作斗争，以保卫国家安全，保卫人民民主专政的政权和社会主义制度，保护国有财产和劳动群众集体所有的财产，保护公民私人所有的财产，保护公民的人身权利、民主权利和其他权利，维护社会秩序、经济秩序，保障社会主义建设事业的顺利进行。

第三条 法律明文规定为犯罪行为的，依照法律定罪处刑；法律没有明文规定为犯罪行为的，不得定罪处刑。

第四条 对任何人犯罪，在适用法律上一律平等。不允许任何人有超越法律的特权。

第五条 刑罚的轻重，应当与犯罪分子所犯罪行和承担的刑事责任相适应。

第六条 凡在中华人民共和国领域内犯罪的，除法律有特别规定的以外，都适用本法。

凡在中华人民共和国船舶或者航空器内犯罪的，也适用本法。

犯罪的行为或者结果有一项发生在中华人民共和国领域内的，就认为是在中华人民共和国领域内犯罪。

第七条 中华人民共和国公民在中华人民共和国领域外犯本法规定之罪的，适用本法，但是按本法规定的最高刑为三年以下有期徒刑的，可以不予追究。

中华人民共和国国家工作人员和军人在中华人民共和国领域外犯本法规定之罪的，适用本法。

第八条 外国人在中华人民共和国领域外对中华人民共和国国家或者公民犯罪，而按本法规定的最低刑为三年以上有期徒刑的，可以适用本法，但是按照犯罪地的法律不受处罚的除外。

第九条 对于中华人民共和国缔结或者参加的国际条约所规定的罪行，中华人民共和国在所承担条约义务的范围内行使刑事管辖权的，适用本法。

第十条 凡在中华人民共和国领域外犯罪，依照本法应当负刑事责任的，虽然经过外国审判，仍然可以依照本法追究，但是在外国已经受过刑罚处罚的，可以免除或者减轻处罚。

第十一条 享有外交特权和豁免权的外国人的刑事责任，通过外交途径解决。

第十二条 中华人民共和国成立以后本法施行以前的行为，如果当时的法律不认为是犯罪的，适用当时的法律；如果当时的法律认为是犯罪的，依照本法总则第四章第八节的规定应当追诉的，按照当时的法律追究刑事责任，但是如果本法不认为是犯罪或者处刑较轻的，适用本法。

本法施行以前，依照当时的法律已经作出的生效判决，继续有效。

第二章　犯罪

第一节　犯罪和刑事责任

第十三条 一切危害国家主权、领土完整和安全，分裂国家、颠覆人民民主专政的政权和推翻社会主义制度，破坏社会秩序和经济秩序，侵犯国有财产或者劳动群众集体所有的财产，侵犯公民私人所有的财产，侵犯公民的人身权利、民主权利和其他权利，以及其他危害社会的行为，依照法律应当受刑罚处罚的，都是犯罪，但是情节显著轻微危害不大的，不认为是犯罪。

第十四条 明知自己的行为会发生危害社会的结果，并且希望或者放任这种结果发生，因而构成犯罪的，是故意犯罪。

故意犯罪，应当负刑事责任。

第十五条 应当预见自己的行为可能发生危害社会的结果，因为疏忽大意而没有预见，或者已经预见而轻信能够避免，以致发生这种结果的，是过失犯罪。

过失犯罪，法律有规定的才负刑事责任。

第十六条 行为在客观上虽然造成了损害结果，但是不是出于故意或者过失，而是由于不能抗拒或者不能预见的原因所引起的，不是犯罪。

第十七条 已满十六周岁的人犯罪，应当负刑事责任。

已满十四周岁不满十六周岁的人，犯故意杀人、故意伤害致人重伤或者死亡、强奸、抢劫、贩卖毒品、放火、爆炸、投放危险物质罪的，应当负刑事责任。

已满十二周岁不满十四周岁的人，犯故意杀人、故意伤害罪，致人死亡或者以特别残忍手段致人重伤造成严重残疾，情节恶劣，经最高人民检察院核准追诉的，应当负刑事责任。

对依照前三款规定追究刑事责任的不满十八周岁的人，应当从轻或者减轻处罚。

因不满十六周岁不予刑事处罚的，责令其父母或者其他监护人加以管教；在必要的时候，依法进行专门矫治教育。【2021年3月1日刑法修正案（十一）】

【1997年刑法】已满十六周岁的人犯罪，应当负刑事责任。

已满十四周岁不满十六周岁的人，犯故意杀人、故意伤害致人重伤或者死亡、强奸、抢劫、贩卖毒品、放火、爆炸、投毒罪的，应当负刑事责任。

已满十四周岁不满十八周岁的人犯罪，应当从轻或者减轻处罚。

因不满十六周岁不予刑事处罚的，责令他的家长或者监护人加以管教；在必要的时候，也可以由政府收容教养。

第十七条之一 已满七十五周岁的人故意犯罪的，可以从轻或者减轻处罚；过失犯罪的，应当从轻或者减轻处罚。【2011年5月1日刑法修正案（八）】

第十八条 精神病人在不能辨认或者不能控制自己行为的时候造成危害结果，经法定程序鉴定确认的，不负刑事责任，但是应当责令他的家属或者监护人严加看管和医疗；在必要的时候，由政府强制医疗。

间歇性的精神病人在精神正常的时候犯罪，应当负刑事责任。

尚未完全丧失辨认或者控制自己行为能力的精神病人犯罪的，应当负刑事责任，但是可以从轻或者减轻处罚。

醉酒的人犯罪，应当负刑事责任。

第十九条 又聋又哑的人或者盲人犯罪，可以从轻、减轻或者免除处罚。

第二十条 为了使国家、公共利益、本人或者他人的人身、财产和其他权利免受正在进行的不法侵害，而采取的制止不法侵害的行为，对不法侵害人造成损害的，属于正当防卫，不负刑事责任。

正当防卫明显超过必要限度造成重大损害的，应当负刑事责任，但是应当减轻或者免除处罚。

对正在进行行凶、杀人、抢劫、强奸、绑架以及其他严重危及人身安全的暴力犯罪，采取防卫行为，造成不法侵害人伤亡的，不属于防卫过当，不负刑事责任。

第二十一条 为了使国家、公共利益、本人或者他人的人身、财产和其他权利免受正在发生的危险，不得已采取的紧急避险行为，造成损害的，不负刑事责任。

紧急避险超过必要限度造成不应有的损害的，应当负刑事责任，但是应当减轻或者免除处罚。

第一款中关于避免本人危险的规定，不适用于职务上、业务上负有特定责任的人。

第二节 犯罪的预备、未遂和中止

第二十二条 为了犯罪，准备工具、制造条件的，是犯罪预备。

对于预备犯，可以比照既遂犯从轻、减轻处罚或者免除处罚。

第二十三条 已经着手实行犯罪，由于犯罪分子意志以外的原因而未得逞的，是犯罪未遂。

对于未遂犯，可以比照既遂犯从轻或者减轻处罚。

第二十四条 在犯罪过程中，自动放弃犯罪或者自动有效地防止犯罪结果发生的，是犯罪中止。

对于中止犯，没有造成损害的，应当免除处罚；造成损害的，应当减轻处罚。

第三节 共同犯罪

第二十五条 共同犯罪是指二人以上共同故意犯罪。

二人以上共同过失犯罪，不以共同犯罪论处；应当负刑事责任的，按照他们所犯的罪分别处罚。

第二十六条 组织、领导犯罪集团进行犯罪活动的或者在共同犯罪中起主要作用的，是主犯。

三人以上为共同实施犯罪而组成的较为固定的犯罪组织，是犯罪集团。

对组织、领导犯罪集团的首要分子，按照集团所犯的全部罪行处罚。

对于第三款规定以外的主犯，应当按照其所参与的或者组织、指挥的全部犯罪处罚。

第二十七条 在共同犯罪中起次要或者辅助作用的，是从犯。

对于从犯，应当从轻、减轻处罚或者免除处罚。

第二十八条 对于被胁迫参加犯罪的，应当按照他的犯罪情节减轻处罚或者免除处罚。

第二十九条 教唆他人犯罪的，应当按照他在共同犯罪中所起的作用处罚。教唆不满十八周岁的人犯罪的，应当从重处罚。

如果被教唆的人没有犯被教唆的罪，对于教唆犯，可以从轻或者减轻处罚。

第四节 单位犯罪

第三十条 公司、企业、事业单位、机关、团体实施的危害社会的行为，法律规定为单位犯罪的，应当负刑事责任。

第三十一条 单位犯罪的，对单位判处罚金，并对其直接负责的主管人员和其他直接责任人员判处刑罚。本法分则和其他法律另有规定的，依照规定。

第三章 刑罚

第一节 刑罚的种类

第三十二条 刑罚分为主刑和附加刑。

第三十三条 主刑的种类如下：

（一）管制；

（二）拘役；

（三）有期徒刑；

（四）无期徒刑；

（五）死刑。

第三十四条 附加刑的种类如下：

（一）罚金；

（二）剥夺政治权利；

（三）没收财产。

附加刑也可以独立适用。

第三十五条 对于犯罪的外国人，可以独立适用或者附加适用驱逐出境。

第三十六条 由于犯罪行为而使被害人遭受经济损失的，对犯罪分子除依法给予刑事处罚外，并应根据情况判处赔偿经济损失。

承担民事赔偿责任的犯罪分子，同时被处罚金，其财产不足以全部支付的，或者被判处没收财产的，应当先承担对被害人的民事赔偿责任。

第三十七条 对于犯罪情节轻微不需要判处刑罚的，可以免予刑事处罚，但是可以根据案件的不同情况，予以训诫或者责令具结悔过、赔礼道歉、赔偿损失，或者由主管部门予以行政处罚或者行政处分。

第三十七条之一 因利用职业便利实施犯罪，或者实施违背职业要求的特定义务的犯罪被判处刑罚的，人民法院可以根据犯罪情况和预防再犯罪的需要，禁止其自刑罚执行完毕之日或者假释之日起从事相关职业，期限为三年至五年。

被禁止从事相关职业的人违反人民法院依照前款规定作出的决定的，由公安机关依法给予处罚；情节严重的，依照本法第三百一十三条的规定定罪处罚。

其他法律、行政法规对其从事相关职业另有禁止或者限制性规定的，从其规定。
【2015 年 11 月 1 日刑法修正案（九）】

第二节　管　制

第三十八条 管制的期限，为三个月以上二年以下。

判处管制，可以根据犯罪情况，同时禁止犯罪分子在执行期间从事特定活动，进入特定区域、场所，接触特定的人。

对判处管制的犯罪分子，依法实行社区矫正。

违反第二款规定的禁止令的，由公安机关依照《中华人民共和国治安管理处罚法》的规定处罚。【2011 年 5 月 1 日刑法修正案（八）】

【1997 年刑法】管制的期限，为三个月以上二年以下。

被判处管制的犯罪分子，由公安机关执行。

第三十九条 被判处管制的犯罪分子，在执行期间，应当遵守下列规定：

（一）遵守法律、行政法规，服从监督；

（二）未经执行机关批准，不得行使言论、出版、集会、结社、游行、示威自由的权利；

（三）按照执行机关规定报告自己的活动情况；

（四）遵守执行机关关于会客的规定；

（五）离开所居住的市、县或者迁居，应当报经执行机关批准。

对于被判处管制的犯罪分子，在劳动中应当同工同酬。

第四十条 被判处管制的犯罪分子，管制期满，执行机关应即向本人和其所在单位或者居住地的群众宣布解除管制。

第四十一条 管制的刑期，从判决执行之日起计算；判决执行以前先行羁押的，羁押一日折抵刑期二日。

第三节　拘　役

第四十二条 拘役的期限，为一个月以上六个月以下。

第四十三条 被判处拘役的犯罪分子，由公安机关就近执行。

在执行期间，被判处拘役的犯罪分子每月可以回家一天至两天；参加劳动的，可以酌量发给报酬。

第四十四条 拘役的刑期，从判决执行之日起计算；判决执行以前先行羁押的，羁押一日折抵刑期一日。

第四节　有期徒刑、无期徒刑

第四十五条 有期徒刑的期限，除本法第五十条、第六十九条规定外，为六个月以上十五年以下。

第四十六条 被判处有期徒刑、无期徒刑的犯罪分子，在监狱或者其他执行场所执行；凡有劳动能力的，都应当参加劳动，接受教育和改造。

第四十七条 有期徒刑的刑期，从判决执行之日起计算；判决执行以前先行羁押的，羁押一日折抵刑期一日。

第五节　死刑

第四十八条 死刑只适用于罪行极其严重的犯罪分子。对于应当判处死刑的犯罪分子，如果不是必须立即执行的，可以判处死刑同时宣告缓期二年执行。

死刑除依法由最高人民法院判决的以外，都应当报请最高人民法院核准。死刑缓期执行的，可以由高级人民法院判决或者核准。

第四十九条 犯罪的时候不满十八周岁的人和审判的时候怀孕的妇女，不适用死刑。

审判的时候已满七十五周岁的人，不适用死刑，但以特别残忍手段致人死亡的除外。【2011 年 5 月 1 日刑法修正案（八）】

【1997 年刑法】 犯罪的时候不满十八周岁的人和审判的时候怀孕的妇女，不适用死刑。

第五十条 判处死刑缓期执行的，在死刑缓期执行期间，如果没有故意犯罪，二年期满以后，减为无期徒刑；如果确有重大立功表现，二年期满以后，减为二十五年有期徒刑；如果故意犯罪，情节恶劣的，报请最高人民法院核准后执行死刑；对于故意犯罪未执行死刑的，死刑缓期执行的期间重新计算，并报最高人民法院备案。

对被判处死刑缓期执行的累犯以及因故意杀人、强奸、抢劫、绑架、放火、爆炸、投放危险物质或者有组织的暴力性犯罪被判处死刑缓期执行的犯罪分子，人民法院根据犯罪情节等情况可以同时决定对其限制减刑。【2015 年 11 月 1 日刑法修正案（九）】

【1997 年刑法】判处死刑缓期执行的，在死刑缓期执行期间，如果没有故意犯罪，二年期满以后，减为无期徒刑；如果确有重大立功表现，二年期满以后，减为十五年以上二十年以下有期徒刑；如果故意犯罪，查证属实的，由最高人民法院核准，执行死刑。

【2011 年 5 月 1 日刑法修正案（八）】判处死刑缓期执行的，在死刑缓期执行期间，如果没有故意犯罪，二年期满以后，减为无期徒刑；如果确有重大立功表现，二年期满以后，减为二十五年有期徒刑；如果故意犯罪，查证属实的，由最高人民法院核准，执行死刑。

对被判处死刑缓期执行的累犯以及因故意杀人、强奸、抢劫、绑架、放火、爆炸、投放危险物质或者有组织的暴力性犯罪被判处死刑缓期执行的犯罪分子，人民法院根据犯罪情节等情况可以同时决定对其限制减刑。

第五十一条 死刑缓期执行的期间，从判决确定之日起计算。死刑缓期执行减为有期徒刑的刑期，从死刑缓期执行期满之日起计算。

第六节　罚金

第五十二条 判处罚金，应当根据犯罪情节决定罚金数额。

第五十三条 罚金在判决指定的期限内一次或者分期缴纳。期满不缴纳的，强制缴纳。对于不能全部缴纳罚金的，人民法院在任何时候发现被执行人有可以执行的财产，应当随时追缴。

由于遭遇不能抗拒的灾祸等原因缴纳确实有困难的，经人民法院裁定，可以延期缴纳、酌情减少或者免除。【2015年11月1日刑法修正案（九）】

【1997年刑法】罚金在判决指定的期限内一次或者分期缴纳。期满不缴纳的，强制缴纳。对于不能全部缴纳罚金的，人民法院在任何时候发现被执行人有可以执行的财产，应当随时追缴。

如果由于遭遇不能抗拒的灾祸缴纳确实有困难的，可以酌情减少或者免除。

第七节　剥夺政治权利

第五十四条 剥夺政治权利是剥夺下列权利：

（一）选举权和被选举权；

（二）言论、出版、集会、结社、游行、示威自由的权利；

（三）担任国家机关职务的权利；

（四）担任国有公司、企业、事业单位和人民团体领导职务的权利。

第五十五条 剥夺政治权利的期限，除本法第五十七条规定外，为一年以上五年以下。

判处管制附加剥夺政治权利的，剥夺政治权利的期限与管制的期限相等，同时执行。

第五十六条 对于危害国家安全的犯罪分子应当附加剥夺政治权利；对于故意杀人、强奸、放火、爆炸、投毒、抢劫等严重破坏社会秩序的犯罪分子，可以附加剥夺政治权利。

独立适用剥夺政治权利的，依照本法分则的规定。

第五十七条 对于被判处死刑、无期徒刑的犯罪分子，应当剥夺政治权利终身。

在死刑缓期执行减为有期徒刑或者无期徒刑减为有期徒刑的时候，应当把附加剥夺政治权利的期限改为三年以上十年以下。

第五十八条 附加剥夺政治权利的刑期，从徒刑、拘役执行完毕之日或者从假释之日起计算；剥夺政治权利的效力当然施用于主刑执行期间。

被剥夺政治权利的犯罪分子，在执行期间，应当遵守法律、行政法规和国务院公安部门有关监督管理的规定，服从监督；不得行使本法第五十四条规定的各项权利。

第八节　没收财产

第五十九条　没收财产是没收犯罪分子个人所有财产的一部或者全部。没收全部财产的，应当对犯罪分子个人及其扶养的家属保留必需的生活费用。

在判处没收财产的时候，不得没收属于犯罪分子家属所有或者应有的财产。

第六十条　没收财产以前犯罪分子所负的正当债务，需要以没收的财产偿还的，经债权人请求，应当偿还。

第四章　刑罚的具体运用

第一节　量刑

第六十一条　对于犯罪分子决定刑罚的时候，应当根据犯罪的事实、犯罪的性质、情节和对于社会的危害程度，依照本法的有关规定判处。

第六十二条　犯罪分子具有本法规定的从重处罚、从轻处罚情节的，应当在法定刑的限度以内判处刑罚。

第六十三条　犯罪分子具有本法规定的减轻处罚情节的，应当在法定刑以下判处刑罚；本法规定有数个量刑幅度的，应当在法定量刑幅度的下一个量刑幅度内判处刑罚。

犯罪分子虽然不具有本法规定的减轻处罚情节，但是根据案件的特殊情况，经最高人民法院核准，也可以在法定刑以下判处刑罚。【2011 年 5 月 1 日刑法修正案（八）】

【1997 年刑法】犯罪分子具有本法规定的减轻处罚情节的，应当在法定刑以下判处刑罚。

犯罪分子虽然不具有本法规定的减轻处罚情节，但是根据案件的特殊情况，经最高人民法院核准，也可以在法定刑以下判处刑罚。

第六十四条　犯罪分子违法所得的一切财物，应当予以追缴或者责令退赔；对被害人的合法财产，应当及时返还；违禁品和供犯罪所用的本人财物，应当予以没收。没收的财物和罚金，一律上缴国库，不得挪用和自行处理。

第二节　累犯

第六十五条　被判处有期徒刑以上刑罚的犯罪分子，刑罚执行完毕或者赦免以后，在五年以内再犯应当判处有期徒刑以上刑罚之罪的，是累犯，应当从重处罚，但是过失犯罪和不满十八周岁的人犯罪的除外。

前款规定的期限，对于被假释的犯罪分子，从假释期满之日起计算。【2011 年 5 月 1 日刑法修正案（八）】

【1997 年刑法】被判处有期徒刑以上刑罚的犯罪分子，刑罚执行完毕或者赦免以后，在五年以内再犯应当判处有期徒刑以上刑罚之罪的，是累犯，应当从重处罚，

但是过失犯罪除外。

前款规定的期限，对于被假释的犯罪分子，从假释期满之日起计算。

第六十六条 危害国家安全犯罪、恐怖活动犯罪、黑社会性质的组织犯罪的犯罪分子，在刑罚执行完毕或者赦免以后，在任何时候再犯上述任一类罪的，都以累犯论处。【2011年5月1日刑法修正案（八）】

【1997年刑法】危害国家安全的犯罪分子在刑罚执行完毕或者赦免以后，在任何时候再犯危害国家安全罪的，都以累犯论处。

第三节　自首和立功（相关解释见附录三部分）

第六十七条 犯罪以后自动投案，如实供述自己的罪行的，是自首。对于自首的犯罪分子，可以从轻或者减轻处罚。其中，犯罪较轻的，可以免除处罚。

被采取强制措施的犯罪嫌疑人、被告人和正在服刑的罪犯，如实供述司法机关还未掌握的本人其他罪行的，以自首论。

犯罪嫌疑人虽不具有前两款规定的自首情节，但是如实供述自己罪行的，可以从轻处罚；因其如实供述自己罪行，避免特别严重后果发生的，可以减轻处罚。【2011年5月1日刑法修正案（八）】

【1997年刑法】犯罪以后自动投案，如实供述自己的罪行的，是自首。对于自首的犯罪分子，可以从轻或者减轻处罚。其中，犯罪较轻的，可以免除处罚。

被采取强制措施的犯罪嫌疑人、被告人和正在服刑的罪犯，如实供述司法机关还未掌握的本人其他罪行的，以自首论。

第六十八条 犯罪分子有揭发他人犯罪行为，查证属实的，或者提供重要线索，从而得以侦破其他案件等立功表现的，可以从轻或者减轻处罚；有重大立功表现的，可以减轻或者免除处罚。【2011年5月1日刑法修正案（八）】

【1997年刑法】犯罪分子有揭发他人犯罪行为，查证属实的，或者提供重要线索，从而得以侦破其他案件等立功表现的，可以从轻或者减轻处罚；有重大立功表现的，可以减轻或者免除处罚。

犯罪后自首又有重大立功表现的，应当减轻或者免除处罚。

第四节　数罪并罚

第六十九条 判决宣告以前一人犯数罪的，除判处死刑和无期徒刑的以外，应当在总和刑期以下、数刑中最高刑期以上，酌情决定执行的刑期，但是管制最高不能超过三年，拘役最高不能超过一年，有期徒刑总和刑期不满三十五年的，最高不能超过二十年，总和刑期在三十五年以上的，最高不能超过二十五年。

数罪中有判处有期徒刑和拘役的，执行有期徒刑。数罪中有判处有期徒刑和管制，或者拘役和管制的，有期徒刑、拘役执行完毕后，管制仍须执行。

数罪中有判处附加刑的，附加刑仍须执行，其中附加刑种类相同的，合并执行，种类不同的，分别执行。【2015年11月1日刑法修正案（九）】

【1997年刑法】判决宣告以前一人犯数罪的，除判处死刑和无期徒刑的以外，应当在总和刑期以下、数刑中最高刑期以上，酌情决定执行的刑期，但是管制最高

不能超过三年，拘役最高不能超过一年，有期徒刑最高不能超过二十年。

如果数罪中有判处附加刑的，附加刑仍须执行。

【2011年5月1日刑法修正案（八）】判决宣告以前一人犯数罪的，除判处死刑和无期徒刑的以外，应当在总和刑期以下、数刑中最高刑期以上，酌情决定执行的刑期，但是管制最高不能超过三年，拘役最高不能超过一年，有期徒刑总和刑期不满三十五年的，最高不能超过二十年，总和刑期在三十五年以上的，最高不能超过二十五年。

数罪中有判处附加刑的，附加刑仍须执行，其中附加刑种类相同的，合并执行，种类不同的，分别执行。

第七十条 判决宣告以后，刑罚执行完毕以前，发现被判刑的犯罪分子在判决宣告以前还有其他罪没有判决的，应当对新发现的罪作出判决，把前后两个判决所判处的刑罚，依照本法第六十九条的规定，决定执行的刑罚。已经执行的刑期，应当计算在新判决决定的刑期以内。

第七十一条 判决宣告以后，刑罚执行完毕以前，被判刑的犯罪分子又犯罪的，应当对新犯的罪作出判决，把前罪没有执行的刑罚和后罪所判处的刑罚，依照本法第六十九条的规定，决定执行的刑罚。

第五节 缓刑

第七十二条 对于被判处拘役、三年以下有期徒刑的犯罪分子，同时符合下列条件的，可以宣告缓刑，对其中不满十八周岁的人、怀孕的妇女和已满七十五周岁的人，应当宣告缓刑：

（一）犯罪情节较轻；

（二）有悔罪表现；

（三）没有再犯罪的危险；

（四）宣告缓刑对所居住社区没有重大不良影响。

宣告缓刑，可以根据犯罪情况，同时禁止犯罪分子在缓刑考验期限内从事特定活动，进入特定区域、场所，接触特定的人。

被宣告缓刑的犯罪分子，如果被判处附加刑，附加刑仍须执行。【2011年5月1日刑法修正案（八）】

【1997年刑法】对于被判处拘役、三年以下有期徒刑的犯罪分子，根据犯罪分子的犯罪情节和悔罪表现，适用缓刑确实不致再危害社会的，可以宣告缓刑。

被宣告缓刑的犯罪分子，如果被判处附加刑，附加刑仍须执行。

第七十三条 拘役的缓刑考验期限为原判刑期以上一年以下，但是不能少于二个月。

有期徒刑的缓刑考验期限为原判刑期以上五年以下，但是不能少于一年。

缓刑考验期限，从判决确定之日起计算。

第七十四条 对于累犯和犯罪集团的首要分子，不适用缓刑。【2011年5月1日刑法修正案（八）】

【1997年刑法】对于累犯，不适用缓刑。

第七十五条 被宣告缓刑的犯罪分子，应当遵守下列规定：

（一）遵守法律、行政法规，服从监督；

（二）按照考察机关的规定报告自己的活动情况；

（三）遵守考察机关关于会客的规定；

（四）离开所居住的市、县或者迁居，应当报经考察机关批准。

第七十六条 对宣告缓刑的犯罪分子，在缓刑考验期限内，依法实行社区矫正，如果没有本法第七十七条规定的情形，缓刑考验期满，原判的刑罚就不再执行，并公开予以宣告。【2011年5月1日刑法修正案（八）】

【1997年刑法】被宣告缓刑的犯罪分子，在缓刑考验期限内，由公安机关考察，所在单位或者基层组织予以配合，如果没有本法第七十七条规定的情形，缓刑考验期满，原判的刑罚就不再执行，并公开予以宣告。

第七十七条 被宣告缓刑的犯罪分子，在缓刑考验期限内犯新罪或者发现判决宣告以前还有其他罪没有判决的，应当撤销缓刑，对新犯的罪或者新发现的罪作出判决，把前罪和后罪所判处的刑罚，依照本法第六十九条的规定，决定执行的刑罚。

被宣告缓刑的犯罪分子，在缓刑考验期限内，违反法律、行政法规或者国务院有关部门关于缓刑的监督管理规定，或者违反人民法院判决中的禁止令，情节严重的，应当撤销缓刑，执行原判刑罚。【2011年5月1日刑法修正案（八）】

【1997年刑法】被宣告缓刑的犯罪分子，在缓刑考验期限内犯新罪或者发现判决宣告以前还有其他罪没有判决的，应当撤销缓刑，对新犯的罪或者新发现的罪作出判决，把前罪和后罪所判处的刑罚，依照本法第六十九条的规定，决定执行的刑罚。

被宣告缓刑的犯罪分子，在缓刑考验期限内，违反法律、行政法规或者国务院公安部门有关缓刑的监督管理规定，情节严重的，应当撤销缓刑，执行原判刑罚。

第六节　减刑

第七十八条 被判处管制、拘役、有期徒刑、无期徒刑的犯罪分子，在执行期间，如果认真遵守监规，接受教育改造，确有悔改表现的，或者有立功表现的，可以减刑；有下列重大立功表现之一的，应当减刑：

（一）阻止他人重大犯罪活动的；

（二）检举监狱内外重大犯罪活动，经查证属实的；

（三）有发明创造或者重大技术革新的；

（四）在日常生产、生活中舍己救人的；

（五）在抗御自然灾害或者排除重大事故中，有突出表现的；

（六）对国家和社会有其他重大贡献的。

减刑以后实际执行的刑期不能少于下列期限：

（一）判处管制、拘役、有期徒刑的，不能少于原判刑期的二分之一；

（二）判处无期徒刑的，不能少于十三年；

（三）人民法院依照本法第五十条第二款规定限制减刑的死刑缓期执行的犯罪分子，缓期执行期满后依法减为无期徒刑的，不能少于二十五年，缓期执行期满后依法减为二十五年有期徒刑的，不能少于二十年。【2011年5月1日刑法修正案（八）】

【1997年刑法】被判处管制、拘役、有期徒刑、无期徒刑的犯罪分子，在执行期间，如果认真遵守监规，接受教育改造，确有悔改表现的，或者有立功表现的，可以减刑；有下列重大立功表现之一的，应当减刑：

（一）阻止他人重大犯罪活动的；

（二）检举监狱内外重大犯罪活动，经查证属实的；

（三）有发明创造或者重大技术革新的；

（四）在日常生产、生活中舍己救人的；

（五）在抗御自然灾害或者排除重大事故中，有突出表现的；

（六）对国家和社会有其他重大贡献的。

减刑以后实际执行的刑期，判处管制、拘役、有期徒刑的，不能少于原判刑期的二分之一；判处无期徒刑的，不能少于十年。

第七十九条 对于犯罪分子的减刑，由执行机关向中级以上人民法院提出减刑建议书。人民法院应当组成合议庭进行审理，对确有悔改或者立功事实的，裁定予以减刑。非经法定程序不得减刑。

第八十条 无期徒刑减为有期徒刑的刑期，从裁定减刑之日起计算。

第七节　假释

第八十一条 被判处有期徒刑的犯罪分子，执行原判刑期二分之一以上，被判处无期徒刑的犯罪分子，实际执行十三年以上，如果认真遵守监规，接受教育改造，确有悔改表现，没有再犯罪的危险的，可以假释。如果有特殊情况，经最高人民法院核准，可以不受上述执行刑期的限制。

对累犯以及因故意杀人、强奸、抢劫、绑架、放火、爆炸、投放危险物质或者有组织的暴力性犯罪被判处十年以上有期徒刑、无期徒刑的犯罪分子，不得假释。

对犯罪分子决定假释时，应当考虑其假释后对所居住社区的影响。【2011 年 5 月 1 日刑法修正案（八）】

【1997年刑法】被判处有期徒刑的犯罪分子，执行原判刑期二分之一以上，被判处无期徒刑的犯罪分子，实际执行十年以上，如果认真遵守监规，接受教育改造，确有悔改表现，假释后不致再危害社会的，可以假释。如果有特殊情况，经最高人民法院核准，可以不受上述执行刑期的限制。

对累犯以及因杀人、爆炸、抢劫、强奸、绑架等暴力性犯罪被判处十年以上有期徒刑、无期徒刑的犯罪分子，不得假释。

第八十二条 对于犯罪分子的假释，依照本法第七十九条规定的程序进行。非经法定程序不得假释。

第八十三条 有期徒刑的假释考验期限，为没有执行完毕的刑期；无期徒刑的假释考验期限为十年。

假释考验期限，从假释之日起计算。

第八十四条 被宣告假释的犯罪分子，应当遵守下列规定：

（一）遵守法律、行政法规，服从监督；

（二）按照监督机关的规定报告自己的活动情况；

（三）遵守监督机关关于会客的规定；

（四）离开所居住的市、县或者迁居，应当报经监督机关批准。

第八十五条 对假释的犯罪分子，在假释考验期限内，依法实行社区矫正，如果没有本法第八十六条规定的情形，假释考验期满，就认为原判刑罚已经执行完毕，并公开予以宣告。【2011年5月1日刑法修正案（八）】

【1997年刑法】被假释的犯罪分子，在假释考验期限内，由公安机关予以监督，如果没有本法第八十六条规定的情形，假释考验期满，就认为原判刑罚已经执行完毕，并公开予以宣告。

第八十六条 被假释的犯罪分子，在假释考验期限内犯新罪，应当撤销假释，依照本法第七十一条的规定实行数罪并罚。

在假释考验期限内，发现被假释的犯罪分子在判决宣告以前还有其他罪没有判决的，应当撤销假释，依照本法第七十条的规定实行数罪并罚。

被假释的犯罪分子，在假释考验期限内，有违反法律、行政法规或者国务院有关部门关于假释的监督管理规定的行为，尚未构成新的犯罪的，应当依照法定程序撤销假释，收监执行未执行完毕的刑罚。【2011年5月1日刑法修正案（八）】

【1997年刑法】被假释的犯罪分子，在假释考验期限内犯新罪，应当撤销假释，依照本法第七十一条的规定实行数罪并罚。

在假释考验期限内，发现被假释的犯罪分子在判决宣告以前还有其他罪没有判决的，应当撤销假释，依照本法第七十条的规定实行数罪并罚。

被假释的犯罪分子，在假释考验期限内，有违反法律、行政法规或者国务院公安部门有关假释的监督管理规定的行为，尚未构成新的犯罪的，应当依照法定程序撤销假释，收监执行未执行完毕的刑罚。

第八节　时效

第八十七条 犯罪经过下列期限不再追诉：

（一）法定最高刑为不满五年有期徒刑的，经过五年；

（二）法定最高刑为五年以上不满十年有期徒刑的，经过十年；

（三）法定最高刑为十年以上有期徒刑的，经过十五年；

（四）法定最高刑为无期徒刑、死刑的，经过二十年。如果二十年以后认为必须追诉的，须报请最高人民检察院核准。

第八十八条 在人民检察院、公安机关、国家安全机关立案侦查或者在人民法院受理案件以后，逃避侦查或者审判的，不受追诉期限的限制。

被害人在追诉期限内提出控告，人民法院、人民检察院、公安机关应当立案而不予立案的，不受追诉期限的限制。

第八十九条 追诉期限从犯罪之日起计算；犯罪行为有连续或者继续状态的，从犯罪行为终了之日起计算。

在追诉期限以内又犯罪的，前罪追诉的期限从犯后罪之日起计算。

第五章　其他规定

第九十条　民族自治地方不能全部适用本法规定的，可以由自治区或者省的人民代表大会根据当地民族的政治、经济、文化的特点和本法规定的基本原则，制定变通或者补充的规定，报请全国人民代表大会常务委员会批准施行。

第九十一条　本法所称公共财产，是指下列财产：

（一）国有财产；

（二）劳动群众集体所有的财产；

（三）用于扶贫和其他公益事业的社会捐助或者专项基金的财产。

在国家机关、国有公司、企业、集体企业和人民团体管理、使用或者运输中的私人财产，以公共财产论。

第九十二条　本法所称公民私人所有的财产，是指下列财产：

（一）公民的合法收入、储蓄、房屋和其他生活资料；

（二）依法归个人、家庭所有的生产资料；

（三）个体户和私营企业的合法财产；

（四）依法归个人所有的股份、股票、债券和其他财产。

第九十三条　本法所称国家工作人员，是指国家机关中从事公务的人员。

国有公司、企业、事业单位、人民团体中从事公务的人员和国家机关、国有公司、企业、事业单位委派到非国有公司、企业、事业单位、社会团体从事公务的人员，以及其他依照法律从事公务的人员，以国家工作人员论。

第九十四条　本法所称司法工作人员，是指有侦查、检察、审判、监管职责的工作人员。

第九十五条　本法所称重伤，是指有下列情形之一的伤害：

（一）使人肢体残废或者毁人容貌的；

（二）使人丧失听觉、视觉或者其他器官机能的；

（三）其他对于人身健康有重大伤害的。

第九十六条　本法所称违反国家规定，是指违反全国人民代表大会及其常务委员会制定的法律和决定，国务院制定的行政法规、规定的行政措施、发布的决定和命令。

第九十七条　本法所称首要分子，是指在犯罪集团或者聚众犯罪中起组织、策划、指挥作用的犯罪分子。

第九十八条　本法所称告诉才处理，是指被害人告诉才处理。如果被害人因受强制、威吓无法告诉的，人民检察院和被害人的近亲属也可以告诉。

第九十九条　本法所称以上、以下、以内，包括本数。

第一百条　依法受过刑事处罚的人，在入伍、就业的时候，应当如实向有关单位报告自己曾受过刑事处罚，不得隐瞒。

犯罪的时候不满十八周岁被判处五年有期徒刑以下刑罚的人，免除前款规定的报告义务。【2011年5月1日刑法修正案（八）】

【1997年刑法】依法受过刑事处罚的人，在入伍、就业的时候，应当如实向有关单位报告自己曾受过刑事处罚，不得隐瞒。

第一百零一条　本法总则适用于其他有刑罚规定的法律，但是其他法律有特别规定的除外。

附　录　二

刑法修正案汇总

中华人民共和国刑法修正案

主席令第二十七号

《中华人民共和国刑法修正案》已由中华人民共和国第九届全国人民代表大会常务委员会第十三次会议于 1999 年 12 月 25 日通过，现予公布，自公布之日起施行。

中华人民共和国主席　江泽民
1999 年 12 月 25 日

（1999 年 12 月 25 日第九届全国人民代表大会常务委员会第十三次会议通过　1999 年 12 月 25 日中华人民共和国主席令第二十七号公布　自公布之日起施行）

为了惩治破坏社会主义市场经济秩序的犯罪，保障社会主义现代化建设的顺利进行，对刑法作如下补充修改：

一、第一百六十二条后增加一条，作为第一百六十二条之一："隐匿或者故意销毁依法应当保存的会计凭证、会计账簿、财务会计报告，情节严重的，处五年以下有期徒刑或者拘役，并处或者单处二万元以上二十万元以下罚金。"单位犯前款罪的，对单位判处罚金，并对其直接负责的主管人员和其他直接责任人员，依照前款的规定处罚。"

二、将刑法第一百六十八条修改为："国有公司、企业的工作人员，由于严重不负责任或者滥用职权，造成国有公司、企业破产或者严重损失，致使国家利益遭受重大损失的，处三年以下有期徒刑或者拘役；致使国家利益遭受特别重大损失的，处三年以上七年以下有期徒刑。"国有事业单位的工作人员有前款行为，致使国家利益遭受重大损失的，依照前款的规定处罚。

"国有公司、企业、事业单位的工作人员，徇私舞弊，犯前两款罪的，依照第一款的规定从重处罚。"

三、将刑法第一百七十四条修改为："未经国家有关主管部门批准，擅自设立商业银行、证券交易所、期货交易所、证券公司、期货经纪公司、保险公司或者其他金融机构的，处三年以下有期徒刑或者拘役，并处或者单处二万元以上二十万元以下罚金；情节严重的，处三年以上十年以下有期徒刑，并处五万元以上五十万元以下罚金。

"伪造、变造、转让商业银行、证券交易所、期货交易所、证券公司、期货经纪公司、保险公司或者其他金融机构的经营许可证或者批准文件的，依照前款的规定处罚。

"单位犯前两款罪的，对单位判处罚金，并对其直接负责的主管人员和其他直接责任人员，依照第一款的规定处罚。"

四、将刑法第一百八十条修改为："证券、期货交易内幕信息的知情人员或者非法获取证券、期货交易内幕信息的人员，在涉及证券的发行，证券、期货交易或者其他对证券、期货交易价格有重大影响的信息尚未公开前，买入或者卖出该证券，或者从事与该内幕信息有关的期货交易，或者泄露该信息，情节严重的，处五年以下有期徒刑或者拘役，并处或者单处违法所得一倍以上五倍以下罚金；情节特别严重的，处五年以上十年以下有期徒刑，并处违法所得一倍以上五倍以下罚金。

"单位犯前款罪的，对单位判处罚金，并对其直接负责的主管人员和其他直接责任人员，处五年以下有期徒刑或者拘役。

"内幕信息、知情人员的范围，依照法律、行政法规的规定确定。"

五、将刑法第一百八十一条修改为："编造并且传播影响证券、期货交易的虚假信息，扰乱证券、期货交易市场，造成严重后果的，处五年以下有期徒刑或者拘役，并处或者单处一万元以上十万元以下罚金。

"证券交易所、期货交易所、证券公司、期货经纪公司的从业人员，证券业协会、期货业协会或者证券期货监督管理部门的工作人员，故意提供虚假信息或者伪造、变造、销毁交易记录，诱骗投资者买卖证券、期货合约，造成严重后果的，处五年以下有期徒刑或者拘役，并处或者单处一万元以上十万元以下罚金；情节特别恶劣的，处五年以上十年以下有期徒刑，并处二万元以上二十万元以下罚金。

"单位犯前两款罪的，对单位判处罚金，并对其直接负责的主管人员和其他直接责任人员，处五年以下有期徒刑或者拘役。"

六、将刑法第一百八十二条修改为："有下列情形之一，操纵证券、期货交易价格，获取不正当利益或者转嫁风险，情节严重的，处五年以下有期徒刑或者拘役，并处或者单处违法所得一倍以上五倍以下罚金：

（一）单独或者合谋，集中资金优势、持股或者持仓优势或者利用信息优势联合或者连续买卖，操纵证券、期货交易价格的；

（二）与他人串通，以事先约定的时间、价格和方式相互进行证券、期货交易，或者相互买卖并不持有的证券，影响证券、期货交易价格或者证券、期货交易量的；

（三）以自己为交易对象，进行不转移证券所有权的自买自卖，或者以自己为交易对象，自买自卖期货合约，影响证券、期货交易价格或者证券、期货交易量的；

（四）以其他方法操纵证券、期货交易价格的。

"单位犯前款罪的，对单位判处罚金，并对其直接负责的主管人员和其他直接责任人员，处五年以下有期徒刑或者拘役。"

七、将刑法第一百八十五条修改为："商业银行、证券交易所、期货交易所、证券公司、期货经纪公司、保险公司或者其他金融机构的工作人员利用职务上的便利，挪用本单位或者客户资金的，依照本法第二百七十二条的规定定罪处罚。

"国有商业银行、证券交易所、期货交易所、证券公司、期货经纪公司、保险公司或者其他国有金融机构的工作人员和国有商业银行、证券交易所、期货交易所、证券公司、期货经纪公司、保险公司或者其他国有金融机构委派到前款规定中的非国有机构从事公务的人员有前款行为的，依照本法第三百八十四条的规定定罪处罚。"

八、刑法第二百二十五条增加一项，作为第三项："未经国家有关主管部门批准，非法经营证券、期货或者保险业务的；"原第三项改为第四项。

九、本修正案自公布之日起施行。

中华人民共和国刑法修正案（二）

主席令第五十六号

《中华人民共和国刑法修正案（二）》已由中华人民共和国第九届全国人民代表大会常务委　员会第二十三次会议于 2001 年 8 月 31 日通过，现予公布，自公布之日起施行。

中华人民共和国主席　江泽民

2001 年 8 月 31 日

（2001 年 8 月 31 日第九届全国人民代表大会常务委员会第二十三次会议通过）

为了惩治毁林开垦和乱占滥用林地的犯罪，切实保护森林资源，将刑法第三百四十二条修改为：

"违反土地管理法规，非法占用耕地、林地等农用地，改变被占用土地用途，数量较大，造成耕地、林地等农用地大量毁坏的，处五年以下有期徒刑或者拘役，并处或者单处罚金。"

本修正案自公布之日起施行。

中华人民共和国刑法修正案（三）

主席令第六十四号

《中华人民共和国刑法修正案(三)》已由中华人民共和国第九届全国人民代表大会常务委员会第二十五次会议于 2001 年 12 月 29 日通过，现予公布，自公布之日起施行。

中华人民共和国主席　江泽民

2001 年 12 月 29 日

（ 2001 年 12 月 29 日第九届全国人民代表大会务委员会第二十五次会议通过）

为了惩治恐怖活动犯罪，保障国家和人民生命、财产安全，维护社会秩序，对刑法作如下补充修改：

一、将刑法第一百一十四条修改为："放火、决水、爆炸以及投放毒害性、放射性、传染病病原体等物质或者以其他危险方法危害公共安全，尚未造成严重后果的，处三年以上十年以下有期徒刑。"

二、将刑法第一百一十五条第一款修改为："放火、决水、爆炸以及投放毒害性、放射性、传染病病原体等物质或者以其他危险方法致人重伤、死亡或者使公私财产遭受重大损失的，处十年以上有期徒刑、无期徒刑或者死刑。"

三、将刑法第一百二十条第一款修改为："组织、领导恐怖活动组织的，处十年以上有期徒刑或者无期徒刑；积极参加的，处三年以上十年以下有期徒刑；其他参加的，处三年以下有期徒刑、拘役、管制或者剥夺政治权利。"

四、刑法第一百二十条后增加一条，作为第一百二十条之一："资助恐怖活动组织或者实施恐怖活动的个人的，处五年以下有期徒刑、拘役、管制或者剥夺政治权利，并处罚金；情节严重的，处五年以上有期徒刑，并处罚金或者没收财产。

"单位犯前款罪的，对单位判处罚金，并对其直接负责的主管人员和其他直接责任人员，依照前款的规定处罚。"

五、将刑法第一百二十五条第二款修改为："非法制造、买卖、运输、储存毒害性、放射性、传染病病原体等物质，危害公共安全的，依照前款的规定处罚。"

六、将刑法第一百二十七条修改为："盗窃、抢夺枪支、弹药、爆炸物的，或者盗窃、抢夺毒害性、放射性、传染病病原体等物质，危害公共安全的，处三年以上十年以下有期徒刑；情节严重的，处十年以上有期徒刑、无期徒刑或者死刑。

"抢劫枪支、弹药、爆炸物的，或者抢劫毒害性、放射性、传染病病原体等物质，危害公共安全的，或者盗窃、抢夺国家机关、军警人员、民兵的枪支、弹药、爆炸物的，处十年以上有期徒刑、无期徒刑或者死刑。"

七、将刑法第一百九十一条修改为："明知是毒品犯罪、黑社会性质的组织犯罪、恐怖活动犯罪、走私犯罪的违法所得及其产生的收益，为掩饰、隐瞒其来源和性质，有下列行为之一的，没收实施以上犯罪的违法所得及其产生的收益，处五年以下有期徒刑或者拘役，并处或者单处洗钱数额百分之五以上百分之二十以下罚金；情节严重的，处五年以上十年以下有期徒刑，并处洗钱数额百分之五以上百分之二十以下罚金：(一)提供资金账户的；(二)协助将财产转换为现金或者金融票据的；(三)通过转账或者其他结算方式协助资金转移的；(四)协助将资金汇往境外的；(五)以其他方法掩饰、隐瞒犯罪的违法所得及其收益的来源和性质的。

"单位犯前款罪的，对单位判处罚金，并对其直接负责的主管人员和其他直接责任人员，处五年以下有期徒刑或者拘役；情节严重的，处五年以上十年以下有期徒刑。"

八、刑法第二百九十一条后增加一条，作为第二百九十一条之一："投放虚假的爆炸性、毒害性、放射性、传染病病原体等物质，或者编造爆炸威胁、生化威胁、放射威胁等恐怖信息，或者明知是编造的恐怖信息而故意传播，严重扰乱社会秩序的，处五年以下有期徒刑、拘役或者管制；造成严重后果的，处五年以上有期徒刑。"

九、本修正案自公布之日起施行。

中华人民共和国刑法修正案（四）

主席令第八十三号

《中华人民共和国刑法修正案(四)》已由中华人民共和国第九届全国人民代表大会常务委员会第三十一次会议于 2002 年 12 月 28 日通过，现予公布，自公布之日起施行。

中华人民共和国主席　江泽民
2002 年 12 月 28 日

（2002 年 12 月 28 日第九届全国人民代表大会常务委员会第三十一次会议通过）

为了惩治破坏社会主义市场经济秩序、妨害社会管理秩序和国家机关工作人员的渎职犯罪行为，保障社会主义现代化建设的顺利进行，保障公民的人身安全，对刑法作如下修改和补充：

一、将刑法第一百四十五条修改为："生产不符合保障人体健康的国家标准、行业标准的医疗器械、医用卫生材料，或者销售明知是不符合保障人体健康的国家标准、行业标准的医疗器械、医用卫生材料，足以严重危害人体健康的，处三年以下有期徒刑或者拘役，并处销售金额百分之五十以上二倍以下罚金；对人体健康造成严重危害的，处三年以上十年以下有期徒刑，并处销售金额百分之五十以上二倍以下罚金；后果特别严重的，处十年以上有期徒刑或者无期徒刑，并处销售金额百分之五十以上二倍以下罚金或者没收财产。"

二、在第一百五十二条中增加一款作为第二款："逃避海关监管将境外固体废物、液态废物和气态废物运输进境，情节严重的，处五年以下有期徒刑，并处或者单处罚金；情节特别严重的，处五年以上有期徒刑，并处罚金。"

原第二款作为第三款，修改为："单位犯前两款罪的，对单位判处罚金，并对其直接负责的主管人员和其他直接责任人员，依照前两款的规定处罚。"

三、将刑法第一百五十五条修改为："下列行为，以走私罪论处，依照本节的有关规定处罚：（一）直接向走私人非法收购国家禁止进口物品的，或者直接向走私人非法收购走私进口的其他货物、物品，数额较大的；（二）在内海、领海、界河、界湖运输、收购、贩卖国家禁止进出口物品的，或者运输、收购、贩卖国家限制进出口货物、物品，数额较大，没有合法证明的。"

四、刑法第二百四十四条后增加一条，作为第二百四十四条之一："违反劳动管理法规，雇用未满十六周岁的未成年人从事超强度体力劳动的，或者从事高空、井下作业的，或者在爆炸性、易燃性、放射性、毒害性等危险环境下从事劳动，情节严重的，对直接责任人员，处三年以下有期徒刑或者拘役，并处罚金；情节特别严重的，处三年以上七年以下有期徒刑，并处罚金。

"有前款行为，造成事故，又构成其他犯罪的，依照数罪并罚的规定处罚。"

五、将刑法第三百三十九条第三款修改为："以原料利用为名，进口不能用作原料的固体废物、液态废物和气态废物的，依照本法第一百五十二条第二款、第三款的规定定罪处罚。"

六、将刑法第三百四十四条修改为："违反国家规定，非法采伐、毁坏珍贵树木或者国家重点保护的其他植物的，或者非法收购、运输、加工、出售珍贵树木或者国家重点保护的其他植物及其制品的，处三年以下有期徒刑、拘役或者管制，并处罚金；情节严重的，处三年以上七年以下有期徒刑，并处罚金。"

七、将刑法第三百四十五条修改为："盗伐森林或者其他林木，数量较大的，处三年以下有期徒刑、拘役或者管制，并处或者单处罚金；数量巨大的，处三年以上七年以下有期徒刑，并处罚金；数量特别巨大的，处七年以上有期徒刑，并处罚金。

"违反森林法的规定，滥伐森林或者其他林木，数量较大的，处三年以下有期徒刑、拘役或者管制，并处或者单处罚金；数量巨大的，处三年以上七年以下有期徒刑，并处罚金。

"非法收购、运输明知是盗伐、滥伐的林木，情节严重的，处三年以下有期徒刑、拘役或者管制，并处或者单处罚金；情节特别严重的，处三年以上七年以下有期徒刑，并处罚金。

"盗伐、滥伐国家级自然保护区内的森林或者其他林木的，从重处罚。"

八、将刑法第三百九十九条修改为："司法工作人员徇私枉法、徇情枉法，对明知是无罪的人而使他受追诉、对明知是有罪的人而故意包庇不使他受追诉，或者在刑事审判活动中故意违背事实和法律作枉法裁判的，处五年以下有期徒刑或者拘役；情节严重的，处五年以上十年以下有期徒刑；情节特别严重的，处十年以上有期徒刑。

"在民事、行政审判活动中故意违背事实和法律作枉法裁判，情节严重的，处五年以下有期徒刑或者拘役；情节特别严重的，处五年以上十年以下有期徒刑。

"在执行判决、裁定活动中，严重不负责任或者滥用职权，不依法采取诉讼保全措施、不履行法定执行职责，或者违法采取诉讼保全措施、强制执行措施，致使当事人或者其他人的利益遭受重大损失的，处五年以下有期徒刑或者拘役；致使当事人或者其他人的利益遭受特别重大损失的，处五年以上十年以下有期徒刑。

"司法工作人员收受贿赂，有前三款行为的，同时又构成本法第三百八十五条规定之罪的，依照处罚较重的规定定罪处罚。"

九、本修正案自公布之日起施行。

中华人民共和国刑法修正案（五）

主席令第三十二号

《中华人民共和国刑法修正案（五）》已由中华人民共和国第十届全国人民代表大会常务委员会第十四次会议于 2005 年 2 月 28 日通过，现予公布，自公布之日起施行。

中华人民共和国主席　胡锦涛
2005 年 2 月 28 日

（2005 年 2 月 28 日第十届全国人民代表大会常务委员会第十四次会议通过）

一、在刑法第一百七十七条后增加一条，作为第一百七十七条之一："有下列情形之一，妨害信用卡管理的，处三年以下有期徒刑或者拘役，并处或者单处一万元以上十万元以下罚金；数量巨大或者有其他严重情节的，处三年以上十年以下有期徒刑，并处二万元以上二十万元以下罚金：

"（一）明知是伪造的信用卡而持有、运输的，或者明知是伪造的空白信用卡而持有、运输，数量较大的；

"（二）非法持有他人信用卡，数量较大的；

"（三）使用虚假的身份证明骗领信用卡的；

"（四）出售、购买、为他人提供伪造的信用卡或者以虚假的身份证明骗领的信用卡的。

"窃取、收买或者非法提供他人信用卡信息资料的，依照前款规定处罚。

"银行或者其他金融机构的工作人员利用职务上的便利，犯第二款罪的，从重处罚。"

二、将刑法第一百九十六条修改为："有下列情形之一，进行信用卡诈骗活动，数额较大的，处五年以下有期徒刑或者拘役，并处二万元以上二十万元以下罚金；数额巨大或者有其他严重情节的，处五年以上十年以下有期徒刑，并处五万元以上五十万元以下罚金；数额特别巨大或者有其他特别严重情节的，处十年以上有期徒刑或者无期徒刑，并处五万元以上五十万元以下罚金或者没收财产：

"（一）使用伪造的信用卡，或者使用以虚假的身份证明骗领的信用卡的；

"（二）使用作废的信用卡的；

"（三）冒用他人信用卡的；

"（四）恶意透支的。

"前款所称恶意透支，是指持卡人以非法占有为目的，超过规定限额或者规定期限透支，并且经发卡银行催收后仍不归还的行为。

"盗窃信用卡并使用的，依照本法第二百六十四条的规定定罪处罚。"

三、在刑法第三百六十九条中增加一款作为第二款，将该条修改为："破坏武器装备、军事设施、军事通信的，处三年以下有期徒刑、拘役或者管制；破坏重要武器装备、军事设施、军事通信的，处三年以上十年以下有期徒刑；情节特别严重的，处十年以上有期徒刑、无期徒刑或者死刑。

"过失犯前款罪，造成严重后果的，处三年以下有期徒刑或者拘役；造成特别严重后果的，处三年以上七年以下有期徒刑。

"战时犯前两款罪的，从重处罚。"

四、本修正案自公布之日起施行。

中华人民共和国刑法修正案（六）

主席令第五十一号

《中华人民共和国刑法修正案（六）》已由中华人民共和国第十届全国人民代表大会常务委员会第二十二次会议于 2006 年 6 月 29 日通过，现予公布，自公布之日起施行。

中华人民共和国主席　胡锦涛

2006 年 6 月 29 日

（2006 年 6 月 29 日第十届全国人民代表大会常务委员会第二十二次会议通过）

一、将刑法第一百三十四条修改为："在生产、作业中违反有关安全管理的规定，因而发生重大伤亡事故或者造成其他严重后果的，处三年以下有期徒刑或者拘役；情节特别恶劣的，处三年以上七年以下有期徒刑。

"强令他人违章冒险作业，因而发生重大伤亡事故或者造成其他严重后果的，处五年以下有期徒刑或者拘役；情节特别恶劣的，处五年以上有期徒刑。"

二、将刑法第一百三十五条修改为："安全生产设施或者安全生产条件不符合国家规定，因而发生重大伤亡事故或者造成其他严重后果的，对直接负责的主管人员和其他直接责任人员，处三年以下有期徒刑或者拘役；情节特别恶劣的，处三年以上七年以下有期徒刑。"

三、在刑法第一百三十五条后增加一条，作为第一百三十五条之一："举办大型群众性活动违反安全管理规定,因而发生重大伤亡事故或者造成其他严重后果的，对直接负责的主管人员和其他直接责任人员，处三年以下有期徒刑或者拘役；情节特别恶劣的，处三年以上七年以下有期徒刑。"

四、在刑法第一百三十九条后增加一条，作为第一百三十九条之一："在安全事故发生后，负有报告职责的人员不报或者谎报事故情况，贻误事故抢救，情节严重的，处三年以下有期徒刑或者拘役；情节特别严重的，处三年以上七年以下有期徒刑。"

五、将刑法第一百六十一条修改为："依法负有信息披露义务的公司、企业向股东和社会公众提供虚假的或者隐瞒重要事实的财务会计报告，或者对依法应当披露的其他重要信息不按照规定披露，严重损害股东或者其他人利益，或者有其他严重情节的，对其直接负责的主管人员和其他直接责任人员，处三年以下有期徒刑或者拘役，并处或者单处二万元以上二十万元以下罚金。"

六、在刑法第一百六十二条之一后增加一条，作为第一百六十二条之二："公司、企业通过隐匿财产、承担虚构的债务或者以其他方法转移、处分财产，实施虚假破产，严重损害债权人或者其他人利益的，对其直接负责的主管人员和其他直接责任人员，处五年以下有期徒刑或者拘役，并处或者单处二万元以上二十万元以下罚金。"

七、将刑法第一百六十三条修改为："公司、企业或者其他单位的工作人员利用职务上的便利，索取他人财物或者非法收受他人财物，为他人谋取利益，数额较大的，处五年以下有期徒刑或者拘役；数额巨大的，处五年以上有期徒刑，可以并处没收财产。

"公司、企业或者其他单位的工作人员在经济往来中，利用职务上的便利，违反国家规定，收受各种名义的回扣、手续费，归个人所有的，依照前款的规定处罚。

"国有公司、企业或者其他国有单位中从事公务的人员和国有公司、企业或者其他国有单位委派到非国有公司、企业以及其他单位从事公务的人员有前两款行为的，依照本法第三百八十五条、第三百八十六条的规定定罪处罚。"

八、将刑法第一百六十四条第一款修改为："为谋取不正当利益，给予公司、企业或者其他单位的工作人员以财物，数额较大的，处三年以下有期徒刑或者拘役；数额巨大的，处三年以上十年以下有期徒刑，并处罚金。"

九、在刑法第一百六十九条后增加一条，作为第一百六十九条之一："上市公司的董事、监事、高级管理人员违背对公司的忠实义务，利用职务便利，操纵上市公司从事下列行为之一，致使上市公司利益遭受重大损失的，处三年以下有期徒刑或者拘役，并处或者单处罚金；致使上市公司利益遭受特别重大损失的，处三年以上七年以下有期徒刑，并处罚金：

"（一）无偿向其他单位或者个人提供资金、商品、服务或者其他资产的；

"（二）以明显不公平的条件，提供或者接受资金、商品、服务或者其他资产的；

"（三）向明显不具有清偿能力的单位或者个人提供资金、商品、服务或者其他资产的；

"（四）为明显不具有清偿能力的单位或者个人提供担保，或者无正当理由为其他单位或者个人提供担保的；

"（五）无正当理由放弃债权、承担债务的；

"（六）采用其他方式损害上市公司利益的。

"上市公司的控股股东或者实际控制人，指使上市公司董事、监事、高级管理人员实施前款行为的，依照前款的规定处罚。

"犯前款罪的上市公司的控股股东或者实际控制人是单位的，对单位判处罚金，并对其直接负责的主管人员和其他直接责任人员，依照第一款的规定处罚。"

十、在刑法第一百七十五条后增加一条，作为第一百七十五条之一："以欺骗手段取得银行或者其他金融机构贷款、票据承兑、信用证、保函等，给银行或者其他金融机构造成重大损失或者有其他严重情节的，处三年以下有期徒刑或者拘役，并处或者单处罚金；给银行或者其他金融机构造成特别重大损失或者有其他特别严重情节的，处三年以上七年以下有期徒刑，并处罚金。

"单位犯前款罪的，对单位判处罚金，并对其直接负责的主管人员和其他直接责任人员，依照前款的规定处罚。"

十一、将刑法第一百八十二条修改为："有下列情形之一，操纵证券、期货市场，情节严重的，处五年以下有期徒刑或者拘役，并处或者单处罚金；情节特别严重的，处五年以上十年以下有期徒刑，并处罚金：

"（一）单独或者合谋，集中资金优势、持股或者持仓优势或者利用信息优势联合或者连续买卖，操纵证券、期货交易价格或者证券、期货交易量的；

"（二）与他人串通，以事先约定的时间、价格和方式相互进行证券、期货交易，影响证券、期货交易价格或者证券、期货交易量的；

"（三）在自己实际控制的账户之间进行证券交易，或者以自己为交易对象，自买自卖期货合约，影响证券、期货交易价格或者证券、期货交易量的；

"（四）以其他方法操纵证券、期货市场的。

"单位犯前款罪的，对单位判处罚金，并对其直接负责的主管人员和其他直接责任人员，依照前款的规定处罚。"

十二、在刑法第一百八十五条后增加一条，作为第一百八十五条之一："商业银行、证券交易所、期货交易所、证券公司、期货经纪公司、保险公司或者其他金融机构，违背受托义务，擅自运用客户资金或者其他委托、信托的财产，情节严重的，对单位判处罚金，并对其直接负责的主管人员和其他直接责任人员，处三年以下有期徒刑或者拘役，并处三万元以上三十万元以下罚金；情节特别严重的，处三年以上十年以下有期徒刑，并处五万元以上五十万元以下罚金。

"社会保障基金管理机构、住房公积金管理机构等公众资金管理机构，以及保险公司、保险资产管理公司、证券投资基金管理公司，违反国家规定运用资金的，对其直接负责的主管人员和其他直接责任人员，依照前款的规定处罚。"

十三、将刑法第一百八十六条第一款、第二款修改为："银行或者其他金融机构的工作人员违反国家规定发放贷款，数额巨大或者造成重大损失的，处五年以下有期徒刑或者拘役，并处一万元以上十万元以下罚金；数额特别巨大或者造成特别重大损失的，处五年以上有期徒刑，并处二万元以上二十万元以下罚金。

"银行或者其他金融机构的工作人员违反国家规定，向关系人发放贷款的，依照前款的规定从重处罚。"

十四、将刑法第一百八十七条第一款修改为："银行或者其他金融机构的工作人员吸收客户资金不入账，数额巨大或者造成重大损失的，处五年以下有期徒刑或者拘役，并处二万元以上二十万元以下罚金；数额特别巨大或者造成特别重大损失的，处五年以上有期徒刑，并处五万元以上五十万元以下罚金。"

十五、将刑法第一百八十八条第一款修改为："银行或者其他金融机构的工作人员违反规定，为他人出具信用证或者其他保函、票据、存单、资信证明，情节严重的，处五年以下有期徒刑或者拘役；情节特别严重的，处五年以上有期徒刑。"

十六、将刑法第一百九十一条第一款修改为："明知是毒品犯罪、黑社会性质的组织犯罪、恐怖活动犯罪、走私犯罪、贪污贿赂犯罪、破坏金融管理秩序犯罪、金融诈骗犯罪的所得及其产生的收益，为掩饰、隐瞒其来源和性质，有下列行为之一的，没收实施以上犯罪的所得及其产生的收益，处五年以下有期徒刑或者拘役，并处或者单处洗钱数额百分之五以上百分之二十以下罚金；情节严重的，处五年以上十年以下有期徒刑，并处洗钱数额百分之五以上百分之二十以下罚金：

"（一）提供资金账户的；

"（二）协助将财产转换为现金、金融票据、有价证券的；

"（三）通过转账或者其他结算方式协助资金转移的；

"（四）协助将资金汇往境外的；

"（五）以其他方法掩饰、隐瞒犯罪所得及其收益的来源和性质的。"

十七、在刑法第二百六十二条后增加一条，作为第二百六十二条之一："以暴力、胁迫手段组织残疾人或者不满十四周岁的未成年人乞讨的，处三年以下有期徒刑或者拘役，并处罚金；情节严重的，处三年以上七年以下有期徒刑，并处罚金。"

十八、将刑法第三百零三条修改为："以营利为目的，聚众赌博或者以赌博为业的，处三年以下有期徒刑、拘役或者管制，并处罚金。

"开设赌场的，处三年以下有期徒刑、拘役或者管制，并处罚金；情节严重的，处三年以上十年以下有期徒刑，并处罚金。"

十九、将刑法第三百一十二条修改为："明知是犯罪所得及其产生的收益而予以窝藏、转移、收购、代为销售或者以其他方法掩饰、隐瞒的，处三年以下有期徒刑、拘役或者管制，并处或者单处罚金；情节严重的，处三年以上七年以下有期徒刑，并处罚金。"

二十、在刑法第三百九十九条后增加一条，作为第三百九十九条之一："依法承担仲裁职责的人员，在仲裁活动中故意违背事实和法律作枉法裁决，情节严重的，处三年以下有期徒刑或者拘役；情节特别严重的，处三年以上七年以下有期徒刑。"

二十一、本修正案自公布之日起施行。

中华人民共和国刑法修正案（七）

主席令第十号

《中华人民共和国刑法修正案（七）》已由中华人民共和国第十一届全国人民代表大会常务委员会第七次会议于 2009 年 2 月 28 日通过，现予公布，自公布之日起施行。

中华人民共和国主席　胡锦涛

2009 年 2 月 28 日

（2009年2月28日第十一届全国人民代表大会常务委员会第七次会议通过）

一、将刑法第一百五十一条第三款修改为："走私珍稀植物及其制品等国家禁止进出口的其他货物、物品的，处五年以下有期徒刑或者拘役，并处或者单处罚金；情节严重的，处五年以上有期徒刑，并处罚金。"

二、将刑法第一百八十条第一款修改为："证券、期货交易内幕信息的知情人员或者非法获取证券、期货交易内幕信息的人员，在涉及证券的发行，证券、期货交易或者其他对证券、期货交易价格有重大影响的信息尚未公开前，买入或者卖出该证券，或者从事与该内幕信息有关的期货交易，或者泄露该信息，或者明示、暗示他人从事上述交易活动，情节严重的，处五年以下有期徒刑或者拘役，并处或者单处违法所得一倍以上五倍以下罚金；情节特别严重的，处五年以上十年以下有期徒刑，并处违法所得一倍以上五倍以下罚金。"

增加一款作为第四款："证券交易所、期货交易所、证券公司、期货经纪公司、基金管理公司、商业银行、保险公司等金融机构的从业人员以及有关监管部门或者行业协会的工作人员，利用因职务便利获取的内幕信息以外的其他未公开的信息，违反规定，从事与该信息相关的证券、期货交易活动，或者明示、暗示他人从事相关交易活动，情节严重的，依照第一款的规定处罚。"

三、将刑法第二百零一条修改为："纳税人采取欺骗、隐瞒手段进行虚假纳税申报或者不申报，逃避缴纳税款数额较大并且占应纳税额百分之十以上的，处三年以下有期徒刑或者拘役，并处罚金；数额巨大并且占应纳税额百分之三十以上的，处三年以上七年以下有期徒刑，并处罚金。

"扣缴义务人采取前款所列手段，不缴或者少缴已扣、已收税款，数额较大的，依照前款的规定处罚。

"对多次实施前两款行为，未经处理的，按照累计数额计算。

"有第一款行为，经税务机关依法下达追缴通知后，补缴应纳税款，缴纳滞纳金，已受行政处罚的，不予追究刑事责任；但是，五年内因逃避缴纳税款受过刑事处罚或者被税务机关给予二次以上行政处罚的除外。"

四、在刑法第二百二十四条后增加一条，作为第二百二十四条之一："组织、领导以推销商品、提供服务等经营活动为名，要求参加者以缴纳费用或者购买商品、服务等方式获得加入资格，并按照一定顺序组成层级，直接或者间接以发展人员的数量作为计酬或者返利依据，引诱、胁迫参加者继续发展他人参加，骗取财物，扰乱经济社会秩序的传销活动的，处五年以下有期徒刑或者拘役，并处罚金；情节严重的，处五年以上有期徒刑，并处罚金。"

五、将刑法第二百二十五条第三项修改为："未经国家有关主管部门批准非法经营证券、期货、保险业务的，或者非法从事资金支付结算业务的；"

六、将刑法第二百三十九条修改为："以勒索财物为目的绑架他人的，或者绑架他人作为人质的，处十年以上有期徒刑或者无期徒刑，并处罚金或者没收财产；情节较轻的，处五年以上十年以下有期徒刑，并处罚金。

"犯前款罪，致使被绑架人死亡或者杀害被绑架人的，处死刑，并处没收财产。

"以勒索财物为目的偷盗婴幼儿的，依照前两款的规定处罚。"

七、在刑法第二百五十三条后增加一条，作为第二百五十三条之一："国家机关或者金融、电信、交通、教育、医疗等单位的工作人员，违反国家规定，将本单位在履行职责或者提供服务过程中获得的公民个人信息，出售或者非法提供给他人，情节严重的，处三年以下有期徒刑或者拘役，并处或者单处罚金。

"窃取或者以其他方法非法获取上述信息，情节严重的，依照前款的规定处罚。

"单位犯前两款罪的，对单位判处罚金，并对其直接负责的主管人员和其他直接责任人员，依照各该款的规定处罚。"

八、在刑法第二百六十二条之一后增加一条，作为第二百六十二条之二："组织未成年人进行盗窃、诈骗、抢夺、敲诈勒索等违反治安管理活动的，处三年以下有期徒刑或者拘役，并处罚金；情节严重的，处三年以上七年以下有期徒刑，并处罚金。"

九、在刑法第二百八十五条中增加两款作为第二款、第三款："违反国家规定，侵入前款规定以外的计算机信息系统或者采用其他技术手段，获取该计算机信息系统中存储、处理或者传输的数据，或者对该计算机信息系统实施非法控制，情节严重的，处三年以下有期徒刑或者拘役，并处或者单处罚金；情节特别严重的，处三年以上七年以下有期徒刑，并处罚金。

"提供专门用于侵入、非法控制计算机信息系统的程序、工具，或者明知他人实施侵入、非法控制计算机信息系统的违法犯罪行为而为其提供程序、工具，情节严重的，依照前款的规定处罚。"

十、在刑法第三百一十二条中增加一款作为第二款："单位犯前款罪的，对单位判处罚金，并对其直接负责的主管人员和其他直接责任人员，依照前款的规定处罚。"

十一、将刑法第三百三十七条第一款修改为："违反有关动植物防疫、检疫的国家规定，引起重大动植物疫情的，或者有引起重大动植物疫情危险，情节严重的，处三年以下有期徒刑或者拘役，并处或者单处罚金。"

十二、将刑法第三百七十五条第二款修改为："非法生产、买卖武装部队制式服装，情节严重的，处三年以下有期徒刑、拘役或者管制，并处或者单处罚金。"

增加一款作为第三款："伪造、盗窃、买卖或者非法提供、使用武装部队车辆号牌等专用标志，情节严重的，处三年以下有期徒刑、拘役或者管制，并处或者单处罚金；情节特别严重的，处三年以上七年以下有期徒刑，并处罚金。"

原第三款作为第四款，修改为："单位犯第二款、第三款罪的，对单位判处罚金，并对其直接负责的主管人员和其他直接责任人员，依照各该款的规定处罚。"

十三、在刑法第三百八十八条后增加一条作为第三百八十八条之一："国家工作人员的近亲属或者其他与该国家工作人员关系密切的人，通过该国家工作人员职务上的行为，或者利用该国家工作人员职权或者地位形成的便利条件，通过其他国家工作人员职务上的行为，为请托人谋取不正当利益，索取请托人财物或者收受请托人财物，数额较大或者有其他较重情节的，处三年以下有期徒刑或者拘役，并处罚金；数额巨大或者有其他严重情节的，处三年以上七年以下有期徒刑，并处罚金；数额特别巨大或者有其他特别严重情节的，处七年以上有期徒刑，并处罚金或者没收财产。

"离职的国家工作人员或者其近亲属以及其他与其关系密切的人，利用该离职的国家工作人员原职权或者地位形成的便利条件实施前款行为的，依照前款的规定定罪处罚。"

十四、将刑法第三百九十五条第一款修改为："国家工作人员的财产、支出明显超过合法收入，差额巨大的，可以责令该国家工作人员说明来源，不能说明来源的，差额部分以非法所得论，处五年以下有期徒刑或者拘役；差额特别巨大的，处五年以上十年以下有期徒刑。财产的差额部分予以追缴。"

十五、本修正案自公布之日起施行。

中华人民共和国刑法修正案（八）

主席令第四十一号

《中华人民共和国刑法修正案（八）》已由中华人民共和国第十一届全国人民代表大会常务委员会第十九次会议于 2011 年 2 月 25 日通过，现予公布，自 2011 年 5 月 1 日起施行。

中华人民共和国主席　胡锦涛

2011 年 2 月 25 日

（2011 年 2 月 25 日第十一届全国人民代表大会常务委员会第十九次会议通过）

一、在刑法第十七条后增加一条，作为第十七条之一："已满七十五周岁的人故意犯罪的，可以从轻或者减轻处罚；过失犯罪的，应当从轻或者减轻处罚。"

二、在刑法第三十八条中增加一款作为第二款："判处管制，可以根据犯罪情况，同时禁止犯罪分子在执行期间从事特定活动，进入特定区域、场所，接触特定的人。"

原第二款作为第三款，修改为："对判处管制的犯罪分子，依法实行社区矫正。"

增加一款作为第四款："违反第二款规定的禁止令的，由公安机关依照《中华人民共和国治安管理处罚法》的规定处罚。"

三、在刑法第四十九条中增加一款作为第二款："审判的时候已满七十五周岁的人，不适用死刑，但以特别残忍手段致人死亡的除外。"

四、将刑法第五十条修改为："判处死刑缓期执行的，在死刑缓期执行期间，如果没有故意犯罪，二年期满以后，减为无期徒刑；如果确有重大立功表现，二年期满以后，减为二十五年有期徒刑；如果故意犯罪，查证属实的，由最高人民法院核准，执行死刑。

"对被判处死刑缓期执行的累犯以及因故意杀人、强奸、抢劫、绑架、放火、爆炸、投放危险物质或者有组织的暴力性犯罪被判处死刑缓期执行的犯罪分子，人民法院根据犯罪情节等情况可以同时决定对其限制减刑。"

五、将刑法第六十三条第一款修改为："犯罪分子具有本法规定的减轻处罚情节的，应当在法定刑以下判处刑罚；本法规定有数个量刑幅度的，应当在法定量刑幅度的下一个量刑幅度内判处刑罚。"

六、将刑法第六十五条第一款修改为："被判处有期徒刑以上刑罚的犯罪分子，刑罚执行完毕或者赦免以后，在五年以内再犯应当判处有期徒刑以上刑罚之罪的，是累犯，应当从重处罚，但是过失犯罪和不满十八周岁的人犯罪的除外。"

七、将刑法第六十六条修改为："危害国家安全犯罪、恐怖活动犯罪、黑社会性质的组织犯罪的犯罪分子，在刑罚执行完毕或者赦免以后，在任何时候再犯上述任一类罪的，都以累犯论处。"

八、在刑法第六十七条中增加一款作为第三款："犯罪嫌疑人虽不具有前两款规定的自首情节，但是如实供述自己罪行的，可以从轻处罚；因其如实供述自己罪行，避免特别严重后果发生的，可以减轻处罚。"

九、删去刑法第六十八条第二款。

十、将刑法第六十九条修改为："判决宣告以前一人犯数罪的，除判处死刑和无期徒刑的以外，应当在总和刑期以下、数刑中最高刑期以上，酌情决定执行的刑期，但是管制最高不能超过三年，拘役最高不能超过一年，有期徒刑总和刑期不满三十五年的，最高不能超过二十年，总和刑期在三十五年以上的，最高不能超过二十五年。

"数罪中有判处附加刑的，附加刑仍须执行，其中附加刑种类相同的，合并执行，种类不同的，分别执行。"

十一、将刑法第七十二条修改为："对于被判处拘役、三年以下有期徒刑的犯罪分子，同时符合下列条件的，可以宣告缓刑，对其中不满十八周岁的人、怀孕的妇女和已满七十五周岁的人，应当宣告缓刑：

"（一）犯罪情节较轻；

"（二）有悔罪表现；

"（三）没有再犯罪的危险；

"（四）宣告缓刑对所居住社区没有重大不良影响。

"宣告缓刑，可以根据犯罪情况，同时禁止犯罪分子在缓刑考验期限内从事特定活动，进入特定区域、场所，接触特定的人。

"被宣告缓刑的犯罪分子，如果被判处附加刑，附加刑仍须执行。"

十二、将刑法第七十四条修改为："对于累犯和犯罪集团的首要分子，不适用缓刑。"

十三、将刑法第七十六条修改为："对宣告缓刑的犯罪分子，在缓刑考验期限内，依法实行社区矫正，如果没有本法第七十七条规定的情形，缓刑考验期满，原判的刑罚就不再执行，并公开予以宣告。"

十四、将刑法第七十七条第二款修改为："被宣告缓刑的犯罪分子，在缓刑考验期限内，违反法律、行政法规或者国务院有关部门关于缓刑的监督管理规定，或者违反人民法院判决中的禁止令，情节严重的，应当撤销缓刑，执行原判刑罚。"

十五、将刑法第七十八条第二款修改为："减刑以后实际执行的刑期不能少于下列期限：

"（一）判处管制、拘役、有期徒刑的，不能少于原判刑期的二分之一；

"（二）判处无期徒刑的，不能少于十三年；

"（三）人民法院依照本法第五十条第二款规定限制减刑的死刑缓期执行的犯罪分子，缓期执行期满后依法减为无期徒刑的，不能少于二十五年，缓期执行期满后依法减为二十五年有期徒刑的，不能少于二十年。"

十六、将刑法第八十一条修改为："被判处有期徒刑的犯罪分子，执行原判刑期二分之一以上，被判处无期徒刑的犯罪分子，实际执行十三年以上，如果认真遵守监规，接受教育改造，确有悔改表现，没有再犯罪的危险的，可以假释。如果有特殊情况，经最高人民法院核准，可以不受上述执行刑期的限制。

　　"对累犯以及因故意杀人、强奸、抢劫、绑架、放火、爆炸、投放危险物质或者有组织的暴力性犯罪被判处十年以上有期徒刑、无期徒刑的犯罪分子，不得假释。

　　"对犯罪分子决定假释时，应当考虑其假释后对所居住社区的影响。"

　　十七、将刑法第八十五条修改为："对假释的犯罪分子，在假释考验期限内，依法实行社区矫正，如果没有本法第八十六条规定的情形，假释考验期满，就认为原判刑罚已经执行完毕，并公开予以宣告。"

　　十八、将刑法第八十六条第三款修改为："被假释的犯罪分子，在假释考验期限内，有违反法律、行政法规或者国务院有关部门关于假释的监督管理规定的行为，尚未构成新的犯罪的，应当依照法定程序撤销假释，收监执行未执行完毕的刑罚。"

　　十九、在刑法第一百条中增加一款作为第二款："犯罪的时候不满十八周岁被判处五年有期徒刑以下刑罚的人，免除前款规定的报告义务。"

　　二十、将刑法第一百零七条修改为："境内外机构、组织或者个人资助实施本章第一百零二条、第一百零三条、第一百零四条、第一百零五条规定之罪的，对直接责任人员，处五年以下有期徒刑、拘役、管制或者剥夺政治权利；情节严重的，处五年以上有期徒刑。"

　　二十一、将刑法第一百零九条修改为："国家机关工作人员在履行公务期间，擅离岗位，叛逃境外或者在境外叛逃的，处五年以下有期徒刑、拘役、管制或者剥夺政治权利；情节严重的，处五年以上十年以下有期徒刑。

　　"掌握国家秘密的国家工作人员叛逃境外或者在境外叛逃的，依照前款的规定从重处罚。"

　　二十二、在刑法第一百三十三条后增加一条，作为第一百三十三条之一："在道路上驾驶机动车追逐竞驶，情节恶劣的，或者在道路上醉酒驾驶机动车的，处拘役，并处罚金。

　　"有前款行为，同时构成其他犯罪的，依照处罚较重的规定定罪处罚。"

　　二十三、将刑法第一百四十一条第一款修改为："生产、销售假药的，处三年以下有期徒刑或者拘役，并处罚金；对人体健康造成严重危害或者有其他严重情节的，处三年以上十年以下有期徒刑，并处罚金；致人死亡或者有其他特别严重情节的，处十年以上有期徒刑、无期徒刑或者死刑，并处罚金或者没收财产。"

　　二十四、将刑法第一百四十三条修改为："生产、销售不符合食品安全标准的食品，足以造成严重食物中毒事故或者其他严重食源性疾病的，处三年以下有期徒刑或者拘役，并处罚金；对人体健康造成严重危害或者有其他严重情节的，处三年以上七年以下有期徒刑，并处罚金；后果特别严重的，处七年以上有期徒刑或者无期徒刑，并处罚金或者没收财产。"

　　二十五、将刑法第一百四十四条修改为："在生产、销售的食品中掺入有毒、有害的非食品原料的，或者销售明知掺有有毒、有害的非食品原料的食品的，处五年以下有期徒刑，并处罚金；对人体健康造成严重危害或者有其他严重情节的，处五年以上十年以下有期徒刑，并处罚金；致人死亡或者有其他特别严重情节的，依照本法第一百四十一条的规定处罚。"

　　二十六、将刑法第一百五十一条修改为："走私武器、弹药、核材料或者伪造的货币的，处七年以上有期徒刑，并处罚金或者没收财产；情节特别严重的，处无期徒刑或者死刑，并处没收财产；情节较轻的，处三年以上七年以下有期徒刑，并处罚金。

"走私国家禁止出口的文物、黄金、白银和其他贵重金属或者国家禁止进出口的珍贵动物及其制品的，处五年以上十年以下有期徒刑，并处罚金；情节特别严重的，处十年以上有期徒刑或者无期徒刑，并处没收财产；情节较轻的，处五年以下有期徒刑，并处罚金。

"走私珍稀植物及其制品等国家禁止进出口的其他货物、物品的，处五年以下有期徒刑或者拘役，并处或者单处罚金；情节严重的，处五年以上有期徒刑，并处罚金。

"单位犯本条规定之罪的，对单位判处罚金，并对其直接负责的主管人员和其他直接责任人员，依照本条各款的规定处罚。"

二十七、将刑法第一百五十三条第一款修改为："走私本法第一百五十一条、第一百五十二条、第三百四十七条规定以外的货物、物品的，根据情节轻重，分别依照下列规定处罚：

"（一）走私货物、物品偷逃应缴税额较大或者一年内曾因走私被给予二次行政处罚后又走私的，处三年以下有期徒刑或者拘役，并处偷逃应缴税额一倍以上五倍以下罚金。

"（二）走私货物、物品偷逃应缴税额巨大或者有其他严重情节的，处三年以上十年以下有期徒刑，并处偷逃应缴税额一倍以上五倍以下罚金。

"（三）走私货物、物品偷逃应缴税额特别巨大或者有其他特别严重情节的，处十年以上有期徒刑或者无期徒刑，并处偷逃应缴税额一倍以上五倍以下罚金或者没收财产。"

二十八、将刑法第一百五十七条第一款修改为："武装掩护走私的，依照本法第一百五十一条第一款的规定从重处罚。"

二十九、将刑法第一百六十四条修改为："为谋取不正当利益，给予公司、企业或者其他单位的工作人员以财物，数额较大的，处三年以下有期徒刑或者拘役；数额巨大的，处三年以上十年以下有期徒刑，并处罚金。

"为谋取不正当商业利益，给予外国公职人员或者国际公共组织官员以财物的，依照前款的规定处罚。

"单位犯前两款罪的，对单位判处罚金，并对其直接负责的主管人员和其他直接责任人员，依照第一款的规定处罚。

"行贿人在被追诉前主动交待行贿行为的，可以减轻处罚或者免除处罚。"

三十、将刑法第一百九十九条修改为："犯本节第一百九十二条规定之罪，数额特别巨大并且给国家和人民利益造成特别重大损失的，处无期徒刑或者死刑，并处没收财产。"

三十一、将刑法第二百条修改为："单位犯本节第一百九十二条、第一百九十四条、第一百九十五条规定之罪的，对单位判处罚金，并对其直接负责的主管人员和其他直接责任人员，处五年以下有期徒刑或者拘役，可以并处罚金；数额巨大或者有其他严重情节的，处五年以上十年以下有期徒刑，并处罚金；数额特别巨大或者有其他特别严重情节的，处十年以上有期徒刑或者无期徒刑，并处罚金。"

三十二、删去刑法第二百零五条第二款。

三十三、在刑法第二百零五条后增加一条，作为第二百零五条之一："虚开本法第二百零五条规定以外的其他发票，情节严重的，处二年以下有期徒刑、拘役或者管制，并处罚金；情节特别严重的，处二年以上七年以下有期徒刑，并处罚金。

"单位犯前款罪的，对单位判处罚金，并对其直接负责的主管人员和其他直接责任人员，依照前款的规定处罚。"

三十四、删去刑法第二百零六条第二款。

三十五、在刑法第二百一十条后增加一条，作为第二百一十条之一："明知是伪造的发票而持有，数量较大的，处二年以下有期徒刑、拘役或者管制，并处罚金；数量巨大的，处二年以上七年以下有期徒刑，并处罚金。

"单位犯前款罪的，对单位判处罚金，并对其直接负责的主管人员和其他直接责任人员，依照前款的规定处罚。"

三十六、将刑法第二百二十六条修改为："以暴力、威胁手段，实施下列行为之一，情节严重的，处三年以下有期徒刑或者拘役，并处或者单处罚金；情节特别严重的，处三年以上七年以下有期徒刑，并处罚金：

"（一）强买强卖商品的；

"（二）强迫他人提供或者接受服务的；

"（三）强迫他人参与或者退出投标、拍卖的；

"（四）强迫他人转让或者收购公司、企业的股份、债券或者其他资产的；

"（五）强迫他人参与或者退出特定的经营活动的。"

三十七、在刑法第二百三十四条后增加一条，作为第二百三十四条之一："组织他人出卖人体器官的，处五年以下有期徒刑，并处罚金；情节严重的，处五年以上有期徒刑，并处罚金或者没收财产。

"未经本人同意摘取其器官，或者摘取不满十八周岁的人的器官，或者强迫、欺骗他人捐献器官的，依照本法第二百三十四条、第二百三十二条的规定定罪处罚。

"违背本人生前意愿摘取其尸体器官，或者本人生前未表示同意，违反国家规定，违背其近亲属意愿摘取其尸体器官的，依照本法第三百零二条的规定定罪处罚。"

三十八、将刑法第二百四十四条修改为："以暴力、威胁或者限制人身自由的方法强迫他人劳动的，处三年以下有期徒刑或者拘役，并处罚金；情节严重的，处三年以上十年以下有期徒刑，并处罚金。

"明知他人实施前款行为，为其招募、运送人员或者有其他协助强迫他人劳动行为的，依照前款的规定处罚。

"单位犯前两款罪的，对单位判处罚金，并对其直接负责的主管人员和其他直接责任人员，依照第一款的规定处罚。"

三十九、将刑法第二百六十四条修改为："盗窃公私财物，数额较大的，或者多次盗窃、入户盗窃、携带凶器盗窃、扒窃的，处三年以下有期徒刑、拘役或者管制，并处或者单处罚金；数额巨大或者有其他严重情节的，处三年以上十年以下有期徒刑，并处罚金；数额特别巨大或者有其他特别严重情节的，处十年以上有期徒刑或者无期徒刑，并处罚金或者没收财产。"

四十、将刑法第二百七十四条修改为："敲诈勒索公私财物，数额较大或者多次敲诈勒索的，处三年以下有期徒刑、拘役或者管制，并处或者单处罚金；数额巨大或者有其他严重情节的，处三年以上十年以下有期徒刑，并处罚金；数额特别巨大或者有其他特别严重情节的，处十年以上有期徒刑，并处罚金。"

四十一、在刑法第二百七十六条后增加一条，作为第二百七十六条之一："以转移财产、逃匿等方法逃避支付劳动者的劳动报酬或者有能力支付而不支付劳动者的劳动报酬，数额较大，经政府有关部门责令支付仍不支付的，处三年以下有期徒刑或者拘役，并处或者单处罚金；造成严重后果的，处三年以上七年以下有期徒刑，并处罚金。

"单位犯前款罪的，对单位判处罚金，并对其直接负责的主管人员和其他直接责任人员，依照前款的规定处罚。

"有前两款行为，尚未造成严重后果，在提起公诉前支付劳动者的劳动报酬，并依法承担相应赔偿责任的，可以减轻或者免除处罚。"

四十二、将刑法第二百九十三条修改为："有下列寻衅滋事行为之一，破坏社会秩序的，处五年以下有期徒刑、拘役或者管制：

"（一）随意殴打他人，情节恶劣的；

"（二）追逐、拦截、辱骂、恐吓他人，情节恶劣的；

"（三）强拿硬要或者任意损毁、占用公私财物，情节严重的；

"（四）在公共场所起哄闹事，造成公共场所秩序严重混乱的。

"纠集他人多次实施前款行为，严重破坏社会秩序的，处五年以上十年以下有期徒刑，可以并处罚金。"

四十三、将刑法第二百九十四条修改为："组织、领导黑社会性质的组织的，处七年以上有期徒刑，并处没收财产；积极参加的，处三年以上七年以下有期徒刑，可以并处罚金或者没收财产；其他参加的，处三年以下有期徒刑、拘役、管制或者剥夺政治权利，可以并处罚金。

"境外的黑社会组织的人员到中华人民共和国境内发展组织成员的，处三年以上十年以下有期徒刑。

"国家机关工作人员包庇黑社会性质的组织，或者纵容黑社会性质的组织进行违法犯罪活动的，处五年以下有期徒刑；情节严重的，处五年以上有期徒刑。

"犯前三款罪又有其他犯罪行为的，依照数罪并罚的规定处罚。

"黑社会性质的组织应当同时具备以下特征：

"（一）形成较稳定的犯罪组织，人数较多，有明确的组织者、领导者，骨干成员基本固定；

"（二）有组织地通过违法犯罪活动或者其他手段获取经济利益，具有一定的经济实力，以支持该组织的活动；

"（三）以暴力、威胁或者其他手段，有组织地多次进行违法犯罪活动，为非作恶，欺压、残害群众；

"（四）通过实施违法犯罪活动，或者利用国家工作人员的包庇或者纵容，称霸一方，在一定区域或者行业内，形成非法控制或者重大影响，严重破坏经济、社会生活秩序。"

四十四、将刑法第二百九十五条修改为："传授犯罪方法的，处五年以下有期徒刑、拘役或者管制；情节严重的，处五年以上十年以下有期徒刑；情节特别严重的，处十年以上有期徒刑或者无期徒刑。"

四十五、将刑法第三百二十八条第一款修改为："盗掘具有历史、艺术、科学价值的古文化遗址、古墓葬的，处三年以上十年以下有期徒刑，并处罚金；情节较轻的，处三年以下有期徒刑、拘役或者管制，并处罚金；有下列情形之一的，处十年以上有期徒刑或者无期徒刑，并处罚金或者没收财产：

"（一）盗掘确定为全国重点文物保护单位和省级文物保护单位的古文化遗址、古墓葬的；

"（二）盗掘古文化遗址、古墓葬集团的首要分子；

"（三）多次盗掘古文化遗址、古墓葬的；

"（四）盗掘古文化遗址、古墓葬，并盗窃珍贵文物或者造成珍贵文物严重破坏的。"

四十六、将刑法第三百三十八条修改为："违反国家规定，排放、倾倒或者处置有放射性的废物、含传染病病原体的废物、有毒物质或者其他有害物质，严重污染环境的，处三年以下有期徒刑或者拘役，并处或者单处罚金；后果特别严重的，处三年以上七年以下有期徒刑，并处罚金。"

四十七、将刑法第三百四十三条第一款修改为："违反矿产资源法的规定，未取得采矿许可证擅自采矿，擅自进入国家规划矿区、对国民经济具有重要价值的矿区和他人矿区范围采矿，或者擅自开采国家规定实行保护性开采的特定矿种，情节严重的，处三年以下有期徒刑、拘役或者管制，并处或者单处罚金；情节特别严重的，处三年以上七年以下有期徒刑，并处罚金。"

四十八、将刑法第三百五十八条第三款修改为："为组织卖淫的人招募、运送人员或者有其他协助组织他人卖淫行为的，处五年以下有期徒刑，并处罚金；情节严重的，处五年以上十年以下有期徒刑，并处罚金。"

四十九、在刑法第四百零八条后增加一条，作为第四百零八条之一："负有食品安全监督管理职责的国家机关工作人员，滥用职权或者玩忽职守，导致发生重大食品安全事故或者造成其他严重后果的，处五年以下有期徒刑或者拘役；造成特别严重后果的，处五年以上十年以下有期徒刑。

"徇私舞弊犯前款罪的，从重处罚。"

五十、本修正案自 2011 年 5 月 1 日起施行。

中华人民共和国刑法修正案（九）

主席令第三十号

《中华人民共和国刑法修正案（九）》已由中华人民共和国第十二届全国人民代表大会常务委员会第十六次会议于 2015 年 8 月 29 日通过，现予公布，自 2015 年 11 月 1 日起施行。

中华人民共和国主席　习近平

2015 年 8 月 29 日

（2015 年 8 月 29 日第十二届全国人民代表大会常务委员会第十六次会议通过）

一、在刑法第三十七条后增加一条，作为第三十七条之一："因利用职业便利实施犯罪，或者实施违背职业要求的特定义务的犯罪被判处刑罚的，人民法院可以根据犯罪情况和预防再犯罪的需要，禁止其自刑罚执行完毕之日或者假释之日起从事相关职业，期限为三年至五年。

"被禁止从事相关职业的人违反人民法院依照前款规定作出的决定的，由公安机关依法给予处罚；情节严重的，依照本法第三百一十三条的规定定罪处罚。

"其他法律、行政法规对其从事相关职业另有禁止或者限制性规定的，从其规定。"

二、将刑法第五十条第一款修改为："判处死刑缓期执行的，在死刑缓期执行期间，如果没有故意犯罪，二年期满以后，减为无期徒刑；如果确有重大立功表现，二年期满以后，减为二十五年有期徒刑；如果故意犯罪，情节恶劣的，报请最高人民法院核准后执行死刑；对于故意犯罪未执行死刑的，死刑缓期执行的期间重新计算，并报最高人民法院备案。"

三、将刑法第五十三条修改为："罚金在判决指定的期限内一次或者分期缴纳。期满不缴纳的，强制缴纳。对于不能全部缴纳罚金的，人民法院在任何时候发现被执行人有可以执行的财产，应当随时追缴。

"由于遭遇不能抗拒的灾祸等原因缴纳确实有困难的，经人民法院裁定，可以延期缴纳、酌情减少或者免除。"

四、在刑法第六十九条中增加一款作为第二款："数罪中有判处有期徒刑和拘役的，执行有期徒刑。数罪中有判处有期徒刑和管制，或者拘役和管制的，有期徒刑、拘役执行完毕后，管制仍须执行。"

原第二款作为第三款。

五、将刑法第一百二十条修改为："组织、领导恐怖活动组织的，处十年以上有期徒刑或者无期徒刑，并处没收财产；积极参加的，处三年以上十年以下有期徒刑，并处罚金；其他参加的，处三年以下有期徒刑、拘役、管制或者剥夺政治权利，可以并处罚金。

"犯前款罪并实施杀人、爆炸、绑架等犯罪的，依照数罪并罚的规定处罚。"

六、将刑法第一百二十条之一修改为："资助恐怖活动组织、实施恐怖活动的个人的，或者资助恐怖活动培训的，处五年以下有期徒刑、拘役、管制或者剥夺政治权利，并处罚金；情节严重的，处五年以上有期徒刑，并处罚金或者没收财产。

"为恐怖活动组织、实施恐怖活动或者恐怖活动培训招募、运送人员的，依照前款的规定处罚。

"单位犯前两款罪的，对单位判处罚金，并对其直接负责的主管人员和其他直接责任人员，依照第一款的规定处罚。"

七、在刑法第一百二十条之一后增加五条，作为第一百二十条之二、第一百二十条之三、第一百二十条之四、第一百二十条之五、第一百二十条之六：

"第一百二十条之二　有下列情形之一的，处五年以下有期徒刑、拘役、管制或者剥夺政治权利，并处罚金；情节严重的，处五年以上有期徒刑，并处罚金或者没收财产：

"（一）为实施恐怖活动准备凶器、危险物品或者其他工具的；

"（二）组织恐怖活动培训或者积极参加恐怖活动培训的；

"（三）为实施恐怖活动与境外恐怖活动组织或者人员联络的；

"（四）为实施恐怖活动进行策划或者其他准备的。

"有前款行为，同时构成其他犯罪的，依照处罚较重的规定定罪处罚。

"第一百二十条之三　以制作、散发宣扬恐怖主义、极端主义的图书、音频视频资料或者其他物品，或者通过讲授、发布信息等方式宣扬恐怖主义、极端主义的，或者煽动实施恐怖活动的，处五年以下有期徒刑、拘役、管制或者剥夺政治权利，并处罚金；情节严重的，处五年以上有期徒刑，并处罚金或者没收财产。

"第一百二十条之四　利用极端主义煽动、胁迫群众破坏国家法律确立的婚姻、司法、教育、社会管理等制度实施的，处三年以下有期徒刑、拘役或者管制，并处罚金；情节严重的，处三年以上七年以下有期徒刑，并处罚金；情节特别严重的，处七年以上有期徒刑，并处罚金或者没收财产。

"第一百二十条之五　以暴力、胁迫等方式强制他人在公共场所穿着、佩戴宣扬恐怖主义、极端主义服饰、标志的，处三年以下有期徒刑、拘役或者管制，并处罚金。

"第一百二十条之六　明知是宣扬恐怖主义、极端主义的图书、音频视频资料或者其他物品而非法持有，情节严重的，处三年以下有期徒刑、拘役或者管制，并处或者单处罚金。"

八、将刑法第一百三十三条之一修改为："在道路上驾驶机动车，有下列情形之一的，处拘役，并处罚金：

"（一）追逐竞驶，情节恶劣的；

"（二）醉酒驾驶机动车的；

"（三）从事校车业务或者旅客运输，严重超过额定乘员载客，或者严重超过规定时速行驶的；

"（四）违反危险化学品安全管理规定运输危险化学品，危及公共安全的。

"机动车所有人、管理人对前款第三项、第四项行为负有直接责任的，依照前款的规定处罚。

"有前两款行为，同时构成其他犯罪的，依照处罚较重的规定定罪处罚。"

九、将刑法第一百五十一条第一款修改为："走私武器、弹药、核材料或者伪造的货币的，处七年以上有期徒刑，并处罚金或者没收财产；情节特别严重的，处无期徒刑，并处没收财产；情节较轻的，处三年以上七年以下有期徒刑，并处罚金。"

十、将刑法第一百六十四条第一款修改为："为谋取不正当利益，给予公司、企业或者其他单位的工作人员以财物，数额较大的，处三年以下有期徒刑或者拘役，并处罚金；数额巨大的，处三年以上十年以下有期徒刑，并处罚金。"

十一、将刑法第一百七十条修改为："伪造货币的，处三年以上十年以下有期徒刑，并处罚金；有下列情形之一的，处十年以上有期徒刑或者无期徒刑，并处罚金或者没收财产：

"（一）伪造货币集团的首要分子；

"（二）伪造货币数额特别巨大的；

"（三）有其他特别严重情节的。"

十二、删去刑法第一百九十九条。

十三、将刑法第二百三十七条修改为："以暴力、胁迫或者其他方法强制猥亵他人或者侮辱妇女的，处五年以下有期徒刑或者拘役。

"聚众或者在公共场所当众犯前款罪的，或者有其他恶劣情节的，处五年以上有期徒刑。

"猥亵儿童的，依照前两款的规定从重处罚。"

十四、将刑法第二百三十九条第二款修改为："犯前款罪，杀害被绑架人的，或者故意伤害被绑架人，致人重伤、死亡的，处无期徒刑或者死刑，并处没收财产。"

十五、将刑法第二百四十一条第六款修改为："收买被拐卖的妇女、儿童，对被买儿童没有虐待行为，不阻碍对其进行解救的，可以从轻处罚；按照被买妇女的意愿，不阻碍其返回原居住地的，可以从轻或者减轻处罚。"

十六、在刑法第二百四十六条中增加一款作为第三款："通过信息网络实施第一款规定的行为，被害人向人民法院告诉，但提供证据确有困难的，人民法院可以要求公安机关提供协助。"

十七、将刑法第二百五十三条之一修改为："违反国家有关规定，向他人出售或者提供公民个人信息，情节严重的，处三年以下有期徒刑或者拘役，并处或者单处罚金；情节特别严重的，处三年以上七年以下有期徒刑，并处罚金。

"违反国家有关规定，将在履行职责或者提供服务过程中获得的公民个人信息，出售或者提供给他人的，依照前款的规定从重处罚。

"窃取或者以其他方法非法获取公民个人信息的，依照第一款的规定处罚。

"单位犯前三款罪的，对单位判处罚金，并对其直接负责的主管人员和其他直接责任人员，依照各该款的规定处罚。"

十八、将刑法第二百六十条第三款修改为："第一款罪，告诉的才处理，但被害人没有能力告诉，或者因受到强制、威吓无法告诉的除外。"

十九、在刑法第二百六十条后增加一条，作为第二百六十条之一："对未成年人、老年人、患病的人、残疾人等负有监护、看护职责的人虐待被监护、看护的人，情节恶劣的，处三年以下有期徒刑或者拘役。

"单位犯前款罪的，对单位判处罚金，并对其直接负责的主管人员和其他直接责任人员，依照前款的规定处罚。

"有第一款行为，同时构成其他犯罪的，依照处罚较重的规定定罪处罚。"

二十、将刑法第二百六十七条第一款修改为："抢夺公私财物，数额较大的，或者多次抢夺的，处三年以下有期徒刑、拘役或者管制，并处或者单处罚金；数额巨大或者有其他严重情节的，处三年以上十年以下有期徒刑，并处罚金；数额特别巨大或者有其他特别严重情节的，处十年以上有期徒刑或者无期徒刑，并处罚金或者没收财产。"

二十一、在刑法第二百七十七条中增加一款作为第五款："暴力袭击正在依法执行职务的人民警察的，依照第一款的规定从重处罚。"

二十二、将刑法第二百八十条修改为："伪造、变造、买卖或者盗窃、抢夺、毁灭国家机关的公文、证件、印章的，处三年以下有期徒刑、拘役、管制或者剥夺政治权利，并处罚金；情节严重的，处三年以上十年以下有期徒刑，并处罚金。

"伪造公司、企业、事业单位、人民团体的印章的，处三年以下有期徒刑、拘役、管制或者剥夺政治权利，并处罚金。

"伪造、变造、买卖居民身份证、护照、社会保障卡、驾驶证等依法可以用于证明身份的证件的，处三年以下有期徒刑、拘役、管制或者剥夺政治权利，并处罚金；情节严重的，处三年以上七年以下有期徒刑，并处罚金。"

二十三、在刑法第二百八十条后增加一条作为第二百八十条之一："在依照国家规定应当提供身份证明的活动中，使用伪造、变造的或者盗用他人的居民身份证、护照、社会保障卡、驾驶证等依法可以用于证明身份的证件，情节严重的，处拘役或者管制，并处或者单处罚金。

"有前款行为，同时构成其他犯罪的，依照处罚较重的规定定罪处罚。

二十四、将刑法第二百八十三条修改为："非法生产、销售专用间谍器材或者窃听、窃照专用器材的，处三年以下有期徒刑、拘役或者管制，并处或者单处罚金；情节严重的，处三年以上七年以下有期徒刑，并处罚金。

"单位犯前款罪的，对单位判处罚金，并对其直接负责的主管人员和其他直接责任人员，依照前款的规定处罚。"

二十五、在刑法第二百八十四条后增加一条，作为第二百八十四条之一："在法律规定的国家考试中，组织作弊的，处三年以下有期徒刑或者拘役，并处或者单处罚金；情节严重的，处三年以上七年以下有期徒刑，并处罚金。

"为他人实施前款犯罪提供作弊器材或者其他帮助的，依照前款的规定处罚。

"为实施考试作弊行为，向他人非法出售或者提供第一款规定的考试的试题、答案的，依照第一款的规定处罚。

"代替他人或者让他人代替自己参加第一款规定的考试的，处拘役或者管制，并处或者单处罚金。"

二十六、在刑法第二百八十五条中增加一款作为第四款："单位犯前三款罪的，对单位判处罚金，并对其直接负责的主管人员和其他直接责任人员，依照各该款的规定处罚。"

二十七、在刑法第二百八十六条中增加一款作为第四款："单位犯前三款罪的，对单位判处罚金，并对其直接负责的主管人员和其他直接责任人员，依照第一款的规定处罚。"

二十八、在刑法第二百八十六条后增加一条，作为第二百八十六条之一："网络服务提供者不履行法律、行政法规规定的信息网络安全管理义务，经监管部门责令采取改正措施而拒不改正，有下列情形之一的，处三年以下有期徒刑、拘役或者管制，并处或者单处罚金：

"（一）致使违法信息大量传播的；

"（二）致使用户信息泄露，造成严重后果的；

"（三）致使刑事案件证据灭失，情节严重的；

"（四）有其他严重情节的。

"单位犯前款罪的，对单位判处罚金，并对其直接负责的主管人员和其他直接责任人员，依照前款的规定处罚。

"有前两款行为，同时构成其他犯罪的，依照处罚较重的规定定罪处罚。"

二十九、在刑法第二百八十七条后增加二条，作为第二百八十七条之一、第二百八十七条之二：

"第二百八十七条之一 利用信息网络实施下列行为之一，情节严重的，处三年以下有期徒刑或者拘役，并处或者单处罚金：

"（一）设立用于实施诈骗、传授犯罪方法、制作或者销售违禁物品、管制物品等违法犯罪活动的网站、通讯群组的；

（二）发布有关制作或者销售毒品、枪支、淫秽物品等违禁物品、管制物品或者其他违法犯罪信息的；

"（三）为实施诈骗等违法犯罪活动发布信息的。

"单位犯前款罪的，对单位判处罚金，并对其直接负责的主管人员和其他直接责任人员，依照第一款的规定处罚。

"有前两款行为，同时构成其他犯罪的，依照处罚较重的规定定罪处罚。

"第二百八十七条之二明知他人利用信息网络实施犯罪，为其犯罪提供互联网接入、服务器托管、网络存储、通讯传输等技术支持，或者提供广告推广、支付结算等帮助，情节严重的，处三年以下有期徒刑或者拘役，并处或者单处罚金。

"单位犯前款罪的，对单位判处罚金，并对其直接负责的主管人员和其他直接责任人员，依照第一款的规定处罚。

"有前两款行为，同时构成其他犯罪的，依照处罚较重的规定定罪处罚。"

三十、将刑法第二百八十八条第一款修改为："违反国家规定，擅自设置、使用无线电台（站），或者擅自使用无线电频率，干扰无线电通讯秩序，情节严重的，处三年以下有期徒刑、拘役或者管制，并处或者单处罚金；情节特别严重的，处三年以上七年以下有期徒刑，并处罚金。"

三十一、将刑法第二百九十条第一款修改为："聚众扰乱社会秩序，情节严重，致使工作、生产、营业和教学、科研、医疗无法进行，造成严重损失的，对首要分子，处三年以上七年以下有期徒刑；对其他积极参加的，处三年以下有期徒刑、拘役、管制或者剥夺政治权利。"

增加二款作为第三款、第四款："多次扰乱国家机关工作秩序，经行政处罚后仍不改正，造成严重后果的，处三年以下有期徒刑、拘役或者管制。

"多次组织、资助他人非法聚集，扰乱社会秩序，情节严重的，依照前款的规定处罚。"

三十二、在刑法第二百九十一条之一中增加一款作为第二款："编造虚假的险情、疫情、灾情、警情，在信息网络或者其他媒体上传播，或者明知是上述虚假信息，故意在信息网络或者其他媒体上传播，严重扰乱社会秩序的，处三年以下有期徒刑、拘役或者管制；造成严重后果的，处三年以上七年以下有期徒刑。"

三十三、将刑法第三百条修改为："组织、利用会道门、邪教组织或者利用迷信破坏国家法律、行政法规实施的，处三年以上七年以下有期徒刑，并处罚金；情节特别严重的，处七年以上有期徒刑或者无期徒刑，并处罚金或者没收财产；情节较轻的，处三年以下有期徒刑、拘役、管制或者剥夺政治权利，并处或者单处罚金。

"组织、利用会道门、邪教组织或者利用迷信蒙骗他人，致人重伤、死亡的，依照前款的规定处罚。

"犯第一款罪又有奸淫妇女、诈骗财物等犯罪行为的，依照数罪并罚的规定处罚。"

三十四、将刑法第三百零二条修改为："盗窃、侮辱、故意毁坏尸体、尸骨、骨灰的，处三年以下有期徒刑、拘役或者管制。"

三十五、在刑法第三百零七条后增加一条，作为第三百零七条之一："以捏造的事实提起民事诉讼，妨害司法秩序或者严重侵害他人合法权益的，处三年以下有期徒刑、拘役或者管制，并处或者单处罚金；情节严重的，处三年以上七年以下有期徒刑，并处罚金。

"单位犯前款罪的，对单位判处罚金，并对其直接负责的主管人员和其他直接责任人员，依照前款的规定处罚。

"有第一款行为，非法占有他人财产或者逃避合法债务，又构成其他犯罪的，依照处罚较重的规定定罪从重处罚。

"司法工作人员利用职权，与他人共同实施前三款行为的，从重处罚；同时构成其他犯罪的，依照处罚较重的规定定罪从重处罚。"

三十六、在刑法第三百零八条后增加一条，作为第三百零八条之一："司法工作人员、辩护人、诉讼代理人或者其他诉讼参与人，泄露依法不公开审理的案件中不应当公开的信息，造成信息公开传播或者其他严重后果的，处三年以下有期徒刑、拘役或者管制，并处或者单处罚金。

"有前款行为，泄露国家秘密的，依照本法第三百九十八条的规定定罪处罚。

"公开披露、报道第一款规定的案件信息，情节严重的，依照第一款的规定处罚。

"单位犯前款罪的，对单位判处罚金，并对其直接负责的主管人员和其他直接责任人员，依照第一款的规定处罚"。

三十七、将刑法第三百零九条修改为："有下列扰乱法庭秩序情形之一的，处三年以下有期徒刑、拘役、管制或者罚金：

"（一）聚众哄闹、冲击法庭的；

"（二）殴打司法工作人员或者诉讼参与人的；

"（三）侮辱、诽谤、威胁司法工作人员或者诉讼参与人，不听法庭制止，严重扰乱法庭秩序的；

"（四）有毁坏法庭设施，抢夺、损毁诉讼文书、证据等扰乱法庭秩序行为，情节严重的。"

三十八、将刑法第三百一十一条修改为："明知他人有间谍犯罪或者恐怖主义、极端主义犯罪行为，在司法机关向其调查有关情况、收集有关证据时，拒绝提供，情节严重的，处三年以下有期徒刑、拘役或者管制。"

三十九、将刑法第三百一十三条修改为："对人民法院的判决、裁定有能力执行而拒不执行，情节严重的，处三年以下有期徒刑、拘役或者罚金；情节特别严重的，处三年以上七年以下有期徒刑，并处罚金。

"单位犯前款罪的，对单位判处罚金，并对其直接负责的主管人员和其他直接责任人员，依照前款的规定处罚。"

四十、将刑法第三百二十二条修改为："违反国（边）境管理法规，偷越国（边）境，情节严重的，处一年以下有期徒刑、拘役或者管制，并处罚金；为参加恐怖活动组织、接受恐怖活动培训或者实施恐怖活动，偷越国（边）境的，处一年以上三年以下有期徒刑，并处罚金。"

四十一、将刑法第三百五十条第一款、第二款修改为："违反国家规定，非法生产、买卖、运输醋酸酐、乙醚、三氯甲烷或者其他用于制造毒品的原料、配剂，或者携带上述物品进出境，情节较重的，处三年以下有期徒刑、拘役或者管制，并处罚金；情节严重的，处三年以上七年以下有期徒刑，并处罚金；情节特别严重的，处七年以上有期徒刑，并处罚金或者没收财产。

"明知他人制造毒品而为其生产、买卖、运输前款规定的物品的，以制造毒品罪的共犯论处。"

四十二、将刑法第三百五十八条修改为："组织、强迫他人卖淫的，处五年以上十年以下有期徒刑，并处罚金；情节严重的，处十年以上有期徒刑或者无期徒刑，并处罚金或者没收财产。

"组织、强迫未成年人卖淫的，依照前款的规定从重处罚。

"犯前两款罪，并有杀害、伤害、强奸、绑架等犯罪行为的，依照数罪并罚的规定处罚。

"为组织卖淫的人招募、运送人员或者有其他协助组织他人卖淫行为的，处五年以下有期徒刑，并处罚金；情节严重的，处五年以上十年以下有期徒刑，并处罚金。"

四十三、删去刑法第三百六十条第二款。

四十四、将刑法第三百八十三条修改为："对犯贪污罪的，根据情节轻重，分别依照下列规定处罚：

"（一）贪污数额较大或者有其他较重情节的，处三年以下有期徒刑或者拘役，并处罚金。

"（二）贪污数额巨大或者有其他严重情节的，处三年以上十年以下有期徒刑，并处罚金或者没收财产。

"（三）贪污数额特别巨大或者有其他特别严重情节的，处十年以上有期徒刑或者无期徒刑，并处罚金或者没收财产；数额特别巨大，并使国家和人民利益遭受特别重大损失的，处无期徒刑或者死刑，并处没收财产。

"对多次贪污未经处理的，按照累计贪污数额处罚。

"犯第一款罪，在提起公诉前如实供述自己罪行、真诚悔罪、积极退赃，避免、减少损害结果的发生，有第一项规定情形的，可以从轻、减轻或者免除处罚；有第二项、第三项规定情形的，可以从轻处罚。

"犯第一款罪，有第三项规定情形被判处死刑缓期执行的，人民法院根据犯罪情节等情况可以同时决定在其死刑缓期执行二年期满依法减为无期徒刑后，终身监禁，不得减刑、假释。"

四十五、将刑法第三百九十条修改为："对犯行贿罪的，处五年以下有期徒刑或者拘役，并处罚金；因行贿谋取不正当利益，情节严重的，或者使国家利益遭受重大损失的，处五年以上十年以下有期徒刑，并处罚金；情节特别严重的，或者使国家利益遭受特别重大损失的，处十年以上有期徒刑或者无期徒刑，并处罚金或者没收财产。

"行贿人在被追诉前主动交待行贿行为的，可以从轻或者减轻处罚。其中，犯罪较轻的，对侦破重大案件起关键作用的，或者有重大立功表现的，可以减轻或者免除处罚。"

四十六、在刑法第三百九十条后增加一条，作为第三百九十条之一："为谋取不正当利益，向国家工作人员的近亲属或者其他与该国家工作人员关系密切的人，或者向离职的国家工作人员或者其近亲属以及其他与其关系密切的人行贿的，处三年以下有期徒刑或者拘役，并处罚金；情节严重的，或者使国家利益遭受重大损失的，处三年以上七年以下有期徒刑，并处罚金；情节特别严重的，或者使国家利益遭受特别重大损失的，处七年以上十年以下有期徒刑，并处罚金。

"单位犯前款罪的，对单位判处罚金，并对其直接负责的主管人员和其他直接责任人员，处三年以下有期徒刑或者拘役，并处罚金。"

四十七、将刑法第三百九十一条第一款修改为："为谋取不正当利益，给予国家机关、国有公司、企业、事业单位、人民团体以财物的，或者在经济往来中，违反国家规定，给予各种名义的回扣、手续费的，处三年以下有期徒刑或者拘役，并处罚金。"

四十八、将刑法第三百九十二条第一款修改为："向国家工作人员介绍贿赂，情节严重的，处三年以下有期徒刑或者拘役，并处罚金。"

四十九、将刑法第三百九十三条修改为："单位为谋取不正当利益而行贿，或者违反国家规定，给予国家工作人员以回扣、手续费，情节严重的，对单位判处罚金，并对其直接负责的主管人员和其他直接责任人员，处五年以下有期徒刑或者拘役，并处罚金。因行贿取得的违法所得归个人所有的，依照本法第三百八十九条、第三百九十条的规定定罪处罚。"

五十、将刑法第四百二十六条修改为："以暴力、威胁方法，阻碍指挥人员或者值班、值勤人员执行职务的，处五年以下有期徒刑或者拘役；情节严重的，处五年以上十年以下有期徒刑；情节特别严重的，处十年以上有期徒刑或者无期徒刑。战时从重处罚。"

五十一、将刑法第四百三十三条修改为："战时造谣惑众，动摇军心的，处三年以下有期徒刑；情节严重的，处三年以上十年以下有期徒刑；情节特别严重的，处十年以上有期徒刑或者无期徒刑。"

五十二、本修正案自 2015 年 11 月 1 日起施行。

中华人民共和国刑法修正案（十）

主席令第八十号

《中华人民共和国刑法修正案（十）》已由中华人民共和国第十二届全国人民代表大会常务委员会第三十次会议于 2017 年 11 月 4 日通过，现予公布，自公布之日起施行。

中华人民共和国主席　习近平
2017 年 11 月 4 日

（2017 年 11 月 4 日第十二届全国人民代表大会常务委员会第三十次会议通过）

为了惩治侮辱国歌的犯罪行为，切实维护国歌奏唱、使用的严肃性和国家尊严，在刑法第二百九十九条中增加一款作为第二款，将该条修改为：

"在公共场合，故意以焚烧、毁损、涂划、玷污、践踏等方式侮辱中华人民共和国国旗、国徽的，处三年以下有期徒刑、拘役、管制或者剥夺政治权利。

"在公共场合，故意篡改中华人民共和国国歌歌词、曲谱，以歪曲、贬损方式奏唱国歌，或者以其他方式侮辱国歌，情节严重的，依照前款的规定处罚。"

本修正案自公布之日起施行。

中华人民共和国刑法修正案（十一）

主席令第六十六号

《中华人民共和国刑法修正案（十一）》已由中华人民共和国第十三届全国人民代表大会常务委员会第二十四次会议于 2020 年 12 月 26 日通过，现予公布，自 2021 年 3 月 1 日起施行。

中华人民共和国主席　习近平
2020 年 12 月 26 日

（2020 年 12 月 26 日第十三届全国人民代表大会常务委员会第二十四次会议通过）

一、将刑法第十七条修改为："已满十六周岁的人犯罪，应当负刑事责任。

"已满十四周岁不满十六周岁的人，犯故意杀人、故意伤害致人重伤或者死亡、强奸、抢劫、贩卖毒品、放火、爆炸、投放危险物质罪的，应当负刑事责任。

"已满十二周岁不满十四周岁的人，犯故意杀人、故意伤害罪，致人死亡或者以特别残忍手段致人重伤造成严重残疾，情节恶劣，经最高人民检察院核准追诉的，应当负刑事责任。

"对依照前三款规定追究刑事责任的不满十八周岁的人，应当从轻或者减轻处罚。

"因不满十六周岁不予刑事处罚的，责令其父母或者其他监护人加以管教；在必要的时候，依法进行专门矫治教育。"

二、在刑法第一百三十三条之一后增加一条，作为第一百三十三条之二："对行驶中的公共交通工具的驾驶人员使用暴力或者抢控驾驶操纵装置，干扰公共交通工具正常行驶，危及公共安全的，处一年以下有期徒刑、拘役或者管制，并处或者单处罚金。

"前款规定的驾驶人员在行驶的公共交通工具上擅离职守，与他人互殴或者殴打他人，危及公共安全的，依照前款的规定处罚。

"有前两款行为，同时构成其他犯罪的，依照处罚较重的规定定罪处罚。"

三、将刑法第一百三十四条第二款修改为："强令他人违章冒险作业，或者明知存在重大事故隐患而不排除，仍冒险组织作业，因而发生重大伤亡事故或者造成其他严重后果的，处五年以下有期徒刑或者拘役；情节特别恶劣的，处五年以上有期徒刑。"

四、在刑法第一百三十四条后增加一条，作为第一百三十四条之一："在生产、作业中违反有关安全管理的规定，有下列情形之一，具有发生重大伤亡事故或者其他严重后果的现实危险的，处一年以下有期徒刑、拘役或者管制：

"（一）关闭、破坏直接关系生产安全的监控、报警、防护、救生设备、设施，或者篡改、隐瞒、销毁其相关数据、信息的；

"（二）因存在重大事故隐患被依法责令停产停业、停止施工、停止使用有关设备、设施、场所或者立即采取排除危险的整改措施，而拒不执行的；

"（三）涉及安全生产的事项未经依法批准或者许可，擅自从事矿山开采、金属冶炼、建筑施工，以及危险物品生产、经营、储存等高度危险的生产作业活动的。"

五、将刑法第一百四十一条修改为："生产、销售假药的，处三年以下有期徒刑或者拘役，并处罚金；对人体健康造成严重危害或者有其他严重情节的，处三年以上十年以下有期徒刑，并处罚金；致人死亡或者有其他特别严重情节的，处十年以上有期徒刑、无期徒刑或者死刑，并处罚金或者没收财产。

"药品使用单位的人员明知是假药而提供给他人使用的，依照前款的规定处罚。"

六、将刑法第一百四十二条修改为："生产、销售劣药，对人体健康造成严重危害的，处三年以上十年以下有期徒刑，并处罚金；后果特别严重的，处十年以上有期徒刑或者无期徒刑，并处罚金或者没收财产。

"药品使用单位的人员明知是劣药而提供给他人使用的，依照前款的规定处罚。"

七、在刑法第一百四十二条后增加一条，作为第一百四十二条之一："违反药品管理法规，有下列情形之一，足以严重危害人体健康的，处三年以下有期徒刑或者拘役，并处或者单处罚金；对人体健康造成严重危害或者有其他严重情节的，处三年以上七年以下有期徒刑，并处罚金：

"（一）生产、销售国务院药品监督管理部门禁止使用的药品的；

"（二）未取得药品相关批准证明文件生产、进口药品或者明知是上述药品而销售的；

"（三）药品申请注册中提供虚假的证明、数据、资料、样品或者采取其他欺骗手段的；

"（四）编造生产、检验记录的。

"有前款行为，同时又构成本法第一百四十一条、第一百四十二条规定之罪或者其他犯罪的，依照处罚较重的规定定罪处罚。"

八、将刑法第一百六十条修改为："在招股说明书、认股书、公司、企业债券募集办法等发行文件中隐瞒重要事实或者编造重大虚假内容，发行股票或者公司、企业债券、存托凭证或者国务院依法认定的其他证券，数额巨大、后果严重或者有其他严重情节的，处五年以下有期徒刑或者拘役，并处或者单处罚金；数额特别巨大、后果特别严重或者有其他特别严重情节的，处五年以上有期徒刑，并处罚金。

"控股股东、实际控制人组织、指使实施前款行为的，处五年以下有期徒刑或者拘役，并处或者单处非法募集资金金额百分之二十以上一倍以下罚金；数额特别巨大、后果特别严重或者有其他特别严重情节的，处五年以上有期徒刑，并处非法募集资金金额百分之二十以上一倍以下罚金。

"单位犯前两款罪的，对单位判处非法募集资金金额百分之二十以上一倍以下罚金，并对其直接负责的主管人员和其他直接责任人员，依照第一款的规定处罚。"

九、将刑法第一百六十一条修改为："依法负有信息披露义务的公司、企业向股东和社会公众提供虚假的或者隐瞒重要事实的财务会计报告，或者对依法应当披露的其他重要信息不按照规定披露，严重损害股东或者其他人利益，或者有其他严重情节的，对其直接负责的主管人员和其他直接责任人员，处五年以下有期徒刑或者拘役，并处或者单处罚金；情节特别严重的，处五年以上十年以下有期徒刑，并处罚金。

"前款规定的公司、企业的控股股东、实际控制人实施或者组织、指使实施前款行为的，或者隐瞒相关事项导致前款规定的情形发生的，依照前款的规定处罚。

"犯前款罪的控股股东、实际控制人是单位的，对单位判处罚金，并对其直接负责的主管人员和其他直接责任人员，依照第一款的规定处罚。"

十、将刑法第一百六十三条第一款修改为："公司、企业或者其他单位的工作人员，利用职务上的便利，索取他人财物或者非法收受他人财物，为他人谋取利益，数额较大的，处三年以下有期徒刑或者拘役，并处罚金；数额巨大或者有其他严重情节的，处三年以上十年以下有期徒刑，并处罚金；数额特别巨大或者有其他特别严重情节的，处十年以上有期徒刑或者无期徒刑，并处罚金。"

十一、将刑法第一百七十五条之一第一款修改为："以欺骗手段取得银行或者其他金融机构贷款、票据承兑、信用证、保函等，给银行或者其他金融机构造成重大损失的，处三年以下有期徒刑或者拘役，并处或者单处罚金；给银行或者其他金融机构造成特别重大损失或者有其他特别严重情节的，处三年以上七年以下有期徒刑，并处罚金。"

十二、将刑法第一百七十六条修改为："非法吸收公众存款或者变相吸收公众存款，扰乱金融秩序的，处三年以下有期徒刑或者拘役，并处或者单处罚金；数额巨大或者有其他严重情节的，处三年以上十年以下有期徒刑，并处罚金；数额特别巨大或者有其他特别严重情节的，处十年以上有期徒刑，并处罚金。

"单位犯前款罪的，对单位判处罚金，并对其直接负责的主管人员和其他直接责任人员，依照前款的规定处罚。

"有前两款行为，在提起公诉前积极退赃退赔，减少损害结果发生的，可以从轻或者减轻处罚。"

十三、将刑法第一百八十二条第一款修改为："有下列情形之一，操纵证券、期货市场，影响证券、期货交易价格或者证券、期货交易量，情节严重的，处五年以下有期徒刑或者拘役，并处或者单处罚金；情节特别严重的，处五年以上十年以下有期徒刑，并处罚金：

"（一）单独或者合谋，集中资金优势、持股或者持仓优势或者利用信息优势联合或者连续买卖的；

"（二）与他人串通，以事先约定的时间、价格和方式相互进行证券、期货交易的；

"（三）在自己实际控制的账户之间进行证券交易，或者以自己为交易对象，自买自卖期货合约的；

"（四）不以成交为目的，频繁或者大量申报买入、卖出证券、期货合约并撤销申报的；

"（五）利用虚假或者不确定的重大信息，诱导投资者进行证券、期货交易的；

"（六）对证券、证券发行人、期货交易标的公开作出评价、预测或者投资建议，同时进行反向证券交易或者相关期货交易的；

"（七）以其他方法操纵证券、期货市场的。"

十四、将刑法第一百九十一条修改为："为掩饰、隐瞒毒品犯罪、黑社会性质的组织犯罪、恐怖活动犯罪、走私犯罪、贪污贿赂犯罪、破坏金融管理秩序犯罪、金融诈骗犯罪的所得及其产生的收益的来源和性质，有下列行为之一的，没收实施以上犯罪的所得及其产生的收益，处五年以下有期徒刑或者拘役，并处或者单处罚金；情节严重的，处五年以上十年以下有期徒刑，并处罚金：

"（一）提供资金账户的；

"（二）将财产转换为现金、金融票据、有价证券的；

"（三）通过转账或者其他支付结算方式转移资金的；

"（四）跨境转移资产的；

"（五）以其他方法掩饰、隐瞒犯罪所得及其收益的来源和性质的。

"单位犯前款罪的，对单位判处罚金，并对其直接负责的主管人员和其他直接责任人员，依照前款的规定处罚。"

十五、将刑法第一百九十二条修改为："以非法占有为目的，使用诈骗方法非法集资，数额较大的，处三年以上七年以下有期徒刑，并处罚金；数额巨大或者有其他严重情节的，处七年以上有期徒刑或者无期徒刑，并处罚金或者没收财产。

"单位犯前款罪的，对单位判处罚金，并对其直接负责的主管人员和其他直接责任人员，依照前款的规定处罚。"

十六、将刑法第二百条修改为："单位犯本节第一百九十四条、第一百九十五条规定之罪的，对单位判处罚金，并对其直接负责的主管人员和其他直接责任人员，处五年以下有期徒刑或者拘役，可以并处罚金；数额巨大或者有其他严重情节的，处五年以上十年以下有期徒刑，并处罚金；数额特别巨大或者有其他特别严重情节的，处十年以上有期徒刑或者无期徒刑，并处罚金。"

十七、将刑法第二百一十三条修改为："未经注册商标所有人许可，在同一种商品、服务上使用与其注册商标相同的商标，情节严重的，处三年以下有期徒刑，并处或者单处罚金；情节特别严重的，处三年以上十年以下有期徒刑，并处罚金。"

十八、将刑法第二百一十四条修改为："销售明知是假冒注册商标的商品，违法所得数额较大或者有其他严重情节的，处三年以下有期徒刑，并处或者单处罚金；违法所得数额巨大或者有其他特别严重情节的，处三年以上十年以下有期徒刑，并处罚金。"

十九、将刑法第二百一十五条修改为："伪造、擅自制造他人注册商标标识或者销售伪造、擅自制造的注册商标标识，情节严重的，处三年以下有期徒刑，并处或者单处罚金；情节特别严重的，处三年以上十年以下有期徒刑，并处罚金。"

二十、将刑法第二百一十七条修改为："以营利为目的，有下列侵犯著作权或者与著作权有关的权利的情形之一，违法所得数额较大或者有其他严重情节的，处三年以下有期徒刑，并处或者单处罚金；违法所得数额巨大或者有其他特别严重情节的，处三年以上十年以下有期徒刑，并处罚金：

"（一）未经著作权人许可，复制发行、通过信息网络向公众传播其文字作品、音乐、美术、视听作品、计算机软件及法律、行政法规规定的其他作品的；

"（二）出版他人享有专有出版权的图书的；

"（三）未经录音录像制作者许可，复制发行、通过信息网络向公众传播其制作的录音录像的；

"（四）未经表演者许可，复制发行录有其表演的录音录像制品，或者通过信息网络向公众传播其表演的；

"（五）制作、出售假冒他人署名的美术作品的；

"（六）未经著作权人或者与著作权有关的权利人许可，故意避开或者破坏权利人为其作品、录音录像制品等采取的保护著作权或者与著作权有关的权利的技术措施的。"

二十一、将刑法第二百一十八条修改为："以营利为目的，销售明知是本法第二百一十七条规定的侵权复制品，违法所得数额巨大或者有其他严重情节的，处五年以下有期徒刑，并处或者单处罚金。"

二十二、将刑法第二百一十九条修改为："有下列侵犯商业秘密行为之一，情节严重的，处三年以下有期徒刑，并处或者单处罚金；情节特别严重的，处三年以上十年以下有期徒刑，并处罚金：

"（一）以盗窃、贿赂、欺诈、胁迫、电子侵入或者其他不正当手段获取权利人的商业秘密的；

"（二）披露、使用或者允许他人使用以前项手段获取的权利人的商业秘密的；

"（三）违反保密义务或者违反权利人有关保守商业秘密的要求，披露、使用或者允许他人使用其所掌握的商业秘密的。

"明知前款所列行为，获取、披露、使用或者允许他人使用该商业秘密的，以侵犯商业秘密论。

"本条所称权利人，是指商业秘密的所有人和经商业秘密所有人许可的商业秘密使用人。"

二十三、在刑法第二百一十九条后增加一条，作为第二百一十九条之一："为境外的机构、组织、人员窃取、刺探、收买、非法提供商业秘密的，处五年以下有期徒刑，并处或者单处罚金；情节严重的，处五年以上有期徒刑，并处罚金。"

二十四、将刑法第二百二十条修改为："单位犯本节第二百一十三条至第二百一十九条之一规定之罪的，对单位判处罚金，并对其直接负责的主管人员和其他直接责任人员，依照本节各该条的规定处罚。"

二十五、将刑法第二百二十九条修改为："承担资产评估、验资、验证、会计、审计、法律服务、保荐、安全评价、环境影响评价、环境监测等职责的中介组织的人员故意提供虚假证明文件，情节严重的，处五年以下有期徒刑或者拘役，并处罚金；有下列情形之一的，处五年以上十年以下有期徒刑，并处罚金：

"（一）提供与证券发行相关的虚假的资产评估、会计、审计、法律服务、保荐等证明文件，情节特别严重的；

"（二）提供与重大资产交易相关的虚假的资产评估、会计、审计等证明文件，情节特别严重的；

"（三）在涉及公共安全的重大工程、项目中提供虚假的安全评价、环境影响评价等证明文件，致使公共财产、国家和人民利益遭受特别重大损失的。

"有前款行为，同时索取他人财物或者非法收受他人财物构成犯罪的，依照处罚较重的规定定罪处罚。

"第一款规定的人员，严重不负责任，出具的证明文件有重大失实，造成严重后果的，处三年以下有期徒刑或者拘役，并处或者单处罚金。"

二十六、将刑法第二百三十六条修改为："以暴力、胁迫或者其他手段强奸妇女的，处三年以上十年以下有期徒刑。

"奸淫不满十四周岁的幼女的，以强奸论，从重处罚。

"强奸妇女、奸淫幼女，有下列情形之一的，处十年以上有期徒刑、无期徒刑或者死刑：

"（一）强奸妇女、奸淫幼女情节恶劣的；

"（二）强奸妇女、奸淫幼女多人的；

"（三）在公共场所当众强奸妇女、奸淫幼女的；

"（四）二人以上轮奸的；

"（五）奸淫不满十周岁的幼女或者造成幼女伤害的；

"（六）致使被害人重伤、死亡或者造成其他严重后果的。"

二十七、在刑法第二百三十六条后增加一条，作为第二百三十六条之一："对已满十四周岁不满十六周岁的未成年女性负有监护、收养、看护、教育、医疗等特殊职责的人员，与该未成年女性发生性关系的，处三年以下有期徒刑；情节恶劣的，处三年以上十年以下有期徒刑。

"有前款行为，同时又构成本法第二百三十六条规定之罪的，依照处罚较重的规定定罪处罚。"

二十八、将刑法第二百三十七条第三款修改为："猥亵儿童的，处五年以下有期徒刑；有下列情形之一的，处五年以上有期徒刑：

"（一）猥亵儿童多人或者多次的；

"（二）聚众猥亵儿童的，或者在公共场所当众猥亵儿童，情节恶劣的；

"（三）造成儿童伤害或者其他严重后果的；

"（四）猥亵手段恶劣或者有其他恶劣情节的。"

二十九、将刑法第二百七十一条第一款修改为："公司、企业或者其他单位的工作人员，利用职务上的便利，将本单位财物非法占为己有，数额较大的，处三年以下有期徒刑或者拘役，并处罚金；数额巨大的，处三年以上十年以下有期徒刑，并处罚金；数额特别巨大的，处十年以上有期徒刑或者无期徒刑，并处罚金。"

三十、将刑法第二百七十二条修改为："公司、企业或者其他单位的工作人员，利用职务上的便利，挪用本单位资金归个人使用或者借贷给他人，数额较大、超过三个月未还的，或者虽未超过三个月，但数额较大、进行营利活动的，或者进行非法活动的，处三年以下有期徒刑或者拘役；挪用本单位资金数额巨大的，处三年以上七年以下有期徒刑；数额特别巨大的，处七年以上有期徒刑。

"国有公司、企业或者其他国有单位中从事公务的人员和国有公司、企业或者其他国有单位委派到非国有公司、企业以及其他单位从事公务的人员有前款行为的，依照本法第三百八十四条的规定定罪处罚。

"有第一款行为，在提起公诉前将挪用的资金退还的，可以从轻或者减轻处罚。其中，犯罪较轻的，可以减轻或者免除处罚。"

三十一、将刑法第二百七十七条第五款修改为："暴力袭击正在依法执行职务的人民警察的，处三年以下有期徒刑、拘役或者管制；使用枪支、管制刀具，或者以驾驶机动车撞击等手段，严重危及其人身安全的，处三年以上七年以下有期徒刑。"

三十二、在刑法第二百八十条之一后增加一条，作为第二百八十条之二："盗用、冒用他人身份，顶替他人取得的高等学历教育入学资格、公务员录用资格、就业安置待遇的，处三年以下有期徒刑、拘役或者管制，并处罚金。

"组织、指使他人实施前款行为的，依照前款的规定从重处罚。

"国家工作人员有前两款行为，又构成其他犯罪的，依照数罪并罚的规定处罚。"

三十三、在刑法第二百九十一条之一后增加一条，作为第二百九十一条之二："从建筑物或者其他高空抛掷物品，情节严重的，处一年以下有期徒刑、拘役或者管制，并处或者单处罚金。

"有前款行为，同时构成其他犯罪的，依照处罚较重的规定定罪处罚。"

三十四、在刑法第二百九十三条后增加一条，作为第二百九十三条之一："有下列情形之一，催收高利放贷等产生的非法债务，情节严重的，处三年以下有期徒刑、拘役或者管制，并处或者单处罚金：

"（一）使用暴力、胁迫方法的；

"（二）限制他人人身自由或者侵入他人住宅的；

"（三）恐吓、跟踪、骚扰他人的。"

三十五、在刑法第二百九十九条后增加一条，作为第二百九十九条之一："侮辱、诽谤或者以其他方式侵害英雄烈士的名誉、荣誉，损害社会公共利益，情节严重的，处三年以下有期徒刑、拘役、管制或者剥夺政治权利。"

三十六、将刑法第三百零三条修改为："以营利为目的，聚众赌博或者以赌博为业的，处三年以下有期徒刑、拘役或者管制，并处罚金。

"开设赌场的，处五年以下有期徒刑、拘役或者管制，并处罚金；情节严重的，处五年以上十年以下有期徒刑，并处罚金。

"组织中华人民共和国公民参与国（境）外赌博，数额巨大或者有其他严重情节的，依照前款的规定处罚。"

三十七、将刑法第三百三十条第一款修改为："违反传染病防治法的规定，有下列情形之一，引起甲类传染病以及依法确定采取甲类传染病预防、控制措施的传染病传播或者有传播严重危险的，处三年以下有期徒刑或者拘役；后果特别严重的，处三年以上七年以下有期徒刑：

"（一）供水单位供应的饮用水不符合国家规定的卫生标准的；

"（二）拒绝按照疾病预防控制机构提出的卫生要求，对传染病病原体污染的污水、污物、场所和物品进行消毒处理的；

"（三）准许或者纵容传染病病人、病原携带者和疑似传染病病人从事国务院卫生行政部门规定禁止从事的易使该传染病扩散的工作的；

"（四）出售、运输疫区中被传染病病原体污染或者可能被传染病病原体污染的物品，未进行消毒处理的；

"（五）拒绝执行县级以上人民政府、疾病预防控制机构依照传染病防治法提出的预防、控制措施的。"

三十八、在刑法第三百三十四条后增加一条，作为第三百三十四条之一："违反国家有关规定，非法采集我国人类遗传资源或者非法运送、邮寄、携带我国人类遗传资源材料出境，危害公众健康或者社会公共利益，情节严重的，处三年以下有期徒刑、拘役或者管制，并处或者单处罚金；情节特别严重的，处三年以上七年以下有期徒刑，并处罚金。"

三十九、在刑法第三百三十六条后增加一条，作为第三百三十六条之一："将基因编辑、克隆的人类胚胎植入人体或者动物体内，或者将基因编辑、克隆的动物胚胎植入人体内，情节严重的，处三年以下有期徒刑或者拘役，并处罚金；情节特别严重的，处三年以上七年以下有期徒刑，并处罚金。"

四十、将刑法第三百三十八条修改为："违反国家规定，排放、倾倒或者处置有放射性的废物、含传染病病原体的废物、有毒物质或者其他有害物质，严重污染环境的，处三年以下有期徒刑或者拘役，并处或者单处罚金；情节严重的，处三年以上七年以下有期徒刑，并处罚金；有下列情形之一的，处七年以上有期徒刑，并处罚金：

"（一）在饮用水水源保护区、自然保护地核心保护区等依法确定的重点保护区域排放、倾倒、处置有放射性的废物、含传染病病原体的废物、有毒物质，情节特别严重的；

"（二）向国家确定的重要江河、湖泊水域排放、倾倒、处置有放射性的废物、含传染病病原体的废物、有毒物质，情节特别严重的；

"（三）致使大量永久基本农田基本功能丧失或者遭受永久性破坏的；

"（四）致使多人重伤、严重疾病，或者致人严重残疾、死亡的。

"有前款行为，同时构成其他犯罪的，依照处罚较重的规定定罪处罚。"

四十一、在刑法第三百四十一条中增加一款作为第三款："违反野生动物保护管理法规，以食用为目的非法猎捕、收购、运输、出售第一款规定以外的在野外环境自然生长繁殖的陆生野生动物，情节严重的，依照前款的规定处罚。"

四十二、在刑法第三百四十二条后增加一条，作为第三百四十二条之一："违反自然保护地管理法规，在国家公园、国家级自然保护区进行开垦、开发活动或者修建建筑物，造成严重后果或者有其他恶劣情节的，处五年以下有期徒刑或者拘役，并处或者单处罚金。

"有前款行为，同时构成其他犯罪的，依照处罚较重的规定定罪处罚。"

四十三、在刑法第三百四十四条后增加一条，作为第三百四十四条之一："违反国家规定，非法引进、释放或者丢弃外来入侵物种，情节严重的，处三年以下有期徒刑或者拘役，并处或者单处罚金。"

四十四、在刑法第三百五十五条后增加一条，作为第三百五十五条之一："引诱、教唆、欺骗运动员使用兴奋剂参加国内、国际重大体育竞赛，或者明知运动员参加上述竞赛而向其提供兴奋剂，情节严重的，处三年以下有期徒刑或者拘役，并处罚金。

"组织、强迫运动员使用兴奋剂参加国内、国际重大体育竞赛的，依照前款的规定从重处罚。"

四十五、将刑法第四百零八条之一第一款修改为："负有食品药品安全监督管理职责的国家机关工作人员，滥用职权或者玩忽职守，有下列情形之一，造成严重后果或者有其他严重情节的，处五年以下有期徒刑或者拘役；造成特别严重后果或者有其他特别严重情节的，处五年以上十年以下有期徒刑：

"（一）瞒报、谎报食品安全事故、药品安全事件的；

"（二）对发现的严重食品药品安全违法行为未按规定查处的；

"（三）在药品和特殊食品审批审评过程中，对不符合条件的申请准予许可的；

"（四）依法应当移交司法机关追究刑事责任不移交的；

"（五）有其他滥用职权或者玩忽职守行为的。"

四十六、将刑法第四百三十一条第二款修改为："为境外的机构、组织、人员窃取、刺探、收买、非法提供军事秘密的，处五年以上十年以下有期徒刑；情节严重的，处十年以上有期徒刑、无期徒刑或者死刑。"

四十七、将刑法第四百五十条修改为："本章适用于中国人民解放军的现役军官、文职干部、士兵及具有军籍的学员和中国人民武装警察部队的现役警官、文职干部、士兵及具有军籍的学员以及文职人员、执行军事任务的预备役人员和其他人员。"

四十八、本修正案自 2021 年 3 月 1 日起施行。

附 录 三

自首立功相关解释

最高人民法院《关于处理自首和立功具体应用法律若干问题的解释》

法释〔1998〕8号

为正确认定自首和立功，对具有自首或者立功表现的犯罪分子依法适用刑罚，现就具体应用法律的若干问题解释如下：

第一条　根据《刑法》第六十七条第一款的规定，犯罪以后自动投案，如实供述自己的罪行的，是自首。

（一）自动投案，是指犯罪事实或者犯罪嫌疑人未被司法机关发觉，或者虽被发觉，但犯罪嫌疑人尚未受到讯问、未被采取强制措施时，主动、直接向公安机关、人民检察院或者人民法院投案。

犯罪嫌疑人向其所在单位、城乡基层组织或者其他有关负责人员投案的；犯罪嫌疑人因病、伤或者为了减轻犯罪后果，委托他人先代为投案，或者先以信电投案的；罪行尚未被司法机关发觉，仅因形迹可疑被有关组织或者司法机关盘问、教育后，主动交代自己的罪行的；犯罪后逃跑，在被通缉、追捕过程中，主动投案的；经查实确已准备去投案，或者正在投案途中，被公安机关捕获的，应当视为自动投案。

并非出于犯罪嫌疑人主动，而是经亲友规劝、陪同投案的；公安机关通知犯罪嫌疑人的亲友，或者亲友主动报案后，将犯罪嫌疑人送去投案的，也应当视为自动投案。

犯罪嫌疑人自动投案后又逃跑的，不能认定为自首。

（二）如实供述自己的罪行，是指犯罪嫌疑人自动投案后，如实交代自己的主要犯罪事实。

犯有数罪的犯罪嫌疑人仅如实供述所犯数罪中部分犯罪的，只对如实供述部分犯罪的行为，认定为自首。

共同犯罪案件中的犯罪嫌疑人，除如实供述自己的罪行，还应当供述所知的同案犯，主犯则应当供述所知其他同案犯的共同犯罪事实，才能认定为自首。

犯罪嫌疑人自动投案并如实供述自己的罪行后又翻供的，不能认定为自首；但在一审判决前又能如实供述的，应当认定为自首。

第二条　根据《刑法》第六十七条第二款的规定，被采取强制措施的犯罪嫌疑人、被告人和已宣判的罪犯，如实供述司法机关尚未掌握的罪行，与司法机关已掌握的或者判决确定的罪行属不同种罪行的，以自首论。

第三条　根据《刑法》第六十七条第一款的规定，对于自首的犯罪分子，可以从轻或者减轻处罚；对于犯罪较轻的，可以免除处罚。具体确定从轻、减轻还是免除处罚，应当根据犯罪轻重，并考虑自首的具体情节。

第四条 被采取强制措施的犯罪嫌疑人、被告人和已宣判的罪犯，如实供述司法机关尚未掌握的罪行，与司法机关已掌握的或者判决确定的罪行属同种罪行的，可以酌情从轻处罚；如实供述的同种罪行较重的，一般应当从轻处罚。

第五条 根据《刑法》第六十八条第一款的规定，犯罪分子到案后有检举、揭发他人犯罪行为，包括共同犯罪案件中的犯罪分子揭发同案犯共同犯罪以外的其他犯罪，经查证属实；提供侦破其他案件的重要线索，经查证属实；阻止他人犯罪活动；协助司法机关抓捕其他犯罪嫌疑人（包括同案犯）；具有其他有利于国家和社会的突出表现的，应当认定为有立功表现。

第六条 共同犯罪案件的犯罪分子到案后，揭发同案犯共同犯罪事实的，可以酌情予以从轻处罚。

第七条 根据《刑法》第六十八条第一款的规定，犯罪分子有检举、揭发他人重大犯罪行为，经查证属实；提供侦破其他重大案件的重要线索，经查证属实；阻止他人重大犯罪活动；协助司法机关抓捕其他重大犯罪嫌疑人（包括同案犯）；对国家和社会有其他重大贡献等表现的，应当认定为有重大立功表现。

前款所称"重大犯罪""重大案件""重大犯罪嫌疑人"的标准，一般是指犯罪嫌疑人、被告人可能被判处无期徒刑以上刑罚或者案件在本省、自治区、直辖市或者全国范围内有较大影响等情形。

最高人民法院《关于被告人对行为性质的辩解是否影响自首成立问题的批复》

法释〔2004〕2号

根据《刑法》第六十七条第一款和最高人民法院《关于处理自首和立功具体应用法律若干问题的解释》第一条的规定，犯罪以后自动投案，如实供述自己的罪行的，是自首。被告人对行为性质的辩解不影响自首的成立。

最高人民法院、最高人民检察院
《关于办理职务犯罪案件认定自首、立功等量刑情节若干问题的意见》

法发〔2009〕13号

为依法惩处贪污贿赂、渎职等职务犯罪，根据《刑法》和相关司法解释的规定，结合办案工作实际，现就办理职务犯罪案件有关自首、立功等量刑情节的认定和处理问题，提出如下意见：

一、关于自首的认定和处理

根据《刑法》第六十七条第一款的规定，成立自首需同时具备自动投案和如实供述自己的罪行两个要件。犯罪事实或者犯罪分子未被办案机关掌握，或者虽被掌握，但犯罪分子尚未受到调查谈话、讯问，或者未被宣布采取调查措施或者强制措施时，向办案机关投案的，是自动投案。在此期间如实交代自己的主要犯罪事实的，应当认定为自首。

犯罪分子向所在单位等办案机关以外的单位、组织或者有关负责人员投案的，应当视为自动投案。

没有自动投案，在办案机关调查谈话、讯问、采取调查措施或者强制措施期间，犯罪分子如实交代办案机关掌握的线索所针对的事实的，不能认定为自首。

没有自动投案，但具有以下情形之一的，以自首论：（1）犯罪分子如实交代办案机关未掌握的罪行，与办案机关已掌握的罪行属不同种罪行的；（2）办案机关所掌握线索针对的犯罪事实不成立，在此范围外犯罪分子交代同种罪行的。

单位犯罪案件中，单位集体决定或者单位负责人决定而自动投案，如实交代单位犯罪事实的，或者单位直接负责的主管人员自动投案，如实交代单位犯罪事实的，应当认定为单位自首。单位自首的，直接负责的主管人员和直接责任人员未自动投案，但如实交代自己知道的犯罪事实的，可以视为自首；拒不交代自己知道的犯罪事实或者逃避法律追究的，不应当认定为自首。单位没有自首，直接责任人员自动投案并如实交代自己知道的犯罪事实的，对该直接责任人员应当认定为自首。

对于具有自首情节的犯罪分子，办案机关移送案件时应当予以说明并移交相关证据材料。

对于具有自首情节的犯罪分子，应当根据犯罪的事实、性质、情节和对于社会的危害程度，结合自动投案的动机、阶段、客观环境，交代犯罪事实的完整性、稳定性以及悔罪表现等具体情节，依法决定是否从轻、减轻或者免除处罚以及从轻、减轻处罚的幅度。

二、关于立功的认定和处理

立功必须是犯罪分子本人实施的行为。为使犯罪分子得到从轻处理，犯罪分子的亲友直接向有关机关揭发他人犯罪行为，提供侦破其他案件的重要线索，或者协助司法机关抓捕其他犯罪嫌疑人的，不应当认定为犯罪分子的立功表现。

据以立功的他人罪行材料应当指明具体犯罪事实；据以立功的线索或者协助行为对于侦破案件或者抓捕犯罪嫌疑人要有实际作用。犯罪分子揭发他人犯罪行为时没有指明具体犯罪事实的；揭发的犯罪事实与查实的犯罪事实不具有关联性的；提供的线索或者协助行为对于其他案件的侦破或者其他犯罪嫌疑人的抓捕不具有实际作用的，不能认定为立功表现。

犯罪分子揭发他人犯罪行为，提供侦破其他案件重要线索的，必须经查证属实，才能认定为立功。审查是否构成立功，不仅要审查办案机关的说明材料，还要审查有关事实和证据以及与案件定性处罚相关的法律文书，如立案决定书、逮捕决定书、侦查终结报告、起诉意见书、起诉书或者判决书等。

据以立功的线索、材料来源有下列情形之一的，不能认定为立功：（1）本人通过非法手段或者非法途径获取的；（2）本人因原担任的查禁犯罪等职务获取的；（3）他人违反监管规定向犯罪分子提供的；（4）负有查禁犯罪活动职责的国家机关工作人员或者其他国家工作人员利用职务便利提供的。

犯罪分子检举、揭发的他人犯罪，提供侦破其他案件的重要线索，阻止他人的犯罪活动，或者协助司法机关抓捕的其他犯罪嫌疑人，犯罪嫌疑人、被告人依法可能被判处无期徒刑以上刑罚的，应当认定为有重大立功表现。其中，可能被判处无期徒刑以上刑罚，是指根据犯罪行为的事实、情节可能判处无期徒刑以上刑罚。案件已经判决的，以实际判处的刑罚为准。但是，根据犯罪行为的事实、情节应当判处无期徒刑以上刑罚，因被判刑人有法定情节经依法从轻、减轻处罚后判处有期徒刑的，应当认定为重大立功。

对于具有立功情节的犯罪分子，应当根据犯罪的事实、性质、情节和对于社会的危害程度，结合立功表现所起作用的大小、所破获案件的罪行轻重、所抓获犯罪嫌疑人可能判处的法定刑以及立功的时机等具体情节，依法决定是否从轻、减轻或者免除处罚以及从轻、减轻处罚的幅度。

三、关于如实交代犯罪事实的认定和处理

犯罪分子依法不成立自首，但如实交代犯罪事实，有下列情形之一的，可以酌情从轻处罚：（1）办案机关掌握部分犯罪事实，犯罪分子交代了同种其他犯罪事实的；（2）办案机关掌握的证据不充分，犯罪分子如实交代有助于收集定案证据的。

犯罪分子如实交代犯罪事实，有下列情形之一的，一般应当从轻处罚：（1）办案机关仅掌握小部分犯罪事实，犯罪分子交代了大部分未被掌握的同种犯罪事实的；（2）如实交代对于定案证据的收集有重要作用的。

四、关于赃款赃物追缴等情形的处理

贪污案件中赃款赃物全部或者大部分追缴的，一般应当考虑从轻处罚。

受贿案件中赃款赃物全部或者大部分追缴的，视具体情况可以酌定从轻处罚。

犯罪分子及其亲友主动退赃或者在办案机关追缴赃款赃物过程中积极配合的，在量刑时应当与办案机关查办案件过程中依职权追缴赃款赃物的有所区别。

职务犯罪案件立案后，犯罪分子及其亲友自行挽回的经济损失，司法机关或者犯罪分子所在单位及其上级主管部门挽回的经济损失，或者因客观原因减少的经济损失，不予扣减，但可以作为酌情从轻处罚的情节。

最高人民法院《关于处理自首和立功若干具体问题的意见》

法发〔2010〕60号

为规范司法实践中对自首和立功制度的运用，更好地贯彻落实宽严相济刑事政策，根据《刑法》、刑事诉讼法和最高人民法院《关于处理自首和立功具体应用法律若干问题的解释》（以下简称《解释》）等规定，对自首和立功若干具体问题提出如下处理意见：

一、关于"自动投案"的具体认定

《解释》第一条第（一）项规定七种应当视为自动投案的情形，体现了犯罪嫌疑人投案的主动性和自愿性。根据《解释》第一条第（一）项的规定，犯罪嫌疑人具有以下情形之一的，也应当视为自动投案：1.犯罪后主动报案，虽未表明自己是作案人，但没有逃离现场，在司法机关询问时交代自己罪行的；2.明知他人报案而在现场等待，抓捕时无拒捕行为，供认犯罪事实的；3.在司法机关未确定犯罪嫌疑人，尚在一般性排查询问时主动交代自己罪行的；4.因特定违法行为被采取劳动教养、行政拘留、司法拘留、强制隔离戒毒等行政、司法强制措施期间，主动向执行机关交代尚未被掌握的犯罪行为的；5.其他符合立法本意，应当视为自动投案的情形。

罪行未被有关部门、司法机关发觉，仅因形迹可疑被盘问、教育后，主动交代了犯罪事实的，应当视为自动投案，但有关部门、司法机关在其身上、随身携带的物品、驾乘的交通工具等处发现与犯罪有关的物品的，不能认定为自动投案。

交通肇事后保护现场、抢救伤者，并向公安机关报告的，应认定为自动投案，构成自首的，因上述行为同时系犯罪嫌疑人的法定义务，对其是否从宽、从宽幅度要适当从严掌握。交通肇事逃逸后自动投案，如实供述自己罪行的，应认定为自首，但应依法以较重法定刑为基准，视情决定对其是否从宽处罚以及从宽处罚的幅度。

犯罪嫌疑人被亲友采用捆绑等手段送到司法机关，或者在亲友带领侦查人员前来抓捕时无拒捕行为，并如实供认犯罪事实的，虽然不能认定为自动投案，但可以参照法律对自首的有关规定酌情从轻处罚。

二、关于"如实供述自己的罪行"的具体认定

《解释》第一条第（二）项规定如实供述自己的罪行，除供述自己的主要犯罪事实外，还应包括姓名、年龄、职业、住址、前科等情况。犯罪嫌疑人供述的身份等情况与真实情况虽有差别，但不影响定罪量刑的，应认定为如实供述自己的罪行。犯罪嫌疑人自动投案后隐瞒自己的真实身份等情况，影响对其定罪量刑的，不能认定为如实供述自己的罪行。

犯罪嫌疑人多次实施同种罪行的，应当综合考虑已交代的犯罪事实与未交代的犯罪事实的危害程度，决定是否认定为如实供述主要犯罪事实。虽然投案后没有交代全部犯罪事实，但如实交代的犯罪情节重于未交代的犯罪情节，或者如实交代的犯罪数额多于未交代的犯罪数额，一般应认定为如实供述自己的主要犯罪事实。无法区分已交代的与未交代的犯罪情节的严重程度，或者已交代的犯罪数额与未交代的犯罪数额相当，一般不认定为如实供述自己的主要犯罪事实。

犯罪嫌疑人自动投案时虽然没有交代自己的主要犯罪事实，但在司法机关掌握其主要犯罪事实之前主动交代的，应认定为如实供述自己的罪行。

三、关于"司法机关还未掌握的本人其他罪行"和"不同种罪行"的具体认定

犯罪嫌疑人、被告人在被采取强制措施期间，向司法机关主动如实供述本人的其他罪行，该罪行能否认定为司法机关已掌握，应根据不同情形区别对待。如果该罪行已被通缉，一般应以该司法机关是否在通缉令发布范围内作出判断，不在通缉令发布范围内的，应认定为还未掌握，在通缉令发布范围内的，应视为已掌握；如果该罪行已录入全国公安信息网络在逃人员信息数据库，应视为已掌握。如果该罪行未被通缉、也未录入全国公安信息网络在逃人员信息数据库，应以该司法机关是否已实际掌握该罪行为标准。

犯罪嫌疑人、被告人在被采取强制措施期间如实供述本人其他罪行，该罪行与司法机关已掌握的罪行属同种罪行还是不同种罪行，一般应以罪名区分。虽然如实供述的其他罪行的罪名与司法机关已掌握犯罪的罪名不同，但如实供述的其他犯罪与司法机关已掌握的犯罪属选择性罪名或者在法律、事实上密切关联，如因受贿被采取强制措施后，又交代因受贿为他人谋取利益行为，构成滥用职权罪的，应认定为同种罪行。

四、关于立功线索来源的具体认定

犯罪分子通过贿买、暴力、胁迫等非法手段，或者被羁押后与律师、亲友会见过程中违反监管规定，获取他人犯罪线索并"检举揭发"的，不能认定为有立功表现。

犯罪分子将本人以往查办犯罪职务活动中掌握的，或者从负有查办犯罪、监管职责的国家工作人员处获取的他人犯罪线索予以检举揭发的，不能认定为有立功表现。

犯罪分子亲友为使犯罪分子"立功"，向司法机关提供他人犯罪线索、协助抓捕犯罪嫌疑人的，不能认定为犯罪分子有立功表现。

五、关于"协助抓捕其他犯罪嫌疑人"的具体认定

犯罪分子具有下列行为之一，使司法机关抓获其他犯罪嫌疑人的，属于《解释》第五条规定的"协助司法机关抓捕其他犯罪嫌疑人"：1.按照司法机关的安排，以打电话、发信息等方式将其他犯罪嫌疑人（包括同案犯）约至指定地点的；2.按照司法机关的安排，当场指认、辨认其他犯罪嫌疑人（包括同案犯）的；3.带领侦查人员抓获其他犯罪嫌疑人（包括同案犯）的；4.提供司法机关尚未掌握的其他案件犯罪嫌疑人的联络方式、藏匿地址的等等。

犯罪分子提供同案犯姓名、住址、体貌特征等基本情况，或者提供犯罪前、犯罪中掌握、使用的同案犯联络方式、藏匿地址，司法机关据此抓捕同案犯的，不能认定为协助司法机关抓捕同案犯。

六、关于立功线索的查证程序和具体认定

被告人在一、二审审理期间检举揭发他人犯罪行为或者提供侦破其他案件的重要线索，人民法院经审查认为该线索内容具体、指向明确的，应及时移交有关人民检察院或者公安机关依法处理。

侦查机关出具材料，表明在三个月内还不能查证并抓获被检举揭发的人，或者不能查实的，人民法院审理案件可不再等待查证结果。

被告人检举揭发他人犯罪行为或者提供侦破其他案件的重要线索经查证不属实，又重复提供同一线索，且没有提出新的证据材料的，可以不再查证。

根据被告人检举揭发破获的他人犯罪案件，如果已有审判结果，应当依据判决确认的事实认定是否查证属实；如果被检举揭发的他人犯罪案件尚未进入审判程序，可以依据侦查机关提供的书面查证情况认定是否查证属实。检举揭发的线索经查确有犯罪发生，或者确定了犯罪嫌疑人，可能构成重大立功，只是未能将犯罪嫌疑人抓获归案的，对可能判处死刑的被告人一般要留有余地，对其他被告人原则上应酌情从轻处罚。

被告人检举揭发或者协助抓获的人的行为构成犯罪，但因法定事由不追究刑事责任、不起诉、终止审理的，不影响对被告人立功表现的认定；被告人检举揭发或者协助抓获的人的行为应判处无期徒刑以上刑罚，但因具有法定、酌定从宽情节，宣告刑为有期徒刑或者更轻刑罚的，不影响对被告人重大立功表现的认定。

七、关于自首、立功证据材料的审查

人民法院审查的自首证据材料，应当包括被告人投案经过、有罪供述以及能够证明其投案情况的其他材料。投案经过的内容一般应包括被告人投案时间、地点、方式等。证据材料应加盖接受被告人投案的单位的印章，并有接受人员签名。

人民法院审查的立功证据材料，一般应包括被告人检举揭发材料及证明其来源的材料、司法机关的调查核实材料、被检举揭发人的供述等。被检举揭发案件已立案、侦破，被检举揭发人被采取强制措施、公诉或者审判的，还应审查相关的法律文书。证据材料应加盖接收被告人检举揭发材料的单位的印章，并有接收人员签名。

人民法院经审查认为证明被告人自首、立功的材料不规范、不全面的，应当由检察机关、侦查机关予以完善或者提供补充材料。

上述证据材料在被告人被指控的犯罪一、二审审理时已形成的，应当经庭审

质证。

八、关于对自首、立功的被告人的处罚

对具有自首、立功情节的被告人是否从宽处罚、从宽处罚的幅度，应当考虑其犯罪事实、犯罪性质、犯罪情节、危害后果、社会影响、被告人的主观恶性和人身危险性等。自首的还应考虑投案的主动性、供述的及时性和稳定性等。立功的还应考虑检举揭发罪行的轻重、被检举揭发的人可能或者已经被判处的刑罚、提供的线索对侦破案件或者协助抓捕其他犯罪嫌疑人所起作用的大小等。

具有自首或者立功情节的，一般应依法从轻、减轻处罚；犯罪情节较轻的，可以免除处罚。类似情况下，对具有自首情节的被告人的从宽幅度要适当宽于具有立功情节的被告人。

虽然具有自首或者立功情节，但犯罪情节特别恶劣、犯罪后果特别严重、被告人主观恶性深、人身危险性大，或者在犯罪前即为规避法律、逃避处罚而准备自首、立功的，可以不从宽处罚。

对于被告人具有自首、立功情节，同时又有累犯、毒品再犯等法定从重处罚情节的，既要考虑自首、立功的具体情节，又要考虑被告人的主观恶性、人身危险性等因素，综合分析判断，确定从宽或者从严处罚。累犯的前罪为非暴力犯罪的，一般可以从宽处罚，前罪为暴力犯罪或者前、后罪为同类犯罪的，可以不从宽处罚。

在共同犯罪案件中，对具有自首、立功情节的被告人的处罚，应注意共同犯罪人以及首要分子、主犯、从犯之间的量刑平衡。犯罪集团的首要分子、共同犯罪的主犯检举揭发或者协助司法机关抓捕同案地位、作用较次的犯罪分子的，从宽处罚与否应当从严掌握，如果从轻处罚可能导致全案量刑失衡的，一般不从轻处罚；如果检举揭发或者协助司法机关抓捕的是其他案件中罪行同样严重的犯罪分子，一般应依法从宽处罚。对于犯罪集团的一般成员、共同犯罪的从犯立功的，特别是协助抓捕首要分子、主犯的，应当充分体现政策，依法从宽处罚。

最高人民法院
《关于印发〈全国部分法院审理毒品犯罪案件工作座谈会纪要〉的通知》
（节录）

法〔2008〕324 号

……

七、毒品案件的立功问题

共同犯罪中同案犯的基本情况，包括同案犯姓名、住址、体貌特征、联络方式等信息，属于被告人应当供述的范围。公安机关根据被告人供述抓获同案犯的，不应认定其有立功表现。被告人在公安机关抓获同案犯过程中确实起到协助作用的，例如，经被告人现场指认、辨认抓获了同案犯；被告人带领公安人员抓获了同案犯；被告人提供了不为有关机关掌握或者有关机关按照正常工作程序无法掌握的同案犯藏匿的线索，有关机关据此抓获了同案犯；被告人交代了与同案犯的联系方式，又按要求与对方联络，积极协助公安机关抓获了同案犯等，属于协助司法机关抓获同案犯，应认定为立功。

关于立功从宽处罚的把握，应以功是否足以抵罪为标准。在毒品共同犯罪案件中，毒枭、毒品犯罪集团首要分子、共同犯罪的主犯、职业毒犯、毒品惯犯等，由于掌握同案犯、从犯、马仔的犯罪情况和个人信息，被抓获后往往能协助抓捕同案犯，获得立功或者重大立功。对其是否从宽处罚以及从宽幅度的大小，应当主要看功是否足以抵罪，即应结合被告人罪行的严重程度、立功大小综合考虑。要充分注意毒品共同犯罪人以及上、下家之间的量刑平衡。对于毒枭等严重毒品犯罪分子立功的，从轻或者减轻处罚应当从严掌握。如果其罪行极其严重，只有一般立功表现，功不足以抵罪的，可不予从轻处罚；如果其检举、揭发的是其他犯罪案件中罪行同样严重的犯罪分子，或者协助抓获的是同案中的其他首要分子、主犯，功足以抵罪的，原则上可以从轻或者减轻处罚；如果协助抓获的只是同案中的从犯或者马仔，功不足以抵罪，或者从轻处罚后全案处刑明显失衡的，不予从轻处罚。相反，对于从犯、马仔立功，特别是协助抓获毒枭、首要分子、主犯的，应当从轻处罚，直至依法减轻或者免除处罚。

被告人亲属为了使被告人得到从轻处罚，检举、揭发他人犯罪或者协助司法机关抓捕其他犯罪人的，不能视为被告人立功。同监犯将本人或者他人尚未被司法机关掌握的犯罪事实告知被告人，由被告人检举揭发的，如经查证属实，虽可认定被告人立功，但是否从宽处罚、从宽幅度大小，应与通常的立功有所区别。通过非法手段或者非法途径获取他人犯罪信息，如从国家工作人员处贿买他人犯罪信息，通过律师、看守人员等非法途径获取他人犯罪信息，由被告人检举揭发的，不能认定为立功，也不能作为酌情从轻处罚情节。

最高人民法院、最高人民检察院、海关总署
《关于办理走私刑事案件适用法律若干问题的意见》（节录）

法〔2002〕139号

……

二十一、关于单位走私犯罪案件自首的认定问题

在办理单位走私犯罪案件中，对单位集体决定自首的，或者单位直接负责的主管人员自首的，应当认定单位自首。认定单位自首后，如实交代主要犯罪事实的单位负责的其他主管人员和其他直接责任人员，可视为自首，但对拒不交代主要犯罪事实或逃避法律追究的人员，不以自首论。

浙江省高级人民法院、浙江省人民检察院、浙江省公安厅、浙江省司法厅
《关于认定立功具体适用法律问题的若干意见》

浙检会（研）〔2009〕2号

为规范立功的认定，统一执法标准，根据《中华人民共和国刑法》及相关司法解释的规定，结合我省实际，现就立功认定中的若干法律适用问题提出如下意见：

一、检举揭发他人犯罪行为，查证属实的，应当是现有证据足以证明被检举揭发对象的行为已经构成犯罪，且被检举揭发对象一般已被批准逮捕。

被检举揭发对象最终被撤案或者被作出绝对不起诉处理，或者被宣判无罪的，不能认定为立功。

二、两名以上犯罪分子共同检举揭发同一对象同一犯罪的，应查明实际提出检举揭发的某一犯罪分子，并认定其立功，对其他犯罪分子不认定立功；不能查明的，均不认定立功。

两名以上犯罪分子先后检举揭发同一对象同一犯罪的，原则上只能认定最先检举揭发的犯罪分子构成立功。但因先检举揭发的事实无法查明，而后检举揭发行为对侦破案件起作用的，则认定后检举揭发的犯罪分子构成立功，对先检举揭发的犯罪分子不认定立功。

三、犯罪分子协助司法机关抓捕其他犯罪嫌疑人（包括同案犯），有下列行为之一，且司法机关根据犯罪分子的协助行为成功抓获其他犯罪嫌疑人的，应认定有立功表现：

（一）带领司法机关工作人员抓获了其他犯罪嫌疑人的；

（二）提供了不为司法机关掌握或者司法机关按照正常工作程序无法掌握的其他犯罪嫌疑人藏匿的线索的；

（三）交代了其他犯罪嫌疑人的联系方式，又按要求积极协助司法机关抓获犯罪嫌疑人的；

（四）犯罪分子成功劝说其他犯罪嫌疑人归案或者直接将其扭送司法机关的。

共同犯罪中同案犯的姓名、住址、体貌特征、联络方式等基本信息，属于犯罪分子应当供述的范围。犯罪分子只提供上述基本信息的，不应认定为立功。

四、犯罪分子检举揭发他人犯罪的线索来源具有下列情形之一的，不应认定为立功；构成其他犯罪的，依法追究刑事责任：

（一）有偿（包括许诺有偿）方式获取的；

（二）本人因原担任的查禁犯罪等职务获取的；

（三）负有查禁犯罪活动职责的国家机关工作人员或者其他国家工作人员利用职务便利提供的；

（四）他人违反监管规定向犯罪分子提供的；

（五）通过暴力、胁迫、贿赂等非法手段获取的；

（六）教唆、引诱、指使、收买他人实施犯罪行为并予以检举、揭发的；

（七）线索来源明显可疑，无法排除非法获取可能的；

（八）其他非法手段或非法途径获取的。

五、犯罪分子检举揭发他人犯罪线索的，由检举揭发线索涉及的主要犯罪地侦查机关侦查；如果犯罪分子羁押地或原案侦查机关侦查更为适宜的，可以由羁押地或原案侦查机关侦查。

犯罪分子向侦查机关、检察机关或刑罚执行机关检举揭发他人犯罪线索的，由侦查机关、检察机关或刑罚执行机关依照第一款的规定，自行侦查或将线索移送有管辖权的侦查机关。

犯罪分子向人民法院检举揭发他人犯罪线索的，由人民法院将线索移送同级人民检察院，再由检察机关依照第一款的规定，自行侦查或将线索移送有管辖权的侦查机关。

对于犯罪分子在羁押期间检举、揭发他人犯罪的材料，侦查机关或刑罚执行机关应同时报检察机关派驻监管场所检察室备案。

六、侦查机关对检举揭发的线索应当及时查证。查证后，无论是否属实，侦查机关均应将查证结果书面反馈给提供线索的机关。对查证属实的，侦查机关应附立功证明材料。

提供线索的机关接到侦查机关反馈的查证材料后，认为构成立功的，应将相关材料按以下情形递交：

（一）检举揭发人的案件在侦查、审查起诉阶段的，向案件侦查机关、审查起诉的人民检察院递交；

（二）检举揭发人的案件在审判阶段的，向审查起诉的人民检察院递交，人民检察院审查后提出是否构成立功的书面意见，送交审判案件的人民法院；

（三）检举揭发人是服刑罪犯的，在罪犯申报减刑假释时，连同减刑假释呈报材料一起向人民法院递交。

七、犯罪分子检举揭发他人犯罪行为，查证属实的立功证明材料，包括：

（一）犯罪分子的检举揭发材料；

（二）证明检举揭发线索来源属实的材料；

（三）证明被检举揭发对象构成犯罪的主要证据材料；

（四）立案决定书、侦查机关出具的立功认定书面意见；

（五）批准逮捕决定书，或不起诉决定书，或起诉书，或判决书。

八、犯罪分子协助司法机关抓获其他犯罪嫌疑人（包括同案犯）的立功证明材料，包括：

（一）侦查机关提供的抓获经过材料；

（二）被抓获的犯罪嫌疑人被采取强制措施的法律文书；

（三）被抓获的犯罪嫌疑人构成犯罪的主要证据材料。

抓获经过材料应由承办人员、部门领导及单位分管领导分别签字并盖单位公章。

九、人民法院认为被告人的立功表现需要调查核实的，应当依据《中华人民共和国刑事诉讼法》规定的程序进行调查核实，对于需要人民检察院补充完善证据的，应当由同级人民检察院进行补充完善工作，人民检察院可以要求侦查机关补充完善相关证据。

被告人在庭审过程中检举揭发他人犯罪的，人民法院应制止被告人在庭审中公开线索内容，可在庭审后将检举揭发线索移送同级人民检察院，由人民检察院依照第五条的规定处理。

十、对具有立功表现的被告人，应综合考虑被告人罪行的严重程度、立功大小及悔罪表现来确定是否从宽处罚以及从宽幅度的大小。但立功情节考虑从轻、减轻的刑罚，不应高于或等于被检举揭发行为应当判处的刑罚。

对具有一般立功表现的被告人，可按以下标准掌握量刑：

（一）对于罪行较轻的被告人，可以从轻处罚；如果从轻处罚仍然过重，可以减轻处罚；

（二）对于罪行严重、主观恶性较大的被告人，可不予从轻处罚。

对具有重大立功表现的被告人，可按以下标准掌握量刑：

（一）对于罪行较轻的被告人，可以减轻处罚；如果减轻处罚仍然过重，可以免除处罚；

（二）对于罪行严重、主观恶性较大的被告人，可不予减轻处罚；

（三）对于罪行极其严重、主观恶性极大的被告人，可不予从轻或减轻处罚。

十一、对于共同犯罪中具有立功表现的被告人进行量刑，应当依照第十条的标准掌握，同时应考虑共同犯罪人之间的量刑平衡：

（一）对于共同犯罪的主犯立功的，从宽处罚应当从严把握；

（二）对于共同犯罪的从犯立功的，如果是协助抓获共同犯罪的首要分子、主犯的，应当从轻、减轻或者免除处罚。

对于毒品犯罪、黑社会性质的组织犯罪、恐怖组织犯罪、集团犯罪以及其他严重犯罪的首要分子、主犯，因立功而从宽处罚的，应当从严把握。

十二、犯罪分子的检举揭发线索在审判期限内尚无查证结果的，可在裁判文书中予以说明。在裁判生效后查明立功的，将立功材料移交刑罚执行机关。但对拟判处死刑被告人的检举揭发线索，侦查机关应当在审判期限内提供查证结果。

十三、司法机关对检举揭发人在刑事诉讼过程中应采取必要的保护措施，保障检举揭发人的人身安全。

十四、侦查机关出具的证明材料均应加盖单位公章，加盖内设机构印章的无效。

十五、本意见自下发之日起施行。正在办理和尚未办理的案件，适用本意见。

浙江省高级人民法院、浙江省人民检察院《关于严格依法认定自首的通知》

浙高法〔2007〕248号

本省各级人民法院、人民检察院：

在当前的刑事司法工作中，各地对自首认定的标准掌握不一，同一司法机关作出的认定也不一致，个别司法机关甚至随意扩大自首的适用，损害了法律的尊严和司法的权威。为了规范全省司法机关对自首的掌握，严格依法认定自首，准确适用法律和司法解释，特通知如下：

一、犯罪以后自动投案的认定

犯罪以后自动投案，是指犯罪人（均指犯罪嫌疑人、被告人）被抓获之前或者犯罪人尚未归案之前，自己主动向司法机关投案等候处理的行为。包括犯罪后，犯罪事实未被发觉之前、或者犯罪事实被发觉但犯罪人未被发觉、或者犯罪人已被发觉但未受到司法机关讯问、传唤及未被采取其他强制措施之前，甚至犯罪人被通缉、追捕被抓获之前的主动投案行为。在通常情况下，只要犯罪人在司法机关将其抓获之前主动投案的，均可认定为自动投案。

犯罪人因病、伤或者为了减轻犯罪后果，自己一时不能前往投案而先委托他人代为投案，或者先以信电投案自己随后就到案的，应视为自动投案。

只有投案的想法而无投案的行为，不是自动投案。

二、犯罪人向所在单位、城乡基层组织及有关人员投案的认定

犯罪人向所在单位、城乡基层组织或者其他有关负责人员投案的，一般应当在地点和时间上就近、迅速、有必要。如果犯罪人向所在单位、基层组织及有关人员陈述了犯罪事实，但仅仅是要求保护自己或家人，表明自己行为的正当性、被迫性等，甚至要求有关人员为其掩饰，并无投案接受处理表示的，不是自动投案。

三、注意区分陪送子女亲友归案与扭送子女亲友归案

陪送子女亲友归案，一般是指在犯罪人自己不愿意自动投案的情况下，对犯罪人进行规劝、教育使犯罪人同意而陪同其一起到司法机关的行为。这种情况归案并

不违背犯罪人的意志，应当认定为自动投案。扭送是指犯罪人被群众或家长亲友强行押送至司法机关的行为，包括将其麻醉、捆绑送至司法机关。这种情况下归案，对犯罪人来说不具有主动性，不构成自动投案。但是在家长亲友扭送途中，犯罪人又不反对归案且归案后主动交代犯罪事实的，应当认定为自动投案。

四、应注意甄别侦查人员通过搜寻发现犯罪人使其归案与犯罪人主动去司法机关投案途中被司法机关发现而归案

犯罪人准备投案或者正在投案途中即被司法机关捕获的，应当视为自动投案。但是认定此类为自动投案，必须有充分的证据证明犯罪人确系准备投案或者正在投案途中，而不能仅凭犯罪人的辩解。侦查人员根据线索主动搜寻发现犯罪人，从而归案的，不能仅仅因为犯罪人没有逃跑、听从侦查人员的叫唤就认定为自动投案。

五、要注意掌握形迹可疑盘问后交代犯罪事实与有犯罪嫌疑审查后交代的区别

形迹可疑是指有关组织或者司法机关没有任何证据证明被盘问的人可能涉嫌某项犯罪，仅仅因为被盘问的人表现不正常，神色慌张，行踪诡异，使有关组织或者司法机关对其产生怀疑。形迹可疑经盘问、教育后交代可视为自动投案。犯罪嫌疑是司法机关掌握有一定的线索或者证据，证明该人可能涉嫌某项犯罪。有犯罪嫌疑审查后交代不能认定为自动投案。区分形迹可疑与犯罪嫌疑，主要看在盘问时对被盘问人的怀疑是否有具体的依据与刑事犯罪相联系。如在被盘问人身上、身边当场发现、查出毒品、枪支等违禁品，或者发现其身边有疑似犯罪的赃物、凶器等作案工具，身上有血迹、打斗伤痕等，应当认为有犯罪嫌疑。某案发生后，在一定范围内围追堵截发现可疑人员，经盘问交代实施该案的，因已将其与具体案件相联系，故不属形迹可疑。如果对被盘问人的怀疑仅仅是一种抽象的怀疑，而不能和具体的犯罪联系起来的，应当认为是形迹可疑。

对于在逃的被追捕、通缉的犯罪人来说，其犯罪嫌疑已经被特定的司法机关掌握。但是，如果其在其他还不掌握其犯罪嫌疑的地方，仅因形迹可疑，被有关组织或者司法机关教育、盘问时，交代了被追捕通缉的犯罪事实，也可以认定为自动投案。

六、纪检监察机关审查期间的自首认定

犯罪人主动到纪检监察机关交代犯罪事实的，或者在纪检监察机关找其谈话前交代主要犯罪事实的，应当认定自首；犯罪人在纪检监察机关找其谈话后交代犯罪事实的，不能认定自首；纪检监察机关根据举报等途径掌握的线索，经查不实，但犯罪人主动交代了主要犯罪事实的，以自首论；犯罪人在交代了被掌握的犯罪事实以外，又交代了不为掌握的不属于同种罪行的其他犯罪事实，对该不同种罪行，以自首论，属同种罪行的，不认为是自首。

纪检监察机关工作人员与犯罪人单位领导一起找犯罪人谈话的，视为纪检监察机关谈话。

七、单位犯罪的自首认定

单位决定自首，或者单位的代表人、负责人决定代表单位自首，或者单位犯罪的直接负责的主管人员自首，单位不反对的，可以认定为犯罪单位自首。参与单位犯罪的原单位负责人或者主管人员，离职后或者离开该单位后，举报原单位犯罪的，单位不构成自首，如果该参与犯罪的人仅仅出于举报的目的，自己不投案，该人也不构成自首。没有参与单位犯罪的单位高层人员在职时或者离职后举报，能代表单

位的其他负责人并未同意自首的，均构不成单位自首。

单位自首的，全案可以认定为自首，其他参与单位犯罪的人员也可以视为自首。但是，其他参与单位犯罪的人员潜逃或者归案后不认罪及不如实供述自己所参与的犯罪事实的，不能认定为自首。

仅参与单位犯罪的直接责任人员自首，只能对其本人认定自首，对犯罪单位和其他单位犯罪的直接负责的主管人员、直接责任人员不能因此认定自首。

八、对自首案件的量刑把握

对于自首的犯罪分子，是否给予从轻、减轻、免除刑罚，要根据具体案情来确定：

首先看犯罪事实。一般的案件可以对犯罪人从轻处罚。总的犯罪事实刚达到上一档量刑标准，从轻处罚仍不能体现自首从宽精神的，可以减轻处罚；罪行较轻的，可以免除刑罚；罪行极其严重的，也可以不予从轻处理。

其次看犯罪人在案件中的地位、作用。地位作用基本相当的犯罪人之间，不能因为其中一人有自首情节而将量刑差距拉得过大，更不能因起主要作用的犯罪人有自首情节而在量刑上轻于起次要作用的犯罪人。

第三看自首质量。出于悔罪而自首的，或者为了从宽处理而自首的，一般可予从宽处罚。对于视为自首的应与典型的自首在量刑时有所区别。在犯罪前就准备自首的，或得知行政执法机关要将案件移送公安机关而向公安机关自首的，纪检监察机关调查期间或得知纪检监察机关要将案件移送检察机关而向检察机关自首的，被纪检监察机关"双规"或被司法机关采取强制措施后潜逃再来自首的，以及自首后反复翻供的等等，一般不予从轻处理，更不能由此给予减轻、免除刑罚。

二〇〇七年十月三十一日

浙江省高级人民法院《2006 年全省中级法院刑庭庭长会议纪要》(节录)

（省略部分的内容见《刑法》第一百三十三条）

5.被告人在押，其亲友为了使被告人得到从轻处罚，制造犯罪案件，或者向社会闲杂人员买功，然后通过不正当途径，将立功信息传递给在押被告人，由被告人向司法机关进行检举，是否构成立功的问题

会议认为，被告人亲友制造犯罪案件，诸如制造贩毒，想让被告人立功，这本身是一种弄虚作假行为，危害社会，其实质是为了逃避惩罚。这种情况不能构成立功。对于通过许诺或金钱、财物等利益交易获得检举线索，然后通过不正当途径，将线索传递给在押被告人，由被告人来检举，这种检举即使查证属实，不能视为立功。如果立功一概不问来源，就会很容易让人钻法律空子，以一些人的违法乱纪来换取被告人立功，有钱有势者都可以买到从轻处罚，这样将会失去社会正义。至于被告人向同监人打听或者言谈中获得检举线索，这属于被告人在生活接触中正常途径得到的，公安机关本身也是鼓励在押人员检举揭发自己掌握的他人犯罪。这种检举揭发，查证属实的，可认定为立功。

6.立功信息来源于司法机关工作人员，可否构成立功的问题

会议认为，在刑事司法活动中，有的司法工作人员将自己所掌握的有关他人犯罪信息告诉在押被告人，再由被告人向司法机关检举揭发。对于这种检举揭发，即使查证属实，也不能构成立功。因为这种情况的检举揭发内容，不属于司法机关尚

未掌握的情况。司法工作人员依法处理或报告已经掌握的犯罪信息，不得向外泄露，这是其法定职责。将已经掌握的他人的犯罪信息提供给被告人，就是一种严重的渎职行为，被告人由此获取的他人犯罪信息，不能构成立功。这与司法工作人员犯罪后，交待其先前利用职务上的便利掌握他人的犯罪信息，不得作为立功处理的道理是一致的。

7. 被告人检举揭发他人犯罪，经查确实有犯罪事实发生，但被检举的作案人在逃，无法抓获；或者被告人提供在逃罪犯的下落线索，公安机关没有抓获，是否构成立功的问题

会议认为，这两种情况都不能构成立功。上述第一种情况，没有抓获作案人，无法认定已经发生的犯罪事实就是被检举人所为，事实上没有抓获作案人，也等于已经发生的案件没有得以侦破，这种情况不符合最高法院《关于处理自首和立功具体应用法律若干问题的解释》第五条的规定，提供的线索必须是以侦破案件为前提条件，才能构成立功。上述第二种情况，虽然有协助公安机关抓捕行为，但罪犯未能抓获归案，因其协助行为不具备有效性，也不能构成立功。

宁波市中级人民法院、宁波市人民检察院《关于印发〈宁波法院刑事审判疑难问题研讨会会议纪要〉的通知》

甬中法〔2013〕2号

一、关于犯罪嫌疑人主动向被害人"坦白"，能否认定为自动投案

犯罪嫌疑人仅仅向被害人承认作案，没有接受司法机关处理意愿的行为，不能认定为自动投案。

二、关于危险驾驶犯罪中被害人或第三方报警时自首的认定

对于被告人醉酒驾车并发生碰撞，被害人或第三方报警醉酒驾车，被告人明知他人报警醉酒驾车，仍在原地等候，交警到现场后，被告人自愿接受检查，并主动承认系酒后驾驶，可以认定为自首。

······